Die einfachste Unterteilung aller Lebewesen ist die in das Pflanzenreich und das Tierreich. Allerdings ist die Zuordnung einiger einfach gebauter Organismen – etwa der Viren – nicht ohne weiteres möglich. Tiere unterscheiden sich im allgemeinen von Pflanzen dadurch, daß sie sich selbständig bewegen können und daß sie sich von anderem organischem Material ernähren müssen, entweder von Pflanzen oder Tieren.

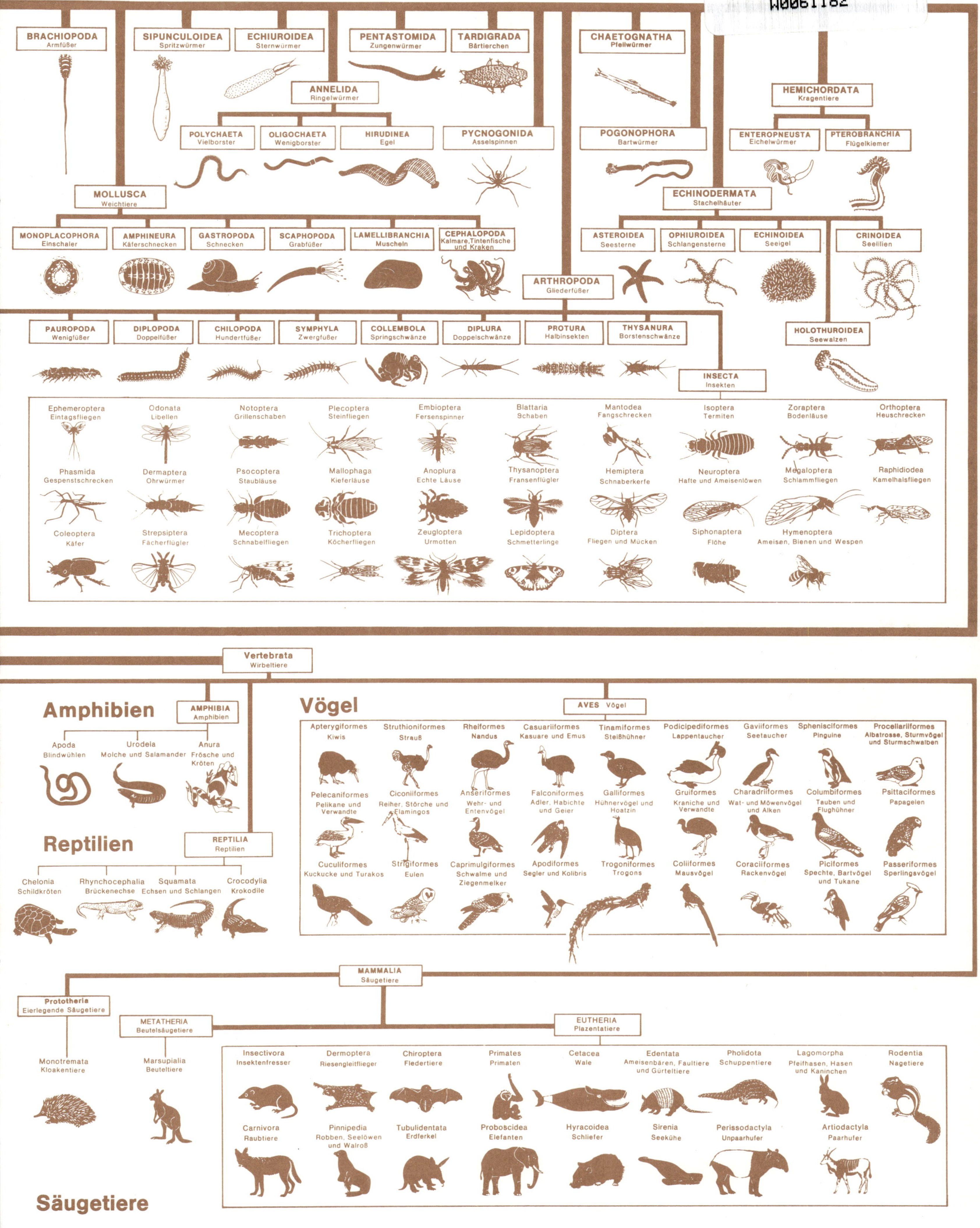

BRACHIOPODA Armfüßer
SIPUNCULOIDEA Spritzwürmer
ECHIUROIDEA Sternwürmer
PENTASTOMIDA Zungenwürmer
TARDIGRADA Bärtierchen
CHAETOGNATHA Pfeilwürmer
HEMICHORDATA Kragentiere
ANNELIDA Ringelwürmer
POLYCHAETA Vielborster
OLIGOCHAETA Wenigborster
HIRUDINEA Egel
PYCNOGONIDA Asselspinnen
POGONOPHORA Bartwürmer
ENTEROPNEUSTA Eichelwürmer
PTEROBRANCHIA Flügelkiemer
MOLLUSCA Weichtiere
ECHINODERMATA Stachelhäuter
MONOPLACOPHORA Einschaler
AMPHINEURA Käferschnecken
GASTROPODA Schnecken
SCAPHOPODA Grabfüßer
LAMELLIBRANCHIA Muscheln
CEPHALOPODA Kalmare, Tintenfische und Kraken
ASTEROIDEA Seesterne
OPHIUROIDEA Schlangensterne
ECHINOIDEA Seeigel
CRINOIDEA Seelilien
ARTHROPODA Gliederfüßer
PAUROPODA Wenigfüßer
DIPLOPODA Doppelfüßer
CHILOPODA Hundertfüßer
SYMPHYLA Zwergfüßer
COLLEMBOLA Springschwänze
DIPLURA Doppelschwänze
PROTURA Halbinsekten
THYSANURA Borstenschwänze
HOLOTHUROIDEA Seewalzen
INSECTA Insekten
Ephemeroptera Eintagsfliegen
Odonata Libellen
Notoptera Grillenschaben
Plecoptera Steinfliegen
Embioptera Fersenspinner
Blattaria Schaben
Mantodea Fangschrecken
Isoptera Termiten
Zoraptera Bodenläuse
Orthoptera Heuschrecken
Phasmida Gespenstschrecken
Dermaptera Ohrwürmer
Psocoptera Staubläuse
Mallophaga Kieferläuse
Anoplura Echte Läuse
Thysanoptera Fransenflügler
Hemiptera Schnaberkerfe
Neuroptera Hafte und Ameisenlöwen
Megaloptera Schlammfliegen
Raphidiodea Kamelhalsfliegen
Coleoptera Käfer
Strepsiptera Fächerflügler
Mecoptera Schnabelfliegen
Trichoptera Köcherfliegen
Zeugloptera Urmotten
Lepidoptera Schmetterlinge
Diptera Fliegen und Mücken
Siphonaptera Flöhe
Hymenoptera Ameisen, Bienen und Wespen
Vertebrata Wirbeltiere
Amphibien
AMPHIBIA Amphibien
Apoda Blindwühlen
Urodela Molche und Salamander
Anura Frösche und Kröten
Reptilien
REPTILIA Reptilien
Chelonia Schildkröten
Rhynchocephalia Brückenechse
Squamata Echsen und Schlangen
Crocodylia Krokodile
Vögel
AVES Vögel
Apterygiformes Kiwis
Struthioniformes Strauß
Rheiformes Nandus
Casuariiformes Kasuare und Emus
Tinamiformes Steißhühner
Podicipediformes Lappentaucher
Gaviiformes Seetaucher
Sphenisciformes Pinguine
Procellariiformes Albatrosse, Sturmvögel und Sturmschwalben
Pelecaniformes Pelikane und Verwandte
Ciconiiformes Reiher, Störche und Flamingos
Anseriformes Wehr- und Entenvögel
Falconiformes Adler, Habichte und Geier
Galliformes Hühnervögel und Hoatzin
Gruiformes Kraniche und Verwandte
Charadriiformes Wat- und Möwenvögel und Alken
Columbiformes Tauben und Flughühner
Psittaciformes Papageien
Cuculiformes Kuckucke und Turakos
Strigiformes Eulen
Caprimulgiformes Schwalme und Ziegenmelker
Apodiformes Segler und Kolibris
Trogoniformes Trogons
Coliiformes Mausvögel
Coraciiformes Rackenvögel
Piciformes Spechte, Bartvögel und Tukane
Passeriformes Sperlingsvögel
MAMMALIA Säugetiere
Prototheria Eierlegende Säugetiere
METATHERIA Beutelsäugetiere
EUTHERIA Plazentatiere
Monotremata Kloakentiere
Marsupialia Beuteltiere
Insectivora Insektenfresser
Dermoptera Riesengleitflieger
Chiroptera Fledertiere
Primates Primaten
Cetacea Wale
Edentata Ameisenbären, Faultiere und Gürteltiere
Pholidota Schuppentiere
Lagomorpha Pfeifhasen, Hasen und Kaninchen
Rodentia Nagetiere
Carnivora Raubtiere
Pinnipedia Robben, Seelöwen und Walroß
Tubulidentata Erdferkel
Proboscidea Elefanten
Hyracoidea Schliefer
Sirenia Seekühe
Perissodactyla Unpaarhufer
Artiodactyla Paarhufer
Säugetiere

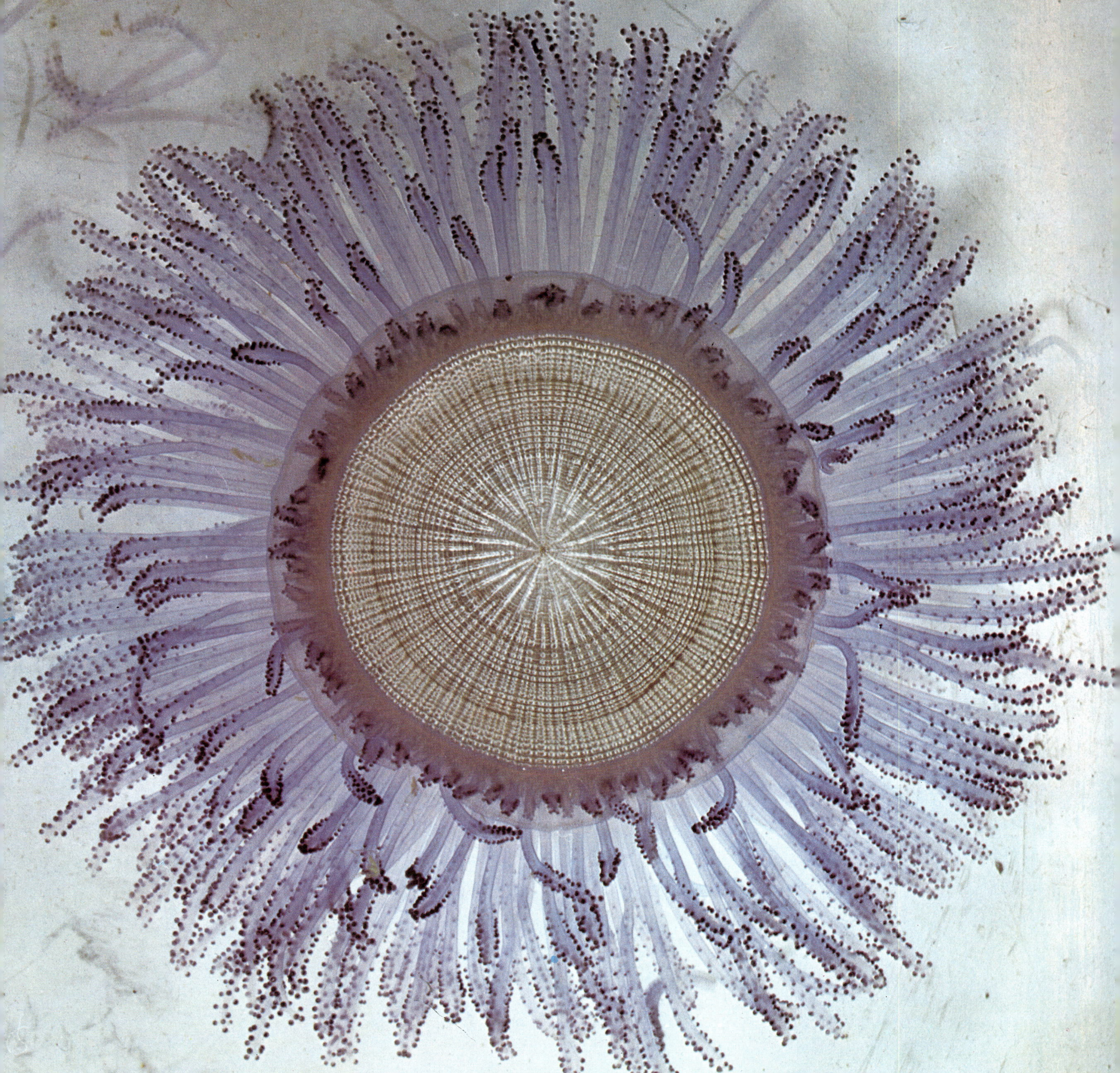

BILDATLAS DER TIERWELT

Qualle der Gattung *Porpita*

Giraffengazelle *Litocranius walleri*

Bildatlas der Tierwelt

Das geheimnisvolle, rätselhafte
Reich der Tiere

Verlag Das Beste Stuttgart · Zürich · Wien

Printed in Germany

ISBN 3 87070 293 1

Japanmakaken *Macaca fuscata*

Beratende Redakteure

L. Harrison Matthews
Richard Carrington
Peter Scott, The World Wildlife Fund

Beratende Zoologen

Michael Boorer
John F. Oates

Mitarbeiter

A. Blair-Rains
Land Resources Division,
Directorate of Overseas Surveys

A. E. Brafield
Queen Elizabeth College,
Universität London

M. E. Brown
Open University, Milton Keynes

Martin Brunt
Land Resources Division
Directorate of Overseas Surveys

Christopher Bryant
Universität Canberra

A. J. Charig
Britisches Museum, London

Prof. J. L. Cloudsley-Thompson
Universität von Khartum, Sudan

Juliet Clutton-Brock
Britisches Museum, London

Gordon B. Corbet
Britisches Museum, London

P. M. C. Davies
Universität Nottingham

John Ford

T. F. Gaskell
Information Department,
British Petroleum Ltd.

Colin Groves
Universität Cambridge

Nicholas Guppy

Martin Holdgate

Peter Jewell
University College, London

Alison Jolly

Rosemary H. McConnell

Basil Marlow
Australisches Museum, Sydney

John Napier
Unit of Primate Biology, London

C. M. Perrins
Erward Grey Institute of Field
Ornithology, Universität Oxford

Graeme Ramsay
D.S.I.R. Entomologische Abteilung,
Nelson, Neuseeland

Vernon Reynolds
Universität Bristol

Julian Rzóska
International Biological Programme/
Freshwater Productivity

John Sparks
BBC, Abteilung Naturwissenschaften

Hugh R. Howard Tripp

Michael W. F. Tweedie

Garth Underwood
City of London, Polytechnic

Peter Ward
Anti-Locust Research Centre, London

Lyall Watson

Barbara J. Weir
Wellcome Institute of Comparative
Physiology, The Zoological Society of London

E. Barton Worthington
International Biological Programme

Ins Deutsche übertragen und bearbeitet von
Herta und Dr. Karl Wilhelm Harde

Rentier *Rangifer tarandus*

Augenfalter *Aphantopus hyperanthus*

INHALT

VORWORT

Tiere sind die Mitgeschöpfe des Menschen. Zu Billionen und aber Billionen bevölkern sie neben ihm die Erde. Ihre Zahl ist unbekannt. Bis heute haben die Wissenschaftler weit mehr als eine Million Arten beschrieben, und manche Arten bestehen aus Milliarden von Tieren.

Ebenso ungeheuer ist die Vielfalt der Formen. Da gibt es Insekten, die wie Baumrinde, wie Blätter oder Blüten aussehen; da gibt es winzige Meerestierchen, die sich nach allen Seiten auf das absonderlichste verzweigen; phantastische Gorgonenhäupter, die aus Dutzenden von wirr ineinander verschlungenen Armen bestehen; Schuppentiere, die Tannenzapfen gleichen; und Fledermäuse mit so bizarren Gesichtern, daß sie geradezu vom Mars zu stammen scheinen.

Woher diese überwältigende Mannigfaltigkeit, diese abenteuerlichen Erscheinungen? Sind das alles Auswüchse eines gigantisch wuchernden „Spieltriebes" – gewissermaßen bloße Launen der Natur? Nein, all diese erstaunlichen Gestalten, so willkürlich sie den Betrachter anmuten mögen, sind keineswegs „irgendwie" so geworden, wie sie jetzt sind. Sie sind geprägt durch die Bedingungen, unter denen sie leben: durch ihre Umwelt und auch durch die anderen Tiere, mit denen zusammen sie existieren. Dementsprechend kann man aus dem Körperbau eines Tieres weitgehend ersehen, wo es wohnt, wie es sich ernährt, sich verteidigt ... Nachttiere haben große Augen, Höhlentiere oft gar keine. Tiere der kalten Regionen besitzen vielfach kleinere Extremitäten – zum Beispiel Ohren – als die Vertreter der gleichen Gattung in warmen Gegenden. Geschöpfe der Steppen und Savannen haben zumeist längere Beine und größere Hörner als ihre Verwandten, die im Wald leben und denen lange Beine weniger nützlich, lange Hörner sogar hinderlich wären. Und so weiter und so fort.

Auf solche Weise ist das Tier eingefügt in seinen Lebensraum. Sein Körper paßt, geformt durch einen jahrmillionenlangen Prozeß, genau zu dem, was ringsum vorhanden ist, was ihn ernährt, schützt oder bedroht. Mit Beinen, Flügeln und Flossen, mit Greifschwänzen, Hangelarmen, Flughäuten, Grabklauen und Schwimmfüßen bewegen die Tiere sich durch die Luft, durch die Erde, durch das Wasser, durch das Geäst des Waldes. Mit Reißzähnen, Saugmäulern, Hakenschnäbeln, Giftzangen oder Leimzungen fangen sie ihre Beute, knacken sie Samen, saugen sie Saft oder Insekten ein. Sie leben auf den Höhen des Himalaja oder auf dem Boden der tiefsten Tiefsee; sie widerstehen härtester Kälte oder monatelanger Trockenheit; sie schwimmen, ohne je innezuhalten, wie der Hai, oder sie schlafen in der Luft wie die Rußseeschwalbe. Jedes Tier wird auf seine eigene Weise mit schwierigen Bedingungen fertig.

Wer es unternimmt, sich mit den Tieren etwas eingehender zu beschäftigen, betritt ein Reich von überwältigender Weite, Tiefe und Vielfalt. Die Tiere beobachten, erforschen, das heißt: das Lebendige studieren, das Geheimnis Leben selbst. Jedes Tier ist Zeugnis und Ergebnis einer Entwicklung von über 500 Millionen Jahren, und es ist Teil eines ungeheuer komplizierten Ganzen.

Solche Zusammenhänge sucht dieses Buch deutlich zu machen. Wer in diesem Band liest, wird ein tieferes Verständnis für seine Mitgeschöpfe gewinnen und die Natur fortan mit anderen Augen sehen. Er wird erkennen, warum die Tiere „so" sind; er wird ihr Verhalten besser begreifen; ja er wird sogar anfangen, ihre Sprache zu verstehen: das Geschnatter der Affen, die auf diese Weise miteinander Kontakt halten, während sie durch den Urwald ziehen; den Schlag des Buchfinken, der andere Finken warnt, in dies Revier einzudringen; den Paarungsruf des Baumfrosches, der eine Partnerin sucht . . . Das ist es, was der „Bildatlas der Tierwelt" leisten möchte: er will die Fülle des Lebens ein wenig überschaubarer, sein Geheimnis ein wenig durchsichtiger machen.

Die Herausgeber

Die Entdeckung der Tierwelt

Die Biologen haben erst vor gar nicht langer Zeit erkannt, daß kein Lebewesen, Pflanze oder Tier, wirklich verständlich ist, wenn man es einzeln, für sich betrachtet. Jedes ist Teil einer Gemeinschaft und kann nur in Verbindung mit ihr richtig begriffen werden. Auch der Mensch stellt nur eine Art unter vielen Geschöpfen dar, mit denen er unlösbar verbunden ist.

Der primitive Mensch war Jäger und hatte darum eine enge Beziehung zu Tieren; er mußte sie scharf beobachten, wenn er überleben wollte. Höhlenzeichnungen, die vor 20 000 Jahren entstanden, lassen eine bemerkenswert genaue Kenntnis vom Bau der Tiere erkennen. Sie entstanden nicht nur als Kunstwerke, sondern hatten wahrscheinlich auch mystische Bedeutung.

In den Schriften der alten Griechen und Römer sind uns Berichte über Pflanzen und Tiere überliefert. Doch darin stehen nicht nur beobachtete Tatsachen; die Autoren schrieben auch ohne Hemmung voneinander ab, wobei sachliche Verzerrungen entstanden. Überdies gaben sie Fabeln wieder, und Informationen aus zweiter oder dritter Hand wurden so stark übertrieben, daß sie von Fabeln nicht mehr zu unterscheiden waren. Aber mehr als 1000 Jahre lang bezog die westliche zivilisierte Welt ihr Wissen über die Lebewesen aus solchen Schriften.

Das Tier in der Magie

Die Autoren der „Bestiarien" – symbolträchtiger Tierbücher, die in Europa erst vor einigen hundert Jahren veröffentlicht wurden – ahmten die klassischen Schriftsteller nach und fügten von sich aus noch ungenaue Angaben und subjektive Auslegungen hinzu. In diesen Werken spiegelt sich auch die Annahme wider, daß jede Tierart mystische Merkmale trage und geschaffen worden sei, um in irgendeiner Weise dem Menschen als ein Beispiel zu dienen oder um das Rohmaterial für Zaubertränke zu liefern.

In der Renaissance begannen die Menschen, sich Kenntnisse von der Natur anzueignen, indem sie die Welt, die sie umgab, studierten. Der große italienische Künstler und Wissenschaftler Leonardo da Vinci (1452–1519) fertigte wunderbare und genaue anatomische Zeichnungen an. Solche Studien leiteten die moderne Zoologie und Botanik ein. Diese beiden Wissenschaftszweige, die Lehre von den

TEIL 1

DIE ZEHN NATÜRLICHEN REGIONEN DER ERDE

3 WÄLDER IN MILDEM KLIMA

Das Klima der Wälder in den gemäßigten Zonen reicht von subtropischer Wärme bis zu fast polarer Kälte. Im Norden werfen die Bäume im Herbst ihre Blätter ab. In der dicken Laubschicht lebt eine spezielle Tiergesellschaft.

4 GRASLÄNDER

Grasländer erstrecken sich über weite Flächen der tropischen und gemäßigten Regionen. In Afrika ziehen große Herden von Pflanzenfressern, wie Antilopen und Zebras, über die Savannen. Ihnen folgen die Raubtiere.

5 WÜSTENGEBIETE

Hitze und Trockenheit machen die Wüsten zu einer unwirtlich Lebenszone. Dennoch gibt es dort viele Tiere. Sie überdaue indem sie das Wasser in ihrem Körper festhalten und sich der Sonne verbergen.

ɜren und die von den Pflanzen, sind inzwi-
ɑen im Begriff, zu der umfassenden Disziplin r Biologie, der Wissenschaft vom Leben, zu ᵣschmelzen. Beide befassen sich mit lebenden ganismen, denen viele Merkmale gemein- n sind: Pflanzen wie Tiere sind fähig, zu wach- ı, Wunden zu schließen und Störungen zu heben, auf verschiedene Dinge in ihrer Um- ɔung zu reagieren und sich fortzupflanzen. Kompliziertere Organismen sind von unbe- ter Materie deutlich verschieden. Doch der terschied ist nicht so klar, wenn man die ein- hsten Lebensformen, zum Beispiel Viren, rachtet. Für den Biologen bedeutet diese schwommene Trennungslinie zwischen be- ter und unbelebter Materie keine Über- chung, denn nach Ansicht der Wissenschaft- ist Leben aus unbelebten Stoffen entstanden.

lanzen und Tiere

ch zwischen Pflanzen und Tieren gibt es kei- n grundsätzlichen Unterschied. Typische Ver- ter der beiden Gruppen sind augenschein- ı sehr verschieden – ein Kohlkopf und eine tze zum Beispiel –, doch auch hier gibt es ischenformen.

Grüne Pflanzen bilden ihre Nahrung aus fachen Stoffen selbst; sie wandeln Kohlen- ɔxid und Wasser in organische Kohlenstoff- rbindungen um, wobei sie das Sonnenlicht Energiequelle verwenden. Dieser Prozeß rd als Photosynthese bezeichnet. Da die sgangsprodukte allgemein zur Verfügung hen, bewegen sich Pflanzen normalerweise ht fort. Ihre Zellen sind von Wänden aus llulose umgeben, und die Nährstoffe werden Form von Stärke gespeichert.

Tiere stellen ihre Bausteine nicht selbst her, ndern fressen Pflanzen oder andere Tiere. rum muß ein typisches Tier sich von einer anze zur anderen bewegen oder seine Beute rfolgen können. Tierische Zellen besitzen ine Zellulosewände, und Reservestoffe sind ihnen normalerweise in Form von Glykogen er Fett gelagert, nicht als Stärke.

Nicht alle Pflanzen und Tiere aber sind typische Vertreter ihrer Gruppe. Pilze zum Beispiel stellen ihre Nährstoffe nicht selbst her, sondern leben von den Geweben anderer Organismen; deshalb benötigen sie auch kein Sonnenlicht. Dennoch gehören Pilze zu den Pflanzen. Andererseits bewegen sich nicht alle Tiere fort; einige, wie die Seerosen, Seenelken und Korallen, sind an einen bestimmten Ort gebunden und warten dort darauf, daß das Futter zu ihnen kommt. Sie können sogar pflanzenähnlich aussehen. Weil aber eine sorgfältige Untersuchung ihre Verwandtschaft mit anderen Tieren offenbart, werden sie dem Tierreich zugeordnet.

Eine von vielen Gruppen, die zwischen Pflanzen und Tieren vermitteln, sind die gemeinen Süßwasserorganismen, die insgesamt *Euglena* genannt werden. Diese Organismen bestehen nur aus einer einzigen Zelle. Wie viele andere Einzeller auch schwimmen sie mit Hilfe einer peitschenähnlichen Geißel im Wasser. Manche Formen enthalten den grünen Farbstoff Chlorophyll und weisen alle Merkmale einer Pflanze auf. Andere verlieren ihr Chlorophyll, wenn sie im Dunkeln gehalten werden, und können sich dann wie Tiere ernähren. Diese Geschöpfe sind also Zwischenformen, die vielleicht den gemeinsamen Ahnen von Pflanzen und Tieren in gewisser Hinsicht ähneln.

Als erstes Gebiet wurde in der modernen Biologie die Anatomie eingehend studiert: Man bestimmte die Strukturen vieler Tier- und Pflanzenarten in allen Einzelheiten. Die Erfindung des Mikroskops durch den holländischen Naturforscher Anton van Leeuwenhoek (1632–1723) und die Konstruktion des noch viel stärkeren Elektronenmikroskops im 20. Jahrhundert haben diese Arbeiten sehr gefördert. Nun hängt aber der Bau eines Tieres damit zusammen, wie das Tier funktioniert; so führte die Anatomie ganz natürlich zur Physiologie, zum Studium der Arbeitsweise lebender Organismen. Die Physiologie wiederum führte zur Biochemie, zur Biophysik und zu der eben jetzt aufstrebenden Wissenschaft der Molekularbiologie.

Die Gruppierung der Lebewesen

Als immer mehr Lebewesen untersucht und beschrieben wurden, ergab sich in zunehmendem Maße die Notwendigkeit, sie zu ordnen, zu klassifizieren. Wenn Organismen nicht eindeutig bestimmt werden können, ist es einem Wissenschaftler oft unmöglich, seine Ergebnisse einem Kollegen mitzuteilen. Verschiedene Gelehrte haben versucht, ein geeignetes Schema zu entwickeln; der erste, der ein überzeugendes, allgemein akzeptiertes Ordnungssystem lieferte, war der schwedische Naturforscher Carl von Linné, oder Carolus Linnaeus (1707 bis 1778). Er gab jeder Art einen Namen und faßte Pflanzen und Tiere nach ihrer äußeren Ähnlichkeit in Gruppen zusammen. Die heute verwendeten Hauptgruppen sind:

Reich: Dies ist die Haupteinteilung, die die Welt der Organismen in Pflanzenreich und Tierreich trennt.

Stamm: Hauptgruppe eines Reiches. Beispiele für Vertreter von Stämmen sind die Wirbeltiere (dazu zählen die Tiere mit einer Wirbelsäule und ihre primitiven Verwandten) und die Mollusken (weichhäutige Tiere, oft mit harter Schale; zu ihnen gehören Schnecken, Muscheln und Tintenfische).

Klasse: Ein Stamm wird in mehrere Klassen unterteilt. Beispiele für Klassen: die Säugetiere (Wirbeltiere, die ihre Jungen säugen), die Kriechtiere, die Vögel.

Ordnung: Mehrere Ordnungen bilden eine Klasse. Zur Klasse der Vögel gehören zum Beispiel die Ordnungen *Passeriformes* oder Sperlingsvögel und die *Galliformes* oder Hühnervögel.

Familie: Jede Ordnung wiederum ist in Familien unterteilt. Beispiele für Familien der Sperlingsvögel: Rabenvögel, Lerchen, Schwalben.

Gattung: Mehrere Gattungen bilden eine Familie. Angehörige der Gattung *Corvus* zum

Klimazonen und ihre Pflanzen- und Tiergesellschaften

Jedes Tier auf Erden ist an seine Umgebung angepaßt. Die Vegetation stellt für das tierische Leben einen Hauptfaktor dar. Ihre allgemeinen Kennzeichen in einem bestimmten Gebiet werden weitgehend vom Klima bestimmt. So kann man die Erde in große Klimazonen unterteilen, von denen jede ihre eigenen, charakteristischen Pflanzen und Tiere beherbergt. Ökologen bezeichnen diese Zonen als Biome. Zumeist werden 10 angeführt. 6 von ihnen – die Polargebiete, die Nadelwälder, die Wälder der gemäßigten Zonen, die Grasländer, die Wüstengebiete und die tropischen Wälder unterscheiden sich deutlich in ihrer Vegetation. In den Gebirgen, wo sich das Klima mit der Höhe ändert, findet man besondere Tier- und Pflanzengesellschaften. Die Inseln im Ozean haben hinsichtlich des Klimas und der Vegetation wenig gemeinsam, beherbergen aber wegen ihrer Abgeschiedenheit oft eine spezifische Tierwelt. In den restlichen beiden Zonen, den Binnengewässern und den Ozeanen, sehen Pflanzen und Tiere sich den besonderen Problemen und Möglichkeiten gegenüber, die das Leben im Wasser mit sich bringt.

6 TROPISCHE WÄLDER

den tropischen Wäldern gibt es immer einige Pflanzen, die ätter tragen oder an denen Früchte reifen. Dies ist die undlage für ein sehr reiches Landtierleben – von bunten In-kten bis zum Tiger.

7 GEBIRGE

Gebirge nehmen 5 Prozent der Landoberfläche der Erde ein. Die Tiere, die dort leben, sind an rauhe Verhältnisse angepaßt: an dünne Luft, geringe Feuchtigkeit, Kälte und kargen Pflanzenwuchs.

8 INSELN IM OZEAN

Auf den Ozeaninseln sind die wenigen Pflanzen und Tiere zu Hause, die das Meer zu überqueren vermochten oder ihm entstiegen und sich hier ansiedelten. Vögel und Fledermäuse stellen auf vielen Inseln die einzigen Landwirbeltiere dar.

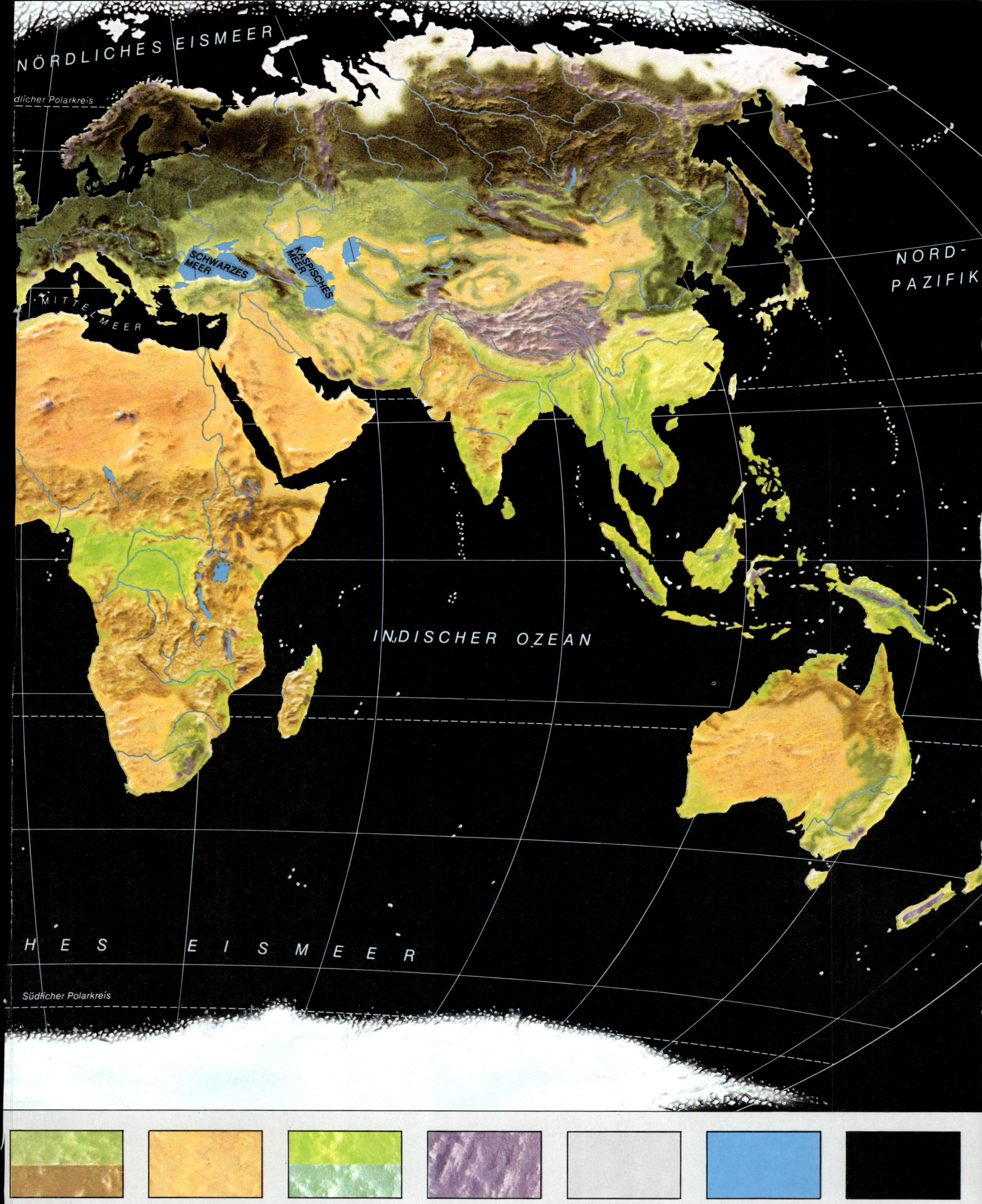
NÖRDLICHES EISMEER
dlicher Polarkreis
NORD-
PAZIFIK
SCHWARZES MEER
KASPISCHES MEER
MITTELMEER
INDISCHER OZEAN
HES EISMEER
Südlicher Polarkreis

GRASLÄNDER
Oben: in gemäßigten Breiten
Unten: Savanne

WÜSTENGEBIETE

TROPISCHE WÄLDER
Oben: Regenwald
Unten: Bergwald

GEBIRGE

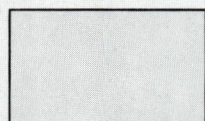

INSELN IM OZEAN

BINNENGEWÄSSER

OZEANE

Tiere werden von ihrer Umwelt geformt

Die ersten 6 Lebenszonen werden durch besondere Kombinationen von Niederschlag und Temperatur bestimmt. In den meisten dieser Zonen treten zudem spezielle jahreszeitliche Veränderungen auf. Diese Faktoren bringen, in Verbindung mit anderen Gegebenheiten, wie der örtlichen Beschaffenheit des Bodens, charakteristische Vegetationstypen hervor, auf denen wiederum eigene Tiergesellschaften gedeihen. Eine bestimmte Verbindung von Niederschlägen, Temperatur und Boden hat zum Beispiel die dichten, tropischen Wälder in den feuchten Gebieten am Äquator entstehen lassen. Eine andere Kombination führte zur Bildung der trockenen Wüsten. In den tropischen Wäldern leben zahllose Tierarten. Die karge Vegetation der Wüste läßt hingegen nur verhältnismäßig wenige Arten zu. Eine einzelne Lebenszone kann aus mehreren geographisch voneinander getrennten Regionen bestehen, in denen jeweils ganz unterschiedliche Tiergruppen beheimatet sind. Die ähnlichen klimatischen Bedingungen in diesen Regionen führen jedoch zu bemerkenswerten Ähnlichkeiten in der Erscheinung und im Verhalten dieser verschiedenen Gruppen.

9 BINNEN-GEWÄSSER

Binnengewässer sind sehr verschieden. Zu ihnen gehören das 371 800 Quadratkilometer große Kaspische Meer und der 6671 km lange Nil, wo viele Lebensformen zu Hause sind, ebenso wie die Regenpfütze, die kleine Organismen beherbergt.

10 OZEANE

Die Ozeane bedecken 70 Prozent der Erdoberfläche. In ihnen entstand das Leben auf unserem Planeten, und noch immer findet man hier die zahlreichsten und mannigfachsten Tiere – sie allesamt letztlich abhängig vom Plankton.

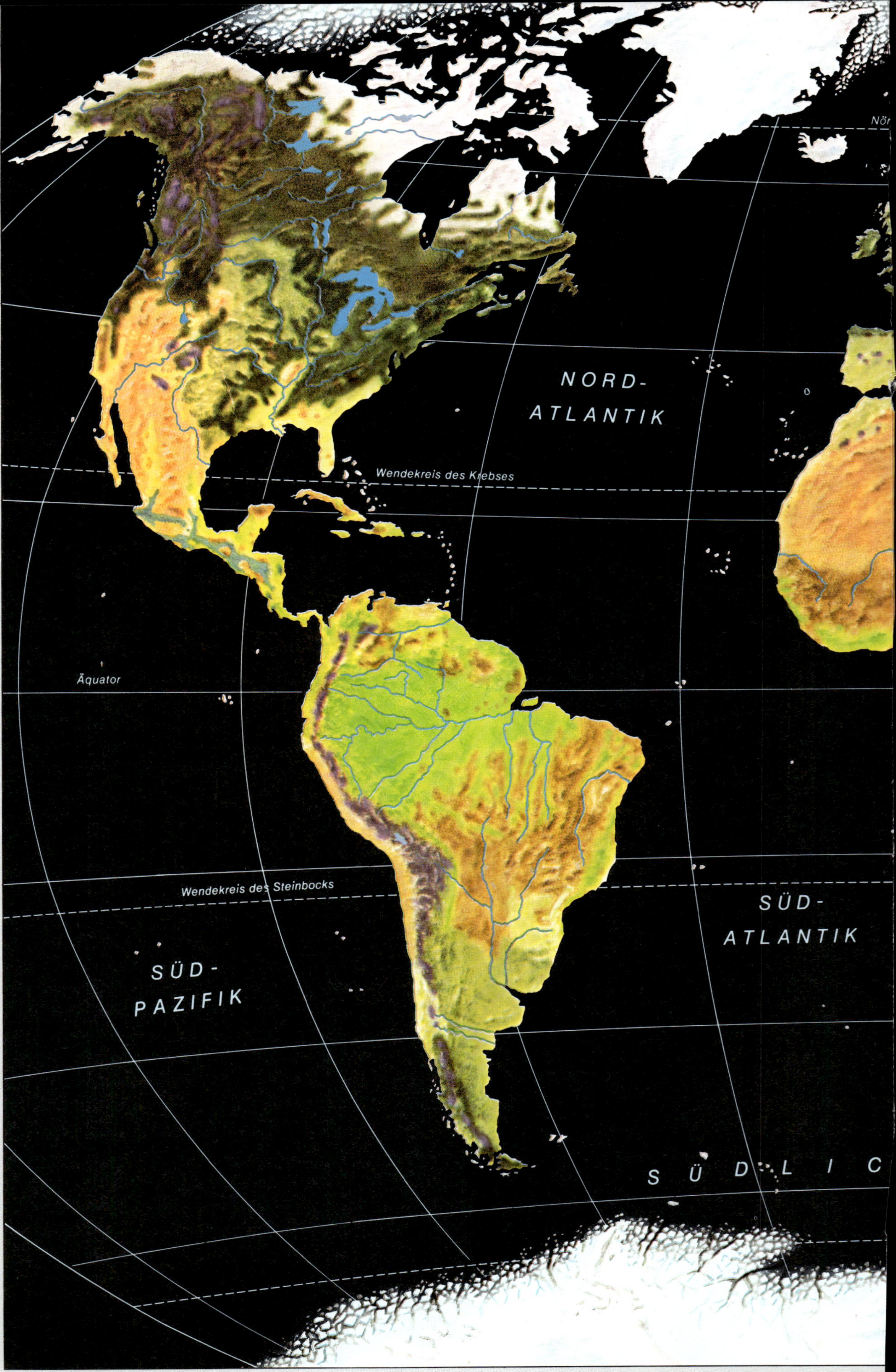
NORD-
ATLANTIK
Wendekreis des Krebses
Äquator
Wendekreis des Steinbocks
SÜD-
ATLANTIK
SÜD-
PAZIFIK
S Ü D L I C

Die Lebenszonen der Erde

Der Mensch hat weite Teile der natürlichen Lebenszonen auf der Erde verändert, besonders der Grasländer und Wälder in den gemäßigten Breiten. Er rodete und pflügte das Land, kultivierte und besiedelte es. Europa gehört zum Beispiel zum Waldgürtel; heute ist es jedoch eins der am intensivsten bewirtschafteten Gebiete der Welt. Der ursprüngliche Wald ist nur in einzelnen kleinen Flecken erhalten geblieben. Auch die tropischen Zonen und die Binnengewässer hat der Mensch umgestaltet. Wenig Einfluß hatte er auf die Polargebiete, die Gebirge und die Ozeane.

POLARGEBIETE
Oben: dauernd vereist
Unten: Tundra

NADELWALD

WÄLDER DER GEMÄSSIGTEN ZONEN
Oben: laubabwerfend
Unten: immergrün

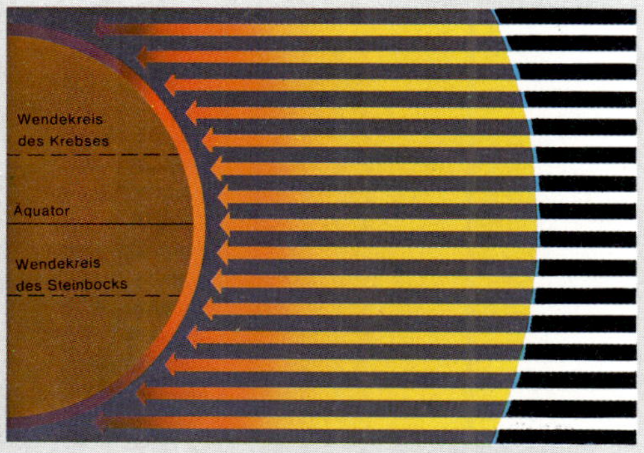
Wendekreis des Krebses
Äquator
Wendekreis des Steinbocks

Die Erwärmung der Erde durch die Sonne Wenn die Sonnenstrahlen senkrecht auf die Erde treffen wie in den Tropen, ist ihr Weg durch die Atmosphäre kürzer als in den Polargebieten, wo sie flach einfallen. Die Luftschichten zerstreuen die Sonnenstrahlen; deshalb erhalten die Polargebiete weniger Wärme als die Tropenzonen. Die Erdachse ist gegen ihre Bahn um die Sonne um 23,5° geneigt; darum steht die Sonne im Laufe eines Jahres über immer anderen Orten senkrecht. Das verursacht auch eine jahreszeitliche Verschiebung der Tageslänge – extrem ausgeprägt an den Polen, wo 6 Monate Tag und 6 Monate Nacht herrscht.

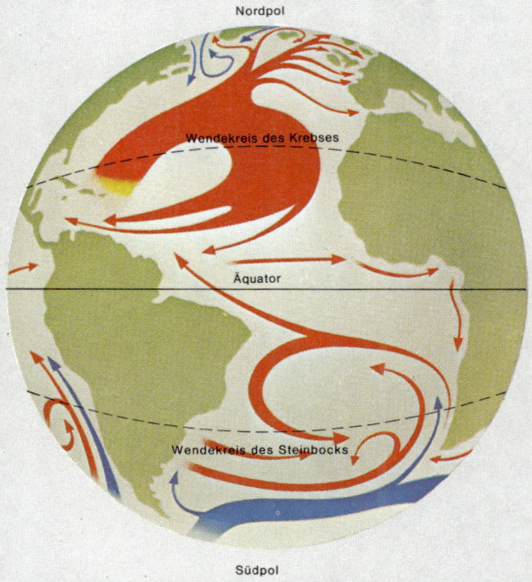
Nordpol
Wendekreis des Krebses
Äquator
Wendekreis des Steinbocks
Südpol

Meeresströmungen Vorherrschende Winde und Unterschiede in der Wasserdichte erzeugen die Meeresströmungen. Durch die Erddrehung werden diese Strömungen abgelenkt, auf der Nordhalbkugel im Uhrzeigersinn, auf der Südhalbkugel in entgegengesetzter Richtung. Die Meeresströmungen unterscheiden sich hinsichtlich der Temperatur des Wassers und seines Gehalts an Salz und anderen chemischen Stoffen.

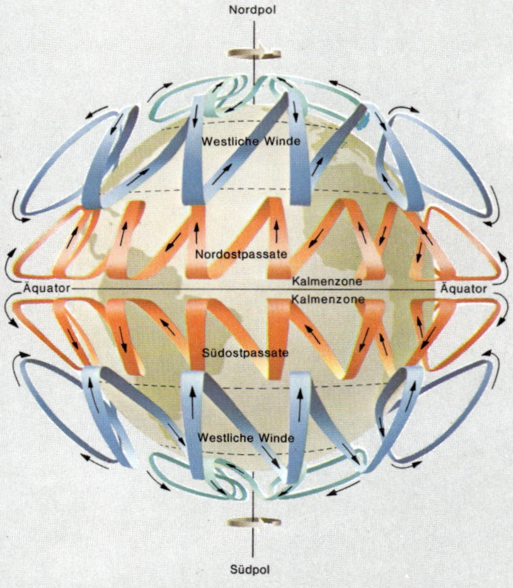
Nordpol
Westliche Winde
Nordostpassate
Äquator
Kalmenzone
Kalmenzone
Äquator
Südostpassate
Westliche Winde
Südpol

Das System der Winde auf der Erde Die Luft am Äquator wird erwärmt, dehnt sich aus, steigt empor und fließt in großer Höhe polwärts. Der Hauptteil sinkt in 30° nördlicher bzw. südlicher Breite ab und bildet durch sein Gewicht eine Zone hohen Druckes, von der aus die Passatwinde, abgelenkt durch die Drehung der Erde, wieder in die Tropen zurückwehen. Über den Polen sinkt kalte Luft herab; in etwas niedrigeren geographischen Breiten steigt sie wieder auf. Zwischen diesen polaren und tropischen Luftzirkulationen gibt es große Luftströmungen, die – als westliche Winde wehend – gegen die Polargebiete hin aufsteigen und in Richtung auf die Tropen wieder herabsinken.

Das Klima

Die Lebenszonen der Erde werden vom Klima bestimmt. Dieses ist zwar auf der Erde in den einzelnen Regionen ganz verschieden, doch wird es überall durch die gleichen Einflüsse gebildet.

Die eigentliche Ursache des irdischen Klimas ist die Sonne, deren Strahlen auf die Kontinente, die Ozeane und die Atmosphäre einwirken. Durch die tägliche Rotation der Erde sowie ihren Umlauf um die Sonne wird es verändert.

Die Erwärmung der Erdoberfläche durch die Sonne erzeugt Winde, die ihrerseits die Strömungen im Meer beeinflussen. Beide – Winde und Meeresströmungen – werden durch die Erddrehung abgelenkt, und zusammen mit der Sonnenstrahlung bewirken sie wiederum die Verteilung der Niederschläge. Grundsätzlich tragen die Winde, die vom Meer her wehen, Wasserdampf.

Diese Faktoren und ihre Wechselwirkung bringen die Bedingungen hervor, unter denen Leben sich entwickeln kann; doch ist die Strahlung der Sonne dabei von überragender Bedeutung. Sie liefert die Energie für die Photosynthese, mit deren Hilfe Pflanzen Wasser und Kohlendioxid in komplizierte organische Stoffe verwandeln.

Die Einflüsse des Großklimas bilden zusammen mit örtlichen Faktoren wie Höhenlage und Bodentyp eine Vielzahl von besonderen örtlichen Klimaten. Es lassen sich aber bestimmte Hauptklimazonen unterscheiden, von denen jede ihre eigene Pflanzen- und Tiergesellschaft besitzt.

Die Erde, aus dem Weltraum gesehen Feuchtigkeitsträchtige, von Meereswinden geformte Wolken bedekken große Gebiete der Erde. Dieses Photo wurde von einem Satelliten aufgenommen, der sich über der Mündung des Amazonas befand. Vorn liegt Südamerika; rechts oben sieht man noch ein Stück von Afrika.

Herbst in der Arktis Rentiere durchqueren auf ihrer jährlichen Wanderung zu den Winterfutterplätzen in den Nadelwäldern einen Fluß in der Tundra.

Die Polargebiete

Die Polargebiete haben das gleiche Klima, aber eine unterschiedliche Tier- und Pflanzenwelt; denn die Arktis ist ein von Land umgebenes Meer, die Antarktis eine vom Meer umspülte Landmasse.

Schaute man aus dem Weltraum auf die Erde hinab, dann würden einem die leuchtendweißen Polarkappen besonders auffallen. Dabei würde man Unterschiede zwischen den Kappen hinsichtlich ihrer Größe, Form und Veränderung erkennen. Das Eis der Antarktis bedeckt das ganze Jahr über den antarktischen Kontinent in etwa gleicher Ausdehnung; das Eis der Arktis hingegen überzieht im Winter Gebiete, die im Sommer eine grüne Pflanzendecke tragen.

Der Hauptgrund für diese Verschiedenheit liegt darin, daß der Kern der Arktis ein dauernd vereistes Meeresgebiet ist, umgeben von Landmassen, die allmählich in andere Lebensräume überleiten; die Antarktis hingegen ist ein eigener Kontinent.

Die eigentlichen, inneren Polargebiete sind dauernd mit Eis und Schnee bedeckt. Hier steigen selbst im wärmsten Sommer die Durchschnittstemperaturen nur bis auf wenige Grade über den Gefrierpunkt, und auch dann sind die Meere noch mit Treibeis bedeckt. In den äußeren oder Subpolargebieten steigen die Temperaturen höher, aber im Winter fällt sehr viel Schnee, und das Klima ist zu kalt und die Zeit des Wachstums zu kurz, als daß Bäume gedeihen könnten.

Begrenzung der Arktis

Die Grenzen beider Polargebiete sind im wesentlichen durch die 10°-Isotherme des wärmsten Monats festgelegt. (Das ist eine gedachte Linie, die diejenigen Orte miteinander verbindet, an denen die Temperatur im wärmsten Monat 10° C erreicht.) Auf der Nordhalbkugel werden südlich dieser Linie die Moore, die Tundra und der nackte Fels von Nadelwäldern abgelöst.

Das Polargebiet der Arktis dehnt sich nach Süden verschieden weit aus; seine Grenze liegt zwischen 75° und 55° nördlicher Breite. Das Subpolargebiet umfaßt den Hauptteil Alaskas und Nordkanadas, die Südküste Grönlands, Nordskandinavien und Teile der sibirischen Küste. Das innere Polargebiet enthält wenig Land: nur die eisbedeckte Hauptmasse Grönlands, kleine Gebiete im nördlichsten Kanada und Teile der eisbedeckten Inselgruppen, die Eurasien säumen.

Der Kern der inneren Arktis ist ein etwa 14 Millionen Quadratkilometer großer Ozean, der das ganze Jahr über von Eis überzogen ist. Es driftet in einem kreisförmigen Wirbel um den Nordpol herum.

Eine Hochebene aus Eis

Die Antarktis hingegen ist Festland. Der Südpol liegt ziemlich genau im Zentrum. Das Gebiet ist nur wenig kleiner als das nördliche Eismeer, doch trägt es 95 Prozent des ewigen Eises der ganzen Erde. Stellenweise ist dieses Eis mehr als 3500 m dick.

Ohne diese Decke wäre der Ostteil der Antarktis ein von Gebirgen umgebenes Tiefland; Bergketten begleiten die Küsten des Ross- und Weddell-Meeres, und auch an der Ostküste ziehen sich Gebirge hin. Einige ihrer Gipfel ragen mehr als 4500 m hoch. Daß dieses Gebiet heute den Charakter einer Hochebene hat, ist allein dem Eis zuzuschreiben: Der Südpol liegt 1860 m über dem Meeresspiegel, aber 1800 m davon sind Eis.

Nach neuesten Untersuchungen sind die Kontinente unseres Planeten im Verlauf langer Zeiträume auseinandergedriftet, und auf ihnen haben größere Änderungen der Lebensbedingungen stattgefunden. Sowohl in der Arktis als auch in der Antarktis sind fossile Reste von Wäldern und von Tieren gefunden worden, die einst in subtropischen Meeren lebten.

Vor vielen Millionen Jahren scheint die Antarktis zusammen mit Südamerika, Afrika, Indien und Australien eine einzige große Landmasse gebildet zu haben, die sich später auflöste und zu den heute getrennten Kontinenten wurde. Die Antarktis driftete vor ungefähr 50 Millionen Jahren in ihre jetzige Lage. Das erklärt wohl die Relikte früherer Pflanzen und Tiere, nicht aber die Veränderungen, die stattgefunden haben, seit die Landmassen ihre heutige Lage erreichten. Es gibt Beweise dafür, daß vor 4 Millionen Jahren die Antarktis noch keine größere Eiskappe besaß. Erst später bewegte sich eine breite Eisfront vom Inland her auf die Küsten der Antarktis zu.

Es scheint, daß die Kälte im Norden später kam, vielleicht erst vor einer Million Jahren. Die Gletscher der letzten Eiszeit, die weit nach Europa und Nordamerika hineinreichten, begannen ihren Rückzug erst vor ungefähr 15 000 Jahren. Dem zurückweichenden Eis folgte eine Tundravegetation; danach stellten sich Kiefern und Birken ein, und endlich, vor ungefähr 8000 Jahren, die Laubwälder. Mit diesen Pflanzenformationen kamen die entsprechenden Tiere: Eisbären mit dem Eis, Moschusochsen, Rentiere und Wölfe mit der Tundra.

In Amerika und Eurasien besitzt die Arktis Landverbindungen zu den gemäßigten Zonen. Pflanzen und Tiere der Nordhalbkugel können daher bei Klimaänderungen vordringen und zurückweichen. Hier liegt ein Grund dafür, daß der Reichtum an Tieren in der Arktis größer ist als in der Antarktis, wo der nächste Kontinent, Südamerika, durch 800 km Meer getrennt ist.

Reiches Meeresleben

Auf dem festen Grund der inneren Polargebiete gibt es nur eisige Wüsten mit spärlicher Vegetation und wenigen Tieren. In krassem Gegensatz dazu weisen die Polarmeere ein mindestens ebenso reiches Leben auf wie irgendein anderes Meer.

Ein mannigfaltiges Tierleben hat seine Grundlage in dem großen Reichtum an einzelligen, im Wasser schwebenden Pflanzen, dem sogenannten Phytoplankton. Dieses stellt die Nahrung für winzige Tiere dar, das sogenannte Zooplankton. In ihm sind die kleinen Ruderfußkrebse am zahlreichsten, von denen Wale, Robben, Pinguine, andere Seevögel und viele Fische sich ernähren.

Das Tierleben des Meeres wirkt sich auch auf das Land günstig aus: Robben und Seevögel finden ihre Nahrung draußen auf dem Meer, ruhen sich aber an Land aus und ziehen dort ihre Jungen auf. Ihr Kot enthält Nährstoffe, die der Küstenvegetation zugute kommen.

Antarktischer Sommer Eine einsame Robbe treibt auf einer Eisscholle im Polarmeer, das von Leben wimmelt.

Pflanzen in rauhen Klimaten

Eisberge und aufgetürmtes Packeis in der Antarktis.

Die längsten Tage und Nächte, die tiefsten Temperaturen und heftige Winde – mit diesen Bedingungen müssen Organismen in den Polargebieten fertigwerden.

Die wichtigsten Voraussetzungen für das Leben auf der Erde sind das Licht und die Wärme der Sonne. Im Dunkeln und ohne wenigstens kurze Wärmezeiten vermögen allein die primitivsten Pflanzen zu wachsen, und Kaltblüter können dort gar nicht leben. Die Polargebiete mit ihren extremen Bedingungen sind als Lebensräume einzigartig: Ein Tag oder eine Nacht kann dort sehr lang sein, an den Polen monatelang. Überall in den Polargebieten ist der Sommer eine Zeit, in der es viel Licht, der Winter eine Periode, in der es sehr wenig Licht gibt.

Allgemein wärmen die Sonnenstrahlen im Winter kaum, da die Sonne dann sehr niedrig am Himmel steht. Sie verlieren in der Atmosphäre mehr Energie, als wenn sie in einem größeren Winkel einfielen. Hinzu kommt, daß Eis und Schnee stark reflektieren, so daß 90 Prozent der Sonnenstrahlen von der Oberfläche der Polarzone in den Weltraum zurückgeworfen werden.

Schnee auf dem Festland und Eis auf dem Meer verhindern, indem sie das Licht abschirmen, ein Wachstum von Organismen. Auf dem Boden können keine Pflanzen gedeihen, im Meer kein Phytoplankton – die Grundlage allen marinen Lebens. Die Schneedecke auf dem Festland hat nur einen Vorteil: Sie schützt vor niedrigen Lufttemperaturen, die sehr tief sein können. Die niedrigsten wurden mit $-88°$ in der inneren Arktis gemessen.

Weite Gebiete der inneren Polarregionen kann man als Wüste bezeichnen. Das zentralarktische Becken und die antarktische Hochebene haben einen jährlichen Schneefall, der einer Regenmenge von nur 125 mm entspricht. Einige Teile der inneren Antarktis sind sogar so extrem trokken, daß dort auch kein Schnee und Eis mehr liegt. Der Boden besteht dort aus trockenem, von einer Salzkruste überzogenem Sand.

Eisige Winde stürzen sich mit Geschwindigkeiten bis zu 150 km/st von der antarktischen Hochebene herab und treiben dabei Schnee über die weiten Flächen. Bei vielen antarktischen Schneestürmen fällt also gar kein Schnee, sondern er wird nur verweht.

Im Zentrum des Kontinents hingegen ist es unter dem Einfluß eines dauernden Hochdruckgebietes relativ windstill. Ähnlich sind die Verhältnisse im Norden: In Alaska und Skandinavien wehen heftige Winde, während Kanada und Zentralsibirien wohl bitterkaltes, aber ruhigeres Wetter haben.

Eisgrenzen und Meeresströmungen in den Polargebieten

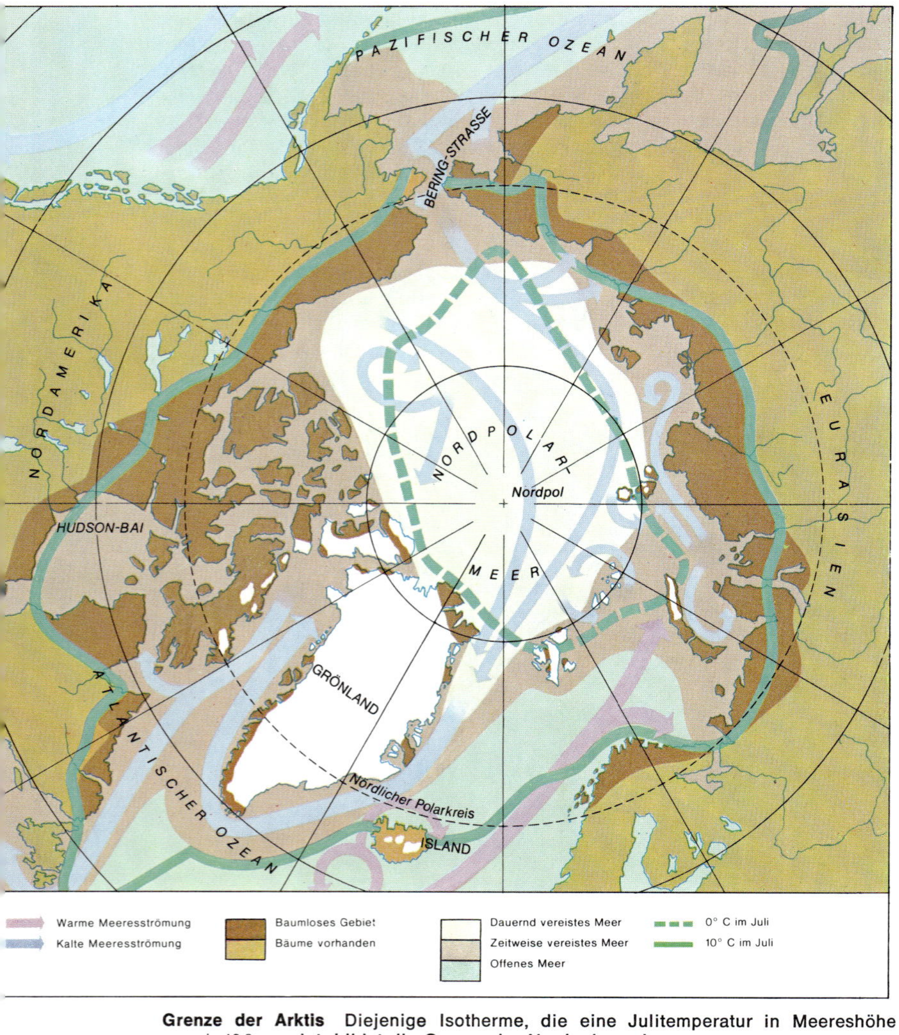
PAZIFISCHER OZEAN
BERING-STRASSE
NORDAMERIKA
EURASIEN
NORDPOLARMEER
Nordpol
HUDSON-BAI
GRÖNLAND
Nördlicher Polarkreis
ISLAND
ATLANTISCHER OZEAN
Warme Meeresströmung
Kalte Meeresströmung
Baumloses Gebiet
Bäume vorhanden
Dauernd vereistes Meer
Zeitweise vereistes Meer
Offenes Meer
0° C im Juli
10° C im Juli

Grenze der Arktis Diejenige Isotherme, die eine Julitemperatur in Meereshöhe von + 10° anzeigt, bildet die Grenze der Nordpolarregion.

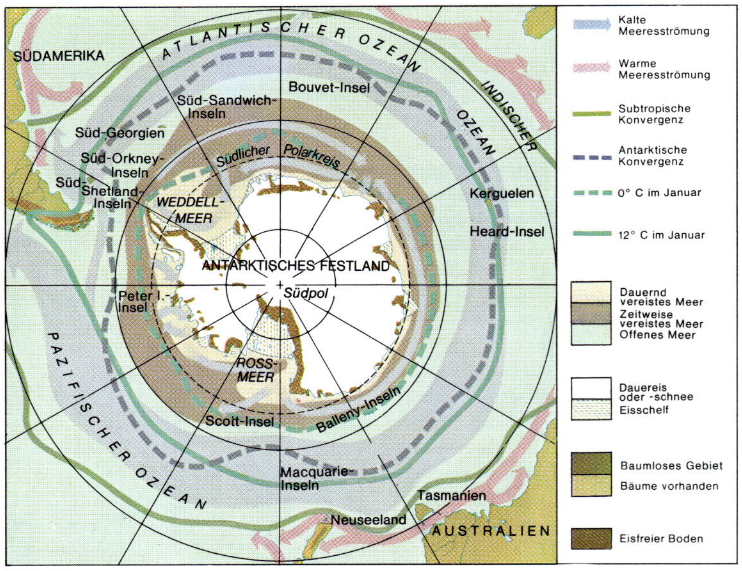
SÜDAMERIKA
ATLANTISCHER OZEAN
INDISCHER OZEAN
Bouvet-Insel
Süd-Sandwich-Inseln
Süd-Georgien
Süd-Orkney-Inseln
Süd-Shetland-Inseln
Südlicher Polarkreis
WEDDELL-MEER
Kerguelen
Heard-Insel
ANTARKTISCHES FESTLAND
Peter I.-Insel
Südpol
ROSS-MEER
PAZIFISCHER OZEAN
Scott-Insel
Balleny-Inseln
Macquarie-Inseln
Tasmanien
Neuseeland
AUSTRALIEN
Kalte Meeresströmung
Warme Meeresströmung
Subtropische Konvergenz
Antarktische Konvergenz
0° C im Januar
12° C im Januar
Dauernd vereistes Meer
Zeitweise vereistes Meer
Offenes Meer
Dauereis oder -schnee
Eisschelf
Baumloses Gebiet
Bäume vorhanden
Eisfreier Boden

Grenze der Antarktis Die Südpolarregion ist das Gebiet innerhalb der sogenannten „antarktischen Konvergenz". An dieser Linie gibt es einen plötzlichen Übergang von kaltem, antarktischem Wasser in wärmeres, salzigeres Wasser, in dem ganz andere Pflanzen- und Tiergemeinschaften vorhanden sind. Die Eisschelfe, die das Ross- und Weddell-Meer sowie andere Gebiete begrenzen, verändern sich kaum.

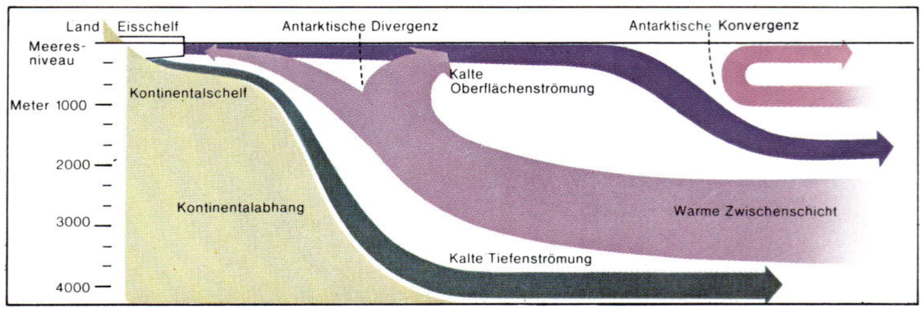
Land
Eisschelf
Antarktische Divergenz
Antarktische Konvergenz
Meeres-niveau
Meter 1000
2000
3000
4000
Kontinentalschelf
Kalte Oberflächenströmung
Kontinentalabhang
Warme Zwischenschicht
Kalte Tiefenströmung

Flüsse im Meer Zwei kalte Meeresströmungen fließen von der Antarktis aus nordwärts. Die eine, an der Oberfläche, hat infolge von schmelzendem Eis einen verminderten Salzgehalt; die andere fließt am Meeresboden. Zwischen beiden strömt etwas wärmeres Wasser südwärts und tritt an den Küsten zutage. Die oberste, kalte Strömung sinkt an der antarktischen Konvergenz unter das wärmere Wasser ab.

Sommerlandschaft In den Bergen von Alaska erstreckt sich eine baumlose, tundraähnliche Vegetation weit südwärts vom Polargebiet. Hinten der 6197 m hohe Mount McKinley.

Die Grenzen des Tier- und Pflanzenlebens

Im Sommer wird es in der Arktis viel wärmer als in gleichen Breiten der Antarktis, wo die zentrale Eiskappe die ganze Umgebung abkühlt. Selbst in den südpolaren Küstengebieten erreichen die Sommertemperaturen nie mehr als einige Grade über dem Gefrierpunkt.

Das sind aber im Schatten gemessene Temperaturen, nicht diejenigen, die den Pflanzen und Tieren am Boden wirklich zur Verfügung stehen. An einem sonnigen Sommertag kann ein Moospolster oder ein Fleckchen Boden durchaus eine Temperatur von 10–15 ° haben, selbst wenn die Lufttemperatur um 0 ° ist. Pflanzen und Tiere absorbieren die Wärmestrahlen der Sonne; darum kann das Klima für sie günstiger sein, als die Lufttemperaturen vermuten lassen. Andererseits würden sie im Winter Wärme an die kalte Luft abgeben, wenn sie nicht durch eine isolierende Schneedecke geschützt wären.

Das schützende „Mikroklima" unter dem Schnee kommt von den Warmblütern nur solchen zugute, die einen Winterschlaf halten. Denjenigen, die aktiv bleiben, droht große Gefahr durch das Zusammenwirken von Kälte und Wind. Eine Temperatur von − 50 ° bei ruhigem Wetter ist weniger schlimm, als eine von − 20 ° bei mäßigem Wind.

Die 4 Prozent des Festlandes der Antarktis, die nicht dauernd eisbedeckt sind, bestehen hauptsächlich aus Moränenschutt. Nur wenige Zentimeter tief taut der Boden im Sommer auf. Lediglich Bakterien, Pilze und Mikroben können hier existieren. An den wärmeren Küsten läßt das Oberflächenwasser Moosmatten wachsen.

In der Arktis tauen in warmen Sommern die obersten Bodenschichten auf, so daß dort mehr Pflanzen gedeihen können. An vielen Stellen kann das Schmelzwasser wegen einer darunterliegenden, etwa 600 m tiefen Dauerfrostschicht nicht abfließen. Das Ergebnis sind ausgedehnte, moosbedeckte Sümpfe und Moraste.

Antarktische Pflanzen Alle Polarpflanzen haben sich ihrer Heimat angepaßt: Sie sind gedrungen, windfest und imstande, sich in dem unsicheren Boden einen Halt zu verschaffen. Einige verankern sich mit tiefen Pfahlwurzeln, andere bilden elastische Polster aus langen, ineinander verwobenen Strängen. Die Hauptpflanzengruppe der antarktischen Inlandgebirge sind mit etwa 400 Arten die Flechten, die Felsblöcke überziehen oder in verstreuten Büscheln wachsen. Sonst gibt es im Landesinnern nur Pilze, Bakterien und Algen. An der Küste findet man ein üppigeres Pflanzenwachstum: etwa 75 Moose und mindestens 20 Lebermoose. Die Abbildungen oben zeigen Flechten und Moospolster (links) auf einem Felsblock auf den Süd-Orkney-Inseln und Flechten (rechts) auf Meeresklippen der Adelaide-Insel bei der antarktischen Halbinsel. Im ganzen südpolaren Gebiet existieren nur 2 Blütenpflanzen: ein kleines Gras und eine unauffällige, grüne Polsterpflanze. Beide wachsen an besonders geschützten Stellen. In den Küstengebieten leben 2 Mückenarten. Im Landesinnern, nur 150 km vom Pol entfernt, hat man winzige, auf Bakterien und Pilzen lebende Milben gefunden.

Arktische Blumen In beiden Polargebieten wachsen in Mengen Flechten (Mitte rechts). Blütenpflanzen aber dringen in der Arktis weiter polwärts vor als in der Antarktis. In der subpolaren Tundra ist die arktische Pflanzenwelt am stärksten entwickelt. Reichlich Wasser und lange Sommertage lassen mehr als 1000 Moose und Flechten und 800—900 Arten von Blütenpflanzen wachsen. Eine bemerkenswerte Flechte ist das Rentiermoos, das dicke Teppiche bilden kann. Pflanzen wie der arktische Mohn (links) und das Stengellose Leimkraut (Mitte links) bringen Farbe in den arktischen Frühling. Polarpflanzen sind den langen Polartagen angepaßt. Nur hier blühen sie und tragen Früchte; in der gemäßigten Zone hingegen reifen ihre Samen nicht. Viele Pflanzen bringen überhaupt keinen Samen mehr hervor, sondern vermehren sich durch Ausläufer oder winzige Knollen, die vom Wind verbreitet werden. Einige arktische Pflanzen liefern auch Tieren Nahrung, so dem Schmetterling *Clossiana frigga* (rechts), der in Nordskandinavien vorkommt. In der Arktis gibt es ein reiches Insektenleben, vor allem in der Tundra. Viele Fliegen- und Käferarten sowie Mücken sind dort gemein.

Leben in kaltem Klima

Physiologie und Verhaltensweisen sind bei Warmblütern der Polargebiete so spezialisiert, daß die Tiere die Kälte überstehen.

In den meisten Monaten liegen die Wassertemperaturen in den Polarmeeren nahe dem Punkt, an dem das Meerwasser gefriert: um — 2°; in einigen Gebieten ist das sogar das ganze Jahr über der Fall. Bei Pflanzen, Wirbellosen und Fischen, die in diesen kalten Gewässern leben, haben sich besondere Mechanismen entwickelt, die bei Temperaturen nahe dem Gefrierpunkt funktionieren. Viele von ihnen versagen schon bei Temperaturen wenige Grad darüber.

An Land können Pflanzen und Wirbellose in den Polargebieten und den gemäßigten Zonen den Frost schlafend überstehen. In den kurzen Polarsommern wachsen sie, ernähren und vermehren sich. Ungewöhnlich lange Kälte im Sommer kann die Wachstumszeit verkürzen und den Lebenszyklus eines ganzen Bestandes durcheinanderbringen. Die gesamte Gemeinschaft kann dann sogar zugrunde gehen, ohne sich fortgepflanzt zu haben. Warmblüter müssen ihre Körpertemperatur ständig über der Temperatur ihrer Umgebung halten, was ihnen auf Grund besonderer Anpassungen möglich ist.

Besondere Verhaltensweisen und geregelte Geburt als Mittel gegen Kälte

Verminderung des Wärmeverlusts Diese jungen Adeliepinguine halten sich in einem Schneesturm dadurch warm, daß sie sich zusammendrängen. So wird die ungeschützte Oberfläche jedes Vogels kleiner und der Wärmeverlust geringer. Besonders eng rücken die männlichen Kaiserpinguine zusammen, wenn sie die Eier ausbrüten. Dann setzt jeder Vogel nur noch ein Sechstel seiner Körperoberfläche den Elementen aus.

Schutz für das Neugeborene Ringelrobbenkühe werfen ihre Jungen im April. Das gut einen halben Meter tiefe Lager wird aus dem Schnee herausgehöhlt, der gegen den Rand des Inlandeises geweht ist. Das Junge liegt zumeist dort, wo eine Spalte in dem aufgetürmten Eis frische Luft zuführt. Der isolierende Schnee erhält die Wärme, die vom Robbenkörper erzeugt wird und auch vom 5—6 m entfernten Wasser am anderen Ende der Höhle aufsteigt.

Bei der Erhaltung der Körperwärme spielt das Verhalten eine wichtige Rolle. Sehr wesentlich ist die Wanderung der Tiere. Ganze Tierpopulationen weichen dem harten Winter und verlassen die Polarzone. So verbringen viele in den Polargebieten brütende Vögel den Winter in der gemäßigten Zone. Manche Rentiere ziehen von der Tundra in die Nadelwaldzone, wo der kalte Wind nicht schneidend und die Schneedecke dünn und weich ist, so daß die Wanderer besser an die Pflanzen herankönnen.

Einige Tiere entgehen der extremen Kälte dadurch, daß sie unter der wärmenden Schneedecke Schutz suchen. Die Temperatur unter dem Schnee fällt selten tiefer als — 7°, auch wenn sie darüber viele Grade niedriger ist. Eisbärinnen und ihre empfindlichen Jungen verbringen die kältesten Monate in Schneehöhlen, Lemminge ziehen sich in Erdbauten zurück, aus denen sie selten hervorkommen, und das Hermelin verläßt seinen Bau nur für kurze Zeit.

Geburt in der günstigsten Zeit

Die Zeit der Paarung und die Dauer der Trächtigkeit sind bei den meisten Säugetieren so abgestimmt, daß der Geburtstermin in eine Periode fällt, wo die günstigsten Lebensbedingungen herrschen. In den Polargebieten würden die Jungen so mancher Art in der kältesten Jahreszeit geboren, falls die Tragezeit ebenso lange dauern würde wie die verwandter Arten in anderen Zonen. Doch werfen viele Polartiere, darunter Robben und das Hermelin, gerade dann, wenn genügend Nahrung vorhanden ist oder wenn die Mutter ihre Jungen säugen kann. Bei diesen Arten hat sich nämlich eine sogenannte verzögerte Eiimplantation herausgebildet: Das befruchtete Ei wird erst dann in die Wand der Gebärmutter eingebettet, wenn die Entwicklungsbedingungen günstig sind.

Verzögerte Eiimplantation findet man nicht allein bei den Säugetieren der Polargebiete, aber bei ihnen ist sie besonders häufig.

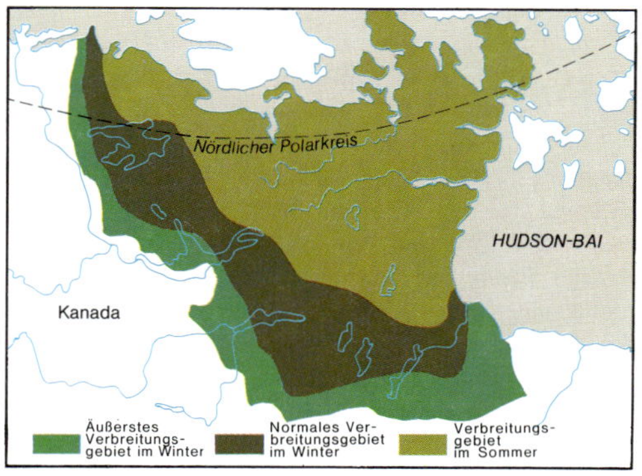
Nördlicher Polarkreis
HUDSON-BAI
Kanada
Äußerstes Verbreitungs-gebiet im Winter
Normales Verbreitungsgebiet im Winter
Verbreitungs-gebiet im Sommer

Verbreitung im Winter Im Herbst wandert das Barren-Ground-Karibu von der Tundra in den Nadelwald, wo es Schutz findet und im weicheren Schnee nach Futter scharrt. In strengen Wintern zieht es weiter nach Süden.

Isolierschichten

Die Abgabe von Körperwärme wird bei fast allen Säugetieren durch das Fell und bei den Vögeln durch die Federn verhütet oder vermindert. Nicht das Fell oder Gefieder selbst bewirken die Isolierung, sondern die darin festgehaltene Luft, die ein schlechter Wärmeleiter ist.

Polartiere können große Temperaturunterschiede zwischen ihrem Körper und ihrer Umgebung aufrechterhalten, weil ihre Felle und Federkleider dicker sind als die der Tiere in anderen Gebieten. Im Wasser verlieren Felle und Federn ihren Wert; deshalb besitzen Robben und Pinguine unter ihrer Haut zur Isolierung eine Fett- bzw. Speckschicht.

Robben- und Bärenfelle und Pinguinfedern rufen an Sonnentagen eine Art Treibhauseffekt hervor: Sie halten die Oberflächenwärme des Tieres fest und lassen andererseits die wärmenden Sonnenstrahlen zur Haut durch.

Wärmeregulierung durch den Kreislauf

Kein Tier ist überall mit Haaren oder einer Fettschicht bedeckt; Füße, Flossen und Nasenlöcher müssen frei bleiben, um richtig arbeiten zu können. Würde aber andererseits die Körperwärme an diesen Körperteilen abgestrahlt, dann könnten weder Säugetiere noch Vögel in kalten Klimaten leben.

Einige Tiere wie die Pinguine besitzen deshalb 2 verschiedene Innentemperaturen: eine normale in der Hauptmasse ihres Körpers und eine in den Extremitäten, wo sie etwa so hoch ist wie die Temperatur der Umgebung.

Viele Arten erreichen diese unterschiedlichen Temperaturen durch ein einfaches Wärmeaustauschsystem von verflochtenen Venen und Arterien: Das warme Blut, das vom Herzen kommt, erwärmt das kalte Blut, das von den Extremitäten zurückkehrt; das kalte Blut wiederum kühlt das Blut ab, das zu den Extremitäten fließt. Dieses System dient einem doppelten Zweck: Wenn die Umgebung kalt ist, kann die Zirkulation eingeschränkt und die Wärme im Körper gehalten werden. Andererseits kann das Blut in die Extremitäten gepumpt werden, wenn es dem Tier zu warm ist.

Schutz durch Speck Eine Sattelrobbe ruht sich auf dem arktischen Eis aus. Gegen die Kälte ist sie durch eine dicke Speckschicht isoliert. Aber auch in wärmerem Wasser müssen Meeressäuger vor Auskühlung geschützt sein.

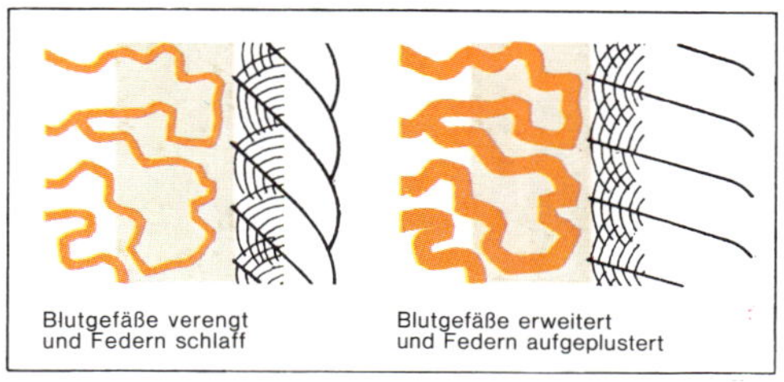
Blutgefäße verengt und Federn schlaff
Blutgefäße erweitert und Federn aufgeplustert

Kühlsystem Pinguine sind so gut isoliert, daß sie sich manchmal abkühlen müssen. Dazu plustern sie ihre Federn auf und lassen mehr Blut zur Haut hinströmen.

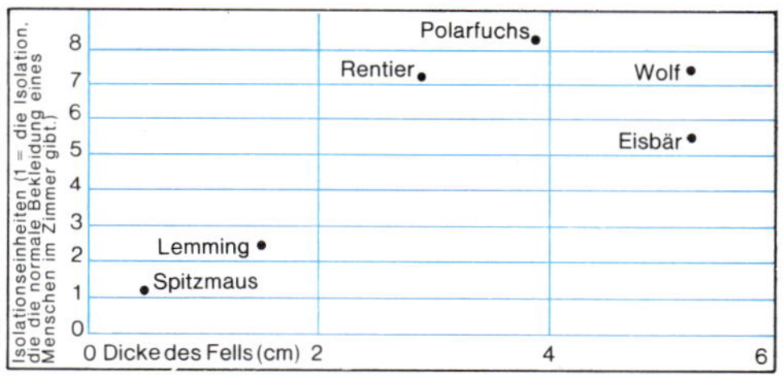
Isolationseinheiten (1 = die Isolation, die die normale Bekleidung eines Menschen im Zimmer gibt.)
Polarfuchs
Rentier
Wolf
Eisbär
Lemming
Spitzmaus
0 Dicke des Fells (cm) 2
4
6
8
7
6
5
4
3
2
1
0

Isolierender Pelz Diese Darstellung ermöglicht einen Vergleich zwischen dem Isolierungsvermögen und der Dicke des Pelzes verschiedener Polartiere.

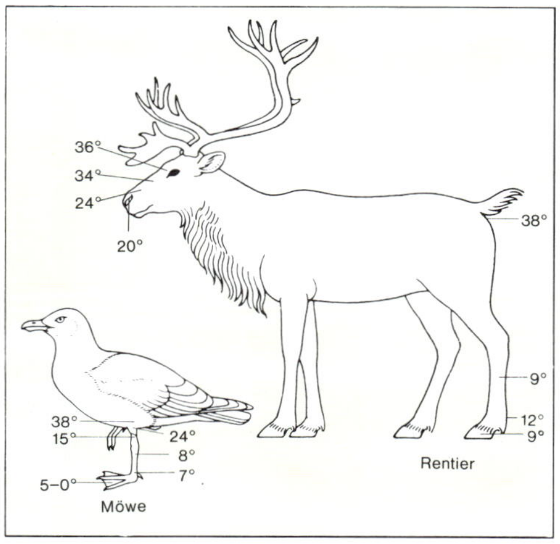
36°
34°
24°
20°
38°
9°
12°
9°
Rentier
38°
15°
24°
8°
7°
5–0°
Möwe

Kalte Füße geben Schutz Fell, Federn oder Fett helfen den meisten Warmblütern, ihre Temperatur zu halten. Gliedmaßen und andere vorstehende Körperteile, die mit Eis und kaltem Wasser in Berührung kommen, sind hingegen wenig geschützt; in ihnen liegen bei den meisten Polartieren die Temperaturen niedriger. Andernfalls würden Pinguine durch ihre Schwimmhäute Wärme schneller verlieren, als sie sie ersetzen könnten.

Größe und Gestalt entsprechen den Bedingungen in den Polargebieten

Größe und Gestalt eines Tieres können dazu beitragen, daß die Körperwärme erhalten bleibt. Die Oxidation von Glukose im Gewebe erzeugt Wärme, die dem Volumen des Tierkörpers proportional ist. Die Wärmemenge andererseits, die ein Tier durch Abgabe an der Körperoberfläche verliert, ist proportional eben dieser Oberfläche. Das Verhältnis zwischen dem Volumen und der Oberfläche wiederum ist so: Je größer ein Tier ist, um so weniger Oberfläche besitzt es pro Volumeneinheit, und desto langsamer verliert es also Wärme. Nun hat eine Kugel gegenüber allen anderen Körpern von gleichem Inhalt die kleinste Oberfläche. Je kugelförmiger also ein Tier ist, desto besser kann es die Wärme halten. Dementsprechend sind Polartiere, die möglichst viel Wärme bewahren müssen, im allgemeinen gedrungener und größer als ihre Verwandten in wärmeren Klimaten.

Vorstehende Körperteile – wie Ohren und Beine – sind bei den Polartieren kleiner und gerundeter als bei den entsprechenden tropischen Arten.

Eselhase
Schneeschuhhase
Schneehase

Kleine Ohren halten die Wärme Die Ohren nordamerikanischer Hasen zeigen, wie vorstehende Körperteile bei verwandten Arten in zunehmend kälteren Gebieten kleiner werden und so die Wärmeabgabe vermindern: Der Schneehase hat kleinere Ohren als der Schneeschuhhase und der noch südlichere Eselhase.

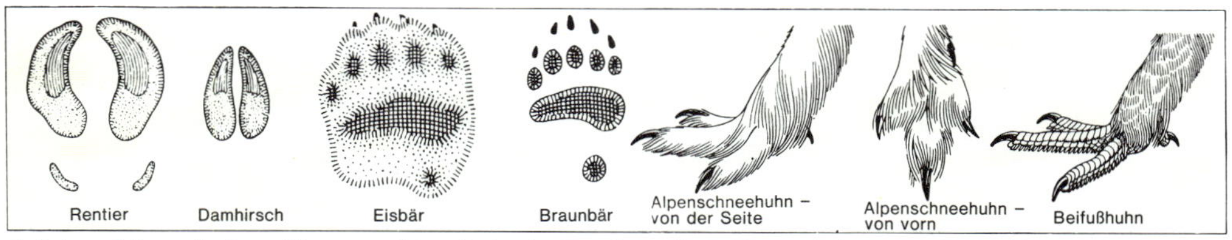
Rentier
Damhirsch
Eisbär
Braunbär
Alpenschneehuhn – von der Seite
Alpenschneehuhn – von vorn
Beifußhuhn

Auf dem Schnee laufen Die gespreizten Hufe der Rentiere, die größeren Pelztatzen des Eisbären und die federbesetzten Füße des Schneehuhns wirken wie Skier. Ihre Verwandten in wärmeren Klimaten haben kleinere Füße.

Robben und Walroß

Die Anpassung an das Meer hat die meisten Robben an Land unbeholfen gemacht. Doch haben sie mit den flinken Katzen und Hunden gemeinsame Vorfahren.

Die heutigen Robben stammen wahrscheinlich von Landtieren ab, die vor mehr als 30 Millionen Jahren an den Küsten lebten. Ihre Geschicklichkeit im Schwimmen und Tauchen ist durch die Ausbildung stromlinien- und torpedoförmiger Körper und durch Umwandlung ihrer 4 Gliedmaßen in Flossen – daher ihr Name *Pinnipedia* (Flossenfüßer) – erheblich gestiegen. Eine Bindung an das Land besitzen sie aber immer noch: Alle Robben kehren beim Haarwechsel und zur Fortpflanzung dorthin zurück.

Die Ordnung der Robben ist in 3 Familien gegliedert. Echte Robben oder Seehunde sind am besten an das Wasser angepaßt. Sie besitzen keine Ohrmuscheln mehr. Ihre rückwärts gerichteten Hinterflossen sind zur Fortbewegung an Land nicht geeignet; dort bewegen die Tiere sich mit Hilfe der Vorderflossen voran. Die Ohrenrobben, Seelöwen und Pelzrobben bilden die zweite Familie. Sie haben noch äußere Ohren und können an Land fast so schnell laufen wie ein Mensch. Das Walroß, der einzige Vertreter der dritten Familie, vermag seine Hinterflossen auch nach vorn zu wenden; Ohrmuscheln fehlen.

Robben auf dem Eis und im kalten Nordmeer

Klappmützen Die junge Klappmütze wird „Blaurücken" genannt, wenn sie ihr dichtes, wolliges, weißes Geburtskleid gegen ein graues eintauscht.

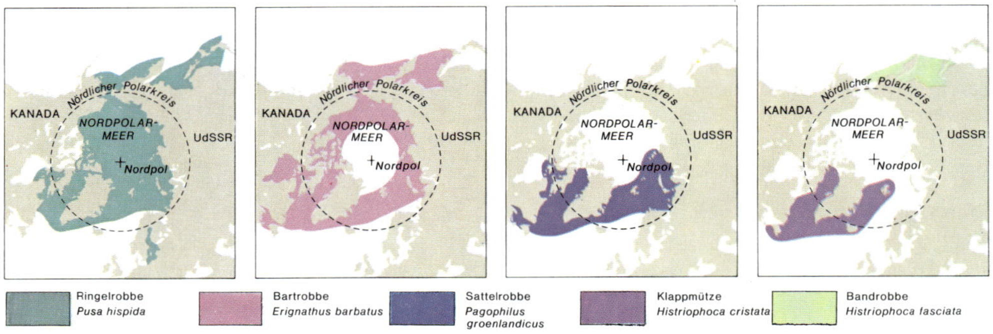
KANADA
Nördlicher Polarkreis
NORDPOLAR-MEER
Nordpol
UdSSR
Ringelrobbe Pusa hispida
Bartrobbe Erignathus barbatus
Sattelrobbe Pagophilus groenlandicus
Klappmütze Histriophoca cristata
Bandrobbe Histriophoca fasciata

Verbreitung der Robben im Norden Ringelrobben gehen weiter nach Norden und Süden als andere Robbenarten.

Sattelrobbe und ihr Junges Das Sattelrobbenweibchen säugt sein Junges 14—18 Tage lang und bewacht es in der ersten Woche fast ständig. Das Junge wird mit fettreicher Milch ernährt und nimmt während der Stillzeit von 18 Pfund auf 70 Pfund zu; das meiste von der neuen Substanz ist Speck.

Alle 3 Familien der Robben sind wahrscheinlich in der Arktis entstanden; 6 Arten – 5 Seehunde und das Walroß – leben heute das ganze Jahr über dort.

Die Ringelrobbe ist die kleinste Robbe und im hohen Norden die häufigste Art. Männchen und Weibchen sind etwa gleich groß: zwischen 1,25 und 1,65 m; sie wiegen ungefähr 200 Pfund. Ringelrobben sind nicht gesellig. Nur selten unternehmen sie weite Wanderungen; im allgemeinen schwimmen sie nicht weiter als 25 km von der Küste fort. Sie ernähren sich von Krebstieren und kleinen Fischen.

Sattelrobben kommen zur Fortpflanzung zu riesigen Herden zusammen; mehr als 1,5 Millionen sammeln sich im Sankt-Lorenz-Golf und eine Million an den Küsten Labradors. Im Februar und März ziehen sie miteinander auf das Eis; dort werden dann die Jungen geboren. Ausgewachsene Tiere wiegen 400 Pfund und sind 1,80 m lang.

Bartrobben, nach ihrem auffälligen Oberlippenbart so benannt, leben auch in Küstengewässern am Rande des Eises. Sie sind gewöhnlich Einzelgänger; nur zur Fortpflanzungszeit sieht man sie in Gruppen bis zu 50 Tieren.

Eine „Kappe", die sich von oberhalb der Augen bis zur Schnauze erstreckt, kennzeichnet die Klappmütze. Wenn diese Robbe erregt ist, bläht sich die Kappe zu einem glänzendroten Nasensack auf. Klappmützen führen ein Einsiedlerleben; aber auch sie sammeln sich in der Fortpflanzungszeit, um dann zu den Brutplätzen zu ziehen, die sie mit den Sattelrobben teilen. Klappmützen sind die größten echten Robben in der Arktis; sie wiegen 900 Pfund.

Die Bandrobbe, ungefähr so groß wie die Ringelrobbe, ist auf den Nordpazifik beschränkt. Gewöhnlich lebt sie als Einzelgänger auf dem Treibeis. Mit diesem wandert sie im Winter gen Süden, im Sommer zurück nach Norden. Die Jungen werden wohl auf dem Eis geboren.

Ringelrobbe Helle Ringe mit dunkler Mitte auf dem Rücken der Ringelrobbe haben dem Tier den Namen gegeben.

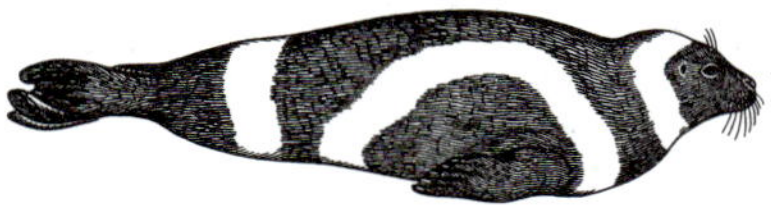

Bandrobbe Blaßgelbe Bänder auf schokoladebraunem Grund kennzeichnen die seltene Bandrobbe.

Bartrobbe Männchen wie Weibchen wiegen etwa 500 Pfund und werden bis zu 2,20 m lang.

Das Ungeheuer mit Stoßzähnen

Es gibt nur eine Walroßart, aber sie bildet 2 Rassen: eine pazifische und eine atlantische. Die Tiere im Pazifik sind im allgemeinen größer, und ihre Nasenlöcher liegen etwas höher über der Schnauze. Sonst sind Körperbau und Lebensweise der beiden Gruppen jedoch praktisch gleich.

Bei beiden Rassen entfällt ein Drittel des Gewichtes auf die Speckschicht, die durchschnittlich 6 cm dick wird. Sie liegt unter der Haut, die dann auch noch einmal 6 cm stark ist. Bei dieser Isolierung kann die Winterkälte dem Walroß nichts anhaben. Auch die Wärme im Sommer stellt kein Problem dar: Bei warmem Wetter nimmt ein sich sonnendes Walroß eine kräftige rosarote Farbe an, da sich die Blutgefäße in seiner Haut erweitern, um die Körperhitze abzuleiten.

Ein Walroßmännchen kann 3,5 m lang werden und 1,3 Tonnen wiegen. Das Weibchen ist gewöhnlich einen halben Meter kleiner und wiegt 550 kg.

Beide Geschlechter besitzen mächtige Eckzähne; die des Weibchens sind etwas schwächer. Sie wachsen weiter, solange das Tier lebt; dabei kann ein Walroß 30 Jahre alt werden. Nach dem ersten Jahr sind diese „Hauer" gut 2 cm lang; bei ausgewachsenen Bullen können sie eine Länge von über 1 m erreichen. Sie werden ständig gebraucht: Die Tiere ziehen sich damit aus dem Meer auf das Treibeis; sie durchharken mit diesen Zähnen den Boden nach Schalentieren, halten mit ihnen Atemlöcher im Eis offen und benutzen sie bei ihren Kämpfen als Waffe.

Walrosse brauchen ganz bestimmte Umweltbedingungen. Da sie höchstens 12 Minuten unter Wasser bleiben können, ist ihre Tauchtiefe bei der Futtersuche auf 75 m beschränkt. Schalentiere müssen in großer Menge vorhanden sein, da Walroßherden aus mehreren tausend Tieren bestehen können und jedes Tier am Tage bis zu 3000 Muscheln frißt. Eis oder ein zugänglicher Strand sind ebenfalls wichtig, damit die Tiere sich gelegentlich darauf ausruhen können.

Weibchen sind mit 5 Jahren geschlechtsreif, Bullen mit 6. Die Jungen werden nach einer fast einjährigen Tragezeit auf dem Eis geboren. Die Tiere sind dann auf der Wanderung zu den Sommermausergebieten im Norden.

Ein Walroßkalb ist in den ersten 3 Lebenswochen ganz auf seine Mutter angewiesen. Ohne sie würde es schnell auskühlen und erfrieren, denn noch ist bei ihm der Kälteschutz nicht voll entwickelt.

Ein erwachsenes Walroß ist an das Leben auf dem Eis und im Meer hervorragend angepaßt. Es ist ein kräftiger Schwimmer mit mächtig entwickelten, fast 90 cm breiten Hinterflossenfüßen. Mit seinen Eckzähnen harkt es Schalentiere aus dem Boden, oder es drückt sie mit seinen muskulösen Lippen von den Felsen und liest sie mit Barthaaren und Lippen aus. Die Größe der Walrosse und ihre mächtigen Zähne lassen vermuten, daß sie keinen ernsthaften Feind haben, wenn auch gelegentlich eines einem hungrigen Schwertwal zum Opfer fallen kann. Viel gefährlicher für sie ist die große Menge von Parasiten, die auf und in ihren Körpern leben.

Wie das Walroß seine Eckzähne gebraucht

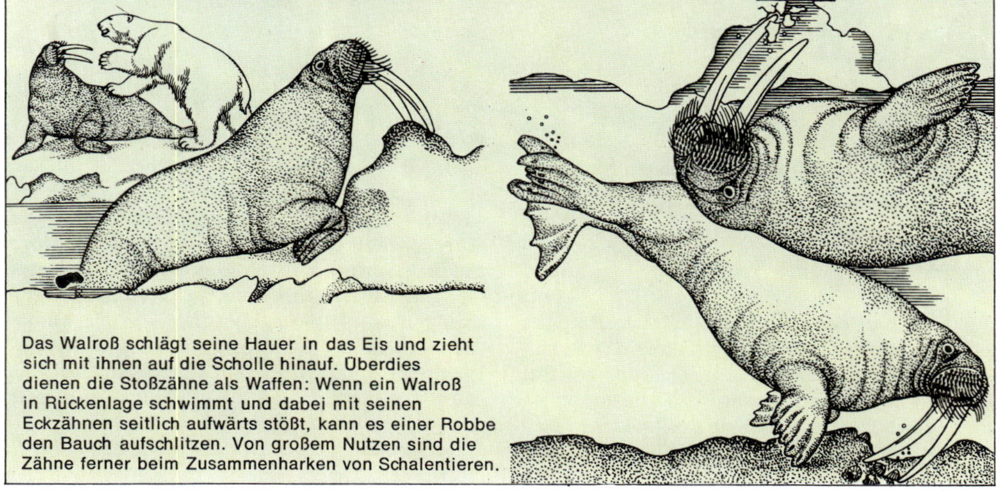

Das Walroß schlägt seine Hauer in das Eis und zieht sich mit ihnen auf die Scholle hinauf. Überdies dienen die Stoßzähne als Waffen: Wenn ein Walroß in Rückenlage schwimmt und dabei mit seinen Eckzähnen seitlich aufwärts stößt, kann es einer Robbe den Bauch aufschlitzen. Von großem Nutzen sind die Zähne ferner beim Zusammenharken von Schalentieren.

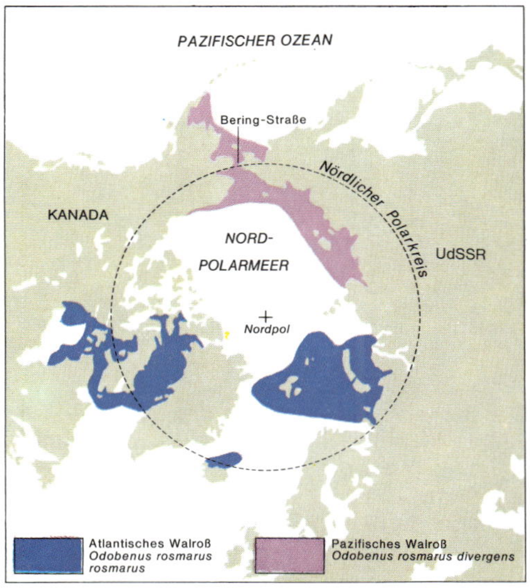
PAZIFISCHER OZEAN
Bering-Straße
Nördlicher Polarkreis
KANADA
NORD-
POLARMEER
UdSSR
Nordpol
Atlantisches Walroß
Odobenus rosmarus rosmarus
Pazifisches Walroß
Odobenus rosmarus divergens

Walrosse schwimmen im Herbst südwärts in offenes Wasser. Die pazifischen Herden müssen die Beringstraße durchqueren, bevor Eis sie im Oktober versperrt.

Im Sommer getrennt Während ihrer Sommerwanderung ziehen sich die Walrosse auf felsige Eilande empor und drängen sich dort in großer Zahl zusammen, wie die hier gezeigten Bullen. In dieser Zeit findet die Paarung statt. Sonst verbringen Männchen und Weibchen den größten Teil des Sommers in getrennten Gruppen.

Schwimmen mit riesigen Flossen

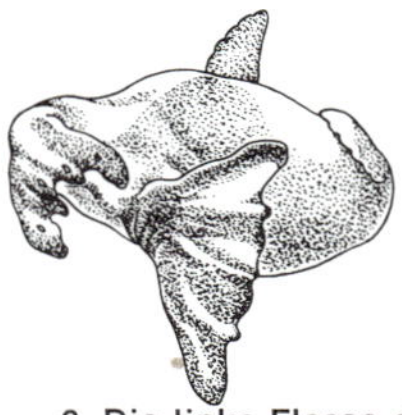

1. Auf dem Rücken schwimmend, schwingt das Walroß seinen hinteren Körperteil nach rechts. Dabei beginnt seine rechte Flosse, sich zu einem neuen Schlag zu öffnen.

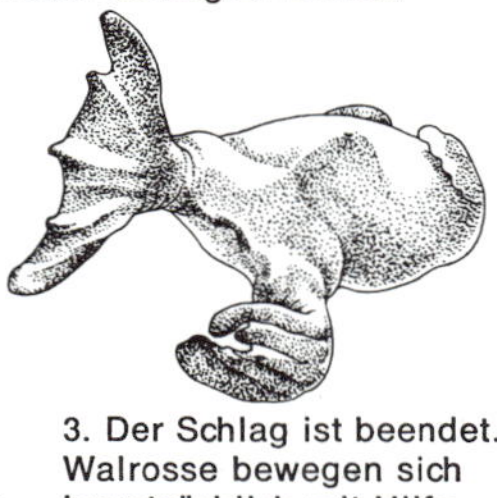

2. Die linke Flosse des Tieres ist gefaltet, wenn die voll gespreizte rechte Flosse einen kräftigen Schlag nach links beginnt. Die Flossenfüße können fast 90 cm breit sein.

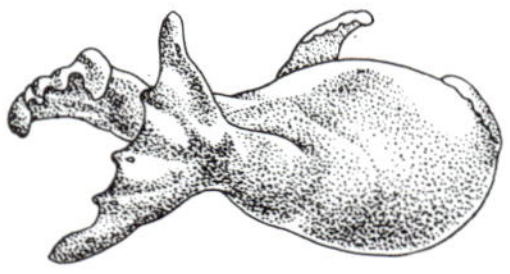

3. Der Schlag ist beendet. Walrosse bewegen sich hauptsächlich mit Hilfe der Hinterflossenfüße; die vorderen Extremitäten werden oft zum Zerdrücken von Muscheln benutzt.

Der Eisbär

Der Eisbär – der Bär, der am meisten Fleisch frißt – ist der heimliche Herrscher auf dem nordischen Packeis, über das er auf leisen Sohlen dahintrottet.

Der Eisbär ist das größte und stärkste Raubtier auf dem Treibeis und an den Küsten der Arktis. An Land greift kaum je ein Tier ihn an. Der Eisbär fürchtet niemanden – höchstens einen alten Walroßbullen oder eine geschlossene Front von Moschusochsen. Er ist stark. Eine 200 Pfund schwere Ringelrobbe, die an ihrem Atemloch im Eis auftaucht, zieht er mit solcher Kraft heraus, daß ihr Becken dabei zerdrückt wird. Das ausgewachsene Eisbärmännchen wiegt im Durchschnitt etwa 1000 Pfund; trotzdem ist der Bär sehr behende und kann über eine 3½ m breite Eisspalte springen. Ein Männchen von mittlerem Gewicht ist 2,40–2,70 m lang; Weibchen erreichen nur etwa 1,80 m. Besonders große Männchen wiegen bis zu 700 kg und sind 3 m lang. Wenn ein solcher Riese auf seinen Hinterbeinen steht – wie er es öfter tut –, dann überragt er den größten Elefanten.

In der Gefangenschaft kann ein Eisbär 40 Jahre alt werden. Das normale Lebensalter in freier Wildbahn ist unbekannt.

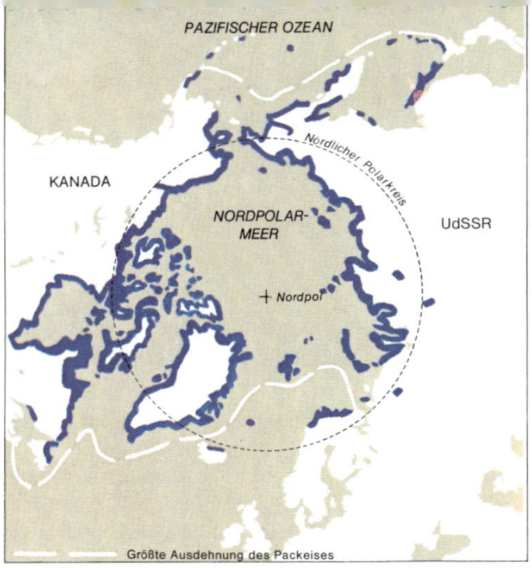
PAZIFISCHER OZEAN
KANADA
Nördlicher Polarkreis
NORDPOLAR-MEER
UdSSR
Nordpol
Größte Ausdehnung des Packeises

Verbreitung des Eisbären Obwohl der Eisbär, *Thalarctos maritimus*, gewöhnlich in der Nähe von Land gesichtet wird, durchwandert er wahrscheinlich weite Gebiete des Nördlichen Eismeeres. Im Sommer tauchen die Eisbären überall an den Küsten auf, aber nur selten gehen sie weiter als 50 km landeinwärts.

Ein kräftiger Schwimmer

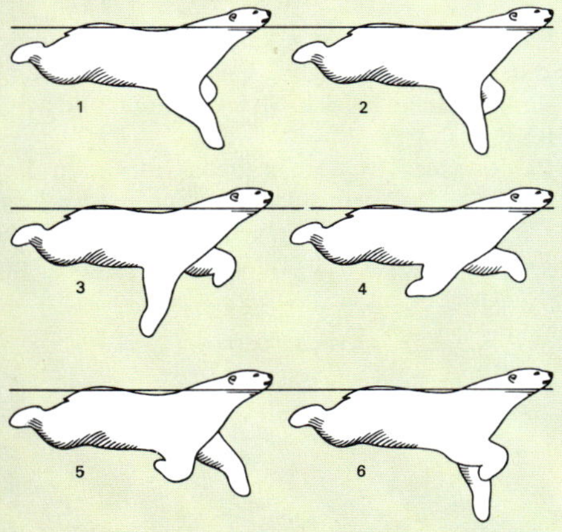
1
2
3
4
5
6

Wenn der Eisbär schwimmt, gebraucht er nur seine Vorderbeine; die Hinterbeine dienen zum Steuern. Auf offener See erreicht er über Entfernungen von 30 bis 40 km eine Dauergeschwindigkeit von fast 10 km/st.

Ein geschickter Jäger

Forschungsreisende und Walfänger erzählen viele Geschichten von der Tüchtigkeit des Eisbären bei der Jagd: wie er den Schädel eines Walrosses mit einem großen Eisklumpen in seinen Vorderpfoten zertrümmert; wie er seine schwarze Nase mit Schnee tarnt, wenn er sich an seine Beute heranpirscht; oder wie er eine Robbe tötet, indem er sich auf seine Hinterbeine stellt und dicke Eisbrocken wirft. Manche solcher Geschichten mögen übertrieben sein, aber zweifellos können Eisbären werfen. Im Londoner Zoo konnte man während des kalten Winters 1962/63 sehen, wie sie große Eisklumpen gegeneinander schleuderten.

Wenn ein Eisbär eine Robbe jagt, die sich auf einer Eisscholle sonnt, schmiegt er sich wie eine Riesenkatze an den Boden, lange bevor er in ihrer Sichtweite ist. Er rutscht auf einer Seite oder auf dem Bauch voran, gleitet vom Eis ins Wasser und wieder zurück auf die Eisscholle und nutzt dabei jede Deckung aus. Dann greift er rasch an, denn er muß die Robbe packen, bevor sie das Wasser erreicht, da er ihr dort an Geschwindigkeit und Ausdauer unterlegen ist. Die Überlegenheit der Ringelrobben im nassen Element ist so groß, daß sie Eisbären necken, um sie herumschwimmen und sie sogar mit den Zähnen ins Hinterteil zwicken.

Walrosse sollen ebenfalls Eisbären im Wasser angreifen. Auch an Land sind sie furchtbare Kämpen, und es wird berichtet, daß sie schon Eisbären mit ihren Stoßzähnen getötet haben.

Der Eisbär jagt im Grunde allein. Nur Weibchen und ihre einjährigen Jungen jagen zusammen; nach der Paarungszeit, die einige Tage dauert, verläßt das Männchen das Weibchen und kümmert sich nicht weiter um seine Familie. Zwischen den Männchen kommt es während der Paarungszeit oft zu wilden Kämpfen. Sonst ignorieren sie einander, es sei denn, sie treffen ganz gelegentlich einmal an einem Kadaver zusammen.

Obwohl der Eisbär im Grunde ein Jäger ist, frißt er alles: Eier, Algen, Holzspäne, Abfall von den Walfangstationen, selbst tote Artgenossen. Zum Haarwechsel im Sommer kommt er ans Land; er ist dann träge und wird oft, wie sein naher Verwandter, der Braunbär *Ursus arctos*, zum Vegetarier, der Gras, Flechten und Heidelbeeren verschlingt. Auch kleine Tiere wie Lemminge stehen auf seiner Speisekarte – wenn er sie erwischt. Wandern in Alaska die Lachse flußaufwärts, dann schöpft der Eisbär sie, wie der Braunbär, aus Tümpeln und engen Wasserläufen heraus. Seine lebensnotwendige Hauptnahrung aber sind Robben, vor allem Ringel- und Bartrobben. Wenn er nicht besonders hungrig ist, frißt der Eisbär nur die Eingeweide und den Speck dieser Tiere. Den Rest holen sich Aasfresser wie der Polarfuchs und der Rabe.

Körperbau und Temperatur Ein Vergleich zwischen Eisbär und Malaienbär macht beim Eisbären typische Anpassungen an ein kaltes Klima deutlich: Ein dickes Fell, kleine Ohren und eine relativ kleine Körperoberfläche mindern bei strenger Kälte die Wärmeabgabe.

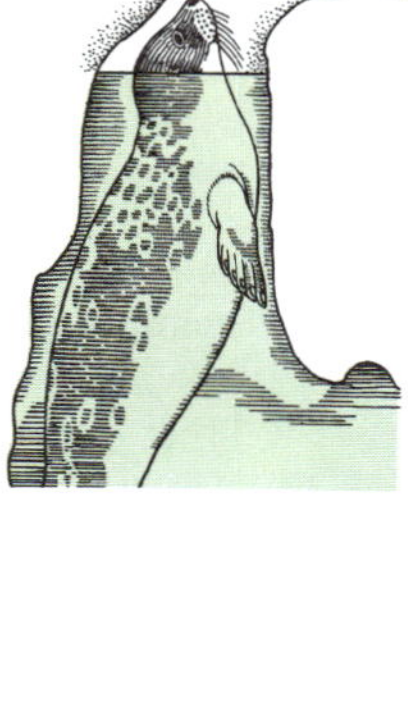

Auf Beute lauernd Während des Winters halten die Robben im Eis Atemlöcher offen. Eisbären machen die Robben mit ihrem Geruchssinn aus und warten darauf, daß die Opfer erscheinen. Hier hält sich ein Bär bereit, eine Ringelrobbe mit einem schnellen Schlag zu packen und sie mit zermalmender Kraft aus dem Atemloch herauszuziehen.

Sicher auf dem Eis Das neue Eis bricht unter dem Gewicht der Mutter, während sie ihr Junges darüber führt; aber ihre gespreizten Tatzen geben ihr einen sicheren Halt.

Geburt in einer Schneehöhle

Eisbärjunge werden mitten im Winter in einer Höhle geboren, die die Mutter in eine Schneewehe hineingegraben hat. Die Jungen sind bei der Geburt nur 20–30 cm lang und nicht schwerer als eineinhalb Pfund. Vor Außentemperaturen von − 10 ° schützt sie die Wärme des mütterlichen Fells und die Höhle selbst. Die Bärin verbringt den ganzen Winter in ihrem „Iglu“. Sie fastet bis zu 140 Tagen und nährt ihre Jungen – meistens sind es 2 – mit fetter Milch. Männchen und unfruchtbare Weibchen ziehen sich nur bei besonders harten Umweltbedingungen in eine Höhle zurück.

Die Paarung findet im April statt, aber die Implantation des befruchteten Eies wird wahrscheinlich bis zum September verzögert. Demzufolge haben die Jungen, wenn sie die Höhle verlassen, den ganzen arktischen Sommer vor sich. Im März oder April geht die Mutter auf Jagd. Ihre erste Mahlzeit besteht vielleicht aus einem gefrorenen Aas; aber im Frühling gibt es eine Menge Robbenbabys – vor allem Ringelrobben, die in Höhlen unter dem Schnee geboren werden. Der Angriff des Bären muß schnell erfolgen, da die Höhle der Robbe ein offenes Wasserloch besitzt. Gelingt es ihm, das Höhlendach mit einem Tatzenhieb zu durchbrechen, dann kann er beide, die Robbenmutter und ihr Junges, erbeuten.

In dieser Zeit erhalten die Bärenjungen ihre erste feste Nahrung, doch können sie auch den ganzen zweiten Winter hindurch noch gesäugt werden. Die Weibchen tragen nur jedes dritte Jahr; wenn sie allerdings ihre Jungen verlieren, paaren sie sich schon früher wieder.

Im Spiel und nach dem Beispiel der Mutter lernen die Jungen alles, was sie im Leben können müssen: Eisabhänge herunterrutschen, schwimmen und sich anpirschen. Überhaupt verbringen sie einen bedeutenden Teil ihres Lebens mit Spielen. Mutter und Kind rutschen stundenlang, und man hat beobachtet, wie selbst ältere Bären die Flanken von Eisschollen hinabglitten und diese dann wieder hinaufkletterten, um das Spiel zu wiederholen.

In den ersten Monaten ihres Lebens wächst den Jungen ein dickes Unterwollhaar, bedeckt von dichtem Schutzhaar. Darunter liegt eine etwa 7 cm dicke Speckschicht; so bleiben die Bären selbst im eiskalten Wasser warm.

Im zweiten Sommer löst sich die Familie auf: Die Mutter verläßt die halbwüchsigen Jungen, die von jetzt an auf sich selbst gestellt sind. In dieser Zeit kann man sie besonders leicht erlegen; oder sie fallen aus Mangel an Erfahrung dem harten folgenden Winter zum Opfer.

Das Gewehr stellt bei weitem die größte Bedrohung für die Eisbären dar. Augenblicklich schätzt man den Bestand auf 5000–18 000 Tiere. Mehr als 1000 werden jedes Jahr geschossen – einige von den Eskimos, die sie essen, die meisten aber von Trophäenjägern.

Wie Eisbärjunge die Gefahren des Winters überstehen

Auf dem Treibeis Manchmal reisen auf dem Treibeis geborene Bären von Grönland bis Labrador.

Frühlingsausflug Die Jungbären erscheinen an den ersten Frühlingstagen. Zwillinge sind die Regel.

Eine Gruppe Einjähriger Erwachsene Eisbären gehen sich außerhalb der Paarungszeit zumeist aus dem Wege.

Geburt mitten im Winter Eisbärenjunge werden im Dezember oder Januar blind und fast nackt geboren. Schutz gewähren ihnen eine Höhle und der warme Pelz der Mutter. Diese lebt jetzt nur von gespeichertem Fett.

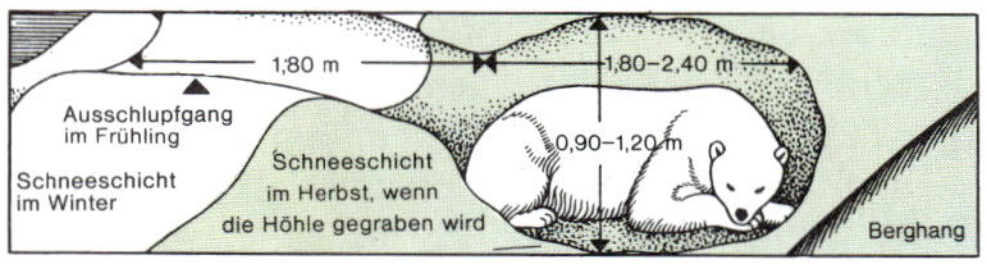
1,80 m
1,80–2,40 m
Ausschlupfgang
im Frühling
0,90–1,20 m
Schneeschicht
im Herbst, wenn
die Höhle gegraben wird
Schneeschicht
im Winter
Berghang

Schnitt durch die Höhle Die Höhle ist so in einen Hang gegraben, daß treibender Schnee sie isoliert.

Kleinsäuger als Raub- und Beutetiere

Lemminge ertrinken auf der Suche nach Nahrung oft im Meer, nachdem eine Massenvermehrung sie in Scharen zum Wandern gezwungen hat.

Die Zeit des pflanzlichen Wachstums dauert im kurzen Tundrasommer nur 60 Tage; aber bei der längeren Sonnenscheindauer wachsen und blühen die Pflanzen schneller. Eine reiche, niedrige Vegetation aus Moosen, Flechten, Gräsern, Riedgräsern und Kräutern liefert den Pflanzenfressern wie Lemmingen, Wühlmäusen, Schneehasen und Backenhörnchen den ganzen Sommer Futter. Diese Tiere wiederum dienen den Polarfüchsen, Wieseln und anderen Räubern als Nahrung.

Wenn der lange Winter kommt, ist es für die Pflanzenfresser schwer, etwas zu finden. Lemminge ernähren sich dann in Gängen unter dem Schnee von Wurzeln; dort sind sie auch vor der ärgsten Kälte geschützt. Der Schneehase und der Polarfuchs können sich in ihren dicken Fellen der Kälte aussetzen und bleiben deshalb den Winter über aktiv. Der Hase verbringt diese Jahreszeit auf den Höhenrücken, wo der Wind den Schnee fortgeweht und die karge Vegetation bloßgelegt hat. Und der Fuchs frißt jedes Tier, das er findet.

Einigen Tieren leistet im Winter ein weißes Kleid gute Dienste: Der Polarfuchs und das Hermelin sind auf ihrer Pirsch kaum zu erkennen, der Schneehase entgeht durch seine Tarnfarbe vielen Verfolgern.

Weiße Jäger und ihre Beute

Geschützt durch sein Kleid Mit seinem dichten Unterhaar unter den Deckhaaren kann der Polarfuchs bei Temperaturen bis — 50 ° aktiv bleiben und Lemminge und Schneehasen jagen. Zu Beginn des Sommers wird das weiße Kleid braun. Einige Polarfüchse, die Blaufüchse, sind im Sommer dunkelblaugrau und im Winter blasser.

Ein Wiesel wird zum Hermelin Das Große Wiesel, *Mustela erminea*, kommt in der Tundra Eurasiens und Nordamerikas vor. Es wird Hermelin genannt, sobald sein rotbraunes Sommerkleid im Winter weiß wird. Als ausdauernder Jäger verfolgt es Kleinsäuger, wie Backenhörnchen und Lemminge, bis in ihre Höhlen.

Weiter Rundblick Ziesel sind kurzbeinig; sie leben in Erdlöchern und suchen sich ihr Futter auf dem Boden. Oft stehen sie auf ihren Hinterbeinen, um ein weites Blickfeld zu haben. Die Art *Citellus parryi*, die auf Nordamerika beschränkt ist, ernährt sich von Wurzeln, Stengeln, Blättern und Insekten.

Der Polarfuchs, *Alopex lagopus*, kommt überall in der Tundra vor. Gewöhnlich wohnt er in Erdhöhlen an Berghängen oder Felswänden. Er ernährt sich von allen Säugetieren und Vögeln, die er bekommen kann, ob lebendig oder tot, aber seine Hauptbeute sind Lemminge, vor allem im Sommer.

Einen Winterschlaf hält der Polarfuchs nicht; er streift während der kalten Jahreszeit auf der Suche nach Nahrung umher. Als Schutz vor heftigen Schneestürmen gräbt er sich eine Höhle in den Schnee. Häufig wühlt er im Schnee nach Lemmingen und legt – wie das Hermelin – einen Vorrat von toten Beutetieren an.

Oft wird der Polarfuchs im Winter zum Aasfresser; er folgt dem Eisbären bis aufs Treibeis und lebt dort von den Robbenresten, die der Bär übrigläßt. Polarfüchse jagen gewöhnlich einzeln; manchmal finden sie sich aber am Aas in Rudeln zusammen, etwa bei einem Walkadaver.

Der Polarfuchs paart sich im März, wenn die neugeborenen Lemminge als Beute zur Verfügung stehen, so daß die Fähen während ihrer Trächtigkeit in guter körperlicher Verfassung bleiben. Im Mai oder Juni werfen sie 4–11 Junge. Voll ausgewachsen mißt der Polarfuchs vom Kopf bis zur Schwanzwurzel 45–65 cm.

Der Polarfuchs ist einer der zahlreichen Feinde des Schneehasen. Dieser legt für den Winter keine Vorräte an; er muß dann also mit den sich bietenden Futterpflanzen auskommen und sucht in Spalten und Höhlen zwischen den Felsen Schutz. Schneehasen paaren sich im April; spät im Juni oder Juli werden die Jungen geboren. Diese tragen ein graues Haarkleid, mit dem sie zwischen den Felsen nicht auffallen.

Zwei Hasenarten leben in der Tundra: *Lepus arcticus* in Nordamerika und *Lepus timidus* in Eurasien. Der amerikanische Schneehase ist auf die Tundra beschränkt, dringt allerdings im Winter gelegentlich bis zu 150 km südwärts in die Nadelwälder vor. Die eurasische Art, bekannt als Nordischer Schneehase und Alpenschneehase, hat ein größeres Verbreitungsgebiet: Sie kommt auch in den Alpen vor. Die europäische Art ist etwas größer.

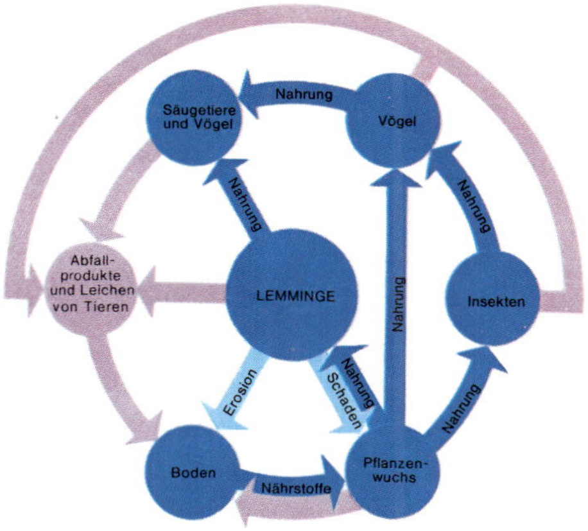
Säugetiere und Vögel
Nahrung
Vögel
Nahrung
Nahrung
Abfall-produkte und Leichen von Tieren
LEMMINGE
Nahrung
Insekten
Erosion
Nahrung Schaden
Nahrung
Boden
Nährstoffe
Pflanzen-wuchs

Die zentrale Rolle der Lemminge Lemminge bilden die Hauptnahrung vieler fleischfressender Säugetiere und Vögel. Wenn sich ihr Bestand in einem Gebiet ändert, so wird dadurch die Nahrungsversorgung aller anderen Tiere beeinflußt. Lemminge vernichten überdies die Pflanzen, die ihnen selbst als Nahrung dienen, und verändern die Bodenstruktur durch Untertunneln.

Lemminge regulieren das Leben

Wenn Lemminge in großer Zahl vorhanden sind, dann geht es auch den Raubtieren wie Hermelin, Polarfuchs und Schnee-Eule gut. Sind die Lemminge weniger zahlreich, werden die Bestände ihrer Feinde ebenfalls kleiner.

Lemminge vermögen sich das ganze Jahr über fortzupflanzen; der Bestand in einem Gebiet kann sich also schnell vergrößern. Nach der Schneeschmelze im Juni steigt die Zahl der Nachkommen stark an. Die Tragezeit dauert 21 Tage, und die Jungen werden nur 14 Tage gesäugt. Die im Sommer geborene Generation kann ab August oder September schon wieder Nachkommen hervorbringen.

Die Zahl der Lemminge schwankt in Perioden von 3 oder 4 Jahren beträchtlich. Dieser Zyklus hängt von der vorhandenen Nahrung ab, wird aber auch von den Raubtieren beeinflußt.

Wenn der Bestand in einem Gebiet eine Höchstzahl erreicht hat, wird die Vegetation von den Lemmingen durch Abfressen und Untertunneln vernichtet. Im folgenden Sommer ist dann das Futter knapp und die Pflanzendecke so spärlich, daß die Lemminge schlechter vor ihren Feinden geschützt sind. Infolgedessen verringert sich ihre Zahl und bleibt auch im nächsten Winter niedrig. In den folgenden beiden Jahren wächst der Bestand im Winter ein wenig, nimmt aber im Sommer wieder ab, wenn die Tiere ihren Feinden zum Opfer fallen. Im dritten oder vierten Sommer hat sich dann die Vegetation erneuert, und der Bestand erreicht wieder einen Höhepunkt.

Berglemming Lemminge haben einen kurzen Schwanz und kleine Ohren, die im dicken Pelz verborgen sind. Sie wiegen 55–85 g. Der Berglemming ist im Durchschnitt etwas größer als der Halsbandlemming. Er behält auch das ganze Jahr über seine Farbe, während der Halsbandlemming im Winter weiß wird.

Zur Winterzeit schützen die Lemminge sich vor Feinden und vor der Kälte, indem sie im Boden unter dem Schnee Gänge graben und Grasnester bauen. Die Gangsysteme sind weitläufige Labyrinthe aus 20 m langen Haupttunneln und kürzeren Seitengängen. Die Lemminge fressen hier Wurzeln und Stengel und kommen nur für kurze Zeit an die Erdoberfläche.

Die Berglemminge unternehmen einzeln oder in kleinen Gruppen jahreszeitliche Wanderungen. Im Frühling verlassen sie ihre Winterquartiere, denn dort ist die Vegetation nun abgefressen oder überschwemmt. Im Herbst, wenn die Verhältnisse sich gebessert haben, kehren sie zurück.

Die jahreszeitlich bedingten Wanderungen sind etwas anderes als die berühmten Massenwanderungen. Diese entstehen durch das Zusammentreffen normaler Wanderzüge in lemmingreichen Jahren. Dann müssen die Tiere weite Entfernungen zurücklegen, um noch unberührte Wohngebiete zu finden. Immer mehr Lemminge besiedeln ein Gebiet, und der Kampf um Nahrung und Raum wird schärfer. Schließlich bewegen sich diese Tiermassen auf der Suche nach neuen Weideplätzen einheitlich in die gleiche Richtung und überqueren auf ihrem Weg Bäche und kleine Seen. Da die Lemminge aber nicht zwischen kleineren und größeren Wasserflächen unterscheiden können, ertrinken sie in ausgedehnten Gewässern und im Meer.

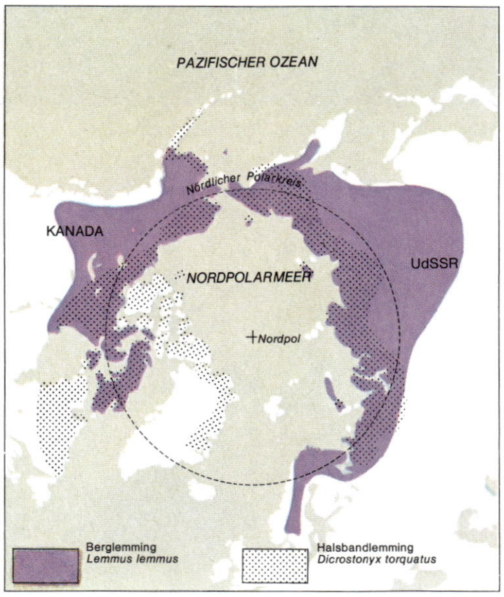
PAZIFISCHER OZEAN
Nördlicher Polarkreis
KANADA
NORDPOLARMEER
UdSSR
+Nordpol
Berglemming
Lemmus lemmus
Halsbandlemming
Dicrostonyx torquatus

Verbreitung der Lemminge Der Berglemming lebt hauptsächlich im Moor; der Halsbandlemming hingegen bevorzugt gut entwässerten Boden. Beide Arten kommen in den gleichen Gebieten vor: Der Halsbandlemming lebt auf den Bodenwellen, die die Niederungen durchziehen, in denen der Berglemming zu Hause ist.

Wie die Population der Lemminge steigt und fällt

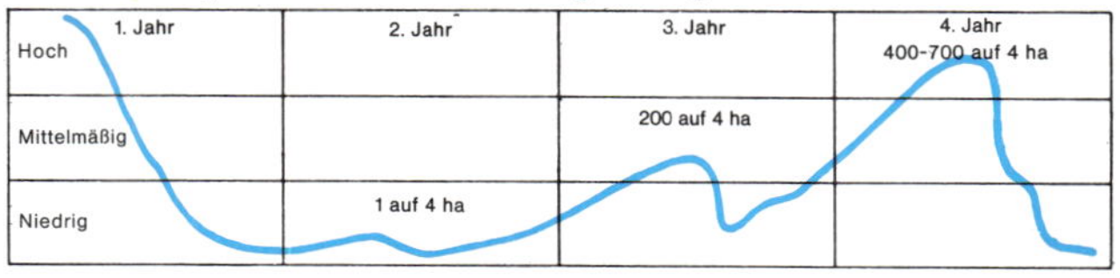
1. Jahr
2. Jahr
3. Jahr
4. Jahr
400-700 auf 4 ha
Hoch
Mittelmäßig
Niedrig
200 auf 4 ha
1 auf 4 ha

Im 1. Jahr nimmt die Zahl der Lemminge nach einer Spitze im Sommer stark ab. In den beiden folgenden Jahren steigt sie jeweils mit der Wintergeneration an und fällt in den Sommern etwas, wenn die Lemminge von Feinden verfolgt werden. Einer neuen Spitze im 4. Sommer folgt sofort ein steiler Abfall, und ein neuer Zyklus beginnt. In den Jahren, in denen die Zahl der Lemminge klein ist, sind die Tiere auf die Tundra beschränkt; wenn sie aber groß ist, breiten die Lemminge sich aus.

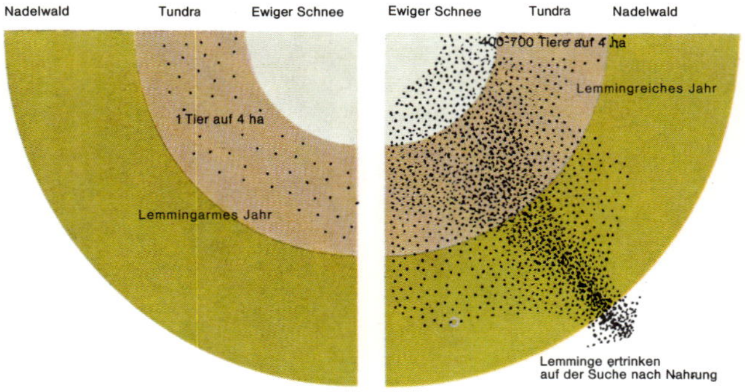
Nadelwald
Tundra
Ewiger Schnee
Ewiger Schnee
Tundra
Nadelwald
1 Tier auf 4 ha
Lemmingarmes Jahr
400-700 Tiere auf 4 ha
Lemmingreiches Jahr
Lemminge ertrinken auf der Suche nach Nahrung

Wandernde Berglemminge Lemminge können kleine Flüsse und Seen überqueren, aber sie ertrinken in größeren Gewässern.

Wolf, Moschusochse und Rentier

Wölfe müssen in Rudeln jagen, um den starken Moschusochsen und das schnelle Rentier zu erlegen, die einzigen Großtiere, die sie in der Tundra erbeuten können.

Gefahrensignale Der Wolf verrät seine Absicht zu jagen dadurch, daß er seinen Kopf senkt und die Schulterkrause aufrichtet. Trägt er seinen Kopf hoch, dann äsen die Rentiere weiter, ohne Unruhe zu zeigen – selbst wenn der Wolf zwischen ihnen herumläuft.

Jagen in organisierten Rudeln

Grauwolf, amerikanischer Wolf und weißer Wolf sind Rassen der gleichen Art, *Canis lupus,* die einst in fast allen Gebieten nördlich des tropischen Urwaldes lebte. Der Wolf ist in Europa vom Menschen zurückgedrängt worden, aber noch heute kommt er in Italien und Spanien vor, also weit im Süden. In der Tundra und den Randgebieten der Nadelwälder ist der Wolf der größte Fleischfresser – das einzige Tier, das Jagd auf Rentiere und Moschusochsen macht. Bei ihm haben sich nur wenige deutliche Anpassungen an das Leben in der Arktis ausgebildet. Er hält keinen Winterschlaf und legt auch nur selten Vorratslager an. Den ganzen Winter über muß er darum jagen.

Die Anpassung des Wolfes an den hohen Norden – oder vielmehr an all seine Lebensräume – liegt vor allem in seiner Intelligenz und in seiner ausgeprägten sozialen Organisation. Grundlage für Angriff und Verteidigung ist das Rudel: eine Familiengruppe von Mutter, Vater, Kindern und vielleicht anderen Verwandten, zusammen etwa 10 Tiere. Das Rudel beherrscht ein Gebiet, dessen Größe sich nach der Häufigkeit von Beutetieren richtet. In der Tundra, in der es nur wenig zu jagen gibt, muß das Revier 500 Quadratkilometer groß sein. Der Anführer des Rudels setzt seinen Harn an bestimmten Punkten ab und markiert dadurch die Grenzen des Territoriums; sie werden gegen Fremde erbittert verteidigt.

Angehörige des Rudels durchstreifen ständig das Gebiet. Dabei steht ihnen ein reiches Vokabular von Kläff- und Heultönen zur Verfügung, mit dem sie sich verständigen. Wenn Rentierzüge kommen, vereinigen sich benachbarte Wolfsrudel zu einem Großrudel.

Innerhalb eines Rudels besteht gewöhnlich eine feste Rangordnung. Ein Männchen und ein Weibchen teilen sich in die Führung; ihnen sind Tiere zweiten und dritten Ranges nachgeordnet. Auf der untersten Stufe dieser Leiter steht ein Wolf, der fortwährend weggejagt, aber in der Herde gerade noch geduldet wird. All diese Rangunterschiede erkennt man deutlich an Bewegungen, Haltungen sowie der Stellung des Schwanzes und der Ohren, wenn Wölfe einander begegnen. Feste soziale Bande halten das Rudel zusammen.

Im allgemeinen bleibt ein Wolfspaar das ganze Leben zusammen. Nicht alle geschlechtsreifen Angehörigen des Rudels pflanzen sich gleich auch fort; so kann die Erziehung der Jungwölfe von der ganzen Gruppe übernommen werden.

Erfolgreiche Jagdtaktik

Das ganze Jahr hindurch dienen die großen Pflanzenfresser dem Wolf als Nahrung. Die Hauptjagdzeit setzt mit den jahreszeitlichen Wanderungen der Huftiere ein. Dann sind die Wölfe ganz besonders aufeinander angewiesen, denn ein einzelner Wolf ist der Geschwindigkeit eines Rens oder den Hörnern eines Moschusochsen nicht gewachsen. Selbst schwache Tiere dieser Art erliegen nur einem gemeinsam jagenden Rudel.

Wenn das Wolfsrudel eine Rentierherde ausgemacht hat, dann nimmt es eine Reihe von Anläufen, um zu prüfen, ob ein Kalb zurückbleibt oder ein ausgewachsenes Tier lahmt. Einige Mitglieder des Rudels konzentrieren sich dann auf dieses Exemplar und lösen einander in der Führung der Jagd ab, bis das Opfer erschöpft stehenbleibt.

Neben Huftieren, die ständig mindestens die Hälfte der Wolfsnahrung ausmachen, werden auch kleinere Tiere wie Lemminge gefressen.

Verglichen mit den Verlusten an Kälbern, die durch den eisigen Wind verursacht werden, sind diejenigen durch den Wolf geringfügig. Dessen Rolle ist, im ganzen gesehen, sogar nützlich: Da er sich auf kranke und schwache Rentiere und Moschusochsen konzentriert, trägt er dazu bei, die Rassen zu stärken.

Rückzug des Wolfes Verfolgung durch den Menschen hat den Wolf in die unzugänglichsten Gegenden seines früheren Verbreitungsgebietes vertrieben. Einst kam er fast überall auf der nördlichen Halbkugel vor.

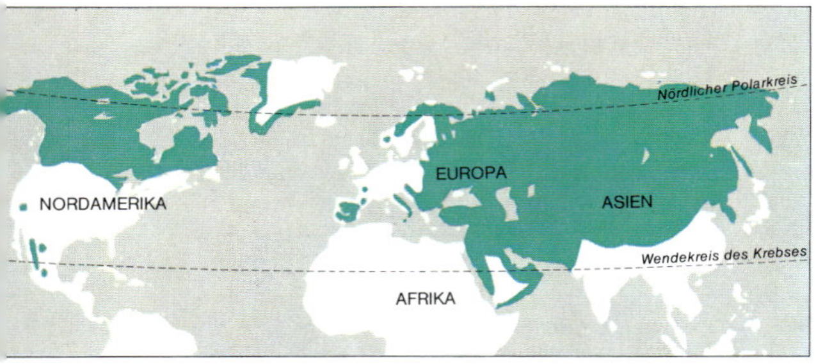
Nördlicher Polarkreis
NORDAMERIKA
EUROPA
ASIEN
Wendekreis des Krebses
AFRIKA

Der Wolf im hohen Norden In der nördlichsten Tundra sind manche Wölfe fast das ganze Jahr über weiß.

Vorbereitung zur Jagd Wölfe balgen sich, wenn sie jung sind. Auf diese Weise eignen sie sich Fertigkeiten an, die ihnen später bei der Jagd zugute kommen.

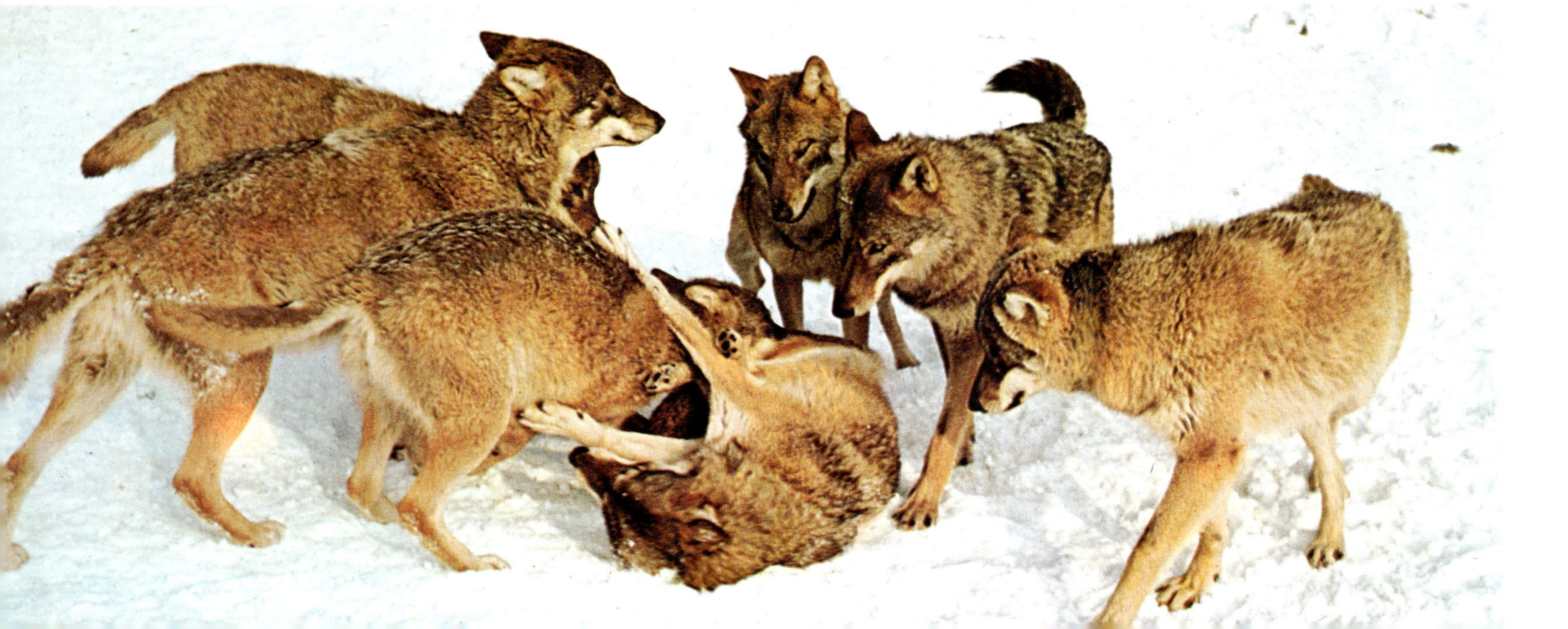

Ein doppeltes Fell für den Winter Der schwere Haarpelz des Moschusochsen besteht aus dichter, weicher Wolle, überlagert von dicken Schutzhaaren, die bis zum Boden herabhängen. Die Wolle wird im Frühling abgeworfen; dabei arbeitet sie sich durch die äußere Haarschicht hervor und gibt dem Tier ein zottiges Aussehen. Wenn der Pelz trocken ist, läßt er praktisch weder Kälte noch Feuchtigkeit durch.

Eine gehörnte Phalanx gegen Angreifer

Die massigen, kräftigen Moschusochsen mit ihren ausladenden Hörnern haben von Feinden wenig zu fürchten. Selbst Wölfe greifen nur todkranke oder halberfrorene Moschusochsen an, und auch das nur dann, wenn sie außergewöhnlich hungrig sind. Sie müssen schon sehr zahlreich sein, wenn sie versuchen, ein Kalb aus einer Herde zu holen.

Die Schlachtordnung der Moschusochsen ähnelt der Phalanx der antiken Infanterie: Die Tiere bilden eine Wand von gesenkten Hörnern. Sind viele zusammen, dann formieren sie sich zu einem Kreis, in dessen Mitte die Kälber Schutz finden. Diese Formation dreht sich immer so, daß erwachsene Bullen dem Punkt der größten Gefahr zugewandt sind. Ein Wolf, den ein Moschusochse auf die Hörner nimmt, kann von diesem über die Schulter geworfen und dann von der Herde zu Tode getrampelt werden.

Moschusochsen sind mit Schafen und Ziegen näher verwandt als mit Rindern; ihr nächster lebender Verwandter ist der Takin aus den Gebirgen Tibets. Bei trockener Kälte und peitschenden Winden gewährt ihnen ihr zweifaches Kleid vollkommenen Schutz; bei Schneeregen stellt es allerdings eine Gefahr dar, weil dann die Feuchtigkeit im Fell gefrieren kann. Unter dem Gewicht des sich ansammelnden Eises wird das Tier unbeweglich und eine leichte Beute für Wölfe.

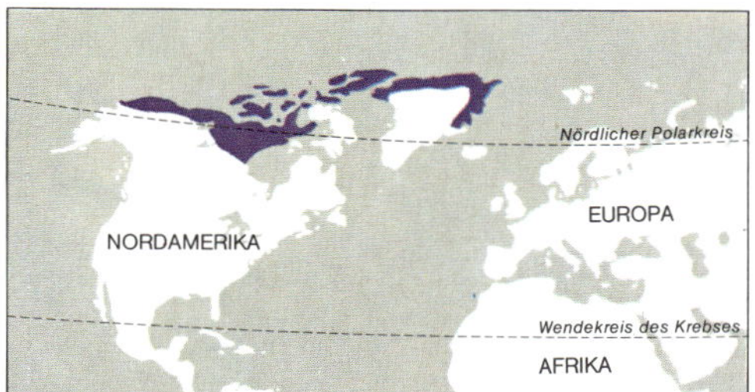
Nördlicher Polarkreis
NORDAMERIKA
EUROPA
Wendekreis des Krebses
AFRIKA

Der Moschusochse, *Ovibos moschatus*, bildet zwei Rassen, eine kanadische und eine grönländische. In Alaska sind Tiere der Grönlandrasse ausgesetzt worden.

Im Sommer fressen Moschusochsen fast ununterbrochen Gräser, Riedgräser und holzige Pflanzen und mästen sich auf diese Weise für den Winter. Sie paaren sich dann auch, und die Bullen kämpfen um ihren Harem. Sie rennen aufeinander zu und krachen mit den Schädeln zusammen, daß es kilometerweit dröhnt. Hornbuckel von mehr als 20 cm Dicke schützen die Stirn, so daß die Tiere keinen dauernden Schaden davontragen.

Verteidigung nach allen Seiten Moschusochsen bilden zum Schutz gegen Raubtiere oder ein Unwetter einen Kreis oder Halbkreis. In einem Schneesturm stellen sich 2 Bullen gegen den Wind; ihre langen Haare bilden dann einen Vorhang um die Kälber.

Wenn die Nächte länger werden, wandern die Herden nach ihren Winterweideplätzen. Diese liegen in windreichen Gebieten, wo der Schnee nicht tief ist. Die Ochsen können ihn wegscharren und finden darunter Riedgräser und Flechten. Diese karge Nahrung ergänzt das gespeicherte Körperfett.

Die Kälber werden im April oder Mai geboren, wenn die Temperaturen noch — 30 ° betragen können. Innerhalb von 3 Tagen vermögen sie der Herde zu folgen, und am Ende der ersten Woche knabbern sie an Pflanzen; doch werden sie 15 Monate lang gesäugt, damit sie durch den ersten Winter kommen.

Moschusochsen können Temperaturen von — 70 ° aushalten. Im Winter ziehen sie ständig in ihrem Gebiet umher. Wie bei allen Huftieren sind ihre Augen gut an Dunkelheit angepaßt; sie können bei Mondlicht und im Zwielicht des winterlichen Mittags im hohen Norden noch gut sehen.

Wanderung auf alten Pfaden

Das Karibu – ein Rentier – hat seinen Namen von den Mikmak-Indianern des östlichen Kanada. Das Wort bedeutet „Schaufler" und bezieht sich auf die Art, wie dieses Tier seine Spreizhufe gebraucht, um im Winter im Schnee zu scharren und Futter zu finden. Andere Anpassungen an das Leben in der Arktis sind das wärmende Fell, das aus hohlen Haaren besteht, und die langen, kräftigen Beine, die das Tier bei seinen weiten Wanderungen ausdauernd machen.

Es gibt vom Rentier mehrere Unterarten, darunter das Eurasische Ren. Das Barren-Ground-Karibu ist für die nordamerikanische Tundra typisch. Zweimal im Jahr unternimmt es Wan-

Geweihprotz Karibubullen kämpfen nur selten mit dem Geweih. Wenn sie es doch tun, verhaken sie sich manchmal und verhungern dann. Auch die Kühe tragen – als einzige weibliche Hirsche – ein Geweih.

derungen von durchschnittlich mehr als 1000 km zwischen seinem Sommer- und seinem Wintergebiet. Im Frühling gebären die Weibchen mitten in der Tundra, in der sie im Sommer reichlich Futter finden. Im Herbst zieht die Herde zu den Winterfutterplätzen an den Waldrändern.

Viele Tiere, vor allem der Wolf, sind auf diesen jährlichen Zyklus angewiesen. Während der großen Wanderungen müssen Herden von 20 000 oder mehr Karibus bei Wölfen und Menschen Spießruten laufen, überdies sammeln sich Aasfresser wie Polarfüchse und Raben entlang der Pfade. Vor 50 Jahren war auf den Weideflächen des Barren-Ground-Karibus noch ein Bestand vorhanden, der in die Millionen ging. Heute ist die Zahl der Tiere auf einige Hunderttausend gesunken. Dieser Rückgang hatte böse Folgen: Indianer und Eskimos verhungerten. Auch die Zahl der Raubtiere und Aasfresser ging beträchtlich zurück.

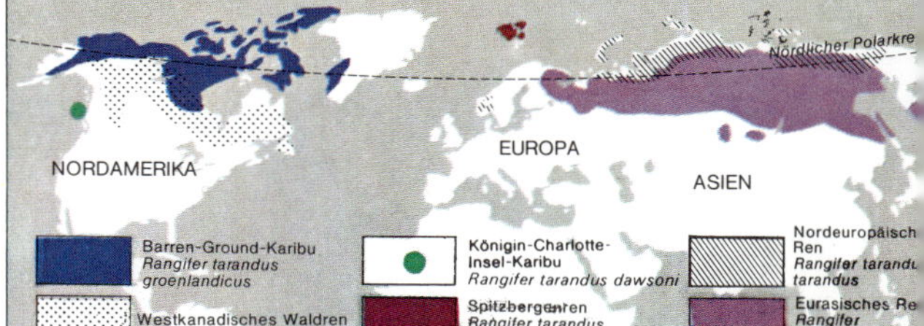
NORDAMERIKA
EUROPA
ASIEN
Barren-Ground-Karibu
Rangifer tarandus groenlandicus
Westkanadisches Waldren
Rangifer tarandus caribou
Königin-Charlotte-Insel-Karibu
Rangifer tarandus dawsoni
Spitzbergenren
Rangifer tarandus platyrhynchus
Ren

Verbreitung der Rentiere Zum Rentier gehören in der Arktis mehrere andere Unterarten. Domestizierte Rentiere sind in Skandinavien weit verbreitet.

Wasser- und Landvögel

Abgeschiedenheit und reichlich vorhandenes Futter machen die Tundra zu einem Sommerparadies für Brutvögel. Im Winter können aber nur einige Arten dort bleiben.

Nur in wenigen Gebieten der Erde gibt es überhaupt keine Vögel. Schneeammern hat man nur 300 km vom Nordpol entfernt gesehen, Skuaraubmöwen fast ebenso nahe am Südpol. Allerdings können solche abgelegenen Gegenden zwar innerhalb des Verbreitungsgebietes einer Art liegen; doch brüten die Tiere nicht dort. Die Vögel der eigentlichen Polargebiete sind ganz an die Küsten gebunden, die der subpolaren Zonen an die Küsten sowie an die Seen und Sümpfe der Tundra.

Die isolierenden Federn halten den Körper eines Vogels gleichmäßig warm, so daß er von seiner Umgebung in gewissem Maße unabhängig ist. Einige Arten, die sich besonders gut an die Arktis angepaßt haben, leben dort ständig; die Mehrzahl aber sind Zugvögel. Lange Balzzeiten sind in der Arktis unmöglich. Nestbau, Brüten und die Aufzucht der Jungen – das alles muß abgeschlossen sein, ehe der lange Winter beginnt.

Viele Vögel paaren sich, bevor sie in der Tundra ankommen. Oft kehrt das gleiche Paar stets an denselben Platz zurück, so daß also Paarung und Nestbau rasch vonstatten gehen.

Zugvögel nisten, wenn die Tundra blüht

Balz in der Arktis Ein Paar Trompeterschwäne, *Cygnus cygnus buccinator*, beginnt mit seinen anmutigen Paarungsriten. Diese Art wurde vom Menschen gejagt und brütet heute nur noch in Westkanada und den USA. Trompeterschwäne sind viel seltener als die Pfeifschwäne, die weiter nördlich nisten.

Wasservögel verlassen die Arktis im September und kehren Mitte Mai zurück. Dann ist der nördliche Himmel voll von Enten, Schwänen und vor allem Gänsen. Viele ziehen, ohne unterwegs zu rasten, 3000 km weit von Louisiana zu ihren Brutplätzen in der Tundra.

All diese Tiere gehören zu der großen Familie der Schwimmvögel, die gekennzeichnet sind durch schwimmfähige, gegen Kälte isolierte Körper, durch Schwimmfüße und sägeartige Schnäbel. Die Schnäbel weisen verschiedene Anpassungen an die Nahrungsaufnahme auf: In einigen Fällen können die Vögel damit Nahrung aus dem Wasser seihen; der breite Schnabel des Schwanes hingegen ermöglicht im Verein mit dem langen Hals das Gründeln. Die meisten dieser Vögel holen ihr Futter aus den Sumpftümpeln der Tundra.

Nester von verschiedener Form werden an trockenen Stellen gebaut. Der Pfeifschwan legt eine fast 2 m breite Moosplattform an. Enten polstern ein Grasstück mit Flaumfedern aus, die sie sich aus der Brust rupfen.

Die Taucher haben alle den gleichen Lebensraum. Eistaucher, Sterntaucher und Prachttaucher brüten an Seeufern. Sie tauchen 90 Sekunden lang und holen Fische, Frösche, Weichtiere, Krebstiere und Insekten aus dem Wasser. Wenn sie gestört werden, schwimmen sie so tief, daß nur Kopf und Hals aus dem Wasser ragen. Viele Arten von Stelzvögeln und Wasserläufern waten an der Küste und suchen im Schlamm Insekten.

Dieser Vogelreichtum ist nur während der kurzen arktischen Blütezeit vorhanden. Wenn sich auf den Seen eine neue Eisschicht bildet und die Vegetation sich braun färbt, ziehen die Alten wie die Jungen nach dem Süden.

Großer Brachvogel
Numenius arquata
Wintergast: Küsten Afrikas
Kleiner Goldregenpfeifer
Pluvialis dominica
Wintergast: Südamerika, Australien, Hawaii
Regenbrachvogel
Numenius phaeopus
Wintergast: Europa, Afrika, Südamerika, Australien
Knutt
Calidris canutus
Wintergast: Europa, Afrika, Südamerika, Australien
Weißbürzelstrandläufer
Calidris fuscicollis
Wintergast: Argentinien
Thorshühnchen
Phalaropus fulicarius
Wintergast: vor der Küste Westafrikas und Südamerikas
Kanadischer Kranich
Grus canadensis
Wintergast: Mexiko, südliche USA
Eistaucher
Gavia immer
Wintergast: nördliche Küsten des Pazifik und Atlantik
Prachttaucher
Gavia arctica
Wintergast: Küsten des Nordatlantik und Nordpazifik
Sterntaucher
Gavia stellata
Wintergast: Küstengewässer bis zu den Tropen
Eisente
Clangula hyemalis
Wintergast; Japan, Küsten Europas und der Vereinigten Staaten
Eiderente
Somateria mollissima
Wintergast: Küsten des Nordatlantik und Pazifik
Kanadagans
Branta canadensis
Wintergast: Europa, Nordafrika, südliche USA
Kurzschnabelgans
Anser fabalis brachyrhynchus
Wintergast: nördliches Eurasien
Bleßgans
Anser albifrons
Wintergast: südliche USA, Eurasien, Japan
Ringelgans
Branta bernicla
Wintergast: gemäßigte Küsten des Atlantik und Pazifik
Weißwangengans
Branta leucopsis
Wintergast: Küsten des nördlichen Europa
Kaisergans
Anser canagicus
Wintergast: Küsten von Südwestalaska
Schneegans
Anser caerulescens
Wintergast: südliche USA, Golf von Mexiko, Japan
Singschwan
Cygnus cygnus cygnus
Wintergast: Eurasien, bis Nordindien
Zwergschwan
Cygnus columbianus bewickii
Wintergast: nördliches Europa, Nordpazifik
Pfeifschwan
Cygnus columbianus columbianus
Wintergast: nördliches Europa, Nordpazifik

Meeresvögel leben vom Ozean

Die Meeresvögel der Arktis sind, wie so viele Polartiere, letztlich von den mikroskopisch kleinen Meerespflanzen abhängig, die Garnelen und anderen Krebstieren als Nahrung dienen. Die Krebstiere wiederum bilden die Grundlage des Fischreichtums, von dem die Vögel leben. Solange das Meer eisfrei ist, können Meeresvögel an öden Küsten gut existieren. Da aber die Küstengewässer im Winter fast vollständig zufrieren, ziehen die meisten Arten aufs offene Meer hinaus. Einige, wie die Schmarotzerraubmöwe und die Küstenseeschwalbe, machen die weitesten Wanderungen: 20 000 km bis zur Antarktis.

Alke, Trottellummen und Tordalke sind mit ihrer schwarzweißen Färbung, ihrer aufrechten Haltung und ihrer Art, unter Wasser Fische zu fangen, die „Pinguine des Nordens"; doch können sie im Gegensatz zu den Pinguinen fliegen.

Es besteht auch eine gewisse Parallele zwischen dem Verhältnis von Eismöwen zu Alken in der Arktis und dem von Skuaraubmöwen zu Pinguinen in der Antarktis: die Eismöwe raubt Eier und Küken der Alke, um ihre eigenen Jungen damit zu füttern.

Schmarotzerraubmöwen sind ebenfalls Räuber. Sie haben sich darauf spezialisiert, kleineren Seevögeln das Futter abzujagen, das sie zur Atzung ihrer Jungen in ihren Kröpfen haben.

Langstreckenflieger Die Küstenseeschwalbe, *Sterna paradisaea*, folgt von der Arktis aus den futterreichen Meeresströmungen entlang den Küsten Europas und Afrikas bis zur Spitze Südafrikas und überquert dann den Südatlantik. Im Frühling kehren die Vögel in die Arktis zurück, um dort zu brüten.

Tordalk
Alca torda
Wintergast: vor den Küsten Nordamerikas und der Mittelmeerländer
Krabbentaucher
Plautus alle
Wintergast: Nordsee, Nordatlantik
Trottellumme
Uria aalge
Wintergast: vor den Küsten des Nordatlantik u. d. Mittelmeers
Elfenbeinmöwe
Larus eburneus
Wintergast: Packeisränder
Eismöwe
Larus hyperboreus
Wintergast: südlich von Frankreich, Japan, Washington
Schwalbenmöwe
Larus sabini
Wintergast: Mittelatlantik, Küsten Perus
Dreizehenmöwe
Larus tridactylus
Wintergast: Neuengland, südliches Europa
Schmarotzerraubmöwe
Stercorarius parasiticus
Wintergast: auf dem Meer südlich des Äquators bis nach Ostaustralien
Skuaraubmöwe
Stercorarius skua skua
Wintergast: vom Nördlichen Polarkreis bis zum Wendekreis des Krebses

Landvögel – an das Leben im arktischen Winter angepaßt

Viele kleine Zugvögel, wie Lerchen, Ammern und Steinschmätzer nisten in der Arktis; es gibt aber auch einige Arten, die das ganze Jahr dort leben. Am besten an das Dasein im hohen Norden angepaßt sind manche Rauhfußhühner – das Moorschneehuhn und besonders das Alpenschneehuhn –, denen federbedeckte Beine einen zusätzlichen Schutz gegen die Kälte geben.

Während das Alpenschneehuhn im Winter weiß wird, behält der Kolkrabe sein schwarzes Kleid. Er ist in fast allen Landgebieten der nördlichen Halbkugel zu Hause. Seine federlosen Beine und Füße können, wie die der Meeresvögel, niedrige Temperaturen aushalten, ohne daß der Stoffwechsel des ganzen Körpers darunter leidet.

Bei allen Vogelarten herrscht im Winter manchmal Futtermangel; die schwächeren Tiere kommen dann um. Das Alpenschneehuhn sucht Bergrücken auf, wo der Wind den Schnee fortgeweht und die Vegetation freigelegt hat. Dem Huhn folgt der nördlichste Raubvogel, der Gerfalk.

Die Schnee-Eule, *Nyctea scandiaca*, frißt Lemminge, Mäuse und andere Kleinsäuger. In lemmingarmen Jahren gehen viele Eulen zugrunde.

Tarnfärbung Das Sommerkleid des Alpenschneehuhns, *Lagopus mutus*, das in der Tundra lebt, hebt sich kaum von den Felsen und Flechten der Umgebung ab.

Winterkleid Im Herbst bekommt das Alpenschneehuhn ein weißes Wintergefieder, das es vor Feinden schützt, weil es dem Schnee angepaßt ist.

Kolkrabe
Corvus corax
Wintergast: Arktis
Ohrenlerche
Eremophila alpestris
Wintergast: südliche USA, Europa, Zentralasien
Schneeammer
Plectrophenax nivalis
Wintergast: niedere Arktis bis zu den gemäßigten Breiten
Steinschmätzer
Oenanthe oenanthe
Wintergast: tropisches Afrika
Polarbirkenzeisig
Acanthis hornemanni
Wintergast: südliche Arktis
Moorschneehuhn
Lagopus lagopus
Standvogel in der Arktis; zieht aber in seinem Verbreitungsgebiet umher
Gerfalk
Falco rusticolus
Standvogel in der Arktis; folgt aber dem Alpenschneehuhn

Jagd um die Uhr In der Arktis sind die jahreszeitlichen Unterschiede zwischen Hell und Dunkel sehr groß. So jagt die Schnee-Eule bei Tag und bei Nacht.

Die Robben der Südpolarmeere

Die Weddellrobbe, eine der 4 echten Robben, die in der Antarktis leben, taucht bis 500 m tief, um am Meeresgrund Fische und Kalmare zu fangen.

Die Robben der Antarktis und die der Arktis leben in ähnlichen Umgebungen: im Meer, auf dem Eis und an der Küste. In der inneren Antarktis sind diese Gebiete die Fortpflanzungsplätze von nur 4 Robbenarten: der Rossrobbe, der Weddellrobbe, dem Krabbenfresser und dem Seeleoparden. Der See-Elefant hat sein Fortpflanzungsgebiet an den subantarktischen Küsten.

Die 4 antarktischen Robben gehören alle zu einer Verwandtschaftsgruppe, während die arktischen Arten einander nicht so nahestehen. Trotzdem unterscheiden sich aber die Arten der Antarktis in ihrer Lebensweise auffallend.

Der schnelle, stromlinienförmige Seeleopard ist berüchtigt als Jäger von Pinguinen, denen er im Wasser nachstellt. Die Weddellrobbe lebt in Küstengewässern und ernährt sich von Fischen und Tintenfischen auf dem Meeresgrund; sie kann von allen Robben am längsten tauchen.

Der Krabbenfresser tummelt sich zwischen schwimmenden Treibeisschollen und frißt kleine Krebse. Mit ihren ungewöhnlich großen Augen kann die Rossrobbe vermutlich im Dämmerlicht unter dem Packeis ihre Beutetiere erkennen.

Die Strandmeister der See-Elefanten kämpfen um ihren Harem

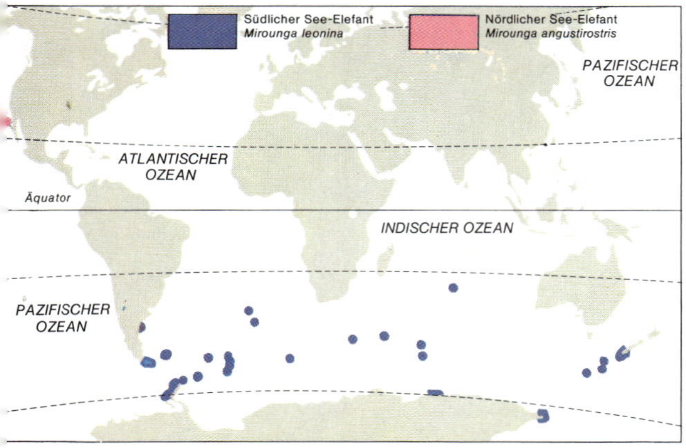
Südlicher See-Elefant
Mirounga leonina
Nördlicher See-Elefant
Mirounga angustirostris
PAZIFISCHER OZEAN
ATLANTISCHER OZEAN
Äquator
INDISCHER OZEAN
PAZIFISCHER OZEAN

Zwei Arten Der südliche und der nördliche See-Elefant sind fast gleich. Die nördliche Art, im 19. Jh. beinahe ausgerottet, umfaßt heute etwa 15 000 Tiere.

Drohhaltung Der See-Elefant biegt seinen Körper U-förmig, wenn er droht oder imponieren will; sonst hebt er die Hinterflossen nur im Wasser so hoch.

Der See-Elefant ist der größte aller Flossenfüßer. Die Männchen können 6 m lang werden und 3,5 Tonnen wiegen.

Der See-Elefant gehört nur am Rande zur eigentlichen Antarktis; er wählt zwar manchmal einen Platz auf dem festen Küsteneis nahe am offenen Wasser, um sich fortzupflanzen, doch ist er im Grunde ein Küstenbewohner außerhalb der Eiszone. Seinen Namen hat er nicht nur wegen seiner Größe bekommen, sondern auch wegen des kurzen Rüssels, den das ausgewachsene Männchen besitzt. Die Spitze hängt über das Maul, so daß die Nasenlöcher nach unten zeigen. Während der Paarungszeit wird der Rüssel durch Muskelkraft und Blutdruck aufgeblasen und dient beim Brüllen als Resonanzboden.

Die Männchen kommen zuerst an Land: im September, beim Einzug des antarktischen Frühlings. Wenn gegen Ende des Monats die Weibchen folgen, werden sie von den Bullen, die das Gebiet beherrschen – Robbenfänger nennen sie „Strandmeister" –, in Harems zusammengefaßt. Jeder besteht gewöhnlich aus 10–20 Weibchen, aber auch 30–40 sind keine Seltenheit. Man hat sogar an die 100 Kühe bei einem Bullen gezählt.

Die Jungen von der vorjährigen Paarung werden Anfang Oktober geboren; bald danach paaren sich die Mütter von neuem. Bei der Geburt sind die Jungen etwa 1,2 m lang und wiegen ungefähr 70 Pfund. Sie wachsen schnell und nehmen in den 3 Wochen, in denen sie gesäugt werden, täglich etwa 20 Pfund zu. Wenn sie entwöhnt sind, kehren ihre Mütter ins Meer zurück; von ihrem Normalgewicht von 200 Pfund haben sie dann etwa ein Drittel verloren. Die jungen See-Elefanten gehen ins Meer, wenn sie ungefähr 5 Wochen alt sind und den wolligen Babypelz abgeworfen haben. Die ausgewachsenen Tiere kehren zu ihrem jährlichen Haarwechsel von Dezember bis Februar ans Land zurück.

See-Elefanten haben nur wenige natürliche Feinde; lediglich in ihrer Jugend werden sie manchmal von Seeleoparden und Schwertwalen gejagt. Häufiger sterben See-Elefanten durch Unglücksfälle. Junge werden zerdrückt, wenn ältere Tiere sich auf sie wälzen; manchmal sinken sie auch in schmelzendem Schnee ein.

Kampf um den Harem Der „Strandmeister" unter den See-Elefanten reagiert auf einen Konkurrenten, der in seinen Harem eindringt, zunächst mit Brüllen. Dann folgen die dargestellten Drohgebärden. Wenn auch sie den Fremden nicht vertreiben, beginnt der Kampf. Selten wird ein Tier dabei getötet, aber manchmal gibt es schwere Verwundungen. Wenn alte Bullen mit langen Rüsseln brüllen, stecken sie die Rüssel ins Maul und lassen ein metallisches Schnauben ertönen.

Die Robben des Packeises

Im Gegensatz zum See-Elefanten, der einen Zugang zu einer eisfreien Küste benötigt, wo er sich häufig lagern kann, pflanzen die Robben der Antarktis sich auf dem Eis fort. Nur die Weddellrobbe ist eng an das Leben auf dem Land gebunden.

Der Seeleopard ist die größte Robbe der Antarktis; die Männchen messen etwa 3 m. Die antarktischen Robben wachsen schnell und erreichen bald eine Größe, die den Wärmeverlust herabsetzt – da das Verhältnis von Körpervolumen und wärmeabstrahlender Oberfläche günstiger geworden ist. Ein Weddellrobbenjunges beispielsweise, das bei der Geburt knapp 60 Pfund wiegt, bringt es in 6 Wochen auf 250 Pfund.

Tief und ausdauernd tauchen

Tauchtiefen von mehr als 500 m sind mit Hilfe von Druckmessern registriert worden, die man Weddellrobben angeheftet hat, als sie an ihren Atemlöchern auftauchten. Andere Robben können kaum länger als 20 Minuten unter Wasser bleiben, Weddellrobben hingegen 60 Minuten.

Die physikalischen Grundlagen, die es der Weddellrobbe ermöglichen, so ungewöhnlich lange zu tauchen, sind die gleichen wie die bei den anderen Flossenfüßern. Robben sind Säugetiere, deshalb müssen sie zum Atmen an die Wasseroberfläche kommen. Der aufgenommene Sauerstoff wird im Blut und in den Muskeln gespeichert. Robben haben mehr Blut als Landtiere gleicher Größe; überdies vermag ihr Blut mehr Sauerstoff aufzunehmen, und ein größerer Teil des gespeicherten Sauerstoffs kann wieder freigegeben werden. Die Sauerstoffmenge im Blut einer Weddellrobbe ist fünfmal so groß wie die beim Menschen. Aber selbst das reicht noch nicht aus. So wird während des Tauchens der Sauerstoffverbrauch der Robbe dadurch verringert, daß die Blutversorgung aller Organe gesperrt wird, ausgenommen solche, die ohne Sauerstoff schnell absterben wie das Gehirn.

Die Muskeln verbrauchen beim Tauchen den von ihnen selbst gespeicherten Sauerstoff. Die durch Muskelbewegung erzeugte Milchsäure wird zurückgehalten, bis die Robbe auftaucht. Dann wird sie plötzlich ins Blut abgegeben und schnell in energiereiche Glukose umgewandelt.

Tieftaucher Die Weddellrobbe ernährt sich von Tintenfischen und von Fischen, die am Meeresboden leben; deshalb taucht sie zuweilen tiefer als 500 m. Zwischendurch steigt sie zu einem Atemloch im Eis empor.

Die Robbe, die ihre Farbe wechselt Der Krabbenfresser – auch weiße Robbe genannt, weil sein Fell im Laufe des Jahres kremweiß wird – ist die häufigste Robbe in den antarktischen Meeren.

Selten zu sehen Die Rossrobbe sieht man nicht häufig, da sie auf dem entlegenen Packeis lebt. Mit ihren großen Augen kann sie im schwach erhellten Wasser unter dem Eis Tintenfische und Fische finden.

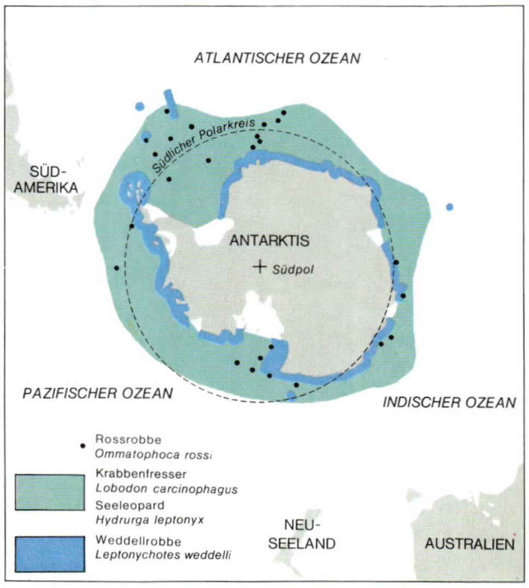
ATLANTISCHER OZEAN
Südlicher Polarkreis
SÜD-AMERIKA
ANTARKTIS
Südpol
PAZIFISCHER OZEAN
INDISCHER OZEAN
Rossrobbe
Ommatophoca rossi
Krabbenfresser
Lobodon carcinophagus
Seeleopard
Hydrurga leptonyx
Weddellrobbe
Leptonychotes weddelli
NEU-SEELAND
AUSTRALIEN

Verbreitungsgebiete Der Krabbenfresser, der Seeleopard und die seltene Rossrobbe sind über das Packeis verstreut. Die Weddellrobbe bleibt an den Küsten.

Pinguinjäger In der Antarktis gibt es keine räuberischen Säuger auf dem Land, aber mehrere im Meer. Einer der stärksten ist der Seeleopard. Er greift oft Pinguine an, die er unter Wasser mit großer Geschwindigkeit verfolgt. Daneben frißt er auch Aas, Fische, Kleinkrebse und sogar die Jungen anderer Robben.

Pinguine

Pinguine verlassen das Meer nur zum Brüten und zur Mauser; ihr Verbreitungsgebiet erstreckt sich von der Antarktis bis zu den Galapagos-Inseln.

Pinguine lebten schon vor mehr als 50 Millionen Jahren in den südlichen Ozeanen – lange bevor sich die Eiskappe am Pol bildete. Sie stammten von Vögeln ab, die ihre Nahrung aus dem Meer holten. Als diese Vögel sich immer mehr auf das Schwimmen und Tauchen spezialisierten, wurden ihre Flügel kleiner, und der Widerstand unter Wasser verringerte sich. Mit der Zeit wurden ihre Flügel zu Paddeln. Zu fliegen brauchten diese Vögel nicht, denn sie lebten an entlegenen Küsten; das Meer schützte sie vor Landraubtieren und war gleichzeitig besonders reich an Krebstierchen und anderer Nahrung.

Die 18 heute vorhandenen Pinguinarten sind noch über die Südhalbkugel verteilt. Nur 5 Arten brüten in der Antarktis, und nur eine von ihnen ist auf diesen Kontinent beschränkt. Die übrigen bewohnen südliche Ozeaninseln.

Da große Tiere ihre Körperwärme besser halten können als kleine, leben die größten Pinguine meist in den kältesten Gebieten. Nur der Königspinguin bewohnt wärmere Gewässer als der kleinere Adeliepinguin, dessen Heimat die Antarktis selbst ist. Wahrscheinlich spielen also bei der Verbreitung dieser Arten noch andere Faktoren eine Rolle. Man weiß aber von den Lebensumständen der Tiere während der Monate, die sie auf dem Meer verbringen, so wenig, daß man darüber nur Vermutungen anstellen kann. Fast alle unsere Kenntnisse über die Pinguine gründen sich auf Beobachtungen, die an Land gemacht wurden – in der Umgebung also, an die diese ganz auf ein Leben im Meer spezialisierten Vögel am wenigsten angepaßt sind. Der torpedoähnliche Körper der Pinguine ist den Strömungsverhältnissen im Wasser angeglichen. Der schwarze Rücken verbirgt das Tier vor Blicken von oben, die weiße Bauchseite tarnt nach unten. Dichte, ölige Federn – mehr als 10 pro Quadratzentimeter – liegen über den Daunen und der Fettschicht und bilden einen so guten Kälteschutz, daß die Abgabe von Wärme an Land, selbst in der Antarktis, für den Pinguin ein fast ebenso großes Problem darstellt wie die Erhaltung der Wärme.

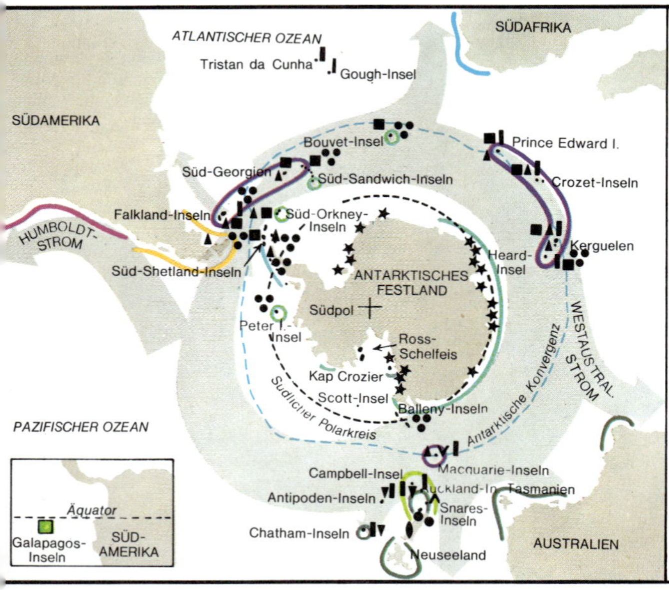
ATLANTISCHER OZEAN
SÜDAFRIKA
Tristan da Cunha
Gough-Insel
SÜDAMERIKA
Bouvet-Insel
Prince Edward I.
Süd-Georgien
Süd-Sandwich-Inseln
Crozet-Inseln
Falkland-Inseln
Süd-Orkney-Inseln
HUMBOLDT-STROM
Kerguelen
Süd-Shetland-Inseln
Heard-Insel
ANTARKTISCHES FESTLAND
Südpol
Peter I.-Insel
Ross-Schelfeis
WESTAUSTRAL-STROM
Kap Crozier
Scott-Insel
Südlicher Polarkreis
Antarktische Konvergenz
Balleny-Inseln
PAZIFISCHER OZEAN
Macquarie-Inseln
Campbell-Insel
Antipoden-Inseln
Auckland-In.
Tasmanien
Äquator
Snares-Inseln
Galapagos-Inseln
SÜD-AMERIKA
Chatham-Inseln
Neuseeland
AUSTRALIEN

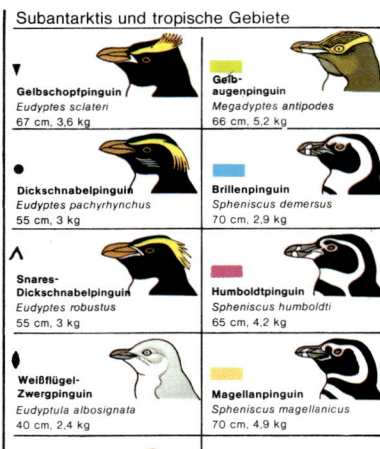

Die Welt der Pinguine

Die eigentliche Heimat der Pinguine ist das Meer. Nur zum Brüten gehen sie an Land. Alle Pinguine haben einen schwarzen Rücken und eine weiße Bauchseite; die Färbung und Zeichnung des Kopfes ist aber bei den einzelnen Arten verschieden. Auch die Größen sind unterschiedlich. Hier ist für jede Art das Durchschnittsgewicht und die Länge des Körpers – von der Schnabelspitze bis zum Hinterleibsende – angegeben.

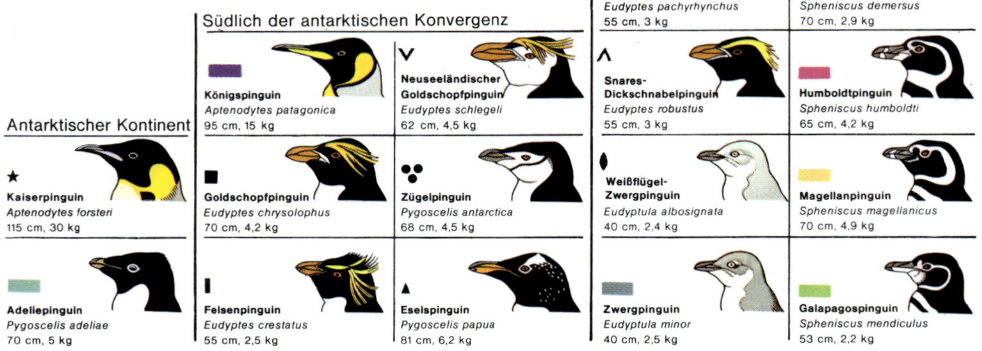
Antarktischer Kontinent
Kaiserpinguin
Aptenodytes forsteri
115 cm, 30 kg
Adeliepinguin
Pygoscelis adeliae
70 cm, 5 kg
Südlich der antarktischen Konvergenz
Königspinguin
Aptenodytes patagonica
95 cm, 15 kg
Neuseeländischer Goldschopfpinguin
Eudyptes schlegeli
62 cm, 4,5 kg
Goldschopfpinguin
Eudyptes chrysolophus
70 cm, 4,2 kg
Zügelpinguin
Pygoscelis antarctica
68 cm, 4,5 kg
Felsenpinguin
Eudyptes crestatus
55 cm, 2,5 kg
Eselspinguin
Pygoscelis papua
81 cm, 6,2 kg
Subantarktis und tropische Gebiete
Gelbschopfpinguin
Eudyptes sclateri
67 cm, 3,6 kg
Gelbaugenpinguin
Megadyptes antipodes
66 cm, 5,2 kg
Dickschnabelpinguin
Eudyptes pachyrhynchus
55 cm, 3 kg
Brillenpinguin
Spheniscus demersus
70 cm, 2,9 kg
Snares-Dickschnabelpinguin
Eudyptes robustus
55 cm, 3 kg
Humboldtpinguin
Spheniscus humboldti
65 cm, 4,2 kg
Weißflügel-Zwergpinguin
Eudyptula albosignata
40 cm, 2,4 kg
Magellanpinguin
Spheniscus magellanicus
70 cm, 4,9 kg
Zwergpinguin
Eudyptula minor
40 cm, 2,5 kg
Galapagospinguin
Spheniscus mendiculus
53 cm, 2,2 kg

Pinguine des tiefsten Südens

Die südlichsten Pinguine sind die Kaiserpinguine und die Vertreter der Gattung *Pygoscelis*: der Adelie-, der Zügel- und der Eselspinguin. Die Brutplätze der 3 letztgenannten Arten erstrecken sich von den Küsten der Antarktis bis zu den Inseln der subpolaren Gebiete. Diese Pinguine haben viele Hunderte von Kolonien gebildet, die teils aus wenigen Paaren, teils aus Millionen von Tieren bestehen können. Große Kolonien kommen häufiger vor, denn *Pygoscelis*-Arten sind gesellig. Andererseits sind sie auch streitsüchtig, wenn es um ihr Revier geht.

Die Paarung beginnt, wenn die Vögel im Frühling an Land gehen. Normalerweise werden 2 Eier in ein Nest gelegt, das aus allem möglichen bestehen kann – von einer Bodenvertiefung bis zu einem kunstvollen Bauwerk aus Kieselsteinen, Gräten und Stöcken. Das Nest hat den Zweck, die Eier am Fortrollen zu hindern und sie höher zu betten, als das Schmelzwasser reicht. Jedoch nisten junge Südpolarpinguine manchmal sogar im schmelzenden Schnee; sie lassen dann ihre Jungen einfach in einem Nest voller Wasser liegen. In nördlicheren Bereichen nisten die Pinguine zwischen Grasbüscheln. Wenn einmal Eier von Skuas geraubt werden, ist in dem längeren Sommer der nördlicheren Breiten eine zweite Brut vor dem Winter möglich.

Der Königspinguin ist nur wenig kleiner als der Kaiserpinguin, sein nächster Verwandter, aber er wiegt bloß halb soviel, und mit seinem schlankeren Bau ist er wohl nicht so gut an extreme Kälte angepaßt. Er brütet zwischen Grasbüscheln und auf den öden Küstenstreifen der subantarktischen Inseln, baut aber kein Nest. Das Weibchen legt nur 1 Ei. Die Eltern bebrüten es abwechselnd, wobei sie es zwischen Füßen und Bauch halten. Die Königs- und Kaiserpinguine brauchen ihre Nistplätze nicht zu verteidigen; in ihren Kolonien geht es wesentlich friedlicher zu als in denen der kleineren Arten.

Die Schopfpinguine der Gattung *Eudyptes* sind vom Eisrand bis zur gemäßigten Zone verbreitet. Die verschiedenen Arten brüten in der Antarktis und Subantarktis: der Goldschopf-, der Neuseeländische Goldschopf- und der Felsenpinguin. Die Goldschopfpinguine gehen am weitesten nach Süden.

In der Menge sicherer Pinguine – hier eine Kolonie von Königspinguinen – halten sich stets zusammen, denn in einer Schar ist ein Vogel vermutlich viel weniger in Gefahr, verlorenzugehen oder kein Futter zu finden.

Bei Eile wird gerodelt Wenn Kaiserpinguine beunruhigt werden, können sie schnell dahinschlittern.

Das Junge ist geschützt Ein Kaiserpinguinküken blickt zwischen den Beinen der Alten hervor. Der Bauch des ausgewachsenen Tieres hat eine Hautfalte, die während der Brutzeit das Ei und später das Junge schützt.

Brüten in der Dunkelheit des Winters

Der größte Pinguin, der Kaiserpinguin, brütet im kältesten Lebensraum: auf dem Meereseis und an den Küsten der Antarktis. Ein so großer Vogel braucht zum Wachsen eine längere Zeit; deshalb gehen die Alten schon im Mai an Land, und die Balz und die Ablage des einzigen Eies finden in der Dunkelheit des Mittwinters statt.

Die Männchen brüten die Eier aus; dazu drängen sich mehrere tausend von ihnen dicht zusammen, um sich zu wärmen. Während der länger als 2 Monate dauernden Balz- und Brutzeit fasten sie, so daß auch ein Männchen mit großen Fettreserven seinen Energieverbrauch drastisch einschränken muß. Der brütende Pinguin wird träge.

Unterdessen sind die Weibchen auf dem Meer und fangen Tintenfische. Mit vollen Kröpfen kehren sie zurück, gerade wenn die Küken zu schlüpfen beginnen. Die fast verhungerten Männchen, die ein eventuell zu früh geschlüpftes Junges mit einem öligen Sekret aus ihrem Kropf füttern, überlassen jetzt die Kleinen den Weibchen und gehen nun ihrerseits auf Futtersuche. 2 oder 3 Wochen lang versorgen die Weibchen allein die Küken mit ausgewürgter Nahrung. Später wechseln sich die Eltern beim Füttern ab. Während dieser Zeit bricht das Eis auf, und die Jungen erhalten frisch gefangene Nahrung. Im Dezember, wenn Futter im Überfluß vorhanden ist, gehen sie ins Meer.

Partnerschaft während der Sommerbrutzeit an der antarktischen Küste

Das Junge wird gefüttert Ein Adeliepinguinküken holt aus dem Schlund eines alten Tieres Futter heraus. Ein ausgewachsener Pinguin bewahrt Nahrung, die er vom Meer herbeiträgt, unverdaut in seinem Kropf auf. Am Nest würgt er sie für das Junge wieder hervor. Adeliepinguine, deren Hauptnahrung Kleinkrebse sind, erkennen ihr Junges unter Tausenden an seiner Stimme wieder und füttern kein anderes.

Sprung in die Sicherheit Adeliepinguine können mit großer Geschwindigkeit aus dem Wasser an Land springen. Dabei überwinden sie leicht eine Höhe von fast zwei Metern, besonders wenn ein Seeleopard in der Nähe ist. Der Seeleopard ergreift den Pinguin nach einer Verfolgungsjagd, beißt ihm den Schwanz und die Füße ab und enthäutet ihn, indem er ihn gegen die Wasseroberfläche schlägt.

Die Lebensweise und die Brutgewohnheiten des Adeliepinguins sind ähnlich wie bei den anderen *Pygoscelis*-Arten; allerdings brütet der Adelie früher, weil an seinen antarktischen Brutplätzen der Sommer kürzer ist.

Die Adeliepinguine kommen im Oktober an Land; manchmal watscheln und schlittern sie 50 bis 60 km über das Eis, um eine Kolonie an der Küste zu erreichen. Sie kehren gewöhnlich zum gleichen Partner und Nistplatz zurück wie in den vorhergehenden Jahren und sammeln sofort nach ihrer Ankunft Steine für den Nestbau. Die jüngeren Pinguine finden einen Platz am Rande der Kolonie – oft nach heftigen Streitereien. Meist sind sie dort mehrere Jahre lang erfolglos, denn Nistplätze sind für die Gattenwahl von Bedeutung: Kein Weibchen nimmt ein Männchen, das kein Nest besitzt.

Die Ehegatten wechseln sich beim Brutgeschäft und bei der Futtersuche im Meer ab. Dabei bestimmt die Entfernung des Nistplatzes von der Küste die Zeit, nach der einer den anderen ablöst. Wenn ein Sommer besonders kalt ist und das Eis nicht aufbricht, zwingt der Hunger die Adeliepinguine, ihre Eier zu verlassen. In einem solchen Jahr können zahlreiche Eier und brütende Vögel späten Schneestürmen zum Opfer fallen.

Wenn die jungen Adelies nach etwa 50 Tagen flügge geworden sind, gehen sie sofort ins Wasser.

Vögel des fernen Südens

Am Vogelleben erkennt man die Armut des Landes und den Reichtum des Meeres in der Antarktis. Von den 43 Arten der dort brütenden Vögel sind 40 Seevögel.

Sieben der 40 Arten von Meeresvögeln, die südlich der antarktischen Konvergenz brüten – also südlich von jener Linie, wo wärmeres, salzhaltigeres Wasser und kaltes Polarwasser zusammentreffen –, sind Pinguine. Zu den übrigen gehören Sturmvögel, Albatrosse, Kormorane, Möwen, Raubmöwen und ihre Verwandten. Zwei Wasservögel und ein Landvogel, die alle auf die subantarktischen Inseln beschränkt sind, vervollständigen die 43 Arten. Pinguine, Scheidenschnäbel, Albatrosse und Große Raubmöwen haben ihre Verbreitungszentren in der subpolaren und der gemäßigten Zone; die beiden letztgenannten Familien sind aber auch nördlich des Äquators vertreten. Die anderen antarktischen Meeresvögel gehören zu Familien mit weltweiter Verbreitung.

Landvögel gibt es wegen des Mangels an Pflanzen und Insekten, die als Nahrung dienen könnten, in der Antarktis nicht. Für Meeresvögel hingegen existiert dieses Problem nicht, denn die antarktischen Meere sind reich an Futter, und im Winter fliegen die Vögel zu offenen Wasserstellen und in nahrungsreichere Gebiete.

Aber auch in der inneren Antarktis müssen für Meeresvögel bestimmte Voraussetzungen erfüllt sein. Vor allem muß es in der Nähe der Brutgebiete Nahrung geben; daher ist die Brutzeit mit dem Auftauen des Eises verbunden.

Brüten im rauhen Innern der Antarktis

Der Aasfresser Der Riesensturmvogel legt sein einziges Ei im November oder Dezember. Nach 60 Tagen schlüpft das Küken. Es wird manchmal mit toten Jungen einer benachbarten Robbenkolonie gefüttert.

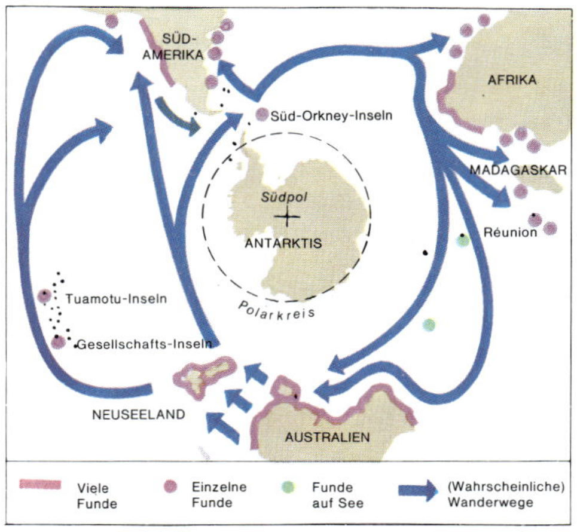
SÜD-AMERIKA
Süd-Orkney-Inseln
AFRIKA
MADAGASKAR
Réunion
Südpol
ANTARKTIS
Polarkreis
Tuamotu-Inseln
Gesellschafts-Inseln
NEUSEELAND
AUSTRALIEN
Viele Funde
Einzelne Funde
Funde auf See
(Wahrscheinliche) Wanderwege

Wandernde Sturmvögel Junge Riesensturmvögel von den Süd-Orkney-Inseln können mit den Westwinden mehrere Male die Erde umkreisen, bevor sie zu ihren Brutplätzen zurückkehren.

Meeresvögel Der südliche Eissturmvogel lebt, wie die Kaptaube, nördlich der Hauptpackeiszone.

Felsenbrüter Kapsturmvögel brüten auf Felssimsen. Feinden speien sie eine tranartige Substanz entgegen.

Der Schneesturmvogel findet seine Nahrung in der Packeiszone. Er ist wohl der südlichste aller Vögel.

Zwei Sturmvögel, der Schneesturmvogel und der Antarktis-Sturmvogel, brüten noch auf 77° südlicher Breite inmitten der Inlandgebirgsketten, bis zu 300 km von der Küste entfernt. Von allen Brutvögeln in der Antarktis sind sie den rauhesten Bedingungen unterworfen. Der Schneesturmvogel, *Pagodroma nivea,* wahrscheinlich die südlichste Art überhaupt, ist um den ganzen Pol herum verbreitet. In den Gebirgen des Königin-Maud-Landes liegen seine Kolonien an den sonnenbeschienenen Nordhängen.

Das Männchen und das Weibchen des Schneesturmvogels wechseln sich beim Ausbrüten und Füttern ihres einzigen Kükens ab. Der „dienstfreie" Elternteil fliegt wiederholt zum Meer und zurück, um Futter – gewöhnlich Krebstiere – zu holen, das er in seinem Kropf aufbewahrt. Durch eine Suche nach Lücken im Packeis kann sich die Flugzeit verdoppeln, und wenn das Eis erst spät aufbricht, ist das Leben des Kükens gefährdet. Schneestürme im Sommer stellen eine weitere Gefahr dar, nicht nur, weil dann Nester und Küken zuschneien, sondern auch, weil sich dadurch die Rückkehr der Eltern verzögern kann oder sie das Nest nicht wiederfinden.

Der Antarktis-Sturmvogel, *Thalassoica antarctica,* brütet wie der Schneesturmvogel im Inland, aber auch an den Küsten, jedoch nur in einem breiten Abschnitt der östlichen Antarktis. Beide Arten holen sich fast ausschließlich innerhalb des Packeises ihr Futter, vor allem Krebse und Fische.

Verteidigung durch Transpucken

Fünf andere Sturmvögel brüten an schneefreien Abhängen auf Inseln und an den Küsten des Festlandes. Zwei von ihnen – der Kapsturmvogel, *Daption capensis,* und der südliche Eissturmvogel, *Fulmarus glacialoides* – nisten auf Felssimsen. Dort verteidigen sie sich, wie alle Sturmvögel, gegen die Große Raubmöwe, indem sie ihr eine tranartige Flüssigkeit entgegenspeien, die im Drüsenmagen erzeugt wird. Der dritte der Küstensturmvögel, der Antarktis-Walvogel, *Pachyptila desolata,* nistet in einer Erdhöhle.

Die Buntfußsturmschwalbe, *Oceanites oceanicus,* fängt im Treibeis und auf dem offenen Meer Krebstiere. Im Winter fliegt sie zur Nordhalbkugel und bleibt dort in den tropischen Gewässern des Indischen und Pazifischen Ozeans, doch kommt sie auch sehr viel weiter nördlich im Atlantik vor. Im südlichen Frühling kehrt sie wieder zu ihren Nistplätzen zurück, die an den Küsten der Antarktis und der antarktischen Inseln in tiefen, geschützten Spalten liegen.

Der Riesensturmvogel, *Macronectes giganteus,* erreicht eine Flügelspannweite von 2,5 m. Gelegentlich stopft er sich so mit Aas voll, daß er sich erbrechen muß, bevor er abfliegen kann.

Auf Inseln und an Küsten

Alte Feinde Ein Adeliepinguin wehrt sich gegen zwei angreifende Raubmöwen. Diese konzentrieren sich im allgemeinen auf die Ränder einer Pinguinkolonie, verwirren dort die jungen und unerfahrenen Vögel und stehlen ihre Eier oder Küken. Aggressive Raubmöwen sausen im Sturzflug zwischen die brütenden Pinguine.

Auf den Ozeanen rund um die Antarktis gibt es verhältnismäßig wenige Möwenarten: Sie werden sowohl von den Sturmvögeln als auch von den Pinguinen an Zahl übertroffen. Wegen ihrer Angriffslust und ihrer sehr verschiedenartigen Nahrung können Möwen aber noch an Orten leben, an denen andere Vögel verhungern. Zu den Arten, die in der Antarktis brüten, gehören die Südliche Mantelmöwe und die Antarktis-Küstenseeschwalbe.

Ein Verwandter der Möwen, der Weißgesichtsscheidenschnabel, *Chionis alba,* brütet hauptsächlich auf Inseln, die der antarktischen Halbinsel vorgelagert sind; er kommt aber auch auf dem Festland vor. Das hat dazu geführt, daß er einem echten Landvogel schon sehr ähnlich ist: Seine Füße sind nur zum Teil mit Schwimmhäuten versehen, und er sucht sein Futter vornehmlich an der Küste.

In der Brutzeit sucht der Scheidenschnabel seine Nahrung in den Pinguinkolonien. Er frißt dort tote Küken und Futterabfälle, die die Alten fallen ließen. Gelegentlich fliegt er zu einem Pinguin, der gerade für sein Junges Kleinkrebse auswürgt, und erschreckt ihn so, daß er von seiner Beute etwas fallen läßt.

Feind der Pinguine

Große Raubmöwen sind mit einer Flügelspannweite bis zu 1,35 m größer als die Scheidenschnäbel. In einer Pinguinkolonie können sie schwere Verheerungen anrichten: Sie holen für sich und ihre Jungen im Sturzflug Pinguineier und -küken.

In der Antarktis leben zwei Rassen der Großen Raubmöwe, *Stercorarius skua:* der Braune Skua und der McCormick-Skua. Der Braune Skua brütet vor allem auf den Inseln vor der antarktischen Halbinsel, der McCormick-Skua dagegen nur auf dem Festland, meist an der Küste.

An der Küste gibt es aber auch viele große Raubmöwen, die weit entfernt von Pinguinkolonien nisten. In einigen Gebieten machen sie Jagd auf Sturmvögel, oder sie ernähren sich von toten Robben; viele holen sich das Futter auch aus dem Meer und fressen Fisch und Krebstiere. Große Raubmöwen bilden keine Kolonien; sie haben jedoch ausgeprägte Reviere. Jedes Paar beansprucht für sich ein Gebiet mit einem Radius von 8 bis über 100 m um eine Mulde auf dem Erdboden, in die 2 Eier gelegt werden. Die Eltern verteidigen ihr Revier erbittert. Selbst junge Raubmöwen, die in ein benachbartes Revier abkommen, werden oft gepackt und gefressen.

Rastende Wanderer Die Scheidenschnäbel sehen mit ihren kurzen, breiten Schwingen aus, als ob sie schlechte Flieger wären, doch fliegen sie manchmal von der Antarktis bis nach Südamerika.

Vögel der subantarktischen Inseln

Einige Vögel, die auf den Inseln vor der antarktischen Halbinsel brüten, erreichen auch die Festlandküste am nördlichen Ende der Halbinsel. Einer davon ist der Weißrückenkormoran, *Phalacrocorax atriceps,* der bis 65° südlicher Breite und nordwärts bis Südchile und Patagonien vorkommt. Die subantarktischen Inseln sind ferner die Heimat des einzigen Land- und Singvogels und der einzigen Wasservögel der Südpolarregion. Es handelt sich um einen Pieper, der nur in Süd-Georgien im Südatlantik vorkommt, sowie um zwei Rassen der Spießente, von denen die eine in Süd-Georgien und die andere auf den Kerguelen im Indischen Ozean brütet.

Der Antarktispieper, *Anthus antarcticus,* nährt sich von kleinen Insekten, Krebstieren und Weichtieren und bleibt im Winter in der Nähe der Küste; in anderen Jahreszeiten fliegt er aber landeinwärts an Süßwasserflüsse und -tümpel.

Die Spitzschwanzente Süd-Georgiens, *Anas georgica,* sucht ihre Nahrung zum Teil im Salzwasser. Sie nistet im hohen Gras etwas von der Küste entfernt. Die Kerguelen-Spießente, *Anas acuta eatoni,* findet ihr Futter, vor allem Krebstiere, in Süßwassertümpeln und an der Meeresküste. Sie nistet in Grasbüscheln in Wassernähe oder in Felsenspalten.

Die zerstreuten subantarktischen Inselgruppen sind auch Brutplätze für viele Vogelarten, deren Verbreitungsgebiete sich bis in den südlichen, kalten Teil der gemäßigten Zone erstrecken: beispielsweise Albatrosse, Sturmtaucher und Sturmschwalben.

Der südlichste Kormoran Der Weißrückenkormoran dringt nicht in die innere Polarzone vor. Man findet ihn auf der antarktischen Halbinsel und auf den Inseln nördlich davon.

Der Nadelwald

Ein breiter Gürtel immergrüner Nadelbäume umzieht die höheren Breiten der nördlichen Erdhalbkugel; er ist einer der unberührtesten Lebensräume.

Die Nadelwaldzone erstreckt sich 13 000 km über das ganze nördliche Eurasien und über Nordamerika, unterbrochen nur vom Atlantik und Nordpazifik. Die vorherrschenden Bäume sind Fichte, Tanne, Kiefer und Hemlocktanne. Ihre dichten Bestände vermag das Licht kaum zu durchdringen.

Der Boden zwischen den Stämmen ist mit einem dicken Teppich aus Nadeln bedeckt; wegen ihres Harzgehaltes und ihrer derben Oberhaut widerstehen sie den Bakterien und verrotten daher nur langsam. Unter der Nadelschicht befindet sich ein hellgrauer, mineralarmer Boden, den das reichliche Sickerwasser ausgelaugt hat, denn die Verdunstung ist in dem kühlen Klima nur gering. Dieser sogenannte Podsol-Boden (nach einem russischen Wort, das „Asche" bedeutet) und der Lichtmangel bewirken, daß unter den Bäumen kaum Bodenvegetation aufkommt.

Der Nadelwaldgürtel ist recht einförmig; die Baumarten in Alaska sind die gleichen wie in Sibirien. Viele Tierarten kommen in der ganzen Nadelwaldzone vor. Elch, Braunbär und Wiesel sind in diesen Wäldern überall zu Hause, in Skandinavien wie in Labrador.

Der Sumpfwald

Eine völlig monotone Waldzone ist der Nadelwaldgürtel aber auch nicht. Aus ihm ragen Gebirgszüge empor, wie der Ural und die Mackenzie Mountains, und von ihnen herab fließen breite Ströme zum Eismeer. Entlang diesen Flüssen ist die Vegetation reicher und mannigfaltiger. In den schützenden Flußtälern schieben sich die Nadelbäume kilometerweit nördlich über die eigentliche Baumgrenze hinweg in die Tundra vor. Eines charakterisiert aber dieses Land überall: ein Mosaik von Wasserflächen, Seen und Sümpfen. Es ist das Gebiet der Taiga – nach dem russischen Wort, das „Sumpfwald" bedeutet.

Die Sümpfe haben sich in flachen, abflußlosen Gebieten gebildet, in denen die vorrückenden und zurückweichenden Gletscher der Eiszeit die Landschaft veränderten. Auch die geringe Verdunstung trägt zum Wasserreichtum des Bodens bei. Zur Zeit der Schneeschmelze treten die Flüsse über die Ufer und überfluten die niedrig gelegenen Wälder.

Im Winter gefriert der Sumpf tiefer als der Waldboden, der durch den Baldachin der Baumkronen geschützt ist. Andererseits bleibt der Waldboden im kurzen, warmen Sommer kühl, während das Moor rasch bis in tiefere Schichten auftaut.

Die Winter in der Nadelwaldzone sind lang und kalt; die Luft ist trocken, der Himmel gewöhnlich klar. Die meiste Zeit des Jahres über ist der Boden gefroren oder schneebedeckt. Die Tiere haben im Körperbau und in ihrer Verhaltensweise Anpassungen entwickeln müssen, um die kalte Jahreszeit überstehen zu können. Hasen, Wölfe, Elche und Füchse tragen dicke Winterpelze, die es ihnen erlauben, selbst bei Temperaturen von $-45°$ herumzulaufen.

Einige Säugetiere verfallen in einen Ruhezustand, um der Kälte zu entgehen, oder sie graben sich unter dem wärmenden Schnee ein und leben von gespeicherten Vorräten.

Manche Arten haben sich an das Dasein im Schnee besonders angepaßt. Elche besitzen lange, stelzenartige Beine, mit denen sie durch metertiefen Schnee zu stapfen vermögen. Der Schneeschuhhase trägt an seinen Läufen lange, steife Haare, die auf weichem Schnee wie Schneeschuhe wirken. Der Vielfraß hat abspreizbare Zehen und kann damit schnell über tiefen Schnee laufen, ohne einzusinken.

Die Nadelbäume bilden in diesen Wäldern die Nahrungsgrundlage. Ihre Rinde, ihre Knospen und Samen liefern das ganze Jahr über den Eichhörnchen, Hasen und manchen Vögeln ausreichende Nahrung. Diese Pflanzenfresser ihrerseits werden die Beute zahlreicher Raubtiere, etwa der Marder, die auf den Bäumen Eichhörnchen und Vögel jagen.

Im Sommer kommen Scharen von Vögeln aus dem Süden in die Wälder, um hier zu nisten. Dann finden sie nämlich zur Aufzucht ihrer Brut in Hülle und Fülle Insekten, die sich von den Nadelbäumen ernähren. Die Vögel dienen selbst wieder vielen Räubern wie Fuchs und Vielfraß als Nahrung. Zu den Vögeln, die dauernd in diesen Wäldern wohnen, gehören Kreuzschnäbel, Falken, Eulen und einige Rauhfußhühner.

Spezielle Nahrung

Im Winter, wenn die Nahrung sehr knapp ist, beschränken sich manche Tiere auf ein bestimmtes Futter: Biber fressen Baumrinde, Raupen Koniferennadeln und Elche weitgehend niederes Buschwerk. Auf diese Weise machen sie sich keine Konkurrenz. Im Sommer ist die Speisekarte dieser Arten erheblich reichhaltiger.

Wie die Tiergesellschaften der Tundra, so sind auch diejenigen der Wälder unkomplizierter als die Gesellschaften in wärmeren Regionen. Meist treten in regelmäßigen Abständen starke Veränderungen in der Zahl des Bestandes auf. Alle zehn Jahre erreicht die Population des Schneeschuhhasen einen Höchstwert. Dann verhungern viele Tiere, und der Bestand nimmt rasch ab. Der Populationszyklus seines Hauptfeindes, des Luchses, hat ebenfalls einen Zehnjahresrhythmus; doch liegt bei ihm bezeichnenderweise die Spitze ein Jahr nach der des Hasen. Auch in der Samenproduktion der Koniferen treten Periodizitäten auf. Sie sind weitgehend wetterabhängig und bewirken wiederum Populationsschwankungen bei den samenfressenden Säugetieren und Vögeln.

Im Sommer ist die Vogelwelt in den Nadelwäldern sehr vielfältig. Der Bartkauz gehört zu den Arten, die das ganze Jahr über hier leben.

Die Wälder des kalten Nordens

Die Bäume der nördlichen Wälder müssen, solange der Boden gefroren ist, mit dem Wassermangel fertigwerden. Außer Koniferen gedeihen dort nur wenige andere Bäume.

Etwa 3000 km vom Nordpol entfernt machen Moose und Flechten der Tundra zerstreuten Gruppen von kümmernden Lärchen, Fichten, Birken, und Weiden Platz. Diese sind die Vorposten des weiten Nadelwaldgürtels, der sich durch ganz Eurasien und Nordamerika erstreckt.

In seinem nördlichen Teil, innerhalb des Polarkreises, sind die Winter lang und kalt, die Sommer nur kurz. Weiter im Süden kann es im Sommer recht warm sein, aber auch hier sinken im Winter die Temperaturen unter $-40°$ ab. Der Niederschlag, der als Regen und Schnee fällt, ist im gesamten Gebiet gering und erreicht vielerorts im Durchschnitt kaum 500 mm im Jahr.

Wenig Wasser, niedrige Temperaturen und ein armer Boden – diese Bedingungen bestimmen die Vegetation des Gebietes. Es wäre zwar genügend Feuchtigkeit für Bäume vorhanden, aber im Winter steht das Wasser nicht zur Verfügung, da es gefroren ist. Nur Nadelbäume und einige genügsame Laubbäume wie Birken und Weiden können die langen Perioden überstehen, in denen nichts mehr weiterwächst.

Während die nördliche Baumgrenze ziemlich eindeutig festliegt, gibt es im Süden, wo Nadel- und Laubbäume gemeinsam in einer breiten Mischwaldzone wachsen, keine deutliche Scheidelinie. In Gebieten, wo warme Meeresströmungen mildere Winter bringen, stoßen Laubwälder weit nach Norden vor, während auf Bergrücken die Nadelwälder zungenförmig in den Laubwaldgürtel hineinragen, denn das Klima in größeren Höhen ist ähnlich dem höherer Breiten.

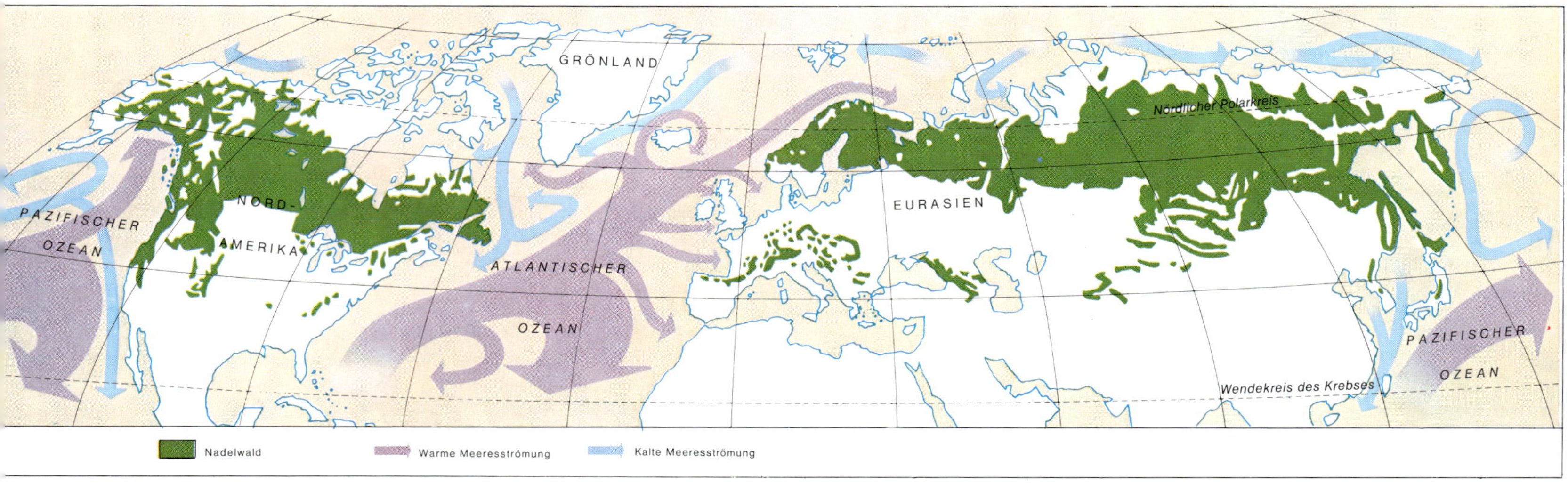
GRÖNLAND
Nördlicher Polarkreis
NORD-
AMERIKA
PAZIFISCHER
OZEAN
ATLANTISCHER
OZEAN
EURASIEN
PAZIFISCHER
OZEAN
Wendekreis des Krebses
Nadelwald
Warme Meeresströmung
Kalte Meeresströmung

Der Einfluß des Meeres Skandinavien und das westliche Nordamerika werden durch Meeresströmungen erwärmt; daher stoßen die Nadelwälder hier weit nach Norden vor.

Die Entstehung eines nassen, unfruchtbaren Bodens

Im nördlichen Nadelwaldgebiet gibt es unzählige Seen und Sümpfe. Die Mulden, in denen sie sich gebildet haben, wurden von der Eisdecke geschaffen, die bis vor etwa 10 000 Jahren in einer Mächtigkeit von maximal 3000 Metern den Boden bedeckte.

In weiten Teilen dieser Zone sind die Höhenunterschiede so gering, daß sich seit der letzten Eiszeit keine wasserableitenden Flußsysteme bilden konnten. So können Schmelzwasser und Regen nicht an der Oberfläche abfließen, sondern beides sammelt sich – begünstigt durch Dauerfrostboden – in Mulden und Senken.

Dort, wo es kalt und naß ist, leben nur wenige Regenwürmer, und die bakterielle Zersetzung geht langsam vor sich. Die abgefallenen Blätter und andere Pflanzenreste werden darum nicht in den Boden eingemischt, sondern bilden auf ihm eine torfartige Schicht. Das in den Boden sickernde Wasser ist sauer. Es spült die vorhandenen Mineralien und Nährstoffe fort – hauptsächlich Eisen-, Magnesium- und Mangansalze – und hinterläßt einen nährstoffarmen, erschöpften, sauren Boden von grauer Färbung: den Podsol.

Zuweilen gelangen die gelösten Mineralien beim Abwärtssickern in Zonen mit anderen Bedingungen und lagern sich in harten Schichten ab. Dieser sogenannte Ortstein verhindert eine Drainage und verstärkt den Sumpfcharakter des ohnehin schon feuchten Bodens.

Wenn in Podsol-Böden Regenwürmer fehlen und keine Bakterien tätig sind, dann spielen Pilze bei der Zersetzung von Pflanzenresten eine wesentliche Rolle. Sie durchziehen die Laub- und die obere Bodenschicht mit einem Netz von verwobenen Fäden. Ein Kubikmeter nadelbedeckten Podsol-Bodens kann über 100 000 km solcher Pilzfäden enthalten. Im Herbst treiben diese „Myzelien" zahlreiche Fruchtkörper aus dem Boden heraus: die sporentragenden „Pilze".

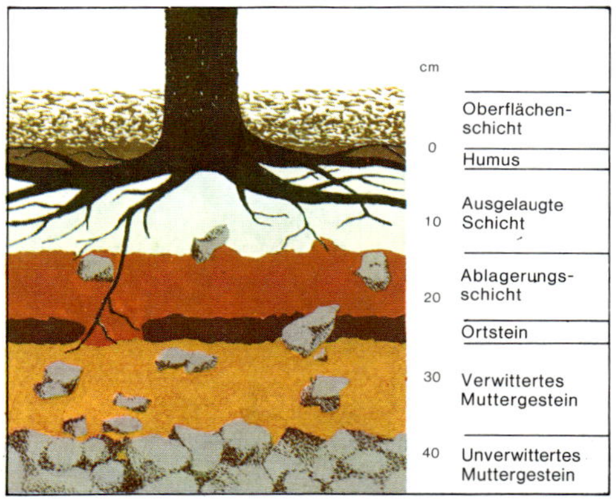
cm
Oberflächen-schicht
0
Humus
10
Ausgelaugte Schicht
20
Ablagerungs-schicht
Ortstein
30
Verwittertes Muttergestein
40
Unverwittertes Muttergestein

Bodenstruktur Aus dem grauen „Podsol-Boden" hat das Wasser Mineralien, die für die meisten Pflanzen nötig sind, herausgelaugt. Andere Mineralien werden abwärts geschwemmt und sammeln sich tiefer in einer festen Schicht. Zuweilen bilden sie „Ortstein", der eine Drainage des Bodens verhindert.

Bodenpflanzen im Wald Im allgemeinen wachsen unter den Bäumen des Nadelwaldes nur Pilze und Moose. Die Flechten hingegen, die sauren Boden bevorzugen – so *Cladonia coccifera* (links) und *Cladonia bellidiflora* (Mitte) –, finden sich auf freien Flächen. Ein typischer Pilz ist *Hydnum auriscalpium* (rechts).

Feuchter Nadelwald An der südlichen Küste der Vancouver-Insel sind die Bedingungen für Nadelbäume ideal. Im Winter wird hier vom Pazifischen Ozean langsam Wärme an die Luft abgegeben. Die Insel ist dann der wärmste Teil Kanadas. Zu den milden Temperaturen kommen reichliche Regenfälle. Unter diesen Umständen wird der Wald sehr dicht, und die Nadelbäume erreichen eine stattliche Höhe. So stand die größte Douglasfichte, die man kennt, auf der Vancouver-Insel; sie war über 90 m hoch. Andere Nadelbäume, die hier häufig vorkommen, sind die Schierlingstanne, die Balsamtanne und der Riesenlebensbaum. An den Bäumen wächst oft Moos.

Verschneite Fichten Viele Nadelbäume sind den Verhältnissen im Winter gut angepaßt: Ihre elastischen Äste brechen unter dem Gewicht des Schnees nur selten. Wo die Bäume dicht zusammenstehen, bleibt der Schnee auf den Ästen liegen. Dieser Baldachin dient den Tieren als Schutz gegen den Frost.

Anpassung an eine wasserarme, kalte Umwelt

Der Boden des Nadelwaldgebietes ist zwar naß, doch steht den Bäumen trotzdem nur wenig Wasser zur Verfügung, denn während der längsten Zeit des Jahres ist das Bodenwasser gefroren. Es regnet selten, und im Sommer und Winter ist die Luftfeuchtigkeit gering. Fast sechs Monate im Jahr bleibt die Sonne unter dem Horizont.

An solche Bedingungen sind Nadelbäume gut angepaßt, denn sie vertragen die Trockenheit besser als Laubbäume. Vorherrschend sind in diesen Wäldern Fichte, Tanne und Kiefer. Die Nadelform ihrer Blätter und deren derbe Oberhaut vermindern bei Frost und Trockenheit den Wasserverlust infolge von Verdunstung.

Im nördlichen Waldgebiet ist die Wachstumszeit der Pflanzen, während der genügend Wärme, Licht und Wasser zur Verfügung steht, so kurz, daß die meisten breitblättrigen Laubbäume hier nicht bestehen können. Ihre Blätter sind groß, und beim Laubfall würden mehr Nährstoffe verlorengehen, als im Laufe des Sommers ersetzt werden könnten. Außerdem verrotten die Blätter schnell, und die in ihnen enthaltenen Mineralstoffe würden im Boden versickern, ehe die Bäume sie im Frühjahr wieder aufnähmen.

Da die Nadelbäume im Winter ihre Blätter behalten, verlieren sie keine wertvollen Aufbaustoffe; so vermögen sie, sobald im Frühjahr die Bedingungen wieder günstiger sind, ihr Wachstum unmittelbar fortzusetzen.

Im nördlichsten Teil des sibirischen Nadelwaldgürtels wird der Laubabwurf wieder vorteilhaft. Dementsprechend herrscht dort ein laubabwerfender Nadelbaum vor: die Lärche. In diesem Gebiet ist das Bodenwasser die längste Zeit des Jahres über gefroren. Immergrüne Nadelbäume wären hier nicht in der Lage, das Wasser zu ersetzen, das infolge der trockenen Winde aus ihren Nadeln verdunstet. Die Lärchen überdauern, indem sie ihre Nadeln abwerfen.

Mischwald im Herbst Birken, Espen, Weiden und andere Laubbäume, die im Schutz der Flußtäler wachsen, verleihen dem nördlichen Wald die schöne Herbstfärbung. Hier konstrastieren gelbe Birken mit dem dunklen Grün des Kiefernwaldes im Hintergrund.

Nördliche Nadelbäume und ihre Samen

Die Samen blütentragender Bäume sind in Früchten eingeschlossen; Nadelbäume hingegen bilden Zapfen, in denen nackte Samen von Schuppen umgeben sind. Die Samen, gewöhnlich 2 in einer Schuppe, werden in den weiblichen Zapfen gebildet, die von Pollen aus männlichen Zapfen befruchtet sind. Männliche und weibliche Zapfen stehen oft auf getrennten Bäumen; daher haben die Pollenkörner einiger Nadelbäume ein paar luftgefüllte Säcke, mit deren Hilfe sie weit fliegen können. Auch die geflügelten Samen werden vom Wind fortgetragen, wenn sich im Herbst die Zapfen öffnen.

Douglasfichte *Pseudotsuga menziesii* 30-90 m

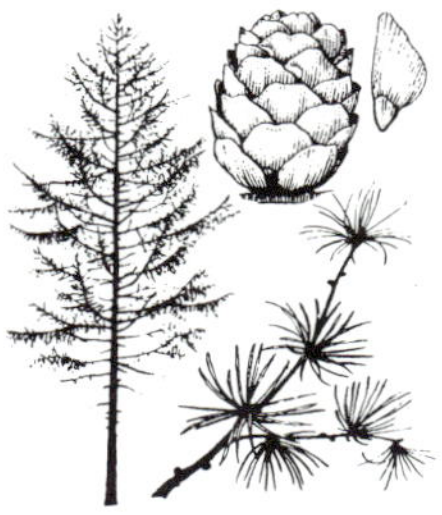

Europäische Lärche *Larix decidua* 25-45 m

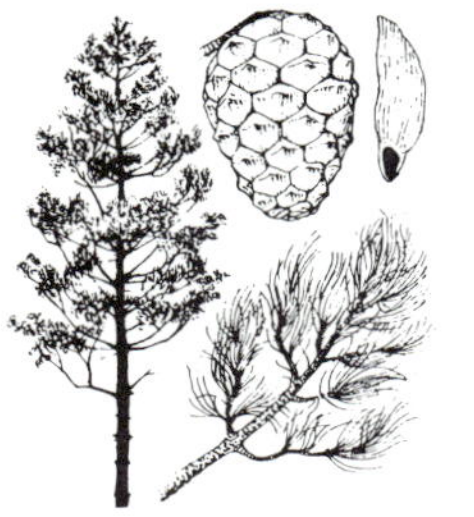

Drehkiefer *Pinus contorta* 20-60 m

Fichte *Picea abies* 35-45 m

Der Biber

Ein Biberdamm ist das Ergebnis einer wunderbaren instinktiven Baukunst. Er kann eine Flußstrecke in einen See verwandeln. Viele Tiere finden dann hier einen neuen Lebensraum.

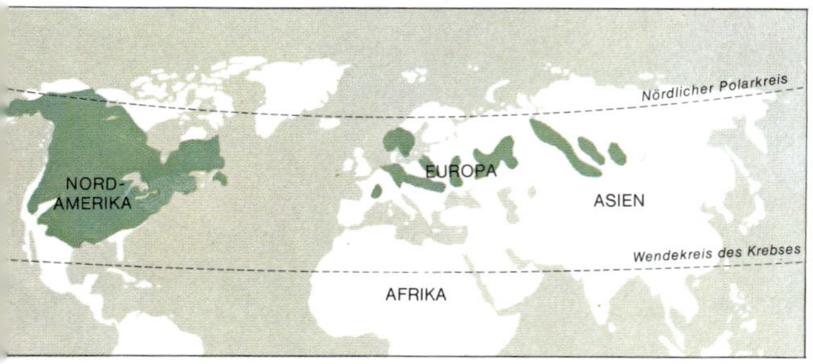
Nördlicher Polarkreis
NORD-AMERIKA
EUROPA
ASIEN
Wendekreis des Krebses
AFRIKA

Biberländer Es gibt nur eine Biberart, *Castor fiber*.

Der Biber, das größte Nagetier der nördlichen Erdhalbkugel, bewohnte einst weite Teile Nordamerikas und Eurasiens. Er lebte in den Laubwäldern der gemäßigten Breiten und in Nadelwäldern dort, wo an den Flüssen Laubbäume wachsen. In Nordamerika ist er auch heute noch verbreitet; in Eurasien dagegen wurde er weitgehend auf die Nadelwaldzone zurückgedrängt, und in Westeuropa ist er sogar fast ausgestorben.

Die Nahrung der Biber besteht vor allem aus der saftigen Rinde dickerer Laubbaumäste von Weiden, Birken, Espen und Pappeln. Im Sommer stehen aber auch viele andere Pflanzen auf der Speisekarte. Der Biber kann nicht zu den Ästen hinaufklettern, doch er verfügt über kräftige Kiefer und meißelscharfe Nagezähne. Mit ihnen fällt er die Bäume und erreicht so die begehrten Äste. Ein ausgewachsener Biber wird 75 cm lang und 20–30 kg schwer. Ein Pärchen kann einen 10 cm dicken Stamm schon in fünfzehn Minuten durchnagen.

Die Bäume müssen nahe am Wasser stehen, denn der Biber ist im wesentlichen ein Wasserbewohner. Seine Hinterbeine sind mit Schwimmhäuten versehen und dienen als Paddel; der breite, flache Schwanz wird als Steuer benutzt.

Die normale Tauchzeit des Bibers beträgt fünf Minuten; doch kann er in seinen Lungen und Geweben Luftreserven aufnehmen, die es ihm gestatten, bei Gefahr fünfzehn Minuten unter Wasser zu bleiben. Beim Tauchen verschließt er seine Nasenlöcher und Ohröffnungen; eine durchsichtige Haut bedeckt seine Augen. Der Biber hat einen wasserabweisenden Pelz. Dieser besteht aus einem feinen Unterfell, das von langen, derben Schutzhaaren abgedeckt wird.

Kräftige Kiefer und Meißelzähne fällen Bäume, die als Nahrung und Baumaterial dienen

Ein Baum wird zerlegt Biber zernagen gefällte Bäume in kurze Stücke, um diese dann leichter zu den Dämmen bringen zu können.

Die Lieblingsnahrung der Biber ist die weiche Rinde der obersten Äste.

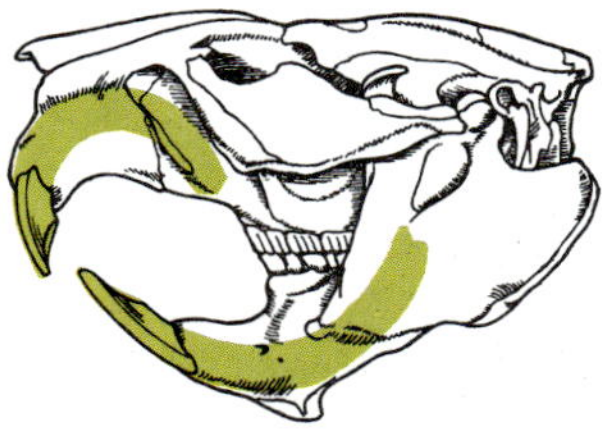

Starke Zähne Massige Kiefer und Nagezähne sind typische Merkmale des Biberschädels.

Der schuppige Schwanz des Bibers dient im Wasser als Steuer, an Land als Stütze.

Vorrat für den Winter Ein Biber schwimmt mit einem Espenzweig zu seinem unter Wasser gelegenen Nahrungsdepot.

Mütterliche Hilfe Wenn ein Jungbiber ermattet, schiebt die Mutter ihn (links) oder trägt ihn (oben).

Biber lagern ihre Nahrung im Wasser. Dort, wo die Gefahr besteht, daß die Strömung die Äste fortschwemmt, bauen manche von ihnen Dämme. Dadurch werden Flüsse gestaut, und es entstehen Seen, in denen Biberburgen angelegt werden können. Die meisten Biber Eurasiens und einige in Nordamerika bauen allerdings weder Dämme noch Burgen, sondern leben in Erdbauten an Steilufern großer Flüsse.

Biber leben paarweise oder in Familienverbänden. In einem Bau oder einer Biberburg können bis zu 12 Tiere – Eltern und ihre Jungen – wohnen. An einem See, der schon länger von Bibern bevölkert ist, gibt es oft eine Kolonie, die aus mehreren Wohnbauten besteht. Alle Mitglieder der Kolonie beteiligen sich an den Arbeiten zur Erhaltung des Dammes und der Wasserwege.

Die Paarungszeit ist der Januar. Die 3 oder 4 Jungen werden im April oder Mai geboren. Während das Weibchen sie säugt, lebt das Männchen in einem Bau am Seeufer, der wie der Wohnbau einen oder mehrere Unterwassereingänge besitzt. Von diesen aus führen Gänge zu einem zentralen, über der Wasseroberfläche liegenden Wohnraum.

Dammbauten und Kanalanlagen verändern die Waldlandschaft

Biberdämme (rechts) stauen Teiche auf, die meist etwa 1 m tief sind. Hier stehen dann sichere Plätze für die Bauten sowie Wasserwege zum Transport der Äste zur Verfügung. Außerdem sind die Teiche so tief, daß die Biber unter Wasser – unsichtbar für ihre Feinde – entkommen können. In Flußufern werden Höhlen mit mehreren Eingängen angelegt, die sich stets unterhalb des Wasserspiegels befinden. Auch an den Ufern von Teichen (unten) und in Sümpfen baut der Biber Burgen, die an der Erdoberfläche oft durch Zweige und Knüppel verstärkt werden. Überdies fällen Biber Bäume. Ist ein Transport im Wasser nicht möglich, zernagen sie die Stämme in kleinere Stücke, die sie dann zum Damm schleppen. Zuweilen erleichtern sie den Holztransport dadurch, daß sie Kanäle anlegen. Meist erweitern sie dazu einfach ein vorhandenes Rinnsal.

Biberbauten enthalten nur einen Wohnraum, über der Wasserlinie. Gewöhnlich hat er einen Durchmesser von 2 m; man hat jedoch auch Durchmesser von über 6 m festgestellt.

Die Knüppel, die den Bau bilden, sind mit Schlamm bepackt, nur über der Wohnkammer bleibt ein Ventilationsschacht frei. Im Winter wird die Außenseite durch zusätzlichen Schlamm gesichert, der dann gefriert und einen festen Wall bildet.

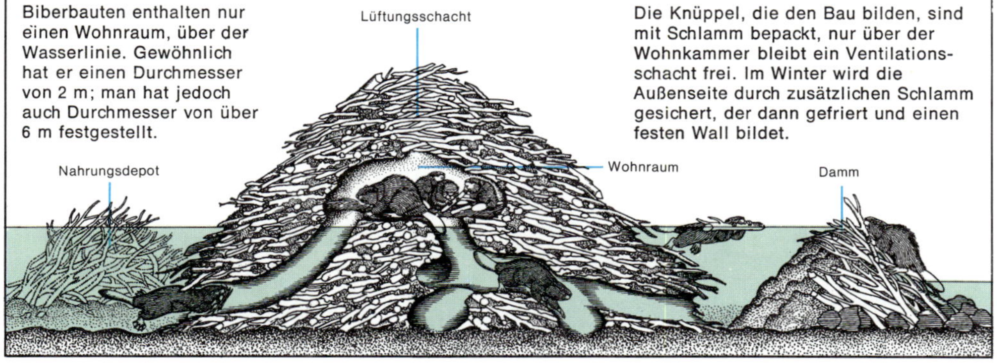
Lüftungsschacht
Nahrungsdepot
Wohnraum
Damm

Nach zwei oder drei Wochen sind die Jungen auf Blätter und Sprosse umgewöhnt. Bald folgen sie der Mutter überallhin; sie fressen dieselben Pflanzen wie sie und üben ihre – schon als Instinkt angelegten – Fertigkeiten im Dammbau und Baumfällen.

Biber vermeiden eine Überbevölkerung und dadurch aufkommende Konkurrenz; doch sind sie bei einem Zusammentreffen nicht angriffslustig. Aus Drüsen sondern sie ein Geruchsekret ab, das entlang des Dammes an Schlamm-, Holz- und Steinhaufen abgesetzt wird. Auf diese Weise markieren sie ihr Revier.

Alle Biber der Kolonie kontrollieren diese Haufen immer wieder. Nimmt ein Tier dabei einen ungewohnten Geruch wahr, dann bemüht es sich, ihn durch frisches Sekret zu überdecken. Kommen fremde Biber ins Revier, so ziehen sie gewöhnlich weiter, wenn die Markierungen frisch sind.

Alarm im Wald

Viele Legenden ranken sich um den Biber. Man hat ihm eine ungewöhnliche Intelligenz zugesprochen. So ist beispielsweise behauptet worden, Biber könnten einen Baum so fällen, daß er in eine bestimmte Richtung stürze, und sie warnten einander vor den fallenden Bäumen, indem sie mit ihrem Schwanz auf den Boden schlügen.

Dies trifft nicht zu. Die Bäume stürzen vielmehr, wie es der Zufall will, und erschlagen manchmal sogar das Tier, das sie fällte. Überdies durchnagen Biber oft in stundenlanger Arbeit Bäume, die gar nicht auf den Boden fallen können, sondern im dichten Wald an anderen Bäumen hängenbleiben.

Wohl gibt der Biber mit seinem Schwanz Alarmzeichen, doch nicht so, wie es die Legende behauptet. An Land hat er viele Feinde: Bären, Wölfe, Vielfraße und Luchse. Sobald ein Biber Gefahr wittert, stürzt er zum Wasser und schwimmt zur tiefsten Stelle. Dort taucht er unter und schlägt dabei oft laut mit seinem Schwanz aufs Wasser. Auf diese Weise warnt er die anderen Biber vor der Gefahr.

Biber als Naturschützer

Obwohl Biber Bäume fällen, die sie als Nahrung und als Baumaterial brauchen, helfen sie, den Wald, den sie nutzen, zu erhalten.

Dammanlagen werden generationenlang von Bibern genutzt; aber der entstandene Stausee kann verlanden und liefert dann fruchtbaren Ackerboden. Weite Wiesen und Laubwälder verdanken so ihre Existenz den Bibern. Überdies vermindern die Dämme die Überschwemmungsgefahr; sie lassen Sumpfgebiete entstehen, in denen Wasservögel und andere Tiere eine Heimat finden.

In den USA werden Biber in Gebirgsgegenden mit Fallschirmen abgesetzt. Beim Landen öffnen sich die Behälter; die Tiere sind frei und können nun hier ihre Dämme bauen, die einer Bodenerosion entgegenwirken.

Die Vögel der Nadelwälder

Der Wald im hohen Norden birgt keine vielfältige Vogelwelt; nur Arten, die sich auf die hier herrschenden Bedingungen spezialisiert haben, können hier gedeihen.

In Nadelwäldern ist die Futterauswahl begrenzt; daher gibt es hier nur etwa 50 Vogelarten. Selbst die genießbarsten Teile der zapfentragenden Bäume sind zäh und harzig, und nur wenige Vogelarten können mit solcher Nahrung auskommen. Einige Finken- und Rabenvögel haben starke oder besonders geformte Schnäbel entwickelt, mit denen sie die Samen aus den Zapfen klauben können; einige Rauhfußhühner sind in der Lage, Nadeln und Knospen von Koniferen zu verdauen.

Die Samenfresser sind auf eine einzige Samenernte im Jahr angewiesen. Ein zapfenarmes Jahr bedeutet Hunger und zwingt vielleicht sogar zum Abwandern. Dagegen können Rauhfußhühner, die sich von Nadeln ernähren, das ganze Jahr über im Wald bleiben.

Familiensinn Das Männchen des Tannenwaldhuhns lebt in Einehe und hilft beim Nestbau. Die Konkurrenz zwischen den Männchen ist weniger groß als bei den polygamen Arten.

Stolz der Wälder Mit gespreiztem Schwanz und gekräuselten Nackenfedern kollert hier ein Auerhahn in seinem Revier. Auerhähne balzen – wie auch andere Rauhfußhühner – gern gemeinsam auf freien Plätzen. Im dichten Wald, wo wenig Platz für solche Versammlungen ist, balzen die Hähne oft auch für sich allein, zuweilen auf einem Baum. Bei einer Gemeinschaftsbalz behauptet jeder Hahn ein kleines Gebiet, wobei die stärksten Vögel in der Mitte sitzen. Sie alle balzen in erster Linie nicht die Hennen, sondern sich gegenseitig an. Sie nehmen Drohstellungen gegeneinander ein, demonstrieren Gebietsbesitz und machen Nestbaubewegungen. Die Weibchen ziehen von Freier zu Freier und paaren sich mit einigen der stärksten Hähne. Diese Art von Balz führt mit dazu, daß die Populationsdichte reguliert wird, denn die erfolglosen Männchen wandern in weniger günstige Gebiete ab. Oft verhungern sie auch. Die Hennen brüten in etwa 4 Wochen 6—10 Eier aus.

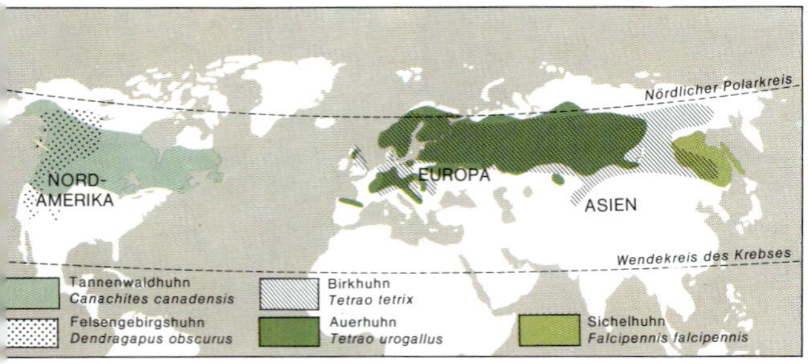
Nördlicher Polarkreis
NORD-
AMERIKA
EUROPA
ASIEN
Wendekreis des Krebses
Tannenwaldhuhn
Canachites canadensis
Felsengebirgshuhn
Dendragapus obscurus
Birkhuhn
Tetrao tetrix
Auerhuhn
Tetrao urogallus
Sichelhuhn
Falcipennis falcipennis

Waldhühner In Ostsibirien tritt statt des Auerhuhns, *Tetrao urogallus*, eine kleinere Art auf: der schwarzschnäbelige *Tetrao parvirostris*.

Das Waldhuhn Nordamerikas Das nordamerikanische Felsengebirgshuhn hat fast die gleichen Freß- und Paarungsgewohnheiten wie das Auerwild in Eurasien.

Der ganze Tag ein einziges Mahl

Rauhfußhühner sind typische Vögel des offenen Landes in Moor, Wüste und Tundra; nur wenige Arten leben im Wald. Einige von ihnen kommen mit den Nadeln und Knospen von Koniferen aus.

Das bekannteste unter den 4 Rauhfußhühnern, die an den Nadelwald angepaßt sind, ist das Auerhuhn Europas und Sibiriens. Es ist das größte aller Waldhühner; die Männchen werden nahezu 1 m lang und 7 kg schwer. Zur Winterszeit leben sie fast ausschließlich von Nadeln, deren Nährwert nur gering ist. Deshalb müssen sie so viel fressen, daß sie damit den ganzen Tag beschäftigt sind.

Das Felsengebirgshuhn Nordamerikas ist kleiner, hat aber die gleichen Lebensgewohnheiten. Im Winter frißt es oft tagelang an einem Baum, bis er kahl ist. Einige Rauhfußhühner halten sich an bestimmte Baumarten. So fressen das kanadische Tannenwaldhuhn und das sibirische Sichelhuhn nur die Nadeln und Knospen von Fichten.

Bei den Waldhühnern – mit Ausnahme des Tannenwaldhuhns – kommen die Geschlechter nur zur Paarung zusammen; die Männchen beteiligen sich auch nicht an der Aufzucht der Jungen. Ein Männchen kann sich während einer Brutperiode mit mehreren Weibchen paaren; darum ist die Konkurrenz zwischen den Männchen sehr lebhaft. Diese sind größer als die Weibchen und haben ein schöneres Gefieder. Die balzenden Männchen zeigen leuchtende Schwänze, bunte Kehllappen und erzeugen charakteristische Töne: Der Felsengebirgshahn schreit, und der Tannenwaldhahn trommelt mit den Schwingen.

Nach der Paarung scharren die Weibchen ein Nest in den Boden und legen 6—10 Eier hinein. Die Jungen fressen Insekten, die sie sich fast sofort nach dem Schlüpfen selbst suchen. Sie können nur wenige Stunden ohne Futter sein und sind auch gegen Kälte sehr empfindlich. Bei kaltem, feuchtem Wetter verhungern viele Küken, da sie die Wärme der Henne nicht verlassen können. Diejenigen, die sich nach draußen wagen, erfrieren rasch.

Die Rauhfußhühner, die in kalten Klimaten leben, tragen an den Nasenlöchern und Beinen Federn. Im Winter wachsen auch an den Zehenrändern feine Federn; dadurch finden die Füße im Schnee festen Halt.

Kräftige Schnäbel für die Zapfen

Bei einigen Finkenarten haben sich besondere Schnabelformen entwickelt, die an die Spezialnahrung dieser Tiere angepaßt sind. Samenfresser besitzen gewöhnlich kurze, derbe Schnäbel und starke Kiefermuskeln; außerdem sind die Schnabelränder scharf und innen oft gezackt.

Einige Kreuzschnabelarten haben sich zusätzlich dadurch an ihre Nahrung angepaßt, daß die Schnabelspitzen sich bei geschlossenem Schnabel überkreuzen. Die Kiefermuskeln dieser Vögel sind so stark, daß der Schnabel an den Rändern einen Druck von etwa 7 kg pro Quadratzentimeter ausübt. Damit ist der Kreuzschnabel in der Lage, die zähen Schuppen der Kiefernzapfen zu durchbeißen und mit seiner langen Zunge die Samen darin zu erreichen. Andere Samenfresser müssen warten, bis die Zapfen sich öffnen.

Der Fichtenkreuzschnabel kommt sowohl in den nördlichen wie in den alpinen Nadelwäldern vor; der Bindenkreuzschnabel und der Kiefernkreuzschnabel sind auf die Wälder im Norden beschränkt. Der letztgenannte ist in Eurasien beheimatet, die anderen Arten leben in der Alten und der Neuen Welt.

Alle Kreuzschnäbel vagabundieren innerhalb ihres Verbreitungsgebietes. Sie brüten dort, wo sie reichlich Samen finden. Bleiben die Zapfen einmal völlig aus, so führt das zu Massenwanderungen, vor allem von Jungvögeln, die dann weit außerhalb des normalen Brutgebietes erscheinen. Bisweilen brüten solche Einwanderer im neuen Gebiet, aber nach 2–3 Generationen verschwinden sie dort gewöhnlich wieder. Die Wanderzüge haben keine bestimmte Richtung; die Vögel ziehen einfach umher und suchen verzweifelt Futter. Viele gehen dabei zugrunde.

Das Ausbleiben von Zapfen scheint meist einem Jahr mit besonders reichem Zapfenbesatz zu folgen. Der Überfluß an Samen in dem einen Jahr bewirkt auch eine Vergrößerung der Vogelzahl. Im folgenden Jahr der Not müssen die zusätzlichen Jungvögel anderswo Futter suchen oder verhungern.

Schnäbel für panzerharte Zapfen

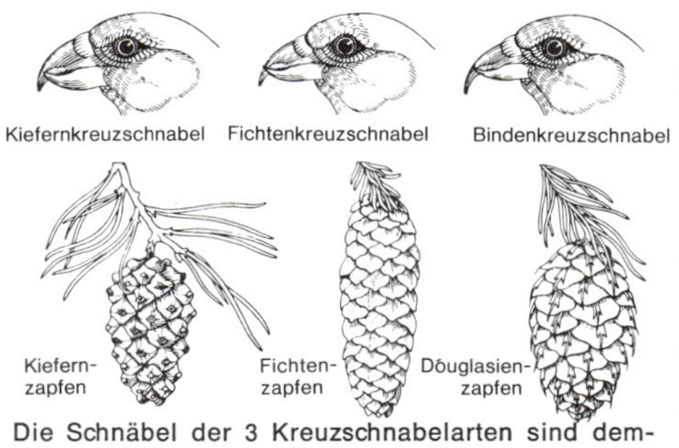
Kiefernkreuzschnabel
Fichtenkreuzschnabel
Bindenkreuzschnabel
Kiefern-
zapfen
Fichten-
zapfen
Douglasien-
zapfen

Die Schnäbel der 3 Kreuzschnabelarten sind demjenigen Baum angepaßt, der in dem jeweiligen Lebensraum am häufigsten ist: Der Kiefernkreuzschnabel, der an den dickschuppigen Kiefernzapfen frißt, hat den stärksten Schnabel. Der Schnabel des Fichtenkreuzschnabels im Fichtenwald ist schwächer. Der Bindenkreuzschnabel mit dem schlanksten Schnabel frißt an dünnschuppigen Zapfen.

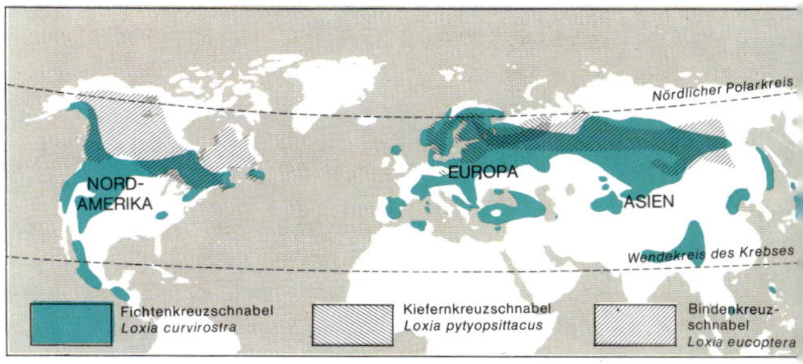
Nördlicher Polarkreis
NORD-
AMERIKA
EUROPA
ASIEN
Wendekreis des Krebses
Fichtenkreuzschnabel
Loxia curvirostra
Kiefernkreuzschnabel
Loxia pytyopsittacus
Bindenkreuz-
schnabel
Loxia leucoptera

Kreuzschnäbel leben in allen Nadelwaldzonen.

Ein akrobatischer Vogel Der Kreuzschnabel kann sich in jeder Stellung halten und fressen. Auf der Suche nach Zapfen schlüpft er durch das dichteste Gezweig. Die Jungen sind sehr widerstandsfähig gegen Kälte. Wenn die Mutter fort ist, können die Nestlinge tiefe Temperaturen überleben, indem sie in ein Koma fallen. Sie erholen sich aber sofort, wenn sie wieder die Wärme der Eltern spüren.

Zapfen werden zur Samengewinnung aufgehämmert

Sammler im Herbst Der Tannenhäher, ein kleiner, im Nadelwald lebender Vertreter der Rabenvögel, ist, wie seine größeren Verwandten, anpassungsfähig und intelligent. Außer Insekten, Beeren und Nüssen frißt er auch Kiefernsamen. Mit seinem Schnabel vermag er die Zapfen aufzuknacken.

Der Hakengimpel, ein weiterer Finkenvogel, holt sich die Samen nach einer besonderen Methode: Er benutzt seinen muskulösen Nacken und seinen dicken Schnabel, um die Zapfen zu zerschlagen. Dieser Vogel frißt aber auch Samen von Birken, Weiden und Heidekraut.

Zwei Tannenhäherarten schlagen ebenfalls mit ihren harten Schnäbeln die Zapfen in Stücke, um an die Samen zu gelangen. Sie speichern Nahrung für den Winter und fressen auch Nüsse, Beeren und Insekten.

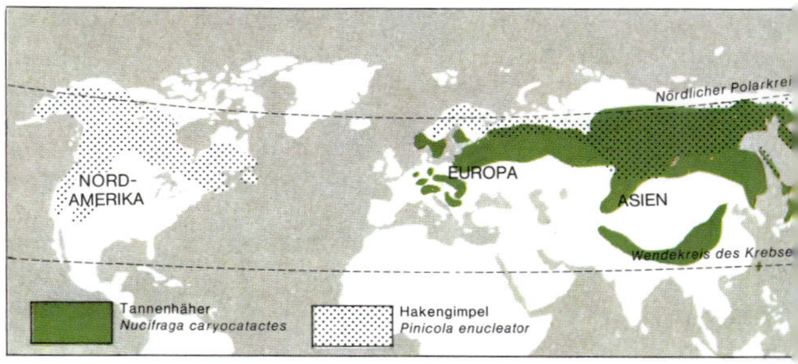
Nördlicher Polarkreis
NORD-
AMERIKA
EUROPA
ASIEN
Wendekreis des Krebses
Tannenhäher
Nucifraga caryocatactes
Hakengimpel
Pinicola enucleator

Das Gebiet der Tannenhäher Der Tannenhäher hat in Nordamerika einen Verwandten, *Nucifraga columbianus*, der die Wälder im Norden und im Gebirge bewohnt.

Die Säugetiere der Nadelwälder

Nagetiere gehören zu den erfolgreichsten Tieren der Erde. Sie sind unempfindlich, fruchtbar und fressen fast alles; darum können sie auch die harten Winter des Nordens überstehen.

Es gibt insgesamt etwa 1800 Nagetierarten – das ist etwa die Hälfte aller überhaupt vorhandenen Säugetierarten. Die Nagetiere haben sich fast allen Lebensräumen angepaßt, von der Tundra und den Nadelwäldern bis zu den tropischen Regenwaldgebieten.

Von anderen Säugetieren unterscheiden Nagetiere sich durch ihre scharfen, meißelähnlichen Nagezähne, die auch im Alter noch ständig weiterwachsen, sowie durch das Fehlen der Eckzähne. Da die Nager fast alles auch zu verdauen vermögen, was sie abnagen können, werden sie mit den unwirtlichsten Bedingungen fertig. Sie sind überdies sehr fruchtbar und bringen oft mehrmals im Jahr zahlreiche Nachkommen zur Welt. Dadurch sind innerhalb einer Art Abweichungen im Erbmaterial so groß, daß bei Umweltänderungen gewöhnlich einige Tiere mit dafür vorteilhaften Eigenschaften vorhanden sind. Diese Tiere überleben die Katastrophe und bewahren so die Art vor der Vernichtung.

Die meisten Tiere verabscheuen den Harzgeschmack der Nadeln und der Rinde von Koniferen und bringen es nicht fertig, die Samen aus den Zapfen zu klauben; Nagetiere jedoch finden in den Wäldern des Nordens gut ihr Auskommen.

Zapfensammler Das nordamerikanische Rothörnchen legt größere Nahrungsvorräte an als das europäische Eichhörnchen. Manchmal liegen in einem Lager Hunderte von ungeöffneten Zapfen beisammen.

Nahrungshamsterer

Wintervorräte Drei junge eurasische Eichhörnchen bei ihrer spätsommerlichen Nahrungssuche. Alle Eichhörnchen sind in dieser Jahreszeit zumeist fieberhaft aktiv; sie sammeln dann Zapfen, Samen, Pilze und Nüsse. Wenn sie auf diese Weise Futter hamstern, planen sie aber nicht etwa bewußt für den Winter, sondern sie folgen einfach einem Instinkt. Später vergessen sie oft, wo sie ihre Vorräte versteckt haben. Eichhörnchen hamstern nicht, um den Winter zu überstehen; sie überleben den Winter, weil sie gehamstert haben.

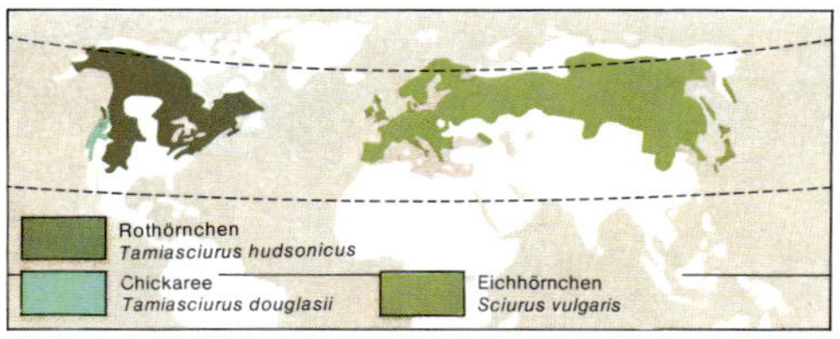
Rothörnchen
Tamiasciurus hudsonicus
Chickaree
Tamiasciurus douglasii
Eichhörnchen
Sciurus vulgaris

Das Eichhörnchen Eurasiens unterscheidet sich so stark von den beiden amerikanischen Arten, daß man es in eine eigene Gattung eingeordnet hat. Die Verbreitungsgebiete der 3 Arten sind sehr groß, und entsprechend den Anpassungen der Tiere an ihre Umwelt ist jede Art in Unterarten aufgegliedert.

Farbänderungen Einige Rassen des eurasischen Eichhörnchens sind das ganze Jahr über dunkel, während andere ihre Farbe mit den Jahreszeiten ändern. Der dunkle Pelz nach dem Haarwechsel im Frühjahr wird braun, dann rot und schließlich cremefarben.

Die zu den Nagern gehörenden Eichhörnchen bzw. Rothörnchen leben in den meisten Nadelwäldern der Welt, weiter südlich auch in den Laubwäldern. Im hohen Norden bleiben sie bei Temperaturen bis $-32°$ aktiv und bringen Leben und Farbe in den sonst düsteren Wald.

In Nordamerika gibt es neben dem Rothörnchen noch das Chickaree. Beide Arten sind kleiner und stärker gezeichnet als das eurasische Eichhörnchen, das von England bis Japan verbreitet ist. Jede Art ist in Rassen unterteilt, die Verschiedenheiten in Färbung und Verhalten zeigen. Die Schwanzfarbe des sibirischen Eichhörnchens beispielsweise variiert nach dem Waldtyp, in dem die Tiere leben: In Kiefernwäldern haben die Hörnchen rote Schwänze, in Tannen- und Lärchenwäldern braune und in Zedernwäldern fast schwarze. Die Bedeutung dieser Farbvarianten ist noch nicht ganz geklärt.

Die Hauptnahrung der Eichhörnchen besteht aus Samen von Nadelbäumen. Um sie zu erlangen, entschuppen die Tiere die Zapfen. Das ist eine zeitraubende Arbeit, denn 200 Zapfen liefern kaum mehr als 10 g Samen. Eichhörnchen fressen auch andere pflanzliche Stoffe sowie Insektenlarven, Vogeleier und junge Vögel. Wenn es wenig Zapfen gibt, begnügen sie sich mit Koniferensprossen und können dann an jungen Bäumen schwere Schäden anrichten. Im Frühjahr zapfen sie Ahornbäume oder Birken an: Sie nagen ein Loch in einen Ast und lecken den süßen Saft auf, der dort herausfließt.

Eichhörnchen werfen oft zweimal im Jahr, vor allem im Süden ihrer Verbreitungsgebiete. Die Zahl ihrer Jungen schwankt zwischen 2 und 6.

Instinkte werden durch Übung ergänzt

Eichhörnchen knacken Nüsse instinktiv, aber durch Übung werden sie immer geschickter. Die erste Nuß zu öffnen gelingt erst nach vielen Versuchen.

Nachdem es eine Anzahl von Nüssen geöffnet hat, lernt das Eichhörnchen, sich auf eine bestimmte Stelle der Schale zu konzentrieren.

Das erfahrene Eichhörnchen beginnt am weichen Grund der Nuß, nagt zusammenhängende Furchen und bricht dann ein Stück der Schale heraus.

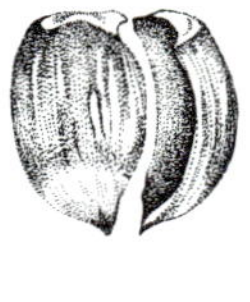

Schließlich entdeckt das Eichhörnchen, daß es die Nuß fast ohne Mühe knacken kann, wenn es natürliche Furchen in der Schale tiefer einnagt.

Hamsterer und Segelflieger

Backenhörnchen – zu denen Streifenhörnchen, *Eutamias,* und Chipmunks, *Tamias,* gehören – sind kleine, muntere Nagetiere, die vorzugsweise am Boden leben; einige nadelwaldbewohnende Arten sind aber auch geschickte Kletterer. Die Backenhörnchen der nördlichen Wälder fressen nur teilweise von den Samen und Trieben der Nadelbäume; sie bevorzugen die Nüsse und Beeren der Laubhölzer.

Wenn die Herbstfröste einsetzen, beginnen diese Tiere, intensiv Futter zu hamstern. Aus ihrem Winterschlaf wachen sie gelegentlich auf und fressen dann von ihren Vorräten.

Die Nadelwälder Eurasiens und Nordamerikas sind die Heimat von zwei Gleithörnchenarten, die nur 15 cm groß sind. Diese Tiere segeln von Baum zu Baum, indem sie ihre Flughäute ausbreiten, die an den Vorder- und Hinterbeinen ansetzen. Wenn ein Gleithörnchen seine Beine ausstreckt, ist die Oberfläche seines Körpers etwa verdreifacht, und es kann beinahe 50 m weit segeln.

Aufwärts zu fliegen ist den Hörnchen zwar unmöglich, aber mit Hilfe von Muskeln in den Flughäuten sind sie in der Lage, auf ihrem abwärts gerichteten Gleitflug in weitem Maße zu manövrieren, ähnlich wie ein Fallschirmspringer, der durch Zug an den Leinen steuern kann. Auf diese Weise können die Hörnchen auch Eulen, ihren Hauptfeinden, entwischen.

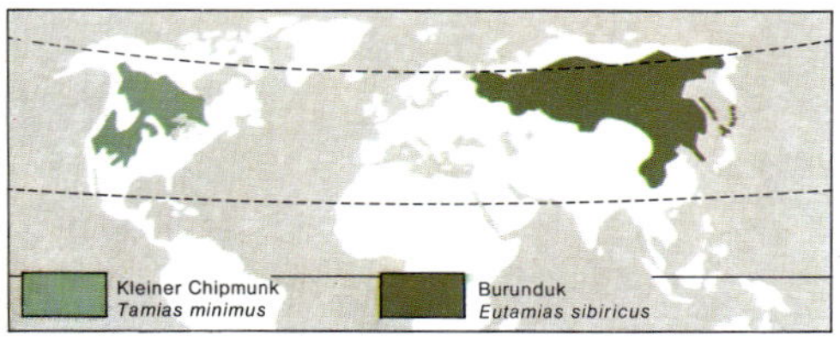

Kleiner Chipmunk
Tamias minimus
Burunduk
Eutamias sibiricus

Backenhörnchen Der Kleine Chipmunk ist das kleinste Hörnchen Nordamerikas. Verwandte von ihm leben in den Bergen des Westens.

Nahrung für den Winter Das Backenhörnchen kann bis zu 17 Haselnüsse in seine Backentaschen stopfen. Das ist beim Sammeln des Wintervorrats nützlich. Backenhörnchen halten ihren Winterschlaf in Erdhöhlen. Im Herbst mästen sie sich nicht; daher müssen sie von Zeit zu Zeit erwachen und von ihren Vorräten fressen.

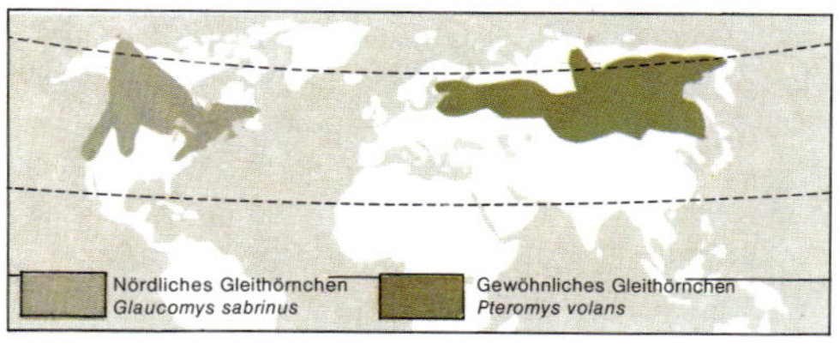

Nördliches Gleithörnchen
Glaucomys sabrinus
Gewöhnliches Gleithörnchen
Pteromys volans

Nächtliche Gleitflieger Gleithörnchen schlafen tagsüber und suchen nachts Nüsse und Früchte. Mit ihren sehr großen Augen können sie bei Dunkelheit ausgezeichnet sehen. Während ihrer Gleitflüge stoßen sie hohe Laute aus, die die gleiche Funktion haben wie die „Radar"-Schreie der Fledermäuse.

Segelflug und Landung

Das Gleithörnchen landet mit allen vieren am Baum. Dann läuft es auf die andere Seite und richtet den Kopf nach unten – instinktive Schutzmaßnahmen gegen Verfolger.

Wehrhafte Verteidigung

Eine einzige Stachelschweinart bewohnt den größten Teil des Nadelwaldgebietes in Nordamerika. Es ist ein träges, einzeln lebendes, nächtliches Nagetier, dessen wehrhafte Stacheln einen wirksamen Schutz gegen Räuber darstellen.

Normalerweise liegen die Stacheln flach am Körper an, verborgen unter den groben Rücken- und Schwanzhaaren. Fühlt das Tier sich bedroht, dann wölbt es seinen Rücken, dreht sich um und richtet die hochstehenden Stacheln gegen den Feind. Die Stacheln lösen sich leicht vom Tier und verursachen schmerzhafte, eiternde Wunden. Die meisten Raubtiere gehen dem Stachelschwein aus dem Weg.

Die Tragezeit ist mit mehr als sieben Monaten ungewöhnlich lang. Die einzeln geworfenen Jungen können schon wenige Tage nach der Geburt auf Bäume klettern.

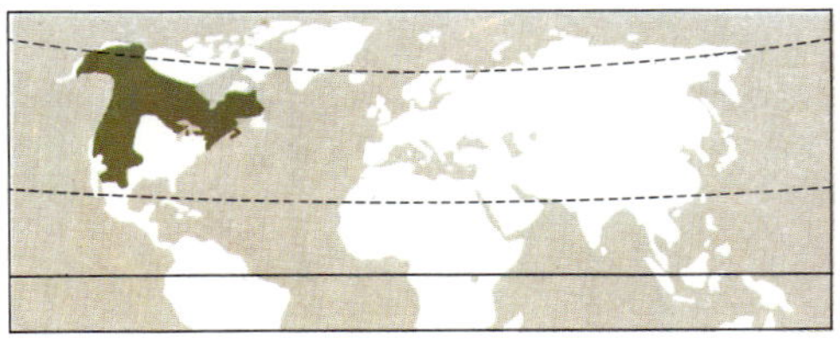

Stachelschwein Das nordamerikanische Stachelschwein, *Erethizon dorsatum,* hat in den Nadelwäldern Eurasiens keinen Stellvertreter. Die Stachelschweine der Alten Welt sind nämlich mit denen der Neuen Welt nicht näher verwandt; sie haben längere Stacheln und sind auf die wärmeren Regionen beschränkt.

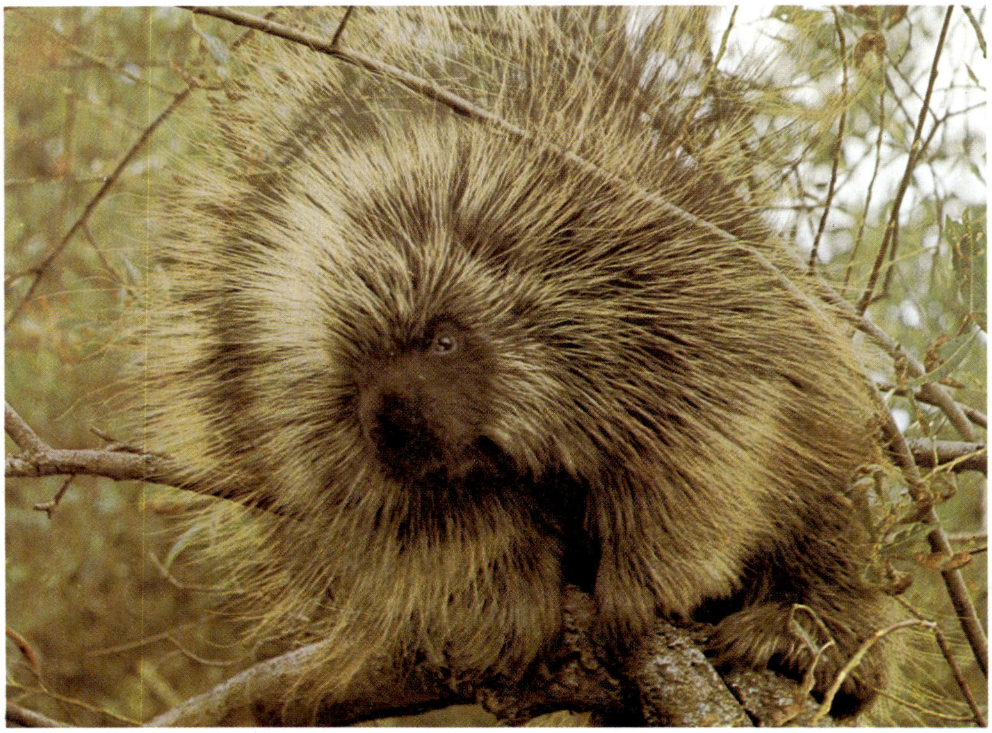

Ein Stachelschwein erklettert einen Baum Das nordamerikanische Stachelschwein wiegt 10—15 Pfund. Mit seinen starken Krallen vermag es zu seinem Lieblingsfutter hinaufzuklettern: Laub und Knospen. Das Stachelschwein ist nur nachts aktiv; am Tage versteckt es sich in Erdlöchern oder Baumhöhlen. Es hält keinen Winterschlaf, sondern verursacht im Winter durch Rindenfraß an Nadelbäumen schwere Schäden.

Die Insekten an Nadelbäumen

Blattfressende Raupe Die Raupe der Eule *Panthea furcilla* ernährt sich von Kiefern- und Lärchennadeln, richtet aber keine großen Schäden an. Die Art ist im Osten von Nordamerika weit verbreitet.

Viele an Bäumen lebende Insekten haben komplizierte Entwicklungszyklen. Bei der Fichtengallenlaus gibt es fünf verschiedene Generationen ausgewachsener Tiere.

Nur wenige Insektenarten haben es fertiggebracht, sich auf die harzigen, klebrigen und unschmackhaften Nadelbäume zu spezialisieren.

Die meisten Insekten durchlaufen in ihrem Entwicklungszyklus eine Reihe verschiedener Formen. Bei dem einen Typ schlüpfen im Sommer wurmähnliche Larven aus den Eiern. Sie fressen unermüdlich, bis sie ausgewachsen sind. Im Herbst spinnen sie sich in Kokons ein und bleiben als Puppe den Winter über liegen. In diesem Stadium machen die Tiere einen Formwechsel durch und erscheinen im nächsten Frühjahr als voll entwickeltes Insekt, die sogenannte Imago. Bei dem anderen Hauptentwicklungstyp sehen die Larven, hier Nymphen genannt, den Imagines schon ähnlich, und sie wachsen in einer Anzahl von Häutungen.

Samenfresser

Viele Arten von Erzwespen, *Chalcididen*, leben ausschließlich von den Samen nichtharziger Nadelbäume. Eine von ihnen, *Megastigmus spermotrophus*, frißt nur die Samen der Douglasfichte. Die Paarung erfolgt im Juni auf den Nadeln.

Das Weibchen legt seine Eier durch eine lange, dünne Röhre, den Ovipositor, den sie durch die Außenschichten der jungen, weichen Zapfen bohrt, um die Samen darin zu erreichen. Gewöhnlich legt die Wespe ein Ei in jeden Samen. Nach dem Schlüpfen ernährt sich die Larve 6–7 Wochen von dem Samen und wächst dabei, bis sie die Samenschale ganz ausfüllt. Den Winter über bleibt sie im Samen; sie kann aber auch 3 Jahre darin verbringen. In dieser Zeit verpuppt sie sich und verwandelt sich in eine Wespe.

Der Hauptfeind der Erzwespe ist eine andere Wespe, der Parasit *Mesopolobus spermotrophus*. Nur wenn das Weibchen Eiweiß von einer Erzwespenlarve im Zapfen aufnehmen kann, ist es in der Lage, fruchtbare Eier zu bilden. Da der Parasit aber keine lange Eilegeröhre besitzt, muß er warten, bis die Zapfen sich öffnen und er zwischen die Schuppen kriechen kann. Dann beißt die Parasitenwespe ein Loch in den Samen und saugt etwas von der Körperflüssigkeit der darinsitzenden Larve ein. Wenige Tage später kehrt der Parasit zu dem Samen zurück und legt ein Ei neben die Erzwespenlarve. Die ausschlüpfende Parasitenlarve frißt dann die andere Larve auf. Weil das Weibchen Eiweiß aufnehmen muß, entdeckt es auch, welche Samen Wespenlarven enthalten. Auf diese Weise werden keine Eier an ungeeignete Samen gelegt.

Parasit Das Weibchen der Wespe *Mesopolobus spermotrophus* legt ein Ei in einen Samen, der eine Erzwespenlarve enthält. Der Parasit frißt dann den Wirt auf.

Sehr schädlicher Rüsselkäfer Einer der schlimmsten Schädlinge an Nadelbäumen ist der große Fichtenrüßler, *Hylobius abietis*; er ernährt sich von Knospen und weicher Rinde. Andere Rüsselkäfer befallen Rinde und Wurzeln und verursachen ebenfalls schwere Schäden – in Amerika vor allem *Pissodes strobi*.

Blattfresser

Blattwespen gehören zu den wenigen Insektenarten, die sich von Koniferennadeln ernähren. Es sind Hautflügler, *Hymenopteren*, wie Ameisen, Bienen und Wespen; allerdings besitzen sie keine typische Wespentaille. Vertreter dieser Wespen sind die Lärchenblattwespe und die Kiefernbuschhornblattwespe, *Diprion pini*. Im Mai oder Juni bohrt das Weibchen der Kiefernbuschhornblattwespe mit seinem sägeartigen Legebohrer eine Reihe von Schlitzen in eine Kiefernnadel und legt darin je ein Ei ab. Die Eier werden mit einer schaumartigen Flüssigkeit bedeckt, die zu einer festen Schutzschicht erhärtet. Einige Wochen später schlüpfen die jungen Larven.

Die Larven ähneln Schmetterlingsraupen; nur haben sie am Hinterleib 7 oder 8 Beinpaare statt 5. Sie fressen unermüdlich, und da sie in größeren Mengen auftreten, fressen sie oft ganze Zweige kahl. Wenn sie gestört werden, richten sie sich zu S-förmiger Gestalt auf und sondern aus ihren Poren eine übelriechende Substanz ab.

Sobald sie ausgewachsen sind, kommen sie auf den Boden herab und spinnen sich in der Streuschicht einen Kokon. Bis zum Frühjahr bleiben sie als Puppe im Boden.

Knospenfresser

Manche Schmetterlingsraupen ernähren sich von frischen Trieben und verursachen an jungen Bäumen zuweilen schwere Schäden. So der Kieferntriebwickler, *Rhyacionia buoliana*, eine eurasische Art, die sich neuerdings nach Nordamerika ausgebreitet hat, wo sie an Kiefern große Schäden anrichtet. Die Weibchen legen ihre Eier im Sommer; nach dem Schlüpfen fressen die Raupen Gänge in die Triebe. In die Löcher quillt Harz hinein. Damit es sie nicht überflutet, kleiden die Raupen sie mit einem Gespinst aus.

Eine Prozession Der Kiefernprozessionsspinner, *Thaumetopoea pityocampa*, heißt so, weil die Raupen dicht hinter einander herlaufen, und zwar an Seidenfäden entlang, die von der vorderen Raupe gesponnen werden. Legt man den Faden ringförmig, dann laufen die Tiere bis zur Erschöpfung im Kreis.

Vor der Eiablage Bevor die weibliche Holzwespe ihre Eier in einen abgestorbenen Baum legt, bohrt sie mit ihrem langen Legestachel ein Loch hinein.

Holzbohrer

Die meisten im Holz bohrenden Insekten sind Käfer; eine wesentliche Ausnahme bildet aber die Holzwespe, *Sirex gigas,* die in Nadelholz lebt. Sie wird bis zu 4 cm lang und gehört zu den größten Wespen überhaupt.

Das Holzwespenweibchen bohrt mit seiner Legeröhre ein Loch in totes oder absterbendes Holz. Selten befällt es lebende Bäume; die frischen Holzfasern würden die sägeartigen Stechborsten festhalten. Aus den abgelegten Eiern schlüpfen Larven, die zweieinhalb bis drei Jahre lang im Holz unregelmäßige, bis 30 cm lange Gänge fressen. Sie enden 2,5 cm unter der Oberfläche, und hier verpuppt sich das Tier.

Der größte Feind der Holzwespenpuppe ist die große Schlupfwespe, *Rhyssa persuasoria.* Das Weibchen dieser Art legt seine Eier an die Puppen der Holzwespe, die dann von den Parasitenlarven aufgefressen werden.

Um eine Puppe im Holz zu erreichen, muß das Schlupfwespenweibchen mit seinem gezähnten Legebohrer 2,5 cm dickes, festes Holz durchstechen. Das dauert etwa zwanzig Minuten. Bevor das Weibchen mit dem Bohren beginnt, prüft es sorgfältig die Holzoberfläche und ortet die Puppe genau; nur selten verfehlt das Tier sein Ziel.

Rindenfresser

Unter der Rinde abgestorbener Fichten sieht man oft ein Netzwerk feiner Fraßgänge. Sie stammen von dem Fichtenborkenkäfer *Ips typographus,* der nach diesem Fraßbild auch Buchdrucker genannt wird. Das Weibchen nagt einen senkrecht stehenden Gang in der inneren Rindenschicht und legt 3–4 Wochen lang Eier einzeln an die Gangseiten. Nach dem Schlüpfen nagen die Larven parallele Seitengänge, die vom Hauptgang wegführen. Schließlich fressen sie zwischen Rinde und Holz erweiterte Kammern, in denen sie sich verpuppen.

Buchdrucker befallen gewöhnlich nur abgestorbene oder kranke Bäume, da der Harzfluß gesunder Bäume ihre Gänge verstopfen würde.

Der Borkenkäfer *Trypodendron lineatum* legt seine Gänge im Holz abgestorbener oder gefällter Bäume an. Er lebt nicht von dem Holz selbst, sondern von einem Ambrosia-Pilz, den er züchtet. Dieser Pilz bildet schwarze Sporen; daher erscheint bei einem Schnitt durch Holz, das von diesem Borkenkäfer befallen ist, das Gangsystem schwarz.

Eine Gruppe von Galläusen lebt vom Saft der Koniferennadeln. Eine von ihnen, die Fichtengallenlaus, *Adelges abietis,* hat einen Entwicklungszyklus von 2 Jahren. Der Zyklus beginnt mit einer Stammutter, die Eier legt. Aus ihnen gehen Nymphen hervor, die an den wachsenden Fichtentrieben saugen und ananasähnliche Gallen erzeugen.

Die Folgegenerationen der Nymphen wandern teilweise von der Fichte zur Lärche und wieder zurück. Am Ende des Zyklus entwickeln sich Männchen und Weibchen, die befruchtete Eier hervorbringen, aus denen wieder „Stammmütter" entstehen. Durch den Wirtwechsel nutzen diese Läuse die vorhandene Nahrung während der kurzen Wachstumsperiode der Bäume in der Nadelwaldzone hervorragend aus.

Mordwespe und Opfer Das Schlupfwespenweibchen untersucht die Rinde, um eine Holzwespenpuppe in ihrem Gang ausfindig zu machen. Dann sticht sie durch das Holz und legt ein Ei an die Puppe. Die Larve frißt nach dem Schlüpfen ihren hilflosen Wirt auf. Von der Puppe bleibt nur eine leere Hülle übrig.

Gänge nagend und Eier legend Ein Käfer der Gattung *Dendroctonus* nagt in der Rinde einer Kiefer oder Fichte einen Gang und legt Eier darin ab.

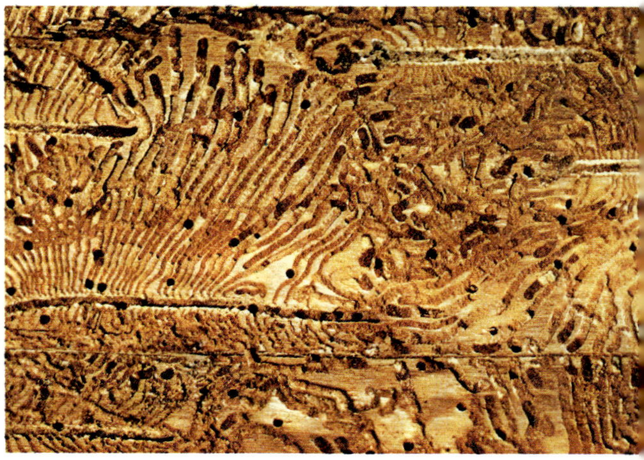

Die Gänge der Fichtenborkenkäfer Die waagerechten Hauptgänge stammen von den eierlegenden Weibchen, die kleineren Seitengänge von den Larven.

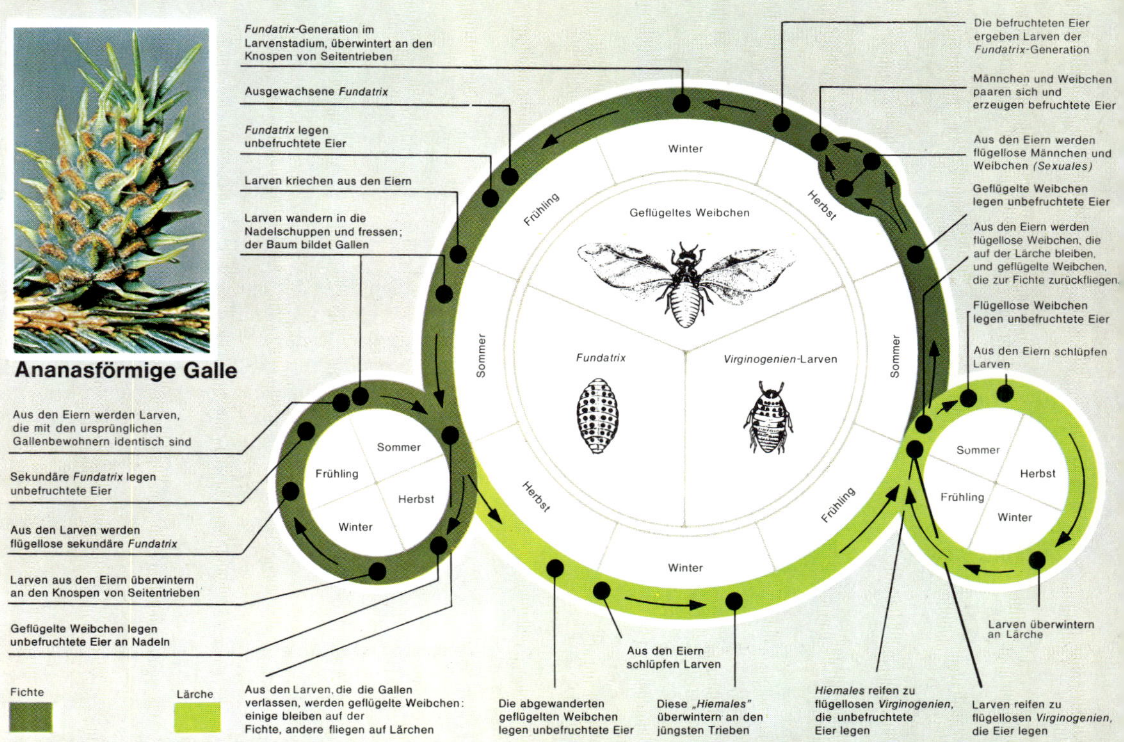
Lebenszyklus der Fichtengallenlaus
Ananasförmige Galle
Fundatrix-Generation im Larvenstadium, überwintert an den Knospen von Seitentrieben
Ausgewachsene Fundatrix
Fundatrix legen unbefruchtete Eier
Larven kriechen aus den Eiern
Larven wandern in die Nadelschuppen und fressen; der Baum bildet Gallen
Aus den Eiern werden Larven, die mit den ursprünglichen Gallenbewohnern identisch sind
Sekundäre Fundatrix legen unbefruchtete Eier
Aus den Larven werden flügellose sekundäre Fundatrix
Larven aus den Eiern überwintern an den Knospen von Seitentrieben
Geflügelte Weibchen legen unbefruchtete Eier an Nadeln
Fichte
Lärche
Aus den Larven, die die Gallen verlassen, werden geflügelte Weibchen: einige bleiben auf der Fichte, andere fliegen auf Lärchen
Die abgewanderten geflügelten Weibchen legen unbefruchtete Eier
Aus den Eiern schlüpfen Larven
Diese „Hiemales" überwintern an den jüngsten Trieben
Hiemales reifen zu flügellosen Virginogenien, die unbefruchtete Eier legen
Larven reifen zu flügellosen Virginogenien, die Eier legen
Larven überwintern an Lärche
Aus den Eiern schlüpfen Larven
Flügellose Weibchen legen unbefruchtete Eier
Aus den Eiern werden flügellose Weibchen, die auf der Lärche bleiben, und geflügelte Weibchen, die zur Fichte zurückfliegen.
Geflügelte Weibchen legen unbefruchtete Eier
Aus den Eiern werden flügellose Männchen und Weibchen (Sexuales)
Männchen und Weibchen paaren sich und erzeugen befruchtete Eier
Die befruchteten Eier ergeben Larven der Fundatrix-Generation
Geflügeltes Weibchen
Fundatrix
Virginogenien-Larven
Winter
Frühling
Sommer
Herbst

Von der Fichte zur Lärche und zurück Die Fichtengallenlaus hat einen zweijährigen Zyklus. 4 Generationen von Nymphen folgen aufeinander, bevor sich Männchen und Weibchen entwickeln und ein neuer Zyklus beginnt. Die Nymphen fressen zuerst an Fichten und bilden Gallen daran; dann bleiben einige an der Fichte, andere gehen auf die Lärche über; beide Gruppen bilden je einen einjährigen Nebenzyklus.

Am Boden lebende Pflanzenfresser

Im Winter quält sich der mächtige Elch Nahrung suchend über den Schnee. Kleine Tiere wie Mäuse, die unter der Schneedecke stöbern, haben es verhältnismäßig warm.

Viele Pflanzenfresser der nördlichen Waldzone sind bemerkenswerterweise von den Nadelbäumen ziemlich unabhängig. Elche, Hasen, Murmeltiere, Wühlmäuse und Lemminge, die in dieser rauhen Umwelt leben, finden ihre Nahrung hauptsächlich an Laubbäumen und in den Gräsern, Moosen und Kräutern auf dem Waldboden.

Die harzigen Nadelbäume bieten diesen Tieren nicht viel mehr als Deckung. Die dichtesten Waldbestände werden daher kaum bewohnt, denn zur Futtersuche müssen die Tiere doch in offenes Gelände.

Der Winter mit seiner dicken Schneedecke und dem akuten Futtermangel erzwingt einen Wechsel in der Lebensweise dieser Tiere. Elche beispielsweise äsen im Frühjahr und Sommer in Seen und Sümpfen. Im Winter hingegen stapfen sie auf ihren langen Stelzenbeinen durch tiefen Schnee und suchen Beeren und Buschwerk.

Für viele Kleinsäuger stellt der Schnee einen Schutz vor Räubern und eine wärmende Decke gegen die Kälte dar. Während die Murmeltiere einen Winterschlaf halten, suchen die meisten Kleinsäuger einen Platz, an dem sie aktiv bleiben können und doch vor den Unbilden der Witterung geschützt sind.

Wühlmäuse und Lemminge verbringen den Winter in den Hohlräumen unter dem Schnee, die zwischen dem Boden und der Schneedecke auf Gras und Gestrüpp entstehen. Hier herrscht ein „Mikroklima", in dem die Temperatur nie tiefer als 1 bis 2° unter dem Gefrierpunkt sinkt, und die Tiere können hier bis zum Frühjahr herumlaufen und sich von den Pflanzen ernähren.

Der Elch als Einzelgänger und sein Existenzkampf im Winter

Ende einer Jagd Ein Elch wird von einem besonders großen Wolfsrudel bis zur völligen Erschöpfung gehetzt. Er ist wahrscheinlich krank, denn an gesunde Elche wagen sich Wölfe gewöhnlich nicht heran.

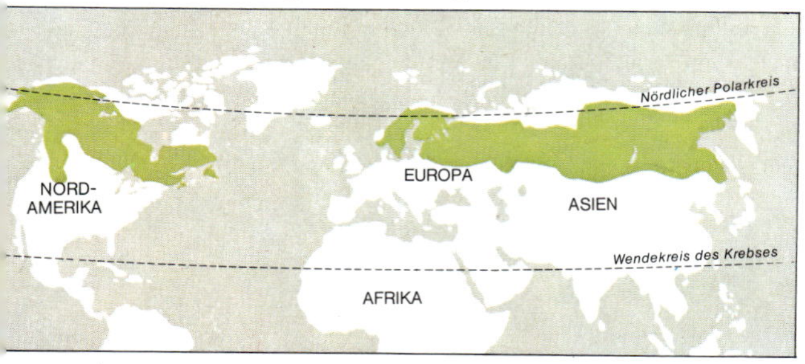
Nördlicher Polarkreis
NORD-
AMERIKA
EUROPA
ASIEN
Wendekreis des Krebses
AFRIKA

Elchgebiete Die Elche Eurasiens und die in Nordamerika gehören zur gleichen Art: *Alces alces*.

Mutter mit Zwillingen Elche kommen im Mai oder Juni zur Welt. Durchschnittlich bei jeder vierten Geburt gibt es Zwillinge. Die Mutter verläßt ihre Kälber erst kurz bevor die nächsten Jungen geboren werden.

Nahrung im Sommer Der Elch lebt von Wasserpflanzen und jungen Weiden, Birken und Espen.

Der Elch ist zwar gut an seine Umwelt angepaßt, aber es ist für ihn trotzdem nicht leicht, den langen Winter zu überstehen. Wegen seiner Größe benötigt er während der kalten Jahreszeit 4–5 Tonnen Pflanzennahrung; dann begnügt er sich sogar mit Rinde von Nadelbäumen. Im Frühjahr hat er stark an Gewicht verloren.

Der Elch ist der größte lebende Hirsch, wobei die eurasische Form nicht ganz die Größe der amerikanischen erreicht. Ein ausgewachsenes Männchen wiegt eine halbe Tonne; sein Geweih klaftert 1,80 m, und seine Schulterhöhe beträgt ebenfalls 1,80 m.

Im Sommer waten Elche oft bis an die Weichen in Sümpfen oder Teichen, um Wasserpflanzen zu fressen, oder sie reißen mit ihren muskulösen Lippen Baumzweige hoch über dem Boden ab.

Elche sind gewöhnlich Einzelgänger; die Bullen streifen allein durch die Wälder, und die Kühe werden nur von ihren Kälbern begleitet, denn jedes Tier benötigt für sich ein großes Weidegebiet. Aber bei ungewöhnlich kaltem Wetter bricht dieses „Territoriumssystem" zusammen. Dann finden die Tiere zueinander und trampeln gemeinsam den Schnee fort, um an die Beeren und Weidenschößlinge zu gelangen; oder sie scharren ihn zu Haufen zusammen, von denen aus sie höhere Baumäste erreichen.

Nur die Bullen tragen Geweihe, doch werden diese im Winter abgeworfen. Die Paarung beginnt im September, wenn die Geweihe ihre volle Größe haben und die Männchen somit eine Waffe besitzen, mit der sie um die Kühe kämpfen.

Die Kuh wandert auf der Suche nach einem Partner durch den Wald. Führt sie noch ein Kalb vom Vorjahre, dann weist sie Bullen ab, die es fortjagen. Ein Bulle paart sich mit mehreren Kühen; bei jeder bleibt er nur wenige Tage. Männchen und Weibchen sind in dieser Herbstbrunst sehr aggressiv. Die Bullen brüllen und bearbeiten mit ihren Geweihen die Bäume; sie greifen jeden Eindringling an, der es wagt, sich den Kühen zu nähern.

Nach langer Ruhe aktiv Das Waldmurmeltier erwacht im Frühling nach achtmonatigem Winterschlaf. Dann vermehrt es sich, frißt und gräbt eine lange Erdhöhle, in der es den nächsten Winter verschläft.

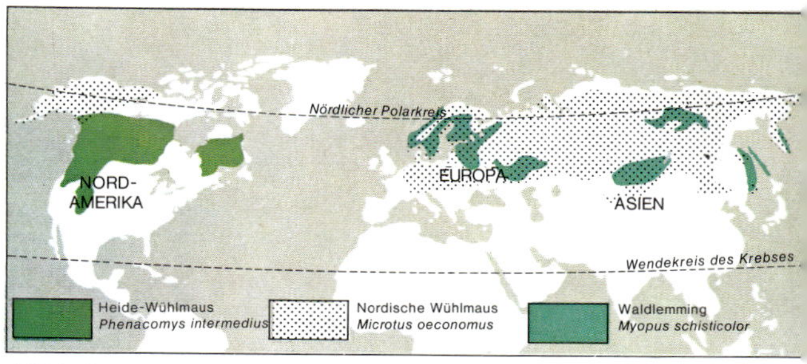
Nördlicher Polarkreis
NORD-
AMERIKA
EUROPA
ASIEN
Wendekreis des Krebses
Heide-Wühlmaus
Phenacomys intermedius
Nordische Wühlmaus
Microtus oeconomus
Waldlemming
Myopus schisticolor

Wühlmäuse und Waldlemming Die Heide-Wühlmaus ist eine nordamerikanische Art; die Nordische Wühlmaus kommt in den Nadelwäldern Alaskas und Eurasiens vor.

Leben unter dem Schnee Kleine Nager und eine Spitzmaus (rechts) fressen unter der Schneedecke.

Eine verborgene, lautlose Welt unter dem Schnee

Unter einer dicken Schneedecke verborgen leben im Winter Wühlmäuse und Lemminge. Es ist eine lautlose Welt, in der die Temperatur stets gleich bleibt und deren Bewohner weitgehend vor Räubern geschützt sind.

Zwei kleine Nager, die Heide-Wühlmaus und die Nordische Wühlmaus, halten sich dort auf, wo das Unterholz in den Nadelwäldern am dichtesten ist. Hier finden sie reichlich Nahrung in den Gräsern, Binsen und anderen Pflanzen. Der warme Raum unter dem Schnee ist recht groß; die Wühlmäuse können weite Strecken laufen, ohne zur Futtersuche an die Oberfläche kommen zu müssen.

Der Waldlemming ist der einzige Kleinsäuger, der sich hauptsächlich von Moos ernährt. Sein Leben ist ganz auf das Moos am Waldboden abgestimmt; unter dem Schnee benutzt er regelrechte Wechsel von einem Polster zum anderen. Das Weibchen fertigt aus Moos auch sein Nest. Die Fortpflanzungsquote des Waldlemmings ist hoch, allerdings nicht ganz so hoch wie die des gewöhnlichen Lemmings. Wenn im Frühling der Schnee schmilzt, können weite Moosflächen braun sein – dort, wo Lemminge die frischen, grünen Sprossen abgefressen haben.

Eines der wenigen Säugetiere der Nordwälder, die einen Winterschlaf halten, ist das Waldmurmeltier, *Marmota monax*. Es schläft jährlich bis zu 8 Monaten in einem Erdloch oder in einer Baumhöhle.

In der kältesten Jahreszeit geht der Herzschlag des Murmeltieres im Winterschlaf von normalerweise 200 Schlägen in der Minute auf 4 oder 5 zurück. Die Körpertemperatur sinkt, die Atemfrequenz nimmt bis auf 2 Züge in der Minute ab. Der Stoffwechsel wird nur noch so weit aufrechterhalten, daß alle Körperzellen am Leben bleiben. Wenn die Außentemperatur aber zu stark absinkt, weckt das Nervensystem das Tier auf, und für einige Stunden wird es wieder aktiv.

Die Nachwirkung einer Populationsexplosion

Der Schneeschuhhase, den es nur in Nordamerika gibt – wie sein Name *Lepus americanus* andeutet –, und der Nordische Schneehase, *Lepus timidus*, in Europa wechseln beide im Winter ihre Farbe. Das dunkle Sommerfell wird dann durch ein schneeweißes Fell ersetzt. Mit dieser Schutzfärbung sind die Tiere ausgezeichnet getarnt.

Der Schneeschuhhase ist gegenüber Räubern auch durch seine blitzartige Reaktionsfähigkeit und durch seine Schnelligkeit im Vorteil. Wird er aufgescheucht, erreicht er in einer Sekunde 50 km/st. Im Winter trägt er „Schneeschuhe", denn seine Hinterläufe sind stark behaart.

Wie die meisten Hasen gräbt der Schneeschuhhase kein Erdloch, sondern er liegt in einer flachen Mulde auf dem Boden. Dort werden auch die Jungen geboren. Sie tragen bereits ein Fell, und ihre Augen sind offen. Da sie nicht im schützenden Nest aufwachsen, müssen die Junghasen schnell lernen, wie sie ihr Futter finden: Gräser und andere Pflanzen.

Die hohe Geburtenziffer des Schneeschuhhasen führt zu Umweltänderungen. Bis zu fünfmal im Jahr werfen die Mütter 3 oder 4 Junge. Wenn auch nur einige bis zur Geschlechtsreife durchkommen, kann die Population innerhalb von 10 Jahren so ansteigen, daß auf einem Quadratkilometer Wald mehrere Tausend Hasen leben. Das hat zur Folge, daß die Zahl der Raubtiere zunimmt: Eulen, Nerze und vor allem Luchse; denn sie finden nun mehr Beute, können mehr fressen und haben mehr Nachkommen. Die Zahl der Luchse wächst rasch.

Der Fülle folgt Hungersnot. Aus noch ungeklärten Gründen bricht die Hasenpopulation plötzlich zusammen. Vielleicht fressen die Hasen so viel, daß ihre Existenzgrundlage zu klein wird, oder die Belastung durch die Überbevölkerung führt zu hormonellen Störungen, denen sie schneller erliegen, als wenn sie verhungerten.

Ersatzfutter Der Schneeschuhhase liebt Gras und Kräuter. In Notzeiten begnügt er sich mit Baumrinde.

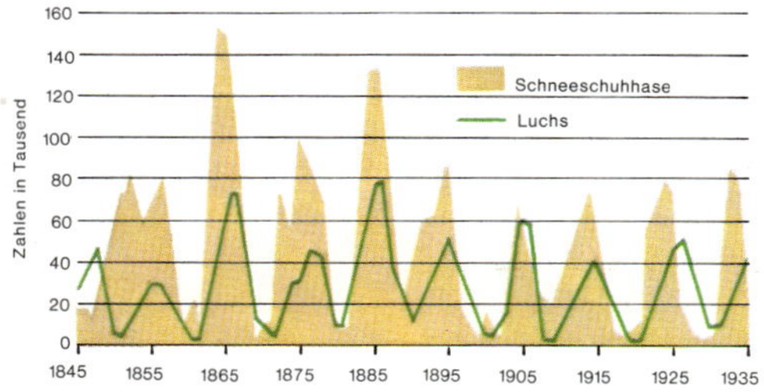
Zahlen in Tausend
160
140
120
100
80
60
40
20
0
1845
1855
1865
1875
1885
1895
1905
1915
1925
1935
Schneeschuhhase
Luchs

Jäger und Gejagte Mit dem Auf und Ab der Hasenpopulation verändert sich auch die Zahl der Luchse.

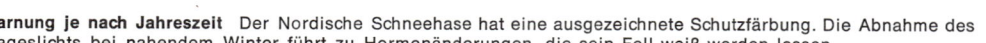

Tarnung je nach Jahreszeit Der Nordische Schneehase hat eine ausgezeichnete Schutzfärbung. Die Abnahme des Tageslichts bei nahendem Winter führt zu Hormonänderungen, die sein Fell weiß werden lassen.

Die Insektenfresser

Unterstützung an drei Punkten Ein Haubenschwarzspecht stützt sich, wenn er seine Jungen füttert, mit den steifen Schwanzfedern gegen den Baum. Ein solcher Stützschwanz ist für alle Spechte kennzeichnend.

Die Insektenfresser finden im Winter in den Nadelwäldern nur wenig Nahrung. Manche wandern deshalb in günstigere Gebiete, andere wechseln das Futter.

Im Leben der Insekten, die in den nördlichen Wäldern vorkommen, gibt es zwei Hauptjahreszeiten: Im kurzen Sommer sind diese Geschöpfe aktiv und pflanzen sich fort; während dieser Zeit wimmelt es in den Bäumen von ihnen. Der lange Winter ist für die Insekten die Zeit der Ruhe; dann sitzen sie vor allem als Larven im Boden oder in Rindenspalten. Durch Räuber wird ihre Zahl stark dezimiert.

Insektenfresser, die den Winter über im Wald bleiben, wie Spechte und Spitzmäuse, finden dann noch genügend Nahrung. Im Sommer, wenn es Insekten im Überfluß gibt, wandern Fledermäuse und Singvögel aus dem Süden zu.

Keine Gruppe von Insektenfressern ist ausschließlich auf den Nadelwald beschränkt; wohl aber sind einige Arten praktisch nur in dieser Zone anzutreffen.

Insektenjagd mit Meißel und Harpune

Spechte hacken Löcher in die Bäume, um Insekten herauszuholen oder Nisthöhlen anzulegen. Sie besitzen einen harten, oft meißelspitzen Schnabel und starke Nackenmuskeln. Die Erschütterungen der Hiebe werden von elastischen Verbindungsstücken zwischen den Schädelknochen abgefangen. Borstenartige Federn umgeben die Nasenlöcher und halten den Holzstaub ab, der herumfliegt, wenn ein Specht am Baum hämmert.

Hat der Specht ein Loch geschlagen, dann kann er mit seiner langen, biegsamen Zunge darin nach Insekten suchen. Kleine Widerhäkchen und klebriger Speichel an der Zungenspitze halten die Beute fest.

Bei ihrer Arbeit haben Spechte am Stamm einen festen Halt, denn ihre Krallen sind scharf und krumm und außerdem sehr zweckmäßig angeordnet: 2 zeigen nach vorn, 2 rückwärts. Eine Ausnahme macht nur der Dreizehenspecht, bei dem – wie bei den meisten anderen Vögeln – 3 Zehen nach vorn und 1 Zehe nach hinten gerichtet sind. Alle Spechte besitzen steife Schwänze, die sie als Stütze verwenden.

Der Dreizehenspecht kommt in Eurasien und Nordamerika vor. Er ist der kleinste der 3 Spechtarten im Nadelwald: nur halb so groß wie der 38 cm lange, auf Nordamerika beschränkte Haubenschwarzspecht. Dessen europäisches Gegenstück, der Schwarzspecht, ist mit seinen 45 cm etwas größer.

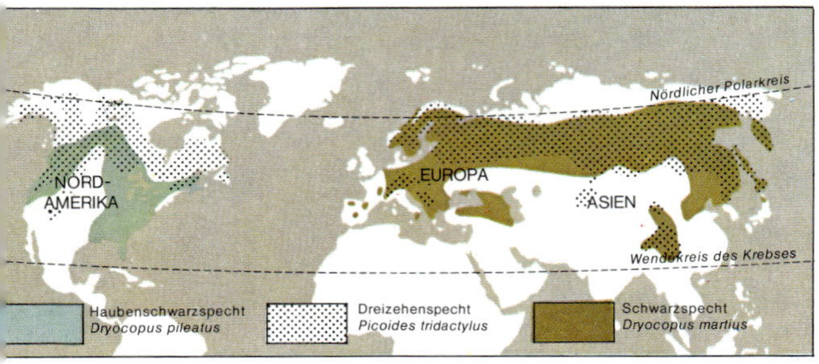
Nördlicher Polarkreis
NORD-AMERIKA
EUROPA
ASIEN
Wendekreis des Krebses
Haubenschwarzspecht
Dryocopus pileatus
Dreizehenspecht
Picoides tridactylus
Schwarzspecht
Dryocopus martius

Spechte des Nordens Die 3 Spechtarten der nördlichen Wälder können dort das ganze Jahr über bleiben, denn sie finden genügend Insekten.

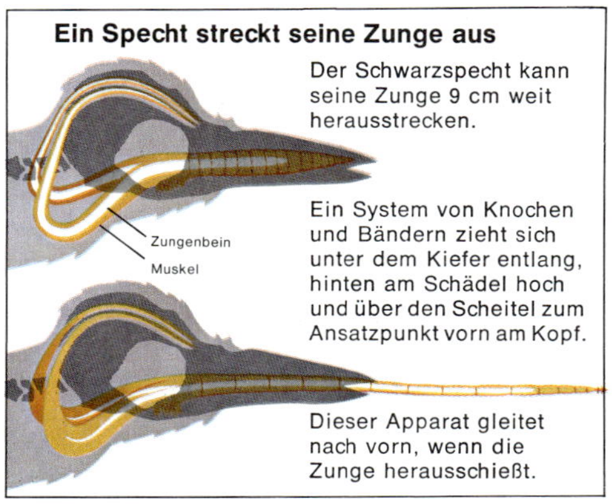
Ein Specht streckt seine Zunge aus
Der Schwarzspecht kann seine Zunge 9 cm weit herausstrecken.
Zungenbein
Muskel
Ein System von Knochen und Bändern zieht sich unter dem Kiefer entlang, hinten am Schädel hoch und über den Scheitel zum Ansatzpunkt vorn am Kopf.
Dieser Apparat gleitet nach vorn, wenn die Zunge herausschießt.

Waldbrände schaffen den Lebensraum für einen seltenen Vogel

Nicht so bunt wie das Männchen Ein Weibchen des Baumwaldsängers *Dendroica kirtlandii* am Nest. Es ist besser getarnt als das Männchen, das eine auffallende schwarze Gesichtsmaske trägt und einen blaugrauen, schwarzgestreiften Rücken und eine zitronengelbe Brust mit schwarzen Streifen an den Seiten hat. Mit einer Länge von 15 cm sind diese Baumwaldsänger für Singvögel recht groß. Im Winter ziehen sie zu den Bahamas.

Die große Familie der Singvögel stellt im Nadelwald einen wesentlichen Teil der Insektenfresser dar. In Bäumen, Büschen, Röhricht und Gras sind die kleinen, in Eurasien meist braunen oder grauen Vögel ständig auf der Suche nach Insekten, Spinnen oder auch nach schmackhaften Früchten. Im Winter, wenn es nicht mehr so viele Insekten in den Nadelwäldern gibt, ziehen sie nach Süden.

Das Verbreitungsgebiet der meisten Singvögel ist sehr groß; hingegen beschränkt sich das Brutgebiet einer seltenen Baumwaldsängerart, *Dendroica kirtlandii*, auf ein 120 mal 150 km großes Areal zwischen Huron- und Michigansee in Nordamerika, wo nach Waldbränden wieder Kiefern wachsen. Diese Vögel nisten nur dort, wo die Bäume zwischen 1,5 und 4,5 m hoch sind und wo sie mindestens 30 ha große, dichte Bestände bilden. Für den Nestbau müssen kleine Lichtungen vorhanden sein, mit trockenem, durchlässigem Boden, auf dem kein Regenwasser stehenbleibt. Der Bewuchs mit Gras und Büschen muß so hoch sein, daß das Nest darin versteckt ist, aber auch nicht viel höher.

Wahrscheinlich bewirkt die Notwendigkeit all dieser Faktoren, daß der Vogel auf dieses Gebiet beschränkt ist. Die Bedingungen an den Brutstellen bleiben aber nur 20 Jahre günstig; dann sind jene Baumwaldsänger auf Waldbrände angewiesen, die neue freie Flächen schaffen, welche bald als neue Brutgebiete benutzt werden können.

Ortstreue und Wanderer

Meisen sind klein, lebhaft und gesellig; gewöhnlich bleiben sie Jahr für Jahr am gleichen Platz, selbst wenn die Temperaturen unter den Gefrierpunkt fallen. Wandern sie doch einmal im Winter nach Süden, so bleiben sie dort im Schutz der Täler.

Wie viele insektenfressende Vögel sind Meisen rastlos und unruhig. Sie treiben sich mit Vorliebe in lichten Waldungen herum, wo sie auch Samen und Beeren fressen.

Es gibt 45 echte Meisenarten, die der Gattung *Parus* angehören. Sie leben paarweise oder in Gruppen, oft zusammen mit anderen kleinen, insektenfressenden Vögeln. Diese lärmende Gesellschaft ist ständig auf der Jagd nach Futter. Die meisten Arten nisten in allen möglichen Höhlen, in vorhandenen Baumhöhlen oder Baumnischen; einige zimmern mit starken, kegelförmigen Schnäbeln ihre Nisthöhlen in morschen Bäumen aber auch selbst.

Für Nadelwälder sind Haubenmeise, Weidenmeise, Lapplandmeise und Chickadee-Meise typisch. Im Sommer fressen sie kleine Insekten, zum Beispiel Blattläuse; im Winter suchen sie Astritzen nach Insekten und deren Eiern und Puppen ab.

Die ganze eurasische Taiga wird vom Bergfinken bewohnt, einem sehr anpassungsfähigen Vogel. Im Sommer lebt er von den zahllosen Insekten der Nadelwälder; im Winter zieht er südlich in die Laubwaldgebiete. Hier wird er Vegetarier und frißt Bucheckern, Getreide und andere Samen. Seine Winterzüge richten sich nach dem Wetter und nach der Menge der Bucheckern. Gelegentlich konzentrieren sich Millionen von Vögeln in einem kleinen Gebiet.

Sumpfvogel Die Weidenmeise, in Eurasien zu Hause, bevorzugt sumpfige Dickichte. Ihre Nisthöhle legt sie in verrotteten Baumstümpfen an. Sie lebt zwischen Birken, Weiden und Erlengestrüpp und in Nadelwäldern.

Heimisch im Nadelwald Die 11 cm große Haubenmeise unterscheidet sich von anderen Arten durch ihre schwarzgefleckte, weißgerandete Haube. Sie lebt vorwiegend in den Nadelwäldern Eurasiens.

Unersättliche Brut Eine Chickadee-Meise stopft Futter in die aufgesperrten Schnäbel ihrer Jungen. Meisen müssen zumeist große Futtermengen sammeln, denn ihre Bruten sind in den nördlichen Regionen sehr groß. Beide Eltern füttern; bei einigen Arten hat man beobachtet, daß sie 900mal am Tage mit Insekten kamen.

Nest in der Astgabel Der Bergfink nistet in Skandinavien und Sibirien. Er baut in einer Astgabel ein tiefes, napfförmiges Nest und hat bis zu 7 Junge.

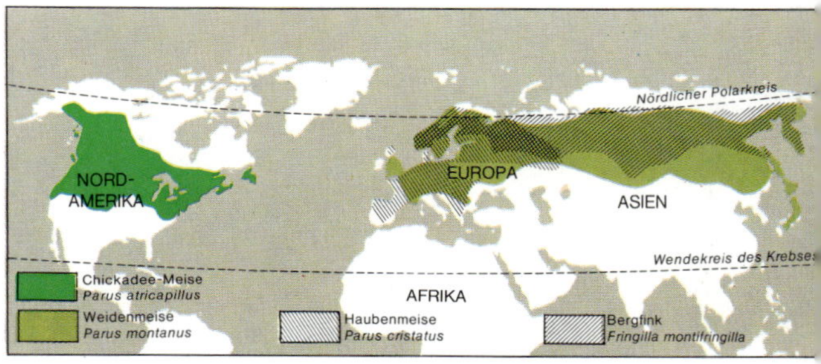
Nördlicher Polarkreis
NORD-AMERIKA
EUROPA
ASIEN
Wendekreis des Krebses
AFRIKA
Chickadee-Meise Parus atricapillus
Weidenmeise Parus montanus
Haubenmeise Parus cristatus
Bergfink Fringilla montifringilla

Lebensräume Die Chickadee-Meise geht auch in die Laubwaldzone hinein; die nordamerikanische Art *Parus hudsonicus* ist aber auf Nadelwald beschränkt.

Kleine Spitzmäuse müssen ständig fressen, um am Leben zu bleiben

Fledermäuse und Spitzmäuse sind in den Wäldern des Nordens ebenso wie in anderen Teilen der Welt die gefräßigsten Säugetiere. Die Artenzahl der Fledermäuse nimmt von den Tropen zum Norden hin rasch ab; nur wenige Arten gehen noch ins Nadelwaldgebiet, unter ihnen *Lasiurus cinereus* in Nordamerika und die Nordfledermaus, *Eptesicus nilssoni,* in Eurasien. Tagsüber ruhen sie gewöhnlich an Baumstämmen.

Spitzmäuse, die kleinsten Säugetiere, jagen fieberhaft im Gestrüpp und in der Bodenstreu unter den Nadelbäumen nach Insekten. Einige, besonders die kleineren Arten, benutzen auch Höhlen und Gänge anderer Tiere als Jagdgründe.

So kleine Tiere verlieren schnell Wärme und brauchen darum im Verhältnis zu ihrem Körpergewicht mehr Nahrung als große Tiere. Spitzmäuse müssen täglich so viel Insekten fressen, wie ihr eigenes Gewicht ausmacht. Wenn reichlich Nahrung vorhanden ist, vertilgen sie sogar das Dreifache ihres eigenen Gewichtes. Vor allem fressen sie Käfer, Spinnen und Larven; im Winter graben sie zusätzlich alle möglichen Insekten aus dem Boden. Tag und Nacht, das ganze Jahr über, besteht ihr Leben abwechselnd aus kurzen Perioden äußerster Aktivität und längeren Ruhepausen.

Junge Spitzmäuse laufen hinter der Mutter her, wobei jede sich am Schwanz der vorhergehenden festhält.

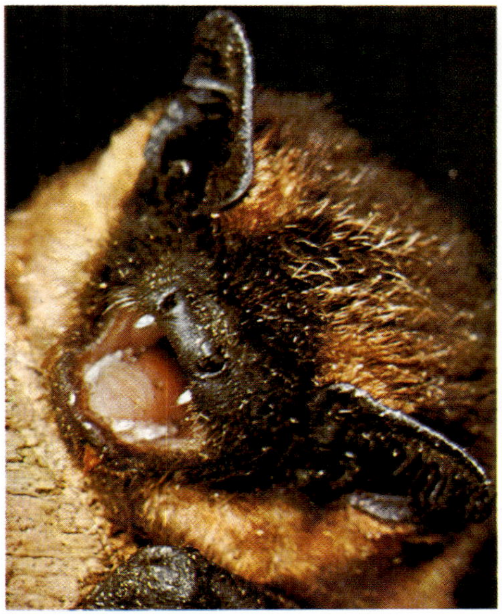

Wie ein Baumstamm gefärbt Die Nordfledermaus flattert nachts langsam durch die Nadelwälder und frißt Insekten, die in Bodennähe fliegen. Schnellere Fledermäuse suchen sich in höheren Luftschichten ihr Futter. Die Nordfledermaus ruht am Tage an Baumstämmen. Ihr Fell ist silbrig gestreift und hebt sich deshalb von den mit Flechten bedeckten Stämmen kaum ab. Der hohe Norden ist für Fledermäuse ein karges Land, denn fliegende Insekten – ihre Nahrung – sind dort nie sehr zahlreich. Im Winter, wenn das Futter besonders knapp ist, wandern die Fledermäuse nach dem Süden.

Winziger Insektenjäger Die Zwergspitzmaus wiegt etwa 3 g und ist ohne Schwanz nur 3,5 cm lang.

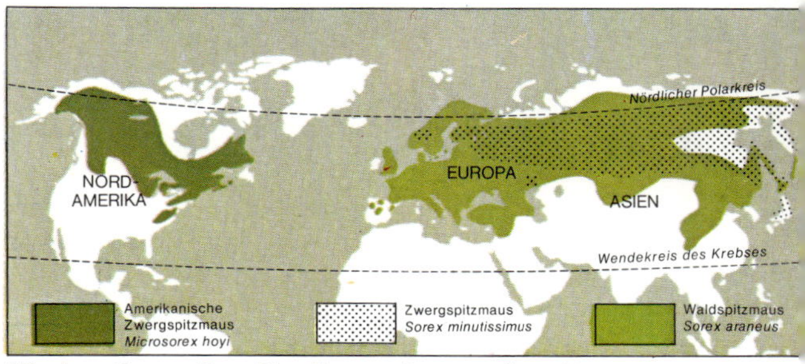
Nördlicher Polarkreis
NORD-AMERIKA
EUROPA
ASIEN
Wendekreis des Krebses
Amerikanische Zwergspitzmaus Microsorex hoyi
Zwergspitzmaus Sorex minutissimus
Waldspitzmaus Sorex araneus

Winzige Verwandte Die Zwergspitzmaus Eurasiens hat in Nordamerika eine ähnliche kleine Verwandte.

Die großen Raubtiere

Einige Braunbären sind die größten auf dem Lande lebenden Fleischfresser. Ständig suchen sie nach Futter, um ihre riesigen Körper zu erhalten.

Die Großraubtiere der nördlichen Wälder waren einst weiter verbreitet als heute. Der Braunbär kam von der arktischen Tundra bis zum Mittelmeer vor, der Schwarzbär in allen Waldgebieten Nordamerikas nördlich von Mexiko. Der Luchs war zwar nie so weit verbreitet wie die Bären, lebte aber in Europa, Asien und Nordamerika auch weiter südlich in der Laubwaldzone.

Als im Süden der Wald großenteils gerodet wurde und diese Raubtiere begehrte Jagdobjekte wurden, ging ihr Bestand immer mehr zurück. Heute sind sie fast ganz auf die Wälder im hohen Norden beschränkt.

Bären und Luchse haben sich nicht besonders an das Leben im Nadelwald angepaßt. Bären sind viel mehr Tiere der Laubwälder und der dortigen reichen Vegetation; da sie aber in ihrer Kost nicht wählerisch sind, finden sie auch im unwirtlichen Norden noch ihr Auskommen. Im Gegensatz zum Luchs, der nur Fleisch frißt, sind Braunbär und Schwarzbär Allesfresser; ein großer Teil ihrer Nahrung besteht aus Pflanzen und Wurzeln.

Wölfe werden oft als typische Raubtiere des Nadelwaldgebietes angesehen; doch auch sie sind an offenes Gelände viel besser angepaßt.

Die größten Fleischfresser der nördlichen Wälder

Unterricht Braunbärenjunge bleiben im ersten Jahr bei der Mutter und lernen, wie man Futter findet.

Unermüdliche Wanderer Die riesigen Braunbären Alaskas streifen Nahrung suchend als Einzelgänger durch das rauhe Land. Sie sind sehr stark, und die Vertreter der Kodiakform sind zudem die größten Landraubtiere.

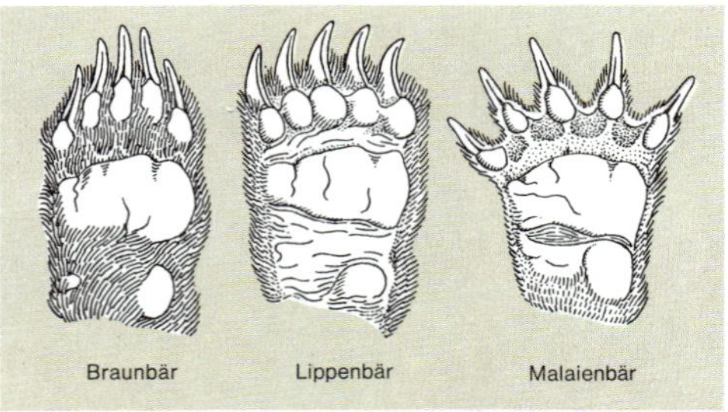
Braunbär
Lippenbär
Malaienbär

Wanderer und Kletterer Erwachsene Braunbären leben die meiste Zeit am Boden; ihre Fußsohlen sind behaart. Bären, die auf Bäume klettern, wie der Lippenbär und der Malaienbär, haben dagegen nacktere Sohlen.

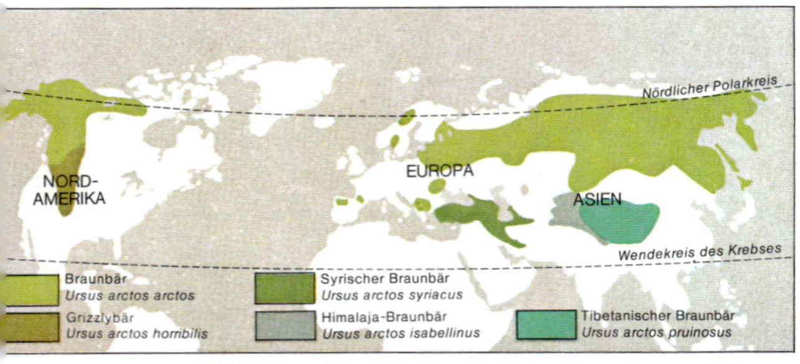
Nördlicher Polarkreis
NORD-AMERIKA
EUROPA
ASIEN
Wendekreis des Krebses
Braunbär Ursus arctos arctos
Grizzlybär Ursus arctos horribilis
Syrischer Braunbär Ursus arctos syriacus
Himalaja-Braunbär Ursus arctos isabellinus
Tibetanischer Braunbär Ursus arctos pruinosus

Rückgang Braunbären, einst in Eurasien und Nordamerika häufig, sind heute weniger verbreitet.

Bären haben gewaltige Körper, große Köpfe, schmale Kiefer, ziemlich kurze Beine und Stummelschwänze. Einige Arten tragen dicke, zottige Pelze, die sie noch mächtiger erscheinen lassen, als sie in Wirklichkeit sind.

Bären laufen auf allen vieren und berühren dabei mit ihren ganzen Fußsohlen den Boden – im Gegensatz zu schnellfüßigen Tieren, wie Hunden, die auf den Zehen laufen. Sie setzen beide Beine auf einer Seite gleichzeitig nach vorn, dann beide Beine der anderen Seite. Diese Gangart wirkt langsam und schwerfällig; sie ist aber nicht so ungeschickt wie sie aussieht. Auf kurzen Strecken erreichen Bären eine Geschwindigkeit von 50 km/st.

Alle Bären werden zu den Raubtieren gerechnet, obwohl die meisten Allesfresser sind. Sie sind zu langsam, um gesunde, große Huftiere zu jagen; doch greifen sie jeden verwundeten Hirsch oder Bison an, den sie erwischen können, und töten ihn. Einige Braunbären, wie der Grizzly in Nordamerika, sind so stark, daß sie einen 8 Zentner schweren Bison fortschleppen können.

Wie viele andere Tiere wechseln auch Bären die Nahrung. Im Frühjahr suchen sie Vogeleier und graben Lemming- und Erdhörnchenbauten aus, um an die Jungen heranzukommen. Im Herbst stopfen sie sich mit Früchten, Beeren und Nüssen voll und mästen sich so für den Winter.

Bären wandern unermüdlich umher; ihr Jagdgebiet kann über 25 Quadratkilometer groß sein. Die einzelnen Tiere treffen sich selten, abgesehen von der Fortpflanzungszeit, doch orientieren sie sich gegenseitig über ihren Aufenthaltsort, und zwar dadurch, daß sie Harn an Bäumen absetzen und an der Rinde kratzen und beißen. Gewöhnlich sind Bären nicht angriffslustig wie andere Einzelgänger. Werden sie aufgestört, dann greifen sie entweder unvermittelt an, oder sie trollen sich. Wenn sie jedoch in die Enge getrieben werden oder ihre Jungen verteidigen, sind sie grimmige Kämpen.

Die Bären des nördlichen Waldes ziehen sich im Oktober in Höhlen zurück und fallen in einen tiefen Schlaf. Dieser ist kein richtiger Win-

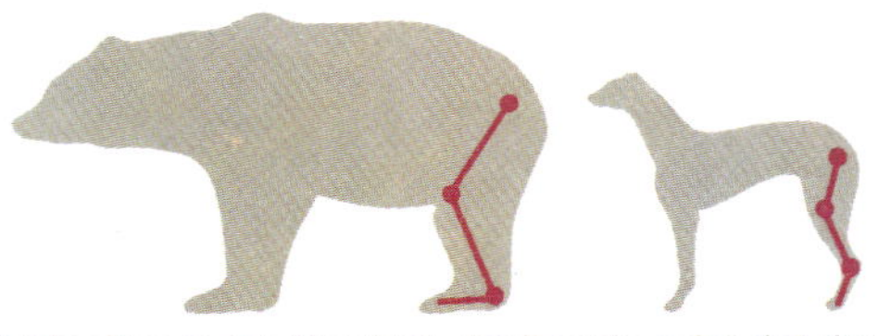

Sohlengänger Ein Vergleich der Gelenke zeigt, daß der Bär ein Sohlengänger, der Hund ein Zehengänger ist.

terschlaf, denn die Körpertemperatur des Tieres fällt nur langsam.

Braun- und Schwarzbären paaren sich im Frühjahr, gewöhnlich jedes zweite Jahr. Die Jungen werden in der Winterhöhle geboren, nach einer Tragezeit, die durch verzögerte Eiimplantation verlängert ist. Bei der Geburt wiegen Bärenjunge nur etwa 350 g. Sie wachsen jedoch schnell heran, und wenn sie im Frühjahr die Höhle verlassen, sind sie schon 5 oder 6 Pfund schwer. Bei beiden Arten bleiben die Jungen zumindest bis zum Herbst bei der Mutter.

Der Braunbär hat ein größeres Verbreitungsgebiet als der amerikanische Schwarzbär. Er umfaßt auch eine Anzahl von Rassen, so den europäischen und den Tibetanischen Braunbären, den Syrischen Braunbären und den Grizzly.

Die Größe der Bären ist verschieden. Die meisten Tiere wiegen etwa 5 Zentner; der Grizzly in Nordamerika kann über 9 Zentner schwer werden, und die mächtigsten Braunbären, die auf der Kodiak-Insel vor Alaska leben, erreichen fast 16 Zentner. Ausgewachsen messen sie von der Schnauze bis zur Schwanzspitze mehr als 2,5 m. Diese Riesen ernähren sich den größten Teil des Jahres über von Pflanzen; im Sommer aber fischen sie Lachse.

In Nordamerika sind Schwarzbären die häufigsten ihrer Sippe. Sie fressen noch weniger Fleisch als die Braunbären und sind auch kleiner. Zwar heißen sie Schwarzbären, doch sind sie nicht alle gleich gefärbt. Bei ihrer Geburt können sie schwarz, braun oder fast weiß sein.

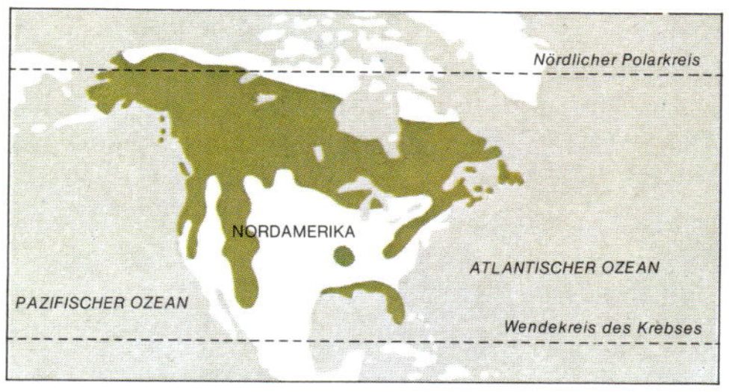
Nördlicher Polarkreis
NORDAMERIKA
ATLANTISCHER OZEAN
PAZIFISCHER OZEAN
Wendekreis des Krebses

Das Land der Schwarzbären Der Schwarzbär Amerikas, *Ursus americanus*, bewohnt die dünnbesiedelten Gebiete. Er ist noch zahlreicher als der Braunbär.

Zuflucht in einem Baum Schwarzbärjunge sind, sobald sie laufen können, auch geschickte Kletterer. Wenn die Mutter eine Gefahr wittert oder Futter suchen will, jagt sie die Jungen auf einen Baum. Auch erwachsene Schwarzbären flüchten noch auf Bäume. Die Jungen schreien laut, wenn sie allein sind oder Angst haben.

Scharfäugiger Jäger in der Dämmerung

Ein gedrungener Körper, ein Stummelschwanz mit schwarzer Spitze und auffällige Ohrpinsel – so sieht der Luchs aus. Seine Raubtiereigenschaften sind aber: scharfe Augen, kräftige Beine und mächtige Pranken. Der Luchs vermag auf einen Ast zu springen, der sich 2,5 m über dem Boden befindet; oder er stürzt sich blitzartig davon herab. Mit seinen großen Pranken kann er über den weichsten Schnee laufen, ohne einzusinken, und seine Beute lautlos anschleichen.

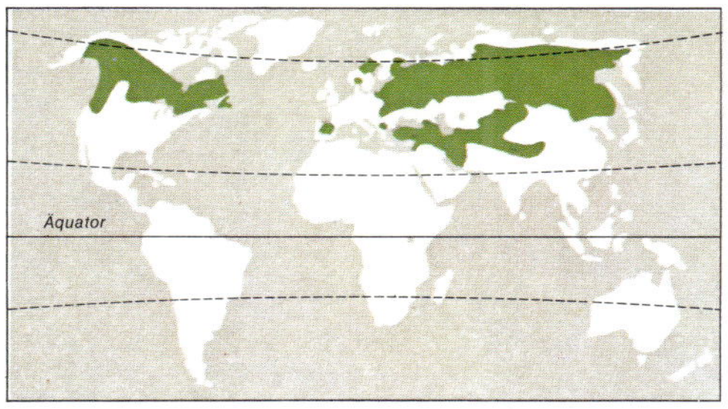
Äquator

Verbreitung der Luchse Der Luchs, *Felis lynx*, ist in den meisten Gebieten Europas selten geworden.

Er jagt vor allem in der Dämmerung; seine scharfen Augen, sein feines Gehör und sein ausgezeichneter Geruchssinn unterstützen ihn dabei. Die Jagdweise des Luchses besteht darin, daß er sich leise so nahe an seine Beute heranpirscht, bis er sie mit einem Satz erreichen kann. Manchmal liegt er wartend im Hinterhalt; wenn ein Opfer in Reichweite ist, springt er ihm auf den Rücken und beißt es ins Genick.

Luchse fressen alle Säugetiere und Vögel, die sie überwältigen können. In Nordamerika macht der Schneeschuhhase bis zu 70 Prozent ihrer Nahrung aus. Diese Abhängigkeit führt dazu, daß die Luchse einen Populationszyklus haben, der dem 10-Jahres-Zyklus der Hasen dicht folgt. Wenn es nur wenige Hasen gibt, schweifen Luchse aber auch über die Grenzen ihrer Reviere hinaus und jagen Ratten, Hörnchen, Rauhfußhühner und anderes mehr. Außerhalb des Waldes sieht man sie jedoch nur selten.

Die Jungen werden im Sommer geboren; sie wachsen nur langsam heran. Im ersten Winter muß die Mutter noch für Nahrung sorgen; verlieren die Jungen sie, so verhungern sie.

Heimliche Jäger Lautlosigkeit, Behendigkeit und scharfe Augen machen den Luchs zu einem furchtbaren Räuber. Er schleicht sich so nahe an sein Opfer heran, daß er es mit einem einzigen Satz schlagen kann.

Die kleinen Raubtiere

Eine Familie wilder, intelligenter Jäger fordert das ganze Jahr über von den kleineren Waldtieren auf dem Boden und in den Bäumen einen großen Tribut.

Alle kleinen Raubtiere des nördlichen Waldgebietes gehören zur Familie der Marder, einer Gruppe kurzbeiniger Tiere mit langen, geschmeidigen Körpern. Hierzu zählen Marder, Dachs, Wiesel, Nerz, Mink und viele weitere Arten, die alle ebenfalls den Familiennamen Marder, *Mustelidae,* tragen. Sie kommen sowohl in der Alten als auch in der Neuen Welt vor und haben sehr unterschiedliche Größen. Der Vielfraß ist so groß wie ein Schäferhund, wohingegen das Kleinstwiesel, das kleinste Raubtier, nicht mehr als 20 cm mißt.

Kein Angehöriger dieser Familie ist an einen bestimmten Lebensraum gebunden. Marder, Wiesel und Hermelin jagen im Nadelwald, aber auch in anderen Gebieten, und dort ist ihre Lebensweise oft ganz anders. So haben sich beispielsweise Baummarder in England in Felsenregionen zurückgezogen. Musteliden sind zwar ausgesprochene Fleischfresser, doch überleben sie Notzeiten, indem sie alles mögliche fressen, von Vögeln bis zu Beeren. Aber Allesfresser wie die Bären sind sie doch nicht ganz.

Musteliden halten keinen Winterschlaf. Auch sind die meisten von ihnen zu groß, um den Winter in Gängen unter dem Schnee zu verbringen, wie es kleinere Tiere, etwa Wühlmäuse und Spitzmäuse, tun. Für sie ist während der kalten Jahreszeit die Erhaltung der Körperwärme ein ernstes Problem. Zum Schutz vor der Kälte tragen sie ein üppiges Winterfell. Dieser Pelze wegen sind viele Musteliden begehrte Jagdtiere geworden.

Zobel, Nerze und Marder haben unter der Pelzjagd besonders gelitten. Zu Beginn des 19. Jahrhunderts exportierte die Hudson-Bay-Kompanie aus Kanada in einem einzigen Jahr 45 000 Marderfelle.

Wie Hermelin und Wiesel trotz Nahrungskonkurrenz miteinander auskommen

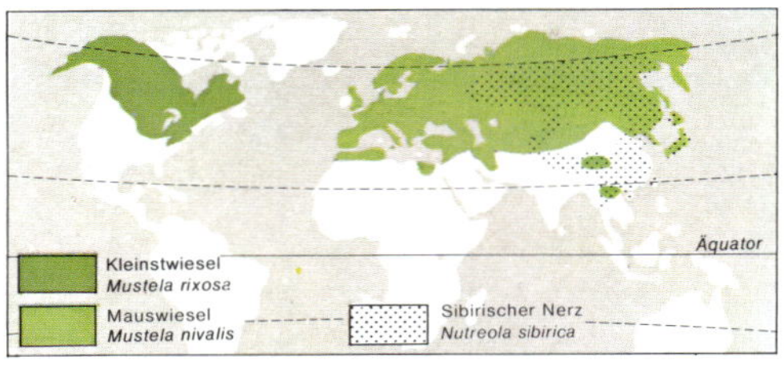
Äquator
Kleinstwiesel
Mustela rixosa
Mauswiesel
Mustela nivalis
Sibirischer Nerz
Nutreola sibirica

Verbreitung des Wiesels Wo Wiesel leben, kommen regelmäßig auch Wühlmäuse oder Mäuse vor. Wenn viele Beutetiere da sind, werfen Wiesel zweimal im Jahr.

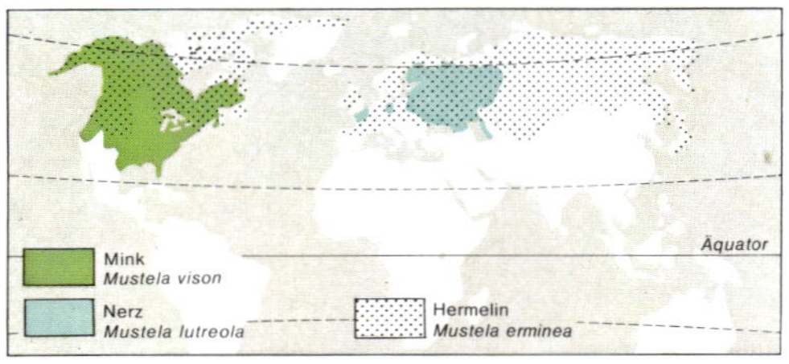
Äquator
Mink
Mustela vison
Nerz
Mustela lutreola
Hermelin
Mustela erminea

Unterschiedliche Lebensräume Den Mink findet man gewöhnlich an Flußufern. Das Hermelin ist weit verbreitet. Sein Gebiet reicht im Norden weit in die Tundra, und im Süden schließt es die Laubwaldzone ein.

Eine Liste der Nahrung von Hermelin und Wiesel entspricht einer Übersicht über die Kleintierwelt des Gebietes, in dem die beiden Räuber leben. Sie fressen alles: Nagetiere, Kaninchen, Vögel, Insekten und Würmer. Das Hermelin fängt auch Fische und Reptilien, und zur Not kommt es fast ganz mit Beeren aus. Hauptbeute von Hermelin und Wiesel sind aber Säugetiere.

Da die beiden Arten teilweise die gleichen Tiere jagen, leben sie oft in direkter Konkurrenz miteinander. Trotzdem können sie nebeneinander auskommen, denn der eine fängt Tiere, die für den anderen zu groß sind, der andere dafür mehr die kleinen. Im Nadelwald stellen die nur 20 cm großen Wiesel den Wühlmäusen und Spitzmäusen in den Gängen unter dem Schnee nach, während das 35 cm große Hermelin sogar Hasen erlegen kann.

Da die Beutetiere in den Wäldern des Nordens nur vereinzelt vorkommen, müssen die Räuber hier größere Jagdgebiete durchstreifen als in anderen Regionen. Ein Hermelinmännchen hat ein Revier von 35 ha. Wiesel hingegen, die sich von den reichlicher vorhandenen kleinen Tieren ernähren, kommen mit einem Gebiet von nur 1 bis 3,5 ha aus.

Musteliden sind in der nördlichen Nadelwaldzone zwar die zahlreichsten Raubtiere, doch keine Art ist nur auf diese Region beschränkt. Nerze findet man in Europa und in Amerika auch im Laubwald. Der sibirische Nerz oder Kolinsky lebt hauptsächlich in den Nadelwäldern Sibiriens, kommt aber auch in den Wäldern der gemäßigten Zone und in der mongolischen Steppe vor. Das Kleinstwiesel geht im Gebirge und in den gemäßigten Zonen Nordamerikas weit südwärts. Das Mauswiesel bewohnt die entsprechenden Gebiete in Eurasien.

Hermelin und Wiesel unterscheiden sich von größeren Raubtieren der Nadelwälder auch durch ihr weißes Winterkleid. Je weiter nördlich sie leben, desto weißer werden die Tiere; im Nadelwald und in der Tundra sind Wiesel im Winter dann ganz weiß. Das Hermelin behält in Europa wie in Nordamerika das ganze Jahr hindurch eine schwarze Schwanzspitze. Seines Felles wegen wird ihm stark nachgestellt, aber es ist noch nicht selten.

Ein stets aktiver Jäger Das Wiesel ist in den südlichen Teilen seines Verbreitungsgebietes vor allem Nachttier, in den Nadelwäldern hingegen jagt es am Tag und in der Nacht. Es ist so klein, daß es in den Gängen der Wühlmäuse unter dem Schnee pirschen kann.

Räuber am Wasser Der nordamerikanische Mink lebt an Flüssen und fängt Fische und Wasserratten. Die in Europa heimische Art, der Nerz, ist im Körperbau und in der Verhaltensweise fast gleich. Nordamerikanische Minks, die aus Pelztierfarmen entkommen sind, leben heute auch in Europa wild. Oft plündern sie Hühnerfarmen, wenn sie keine andere Beute finden. Minks sind auch im Wasser zu Hause; unter Wasser können sie bis zu 100 m weit schwimmen. Sie leben vor allem in Erdhöhlen an Flußufern und in Felsspalten.

Das Ende einer Jagd Ein Baummarder mit einem erlegten Eichhörnchen. Der Marder nimmt es an Behendigkeit mit einem Eichhörnchen auf. Mit Hilfe seiner kraftvollen Rückenmuskeln macht er gewaltige Sätze.

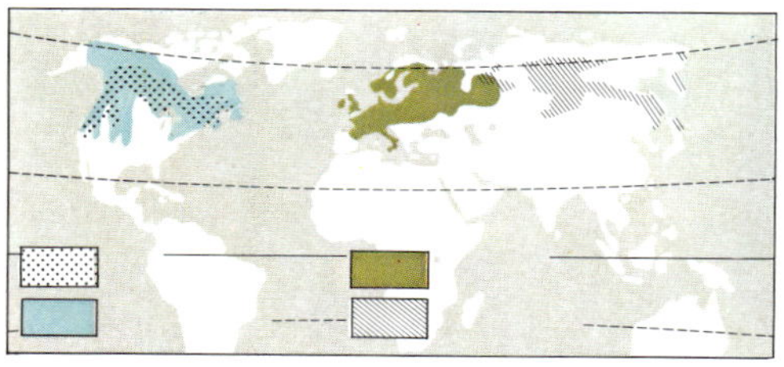

Nördliche Marder Die Marder der nordamerikanischen und der eurasischen Nadelwälder sind nahe Verwandte.

Sibirischer Marder Den Zobel in Sibirien hält ein dikker Pelz warm, der sogar seine Fußsohlen bedeckt.

Anpassungsfähiger Jäger Der Fichtenmarder jagt sowohl im Nadelwald als auch an öden Berghängen.

Jäger hoch in den Bäumen

Sechs Marderarten leben in den kühleren Gebieten der nördlichen Erdhalbkugel, davon vier nahe miteinander verwandte Arten in der Nadelwaldzone: der Baummarder und der Zobel in Eurasien, der Fichtenmarder und der Fischermarder in Nordamerika. Der größte, 1 m lang und 13 Pfund schwer, ist der Fischermarder; die anderen drei sind etwa 15 cm kleiner und wiegen nur 1–3 Pfund.

Alle sind sehr behend und haben in ihrem biegsamen Rücken starke Muskeln, die es ihnen erlauben, weit zu springen.

Marder sind, abgesehen von der Fortpflanzungszeit, Einzelgänger; ein Männchen hat ein Revier von 2,5 Quadratkilometern, das die Reviere von 2 oder 3 Weibchen überdeckt. Beide Geschlechter setzen an besonderen Stellen Duftmarken ab, besonders häufig kurz vor dem Beginn der sommerlichen Ranzzeit.

Bei der lange dauernden Paarung sind die Tiere rauh. Das Männchen packt das kleinere Weibchen im Genick und schleift es eine halbe Stunde herum, bevor die Vereinigung beginnt. Diese dauert über eine Stunde und wiederholt sich in der Ranzzeit mehrere Male am Tag. Wie bei den meisten Musteliden verzögert sich die Eiimplantation. Im frühen Frühjahr wirft das Weibchen dann 3–6 Junge.

Die meisten Marder des Nadelwaldes machen hoch in den Bäumen Jagd auf Hörnchen und Vögel. Der Fischermarder schlägt auch größere Beute wie Hasen und Stachelschweine. Den gefährlichen Stacheln des Stachelschweines weicht er behende aus, bis es ihm gelingt, sein Opfer auf den Rücken zu werfen und die unbewehrte Unterseite anzugreifen.

Übrigens ist der Name Fischermarder irreführend, denn dieses Tier fängt nur selten Fische.

Ein angriffslustiger Geselle

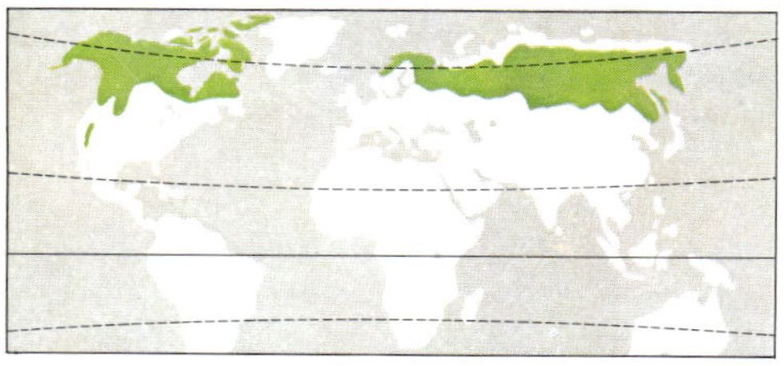

Der Vielfraß ist durch einen schneeabweisenden Pelz gegen Kälte geschützt. Er geht bis in die Tundra.

Der Vielfraß, *Gulo gulo,* der im Nadelwald und in der Tundra Eurasiens und Amerikas lebt, ist etwa 1 m lang und gedrungen. Bei der Jagd verläßt er sich mehr auf seine Heimlichkeit als auf seine Schnelligkeit. Er liegt auf einem Ast und wartet auf ein Opfer, zum Beispiel einen jungen Elch. Die alltägliche Beute des Vielfraßes sind Rauhfußhühner; von denen legt er auch Wintervorräte an.

Aber der Vielfraß ist vor allem ein Aasfresser. Im Gegensatz zu den meisten derartigen Tieren wartet er jedoch nicht ab, was andere Raubtiere übriglassen, sondern er macht selbst einem Wolf oder einem Bären die Beute streitig. Dabei ist der Vielfraß so wild, daß der andere seine Beute oft kampflos aufgibt.

Ein gefräßiges Raubtier Der Vielfraß entwickelt einen enormen Appetit und greift selbst größere Tiere an. Hat er ein totes Stück Rotwild gefunden, dann bleibt er bei dem Kadaver, bis er ihn aufgefressen hat. Vielfraße verteidigen ihre Beute gegen alle Konkurrenten.

Die Greifvögel

Im Nadelwald sind kleine Tiere ständig von Greifvögeln bedroht; am Tage streifen Bussarde und Falken über den Himmel, in der Dämmerung erscheinen die Eulen.

Die Greifvögel über den Nadelwäldern des Nordens schweben über einer rauhen Welt, in der das Nahrungsangebot unregelmäßig ist. Zeiten des Überflusses wechseln mit Mangel ab; stets ist aber die Auswahl an Beute begrenzt.

Unter den Greifvögeln gibt es Arten, die ihre Beute im schwebenden Flug ausmachen; andere, die über den Baumwipfeln dahinschießen; und hervorragende Flieger wie den Wanderfalken, der seine Beute mit einer Geschwindigkeit von 80 km/st verfolgen kann oder mit rückwärts gewinkelten Schwingen im Sturzflug 250 km/st schnell herabstürzt. Sie alle sind kraftvolle Jäger, die ihre Opfer mit scharfen Krallen reißen und mit kräftigen Schnäbeln verschlingen. Es gibt 2 Greifvogeltypen. Eulen leben im Wald und jagen hauptsächlich nachts; sie überraschen ihre Opfer in lautlosem Flug auf Schwingen mit weichen Federn. Die Angehörigen des anderen Typs – Habichte, Falken und Verwandte – jagen tagsüber. Sie kreisen in großer Höhe, stürzen dann auf ihr Opfer herab und töten es mit einem Hieb ihrer Fänge.

Lautlose Beobachter in den Nadelbäumen

Die Augen einer Eule stehen – wie bei allen Raubvögeln – nach vorn; sie sind sehr lichtempfindlich. Schleiereulen können zum Beispiel Objekte schon bei einer Helligkeit unterscheiden, die hundertmal geringer ist als die vom menschlichen Auge benötigte. Beide Augen der Eule zusammen haben ein Gesichtsfeld von 110°; die beiden Gesichtsfelder jedes Einzelauges überschneiden sich dabei in einem Bereich von 70°. Auf Grund dieses zweiäugigen Sehens entstehen im Gehirn dreidimensionale Bilder, die zum Entfernungschätzen nötig sind. Kein anderer Vogel kann in einem so weiten Bereich plastisch sehen. Eine Eule vermag die Augen nicht zu drehen, um ihr Gesichtsfeld zu erweitern; sie sind mehr zylinder- als kugelförmig. Dafür ist aber ihr Hals sehr beweglich.

Samtweiche Federn mit biegsamen Härchen an den Rändern, die die Bildung von Luftwirbeln vermindern, machen den Flügelschlag der nächtlichen Eulen lautlos. Bei Tage sitzen diese Arten oft auf einem Ast dicht am Baumstamm. Die wenigen tagsüber jagenden Arten fliegen geräuschvoller.

Dank ihrer Lautlosigkeit können die nächtlichen Eulen ihr scharfes Gehör voll gebrauchen, um die Bewegungen von Nagetieren, Kleinvögeln und anderen Beutetieren auszumachen.

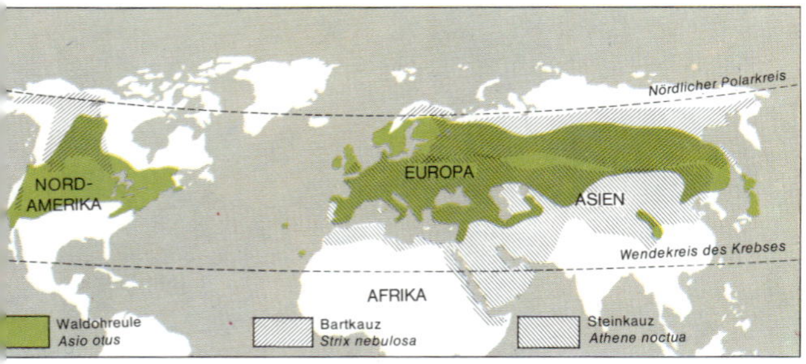
Nördlicher Polarkreis
NORD-AMERIKA
EUROPA
ASIEN
Wendekreis des Krebses
AFRIKA
Waldohreule Asio otus
Bartkauz Strix nebulosa
Steinkauz Athene noctua

Die Verbreitungsgebiete der Eulen des hohen Nordens reichen von den Nadelwäldern bis zu den Laubwäldern.

Waldohreule Einige Eulen besitzen Ohrpinsel, die wie Ohren aussehen, aber wohl nichts mit dem Hören zu tun haben. Die Waldohreule kann ihren Kopf weiter herumdrehen als die meisten anderen Eulen.

Der Steinkauz ist kein ausgesprochenes Nachttier. Wegen seiner steifen Flügelfedern ist sein Flug hörbar.

Anflug auf die Beute Ein Rauhfußkauz, *Aegolius acadicus*, packt zu. Diese Art lebt in Nordamerika.

Wachsamkeit nach allen Seiten

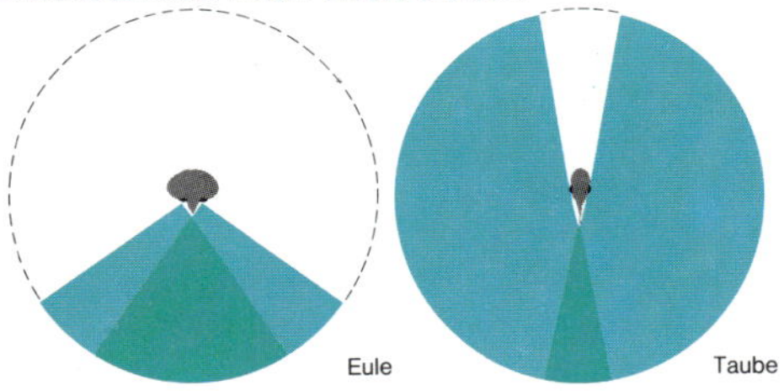
Eule
Taube

Vögel, deren Augen an den Seiten des Kopfes liegen, können fast rundum sehen. Die Eulen mit ihren nach vorn gerichteten Augen haben ein kleineres Gesichtsfeld, sehen aber in einem größeren Bereich plastisch. Eine Eule kann ihren Kopf stark drehen, sogar verkehrt herum.

Landung Wie viele Raubvögel nistet der Fischadler auf einer Plattform aus Zweigen hoch in einem Baum oder auf einem Felsband. Seine Haltung beim Landen ist ähnlich wie die beim Angriff auf einen Fisch.

Jäger der Lüfte Der Wanderfalk schlägt Vögel in der Luft und hebt sie dann vom Boden auf.

Sturzflieger und wendige Jäger

Einige am Tage jagende Greifvögel – Adler, Falken, Habichte – gehören zu den größten Vögeln; andere sind nicht größer als eine kleine Taube. Alle tragen ein graues oder braunes Gefieder und besitzen scharfe Augen, starke, gekrümmte Schnäbel und kraftvolle Schwingen.

Adler können zwischen dichtwachsenden Bäumen kaum fliegen; sie haben eine zu große Flügelspanne – bis zu 2 m. Die Arten der Nadelwaldzone, besonders der Steinadler, jagen darum vor allem über Lichtungen. Dort können sie aus großer Höhe herabschießen und Hasen, Nager, Rauhfußhühner und Kleinwild schlagen.

Der Wanderfalk fliegt in größerer Höhe und stößt in rasendem Sturzflug auf fliegende Vögel hinunter, wobei er Geschwindigkeiten bis zu 250 km/st erreicht. Das Opfer, eine Taube, Ente oder ein Huhn, fällt nach dem Griff zu Boden; der Wanderfalk fliegt zunächst weiter und kommt dann zurück.

Ein anderer Falk, der Merlin, stürzt sich aus niedrigen Höhen auf Kleinsäuger und Eidechsen am Boden und auf kleine Vögel wie Pieper und Lerchen.

Ein besonderer Greifvogel ist der Fischadler. Er lebt fast nur von Fischen, die er mit seinen Fängen im Wasser packt.

Von allen Taggreifvögeln haben Habichte und Sperber sich am besten an die Jagd im Nadelwald angepaßt. Der Sperber hat in Nordamerika einen kleinen nahen Verwandten: den Eckschwanzsperber.

Falken fliegen über offenem Gelände; Habichte und Sperber hingegen sind Vögel des Waldes und Gebüsches. Sie haben gerundetere Flügel als die hoch fliegenden Falken; deshalb können sie besser segeln und auf der Jagd nach Vögeln zwischen den Bäumen rascher wenden.

Der Habicht jagt hoch in den Baumwipfeln. Er ist schnell und gewandt und vermag so die Vögel zu greifen, die er aus dem Laubwerk aufscheucht. Der Sperber jagt tiefer; er nutzt die Deckung von Büschen und Hecken, um seine Opfer zu überraschen. Vor allem schlägt er kleine Vögel und Kleinsäuger.

Technik des Tötens Ein Habicht tötet seine Beute mit seinen scharfen Krallen und zerreißt sie mit dem Schnabel. Er greift Vögel an, die so groß sind wie er selber, ja sogar kleinere Säugetiere.

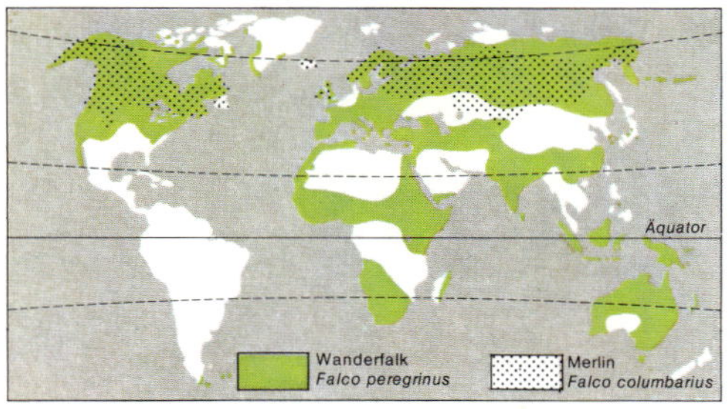
Äquator
Wanderfalk
Falco peregrinus
Merlin
Falco columbarius

Merlin und Wanderfalk fliegen oft Küstengebiete ab. Wanderfalken sind auch im hohen Norden zu Hause.

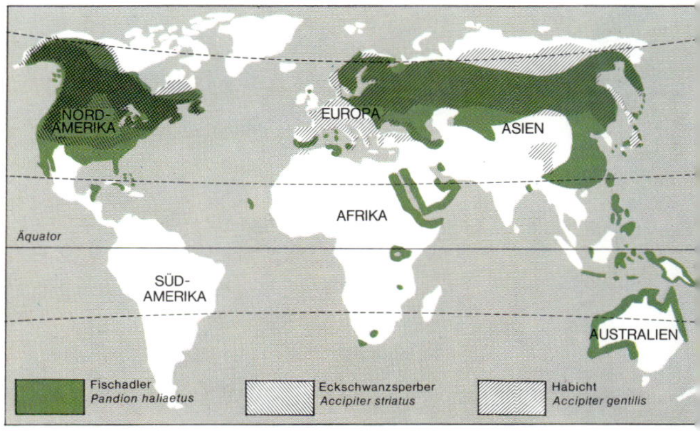
NORD-AMERIKA
EUROPA
ASIEN
AFRIKA
Äquator
SÜD-AMERIKA
AUSTRALIEN
Fischadler
Pandion haliaetus
Eckschwanzsperber
Accipiter striatus
Habicht
Accipiter gentilis

Sperber Der Eckschwanzsperber ist eng verwandt mit dem europäischen Sperber, *Accipiter nisus*.

Ein Weißwedelhirsch zwischen Birken Diese Rotwildart ist in der nordamerikanischen Laubwaldzone besonders zahlreich.

Wälder der gemäßigten Zonen

Die Wälder der gemäßigten Zonen sind sehr verschiedenartig. In kühlen Gebieten überwiegen Laubbäume, die ihre Blätter abwerfen; in wärmeren Regionen dominieren immergrüne Gewächse.

In den gemäßigten Zonen, die auf jeder Erdhalbkugel zwischen den Polargebieten und den Tropen liegen, gibt es viele Gebiete mit gegensätzlichem Klima und gegensätzlicher Vegetation. Man findet hier Wüsten, Steppen und verschiedenartige Wälder – in Klimaten, die von subtropischer Wärme bis fast zu polarer Kälte reichen.

Wo genügend Feuchtigkeit vorhanden ist, bildet in den gemäßigten Zonen der Wald die natürliche Bodenbedeckung. Das größte geschlossene Gebiet innerhalb der gemäßigten Zone auf der Nordhalbkugel ist der Nadelwald; seine Bäume müssen sich auf armem Boden und in langen, kalten Wintern behaupten. Im Winter, wenn die meisten Niederschläge – in Form von Schnee – fallen, ist das Bodenwasser gefroren.

Weiter im Süden weichen die kälteresistenten Nadelbäume allmählich den Bäumen der Laubwälder. In der Laubwaldzone fällt der meiste Niederschlag – gleichmäßig über das Jahr verteilt – als Regen. Die Winter sind kürzer, aber immer noch so kalt, daß das Wachstum und die Photosynthese sich verlangsamen. Die Bäume treten dann in eine Ruheperiode ein und werfen ihre frostgefährdeten Blätter ab. Diese verrotten und ergeben einen humusreichen Boden, auf dem ein üppiger Unterwuchs gedeiht.

Verschiedene Waldtypen

Laubwälder der gemäßigten Zone bedeckten einst weite Gebiete des Ostens von Nordamerika, den größten Teil Europas (außer Skandinavien, den Hochgebirgen und dem Mittelmeergebiet), Teile von Japan und vom östlichen und nördlichen Zentralasien, ferner auf der Südhalbkugel Teile von Südchile und Südargentinien. Einige dieser ursprünglichen Waldgebiete sind vom Menschen intensiv genutzt worden, so daß von ihnen nur wenig erhalten geblieben ist. Viele Tiere, die darin lebten, haben sich an ein Leben auf Feldern, Ödland und in Hecken angepaßt.

Weiter zu den Tropen hin, wo die Sommer wärmer und die Winter weniger kalt sind, weichen die Bäume, die ihr Laub abwerfen, meist den warm-gemäßigten oder subtropischen Laubwäldern, in denen immergrüne Bäume vorherrschen. Diese Wälder sind sehr verschiedenartig. Sie reichen von üppigen Wäldern mit mehreren Stockwerken in Gebieten, in denen das ganze Jahr hindurch reichlich Regen fällt, bis zu Trokkenwäldern oder sogar bis zum Gestrüpp in Gebieten, in denen oft Dürre herrscht.

Die für solche Regionen typischen Hartlaubgehölze haben Blätter mit einer dicken Oberhaut, die in brennender Hitze den Wasserverlust herabsetzt. Die krautigen Charakterpflanzen bleiben im Sommer als Zwiebeln im schützenden Boden. In diesen Wäldern der warm-gemäßigten Zone findet sich ein reiches Pflanzen- und Tierleben.

Eine Vegetation vom Typ der gemäßigten Zone gibt es auch noch mitten in den Tropen, und zwar an Berghängen, wo infolge der Höhe ein kühleres Klima herrscht. So wachsen zum Beispiel in den Hochländern Neuguineas zahlreiche Rhododendren, und in den Bergen Sumatras kommen Primeln vor. In solchen Gebieten findet man auch Tiere, die für nördlichere Breiten typisch sind, neben anderen, die aus den Regenwäldern oder der Savanne des Tieflandes heraufgestiegen sind. In den Bergländern Mittelamerikas leben Jaguare und verschiedene Affen zusammen mit Hähern und anderen Vögeln des Nordens.

Leben in isolierten Gebieten

In Australien und Neuseeland entwickelten sich Pflanzen und Tiere in inselhafter Abgeschiedenheit. So haben viele Arten wenig Ähnlichkeit mit denen der übrigen Welt. Das Waldgebiet der gemäßigten Zone in Australien ist relativ klein; es bedeckt nur 2 Prozent des Landes. Typisch sind Hartlaubgehölze, die hauptsächlich aus etwa 500 Eukalyptus-Arten bestehen, von niedrigen Büschen bis zu 90 m hohen Riesen. In diesen Wäldern lebt eine Vielzahl von Beuteltieren, von denen die meisten sonst nirgends vorkommen.

Der ursprüngliche Wald Neuseelands bedeckt relativ mehr Land als in Australien. Auf der Nordinsel besteht er in der Hauptsache aus immergrünen Hartholzbäumen und Nadelbäumen. Auf der Südinsel sind Nadelbäume stärker gemischt mit immergrünen Buchen, besonders im Bergland, wo Baumfarne – typisch für Wälder in feuchten, warm-gemäßigten Gebieten – hervortreten. Die einzigen ursprünglichen Säugetiere dieser Inseln sind 2 Fledermausarten. Da Konkurrenten fehlen, hat sich das Vogelleben reich entfalten können.

In Nordamerika weichen nach Süden hin die laubabwerfenden Bäume mit zunehmender Wärme den immergrünen. In den Gehölzen zwischen den Sümpfen des Mississippideltas beschatten Magnolien, Lorbeerbäume und virginische Eichen einen dichten Unterwuchs von Farnen, Schlingpflanzen und Orchideen. In Florida und angrenzenden Gebieten hingegen gibt es ausgedehnte subtropische Kiefernwälder.

Die Aufeinanderfolge von Arten

Nur in einigen wenigen isolierten Gebieten innerhalb der gemäßigten Zonen bestehen die Wälder noch aus „Klimaxgesellschaften". Dieser Ausdruck bezeichnet den nach Struktur und Artenzahl reichsten, mannigfaltigsten Wald, der in einem bestimmten Gebiet zu wachsen vermag. In einer Klimaxgesellschaft sind solche Arten vorherrschend, die unter den gegebenen Bedingungen am besten gedeihen. Sie verdrängen allmählich die Arten, die weniger dahin passen, aber in gewissen Stadien der Pflanzenfolge zeitweise vorherrschen können. Dieser Prozeß dauert oft Hunderte von Jahren.

Jedes Stadium in der Pflanzenfolge bietet eine Anzahl verschiedener Lebensräume, die von Tieren besiedelt werden können. Wenn ein Stadium vergeht, ändert sich das Tierleben: Arten, die nicht zu überleben vermögen, verschwinden. Für die Klimaxgesellschaft gilt, daß sie mannigfaltige Lebensräume enthält; wenn sie teilweise oder ganz zerstört wird, sterben viele Tierarten aus.

In warm-gemäßigten Gebieten mit heißen, trockenen Sommern und niederschlagsreichen Wintern wächst eine typische Buschvegetation: Sträucher und niedrige Bäume mit harten, derben, immergrünen Blättern, die die Feuchtigkeit halten. Dazu gehören die Macchie des Mittelmeergebietes, der Chaparral in Kalifornien und Mexiko und das australische Eukalyptusgebüsch (Mallee).

In diesen Gebieten hat die Trockenheit – die besonders im Sommer herrscht, wenn Brände zuweilen weite Flächen verheeren – im Verein mit dem kargen, dünnen, oft porösen Boden viele Pflanzen hervorgebracht, die im Sommer ruhen und deren Wachstum auf die Zeit des Winterregens eingestellt ist. Zu Anfang des Frühlings bedeckt sich der Boden mit den Blüten der Pflanzen, die während der Trockenzeit ruhen und in ihren Zwiebeln für die Trockenzeit Feuchtigkeit speichern. Vielen kleinen Tieren, wie Blindmäusen, dienen diese Zwiebeln als Nahrung und Wasserquelle.

Der verschwindende Wald

Historischen Berichten zufolge haben noch vor 2000 Jahren prächtige Wälder aus Eichen, Kastanien, Kiefern, Weißbuchen und anderen Arten weite Gebiete des Mittelmeerraumes bedeckt. Hier und da gibt es dort heute noch kleine Waldbestände, aber sonst haben Bodenerosion und Brände, die dem Kahlschlag folgten, die Fruchtbarkeit des Bodens vermindert und die Ausbreitung von Gestrüpp gefördert.

Die Zerstörung des Waldes im warm-gemäßigten Mittelmeergebiet hat eine Parallele in den nördlicheren Laubwäldern. Seit mindestens 10 000 Jahren hat der Mensch die Wälder gerodet, um Holz und Platz für Ackerland und Siedlungen zu gewinnen.

Der größte Teil des Laubwaldes in China verschwand schon so früh, daß man seine ursprüngliche Zusammensetzung nicht kennt. In Europa und Nordamerika bedecken Laubwälder weite Gebiete, aber meist handelt es sich entweder um Sekundärwald oder um bewirtschafteten Forst.

Mit der Verminderung der Wälder ist ein Rückgang vieler Großtiere einhergegangen, die einst in ihnen lebten. Großraubtiere wie Wolf und Luchs sind fast völlig aus den Laubwäldern in die Nadelwaldzone vertrieben worden. Das Wildschwein lebt vor allem in Jagdschutzgebieten. Kleinere Arten wie Füchse und Wiesel, einst Tiere des tiefen Waldes, haben gelernt, in der Nachbarschaft von Feldern und Städten zu leben.

Der jährliche Kreislauf des Lebens

In den kühlen Teilen der gemäßigten Zone ernähren die Laubwälder eine Menge Tiere: im Frühling mit frischen Blättern und Blüten, im Herbst mit Beeren und Nüssen.

Südlich der Nadelwälder bedecken Laubwälder weite Teile der Nordhalbkugel. Sie sind typisch für Gebiete, die 750–1500 mm Niederschläge – gleichmäßig über das ganze Jahr verteilt – erhalten und in denen der Gegensatz zwischen warmen Sommern und milden Wintern nicht allzu scharf ist. In Nordamerika sind solche Wälder weitgehend auf die östliche Hälfte des Kontinents beschränkt.

Da ein derartiger Laubwald das ganze Jahr über Regen erhält, müssen sich Pflanzen und Tiere hier mehr an einen jahreszeitlichen Wechsel der Temperatur als an einen Feuchtigkeitszyklus anpassen. In den Wintermonaten sinkt die Durchschnittstemperatur selten unter den Gefrierpunkt. Es fällt zwar Schnee, aber er ist nicht so tief und bleibt nicht so lange liegen wie in der Nadelwaldzone.

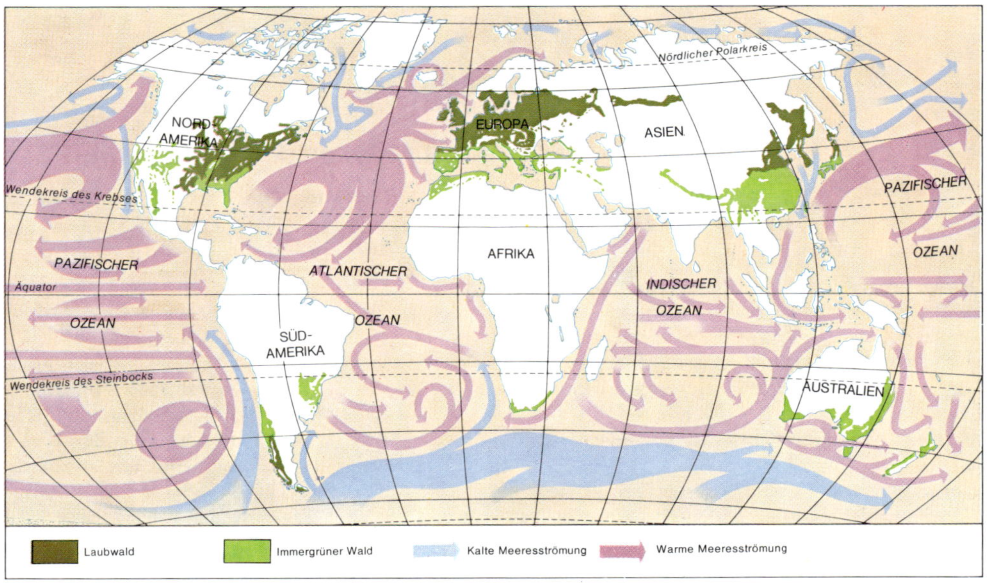
Nördlicher Polarkreis
NORD-AMERIKA
EUROPA
ASIEN
Wendekreis des Krebses
PAZIFISCHER
OZEAN
Äquator
PAZIFISCHER
OZEAN
ATLANTISCHER
OZEAN
AFRIKA
INDISCHER
OZEAN
SÜD-AMERIKA
Wendekreis des Steinbocks
AUSTRALIEN
PAZIFISCHER
OZEAN
Laubwald
Immergrüner Wald
Kalte Meeresströmung
Warme Meeresströmung

Wälder der gemäßigten Zone Diese Wälder gedeihen in den regenreichen Teilen der wärmeren gemäßigten Zone. In den wärmsten Gebieten finden sich Mischwälder aus Nadelbäumen und Laubbäumen.

Linden im Frühling Die Blätter der Linde entfalten sich im Mai. Bald darauf öffnen sich die duftenden Blüten; sie ziehen viele Insekten an, die die Bäume befruchten.

Laubwald der Südhalbkugel Den einzigen großen zusammenhängenden laubabwerfenden Wald der Südhalbkugel gibt es im südwestlichen Südamerika. Diese Buchen hier stehen in Argentinien. Weiter nördlich ist der Wald immergrün.

Der dichte Laubteppich, der den Boden in diesem Buchenwald bedeckt, wird zu Humus werden, von dem sich dann wiederum Pflanzen, Würmer und Insekten ernähren.

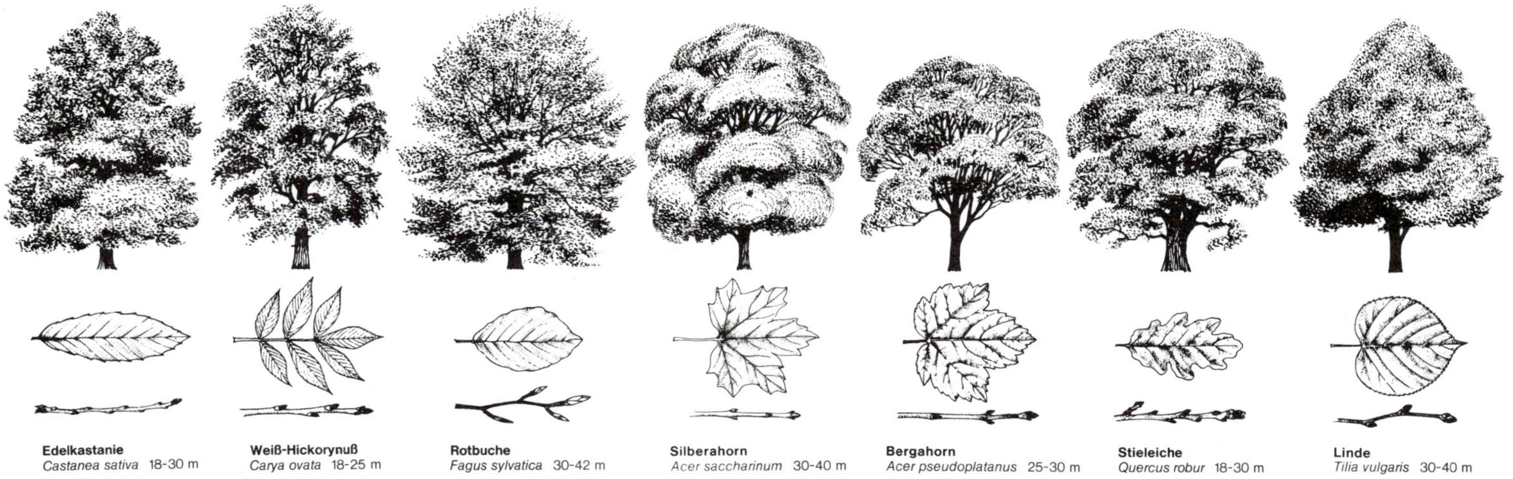

Edelkastanie
Castanea sativa 18-30 m
Weiß-Hickorynuß
Carya ovata 18-25 m
Rotbuche
Fagus sylvatica 30-42 m
Silberahorn
Acer saccharinum 30-40 m
Bergahorn
Acer pseudoplatanus 25-30 m
Stieleiche
Quercus robur 18-30 m
Linde
Tilia vulgaris 30-40 m

Waldbäume In Eurasien und Nordamerika wachsen die gleichen Bäume, aber die Zusammensetzung des Waldes ist unterschiedlich. Im östlichen Nordamerika herrschen Eiche, Buche, Ahorn und Hickory vor, in Eurasien Eiche, Buche, Kastanie und Linde. In beiden Kontinenten kommen auf feuchten Standorten Weiden hinzu und im Schatten der Eichen die Stechpalme. Gegen Ende des Winters stellen die Knospen für viele Tiere ein besonders nährstoffreiches Futter dar.

Die Bäume der Laubwälder

Der typische Boden der Laubwälder ist die „Braunerde". Er verdankt seine Entstehung einem Gleichgewicht: Regenwasser sickert im Boden abwärts und wird durch Verdunstung auch wieder nach oben gezogen, so daß die Nährstoffe sich in einem ständigen Kreislauf befinden. Die Feuchtigkeit sorgt dafür, daß das abgefallene Laub sich schnell zersetzt und so eine dicke Humusschicht bildet. Wo der Boden felsig und porös ist, wachsen krüppelige Bäume oder Nadelbäume; auf sauren Böden oder in abflußlosen Gebieten bilden sich Heide und Moor aus.

Ein Laubwald entsteht in einer Folge von bestimmten Entwicklungsstufen. Den Anfang kann man am besten dort beobachten, wo Kulturland aufgegeben wird. Die ersten Pflanzen, die sich dort ansiedeln – Gräser, einjährige und mehrjährige „Unkräuter" –, werden bald von Büschen und Baumschößlingen verdrängt. Wenn die Bäume groß sind und der Boden im Schatten liegt, ist ein Wald entstanden. Nach vielen Jahren hat sich die „Klimaxgesellschaft" dieses Gebietes herausgebildet. Waldbrände, Eingriffe des Menschen oder örtliche Faktoren können zu Abweichungen führen.

Die breiten Blätter der Laubbäume absorbieren die Energie des Sonnenlichtes in weitestem Maße. Eine Eiche, deren Stamm 60 cm dick ist, hat über 100 000 Blätter mit einer Gesamtfläche von etwa 500 Quadratmetern. Sie sind zu zart, um den austrocknenden Winden und dem Frost im Winter widerstehen zu können. So fallen sie im Herbst ab.

Die verschiedenen Eichenarten spielen eine Hauptrolle für die Tiere wie auch für die Vegetation vieler Laubwälder der Nordhalbkugel. Man kennt mehr als 200 Insektenarten, die sich von der Königseiche ernähren.

Im Frühling bringen die meisten großen Bäume, wie Eiche, Buche und Ulme, unauffällige Blüten hervor. Diese werden von Pollen befruchtet, die der Wind heranträgt. Andere Bäume, wie Ahorn, Linde und Kastanie, haben auffällige oder wohlriechende Blüten. Von ihnen werden Insekten angelockt, die den Blütenstaub von Baum zu Baum tragen. Die Früchte und Samen, wie Eicheln, Bucheckern und Kastanien, werden im Herbst von Tieren gesammelt und als Wintervorrat gelagert.

Wenn die Bäume zu Beginn des Frühlings noch kahl sind und das Licht bis zum Waldboden dringen kann, blühen Primeln, Veilchen, Leberblümchen und zahlreiche andere Arten; danach vergehen sie und ruhen für den Rest des Jahres.

Im Herbst erscheinen die Fruchtkörper der Pilze auf feuchtem Waldboden oder an den Baumstümpfen und bieten vielen Tieren – von den Bären bis zu den Mäusen – ein abwechslungsreiches Mahl. Die Sporen und das Fadengeflecht der Pilze im Boden dienen wirbellosen Bodenbewohnern als Nahrung.

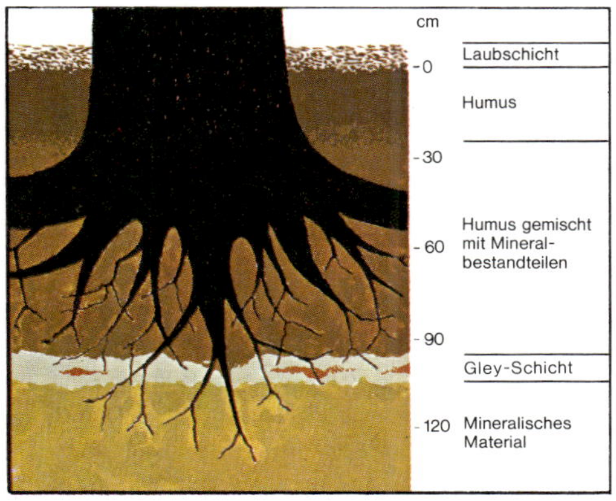

cm
0
Laubschicht
Humus
30
Humus gemischt mit Mineralbestandteilen
60
90
Gley-Schicht
120
Mineralisches Material

Bodenstruktur Der typische Laubwaldboden, die „Braunerde", kommt dort vor, wo infolge der Verdunstung an der Erdoberfläche das Bodenwasser aufwärts steigt und damit das Einsickern des Wassers ausgleicht. Das feuchte abgefallene Laub zersetzt sich schnell zu Humus. Würmer und Insekten vermengen ihn mit ausgelaugter Muttererde. Wo ein solcher Boden mit Wasser vollgesogen ist, entwickelte sich eine sogenannte Gley-Schicht, die Eisenverbindungen enthält.

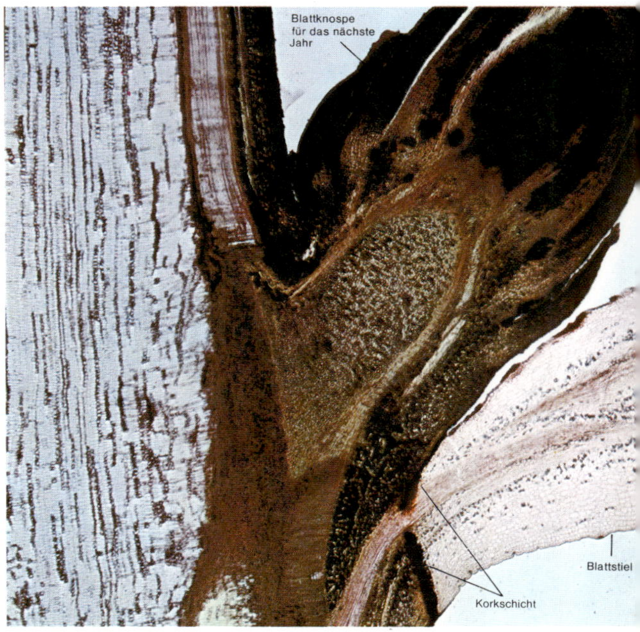

Blattknospe für das nächste Jahr
Blattstiel
Korkschicht

Blätterfall Dieser Schnitt durch einen Bergahornzweig zeigt die Korkschicht, die sich im Herbst an der Basis des Blattstiels bildet. Bald fällt das Blatt ab.

Blüten und Früchte im Gang des Waldjahrs

Edelkastanien reifen im Oktober und liefern den Waldtieren Futter.

Lindenblüten sind eine Nektarquelle für die Bienen.

Blüten der Amerik. Eiche *Quercus kelloggii* sind Windbestäuber.

Der Pilz *Cantharellus cinnabarinus* erscheint in Nordamerika im Herbst.

Das Leberblümchen ist in den nördlichen Wäldern verbreitet.

In Europa wächst der Gesäte Tintling an Laubbaumstümpfen.

Die Blattfresser

Auf einer einzigen Eiche können 50 000 Raupen leben, auf einem Blatt mehr als 500 Blattläuse. Diese Insekten sind es, die Bäume kahlfressen – nicht Säugetiere.

Säugetiere und Vögel richten an dem grünen Blattwerk der Laubwälder wenig Schaden an. Einige, die auf Bäumen leben, fressen zwar die Knospen, aber das voll entfaltete Laub will niemand. Rotwild und andere Vierbeiner fressen nur an den Rändern einer riesigen Laubmasse.

Hingegen leben viele Wirbellose von den Blättern. Sie lassen sich in zwei Hauptgruppen unterteilen: die Blattfresser und die Saftsauger. Die Blattfresser, deren typische Vertreter die Raupen sind, besitzen beißende Mundwerkzeuge und können ganze Blätter verzehren. Demgegenüber zapfen Saftsauger nur die Leitungsbahnen der Pflanzen an und saugen Saft.

Raupe in Ruhe Der Schmetterling, der aus dieser Raupe entsteht, ist der Schwärmer *Manduca sexta.* Eine Gattung der Schwärmer-Familie trägt den Namen *Sphinx,* weil ihre Raupen in der Ruhestellung eine Kopfhaltung einnehmen, die an eine ägyptische Sphinx erinnert. Raupen sind die Larven von Schmetterlingen.

Larven finden Futter und Zuflucht in den Blättern von Laubbäumen

Heim einer Wespe Kugelgallen an Eichen entstehen, wenn eine Wespe die Pflanzen anbohrt, um ihr Ei dort abzulegen. Ein chemischer Reiz läßt das Gewebe wuchern, das damit der Larve Schutz und Nahrung gibt.

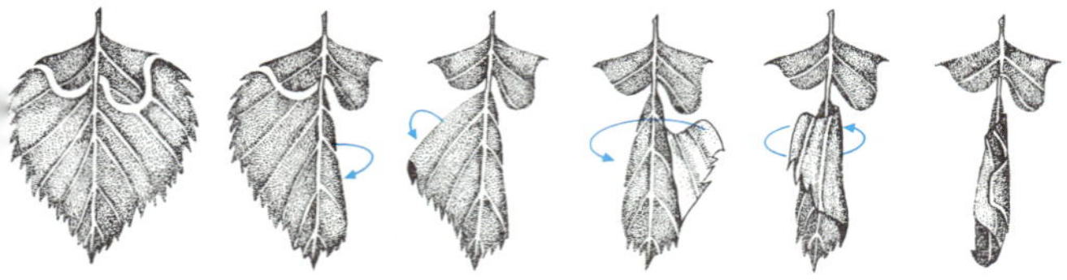

Blattnest Der Birkenblattroller, ein kleiner Rüsselkäfer, *Deporaus betulae,* macht aus einem Blatt ein Nest. Er nagt zunächst zwei S-förmige Schnitte und rollt dann den größten Teil des Blattes mit den Beinen zu einer Tüte auf, in die er seine Eier legt.

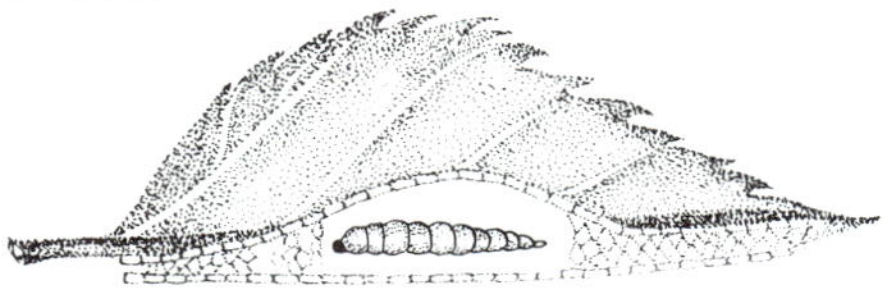

Ein Blattminierer nagt sich innerhalb eines Blattes durch das Gewebe (hier ist die Dicke übertrieben).

Tunnel in den Blättern Gewundene Gänge in einem Birkenblatt verraten, daß innen ein Blattminierer, die Raupe eines Kleinschmetterlings, am Werke ist. Auch die Larven einiger kleiner Käfer und Fliegen fressen in Blättern.

Sicherheit in der Masse Gluckenraupen drängen sich zusammen, um gegen Feinde geschützt zu sein: Ihre Körperhaare vereinigen sich zu einer borstigen Barriere. Überdies zeigt ihre Zeichnung an, daß sie ungenießbar sind. Die Tiere spinnen unaufhörlich seidige Fäden und fertigen daraus zeltartige Gebilde an.

Blattnahrung für Raupen

Zu den Tieren, die ein Blatt ganz auffressen, gehören die Raupen von Schmetterlingen und Blattwespen, die Larven einiger Käfer und Fliegen sowie einige Grillenarten. Schmetterlingsraupen überwiegen. Die meisten sind auf eine einzige Baumart spezialisiert und können einen Baum völlig kahlfressen.

Ein solcher Schädling ist die Raupe des Eichenwicklers, *Tortrix viridana,* der ganze Eichenwälder verheert. Der Falter ist klein und grün. Die Räupchen schlüpfen im Mai, wenn sich die Blattknospen geöffnet haben. Weiterhin leben auf der Eiche viele verschiedene Schmetterlingsarten. Man hat geschätzt, daß ein einziger Baum von 50 000 Raupen befallen sein kann.

Die zahllosen Raupen im Wald – man hat ihre Dichte auf über 1000 pro Quadratmeter Waldfläche berechnet – sind reiche Nahrung für die verschiedenartigsten Tiere, wie Vögel, Laubfrösche und parasitische Insekten. Viele Raupen kommen zur Verpuppung auf den Boden herab; von ihnen leben die Spitzmäuse und Mäuse. Der Entwicklungszyklus der Schmetterlinge ist unterschiedlich. Manche Arten verbringen den Winter als Puppe; die Schmetterlinge schlüpfen dann im Frühsommer. Andere fliegen im Herbst; aus ihren Eiern schlüpfen die Räupchen im Frühling, wenn die jungen Blätter knospen.

Der Raupenfraß an Blättern ist recht verschieden. Einige kleine Räupchen, die „Blattminierer", nagen Gänge durch das Blattinnere, ohne die Unter- und Oberhaut zu zerstören. Ähnlich verfahren auch die Larven verschiedener kleiner Käfer und Fliegen. Unter den Käfern gibt es sogenannte Blattroller. Sie rollen Blätter zu Tüten oder Tönnchen zusammen und legen Eier hinein. Die Larven können darin, vor Feinden geschützt, das welkende Blattgewebe fressen. Eichen- und Birkenblattroller sind bei uns am bekanntesten.

Eine besondere Schutzvorrichtung erzeugen manche Insekten, indem sie Pflanzen veranlassen, Gallen zu bilden. Dies sind Anschwellungen an Blättern oder Zweigen, die durch einen chemischen Reiz entstehen, wenn das Insekt – gewöhnlich eine kleine Wespe oder Fliege – das Pflanzengewebe anbohrt, um ein Ei zu legen. Die daraus schlüpfende Larve ernährt sich von der Gallensubstanz, verpuppt sich darin und kommt schließlich als ausgewachsenes Tier zum Vorschein.

In diesen Gallen sind die Insekten zwar vor vielen größeren Räubern geschützt, nicht aber vor zahlreichen Raubinsekten. Dazu gehören auch Wespen, die selbst keine Gallen erzeugen, jedoch in vorhandene Gallen eindringen und ihre Eier hineinlegen. Ihre Larven leben dann von den Larven der Gallenerzeuger.

Gallen werden auch von anderen kleinen Insekten bevölkert, die nicht selbst Gallen erzeugen können, aber auf sie angewiesen sind. Daher enthalten Gallen eine ganze Lebensgemeinschaft voneinander abhängiger Tierarten.

Die auffälligsten Gallen an Eichen sind die Galläpfel, Kugelgallen und Linsengallen – alle von verschiedenen Wespenarten hervorgerufen. Die roten Gallen an Ahornblättern aber sind das Werk einer Milbe, *Phytoptus aceris;* das ist kein Insekt, sondern ein Spinnentier.

Schutz vor Feinden durch Mimikry und Tarnung

Zweignachahmung Die Raupe des Birkenspanners, *Biston betularia*, entgeht Räubern, indem sie sich an einem Ast festhält und wie ein Zweig starr davon absteht.

Evolution am Werk Die dunkle Form des Birkenspanners ist ein Beispiel für natürliche Auslese. Der Falter fällt auf rußgeschwärzten Bäumen weniger auf und hat hier die helle Form weitgehend ersetzt.

Auf der Rinde getarnt Der Großkopf, *Apatele megacephala*, ist überall heimisch, wo Pappeln wachsen. Auf der sauberen, mit Flecken bedeckten Rinde ist er kaum zu sehen. Diese Eulenfalter fliegen des Nachts im späten Frühling und Sommer; tagsüber ruhen sie an Baumstämmen. Die Raupen ernähren sich von Pappelblättern und verpuppen sich dann für den Winter in Rissen oder unter der Rinde in seidigen Kokons.

Die Ausscheidungen der Saftsauger werden von anderen Insekten gefressen

Blattläuse – grüne und schwarze – gehören zur Insektenordnung der *Hemiptera* (Wanzenartige). Die meisten Arten haben einen recht komplizierten Lebenszyklus. Darin gibt es gewöhnlich eine Zeit, in der sich einige Generationen von Weibchen aus unbefruchteten Eiern entwickeln. Diese sogenannte Parthenogenese (Jungfernzeugung) trägt dazu bei, daß dann große Mengen von Blattläusen entstehen, wenn reichlich Nahrung da ist; denn alle vorhandenen Tiere legen Eier.

Die meisten Blattläuse sitzen dicht gedrängt an Stengeln oder Blattstielen. Aber eine gemeine europäische Art, die Ahornspringlaus *Drepanosiphum platanoides,* macht eine Ausnahme: Diese Läuse halten auf dem Blatt Abstand voneinander, damit jede ihren Teil Saft bekommt; jedes Tier verteidigt ein kleines Territorium von knapp 3 Quadratzentimetern.

Blattläuse müssen große Saftmengen zu sich nehmen, um ihren Eiweißbedarf zu decken. Der Saft besteht nämlich hauptsächlich aus Zucker und Wasser, und der größte Teil dieser Zuckerlösung wird von der Blattlaus nicht benötigt und passiert den Körper sehr schnell. Der flüssige Kot bildet den „Honigtau", der von Ameisen und anderen Insekten wie Schwebfliegen und Schmetterlingen aufgeleckt wird. Ameisen „melken" die Blattläuse, um die süße Ausscheidung zu erhalten.

Fliegende Insekten finden das nötige Eiweiß und den Zucker in Blüten. Das bekannteste Beispiel ist die Honigbiene, die Blütenstaub sammelt. Diese eiweißreiche Nahrung wird an die heranwachsenden Larven verfüttert. Daneben trägt die Biene Nektar ein, der energiespendenden Zucker enthält und den fliegenden Bienen ihren Betriebsstoff liefert. Den Nektar saugt die Biene durch ihren langen Rüssel ein. Zur Aufnahme des Blütenstaubs besitzt sie Körbchen; das sind glatte Hohlflächen zwischen den Haaren der Hinterbeine, in denen der pulverige Pollen, von den Beinen des Tieres zu Klumpen geformt, in den Stock getragen wird.

Die meisten Bäume werden vom Wind, manche aber auch durch Bienen und andere Insekten bestäubt.

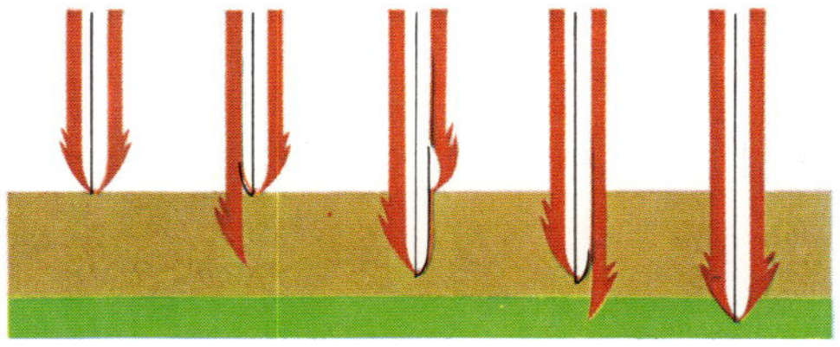

Die Blattlaus sticht wechselweise 2 Kiefer in eine Pflanze ein. Sie dienen als Führung für eine Röhre mit 2 Gängen. Durch den einen Gang wird Speichel gespritzt, der das Pflanzengewebe aufweicht; durch den anderen saugt das Tier den Saft ein.

Ameisen halten Ernte Blattläuse scheiden, wenn sie Saft saugen, eine zuckerhaltige Flüssigkeit aus. Ameisen lecken den „Honigtau" auf; die Läuse selbst lassen sie unbehelligt. Hier sammeln Arbeiterinnen junge Blattläuse als Nahrung für den Winter ein.

Knospen- und Samenfresser

Die Knospen und Samen der Laubbäume stellen fast ständig eine reiche Nahrungsquelle für Vögel und Säugetiere dar, von denen viele sehr gut Nüsse knacken können.

An einem Baum ist vieles genießbar, am eiweißreichsten aber sind die Knospen und Samen. Knospen gibt es oft das ganze Jahr über, doch sind sie im Winter und im Frühjahr für Tiere am wertvollsten, weil dann kaum andere Nahrung zur Verfügung steht. Zu dieser Zeit wird auch der Nährwert der Knospen immer höher, da diese sich dann mit Substanzen für Blätter und Blüten anreichern, die sich in der Frühlingswärme entfalten sollen.

Im Herbst bringt der Wald einen reichen Ertrag an Samen hervor. Diese sitzen als Beeren an den Bäumen oder liegen als Nüsse auf dem Boden. Bis weit in den Winter hinein stellen sie einen Vorrat an hochwertiger Nahrung dar.

Viele Vögel und Säugetiere stellen sich in ihrer Ernährung im Laufe des Jahres um: Im Frühling fressen sie vor allem Knospen; im Sommer fangen sie Insekten – hauptsächlich für ihre Jungen –, und im Herbst und Winter leben sie von Samen.

Schnäbel, die Kirschkerne knacken und Knospen abzwicken

Die Wälder der gemäßigten Zone sind die Heimat einer Gruppe von Vögeln, die kurze, kräftige Schnäbel haben und sich fast ausschließlich von Knospen und Samen ernähren: der Finken. Diese Singvögel gibt es auf der ganzen Welt. In den kühl-gemäßigten Zonen leben sie gewöhnlich in offenem Gelände und ernähren sich von Grassamen; nur einige Arten sind Waldbewohner. Zu diesen gehören in Eurasien die Kernbeißer, Dompfaffe, Buchfinken und Grünlinge. Der Kernbeißer, der mit seiner Schnabelspitze einen Druck von 25–40 kg ausüben kann, wenn er einen Kirschkern knackt, lebt die meiste Zeit auf Bäumen. Die Kardinäle Nordamerikas haben trotz teilweise unterschiedlicher Lebensweise gleiche Freßgewohnheiten. Der Rosenbrustknacker, *Pheucticus ludovicianus,* fällt insofern auf, als bei dieser Art die Eier hauptsächlich vom Männchen ausgebrütet werden. Eicheln sind im Herbst die bevorzugte Nahrung verschiedener größerer Waldvögel – so für die Ringeltaube, *Columba palumbus,* den Eichelhäher, den Eichelspecht, *Melanerpes formicivorus,* und den eurasischen Tannenhäher, *Nucifraga caryocatactes.* All diese Vögel mit Ausnahme der Ringeltaube legen sich für den Winter einen Eichelvorrat an.

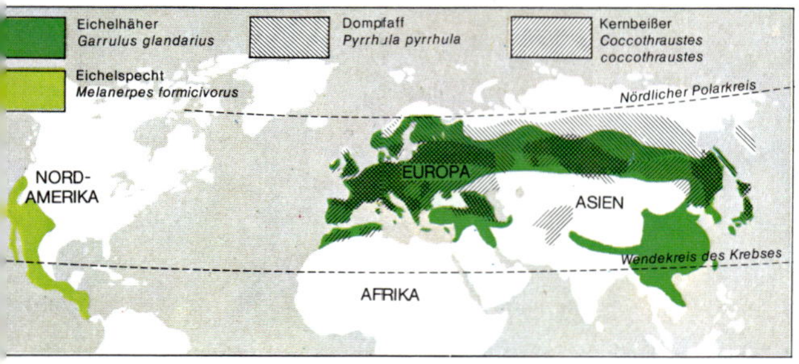
Eichelhäher
Garrulus glandarius
Dompfaff
Pyrrhula pyrrhula
Kernbeißer
Coccothraustes
coccothraustes
Eichelspecht
Melanerpes formicivorus
Nördlicher Polarkreis
NORD-
AMERIKA
EUROPA
ASIEN
AFRIKA
Wendekreis des Krebses

Wo sie leben Dompfaffen und Kernbeißer sind in den Laubwäldern Eurasiens weit verbreitet. Der Eichelspecht lebt in den Laub- und Mischwäldern Kaliforniens und Mexikos. Der Eichelhäher, ein weiterer Eichelfresser, ist ein Vertreter der Rabenvögel.

Insekten für die Jungen Der Kernbeißer ernährt sich im Frühling von Knospen, im Herbst von den Kernen der Steinfrüchte, im Winter von Baumsamen, z. B. Bucheckern. Im Sommer sucht er Insekten für seine Brut.

Obstbaumplünderer Der Dompfaff beißt im Frühling mit seinem scharfen Schnabel die Knospen von Obstbäumen ab. Ein einziger Vogel kann in einer Minute 30 Knospen eines Pflaumenbaumes vernichten.

Eichelhamsterer Eichelspechte sammeln Eicheln in Löchern, die sie in die Rinde von Eichen und Kiefern gehackt haben. Diese Spechte leben in Kolonien. Sie hamstern bis zu 50 000 Eicheln in einer Kiefer.

Eichelpflanzer Der Eichelhäher sammelt im Herbst eifrig Eicheln und vergräbt sie einzeln und verstreut im Boden. Im Winter findet er aber nicht alle wieder. Wenn die verlorenen Eicheln im Frühling sprießen, graben die Eichelhäher die Sämlinge aus, ehe die ganze Nahrung für sie verloren ist. Einige Sämlinge entgehen ihnen jedoch, und so trägt der Eichelhäher zur Verbreitung der Bäume bei.

Rötelmäuse schwelgen in weichen, fleischigen Beeren.

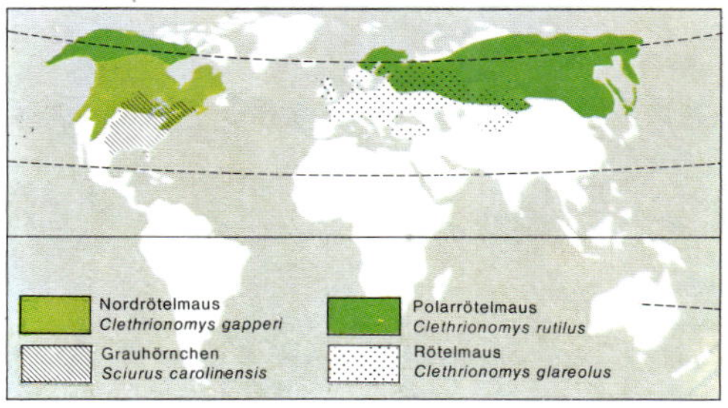

Nordrötelmaus
Clethrionomys gapperi
Polarrötelmaus
Clethrionomys rutilus
Grauhörnchen
Sciurus carolinensis
Rötelmaus
Clethrionomys glareolus

Eichhörnchen und Wühlmäuse Von den vielen Eichhörnchenarten der gemäßigten Zone Nordamerikas ist das Grauhörnchen am bekanntesten. Die Polarrötelmaus erreicht nur in Asien das Laubwaldgebiet.

Eine Ruhepause bei der Futtersuche Das Östliche Fuchshörnchen, *Sciurus niger*, ist gewöhnlich lebhaft und geschäftig; doch hin und wieder ruht es sich auch im Gezweig aus. Östliche Fuchshörnchen suchen tagsüber Futter, vor allem am frühen Morgen und späten Nachmittag. Sie leben in Nordamerika, und zwar vor allem in Eichen- und Hickorywäldern, denn ihre Lieblingsnahrung sind Eicheln und Hickorynüsse.

Nagetiere, die Futter für den Winter sammeln

Eichhörnchen kennt man als wesentliche Knospen- und Samenfresser; als Tagtiere sind sie uns wohlvertraute Geschöpfe des Waldes. Weniger bekannt, aber in der Nahrungskette von größerer Bedeutung als Beute vieler Vögel und Säugetiere, sind die Gruppen anderer Nagetiere, die erst in der Dämmerung auf Nahrungssuche gehen.

Am zahlreichsten unter ihnen sind 2 Gattungen von Langschwanzmäusen, von denen die eine in Nordamerika, die andere in Eurasien lebt. Beide ähneln sich in ihrer Erscheinung und Verhaltensweise; trotzdem sind sie nicht so nahe miteinander verwandt, wie es scheint. Tatsächlich gehören sie zu verschiedenen Nagetierfamilien: die eurasische Feld-Waldmaus zu der Familie der *Muridae,* zu der auch Hausratten und Hausmäuse zählen; und die nordamerikanischen Hirschmäuse zur Familie der *Cricetidae,* die Wühlmäuse und Hamster einschließt. Die beiden Gattungen bieten ein interessantes Beispiel für konvergente Entwicklungen: Sie sind in ihrem Aussehen einander ähnlich geworden, weil sie sich einer ähnlichen Umwelt angepaßt haben.

All diese Mäuse sind gute Kletterer und suchen ihr Futter sowohl auf Bäumen als auch auf dem Boden; sie fressen hauptsächlich Knospen und Samen, einschließlich Nüsse, die sie in der Nähe ihrer Nester lagern. So klein sie sind, verstehen sie es vorzüglich, Nüsse zu öffnen. Ihre Nagezähne, die ständig weiterwachsen und sich deshalb niemals ganz abnutzen, werden selbst mit den härtesten Schalen fertig. Die Tiere paaren sich fast das ganze Jahr über, nur nicht im Winter. So zahlreich sind sie, daß sie für Eulen, Wiesel und andere Raubtiere im Wald die Hauptnahrung darstellen.

Polarrötelmaus und Rötelmaus zeigen ein ähnliches Verhalten, leben aber weniger auf Bäumen als in Büschen, vor allem in Brombeer- und Dorngesträuch.

Schlafmäuse oder Schläfer – zu denen beispielsweise die Haselmaus gehört – hamstern im Gegensatz zu den übrigen Nagetieren der gemäßigten Zone kein Futter, sondern halten einen Winterschlaf. Im Herbst, wenn reichlich Nahrung vorhanden ist, fressen sie so viel, daß sie reichlich Speck ansetzen; dann ziehen sie sich in ihre Verstecke zurück. Die Körpertemperatur der Schlafmäuse fällt während des Winterschlafs bis auf 4°.

Schläfer auf Bäumen Der Siebenschläfer, *Glis glis,* lebt in Europa auf Bäumen; seinen Winterschlaf hält er aber in einer Höhle. Rauhe Sohlen an den Füßen geben ihm beim Klettern einen guten Halt.

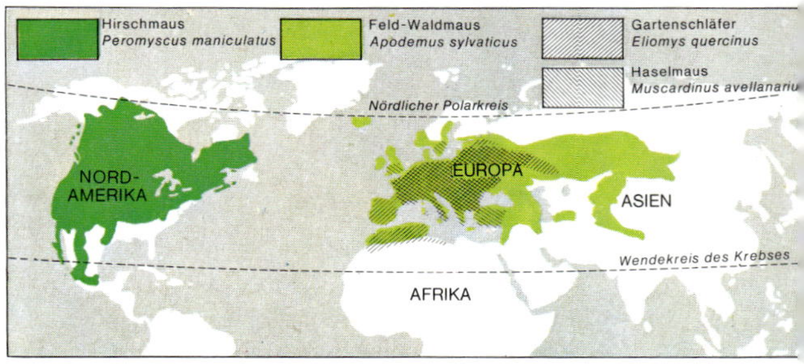

Hirschmaus
Peromyscus maniculatus
Feld-Waldmaus
Apodemus sylvaticus
Gartenschläfer
Eliomys quercinus
Haselmaus
Muscardinus avellanaru
Nördlicher Polarkreis
NORD-AMERIKA
EUROPA
ASIEN
Wendekreis des Krebses
AFRIKA

Schlafmäuse (grau gezeichnet) sind auf den Laubwald beschränkt; Mäuse gehen auch in die Nadelwaldzone.

Schläfer im Unterholz Die Haselmaus lebt im dichten Gestrüpp des Unterholzes. Diese Umgebung und ihre eigene Behendigkeit schützen sie vor Eulen und anderen Raubtieren.

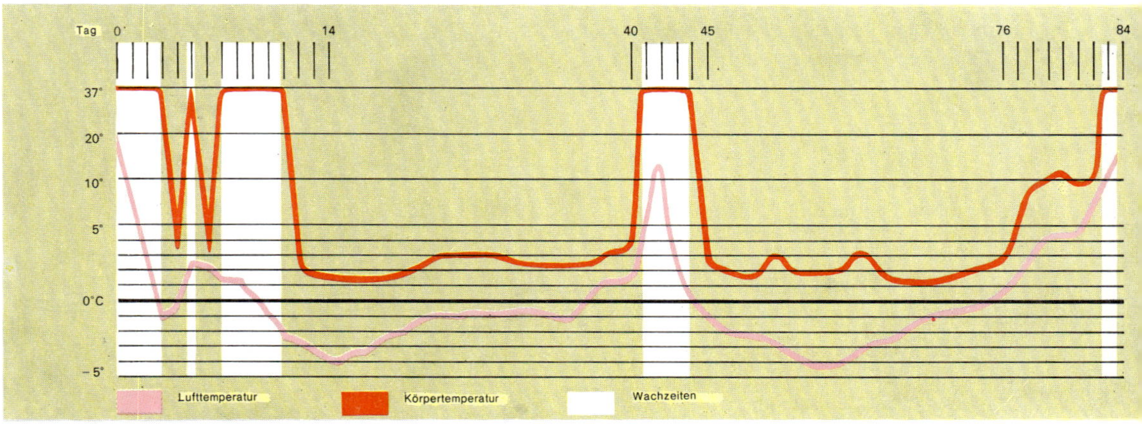

Tag
0
14
40
45
76
84
37°
20°
10°
5°
0°C
– 5°
Lufttemperatur
Körpertemperatur
Wachzeiten

Winterschlaf der Haselmaus Mit dem Einzug des Winters fällt die Haselmaus in einen Winterschlaf. Ihre Körpertemperatur sinkt dann rasch bis auf einen Stand ab, der etwas über der Temperatur ihrer Umgebung liegt. Wenn es sehr kalt ist, steigert die Haselmaus ihre Wärmeproduktion, so daß ihre Körpertemperatur immer über dem Gefrierpunkt bleibt. Wird es im Freien wärmer, wacht die Haselmaus auf.

Hirsch und Wisent

Hirsche äsen in den Wäldern der gemäßigten Zone der Nordhalbkugel, von Amerika bis Japan. Die männlichen Hirsche tragen ein Geweih, das im Tierreich einmalig ist.

In den Wäldern der gemäßigten Zone der Nordhalbkugel fressen Hirsche im Gegensatz zu anderen Weidetieren auch von den Blättern der Laubbäume. Sie bilden eine weitverbreitete und deutlich abgegrenzte Familie, die *Cervidae*. Auch in Südamerika und Südostasien sind sie vertreten. In Afrika, südlich der Sahara, wird ihr Platz jedoch von den Antilopen eingenommen.

Das auffälligste Merkmal der Hirsche ist ihr Geweih – Stangen aus Knochen, die in jedem Frühling am Kopf neu wachsen und einige Monate nach der Paarung wieder abgeworfen werden.

Der Unterschied zwischen Geweih und Horn

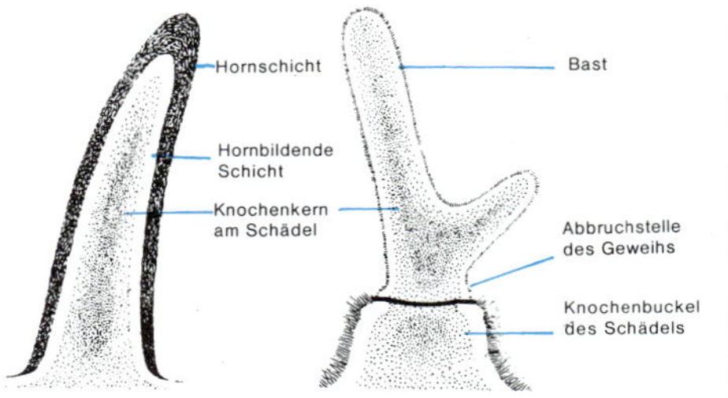
Hornschicht
Bast
Hornbildende Schicht
Knochenkern am Schädel
Abbruchstelle des Geweihs
Knochenbuckel des Schädels

Ein typisches Horn besteht aus einem Knochen, der mit einer hornigen Substanz überzogen ist. Ein Geweih besteht aus Hautknochen, die aus Verdikkungen am Schädel hervorgehen. Zunächst ist es von Bast bedeckt. Es wird jedes Jahr abgeworfen.

Im Herbst röhren sie und kämpfen um Weibchen

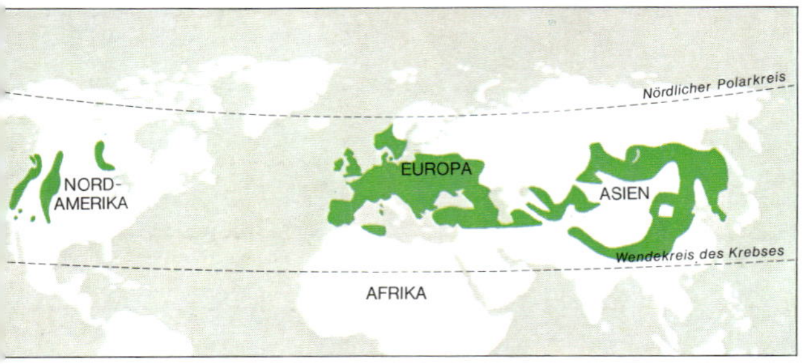
Nördlicher Polarkreis
NORD-AMERIKA
EUROPA
ASIEN
Wendekreis des Krebses
AFRIKA

Verbreitung des Rothirsches Die nordamerikanische Rasse des Rothirsches, *Cervus elaphus*, heißt Wapiti.

Das Forkeln Wapitis kämpfen um die Kühe, indem sie mit ihren scharfen Geweihen nach einander stoßen.

Das Röhren Ein Rothirsch fordert röhrend seine Rivalen auf, von seinen Kühen fernzubleiben. Während der Brunft zieht ein Hirsch in das Revier von Kühen, hält diese zusammen und kämpft gegen andere Hirsche.

Selten findet man in einem Waldgebiet der gemäßigten Zone mehr als drei Hirscharten, und nur eine Art, der Rothirsch, kommt sowohl in Eurasien als auch in Nordamerika vor; die anderen sind jeweils auf einen Kontinent beschränkt. Der Rothirsch in Europa und der Wapiti in Nordamerika werden von vielen Fachleuten für die gleiche Art gehalten.

Der Rothirsch frißt in seinem normalen Lebensraum, dem Laubwald, sowohl an Bäumen wie am Boden: Er rupft Blätter von fast allen Laubbäumen und äst am Boden Gräser, Riedgräser, Flechten und Pilze.

Den größten Teil des Jahres über leben die Rothirschmännchen in besonderen Rudeln, von den Hirschkühen und -kälbern getrennt. Die Rudel eines jeden Geschlechts bestehen in Waldungen gewöhnlich aus 10–20 Tieren; im freien Feld können sie beträchtlich größer sein. Ältere Hirsche sind oft Einzelgänger.

Zu Beginn der Paarungs- oder Brunftzeit – gewöhnlich im Oktober – löst sich das Rudel der Männchen auf. Ein ausgewachsener Hirsch zieht dann in das Revier eines Hirschkuhrudels. Dessen Führung bleibt weiterhin der Leitkuh überlassen, während der Hirsch durch sein tiefes Röhren Rivalen fernzuhalten sucht. Diese Tätigkeit und die Vereinigung mit den Kühen nehmen ihn völlig in Anspruch.

Wenn die Stellung eines Hirsches von einem gleich starken Gegner angefochten wird, kann es zum Kampf kommen. Dieser ist aber im allgemeinen nur eine großtuerische Kraftentfaltung; selten kommt ein Tier dabei zu Tode. Nach der Brunft verläßt der Hirsch die Weibchen wieder.

Im Frühjahr werfen die Hirsche ihr Geweih ab; bald danach beginnt ein neues zu wachsen – zunächst in Form von Augensprossen, die mit einer Fellhaut überzogen sind. Diese wird Bast genannt. Bis Ende Mai sind die neuen Geweihe vollständig ausgewachsen, befinden sich aber noch im Bast. Sie sind sehr stoßempfindlich, und die Hirsche vermeiden es, mit ihnen an harte Gegenstände zu geraten. Erst im August ist der Bast trocken und wird „gefegt"; das Geweih ist dann hart und unempfindlich.

Im frühen Sommer werden die Kälber geboren, gewöhnlich einzeln. Zur Geburt verläßt die Hirschkuh meistens das Rudel. Ein neugeborenes Kalb bleibt noch einige Tage liegen. Unter den Flecken, die das Sonnenlicht auf den Boden malt, ist es durch sein gesprenkeltes Fell getarnt. Sobald das Kalb der Mutter folgen kann, schließt diese sich wieder dem Rudel an.

Wie das Geweih der Rothirsche wächst

Aus Augensprossen (links) entwickelt sich ein Geweih.

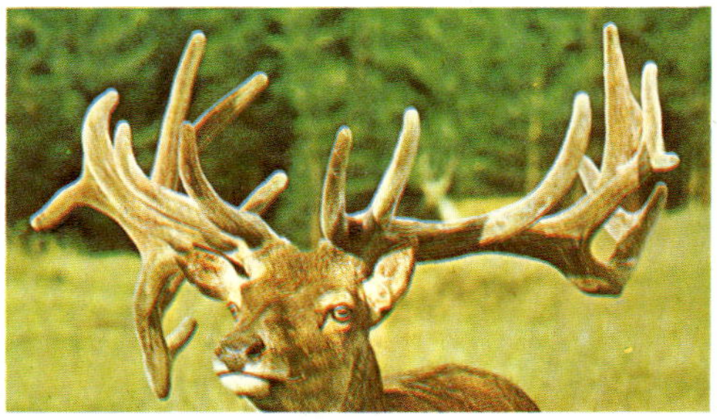

Das Geweih entsteht im Frühling und ist im Sommer ausgewachsen. Der Bast – eine mit feinen Härchen bedeckte Haut auf dem Geweih – trocknet ein und wird „gefegt". Die Geweihe fallen ab Februar ab. Über die Wundstelle wächst dann neuer Bast.

Abgrenzung von Territorien

Rehe – die in den Waldgebieten ganz Eurasiens leben – sind kleiner als Rothirsche und weniger gesellig; sie bilden keine großen Rudel. Im Winter sieht man allenfalls ein Männchen mit 2 oder 3 Weibchen und deren Jungen zusammen. Im Sommer lösen sich diese Familien auf.

Das Männchen, der Rehbock, wirft sein Geweih um die Wintersonnenwende ab. Das neue wächst von Januar bis März und ist im Juni und Juli für eine Art Vorbrunft fertig; dann werden die Böcke unruhig und kämpfen miteinander. Das Rehgeweih ist kurz und besitzt scharfe Enden; es wächst fast senkrecht von der Stirn fort.

Wenn im Juli oder August die eigentliche Brunftzeit beginnt, markiert jeder Bock junge Bäume und erklärt damit ein Waldstück zu seinem Territorium. Das geschieht folgendermaßen: Der Bock kratzt mit seinem Geweih die Rinde ab und setzt dabei an diese Stelle ein Sekret aus einer Stirndrüse ab. Rivalen, die in sein Territorium eindringen wollen, vertreibt er.

Während der Brunft ist der Rehbock an kein bestimmtes weibliches Tier gebunden, sondern gibt sich mit jeder Ricke ab, deren Fiepen seine Aufmerksamkeit erregt. Der Bock röhrt nicht wie der Rothirsch, sondern gibt einen bellenden Ton von sich.

Eine verzögerte Eiimplantation sorgt dafür, daß die Entwicklung erst im Spätherbst beginnt, obwohl die Paarung schon im Spätsommer stattgefunden hat. Die Kitze – gewöhnlich sind es Zwillinge – werden im darauffolgenden Mai oder Juni geboren, wenn das frische Laub gute Verstecke und Futter bietet.

Der Weißwedelhirsch, auch Virginiahirsch genannt, ist in Nordamerika der häufigste und verbreitetste Hirsch. Wenn die Tiere beunruhigt werden, richten sie ihre Schwänze auf, deren weiße Unterseite dann als deutlich sichtbares Signal wirkt.

Asien beherbergt viele Hirscharten; es ist wahrscheinlich die Wiege dieser Familie. Der Sikahirsch hat im Sommer ein weißgeflecktes, im Winter ein einfarbiges Fell. Sein auffallendstes Merkmal ist aber ein großer Hinterbackenfleck aus weißen Haaren. Das Männchen trägt ein kleineres, einfacheres Geweih als der verwandte Rothirsch. In der Brunftzeit stößt er pfeifende Rufe aus.

Junge Rehböcke Der Rehbock markiert zu Beginn der Brunft im Spätsommer sein Territorium und verteidigt es gegen andere Böcke. Bei diesen Kämpfen bringen sich die Böcke mit ihren kurzen, spitzen, aufrechtstehenden Geweihen zuweilen tödliche Verletzungen bei. Oft jagen sie die Ricken in erregtem Paarungsspiel im Kreise. Ähnliche Jagden finden auch außerhalb der Paarungszeit statt, gelegentlich zwischen Angehörigen des gleichen Geschlechts. Wenn Rehe erschreckt werden, stoßen sie einen bellenden Laut aus.

Weißwedelhirschkalb Die Flecken auf dem Fell des Kalbes ähneln den Sonnenkringeln auf dem Waldboden.

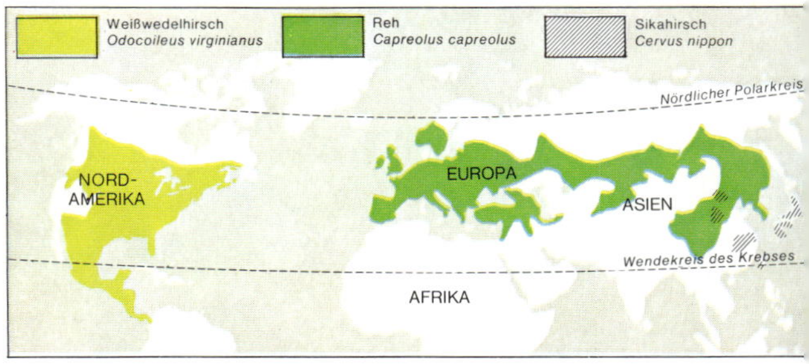
Weißwedelhirsch
Odocoileus virginianus
Reh
Capreolus capreolus
Sikahirsch
Cervus nippon
Nördlicher Polarkreis
NORD-AMERIKA
EUROPA
ASIEN
Wendekreis des Krebses
AFRIKA

Wild in zwei Kontinenten Das Reh lebt in Eurasien. Der Weißwedelhirsch kommt bis in die Tropen vor.

Der japanische Sika Der Sikahirsch, der tief im Wald in Rudeln lebt, war einst im Fernen Osten weit verbreitet. Jetzt gedeiht er in erster Linie nur noch in Japan und der Mandschurei.

Ein Riese, vor dem Aussterben gerettet

Wisent im Wald Der europäische Wisent ist größer als der Bison und hat ein kräftigeres Hinterteil.

Der Wisent, der europäische Büffel, *Bison bonasus,* erreicht eine Widerristhöhe von etwa 2 m und ist damit das größte Tier in Europa. Wie sein etwas kleinerer amerikanischer Verwandter, der Bison, *Bison bison,* lebt er heute nur noch in Schutzgebieten.

In freier Wildbahn ist der Wisent ausgerottet; die letzten Tiere wurden in den zwanziger Jahren in Litauen und im Kaukasus erlegt. Die litauische Rasse überlebte jedoch in Gefangenschaft; von ihr wurden Tiere in den Wäldern um Biatowieza an der polnisch-sowjetischen Grenze wieder ausgesetzt. Dort leben und vermehren sie sich nun als halbwilde Geschöpfe. Sie fressen Blätter, selten auch Gräser und Kräuter. Im Winter ernähren sie sich von Eicheln und Stauden, zum Beispiel Heidekraut.

Die Lebensgemeinschaft in der Laubstreu

2,5 Millionen Regenwürmer in einem Hektar Boden stellen die Vorausabteilung einer riesigen Armee kleiner Tiere dar, die von der Laubstreu des Waldbodens leben.

Im Herbst bedeckt sich der Boden des Laubwaldes mit abgefallenen Blättern. Zusammen mit Ästen, toten Bäumen, Resten kleiner Pflanzen sowie den Leichen und dem Kot von Tieren bilden sie die „Streuschicht". Sie kann in einem Hektar Wald 25 Millionen Blätter enthalten.

Unzählige Milliarden von kleinen Tieren und Pflanzen ernähren sich von der Laubstreu. Sie zersetzen die organischen Stoffe und führen die wichtigen chemischen Substanzen, die sie enthalten, in den ständigen Kreislauf der Stoffe zurück. Pilze und Bakterien wirken bei der Verwesung am stärksten mit. Einige Tiere – so die Regenwürmer – fressen die abgestorbenen Blätter direkt; andere sind darauf angewiesen, daß zuvor Pilze das derbe Gewebe zerstören.

Die halbflüssigen Zersetzungsprodukte der Bakterien und die Bakterien selbst dienen mikroskopisch kleinen Tieren, wie Fadenwürmern und Rädertierchen, als Nahrung. Am Ende solcher komplizierter Nahrungsketten stehen die Räuber; von den Säugetieren, die Regenwürmer fressen, bis zu mikroskopisch kleinen Milben, die auf ebenso winzige Opfer Jagd machen.

Verschiedenartiges Getier ernährt sich von faulendem Pflanzenmaterial

Reibzunge Die Große Wegschnecke *Arion ater* schabt sich mit einer langen Raspelzunge ihr Futter ab.

Schutz in einer Kugel Der Tausendfüßer *Glomeris marginata* kann sich zu einer kleinen Kugel einrollen.

Nächtliche Blattfresser Die Gesprenkelte Weinbergschnecke, *Helix aspersa*, frißt nachts an vielen verschiedenen Pflanzen. Sie gleitet aus feuchten Winkeln hervor und hinterläßt eine schimmernde Schleimspur.

Regenwürmer fressen sich buchstäblich durch den Boden hindurch. Beim Durchgang durch den Körper werden die genießbaren Bestandteile des Bodens verdaut. Die unverdauliche Substanz wird manchmal an der Erdoberfläche ausgeschieden; so entstehen die aufgerollten Häufchen. Durch die Wurmgänge können Wasser und Luft leichter in den Boden eindringen.

In einem Stückchen Waldboden können ein Dutzend verschiedene Arten vorhanden sein, darunter auch solche, die direkt das abgefallene Laub fressen. So kommt beispielsweise der Wurm *Lumbricus terrestris* nachts aus seinem Gang hervor und zieht Blätter zum Fressen hinein. Andere, wie *Allolobophora caliginosa*, ernähren sich in tieferen Erdschichten von Wurzeln oder Pilzen. Kleinere, knapp 1 cm lange, weiße Würmer aus der Verwandtschaft der Regenwürmer, die *Enchytraeidae*, sind vorwiegend in sauren, torfigen Böden zu finden.

Nackt- und Gehäuseschnecken ernähren sich von fast allen organischen Substanzen. Dabei raspeln sie mit der Radula – einer langen, bandförmigen Zunge, die mit Reihen winziger Zähnchen besetzt ist – das Gewebe ab. Nacktschnecken der Gattung *Testacella* sind Räuber und leben vor allem von kleinen Regenwürmern. Tausendfüßer und Kugelasseln ernähren sich auch von Blättern. Die Vertreter einer bestimmten Tausendfüßerfamilie, die Saftkugler, gleichen stark den Asseln; doch sind sie mit ihnen nicht näher verwandt. Asseln stellen die größte Gruppe der auf dem Land lebenden Krebstiere (*Crustacea*) dar, während die Tausendfüßer zur Klasse der *Diplopoda* (Doppelfüßer) gehören, die den Insekten nähersteht.

Winzige, flügellose Insekten sind die Springschwänze. Bis zu 50 000 von ihnen können in einem Quadratmeter feuchten Bodens leben, wo sie verweste pflanzliche Stoffe fressen. Fossile Springschwänze hat man schon in Gesteinen gefunden, die 380 Millionen Jahre alt sind.

Der Sprungmechanismus eines Springschwanzes

Wenn der Springschwanz ruht, ist ein hebelartiges Organ, die Furkula, unter seinem Hinterleib eingeschlagen und wird dort durch eine Art Klammer festgehalten. Vor dem Sprung ziehen Muskeln im Körper – angedeutet durch die oberen Pfeile – die einzelnen Segmente zusammen. Dies verkürzt den ganzen Körper und drückt Flüssigkeit in die Furkula. Andere Muskeln lösen die Klammer, und der Druck der Flüssigkeit streckt das Gelenk der Furkula. Diese schnappt dadurch abwärts und schleudert das Insekt fort.

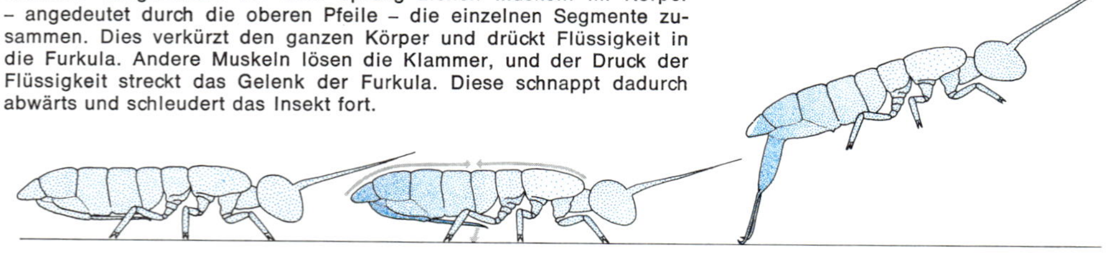

Im Griff eines Pilzes

Ein Fadenwurm ist im tödlichen Griff des räuberischen Pilzes *Dactylaria gracilis* gefangen. Ein Lasso (links geöffnet) verengt sich (Mitte) und hält den Wurm fest, bis die Pilzenzyme ihn verdaut haben.

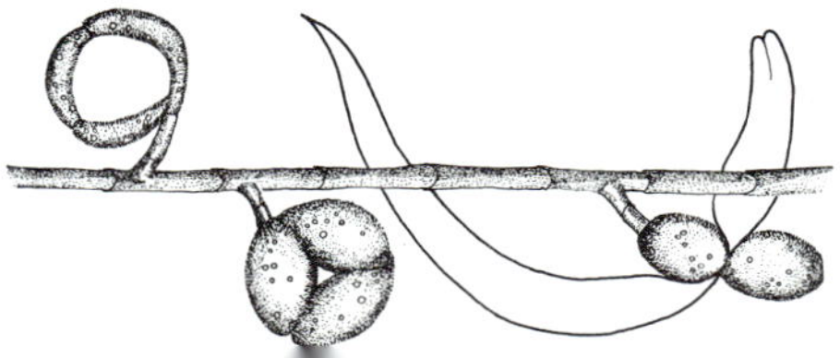

Flinke Räuber

Die pflanzenfressenden Tiere der Streuschicht und des Bodens bilden die Nahrung von Räubern. An der Bodenoberfläche jagen Laufkäfer, Spinnen, Kröten, Eidechsen, Vögel und Kleinsäuger wie Mäuse und Igel. Andere Räuber leben tiefer im Boden; dazu gehören Hundertfüßer, Pseudoskorpione und Fadenwürmer.

Die Fleischfresser kann man im allgemeinen daran erkennen, daß sie rasch und behende sind. So sind beispielsweise die Bewegungen der Hundertfüßer deutlich schneller als die der Tausendfüßer.

Dicht unter der Bodenoberfläche lebt *Lithobius fasciatus*, ein Hundertfüßer mit fünfzehn Beinpaaren, der mit seinen giftigen Zangen weichhäutige Insekten und Würmer tötet. Das Weibchen legt klebrige Eier und rollt sie in der Erde herum; dadurch erhalten sie einen Überzug, der sie vor Räubern verbirgt.

Tiefer im Boden halten sich die längeren, schlankeren Hundertfüßer wie *Geophilus electricum* auf, die etwa 100 Beinpaare besitzen und vor allem kleine Regenwürmer fressen. Drüsen auf ihrer Körperunterseite scheiden ein phosphoreszierendes Sekret aus.

Springschwänze und andere winzige Tiere im Boden fallen den Pseudoskorpionen zur Beute. Diese Jäger gehören zur Klasse der Spinnentiere, *Arachnida,* und sind auch entfernt verwandt mit den echten Skorpionen, denen sie insofern gleichen, als sie Scheren besitzen. Die kleinen Pseudoskorpione, die weniger als $^1/_2$ cm lang sind, benutzen ihre Scheren nicht nur, um ihre Opfer durch Gift zu töten, sondern auch, um sie zu zerreißen und die Stücke zu ihren Cheliceren zu führen, einem kleineren Scherenpaar am Mund. Durch die Cheliceren ergießen sich Verdauungssäfte in den Körper der Beute und verflüssigen ihn. Diese Flüssigkeit saugt der Pseudoskorpion auf, er verdaut also außerhalb des Körpers schon vor. Die Cheliceren liefern auch einen Seidenfaden, mit dem die Pseudoskorpione einen Kokon bauen: für die Eiablage, für die Häutung oder die Überwinterung.

Die Pseudoskorpione zeigen kunstvolle Begattungsvorspiele, bei denen sich Männchen und Weibchen mit erhobenen Zangen gegenüberstehen. So laufen sie vorwärts und rückwärts, bis das Männchen schließlich eine Spermatophore, ein Paket von Samenfäden, auf den Boden heftet. Dann zieht es das Weibchen so weit vorwärts, bis es über der Spermatophore steht und sie in seine Geschlechtsöffnung aufnimmt.

Geweihähnliche Zangen Die männlichen Hirschkäfer, *Lucanus cervus,* besitzen riesige Kiefer. Die kleineren Zangen der Weibchen sind als Waffen wirksamer.

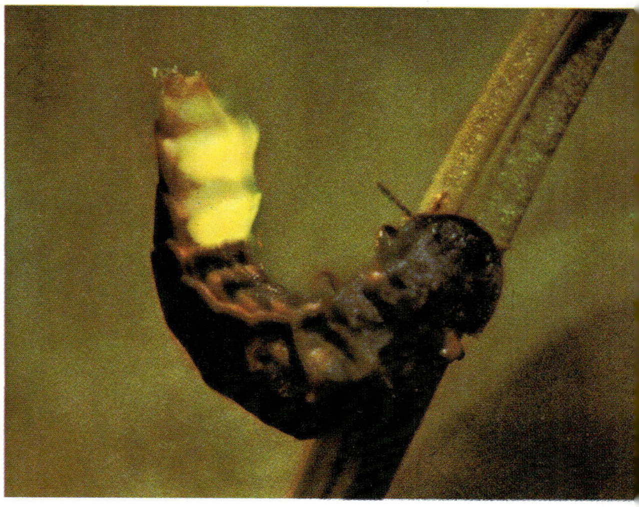

Leuchtende Larven Das Glühwürmchen, *Lampyris noctiluca,* frißt Schnecken und Würmer; sein kaltes, grünliches Licht lieferte die Beleuchtung für dieses Photo.

Nestbau mit Naturziegeln und seidenem Mörtel

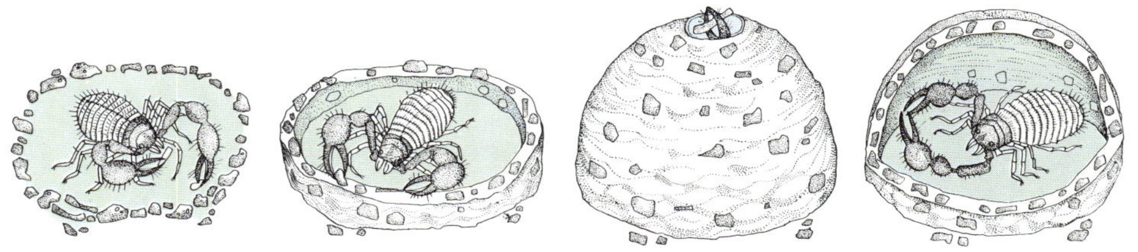

Wenn der Pseudoskorpion mit dem Bau seines Kokons beginnt, sammelt er Steine und Holzstückchen um sich. Dies sind seine Ziegel.

Er umgibt die Ziegel mit einem Gespinst, indem er sie an seinen kleineren Scheren, den Cheliceren, entlangstreift; dann baut er sie ein.

Wenn das Gehäuse größer wird, läßt der Pseudoskorpion eine Öffnung frei, durch die er herauskommt, um neues Material zu suchen.

Ist er in dem Gehäuse eingeschlossen, überzieht er das Innere mit seinem Gespinst und beginnt mit der Häutung oder Eiablage.

Große Schaufeln zum Graben Der gemeine Europäische Maulwurf, *Talpa europaea,* hat starke Vorderbeine zum Graben. Er besitzt keine Ohrmuscheln, und seine Augen sind fast funktionslos.

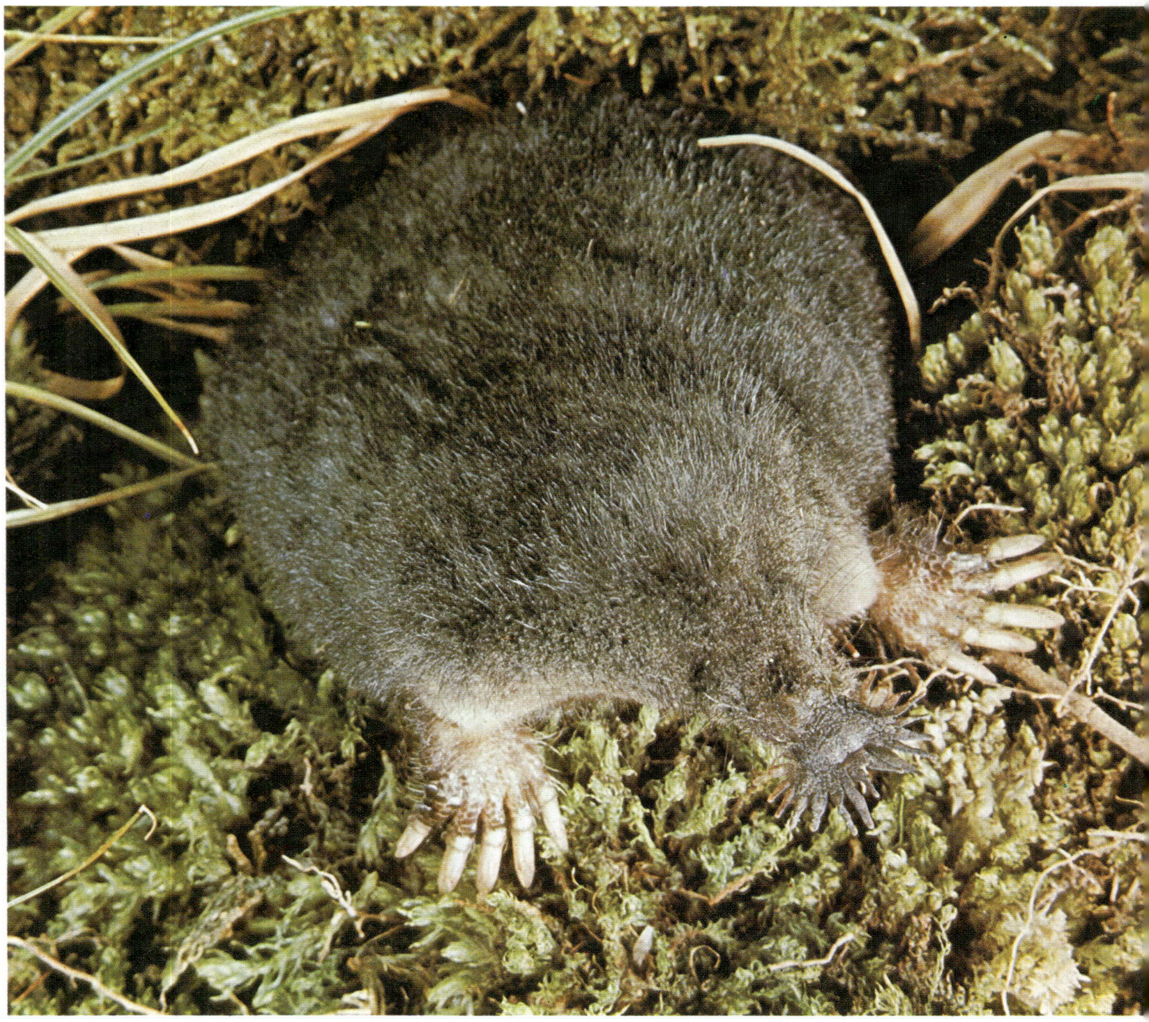

Eine Nase für die Futtersuche Alle Maulwürfe sind weitgehend auf ihren Tastsinn angewiesen, aber der amerikanische Sternmull, *Condylura cristata,* besitzt ein besonders angepaßtes Instrument: einen Kranz von langen, fleischigen Anhängseln rund um seine Nase. Dies sind empfindliche Fühler für die Nahrungssuche. Maulwürfe der gemäßigten Zonen fressen vor allem Regenwürmer, Schnaken- und Käferlarven.

Insektenfresser

Insektenfresser vermehren sich im Sommer, wenn das Nahrungsangebot groß ist, sehr stark; im Winter müssen sie fortziehen, Vegetarier werden oder schlafen.

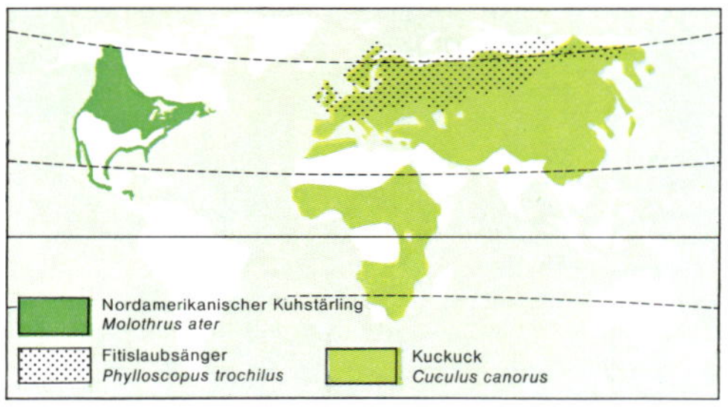

Nordamerikanischer Kuhstärling
Molothrus ater
Fitislaubsänger
Phylloscopus trochilus
Kuckuck
Cuculus canorus

Kuckuck und Nordamerikanischer Kuhstärling legen ihre Eier in die Nester von Singvögeln.

Ernährer wider Willen Der Fitislaubsänger gehört zu den Arten, in deren Nester der Kuckuck sein Ei legt.

Der Parasit Der Nordamerikanische Kuhstärling legt sein Ei in das Nest eines anderen Vogels. Das größere Kuhstärlingjunge bekommt dann das meiste Futter.

Geschöpfe der Laubwälder, die sich von Insekten und anderen Wirbellosen ernähren, machen in jedem Winter, wenn das Futter knapp wird, eine kritische Zeit durch. Die meisten kleinen Wirbellosen haben kurze Lebenszyklen und hohe Fortpflanzungsziffern; auf diese Weise können sie sich schnell vermehren und die reiche Sommervegetation nutzen. Im Winter ist ihre Zahl stark vermindert, und man findet sie oft nur in Ruhestadien, etwa als Eier oder Puppen.

Einige Arten insektenfressender Vögel bleiben das ganze Jahr im Wald. Die meisten stellen sich im Winter um und fressen dann Samen, so einige Finken und, in geringerem Maße, die Drosseln. Andere Möglichkeiten für Wirbeltiere, den jahreszeitlich bedingten Futtermangel zu überbrücken, bestehen darin, daß sie fortziehen oder einen Winterschlaf halten. Die meisten Vögel ziehen nach Süden; die Reptilien und Amphibien hingegen halten einen Winterschlaf.

Futtersuche auf der Rinde

Meisen und Baumläufer bleiben das ganze Jahr im Laubwald und suchen im Winter Eier und Puppen von Insekten. Ihr Geschmack ist so verschieden, daß mehrere Arten nebeneinander leben können, ohne einander Konkurrenz zu machen.

Die geselligen Meisen sind in Eurasien und Nordamerika häufig. Die bekanntesten Arten in Europa sind die Blaumeise, *Parus caeruleus,* und die Kohlmeise, *Parus major*. In Nordamerika gibt es entsprechende verwandte Arten. Die Baumläufer besitzen lange Schnäbel, mit denen sie in den Ritzen der Rinde nach Insekten und deren Eiern suchen, steife Schwänze als Stütze und starke Zehen, mit denen sie sich in der Rinde festkrallen.

Zu den insektenfressenden Vögeln, die im Winter am weitesten ziehen, gehören die Schwalben, die von Skandinavien bis Südafrika wandern. Sie schießen mit weit geöffnetem Schnabel durch einen Insektenschwarm und sammeln so ihre Nahrung.

Die Fliegenschnäpper der Alten Welt ernähren sich auf ähnliche Weise. Die Vireos, die man von Kanada bis Argentinien findet, bevorzugen die höheren Zweige großer Bäume, wo sie Insekten und deren Larven von den Blättern suchen.

Die europäischen Laubsänger und Grasmükken sind meist kleine braune Vögel, deren einförmiges Aussehen in starkem Gegensatz zu der Verschiedenartigkeit ihres Gesangs steht. Durch ihn erkennen die Vertreter der eigenen Art einander und zeigen sich ihr Revier an.

Das Männchen eines Fitislaubsängers beispielsweise reagiert auf den Gesang eines anderen Fitis so, daß er von ihm einen bestimmten Abstand wahrt. Auf diese Weise verteilen sich die Tiere gut über das zur Verfügung stehende Gebiet. Andererseits kümmert sich der Fitis, der unten in den Bäumen nach Futter sucht, nicht um den Gesang des Zilpzalps, denn dieser klettert vor allem in den höheren Zweigen herum und stellt für die Nahrungsquellen des Fitis keine Bedrohung dar.

Aufteilung der Beute

Diese nordamerikanischen Vögel finden ihre Nahrung im gleichen Gebiet, machen sich aber keine Konkurrenz.

Die Rauchschwalbe, *Hirundo rustica*, fängt Insekten im Flug über den Bäumen.

Der Tyrann, *Empidonax flaviventris*, fängt Insekten, ebenfalls fliegend, in den Baumkronen.

Der Rotaugenvireo, *Vireo olivaceus*, pickt die Insekten von den Blättern.

Der Waldbaumläufer, *Certhia familiaris*, findet Insekten und ihre Eier und Puppen auf der Rinde.

Der Eindringling Eine Heckenbraunelle, *Prunella modularis,* füttert einen jungen, von ihr ausgebrüteten Kuckuck. Das Kuckucksweibchen wirft ein Ei des Wirtsvogels hinaus und legt dafür ein eigenes hinein. Nachdem das Junge aus dem Ei geschlüpft ist, schiebt es alle Rivalen, Eier oder Jungvögel, an den Rand des Nestes und drängt sie hinaus. Das Kuckucksjunge wird von seinen Pflegeeltern mit Insekten gefüttert.

Winterschläfer und Winterjäger

Viele insektenfressende Säugetiere des Laubwaldes halten einen Winterschlaf. Dazu gehören Igel und Fledermäuse. Die eurasischen und nordamerikanischen Laubwälder beherbergen je etwa 20 Fledermausarten. Einige Fledermäuse, etwa der Abendsegler, *Nyctalus noctula,* kommen in großer Zahl in Baumhöhlen zusammen; andere, wie die Großhufeisennase, *Rhinolophus ferrumequinum,* überwintern in Höhlen.

Diese Tiere jagen alle nachts; sie fangen Insekten im Fluge. Die Langohrfledermaus, *Plecotus auritus,* holt sie auch von den Blättern. Bei ihren nächtlichen Flügen benutzen sie Echopeilung: Sie stoßen sehr hohe Schreie aus, deren Echos ihnen Hindernisse und fliegende Insekten anzeigen.

Spitzmäuse halten keinen Winterschlaf, weil sie andauernd fressen müssen. Sie verhungern schon, wenn sie nur einen einzigen Tag ohne Futter bleiben. Im Winter graben sie in der Laubschicht und in der obersten Bodenschicht nach Insekten.

In Nordamerika und Eurasien gibt es einander ähnliche Arten von Waldspitzmäusen der Gattung *Sorex,* während die Wimperspitzmäuse der Gattung *Crocidura* auf Eurasien und Afrika beschränkt sind. Einige Arten von Wimperspitzmäusen zeigen einen besonderen Geselligkeitstrieb: Im Winter teilen sich bis zu acht Tiere in ein Nest. Die nordamerikanische Kurzschwanzspitzmaus, *Blarina brevicauda,* tötet kleine Tiere mit einem schnell wirkenden Gift aus ihren Kieferdrüsen.

Kriechtiere und Lurche

Eidechsen sind in wärmeren Gebieten zahlreicher als im Laubwald. Die Bergeidechse, *Lacerta vivipara,* wird aber überall in den Wäldern Eurasiens angetroffen; und die Blindschleiche, *Anguis fragilis* – eine schlangenähnliche Eidechse, deren Beine nur als rudimentäre Schulter- und Hüftknochen ausgebildet sind –, lebt in der Streu der Laubwälder ganz Europas. Beide Arten gebären lebende Junge, im Gegensatz zu den Kriechtieren in wärmeren Klimaten, die Eier mit lederartiger Schale an warmen Plätzen ablegen, wo sie von der Sonne ausgebrütet werden. Die lebendgebärenden Eidechsen tragen ihre Eier so lange in ihrem Körper, wo die erforderliche Temperatur vorhanden ist, bis die Jungen voll entwickelt sind. Diese Eidechsen jagen nachts Insekten und Spinnen. Die Blindschleiche frißt außerdem noch Schnecken und Regenwürmer.

Einer der wenigen Lurche der eurasischen Laubwaldzone ist die Erdkröte, die nachts auf dem Boden nach Insekten und anderen Wirbellosen sucht. Kröten entwickeln sich als Kaulquappen im Wasser. Laubfrösche, die sich mit ihren Haftscheibenzehen an den zartesten Blättern halten können, sind in den europäischen Wäldern nur durch eine Art vertreten: *Hyla arborea.* In Nordamerika gibt es viele Laubfrösche.

Das todbringende Netz

Im Blattwerk hausen zahlreiche Spinnen, und auf einem einzigen Baum findet man viele Arten. Sie fressen vor allem Insekten, die sie in ihrem klebrigen Netz fangen und mit einem Biß ihrer giftigen „Klauen“ töten.

Die auffälligsten Räuber unter den Insekten sind die Libellen, die auf Waldlichtungen oder in Wassernähe pfeilschnell dahinschießen und Insekten fangen.

Stachelschutz Igel – selbst junge wie diese – brauchen Feinde kaum zu fürchten, weil sie ihre Stachelwehr haben. Wenn ein Igel gestört wird, rollt er sich zu einem festen Ball so zusammen, daß Beine, Kopf und Bauch geschützt sind. Da er zu dick ist, um die Laubschicht, unter der es die meisten Insekten gibt, zu untertunneln, hält der Igel an einem warmen, geschützten Platz einen Winterschlaf. Bei einer plötzlichen Kälteperiode muß der Igel aufwachen, um seine Körpertemperatur über dem Gefrierpunkt zu halten.

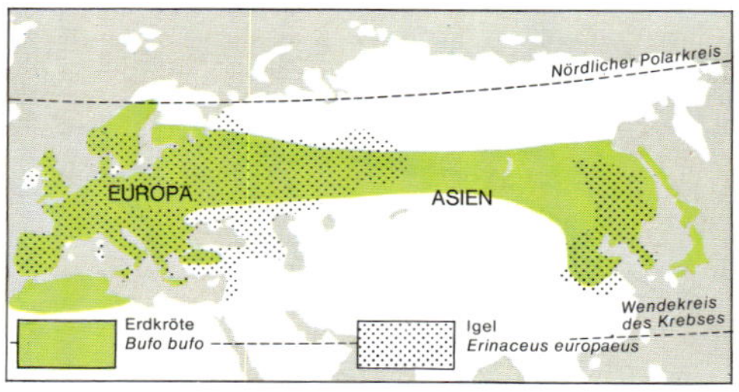

Nördlicher Polarkreis
EUROPA
ASIEN
Wendekreis des Krebses
Erdkröte
Bufo bufo
Igel
Erinaceus europaeus

Igel und Kröte Der Igel ist im wesentlichen auf den Laubwald beschränkt, in dem er zwei große Verbreitungsgebiete hat. Das eine erstreckt sich von Großbritannien bis Westsibirien, das andere über ganz Ostasien. Die Erdkröte lebt in Wassernähe.

Verteidigung durch Täuschung Diese Erdkröte, die von einer Ringelnatter bedroht wird, bläst sich auf, schwingt ihren Körper hin und her und erscheint dadurch größer. Überdies verteidigen Kröten sich durch giftige Absonderungen ihrer Hautdrüsen.

Blattlausvertilger Eine Florfliege frißt in einer Blattlauskolonie. Auch die Larven ernähren sich von Blattläusen: Sie saugen sie mit ihren Zangen aus.

Räuberische Käfer Sowohl die ausgewachsenen Marienkäfer als auch ihre Larven fressen Blattläuse. Die Käfer haben rote, gelbe, schwarze oder blaue Flecken.

Fleischfresser

Fleischfressende Tiere haben im Bereich der Laubwälder unter dem Menschen besonders zu leiden. Die meisten Arten mußten sich zurückziehen.

Fleischfressende Vögel und Säugetiere sind vom Menschen verfolgt worden – einmal, weil sie Haustieren nachstellen, und zum anderen, weil man Jagdwild vor ihnen schützen wollte. Da überdies die Wälder der gemäßigten Zone von der Zivilisation zurückgedrängt wurden, sind Fleischfresser vielerorts ausgestorben. Einige, wie der Puma und der Braunbär, haben sich vor allem in Gebirgen innerhalb der Waldzone gehalten. Und ein paar anpassungsfähigere Arten, zu denen der Turmfalk und der Rotfuchs gehören, sind wohl sogar zahlreicher geworden.

Die heutigen Laubwälder sind verkleinert und durchforstet; dadurch werden diejenigen Tiere begünstigt, die mehr in offenem Gelände und an den Waldrändern zu Hause sind als im dichten Wald. Der Tumfalk teilt seinen Lebensraum mit einem anderen Raubvogel, dem Baumfalken, *Falco subbuteo*. Dieser jagt, wenn er über den Baumwipfeln oder am Rande einer Lichtung dahinschießt, kleine Vögel oder große Insekten. Er legt seine Eier in ein verlassenes Nest in den höchsten Ästen eines Baumes.

Der Turmfalk ist etwas größer als der 33 cm lange Baumfalk. Er hat einen längeren Schwanz, der das bekannte Rütteln auf der Stelle unterstützt. Während er sich auf diese Weise in der Luft hält, sucht er den Boden nach einer Bewegung ab, die eine Wühlmaus oder einen großen Käfer verrät. Der Turmfalk hat sich gut an ein Leben im Kulturland, ja sogar in den Städten angepaßt. Er legt seine Eier in eine Baumhöhle, in eine Spalte, auf eine Klippe oder in das unbenutzte Nest eines anderen Vogels. In Nordamerika übernimmt der sehr ähnliche Buntfalk, *Falco sparverius,* die gleiche Rolle in der Lebensgemeinschaft des Laubwaldes.

Eulen sind diejenigen Raubvögel, die an das Leben im dichten Wald am besten angepaßt sind. In Europa ist der 38 cm lange Waldkauz am häufigsten. Wie viele Eulen jagt er nachts, gewöhnlich kleine Nagetiere, manchmal auch Fische, Frösche und Insekten.

Schlangen sind in kühl-gemäßigten Breiten nicht häufig; doch gibt es in den Laubwäldern Eurasiens und Nordamerikas immerhin verschiedene Arten, besonders in Sumpfgebieten. In Nordamerika ist die teilweise im Wasser lebende Strumpfbandnatter, *Thamnophis sirtalis,* häufig. Sie lebt im Morast und an Teichen und ernährt sich gewöhnlich von Fröschen, frißt aber auch Mäuse und Wirbellose, wie Regenwürmer. In Europa hat die Ringelnatter, *Natrix natrix*, ähnliche Lebensgewohnheiten. Beide Arten sind nicht giftig, aber es gibt in der Laubwaldregion auch giftige. Am bekanntesten von ihnen ist in Eurasien die Kreuzotter, *Vipera berus.*

Jäger bei Nacht

Einer der häufigsten kleineren Fleischfresser, die sich gut an die Veränderungen innerhalb der gemäßigten Zone angepaßt haben, ist der Rotfuchs. Er lebt in der Tundra, im Nadel- und im Laubwald, in der Steppe und im Gebirge, auf Ackerland und selbst am Stadtrand. Dieser verstohlene nächtliche Jäger ist an keine bestimmte Nahrung gebunden; er nimmt, was er am leichtesten ergattern kann. Wühlmäuse und Mäuse bilden den Hauptteil seiner Kost, aber er frißt auch große Insekten, Aas, Fische und sogar Gras und Beeren. Vögel, vor allem ihre Eier, bilden im Sommer eine Abwechslung.

Die Wildkatze sieht aus wie eine übergroße Hauskatze mit schwarzgestreiftem, gelbgrauem Fell und einem kurzen, buschigen Schwanz. Nach Katzenart ruht sie tagsüber und jagt bei Nacht kleine Säuger, Vögel, Frösche und Fische.

Rüttelnde Jäger Der Turmfalk steht rüttelnd am Himmel und sucht den Boden nach der Bewegung eines kleinen Tieres ab. Macht er ein Opfer aus, dann stürzt er herab und ergreift es mit seinen Fängen.

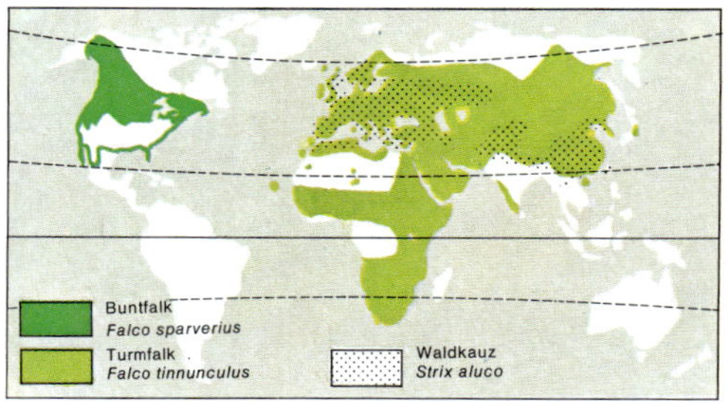
Buntfalk
Falco sparverius
Turmfalk
Falco tinnunculus
Waldkauz
Strix aluco

Raubvögel Der Waldkauz bewohnt dichte Waldungen, während der Turmfalk freies Gelände bevorzugt.

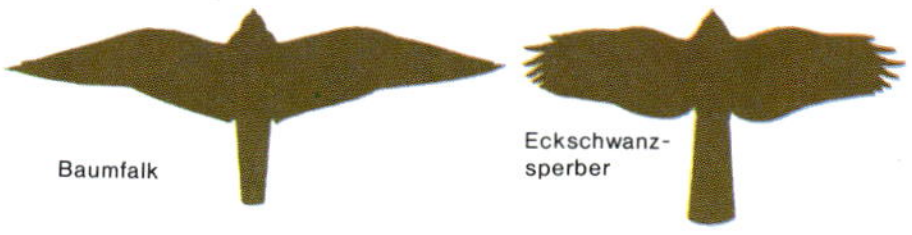
Baumfalk
Eckschwanz-
sperber

Der schnelle Baumfalk hat längere Flügel und einen kürzeren Schwanz als der rüttelnde Turmfalk. Sehr wendige Vögel, wie der Eckschwanzsperber, besitzen kurze, gerundete Flügel und lange Schwänze.

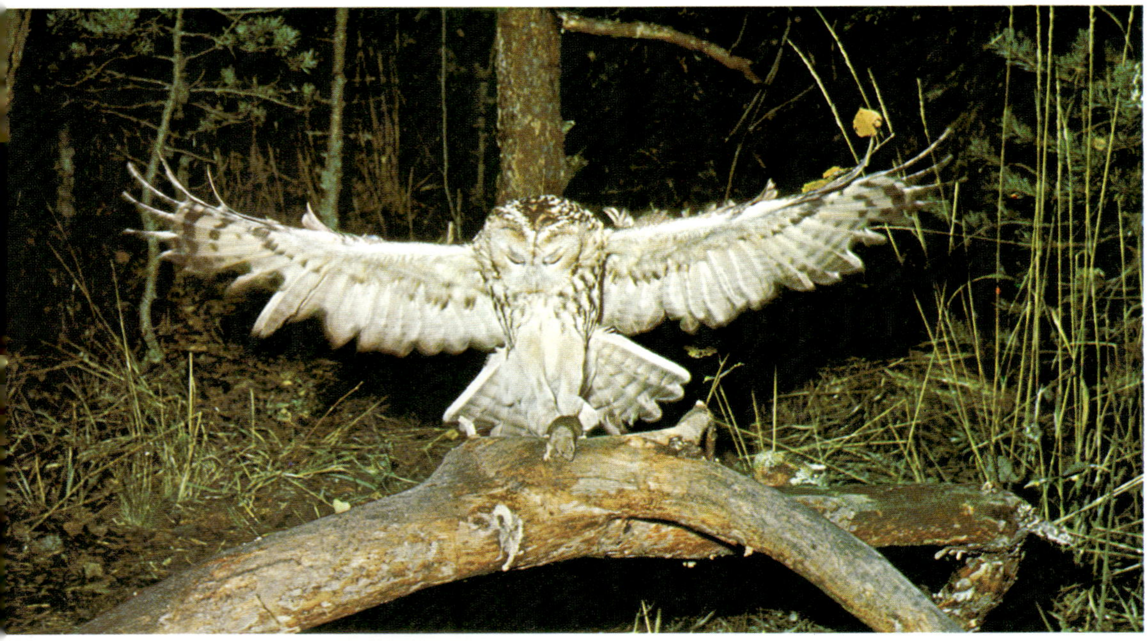

Lautloser Räuber Wie der Waldkauz herabschießt, um ein kleines Nagetier zu packen, bietet er seine breiten Flügel und den kurzen, vollen Schwanz dar. Sein Flug ist, wie bei den meisten Eulen, lautlos, weil sein Gefieder überall sehr weich ist und weil die pelzartigen Schwungfedern den Schall dämpfen, wenn der Vogel nachts seine Beute jagt. Der Waldkauz ernährt sich überwiegend von kleinen Nagetieren.

Die Ringelnatter ist im Wasser und an Land zu Hause. Oft sucht sie in Teichen nach Fröschen.

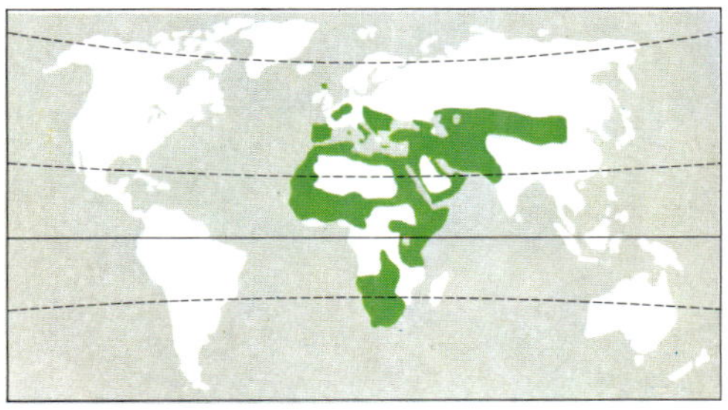

Verschiedene Lebensräume In Europa ist die Wildkatze, *Felis silvestris,* vor allem ein Waldbewohner, aber sie lebt auch in der afrikanischen Savanne.

In den Laubwäldern Nordamerikas lebt keine entsprechende Kleinkatze. Wohl aber ist der etwa 75 cm lange Rotluchs, *Lynx rufus,* hier in verschiedenen Lebensräumen, vom Wald bis zur Wüste, zu Hause. Er ernährt sich hauptsächlich von Kaninchen und Hasen.

Ein anderer, vornehmlich nächtlicher Jäger, der europäische Iltis, gehört zur Familie der Marder. Er ist etwa 38 cm lang, also größer als das bekanntere Hermelin oder Große Wiesel, hat aber einen ebenso geschmeidigen Körper. Wenn er beunruhigt wird, sondert der Iltis aus Stinkdrüsen unter seinem Schwanz eine übelriechende Flüssigkeit ab, die ursprünglich zur Markierung des Territoriums gedient haben dürfte. Europäische Iltisse, die auf den Laubwald beschränkt sind, leben in Baumhöhlen oder verlassenen Erdhöhlen anderer Säugetiere.

Mauswiesel, Nerz und Hermelin sind im Laub- und Nadelwald weit verbreitet, während ein anderes Mitglied der Marderfamilie, der Steinmarder, *Martes foina,* in Nordeuropa fehlt.

Der Marderhund jagt nachts in den Laubwäldern Asiens. Durch seine schwarze Gesichtszeichnung ähnelt er dem nicht mit ihm verwandten amerikanischen Waschbären. In der Familie der Hundeartigen steht er insofern einzig da, als er eine Art Winterschlaf hält: Er erstarrt zwar nicht gänzlich, ist aber winters träge und kommt nur gelegentlich aus seiner Höhle ans Tageslicht. Der Marderhund jagt verschiedene kleine Tiere, unterscheidet sich aber von anderen Vertretern seiner Familie durch seine Vorliebe für Fische und Lurche.

Die Wildkatze ist größer als die Hauskatzen, die wohl von einer afrikanischen Rasse abstammen.

Junge Iltisse balgen sich um einen Frosch. Iltisse fressen auch Nagetiere, Vogeleier und Insekten.

Marderhunde schlafen oft fast den ganzen Winter. Sie verlassen ihre Höhlen nur an warmen Tagen.

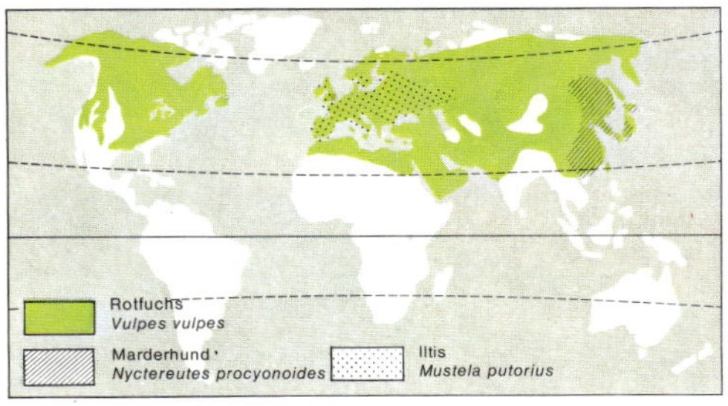
Rotfuchs
Vulpes vulpes
Marderhund
Nyctereutes procyonoides
Iltis
Mustela putorius

Der Rotfuchs lebt in fast allen Zonen. Der Marderhund und der Iltis sind vorwiegend Waldtiere.

Werbung im Winter Ein Fuchsrüde und eine Fähe beim Werbungsspiel während ihrer Paarungszeit mitten im Winter. Im Frühling werden 3–8 Junge geboren. Der männliche Fuchs spielt in der Familie eine bedeutende Rolle, da er für sie jagt. Er bleibt bei ihr, bis die Jungen selbständig sind.

Allesfresser

Einige Tiere fressen fast alles, was sie finden. So können sie auch noch dort leben, wo Tiere mit einer spezialisierten Ernährungsweise verhungern würden.

In jeder Hauptlebenszone und in jeder großen Tiergruppe gibt es Arten mit veränderlicher Ernährungsweise: Sie nutzen aus, was die Jahreszeiten, örtliche Gegebenheiten oder der Zufall bieten. Zu diesen Allesfressern gehören viele größere fleischfressende Säugetiere, wie etwa die Bären. Ihre Größe und Wildheit erlaubt es ihnen, ungestört von Räubern in ihrer Umgebung herumzustöbern. Von ihren fleischfressenden Vorfahren haben sie die Behendigkeit, die scharfen Sinne und die Intelligenz eines Jägers mitbekommen.

Die meisten Allesfresser im Laubwald sind im Grunde Fleischfresser, die nebenher auch etwas Pflanzenkost zu sich nehmen. Außer den Bären zählen die Waschbären und Skunks in Nordamerika und die Dachse in Eurasien dazu. Der katzengroße Waschbär gehört zu den häufigsten Säugetieren Nordamerikas. Er hat seinen Bau in einem hohlen Baum oder in einer Felsspalte. Besonders geschickt ist er darin, Krebse und andere Wassertiere mit seinen Pfoten aus dem Wasser herauszuschnellen. Auf diese Weise ergänzt er seine Hauptnahrung, die aus Früchten, Nüssen, Samen, Insekten und Eiern besteht. In Gefangenschaft „waschen" Waschbären ihr Futter im Wasser. Vermutlich ist diese Verhaltensweise ein Ergebnis künstlicher Bedingungen und stellt in Wirklichkeit eine instinktive Wiederholung des Beutefangs im Wasser dar.

Dachs und Skunk gehören zur Familie der Marder. Sie besitzen Stinkdrüsen, mit denen sie ihre Reviere markieren. Nur der Skunk benutzt die Drüsen auch als Abwehrwaffen; er verspritzt in Doppelstrahlen eine übelriechende Flüssigkeit, die die meisten Angreifer abschreckt. Der Streifenskunk, der nur in Nordamerika vorkommt, lebt von Insekten und Larven; als Beikost nimmt er gelegentlich Mäuse, Eier und Aas.

Warnung an Räuber Wenn ein Skunk angegriffen wird, weist er warnend seinen buschigen Schwanz und hebt dabei entweder sein Hinterteil hoch, oder er stellt sich auf seine Vorderpfoten. Wenn das nicht wirkt, spritzt er 2 Strahlen einer stinkenden Flüssigkeit aus.

Der in Eurasien beheimatete Dachs, ein robustes Tier, das in seiner Erscheinung einem kleinen Bären gleicht, benutzt seine kräftigen Vorderbeine als Waffen und als Werkzeuge. Beutetiere wie Frösche, Kröten, Schnecken, Mäuse und sogar Maulwürfe trampelt er damit zu Tode. Als Werkzeug dienen die Vorderbeine

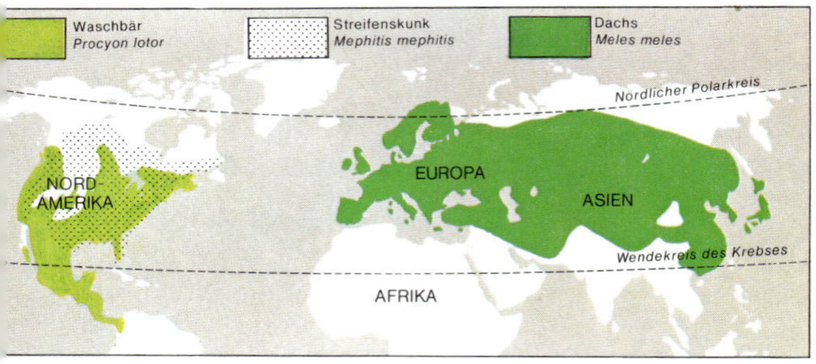
Waschbär
Procyon lotor
Streifenskunk
Mephitis mephitis
Dachs
Meles meles
Nördlicher Polarkreis
NORD-AMERIKA
EUROPA
ASIEN
Wendekreis des Krebses
AFRIKA

Die Heimat des Dachses Innerhalb seines Gebietes bewohnt der eurasische Dachs vor allem Waldungen.

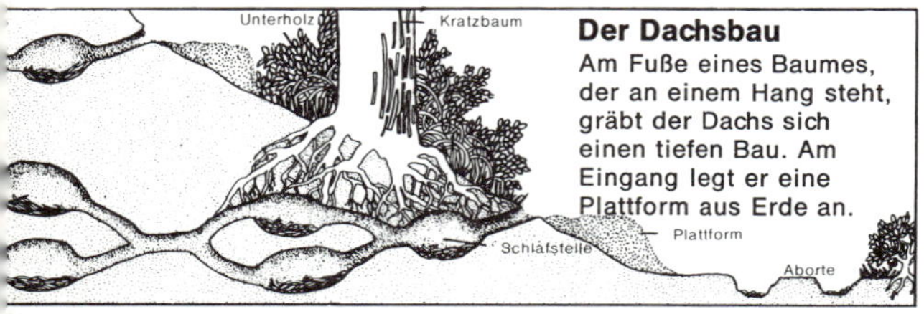
Unterholz
Kratzbaum
Plattform
Schlafstelle
Aborte

Der Dachsbau
Am Fuße eines Baumes, der an einem Hang steht, gräbt der Dachs sich einen tiefen Bau. Am Eingang legt er eine Plattform aus Erde an.

Fürsorgliche Mutter Ein Skunk hebt ein Junges auf und eilt mit ihm zu seinem Bau zurück. Im Mai oder Juni werden bis zu 10 Junge geboren; sie bleiben bei der Mutter, bis die Familie sich im Herbst auflöst.

Der heikle Dachs Der eurasische Dachs ist peinlich sauber: Er gräbt Löcher für seine Exkremente und wechselt regelmäßig sein Strohlager. Außerhalb der Paarungszeit können mehrere Dachse sich in einen Bau teilen, aber im Frühling legt jedes Paar sein eigenes Heim an. Auch Höhlen im Felsen werden benutzt.

Der Waschbär macht Jagd auf Fische, Frösche und Krebse. Er planscht mit den Pfoten im Wasser und schnellt schließlich einen Happen aufs Trockene.

ihm beim Einbrechen in Bienenstöcke, beim Ausgraben von Schnakenlarven und Würmern und bei der Anlage seines tiefen Dachsbaus – eines weitläufigen Systems von Gängen und Kammern.

Das einzige nordamerikanische Beuteltier ist das Virginische oder Nordopossum. Eigentlich ist es ein Tier Südamerikas, doch hat es sich in die Wälder der gemäßigten Zone hinein ausgebreitet. Wie der etwas größere Waschbär ist das Virginische Opossum ein Nachttier; es scheint aber weniger aktiv und intelligent zu sein. Seine Ernährung ist abwechslungsreich; es frißt alles, was es im Unterholz findet: Früchte, Pflanzen, Insekten, Aas.

Am Boden ist das Virginische Opossum langsam, und seine Bewegungen sind schwerfällig, aber es ist ein geschickter Kletterer und benutzt seinen langen, nackten Greifschwanz, um sich an Ästen festzuhalten. Wenn es gestört wird, macht das Tier sich instinktiv völlig schlaff und wirkt dann wie tot. Dieses Verhalten – vielleicht im Verein mit seinem abstoßenden Geruch – scheint es vor Angriffen zu schützen.

Nur gelegentlich fressen sie Fleisch

Das Wildschwein hat unter den Allesfressern des Laubwaldes insofern eine Sonderstellung, als es ein Vegetarier ist, der seinen Speiseplan durch tierische Nahrung ergänzt. In den Wäldern Europas und Asiens verlassen die Schweine abends ihre Lager und wühlen mit ihren Schnauzen Wurzeln aus, fressen Früchte und Nüsse und packen jedes kleine Tier, das ihnen über den Weg kommt, seien es Regenwürmer oder Insekten. Auch Aas verschmähen sie nicht.

Erwachsene Keiler stöbern allein herum, aber Bachen und ihre Frischlinge halten sich in Gruppen zusammen. Solche Wildschweinrotten zerstören durch Zertrampeln und Wühlen oft weite Flächen mit Feldfrüchten.

Das Wildschwein ist ein schneller Läufer und zäher Kämpfer. Der Keiler kann den Körper eines Feindes mit seinen scharfen Hauern aufreißen. In der Paarungszeit – in Europa im Dezember und Januar – kämpfen die Keiler miteinander.

Der schwarze Bär Asiens

Der Kragenbär kommt vom Iran bis zur Mandschurei und Japan hoch im Gebirge nahe an der Waldgrenze vor. Neben schwarzen Tieren gibt es gelegentlich auch rotbraune, aber alle besitzen ein weißes Kinn und einen sichelförmigen, weißen Fleck auf der Brust. Der Kragenbär hat größere Ohren und eine schlankere Schnauze als der Braunbär.

Im Winter schläft der Kragenbär bei schlechtem Wetter immer nur für kurze Zeit – im Gegensatz zum Braunbären, der den größten Teil des Winters verschläft.

Aasfresser

In mancher Hinsicht stellen die Krähen wohl die höchste Stufe dar, die in der stammesgeschichtlichen Entwicklung der Vögel erreicht ist; sie sind intelligent, sehr anpassungsfähig und haben eine komplizierte soziale Organisation. Es gibt kaum irgend etwas Freßbares, was sie nicht nehmen – Früchte, Getreide, Eier, Insekten, Kleinvögel, Säugetiere und Aas. Ihre Vielseitigkeit ist nicht nur dadurch bedingt, daß sie alles verdauen können, sondern auch ihrem anpassungsfähigen Verhalten zuzuschreiben.

Gelegentlich frißt er Fleisch Der Kragenbär wird fast 1,80 m lang. Er ist angriffslustiger als der Schwarzbär Nordamerikas und so groß und stark, daß er gelegentlich Rinder und andere Haustiere tötet. Hauptsächlich ernährt er sich aber von Nüssen, Früchten, Honig und Bienenlarven, die er sich aus Bienenstöcken holt. Er ist ein geschickter Kletterer.

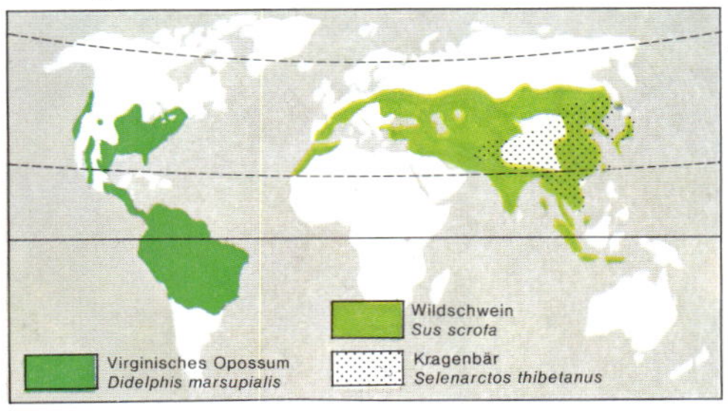
Wildschwein
Sus scrofa
Virginisches Opossum
Didelphis marsupialis
Kragenbär
Selenarctos thibetanus

Verbreitung des Wildschweins Der Mensch hat dem Wildschwein lange nachgestellt. Trotzdem ist es heute noch von den Laubwäldern bis zu den Tropen verbreitet. Auch der Kragenbär kommt bis zu den Tropen vor.

Beuteltiere Amerikas Bei der Geburt ist das Virginische Opossum kleiner als eine Biene. Zwei Monate bleiben die Jungen noch im Beutel der Mutter. Danach reiten sie öfter auf dem Rücken der Mutter.

Schutzfärbung der Jungen Die gestreiften Rücken der Frischlinge sind im Wald eine wirksame Tarnung. Den ausgewachsenen Tieren fehlt diese Schutzfärbung.

Aasfresser Eine Elster, *Pica pica*, frißt an einem Biberkadaver. Diese Art, die auch in Amerika zu Hause ist, gehört zur Familie der Krähen.

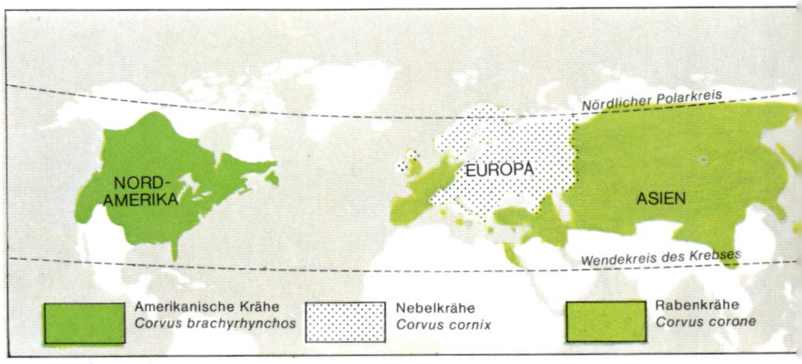
Nördlicher Polarkreis
NORD-AMERIKA
EUROPA
ASIEN
Wendekreis des Krebses
Amerikanische Krähe
Corvus brachyrhynchos
Nebelkrähe
Corvus cornix
Rabenkrähe
Corvus corone

Die Gebiete der Rabenkrähe und der Nebelkrähe überschneiden sich in der Brutzeit nicht. Wo diese Arten aber zusammentreffen, kommen Bastarde vor.

Die Tiere der Macchie

Der Mensch hat den ursprünglichen Wald des Mittelmeergebietes vernichtet und viele Tiere ausgerottet oder sie in gebirgige Schlupfwinkel zurückgedrängt.

Das Mittelmeergebiet trägt eine Mischvegetation, die Waldpflanzen ebenso wie Pflanzen der Wüste umfaßt. Ein großer Teil des ursprünglichen Waldes ist seit sehr früher Zeit dem Feuer, der Axt und dem Pflug des Menschen zum Opfer gefallen. Bäume wie Oliven, Zitrusgewächse und Korkeichen hielten sich hauptsächlich in Anpflanzungen. Der charakteristische natürliche Pflanzenwuchs auf dem heutigen Boden, dessen Erde nach der Abholzung fortgeschwemmt wurde, ist ein ziemlich trockener, immergrüner Buschwald: die „Macchie".

Gebiete mit ähnlichem Klima und gleichartiger Vegetation gibt es auch in anderen Teilen der Welt, vor allem in Kalifornien, Mittelchile, Südafrika, Südaustralien und auf der Nordinsel Neuseelands. Jedes dieser weit voneinander getrennten Gebiete hat seine eigenen widerstandsfähigen Bäume und Sträucher.

Im Mittelmeergebiet speichern krautige Pflanzen wie Narzisse, Tulpe und Krokus die Feuchtigkeit in unterirdischen Zwiebeln oder Knollen, die vielen Tieren im Sommer als Nahrung dienen.

Wildschafe Mufflons leben an felsigen Hängen auf Korsika und Sardinien. Sie fressen Gras und Blätter.

Erfolgreiche Siedler Das Kaninchen besiedelt jeden Lebensraum, in dem es Gras findet und sich einen Bau graben kann. Der Mensch hat seine Verfolger dezimiert, so breitete es sich in Westeuropa aus.

Tiere auf dem Rückzug

So wie bei den Pflanzen, sind auch die Veränderungen im natürlichen Gleichgewicht der Tierwelt im Mittelmeerraum vom Menschen stark beeinflußt. Die meisten großen Raubtiere wurden entweder ausgerottet oder gezwungen, in abgelegeneren Gebirgsregionen Zuflucht zu suchen. Die wenigen Leoparden, die hier übriggeblieben sind, leben hauptsächlich im Atlas-Gebirge in Marokko. Braunbären, einst weit verbreitet, findet man heute nur noch in den Bergen Nordwestspaniens, in den Pyrenäen und auf dem Balkan.

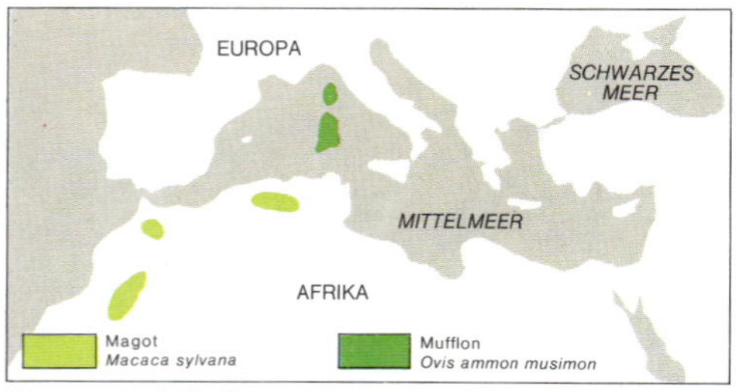
EUROPA
SCHWARZES MEER
MITTELMEER
AFRIKA
Magot
Macaca sylvana
Mufflon
Ovis ammon musimon

Magots und Mufflons leben auf bewaldeten Berghängen. Behende klettern sie auf dem Felsgestein herum.

Viele von den größeren Pflanzenfressern, wie Schafe und Ziegen, sind weitgehend domestiziert oder durch Haustierrassen ersetzt worden. Wildziegen kommen noch von den Ostküsten des Mittelmeeres bis Westpakistan vor; die meisten Bestände sind aber durch Kreuzung mit Hausziegen verändert worden.

Wildschafe, die Mufflons, leben noch auf Korsika und Sardinien; andere Schafe, die vermutlich zur gleichen Art gehören, sind in Kleinasien, Iran und der Mongolei zu Hause. Die Schafe der beiden Mittelmeerinseln sind einander aber so ähnlich und den Typen in Asien so ungleich, daß sie möglicherweise in früheren Zeiten vom Menschen auf diesen Inseln eingeführt worden sind. Mufflons leben in kleinen, jeweils von einem alten Mutterschaf geführten Herden in rauhen und oft steilen Gebirgsgegenden. Sie haben kein so dickes Vlies wie das Hausschaf, obwohl sie im Winter ein wollenes Unterfell tragen, das unter dem groben, schweren Fell verborgen ist.

Im neuen Lebensraum eingebürgert

Der Damhirsch, *Dama dama,* ist einer der bekanntesten Hirsche in Gehegen und lichten Waldgebieten Mitteleuropas und Englands. Diese Herden stammen ziemlich sicher von Tieren ab, die aus dem Mittelmeergebiet eingeführt worden sind, vielleicht von den Römern. Heute ist dieser Hirsch in weiten Teilen des ursprünglichen Verbreitungsgebietes im südlichen Europa fast ausgestorben; er hält sich nur in zerstreuten Beständen. Eine andere Art, *Dama mesopotamica*, lebt möglicherweise noch in einigen Exemplaren im Irak.

Damwild läßt sich meist an dem schaufelförmigen Geweih der männlichen Tiere erkennen, wenn auch die Geweihe der asiatischen Arten an der Spitze nur leicht abgeflacht sind. Im Sommer trägt das Damwild ein braunes Kleid mit weißen Flecken, im Winter ein graues Fell.

Damhirsche paaren sich im Herbst; die Kälber – gewöhnlich jeweils nur eins – werden im frühen Sommer geboren. Hirsche und Kühe bleiben auch außerhalb der Fortpflanzungszeit oft zusammen – besonders im Winter, wo man bei den weiblichen Tieren öfter eine ganze Anzahl von männlichen findet, obgleich die Herde dann immer noch von einer Kuh geführt wird.

Der einzige im Mittelmeergebiet heimische Affe ist der Magot oder Berberische Affe. Er ist ein Makak und mit den Affen Indiens und Südostasiens näher verwandt als mit denen in Afrika südlich der Sahara.

Wie die meisten Affen sind Magots gesellige Tiere. Sie leben in kleinen Horden, die auf der Suche nach tierischer und pflanzlicher Nahrung mit großer Behendigkeit über felsige Hänge ziehen. Die berühmte Magot-Kolonie auf dem Felsen von Gibraltar ist wahrscheinlich von Nordafrika eingeführt.

Ohrlose, augenlose Wühler

Die Blindmäuse des Mittelmeergebietes leben fast ganz unterirdisch; nur gelegentlich kommen sie aus ihrem Gangsystem im Boden heraus, wo sie Wurzeln, Zwiebeln und Knollen fressen.

Ihre gedrungenen Körper sind fast 30 cm lang und mit dichtem Fell bedeckt. Eine Blindmaus erkennt Gegenstände, indem sie sie mit ihrer Nase berührt.

Blindmäuse sind vorzüglich zum Graben ausgerüstet. Wenn sie ein ausgedehntes System von Gängen und Kammern anlegen, graben sie mit ihren riesigen Schneidezähnen und schaffen die Erde mit ihren breiten, hornigen Schnauzen fort. Jeder Bau hat verschiedene Nestkammern; sie sind durch eine Reihe von Gängen mit anderen Kammern verbunden, die zur Aufzucht der Jungen, zum Fressen, zum Lagern und als Aborte dienen. An der Erdoberfläche fällt ein solcher Bau durch aufgeworfene Erdhügel auf. Die Kammern für die Fortpflanzung liegen gewöhnlich unter diesen Haufen.

Man nimmt an, daß die ursprüngliche Heimat des Kaninchens, *Oryctolagus cuniculus,* Spanien ist; der Name dieses Landes leitet sich von „tsapan" her, dem phönizischen Wort für das Kaninchen. Heute ist das Tier aber im nördlichen Europa weiter verbreitet als im Mittelmeergebiet. Auch in Australien, Neuseeland und Chile ist es eingeführt worden.

Vögel mit gegensätzlicher Verbreitung

Das Mittelmeergebiet ist reich an Vögeln. Insektenfresser sind besonders im Sommer reichlich vorhanden, doch im Winter ziehen die meisten Arten nach dem tropischen Afrika. Zu den Standvögeln gehört die Blauelster, ein Mitglied der Krähenfamilie, das außer in Spanien und Portugal nur noch im Fernen Osten vorkommt. Diese Elster frißt verschiedene Insekten und Beeren.

Der Blutspecht, *Dendrocopos syriacus,* war bis vor etwa einem Jahrhundert auf das Mittelmeergebiet beschränkt; in neuerer Zeit hat er sich jedoch stark ausgebreitet und ist häufiger geworden. Heute bewohnt er einen großen Teil Osteuropas, besonders kultiviertes Land, wo er den einheimischen Buntspecht, *Dendrocopos major*, weitgehend ersetzt hat.

Die Gründe für diese Ausbreitung sind nicht ganz klar. Etwas aber weiß man: Wenn der Mensch eine natürliche Umwelt stört, geht zwar die Mannigfaltigkeit der Pflanzen- und Tierwelt zurück, doch bestimmte Arten überstehen den Eingriff nicht nur, sondern gedeihen in der neuen, vom Menschen geschaffenen Umgebung besonders gut.

Hühner des Buschlandes Das Rothuhn, *Alectoris rufa*, lebt im Buschland Südwesteuropas, wo es das nahe verwandte Steinhuhn, *Alectoris graeca*, des östlichen Mittelmeerraumes ersetzt.

Die Blindmäuse des Mittelmeergebietes benutzen ihre Schnauzen, um Erdreich zusammenzuschieben. Überdies erkennen sie damit beim Graben Gegenstände.

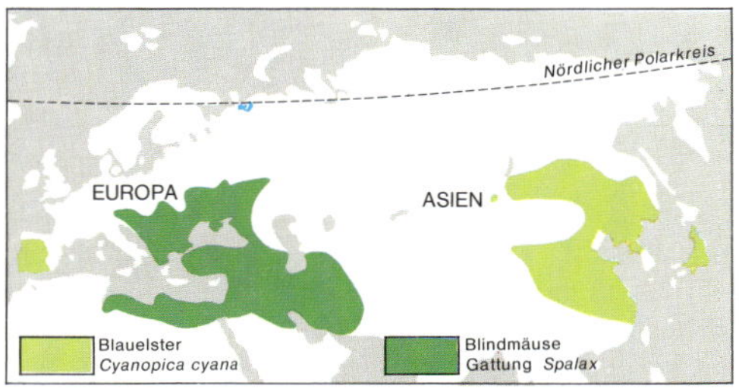
Nördlicher Polarkreis
EUROPA
ASIEN
Blauelster
Cyanopica cyana
Blindmäuse
Gattung Spalax

Elstern, die sich nie begegnen Die Blauelster hat ein kleines Verbreitungsgebiet auf der Iberischen Halbinsel und ein großes in Asien; sonst findet man diese standorttreuen Vögel nirgends auf der Erde. Die Blindmäuse des Mittelmeerraumes haben ein verhältnismäßig geschlossenes Verbreitungsgebiet, das Wüste und Grasland umfaßt.

Schlangen in Südeuropa Die Gelbgrüne Pfeilnatter, *Coluber viridiflavus*, verschlingt eine Smaragdeidechse, *Lacerta viridis*. Sie wird manchmal fast 2 m lang und ist eine der größten Schlangen Europas.

Damwild Diese Hirsche sind vor allem in lichten Waldgebieten zu Hause, wo ihre gefleckten Felle zwischen den Bäumen und Büschen nicht auffallen. Wie die meisten Hirsche fressen sie Blätter, aber auch Gras.

Berg- und Tieflandbewohner

Eine jahrhundertelange Kultivierung hat aus den südchinesischen Tiefländern viele Wildtiere verdrängt; aber die entlegenen Gebirge beherbergen noch einige seltene Arten.

Südchina besitzt zwei Lebensräume: die Gebirge im Westen und die Tiefländer im Osten. In den Tiefländern sind die Wälder seit langem abgeholzt, und viele Tiere, die einst dort lebten, gibt es nicht mehr. In den dichten Bergwäldern hingegen herrscht ein reiches Tierleben. An den Hängen haben sich mehrere Vegetationsgürtel ausgebildet. Breitblättrige immergrüne Pflanzen weichen in einer Höhe von etwa 1800 m dem Bambuswald. Bei ungefähr 2400 m beginnt eine Mischung aus Nadelbäumen und Rhododendron, und bei 3300 m schließt sich offenes Gelände mit Sträuchern und Gräsern an.

In Südjapan gibt es ähnliche Tiergemeinschaften und Wälder wie in Südwestchina.

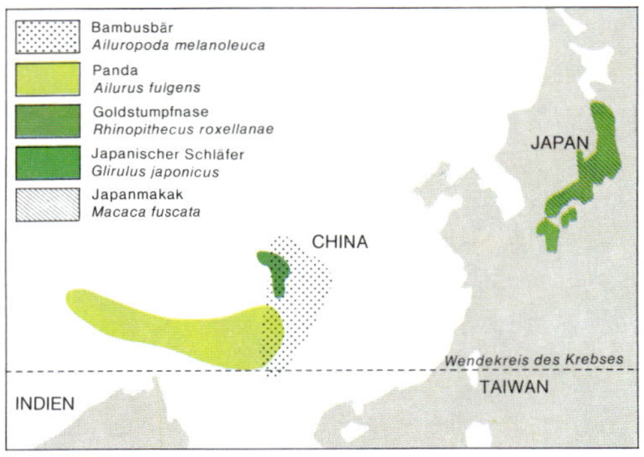
Bambusbär
Ailuropoda melanoleuca
Panda
Ailurus fulgens
Goldstumpfnase
Rhinopithecus roxellanae
Japanischer Schläfer
Glirulus japonicus
Japanmakak
Macaca fuscata
CHINA
JAPAN
Wendekreis des Krebses
TAIWAN
INDIEN

Bergbewohner Bewaldete Berghänge sind die Heimat des Japanischen Schläfers, des Japanmakaks, des Riesenpandas oder Bambusbären und des Pandas. Beide Panda-Arten findet man in Südwestchina. Der Panda lebt zumeist auf höheren Hängen.

Bereit zur Futtersuche In der Dämmerung kommt der Japanische Schläfer aus seiner Höhle, um Früchte, Samen, Insekten und Vogeleier zu suchen. Oft hängt er mit den Hinterfüßen an einem Zweig, um Früchte weiter unten zu erreichen.

Der nördlichste Affe der Welt

Eines der wenigen Säugetiere, die ausschließlich im südlichen Japan leben, ist der Japanmakak, ein Verwandter des indischen Rhesusaffen. Die Japanmakaken, die nördlichsten Affen der Welt, leben in Bergwäldern und an felsigen Gebirgshängen in Höhen über 1500 m. Ihre Nahrung ist abwechslungsreich und besteht aus Früchten, Nüssen, Gräsern und Insekten.

Ein anderer Bewohner der höher gelegenen Hänge der Bergwälder zwischen 400 und 1800 m ist der Japanische Schläfer, die einzige Schlafmaus, die auf Japan beschränkt ist. Ihre nächste Verwandte lebt Tausende von Kilometern entfernt in Westsibirien. Das Weibchen des Japanischen Schläfers baut sein Nest in einem Baum; außen wird es mit Flechten bedeckt, innen mit Baumrinde ausgelegt.

Die Biberspitzmaus, *Chimmarogale himalayica*, lebt in der Nähe von Gebirgsflüssen in Südjapan, Südwestchina und im Himalaja.

Gemeinschaftsleben Japanmakaken leben in Bergwäldern und an felsigen Gebirgshängen in Gemeinschaften von 20 bis 200 Individuen, die von mehreren ausgewachsenen Männchen geführt werden. Diese Makaken sind starkgliedrige Tiere mit dichtem, zottigem Fell, in dem sie den strengen Winter in Südjapan überstehen können.

Ruhe am Tage Auf dem Speisezettel des Pandas stehen Bambussprossen, Gras, Wurzeln, Eicheln und Früchte. Der Panda geht gewöhnlich nachts auf Nahrungssuche und ruht sich am Tage in den Bäumen aus; dabei legt er seinen langen, buschigen Schwanz um seinen Körper. Er erreicht eine Gesamtlänge von 1,50 m.

Harte Kost Der Bambusbär kaut harten Bambus mit seinen kräftigen Zähnen und starken Kiefermuskeln. Manchmal frißt er auch Vögel und kleine Säugetiere.

Vegetarier der chinesischen Bambuswälder

Die Bambuswälder Südwestchinas sind die Heimat des Bambusbären oder Riesenpandas, eines der seltensten Tiere der Welt. Bambusbären leben einzeln, gewöhnlich am Boden; wenn sie aber verfolgt werden, klettern sie auf Bäume. Ungefähr zwölf Stunden täglich fressen sie, vor allem Bambussprossen und -stengel.

Der Panda oder Katzenbär ist kleiner. Er hat einen langen, buschigen Schwanz und eine waschbärartige Gesichtszeichnung. Die beiden Pandas haben mancherlei gemeinsam; so besitzen sie beide einen „sechsten Finger" – einen Wulst an den Vordertatzen, der ihnen hilft, die Bambusstengel beim Fressen festzuhalten. Man rechnet sie im allgemeinen – zusammen mit den Waschbären – zur Familie der Vorbären; einige Zoologen sind aber der Ansicht, daß die beiden Pandas nicht näher verwandt sind und daß der Riesenpanda zur Familie der Bären gehört, der er auch äußerlich mehr gleicht.

Ein weiterer Vegetarier der Bergwälder ist die seltene Goldstumpfnase. Dieser Affe lebt in Trupps von mehr als 100 Exemplaren und frißt Bambus und andere Pflanzen.

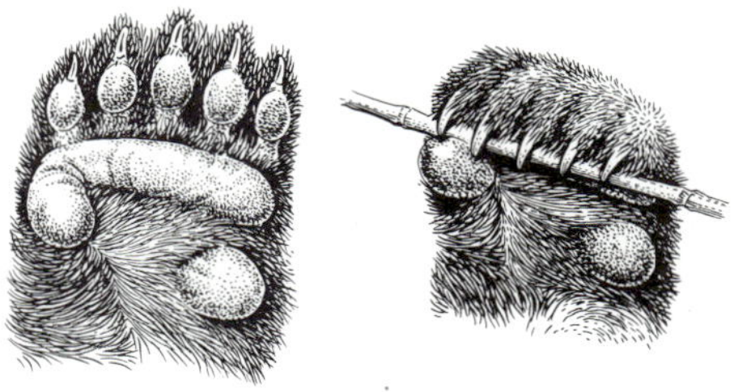

Ein „sechster Finger" Bambusbären haben an den Vordertatzen Wülste, die als „sechste Finger" dienen, wenn die Tiere die Bambusstengel greifen.

Ein Hirsch, der sich mit seinen Eckzähnen zur Wehr setzt

Die Wälder Südchinas sind die Heimat zweier kleiner Hirscharten – des Chinesischen Muntjaks und des Schopfhirsches –, die sehr den kleinen Duckern im tropischen Afrika gleichen.

Der Schopfhirsch ist ein scheues, flüchtiges Tier, das einzeln in den dichteren Wäldern Südwestchinas lebt. Sein Geweih besteht aus kleinen, in einem Haarschopf auf der Stirn fast verborgenen Stummeln. Wenn er von Leoparden oder anderen Raubtieren angegriffen wird, verteidigt er sich mit den gebogenen Eckzähnen, die aus seinem Oberkiefer herausragen.

Der Chinesische Muntjak gleicht dem Schopfhirsch, ist aber etwas kleiner (45–58 cm Schulterhöhe gegenüber 50–70 cm). Er hat ebenfalls nur ein kurzes Geweih, und das Männchen besitzt große Eckzähne.

Die höheren, lichteren Waldungen Südwestchinas sind die Heimat des Weißlippenhirsches, *Cervus albirostris*, eines großen, seltenen Tieres mit ausladendem Geweih und einem weißen Maul, das es von seinem nahen Verwandten, dem Rothirsch, unterscheidet.

Das Wasserreh, in den Tiefländern Chinas zu Hause, ernährt sich von Schilf, groben Gräsern und andere Pflanzen. Diese Rehe bringen 4 oder 5 Junge zur Welt – im Gegensatz zu allen anderen Hirscharten, die nur 1 oder 2 tragen. Auch bei ihnen haben die Männchen hauerähnliche Eckzähne im Oberkiefer.

Seltene Fasanen Der Swinhoe-Fasan, einer der seltensten freilebenden Vögel der Welt, kommt in den Bergwäldern von Taiwan vor. Früher war er auf der Insel weit verbreitet, aber sein Lebensraum ist größtenteils zerstört worden.

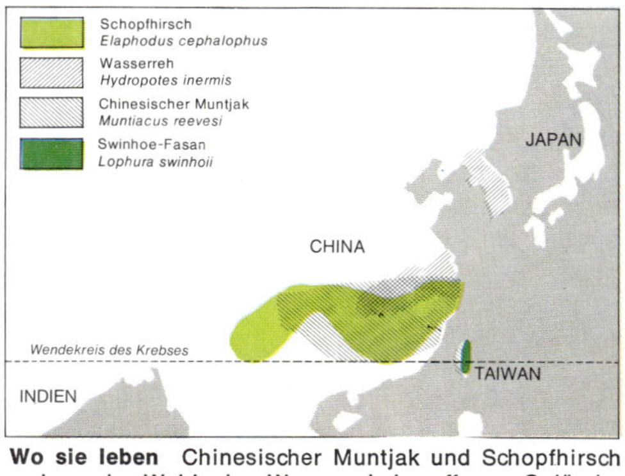
Schopfhirsch
Elaphodus cephalophus
Wasserreh
Hydropotes inermis
Chinesischer Muntjak
Muntiacus reevesi
Swinhoe-Fasan
Lophura swinhoii
JAPAN
CHINA
Wendekreis des Krebses
TAIWAN
INDIEN

Wo sie leben Chinesischer Muntjak und Schopfhirsch wohnen im Wald, das Wasserreh im offenen Gelände.

Bellender Hirsch Der Chinesische Muntjak bellt, wenn er ein Raubtier entdeckt.

Ein Hirsch, der Gras frißt Das Wasserreh frißt kein Laub, sondern grobe Gräser und Schilf.

Beuteltiere

Segelflieger Dank schmaler Hautstreifen zwischen den Hinter- und den Vorderbeinen kann der Australische Zwerggleitbeutler, *Acrobates pygmaeus*, kurze Entfernungen von Ast zu Ast im Segelflug überbrücken.

Der Dickschwanz-Schlafbeutler, *Cercartetus nanus*, hängt, während er nach einem Zweig greift, an seinem Schwanz.

Huckepack Das Koalajunge reitet auf dem Rücken seiner Mutter, nachdem es den Beutel verlassen hat.

Schwanz als Anker Beim Fressen verankert der Wander-Ringelschwanzbeutler sich mit seinem Greifschwanz.

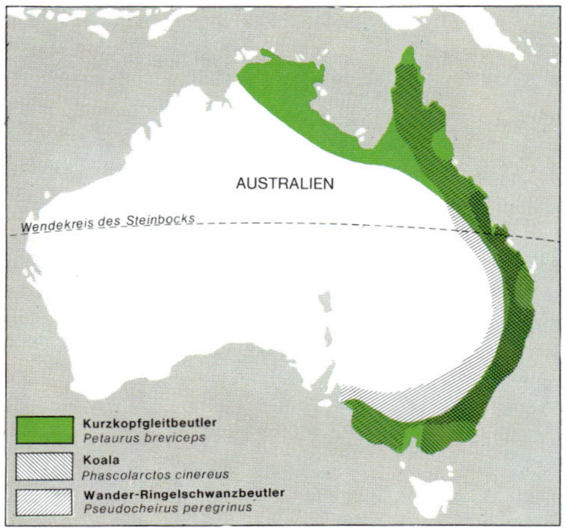
AUSTRALIEN
Wendekreis des Steinbocks
Kurzkopfgleitbeutler
Petaurus breviceps
Koala
Phascolarctos cinereus
Wander-Ringelschwanzbeutler
Pseudocheirus peregrinus

Beuteltiere Ostaustraliens Kurzkopfgleitbeutler sind in Ostaustralien häufig, vor allem in lichten Wäldern. Am Tage verbergen sie sich in Blattnestern, die sie in Höhlen bauen. Wander-Ringelschwanzbeutler, ebenfalls ziemlich zahlreich, leben in Krüppelholz und Gebüsch. Sie verstecken sich tagsüber in kuppelförmigen Nestern, die sie in den Ästen der Bäume, manchmal auch in Baumhöhlen angelegt haben. Koalas hingegen gibt es heute außerhalb von Schutzgebieten kaum noch. Sie leben ausschließlich auf Eukalyptusbäumen und kommen nur selten auf den Boden herab.

In den Wäldern Australiens haben die Beuteltiere fast ganz die Rolle der Säuger in anderen Erdteilen übernommen. Sie sind teils Pflanzenfresser, teils Jäger.

Vor etwa 70 Millionen Jahren, so nimmt man an, besiedelten eine Reihe kleiner, auf Bäumen lebender Tiere Australien. Es handelte sich um Beuteltiere – Säugetiere, deren Junge in einem frühen Stadium geboren werden und die ihre Entwicklung im Beutel der Mutter vollenden, mit deren Zitzen sie fest verbunden sind.

Das Meer überschwemmte schließlich die Landverbindungen zwischen Australien und den anderen Kontinenten. Damit verloren die ursprünglichen Arten in Australien ihre Verbindung mit der Fauna benachbarter Gebiete. In der Abgeschiedenheit des Inselkontinents stellten sie sich auf die Verhältnisse ihres Lebensraumes ein; sie entwickelten sich in verschiedene Richtungen und bildeten dabei vielfach ähnliche Formen wie die Plazentatiere in anderen Teilen der Welt. So haben Hunde, Maulwürfe, Flughörnchen und viele andere Plazentalier (Tiere, deren Junge im Mutterleib weitgehend ausreifen) Ebenbilder in Australien. Andere australische Beuteltiere füllen zwar die gleichen Umweltnischen wie anderswo die Plazentatiere, gleichen ihnen aber nicht. So entspricht die Familie der Känguruhs beispielsweise den Wiederkäuern, also den Schafen und Rindern.

Flinke Baumbewohner

Die Flugbeutler, die zur Familie der *Phalangeridae* (Kletterbeutler) gehören, sind eine Gruppe besonders flinker Baumtiere. Sie haben an jeder Körperseite zwischen den Hinter- und Vorderbeinen eine Flughaut. Mit ihrer Hilfe können sie, wie die Flughörnchen der nördlichen Halbkugel, fast 50 m weit von Baum zu Baum segeln. Sie ernähren sich von Insekten und Blütensaft.

Der Hörnchenkletterbeutler, *Gymnobelideus leadbeateri*, sieht wie ein Flugbeutler aus, nur hat er keine Flughäute. Die Wander-Ringelschwanzbeutler, von denen es 5 Arten gibt, haben sich verjüngende, geringelte Schwänze, mit denen sie sich beim Klettern an den Ästen festhalten. Die Wander-Ringelschwanzbeutler, der Riesengleitbeutler, *Schoinobates volans*, und der Beutelbär, der Koala, unterscheiden sich von anderen Kletterbeutlern dadurch, daß sie eine „Zangenhand" besitzen: Beim Greifen stehen die ersten beiden Finger gegen die anderen drei.

Nahrung und Obdach in Eukalyptusbäumen

Der Koala ist der größte Kletterbeutler und der einzige ohne Schwanz. Er frißt von Eukalyptusbäumen die Blätter und die junge Rinde, außerdem die Triebe in bestimmten Wachstumsstadien. Das Koalaweibchen bringt ein Junges zur Welt, das kleiner als 2 cm ist. Gleich nach der Geburt kriecht es in den Beutel der Mutter. Sechs Monate später kommt es heraus und klammert sich am Rücken seiner Mutter fest.

Fleischfressende Beuteltiere der Familie der Raubbeutler entsprechen den Mardern, Zibetkatzen und Hunden der anderen Kontinente. Sie sind vor allem nachts aktiv und jagen kleine Säuger, Vögel, Reptilien und Insekten.

Ein sehr seltener Raubbeutler ist der große, hundeähnliche Beutelwolf, *Thylacinus cynocephalus*, in Tasmanien. Er frißt Känguruhs und Wallabys sowie Kleinsäuger und Vögel. Im Gegensatz zu ihm ist der gedrungene, kräftig gebaute Beutelteufel, *Sarcophilus harrisii*, in den Wäldern Tasmaniens noch zahlreich.

Zu den kleineren Raubbeutlern gehören die Beutelmäuse, behende Räuber, die sich meistens von Insekten ernähren, aber auch Mäuse fangen. Bei einigen Breitfußbeutelmäusen leben die Männchen nur eine Fortpflanzungsperiode lang: Die im September geborenen Männchen sind im folgenden August geschlechtsreif, und nach der Paarung sterben sie. Im Dezember sind die einzigen Männchen des Bestandes die jungen in den Beuteln der Weibchen.

Der vielleicht am wenigsten typische Raubbeutler ist der Ameisenbeutler. Er sucht seine Nahrung am Tage, und zwar nur Termiten, von denen er täglich 10 000–20 000 verzehrt. Er wohnt in umgestürzten Baumstämmen, die die Termiten hohlgefressen haben.

Eine Beuteltiergruppe zeigt eine bemerkenswerte Ähnlichkeit mit grabenden Nagetieren wie den Murmeltieren: die der Wombats oder Plumpbeutler. Die Zähne des Nacktnasenwombats wachsen – wie bei vielen Nagern – während seines Lebens stetig weiter. Außerdem hat er ebenfalls nur ein Paar obere und untere Schneidezähne, die Nagezähne.

Der Nasenbeutler wird auch Bandikut genannt, weil er äußerlich großen Nagern der Gattung *Bandicota* in Indien gleicht. Der Große Langnasenbeutler, *Perameles nasuta,* und der Kleine Kurznasenbeutler, *Isoodon obesolus,* leben von Insekten, Larven und Wurzeln, die sie mit ihrer Schnauze und ihren kräftigen Vorderpfoten ausgraben. Beide bauen auf dem Boden Nester aus Gras und Stöcken.

Gras- und Laubfresser

Känguruhs und Wallabys leben im offenen Gelände und im Wald. Zu den Wallabys gehören sowohl Gras- wie Laubfresser. Das Sumpfwallaby, *Wallabia bicolor*, ein einzeln lebendes Tier, frißt in den dichteren Teilen des Waldes Laub, während Parrys Känguruh, *Wallabia parryi*, ein Herdentier ist und auf üppigen grasreichen Flecken in lichteren Wäldern äst. Die Kleinwallabys der Gattung *Thylogale* leben im dichten Gestrüpp und Unterholz feuchter Wälder.

Die beiden Arten der Grauen Riesenkänguruhs sind im Wald zu Hause und äsen nachts auf grasigen Lichtungen. Die blassere Form, *Macropus giganteus,* bewohnt offene Wälder in Ostaustralien, die dunklere Form, *Macropus fuliginosus,* hingegen die dichter bewaldeten Gebiete Süd- und Westaustraliens.

Jäger und Aasfresser Die Beutelteufel kommen nachts aus ihrem Versteck heraus, um kleine Säuger zu jagen und Aas zu suchen. Als der Beutelwolf noch häufiger war, fraßen sie oft, was er übriggelassen hatte.

Schützender Beutel Junge Wombats sind, wenn die Mutter gräbt, vor Schmutz und Erdbrocken geschützt, weil der mütterliche Beutel sich nach hinten öffnet. Wombats graben weite, tiefe Höhlen in Abhänge, oft am Fuße eines Baumes oder Felsens. Sie kommen nachts heraus, um Gras und Wurzeln zu fressen. Ein Wombat kann mehr als 1,20 m lang werden.

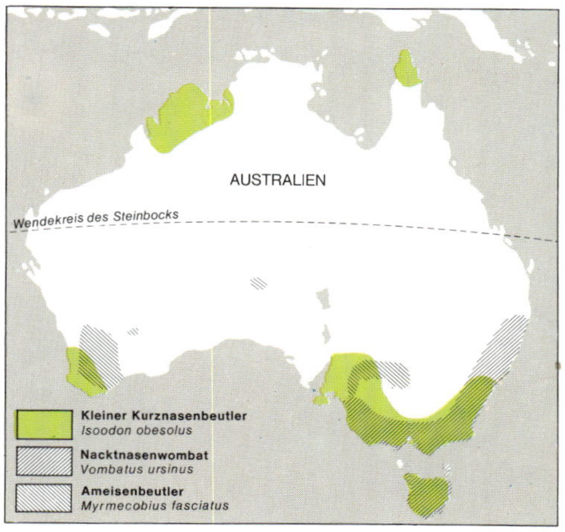
AUSTRALIEN
Wendekreis des Steinbocks
Kleiner Kurznasenbeutler
Isoodon obesolus
Nacktnasenwombat
Vombatus ursinus
Ameisenbeutler
Myrmecobius fasciatus

Kurznasenbeutler bewohnen z. T. die Gebiete der Wombats und Ameisenbeutler, ernähren sich aber anders.

Nahrungssuche auf dem Waldboden Der Kleine Kurznasenbeutler hat kräftige Vorderpfoten zum Graben.

Nächtlicher Jäger Der Tüpfelbeutelmarder, *Dasyurus viverrinus*, frißt Mäuse, Vögel und Insekten.

Auf Termitenjagd Der Ameisenbeutler kratzt auf der Suche nach Termiten Laub und Holz beiseite.

Tiere unter den Eukalyptusbäumen

Der Eukalyptuswald ist die Heimat des prächtigen Leierschwanzes, eines geschickten Stimmenimitators, der das Weibchen durch eine sehenswerte Balz anlockt.

In der gemäßigten Zone Australiens gibt es zwei Hauptwaldgebiete: einmal feuchte, tiefliegende Flächen mit ziemlich dichtem Wald und üppiger Bodenvegetation, zum anderen trockenere, gebirgige Gegenden, wo die Bodenvegetation weniger dicht ist. Beide Waldtypen werden als Hartlaubgehölze bezeichnet, da die zahlreichen Arten von Eukalyptusbäumen, die in ihnen wachsen, Blätter mit dicker Haut haben. Diese Haut verhindert einen Wasserverlust durch Verdunstung. Die Eukalyptusbäume bieten Insekten und Vögeln eine reiche Nahrungsgrundlage. Eine Vogelgruppe, die der Honigfresser, ernährt sich vom Nektar der Eukalyptusblüten.

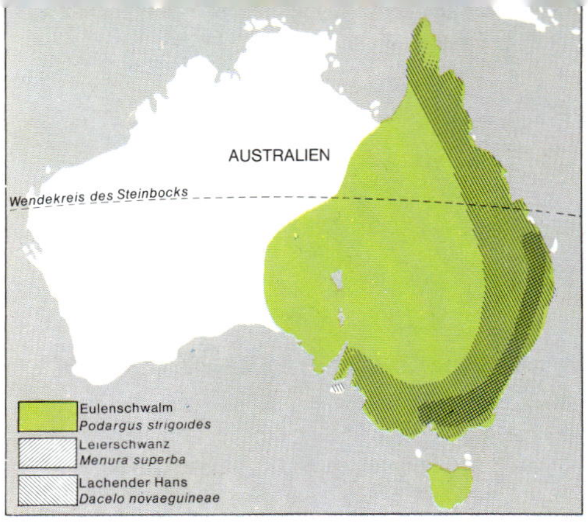
AUSTRALIEN
Wendekreis des Steinbocks
Eulenschwalm
Podargus strigoides
Leierschwanz
Menura superba
Lachender Hans
Dacelo novaeguineae

Die Verbreitung der Vögel Der Lachende Hans, einer der bekanntesten Vögel Australiens, kommt auch in Tasmanien vor, wo er eingeführt wurde. Die anderen Vögel haben begrenztere Verbreitungsgebiete. Der Leierschwanz bevorzugt die dichteren und felsigeren Teile des Eukalyptuswaldes. Die Eulenschwalme sind selten außerhalb von Waldgebieten zu finden.

Leierschwanzmännchen bei der Balz Wenn die sechzehn Schwanzfedern nach vorne schwingen, gleichen die beiden gebogenen Seitenfedern für einen Augenblick dem Rahmen einer griechischen Leier.

Fleißige Mutter Das Weibchen des Leierschwanzes zieht seine Brut weitgehend ohne die Hilfe des Männchens auf. Es baut ein großes, kuppelförmiges Nest aus Stöcken und Moos mit einer Innenwand aus Rindenfasern, die mit Federn ausgepolstert ist. Es legt ein einzelnes Ei und brütet es sechs Wochen lang.

Kurzstreckenjäger Der Eulenschwalm sucht sein Futter hauptsächlich auf dem Boden. Er fliegt jagend kurze Strecken und fängt Käfer, Mäuse oder Frösche.

Insektenfresser Der Kuckuckskauz, *Ninox boobook*, macht nachts Jagd auf Insekten, gelegentlich auch auf Mäuse und Vögel. Er lebt auch in Neuseeland.

Kriechtierjäger Eidechsen, kleine Schlangen und Insekten sind die Hauptnahrung des Lachenden Hans. Er tötet Schlangen, indem er sie gegen Äste schlägt.

Gesang und Tanz bei der Balz

Es gibt nur zwei Arten von Leierschwänzen; beide findet man in den Wäldern Ostaustraliens: den Leierschwanz, *Menura superba,* und den Schwarzleierschwanz, *Menura alberti.*

Der Leierschwanz ist wohl wegen der eleganten Schwanzfedern des Männchens am besten bekannt; nicht minder großartig aber sind die Balzspiele, die das Männchen ausführt, um sein Revier zu behaupten und ein Weibchen anzulocken. Es baut auf dem Waldboden einen Hügel aus Reisig als Tribüne für die Balz. Dann spreizt es seine Schwanzfedern, zeigt ihre silbrige Unterseite und beginnt einen volltönenden Gesang, wobei es im Takt der Melodie „tanzt".

Die Männchen und Weibchen beider Arten sind ausgezeichnete Stimmenimitatoren; die Männchen können es allerdings am besten. Sie ahmen die Rufe von Vögeln, anderen Tieren und sonstige Laute mit unglaublicher Genauigkeit nach.

Der Lachende Hans gehört zur Familie der Eisvögel. Er frißt alle möglichen kleinen Tiere. Seinen Namen hat ihm sein rauher, lachender Ruf eingetragen, der oft im Chor zu hören ist.

Der Ostroller, *Eurystomus orientalis,* ist mit den Eisvögeln verwandt. Seinen Namen hat er wegen seiner Fähigkeit erhalten, beim Fliegen einen Purzelbaum zu schlagen. Er ernährt sich von Insekten, die er im Flug fängt.

Ein typischer Vertreter der Honigfresser ist der Gelbstirnige Honigfresser, *Meliphaga plumula.* Er besitzt eine charakteristische Zunge, mit der er Nektar leckt: Die Spitze ist in 4 Lappen mit ausgefransten Kanten gespalten und kann deshalb wie ein Pinsel gebraucht werden.

Nagetiere und Fledermäuse

Die einzigen einheimischen Plazentatiere Australiens sind Nager und Fledermäuse. Die zahlreichste Gruppe ist die der Ratten. Die Buschratte, *Rattus fuscipes,* bewohnt Hartholzwälder und ist äußerst zahlreich vertreten. Die östliche Sumpfratte, *Rattus lutreolus,* trifft man in Waldgebieten auf sumpfigen Graslichtungen.

Mosaikschwanzmäuse und Mosaikschwanz-Riesenratten (*Melomys* und *Uromys*) leben hauptsächlich auf Bäumen. Ihre Schwänze, die teilweise zum Greifen dienen, weisen Schuppen auf, die besonders gut an den Ästen haften. Die meisten Ratten haben aber Ringelschwänze.

Fledertiere gibt es in der Größe von großen Flughunden, die knapp 2 Pfund wiegen und auch im tropischen Urwald zu Hause sind, bis zu kleinen, nur 15 g wiegenden Blütenbesuchern.

Ruhende Fledermäuse Hufeisennasen, *Rhinolophus megaphyllus,* verbringen den Tag in dunklen Spalten.

Sumpfratte Der Schwanz dieser Art, die auf dem Lande und im Wasser lebt, ist fast haarlos.

Schlupfwinkel und Jagdmethoden der Wirbellosen

In den Eukalyptuswäldern sind Wirbellose stark vertreten; einige Arten gibt es nur in Australien, darunter verschiedene Skorpione, Spinnen und Plattwürmer. Der große braune Skorpion, *Hormurus caudicula*, hat seinen Schlupfwinkel unter feuchten Baumstämmen. Sein Stich ist schmerzhaft, aber sein Gift tötet nur andere Wirbellose.

Zu den Plattwürmern gehören landbewohnende Planarien. Sie leben in feuchter Laubstreu und kriechen nachts auf Baumstämmen herum. Die am weitesten verbreitete Art ist *Geoplana caerulea.* Auf dem dunkelblauen oder dunkelgrünen Rücken dieser Tiere zieht sich in der Mitte ein breiter gelber Streifen entlang; ihre Unterseite ist kobaltblau. Eine Schicht schimmernden Schleimes auf der Haut fördert als Schmiermittel das Kriechen des Wurmes, setzt überdies den Wasserverlust des Körpers herab und dient als Leim für kleine Insekten. Wenn ein Insekt in dem Schleim kleben bleibt, stülpt der Plattwurm seinen Schlund hervor und läßt über das Opfer Säfte fließen, die es verdauen; dann wird die Beute aufgesogen.

Eins der gefährlichsten Tiere Australiens ist die Trichterspinne, *Atrax robustus,* so genannt, weil sie in einer Höhle oder Spalte eine Seidenröhre als Versteck spinnt. Das Weibchen lauert gewöhnlich am Eingang, bereit, sich auf jedes Insekt oder andere Tier zu stürzen; sein Biß ist selbst für den Menschen tödlich. Das Männchen ist sogar noch gefährlicher, aber vor einem Angriff des Weibchens ist es auch nicht sicher.

Baumbewohnende Frösche und blauzüngige Eidechsen

Frösche und Kröten sind die einzigen Lurche Australiens; es gibt zwei Hauptgruppen: Boden- und Baumbewohner. Die farbenprächtigsten unter den Bodenbewohnern sind die gelb und schwarz gestreiften Corroboree-Scheinkröten, *Pseudophryne corroboree*, die in Sphagnummooren der australischen Alpen vorkommen.

Der am weitesten verbreitete Baumbewohner, der Korallenfinger-Laubfrosch, *Hyla caerulea*, ist ein ausgezeichneter Kletterer, hält sich aber zumeist auf dem Boden auf, wo er nach Insekten sucht. Er verschluckt auch ganze Schnecken; das Schneckenhaus würgt er nachher wieder aus. Eine insektenfressende Eidechse, der Blauzungen-Skink, *Tiliqua scincoides,* legt keine Eier wie die meisten Kriechtiere, sondern bringt 10–15 Junge lebend zur Welt. Wenn dieses Tier sich bedroht fühlt, streckt es zur Abschrekkung die glänzendblaue Zunge heraus und bläst seinen Körper auf.

Australien beherbergt weniger ungiftige Schlangen als andere Regionen. Eine der häufigsten ist eine Pythonart, die Rautenschlange (*Python spilotes*).

Kletterfüße Der Korallenfinger-Laubfrosch kann auf Äste klettern. Dank den Haftscheiben an seinen Zehen findet er selbst an senkrechten Flächen Halt.

Fledermausfänger Vögel, Mäuse und Fledermäuse sind die Lieblingsnahrung der ungiftigen Rautenschlange, *Morelia argus variegata*, die an der Zeichnung auf ihrem Rücken leicht zu erkennen ist.

Blauzungen-Skink Diese, bis zu 60 cm lange Eidechse ernährt sich von kleinen Wirbellosen und Früchten.

Flugunfähige Vögel und urtümliche Relikte

Neuseelands isolierte Inseln waren sozusagen ein natürliches Laboratorium, in dem ein großes Evolutionsexperiment stattfand. So gibt es dort einmalige Tiere.

Vor mehr als 60 Millionen Jahren, als die Säugetiere entstanden und sich über die Erde ausbreiteten, war Neuseeland schon eine Inselgruppe. Seine isolierte Lage bewirkte, daß es eine Region ohne Säugetiere wurde – abgesehen von einigen Arten, die das Meer durchschwimmen oder überfliegen konnten.

Zwei Fledermausarten in den Wäldern und Robben an den Küsten waren deshalb jahrmillionenlang die einzigen Säugetiere Neuseelands. Während aber einige Tiergruppen fehlen, besitzt Neuseeland andererseits eine Fülle von besonderen einheimischen Arten, vor allem von Vögeln.

Da es auf dem Boden keine Raubtiere gibt, wurden viele Vögel der dichten Wälder flugunfähig. Die spektakulärsten von ihnen, die riesigen Moas, wurden von den Maoris gejagt, bis sie ausgerottet waren – die mächtigsten Arten wahrscheinlich schon vor dem 18. Jahrhundert.

Der Moa war ein flugunfähiger Vogel wie der afrikanische Strauß, der australische Emu und der südamerikanische Nandu. Diese Ähnlichkeit wird von manchen Forschern als Beweis dafür angesehen, daß es auf der Südhalbkugel einmal eine große Landmasse gegeben hat, mit der Neuseeland zusammenhing.

Langsam wachsendes Kriechtier aus der Zeit der Dinosaurier

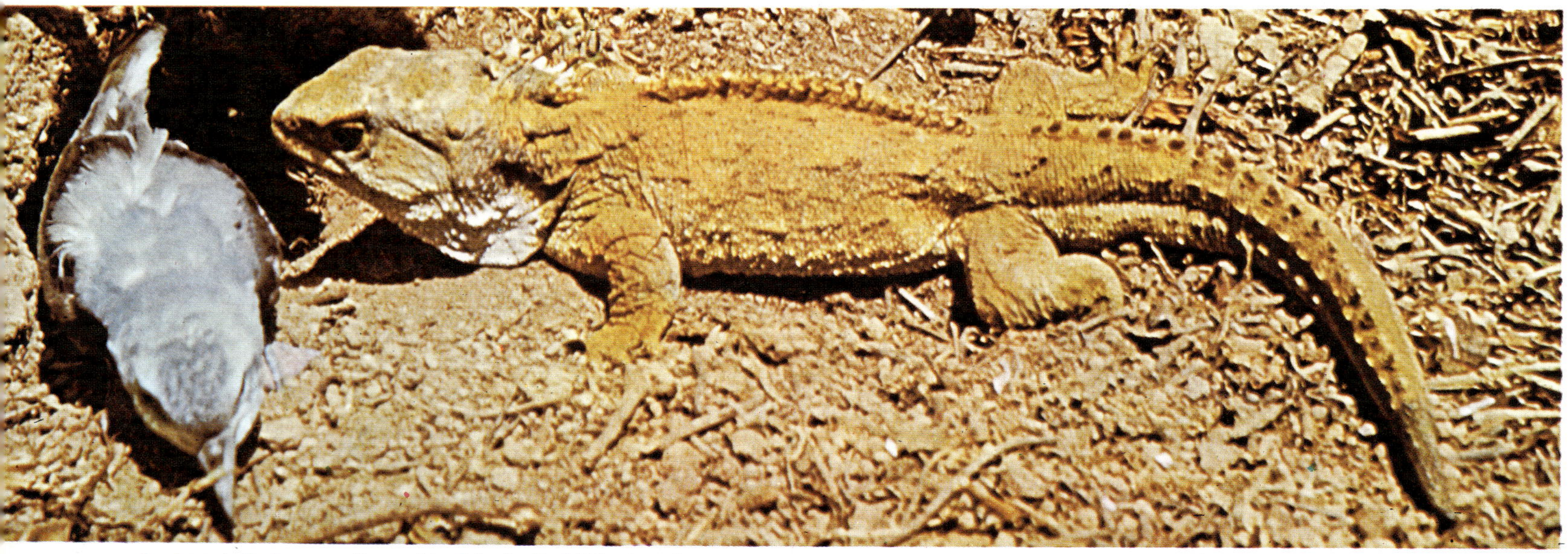

Logiergast Tuateras quartieren sich oft in der Bruthöhle eines Sturmvogels ein. Sie fressen Insekten, gelegentlich auch einen jungen Vogel.

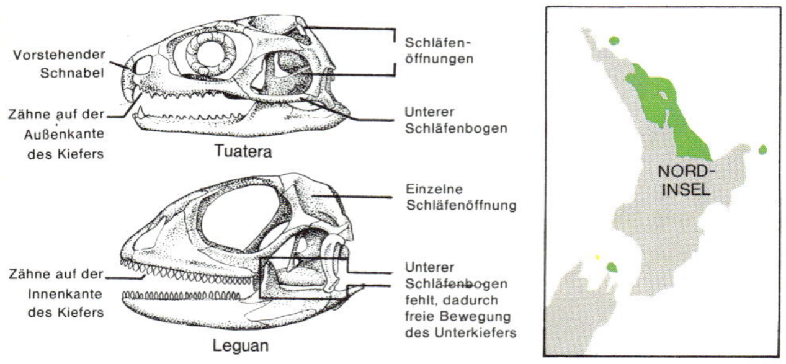
Vorstehender Schnabel
Zähne auf der Außenkante des Kiefers
Schläfen-öffnungen
Unterer Schläfenbogen
Tuatera
Einzelne Schläfenöffnung
Zähne auf der Innenkante des Kiefers
Unterer Schläfenbogen fehlt, dadurch freie Bewegung des Unterkiefers
Leguan
NORD-INSEL

Altertümliches Kriechtier Die Tuatera, die man nur noch auf Inseln findet, gleicht den Vorfahren der heutigen Eidechsen, vor allem in ihrem Schädelbau.

Frosch ohne Kaulquappenstadium 3 Frösche der Gattung *Leiopelma* in Neuseeland schlüpfen aus den Eiern schon als winzige Frösche mit Schwänzen aus.

Wehrhafte Grille Die 10 cm lange Riesengrille *Deinacrida rugosa* kann schmerzhafte Wunden reißen, indem sie mit ihren dornigen Hinterbeinen tritt.

In Neuseeland gibt es zahlreiche verschiedene Lebensräume – Wälder, Flüsse, Seen, Sümpfe, Grasflächen und Gebirge – mit ganz unterschiedlichem Klima. Aber eine 150jährige Kolonisation, verbunden mit der Einführung fremder Tiere und Pflanzen, hat das ursprüngliche Gleichgewicht der Natur zerstört und ungeheure Veränderungen hervorgerufen. Einige Arten haben unter den neuen Bedingungen nicht überlebt; andere, die einst häufig waren, sind jetzt selten.

Die Brückenechse in Neuseeland, die Tuatera, ist das einzige überlebende Tier aus einer Gruppe von Reptilien, den *Rhynchocephalia*, die im übrigen seit 100 Millionen Jahren ausgestorben sind. Die Tuatera wird etwa 60 cm lang. Ihre Haut ist trocken, und über ihren Rücken zieht sich ein Stachelkamm hin. Wie den Eidechsen kann ihr, wenn nötig, ein neuer Schwanz wachsen. Oben auf dem Kopf hat sie ein rudimentäres „drittes Auge".

Tuateras legen in eine Senke 8–15 Eier. Diese werden dann vergraben und bleiben unbewacht, bis nach 15 Monaten die Jungen ausschlüpfen. Tuateras wachsen langsam – gut 1 cm in 8 Jahren ist verbürgt –, und sie leben lange. Eine Tuatera hat es nachweislich auf 77 Jahre gebracht.

Die anderen Reptilien Neuseelands sind Eidechsen aus 2 Familien: Geckos und Skinke. Geckos jagen Insekten, meist im Laubwerk von Bäumen und Sträuchern, während Skinke am Boden unter Steinen und Baumstämmen leben.

Die 3 einheimischen Froscharten Neuseelands sind primitiv und wenig zahlreich. Ihr einziger Verwandter ist der Frosch *Ascaphus truei* im Gebiet der Rocky Mountains in Nordamerika. Die Frösche Neuseelands sind an ein Leben auf Bergrücken angepaßt, weit entfernt vom Wasser, wo sich Kaulquappen entwickeln könnten. Sie legen ihre Eier an feuchten Stellen ab. Aus diesen Eiern schlüpfen unmittelbar winzige Frösche mit Schwänzen; sie überspringen also das Stadium schwimmender Kaulquappen, wie man es bei anderen Fröschen kennt. Später verlieren sie ihre Schwänze.

Gliederfüßer sind in Neuseeland durch viele Arten von Kugelasseln, Tausendfüßern, Spinnen und Insekten vertreten. Außer den wohlbekannten, typischen Gruppen gibt es 4 *Peripatus*-Arten, die unter faulem Holz und in feuchtem Boden leben. Sie gehören zu den *Onychophora*, einer Gruppe von Tieren, die gegliederte, weiche, biegsame Körper haben und zwischen den Gliederfüßern und den Ringelwürmern stehen. Die neuseeländischen Arten sind bis zu 8 cm lang und haben 14–25 Paar Beine.

Ein Vogel, der auf Bäume klettert Der Eulenpapagei klettert auf Bäume und schwebt dann im Gleitflug herab. Er hat wohlproportionierte Flügel, aber seine Brustmuskeln sind für einen richtigen Flug nicht stark genug.

Wiederentdeckt Die Takahe galt lange als ausgestorben, bis sie 1948 wiederentdeckt wurde.

Vögel, die nicht mehr fliegen können

Viele Vogelarten, die in Neuseeland heimisch sind und früher in Massen dort lebten, haben auf Grund der Abholzung der Wälder und infolge des scharfen Existenzkampfes mit etwa 25 eingeführten Arten stark abgenommen. Auf kultivierten Flächen sind jetzt fast durchweg die eingeführten Arten am verbreitetsten. Die heimischen Arten muß man im ursprünglichen Busch suchen, im Moor und an den Seen. 12 von ihnen sind heute ausgestorben.

Da weder eine Nahrungskonkurrenz bestand noch eine Gefahr von Landsäugetieren drohte, wurden einige Vögel Neuseelands Bodentiere. Diese Lebensweise führte entwicklungsgeschichtlich dazu, daß die Körper schwerer und die Flügel kleiner wurden. Und schließlich konnten die Vögel nicht mehr fliegen.

Zu den charakteristischen flugunfähigen Vögeln gehören die Kiwis. Sie haben kräftige Beine und einen langen, schmalen Schnabel, an dessen Spitze die Nasenlöcher stehen. Die Federn sind zottig und haarähnlich, die verkleinerten Flügel fast unsichtbar; ein Schwanz fehlt. Kiwis fressen gewöhnlich nachts. Oft stecken sie ihren Schnabel tief in die Erde, um Würmer und Insektenlarven zu fangen, die sie mit ihrem Geruchssinn ausfindig machen – eine bei Vögeln ungewöhnliche Fähigkeit.

Seltene Vögel der Bergwälder

Ein anderer flugunfähiger Vogel, die Takahe, lebt in einem hohen Gebirgstal im Fjordland auf der Südinsel. Er nistet in einer Art Laube zwischen Grasbüscheln.

Der Eulenpapagei, einer der 6 einheimischen Papageien Neuseelands, ist ein weiterer seltener, flugunfähiger Vogel, den man nur in jenem Fjordland findet. Er bewohnt moosreichen Buchenwald bis in etwa 1200 m Höhe. Der Eulenpapagei ernährt sich von den Früchten der Gebirgssträucher und von den Blättern und Wurzeln der Pflanzen im Grasland.

Der Kea, ein neugieriger, furchtloser Papagei, kommt nur in den Bergwäldern und im Grasland der Südinsel vor. Seine Nahrung besteht normalerweise aus Blättern, Knospen und Früchten; aber er frißt auch Aas und ist damit der einzige Papagei mit Neigung zum Fleisch.

Der Tui, *Prosthemadera novaeseelandiae,* ist ein melodischer Sänger mit einem Tonumfang, der das Aufnahmevermögen des menschlichen Gehörs übersteigt. Er gehört zu den Honigfressern Neuseelands und ernährt sich von Nektar, Früchten und Insekten.

Auch 2 Greifvogelarten gibt es hier: den seltenen Neuseelandfalken, *Falco novaeseelandiae,* und die Weihe *Circus approximans,* die man im ganzen Südwestpazifik findet.

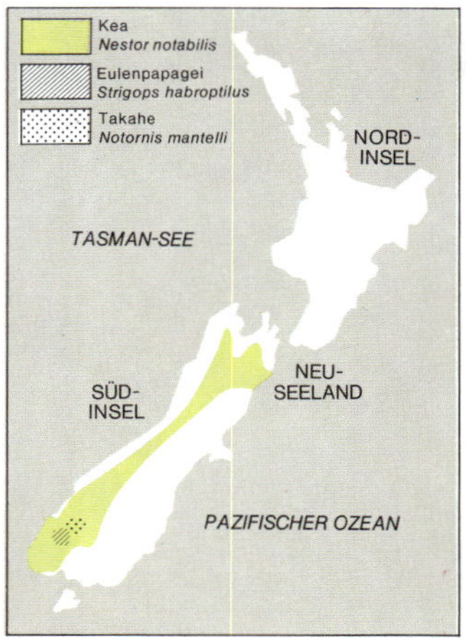

Kea
Nestor notabilis
Eulenpapagei
Strigops habroptilus
Takahe
Notornis mantelli
NORD-
INSEL
TASMAN-SEE
SÜD-
INSEL
NEU-
SEELAND
PAZIFISCHER OZEAN

Gebirgsvögel Der Eulenpapagei und die Takahe haben nur in isolierten Hochgebirgstälern überlebt.

Waldpapagei Der Kaka, ein lebhafter, waldbewohnender Papagei, hat eine grelle Stimme.

Aasfressender Papagei Der Kea frißt gewöhnlich pflanzliche Kost, manchmal aber auch Aas.

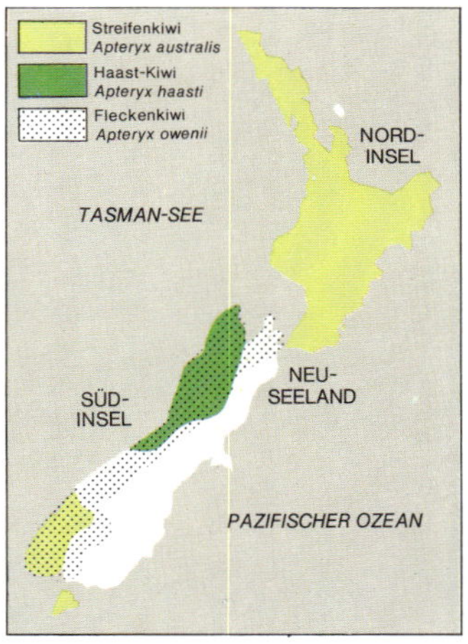

Streifenkiwi
Apteryx australis
Haast-Kiwi
Apteryx haasti
Fleckenkiwi
Apteryx owenii
NORD-
INSEL
TASMAN-SEE
SÜD-
INSEL
NEU-
SEELAND
PAZIFISCHER OZEAN

Anpassungsfähigkeit Kiwis passen sich an ein Leben im offenen Gelände an, wenn ihr ursprünglicher Lebensraum, der Wald, zerstört wird. Diese großen, scheuen Vögel kommen heute im halb gerodeten Buschland und an Waldrändern vor. Die Weibchen legen riesige Eier; jedes erreicht bis zu einem Siebtel des Körpergewichts der Alten. Der Fleckenkiwi ist 35–45 cm lang, der Haast-Kiwi mißt etwa 50 cm.

Sumpfbewohner Das Sultanshuhn, *Porphyrio melanotus,* ist verwandt mit der Takahe, kann aber fliegen.

Gewandter Sänger Der metallisch glänzende Tui ist ein angenehm zu hörender, „spottender" Sänger.

Grasländer

Weite Grasländer dehnen sich im Innern der Kontinente. Einen beträchtlichen Teil davon hat der Mensch urbar gemacht; auf den afrikanischen Savannen aber gibt es noch große Wildbestände.

Die Grasländer trennen die Waldgürtel von den Wüstengebieten der Erde. Sie sind Zwischenzonen, in denen trockenes und feuchtes Klima allmählich ineinander übergehen, in denen der Regen oft unregelmäßig fällt und das Leben von Pflanzen und Tieren durch Trockenheit bedroht ist. Die Niederschläge sind nicht so stark, daß Wald entstehen könnte. Wie beherrschend ihr Einfluß ist, läßt sich daran erkennen, daß die Grasländer auf der feuchteren Seite in Wald übergehen und sich auf der trockeneren allmählich in niedriges Gebüsch und Wüste verlieren.

Viele Faktoren bestimmen den Charakter einer Steppe und damit den der Tierwelt in diesem Gebiet: der Herden, die dort weiden, und der Raubtiere, die sich aus den Herden ihre Beute holen. Wichtig ist die Bodenstruktur, doch der bedeutendste Faktor ist das Klima: Niederschlag und Temperatur. Es gibt nur zwei Haupttypen von Grasland, den der gemäßigten Zone und den der Tropen (Savanne).

Die Tiere der weiten Ebenen – Pflanzen- und Fleischfresser gleichermaßen – sind in ihrer Ernährung letztlich auf das Gras angewiesen. Hier wird aber bloß weniger als ein Prozent der Sonnenenergie, die die Erdoberfläche erreicht, von den grünen Pflanzen in chemische Energie umgewandelt.

Grasländer im Innern der Kontinente

In den gemäßigten Zonen nehmen die Grasländer das Innere der Kontinente ein, wo die Sommer heiß, die Winter kalt und die Niederschläge das ganze Jahr über gering sind. Nur an den Ufern von Seen und Flüssen ist genügend Feuchtigkeit für Bäume vorhanden, die aber widerstandsfähig sein müssen. Das sind ganz allgemein die Bedingungen, die in den Steppen von Eurasien, in der nordamerikanischen Prärie, den südamerikanischen Pampas, im südafrikanischen Veld und in den australischen Tiefländern vorherrschen.

Die ausgedehntesten Grasländer der gemäßigten Zonen sind die eurasischen Steppen – eine riesige Ebene, die sich mehr als 3500 km weit von Ungarn durch das südliche Rußland bis nach China erstreckt.

Die großen nordamerikanischen Prärien sind heute weitgehend landwirtschaftlich genutztes Gebiet; bis ins 19. Jahrhundert jedoch zogen hier noch die Bisonherden umher. Innerhalb der Prärie lassen sich verschiedene Typen unterscheiden: Im Osten die feuchte Prärie der Ebene mit fruchtbarem Boden und mäßigem Niederschlag – hier wächst hohes Gras; weiter westlich die höher gelegene, trockenere Prärie mit mäßig hohem Gras; und im Windschatten der Rocky Mountains die hoch gelegene, noch trokkenere Prärie mit Büscheln von kurzem, dünnem Gras.

Die Pampas in Argentinien bedecken eine Fläche von 500 000 Quadratkilometern südlich des Regenwaldes. Von den Ausläufern der Anden senkt sich die Ebene allmählich bis zur atlantischen Küste hin. Die westliche Pampa ist vor allem Wüste, die feuchtere östliche nahe der Küste jedoch ein Gebiet mit hohem, rauhem, büscheligem Gras. Im Norden gehen die Pampas in der sumpfigen Savanne des Gran Chaco auf und im Süden in der Wüste Patagoniens.

Verschmelzung mit der Wüste

Das Veld im südlichen Afrika, nahe am Meer gelegen, kennt keine besonders großen Temperaturschwankungen; das Klima wird aber von Osten nach Westen trockener, und das Grasland geht allmählich in die Kalahari über.

Die Grasländer der gemäßigten Zone Australiens nehmen den größten Teil des Murray-Darling-Beckens ein, fallen von den östlichen Gebirgen zur Zentralebene hin ab. Im Osten, wo die Niederschlagsmenge am größten ist, sind die Grasländer mit Eukalyptusbäumen übersät. Im Westen ist das Gras spärlich. Stellenweise macht es Mulga-Büschen Platz – verkrüppelten Akazien, wie sie in den trockenen Teilen Indiens vorkommen.

Die tropischen Grasländer befinden sich in Gegenden, wo die Temperaturen das ganze Jahr über verhältnismäßig hoch sind und wo es nur im Sommer regnet. Hier herrscht grobes Gras vor, das stellenweise mehr als 3 m hoch ist. Die Bäume haben flache Kronen und stehen so weit voneinander entfernt, daß sie sich in den trokkenen Wintern gegenseitig kein Wasser fortnehmen. Dieser Vegetationstyp ist charakteristisch für die Savannen in Afrika, Indien und Nordaustralien wie auch für die Llanos und Campos in Südamerika.

Mehr als ein Drittel der knapp 30 Millionen Quadratkilometer Afrikas sind Savanne: weite Ebenen mit hohem Gras und Gruppen kaktusähnlicher Wolfsmilchgewächse oder einzelnstehenden Akazien und Affenbrotbäumen. Die Savannen liegen nördlich und südlich des äquatorialen Regenwaldes und schließen sich in Ostafrika an die hoch gelegenen Grasländer von Kenia und Uganda an.

Die Grasländer Indiens sind künstlich: Man hat die trockenen, lichten Waldungen, die einst die Halbinsel bedeckten, in eine Kurzgrassavanne umgewandelt, die mit einzelnen kleinen Bäumen besetzt ist.

Nördlich des südamerikanischen Regenwaldes liegen die Llanos von Venezuela und Ostkolumbien, die vom Orinoco und seinen Nebenflüssen bewässert werden. Südlich an die tropischen Waldgebiete schließen sich die Campos der brasilianischen Hochländer an – eine Savanne mit Waldstreifen an den Berghängen.

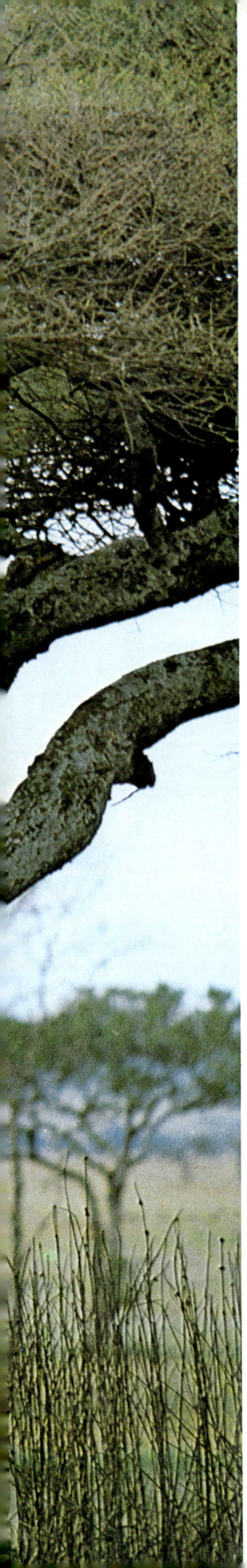

Tropisches Grasland Ein Gepard späht von einer Akazie nach Beute aus. Die afrikanische Savanne ist mit diesen Bäumen übersät.

Pflanzen des trockenen Flachlandes

Gräser halten Trockenheit aus, erholen sich nach Bränden und wachsen nach, wenn sie von Tieren abgefressen sind. So behaupten sie sich im Innern der Kontinente.

Allen Grasländern ist eine klimatische Besonderheit gemeinsam: eine kurze Regenzeit. In den Savannen, die in den subtropischen Hochdruckgebieten um 35° Nord und 30° Süd liegen, herrscht heißes, trockenes Wetter – außer im Sommer, wenn der tropische Regengürtel, der sich mit dem Sonnenstand nach Norden und Süden verschiebt, einige Monate lang wolkenbruchartigen Regen bringt.

Die Grasländer der gemäßigten Zonen liegen entweder im Herzen der Kontinente oder im Windschatten von Gebirgsketten. Die Winde versorgen sie nur im Frühling und frühen Sommer mit Regen. Während dieser kurzen Zeit grünen Gras, Sträucher und Bäume; aber in der Trockenzeit verdunstet die Bodenfeuchtigkeit schnell, und dann hört das Wachstum auf.

Die Temperatur, ein weiterer beherrschender Faktor, ist in den Grasländern sehr verschieden. In den Steppen und Prärien ist es im Sommer extrem heiß, im Winter aber kalt; dann verhindert der Frost ein Wachstum der Pflanzen. In den Tropen hingegen bleiben die Temperaturen das ganze Jahr hindurch über 18°.

Nach dem Regen Die Trockenzeit verwandelt die Hochländer Kenias in ein Meer von verdorrtem Gras (oben), und der nackte Boden zerfällt in der Hitze zu Staub. Wenn die Regenzeit kommt (unten), wird es kühler, und rasch wachsen Grasbüschel 2 m hoch.

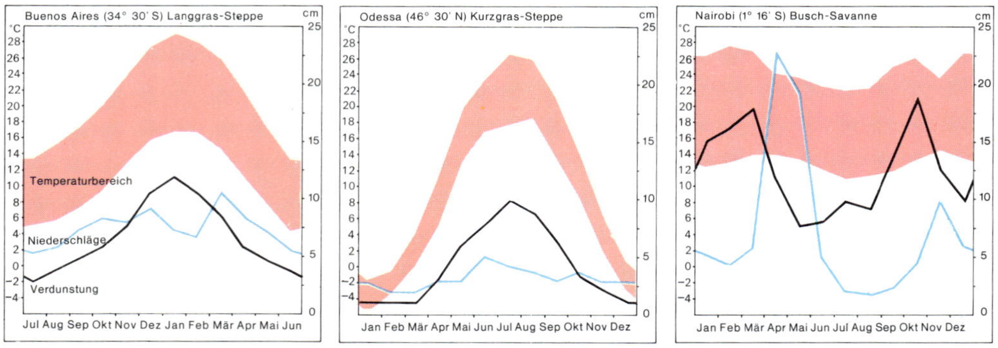
Buenos Aires (34° 30' S) Langgras-Steppe
Odessa (46° 30' N) Kurzgras-Steppe
Nairobi (1° 16' S) Busch-Savanne
°C
cm
Temperaturbereich
Niederschläge
Verdunstung
Jul Aug Sep Okt Nov Dez Jan Feb Mär Apr Mai Jun
Jan Feb Mär Apr Mai Jun Jul Aug Sep Okt Nov Dez

Das Klima der Grasländer In den Grasländern ist wegen der normalerweise herrschenden Trockenheit und des zumeist klaren Himmels die mögliche Verdunstung im Jahreslauf größer als die Niederschlagsmenge. Von den drei Beispielen hier sind die Temperaturschwankungen in der Buschsavanne Kenias am geringsten, während bei Odessa in der eurasischen Steppe die größten Gegensätze herrschen. Die nahe am Äquator gelegene Buschsavanne hat eine längere Regenzeit als die südlichere Langgras-Pampa Argentiniens.

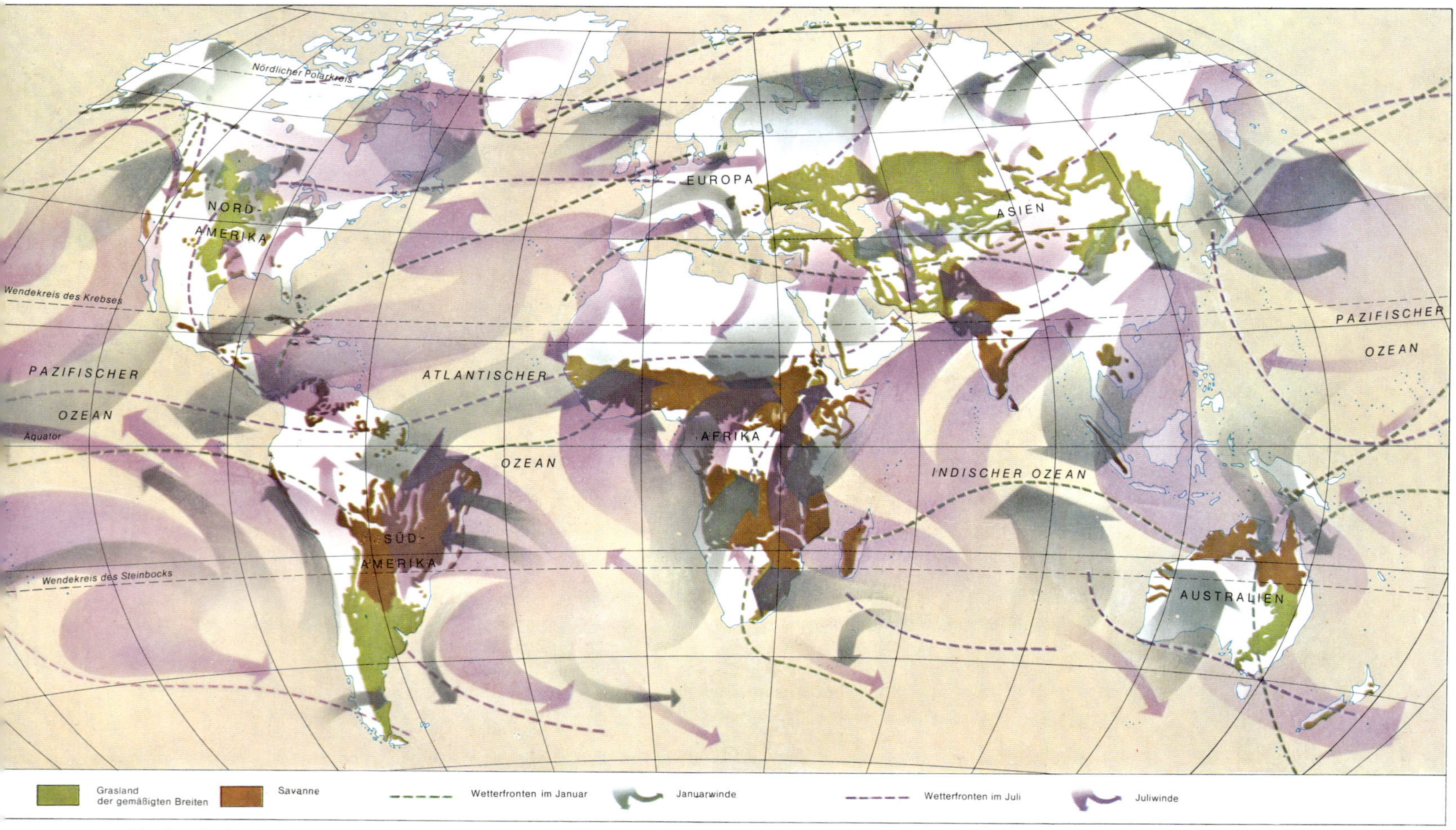
Nördlicher Polarkreis
NORD-AMERIKA
EUROPA
ASIEN
Wendekreis des Krebses
PAZIFISCHER OZEAN
ATLANTISCHER OZEAN
Äquator
AFRIKA
INDISCHER OZEAN
PAZIFISCHER OZEAN
SÜD-AMERIKA
Wendekreis des Steinbocks
AUSTRALIEN
Grasland der gemäßigten Breiten
Savanne
Wetterfronten im Januar
Januarwinde
Wetterfronten im Juli
Juliwinde

Die Grasländer der Welt Die Niederschläge in den Grasländern sind örtlich verschieden. Die Grasländer der nördlichen gemäßigten Zone befinden sich tief im Landesinnern, weit weg von den feuchten Meereswinden. Die Grasländer der Südhalbkugel liegen zwar näher am Meer, aber zumeist im Bereich trockener Winde. Die Savannen befinden sich in der trockenen Hochdruckzone; doch bringt der äquatoriale Regengürtel diesen Gebieten einige Monate lang Regen.

Grasbüschel auf der Pampa Die argentinischen Pampas erstrecken sich vom Atlantik bis zu den Ausläufern der Anden. Der Boden ist hart und fest, und der Regen, der im wesentlichen während einer kurzen Zeit, dann aber sehr heftig fällt, durchfeuchtet selten mehr als die oberste Schicht. Büschel von Federgras bedecken den größten Teil der östlichen Pampas; die feuchteren Mulden sind mit Busch- und Baumgruppen übersät. Im trockenen Westen gibt es nur wenig Gras.

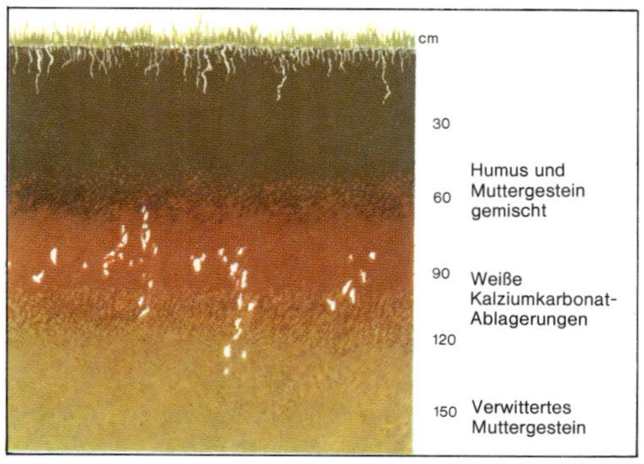
cm
30
60
90
120
150
Humus und Muttergestein gemischt
Weiße Kalziumkarbonat-Ablagerungen
Verwittertes Muttergestein

Der Aufbau der Schwarzerde Der verbreitetste Bodentyp in den Grasländern der gemäßigten Zonen ist das „Tschernosem". Die oberste Schicht ist schwarzer Humus. Das Wasser, das infolge der hohen Verdunstung aufsteigt, bringt Kalzium vom Muttergestein empor.

Die Nahrungsgrundlage in den Ebenen

Zu den Pflanzengemeinschaften der Grasländer gehören eine Menge Sträucher und Bäume, die widerstandsfähig gegen Trockenheit sind: in Afrika Akazien, in Nordamerika Mesquite-Sträucher und in Australien Melden. Vorherrschend sind aber Gräser; sie bilden die Nahrungsgrundlage, von der letztlich fast alles tierische Leben in diesen Gebieten abhängt.

Gräser gedeihen unter mannigfachen Bedingungen und auf vielen Böden – von der fruchtbaren Schwarzerde der Steppen und Pampas bis zu den ärmeren Böden der afrikanischen Savannen, in denen Mangel an Nährsalzen und organischen Stoffen herrscht. Gräser halten in einem trockenen oder zur Trockenheit neigenden Klima nicht nur besser aus als die meisten Bäume, sondern sie erholen sich auch leichter nach Bränden, die in der Trockenzeit dauernd drohen.

Die Pflanze, die immer wächst

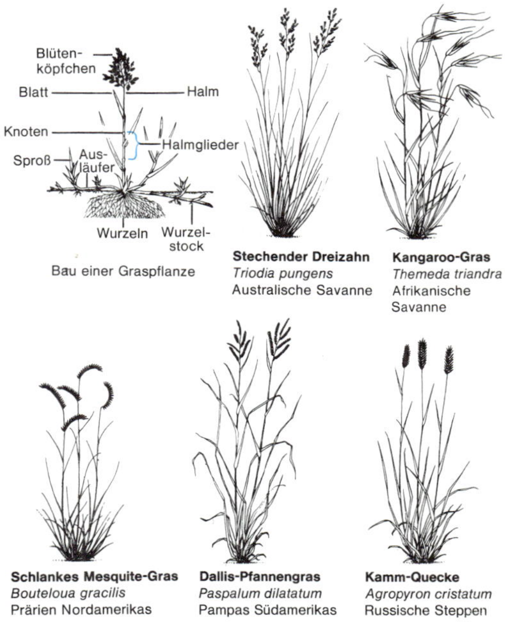
Blüten-köpfchen
Blatt
Halm
Knoten
Halmglieder
Sproß
Aus-läufer
Wurzeln
Wurzel-stock
Bau einer Graspflanze
Stechender Dreizahn
Triodia pungens
Australische Savanne
Kangaroo-Gras
Themeda triandra
Afrikanische Savanne
Schlankes Mesquite-Gras
Bouteloua gracilis
Prärien Nordamerikas
Dallis-Pfannengras
Paspalum dilatatum
Pampas Südamerikas
Kamm-Quecke
Agropyron cristatum
Russische Steppen

Gras ist eine der zuverlässigsten Nahrungsquellen. Wenn man es abschneidet, wächst es schnell wieder nach und bringt horizontale Triebe hervor – entweder Ausläufer, die am Boden entlang wachsen, oder Wurzelstöcke (Rhizome) unter der Oberfläche. Viele Arten treiben, wenn sie flachgetreten werden, Wurzeln aus ihren Knoten, die die hohlen Halme in Abschnitte teilen. Die Trockenzeit überdauert das Gras dank seinen Faserwurzeln, die bei einigen Arten bis zu 4,5 m tief in den Boden reichen und dort Wasser aufnehmen. Nach einem Brand wächst das Gras der Savanne wieder. Einige Arten bilden dann neue Schößlinge; andere verfügen über große Samenmengen, die im Boden ruhen und bei der nächsten Regenzeit keimen.

Nach dem Regen blühen in einem australischen Trockengebiet Blumen. Viele Pflanzen sterben nach der Blüte ab und speichern die Nährstoffe in den Wurzeln.

Zerstörung und Erneuerung in der trockenen Savanne

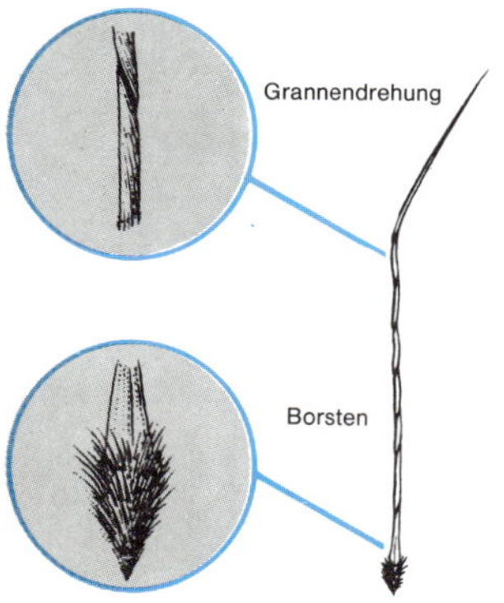
Grannendrehung
Borsten

Wenn in der afrikanischen Savanne ein Feuer ausbricht, fangen Störche die fliehenden Eidechsen. Die Samen des roten Hafergrases überdauern im Boden. Die stacheligen Samen bohren sich in den Boden ein, da ihre Grannen Feuchtigkeit aufsaugen und sich infolge des wechselnden Feuchtigkeitsgehalts der Luft drehen.

Wenn die Pflanzendecke verschwindet, ist der Boden anfällig für Erosion. Diese Schluchten sind entstanden, weil Flußpferde hier zu stark geweidet haben.

Anpassung an das Leben im Grasland

Die größten Pflanzenfresser und die schnellsten Raubtiere leben in den Grasländern. Dort gibt es wenige Verstecke; deshalb sind Größe und Schnelligkeit sehr zweckmäßig.

Die Säugetiere der Tiefländer mußten sich an ein Leben im offenen Gelände, wo überwiegend Gras wächst, anpassen. Gras überzieht festen Boden in einer dünnen Schicht; daher können große, schnelle Tiere wie Antilopen, Zebras und Büffel es am besten ausnutzen. Diese Tiere vermögen überdies ihren Verfolgern im offenen Tiefland, wo man sich nicht so leicht verbergen kann, zu entkommen. Die kleinen, langsameren Grasfresser suchen Zuflucht in Erdhöhlen.

Wie harte Nahrung gefressen und verdaut wird

Eine Lippe für Blätter Die Oberlippe des Spitzmaulnashorns läuft in eine fingerartige Spitze aus, mit der es Blätter und Zweige abrupft.

Eine Lippe für Gras Grasfresser haben ein viereckiges, kompaktes Maul zum Weiden. Die Oberlippe des Breitmaulnashorns ist flach.

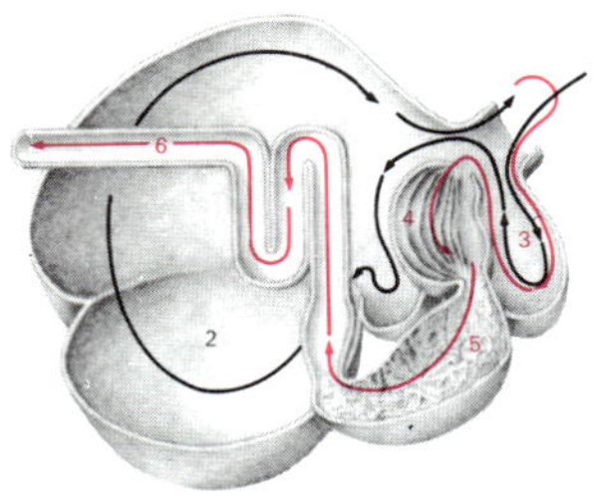
1
2
3
4
5
6

1 Speiseröhre; hier trifft Nahrung vom Mund ein
2 Pansen, in dem Bakterien die Zellulose aufspalten
3 Netzmagen; von hier geht die Nahrung zum Blättermagen
4 Blättermagen, filtert Nahrung und extrahiert Wasser
5 Labmagen, schließt durch Enzyme Eiweiße auf
6 Dünndarm, setzt die Verdauung fort

■ Erster Weg der Nahrung
■ Zweiter Weg der Nahrung

Wiederkäuermagen Einige Großsäuger, die Wiederkäuer, haben vierkammerige Mägen. Die Pflanzenkost wird zuerst im Pansen aufgeschlossen, dann ins Maul zurückgebracht, gekaut und wieder geschluckt. Darauf durchläuft sie 2 Zwischenkammern, den Netz- und den Blättermagen, bevor im Labmagen die Eiweißverdauung beginnt.

Beim Kauen von harter Nahrung, wie Gras, nutzen sich die Zähne ab. Die Backenzähne vieler Pflanzenfresser wachsen deshalb ständig weiter, so daß sie trotzdem immer gleich hoch stehen. Ihre Mahlfläche besteht aus Falten von Zahnbein und Schmelz – Substanzen, die sich verschieden schnell abnutzen. Dadurch ist gewährleistet, daß die Kaufläche gefurcht und wirksam bleibt.

Wirbeltiere bilden keine Fermente, die die Zellulose abbauen, aus der die Zellwände der Pflanzen bestehen. Bei Grasfasern werden diese Fermente von Bakterien und Einzellern geliefert, die im Darm leben. Die Bakterien können die Nahrung insofern leichter aufschließen, als große Grasfesser wie Hirsche, Antilopen und Giraffen wiederkäuen. Sie verschlingen das Gras zunächst einfach und bringen es in Gärungskammern des Magens unter, wo die Fermente das pflanzliche Gewebe abzubauen beginnen. Später würgen die Tiere das Gras erneut ins Maul empor und zerkleinern es durch Kauen.

Kaninchen und Hasen verdauen ihre pflanzliche Kost, indem sie sie wieder fressen, nachdem sie einmal den Körper passiert hat.

Zahlenmäßige Überlegenheit und gutes Sehvermögen begünstigen das Überleben

Schutz in einer Herde Viele große Grasfresser leben in schützenden Herden. Ein Signal von einem erschreckten Tier – und die ganze Herde galoppiert los. Die entstehende Verwirrung kann Raubtiere daran hindern, sich ein Opfer auszuwählen. Bisons bildeten oft zum Schutz vor Wölfen einen Kreis um ihre Kälber.

Für die Tiere der Grasländer ist die Fähigkeit, etwas auf große Entfernung zu erkennen, besonders wichtig, da die Ebenen einen weiten Ausblick erlauben. Ein Raubtier kann normalerweise Pflanzenfresser im offenen Gelände ausmachen, obwohl manche von ihnen Schutzfärbungen und Tarnzeichnungen haben. Pflanzenfresser müssen ihrerseits einen Feind sehen, bevor er zu nahe heran ist, damit sie ihre Schnelligkeit nützen können. Die Augen der Grasfresser sitzen gewöhnlich weit oberhalb des Maules, und oft können die Tiere beim Fressen über das Gras hinwegblicken. Überdies stehen die Pflanzenfresser zur Vorsicht auf ihren vier Beinen, immer bereit zu fliehen.

Für kleinere Tiere ist es schwierig, über das Gras hinwegzusehen; darum springen sie hoch oder stellen sich aufrecht auf ihre Hinterbeine. Hasen haben kräftige Hinterbeine, mit denen sie springen und sehr schnell laufen können.

Viele größere Grasfresser leben in Herden zusammen; dadurch nimmt die Wachsamkeit zu, denn jedes Einzeltier paßt ja auf, ob Gefahr droht.

Kleine Tiere, wie die Erdhörnchen, suchen in Höhlen Schutz vor Raubtieren sowie vor Hitze und Kälte. Sie sind hohen und niedrigen Temperaturen gegenüber empfindlicher als große Tiere, weil ihre Körperoberfläche im Verhältnis zu ihrem Volumen relativ groß ist.

Besserer Überblick Kleinere Tiere müssen nach einer Gefahr über das Gras hinweg Ausschau halten. Das Erdmännchen stellt sich dabei auf die Hinterbeine.

Die Augen eines Grasfressers

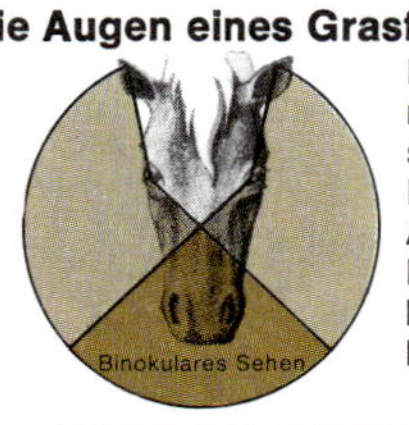
Binokulares Sehen

Pferde können entfernte und nähere Objekte gleichzeitig scharf sehen und so beim Fressen gut nach Raubtieren Ausschau halten. Mit seinen hoch und weit seitlich am Kopf sitzenden Augen hat das Pferd einen guten Rundblick.

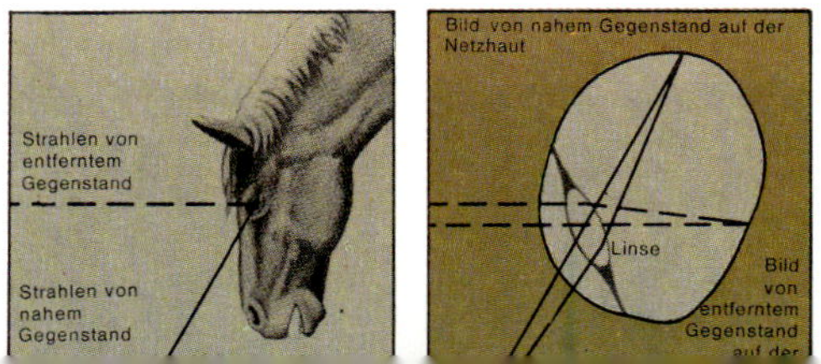
Strahlen von entferntem Gegenstand
Strahlen von nahem Gegenstand
Bild von nahem Gegenstand auf der Netzhaut
Linse
Bild von entferntem Gegenstand

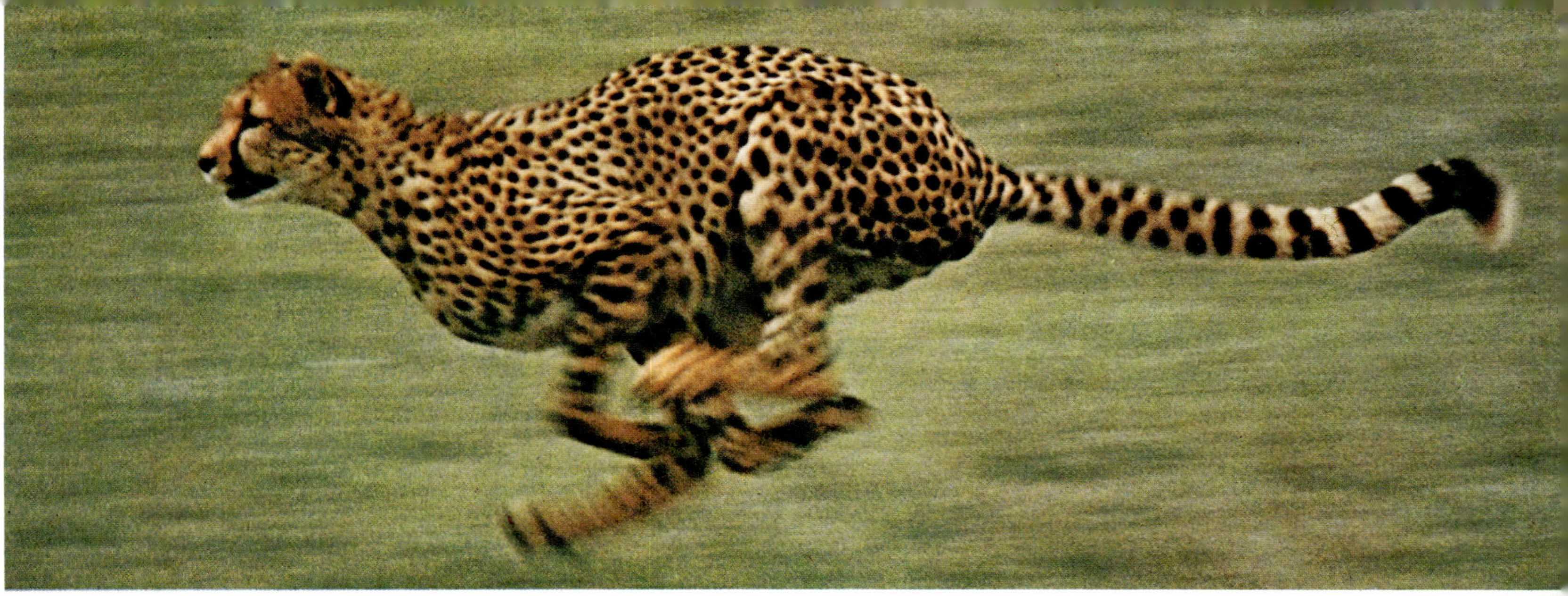

Kurzstreckenläufer der Ebenen Der Gepard ist wohl der schnellste Läufer unter den Tieren. Manchmal geht er offen auf grasende Gazellen zu, bis sie davonstürzen; dann schießt er auf eine von ihnen los. Dem Gepard fehlt jedoch die Ausdauer; er gibt die Verfolgung auf, wenn er seine Beute nicht nach 500 m erreicht hat.

Zwei Läufer Bei Läufern wie dem Pferd haben sich lange Beine entwickelt. Beine und Körper des Gepards sind kürzer, doch erreicht er infolge der ungewöhnlichen Biegsamkeit seines ganzen Körpers trotzdem eine große Schrittweite. Kurzfristig soll er es auf eine Geschwindigkeit von 110 km/st bringen.

Der afrikanische Springhase springt mit den Hinterbeinen und hält dabei die Vorderbeine dicht am Körper.

Schnellfüßige Jäger und Grasfresser

Einige Tiere, wie der Elefant, sind so groß, daß sie keine Angriffe zu fürchten haben, andere hingegen so klein, daß sie leicht in Erdhöhlen Unterschlupf finden. Viele aber müssen sich ganz auf ihre Geschwindigkeit verlassen, wenn sie den Raubtieren entkommen wollen.

Die Geschwindigkeit eines laufenden Tieres hängt von der Weite und Schnelligkeit seiner Schritte ab. Beim Pferd sind die Fußknochen verlängert und die Zahl der Zehen auf einen reduziert, weil ein einziger dicker Knochen stärker ist als mehrere dünne. Ein kräftiger Huf schützt das Bein vor Stößen, wenn das Pferd über festen Boden galoppiert. Die starken Muskeln, die das Bein bewegen, sind oben am Glied so gebündelt, daß eine geringe Muskelbewegung an dieser Stelle den schlanken unteren Teil des Beines über eine beträchtliche Entfernung hinwegbewegen kann.

Der schnellste Sprinter der Welt, der Gepard, hat kürzere Beine als das Pferd, aber sein geschmeidiger Körper befähigt ihn, lange und schnelle Schritte zu machen. Doch der Gepard ermüdet schnell. Das Pferd dagegen erreicht auf einer Strecke von mindestens 6 km eine Dauergeschwindigkeit von fast 50 km/st.

Langbeinige Vögel Der australische Emu ist der Typ eines großen Vogels der Grasländer. Er hat kleine Flügel, lange, kräftige Beine und bringt es im freien Gelände auf über 50 km/st. Er wird über 1,5 m groß.

Die Füße von Grasland- und von Waldbewohnern

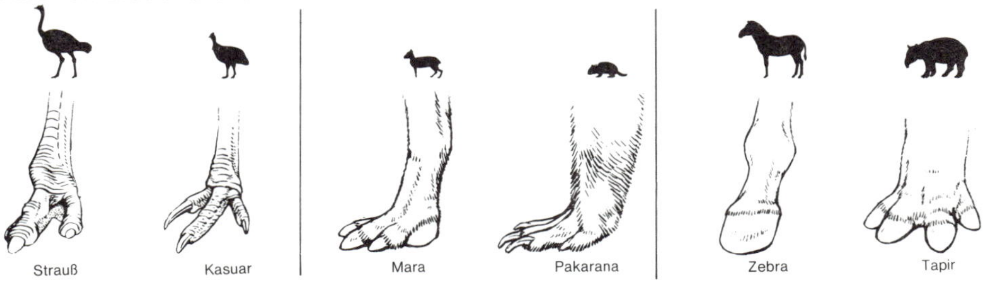
Strauß
Kasuar
Mara
Pakarana
Zebra
Tapir

Weniger Zehen Der Strauß läuft schnell in offenem Gelände und hat deshalb nur 2 Zehen. Der waldbewohnende Kasuar in Australien besitzt noch 3.

Auf Zehenspitzen Der südamerikanische Mara läuft auf Zehenspitzen schnell dahin. Seine waldbewohnende Verwandte, die Pakarana, hat einen flacheren Fuß.

Einzehenhuf Zebra und Tapir sind verwandt, aber das Zebra hat zum Laufen in der Ebene einen Einzehenhuf ausgebildet, der waldbewohnende Tapir nicht.

Springer Känguruhs bewegen sich auf starken Hinterbeinen sprungweise vorwärts. Mit dem kräftigen Schwanz halten sie dabei das Gleichgewicht.

Große Laufvögel

Flugunfähige Vögel leben in drei größeren Gebieten der Grasländer: der Nandu in Südamerika, der Strauß in Afrika und der Emu in Australien.

Strauße fressen oft bei den Herden großer pflanzenfressender Säuger; dank ihrer Größe und ihres guten Sehvermögens erkennen sie eine Gefahr früher als die Säuger.

Der Strauß ist der schnellste Laufvogel; wie die raschesten Säugetiere hat er lange Beine und eine verminderte Zehenzahl.

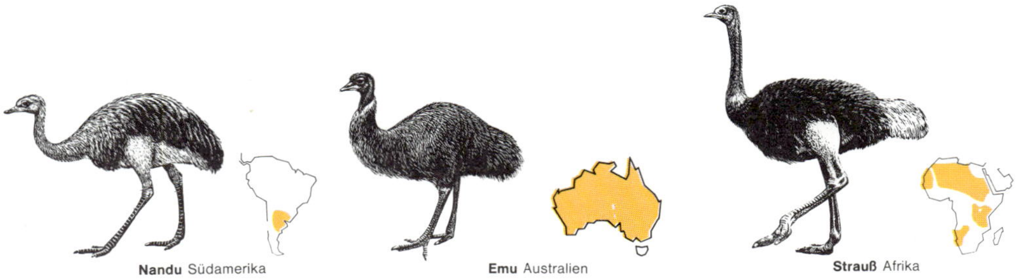
Nandu Südamerika
Emu Australien
Strauß Afrika

Vögel, die sich gleichen Drei große Laufvögel – der Strauß, der Emu und der Nandu – haben sich in den flachen Grasländern Afrikas, Australiens und Südamerikas entwickelt. Obwohl sie wahrscheinlich nicht miteinander verwandt sind, gleichen sie einander, da sie sich in ähnlicher Umwelt entwickelt haben.

Pflanzenfresser friedlich nebeneinander

Die meisten pflanzenfressenden Tiere in den Grasländern Afrikas haben sich auf eine bestimmte Nahrung spezialisiert; so machen sie einander keine Konkurrenz.

Mehr als 40 Arten von Großsäugetieren ernähren sich von den Pflanzen der Grasländer Afrikas. Dabei sind die weitverbreiteten kleineren Antilopen und andere Pflanzenfresser, die jetzt in den trockenen Zonen des Nordens häufiger vorkommen, nicht mitgezählt. All diese vielen Arten stellen keine zufällige Ansammlung dar, sondern bilden eine Gemeinschaft, deren Mitglieder in verschiedener Weise aufeinander angewiesen sind. Sie haben sich so entwickelt, daß sie mit- und nebeneinander existieren können. So ist auch die Populationsdichte in der afrikanischen Savanne hoch. Im Nairobi-Nationalpark in Kenia leben fast 40 Tiere pro Quadratkilometer. Weiter südlich, im Tarangire-Reservat von Tansania, beträgt die Populationsdichte nur 4 Tiere pro Quadratkilometer; aber in der Trokkenzeit, wenn wandernde Herden in der Nähe von Flüssen und Seen zusammenkommen, kann die Zahl zwanzigmal so groß sein.

Solche Zusammenballungen führen nicht zu einer so scharfen Nahrungskonkurrenz, wie man sie erwarten könnte, denn jede Art bevorzugt ein ganz bestimmtes Futter. Das gilt sogar für solche Fälle, in denen mehrere Arten sich von der gleichen Pflanze ernähren. Das rote Hafergras wird zum Beispiel vom Zebra, vom Gnu und von der Leierantilope gefressen – aber in verschiedenen Wachstumsstadien der Pflanze.

Oft gehen sich Pflanzenfresser dadurch aus dem Wege, daß sie ihre Nahrung in verschiedenen Vegetationsschichten suchen, oder sie bevorzugen die Hauptpflanzen unterschiedlicher Lebensräume. Einige fressen tagsüber, andere nachts; einige Tiere bleiben selbst während der Trokkenzeit in den Trockengebieten, wogegen viele andere zu Wasserstellen wandern. Verschiedene Kombinationen derartiger Faktoren bei den einzelnen Arten ermöglichen es, daß zahlreiche Arten in einem einzigen Lebensraum zusammensein können.

Unterschiedliche Ernährung

An einem und demselben Baum können Tiere von unterschiedlicher Größe in verschiedenen Etagen fressen. Die langhalsige Giraffe kann an 5 m hohen Ästen äsen; die Elenantilope holt sich ihr Futter von niedrigeren Ästen und Zweigen; und die kleine Windspielantilope (oder Dikdik) mit einer Schulterhöhe von nur 30–40 cm frißt die niedrigsten Triebe. Auch Grasfresser haben verschiedene Lieblingsspeisen. Büffel bevorzugen grobe Waldgräser, Weißschwanzgnus und Zebras die Gräser der weiten Ebenen und Schwarzfersenantilopen oder Impalas das zarte Gras der Waldsavanne. Warzenschweine leben von Gras und unterirdischen Pflanzenteilen, die sie mit ihren Schnauzen und Zähnen ausgraben.

In der afrikanischen Savanne gibt es verschiedene Lebensräume; offenes Grasland geht in bewaldete Savanne über – eine Parklandschaft mit hohen Akazienbäumen oder Buschakazien und Dornensträuchern. An einigen Stellen herrscht Dickicht vor, und an Flußufern kann sogar Wald gedeihen.

Manche Tiere leben in nur einem einzigen Lebensraum. Die Sitatunga, ein Waldbock, hält sich an Sumpfgebiete und der Kleine Kudu an trockene Dornbuschgebiete. Die meisten aber ziehen Gegenden mit abwechslungsreicher Vegetation vor. Dort ist die Auswahl an Futter größer, und es gibt mehr Schatten und mannigfachere Fluchtwege.

Eine beherrschende Rolle im Leben aller afrikanischen Tiere spielt der Wechsel von nassen und trockenen Jahreszeiten. Wenn nach der Regenzeit reichlich Nahrung vorhanden ist, zerstreuen sich die Pflanzenfresser über weite Gebiete; in der Trockenzeit hingegen müssen viele von ihnen in die Nähe von Flüssen und Seen ziehen, wo sie Trinkwasser und bessere Weidegründe finden.

Auf Ebenen, die alljährlich überschwemmt werden, geht das Wasser beim Beginn der Trokkenzeit wieder zurück und gibt nach und nach verschiedene Gräser frei, die jeweils andere Tierarten anlocken. Wenn rund um die Seen in Tansania das Wasser zurückweicht, kommen Elefanten und Flußpferde und fressen in den Sümpfen und Lachen die noch im Wasser wach-

Baumfresser Mit ihrem langen Hals kommt die Giraffe an zarte Blätter heran, die für andere Tiere unerreichbar sind. Wo Giraffen gewesen sind, sieht man, so weit sie gelangen konnten, Fraßlinien in den Bäumen.

Vielseitige Fresser Die Elenantilope ernährt sich von Gras und Blättern. Farmer fördern sie in einigen Gebieten, weil sie mit dafür sorgt, daß wenig Gebüsch wächst, was dem Weideland für Schafe zugute kommt.

Kleine Blattfresser Die besonders kleine Windspielantilope frißt die niedrigsten Zweige und Blätter.

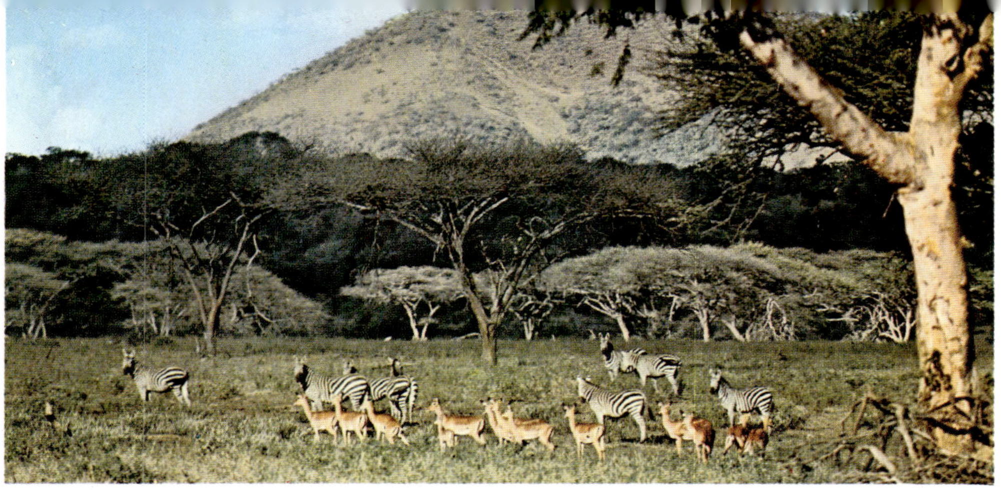

Randzone Zebras und Schwarzfersenantilopen grasen in einer Waldsavanne am Rande eines bewaldeten Flußufers. In solchen Grenzgebieten finden die Tiere eine größere Futterauswahl und mannigfachere Fluchtwege.

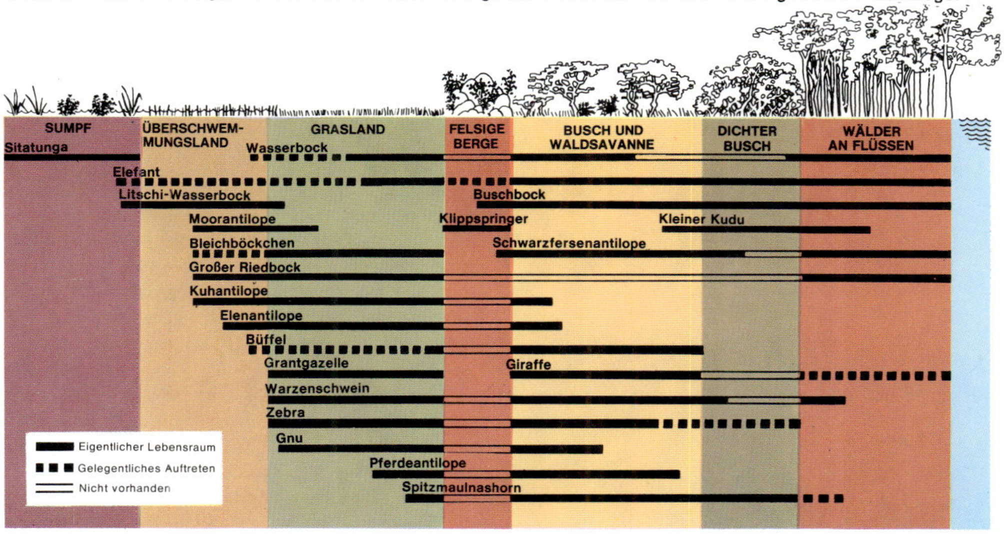

SUMPF
ÜBERSCHWEM-MUNGSLAND
GRASLAND
FELSIGE BERGE
BUSCH UND WALDSAVANNE
DICHTER BUSCH
WÄLDER AN FLÜSSEN
Sitatunga
Wasserbock
Elefant
Litschi-Wasserbock
Buschbock
Moorantilope
Klippspringer
Kleiner Kudu
Bleichböckchen
Schwarzfersenantilope
Großer Riedbock
Kuhantilope
Elenantilope
Büffel
Grantgazelle
Giraffe
Warzenschwein
Zebra
Gnu
Pferdeantilope
Spitzmaulnashorn
Eigentlicher Lebensraum
Gelegentliches Auftreten
Nicht vorhanden

Verschiedene Kost Pflanzenfresser teilen sich in das vorhandene Futter, indem sie die Pflanzen verschiedener Standorte fressen oder ihre Nahrung auf unterschiedlichen Vegetationsstufen suchen.

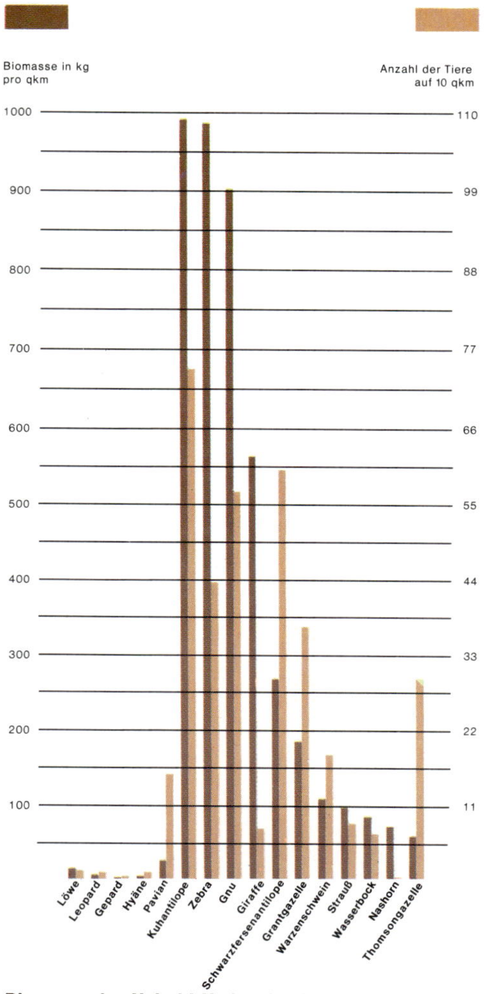

Biomasse in kg pro qkm
Anzahl der Tiere auf 10 qkm
1000
900
800
700
600
500
400
300
200
100
110
99
88
77
66
55
44
33
22
11
Löwe
Leopard
Gepard
Hyäne
Pavian
Kuhantilope
Zebra
Gnu
Giraffe
Schwarzfersenantilope
Grantgazelle
Warzenschwein
Strauß
Wasserbock
Nashorn
Thomsongazelle

Biomasse des Nairobi-Nationalparks Biomasse ist das Gesamtgewicht aller Tiere in einem bestimmten Gebiet.

senden Gräser. Wo diese Großtiere den Boden zertrampeln, wird die Vegetation zu frischem Wuchs angeregt; die jungen Schößlinge bilden dann das Futter für Büffel. Hinter den äsenden Büffeln bleibt kurzes Gras zurück: die passende Nahrung für Antilopen. Viele dieser Seen sind alkalisch. Wenn das Wasser noch weiter zurückweicht, erscheinen Gräser, die solche Verhältnisse vertragen und von Zebras angenommen werden.

Zwischen Juni und Oktober werden die Weidegründe besonders stark in Anspruch genommen. Aber erschöpft sind sie auch dann nicht, und wenn im November die Regenfälle einsetzen und die Seen sich erneut füllen, sprießen die Gräser wieder frisch grünend hervor. Gegen Ende der Trockenzeit sind Feuersbrünste nichts Ungewöhnliches; sie fegen durch das trockene Gras an den Rändern der Überschwemmungsgebiete und hinterlassen verbrannte Flächen, auf denen Süßgräser wachsen.

Die Tiergemeinschaft

Die Menge der Nahrung und die Stärke der Tierbestände wechseln von Gebiet zu Gebiet. Der Zusammenhang zwischen diesen beiden Komponenten läßt sich am besten durch den Begriff der „Biomasse" erfassen. Darunter versteht man das Gesamtgewicht aller Tiere, die in einem bestimmten Raum leben. Mit dieser Maßeinheit lassen sich besser Vergleiche anstellen, als wenn man die vorhandenen Exemplare einfach zählt. Denn ein 3500 kg schwerer Elefant frißt zwanzigmal soviel wie die knapp 60 kg schwere Schwarzfersenantilope. Die 40 Tiere auf einem Quadratkilometer im Nationalpark von Nairobi stellen eine Biomasse von 12 000 kg dar; in anderen Gebieten kann die Biomasse pro Quadratkilometer sogar 18 000 kg betragen.

Weide am See Hier ernähren Elefanten sich von Gras, das in zurückgehendem Hochwasser wächst.

Die Schwarzfersenantilopen decken ihren Flüssigkeitsbedarf, indem sie taufeuchtes Gras fressen.

Zebras, Große Kudus und Elenantilopen trinken zusammen an einem Wasserloch. In der Trockenzeit wandern Großsäuger zu Grasflächen am Wasser. Hier können 80 Tiere auf einem Quadratkilometer existieren.

Die großen Herden

Die Pflanzenfresser der Savanne leben, verfolgt von Raubtieren, in Herden. So sind die Einzeltiere durch die Wachsamkeit der ganzen Gruppe besser geschützt.

Viele pflanzenfressende Tiere der Grasländer leben in Herden. Das hat so manchen Vorteil – vor allem den, daß die Annäherung eines Raubtieres von vielen wachsamen Tieren eher bemerkt wird, als von einem einzelnen. Besonders groß sind die Gemeinschaften der Streifengnus und Zebras, die in Herden von 10 000 und mehr die weiten Ebenen Ostafrikas bevölkern. Eine Büffelherde kann 500–600 Köpfe zählen, während Elefantenherden manchmal aus 100 und mehr Tieren bestehen.

Eines der wenigen ursprünglichen Gebiete, auf denen noch solche riesigen Herden grasen können, ist die nahezu 40 000 Quadratkilometer große Serengeti-Ebene zwischen dem Viktoriasee und dem Rift-Tal in Tansania. Bei einer Zählung im Jahre 1963 wurden dort allein 330 000 Gnus festgestellt.

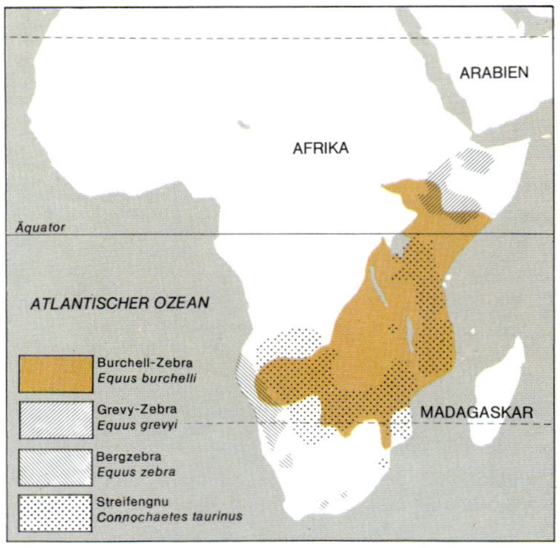

ARABIEN
AFRIKA
Äquator
ATLANTISCHER OZEAN
MADAGASKAR
Burchell-Zebra
Equus burchelli
Grevy-Zebra
Equus grevyi
Bergzebra
Equus zebra
Streifengnu
Connochaetes taurinus

Land der Herden Das südafrikanische Weißschwanzgnu, *Connochaetes gnou*, ist heute selten.

Paarung, Geburt und Tod im Treck der Gnus

Gnuherde Wildebeest – „wildes Rind" – heißt das Gnu auf afrikaans. Die männlichen Streifengnus haben eine Schulterhöhe von 1,35 m und wiegen 250 kg. Mehr als 300 000 Streifengnus leben in der Serengeti.

Geht man vom Gesamtgewicht aller Tiere der Serengeti aus, dann nimmt das Streifengnu den ersten Platz ein; es ist auch die Hauptbeute der großen Raubtiere wie Löwen und Hyänen.

In der Regenzeit sind die Herden der Gnus in der östlichen Serengeti weit verstreut. Das Gebiet wird von wenigen Flüssen oder Rinnsalen bewässert. Zu Beginn der Trockenzeit dörren die östlichsten Bezirke schnell aus; dann sammeln sich die Gnus auf den letzten grünen Flächen, bilden riesige Herden und ziehen auf der Suche nach frischer Weide westwärts.

Kaum hat die Wanderung begonnen, fängt die jährliche Brunst an. Wie viele Antilopenmännchen haben auch Gnubullen ihre Territorien, die sie gegen Rivalen verteidigen und in denen sie Herden von Weibchen zu sammeln versuchen. Aber in einer wandernden Herde können die Bullen ihre Weibchen allenfalls ein paar Tage lang beisammenhalten – in den Pausen des großen Trecks.

In der Trockenzeit stehen die Herden im Westen der Serengeti. Gegen Ende der Dürreperiode wandern sie nach Osten zurück, wo sie Regen und frische Weide erwarten. Mit dem ersten Regen beginnt in der Herde gewöhnlich das Kalben. Es erreicht einen Höhepunkt, wenn die Gnus wieder in besserer Verfassung sind und eine Zeit des Überflusses bevorsteht, die auch für die Kälber genug Futter bringt. Setzt allerdings die Regenzeit spät ein, so können die Gnus, wenn die Kälber geboren werden, noch auf der Wanderung sein. In solchen Jahren sterben bis zu 80 Prozent der Kälber an Futtermangel, oder sie fallen Raubtieren zum Opfer.

Der große Treck Eine Herde Streifengnus wandert auf alten Pfaden zu den Sommerweideplätzen am Fluß.

Fortpflanzung und Wanderung hängen in der Serengeti von den Regenzeiten ab

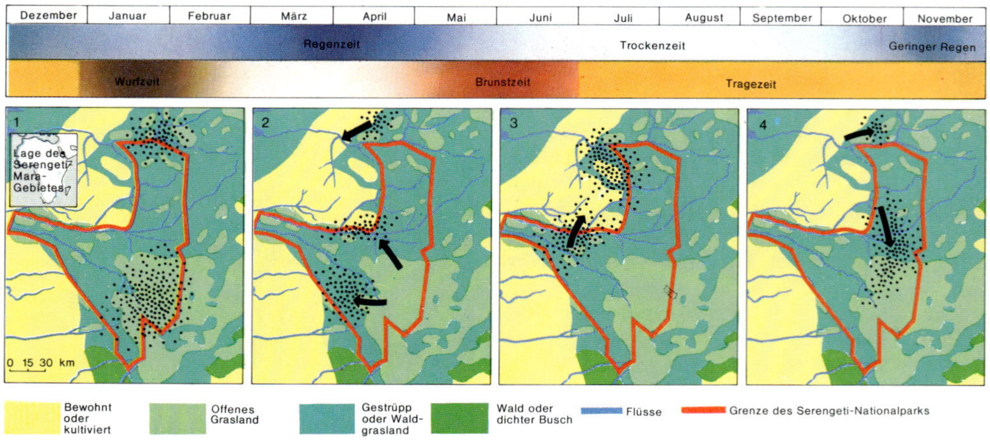

Dezember
Januar
Februar
März
April
Mai
Juni
Juli
August
September
Oktober
November
Regenzeit
Trockenzeit
Geringer Regen
Wurfzeit
Brunstzeit
Tragezeit
1
Lage des Serengeti-Mara-Gebietes
0 15 30 km
2
3
4
Bewohnt oder kultiviert
Offenes Grasland
Gestrüpp oder Waldgrasland
Wald oder dichter Busch
Flüsse
Grenze des Serengeti-Nationalparks

In der Regenzeit sind die Streifengnus weit über die Serengeti und das nördlichere Mara-Gebiet verstreut (1). Wenn die Trockenzeit kommt, sammeln sich die Herden und ziehen westwärts. Auf der Wanderung paaren sich die Tiere (2). Die Trockenzeit verbringen sie auf bewaldetem Grasland nahe bei Flüssen (3). Wenn die Regenzeit naht, teilen die Herden sich und kehren zu den Grasländern zurück, wo die Kälber geboren werden (4).

Hautpflege bei Burchell-Zebras Alle Zebraarten verstärken ihre Familienbande durch gegenseitige Hautpflege. Vom Burchell-Zebra gibt es mehrere Rassen, die sich durch ihr Streifenmuster unterscheiden.

Das Grevy-Zebra bildet an den Grenzen der Verbreitungsgebiete Mischherden mit dem Burchell-Zebra.

Zebrafamilien halten auch in einer riesigen Herde zusammen

Zebras teilen ihren Lebensraum mit den Gnus und wandern auch mit ihnen. Diese beiden Tiergruppen leben insofern in Konkurrenz miteinander, als beide das in der Serengeti vorherrschende rote Hafergras fressen.

Das Burchell-Zebra ist in Ostafrika die häufigste Art. In seinem Verbreitungsgebiet kommen aber noch 2 andere Arten vor: das Grevy-Zebra im Norden und das Bergzebra im Süden. Das Grevy-Zebra bildet oft Mischherden mit dem Burchell-Zebra, doch kommt es weder zu Kreuzungen noch zu großen Rivalitäten. Wenn die Tiere gemeinsam fortgaloppieren, dann sammelt sich die zahlenmäßig unterlegene Art gern in der Mitte der Herde.

Die großen wandernden Zebraherden sind lockere Ansammlungen von Familienverbänden, die durch den Zug zu den verfügbaren Weidegründen zusammengehalten werden. Eine Familie besteht aus einem Hengst und etwa 6 Stuten mit ihren Fohlen. Diese Familiengruppen halten fest zusammen. Wenn der Hengst getötet wird, löst sich die Gruppe nicht auf, sondern wird von einem anderen Männchen als Ganzes übernommen.

Junge Hengste werden von ihrem Vater geduldet und bleiben bei ihrer Familie, bis sie 3 Jahre alt sind; dann gehen sie ihrer Wege und bilden Junggesellenherden. Junge Stuten werden von allen Hengsten begehrt. Zebras können das ganze Jahr hindurch Junge bekommen; die meisten Fohlen werden aber in der Regenzeit geboren. Ausgewachsen wiegen diese Tiere gut 300 kg; ihre Schulterhöhe beträgt etwa 1,20 m.

Mit vielen anderen Tieren der Savanne bilden Zebras Gemeinschaftsherden – so mit Gnus, Elenantilopen und Straußen. Dieses Verhalten dient zum Teil dem gegenseitigen Schutz. So ergänzen sich zum Beispiel das scharfe Auge des Straußes und der ausgezeichnete Geruchssinn des Zebras: Die Annäherung eines Raubtieres wird sicherer erkannt. Ist das Zebra beunruhigt, läßt es ein kläffendes Bellen ertönen. Auf dieses Signal hin galoppiert die ganze Herde fort.

Gazellenherden der Serengeti

Auch 2 Gazellenarten bilden große Herden. Die häufigste Art Ostafrikas ist die Thomsongazelle, von der insgesamt 500 000–800 000 Exemplare in der Serengeti leben. Die Grantgazelle steht demgegenüber – mit 100 000 Köpfen – an Zahl zurück.

Die Thomsongazelle ist ein Grasfresser. Sie bevorzugt Kurzgrassavannen und braucht Zugang zu Trinkwasser; deshalb folgt sie den Wanderzügen der Gnus und anderer Grasfresser. Die Grantgazelle ist größer und frißt Gras und Blätter. Da sie ohne Wasser auskommt, kann sie in der Trockenzeit auf den Ebenen bleiben.

Die beiden genannten Gazellen gehören zu verschiedenen Gruppen, weisen aber in ihrem Verhalten und Aussehen viele Ähnlichkeiten auf. Mischherden sind nicht selten. Bei den Kämpfen um ihr Territorium kennen die Grantgazellen nur Drohgebärden. Die Thomsongazellen hingegen kämpfen miteinander, doch kommt es dabei gewöhnlich nicht zu Verletzungen.

Wenn Gefahr droht, machen beide Arten plötzliche, steifbeinige Sprünge, bei denen ihre weißen Spiegel warnend aufleuchten. Schakale schlagen zahlreiche Jungtiere; ausgewachsene Gazellen werden von Geparden und Hyänenhunden zur Strecke gebracht. Durch das Leben in der Herde sind viele Gazellen vor Gefahren sicherer, denn wenn ein Tier auf der Flucht in die Herde hineinrennt, werden seine Verfolger oft verwirrt, verlieren ihr Opfer aus den Augen und geben die Jagd auf.

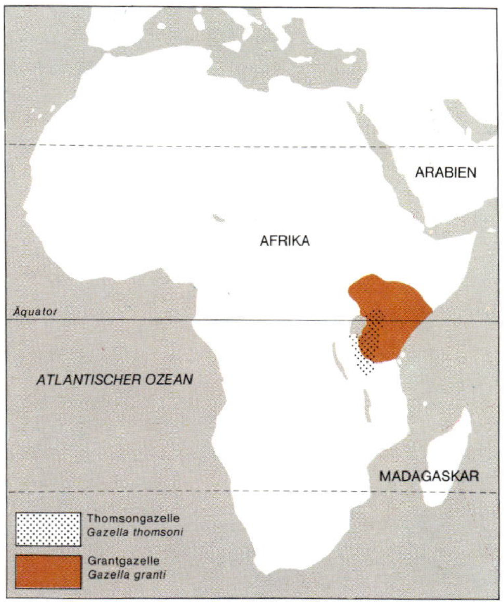
ARABIEN
AFRIKA
Äquator
ATLANTISCHER OZEAN
MADAGASKAR
Thomsongazelle
Gazella thomsoni
Grantgazelle
Gazella granti

Gazellen des Graslandes Thomsongazellen leben vor allem in der Serengeti. Grantgazellen sind auch in der gesamten Massaisteppe verbreitet.

Unterscheidungsmerkmale Die Grantgazelle ist größer als die Thomsongazelle. Überdies ist ihr Gehörn schwerer, der Spiegel T-förmig, und ihr Seitenstreifen ist blasser, manchmal auch gar nicht vorhanden.

Die Thomsongazelle Ein weißer Spiegel und ein dunkler Seitenstreifen sind ihre Kennzeichen.

Antilopen

Antilopen findet man in mancherlei Gebieten Afrikas, vom Wald bis zur Wüste; ihre eigentliche Heimat aber ist die Savanne, in der viele Arten nebeneinander leben.

Die meisten der 72 Antilopenarten in Afrika leben in den Grasländern. Alle haben ein Gehörn, bei einigen Arten allerdings nur die Männchen. Die Gehörne sind verschieden; es gibt kurze Spieße und – am andern Ende der Reihe – geschwungene Hörner mit kunstvollen Windungen.

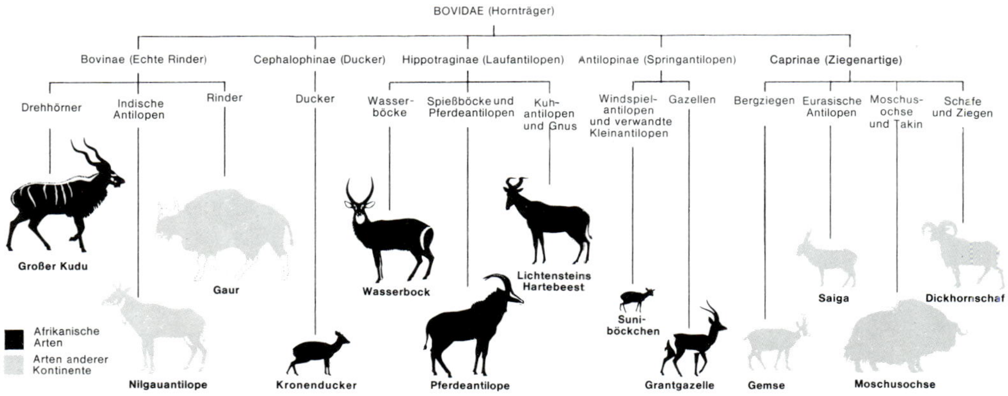
BOVIDAE (Hornträger)
Bovinae (Echte Rinder)
Cephalophinae (Ducker)
Hippotraginae (Laufantilopen)
Antilopinae (Springantilopen)
Caprinae (Ziegenartige)
Drehhörner
Indische Antilopen
Rinder
Ducker
Wasserböcke
Spießböcke und Pferdeantilopen
Kuhantilopen und Gnus
Windspielantilopen und verwandte Kleinantilopen
Gazellen
Bergziegen
Eurasische Antilopen
Moschusochse und Takin
Schafe und Ziegen
Großer Kudu
Gaur
Wasserbock
Lichtensteins Hartebeest
Saiga
Dickhornschaf
Afrikanische Arten
Arten anderer Kontinente
Nilgauantilope
Kronenducker
Pferdeantilope
Sunibböckchen
Grantgazelle
Gemse
Moschusochse

Der Stammbaum Antilopen gehören zur Familie der Hornträger (*Bovidae*), zu denen auch Rinder, Schafe und Ziegen zählen. Die *Bovidae* und 4 andere Familien – die Hirschferkel, die Hirsche, die Giraffen (mit Okapi) und die Gabelhorntiere – bilden die Unterordnung der Wiederkäuer (*Ruminantia*). Die Antilopen sind wahrscheinlich in Afrika entstanden. Die neuesten Arten in Asien allerdings, wie die Nilgauantilope, entwickelten sich ebendort. In Afrika gibt es jetzt 72 Antilopenarten, die in 7 – hier dargestellten – Gattungsgruppen zusammengefaßt werden. Nicht alle bewohnen sie die Savanne; die Ducker zum Beispiel sind typische Waldtiere.

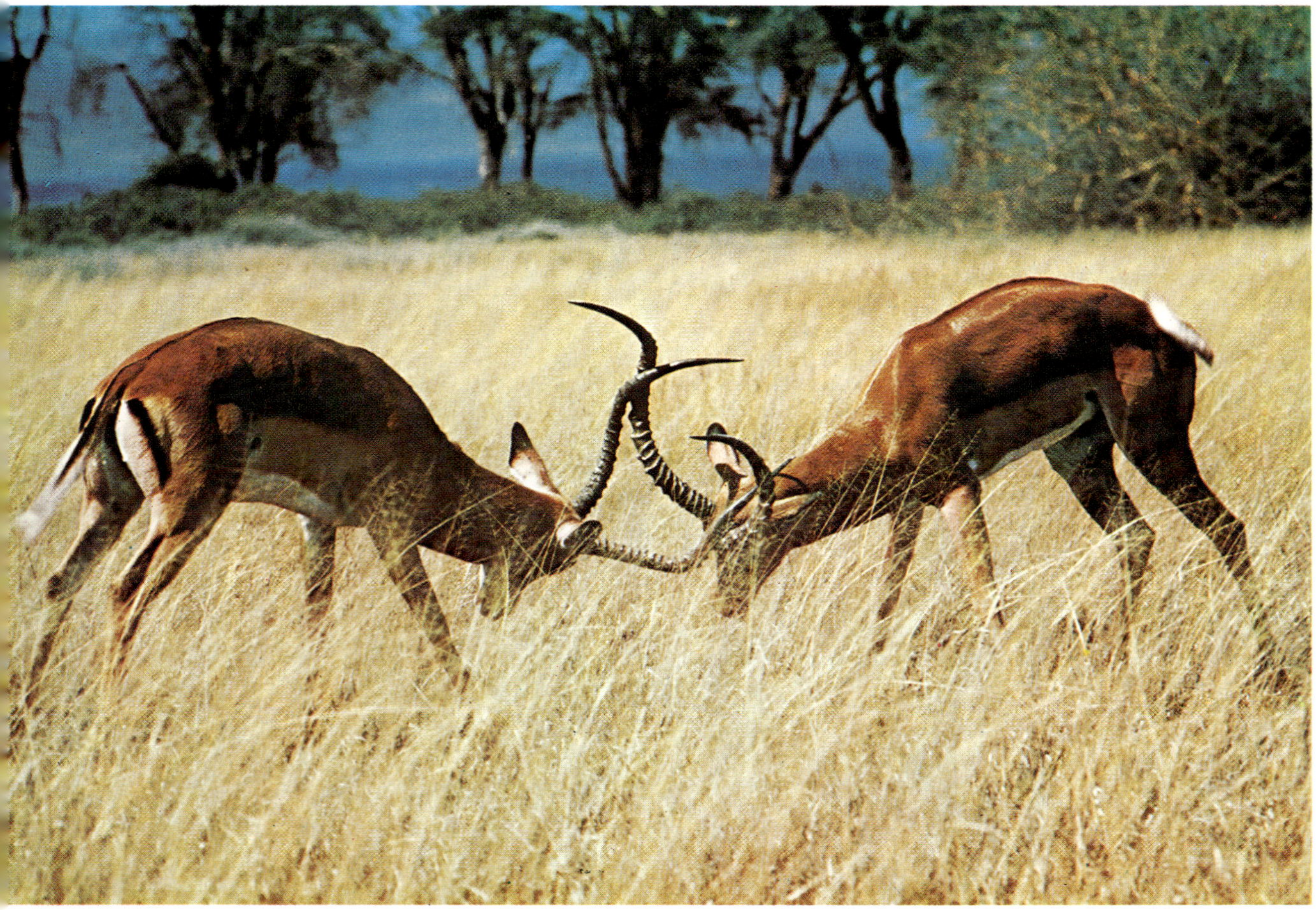

Kämpfende Schwarzfersenantilopen Junge, ausgewachsene Böcke fordern die Führer der Herden zum Kampf heraus.

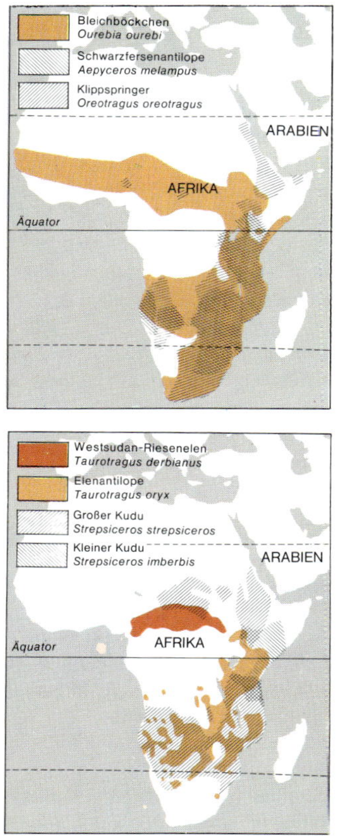
Bleichböckchen
Ourebia ourebi
Schwarzfersenantilope
Aepyceros melampus
Klippspringer
Oreotragus oreotragus
ARABIEN
AFRIKA
Äquator
Westsudan-Riesenelen
Taurotragus derbianus
Elenantilope
Taurotragus oryx
Großer Kudu
Strepsiceros strepsiceros
Kleiner Kudu
Strepsiceros imberbis
ARABIEN
Äquator
AFRIKA

Afrikanische Antilopen Die untere Karte zeigt die Verbreitung einiger echter Rinder (*Bovinae*), die obere Karte diejenige einiger Springantilopen (*Antilopinae*). Diese Unterfamilie schließt auch Suniböckchen ein.

Nahrung für jeden

In der afrikanischen Savanne können viele Antilopenarten miteinander leben, weil jede sich auf ihre besondere Weise angepaßt und eine Vorliebe für ein bestimmtes Futter entwickelt hat. Dementsprechend schwach ausgeprägt ist konkurrierendes Verhalten. Einige Arten – etwa die Grantgazelle und die Thomsongazelle – leben nicht nur zusammen, sie fressen sogar nebeneinander, aber verschiedene Pflanzen.

Viele Antilopenarten haben sich in eine besondere „Nische" in ihrer Umwelt eingepaßt, und darum überschneiden sich ihre Lebensräume überhaupt nicht. So lebt der Litschi-Wasserbock in überschwemmtem Grasland, die Elenantilope in trockenem, offenem Grasland, der Nyala, *Tragelaphus angasi*, in der Buschsavanne und die Sitatunga, *Tragelaphus spekei*, in Sümpfen. Der letztgenannte Bock hat lange, gespreizte Hufe, mit denen er sich gut auf dem sumpfigen Boden bewegen kann.

Selbst innerhalb einer Gruppe verwandter Arten sind die Größenunterschiede beträchtlich, wie das Beispiel der Drehhornrinder zeigt. Die größte Art, das Westsudan-Riesenelen, *Taurotragus derbianus*, ist zehnmal so schwer wie der 80 kg wiegende Buschbock, *Tragelaphus scriptus*. Ihre gemeinsame Abstammung ist jedoch deutlich sichtbar an ihren stark spiraligen Hörnern und den blaßweißen, senkrechten Streifen auf den dunklen Körperseiten.

Wasserböcke leben vorwiegend in Grasländern, und viele Arten haben sich an besondere Lebensräume angepaßt – vor allem an überflutetes Grasland. Pukus, *Kobus vardoni*, Wasserböcke, *Kobus ellipsiprymnus*, und Litschi-Wasserböcke, *Hydrotragus leche*, sind gute Schwimmer. Auch Riedböcke, *Redunca redunca*, lieben das Wasser.

Zu einer anderen Gattungsgruppe der großen Antilopen zählen Pferdeantilope, *Hippotragus equinus*, Rappenantilope und Spießbock. Pferde- und Rappenantilopen grasen in Waldungen, aber selbst dort, wo ihre Gebiete sich überschneiden, leben sie nicht zusammen. Beide Arten halten sich gern in der Nähe von Wasser auf. Der Spießbock hingegen lebt unter extrem trockenen Bedingungen.

Die kleinsten Antilopen Afrikas sind in einer Gattungsgruppe zusammengefaßt, zu der die Klippspringer, 2 Arten von Bleichböckchen, 7 Arten von Dikdiks (Windspielantilopen) und das Suniböckchen, *Nesotragus moschatus*, zählen. Sie alle sind scheue Tiere und leben im schützenden Gebüsch. Kaum größer sind einige Ducker, eine eigene Unterfamilie, zu der die primitivsten Antilopenarten gehören.

Die größte und die kleinste Die Größe der Antilopen reicht von der Riesenelenantilope mit einer Schulterhöhe von 1,80 m bis zu dem winzigen Suniböckchen, das nur 30–32 cm hoch ist. Die Größe beider Tiere ist jeweils das Ergebnis einer Anpassung an die Umwelt.

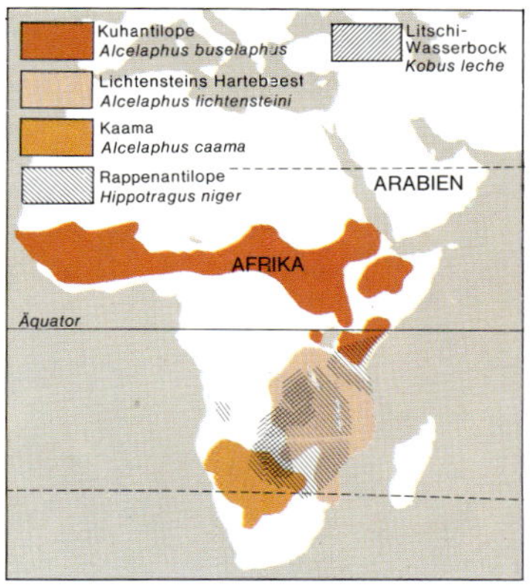
Kuhantilope
Alcelaphus buselaphus
Lichtensteins Hartebeest
Alcelaphus lichtensteini
Kaama
Alcelaphus caama
Rappenantilope
Hippotragus niger
Litschi-
Wasserbock
Kobus leche
ARABIEN
AFRIKA
Äquator

Kuhantilopen Die Kuhantilopen sind eine weitverbreitete Unterfamilie großer Antilopen, der 3 Gattungen angehören. Eine Gattung, die Gnus, umfaßt 2 Arten: das Streifengnu und das Weißschwanzgnu. Die beiden anderen Gattungen sind die Kuhantilopen im engeren Sinne und die Leierantilopen. Jacksons Kuhantilope (rechts), eine Rasse der Kuhantilope, hat den für diese Gruppe typischen dunklen Körper und die charakteristischen höckerigen Schultern. Alle sind Paßgänger, deren Bewegung schwerfällig erscheint, aber wenn sie erschreckt werden, können sie in einem „Schaukelpferdgalopp" schnell fortrennen. Der Litschi-Wasserbock gehört zur Gattungsgruppe der Wasserböcke; Rappenantilope, Pferdeantilope und Spießbock sind mit den Gnus eng verwandt.

Felsenkletterer Der Klippspringer lebt an Felsen. Zylindrische Hufe machen seinen Tritt sicher.

Im Wasser geborgen Litschi-Wasserböcke leben in großen Herden in Überschwemmungsgebieten, wo sie sich – bauchtief im Wasser stehend – von Schilfsprossen und überflutetem Gras ernähren. Hier haben sie keine Konkurrenten beim Fressen und sind überdies vor Raubtieren geschützt.

Gehörn zum Kämpfen und zum Imponieren

Das Antilopengehörn dient weniger der Verteidigung gegen Raubtiere als vielmehr dem Kampf zwischen Männchen derselben Art. Im Laufe der Zeit haben sich die Antilopengehörne immer weiter entwickelt. Am primitivsten sind die kurzen, spitzen Hörner, mit denen die kleinen Antilopen wie Ducker und Dikdiks ihre Rivalen stoßen. Mit der Entwicklung größerer Gehörne wurde der Kampf mehr und mehr zu einer nur rituellen Handlung. Lange, scharfe Hörner sind gefährliche Waffen; allzu leicht können sie die Sterbeziffer der kämpfenden Männchen übermäßig ansteigen lassen. Im Verlauf der Evolution haben sich darum die Kampfesweise und die Hornformen zum Teil geändert.

Bei manchen Arten sind die Hörner nach hinten gebogen. Komplizierte Kurven und Spiralen haben dazu geführt, daß viele Antilopen mit ineinander verhakten Hörnern bloß einen Stoßkampf ausführen. Bei anderen Arten suchen die Männchen ihren Rivalen nur mit ihrem großen Gehörn zu imponieren, ohne wirklich zu kämpfen: 2 Gegner stehen einander herausfordernd gegenüber und präsentieren ihr Gehörn mit erhobenen Köpfen in möglichst eindrucksvoller Weise.

Bei den meisten Antilopenarten ist die Sterblichkeit der Männchen höher als die der Weibchen. Männchen fallen leichter Raubtieren zum Opfer – vielleicht weil die Junggesellenherden nicht so wachsam sind wie die Weibchen, die ihre Jungen beschützen müssen, oder weil erwachsene Männchen in Herden zu sehr mit ihren Gefährtinnen beschäftigt sind.

Die Männchen vieler Antilopenarten haben feste Reviere, die sie gegenüber anderen Männchen verteidigen und durch Kot oder Drüsenabsonderungen markieren. Wasserböcke beanspruchen zum Beispiel 15–200 Hektar – je nach der Qualität der Weide. Der Existenzkampf ist hart, und nur die stärksten Männchen können ein Revier behaupten. Hier paaren sie sich mit jedem Weibchen, das hereinkommt.

Heimlicher Mitbewohner Der Große Kudu ist noch in besiedelten Teilen Afrikas zu Hause, in denen die meisten Antilopenarten selten geworden sind. Er lebt versteckt und frißt nachts.

Rappenantilopen Sie gehören zu den größten afrikanischen Antilopen und wiegen rund 300 kg. Die geschwungenen Hörner der Böcke sind 1,50 m lang.

Giraffe und Giraffengazelle

Die Entwicklung der Giraffe, des größten lebenden Landsäugetieres, ist vor allem dadurch bestimmt worden, daß es hoch oben in den Bäumen reichlich Grünfutter gibt.

In der trockenen Savanne Afrikas stehen merkwürdig geformte Bäume. Einige sehen aus wie riesige Regenschirme; andere haben die Gestalt von Sanduhren; wieder andere sind verkümmert, höchstens 1,20 m hoch. Diese seltsamen Gebilde sind das Werk von Giraffen, die dank ihrer riesigen Größe den Kampf um die Nahrung am Boden, den andere Blattfresser untereinander austragen, nicht mitzumachen brauchen.

Die schirmartigen Bäume breiten ihre Zweige oberhalb der Reichweite der größten Giraffen aus; unterhalb dieser Höhe wurden sie entlaubt. Die Sanduhrenform entsteht, wenn Giraffen die Zweige wegfressen, die etwa in ihrer Kopfhöhe wachsen. Und dën „Zwerg"bäumen wurden die oberen Sprossen von Giraffen abgerissen, als die Bäume noch jung waren.

Giraffenmännchen, die größten lebenden Landtiere, erreichen oft eine Größe von fast 5,5 m; Weibchen bringen es nur auf 4,5 m. Aus solcher Höhe können diese Geschöpfe, die zudem über scharfe Augen verfügen, weiter sehen als alle anderen auf dem Boden lebenden Tiere. Deshalb vermögen sie auch das Nahen eines Raubtieres besonders früh zu erkennen.

Es gibt 2 Giraffenarten, beide in Afrika: die Giraffe in der trockenen Savanne und das Okapi im dichten Wald.

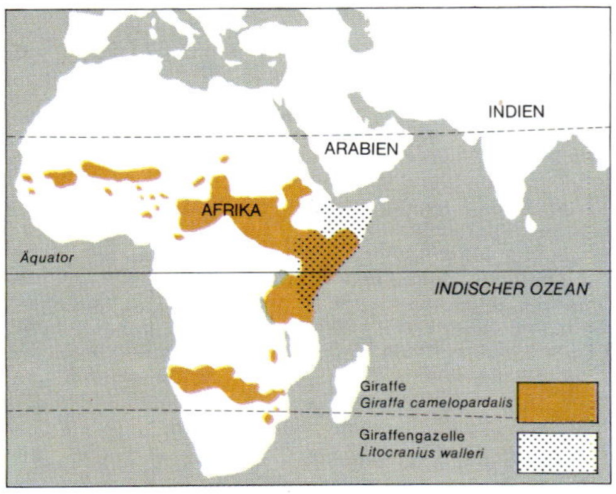
INDIEN
ARABIEN
AFRIKA
Äquator
INDISCHER OZEAN
Giraffe
Giraffa camelopardalis
Giraffengazelle
Litocranius walleri

Verbreitungsgebiete Die Giraffengazelle lebt wie die Giraffe in der Waldsavanne, bevorzugt aber dichteres Gebüsch, und ihr Gebiet ist kleiner.

Furchtsame Riesen, die mit den Köpfen kämpfen

Moment der Gefahr Um mit ihrem langen Hals und den Beinen ans Wasser heranzukommen, spreizt die Giraffe ihre Vorderbeine weit, bevor sie sich niederbeugt. In dieser Stellung ist sie durch ihren einzigen Feind, den Löwen, bedroht. Hier halten ältere Giraffen Wache, während junge Tiere trinken.

Freßtechnik Giraffen rupfen Blätter ab, indem sie sie mit ihrer Zunge umgreifen. Sie können die Zunge 45 cm weit herausstrecken.

Giraffen sind anderen Tieren gegenüber nicht angriffslustig, sondern eher ängstlich. Sie leben in losen sozialen Gruppen. Wohl sieht man Herden von 20 und mehr Tieren, doch scheinen das nur zeitweilige Verbände zu sein. Am häufigsten sind Gruppen von 2 oder 3 Giraffen verschiedenen Geschlechts sowie einzelne Bullen.

Giraffen fressen an verschiedenen Bäumen, aber ihre Hauptnahrung sind Akazienblätter. Sie haben einen vierkammerigen Magen, und das Wiederkäuen spielt bei ihrem Verdauungsprozeß eine wichtige Rolle. Im Frühling, wenn viele Bäume noch unbelaubt sind, verbringen die Giraffen oft 80 Prozent des Tages mit Fressen. Die übrige Zeit vergeht gewöhnlich mit Wiederkäuen, Ausruhen und mit kleinen Geplänkeln. Im Sommer, wenn die Bäume in vollem Laub stehen, beansprucht das Fressen manchmal nur die Hälfte eines Giraffentages.

Die Werbung des Männchens verläuft ähnlich wie bei den meisten anderen Huftieren: Der Hengst nähert sich der Stute und stupst sie so lange, bis sie Harn absetzt. Das Männchen beriecht und probiert ihn und „flehmt", das heißt, es öffnet den Mund und stülpt auf eine eigentümliche Weise die Oberlippe auf – ein Vorgang, der wohl ebenfalls der Geruchsprüfung dient. Wenn das Weibchen brünstig ist, wird es ohne weiteres Werben vom Hengst besprungen; dieser legt dabei seine Brust auf den Rumpf der Stute. Nach einer Tragezeit von etwa 16 Monaten kommen die Kälber zur Welt.

Der lange Hals der Giraffe wird, wie beim Menschen und den meisten anderen Säugetieren, von nur 7 Wirbeln gebildet. Die einzelnen Knochen sind verlängert und durch Kugelgelenke miteinander verbunden, so daß der Hals biegsam ist. Wenn das Tier geht, bewegen sich der Hals und der Kopf rückwärts und vorwärts. Dadurch verlagern diese Körperteile den Schwerpunkt immer wieder nach vorn und erleichtern so die Vorwärtsbewegung des tonnenschweren Körpers. Im Galopp erreicht die Giraffe 55 km/st.

Infolge einer starken Knochenablagerung oben auf dem Schädel des Giraffenmännchens ist dieser schwerer als der des Weibchens und so im Kampf geschützt. Überdies bildet er eine hammerartige Waffe, wenn er von dem langen Hals geschwungen wird. Beide Geschlechter tragen kurze, mit Haut überzogene Hörner.

Die ungewöhnliche Höhe der Giraffe bringt einige physiologische Probleme mit sich. Der Kopf liegt 3 m über dem Herzen; das Blut muß normalerweise den langen Hals hinaufgetrieben werden. Wenn der Giraffenkopf zum Trinken nach unten geschwungen wird, befindet er sich gut 2 m unterhalb des Herzens. Ein gefährlicher Blutstrom zum Gehirn könnte die Folge sein. Aber dort, wo die Arterien in das Gehirn eintreten, ist ein kompliziertes System von Blutgefäßen ausgebildet, das wahrscheinlich – zusammen mit Ventilklappen in den großen Venen – den Stoß jeder großen Druckveränderung auffängt.

Kämpfe mit dem Hals Körperliche Kontakte spielen im Verhältnis der männlichen Giraffen zueinander eine wesentliche Rolle. Ein Bespringen des gleichen Geschlechts ist hier nicht ungewöhnlich, und oft liebkosen die Männchen einander: Eins reibt sanft seinen Kopf und Hals am Kopf, Hals und Körper eines anderen. Eine solche Liebkosung kann in einen Übungskampf übergehen. Dabei stehen beide Männchen nahe beieinander, die Füße fest verwurzelt, und einer schwingt seinen Kopf gegen den andern. Der übt darauf in der gleichen Weise Vergeltung. Doch sind die Schläge selten schwer. Dramatischer ist ein ernster Kampf. Dann wird der Kopf als Keule benutzt, die an den Hals oder die Flanke des Gegners fliegt. Manchmal umschlingen die Kämpfer einander mit den Hälsen und setzen den Kampf mit Stößen fort. Vermutlich entscheidet der Ausgang des Kampfes über die Rangordnung unter den Tieren.

Geburt und frühe Kämpfe einer Giraffe

Ein Giraffenkälbchen wird mit den Vorderbeinen voraus geboren. Nachdem es auf den Boden gefallen ist, stößt die Mutter es mit der Schnauze an, bis es sich bewegt. Bei dem Versuch aufzustehen, fällt das Kälbchen zunächst wieder vornüber; aber schon nach einer halben Stunde ist es kräftig genug, sich aufrecht zu halten.

Reste einer weitverbreiteten Familie

Es gibt 8 Giraffenrassen mit unterschiedlichen Verbreitungsgebieten, die sich jedoch beträchtlich verkleinert haben. Die Tschadgiraffe bewohnt die westafrikanische Savanne. Heute ist ihr Gebiet stark zerstückelt. Die Netzgiraffe, die Massai- und die Ugandagiraffe leben in Ostafrika, die Kordofan- und die Nubische Giraffe in Zentralafrika sowie am oberen Nil, die Angola- und die Kapgiraffe in Südafrika.

Die Wanderer Netzgiraffen ziehen über eine Lichtung. Giraffen halten sich am liebsten in offenem Gelände auf und durchstreifen hier ein Gebiet von 50 Quadratkilometern oder mehr. Wald würde diese großen Tiere behindern. Die Netzgiraffe, die nördlichste der 3 ostafrikanischen Giraffenrassen, lebt in Kenia und Somalia. Die Ugandagiraffe ist ähnlich gemustert, aber weniger rötlich, und ihre Beine sind unten ungefleckt. Die Massaigiraffe von Tansania trägt blattförmige Flecken. Im südlichen Afrika lebt die Kapgiraffe, auch Zweihorngiraffe genannt, weil sie weniger Knochenhöcker auf ihrem Kopf hat als andere Rassen.

Langhalsige Gazelle

Die Giraffengazelle ernährt sich ebenfalls vom hohen Laub der Bäume. Das langhalsige Tier hat die Gewohnheit, hoch aufgerichtet auf den Hinterbeinen zu stehen und sich mit den Vorderbeinen am Busch oder Baum, an dem es frißt, zu halten. Die Schulterhöhe beträgt etwa 1 m.

Wenn die Giraffengazelle beunruhigt wird, schleicht sie sich, statt zu fliehen, lieber mit vorgestrecktem Kopf davon und vertraut darauf, daß sie im Gebüsch schwer zu erkennen ist. Die männlichen und die weiblichen Tiere leben in getrennten Herden, wobei die der Weibchen von einem Bock geführt werden.

Hohe Reichweite Wenn eine Giraffengazelle sich mit ihren Vorderfüßen an einem Zweig hält, kann sie höhere Nahrung erreichen als gleich große Verwandte.

Nashorn, Büffel und Warzenschwein

In Afrika leben 2 verschiedene Nashornarten: das Spitzmaulnashorn, ein laubfressender Einzelgänger, und das Breitmaulnashorn, das Gras frißt und in Herden lebt.

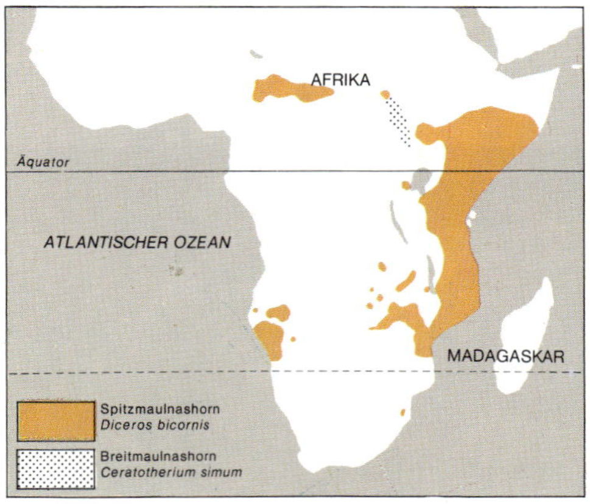
AFRIKA
Äquator
ATLANTISCHER OZEAN
MADAGASKAR
Spitzmaulnashorn
Diceros bicornis
Breitmaulnashorn
Ceratotherium simum

Verbreitung der afrikanischen Nashörner Der Mensch hat weite Gebiete für Nashörner unbewohnbar gemacht.

Gesellige Nashörner Breitmaulnashörner bilden Herden, die manchmal aus einem Dutzend Tiere bestehen. Dazu gehören mehrere Männchen sowie Weibchen und Jungtiere. Die Bullen kämpfen gelegentlich.

Kurzsichtige Riesen, die Gras und Laub fressen

Die beiden afrikanischen Rhinozerosarten – das Breitmaul- und das Spitzmaulnashorn – sind hochentwickelte Tiere. Ihre Verbreitungsgebiete sind heute wesentlich kleiner als früher: Jahrhundertelang hielt sich der Glaube, das Horn des Nashorns rege den Geschlechtstrieb an; deshalb wurde beiden Arten unbarmherzig nachgestellt.

Das Spitzmaulnashorn hat eine Schulterhöhe von 150–160 cm und erreicht ein Gewicht von 2 Tonnen. Seiner gewaltigen Größe wegen hat es von Raubtieren wenig zu fürchten. Die massiven Hörner unterscheiden sich von denen der Rinder insofern, als sie aus zusammengepreßten Fasern bestehen und keinen echten Knochenkern besitzen. Ihre Form und Größe ist bei jedem Nashorn anders; die Stirnhörner einiger Tiere sind mehr als 1,20 m lang.

Einer der Gründe, warum das Spitzmaulnashorn sich gut entwickelt, wenn es vom Menschen nicht gestört wird, ist der, daß dieses Tier gröbere Pflanzen verdauen kann als die meisten anderen Pflanzenfresser. Allerdings hat es stellenweise bei Sträuchern und Gräsern auch einige Konkurrenten, zum Beispiel die Grantgazelle in Ostafrika.

Die Oberlippe des Spitzmaulnashorns endet in einer kleinen, fingerähnlichen Spitze, mit der das Tier Zweige, Knospen und Laub abreißen kann. Sein Geruchssinn und sein Gehör sind gut, sein Sehvermögen hingegen ist schwach. Unbewegliche Objekte kann es wohl nur bis zu einer Entfernung von knapp 25 m unterscheiden.

Dieser mangelhafte Gesichtssinn erklärt wohl zum Teil die nervöse, wachsame Natur des Spitzmaulnashorns. Was wie ein Angriff des Tieres aussieht, braucht in Wahrheit nicht mehr als eine Annäherung zum Zweck der Erkundung zu sein. Doch kann sich aus solch einem Näherkommen leicht ein richtiger Angriff entwickeln. Für seine Größe startet das Nashorn sehr schnell, und es ist imstande, mit überraschender Geschwindigkeit seine Richtung zu ändern.

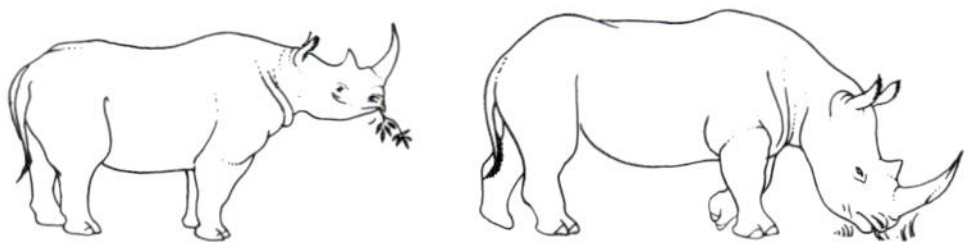

Anpassung an die Ernährung Das Breitmaulnashorn (rechts) hat als Grasfresser einen längeren Hals als das laubfressende Spitzmaulnashorn.

Bei beiden Nashornarten paaren die männlichen und die weiblichen Tiere sich wahllos; eine länger dauernde Verbindung ist selten. Bei der Werbung stupsen die Männchen die Weibchen an und gehen steifbeinig um sie herum.

Spitzmaul- und Breitmaulnashörner sind beide unter dem Staub, der sie zumeist bedeckt, schiefergrau, aber sonst unterscheiden sie sich unverkennbar. Das Breitmaulnashorn ist größer und wiegt bis zu 3,5 Tonnen. Es hat eine viereckige Oberlippe ohne Spitze und einen längeren Kopf – mit größeren Ohren –, den es tiefer trägt als das Spitzmaulnashorn.

Breitmaulnashörner fressen Gras und sind ruhigere, geselligere Tiere als ihre laubfressenden Verwandten. Herden bis zu einem Dutzend Tiere sind häufig. Die Kälber beider Arten hängen außergewöhnlich stark an ihren Müttern und äußern Schmerz, wenn sie von ihnen getrennt werden – mit gutem Grund, denn ausgewachsene Bullen greifen schutzlose Kälber zuweilen an.

Eine seltene Versammlung Spitzmaulnashörner leben als Einzelgänger; Gruppen sind selten. Die Reviere werden gegen Eindringlinge verteidigt.

Kühlender Schlamm Kaffernbüffel wälzen sich im Schlamm, um ihre Körpertemperatur herabzusetzen. Wahrscheinlich schützt ein solches Bad überdies teilweise die Haut vor Fliegenstichen.

Kaffernbüffel greifen sogar Löwen an

Büffel sind die einzigen wildlebenden Vertreter der Rinder (*Bovinae*) in Afrika. Sie existieren gesellig, oft in Herden von 100 und mehr Tieren. Während der Trockenzeit sammeln sich sogar bis zu 1000 bei einem Wasserloch.

Die Herden setzen sich aus Männchen und Weibchen jeden Alters zusammen, doch gibt es dreimal so viele Kühe wie Bullen. Ausgewachsene Bullen bilden eine Rangordnung. An der Spitze befindet sich ein Leittier, das auf der Höhe seines Lebens steht, also etwa 10 bis 12 Jahre alt ist, 800 kg wiegt und eine Schulterhöhe von mehr als 1,5 m hat. Die Bullen gebrauchen ihre Hörner und Hornbuckel in Stoß- und Schiebekämpfen, fügen einander aber kaum Verletzungen zu, da der Kampf eine rituelle Handlung darstellt.

Bullen, die von der Herde vertrieben worden oder von ihr fortgezogen sind, leben entweder allein oder schließen sich einer Junggesellengruppe an, die bis zu 20 Tiere zählen kann. Solche Gruppen bleiben oft hinter der Herde zurück. In dieser Position sind sie dem Angriff von Raubtieren stärker ausgesetzt und schützen so die sich vermehrenden Tiere. Die ältesten Bullen, 13 oder mehr Jahre alt, leben enthaltsam. Ihre Hörner sind abgenutzt, und ihr Fell ist dünn geworden.

Gelegentlich ergreift ein Krokodil ein Kalb, das sich im flachen Wasser wälzt; aber der Hauptfeind der Büffel ist der Löwe. Nicht immer haben Büffel Angst vor Löwen; reizbare alte Bullen greifen diesen Gegner hin und wieder an. Ja manche Löwen werden bei dem Versuch einen Büffel niederzureißen, sogar getötet, vor allem Junglöwen mit geringer Jagderfahrung.

Büffel sind Grasfresser, doch ernähren sie sich von anderen Gräsern als Gnus und Zebras: Sie bevorzugen wasserreiche Gebiete mit weichem Gras sowie Schilfgürtel, in die sie sich vor der Hitze zurückziehen können.

In Westafrika und im Kongobecken lebt eine waldbewohnende Zwergrasse des Kaffernbüffels: der Rot- oder Waldbüffel, der eine Schulterhöhe von gut 1 m hat.

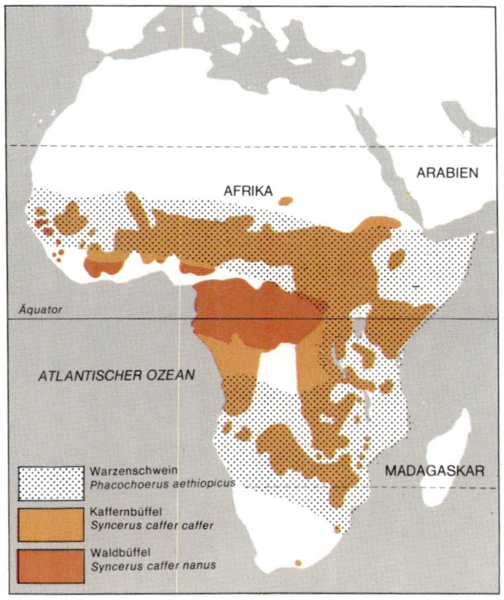
AFRIKA
ARABIEN
Äquator
ATLANTISCHER OZEAN
MADAGASKAR
Warzenschwein
Phacochoerus aethiopicus
Kaffernbüffel
Syncerus caffer caffer
Waldbüffel
Syncerus caffer nanus

Büffelrassen Der Waldbüffel, eine Rasse des Kaffernbüffels, lebt im Kongobecken und in Westafrika.

Geschützte Stirn Massive Hornbuckel, die die ganze Stirn der ausgewachsenen männlichen Büffel bedecken, sind ein Schutz bei Stoßkämpfen. Madenhacker der Gattung *Buphagus* picken die Zecken vom Kopf dieses Tieres. Solche Vögel sitzen auch auf Nashörnern.

Mit Hauern bewaffnet

Das Warzenschwein hat seinen Namen nach einem Paar dicker Hautauswüchse unter jedem Auge. Ein zweites, kleineres Paar befindet sich auf der Schnauze des männlichen Tieres, direkt oberhalb der Hauer. Diese „Warzen" dienen wohl als Schutz für die Augen, wenn das Schwein nach Futter wühlt. Sie lassen überdies den Kopf größer erscheinen und geben ausgewachsenen Tieren ein schrecklicheres Aussehen.

Männliche Warzenschweine haben 40–65 cm lange Hauer, die im Oberkiefer sitzen und stark nach außen und oben gekrümmt sind. Die kurzen, schärferen Eckzähne im Unterkiefer werden im Kampf zum Reißen gebraucht.

Warzenschweine haben gewöhnlich 3–4 Frischlinge, doch kann ein Wurf auch aus 8 Jungen bestehen. Familienverbände leben in genau abgegrenzten Revieren.

Warzenschweine leben einzeln, paarweise und manchmal auch in Familienverbänden. Nachts suchen sie Schutz in Erdhöhlen, die sie sich selbst graben oder von anderen Tieren übernehmen; am Tage kommen sie heraus, um Gräser, Riedgräser und Knollen zu fressen.

Für eine Fortpflanzungsperiode bilden Warzenschweine Paare. Wo viel Niederschläge fallen, bekommen sie zu jeder Jahreszeit Nachwuchs. In trockenen Gebieten wirft die Sau, bevor die Regenzeit einsetzt, so daß sie eine Menge frisches Futter findet, wenn sie säugt.

Warzenschweine sind äußerst fruchtbar. Eine Zählung, die in Rhodesien in einem Gebiet des Sambesitales durchgeführt wurde, ergab, daß 70 Prozent der Warzenschweinweibchen trächtig waren, was theoretisch zu einer Vergrößerung des Bestandes um 250 Prozent geführt hätte.

Diese Fruchtbarkeit führt jedoch nicht zu einer Überbevölkerung; die hohe Sterblichkeitsziffer schafft einen Ausgleich. Viele Junge ertrinken in der Regenzeit; andere fallen Löwen, Leoparden und Schakalen zum Opfer. Durchschnittlich überlebt nur ein Tier von vieren das erste Jahr; dann aber wächst es schnell heran und wird mit etwa 18 Monaten geschlechtsreif.

Löwen holen sich viele Warzenschweine, vor allem in der feuchten Jahreszeit, wenn der hohe Pflanzenwuchs das Anschleichen erleichtert. Dort, wo der Boden durch starke Regenfälle aufgeweicht ist, graben die Löwen überdies die Warzenschweine oft aus ihren Erdhöhlen aus.

Der Löwe, ein träger Jäger

Blitzangriff Eine hungrige Löwin springt mit einer Geschwindigkeit von fast 60 km/st aus dem Gras in eine von panischer Angst ergriffene Zebraherde.

Die Männchen fressen zuerst, aber in größeren Rudeln tragen die Löwinnen die Hauptlast der Jagd.

Nahrung für die ganze Familie Ein Beutezug erbringt gewöhnlich Nahrung für das ganze Rudel. Löwen können das Vitamin A nicht selber bilden; sie müssen es mit der Beute aufnehmen.

Der Löwe, König der Steppe, ruht sich zumeist aus. Er jagt nur, wenn er hungrig ist, und auch dann nimmt er manchmal einfach einem anderen Tier die Beute fort.

Die meisten Katzen sind Einzelgänger; der Löwe aber lebt in Gruppen oder Rudeln, die aus 2 bis 30 Tieren bestehen. Dabei handelt es sich nicht ausschließlich um Familienverbände, obwohl die Löwinnen eines Rudels gewöhnlich miteinander verwandt sind. Ein typisches Rudel besteht aus 2 erwachsenen Männchen, einem sehr alten und 2 jüngeren Weibchen, das eine mit 3 Jungen, das andere mit 2.

Löwen passen sich nicht leicht an das Gemeinschaftsleben an, denn sie konkurrieren miteinander und sind aggressiv. Die Beziehungen innerhalb eines Rudels sind oft gespannt, und hin und wieder kommt es zu plötzlichen Auseinandersetzungen. Trotzdem hat das Zusammenleben klare Vorteile; es bietet den älteren Tieren die Möglichkeit, die Jungen gemeinsam aufzuziehen. Manchmal jagen die Mitglieder eines Rudels gemeinsam, doch können solche Taktiken auch Zufall sein.

Jedes Rudel hat ein 40–130 Quadratkilometer großes Revier. Bei der Verteidigung dieses Gebietes spielt der männliche Löwe die Hauptrolle. Er wiegt durchschnittlich 200 kg – eineinhalbmal soviel wie ein Weibchen. Seine mächtige Gestalt wird durch den großen Kopf und die zottige Mähne noch hervorgehoben; seine furchterregende Erscheinung und sein Herrschergehabe bestätigen ihn als Beschützer. Eine Gruppe von Hyänen jagt manchmal Löwinnen von einer Beute weg. Wenn aber ein Löwenmännchen in der Nähe ist, wagen sie sich nur selten heran.

Wie bei anderen Raubtieren dient auch beim Löwen das Leben in festen Revieren einer gleichmäßigen Verteilung innerhalb des Lebensraumes. Die Größe eines Reviers richtet sich nach der Menge der vorhandenen Beutetiere. Ein ausgewogenes Verhältnis ist 3–4 Löwen auf 1000 Pflanzenfresser.

Die Jahresstrecke von 6 Löwen

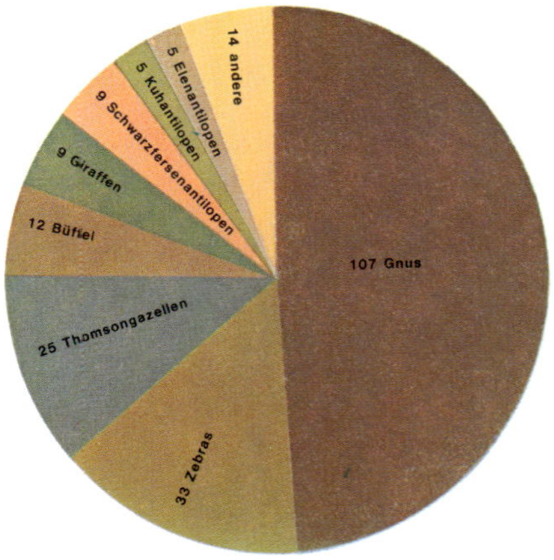
14 andere
5 Elenantilopen
5 Kuhantilopen
9 Schwarzfersenantilopen
9 Giraffen
12 Büffel
25 Thomsongazellen
33 Zebras
107 Gnus

Mittelgroße Antilopen, zum Beispiel Gnus, sind die Lieblingsbeute der Löwen. Gnus machten 49 Prozent der 219 Tiere aus, die in einem Jahr von einem typischen Rudel – ein Männchen, zwei Weibchen, drei Junge – in der ostafrikanischen Savanne getötet wurden. Auch viele Zebras und Gazellen fallen den Löwen zum Opfer.

Löwen vermehren sich zu jeder Jahreszeit; in Südafrika finden die meisten Geburten allerdings im Herbst und Winter statt. Vorher verläßt das Weibchen sein Rudel; an einem abgelegenen Platz bringt es 3 oder 4 Junge zur Welt, die ungefähr 3 Pfund wiegen. Die ersten 10 Wochen ihres Lebens, abseits vom Rudel, sind kritisch. Wenn die Löwin sie verläßt, um zu jagen, fallen sie oft Raubtieren zum Opfer, zum Beispiel Hyänen. Nicht einmal die Hälfte aller Jungen erreichen das Stadium des ausgewachsenen Tieres.

Wenn die Jungen zum Rudel kommen, wird das Leben dort harmonischer. Selbst die alten Männchen werden toleranter und gutmütiger, und gelegentlich säugen 2 Löwinnen mit Jungen die Kleinen gemeinsam.

Lehrreiche Spiele Löwenjunge, die sich mit einem erwachsenen Männchen herumbalgen, vervollkommnen so ihre angeborenen Fähigkeiten. Sie lernen das Anschleichen und Angreifen sowie den Gebrauch ihrer Vorderpfoten.

Paarung Löwen haben nur eine kurze Paarungszeit; dann aber vereinigen sie sich häufig. Die Fortpflanzung ist nicht an eine bestimmte Jahreszeit gebunden.

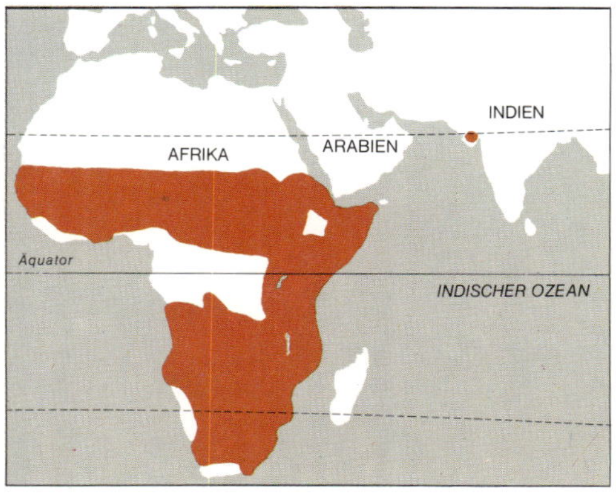
INDIEN
AFRIKA
ARABIEN
Äquator
INDISCHER OZEAN

Letzte Zuflucht Einst war der Löwe, *Panthera leo*, von Afrika bis Indien verbreitet. Heute lebt er nur noch südlich der Sahara und im Gir-Wald in Indien.

Fleckenveränderung Die Flecken auf dem wolligen Pelz der Jungen sind wohl Reste einer Tarnzeichnung, die waldbewohnende Vorfahren einst trugen.

Frühestens im Alter von 18 Monaten sind Löwen vollwertige Jäger. Das ist ein weiterer kritischer Zeitpunkt in ihrem Leben, weil die Mutter dann ihre nächsten Jungen bekommt und das Interesse an den vorangehenden verliert. Viel gefährlicher für diese ist es aber, daß die älteren Mitglieder des Rudels unduldsamer werden; sie nehmen den Jungen manchmal ihre Beute fort und jagen sie oft vom Rudel weg.

Der Löwe als Jäger und Aasfresser

Löwen jagen in der Dämmerung oder nachts. Ihre Taktik besteht gewöhnlich aus einem geduldigen Anschleichen und einem blitzartigen Angriff, denn für eine längere Hetzjagd fehlt ihnen die Ausdauer.

Sie töten ihre Beute, indem sie ihr Opfer von vorn anspringen, es zu Boden zerren und in den Hals beißen. Manchmal springt ein Löwe auf das Hinterteil einer Antilope und bricht ihr durch sein Gewicht das Rückgrat. Da viele Pflanzenfresser aber schneller sind als der Löwe, enden 4 von 5 Jagden erfolglos.

Gewöhnlich jagen die Löwen nur, wenn sie hungrig sind; nach dem Beutezug stopfen sie sich voll. Ein hungriger Löwe kann bis zu 65 Pfund Fleisch auf einmal fressen – das ist ein Fünftel seines Gewichts. Der Mahlzeit folgt ein langer Schlaf. Tatsächlich verbringt der Löwe die meiste Zeit seines Lebens ruhend oder schlafend.

Oft lauern Hyänen im Hintergrund, bis die Löwen gefressen haben, und reißen dann die letzten Fleischreste vom Kadaver. Manchmal sind die Rollen auch vertauscht; dann vertreiben die Löwen die Hyänen von ihrer Beute. In der Serengeti hat man festgestellt, daß nahezu ein Viertel aller Kadaver, an denen Löwen fraßen, von Hyänen erlegte Tiere waren.

Zuneigung im Rudel Das ganze Löwenrudel scheint die Jungen liebevoll zu behandeln.

Jäger und Aasfresser

Schnellfüßige Jäger versorgen mit ihrer erlegten Beute nicht nur sich selber. Sie werden von einer Menge Aasfresser begleitet, die sich um die Reste streiten.

Die Herden von Gnus, Zebras und anderen Pflanzenfressern, die in der afrikanischen Savanne äsen, bilden das Nahrungsreservoir für verschiedene Gruppen von Fleischfressern. Einige dieser Fleischfresser leben ganz von der Jagd auf eine oder zwei bestimmte Tierarten, wofür sie besondere Techniken entwickelt haben. Der Gepard beschränkt sich zum Beispiel fast nur auf kleinere Gazellen, die er nach einem kurzen Sprint erlegt.

Eine andere Gruppe von Fleischfressern – Hyänen, Schakale, Geier und Marabus – ernähren sich ausschließlich oder teilweise von Aas. Hyänen beispielsweise sind bald Jäger, bald Aasfresser. Im Ngorongoro-Krater in Tansania sind sie zahlreicher als Löwen, Geparden, Leoparden und Hyänenhunde zusammen, und bei der Regulierung der Beutetierbestände spielen sie eine größere Rolle als alle anderen Raubtiere.

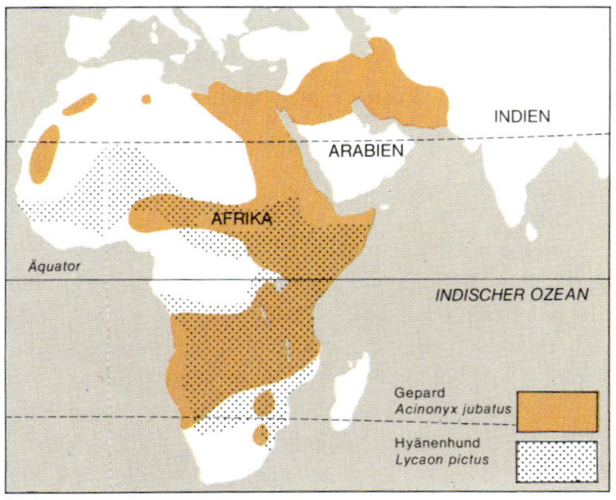
INDIEN
ARABIEN
AFRIKA
Äquator
INDISCHER OZEAN
Gepard
Acinonyx jubatus
Hyänenhund
Lycaon pictus

Jagdgebiete Geparde, heute selten geworden, leben hauptsächlich auf offenen Ebenen, aber auch in der Waldsavanne. Hyänenhunde bevölkern das Gebiet südlich der Sahara und kommen bis zur Baumgrenze in den Gebieten Ostafrikas vor. Sie gehören mit den Wölfen, Füchsen und Haushunden zur Familie der Hunde.

Ein Sprinter mit zwei Jagdmethoden

Angriff mit Höchstgeschwindigkeit Ein Gepard sondert von einer Gazellenherde ein Tier ab und jagt ihm nach. Dann schlägt er es nieder und packt es an der Kehle.

Die Beute wird geteilt Hungrige Geparde zerreißen im Familienverband rasch ein frisch getötetes Tier. Jede Verzögerung würde es Löwen und Hyänen ermöglichen, ihnen die Beute wegzunehmen. Die Opfer der Geparde sind vor allem kleinere Gazellen wie Thomsongazellen und Impalas oder Schwarzfersenantilopen.

Lange, sehnige Beine, kräftige Muskeln, eine biegsame Wirbelsäule sowie Krallen, die nicht einziehbar sind und wie Spikes in Rennschuhen wirken – dies alles macht den Gepard zum schnellsten Sprinter in der Tierwelt. Aus dem Stand kann er in 2 Sekunden 75 km/st erreichen, und er kommt rasch auf eine Höchstgeschwindigkeit von 110 km/st.

Manchmal kann man Geparden alleine sehen; häufiger aber sind sie zu zweit oder in kleinen Familienverbänden. Die Weibchen werfen nach einer Tragezeit von 3 Monaten jeweils 2–5 Junge, doch überleben durchschnittlich nur 50 Prozent die ersten 6 Monate.

Selten nehmen Geparde es mit so großen Tieren wie Gnus auf; ihre Opfer sind fast nur kleine Gazellen. Hin und wieder fangen sie auch Hasen und Vögel.

Wenn der Gepard auf Jagd geht, wendet er eine von zwei Taktiken an. Die erste Jagdmethode besteht darin, daß er sich langsam und offen auf der Ebene seiner Beute nähert – etwa einer Herde Thomsongazellen. Die Gazellen geraten nicht sofort in Panik, sondern beobachten den Angreifer aufmerksam. Wenn er sich der Herde bis auf 70 m genähert hat, setzen sich die weiblichen Gazellen in Bewegung, aber die stärksten Männchen lassen ihn bis auf 50 m herankommen, bevor sie sich zur Flucht wenden. Dann wählt der Gepard ein bestimmtes Tier aus – gewöhnlich eins, das sich etwas von der Herde entfernt hat – und rennt ihm in einem gewaltigen Spurt nach. Diese hohe Geschwindigkeit hält er jedoch höchstens 500 m durch, denn er ist nicht ausdauernd. Hat er seine Beute bis dahin nicht eingeholt, muß er die Jagd aufgeben.

Die zweite Methode ist das Anschleichen: Der Gepard macht sich leise an äsende Gazellen heran; sobald eines der Tiere aufschaut, erstarrt er in geduckter Haltung. Hat er sich dem ausersehenen Opfer auf etwa 30 m genähert, wartet er, bis das Tier ihm den Rücken zudreht; dann erst setzt er zum Schlußangriff an. Ist sein Ziel ein junges Kitz, so endet die Jagd fast immer mit dem Tod des Opfers. Ausgewachsene Gazellen hingegen haben eine fünfzigprozentige Chance zu entkommen.

Ein Opfer wird eingekreist Nach der Jagd kreist eine Meute Hyänenhunde ein junges Gnu ein. Sie zerren an dem Tier, bis es erschöpft zusammenbricht.

Gemeinsame und ausdauernde Jagd bringt die Beute zur Strecke

Hyänenhunde sind gesellig; sie leben in Meuten von 5–20 Tieren; meist sind es 6–10. In einer solchen Gruppe scheint es keine Rangordnung zu geben; aber oft eröffnet ein bestimmtes männliches Tier die Jagd.

Die Meute lebt in offenem Land und wandert innerhalb eines Gebietes von 25–150 Quadratkilometern von Ruheplatz zu Ruheplatz. Wenn aber die Jungen geboren werden, bleiben die Hunde für einige Zeit in einem Warzenschwein- oder Erdferkelbau – so lange, bis die Kleinen den Alten folgen können.

Hyänenhunde jagen meistens Gazellen und junge Gnus, gewöhnlich in der Dämmerung. Sie nähern sich ziemlich offen einer Herde; wenn sie in Panik gerät und flieht, wählen sie ein einzelnes Tier aus, und dann beginnt eine erbarmungslose Jagd, die oft erst nach 7–10 km endet. Daß die Beute allen Mitgliedern einer Meute gehört, ist für eine solche Gemeinschaft lebensnotwendig. Die Hunde wechseln sich ja in der Jagd ab; einige bleiben zum Schutz bei den Jungen zurück. Hat die Meute ein Tier erlegt, dann schlingen die Hunde große Fleischbrokken hinunter und stopfen sich voll, bevor Hyänen kommen und sie von der Beute vertreiben. Bei der Rückkehr würgen dann die Jäger für diejenigen, die die Jungen bewacht haben, etwas von dem Fleisch wieder heraus. Die Wächter wiederum würgen Futter für die Jungen heraus.

Tagsüber Aasfresser, nachts Jäger

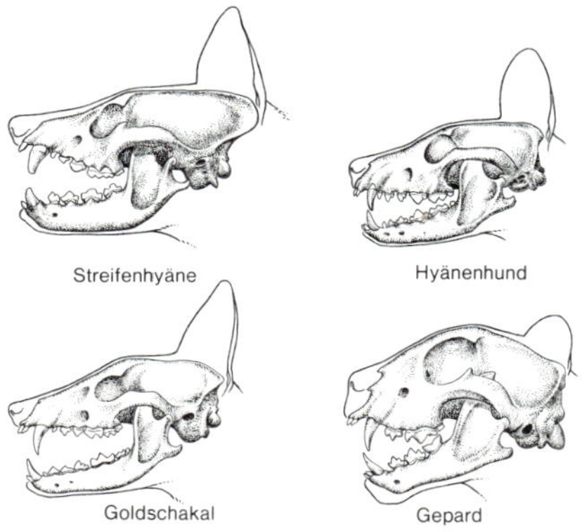
Streifenhyäne
Hyänenhund
Goldschakal
Gepard

Kiefer zum Zerreißen und Zermahlen All diese Tiere haben scharfe Zähne und starke Kiefer. Die kürzeren Kiefer der Hyäne und des Gepards – entfernte Verwandte innerhalb der Katzenfamilie – ermöglichen einen kräftigeren Biß, als er Schakalen und Hyänenhunden – Mitgliedern der Hundefamilie – eigen ist.

In Afrika kommen 3 Hyänenarten vor: die Streifen-, die Schabracken- und die Tüpfelhyäne. Hyänen sind tagsüber Aasfresser. Eine Meute Tüpfelhyänen vertreibt oft Hyänenhunde, Geparde oder Löwinnen von ihrer Beute.

In einigen Gebieten werden die Hyänen nachts selbst zu Jägern und bringen ihre Beute in Rudeln zur Strecke, die bis zu 30 Tiere zählen. Im Ngorongoro-Krater töten Tüpfelhyänen etwa 82 Prozent der Tiere, die sie fressen, selbst – hauptsächlich Gnus, Zebras und Thomsongazellen.

Die Savanne beherbergt 3 Schakalarten: den Gold-, den Streifen- und den Schabrackenschakal. Sie alle leben einzeln, in Paaren oder in kleinen Familienverbänden, in großer Anzahl versammeln sie sich aber oft beim Aasfressen. Schakale jagen kleine Antilopen wie zum Beispiel Dikdiks, und in Ostafrika sind sie der Hauptfeind der Thomsongazellen, denen sie viele neugeborene Tiere wegholen. Schakale ihrerseits werden oft von Leoparden getötet.

Eine Tüpfelhyäne und Schakale streiten sich um einen Kadaver. Tüpfelhyänen jagen in Gruppen, die bis zu 30 Tiere stark sind. Beim Fressen stoßen sie Töne aus, die wie ein Gelächter klingen.

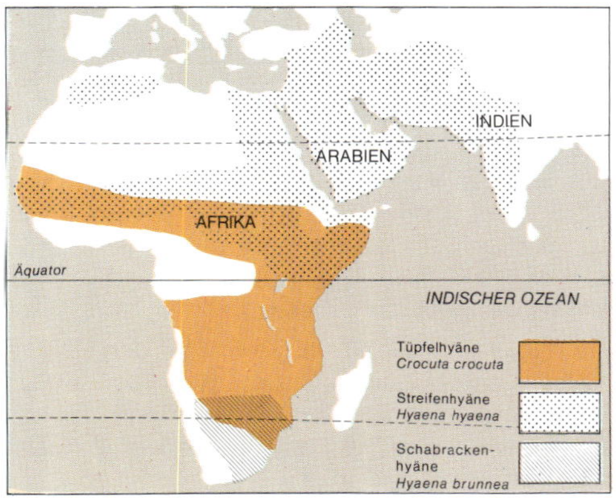
INDIEN
ARABIEN
AFRIKA
Äquator
INDISCHER OZEAN
Tüpfelhyäne
Crocuta crocuta
Streifenhyäne
Hyaena hyaena
Schabrackenhyäne
Hyaena brunnea

In einigen Teilen Ostafrikas sind die Tüpfelhyänen zahlreicher als alle anderen Raubtiere zusammen.

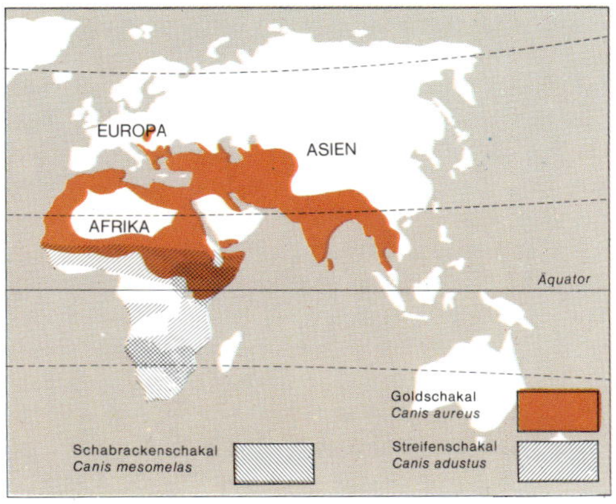
EUROPA
ASIEN
AFRIKA
Äquator
Goldschakal
Canis aureus
Schabrackenschakal
Canis mesomelas
Streifenschakal
Canis adustus

3 Schakale In Ostafrika überschneiden sich die Gebiete der 3 Schakalarten.

Elefanten

Der Elefant, das schwerste Landsäugetier, verwüstet durch seine grobe Freßweise die Savanne – bis seine Mahlzähne abgenutzt sind und er vom Hungertod bedroht ist.

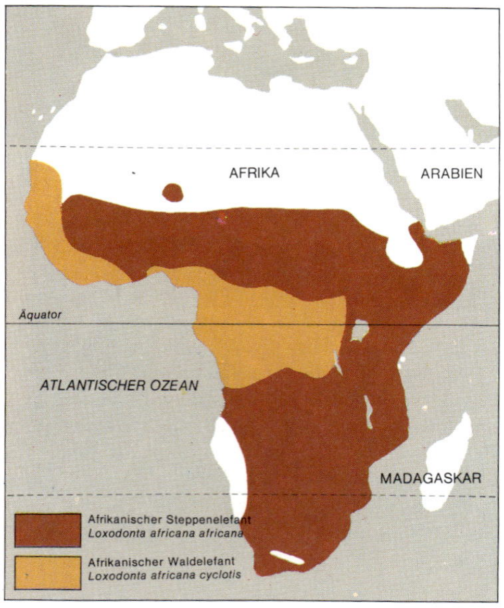
AFRIKA
ARABIEN
Äquator
ATLANTISCHER OZEAN
MADAGASKAR
Afrikanischer Steppenelefant
Loxodonta africana africana
Afrikanischer Waldelefant
Loxodonta africana cyclotis

Die Heimat zweier Rassen Das Verbreitungsgebiet des Steppenelefanten erstreckte sich einst über den größten Teil der Savanne südlich der Sahara; heute ist es aber stark verkleinert. Der Waldelefant, der im tropischen Regenwald vorkommt, ist kleiner und hat abgerundete Ohren und dünnere Stoßzähne. Die beiden Rassen scheinen sich nicht zu kreuzen.

40 Jahre
27 Jahre
15 Jahre
6 Jahre
3 Jahre
1 Jahr

Ständiges Wachstum Elefanten werden größer, solange sie leben. Alte Bullen erreichen eine Schulterhöhe von 4 m. Ein einjähriges Kalb kann noch zwischen den Vorderbeinen der Mutter stehen.

Eine Nase als Arm Einer der nützlichsten Körperteile des Elefanten ist sein Rüssel: eine verlängerte Nase, die wie ein feinfühliges bewegliches Glied gebraucht werden kann. Mit dem Rüssel werden die höheren Zweige der Bäume heruntergezogen; Wasser wird damit aufgesaugt und in das Maul gespritzt oder zur Abkühlung über den Rücken gespült. Überdies hebt der Elefant mit dem Rüssel Früchte oder Grasbüschel auf.

Kein anderes Tier übt eine so weitgehende Wirkung auf die Vegetation der Savanne aus wie der Elefant. Sein riesiger Appetit und seine ungewöhnliche Stärke beeinflussen die Pflanzenwelt sowie die Lebensräume aller anderen Tiere.

Elefanten sind in ihrer Kost nicht wählerisch; sie fressen alles – von Gras und Laub bis zur Baumrinde. Sie brechen Äste ab und reißen mit ihrem Rüssel ganze Bäume aus. Von anderen schälen sie nur die Rinde ab, so daß sie verdorren und eingehen. Auf diese Weise tragen sie dazu bei, daß Wälder sich in parkähnliche Landschaften verwandeln. Die Gefahr von Grasbränden nimmt zu, und schließlich kann aus dem Wald eine baumlose Savanne werden.

Andererseits wirken Elefanten nicht nur zerstörend, sondern sie bereichern die Landschaft auch auf die eine oder andere Weise und erleichtern manchen anderen Tieren das Leben. Laubfressern liefern sie insofern zusätzliches Futter, als sie umgestürzte Bäume und abgerissene Äste hinterlassen. In Dürrezeiten sorgen sie dafür, daß Wasser vorhanden ist, denn sie graben in die trockenen Flußbetten Wasserlöcher. In natriumreichen Böden erschließen sie mit ihren Füßen und ihrem Rüssel Salzlecken.

Elefanten bevorzugen Landschaften mit Bäumen. Früher zogen sie fort, wenn sie ein Gebiet geplündert hatten; die Pflanzenwelt hatte dann Gelegenheit, sich wieder zu erholen. Heute sind die Elefanten weitgehend auf Nationalparks und Reservate beschränkt. Diese Einengung ihrer Bewegungsfreiheit zwingt sie, immer wieder die gleichen abgeästen Gebiete zu durchziehen. Oft schaffen sie dadurch ein schattenloses, verödetes Gebiet, das für sie selbst ebenso ungeeignet ist wie für andere Tiere.

Verschwenderische Fresser

Elefanten sind gewaltige Tiere. Bei der Geburt wiegt ein Elefantenkalb bereits etwa 110 kg; ein voll ausgewachsener Bulle bringt es auf 6,5 Tonnen, eine Kuh auf 4 Tonnen. Zur Ernährung seines mächtigen Körpers braucht ein Elefant jeden Tag etwa 5 Prozent seines Gewichtes an Futter und ungefähr 180 Liter Wasser, die er mit seinem Rüssel einsaugt – jeweils fast 10 Liter auf einmal.

Wo es nur wenige Bäume gibt, kann das Gras 90 Prozent des Futters ausmachen, aber in Waldgebieten ernährt der Elefant sich hauptsächlich von Zweigen und Blättern.

Ein großer Teil des Futters wird vom Körper beinahe unverändert wieder ausgeschieden. Das hat aber seinen Grund nicht nur darin, daß das Verdauungssystem nicht hinreichend funktioniert. Der Elefant frißt viel, und das Futter passiert den Darm schnell, wobei nur die nahrhaftesten Teile verdaut werden. Auf diese Weise kann der Elefant noch aus holzigen, weitgehend unverdaulichen Stoffen die Nahrung herausholen, die er braucht.

Elefanten haben eine grobe Freßweise; sie zerstören mehr Pflanzen, als sie fressen – häufig mindestens noch einmal soviel. Sie ziehen Grasbüschel mit den Wurzeln heraus, schlucken Erde an Salzlecken und kauen harte, staubige Rinde. Dadurch werden ihre Zähne stark abgenutzt. Ihre riesigen malenden Backenzähne fallen Stück für Stück aus, wenn sie abgenutzt sind, doch werden sie sechsmal wieder ersetzt. Sobald Elefanten den letzten Zahn verloren haben, können sie nicht mehr kauen und müssen zuweilen verhungern. Alte Bullen verbringen ihre letzten Jahre oft in der Nähe von Flüssen, wo die Vegetation üppig, saftig und leichter zu schlucken ist.

Temperaturregelung durch die Ohren

Wie viele andere große Tiere in heißen Klimaten müssen Elefanten überschüssige Hitze loswerden. Hier liegt ein Grund dafür, daß Elefanten und Nashörner sich so ausgiebig im Wasser wälzen und sich regelmäßig mit kühlem Schlamm bewerfen. Der Afrikanische Elefant hat darüber hinaus noch eine weitere Möglichkeit, seine Körpertemperatur zu regulieren: In seinen großen Ohren, die bis zu 1,80 m lang und 1,50 m breit sind, befindet sich ein verzweigtes System von Blutgefäßen. Sobald nun das Tier mit den Ohren rückwärts und vorwärts fächelt, kühlt das Blut darin um 5° ab.

Ein Tier von 6,5 Tonnen Gewicht braucht starke Gliedmaßen. Die Knochen der Elefantenbeine stehen senkrecht und bilden gerade, säulenförmige Träger, die die Belastung der Gelenke herabsetzen. Die Füße besitzen federnde, elastische Ballen, die sich unter der ungeheuren Last ausdehnen und ohne Belastung wieder zusammenziehen.

Elefantenmännchen werden selten über 50 Jahre alt, Weibchen aber manchmal sogar über 60. Bei der Paarung sind Elefanten nicht sehr überschwenglich, doch treiben die Bullen manchmal die brünstigen Kühe vor sich her und kämpfen um ihren Besitz. Nach einer Tragezeit von 660 Tagen bringen die Kühe ein einziges Kalb zur Welt. Bis zur nächsten Geburt vergehen normalerweise 4 Jahre.

Kleine, lange zusammenhaltende Herden Elefanten bilden kleine Familienherden von 4–16 Tieren, die aus Müttern und ihren Jungen sowie aus den noch nicht erwachsenen Männchen und Weibchen bestehen. Geführt wird die Herde von der ältesten und größten Kuh. Die Männchen bleiben nur so lange bei der Familienherde, bis sie geschlechtsreif sind; dann schließen sie sich Junggesellengruppen an.

Neue Zähne ersetzen die alten

Zunächst sind die Zahnkronen des Elefanten mit Zement überzogen; aber der ist bald abgenutzt, und darunter werden Zahnbein und Zahnschmelz frei. Der härtere Zahnschmelz nutzt sich weniger schnell ab, wodurch eine rauhe Oberfläche zum Zerreiben des Futters entsteht. In seinem Leben verbraucht der Elefant 24 Backenzähne, 6 auf jeder Seite jedes Kiefers. Gewöhnlich sind aber in jedem Kiefer nur 2 auf einmal in Gebrauch. Die Zähne bestehen aus Blättern, *Laminae* genannt. Sobald ein Zahn abgenutzt ist, rückt er im Kiefer vor, und die *Laminae* fallen nacheinander ab, bis er ganz verschwunden ist. Mittlerweile wächst ein anderer Zahn von hinten nach und ersetzt den ersten (rechts). Unten sieht man – von oben her – die Zahnfolge auf einer Seite des Unterkiefers.

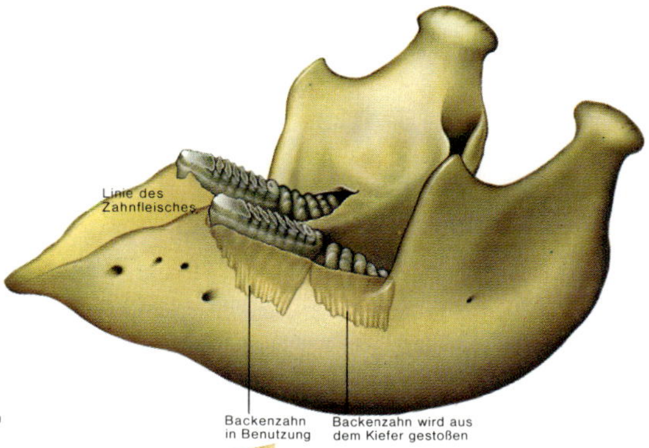
Linie des Zahnfleisches
Backenzahn in Benutzung
Backenzahn wird aus dem Kiefer gestoßen

Zahnbein
Zement
Zahnschmelz
Höhle
Knochen

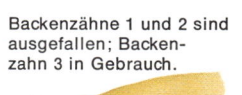

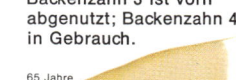

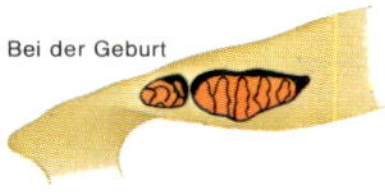
Bei der Geburt

Backenzähne 1 und 2 sind vorhanden, beide mit Zement überzogen.

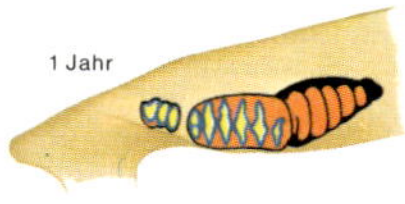
1 Jahr

Backenzähne 1 und 2 in Gebrauch; Backenzahn 3 kommt heraus.

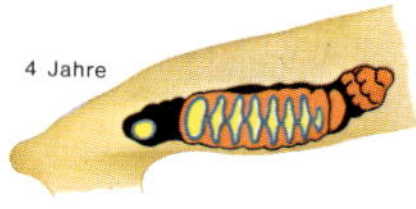
4 Jahre

Backenzähne 1 und 2 sind ausgefallen; Backenzahn 3 in Gebrauch.

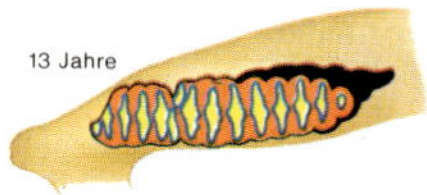
13 Jahre

Backenzahn 3 ist vorn abgenutzt; Backenzahn 4 in Gebrauch.

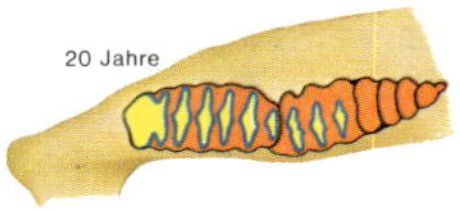
20 Jahre

Backenzahn 5 ist herausgekommen und wird Backenzahn 4 ersetzen.

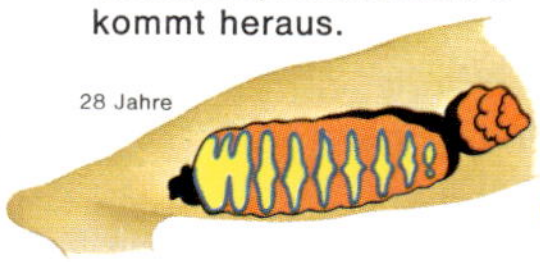
28 Jahre

Die ganze Krone von Backenzahn 5 in Gebrauch; Zahn 6 erscheint.

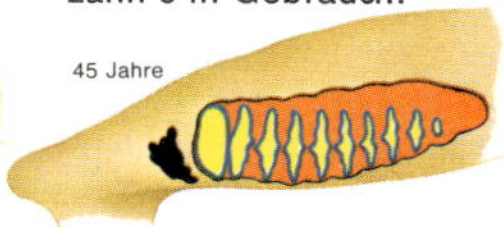
45 Jahre

Backenzahn 5 ist ausgefallen; die Krone von Zahn 6 voll in Gebrauch.

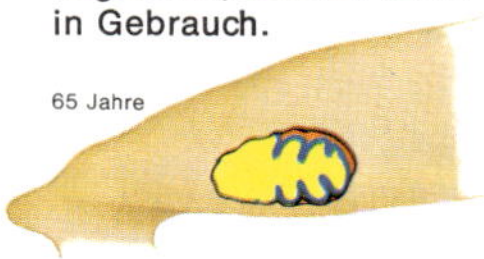
65 Jahre

Backenzahn 6 ist fast ganz abgenutzt; er kann nicht mehr ersetzt werden.

Zwei Bullen kämpfen um eine brünstige Kuh. Solche Auseinandersetzungen sind bald beendet, da das stärkere Tier gewöhnlich rasch seine Überlegenheit beweist. Die Hauptwaffen sind Rüssel und Stoßzähne. Diese stellen vergrößerte Schneidezähne dar; bei alten Bullen erreichen sie manchmal eine Länge von 3 m.

Affen

Bei den Affenherden des afrikanischen Graslandes befinden sich in Gebieten mit reichlich Nahrung viele Männchen. In kargen Gegenden kann sich jeder Trupp nur ein ausgewachsenes Männchen leisten.

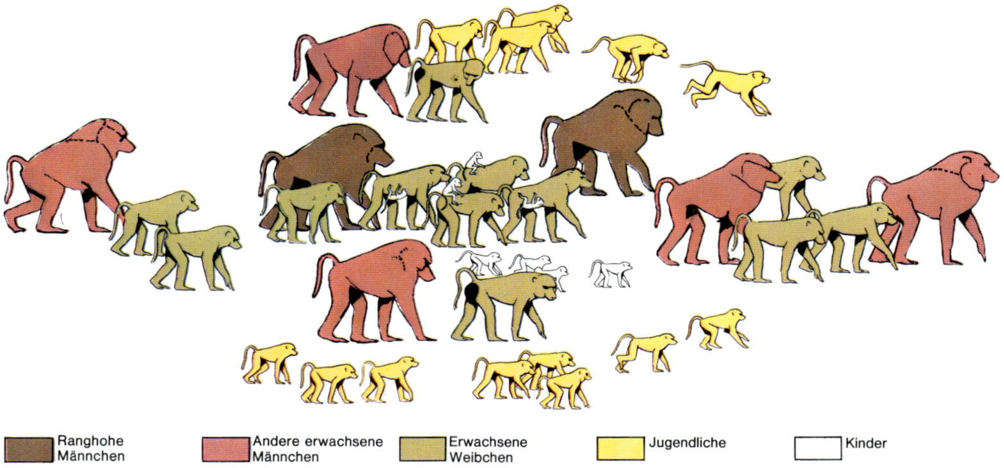

Ranghohe Männchen
Andere erwachsene Männchen
Erwachsene Weibchen
Jugendliche
Kinder

Paviane auf der Wanderung Wenn eine Pavianherde unterwegs ist, gehen säugende Weibchen mit ihren Jungen in der Mitte und werden von ranghohen Männchen geschützt. Dieser Trupp ist von rangniedrigen Männchen und Jungen beiderlei Geschlechts umgeben. Die ranghohen Männchen bestimmen die Richtung des Zuges.

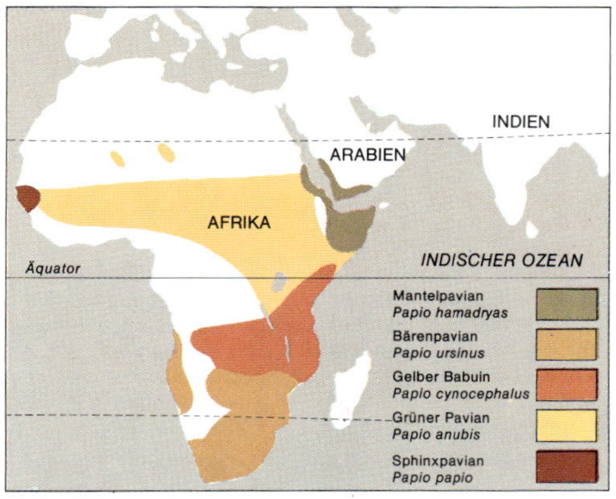

INDIEN
ARABIEN
AFRIKA
Äquator
INDISCHER OZEAN
Mantelpavian
Papio hamadryas
Bärenpavian
Papio ursinus
Gelber Babuin
Papio cynocephalus
Grüner Pavian
Papio anubis
Sphinxpavian
Papio papio

Land der Paviane Paviane sind die am weitesten verbreiteten Affen Afrikas. Vielleicht sind sie alle Rassen einer einzigen Art, *Papio hamadryas*.

Weiblicher Bärenpavian mit Kind Paviane hängen während der ersten 5 Wochen ihres Lebens unter dem Bauch der Mutter; dann reiten sie auf ihrem Rücken.

Acht Affenarten sind in die afrikanischen Savannen eingewandert. Wahrscheinlich kommen sie aus den tropischen Wäldern, denn Affen haben sich im Wald entwickelt. Es gibt 5 Pavianarten, die nahe miteinander verwandt sind. In der Savanne leben der Gelbe Babuin, der Grüne Pavian, der Sphinxpavian und der Bärenpavian. Die fünfte Art, der Mantelpavian, ist in den trockenen, felsigen Gebieten zu Hause.

Im Trockengebiet südlich der Sahara und in Savannen mit hohem Gras kommen Husarenaffen vor; Grüne Meerkatzen sind an die Waldrandgebiete gebunden, und Dscheladas bewohnen gemäßigte Grasländer hoch im äthiopischen Bergland.

Alle Savannenpaviane und die Grünen Meerkatzen leben in großen Herden mit vielen erwachsenen Männchen. Sie bestehen aus kleinen Einzeltrupps, zu denen bei Mantelpavianen, Dscheladas und Husarenaffen jeweils nur ein erwachsenes Männchen gehört. Das ist wahrscheinlich eine Anpassung an eine ziemlich unwirtliche, trockene Umwelt: Da ein einzelnes Männchen in der Lage ist, alle Weibchen zu befruchten, werden alle anderen Männchen aus der Gruppe ausgestoßen und müssen sich durchschlagen, so gut sie können. In Gebieten mit reichlicherem Futter hingegen sind bei jedem Trupp mehrere Männchen.

Eine Herde hat ein Revier mit einem Bestand hoher Bäume als Kerngebiet. Nachts schlafen die Paviane in den Bäumen, und tagsüber suchen sie Samen, Früchte, Blüten, Knollen und Gras. In der Trockenzeit graben sie überdies fast 40 cm tief nach Wurzeln und Knollen. Bei einer gelegentlichen Insektenplage tun Paviane sich auch an diesen Tieren gütlich. Einige Herden töten gelegentlich einen Hasen, einen jungen Vogel oder eine junge Gazelle.

In einer Pavianherde sind alle ausgewachsenen Männchen ranghöher als die Weibchen. Bei den Weibchen scheint es keine dauernde Rangordnung zu geben, wenn auch einer Mutter mit ihrem Jungen zeitweilig ein Rang zuerkannt wird. Männchen stehen dagegen in einer strengen Rangordnung; doch werden die Verhältnisse oft dadurch kompliziert, daß 2 Männchen gegen ein ranghöheres zusammenhalten.

In der Hierarchie einer Herde hat allein das oberste Männchen das Recht, sich mit brünstigen Weibchen zu paaren; es wird so der Vater von etwa 80 Prozent aller Nachkommen der nächsten Generation. Den anderen Männchen ist es erlaubt, sich mit noch unentwickelten oder nicht brünstigen Weibchen zusammenzutun.

Das führende Männchen ist das aggressivste Tier sowohl gegen andere Mitglieder der Herde – sogar gegen Weibchen – als auch gegen Eindringlinge; Weibchen mit Jungen kommen zu ihm, um Schutz zu suchen. Junge Männchen sind besonders streitsüchtig, wenn sie versuchen, in der Hierarchie höher zu kommen. Eine Rangstufe über den Weibchen erreichen sie aber nicht vor ihrem fünften Lebensjahr.

Mantelpaviane zeigen eine andere Verhaltensweise. Die ganze Herde ist in Trupps aufgeteilt, die jeweils aus einem Männchen und bis zu 6 Weibchen bestehen. Diese Trupps sowie eine Junggesellengruppe mit den überzähligen Männchen gehen tagsüber getrennt auf Futtersuche und kehren abends zu den Felsen zurück, wo sie schlafen.

Die Weibchen folgen dem Männchen, und dieses bleibt mit all seinen Weibchen lebenslang verbunden. Demgegenüber folgen bei anderen Arten

Grüne Paviane zu Hause Grüne Paviane schlafen auf Bäumen im Mittelpunkt des Reviers ihrer Herde. Am Tag gehen sie fort und suchen Nahrung.

die Männchen den Weibchen, und eine Bindung dauert nur so lange, wie das Weibchen brünstig ist.

Mit 3 oder 4 Jahren beginnt ein Männchen, sich eine Herde zuzulegen, indem es zunächst ein Junges von seiner Mutter fortnimmt. 2 Jahre später sammelt und adoptiert es Waisen beiderlei Geschlechts. Schließlich wird ein Weibchen für immer angenommen. Wenn dieses Weibchen geschlechtsreif geworden ist, paart sich das Männchen mit ihm, und die beiden werden sowohl Sexual- wie auch Sozialpartner. Trifft das Mantelpavianmännchen ein fremdes Weibchen, dann versucht es, dieses Tier in seine Herde einzugliedern; eine Paarung erfolgt aber nicht sofort. Wenn das Männchen stirbt oder seine Weibchen im Kampf verliert, folgen diese einem anderen – vielleicht einem der Junggesellen.

Rangordnung der Weibchen

Dscheladas gleichen Mantelpavianen darin, daß sie in Trupps mit jeweils einem Männchen leben – in Trupps, die zusammen riesige Herden bilden. Ihre Beziehungen untereinander sind aber anders geartet.

Dscheladaweibchen stehen in einer festen Rangordnung; jedes achtet streng auf das unmittelbar unter ihm stehende und versucht mit allen Mitteln, das Männchen von ihm fernzuhalten. Die Folge davon ist, daß die rangniedrigsten Weibchen am wenigsten Aussicht auf Nachkommen haben, während bei den Pavianen alle Weibchen die gleiche Chance haben, Junge zu bekommen.

Husarenaffen leben in Trupps zusammen, die aus einem Männchen und etwa 10 Weibchen mit ihren Jungen bestehen. Diese Trupps, die Reviere von etwa 50 Quadratkilometern bewohnen, begegnen einander nur selten. Sie wandern pro Tag etwa 1 km und suchen Insekten, Vogeleier und Früchte.

Die Weibchen stehen in einer bestimmten Rangordnung, und das ranghöchste bestimmt die Bewegungen des Trupps. Das Männchen fungiert im wesentlichen als Wachtposten; es hat Störungen zu untersuchen und bei Gefahr zur Ablenkung Lärm zu machen, während die anderen leise davonlaufen.

Die südafrikanische Meerkatze *Cercopithecus pyrgerythrus* lebt in der Nähe von Waldrändern,

Der Schwanz als Stütze Der Husarenaffe stützt sich auf seinen Schwanz, um über hohes Gras hinwegzuschauen. Er ist gut an das Leben am Boden angepaßt, denn er hat lange Unterarme und Unterschenkel, kurze Zehen und einen schlanken, sich verjüngenden Körper wie ein Windhund. Alle diese Merkmale fördern die Geschwindigkeit und Wendigkeit. Das Männchen wiegt etwa 25 Pfund, das Weibchen nur 10 bis 13 Pfund. Das Fell ist rotbraun, ausgenommen die Unterseite und das Hinterteil, die bei ausgewachsenen Männchen weiß sind, bei Weibchen und Jungtieren rehfarben.

wo es mehr Früchte und Insekten gibt als im offenen Land. Ihre soziale Ordnung ist unter allen Savannenaffen die weitaus lockerste. Diese Tiere leben in kleinen Herden, in der alle Altersgruppen vertreten sind. Die Männchen sind zwar ranghöher als die Weibchen, aber die Hierarchie unter den Männchen ist nicht so stark ausgeprägt.

Alt und jung Ein erwachsenes Mantelpavianmännchen schützt ein erschrecktes Junges, indem es die langen Eckzähne zeigt, die für alle Paviane kennzeichnend sind.

Baumbewohnender Affe Die Meerkatzen der Art *Cercopithecus pyrgerythrus* suchen sich tagsüber im Grasland ihre Nahrung, aber sie entfernen sich selten mehr als ein paar hundert Meter von den Bäumen, auf denen die Herde schläft.

Zeichen der Unterwerfung Ein junges Mantelpavianmännchen unterwirft sich dem ranghöheren Männchen, indem es sein Hinterteil präsentiert – eine Nachahmung der weiblichen Unterwerfung beim Sexualakt.

Weibchenhüten Das Mantelpavianmännchen bedroht seine Weibchen, wenn sie ihm nicht dicht folgen. Sofern sie nicht rasch genug reagieren, beißt es sie sogar.

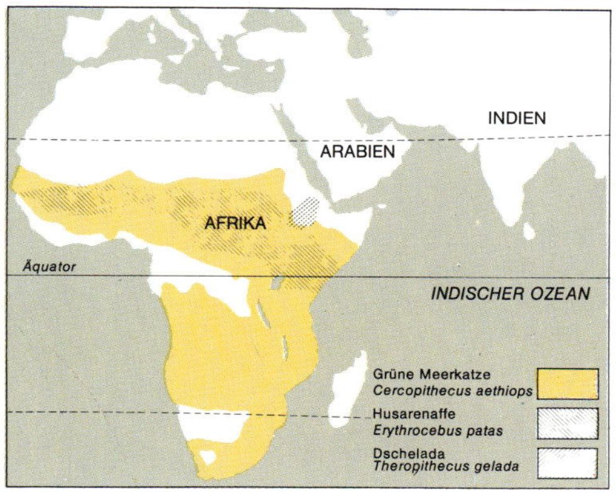
INDIEN
ARABIEN
AFRIKA
Äquator
INDISCHER OZEAN
Grüne Meerkatze
Cercopithecus aethiops
Husarenaffe
Erythrocebus patas
Dschelada
Theropithecus gelada

Graslandaffen Dscheladas bewohnen Grasländer des äthiopischen Hochlandes mit gemäßigtem Klima. Meerkatzen und Husarenaffen leben auf der Savanne, die Meerkatzen allerdings in der Nähe von Bäumen.

Pavianen ähnlich Dscheladas sehen ungefähr wie Paviane aus, sind mit ihnen aber nicht näher verwandt. Vielmehr sind beide Arten durch Anpassung an gleiche Lebensräume einander ähnlich geworden: Das Dscheladamännchen hat ein Haarcape wie der Mantelpavian.

Pflanzenfressende Vögel

Die afrikanische Savanne ist nicht nur die Heimat vieler Säugetiere, sondern auch die unzähliger Vögel: von Samenfressern, die zu Millionen in Kolonien brüten.

Unter den Vögeln der Savanne sind die Arten der echten Webervögel aus der Familie *Ploceidae* am stärksten vertreten. Diese Vögel sind, was Ernährung, Wohnung und Baumaterial anlangt, weitgehend vom Gras abhängig. Sie haben dicke Schnäbel zum Enthülsen der Samen sowie Muskelmägen, in denen die Samen von kleinen Steinen zermahlen werden. Die Nester dieser Vögel bestehen größtenteils aus kompliziert verwobenen Grasfasern.

Der bekannteste und schädlichste Weber ist der Blutschnabelweber. Die erwachsenen Vögel fressen nur Samen, und da ihre Zahl auf 100 Milliarden geschätzt wird, sind sie in Afrika eine ebenso große Plage wie die Wanderheuschrekken. Sie holen sich Hirse, Reis, Weizen und Mais und beeinträchtigen dadurch die Wirtschaft von etwa 25 Ländern, in denen die Lebensmittel oft knapp sind, ganz bedenklich.

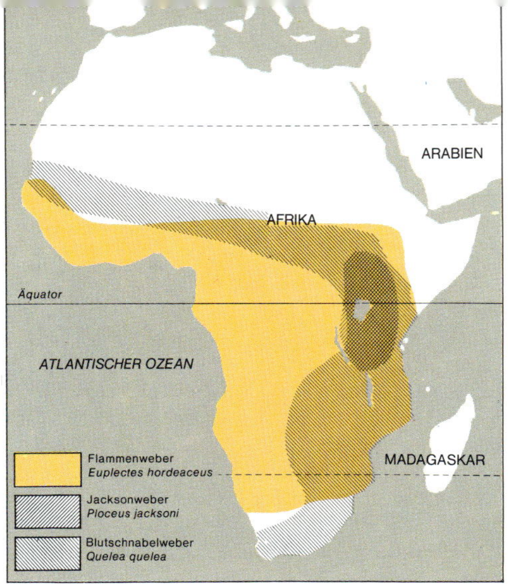
ARABIEN
AFRIKA
Äquator
ATLANTISCHER OZEAN
MADAGASKAR
Flammenweber
Euplectes hordeaceus
Jacksonweber
Ploceus jacksoni
Blutschnabelweber
Quelea quelea

Ernte in Gefahr Diese Weber gehören zu einer besonders zahlreichen Vogelfamilie. Die meisten Arten sind Samenfresser, die oft Ernteschäden anrichten.

Weite Flüge – auf der Futtersuche und auf der Flucht vor Regen

Polygamer Vogel Ein Jacksonweber an seinem Nest. Wie praktisch alle Webervögel der Savanne leben diese Vögel in Vielehe. Die Männchen bauen mehrere Nester.

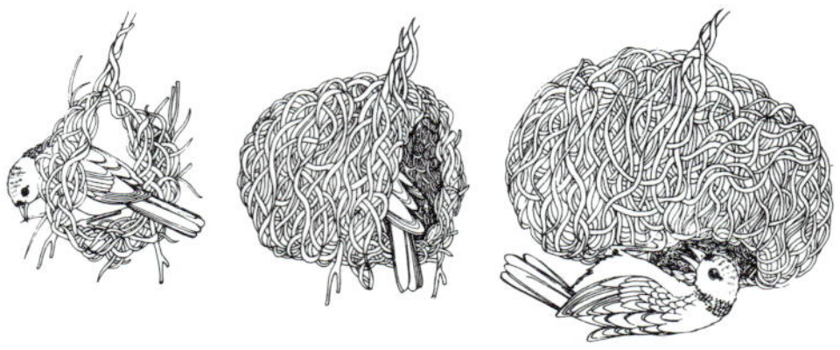

Bau eines Nestes Ein Webervogel benutzt Schnabel und Füße zum Durchziehen, Flechten und Verknüpfen von Fasern. Aus Pflanzenmaterial fertigt er zunächst einen festen senkrechten Ring (links). An diesen baut er eine Nistkammer (Mitte), deren Größe von der Reichweite des aus dem Ring heraus arbeitenden Vogels bestimmt wird. Schließlich wird das Dach auch über die andere Seite des Ringes heruntergezogen (rechts). An der Unterseite bleibt ein Flugloch offen.

Auf Wache Oryxweber, Webervögel der Gattung *Euplectes*, halten sich streng an ihr Revier. Jedes Männchen verteidigt bis zu 6 Nester mit Weibchen.

Die einzelnen Webervogelarten haben sich besonderen Umweltbedingungen auf verschiedene Weise angepaßt. Dichte Scharen von Blutschnabelwebern können reiche Futter- und Wasserquellen ausnutzen, die in begrenzten Gebieten der Savanne vorhanden sind, aber sie müssen zuweilen mehr als 1500 Kilometer weit fliegen, um solche Plätze zu finden. Während der Trokkenzeit holen sie sich das meiste Futter vom Boden. Sobald der Regen einsetzt, fliegen sie in trockenere Gebiete, und sie kehren erst nach dem Regen zurück, wenn die Gräser ihr erstes Grün zeigen. Dann versammeln sich die Blutschnabelweber zu Millionen in riesigen Brutkolonien, besonders konzentriert in dichten Dornbüschen und Akazienbäumen, wo sie Flächen bis zu 10 Quadratkilometern bevölkern. In einem einzigen Baum kann man bis zu 400 Nester zählen.

Die Blutschnabelweber übertreffen ihre räuberischen Feinde an Zahl bei weitem. Dieser Umstand trägt zum Überleben der Art bei. Sie nisten und brüten so erfolgreich, daß aus 87 Prozent aller gelegten Eier flügge Vögel werden – für Nesthocker ein hoher Prozentsatz.

Leben Millionen von Blutschnabelwebern in einem kleinen Gebiet zusammen, so werden die Nahrungsquellen an dieser Stelle stark beansprucht. Um die Ernährung der Brut zu sichern, müssen sowohl die Männchen wie auch die Weibchen auf Futtersuche gehen.

Balz Ein Männchen der Riesentrappe, *Ardeotis kori*, stolziert mit geschwollener Kehle einher und zeigt dabei seine weißen Federn.

Laufendes Huhn Das kahlköpfige Geierperlhuhn, *Acryllium vulturinum*, läuft, wenn es gestört wird, gewöhnlich fort.

Schmarotzer und Wirte

Königswitwe
Vidua regia
Granatastrild
Estrilda granatina
Männchen
Weibchen
Junge

Die junge Königswitwe sieht fast so aus wie der junge Granatastrild, dessen Nest sie teilt; die alten Tiere aber unterscheiden sich stark.

„Wohnblocks" für Siedelsperlinge

Andere Arten von Webervögeln versammeln sich nicht in so großer Zahl; allerdings bauen die Siedelsperlinge, *Philetairus socius*, im Südwesten Afrikas riesengroße Gemeinschaftsnester mit Einzelkammern für 300 Paare. Jacksonweber nisten in lockeren Kolonien. Ihre Nester hängen von den Spitzen der Palmwedel herab.

Im Gegensatz dazu bauen die Flammenweber ihre Nester weit verstreut in niedrigen Pflanzenbüscheln.

Andere Vögel, die ans Getreide gehen, sind Webervögel der Unterfamilie *Estrildinae*, zu denen Elsterchen und Astrilde gehören. Eine „kukkuckartige" Beziehung besteht zwischen einigen Estrildinen-Arten und einer Gruppe parasitischer Webervögel, den Witwenvögeln oder Widahs: Jede der 11 Widah-Arten hat ihre bestimmte Wirtsart, die ihre Jungen aufzieht. Die Königswitwe zum Beispiel legt ihre Eier ausschließlich in das Nest des Granatastrilds.

Eine derartige genau abgestimmte Wahl ist nötig, weil der Wirt nur Nestlinge füttert, die das gleiche Bettelverhalten zeigen und das gleiche Federmuster haben wie die eigene Art.

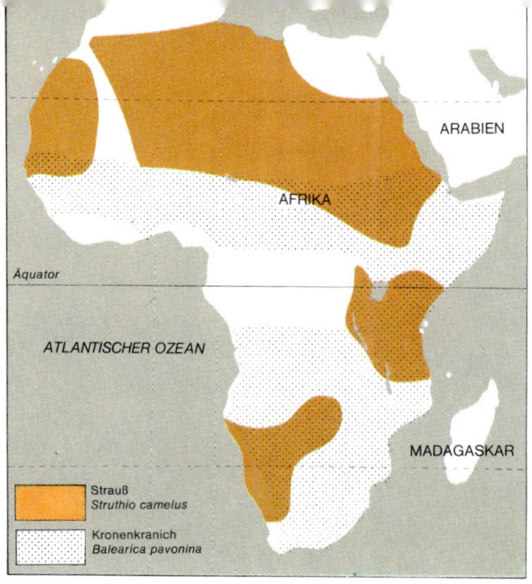
ARABIEN
AFRIKA
Äquator
ATLANTISCHER OZEAN
MADAGASKAR
Strauß
Struthio camelus
Kronenkranich
Balearica pavonina

Vögel des offenen Landes Beide Vogelarten kommen in der Wüste wie im Grasland vor: der Strauß in der Sahara, der Kronenkranich in Südwestafrika.

Flucht zu Fuß

Die Savanne ist auch die Heimat des Straußes, des größten lebenden Vogels der Welt. Das Männchen ist etwa 2,40 m groß; das Weibchen etwas kleiner und weniger intensiv gefärbt. Beide Geschlechter haben federlose Schenkel und einen spärlich behaarten Kopf und Nacken. An diesen Stellen kann der Körper überschüssige Wärme abgeben; bei seiner Größe hat er ja eine verhältnismäßig kleine Oberfläche, die dazu eine Möglichkeit gibt.

Einen Wasserverlust vermag der Strauß besser zu ertragen als die meisten Vögel; er gleicht ihn überdies durch Trinken großer Wassermengen wieder aus. Auch mit seiner Nahrung nimmt er Feuchtigkeit auf – vor allem mit Beeren und Fettpflanzen. Gelegentlich frißt er überdies Reptilien und Insekten.

Strauße sind polygam; jedes Männchen paart sich gewöhnlich mit 3 oder 4 Weibchen. Die Hähne vollführen auffällige Paarungsspiele, bei denen die weißen Federn an den Flügelenden rhythmisch ausgebreitet und wieder zusammengelegt werden. Die sonst stillen Hähne stoßen in dieser Zeit auch laute Brummtöne aus.

Jede Henne legt 10–12 Eier – die größten Vogeleier, die es gibt. Eins wiegt etwa 3 Pfund. Das sind jedoch nur 1,4 Prozent des Straußengewichts.

Beide Geschlechter bebrüten die Eier, das Männchen aber nur nachts, wenn sein Gefieder nicht so auffällt. Droht dem Gelege Gefahr, dann locken die Eltern den Feind manchmal vom Nest fort, indem sie sich gebärden, als seien ihre Flügel gebrochen. Die Küken schlüpfen nach 40 Tagen. Sobald sie trocken sind, können sie schon laufen. Mit 18 Monaten sind sie voll ausgewachsen, doch werden sie erst mit 4–5 Jahren fortpflanzungsfähig.

Strauße halten über weite Strecken eine Geschwindigkeit bis zu 65 km/st durch. Wie viele schnellfüßige Huftiere der Grasländer haben sie nur 2 Zehen an jedem Fuß, wobei der eine durch eine starke Kralle vergrößert ist. Die langen, kräftigen Beine befähigen den Strauß zu großen Schritten.

Es gibt 5 Straußenrassen; sie alle leben in Afrika. Eine sechste, die einst in Syrien und Arabien vorkam, ist ausgestorben.

Die Trappen aus der Familie der *Otididae* können sehr gut sehen, und ihre kräftigen Beine sind ebenfalls zum raschen Laufen geeignet; im Gegensatz zu den Straußen fliegen diese Vögel aber auch. 16 Arten leben in Afrika; ihre Größe reicht von der kleinen braunen Trappe *Heterotetrax humilis*, die so groß wie ein Haushuhn ist, bis zur 1 m großen Riesentrappe. Die Trappen ernähren sich zumeist von Insekten, doch fressen sie gelegentlich auch Pflanzen.

Ein Kronenkranich läßt sich auf seinem Nest nieder. Kraniche sind scheue, wachsame Vögel, vor allem wenn sie ein Nest haben. Im Grunde sieht man sie nur, wenn sie Futter suchen: Getreide, Insekten, Würmer, Frösche.

Immer auf der Hut Strauße können den meisten Feinden laufend entkommen und sind auch sehr wachsam. Sie schlafen jeweils höchstens 15 Minuten; ihre Größe im Verein mit ihren scharfen Augen ermöglicht ihnen einen hervorragenden Rundblick. Grasfresser wie Zebras und Antilopen profitieren von ihnen, indem sie in ihrer Nähe weiden und sie als „Alarmanlage" benutzen. Strauße wiederum verlassen sich auf den schärferen Geruchssinn der Säugetiere, der die Annäherung von Raubtieren meldet.

Jäger und Aasfresser unter den Vögeln

Aasfresser beim Mahl Die Geier sind gewöhnlich die ersten Tiere, die einen Kadaver entdecken; aber sie sind nicht immer die ersten, die an ihm fressen, denn wenn sie herunterkommen, locken sie dadurch Aasfresser wie Hyänen an. Die einzelnen Geierarten ernähren sich von verschiedenen Teilen des Kadavers.

Die Savanne ist ein ausgezeichnetes Jagdgebiet für viele Greifvögel. Hoch am Himmel kreisen überdies Aasfresser, zum Beispiel Geier, und suchen den Boden nach Kadavern ab.

Die Savanne beherbergt mehr Raubvögel als irgendeine andere Landschaft. Zusammen mit den fleischfressenden Säugetieren sorgen sie dafür, daß die kleineren Beutetierarten ständig niedergehalten werden. Viele dieser Vögel haben sich spezialisiert und leben nicht in Konkurrenz miteinander: Sie sind Schlangenfresser, Vogelfänger, Säugetierjäger oder Insektenfresser. Einige jagen zu Fuß, andere im Flug; wieder andere sitzen auf einem hohen Anstand und stoßen plötzlich herab.

Mehrere Vogelarten leben von der Beute der Raubtiere. Unter ihnen sind die Geier die wichtigsten; sie sind zum Aasfressen gut ausgerüstet. Aus der Höhe können diese scharfäugigen Vögel viele Quadratkilometer Land beobachten und gleichzeitig auf andere, niedergehende Geier achten. Auf dem Erdboden sind sie schnelle Läufer, aber mit ihren verhältnismäßig schwachen Füßen können sie nicht so fest zugreifen wie andere Raubvögel. Die Köpfe und Hälse der meisten Geier sind kahl, denn ein dicht mit Federn besetzter Kopf und Hals wären unhygienisch, wenn diese Aasfresser tief in den Kadavern stöbern.

Wenn ein Löwe, ein Leopard oder ein anderes Raubtier Beute gemacht hat und den Kadaver aufreißt, können sich dort 6 verschiedene Geier versammeln, um die Reste zu verschlingen. Eine Konkurrenz zwischen den Arten wird dadurch vermieden, daß sie verschiedene Teile des Aases fressen. Der Afrikageier, *Pseudogyps africanus,* und der Sperbergeier kommen meistens zuerst. Sie haben lange Schnäbel, raspelartige Zungen und lange Hälse; sie fressen die zarten Muskeln und die Eingeweide. Der Ohrengeier und der schwarzbraune Wollkopfgeier, *Trigonoceps occipitalis,* haben starke Schnäbel, mit denen sie die derbe Haut und die festen Sehnen fressen. Schmutzgeier und Kappengeier, *Necrosyrtes monachus,* begnügen sich mit den Brocken, die um den Kadaver verstreut wurden.

Geier haben tief geschlitzte, „gefingerte“ Flügel, die es diesen Vögeln ermöglichen, langsam zu fliegen, ohne abzustürzen, und auf den Aufwindsäulen in engen Kreisen zu manövrieren.

Sperbergeier
Schmutzgeier
Ohrengeier

Hälse und Schnäbel Ein nackter Hals und ein langer Schnabel ermöglichen es dem Sperbergeier, sich tief in einen Kadaver hineinzufressen. Der Ohrengeier kann mit seinem starken Schnabel derbe Haut zerreißen. Der Schmutzgeier lebt von Resten und kann sich darum Halsfedern und einen schmalen Schnabel erlauben.

Das Öffnen eines Eies mit einem Stein Der Schmutzgeier knackt große Straußeneier dadurch, daß er schwere Steine auf sie fallen läßt, bis sie bersten.

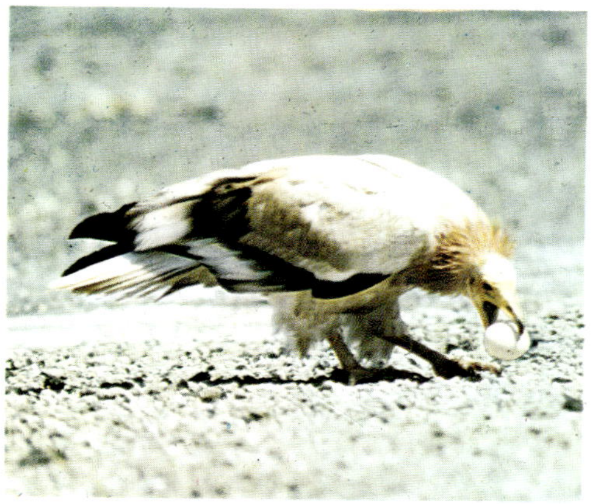

Ein Stein als Amboß Wenn ein Ei klein genug ist, nimmt der Schmutzgeier es mit seinem Schnabel auf und läßt es auf einen Stein fallen, so daß es zerbricht.

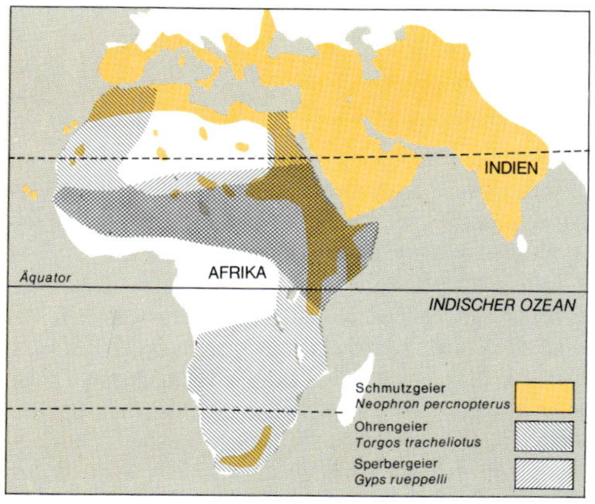
INDIEN
Äquator
AFRIKA
INDISCHER OZEAN
Schmutzgeier
Neophron percnopterus
Ohrengeier
Torgos tracheliotus
Sperbergeier
Gyps rueppelli

Weitverbreitete Aasfresser Die meisten Geierarten der afrikanischen Savannengebiete sind auch bis weit in die Wüste und ins Buschland hinein verbreitet.

Flügel für verschiedene Flugarten

Sperbergeier
Gyps rueppelli
Kampfadler
Polemaetus bellicosus
Gaukler
Terathopius ecaudatus
Lannerfalk
Falco biarmicus
Gabar-Habicht
Micronisus gabar

Lange, breite Flügel erleichtern es den großen Geiern sowie dem Kampfadler und dem Gaukler, auf emporsteigender Warmluft zu segeln. Schnellfliegende Falken hingegen, wie der Lannerfalk, haben spitze Flügel, die der Luft weniger Widerstand bieten und die Vögel mit großer Geschwindigkeit auf die Beute niederstürzen lassen. Habichte jagen zumeist in niedriger Höhe. Ihre breiten, stumpfen Flügel und Schwänze verleihen ihnen eine große Wendigkeit, die sie besonders dann brauchen, wenn sie zwischen Bäumen fliegen.

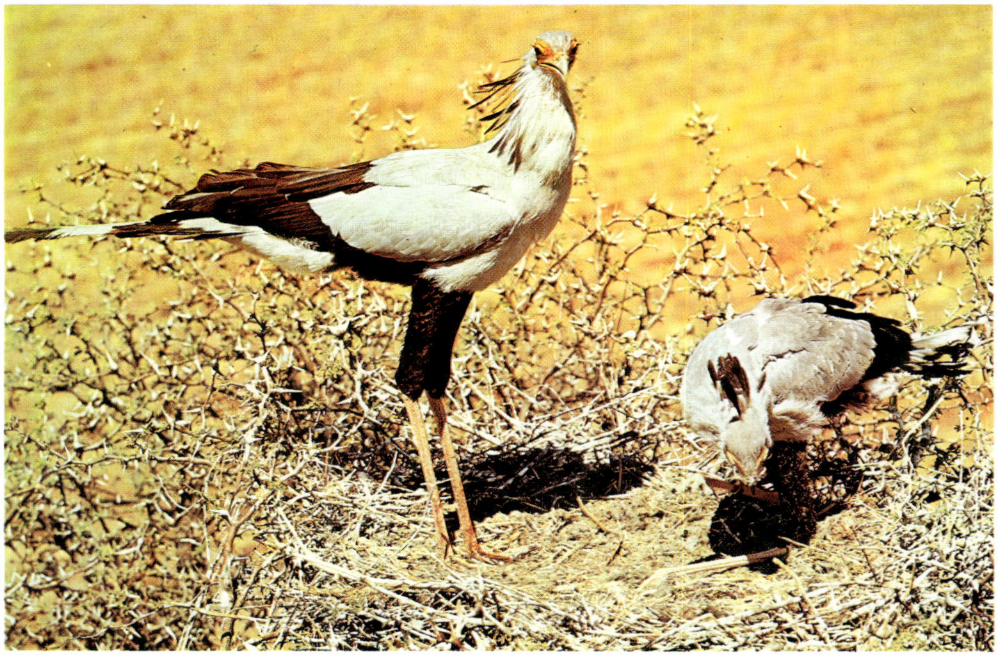

Bodenjäger und ihre Jungen Sekretäre halten sich die meiste Zeit am Boden auf. Sie bauen riesige, plattformartige Nester in Dornenbäumen und ziehen gewöhnlich 2 Junge auf. Ein Nest wird oft jahrelang benutzt.

Der Steppenadler, *Aquila rapax,* frißt hauptsächlich Aas und Frösche. Er segelt nicht und sitzt zwischen den einzelnen Flügen lange auf dem Erdboden.

Marabus ernähren sich vorwiegend von Aas. Am Kadaver kommen sie oft mit Geiern zusammen.

Aasfresser und Schlangentöter

Außer den Geiern fressen Marabus am Aas. Diese zu den Störchen zählenden Vögel jagen aber auch selbst. Bei Savannenbränden sammeln sie sich an den Rändern und fangen die Nagetiere und Reptilien, die vor der Hitze fliehen.

Marabus brüten während der Trockenzeit. Nur 10–20 Prozent des Bestandes ziehen in jedem Jahr Nachwuchs auf, und im Durchschnitt hat jedes Paar nur ein Junges. Aber diese Vögel leben lange, sie werden bis zu 20 Jahre alt.

Sekretäre – wegen ihrer Federn am Hinterkopf so genannt – jagen auf dem Boden. Sie fressen alle möglichen Tiere, unter anderem kleine Säuger, Insekten und Reptilien. Schlangen treten sie mit ihren Füßen tot, während sie mit ausgebreiteten Flügeln behende vor den Giftzähnen ausweichen. Der Sekretär kommt nur in Afrika vor.

Hornraben fressen Eidechsen, Jungvögel, kleine Säugetiere und Schlangen. Die Schlangen werden dazu gebracht, eher nach den schimmernd weißen Schwungfedern zu beißen als nach dem verwundbaren Kopf und Hals des Vogels.

Die Raubvögel der Savanne haben vielfältige Jagdmethoden. Der mächtige Adler segelt hoch am Himmel und schlägt Vögel, Klippschliefer und manchmal sogar größere Säugetiere wie Ducker. Nahe dem anderen Ende der Größenskala steht der 19 Zentimeter große Halsbandzwergfalk, *Polihierax semitorquatus,* der Insekten im Flug fängt.

Der kleinere Rötelfalk, *Falco naumanni,* und der Afrika-Baumfalk, *Falco cuvierii,* fangen ebenfalls im Flug Insekten. Verschiedene Weihen schweben mit breiten Flügeln und langen Schwänzen über die Savanne hin.

Würger heben ihr Futter in einer Art Freiluftspeisekammer auf: Sie spießen getötete kleine Beutetiere wie Vögel, Eidechsen und Insekten auf Dornen.

Jäger der Savanne Ein junger Hornrabe hält eine Eidechse im Schnabel. Dieser truthahngroße Vogel jagt am Boden Vögel, kleine Säuger und Reptilien.

Erkennungszeichen: das Duett Die Würger der Art *Laniarius aethiopicus* halten Verbindung miteinander, indem sie Duette singen. Jedes Paar hat sein bestimmtes Lied, von dem die Vögel abwechselnd ein Motiv singen (hier in Blau und Schwarz gezeigt).

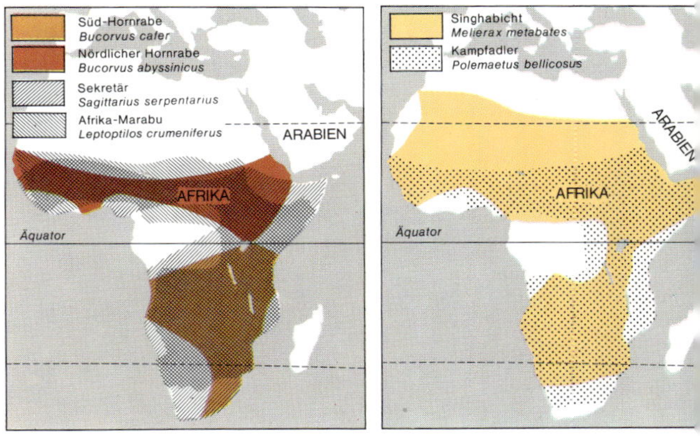
Süd-Hornrabe
Bucorvus cafer
Nördlicher Hornrabe
Bucorvus abyssinicus
Sekretär
Sagittarius serpentarius
Afrika-Marabu
Leptoptilos crumeniferus
ARABIEN
AFRIKA
Äquator
Singhabicht
Melierax metabates
Kampfadler
Polemaetus bellicosus
ARABIEN
AFRIKA
Äquator

Jagdgebiete Der Sekretär hat ein kleineres Gegenstück in dem Nördlichen Singhabicht, der oft am Boden Eidechsen und Insekten jagt. Das Verbreitungsgebiet des Singhabichts reicht bis in die Sahara.

Insektenfresser Der Scharlachspint, *Merops nubicus,* brütet in Kolonien. Seine Nahrung besteht aus Insekten, die er oft bei Grasbränden jagt.

Insekten und Insektenfresser

Das Gesicht der afrikanischen Ebenen wird großenteils durch Insekten bestimmt; sie beeinflussen die Pflanzenwelt, die Lebensräume der Tiere, ja sogar die Bestände des Großwilds.

Unzählige Millionen von Insekten prägen den Charakter der afrikanischen Ebenen und regulieren die Bestände der dort lebenden größeren Tiere. Den größten Einfluß üben Laub- und Feldheuschrecken, Termiten und Ameisen aus. Im Vergleich dazu haben Spinnentiere wie Spinnen und Skorpione sowie andere Wirbellose wie Schnecken wenig Einfluß auf die Umwelt. Ohne die Insektenmassen aber würde der Kreislauf der Stoffe, der pflanzliches und tierisches Leben ermöglicht, zusammenbrechen.

In den Ländern der gemäßigten Zonen setzen die Regenwürmer Nährstoffe im Boden um und bauen Pflanzenreste ab. Termiten und Feuer spielen in der afrikanischen Savanne eine ähnliche Rolle. Termiten transportieren pflanzliches Material und zerlegen es. Sie ernähren sich teilweise von Stoffen – zum Beispiel Holz –, die große Mengen Zellstoff enthalten. Mikroorganismen im Darm der Termiten sowie Pilze in ihren Nestern bauen Zellulose ab. Feuersbrünste verwandeln trockenes Gras, Laub und Holz in Asche, beziehungsweise in Mineralien, in Wasserdampf und Kohlendioxid.

Winzige Aasfresser und Räuber hängen von großen Pflanzenfressern ab

Tödliche Umarmung Eine Raubwanze umklammert eine Raupe mit ihren Beinen und saugt sie aus. Einige Raubwanzenarten saugen an Säugetieren.

Verheerendes Heer Raupen des Schmetterlings *Spodoptera exempta*, die als Heerwürmer gefürchtet sind, ziehen gierig fressend über die Grasländer.

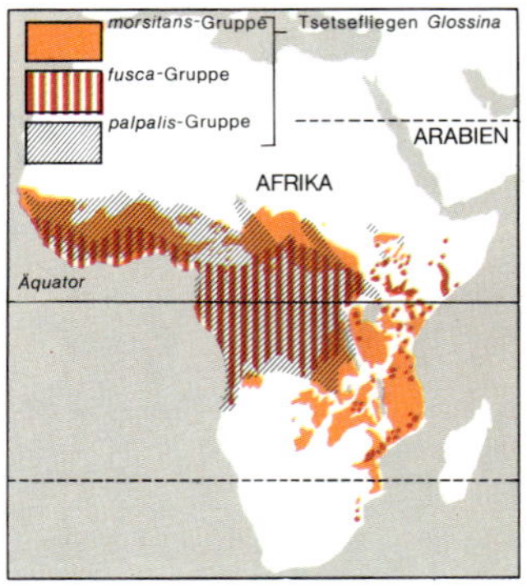
morsitans-Gruppe
Tsetsefliegen Glossina
fusca-Gruppe
palpalis-Gruppe
ARABIEN
AFRIKA
Äquator

Verbreitung von Fliegen Drei Tsetsefliegen gehören zur Gattung *Glossina*: Die Art *morsitans* lebt meist in der Savanne, *fusca* im Regenwald und *palpalis* in Bäumen an Gewässern. Tieflandarten kommen gelegentlich auch im Wald vor.

Blutsauger Die blutsaugende Tsetsefliege überträgt Parasiten, die beim Menschen die Schlafkrankheit, bei Haustieren ähnliche Erkrankungen hervorrufen. Die Larven der Tsetsefliegen graben sich in sandigen Boden ein, um sich zu verpuppen. Hier befreit sich eine Fliege aus der Puppenhülle.

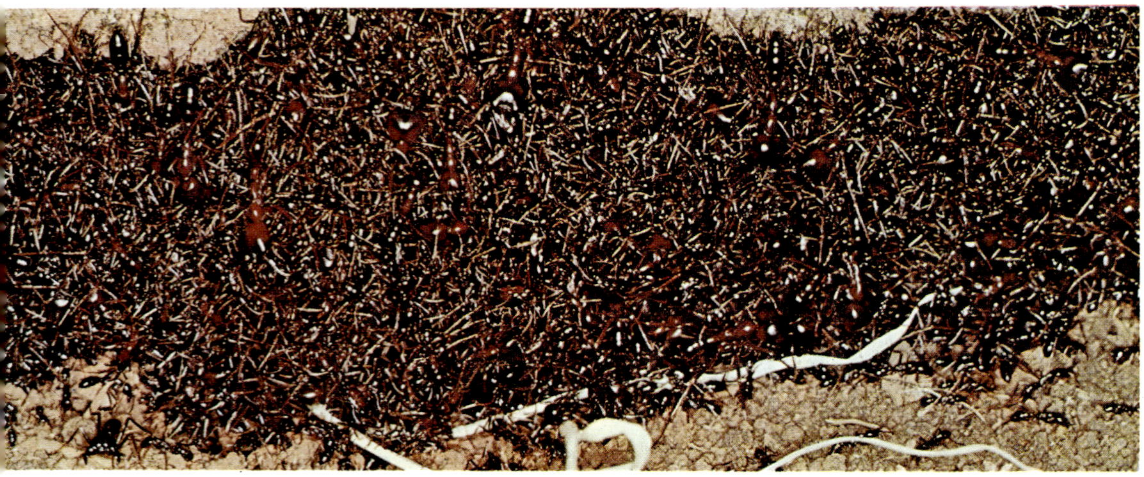

Treiberameisen suchen ihre Nahrung in Kolonnen, die aus Spähern, Soldaten und Trägern bestehen.

Nur wenige von den vielen tausend Insektenarten, die in den afrikanischen Grasländern leben, haben eine direkte Beziehung zu Wirbeltieren. Einige aber sind von den größeren Tieren abhängig. Moskitos und Tsetsefliegen zum Beispiel saugen Blut; andere Arten ernähren sich von Aas und Dung.

Die Mistkäfer gehören zu der weitverbreiteten Familie *Scarabaeidae*, zu der auch der einst in Ägypten heilige Skarabäus zählt. Mistkäfer ernähren sich vom Kot der Pflanzenfresser. Sie formen ihn zu Kugeln, die manchmal ebenso groß sind wie sie selbst. Dazu gebrauchen sie ihre umgebildeten Vorderbeine: Die Füße sind kleiner geworden, die Schienen und Schenkel dagegen größer, flacher und gezahnt; so dienen sie gleichzeitig als Schaufeln und Harken.

Den fertigen Kotballen rollt der Mistkäfer rückwärts laufend fort. Dann gräbt er ein Loch, wälzt ihn hinein und klettert ihm nach; Sand rieselt in das Loch und begräbt beide. Meistens bleibt der Käfer einige Tage dort, bis er die ganze Kugel aufgefressen hat.

Weibliche Mistkäfer graben einen Kotballen ein und legen ein einziges Ei hinein. Die Larve frißt in der Kugel, läßt aber die Außenwände stehen. Sie verpuppt sich auch darin, und erst der fertige Käfer verläßt das Gehäuse.

Raubwanzen sind mit Blattwanzen und Bettwanzen verwandt. Sie haben kräftige, dreifach gegliederte Mundwerkzeuge, mit denen sie andere Insekten anstechen und ihre Körperflüssigkeit aussagen. Zwei Raubwanzenarten, *Triatoma rubrofasciata* in Afrika und *Triatoma megista* in Südamerika, befallen Säugetiere.

Schweißtrinkende Bienen

Weitere von anderen Tieren abhängige Insekten sind die Stachellosen Bienen der Gattung *Trigona* und der eng verwandten Gattung *Melipona*. Sie bauen Nester in hohlen Bäumen und kleiden sie mit Wachs und Baumharz aus. Nachts wird der Eingang mit demselben Material verschlossen; tagsüber ist er offen und wird von Arbeiterinnen bewacht. Diese Bienen besuchen nicht nur Blüten, sondern lecken überdies eifrig den Schweiß und die Absonderungen von Augen und Nasenlöchern der Säugetiere.

Heerwürmer können Weideland ebenso verheeren wie Heuschrecken. Es sind keine Würmer, sondern Raupen verschiedener Schmetterlingsarten, die zur Flugzeit in gewaltigen Mengen über die Ebenen schwärmen. Vögel und andere Räuber vermögen ihren Bestand kaum zu mindern. Die Raupen fressen auf ihrem Weg Gräser und Getreide. Nicht jedes Jahr ist ihre Zahl so groß; solche Mengen haben ihren Grund wahrscheinlich in ganz bestimmten Klimaverhältnissen.

Das Wachstum eines Termitenstaates

Termiten sind nicht so hoch entwickelt wie Ameisen und Bienen, aber ihre Staatenbildung ist sehr ähnlich: Eine Königin legt Eier; Arbeiter pflegen die Brut und sammeln Nahrung, und Soldaten bewachen das Nest.

Wenn ihre Entwicklung abgeschlossen ist, sind alle jungen Termiten eine Zeitlang Arbeiter. Später werden viele zu geflügelten Männchen und Weibchen, die paarweise zum Hochzeitsflug davonfliegen und neue Kolonien gründen. Andere bleiben im Nest und werden zu Ammen, Soldaten, oder sie bleiben Arbeiter.

Sobald die Kolonie wächst, sorgen die Arbeiter dafür, daß die verschiedenen Kasten zahlenmäßig in einem ausgeglichenen Verhältnis zueinander stehen, indem sie die Jungtiere jeweils mit ganz bestimmter Nahrung füttern. Dabei reagieren sie auf chemische Reize, die sie bei der gegenseitigen Säuberung und beim Streicheln der Fühler empfangen.

Riesige „Eierlegmaschine“ Die wurstförmige, etwa 10 cm lange Masse ist die Termitenkönigin. Sie kann 10 Jahre oder noch länger leben und in dieser Zeit alle 2 Sekunden ein Ei legen. Kleine Arbeiter schwärmen auf ihr herum, pflegen sie und tragen die Eier fort, während große, rotköpfige Soldaten Wache halten. Nachdem 2 Termiten sich gepaart haben, um eine Kolonie zu gründen, legt das Weibchen Eier. Aus ihnen entwickeln sich junge Arbeiter. Sie bauen das Nest und füttern beständig die Königin.

Termiten verändern die Savannenlandschaft

Diese riesigen Hügel sind Nestburgen, die von Termiten der Gattung *Macrotermes* errichtet wurden. Die Form solcher Bauten hängt von der jeweiligen Termitenart ab, zudem von der Beschaffenheit der Bodenteilchen. Diese Teilchen kleben die Tiere mit Speichel zusammen. Die Hügel sind fruchtbar, und oft gedeihen auf ihnen Pflanzen.

Ein *Macrotermes*-Termitenhügel enthält eine Heiz- und Klimaanlage: Die Bauart des Hügels begünstigt Pilzwuchs in dem Holzbrei, der über dem Fundament liegt. Der Pilz zersetzt diese Masse und erzeugt dadurch Futter für die Termiten sowie Wärme. Die Luftzirkulation im Hügel wird durch Luftschächte in den äußeren Teilen aufrechterhalten. Die Termiten schließen oder öffnen die Schächte, um die Temperatur in der Königinkammer (im Kreis) auf gleicher Höhe zu halten.

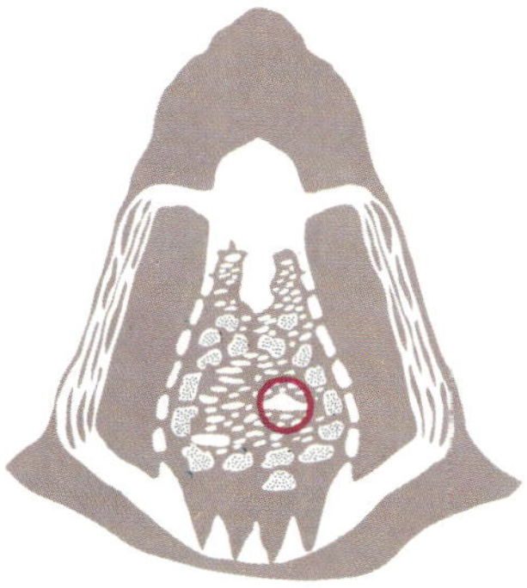

Eroberer und Zerstörer von Termitenfestungen

Einige Ameisen führen dauernd Krieg mit Termiten. Lange Kolonnen von Treiberameisen der Gattung *Dorylus*, jedes Tier mit einer erbeuteten Termite in den Zangen, sind nichts Ungewöhnliches.

Wenn sich eine Kolonne Treiberameisen einem Termitenhügel nähert, laufen einige Späher voraus und suchen den Eingang; sodann gehen die Soldaten der Ameisen zum Frontalangriff über. Sind die Ameisen siegreich, dringen sie in das Nest ein, lähmen Termiten mit giftigen Bissen und schaffen sie fort.

Gegen größere Feinde haben Termiten keine Verteidigungsmöglichkeit, so zum Beispiel gegen das nächtlich lebende Erdferkel, das kaum etwas anderes frißt. Es ist ein kräftiges, 1,50 m langes Tier, das einen steinharten Termitenhügel mit den starken Krallen seiner Vorderbeine aufreißen kann. Zerstörte Termitenhügel bilden wertvolle Salzlecken für Pflanzenfresser, weil sie große Mengen Mineralsalze enthalten, die sich durch Zersetzung von Pflanzenmaterial angesammelt haben. Auch der Erdwolf gräbt Termiten aus. Er ist knapp 1 m lang und ähnelt seiner größeren Verwandten, der Hyäne.

Das Volk der Insekten bildet in den Grasländern die Hauptnahrungsquelle für viele kleine Wirbeltiere: Kröten, Eidechsen, Schlangen, Vögel und Säuger. Von den Säugetieren jagen Spitzmäuse, Elefantenspitzmäuse, Igel und Schuppentiere Insekten auf dem Boden; Galagos, auch Buschbabys genannt, suchen die Bäume der Savanne ab, und Fledermäuse jagen fliegende Insekten.

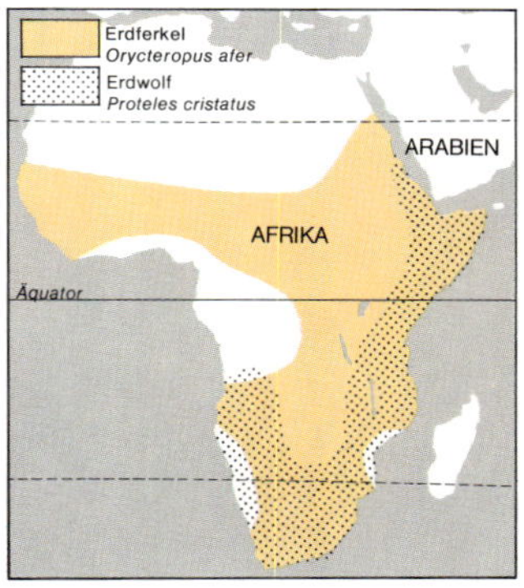
Erdferkel
Orycteropus afer
Erdwolf
Proteles cristatus
ARABIEN
AFRIKA
Äquator

Das Erdferkel und der Erdwolf sind Insektenfresser; sie haben beide eine Vorliebe für Termiten.

Der Erdwolf unterscheidet sich von den 3 anderen Mitgliedern der Familie der *Hyaenidae* – den 3 Hyänenarten – insofern, als seine Kiefer schwach sind, so daß seine Nahrung ausschließlich aus Insekten besteht.

Vor Termiten geschützt Die dicke Haut des Erdferkels können die Termitensoldaten nicht durchbeißen.

Verborgene Welt im Gras

Versteckt im hohen Gras der Savanne hat eine besondere Welt ihr Dasein: die Welt zahlloser weniger bekannter kleiner Säuger – Pflanzenfresser und Räuber.

Ein Reich wie das der Löwen und Antilopen, also der Großraubtiere und ihrer Beutetiere, der Pflanzenfresser, ist in der Savanne in kleinerem Maßstab noch einmal vorhanden. Als Raubtiere leben in dieser halbverborgenen Welt Katzen, Mungos, Zibetkatzen und Wiesel; sie ernähren sich hauptsächlich von Nagetieren, von denen es in diesem Lebensraum fast 200 Arten gibt. Neben diesen Kleinsäugern spielen auch Kriechtiere im Leben der Savanne eine wichtige Rolle. Große Eidechsen, wie der Steppenwaran, *Varanus exanthematicus*, und zahlreiche Schlangenarten machen Jagd auf Ratten und Mäuse.

Die Stengel, Blätter, Wurzeln und Samen von Gras bieten vielen verschiedenen Nagern Nahrung. Manche von ihnen fressen aber auch große Mengen von Wirbellosen und leben so in Konkurrenz mit anderen Insektenfressern.

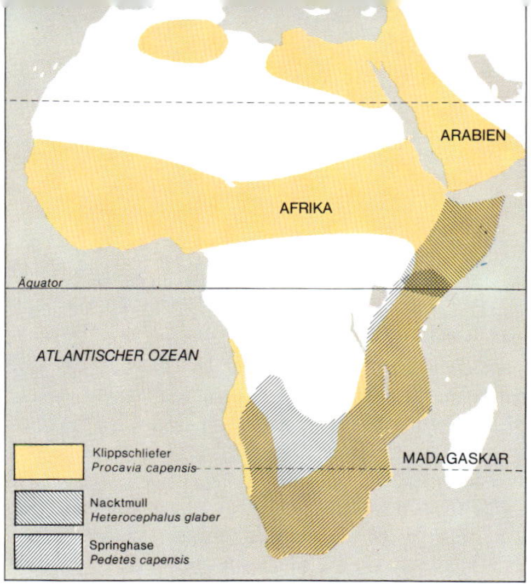
ARABIEN
AFRIKA
Äquator
ATLANTISCHER OZEAN
MADAGASKAR
Klippschliefer
Procavia capensis
Nacktmull
Heterocephalus glaber
Springhase
Pedetes capensis

Lebensräume in der Savanne Die Savanne hat Sandboden für den Nacktmull, Grasflächen für den Springhasen und felsige Hänge für den Klippschliefer.

Grasfresser der Savanne, die man selten sieht

Sicherheit in der Menge Klippschliefer verbringen die meiste Zeit in ihrem Bau zwischen den Felsen und kommen nur kurz zum Fressen heraus. Die Wachsamkeit der ganzen Gruppe schützt sie am besten vor Raubtieren.

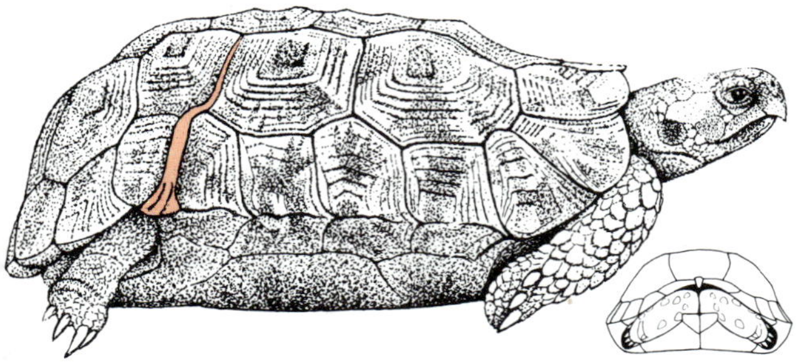

Panzer mit Gelenk Die Gelenkschildkröte, *Kinixys belliana*, besitzt an ihrem Rückenpanzer ein Gelenk. Wenn sie erschreckt wird, zieht sie ihre Hinterbeine und den Schwanz ein und schließt den hinteren Panzerteil. Die eingezogenen Vorderbeine schützen den Kopf.

Grabender Nager Mit seinen großen Füßen kann der Nacktmull in sandigen Böden gut seine Baue graben.

Wachsam Die afrikanische Striemen-Grasmaus, *Rhabdomys pumilio*, ist immer bereit davonzuhüpfen.

Die kleinsten pflanzenfressenden Säugetiere der Grasländer sind Mäuse und Ratten. Die Kusu-Grasratte *Arvicanthis niloticus* lebt im dichten Gras von Überschwemmungsgebieten und baut im Schwemmlandboden ausgedehnte Gangsysteme. In der Trockenzeit, wenn der Boden steinhart ist, wohnt sie dagegen in den tiefen Spalten, die sich im Boden auftun, und entgeht so den Grasbränden. Sie hat die Gewohnheit, nachts zu fressen; dadurch ist sie vor Feinden besser geschützt, vor allem dann, wenn das dekkende Gras verbrannt ist.

Die afrikanischen Streifen-Grasmäuse *Lemniscomys striatus* und *Lemniscomys barbarus* suchen ihr Futter tagsüber und bevorzugen deshalb Gebiete mit dichtem Graswuchs. Sie reagieren blitzschnell auf die geringste Störung und springen senkrecht hoch, bevor sie davonhasten.

Noch viele andere kleine Nagetiere kommen in den Grasländern vor. Bestimmte Rassen der Zwergmäuse sind die kleinsten existierenden Nagetiere; sie wiegen nur etwa 5 g.

Die nächstgrößere Nagetiergruppe bilden die Blindmäuse. Typisch für sie ist die Maulwurfsratte *Tachyoryctes splendens* in Ostafrika, die in Erdbauten wohnt. Blindmäuse haben kleine Augen und Ohren, große Füße, riesige Schneidezähne, die zum Graben benutzt werden, und behaarte Lippen, die sich hinter den Zähnen schließen, um den Mund vor Erde zu schützen. Die Tiere setzen ihren Kot unter ihrem Nest ab; dort gärt er und gibt dabei Wärme ab, die den Ratten bei kaltem Wetter zugute kommt.

Der Springhase gleicht wegen seiner langen Hinterbeine, dem langen Schwanz und seiner hüpfenden Fortbewegung einem kleinen Känguruh, ist aber ein echtes Nagetier. Er hat etwa die Größe eines Kaninchens und verläßt nachts seinen Bau, um Knollen und Wurzeln zu fressen, die er mit den gebogenen Krallen an seinen Vorderbeinen ausgräbt. Den Tag verbringt er in seinem Bau, dessen Eingänge er von innen mit Erde verschließt; nur ein Ausgang bleibt offen. In der Dämmerung kommt er mit einem großen Satz heraus, damit auf der Lauer liegende Raubtiere ihn nicht erwischen.

Der etwa 6 Pfund schwere afrikanische Klippschliefer stellt für Leoparden und den Felsenpython eine begehrte Nahrung dar. Er setzt seinen Kot an den Eingängen seines Baues ab und bespritzt nahe gelegene Felsen mit Urin. Wenn der Urin trocknet, leuchtet er in der Sonne blendend weiß – für andere Klippschliefer ein Signal, daß das Revier besetzt ist.

Der Bau der Füße und Zähne der Klippschliefer läßt erkennen, daß diese Tiere die nächsten lebenden Verwandten der Elefanten sind.

Tagsüber versteckt Langes Gras und Schilf bieten dem Serval am Tage Deckung. Nachts jagt er in offenem Gelände nach Eidechsen, Ratten, Vögeln und Hasen.

Todesgriff eines Jägers Kleine Antilopen sind eine bevorzugte Beute des Wüstenluchses, der an seinen mit Quasten geschmückten Ohren zu erkennen ist.

Ein Biß führt zum Tode Das Gift einer Puffotter tötet kleine Tiere fast sofort. Überdies zersetzt es das tierische Gewebe und sorgt so für verdauliche Nahrung.

Kleine Verwandte der großen Fleischfresser

Die wichtigeren Raubtierfamilien Afrikas sind auch durch kleine Formen vertreten, die im hohen Gras eine reiche Kost vorfinden. Die Hundefamilie stellt den Fledermausohrenfuchs, *Otocyon megalotis,* und den Kama oder Silberrückenfuchs, *Vulpes chama.* Zur Familie der Katzen gehören der Serval, *Felis serval,* die Wildkatze, *Felis silvestris,* und der Wüstenluchs, *Felis caracal.* Andere kleine Fleischfresser in diesem Gebiet sind das Streifenwiesel, *Poecilogale albinucha,* die Afrikanische Zibetkatze, *Civettictis civetta,* sowie die Ginsterkatze und der Mungo.

Das Streifenwiesel – ein Tier mit weißem Scheitel und Nacken und weißen Streifen entlang dem schwarzen Körper – frißt Schlangen, Insekten und Larven. Seine auffallende Farbzeichnung ähnelt derjenigen zweier anderer Tiere der afrikanischen Grasländer: des Bandiltisses und des Honigdachses, *Mellivora capensis.* Alle 3 Arten bespritzen ihre Feinde mit einer übelriechenden Flüssigkeit aus ihren Analdrüsen. Ihre Färbung dient als Warnzeichen.

Zebramangusten, *Mungos mungo,* leben in Gruppen von 30–40 Tieren, die tagsüber in festen Verbänden umherziehen und ständig schnattern, um in Verbindung zu bleiben, während sie im Boden nach Insekten, Mäusen, Kriechtieren oder Wurzeln kratzen.

Ähnliche Lebensgewohnheiten hat der Zwergmungo, *Helogale parvula,* ein noch lebhafterer Jäger. Er markiert überdies sein Revier und seine Jungen mit Duft aus seinen Backendrüsen; so hat jede Familie ihren eigenen Geruch.

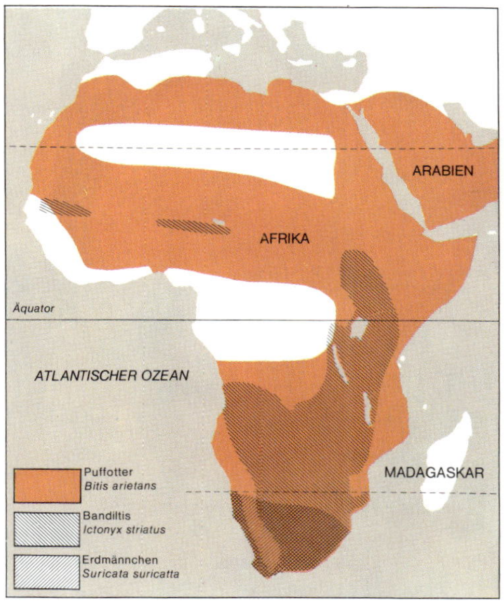
ARABIEN
AFRIKA
Äquator
ATLANTISCHER OZEAN
MADAGASKAR
Puffotter
Bitis arietans
Bandiltis
Ictonyx striatus
Erdmännchen
Suricata suricatta

Unterschiedliche Verbreitungsgebiete Bandiltis und Puffotter sind weit über die Savanne verbreitet; das Erdmännchen ist auf das südliche Afrika beschränkt.

Ein vorsichtiger Angreifer vermeidet den tödlichen Stachel

Die Selous' Fuchsmanguste ist derart aggressiv, daß sie sich auch gegen größere Feinde zur Wehr setzt und Störenfriede ohne vorherige Drohung oder andere Gebärden spontan angreift – eine seltene Erscheinung in der Tierwelt. Wie viele Fleischfresser tötet sie durch einen Biß in den Hals. Vorher schüttelt sie das Opfer so heftig, daß der Angriff nicht erwidert werden kann. Bei einem Skorpion wendet die Selous' Fuchsmanguste jedoch eine andere Taktik an: Sie entwaffnet ihn zuerst dadurch, daß sie den Stachel abbeißt. Diese Fuchsmangusten suchen im lockeren Boden nach kleinen Säugern, Reptilien, Insekten, Larven und Spinnen. Es sind gesellige Tiere. Sie graben flache Höhlen in den Boden und haben jeweils 1—2 Junge.

Warnung an Feinde Das Streifenmuster des Bandiltisses erinnert Feinde an den schlechten Geruch des Tieres.

Sonnenbad Erdmännchen wärmen sich oft früh am Morgen in der Sonne. Sie stehen auf ihren Hinterzehen, benutzen ihre Schwänze als Stütze und recken die Hälse, um über das Gras hinweg sehen zu können.

Pflanzenfressende Säuger und Vögel

Riesige Herden von Büffeln und Gabelböcken durchzogen einst die Prärien. Da der Mensch sie niedermetzelte und ihren Lebensraum zerstörte, ist ihre Zahl stark zurückgegangen.

Jahrhundertelang waren die nordamerikanischen Grasländer vor allem die Heimat des Bisons und der Gabelböcke. Riesige Herden zogen ständig weidend umher; dadurch schufen sie die Prärien mit und erhielten sie.

Der Bison zum Beispiel brachte die noch auf der Prärie stehenden Bäume zum Absterben, indem er sich an ihnen scheuerte. Überdies fraß er die Sämlinge und verhinderte so das Aufkommen neuer Bäume.

Besiedlung und Ackerbau haben die Prärien verändert. Die Tiere der Ebenen fielen dabei dem Gewehr zum Opfer, oder sie wurden in entlegene Gegenden zurückgedrängt.

Die baumlosen Ebenen bieten Vögeln, die gern hoch sitzen, wenig Schutz; aber viele Zugvögel rasten auf ihrem Weg südwärts nach Mexiko oder nordwärts zur Arktis in der Prärie.

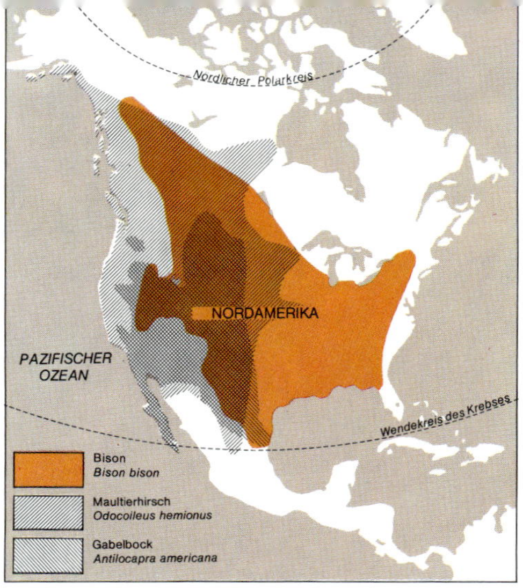
Nördlicher Polarkreis
NORDAMERIKA
PAZIFISCHER OZEAN
Wendekreis des Krebses
Bison
Bison bison
Maultierhirsch
Odocoileus hemionus
Gabelbock
Antilocapra americana

Wo die Büffel zogen Bisons gab es in dem eingezeichneten Gebiet einst in riesigen Mengen. Heute leben sie nur noch in einigen Reservaten.

Wandernde Herden formten die westlichen Prärien

Kämpfende Bullen Zwei Bisonbullen kämpfen um die Vorherrschaft in einer Herde. Die massigen Tiere führen mit den Hörnern schnelle, aufwärtsschwingende Stöße aus.

Bisons sind die Riesen der amerikanischen Ebenen. Ein voll ausgewachsener Bulle wiegt etwa 900 kg und hat eine Schulterhöhe von 1,80 m.

Diese Tiere, in Nordamerika Buffalo (Büffel) genannt, durchzogen einst die Ebenen vom Mississippi bis zu den Rocky Mountains, und ganz früh traf man sie auch im Osten. Ihre Zahl soll 60 Millionen betragen haben, aber im vorigen Jahrhundert wurden sie durch Jäger fast ausgerottet. Heute gibt es in den Vereinigten Staaten und Kanada nur noch 50 000 Bisons, und diese Reste sind auf die Naturschutzgebiete beschränkt.

Ziehende Herden Herden weidender Bisons ziehen stetig, aber langsam weiter.

Die normale Gangart eines Bisons ist der Schritt oder der Trab; im Galopp kann das Tier aber auch fast 50 km/st erreichen.

Bisonherden sind ständig in Bewegung, sie ziehen langsam dahin und schauen dabei nach frischem Präriegras aus. Vor dem Eingreifen des Menschen zogen sie gewöhnlich zu Beginn des Winters in schnellerem Tempo nach Süden. Im Frühling, sobald das Eis schmolz und frisches Gras wuchs, kehrten sie nach Norden zurück.

Die massigen Vorderteile der Bisons werden von buckelartigen Schultern überragt. Langes, zottiges Haar bedeckt sie, wallt über Nacken, Brust, Schultern und Kopf bis hinunter zu den Vorderbeinen. Das weiche, wollige Haar des Hinterteils und der unteren Körperpartien fällt im Frühling aus; die Schenkel sind dann nackt. Beide Geschlechter tragen spitze, aufwärts gebogene Hörner.

Die Bisonbullen kämpfen manchmal miteinander um die Vorherrschaft. Zwei Rivalen bewegen sich langsam aufeinander zu, schütteln die Köpfe und brüllen drohend. Das schwächere Tier gibt dann oft schon klein bei, aber gelegentlich verwunden sich die Bullen auch mit ihren Hörnern.

Die rangniederen Tiere in der Herde meiden gewöhnlich den Leitbullen. Die Leittiere zeigen ihre Überlegenheit dadurch, daß sie beim Fressen, beim Trinken an Wasserlöchern, beim Scheuern an Pfosten oder beim Suhlen die ersten sind. Fortpflanzungsfähige Bullen verbringen den Winter in Junggesellengruppen; während der Paarungszeit im Juli und August kehren sie zur Hauptherde zurück und kämpfen um den Besitz der Kühe.

Die Kälber werden 9 Monate nach der Paarung geboren. Manchmal verlassen die Kühe die Herde, um ihr einziges Kalb zur Welt zu bringen; sie schließen sich ihr wieder an, sobald das Kalb kräftig genug ist und nicht mehr zurückbleibt. Junge Bisons bleiben 4 Jahre lang bei ihrer Mutter, und die Herde schützt sie vor Raubtieren.

Bei den Bisons lebt der Kuhstärling, *Molothrus ater;* er sitzt auf ihren Rücken und pickt schmarotzende Zecken aus ihren langen Haaren. Bisons entledigen sich auch selbst ihrer Parasiten, indem sie sich an senkrechten Gegenständen oder am Boden scheuern. Die Bullen legen sich nieder und wälzen sich; dadurch bilden sie eine Bodenvertiefung oder Suhle, in der sich auch die anderen Tiere wälzen können.

Ein Gehörn mit Hülle

Das Gehörn der Gabelböcke gleicht teils dem der Rinder, die ihre Hörner das ganze Leben über tragen, und teils dem Geweih der Hirsche, die ihren Kopfschmuck jährlich abwerfen. Ein Gabelbockhorn hat einen festen Knochenkern, der niemals abgeworfen wird. Darüber wachsen Haare, die eine dichte Hülle bilden. Diese Hornscheide wird jedes Jahr nach der Paarungszeit abgestreift.

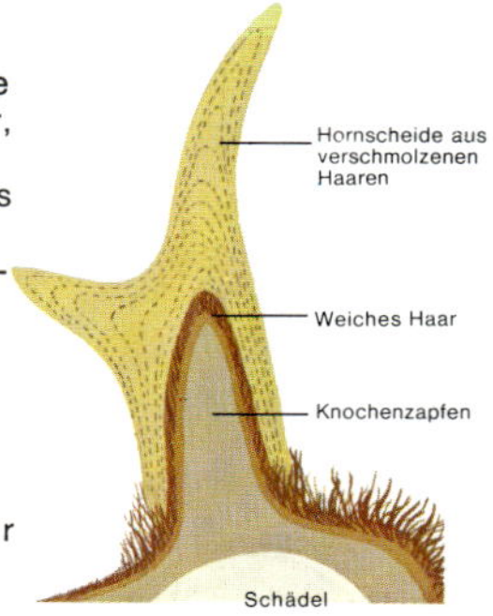
Hornscheide aus verschmolzenen Haaren
Weiches Haar
Knochenzapfen
Schädel

Das schnellste Säugetier Nordamerikas

Gabelböcke – die nach ihrem verzweigten Gehörn so heißen – gibt es wild nur in Nordamerika, und sie sind dort die schnellsten Säugetiere. Über kurze Strecken erreichen sie eine Geschwindigkeit von 110 km/st.

Das Laufen ist auch die Hauptverteidigung der Gabelböcke gegenüber dem Wolf, dem Kojoten und anderen Raubtieren der freien Ebenen. Sie haben, bei gleichem Körpergewicht, ein doppelt so großes Herz wie das Schaf, eine weite Luftröhre und große Lungen. Ihr Gehör und ihr Geruchssinn sind sehr gut entwickelt und ihre großen Augen sehen ausgezeichnet.

Gabelböcke haben ein Signalsystem, mit dem sie sich, sobald Gefahr droht, gegenseitig warnen: Beim Äsen heben die Tiere oft ihren Kopf, um rundum zu blicken; sobald nun ein Bock ein Raubtier erkennt, richten sich die Haare seines Hinterteiles auf, und darunter erscheinen 2 glänzendweiße Haarflecke. Auf dieses Signal hin fällt die ganze Herde sofort in Galopp.

Im Spätsommer kämpfen die Böcke um den Besitz der Kühe, die sie während der dreiwöchigen Paarungszeit in „Harems" von 7–15 Stück zusammenhalten. Später sammeln sich die Gabelböcke in größeren Herden von 100 oder mehr Tieren und ziehen nach dem Süden. Im April oder Mai verlassen die Weibchen die Herde, um an einer Stelle mit dichtem Pflanzenwuchs die Jungen zur Welt zu bringen.

Stets auf der Hut Äsende Gabelböcke schauen alle paar Minuten nach Raubtieren aus. Im 18. Jahrhundert gab es etwa 40 Millionen Gabelböcke auf den nordamerikanischen Prärien; heute sind es nur noch etwa 350 000.

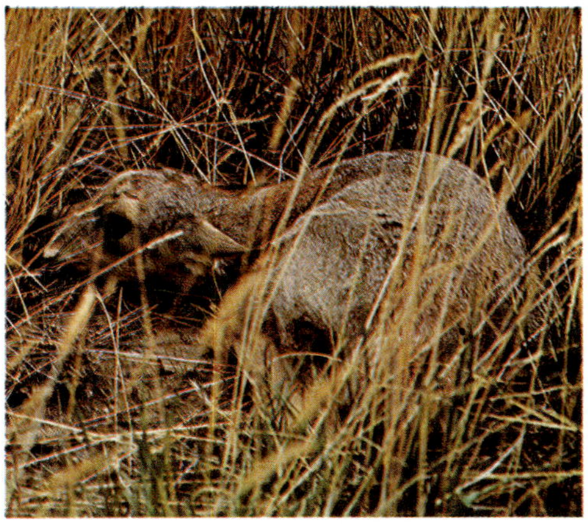

Im Gras getarnt Ein Gabelböckchen liegt nach der Geburt einige Zeit im hohen Gras verborgen. Wachsam steht die Mutter in einiger Entfernung; sie kommt nur dann zu dem Kleinen, wenn sie es säugen will.

Die Neubürger Mit dem Verschwinden der großen Bison- und Gabelbockherden und dem Aufkommen von Baumwuchs in der Prärie besiedelten Maultierhirsche aus angrenzenden Waldgebieten die Region.

Balz um die Gunst der Weibchen

In der Paarungszeit prunkt das Männchen des nordamerikanischen Beifußhuhnes mit seinem Gefieder; es spreizt die Schwanzfedern und stolziert vor den Hennen einher. Die Männchen kämpfen auch um die Weibchen.

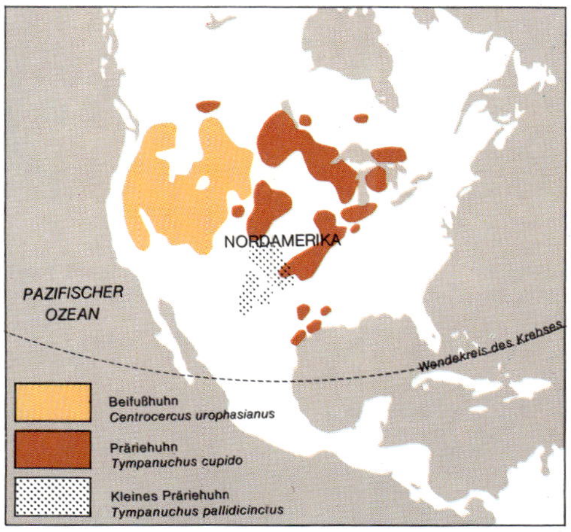
NORDAMERIKA
PAZIFISCHER OZEAN
Wendekreis des Krebses
Beifußhuhn
Centrocercus urophasianus
Präriehuhn
Tympanuchus cupido
Kleines Präriehuhn
Tympanuchus pallidicinctus

Arten, die verschwinden Präriehühner waren einst weit verbreitet; heute stehen sie vor dem Aussterben.

Bei der Balz Ein Männchen des Präriehuhns bläht seine Kehlsäcke auf und zeigt sein Gefieder.

Kein Vogel der Prärien hat die Fähigkeit, bei Gefahr aufzufliegen, ganz verloren. So gibt es in Nordamerika kein Tier, das dem afrikanischen Strauß oder dem Nandu in Südamerika entspricht. Die Präriehühner allerdings, die zur Familie der Rauhfußhühner gehören, leben ganz auf dem Boden. Nur wenn sie gestört werden, fliegen sie im letzten Augenblick davon.

Den Sommer über sind diese Vögel still und leben einzeln. Während des Winters aber vereinigen sie sich zu großen Schwärmen, die sich von Beeren ernähren, und von Februar bis Mai balzen die Hähne und kämpfen um die Weibchen.

Bei der Balz stolziert das Männchen vor den anscheinend uninteressierten Hennen hin und her und bläht dabei orangefarbene Luftsäcke an den Seiten der Kehle auf. Die gelben Fransen über den Augen werden ausgebreitet, die Nackenbüschel stehen aufrecht, der Schwanz entfaltet sich fächerförmig, und die Flügel hängen herab. Währenddessen stößt das Männchen fortwährend laute Rufe aus. Balz und Kampf entscheiden darüber, welcher Hahn Herr der Gruppe ist und sich mit den meisten Hennen paart. Diese legen im Mai je 7–17 Eier in flache, grasgepolsterte Bodennester.

Das Präriehuhn und das Kleine Präriehuhn leben vor allem in den östlichen Prärien, wo hohes Gras wächst. Das Beifußhuhn liebt halbwüstenartige Bedingungen und kommt in den Beifußsteppen des Westens vor.

Über die Prärien zieht sich die nordsüdliche Zugstraße der Vögel von der Arktis hin. Diese Zugvögel bleiben oft einige Tage in der Prärie und fressen dort Samen und Insekten.

Wühltiere und Jäger

Unter der Oberfläche der Prärien gibt es eine verborgene Welt von Gängen und Höhlen, in die kleine Tiere sich vor der Härte des Daseins an der Erdoberfläche flüchten können.

Ein Leben in der Gemeinschaft Einige Präriehunde graben ihre Höhlen so nahe nebeneinander, daß ganze unterirdische „Städte" mit einer Bevölkerung von über 1000 Tieren entstehen. Die größeren Städte sind durch das Gelände in Reviere unterteilt, und diese wiederum bestehen aus Familieneinheiten. Zu einer solchen Einheit gehören gewöhnlich 1 Männchen, 3 Weibchen und etwa 6 Junge. Ein Präriehund richtet sich öfters auf den Hinterbeinen auf und stößt einen besonderen Ruf aus, um so seine Besitzrechte an dem Bau kundzutun.

Auf Wache Ein Präriehund am Eingang seines Baues. Wenn Gefahr droht, läßt er ein kurzes Bellen ertönen, woraufhin alle anderen Präriehunde zu ihren Höhlen stürzen. Nach diesem Ruf hat das Tier seinen Namen.

Begrüßung Präriehunde sind zueinander sehr freundlich; sie besuchen auch ihre Nachbarbaue. Wenn sie einander sehen, laufen sie sich entgegen und geben mit entblößten Zähnen eine Art Kuß.

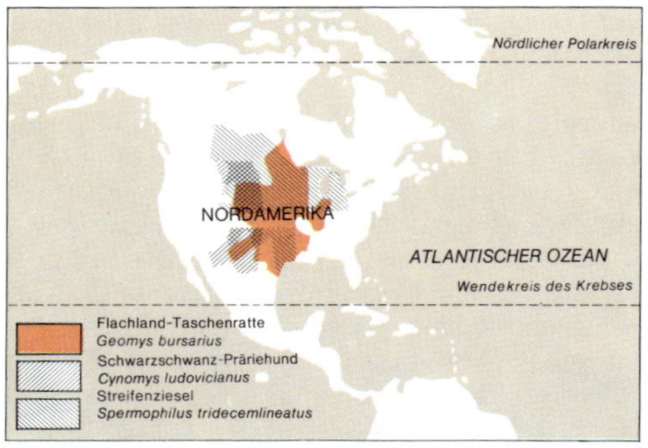
Nördlicher Polarkreis
NORDAMERIKA
ATLANTISCHER OZEAN
Wendekreis des Krebses
Flachland-Taschenratte
Geomys bursarius
Schwarzschwanz-Präriehund
Cynomys ludovicianus
Streifenziesel
Spermophilus tridecemlineatus

Winterschlaf im Norden In den nördlichen Teilen der Prärie halten Erdhörnchen einen Winterschlaf. Die Jungen werden so frühzeitig geboren, daß sie noch das reichliche Sommerfutter ausnützen können.

Gesellige Tiere und Einsiedler im Boden der Prärie

In den Prärien, wo die Temperatur zwischen glühender Hitze und klirrender Kälte schwankt und plötzliche Stürme das Land verheeren können, leben viele kleine Säuger in Höhlen. Doch dieses Dasein unter der Erde bietet keine vollkommene Sicherheit. Vögel fangen die Tiere an den Höhleneingängen, Wiesel und Schlangen verfolgen sie in ihren Bauten, und Kojoten und Dachse graben sie aus.

Zu den typischen Wühltieren der Ebenen gehören die Präriehunde, gedrungene, gut 30 cm lange Pflanzenfresser. Sie sind keine Hunde, sondern Hörnchen und stellen die Hauptnahrung für viele Räuber dar. Die Schwarzschwanz-Präriehunde leben in unterirdischen „Städten", in denen Hunderte von Tieren hausen und den Boden mit einem Netzwerk von Gängen durchziehen.

Die Taschenratten, ebenfalls Nagetiere, hat man nach ihren großen Backentaschen so genannt, in denen sie Nahrung, hauptsächlich Wurzeln und Knollen, zu ihren Vorratskammern tragen.

Taschenratten führen fast ein Einsiedlerleben, wenn sie ihre Höhlen zuweilen auch nahe beieinander bauen. Sie graben zweistöckige Gangsysteme mit Tunneln zur Nahrungssuche dicht unter der Oberfläche und Wohnräumen in einer tieferen Zone. Der Ostamerikanische Maulwurf, *Scalopus aquaticus,* der in den östlichen Teilen der Prärie lebt, gräbt ähnliche Gangsysteme; nur befindet sich oberhalb der Tunnel zur Nahrungssuche, an der Oberfläche, ein hochgewühlter Erdwulst.

Die 9–13 cm lange Präriewühlmaus, *Microtus ochrogaster,* gräbt ausgedehnte Gänge in der oberen Bodenschicht und bahnt sich Wege durch den Pflanzenwuchs der Oberfläche.

Fleckenskunks bauen Nester aus trockenem Pflanzenmaterial in Höhlen oder unter Steinhaufen. Tagsüber können bis zu 8 Tiere ein Nest gemeinsam bewohnen. Nachts kommen sie heraus, um sich von Insekten, Mäusen, Vögeln, Eiern, Aas und nebenbei etwas pflanzlicher Kost zu ernähren.

Gemustertes Fell Der Streifenziesel heißt so wegen des besonderen Streifen- und Fleckenmusters auf seinem Fell. Wie andere Erdhörnchenarten trägt er in Backentaschen Nahrung zu unterirdischen Vorratskammern. Im Sommer werden die Tiere von Blättern, Nüssen, Mäusen, Insekten und Vögeln sehr fett.

Einsamer Gräber Die Gebirgstaschenratte, *Thomomys bottae,* führt in ihrem kunstvoll angelegten Bau (unten) ein einsiedlerisches Leben. Die tieferen Gänge dienen als Nistplätze, Vorratskammern und Abfallplätze.

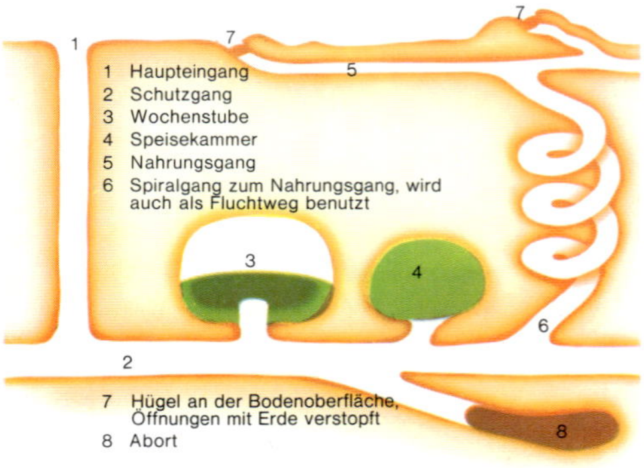
1 Haupteingang
2 Schutzgang
3 Wochenstube
4 Speisekammer
5 Nahrungsgang
6 Spiralgang zum Nahrungsgang, wird auch als Fluchtweg benutzt
7 Hügel an der Bodenoberfläche, Öffnungen mit Erde verstopft
8 Abort

Prärieschlange Die Westliche Hakennatter, *Heterodon nasicus*, frißt Kröten und andere Lurche. Ihren Namen verdankt sie einem aufgebogenen Schnauzenschild.

Jäger mit Jungen Der Präriefalk, *Falco mexicanus*, wählt zum Nisten vornehmlich gebirgige Gegenden, aber er jagt überall in den Grasländern kleine Nagetiere, Kriechtiere, Insekten und Vögel. Im Flug ist er so wendig, daß er fliegende Vögel schlägt und ein Backenhörnchen wegholt, das aus seinem Bau nur eben herauslugt.

Die Jäger und ihre Nahrung

Von den Pflanzenfressern der Prärie ernähren sich Dutzende von Raubtierarten. Zu den erfolgreichsten gehören die Kojoten – abgehärtete und sehr anpassungsfähige Mitglieder der Familie der Hunde.

Der Kojote sieht aus wie ein mittelgroßer Wolf, aber die beiden Arten sind leicht zu unterscheiden, weil der Schwanz des Kojoten beim Laufen zwischen den Beinen hängt, während der Wolf seinen Schwanz waagerecht hält.

Das größte Mitglied der Familie der Katzen in den Prärien ist der Puma, *Puma concolor*. Seine Hauptnahrung sind die Hirsche, und da deren Zahl abgenommen hat, ist auch der Puma seltener geworden.

Verschiedene Arten von Eulen, Habichten, Falken und Adlern machen Jagd auf die Bewohner der Prärie. Einige dieser Vögel, wie die Schnee-Eule *Nyctea scandiaca* und der Harlan-Bussard *Buteo harlani* brüten in der Arktis; in den Grasländern überwintern sie nur. Andere findet man auch in anderen Teilen der Welt; so die Kanincheneule, *Speotyto cunicularia,* die gewöhnlich einen verlassenen Präriehundbau in Besitz nimmt und in Nord- und Südamerika vorkommt.

Einer der größten und gefährlichsten Raubvögel, der Steinadler, *Aquila chrysaëtos*, segelt von seinem Revier in den Bergen aus auf der Suche nach Nahrung – hauptsächlich kleinen Säugetieren – über die westliche Prärie dahin. Der Königsbussard *Buteo regalis*, ein häufig vorkommender Prärievogel, jagt fast ausschließlich kleine Säuger und Kriechtiere.

Viele verschiedene Schlangen finden auf den Prärien ohne weiteres ihr Auskommen; es gibt dort eine Menge Löcher von kleinen Säugetieren, in denen sie sich einmieten und überwintern können; hier finden sie auch reiche Beute.

Klapperschlangen sind zahlreich und weit verbreitet. Sie ernähren sich von kleinen Säugetieren, leben manchmal in den Bauen von Präriehunden und fangen entweder deren Junge oder Kanincheneulen.

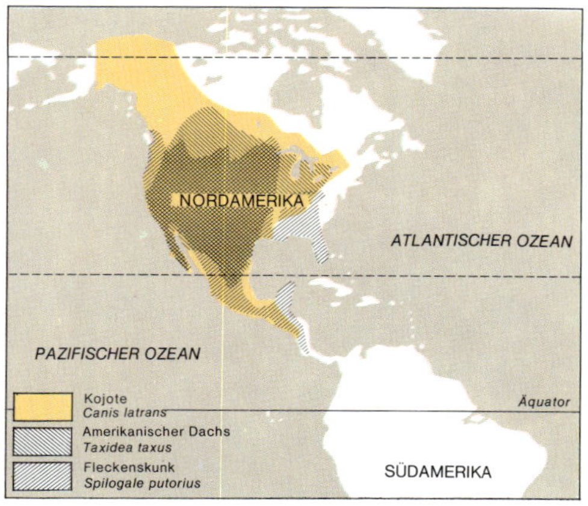
NORDAMERIKA
ATLANTISCHER OZEAN
PAZIFISCHER OZEAN
Äquator
SÜDAMERIKA
Kojote
Canis latrans
Amerikanischer Dachs
Taxidea taxus
Fleckenskunk
Spilogale putorius

Kojoten im Vormarsch Der Kojote, der Amerikanische Dachs und der Fleckenskunk sind im offenen Land weit verbreitet. Der Kojote hat sein Gebiet in letzter Zeit stark ausgedehnt und dabei den Wolf verdrängt.

Warnsignal Trifft der Fleckenskunk auf einen Gegner, so richtet er seinen Schwanz zur Warnung auf. Wird das nicht beachtet, dreht er sich um und verspritzt eine übelriechende Flüssigkeit aus Drüsen.

Singender Kojote Gewöhnlich leben und heulen Kojoten allein (oben); manchmal allerdings sammeln sie sich zur Jagd oder zu einem gemeinsamen „Konzert" in Gruppen. Der Amerikanische Dachs – im Bild links trifft er mit einem Kojoten zusammen – kann besonders gut graben. Vom Kojoten sagt man, er warte am Bau einer Taschenratte, während ein Dachs sie ausgrabe; der Kojote versuche dann, dem Dachs die Ratte wegzufangen.

Kleine Pflanzenfresser

Der Steppenwinter ist so streng, daß die meisten kleinen Pflanzenfresser sich zur Überwinterung zurückziehen. Im Sommer sammeln sie Futter für die kommende karge Zeit.

In Zentralasien herrscht im Winter eisige Kälte, im Sommer sengende Hitze, und das ganze Jahr über ist Wasser knapp. Im Winter fließt aus dem Inneren des Kontinents Kaltluft zum Ozean, und wo sie hinkommt, schneit es. Im Sommer steigt im Landesinneren warme Luft auf; feuchte, kältere Luft strömt nach, die den Küstengebieten Regen bringt. Dort gedeiht Wald, während die Zentralgebiete Wüsten sind. Zwischen diesen beiden Regionen liegen die Steppen: weite Ebenen mit geringen Niederschlägen. In den meisten Teilen läßt der Regen nur das Wachstum von Gras und bestimmten Pflanzen zu; in feuchteren Gebieten gedeihen Büsche sowie Gruppen von Bäumen.

Vorsorglicher Ziesel Ziesel verbringen die Sommertage damit, Pflanzen zu fressen und ihre Backentaschen mit Samen vollzustopfen, die sie in ihre Baue tragen und dort speichern. Vor dem Winterschlaf gräbt der Ziesel einen senkrechten Schacht halben Weges bis zur Erdoberfläche. Mit der ausgehobenen Erde schließt er den Zugang. Im Frühling kommt das Tier durch den senkrechten Schacht an die Oberfläche.

Ein Steppenmurmeltier hält nach einer Gefahr Ausschau. Es beendet den Winterschlaf sehr früh und ist darum eine wichtige Nahrung für Wölfe und Adler.

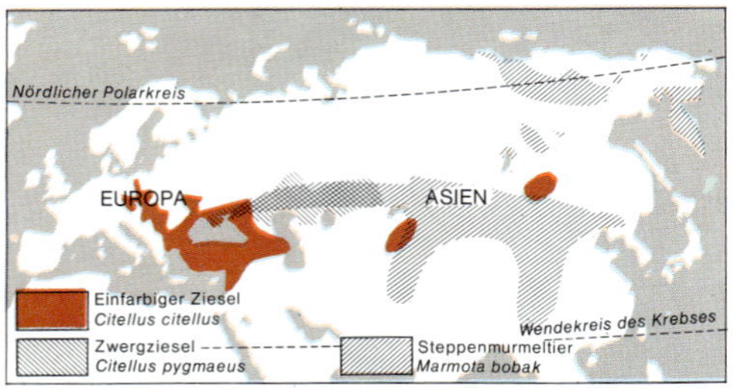
Nördlicher Polarkreis
EUROPA
ASIEN
Wendekreis des Krebses
Einfarbiger Ziesel
Citellus citellus
Zwergziesel
Citellus pygmaeus
Steppenmurmeltier
Marmota bobak

Grabende Nagetiere Ziesel und Murmeltiere sind Erdhörnchen. Das Steppenmurmeltier, das größer als der Ziesel ist und weiter nördlich lebt, verbringt die Hälfte des Jahres tief unter der Erde im Winterschlaf.

Nahrungsvorräte in unterirdischen Gängen

Die Lebensbedingungen in den Steppen sind hart; nur die Wüsten und die Polargebiete sind noch unwirtlicher. Die reichlichste Futterquelle in der Steppe ist das Gras. Die Tiere, die davon leben, müssen im Sommer Hitze und im Winter Kälte aushalten können. Darum sind kleine, höhlenbauende Nagetiere besonders häufig. Einige, wie die Blindmäuse der Gattung *Spalax*, kommen kaum jemals an die Erdoberfläche. Diese Geschöpfe graben Gangsysteme, in denen sie leben und nach Nahrung suchen.

Der Hamster hat eine ähnliche Lebensweise. Er kommt in feuchteren Gebieten vor und füllt seine Vorratskammern mit Samen und Blättern.

Erdhörnchen – zu denen Ziesel und Murmeltiere gehören – sind sowohl für die eurasischen als auch für die nordamerikanischen Grasländer charakteristisch. Sie bilden in beiden Gebieten eine wichtige Nahrungsquelle für Raubtiere.

Murmeltiere sind größer als Ziesel und haben flachere Schädel und weniger ausgeprägte Backentaschen. Beide Arten leben in großen Kolonien, sind tagsüber aktiv und graben tiefe Baue, in denen sie ein halbes Jahr lang Winterschlaf halten. Ziesel können in Trockenzeiten auch einen „Sommerschlaf" halten.

Ziesel und Murmeltiere sind die bevorzugte Beute von Wölfen, Adlern und anderen großen Greifvögeln. Sie entfernen sich nicht weit von ihrem Bau, und wenn sie auf der Erde fressen, halten Posten Wache, auf deren Warnrufe hin die ganze Kolonie im Boden verschwindet.

Säugetiere, die zu klein sind, als daß sie weit fortwandern und so den extremen Hitze- und Kältegraden in der Steppe entgehen könnten,

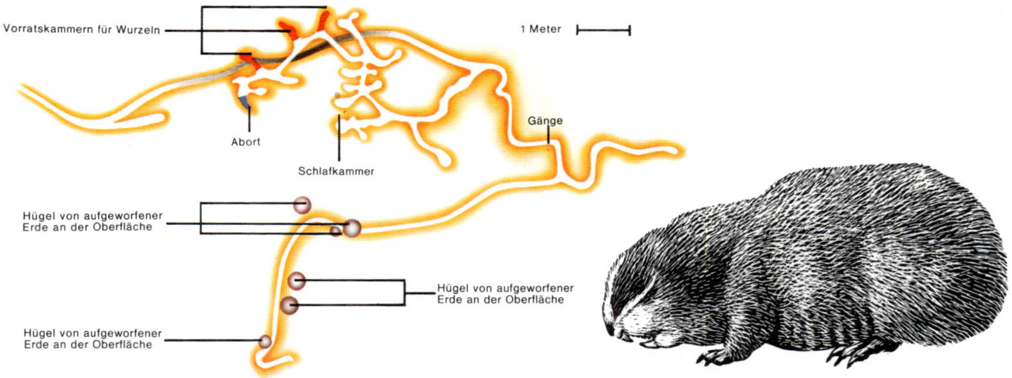
Vorratskammern für Wurzeln
1 Meter
Gänge
Abort
Schlafkammer
Hügel von aufgeworfener Erde an der Oberfläche
Hügel von aufgeworfener Erde an der Oberfläche
Hügel von aufgeworfener Erde an der Oberfläche

Plan eines Blindmausbaus Blindmäuse graben nach Wurzeln und legen gewundene Baue mit Nestern, Vorratskammern und Latrinen an. Die ausgehobene Erde häufen sie an der Oberfläche zu Hügeln an.

Sicherheit durch Schnelligkeit Feldhasen leben in allen Grasländern Eurasiens und Afrikas. Sie vertrauen, wenn sie Feinden entkommen wollen, auf ihre Schnelligkeit und Wendigkeit. Ihr Gehör und Geruchssinn sind scharf.

müssen sich statt dessen in ein angenehmeres Kleinklima im Erdboden zurückziehen oder einen Winterschlaf halten.

Die Steppen sind keineswegs völlig einförmig: Die Niederschlagsmengen sind recht ungleich und wirken auf den Pflanzenwuchs ein; so gibt es in dieser Zone nicht nur Grasland, sondern auch Gebüsch und andererseits Halbwüste.

Der Pferdespringer, *Allactaga jaculus,* ein Nager mit langen Hinterbeinen, ist an trockenes, offenes Land angepaßt. Hier vermag er seine Schnelligkeit – er kann sich in 90 cm weiten Sprüngen mit einer Geschwindigkeit von 55 km/st fortbewegen – auszunutzen, um Feinden zu entkommen. Im Gegensatz zu diesem Tier lebt der Pfeifhase *Ochotona daurica* – in Sibirien und der Mongolei – in der Nähe von Wasser.

Pfeifhasen sind mit den Hasen und Kaninchen verwandt. Sie sammeln die Blätter und trocknen sie in der Sonne, um im Winter Futter und Streu zu haben. Der Pfeifhase bleibt im Winter aktiv, dann bildet er die Hauptnahrung für Adler, Wölfe und Füchse.

Übervölkerung kann manchmal zu ungewöhnlichen Krisen führen. Ein Steppenwühltier, die Feldmaus, hat einen Vermehrungszyklus, in dem der Bestand alle 4–5 Jahre einen Höhepunkt erreicht. Im Jahr danach folgt ein erstaunlicher Zusammenbruch, der weder auf eine Hungersnot noch auf Feinde zurückzuführen ist; vielmehr kommt er dadurch zustande, daß die Übervölkerung die Hormonproduktion der Tiere stark belastet und aus dem Gleichgewicht bringt. Dies kann unmittelbar den Tod verursachen oder aber bei den Weibchen eine ausreichende Milchproduktion verhindern, so daß die Jungen verhungern.

Beim Steppenlemming, *Lagurus lagurus,* ereignen sich ähnliche Bevölkerungsexplosionen. Die Weibchen sind bereits mit 6 Wochen geschlechtsreif, die Männchen schon etwas früher. Die Fortpflanzungsperiode dauert von April bis Anfang Oktober; während dieser Zeit kann ein Weibchen 6 Würfe mit je 3–7 Jungen haben. Wenn Populationsspitzen auftreten, brechen die Steppenlemminge zu einer Massenwanderung nach Art der Lemminge (S. 29) auf.

Fruchtbare Mutter Das Hamsterweibchen wirft mindestens zweimal im Jahr jeweils 4–18 Junge; die Tragezeit dauert 20 Tage. Diese Art lebt in den osteuropäischen Waldsteppen und hält einen Winterschlaf.

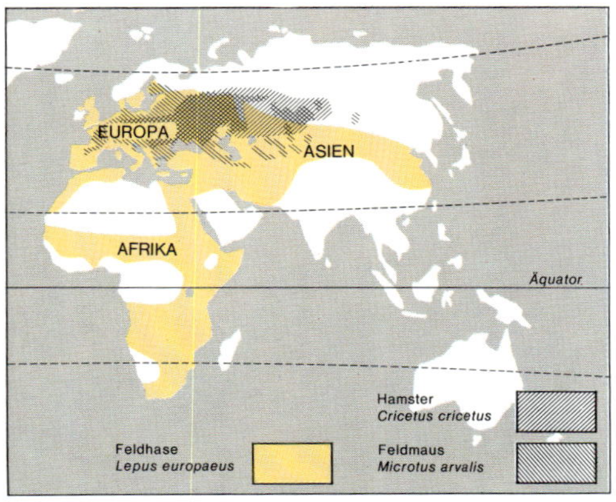
EUROPA
ASIEN
AFRIKA
Äquator
Hamster
Cricetus cricetus
Feldhase
Lepus europaeus
Feldmaus
Microtus arvalis

Bewohner der Steppe Der Feldhase lebt in den Grasländern Europas und Afrikas. Als einziges von den kleinen Säugetieren der Steppe gräbt er keinen Bau. Seine Jungen sind zwischen Grasbüscheln verborgen.

Vögel der Waldsteppe

Wenn der Frühling kommt, richten die Birkhühner der Steppe, genau wie die Birkhühner anderer Gegenden, Balzplätze, sogenannte Balzarenen, ein. Dort stolzieren die Männchen mit ausgebreiteten Flügeln und Schwanzfedern einher, wodurch sie anderen Hähnen den Kampf ansagen und Hennen anzulocken suchen. Die wartenden Hennen wählen die stärksten Hähne aus und paaren sich mit ihnen. Danach setzt der Hahn seine Balz fort. Die Henne legt am nächsten Morgen ein einziges Ei. Während der Brutzeit sucht sie sich mehrfach einen anderen Hahn.

Wie so manche Birkhühner bevorzugt die in der Steppe vorkommende Unterart *Tetrao tetrix viridiana* bewaldete Gebiete. So ist der Vogel in offenem Grasland selten. Er lebt in den Waldsteppen der östlichen Ukraine und nördlich des Kaspischen Meeres und des Aral-Sees, wo es in der Steppe Birkengruppen und Gebüsch gibt.

Arena zum Kampf und zur Werbung

In einer kunstvollen Balz spreizen die Birkhähne hüpfend ihre Schwänze und Flügel aus und lassen kollernde Rufe ertönen, mit denen sie einander herausfordern und die wartenden Hennen anlocken.

Grasfresser und Fleischfresser

Massenwanderungen bestimmen den Lebensrhythmus der Tierherden in den Steppen – der Tierherden, die sich auf der Suche nach Futter und auf der Flucht vor extremen Temperaturen befinden. Und stets folgen ihnen größere Raubtiere.

Durch die fortschreitende Kultivierung der eurasischen Steppe sind in diesem Jahrhundert die Verbreitungsgebiete und die Größe der Tierbestände dort stark vermindert worden, wenn es auch noch genügend unberührtes Grasland gibt, in dem Herden von Huftieren, beispielsweise Saiga-Antilopen, leben können.

Saigas sind „Nomaden". Jeden Winter wandern sie in Herden, die aus Tausenden von Exemplaren bestehen, südwärts, um dem strengen Frost zu entrinnen und jenseits der verschneiten nördlichen Steppen Nahrung zu finden. Auch in trockenen Sommern ziehen sie auf der Suche nach besseren Weidegründen weit von ihren gewöhnlichen Futterplätzen fort.

Die Paarung findet nach der Winterwanderung statt. Die Männchen markieren ihre Territorien mit Urin sowie mit Absonderungen aus Drüsen am Hinterleib und unter den Augen. Ihr Gehörn gebrauchen sie bei den Kämpfen, durch die sie einen Harem von 5–15 Weibchen zusammenbringen. Viele Männchen fallen der winterlichen Kälte zum Opfer, da sie von der anstrengenden Verteidigung des Reviers und von der Paarung erschöpft sind. Nur 5–10 Prozent von ihnen überleben.

Heizung oder Filter Die Nüstern an der großen Schnauze der Saiga führen zu einem Sack, der mit einer Schleimhaut ausgekleidet ist. Diese erwärmt die kalte Steppenluft, oder sie filtert den Staub heraus.

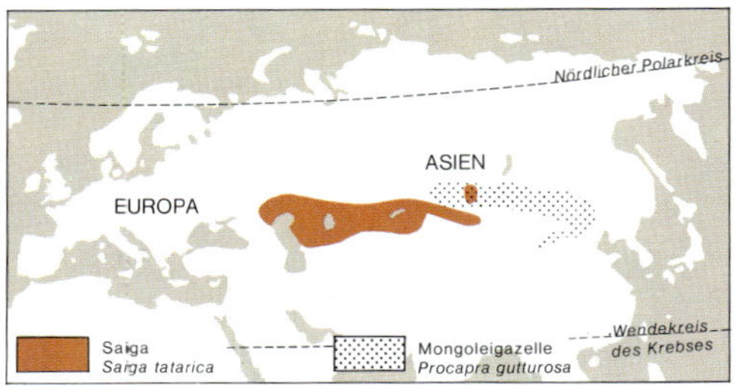
Nördlicher Polarkreis
ASIEN
EUROPA
Saiga
Saiga tatarica
Mongoleigazelle
Procapra gutturosa
Wendekreis des Krebses

Altertümliche Antilope Die Saiga durchstreift seit vielleicht einer Million Jahren die Steppen Eurasiens. Im östlichen Teil der Steppen wird sie durch die Mongoleigazelle vertreten, deren Fell im Winter weiß wird.

Weibchen ohne Gehörn Das Saigaweibchen hat, im Gegensatz zum Männchen, kein Gehörn. Die Weibchen paaren sich bereits im Alter von 7 Monaten. Diese zeitige Geschlechtsreife scheint, zusammen mit häufigen Zwillingsgeburten, die hohe Zahl der Opfer auszugleichen, die vor allem der Steppenwinter, aber auch die Raubtiere fordern. Nach der Fortpflanzungszeit im Frühling verdoppelt sich der Saigabestand beinahe.

Die Verbreitung der Familie der Pferde

Die Vorfahren der Wildpferde, Esel und Zebras – alle diese Tiere gehören der gleichen Gattung, *Equus*, an –, kamen von Amerika über eine ehemalige Landbrücke im Gebiet der Bering-Straße nach Asien. Die hier aufgezeichneten natürlichen Verbreitungsgebiete der heute lebenden Pferde lassen erkennen, wie sich beim Vordringen des Pferdes nach Westen und Süden neue Arten entwickelten.

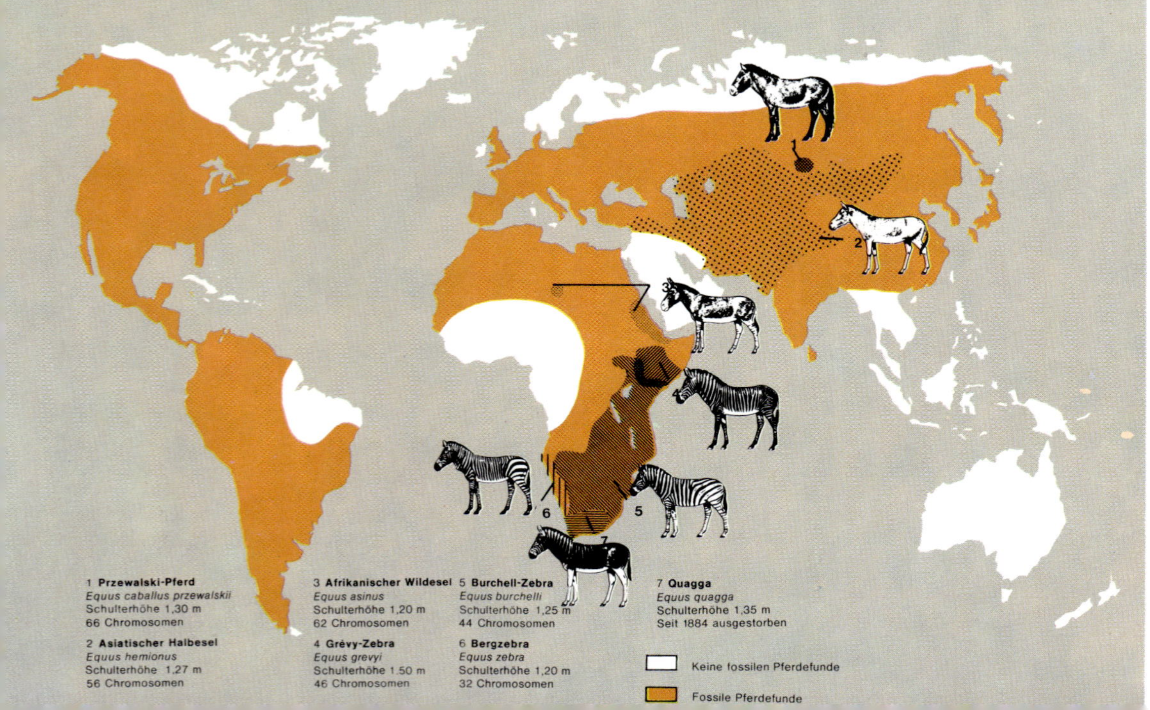
2
6
5
7
1 Przewalski-Pferd
Equus caballus przewalskii
Schulterhöhe 1,30 m
66 Chromosomen
2 Asiatischer Halbesel
Equus hemionus
Schulterhöhe 1,27 m
56 Chromosomen
3 Afrikanischer Wildesel
Equus asinus
Schulterhöhe 1,20 m
62 Chromosomen
4 Grévy-Zebra
Equus grevyi
Schulterhöhe 1.50 m
46 Chromosomen
5 Burchell-Zebra
Equus burchelli
Schulterhöhe 1,25 m
44 Chromosomen
6 Bergzebra
Equus zebra
Schulterhöhe 1,20 m
32 Chromosomen
7 Quagga
Equus quagga
Schulterhöhe 1,35 m
Seit 1884 ausgestorben
Keine fossilen Pferdefunde
Fossile Pferdefunde

Vom Pferd zum Zebra

Offenes Grasland ist die ursprüngliche Heimat der Pferde, und einst durchstreiften Przewalski-Pferde den östlichen Teil der Steppen in großer Zahl. Sie lebten in kleinen Herden, die aus einem Hengst und 6–12 Stuten und Fohlen bestanden.

Diese Pferde, die heute in freier Wildbahn selten sind, paaren sich im späten Frühling. Elf Monate später werden die Fohlen geboren. Der Hengst als der Führer und Beschützer der Herde läuft mehr herum als die ruhigeren Stuten.

Das Przewalski-Pferd ist wohl das primitivste heute lebende Pferd. Als Beweis für sein hohes Alter gilt die Tatsache, daß diese Art mehr Chromosomen hat als alle anderen Vertreter der Pferdefamilie.

Chromosomen sind fadenförmige Strukturen in pflanzlichen und tierischen Zellen, die die Erbanlagen von einer Generation zur nächsten weitergeben. Die Zellen aller Lebewesen enthalten je nach der Art 1 bis über 200 Chromosomen, fast immer in Paaren. Neue Arten können dadurch entstehen, daß sich die Chromosomenzahl ändert.

Die wenigsten Chromosomen unter den heute lebenden Pferdearten besitzt das Bergzebra Südafrikas. Diese Art lebt auch am weitesten von der Landbrücke entfernt, die einst im Gebiet der Bering-Straße Amerika und Eurasien verband. Es scheint, daß die Pferde, als sie sich von Amerika aus westwärts ausbreiteten, unter dem Einfluß der neuen Umwelt neue Formen hervorbrachten – wobei es auch zu Verschmelzungen einiger kleiner Chromosomen kam.

Das älteste noch lebende Pferd Das seltene Przewalski-Pferd ist der einzige wirklich wilde Verwandte der Hauspferde und wohl der primitivste heutige Vertreter der Pferdefamilie. Es ist kleiner als die Hauspferde; andere Unterschiede sind sein schwerer Kopf, seine aufrechtstehende Mähne und der lange Schwanz.

Die weitverbreitete Lerche Die Haubenlerche, *Galerida cristata,* kommt von Westeuropa bis Ostasien vor.

Jungfernkraniche überwintern in Indien; im Frühling aber ziehen sie zur Balz und Paarung in die Steppen.

Schlangentöter Der Schlangenadler, *Circaëtus gallicus,* frißt Schlangen, denen er den Kopf zermalmt. Er lebt in der Wüste, im Wald und in der Steppe, wo seine Zahl mit der Kultivierung des Gebietes abnimmt.

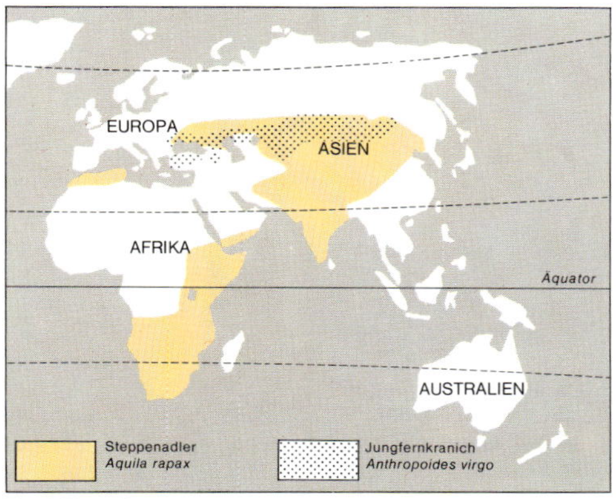
EUROPA
ASIEN
AFRIKA
Äquator
AUSTRALIEN
Steppenadler
Aquila rapax
Jungfernkranich
Anthropoides virgo

Zwei Zugvögel Vom Steppenadler gibt es 2 getrennte Bestände. Vielleicht handelt es sich sogar um besondere Arten. Die asiatische Gruppe wandert bis zum Äquator. Auch der Jungfernkranich ist ein Wandervogel.

Der Steppenadler frißt jede Art von Fleisch, sogar Aas. Die westliche Rasse kommt vom Schwarzen Meer bis zum Gebiet östlich des Kaspischen Meeres vor, die östliche in der Mongolei und in China.

Jäger in den weiten Grasländern

Ausgewachsene Pferde und Saigas brauchen sich vor den meisten Raubtieren der Steppen kaum zu fürchten. Nur der Wolf ist groß genug, um sie anzugreifen, und er wird zunehmend seltener.

Werden sie früh genug gewarnt, dann können sowohl Pferde wie Saigas den Wölfen entkommen; die einzigen gefährdeten ausgewachsenen Tiere sind Weibchen, die gerade Junge bekommen. Während dieser Zeit sammeln sich die großen Grasfresser aber zu Gruppen in flachem, offenem Gelände, wo eine Gefahr schon weithin erkennbar ist. So sind Wölfe, ebenso wie die kleineren Fleischfresser der Steppen, in erster Linie auf Nagetiere und Hasen angewiesen.

Wölfe bewohnen sehr verschiedene Lebensräume; der Korsak hingegen, eine Fuchsart, ist nur in den Steppen und Halbwüsten Zentraleurasiens heimisch. Er sieht strohfarben aus, hat ungewöhnlich große Augen und Ohren und einen scharfen Geruchssinn.

Korsaks führen ein nächtliches Nomadenleben; tagsüber schlafen sie in Murmeltierbauten. Sie jagen gelegentlich in Rudeln und fressen alles, was sie erlangen können, von Insekten bis zu Hasen, Zieseln und Aas.

Der Steppeniltis, *Mustela eversmanni,* jagt von Polen bis zum Pazifik Nagetiere und Kriechtiere. Von dieser Art stammt vielleicht das Frettchen ab. Manchmal nistet der Steppeniltis sich in einem Murmeltierbau ein, nachdem er die Bewohner getötet hat. Er erweitert dann den Bau und treibt Tunnel in benachbarte Murmeltiergangsysteme vor.

Die Pallaskatze, *Felis manul,* sucht ebenfalls ihre Opfer unter den Nagetieren und Vögeln der Steppe. Wie viele Steppentiere, aber im Gegensatz zu den meisten anderen Katzen, lebt sie in Höhlen und Felsspalten. Auch in bewaldeten Gebieten und in der Halbwüste kommt sie vor.

Die weiten Steppen sind ein idealer Jagdgrund für die größeren Raubvögel. Wenn der Steppenadler seine Kreise zieht, überblickt er ein ausgedehntes Gebiet. Ziesel sind seine Hauptnahrung, doch ebenso achtet er auf Trappgänse, Schlangen und Hasen.

Vom Steppenadler gibt es mehrere Unterarten, die in ganz Afrika und Asien vorkommen. Die westliche Steppenrasse überwintert in Mesopotamien und Afrika. Wenn die Vögel im Frühling nach Europa zurückkehren, paaren sie sich und bauen auf dem Boden oder in einem niedrigen Baum ein unordentliches Nest aus Zweigen, das mit Wolle, Federn und Fäkalien ausgepolstert wird. Die Jungen schlüpfen im Juni, machen im August ihre ersten Flüge und wandern im Oktober mit ihren Eltern südwärts.

Die Steppenweihe, *Circus macrourus,* ist ebenfalls ein Zugvogel, der den Winter in Südasien oder Afrika verbringt und im Sommer in die Steppe zurückkehrt. Die Männchen und Weibchen paaren sich auf dem Frühlingsflug nach Norden, doch beginnen die Balzspiele erst, wenn sie die Steppe erreichen. Die Steppenweihe lebt von Wühlmäusen, Birkhühnern und Lerchen. In regelmäßigen Runden fliegt sie über ihrem Jagdgrund. Erspäht sie eine Beute, dann stürzt sie wie ein Stein zu Boden und ergreift das Opfer mit ihren Fängen.

Zu den Kriechtieren der Steppe gehört die Steppenotter, *Vipera renardi.* Sie bevorzugt dichtbewachsene Gebiete. Diese kleine Otter ist hauptsächlich nachts aktiv; dann fängt sie Wühlmäuse, Hamster und Spitzmäuse.

Der Tigeriltis bringt bei Gefahr sein auffallendes Fell zur Geltung, indem er seine Haare aufrichtet und seinen Schwanz über den Rücken schlägt. Dann spritzt er eine übelriechende Flüssigkeit aus seinen Analdrüsen.

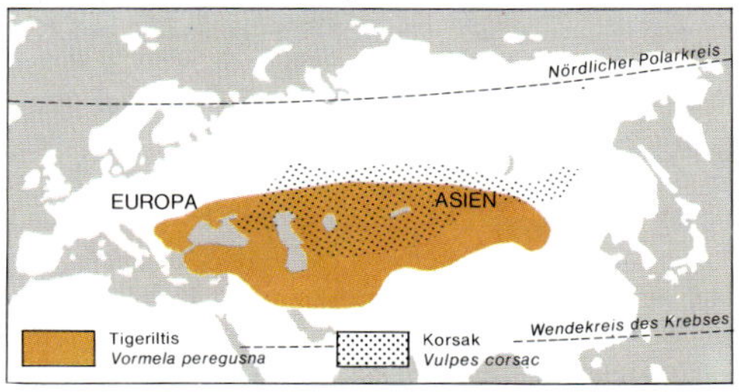
Nördlicher Polarkreis
EUROPA
ASIEN
Wendekreis des Krebses
Tigeriltis
Vormela peregusna
Korsak
Vulpes corsac

Kleine Raubtiere Der Korsak lebt östlich des Urals in einer Halbwüste, wo seine helle Farbe mit der Umgebung verschmilzt. Er macht Jagd auf Nagetiere, Vögel und Kriechtiere. Hinsichtlich der Hauptnahrung und der nächtlichen Lebensweise ähnelt ihm der Tigeriltis. Korsakfüchse jagen zuweilen in Rudeln.

Tiere der Ebenen im Osten

Die Grasländer Indiens, vom Menschen mit geschaffen, sind die Heimat einer besonderen Tiergesellschaft geworden. Es sind Waldbewohner, die sich den Ebenen angepaßt haben.

In trockenen Gebieten Indiens hat die Tätigkeit des Menschen eine Kurzgrassavanne entstehen lassen, die zu bestimmten Jahreszeiten von Monsunregen getränkt wird. Die ursprünglichen lichten Waldungen wurden vernichtet. In den Nachbarländern – Burma, Thailand und Kambodscha – gibt es halbtrockene natürliche Grasländer, aber dort haben sich keine Steppentiere entwickelt, außer dem seltenen Kouprey, *Bos sauveli*, einem Wildrind, das ein echtes Steppentier zu sein scheint. Die anderen Arten dieser Gebiete leben auch in den nahen Wäldern.

Hirschziegenantilope

Drohgebärden Wenn ein brünstiger Hirschziegenantilopenbock sein Territorium verteidigt, hebt und senkt er seinen Kopf und zeigt die Rückseite seiner Ohren und den weißen Spiegel unter dem Schwanz. Der Nilgauantilopenbulle präsentiert seine weißen Kehlflecken und die gemusterte Innenfläche des Ohres.

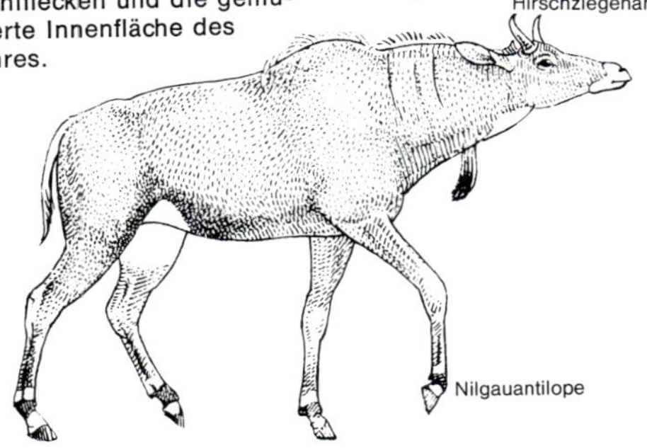
Nilgauantilope

Grasfresser, die von Wüsten- und Waldbewohnern abstammen

Spiraliges Gehörn Die Hirschziegenantilope, an dem langen, spiralig gewundenen Gehörn der Männchen zu erkennen, kann den meisten Raubtieren davonlaufen. Manchmal macht sie charakteristische steifbeinige Sprünge.

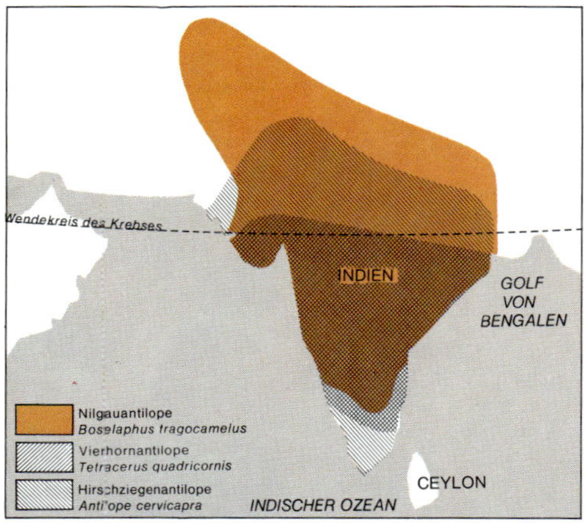
Wendekreis des Krebses
INDIEN
GOLF VON BENGALEN
Nilgauantilope
Boselaphus tragocamelus
Vierhornantilope
Tetracerus quadricornis
Hirschziegenantilope
Antilope cervicapra
CEYLON
INDISCHER OZEAN

Indische Antilopen Die Hirschziegenantilope lebt gewöhnlich in offenem Gelände, die Nilgauantilope hingegen in bewaldetem Gebiet, wo sie Schutz findet. Die Vierhornantilope bevorzugt hohes Gras und lichte Waldungen. Alle 3 Arten sind seltener geworden.

Herdenführer Ein Nilgauantilopenbulle führt eine Herde an, die aus 2–10 Kühen und ihren Jungen besteht. Bei einem solchen Leittier entwickelt sich ein dunkles Fell, und sein Nacken schwillt an.

Zweites Gehörn Das Männchen der Vierhornantilope hat als einziges wildlebendes Säugetier 2 Paar Hörner.

Auf den Ebenen Vorderindiens leben anpassungsfähige Tierarten, die auch in den Wüsten des Mittleren Ostens und Nordafrikas heimisch sind, so die Rennmäuse und Gazellen. Die einzigen nur in den vorderindischen Grasländern vorkommenden Tiere sind wohl Nachkommen von einst dort lebenden Waldbewohnern, die sich an ein Leben im offenen Gelände angepaßt haben: die Nilgau- und die Vierhornantilope. Ein anderes Tier der Ebene, die Hirschziegenantilope, geht auch in Waldungen hinein, bleibt aber nicht darin.

Hirschziegenantilopen haben 2 Hauptbrunstzeiten; eine in der Mitte des trockenen Sommers, die andere am Ende der Regenzeit. Die Leitböcke haben Territorien von etwa 8 ha, in denen sie Herden bis zu 50 Tieren führen: Weibchen, Jungtiere und noch nicht ausgewachsene Böcke. Diese Territorien werden durch eine Reihe von Drohgebärden behauptet. Am Ende der Brunst schließen sich mehrere Herden zusammen.

Die pferdeähnliche Nilgauantilope bewohnt Gebiete mit Bäumen, unter denen sie während der heißesten Zeit des Tages Schutz sucht. Wie auch die Hirschziegenantilope braucht sie nur wenig zu trinken, da sie den größten Teil der benötigten Flüssigkeit ihrer Nahrung – Blätter und Gras – entnimmt. Im frühen Winter, im November und Dezember, legen die Bullen Territorien von etwa 80 ha Größe fest, deren Grenzen sie durch Kothaufen markieren.

Die Dorkasgazelle, *Gazella dorcas bennetti*, ist ein typischer Einwanderer aus der Wüste. Ihr bevorzugter Lebensraum ist das trockene, felsige Land; sie kommt aber auch auf den offenen Ebenen vor. Die Feuchtigkeit, die sie braucht, erhält sie größtenteils ebenfalls aus dem Gras.

Die Ebenen Indiens beherbergen eine Vielzahl von kleineren pflanzenfressenden Tieren. Der Hase *Lepus nigricollis* und die indische Nacktsohlen-Rennmaus, *Tatera indica*, sind im offenen Gelände häufig. Der Hase bleibt immer auf der Erde, aber die Nacktsohlen-Rennmaus verbringt den Tag in einem Bau.

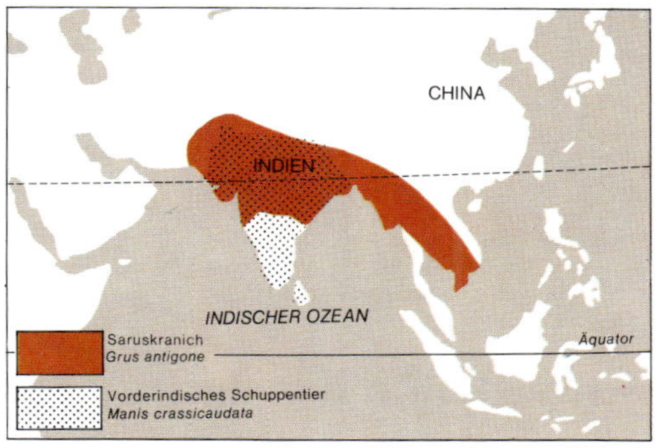
CHINA
INDIEN
INDISCHER OZEAN
Äquator
Saruskranich
Grus antigone
Vorderindisches Schuppentier
Manis crassicaudata

Das vorderindische Schuppentier ist in verschiedenen Lebensräumen in Indien und Pakistan heimisch. Der Saruskranich hält sich vorwiegend in Sumpfland auf.

Riesenkranich Der Saruskranich, der stehend fast 1,80 m groß ist, entfernt sich selten weit vom Wasser, macht aber gelegentlich Streifzüge über offenes Land. Saruskranichpaare bleiben ihr ganzes Leben zusammen. Die Elterntiere wechseln einander beim Brüten und beim Füttern der Jungen ab.

Säugetiere mit Schuppen

Das vorderindische Schuppentier hat einen langen, spitz zulaufenden Körper, der – abgesehen von der Schnauze und der Unterseite – mit dachziegelartig übereinanderliegenden Schuppen bedeckt ist. Wenn das Tier bedroht wird, rollt es sich ein und ist so geschützt.

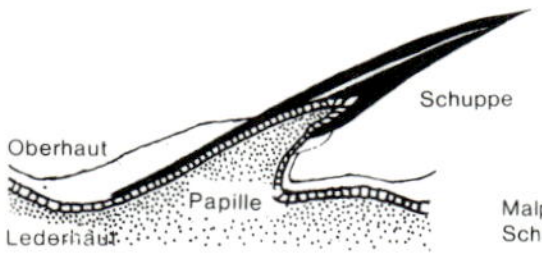
Schuppe
Oberhaut
Papille
Lederhaut
Schuppe vom Schuppentier

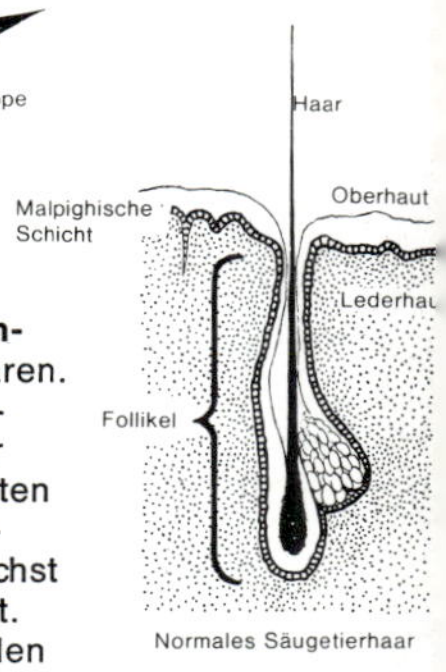
Haar
Malpighische Schicht
Oberhaut
Lederhaut
Follikel
Normales Säugetierhaar

Die Schuppen des Schuppentieres entsprechen den Haaren. Haar wird von der Malpighischen Schicht erzeugt, einer Hautschicht zwischen der toten oberen Haut und der Lederhaut darunter. Das Haar wächst in Taschen, Follikel genannt. Schuppentierschuppen werden ebenfalls von der Malpighischen Schicht gebildet, sprießen aber an dicken „Papillen".

Die Raubtiere

Viele große Raubtiere, die einst die Ebenen Indiens durchstreiften, sind ausgerottet oder in entlegene Lebensräume verdrängt worden. Die asiatische Rasse des Löwen, *Panthera leo persica*, ist auf den Gir-Wald in Nordwestindien beschränkt, wo noch etwa 300 Exemplare leben. Dieser Löwe, der in erster Linie große Huftiere wie Nilgauantilopen und Hirsche jagt, ist etwas kleiner als der afrikanische, und seine Mähne ist kürzer, seine Schwanzquaste dicker.

Die zahlreichsten Raubtiere der Ebenen Indiens sind kleine Fleischfresser, die sich von Nagetieren, Kriechtieren, Vögeln und Insekten ernähren. Der Honigdachs frißt praktisch alles: Schlangen, Aas und Pflanzen, am liebsten aber Honig. Mit seinen großen Vorderfüßen, die kräftige Klauen tragen, kann er ausgezeichnet Höhlen graben.

Andere kleine Raubtiere sind die Mungos, der Sumpfluchs, *Felis chaus* – kein Luchs, sondern ein Verwandter der Wildkatze –, der Wüstenluchs, *Felis caracal*, und der Bengalenfuchs, *Vulpes bengalensis*.

Spitzmäuse, Igel, Schuppentiere und Fledermäuse ernähren sich von Insekten. Der Langohrigel, *Hemiechinus auritus*, der in den trokkenen Gebieten des Nordwestens vorkommt, verbirgt sich während der Tageshitze in einer 60–90 Zentimeter langen Erdhöhle. Das vorderindische Schuppentier schläft in einer feuchten Höhle, etwa 3 m unter der Erdoberfläche. Es bricht Ameisen- und Termitennester auf und fängt die Tiere mit seiner langen, klebrigen Zunge.

Der Goldschakal und die Streifenhyäne sind Aasfresser, doch erbeutet der Schakal auch kleine Tiere.

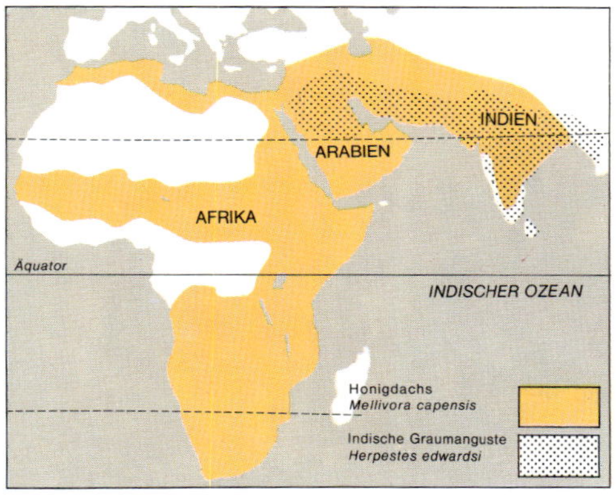
INDIEN
ARABIEN
AFRIKA
Äquator
INDISCHER OZEAN
Honigdachs
Mellivora capensis
Indische Graumanguste
Herpestes edwardsi

Mungos und Honigdachs Im südlichen Europa, in Afrika und Asien gibt es 9 Mungoarten der Gattung *Herpestes*, die in vielen Lebensräumen vorkommen. Die Indische Graumanguste ist ein Steppentier, lebt aber, wie der Honigdachs, auch in der Wüste.

Fellmuster, an das man sich erinnert Die auffallende Musterung auf dem Fell des Honigdachses dient wahrscheinlich dazu, andere Tiere zu warnen. Greifen sie trotzdem an, dann spritzt der Honigdachs eine übelriechende Flüssigkeit aus seinen Analdrüsen.

Die Kobra und ihr Todfeind

Der erhobene Kopf und der ausgebreitete Kragen der indischen Kobra, *Naja naja*, zeigen an, daß sie bereit ist zuzustoßen.

Der Mungo ist ein Spezialist im Töten von Schlangen – wenn die Reptilien auch nur einen kleinen Teil seiner Nahrung ausmachen. Er überwältigt eine Kobra, indem er sie am Kopf angreift, sobald sie sich zum Stoß aufrichtet. Der Mungo überlebt oft sogar einen Biß.

Pflanzenfressende Säuger und Vögel

Auf den Pampas gibt es nur wenige Verstecke; deshalb müssen Grasfresser sich dadurch vor Raubtieren schützen, daß sie in Kolonien leben, schnell laufen oder Höhlen graben.

Die argentinischen baumlosen Pampas leiden unter Trockenheit und extremen Temperaturen. Zudem tobt in allen Jahreszeiten der Pampero, ein heftiger Südwestwind. Diese Bedingungen haben dazu geführt, daß viele kleine Tiere in der Erde leben.

Die brasilianischen Campos und die Llanos von Venezuela sind mit Wäldern durchsetzt und bieten so den Tieren, die im offenen Land leben oder hier ihre Nahrung suchen, mehr Schutz.

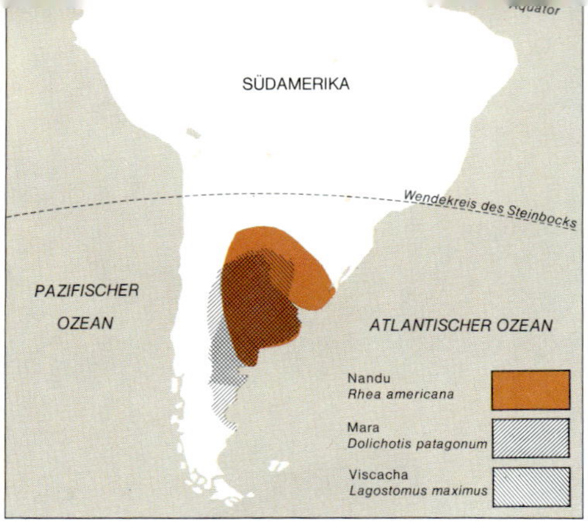
SÜDAMERIKA
Wendekreis des Steinbocks
PAZIFISCHER OZEAN
ATLANTISCHER OZEAN
Nandu
Rhea americana
Mara
Dolichotis patagonum
Viscacha
Lagostomus maximus

Bewohner der Pampa Viscachas und Maras graben sich zum Schutz ein, wogegen der Nandu sich manchmal zwischen Grasbüschel duckt.

Maras halten auf offenem Gelände Wacht. Wenn sie erschreckt werden, rennen sie mit sonderbaren Sätzen davon.

Nager des offenen Graslands

Tukotuko *Ctenomys talarum*
Viscacha *Lagostomus maximus*
Pampas-Meerschweinchen *Cavia pamparum*

Viscachas und Tukotukos suchen tagsüber in unterirdischen Gängen Schutz. Tukotukos regulieren die Temperatur in ihrem Bau dadurch, daß sie bei heißem Wetter Öffnungen anbringen, um den Wind einzufangen; bei Kälte stopfen sie die Löcher mit Gras wieder zu. Die Meerschweinchen der Pampas leben auf der Erdoberfläche.

Hirsch und Hirschkuh Wenn ein Pampashirsch erschreckt wird, springt er mit hochgestelltem Schwanz davon. Die weiße Unterseite ist ein Gefahrensignal.

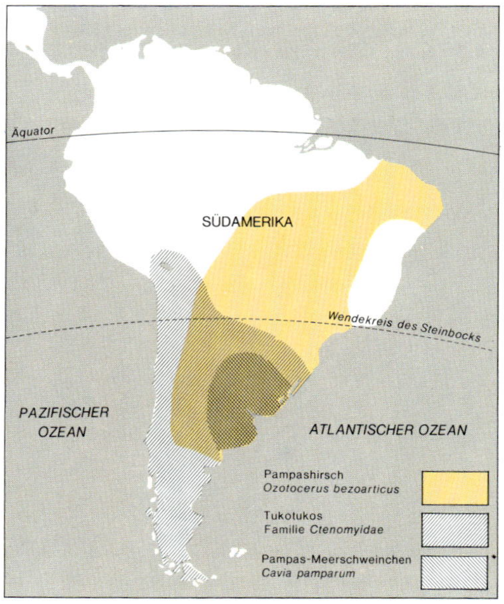
Äquator
SÜDAMERIKA
Wendekreis des Steinbocks
PAZIFISCHER OZEAN
ATLANTISCHER OZEAN
Pampashirsch
Ozotocerus bezoarticus
Tukotukos
Familie Ctenomyidae
Pampas-Meerschweinchen
Cavia pamparum

Selten und häufig Der Pampashirsch, der einzige ursprüngliche Wiederkäuer auf den Pampas, ist jetzt selten; Tukotukos und Meerschweinchen sind häufig.

Scheue Höhlenbewohner

Einer der tüchtigsten Graber des südamerikanischen Graslandes ist die Viscacha, ein großes Nagetier, das mit den Chinchillas der hohen Anden verwandt ist. Das Viscachaweibchen wiegt 1,8–5 kg und ist damit viel kleiner als das Männchen, das es auf 10 kg bringt. Bei beiden Geschlechtern ist das Gesicht auffallend gezeichnet: Ein schwarzer Streifen läuft rund um die Schnauze und unterhalb der Augen hin; darüber befindet sich ein hellerer Streifen.

Viscachas leben in einem System von unterirdischen Gängen. Generationen von Tieren benutzen dieselben Gänge und reparieren und erweitern sie von Zeit zu Zeit. Einige solcher Behausungen sind jahrhundertelang bewohnt worden. Eine Zeitlang bildet die Erde, die von den grabenden Tieren nach oben gebracht wird, am Eingang Hügel, die manchmal meterhoch sind.

Der Boden rund um die Wohnungen der Viscachas ist immer sauber. Die Tiere räumen Stöcke, Knochen, Steine und anderen Schutt oben auf die Hügel, Gras reißen sie mit den Wurzeln aus und machen so den Boden ganz kahl. Auf diese Weise können sie näher kommende Raubtiere besser sehen.

Viscachas halten sich nicht nur in ihren eigenen Kolonien auf – die gewöhnlich 15–30 Tiere zählen –, sondern sie gesellen sich auch zu Viscachas von Nachbarkolonien. Auf Nahrungssuche gehen sie vor allem in der Morgen- und Abenddämmerung.

Die Paarung findet im März und April statt; die Jungen – fast immer 2 – werden zu Beginn des südlichen Frühlings, im September, geboren.

Die Mara, die den Meerschweinchen nahesteht, ist in den Pampas und auf dem unfruchtbaren Hochland Patagoniens häufig. Sie quartiert sich oft in einem verlassenen Viscacha-Bau ein; wenn aber keiner vorhanden ist, gräbt sie selbst einen kurzen, flachen Gang. Diese scheuen Tiere leben in Gruppen von etwa zwölf und fressen tagsüber, aber nur dort, wo es wenig Raubtiere gibt.

Dumpfe Rufe aus der Erde

Tukotukos, typische Pampa-Bewohner, die zu den Kammratten gehören, sind in Südamerika weit verbreitet. Es gibt viele Arten; die häufigsten aber sind *Ctenomys mendocinus* im Westen und *Ctenomys talarum* an der Ostküste.

Die Tukotukos haben ihren Namen nach den Lauten erhalten, die sie in ihren Gängen von sich geben: ein „Tuk-tuk-tuk-tuk“, das sehr langsam beginnt und dann immer schneller wird. Jedes Tier gräbt sich einen eigenen Gang, der gewöhnlich einige Meter lang ist und etwa 30 cm unter der Erdoberfläche verläuft.

Wilde Meerschweinchen kommen in Grasgebieten vor. Eine Art, *Cavia pamparum,* lebt hauptsächlich in den Pampas. Sie frißt in Scharen von einigen Hunderten während der Dämmerung.

Futtersuche in Trupps Nandus fressen Blätter, Wurzeln, Samen und Insekten. Sie durchstreifen die Pampas gewöhnlich in Trupps von 3—30 Vögeln. Wenn sein Nest einmal bedroht wird, sucht der Nandu den Räuber wegzulocken, indem er fortläuft und seine Flügel so nachschleifen läßt, als wäre er verletzt.

Langbeiniger Laufvogel der Pampas

Der Nandu oder Pampasstrauß, ein langbeiniger, flugunfähiger Vogel, ist gut an das Leben im offenen Grasland angepaßt. Dank seiner Größe kann er über das hohe Gras hinwegblicken. Seine graue Farbe und der dünne Hals bewirken, daß er mit dem grauen Dunst des Hintergrunds verschmilzt. Er ist ein schneller Läufer.

Zu Beginn der Brutzeit kämpfen die Hähne miteinander; sie umschlingen sich mit ihren Hälsen, beißen und treten. Der siegreiche Hahn balzt vor 6 oder mehr Hennen, indem er mit ausgebreiteten Flügeln hin und her läuft.

Nach der Paarung baut der Hahn in einer natürlichen Bodenmulde ein Nest. Dahinein legt die Henne gewöhnlich 13–30 Eier. Das Brutgeschäft ist allein Sache des Hahnes.

Der Schwarzflecktinamu, *Nothura maculosa*, und das Pampashuhn, *Rhynchotus rufescens*, leben fast ausschließlich auf dem Boden. Nur wenn sie erschreckt werden, fliegen sie auf. Sie leben einzeln, aber oft bevölkern mehrere von ihnen ein Gebiet. Das Gelege wird wahrscheinlich nur vom Hahn bebrütet.

Fast 200 Arten flugfähiger Vögel, darunter Enten, Gänse, Ibisse, Reiher, Flamingos und Regenpfeifer, kommen in den Pampas vor, doch die meisten von ihnen sind Zugvögel. Der lebhaft gefärbte Felsensittich, *Cyanoliseus patagonus*, zieht von seinen Brutgebieten in der Wüste Patagoniens nordwärts und überwintert in der Pampa. Ein anderer Vogel, der Weißbürzelwassertreter, *Steganopus tricolor*, brütet auf den nordamerikanischen Prärien, zieht aber in die Pampas, um dem Winter im Norden zu entgehen. Viele Vögel der Waldgebiete suchen ihre Nahrung auf den Savannen von Brasilien und Venezuela, aber nur wenige Arten sind für dieses Gebiet wirklich typisch.

Zögernder Flieger Der Schwarzflecktinamu kann nicht weit fliegen. Bei Gefahr fliegt er erst im letzten Moment auf.

Flügel mit Spornen Die Tschaja, *Chauna torquata*, hat zwei gebogene Sporne an der Vorderkante jedes Flügels. Wenn sie damit zuschlägt, kann sie einem Menschen den Bauch aufschlitzen.

Sumpfbewohner Der in Südamerika häufige Rotkopfstärling, *Amblyramphus holosericeus*, sucht in sumpfigen Gebieten nach Wurzeln, Blättern, Samen und Raupen.

Raubtiere

Viele Raubtiere der brasilianischen Campos und der argentinischen Pampas haben nur dadurch eine Überlebenschance, daß sie fast alles fressen, was sie finden.

Typische Räuber der südamerikanischen Grasländer sind Mähnenwölfe und Pampasfüchse. Diese Raubtiere ernähren sich mit Vorliebe von Kleinsäugern; in mageren Zeiten fressen sie jedoch auch Kriechtiere und Früchte. Ein weiteres Raubtier, das Paraguayanische Opossum, *Didelphis paraguayensis,* hat Greiffüße, die sich eher für ein Leben im Walde eignen; doch ist es als Allesfresser im Tiefland häufig.

In Südamerika gibt es 6 Arten von Skunks, die mit ihren breiten nackten Nasen in der Erde nach Insekten graben. Ein naher Verwandter, der kleinere Grison, *Grison cuja,* stellt sich auf die Hinterbeine; so kann er auf der flachen Ebene über das Gras hinweg nach Beute Ausschau halten. Gürteltiere, Ameisenbären und höhlenbewohnende Vögel suchen das Grasland nach Insekten ab.

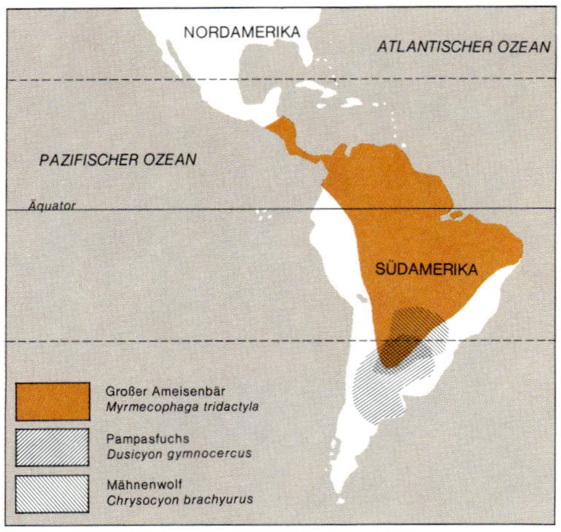
NORDAMERIKA
ATLANTISCHER OZEAN
PAZIFISCHER OZEAN
Äquator
SÜDAMERIKA
Großer Ameisenbär
Myrmecophaga tridactyla
Pampasfuchs
Dusicyon gymnocercus
Mähnenwolf
Chrysocyon brachyurus

Die größeren Raubtiere Der Mähnenwolf und der Pampasfuchs bewohnen vor allem das Grasland; der Große Ameisenbär lebt auch im tropischen Urwald.

Mähnenwölfe Diese Tiere, die sich vorwiegend von kleinen Säugern ernähren, jagen nicht in Rudeln.

Pampasfuchs Der Pampasfuchs frißt Säugetiere, aber auch Insekten, Kriechtiere und sogar Früchte, wenn er nichts anderes hat. Er kommt nicht nur auf den Pampas, sondern auch in den brasilianischen Campos vor.

Langbeinige Allesfresser

Der Mähnenwolf hat seinen Namen nach einer Mähne auf seinem Nacken erhalten. Mit seinen langen Beinen ist er gut für die Ebene ausgerüstet. Man findet ihn jedoch hauptsächlich in Gebieten mit schützenden Waldungen. Dieses scheue, nächtlich lebende Tier ernährt sich von kleinen Tieren, wie wilden Meerschweinchen, Kaninchen und jungen Viscachas (grabende Nagetiere), außerdem von Vögeln, Insekten, Kriechtieren und Früchten.

Auch der Pampasfuchs frißt praktisch alles. Er quartiert sich manchmal in einem von Viscachas bewohnten Gangsystem ein und lebt dann anscheinend Seite an Seite mit ihnen. Die Viscachas gewöhnen sich an ihren Gast, und die Füchse tun ihnen nichts; sie fressen Meerschweinchen und Kaninchen. Aber im Frühling, wenn die jungen Viscachas die Behausungen verlassen, fallen die Füchse über diese leicht zu greifende Beute her.

Der Große Ameisenbär hat einen unpassenden Namen, denn er bevorzugt Termiten; nur wenn keine vorhanden sind, frißt er Ameisen. Mit den kräftigen Krallen seiner Vorderfüße reißt er die Termitennester auf und holt sich mit seiner langen, klebrigen Zunge die Insekten sowie ihre Eier und Kokons heraus.

Große Ameisenbären scheinen keinen festen Wohnort zu haben; sie wandern ständig umher und halten dabei ihre Nase dicht am Boden, denn ununterbrochen suchen sie nach Futter. Ein Großer Ameisenbär kann, mit Schwanz, über 2 m messen. Die Jungen werden von der Mutter auf dem Rücken herumgetragen.

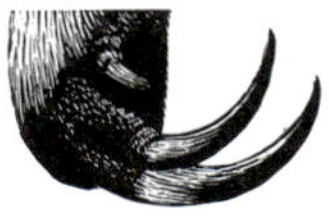

Mit den Krallen seiner Vorderpfoten reißt der Große Ameisenbär Termitennester auf. Beim Gehen sind die Krallen nach innen gerichtet.

Im Wasser zu Hause Der Große Ameisenbär, der oft sumpfige Gebiete der Grasländer bewohnt, ist ein guter Schwimmer und kann breite Ströme durchqueren. Bei Gefahr läuft er in einem schwerfälligen Galopp davon. Wird er dennoch in die Enge getrieben, verteidigt er sich mit seinen kräftigen Vorderbeinen und Krallen.

Die Höhle, die von diesem Gürteltier gegraben wird, kann später noch von anderen Tieren benutzt werden.

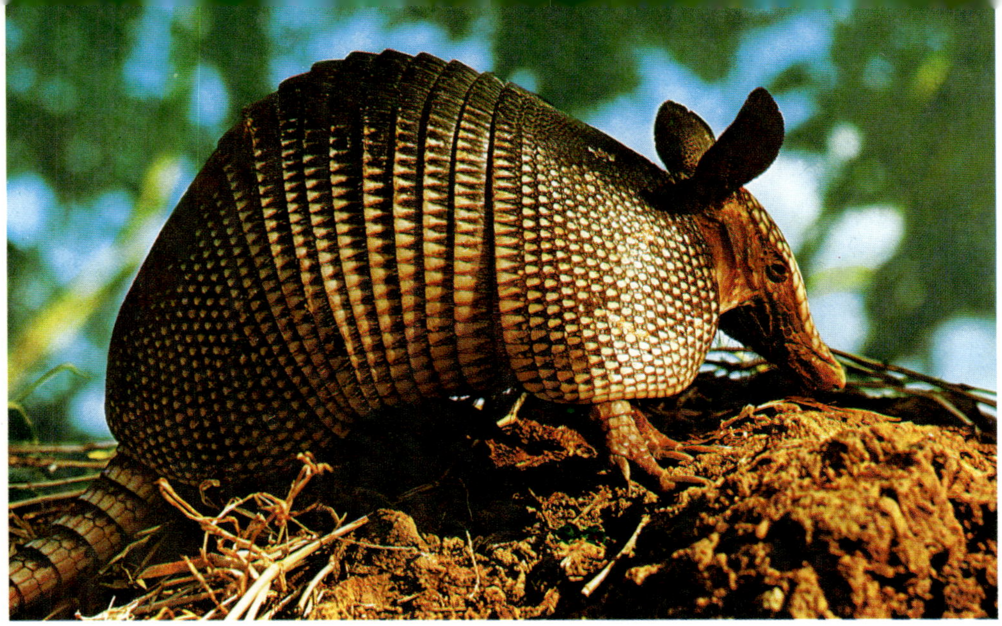

Scharfer Geruchssinn Das Neunbindengürteltier ist insofern einzigartig, als das Weibchen fast immer eineiige Vierlinge zur Welt bringt: Das befruchtete Ei teilt sich in 4 Teile.

Gepanzerte Höhlenbauer

Gürteltiere, die einzigen lebenden Säugetiere mit einem Panzer, graben sich ihre Höhlen gewöhnlich selbst; manchmal leben sie aber auch in verlassenen Viscacha-Bauen. Die meisten der 21 Arten dieser Panzertiere sind weit verbreitet und sehr zahlreich; sie vernichten große Mengen von Insekten und Schlangen.

Obwohl Gürteltiere schützende Panzer tragen – diese bestehen aus Knochenplatten, die mit Hornschalen bedeckt sind –, entziehen sie sich Raubtieren und Greifvögeln auch, indem sie schnell in Erdhöhlen verschwinden.

Behaarte Gürteltiere sind auf den Pampas sehr häufig. Ihre Höhlen werden oft von anderen Tieren benutzt.

Die kleinste Art, der heute seltene, 12 cm lange Gürtelmull, hat einen Panzer, der fast vollständig von seinem Körper getrennt ist.

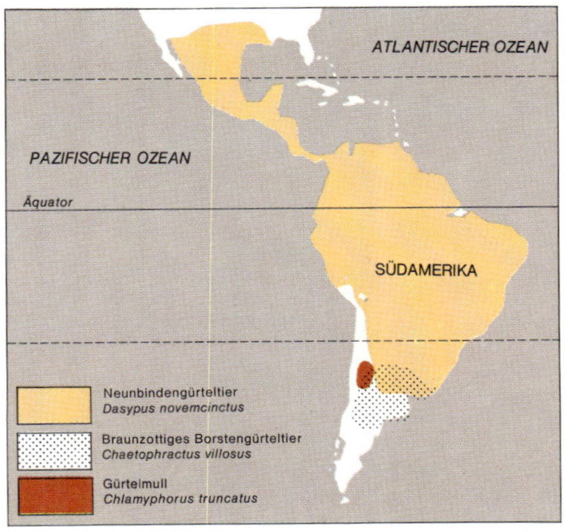
ATLANTISCHER OZEAN
PAZIFISCHER OZEAN
Äquator
SÜDAMERIKA
Neunbindengürteltier
Dasypus novemcinctus
Braunzottiges Borstengürteltier
Chaetophractus villosus
Gürtelmull
Chlamyphorus truncatus

Nützlich und schädlich Gürteltiere sind mancherorts so häufig, daß man sie als Schädlinge behandelt, obwohl sie viele Insekten und Schlangen vertilgen.

Kleinstes Gürteltier Der Gürtelmull ist die kleinste Gürteltierart der Grasländer. Einen wesentlichen Teil seines Lebens verbringt er unter der Erde.

Panzertypen bei Gürteltieren

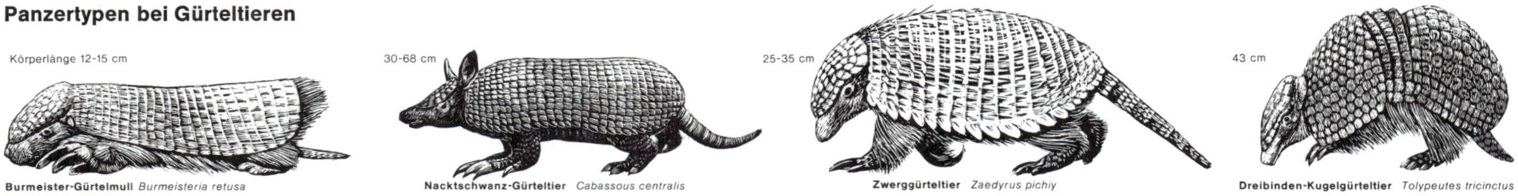
Körperlänge 12-15 cm
Burmeister-Gürtelmull *Burmeisteria retusa*
30-68 cm
Nacktschwanz-Gürteltier *Cabassous centralis*
25-35 cm
Zwerggürteltier *Zaedyrus pichiy*
43 cm
Dreibinden-Kugelgürteltier *Tolypeutes tricinctus*

Weit voneinander getrennte, kieine Platten bedecken die Schwänze des Nacktschwanz-Gürteltiers und des Burmeister-Gürtelmulls. Beim Gürtelmull kommen Haare aus dem Panzer hervor. Das Dreibinden-Kugelgürteltier hat einen Panzer mit beweglichen zentralen Bändern, so daß es sich bei Gefahr wie ein Ball zusammenrollen kann.

Vögel und Kriechtiere

Der Boden um die Eingänge der Viscacha-Baue ist in der flachen Pampa leicht zu erkennen. Diese dauerhaften Erdbauten ziehen andere Tiere an, so auch höhlenbewohnende Vögel, wie die kleine Kanincheneule, *Speotyto cunicularia.* Pärchen dieser Vögel kann man oft auf den Erdwällen der Viscacha-Baue nebeneinander sitzen sehen, von wo sie scharf nach Beutetieren Ausschau halten: kleinen Nagern, Insekten und Kriechtieren. Die Viscachas scheinen sich übrigens durch ihre Gegenwart ganz ungestört zu fühlen; bei Gefahr werden sie sogar von den Eulen gewarnt.

Der Kaninchenerdhacker, *Geositta cunicularia,* und die kleine Erdhöhlenschwalbe, *Atticora cyanoleuca,* bauen ihre Höhlen in den Erdwällen der Viscacha-Baue und ernähren sich von Insekten, die sie im Gras reichlich finden.

Weitere Raubvögel leben in den Llanos, Campos und Savannen von Brasilien und Venezuela, wo Bäume Sitzgelegenheiten bieten. Der Töpfervogel, *Furnarius rufus,* ist hingegen auf den Pampas häufig.

Ein anderer Räuber der Pampas ist der angriffslustige Schmuckhornfrosch, *Ceratophrys ornata.* Durch seine Farbe und Zeichnung getarnt, liegt er im Gras und lauert auf Beute.

Günstiger Ausguck Eine Kanincheneule steht bei einer Höhle auf einem Erdwall, der von Viscachas geschaffen wurde. Von hier kann sie gut nach Beute ausschauen.

Eroberer der Pampas Töpfervögel haben sich von den Waldsavannen bis in die Pampas ausgebreitet.

Ein Schmuckhornfrosch lauert auf Beute: auf andere Kröten, Frösche, Vögel und Kleinsäuger.

Riesenkänguruhs

Während sich in anderen Kontinenten grasfressende Huftiere entwickelten, entstand in Australien eine Gruppe hüpfender Beuteltiere: die Familie der Känguruhs.

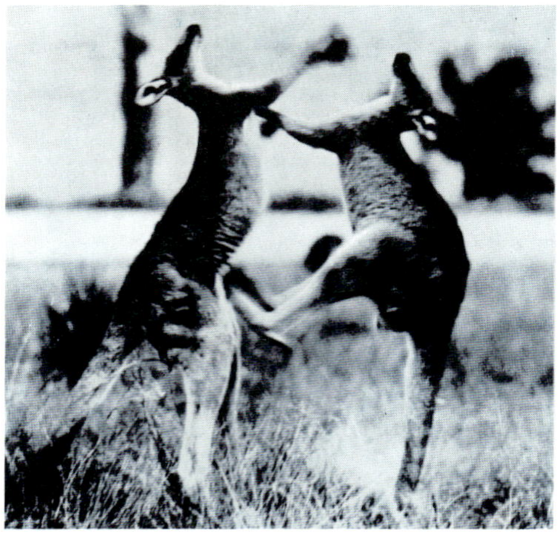

Kampfstil Wenn Riesenkänguruhs kämpfen, halten sie einander mit den Vorderfüßen fest, richten sich auf dem Schwanz auf und treten mit den Hinterbeinen.

Graue Riesenkänguruhs erreichen etwa 50 km/st; dabei machen sie 3,50 m große Sprünge. Ein Einzelsprung bringt sie etwa 1,20–1,80 m weit.

Känguruh der Trockenzone Ein Rotes Riesenkänguruh ruht auf seinen kräftigen Hinterbeinen und stützt sich auf seinen langen, muskulösen Schwanz. Sein Lebensraum sind die trockenen Ebenen Inneraustraliens. Hier gehen diese Tiere in Gruppen auf Nahrungssuche. Wenn Gefahr droht, zerstreuen sie sich in alle Winde.

Auf dem Inselkontinent Australien haben die Beuteltiere in jahrmillionenlanger Abgeschlossenheit eine eigenständige Entwicklung durchgemacht. Wie alle Säugetiere stammen auch sie von eierlegenden Reptilien ab. Später haben die Weibchen dann, statt Eier zu legen, unentwikkelte Junge geboren und in einem Beutel ausgetragen.

Die australischen Beuteltiere haben sich allen Lebensräumen angepaßt, die sonst von echten Säugetieren besetzt worden wären – von Tieren also, die ihre Jungen im Mutterleib mit Hilfe einer Plazenta ernähren. Zu den Beuteltieren gehört die Familie der Känguruhs, hüpfender Tiere mit langen Hinterfüßen. Diese Familie hat sich völlig durchgesetzt; es gibt etwa 50 Arten, von dem Roten Riesenkänguruh, das in seiner normalen hockenden Haltung etwa 140 cm groß ist, bis zu dem Rattenkänguruh, das nur 30 cm mißt. Im allgemeinen nehmen Känguruhs den Platz ein, den in anderen Erdteilen die Wiederkäuer innehaben.

Huftiere haben Schnelligkeit und Beweglichkeit dadurch erlangt, daß sich bei ihnen lange, schlanke Beine und behufte Zehen herausbildeten. Die Känguruhs sind auf andere Art zu dem gleichen Ergebnis gelangt: Bei ihnen entwickelten sich viel längere Hinterbeine als bei anderen Beuteltieren, und sie kamen zu einer springenden Fortbewegungsart.

Gleichzeitig entwickelten sie lange, muskulöse Schwänze, die sie wie zusätzliche Gliedmaßen benutzen. Der Schwanz dient als Gegengewicht zum Körper und hält das Tier bei seinen Sprüngen im Gleichgewicht; überdies wird er als Stütze gebraucht, wenn das Tier sich ausruht oder äst. Beim Kampf verwendet es ihn als einen Hebel, auf dem es sich erhebt.

Die größeren Känguruharten sind ausschließlich Pflanzenfresser; ihre Hauptnahrung ist Gras. Wenn es kein frisches Gras gibt, begnügen sie sich mit derbem Futter von schlechter Qualität.

Die Männchen des Roten Riesenkänguruhs, das auf den trockenen inneraustralischen Ebenen lebt, sind gewöhnlich rotbraun, die Weibchen blaugrau, doch gibt es beträchtliche Abweichungen. Die Weibchen sind bedeutend kleiner als die Männchen.

Weibliche Rote Riesenkänguruhs paaren sich schon kurz nach einer Geburt wieder. Die Im-

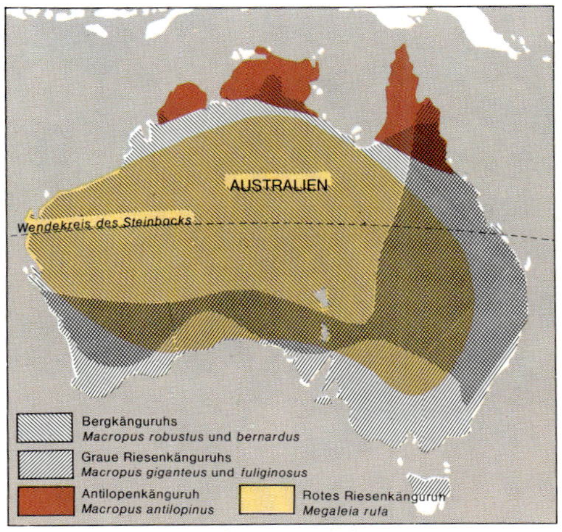
AUSTRALIEN
Wendekreis des Steinbocks
Bergkänguruhs
Macropus robustus und *bernardus*
Graue Riesenkänguruhs
Macropus giganteus und *fuliginosus*
Antilopenkänguruh
Macropus antilopinus
Rotes Riesenkänguruh
Megaleia rufa

Känguruhland Die Gebiete der beiden grauen Känguruhs überschneiden sich in Victoria und Neusüdwales.

Siesta Rote Riesenkänguruhs ruhen während der heißesten Tageszeit im Schatten; erst am späten Nachmittag gehen sie auf Futtersuche. Sie bilden zumeist nur kleine Gruppen, gelegentlich aber auch größere Herden.

Geburt eines kleinen Känguruhs

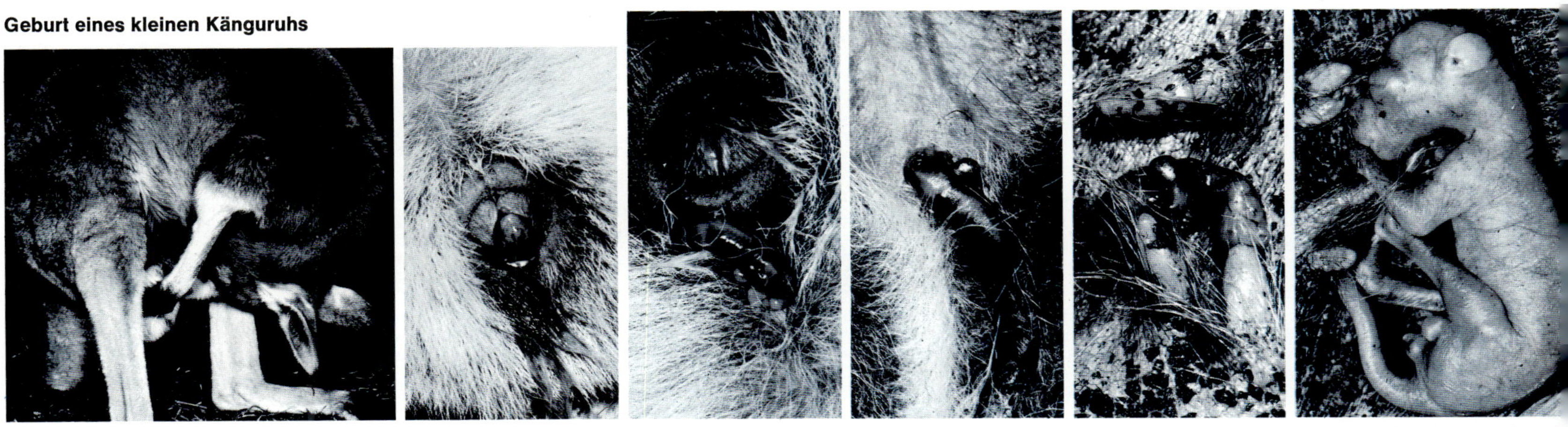

Känguruhs verbringen nach der Geburt eine zusätzliche Entwicklungszeit im Beutel der Mutter. Dieses Rote Riesenkänguruh reinigt vor der Geburt seinen Beutel.

Noch von der Embryonalhülle geschützt, erscheint das Känguruhbaby (links) in der Urogenitalöffnung der Mutter. Wenn es ganz herausgekommen ist (Mitte), krabbelt das winzige, noch nicht voll ausgebildete Junge zum Beutel der Mutter. Nach 15 cm erreicht es den Rand des Beutels und schlüpft hinein (rechts).

Im Beutel (links) sucht es eine Zitze, heftet sich an und beginnt zu saugen. Acht Wochen später (rechts) hat das junge Känguruh, das immer noch an der Zitze hängt, richtig ausgebildete Hinterbeine und einen Schwanz.

plantation des befruchteten Eies im Mutterleib wird dann aber etwa 200 Tage hinausgezögert; in dieser Zeit vollendet das vorhergehende neugeborene Junge seine Entwicklung im Beutel. Nach etwa 235 Tagen ist das nächste Junge im Mutterleib ausgetragen, und einen Tag nachdem das vorige den Beutel verlassen hat, wird das folgende schon geboren. Dann paaren sich die Känguruhs wiederum – so daß die Mutter zwei Junge auf einmal hat, eins zu ihren Füßen und eins im Beutel, und zudem erneut schwanger ist. Wenn das Junge im Beutel verlorengeht, ist der Embryo schon 31 Tage später ausgetragen, und der Beutel wird wieder besetzt.

Während die Roten Riesenkänguruhs in halbtrockenen Gebieten mit weniger als 500 mm jährlichem Niederschlag vorkommen, leben die 1,20 m großen Grauen Riesenkänguruhs in Gegenden mit mehr Feuchtigkeit. Sie bevorzugen lichten Wald und grasen dort zwischen den Bäumen.

Zu den Bergkänguruhs gehören mehrere Arten; die meisten sind etwa 1,20 m groß. Gewöhnlich leben sie in trockenen Gebieten mit wenig Pflanzenwuchs; deshalb haben sie sich ganz an die hier herrschenden Bedingungen angepaßt. Sie können 14 Tage und mehr ohne Trinkwasser auskommen. Ihr Körper besitzt die Fähigkeit, konzentrierten Urin zu bilden und dadurch den Wasserverlust zu vermeiden. Auch fressen Bergkänguruhs mit Vorliebe saftige Pflanzen.

Abendtrunk Graue Riesenkänguruhs sind auf Trockenheit nicht so gut eingestellt wie Rote Riesenkänguruhs; sie trinken etwa dreimal so oft. In den kühleren Tagesstunden fressen sie.

Nasenformen

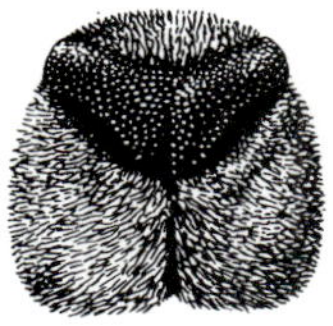

Känguruhnasen sind verschieden. Ein Bergkänguruh hat einen großen, schwarzen, kahlen Fleck.

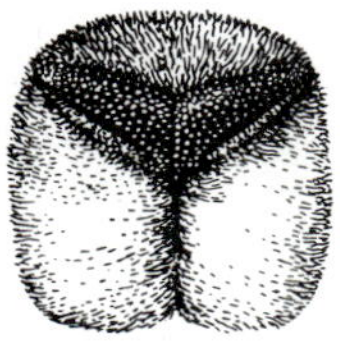

Das Rote Riesenkänguruh hat einen kleineren, bumerangförmigen, schwarzen, kahlen Fleck.

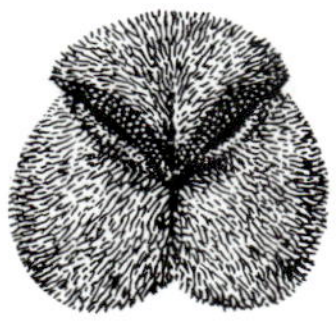

Die Nasen der Grauen Riesenkänguruhs sind, außer zwei schmalen Streifen, behaart.

Beuteltiere und Kloakentiere

Zur australischen Fauna gehören einzigartige Tiere – etwa der Ameisenigel, ein Säuger, der Eier legt und sie dann in seinem Beutel ausbrütet.

Säugetiere werden nach ihrer Fortpflanzungsweise in 3 Gruppen eingeteilt. Nur in Australien kommen alle 3 vor. Da gibt es die Kloakentiere, die ihre Eier ausbrüten; dann die Beuteltiere, deren Junge sich nach der Geburt im Beutel der Mutter weiterentwickeln; und schließlich die Plazentatiere, deren Embryonen bei der Geburt voll entwickelt sind.

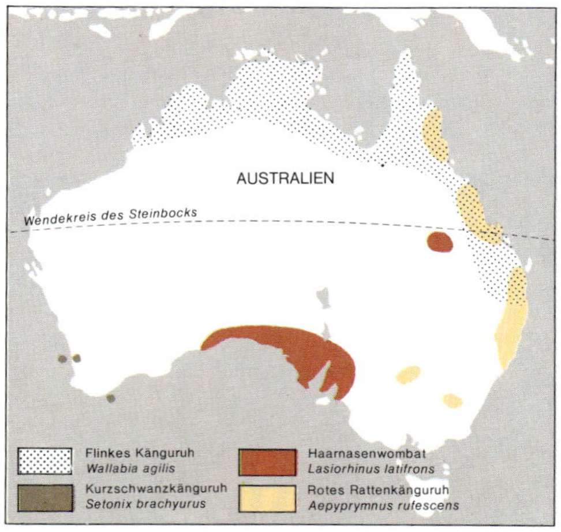
AUSTRALIEN
Wendekreis des Steinbocks
Flinkes Känguruh
Wallabia agilis
Kurzschwanzkänguruh
Setonix brachyurus
Haarnasenwombat
Lasiorhinus latifrons
Rotes Rattenkänguruh
Aepyprymnus rufescens

Schrumpfende Verbreitungsgebiete Die Lebensräume des Roten Rattenkänguruhs und des Kurzschwanzkänguruhs sind teilweise zerstört und dadurch eingeengt.

Flinkes Känguruh Auf seinen Schwanz gestützt, ruht sich ein junges Flinkes Känguruh aus. Es ist ein Nachttier, das vorwiegend im tropischen offenen Waldland Nord- und Ostaustraliens lebt. Dort ist es noch weithin zahlreich; andere Wallaby-Arten dagegen sind durch einen Verlust an Lebensraum selten geworden.

Kleine Känguruhs

Die großen Vertreter der Känguruhs – das Graue und das Rote Riesenkänguruh und das Bergkänguruh – sind auch heute noch ziemlich häufig. Einige kleinere Formen, die Rattenkänguruhs und andere, sind jedoch beträchtlich zurückgegangen. Das liegt wahrscheinlich daran, daß man ihre Lebensräume zerstört und darüber hinaus Feinde ins Land eingeführt hat.

Die Lesueur-Bürstenkänguruhs, *Bettongia lesueur,* sind heute auf dem Festland selten und nur noch auf Inseln vor der Küste häufig. Die 65 cm großen Tiere graben mit ihren starken Vorderklauen ausgedehnte Vertiefungen in den Boden, die sie dann gemeinsam bewohnen.

Hasenkänguruhs waren früher ebenfalls zahlreich, sind aber jetzt sehr selten. Diese hasengroßen Geschöpfe bewegen sich springend fort. Tagsüber ruhen sie – wie Hasen – in einem Lager zwischen Grasbüscheln.

Etwa ein halbes Dutzend Arten von Felskänguruhs nehmen auf diesem Kontinent den Platz ein, den in anderen Gebieten die Bergschafe und Ziegen innehaben. Das Bürstenfelskänguruh, *Petrogale penicillata*, ist in einigen Teilen Zentralaustraliens noch häufig; es lebt auf Felsen, die in den offenen Ebenen zutage treten, und ist ein sicherer, geschickter Kletterer.

Die Nagelkänguruhs haben ihren Namen nach einem kleinen Hornnagel an ihrer Schwanzspitze erhalten. Sie sind Nachttiere und fressen vor allem Wurzeln, Gräser und krautige Pflanzen.

Das Kurzschwanzkänguruh oder Quokka, ein kräftig gebautes Tier von etwa 50–60 cm Länge, bewohnt Busch- und Sumpfland. Man findet es hauptsächlich auf Inseln vor der Küste.

Auf Futtersuche Wachsam lauschend und spähend, sucht ein Rotes Rattenkänguruh nach Wurzeln und Blättern.

Drei Arten, wie Säugetiere Junge bekommen

Kloakentiere vermehren sich auf sehr primitive Weise: Sie legen befruchtete Eier aus einer sogenannten Kloake, aus der auch Kot und Harn den Körper verlassen. Beuteltiere und einige Plazentatiere haben ebenfalls Kloaken. Während nun Kloakentiere ihre Eier ablegen, entwickeln sich bei den Beuteltieren im Körper aus den Eiern die Embryonen. Das geschieht in den Uterushörnern. Im Gegensatz zu den Plazentatieren haben Beuteltiere eine paarige Vagina, die nicht zusammenwachsen kann, weil dazwischen die Harnleiter verlaufen. Wenn der Embryo zur Geburt fertig ist, wandert er in einem dritten Vaginalkanal zwischen den beiden Vaginen abwärts. Dieser Kanal mündet in den Urogenitalleiter, durch den das noch ganz unterentwickelte Junge dann geboren wird. Bei den Plazentatieren ist der Embryo mit der Gebärmutterwand durch die Plazenta – den Mutterkuchen – verbunden.

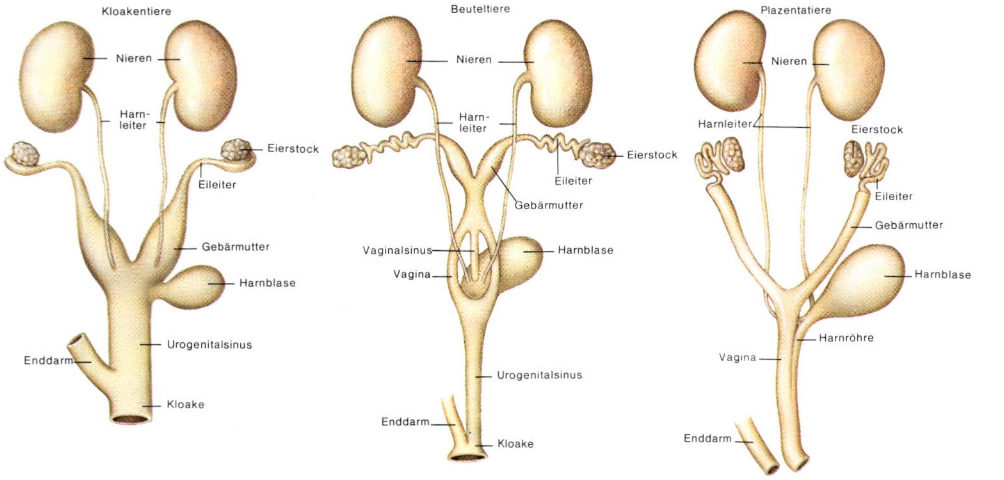
Kloakentiere
Nieren
Harnleiter
Eierstock
Eileiter
Gebärmutter
Harnblase
Urogenitalsinus
Enddarm
Kloake
Beuteltiere
Nieren
Harnleiter
Eierstock
Eileiter
Gebärmutter
Vaginalsinus
Vagina
Harnblase
Urogenitalsinus
Enddarm
Kloake
Plazentatiere
Nieren
Harnleiter
Eierstock
Eileiter
Gebärmutter
Harnblase
Harnröhre
Vagina
Enddarm

Wombats und insektenfressende Beuteltiere

Der Haarnasenwombat wohnt auf den freien Ebenen von Queensland und Südaustralien. Die Angehörigen dieser Wombat- oder Plumpbeutlerart leben in geräumigen Gemeinschaftsbauen und kommen nachts heraus, um Gräser, Wurzeln und Rinde zu fressen. Sie haben feines, seidiges Haar und bedeutend längere Ohren als der im Wald lebende Nacktnasenwombat.

Das kleinste aller Beuteltiere ist die Zwergflachkopfbeutelmaus, *Planigale subtilissima,* die wegen ihres mäuseähnlichen Aussehens und des besonders flachen Schädels diesen Namen trägt. Vom Kopf bis zum Schwanzansatz mißt sie 4,5 cm. Dieser gefräßige Insektenjäger und die mit ihm verwandten Arten entsprechen den Spitzmäusen in anderen Erdteilen. Sie kommen in Nordaustralien und in Teilen von Queensland und Neusüdwales vor, hauptsächlich in der offenen Grassavanne, wo sie in Erdspalten oder unter Grasbüscheln leben.

In den trockeneren Teilen der australischen Ebenen gibt es als insektenfressendes Beuteltier die Dickschwänzige Schmalfußbeutelmaus. Das mausgroße Geschöpf hat lange, ovale Ohren, ein spitzes, fuchsähnliches Gesicht und einen dicken, fetten Schwanz. Die Springbeutelmäuse hüpfen, im Gegensatz zu den Wüstenspringmäusen, nicht auf ihren Hinterfüßen, sondern rennen auf allen vieren dahin – in einem hastenden Lauf, der in langen Sprüngen endet. Sie leben nächtlich in der offenen bewaldeten Savanne und im Grasland der Halbwüsten.

Zu den größten Raubbeutlern — fleischfressenden Beuteltieren – gehören die Beutelmarder. Die meisten Arten leben vorwiegend in Waldgebieten, doch der Zwerg-Fleckenbeutelmarder ist im offenen Savannenwaldgebiet von Nordaustralien und Queensland häufig. Wie die Mehrzahl der Raubbeutler geht er nachts auf Nahrungssuche und fängt Insekten sowie kleine Wirbeltiere, etwa Eidechsen, Nager und Vögel.

Gespeichertes Fett Der Schwanz der Dickschwänzigen Schmalfußbeutelmaus, *Sminthopsis crassicaudata*, ist fett – wohl eine Anpassung an eine trockene Umwelt.

Schwanz als Gepäckträger Das Bürstenkänguruh, *Bettongia penicillata*, trägt mit seinem Schwanz Grasbündel fort, um sich daraus ein Nest zu bauen.

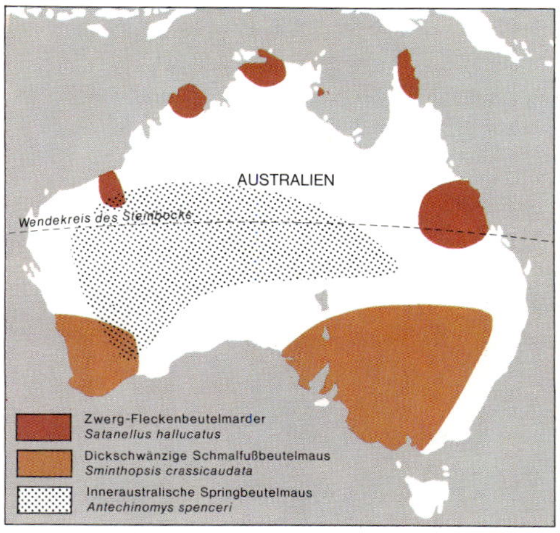
AUSTRALIEN
Wendekreis des Steinbocks
Zwerg-Fleckenbeutelmarder
Satanellus hallucatus
Dickschwänzige Schmalfußbeutelmaus
Sminthopsis crassicaudata
Inneraustralische Springbeutelmaus
Antechinomys spenceri

Getrennte Verbreitungsgebiete Die 6 voneinander getrennten Bestände des Zwerg-Fleckenbeutelmarders umfassen 4 Arten, die sich nur wenig unterscheiden.

Das Kurzschwanzkänguruh geht gern ins Wasser; es besucht Süßwassertränken im Grasland, das mit Gebüsch und dichten Grasbüscheln bewachsen ist. Es ruht tagsüber im Schatten und sucht nachts Futter.

Das Säugetier, das sein Ei in einer Tasche trägt

Die eierlegenden Säuger oder Kloakentiere haben sich wahrscheinlich aus einer anderen Gruppe von säugerähnlichen Kriechtieren entwickelt als die übrigen Säuger. Die einzigen lebenden Kloakentiere, das Schnabeltier und die Ameisenigel, sind auf Australien und Neuguinea beschränkt.

Der australische Ameisenigel kommt im Grasland, aber auch in Wüste und Wald vor. Während der Fortpflanzungszeit entwickelt sich beim Weibchen am Bauch zeitweise ein Beutel, in dem ein einziges Ei ausgebrütet und dann das Junge ernährt wird.

Die Fähigkeit des Weibchens, das Ende seiner Kloake umzustülpen, ermöglicht es ihm vermutlich, das Ei direkt von der Kloake aus in den Beutel zu legen.

Besondere Ernährung Kloakentiere haben keine Zitzen. Die Jungen der Schnabeligel werden durch ein Milchfeld im Beutel ernährt; dort münden Milchkanäle in Poren, von denen die Jungen die Milch ablecken.

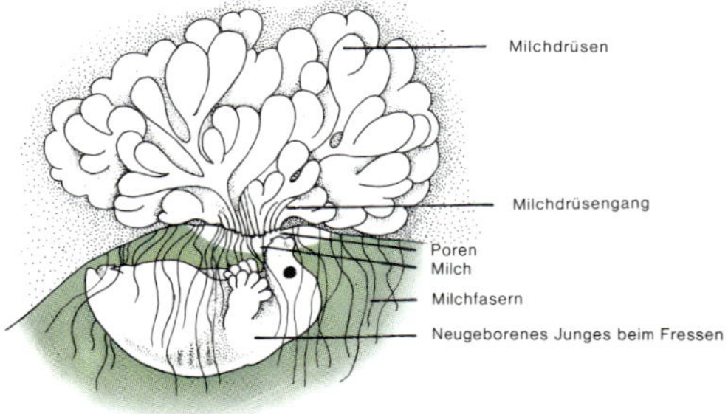
Milchdrüsen
Milchdrüsengang
Poren
Milch
Milchfasern
Neugeborenes Junges beim Fressen

Schützende Stacheln Der Ameisenigel ist durch seine Stacheln gut vor Feinden geschützt. Wenn er erschreckt wird, gebraucht er überdies seine Krallen, um sich schnell einzugraben, so daß nur noch der stachelige Rücken zu sehen ist. Die Krallen benutzt er auch, um Ameisen und Termiten, seine Hauptnahrung, in ihren Nestern auszugraben. Mit seiner langen Zunge, die mit klebrigem Speichel bedeckt ist, leckt der Ameisenigel die Insekten auf.

Tiere im australischen Busch

In den Grasländern Australiens gibt es eigentümliche Formen der Verteidigung. Besonders seltsam die grimmigen Posen, mit denen einige Echsen ihre Feinde abzuschrecken suchen.

Der Wildbestand Australiens ist nicht klar an bestimmte Lebenszonen gebunden, denn die Vegetationstypen greifen auf komplizierte Weise ineinander. Grasländer findet man im Osten Australiens; sie erstrecken sich über die gemäßigte Zone und gehen in die Savanne über. Beide Regionen verschmelzen wiederum mit Wüste, Busch und bewaldeter Savanne. Dieses vielfältige Vegetationsmuster spiegelt sich in der Verteilung der Tiere dieser Gebiete wider. Viele Kriechtierarten bewohnen zum Beispiel ganz verschiedene Zonen dieses Kontinents.

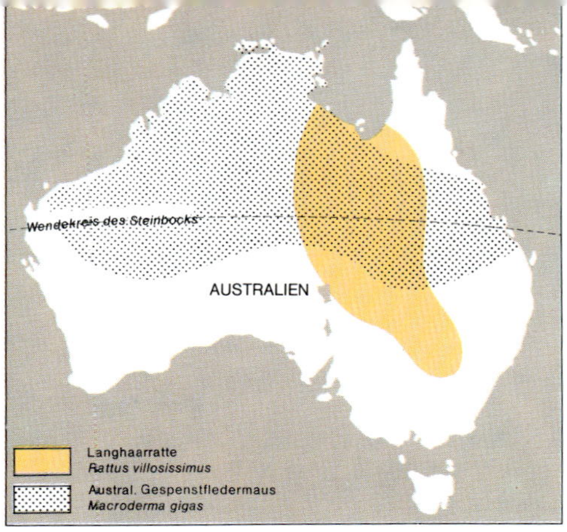
Wendekreis des Steinbocks
AUSTRALIEN
Langhaarratte
Rattus villosissimus
Austral. Gespenstfledermaus
Macroderma gigas

Höhlenbewohner Die Australische Gespenstfledermaus ruht in Höhlen und Felsspalten. Langhaarratten verstecken sich in Erdhöhlen und -spalten.

Spalten und Höhlen als Unterschlupf

Die Australische Hüpfmaus bewegt sich zumeist auf allen vieren fort; wenn sie es aber eilig hat, springt sie allein mit ihren kräftigen Hinterbeinen.

Nachtflieger Der gelbbäuchige Grabflatterer, *Taphozous flaviventris*, ruht tagsüber in hohlen Bäumen. Sein Schwanz ist von der Schwanzhaut eingeschlossen, tritt aber auf der Oberseite ein Stück aus ihr heraus.

Sieht man von Tieren ab, die vom Menschen eingeführt wurden, so sind Fledermäuse und Nagetiere die einzigen Landplazentalier Australiens – die einzigen Säuger also, deren Junge vor der Geburt im Mutterleib durch eine Plazenta ernährt werden. Nur wenige australische Fledermausarten sind auf die Grasländer beschränkt, denn die meisten brauchen Bäume oder Höhlen, in denen sie tagsüber schlafen können.

Über den ganzen nördlichen tropischen Teil des Kontinents, von Westaustralien bis Queensland, ist die Australische Gespenstfledermaus verbreitet, die tagsüber normalerweise in Höhlen oder Felsspalten hängt, oft in großer Zahl. Sie erreicht eine Flügelspannweite von 60 cm und ernährt sich hauptsächlich von kleinen Säugetieren, zum Beispiel Fledermäusen, und von Kriechtieren. Wie andere fleischfressende Säuger besitzt sie lange Eckzähne. Ihr Unterkiefer steht vor; dadurch erinnert ihr Anblick an den einer Bulldogge.

In den Grasländern Australiens sind seit je mehrere Nagetierarten zu Hause. Eine von ihnen, die Langhaarratte, bewohnt die Savanne des westlichen Queensland und des Nord-Territoriums. Als einzige unter den einheimischen Nagern ist sie so zahlreich, daß sie zur Plage werden kann. In diesem Fall richtet sie großen Schaden an der Vegetation an; Graswurzeln werden vernichtet und Bäume verkümmern. Besondere Belastung, Kannibalismus und Dezimierung durch Feinde, zum Beispiel Eulen, vermindern den Bestand dann wieder bis auf seine ursprüngliche Höhe.

Die Langohr-Häschenratte, *Leporillus conditor*, in der Nullarbor-Ebene besitzt flaumiges Haar, eine stumpfe Nase und lange Ohren; sie sieht aus wie ein kleines Kaninchen mit einem Rattenschwanz. Diese Ratten bilden Gemeinschaften und türmen Zweige zu großen Nestern auf, in denen sie Schutz vor ihren Feinden finden.

An die trockenen Ebenen haben sich die Australischen Hüpfmäuse der Gattung *Notomys* gut angepaßt. Sie besitzen, wie die Springmäuse und die Känguruhratten, lange Hinterbeine, mit denen sie bei Gefahr rasche Sprünge machen können. Hüpfmäuse kommen ohne Trinkwasser aus. Sie verwerten die Feuchtigkeit, die selbst im trockensten Samen noch vorhanden ist, sowie das Wasser, das sich bei der chemischen Zerlegung der aufgenommenen Nahrung bildet.

Termitennester, die nach Norden zeigen

Die Meridiantermite, *Amitermes meridionalis*, die im nördlichen Australien auf den Ebenen um Darwin vorkommt, baut Hügel, die sich wie große Grabsteine über das flache Land erheben und bis 3,5 m hoch, 3 m lang, aber nur 90 cm dick sein können.

Diese hohen, platten Bauwerke stehen gewöhnlich in Nord-Süd-Richtung; ihre Breitseiten zeigen also nach Osten und Westen. So sind die breiten Seiten vor allem während der kühleren Tageszeiten der Sonne ausgesetzt. Die Termitennester werden aus Erde gebaut; als Kitt dient ein Gemisch aus Speichel und aus Absonderungen spezieller Drüsen.

Die meisten Termiten graben auf der Suche nach Futter einen unterirdischen Gang und kommen nur selten an die Erdoberfläche. Die Angehörigen der australischen Gattung *Drepanotermes* hingegen versorgen sich regelmäßig nachts oder, bei bewölktem Himmel, auch tagsüber oberirdisch mit Pflanzenteilen, die sie dann ins Nest tragen.

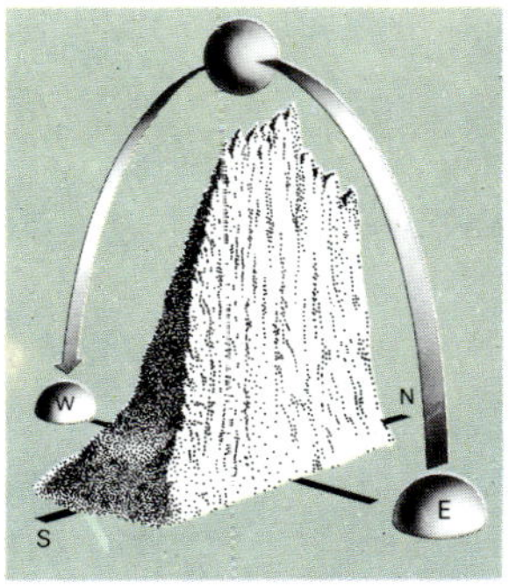
W
N
S
E

Geschütztes Nest Meridiantermiten bauen platte Nester in Nord-Süd-Richtung. Die breiten Seiten werden vor allem bei Sonnenauf- und -untergang von den Strahlen getroffen. Mittags bescheint die Sonne in erster Linie die Schmalseiten. Auf diese Weise sind die Temperaturunterschiede nicht so groß.

Geschickter Kletterer Die meisten Warane, wie diese etwa 1,5 m langen Buntwarane, sind gute Kletterer. Größter Vertreter der Familie ist der zuweilen über 3 m lange Komodo-Waran.

Abschreckender Kragen Die Kragenechse erschreckt Angreifer dadurch, daß sie rund um ihren Hals eine Hautfalte ausbreitet, die ihren Kopf größer erscheinen läßt. Dieser Kragen wird von knorpeligen Stäben gestützt.

Bluffende, fleischfressende Riesenechsen

Warane (Familie *Varanidae*) haben lange, schwere Körper, lange Köpfe und Hälse, gedrungene Beine und gespaltene Zungen. Einige australische Arten erreichen eine Länge von 1,80 m. Die meisten sind Räuber und machen auf Insekten und Vogeleier ebenso Jagd wie auf Säuger. Alle Arten legen – gewöhnlich in ein Erdloch – Eier mit lederartiger Schale, und zwar 7 bis 35.

Der australische Buntwaran, *Varanus varius*, wird bis zu 1,5 m lang. Er ist ein guter Kletterer, Läufer, Schwimmer und Kämpfer und frißt Aas sowie kleine Wirbeltiere. Wird er aufgescheucht, kann er mit Zähnen und Krallen angreifen; meist zieht er sich aber zurück.

Die kleineren Echsen sehen grimmig aus, doch ist das in erster Linie Bluff, um Feinde abzuschrecken. Die Bartagame, *Amphibolurus barbatus*, trägt einen Kehlsack – den „Bart" –, den sie aufbläht, wenn sie sich bedroht fühlt. Gleichzeitig wird der Körper zu fast kreisförmiger Gestalt abgeflacht. Die Bartagame ernährt sich von Insekten, kleinen Wirbeltieren und Pflanzenmaterial.

Die Kragenechse, *Chlamydosaurus kingii,* bietet ein noch dramatischeres Bild, um Räuber abzuschrecken. In die Enge getrieben, entfaltet sie um ihren Hals einen Kragen, der normalerweise nach hinten geklappt und an den Körper gelegt ist. In der Mitte sieht man dann das weitgeöffnete, zischende Maul. Auch dieses Verhalten soll vor allem den Angreifer glauben machen, daß die Beute, die er haben möchte, zu groß ist.

Zu den australischen Echsen gehört auch der weitverbreitete Schlankskink, *Lygosoma guichenoti*, der eine Länge von gut 10 cm erreicht. Ein anderer häufiger Skink ist der Tannenzapfenskink, *Tiliqua rugosa,* der knapp $^1/_2$ m lang werden kann. Diese bedächtige Echse frißt mit Hilfe ihrer starken Kiefer alles, was sie findet, Tiere oder Pflanzen. Ihren Namen hat sie nach den groben Schuppen auf ihrem Rücken erhalten. Mit ihrem keilförmigen Kopf und dem kurzen, dicken Schwanz sieht sie aus, als habe sie zwei Köpfe.

Ein Angreifer wird verjagt Wenn die Bartagame belästigt wird, öffnet sie das Maul weit und bläht ihre Kehle. Die spitzen Schuppen auf Kehle und Hals treten jetzt deutlich hervor, und der Angreifer sieht ein riesiges Maul in der Mitte eines Kopfes, der sich plötzlich auf das Doppelte vergrößert hat.

Der Tannenzapfenskink, der seinen Namen nach den groben Schuppen auf seinem Rücken hat, zeigt, wenn er bedroht wird, seine leuchtendblaue Zunge.

Vögel der Trockenebenen

Das Vogelleben in den trockenen Ebenen Australiens steht in enger Beziehung zum Wasser. So löst der Regenbeginn bei Wellensittichen die Balz aus.

Australien beherbergt 650 Vogelarten; das ist angesichts der Größe des Kontinents mit seinen 7,5 Millionen Quadratkilometern nicht viel. In diesem Land ist die Zahl der verschiedenen Lebensräume aber geringer als in anderen Kontinenten, und einige Vogelgruppen sind gar nicht vertreten, zum Beispiel Spechte. Andererseits konnten sich die ersten geflügelten Siedler über lange Epochen hinweg auf eigene Weise entwickeln – Australien ist seit mindestens 60 Millionen Jahren von anderen Kontinenten isoliert –, und heute gibt es dort viele Arten, die man sonst nirgendwo findet.

Laufvogel der Grasländer

Der Emu vertritt in Australien den Strauß der afrikanischen Grasländer. Obwohl die beiden Arten nicht nahe miteinander verwandt sind, weisen sie Gemeinsamkeiten auf, da sie sich ähnlichen Lebensräumen angepaßt haben: Beide haben ihr Flugvermögen verloren und dafür riesige Körper sowie die Fähigkeit, schnell zu laufen, erworben. Ein Emuweibchen erreicht eine Größe von 1,80 m und ein Gewicht von fast einem Zentner; nur der Strauß ist noch größer.

Das Emumännchen ist etwas kleiner als das Weibchen; es brütet die Eier aus und kann dabei bis zu 20 Pfund abnehmen. Das Gelege besteht aus etwa 9 tiefgrünen Eiern und befindet sich in einem Nest an einer geschützten Stelle, die zudem einen guten Überblick über die Umgebung gestattet. Wenn der brütende Vogel gestört wird, schleicht er davon und streckt seinen Hals parallel zum Boden aus, um nicht bemerkt zu werden.

Die Küken sind mit einer Schutzfärbung aus braunen und gelben Streifen versehen, aber einige fallen trotzdem den Dingos und den Keilschwanzadlern zum Opfer.

Ungefähr 50 von den 315 bekannten Papageienarten auf der Erde leben in Australien. Papageien sind im Grunde Waldvögel; mit ihren kräftigen Schnäbeln knacken sie harte Früchte, schälen sie Rinde, und überdies können sie die Schnäbel beim Klettern als dritten Fuß gebrauchen. In Australien sind sie jedoch in die Grasländer vorgestoßen. Vor allem die Plattschweifsittiche haben sich an das Leben im offenen Gelände angepaßt; sie suchen ihr Futter, Knospen und Samen, am Boden.

Der bekannteste und zugleich kleinste Sittich ist der Wellensittich, *Melopsittacus undulatus*; die grüne Wildform kommt in Australien fast überall vor. Der Wellensittich nistet in Höhlen und durchstreift in Schwärmen die Ebenen.

Ein anderer in Scharen vorkommender Papagei der Ebenen ist der Rosakakadu, *Kakatoe*

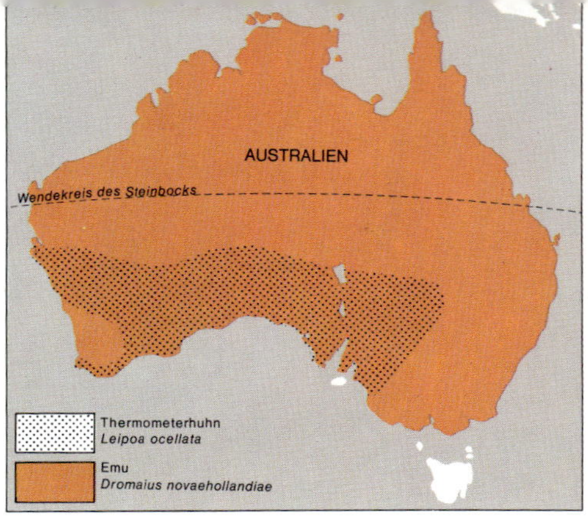
AUSTRALIEN
Wendekreis des Steinbocks
Thermometerhuhn
Leipoa ocellata
Emu
Dromaius novaehollandiae

Zähe Vögel Emus sind in Australien immer noch weit verbreitet, trotz eines staatlichen Vernichtungsfeldzuges, bei dem die tasmanische Unterart ausgerottet wurde. Obwohl Emus Ernteschäden verursachen, sind sie heute fast überall in Australien geschützt.

Der flugunfähige Emu ist auf Australien beschränkt. Seine nächsten Verwandten sind die Kasuare in Neuguinea und Nordqueensland. Wie der Strauß läuft der Emu bei Gefahr davon, und zwar mit einer Geschwindigkeit von 40 bis 50 km/st.

Der Vogel, der einen Brutkasten baut

Das Männchen des Thermometerhuhns baut ein seltsames Nest. Es gräbt eine 60—90 cm tiefe Grube mit einem Durchmesser von 3 m und trägt feuchte Blätter, Zweige und Gräser hinein. Dann deckt es die Grube mit Sand zu. Das Pflanzenmaterial darin gärt nun und gibt Wärme ab.

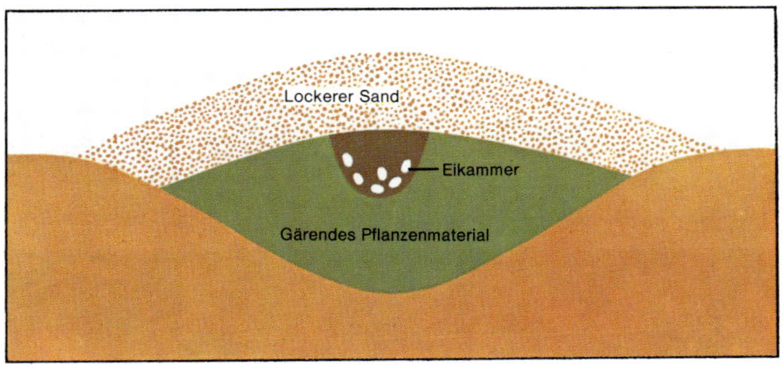
Lockerer Sand
Eikammer
Gärendes Pflanzenmaterial

Wenn die Gärungswärme steigt, legt die Henne, in Abständen von einer Woche, 6 Monate lang ihre Eier in das Nest, während das Männchen die Temperatur des Nestes mit seiner Zunge prüft und sie bei 33° hält, indem es Sand fortnimmt oder hinzufügt.

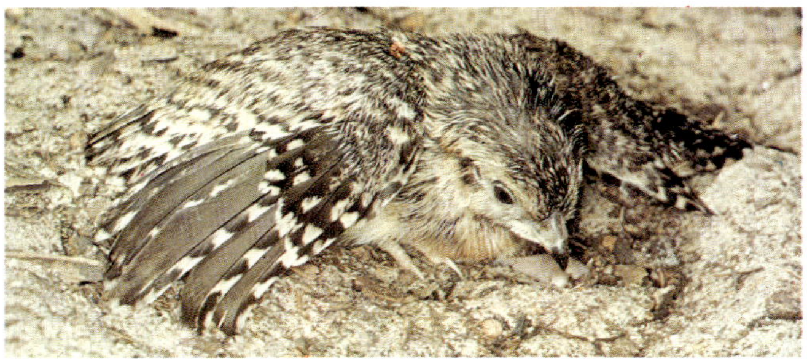

Ein junges Thermometerhuhn taucht aus dem Nest auf. Die Küken schlüpfen im Abstand von einer Woche. Sie können nach wenigen Stunden laufen und bald auch fliegen. Ihre Nahrung müssen sie sich sofort selbst suchen.

Sicherheit durch Verwirrung Wellensittiche schwirren über einem Wasserloch und machen es auf diese Weise den Raubvögeln schwer, ein einzelnes Tier zu schlagen.

roseicapilla, der Knollen und Wurzeln ausgräbt.

In einem Land, in dem Trockenzeiten den Normalfall darstellen, haben Wasserlöcher eine besondere Bedeutung. Schwärme von Vögeln versammeln sich hier, um zu trinken. Kein Wunder, daß an diesen Plätzen Räuber im Hinterhalt liegen: schwarze Falken, braune Falken, Schwarzachsel-Gleitaare und Dingos. Deshalb haben Vögel wie Wellensittiche, Kakadus und Tauben ein Schutzverhalten ausgebildet, das ihren Verfolgern möglichst wenig Gelegenheit zum Zugreifen bietet. Viele nähern sich den Wasserstellen in großen schwirrenden Scharen und verwirren die Räuber rein durch ihre Zahl. Andere trinken in der Dämmerung. Tauben und Grasfinken saugen das Wasser auf; das ist eine schnelle Art zu trinken, während Vögel sonst gewöhnlich jeweils einen Schnabel voll Wasser aufnehmen und es dann schlucken. Die Ansammlungen an den Wasserstellen werden auch für soziale Tätigkeiten genutzt, so etwa zum wechselseitigen Putzen des Gefieders.

Der Australische Kranich, *Grus rubicunda,* und die Grasfinken erreichen im Schwarm oder zwischen Paaren durch kunstvolle Begrüßungszeremonien sowie durch Chor- und Duettsingen einen engen Zusammenhalt.

Eine bemerkenswerte Beziehung besteht zwischen der Paarung und dem Vorhandensein von Wasser. Nach Regenfällen finden die brütenden Vögel für kurze Zeit ein reiches Angebot an Nahrung. Da es aber in den Ebenen Australiens nur selten und unregelmäßig regnet, müssen die Vögel mit einer kurzen Fortpflanzungszeit auskommen: Die Nester müssen gebaut, die Eier gelegt und die Jungen aufgezogen sein, bevor das Land ausdörrt und die Nahrung wieder knapp ist.

Schon der bloße Regen kann hier den Fortpflanzungsvorgang auslösen. Schwalbenstare und Wellensittiche beginnen in den Stunden, da Regen fällt, zu balzen. Und der Olivgrüne Zebrafink, *Taeniopyga castanotis,* legt seine Eier eine Woche nach dem Beginn der Regenfälle. Auch der Nestbau muß schnell vonstatten gehen. Verschiedene Vögel haben sich hierin ebenfalls auf die Bedingungen in trockenen Gebieten eingestellt. So baut zum Beispiel in feuchteren Gegenden nur das Zebrafinkenweibchen das Nest; in der Wüste dagegen hilft das Männchen mit, so daß das Nest dort schneller fertig ist. Der Grauscheiteljahoo geht noch einen Schritt weiter: Bei ihm ist der Nestbau ein Gemeinschaftswerk der ganzen Kolonie.

Vielfarbensittiche Quellen haben für die Vielfarbensittiche, *Psephotus varius,* die in den trockeneren Gebieten Südaustraliens verbreitet sind, eine große Bedeutung. Diese Vögel suchen ihre Nahrung am Boden. Ihre Schnäbel sind gebogen, und die Hälften stehen einander so gegenüber, daß der untere Teil in den oberen hineinpaßt.

Der größte Adler Mit einer Flügelspannweite von über 2 m ist der Keilschwanzadler, *Aquila audax,* der größte Adler der Welt. Er jagt Kaninchen, Beuteltiere und Vögel.

Wüstengebiete

Wüsten gehören zu den unwirtlichsten Lebensräumen: Sengende Tageshitze kann nachts von bitterer Kälte abgelöst werden, und Wasser ist das ganze Jahr über knapp.

Mehr als ein Fünftel der Landoberfläche unserer Erde – ein Gebiet so groß wie Afrika – besteht aus Wüste, Halbwüste und Trockengebieten. Diese Regionen sind aber so verschieden wie die Klimate und die geologischen Faktoren, durch die sie entstanden sind.

Wüsten können ganz unterschiedlich aussehen. Manchmal sind es felsige Hochflächen, manchmal steinige Ebenen. Stellenweise bilden sich nach Regenfällen flache Seen, die aber schnell wieder verdunsten und nur eine Schicht von schimmernd weißem Salz zurücklassen. Überdies gibt es riesengroße Gebiete mit Wanderdünen, die bis zu 200 m hoch sind.

Zum Zentrum der großen Wüstenregionen hin nimmt die Niederschlagsmenge ab, und der Regen fällt auch immer seltener. Schließlich kommt eine Gegend, in der die Winderosion schon so lange größer ist als die Abtragung durch Wasser, daß die Landschaft einen fast mondartigen Anblick bietet.

Für viele Tiere ist die Wüste ein unwirtlicher Lebensraum. Tagsüber lodert die Hitze, nachts hingegen wird es oft bitterkalt, da bei wolkenlosem Himmel die Wärmeausstrahlung sehr groß ist.

Tiere der Wüste

Trotz Wassermangels und schroffer Temperaturgegensätze beherbergen Wüsten oft ein reicheres Tierleben, als man es sich gewöhnlich vorstellt. Entlang der Mittelmeerküste zum Beispiel rufen Frühlingsregen einen lebhaften Pflanzenwuchs hervor, der auch die Grundlage für einen beachtlichen Tierbestand bildet.

In der Morgen- und Abenddämmerung wird es in der Wüste lebendig. Mäuse, Erdhörnchen, Füchse, Wüstenspringmäuse, Schlangen, Eidechsen und andere Tiere verlassen ihre Ruheplätze, um Futter zu suchen. Viele dieser Geschöpfe bergen sich vor der extremen Tageshitze und der nächtlichen Kälte in schützenden Erdhöhlen.

Das größte Problem für die Tiere der Wüste besteht darin, möglichst wenig Wasser zu verlieren. Gazellen erreichen das, indem sie konzentrierten Urin mit geringem Wassergehalt bilden. Viele Tiere trinken niemals in ihrem Leben; sie kommen beispielsweise mit der Flüssigkeit aus, die – zu etwa 10 Prozent – in Samen enthalten ist. Andere benagen saftige Kakteen.

Selbst in den trockensten Gebieten, zum Beispiel in der Zentralsahara, gibt es einen kleinen Insektenbestand. Diese Geschöpfe nehmen mit ausgetrocknetem Pflanzenmaterial vorlieb, das vom Wind aus den Randzonen der Wüste hergeweht wird. Von diesen Kerbtieren wiederum leben Eidechsen, Spinnen und Skorpione.

Wenn einmal Regen fällt, dann blüht die Wüste. Gelegentlich kommt es zu heftigen Regenstürmen, in denen in Minuten der gesamte Niederschlag fällt, den ein Wüstengebiet in einem Jahr erhält. Viele Wüstenpflanzen sind diesen Bedingungen so angepaßt, daß sie jeden Tropfen ausnutzen können. Samen, die lange in der ausgedörrten Erde geruht haben, keimen nun; die Pflanzen wachsen, reifen und erzeugen neue Samen -- alles in wenigen Wochen.

Im allgemeinen versteht man unter einer Wüste ein Gebiet, das jährlich weniger als 250 mm Niederschläge erhält. Nach dieser Definition sind annähernd 14 Prozent der Erdoberfläche dazu zu rechnen. Die größte Wüste der Erde ist die Sahara mit rund 8,7 Millionen Quadratkilometern. Sie bildet einen Teil des großen paläarktischen Wüstengebietes, des größten Wüstengürtels der Welt, der sich vom Atlantik fast ohne Unterbrechung quer durch Afrika und durch Kleinasien bis zum nördlichen Indien und zum Herzen Chinas hinzieht.

Nahrung und Zuflucht in einem Kaktus Die Kaktussproßwanze ernährt sich vom Kaktussaft; die Stacheln der Pflanze schützen sie vor ihren Feinden.

Andere Gebiete, die als Wüste oder Halbwüste eingestuft werden können, erstrecken sich über große Teile Südafrikas, Nordamerikas, Südamerikas und den größten Teil Australiens.

Auch in den Tundren von Nordeuropa, Kanada, Alaska und Sibirien gibt es ausgedehnte Landstriche, in denen nur wenig Feuchtigkeit für das Wachstum der Pflanzen zur Verfügung steht, weil das vorhandene Wasser gefroren ist. Diese Gebiete sind eigentlich Kältewüsten.

Schon eine verhältnismäßig geringfügige Veränderung der Bedingungen kann eine Wüste in fruchtbares Gebiet verwandeln. Ein solcher Faktor ist das Vorhandensein von ausreichendem Pflanzenwuchs, der den Boden festhält, eine Erosion verhindert und vor allem den Feuchtigkeitsverlust vermindert.

Amerikanische Wüste Selbst in einer solchen Einöde wie dem Monument Valley in Arizona leben Tiere. Die Fährten im Sand beweisen es.

Trockengebiete

Mit den geringen Niederschlägen in Wüsten kommen so manche Pflanzen aus. Einige müssen aber jahrelang ruhen, bis sie einmal genug Feuchtigkeit zum Blühen erhalten.

Wüsten sind die trockensten Gebiete der Erde. Die geringen Niederschläge fallen oft nur zu bestimmten Jahreszeiten und sind ungleichmäßig verteilt. Die trockene Luft isoliert den Wüstenboden nur wenig. So steigen die Temperaturen tagsüber an, was eine noch größere Trokkenheit bewirkt, und während der Nacht fallen sie wieder. Häufig wehen überdies, ungehindert von dichterer Vegetation, austrocknende Winde, Sandstürme beschleunigen durch ihre Schmirgelwirkung die Erosion.

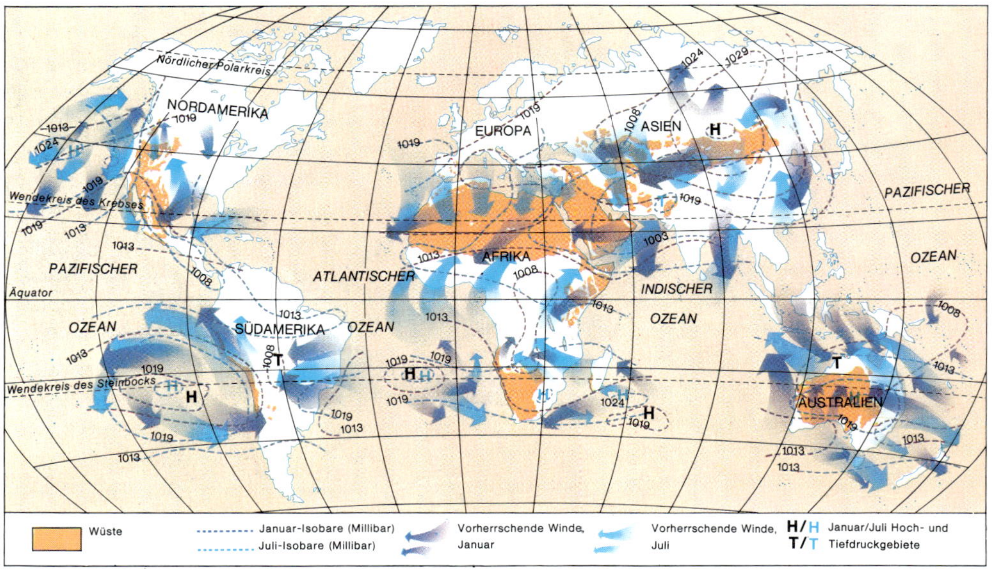
Nördlicher Polarkreis
NORDAMERIKA
EUROPA
ASIEN
Wendekreis des Krebses
PAZIFISCHER
OZEAN
Äquator
ATLANTISCHER
OZEAN
AFRIKA
INDISCHER
OZEAN
SÜDAMERIKA
Wendekreis des Steinbocks
AUSTRALIEN
Wüste
Januar-Isobare (Millibar)
Juli-Isobare (Millibar)
Vorherrschende Winde, Januar
Vorherrschende Winde, Juli
H/H Januar/Juli Hoch- und
T/T Tiefdruckgebiete

Die Wüsten der Erde Die Zentralsahara und die Wüste Gobi liegen weit vom Meer und von der Reichweite regenbringender Winde entfernt. Die Wüsten in Chile und Peru befinden sich zwar in Küstengebieten, doch bringen kalte Meeresströmungen ihnen nur Nebel und Dunst, keinen Regen. Bei den meisten Wüsten Nordamerikas fangen Gebirge die Feuchtigkeit der vom Pazifik her wehenden Winde ab.

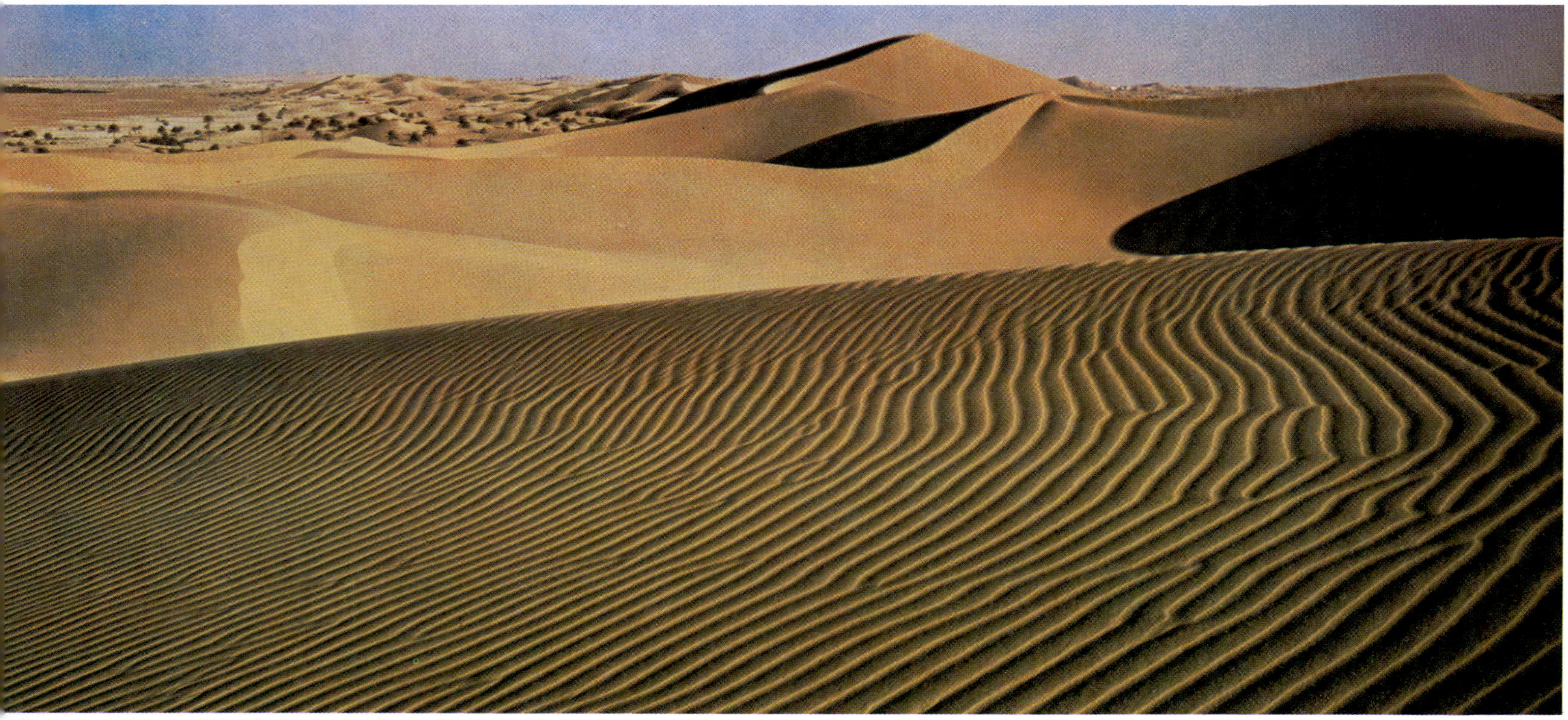

Vom Wind geformt Sandwüsten machen ein Siebtel der Sahara aus. In einigen findet man bis zu 200 m hohe Sanddünen. Es gibt 2 Haupttypen: Sicheldünen, die aus relativ wenig Sand bestehen und bei denen die Windrichtung gleich bleibt, und Degendünen, bei denen die Winde wechseln.

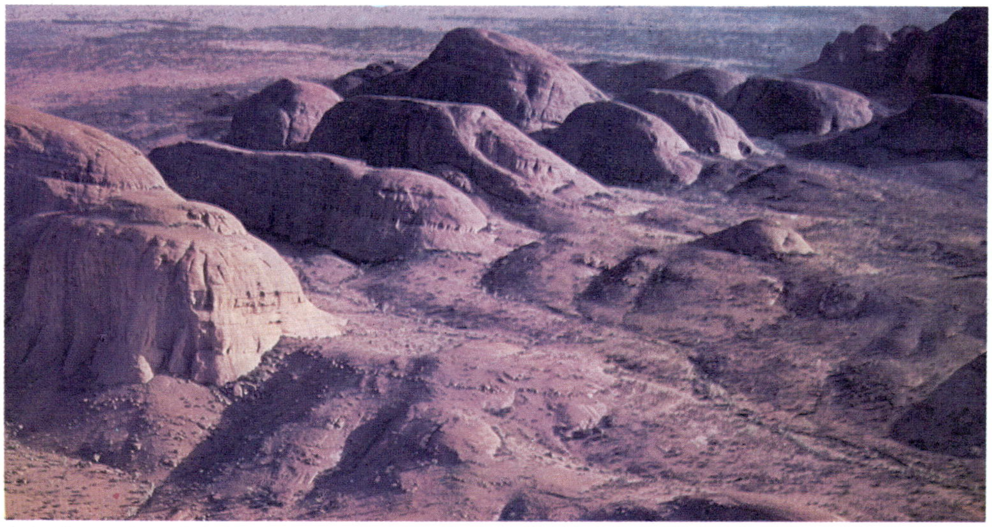

Steinwüste Eine kümmerliche Vegetation hält sich zwischen Kieseln und Geröll, das viele Wüsten bedeckt, am Leben (links). Manche dieser Gebiete waren einst Flußbetten, in denen Steine abgelagert wurden.

Geschliffenes Gestein Das Mount-Olga-Gebiet in Zentralaustralien ist eine typische Felswüste. Eine solche Wüste entsteht dort, wo der Wind den Erdboden fortbläst und den darunterliegenden Fels bloßlegt.

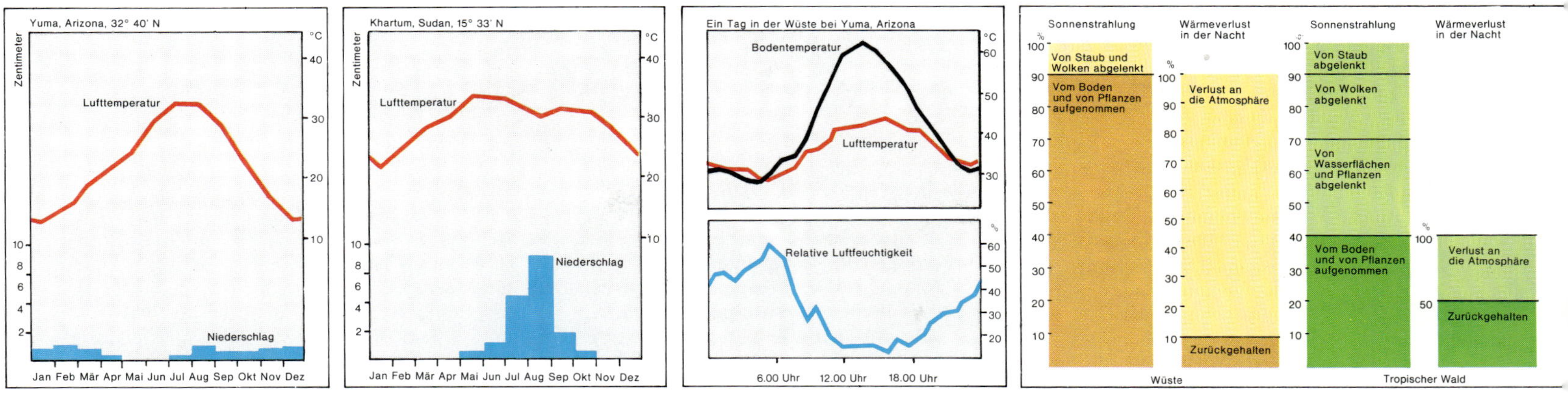
Yuma, Arizona, 32° 40' N
Zentimeter
°C
Lufttemperatur
Niederschlag
Jan Feb Mär Apr Mai Jun Jul Aug Sep Okt Nov Dez
Khartum, Sudan, 15° 33' N
Zentimeter
°C
Lufttemperatur
Niederschlag
Jan Feb Mär Apr Mai Jun Jul Aug Sep Okt Nov Dez
Ein Tag in der Wüste bei Yuma, Arizona
Bodentemperatur
Lufttemperatur
Relative Luftfeuchtigkeit
6.00 Uhr
12.00 Uhr
18.00 Uhr
Sonnenstrahlung
Wärmeverlust in der Nacht
Von Staub und Wolken abgelenkt
Vom Boden und von Pflanzen aufgenommen
Verlust an die Atmosphäre
Zurückgehalten
Wüste
Sonnenstrahlung
Wärmeverlust in der Nacht
Von Staub abgelenkt
Von Wolken abgelenkt
Von Wasserflächen und Pflanzen abgelenkt
Vom Boden und von Pflanzen aufgenommen
Verlust an die Atmosphäre
Zurückgehalten
Tropischer Wald

Klimawerte Unterschiedliche Verlaufstypen von Niederschlag und Temperatur bestimmen die Wachstumszeit in den verschiedenen Wüsten. In Arizona verteilt sich der geringe Regen über 10 Monate im Jahr, während Khartum im halbtrockenen Teil des Sudans den meisten Regen im Juli und August erhält und die Jahrestemperatur in engeren Grenzen schwankt. Die Bodentemperaturen steigen in der Wüste am Tage schnell an, da isolierende Wolken und eine Pflanzendecke fehlen; doch wird der größte Teil dieser Wärme nachts wieder an die Luft abgegeben. Tropische Wälder erhalten weniger Wärme, verlieren aber nach Sonnenuntergang auch nicht so viel.

Pflanzen decken ihren Feuchtigkeitsbedarf aus der Nachtluft

Die Bedingungen in der Wüste schränken das Wachstum der Pflanzen erheblich ein. Die meisten Niederschläge fallen bei Gewittern, und das Wasser verdunstet rasch oder fließt auf der ausgedörrten Oberfläche des Landes ab. Außerdem wird das Wachstum der Pflanzen durch sengende Hitze am Tage beeinträchtigt, der nachts starke Kälte folgt.

In Zeiten extremer Trockenheit überdauern einige Pflanzen mit Hilfe der Luftfeuchtigkeit. Nachts sinkt die Temperatur ab, und obwohl der Feuchtigkeitsgehalt der Luft, absolut genommen, gleich bleibt, steigt er relativ an, und die Feuchtigkeit schlägt sich als Tau auf Pflanzen und anderen Oberflächen nieder. Die trokkenen Pflanzen nehmen die Feuchtigkeit der Nachtluft auf und liefern dadurch Insekten, Schnecken und anderen kleinen Tieren Wasser.

Der wolkenlose Wüstenhimmel bewirkt am Tage eine starke Verdunstung und hohe Bodentemperaturen. Die Wüsten empfangen etwa 90 Prozent der verfügbaren Sonnenstrahlung, die feuchteren Äquatorialgebiete hingegen nur 40 Prozent, da dort der größte Teil der Strahlen durch Wolken, Staub, Wasser und Vegetation absorbiert wird. Nachts aber gibt die Wüste 90 Prozent der gespeicherten Wärme wieder ab; in den feuchteren Regionen sind es nur 50.

Für die Tiere der Wüste stellt der Boden die beste Isolierung dar. Während die Temperatur an der Oberfläche am Tage 84° erreichen kann, zum Beispiel im Wadi Halfa im Sudan, sind die Bedingungen schon dicht unter der Erdoberfläche erträglicher. Bereits in einer Tiefe von 50 cm besteht in der Sahara kaum ein Unterschied zwischen Tages- und Nachttemperaturen. Hier hat auch die relativ hohe Luftfeuchtigkeit, die in einer Tiefe von 50 cm um lose Sandkörnchen herum herrscht, eine große Bedeutung für grabende Tiere.

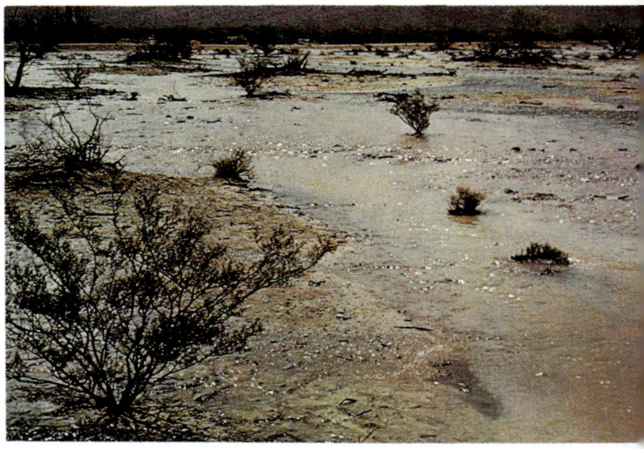

Kurze Durchfeuchtung Ein plötzlicher Regenguß bringt den Kreosotbüschen, *Larrea divaricata*, der häufigsten Pflanze der amerikanischen Wüsten, Feuchtigkeit.

Pflanzen überleben, indem sie die Trockenheit meiden oder ihr widerstehen

Wüstenpflanzen haben verschiedenartige Fähigkeiten entwickelt, um das lebensnotwendige Wasser zu erlangen und zu speichern. Kurzlebige Pflanzen können die Trockenheit meiden, indem sie jahrelang als Samen im Boden ruhen. Nach einem Regen erwachen sie dann zum Leben und machen innerhalb weniger Wochen ihre gesamte Vegetationsperiode durch. Die afrikanische Art *Boerhaavia repens* ist wahrscheinlich die Rekordhalterin unter den kurzlebigen Pflanzen, da sie bereits 8–10 Tage nach dem Keimen Samen hervorbringt. Sie entwickelt keine Wasserspeicherorgane, sondern sorgt nur durch ihren sehr reichen Samenertrag für die Zukunft.

Bäume wie die Akazie oder der Süßhülsenbaum besitzen Wurzeln, die bis zum Grundwasser hinunterreichen, oft 30 m tief oder mehr. In Gebieten, die zu bestimmten Jahreszeiten trokken sind, werden die Blätter während dieser Zeit abgeworfen. Typische Wüstenpflanzen, die der Trockenheit widerstehen, haben sehr kleine oder sogar gar keine Blätter, eine dicke, wasserdichte Oberhaut und Blattporen, die vollständig geschlossen werden können – alles Eigenschaften, die den Wasserverlust, der infolge der Verdunstung entsteht, einschränken. Oft entwickeln die Pflanzen auch Methoden, Wasser zu speichern: in knolligen Wurzeln oder in fleischigen Trieben und Blättern.

Die bekanntesten Pflanzen der Wüste sind wohl die Kakteen und Euphorbien, deren fleischiges Gewebe große Flüssigkeitsmengen enthält und deren flache, weitverzweigte Wurzeln die Feuchtigkeit in der obersten Bodenschicht aufsaugen.

Die Welwitschie, *Welwitschia mirabilis*, in Südwestafrika hat nur 2 Blätter, die der Länge nach in Bänder gespalten sind. Nachts setzt sich Tau auf ihnen ab.

Farbenprächtiger Kaktus Rot leuchten die Blüten des Kaktus *Echinocereus mojavensis* in der Wildnis der Mojavewüste Kaliforniens. Kakteen und andere Fettpflanzen in Halbwüsten haben eine dicke Oberhaut. Sie hilft mit, das Wasser in den fleischigen Trieben zu halten. Blätter wären wasserabgebende Flächen; so sind sie zu Dornen umgebildet.

Der Saguarokaktus, *Carnegiea giganteus*, kann 15 m hoch werden. Die Falten an seinen Trieben öffnen und schließen sich, je nach der herrschenden Feuchtigkeit.

Formen der Anpassung an das Wüstenleben

Trockene, von der sengenden Sonne ausgedörrte Landstriche sind die Heimat überraschend vieler Tierarten, die äußerste Dürre und Hitze aushalten können.

Das lebenswichtige Wasser ist in der Wüste knapp. Die dort lebenden Tiere mußten Möglichkeiten nutzen oder ausbilden, in ihrem Körper Wasser zu speichern – indem sie entweder den extremen Temperaturen entgehen oder sie ertragen oder sie regulieren.

Als die Vorfahren der heutigen Landtiere aus dem Wasser herauskrochen, waren sie gezwungen, sich dem Temperaturwechsel an Land anzupassen. Einige von ihnen bekamen eine undurchlässige Haut, die den Feuchtigkeitsverlust herabsetzt.

Solche Anpassungen gehen bei Wüstentieren noch weiter. Einige suchen in Erdlöchern Zuflucht. Andere besitzen eine harte, äußere Körperschicht, die undurchlässig ist und so den Wasserverlust vermindert. Bei wieder anderen haben sich im Körper Mechanismen ausgebildet, die ausschließlich mit dem Wasser arbeiten, das in der Nahrung enthalten ist. Manche Tiere brauchen sogar niemals zu trinken.

Tiere müssen der Hitze entgehen und die lebenswichtige Feuchtigkeit halten

Ein Gecko, *Palmatogecko rangei*, in der Wüste Namib hebt seinen Körper vom heißen Sand ab.

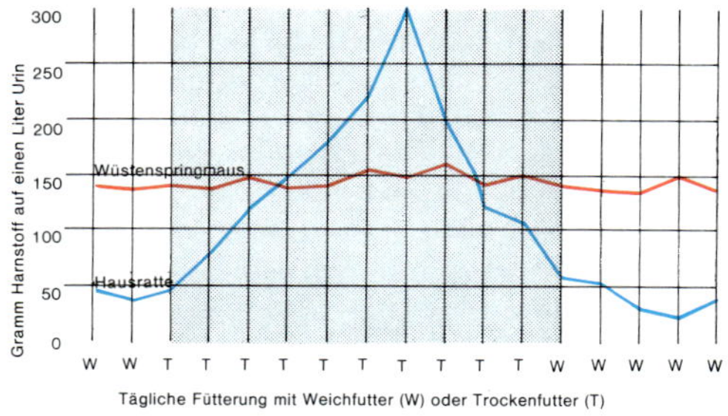
300
250
200
150
100
50
0
Gramm Harnstoff auf einen Liter Urin
Wüstenspringmaus
Hausratte
Tägliche Fütterung mit Weichfutter (W) oder Trockenfutter (T)

Wasser sparen Hier das Ergebnis eines Experiments, bei dem feuchte und trockene Nahrung an eine Wüstenspringmaus und eine Hausratte verfüttert wurde. Die Wüstenspringmaus scheidet konzentrierten Urin aus, der den Wasserverlust niedrig hält – gleich wieviel Wasser das Tier aufnimmt. Die Ratte versucht einen ähnlichen Ausgleich, doch versagen ihre Nieren.

Landtiere können auf dreierlei Weise Flüssigkeit verlieren: infolge von Verdunstung durch die Körperoberfläche; mit dem Atem, der Feuchtigkeit enthält; und durch Abgabe von Flüssigkeit mit den Ausscheidungen. Mit allen 3 Arten von Feuchtigkeitsverlust werden Wüstentiere fertig.

Skorpione und Kriechtiere z. B. haben eine fast undurchlässige äußere Körperbedeckung hervorgebracht, die den Feuchtigkeitsverlust herabsetzt. Andere, wie das Kamel, sind gegen Hitze widerstandsfähig geworden; ihre Körpertemperatur schwankt stärker, wodurch die Feuchtigkeitsmenge, die durch Schweiß verlorengeht, herabgesetzt wird.

Viele kleinere Wüstensäuger kühlen die Atemluft in ihren Nasen ab, bevor sie die Nasenlöcher verläßt; dadurch kondensiert Feuchtigkeit und geht nicht als Wasserdampf verloren.

Überdies verlassen bei den meisten Wüstenbewohnern die Abfallstoffe den Körper in so konzentrierter Form, daß dabei nur wenig oder gar keine wertvolle Feuchtigkeit verlorengeht.

Ein großer Teil der chemischen Bausteine aller Tiere sind Eiweiße. Ständig sterben Körperzellen ab und werden ersetzt, und die Eiweiße der toten Zellen zerfallen in ihre Bestandteile, die Aminosäuren. Diese sowie überschüssige Aminosäuren aus der verdauten Nahrung werden weiter abgebaut – ein Prozeß, bei dem giftiges Ammoniak entsteht. Die Tiere schützen sich dagegen, indem sie es an andere Substanzen binden und so entweder Harnstoff oder Harnsäure bilden.

Harnsäure kann im Körper kristallisiert werden, wodurch der Flüssigkeitsverlust sich vermindert. Sie wird von Insekten und den meisten Kriechtieren produziert. Auch Vögel scheiden kristallinische Stoffe aus. Harnstoff muß in Lösung ausgeschieden werden; er wird von Säugetieren und einigen Kriechtieren gebildet. Die Nieren der Wüstentiere konzentrieren nun den Urin so, daß er weniger Wasser enthält als der von Arten, die nicht in der Wüste leben.

Aber die Geschöpfe der Wüste müssen auch in der Lage sein, ohne eine beträchtliche Aufnahme von Wasser auszukommen. So begnügen sich viele mit der Flüssigkeit, die in ihrer pflanzlichen oder tierischen Nahrung enthalten ist. Manche, wie die Wüstenspringmäuse und Taschenspringer, können zeitlebens von trockenem Futter existieren, ohne jemals zu trinken.

Alle Tiere bilden bei ihrem Stoffwechsel Wasser, indem sie Wasserstoffatome an Sauerstoffatome binden. Während aber Tiere außerhalb der Wüste sterben würden, wenn sie nicht zusätzlich Wasser tränken, können Wüstentiere fast ganz von jenem Stoffwechselwasser leben. Einige Arten sind sogar in der Lage, es aus trockenen Samen zu bilden.

Viele Gliedertiere vermögen trotz ihres Außenpanzers auch Feuchtigkeit aus der Luft aufzunehmen.

Hitze ertragen Der Harris-Antilopenziesel, *Citellus harrisi*, der in der Mohave-Wüste in Kalifornien lebt, ist eines der wenigen Wüstentiere, die bei hohen Tagestemperaturen sehr aktiv bleiben. Im Gegensatz zu den meisten anderen Säugetieren hält er eine hohe Körpertemperatur aus. Sie liegt etwas über derjenigen der Umgebung, bis sie einen kritischen Punkt erreicht. Dann zieht das Tier sich in eine Höhle zurück oder legt sich in den Schatten und gibt dort wieder Wärme ab.

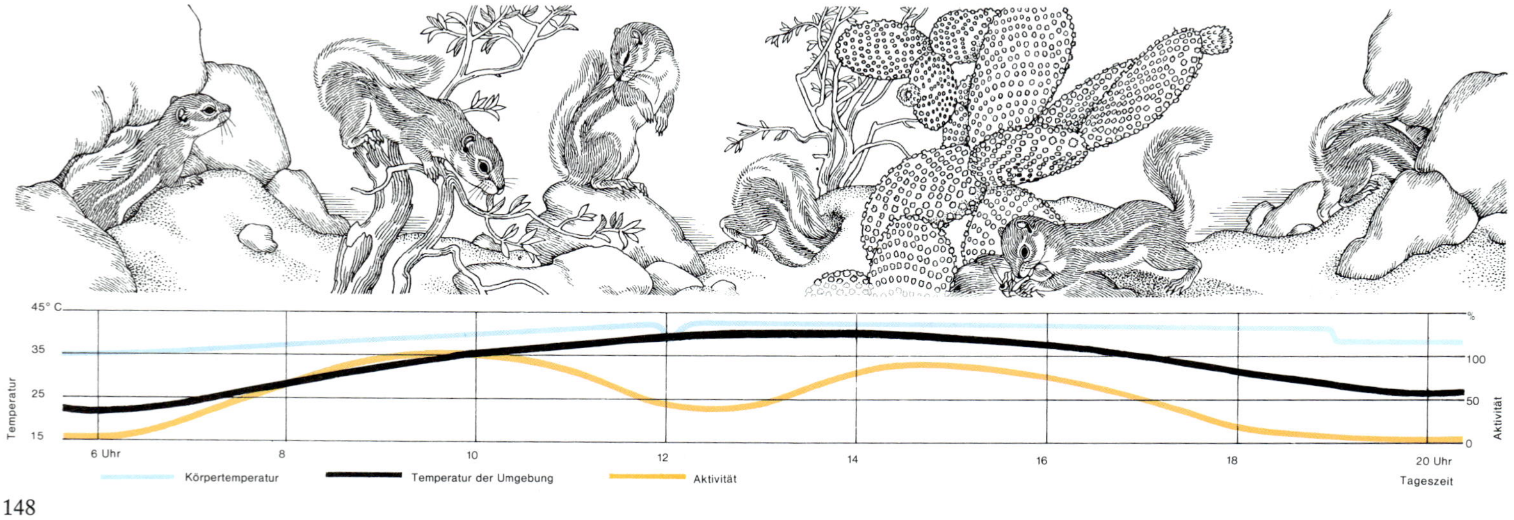
45° C
35
25
15
Temperatur
6 Uhr
8
10
12
14
16
18
20 Uhr
Tageszeit
%
100
50
0
Aktivität
Körpertemperatur
Temperatur der Umgebung
Aktivität

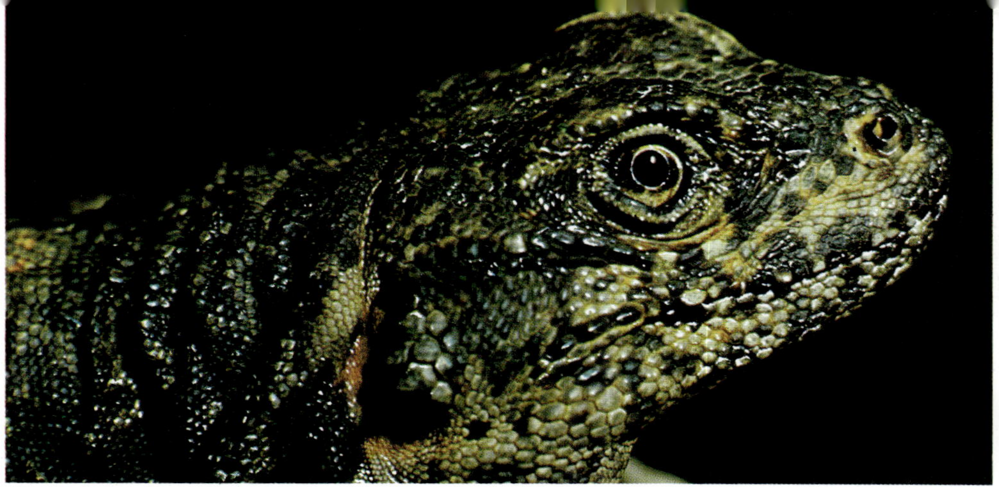

Schutz gegen Sand Den Chuckwalla *Sauromalus obesus* schützen Fransenohren gegen Sand.

Der Skink *Sphenomorphus fasciolatum* „schwimmt" mit seinen rückgebildeten Beinen durch den Sand.

Augenschutz Durchsichtige Lider schützen die Augen der Rennechsen der Gattung *Cnemidophorus* vor Sand.

Anpassung an das Leben und Graben im Sand

Das einfachste und verbreitetste Verfahren, durch das Tiere – vor allem kleine – sich der größten Hitze entziehen, besteht darin, daß sie in einer Erdhöhle Zuflucht suchen. Hier finden sie ein Mikroklima, das feuchter ist als das an der Oberfläche, wenn es dort sehr trocken ist; ein kühleres Klima, wenn es an der Oberfläche heiß ist; und ein wärmeres, wenn es dort kalt ist. Die Luft in der Höhle wirkt isolierend, und vom Atem eines Säugetieres wird sie gleichzeitig feuchter und wärmer.

Manche Arten entgehen der Tageshitze auch dadurch, daß sie nur nachts aktiv sind.

Viele Wüstentiere haben an ihrem Körper Werkzeuge hervorgebracht, die das Wühlen und Leben im Wüstenboden erleichtern. Typisch dafür sind Skorpione, einige Leguane und bestimmte Käfer. Die vergrößerten Klauen der Wüstenskorpione sind für ihre Zwecke geradezu ideal; eine Art, *Scorpio maurus*, gräbt 75 cm tief. Leguane besitzen keilförmige Köpfe, mit denen sie den Sand beiseite schieben; einige Arten der Käferfamilie der Tenebrioniden sind so abgeflacht, ja plattenförmig geworden, daß sie sich mit seitwärts gerichteten Bewegungen des Körpers in den Sand hineinschieben können.

Skinke und Schlangen können mit dem Kopf voran im Sand untertauchen, als ob es Wasser wäre. Diese Kriechtiere haben gewöhnlich aufwärts gerichtete Nasenlöcher, deshalb dringt der Sand nicht in sie ein, wenn das Tier sich eingräbt. Die Augen einiger im Sand lebender Eidechsen tragen große, vorstehende, augenbrauenähnliche Schilde. Viele der im Sand „schwimmenden" Eidechsen sind beinlos oder haben nur sehr kurze Beine. Bei anderen Arten tragen die Füße Fransen, mit deren Hilfe die Tiere auf Sand schnell laufen und sich in ihm überdies vergraben können.

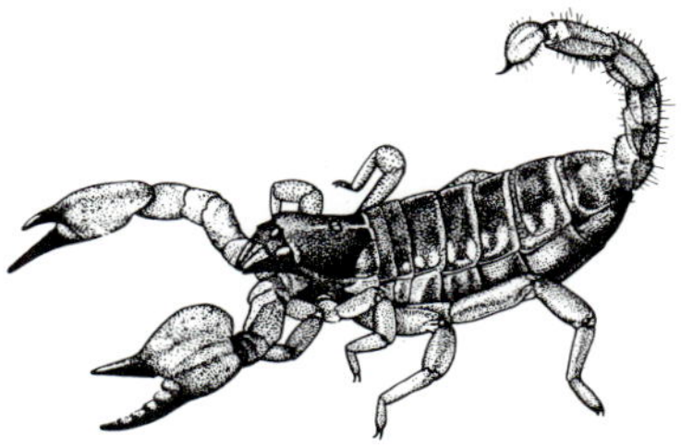

Tiefgräber Der Skorpion *Scorpio maurus* benutzt seine vergrößerten Zangen, um sich bei Hitze tief einzugraben.

Schneller Gräber Der Fransenzehenleguan, *Uma scoparius*, gräbt sich mit der Nase und den Füßen rasch ein.

Einsinken im Sand

Die McMahon-Viper, *Eristocophis mcmahoni*, in Belutschistan bewegt sich hin und her und wühlt sich dadurch eine Rinne, in der ihr Körper senkrecht einsinkt, bis nur noch ihr wellenförmiger Umriß erkennbar ist. Da nur die Augen und Nasenlöcher aus dem Sand herausragen, ist die Schlange nicht nur vor der Sonne geschützt, sondern auch praktisch unsichtbar. In dieser Stellung lauert sie auf Beute. Andere Kriechtiere haben sich auf ähnliche Weise an die Wüste angepaßt. Sie besitzen verbreiterte Körper, die sich mit seitwärts gerichteten und senkrechten Bewegungen eingraben, anstatt sich vorwärts in den Sand einzupflügen.

Nicht miteinander verwandt und doch ähnlich

Zwischen manchen nicht miteinander verwandten Tieren in verschiedenen Wüstengebieten haben sich starke Ähnlichkeiten herausgebildet. Diese Erscheinung ist darauf zurückzuführen, daß die Probleme des Wüstenlebens eben oft die gleichen sind, sei es in Arizona, sei es in Afrika, Asien oder in Australien. So fliehen sowohl die Taschenspringer Amerikas als auch die afrikanischen Wüstenspringmäuse vor Raubtieren durch schnelles Hüpfen auf verlängerten Hinterbeinen. Nächtlich lebende Wüstentiere brauchen ein scharfes Gehör. Deshalb haben der Eselhase in Nordamerika, andere Hasenarten im großen paläarktischen Wüstengürtel und das Quokka, ein australisches Beuteltier, große Ohren ausgebildet. In einem kalten Klima wären sie ungünstig, weil sie Körperwärme ableiten; für Wüstentiere hingegen ist gerade das ein Vorteil.

Die Taschenspringer in Amerika sind mit ihren großen Hinterbeinen und der hüpfenden Fortbewegungsweise den Wüstenspringmäusen in Afrika ähnlich.

Kitfuchs und Fennek sind kleine Fleischfresser. Sie haben große Ohren, mit denen sie ausgezeichnet hören und die überdies Körperwärme ableiten.

Der Seitenwinder, eine Klapperschlange, sieht wie eine Hornviper aus. Beide Reptilien schlängeln sich mit seitlichen Bewegungen durch losen Sand.

Taschenspringer
Gattung *Dipodomys*
Nordamerikanische Wüsten

Wüstenspringmaus
Gattung *Jaculus*
Paläarktisches Wüstengebiet

Kitfuchs
Vulpes velox
Nordamerikanische Wüsten

Fennek
Fennecus zerda
Sahara

Seitenwinder
Crotalus cerastes
Nordamerikanische Wüsten

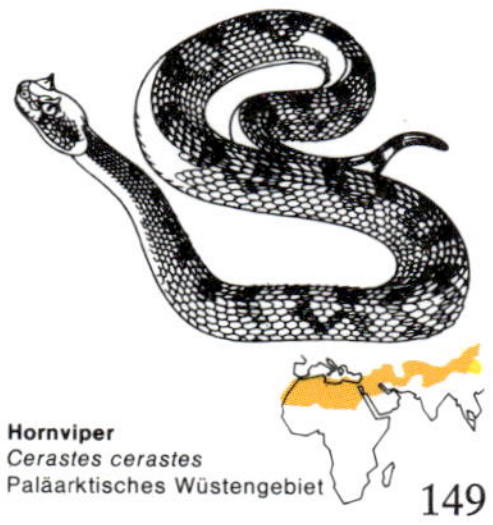

Hornviper
Cerastes cerastes
Paläarktisches Wüstengebiet

Kamele

Ruhende Trampeltiere Kamele liegen mit untergeschlagenen Beinen, den Kopf zur Sonne gerichtet. So ist möglichst wenig Körperfläche den Strahlen ausgesetzt.

Die Fähigkeit des Kamels, in der Wüste zu existieren, ist vom Menschen so lange ausgenutzt worden, daß es heute nur noch wenige wilde Kamele gibt.

Die Familie der Kamele, zu der auch das Lama, das Alpaka, das Vikugna und der Guanako gehören, hat ihren Ursprung in Nordamerika. Vor 10 Millionen Jahren, im trockenen Pliozän, breiteten sich in Nordamerika die Vorfahren der heute lebenden Kamele nach Norden und Süden aus und entwickelten sich in der Folgezeit zu den heutigen Formen. Einige überquerten die – damals noch vorhandene – Landbrücke der Bering-Straße und kamen nach Asien und von dort nach Afrika; von ihnen stammen das zweihöckrige Kamel oder Trampeltier und das einhöckrige Kamel oder Dromedar ab.

Abgesehen von einigen wildlebenden Herden – Abkömmlingen domestizierter Tiere in Spanien, Italien und vielleicht in Australien und Nevada – gibt es Dromedare nur noch gezähmt. Ursprüngliche Wildformen existieren jedoch noch vom zweihöckrigen Kamel in der Wüste Gobi. Diese Tiere tragen kurzes braunes Haar und sind im Wuchs schlank, was auf eine echte Wildrasse hinweist.

Die heute vorwiegenden Kameltypen sind durch langes Züchten zu Lasttieren geworden, denn beide Arten sind seit vorgeschichtlicher Zeit für Wüstenreisen unentbehrlich. Die großen, schlanken Dromedare werden in den heißen Wüsten des Mittleren Ostens und Nordafrikas als Reit- und Tragtiere gebraucht. Das Trampeltier hingegen ist wegen seines langen, dunklen Winterkleides und der kurzen, starken Beine für Arbeiten im Gebirge und in den kalten Wüsten Zentralasiens geeigneter. Vom Boden bis zur Höckerspitze mißt das Trampeltier etwa 2,10 m, das Dromedar 2,50 m.

Kamele haben sich gut an eine trockene Umwelt angepaßt. Der Höcker stellt eine Fettreserve dar. Da das Fett an einer Stelle konzentriert ist, wirkt es am übrigen Körper nicht isolierend.

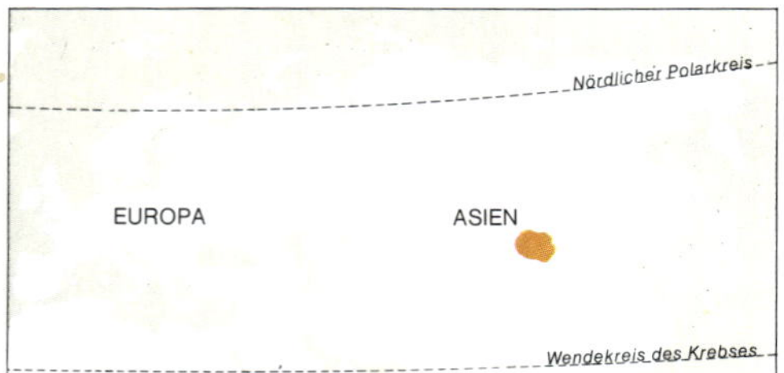
Nördlicher Polarkreis
EUROPA
ASIEN
Wendekreis des Krebses

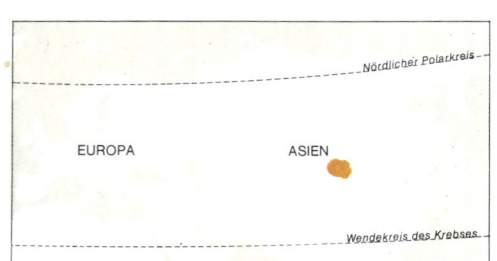

Heimat des wilden Kamels Die einzigen wirklich wilden Kamele sind die dünnbeinigen, kleinhöckrigen Trampeltiere der Wüste Gobi. Andere wilde Herden stammen von entwichenen gezähmten Tieren ab.

Dromedar
Camelus dromedarius
Trampeltier
Camelus bactrianus

Die gezähmten Kamele Beide Kamelarten sind vom Menschen als Haustiere gezüchtet worden. Das hellere Dromedar ist schneller; das starke Trampeltier ist ein Lastenträger, der besser in kalte Klimate paßt.

Anpassung an den Sand Lange Augenwimpern und Nüstern, die geschlossen werden können, schützen das Kamel vor treibendem Sand. Die Zehen sind durch Polster verbunden, die das Gewicht auf dem Sand verteilen.

Dromedare beim Trinken Sehr durstige Kamele können bis zu 120 Liter auf einmal trinken. Die roten Blutkörperchen des Kamels sind eiförmig; sie können schnell kugelförmig anschwellen, um Wasser aufzunehmen.

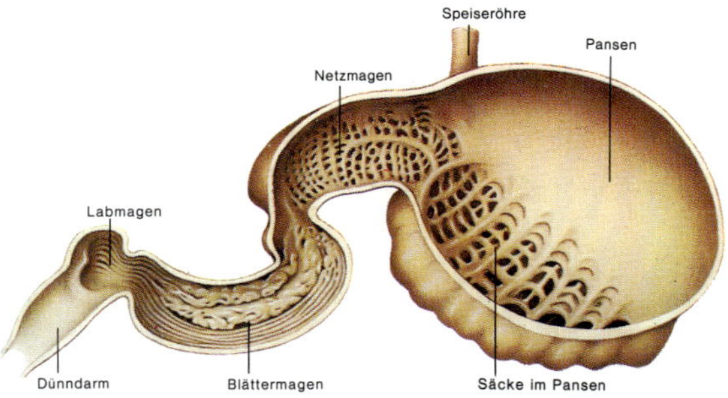

Speiseröhre
Pansen
Netzmagen
Labmagen
Dünndarm
Blättermagen
Säcke im Pansen

Magen mit Kammern Ein Kamelmagen hat 4 Kammern. Im Pansen, Netz- und Blättermagen werden die Zellwände des Pflanzenfutters abgebaut; und es werden Proteine zur Verdauung im Labmagen frei. Das Kamel ist der einzige Wiederkäuer, bei dem der Pansen mit Verdauungsdrüsen in Säcken ausgekleidet ist.

Mit dem Wasser gehen die Tiere sehr sparsam um. Beim Urinieren geht wenig Wasser verloren – nicht einmal ein Liter am Tag. Überdies schwitzen Kamele erst, wenn ihre Temperatur 40° erreicht. Dann aber ist der Tag gewöhnlich schon weit vorgeschritten, und in den kühleren Nachtstunden können die Tiere die angesammelte Körperwärme wieder abgeben.

Bei den meisten Säugern kommt es bei hochgradigem Wasserverlust in heißer, trockener Luft zu einem plötzlichen Hitzetod: Der Körper entzieht dem Blut Wasser, um das durch Schwitzen verlorene zu ersetzen; dadurch wird das Blut immer dickflüssiger, bis es nicht mehr schnell genug zirkulieren und die durch den Stoffwechsel erzeugte Wärme zur Haut abtransportieren kann. Die Körpertemperatur steigt; ein Hitzschlag bringt das Ende. Bei äußerstem Wasserentzug verliert ein Mensch etwa 12 Prozent seines Körpergewichts. Wenn er diese Menge auf einmal trinken könnte, würde er an „Wasservergiftung“ sterben.

Ein Kamel kann dagegen 30 Prozent seines Körpergewichtes in Form von Flüssigkeit verlieren, ohne Anzeichen von Erschöpfung zu zeigen. Es wird zwar mager, vermag aber noch zu fressen und zu laufen, denn die Flüssigkeit wird bei ihm hauptsächlich dem Zellgewebe entzogen. Auch wenn sein Körper stark ausgetrocknet ist, bleibt das Volumen des Blutes fast konstant. In diesem Stadium vermag das Kamel ohne Gefahr bis zu 120 Liter Wasser zu trinken. Seine roten Blutkörperchen können diese plötzliche Verdünnung vertragen, weil sie ungewöhnlich zahlreich sind, sich vergrößern und überdies Wasser aufnehmen können, ohne zu platzen. Das Kamel erreicht sein normales Körpergewicht schnell wieder, sobald in seinem Gewebe die verlorene Flüssigkeit ersetzt ist.

Im allgemeinen trinkt es nur, um einen Gewichtsverlust auszugleichen. Im Winter, wenn saftigere Pflanzen vorhanden sind, braucht es überhaupt nicht zu trinken.

In der Brunstzeit kämpfen die Männchen miteinander und teilen dabei mit ihren langen Eckzähnen heftige Bisse aus. Die Jungen sind von Geburt an robust. Bereits vom Ende des ersten Tages an können sie der Mutter folgen.

Die wilden Trampeltiere der Wüste Gobi leben in Herden, die aus einem oder zwei Männchen und drei bis fünf Weibchen bestehen. Sie schlafen im freien Gelände und fressen tagsüber Pflanzen, die sie gerade finden. Im Frühling wandern sie zum nördlichen Teil ihres Verbreitungsgebietes, im Herbst kehren sie wieder nach dem Süden zurück.

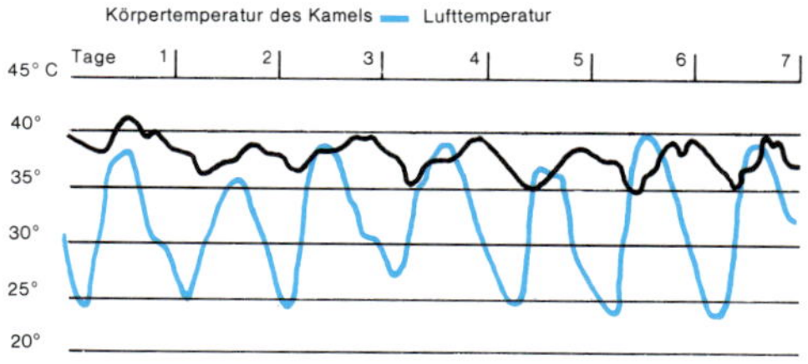

Körpertemperatur des Kamels
Lufttemperatur
Tage
1
2
3
4
5
6
7
45° C
40°
35°
30°
25°
20°

Wechselnde Körpertemperatur Schwankungen der Körpertemperatur im Laufe des Tages vermindern beim Kamel den Feuchtigkeitsverlust. Diese Kurven zeigen, wie bei steigender Lufttemperatur die Temperatur eines Kamels, das kein Wasser bekommt, ansteigt. Nachts sinkt die Temperatur des Tieres bis auf 35°; dadurch verzögert sich am nächsten Tag die Erwärmung.

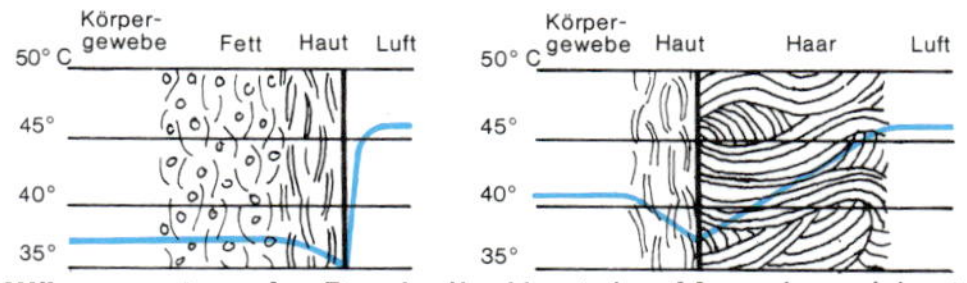

Körper-gewebe
Fett
Haut
Luft
50° C
45°
40°
35°
Körper-gewebe
Haut
Haar
Luft
50° C
45°
40°
35°

Wärmeaustausch Durch die Haut des Menschen dringt leicht Wärme ein (links), während das Fett den Verlust von Körperwärme vermindert. Oft muß der Mensch seine Hauttemperatur durch Verdunsten von Schweiß senken. Da das Kamel unter der Haut kein Fett besitzt, gibt es Körperwärme leichter ab. Die Isolierung durch das Haar mindert andererseits den Wärmefluß zur Haut hin.

Die Gangart des Kamels Kamele erreichen ihre Spitzengeschwindigkeit – etwa 15 km/st – im Paßgang, bei dem beide Beine auf einer Seite gleichzeitig vorgestellt werden. Die Durchschnittsgeschwindigkeit beladener Kamele beträgt etwa 4 km/st. Dieses Tempo können die Tiere 18 Stunden durchhalten.

Antilopen und Esel

Große Säugetiere decken in Wüstengebieten den größten Teil ihres Wasserbedarfs aus Pflanzen. Manche Arten legen auf der Suche nach Pflanzen weite Entfernungen zurück.

Keines der größeren Säugetiere in den Wüsten der Alten Welt kann vor dem harten Klima in Höhlen Schutz finden, und alle stehen sie dem Problem des Wassermangels gegenüber. Antilopen und Wildesel verfügen zum Teil über die physiologischen Mechanismen des Kamels. Dazu gehört unter anderem das geringe Wasserbedürfnis. Wenn die Antilopen und Wildesel aber einmal Trinkwasser brauchen, können sie weit entfernte Tränken erreichen.

Langhörnige Antilopen auf dürrem Boden

Kampfmale Die hintere Weiße Oryx wurde vermutlich von einem anderen Oryxbullen verwundet. Mit einem beschädigten Horn konnte sie nicht richtig kämpfen.

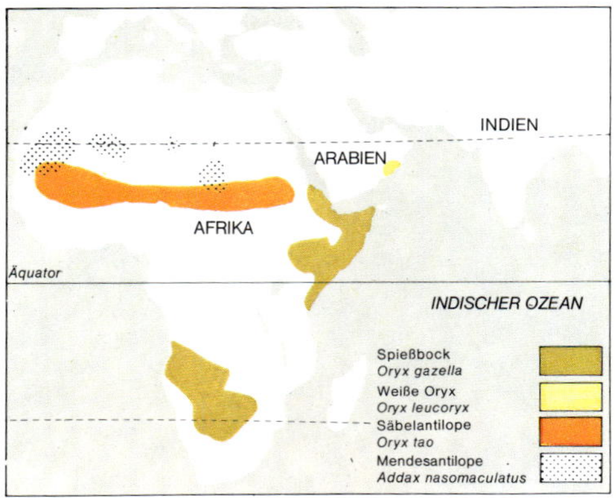
INDIEN
ARABIEN
AFRIKA
Äquator
INDISCHER OZEAN
Spießbock
Oryx gazella
Weiße Oryx
Oryx leucoryx
Säbelantilope
Oryx tao
Mendesantilope
Addax nasomaculatus

Verbreitungsgebiete der Oryxantilopen Der Spießbock ist in weniger trockenen Gebieten zu Hause als die anderen Arten. Die Säbelantilope ist, wie die Weiße Oryx, die arabische Art, hellfarbig.

Spießböcke kämpfen miteinander, indem sie ihre gefährlichen Hörner fest ineinander verschränken.

Die Oryxantilopen zeichnen sich durch lange Hörner aus, die bei einigen Arten fast 1,20 m erreichen. Wenn sie angegriffen werden, kämpfen sie gewaltig. Wildhunden und Geparden stellen sie sich oft entgegen, statt davonzulaufen. Sie greifen mit gesenktem Kopf an, schwingen die Hörner mit mähenden Bewegungen von einer Seite zur anderen und schnauben herausfordernd durch die Nüstern.

In ihrem Lebensraum, der Steinwüste, trinken sie nur selten; Feuchtigkeit erhalten sie aus den Pflanzen und wahrscheinlich auch durch Tau. Bei sehr heißem Wetter ziehen viele an den Rand der Wüste, um dort Schatten zu suchen. Hier werden während der Regenzeit oft die Jungen geboren.

Oryxantilopen, *Oryx,* kommen in allen Wüsten und Grasländern Afrikas vor, in geringer Zahl auch noch in Arabien. Durch die Jagd sind sie in den letzten Jahren dezimiert worden.

Die Weiße Oryx ist mit einer Schulterhöhe von 97 cm die kleinste Art. Die Säbelantilope unterscheidet sich von den anderen Arten durch ihr gebogenes Gehörn, das über 1,10 m lang sein kann. Sie hat ein weißes Fell mit kastanienbrauner Zeichnung; ihre Schulterhöhe beträgt 1 m. Der Spießbock wird etwa 1,20 m groß.

Wanderer in Ödländern Mendesantilopen sind nicht so schnell wie Oryxantilopen, aber sie können in trockeneren Zonen leben. Kleine Herden von Mendesantilopen durchziehen abgelegene Teile der Sahara unter Bedingungen, die nur wenige andere Säugetiere ertragen. Ihren Flüssigkeitsbedarf decken sie nur aus Pflanzen. Mit ihren weitgespreizten Hufen vermögen diese Tiere mühelos durch den Sand zu laufen. Vom Menschen erbarmungslos gejagt, sind sie in Gefahr auszusterben.

Vorbei mit den Wanderungen Springböcke wanderten einst in riesigen Herden durch Südafrika. Einige der Herden umfaßten mehr als eine Million Exemplare. Heute sind diese Tiere selten; die meisten leben in Reservaten. Springböcke haben ihren Namen erhalten, weil sie in die Luft springen, wenn sie tändeln oder erschreckt werden. Über ihren Rücken zieht sich eine Hautfalte mit helleren Haaren. Bei Gefahr wird die Falte aufgerichtet und dient dann als ein Alarmsignal.

Gazellen, die nicht zu trinken brauchen

Gazellen sind in allen möglichen Wüsten der Alten Welt weit verbreitet. Eine typische Wüstengazelle ist die Dorkasgazelle, die in flachen, steinigen Wüsten lebt. Dieses kleine Geschöpf, dessen Schulterhöhe nur 60 cm beträgt, ist sehr wachsam und kann eine Geschwindigkeit von 80 km/st erreichen.

In Marokko und anderen Wüstengebieten des Mittelmeerraumes brauchen Dorkasgazellen kein Wasser; sie bekommen aus fleischigen Wurzeln und Pflanzen genügend Feuchtigkeit.

Tiere der gleichen Art im Sudan hingegen verlieren bei trockenem Futter ohne Wasser oft ständig an Gewicht. Wenn sie 14–17 Prozent ihres normalen Körpergewichtes verloren haben, hören sie ganz auf zu fressen und sehen abgezehrt und hinfällig aus. Bis zu diesem Stadium vergehen in kühleren Zeiten etwa 12 Tage; in der heißen Zeit aber können die Gazellen, ohne zu trinken, nicht mehr als 5 Tage existieren.

Während Kamele notfalls nur wenig Wasser aufzunehmen brauchen, ist die Dorkasgazelle offenbar nicht so gut angepaßt. Sie überlebt, weil sie große Entfernungen zur Tränke zurücklegen kann.

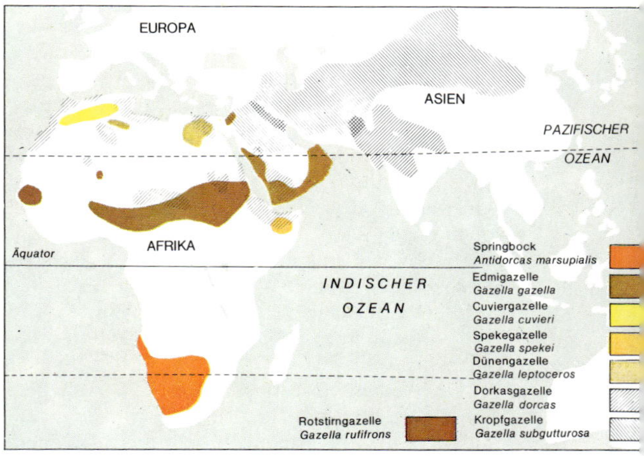
EUROPA
ASIEN
PAZIFISCHER OZEAN
Äquator
AFRIKA
INDISCHER OZEAN
Springbock Antidorcas marsupialis
Edmigazelle Gazella gazella
Cuviergazelle Gazella cuvieri
Spekegazelle Gazella spekei
Dünengazelle Gazella leptoceros
Dorkasgazelle Gazella dorcas
Kropfgazelle Gazella subgutturosa
Rotstirngazelle Gazella rufifrons

Wüstengazellen In den Wüsten Afrikas und Asiens leben verschiedene Gazellen. In Südamerika wird die Rolle der Wüstengazellen vom Springbock übernommen.

Weibliche Dorkasgazelle Eine der kleinsten Gazellen, die Dorkasgazelle, mißt bis zur Schulter höchstens 60 cm. Die Jungen werden zwischen April und Juni geboren. Bereits nach einer Woche können sie so schnell laufen wie die erwachsenen Tiere.

Erstaunliche Trinker in dürrem Land

Die Wüsten Afrikas und Asiens und die asiatischen Steppen werden von wilden Eseln bewohnt, die Kamelen insofern gleichen, als sie einen Wasserverlust von 30 Prozent ihres Gewichtes aushalten. Auch können sie den Wasserverlust schnell wieder ergänzen. Innerhalb von wenigen Minuten vermag ein Wildesel eine Wassermenge zu trinken, die mehr als ein Viertel seines Körpergewichtes beträgt. Vom asiatischen Halbesel gibt es verschiedene Rassen; eine davon ist der Onager, der Wildesel der Bibel. Der afrikanische Wildesel hat 2 Rassen: den Nubischen und den Somali-Wildesel. Die nubische Rasse ist aber mit Hauseseln gekreuzt worden.

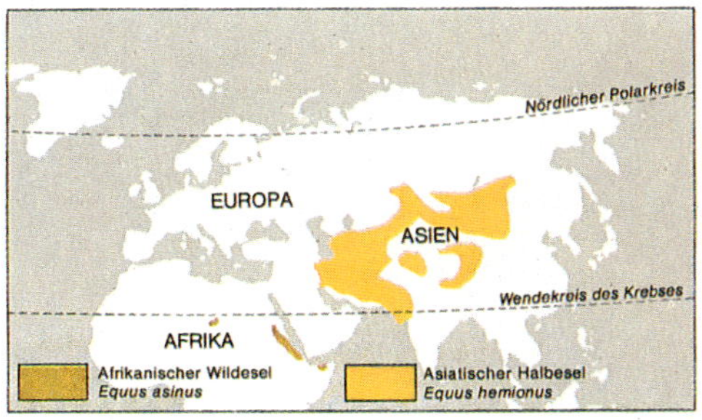
Nördlicher Polarkreis
EUROPA
ASIEN
Wendekreis des Krebses
AFRIKA
Afrikanischer Wildesel Equus asinus
Asiatischer Halbesel Equus hemionus

Heimat der wilden Esel Beide Wildeselarten sind bedroht. Eine der 5 asiatischen Rassen, der Syrische Halbesel, ist in diesem Jahrhundert ausgestorben.

Asiatische Halbesel Indische Halbesel, die zu der asiatischen Art gehören, waren einst häufig. Heute aber sind von ihnen nur noch etwa 1000 Exemplare vorhanden. Diese Aufnahme entstand in Indien. Wildesel findet man am häufigsten in Wüstenebenen, die spärlich mit niedrigem Gebüsch bewachsen sind.

Kleine Säugetiere

In den trockensten Wüsten trinken viele kleine pflanzenfressende Säugetiere niemals. Die Raubtiere ihrerseits müssen mit der Körperflüssigkeit dieser Beutetiere auskommen.

Die meisten kleinen Säugetiere wären schnell ausgetrocknet, wenn sie sich längere Zeit der Sonnenhitze in der Wüste aussetzten. Darum leben sie fast alle tagsüber in Höhlen. Verschiedene Arten halten während der größten Hitze einen Sommerschlaf.

Viele kleine Säuger der Wüste, vor allem grabende Arten, besitzen eine vergrößerte Paukenblase. Wahrscheinlich wird dadurch die Hörempfindlichkeit des Tieres erhöht, so daß es Raubtieren besser entkommen und andererseits Beutetiere leichter erwischen kann.

Hilfe beim Hören unter der Erde

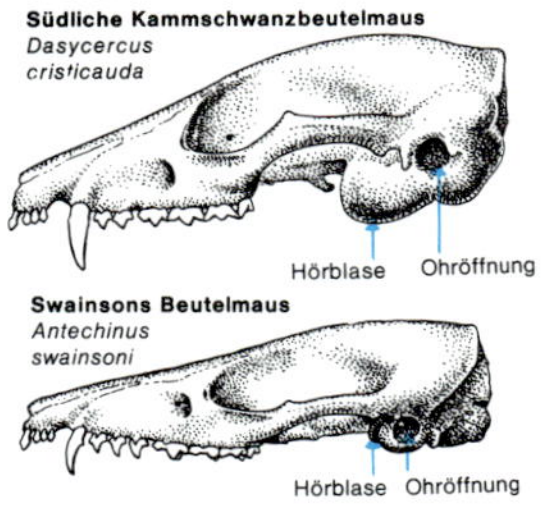
Südliche Kammschwanzbeutelmaus
Dasycercus cristicauda
Hörblase
Ohröffnung
Swainsons Beutelmaus
Antechinus swainsoni
Hörblase
Ohröffnung

Hier die Schädel zweier australischer Beutelmäuse. Die Wüstenart (oben) besitzt eine große Paukenblase. Sie dient vielleicht als Resonanzboden für Schallwellen im Boden und warnt das Tier vor Räubern.

Schnelle, kleine Nager, die niemals trinken

Dem Dasein bei extremer Hitze und Trockenheit müssen Körper und Verhaltensweise angepaßt sein. Einige kleine Nagetierarten sind darin höchst erfolgreich. Die Springmäuse Nordafrikas und Asiens, die Känguruhratten Nordamerikas und die Wüstenmäuse Australiens haben alle die Fähigkeit, sparsam mit dem Wasser umzugehen und auf Gefahren schnell zu reagieren.

Die meisten dieser Geschöpfe besitzen lange Hinterbeine und bewegen sich wie Känguruhs fort. So sind sie schnell und behende, und gleichzeitig ist die Fläche ihres Körpers, die mit dem heißen Sand in Berührung kommt, vermindert. Mit den kurzen Vorderbeinen graben sie Löcher oder Höhlen – eine wichtige Tätigkeit, weil auch nur eine Stunde in freier Wüste einen fast vollständigen Wasserentzug zur Folge haben würde.

Am bemerkenswertesten ist es, daß diese Tiere existieren können, ohne zu trinken – und das bei einer Nahrung, die nur aus trockenem Pflanzenmaterial besteht. Wenn das Futter durch den Verdauungsprozeß chemisch aufgespalten wird, liefert es das nötige Wasser.

Außerdem trägt fast jede körperliche Funktion, jede Verhaltensweise des Tieres dazu bei, Feuchtigkeit zu erhalten. Der Urin ist hoch konzentriert; Wasser im Kot wird durch den langen Darm wieder aufgesogen. Auch haben diese Nager keine Schweißdrüsen. In selbstgegrabenen Höhlen entziehen sie sich der Tageshitze; überdies erreichen sie dort eine verminderte Verdunstung dadurch, daß ihr Atem die Luftfeuchtigkeit ansteigen läßt.

Die nordamerikanischen Taschenspringer bewegen sich auf ihren langen Hinterbeinen hüpfend fort.

Rennmaus und Junges Afrikanische Rennmäuse können aus trockenem Futter Wasser gewinnen.

Kleine Jäger, die nicht wählerisch sind

Die eigentlichen Räuber der Wüste sind selten viel größer als Hauskatzen. Abgesehen von der Umgebung der Oasen gibt es hier zuwenig Futter und Wasser für Großraubtiere.

Die Wüstenkatzen Arabiens und der Sahara, die Sandkatze, *Felis margarita,* und der Karakal, *Felis caracal,* jagen – wie die Pallas-Katze Eurasiens – Rennmäuse und Wüstenspringmäuse. Kleine Wüstenfüchse, der Präriefuchs in Nordamerika und der Fennek in der Sahara, machen ebenfalls auf Nagetiere Jagd. Besonders die Füchse sind hinsichtlich ihrer Wasserversorgung auf die Körperflüssigkeit der Beutetiere angewiesen.

Der Fennek kann in der Wüste existieren, weil er ein Allesfresser ist. Seine Nahrung besteht nicht nur aus Nagetieren, sondern auch aus Insekten, Eidechsen und Datteln. Auch der Kojote kommt oft in der Wüste vor.

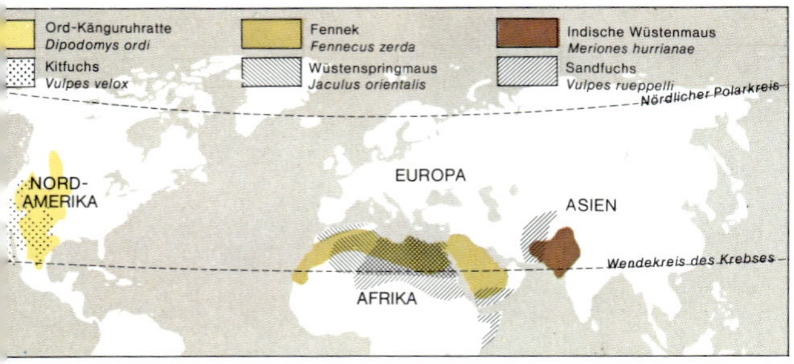
Ord-Känguruhratte
Dipodomys ordi
Kitfuchs
Vulpes velox
Fennek
Fennecus zerda
Wüstenspringmaus
Jaculus orientalis
Indische Wüstenmaus
Meriones hurrianae
Sandfuchs
Vulpes rueppelli
Nördlicher Polarkreis
NORD-AMERIKA
EUROPA
ASIEN
AFRIKA
Wendekreis des Krebses

Räuber und Beutetiere In allen Wüsten der Welt leben viele kleine Nagetiere, ohne trinken zu müssen. Sie decken ihren Flüssigkeitsbedarf aus der Nahrung. Wüstenfüchse wiederum erhalten Wasser aus der Körperflüssigkeit der Nagetiere, die sie fressen.

Der Fuchs der Wüste Sandfüchse leben in den trockensten Gebieten Arabiens. Am Wasser sind sie selten.

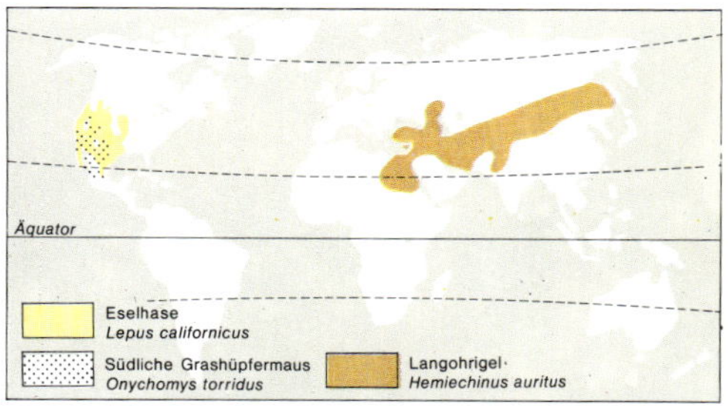
Äquator
Eselhase
Lepus californicus
Südliche Grashüpfermaus
Onychomys torridus
Langohrigel
Hemiechinus auritus

Feuchtigkeitssucher Der Langohrigel und die Grashupfermaus nehmen Feuchtigkeit auf, indem sie Insekten und kleine Tiere fressen. Der Eselhase wird erst nach Einbruch der Nacht aktiv; dann frißt er Pflanzen.

„Schwimmen" im Sand Der Wüstengoldmull, *Eremitalpa granti*, „schwimmt" in der südwestafrikanischen Namib-Wüste durch den losen Sand, wo er Eidechsen und Insekten jagt. Er hat weder Augen noch Ohrmuscheln.

Feuchte Nahrung

Verschiedene vom Wasser unabhängige Nagetiere bringen ihre Jungen während der kurzen Regenzeit zur Welt. Für eine kurze Weile wächst dann saftiges Gras. Es liefert den Muttertieren Feuchtigkeit, mit der sie den Flüssigkeitsverlust bei der Milcherzeugung ausgleichen.

Viele kleine Säugetiere brauchen zwar niemals zu trinken, vermögen aber nur zu existieren, indem sie feuchte Nahrung fressen. Die nordafrikanische Sandratte, *Psammomys obesus*, wohnt in trockenen Flußbetten, in denen noch so viel Feuchtigkeit vorhanden ist, daß fleischige Pflanzen dort wachsen. Diese sind gewöhnlich sehr salzhaltig. Die Sandratte entledigt sich des überschüssigen Salzes, indem sie Urin mit einer Salzkonzentration ausscheidet, die viermal so hoch ist wie die des Meerwassers.

In amerikanischen Wüsten leben Buschratten der Gattung *Neotoma* von saftigen Opuntienfrüchten. Sie legen komplizierte Erdbauten an, deren Eingänge durch Steinhaufen und stachelige Kakteen gegen Feinde geschützt sind. Der Mohave-Ziesel, *Citellus mohavensis,* der ebenfalls Opuntienfrüchte frißt, hält während der heißesten Monate einen Sommerschlaf.

Andere kleine Tiere ernähren sich von Wirbellosen, um ihren Flüssigkeitsbedarf zu dekken. Die Grashüpfermäuse des westlichen Nordamerika fressen Insekten und kleine Nagetiere, ebenso der Langohrigel der Sahara und die Mulgara, *Dasycercus cristicauda*, ein Beuteltier, das in Zentralaustralien lebt.

Wüstenigel Der Langohrigel ernährt sich von Insekten und gewinnt aus ihnen auch Wasser. Er kann wochenlang existieren, ohne zu fressen. Seine langen Ohren geben überschüssige Körperwärme ab.

Die Grashüpfermaus frißt Insekten, Eidechsen und alle Nagetiere, die sie überwältigen kann.

Große Ohren zum Hören und zur Wärmeabgabe

Scharfe Sinne sind für alle Tiere, die in der Wüste leben, sehr wichtig. Raubtiere benötigen sie, um in dieser Umgebung, wo es verhältnismäßig wenig Leben gibt, etwas zu erwischen. Und Pflanzenfresser müssen ständig auf der Hut sein, wenn sie überhaupt überleben wollen. Daher haben sich bei vielen Wüstentieren große Ohren entwickelt. Die meisten kleinen Arten sind Nachttiere; deshalb ist für sie das Ohr ohnehin das wesentlichste Sinnesorgan.

Die Ohren von Wüstenhasen sind bedeutend größer als die der Hasen in anderen Gegenden. Diese Tiere werden von zahlreichen Fleischfressern gejagt, und sie bauen auch nur selten Erdhöhlen, wie es die meisten anderen kleinen Wüstensäugetiere tun. Daher müssen der amerikanische Schwarzschwanz-Eselhase und der Saharahase, *Lepus capensis*, ständig vor Räubern auf der Hut sein. Nur dank ihres scharfen Gehörs und einer Geschwindigkeit von 70 km/st können sie Feinden entkommen.

Durch die großen Ohren, die sehr viele Blutgefäße enthalten, wird wahrscheinlich überschüssige Hitze abgeleitet, so daß bei den Tieren auch in der offenen Wüste kein Wärmestau eintritt. Hasen werden erst nach Einbruch der Nacht aktiv. Tagsüber ruhen sie in flachen Mulden oder im Schatten unter einem Busch.

Der Eselhase gräbt sich keine Höhlen. Das ist ungewöhnlich für ein Wüstentier, das nicht trinkt.

Vögel

Schlangentöter Der kalifornische Erdkuckuck lebt großenteils von Schlangen. Bevor er sie tötet, läßt er sie nach seinen ausgebreiteten Flügelfedern stoßen.

Wüstenwachtel Die Helmwachtel nistet unter Büscheln von Opuntien. Das Weibchen brütet bis zu 20 Küken aus und adoptiert dazu noch verwaiste Küken. Das Männchen bewacht den Gang zu dem stacheligen Nistplatz; dennoch drücken sich harthäutige Echsen an den Stacheln vorbei und rauben oft Eier und Küken.

Wasser für die Jungen Senegal-Flughühner nisten weit vom Wasser entfernt; daher tränken die Männchen ihre Brustfedern mit Wasser und bringen es so zu den Küken.

Für Vögel ist die Wüste eine unwirtliche Welt. Sie können zwar die Hitze ertragen, aber die meisten sind an Gebiete gebunden, in denen sie Trinkwasser erreichen können.

Es gibt kaum augenfällige Unterschiede zwischen Wüstenvögeln und Arten aus anderen Gebieten, doch sind die Wüstenbewohner im allgemeinen blasser gefärbt.

Vögel der Wüsten sind gewöhnlich auf Gegenden beschränkt, die im Bereich von offenen Wasserstellen liegen; sie müssen trinken – wenn auch fleisch- und insektenfressende Vögel aus ihrer Nahrung ziemlich viel Feuchtigkeit gewinnen. Vor allem kleine Vögel verlieren durch Verdunstung schneller Wasser als Säugetiere vergleichbarer Größe – am meisten durch rasches Atmen bei hohen Temperaturen, weniger durch die Haut, denn Vögel haben keine Schweißdrüsen.

Daß Vögel durch Verdunstung mehr Wasser verlieren als Säugetiere, liegt wahrscheinlich daran, daß ihre Körpertemperaturen höher sind, gewöhnlich 40—42°; darum atmen sie wärmere Luft aus, die mehr Feuchtigkeit enthält. Die Trauertaube aber kann in besonderem Maße Hitze und Wasserentzug aushalten, überdies weit fliegen und daher in größerer Entfernung vom Wasser leben als die meisten Vögel der Wüste.

Wüstenvögel sind im allgemeinen tagsüber aktiv. Da sie sich nicht in den Boden hineingraben wie kleine Säugetiere und Kriechtiere, können sie der Mittagshitze nur im Schatten entgehen, sofern es welchen gibt. Eulen und Ziegenmelker sind Nachtvögel, die tagsüber in Felsspalten Schutz suchen.

Vögel verlieren nicht viel Wasser mit ihren Körperausscheidungen. Sie bilden vielmehr Kristalle, die zusammen mit dem Kot abgegeben werden, so daß der Feuchtigkeitsverlust sich vermindert.

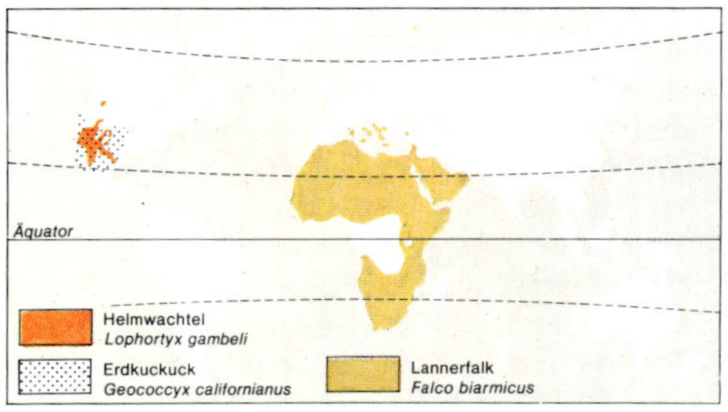
Äquator
Helmwachtel
Lophortyx gambeli
Erdkuckuck
Geococcyx californianus
Lannerfalk
Falco biarmicus

Weit verbreitet Der Lannerfalk ist vorwiegend ein Wüstenvogel, doch findet man ihn auch sonst in Afrika und sogar in einigen europäischen Mittelmeerländern.

Putzkralle Der Poor-Will besitzt an seinem Mittelzeh eine kammähnliche Kralle. Damit kratzt er seine Kopffedern und säubert und glättet die Borsten an seinem großen Schnabel, die beim Insektenfang nützlich sind.

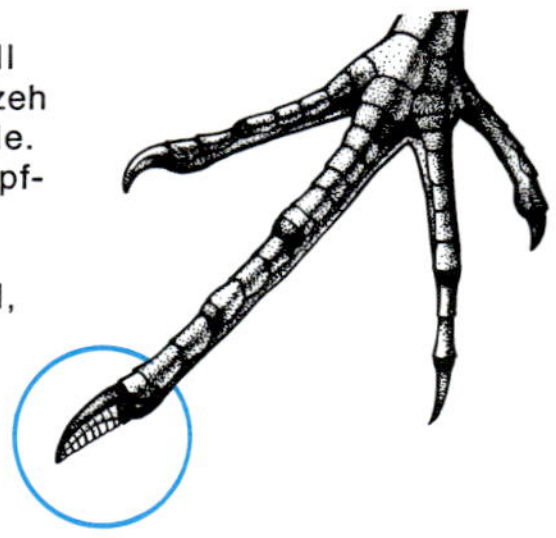

Landvögel sind gewöhnlich gegen Salzwasser sehr empfindlich, da ihre Nieren nicht so konzentrierten Urin bilden können wie die der Säugetiere. Die Nieren einiger Wüstenvögel aber sind in dieser Hinsicht leistungsfähiger. So die des Steppenhuhns, das salzige, fleischige Pflanzen frißt. Der Strauß kann, wie die Meeresvögel, von salzigem Wasser leben, weil er eine große Nasendrüse hat, die überschüssiges Salz ausscheidet. Wasserentzug und eine erhöhte Körpertemperatur erträgt er ebenfalls.

Der Mangel an Schatten und das heiße, trokkene Klima haben die Brutgewohnheiten der meisten Wüstenvögel insofern beeinflußt, als ihre Eier – besonders die der kleineren Arten – gekocht würden, wenn sie der Gluthitze bei direkter Sonneneinstrahlung ausgesetzt wären. Einige Vögel, so der Schieferfalk, *Falco concolor*, in Nordafrika und der Zweibinden-Rennvogel in Südafrika, brüten unter den schwierigsten Verhältnissen; viele Arten aber, wie der Blutschnabelweber, *Quelea quelea,* pflanzen sich in besonders trockenen Jahren gar nicht fort.

Zum Schutz der Eier werden verschiedene Möglichkeiten ausgenutzt, die der Lebensraum bietet. Lerchen nisten vor allem unter Sträuchern und Büschen, Steinschmätzer in kleinen Höhlen oder Löchern und die Helmwachtel unter Büscheln von Opuntien.

Vögel in den Wüsten Kaliforniens und Arizonas sind auf Höhlen im Saguaro-Kaktus angewiesen, die von 2 Spechtarten hergestellt werden: Der Gilaspecht, *Centurus uropygialis,* und der Goldspecht, *Colaptes chrysoides,* legen in dieser Pflanze etwa 20 cm lange, horizontale Gänge an, die zu kühlen, runden Kammern führen. Auf solche Weise vermögen die Spechte Wüstengebiete zu besiedeln, in denen keine anderen großen Pflanzen wachsen. Verschiedene Vögel – unter ihnen der Elfenkauz, *Micrathene whitneyi*, eine Zwergohreule, der amerikanische Buntfalk, *Falco sparverius*, und der Fliegentyrann *Myriarchus cinerascens* – benutzen diese Nester in den Riesenkakteen, wenn sie verlassen sind.

Ein Vogel, der einen Winterschlaf hält

Ein weiterer Bewohner solcher unbesetzter Spechtnester ist der weißkehlige Poor-Will, *Phalaenoptilus nuttallii,* ein Verwandter des Ziegenmelkers und der einzige Vogel, von dem man weiß, daß er lange Zeiten schlafend verbringt.

Der Lannerfalk, einer der schnellsten Falken, jagt oft kleine Vögel; in der Wüste stellen allerdings Dornschwanzechsen seine Hauptnahrung dar. Eidechsen sind auch die bevorzugte Beute des Unionswürgers, *Lanius ludovicianus.* Er spießt sie auf spitze Dornen, die die Opfer festhalten, wenn er ihre dicke Haut abzieht.

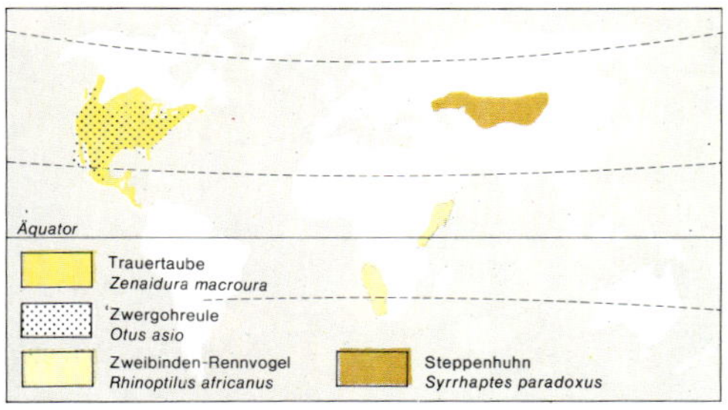
Äquator
Trauertaube
Zenaidura macroura
Zwergohreule
Otus asio
Zweibinden-Rennvogel
Rhinoptilus africanus
Steppenhuhn
Syrrhaptes paradoxus

Unterschiedliche Verbreitung Der Zweibinden-Rennvogel ist hauptsächlich auf die Wüste beschränkt. Andere Vögel bewohnen noch weitere Lebensräume.

Mit der Wüste verschmelzend Der Triel, *Burhinus oedicnemus*, lebt in Wüsten und in weniger trockenen Zonen; seine Jungen sind sehr gut getarnt (unten).

Der Zweibinden-Rennvogel brütet auch unter den schwierigsten Bedingungen. Viele Wüstenvögel hingegen pflanzen sich in trockenen Jahren gar nicht fort.

Die amerikanische Trauertaube kann hohe Körpertemperaturen und einen beträchtlichen Wasserentzug aushalten. Überdies fliegt sie lange Strecken. So vermag sie in unwirtlicher Umgebung, weit vom Wasser entfernt, zu leben.

Die Nachfolge in einem Nest Spechte legen ihre Nester in den Saguaro-Kakteen im Südwesten der Vereinigten Staaten an. Später werden diese Wohnungen von anderen Vögeln wie Fliegenschnäpper (links) und Zwergohreule (rechts) besetzt. Die Frucht des Saguaro dient 50 Vogelarten als Nahrung.

Eidechsen und Schildkröten

Reptilien müssen, wie auch die Säugetiere und Vögel, in der Wüste besondere Mittel finden, um bei dem Wassermangel und der sengenden Hitze existieren zu können.

Das Leben in der Wüste ist für kein Tier einfach; aber der Körperbau der Reptilien, besonders der Echsen und Schlangen, erleichtert dieses Dasein. Die Haut dieser Geschöpfe enthält keine Drüsen, so daß der Wasserverlust – durch einen Vorgang, dem bei Säugetieren das Schwitzen entspricht – stark vermindert ist. Harnabfallstoffe werden als breiige oder halbfeste Massen ausgeschieden, die einen hohen Prozentsatz an Harnsäure, aber sehr wenig Wasser enthalten. Außerdem haben viele Echsen Drüsen, deren Ausführgänge in die Nase münden; durch sie wird überschüssiges, mit der Nahrung aufgenommenes Salz wieder abgegeben.

Viele Echsen und Schildkröten ziehen sich vor der extremen Hitze in ihre Erdlöcher zurück; andere suchen in Felsspalten Schutz.

Die Gila-Krustenechse in Nordamerika ist giftig. Bei Trockenheit schrumpft ihr Schwanz in dem Maße, wie das dort gespeicherte Fett verbraucht wird.

Knochenpanzer und dornige Schuppen

Verteidigungsstellung Die panzerartige Haut an Kopf und Rücken des Panzer-Gürtelschweifs, *Cordylus cataphractus*, hat eine Knochenschicht, die sie steinhart macht. Wird diese afrikanische Echse angegriffen, dann packt sie ihren dornigen Schwanz mit dem Maul und bildet so einen unüberwindlichen Ring.

Wüstenechsen fressen vor allem Insekten und Spinnen; aber einige Arten, wie der Chuckwalla *Sauromalus obesus* in Nordamerika und die Dornschwanzechsen der Gattung *Uromastix* in Afrika und Asien sind Pflanzenfresser.

Der Wüstenwaran der Alten Welt, *Varanus griseus*, die nordamerikanische Gila-Krustenechse, *Heloderma suspectum*, und der australische Großwaran, *Varanus giganteus*, sind Fleischfresser. Der Wüstenwaran, der eine Länge von 1,50 m erreichen kann, erträgt ungewöhnlich hohe Temperaturen. Er ist schnell und frißt jedes Tier, das er zu überwältigen vermag.

Die Gila-Krustenechse tötet ihre Beute mit ihren starken Kiefern und durch ihr Gift. Wie andere Echsen auch, verfolgen die Gila-Krustenechse und der Wüstenwaran ihre Beute, indem sie ihre Zungen über die Spur huschen lassen. Ein Organ im Gaumen nimmt chemische Substanzen wahr, die von der Zunge aufgenommen werden.

Viele Echsen sind durch ihre Form und Färbung so getarnt, daß sie mit dem Untergrund verschmelzen. Einige – so die amerikanische Krötenechse und der australische Moloch oder Dornteufel *Moloch horridus* – sind außerdem durch groteske, dornige Schuppen geschützt; ihr furchterregendes Aussehen steht im Gegensatz zu ihrem ruhigen Wesen.

Der Dornteufel kann das Wasser des feuchten Sandes aufnehmen, und zwar dringt es nicht direkt durch die Haut in den Körper, sondern fließt – durch Kapillarwirkung – in offenen Kanälen in der äußeren Haut entlang, bis zum Maul.

Laufen auf allen vieren

Einige Echsen sind beinlos und bewegen sich mit schlangenähnlichen Bewegungen fort; die meisten aber laufen auf 4 Beinen. Der Halsbandleguan, *Crotaphytus collaris*, ist der Typ des schnellen Läufers. Seine kräftigen Hinterbeine treiben den Körper vorwärts, während die schwächeren Vorderbeine zum Stützen dienen.

Der Schwanz als Gegengewicht

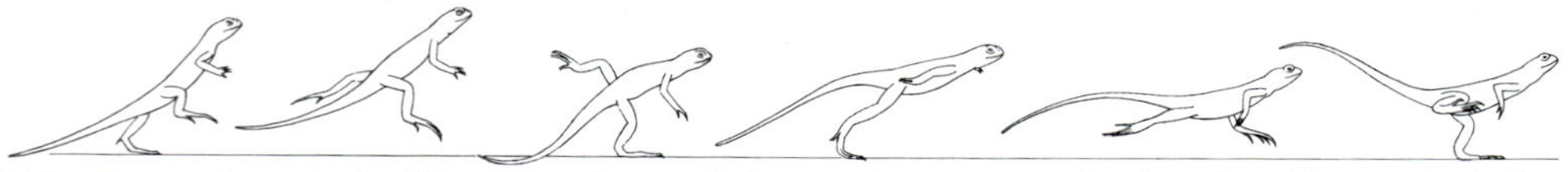

Einige Echsenarten – wie der Gitterschwanzleguan, *Callisaurus draconoides*, in Nordamerika – können schnell über die Wüste dahinrennen, indem sie lediglich ihre kräftigen Hinterbeine benutzen. Der lange Schwanz wird dabei angehoben; er dient als Gegengewicht und hält das Tier in der Balance.

Ameisenfresser Der Dornteufel, der in sandigen Gebieten in Süd- und Westaustralien lebt, ernährt sich von Ameisen; er frißt bei einer Mahlzeit 1000–1500 Stück.

Reaktion auf die unterschiedlichen Tagestemperaturen

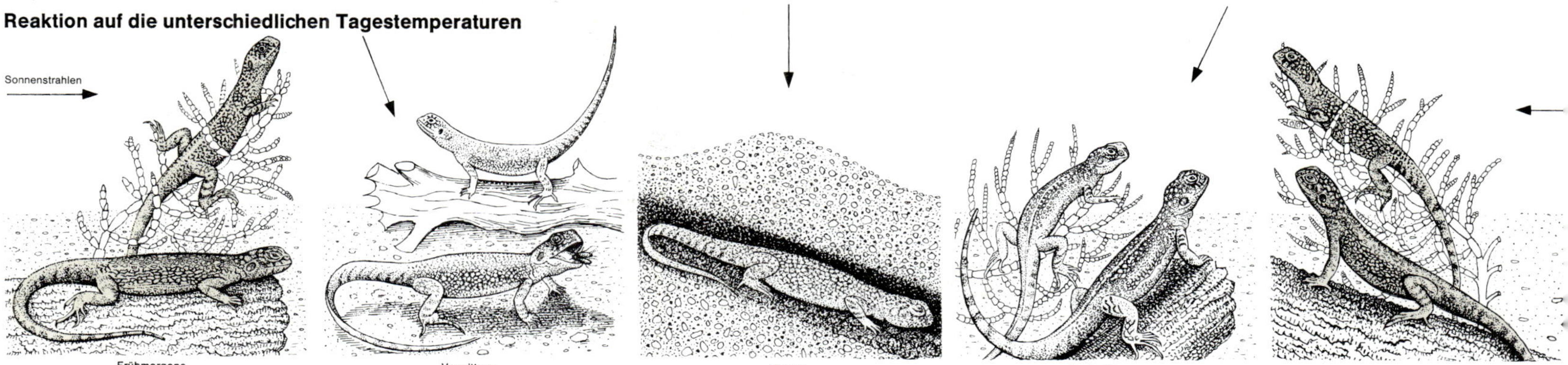
Sonnenstrahlen

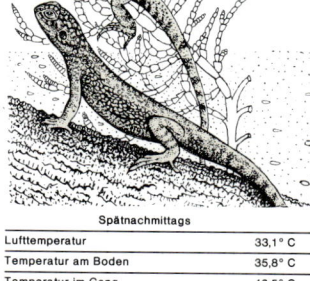

	Frühmorgens	Vormittags	Mittags	Nachmittags	Spätnachmittags
Lufttemperatur	28,9° C	28,8° C	43,4° C	35,2° C	33,1° C
Temperatur am Boden	38,9° C	42,0° C	56,4° C	46,5° C	35,8° C
Temperatur im Gang		37,5° C	43,5° C	43,2° C	43,5° C
Körpertemperatur	32,2° C	36,7° C	39,2° C	39,0° C	33,1° C

Um den Temperaturänderungen zu begegnen, verhalten Eidechsen sich im Laufe eines Tages unterschiedlich. Eine australische Art, *Amphibolurus inermis,* wendet am frühen Morgen ihren Rücken der Sonne zu, um möglichst viel Wärme zu empfangen. Wenn der Boden sich erwärmt, macht sie zunächst Jagd auf Insekten. Danach reckt sie ihren Schwanz, hebt den Körper vom heißen Erdboden ab und stellt sich mit dem Kopf gegen die Sonne, um die den Strahlen ausgesetzte Fläche zu verkleinern. Während der Mittagshitze zieht sie sich in ihre Höhle zurück. Nachmittags stellt sie sich erneut gegen die Sonne. Und am späten Nachmittag sonnt sie sich wieder.

Im Sudan kommt, als Tagtier, der afrikanische Fünfstreifen-Mabuya, *Mabuya quinquetaeniata*, sowie der nachts lebende Gecko *Tarentola annularis* vor. Der Gecko kann weit besser lange wasserlose Zeiten überstehen als der Mabuya, wahrscheinlich, weil er weniger aktiv ist.

Breitschwanzechsen, wie die Dornschwanzechsen der Gattung *Uromastix*, speichern in ihren Schwänzen Fett, das möglicherweise nicht nur als Nahrungsreserve dient, sondern auch Stoffwechselwasser liefert, so daß die Tiere Perioden extremer Trockenheit überleben können. Breitschwanzechsen suchen ebenfalls in Erdlöchern Schutz.

Veränderliche Körpertemperatur

Warmblütige Säugetiere und Vögel regulieren ihre Körperwärme durch Schwitzen oder Hecheln; ihre Körperzellen behalten immer eine günstige Arbeitstemperatur. Die Temperatur der kaltblütigen Reptilien und Fische hingegen wird mehr durch ihre Umgebung beeinflußt als durch Mechanismen in ihrem Körper. Deshalb ist eine Echse oder Schildkröte bei kaltem Wetter träge: Ihre Körperzellen sind nicht warm genug, um richtig zu arbeiten. „Kaltblütig“, das ist im Grunde ein irreführender Begriff; bei sehr heißem Wetter kann die Temperatur eines solchen Geschöpfes sogar höher steigen als die eines Säugetieres oder Vogels.

Echsen sonnen sich oft und lassen ihre Körpertemperatur ansteigen, bis sie eine bestimmte Höhe überschreitet; dann verziehen sie sich in Erdlöcher. Die des Wüstenleguans befinden sich unter Kreosotbüschen. Die meisten Skinke bergen sich in Felsspalten, wo ihre Körpertemperatur eher auf gleicher Höhe bleibt.

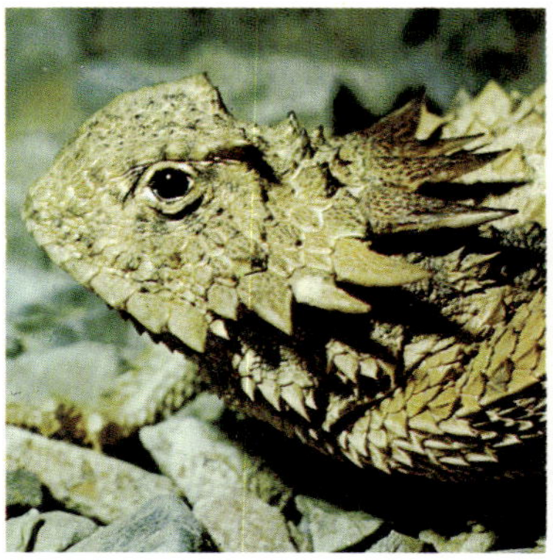

Feinde abschrecken Die Krötenechse ist mit spitzigen Schuppen bedeckt, die ihr ein wildes Aussehen verleihen.

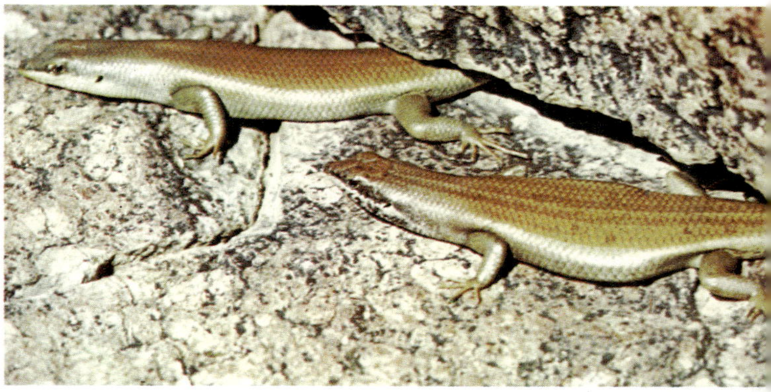

Hitzeproblem Der Skink der westlichen Gebirge in Südwestafrika, *Mabuya sulcata*, sucht in der Wüste während der heißesten Stunden in Felsspalten Schutz.

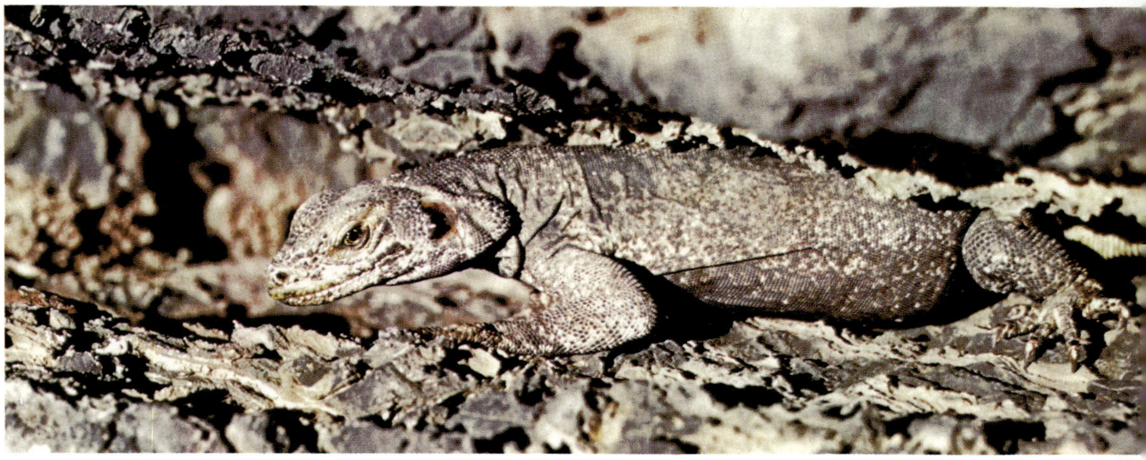

Sicher verkeilt Die größte Echse der nordamerikanischen Wüsten ist der bis zu 45 cm lange Chuckwalla. Bei Gefahr flieht er in Felsspalten und bläht sich dort auf, so daß er nicht herausgeholt werden kann.

Wie Schildkröten sich kühl halten oder wärmen

Auch viele Schildkrötenarten sind Wüstenbewohner geworden; sie entgehen der Hitze dadurch, daß sie sich Höhlen graben, und durch Erstarren. Einige, wie die Vierzehenschildkröte, *Testudo horsfieldii,* in den asiatischen Wüsten, halten überdies einen Winterschlaf, um der schlimmsten Wüstenkälte zu entgehen.

Morgens und abends wärmen sich die meisten Schildkröten, indem sie in der Sonne baden. Die Furchenschildkröte, *Geochelone sulcata*, die am Südrand der Sahara lebt, kühlt Kopf, Nacken und Vorderbeine mit ihrem eigenen Speichel, sobald ihre Körpertemperatur 40,5° überschreitet.

Im Mittelmeergebiet und in Kleinasien ist die Griechische Landschildkröte, *Testudo graeca*, verbreitet. Sie zieht sich erst in den Schatten zurück, wenn die Hitze fast tödlich wird.

Die Sägeschildkröte, *Psammobates oculifer*, in der Kalahari ist eine der 3 Schildkröten Südafrikas, deren Schale ein Sternmuster aufweist.

Die amerikanische Wüstenschildkröte, *Gopherus agassizii*, speichert Wasser in ihrer Schale. Die meisten Wüstenschildkröten gewinnen Flüssigkeit aus Pflanzen.

Schlangen

Tiere spüren ihre Beute auf mannigfache Weise auf. Wohl die seltsamste Methode hat die Grubenotter: Sie nimmt die Körperwärme wahr, die von den Beutetieren ausstrahlt.

Tod durch Erwürgen Eine Sandboa erwürgt einen Webervogel in den Windungen ihres kräftigen Körpers. Ungiftige Schlangen wie Boa und Python töten ihr Opfer meist durch Umschlingen; die Beutetiere ersticken dann.

Schlangen ertragen die hohen Temperaturen in der Wüste schlechter als Eidechsen oder Schildkröten, doch finden sie Höhlen und Felsspalten, in die sie sich vor der größten Hitze zurückziehen können. Ferner ist ihre Haut fast undurchlässig und ihr Urin hoch konzentriert; beides setzt den Wasserverlust herab. Überdies ist ihre Fleischnahrung reich an Feuchtigkeit.

In den Wüstengebieten sind alle 3 Gruppen der Giftschlangen vertreten: die mit den Giftzähnen hinten in den Kiefern; die mit feststehenden vorderen Giftzähnen; und die Vipern mit ihren langen Giftzähnen, die rückwärts gegen den Gaumen geklappt werden. Ungiftige Schlangen der Wüstengebiete gehören zur Familie der *Colubridae*; sie verschlingen ihre Beute, ohne sie vorher zu töten. Das Opfer erstickt entweder, oder es geht durch die Verdauungssäfte zugrunde. Andere nichtgiftige Schlangen, wie die Indische Sandboa, *Eryx johnii*, umschlingen ihre Beute mit ihrem kräftigen Körper und erwürgen sie.

Schlangen vermögen große Tiere zu verschlingen, weil ihr Oberkiefer nur lose am Schädel befestigt ist und der Unterkiefer aus zwei Hälften besteht, die durch elastische Bänder miteinander verbunden sind; so können sie unabhängig voneinander bewegt werden, wenn die Schlange das Opfer hinunterwürgt. Auch die Nackenhaut ist äußerst dehnbar und paßt sich selbst einer großen Beute an. Der Luftröhreneingang kann vom Schlund in das Maul vorverlegt werden, so daß beim Schlingen die Atmung nicht behindert wird.

Schlangen sind beim Jagen weniger als Säugetiere auf ihr Seh- und Hörvermögen angewie-

Wüstenfärbung Das grau-braune Muster der Südafrikanischen Hornviper, *Bitis cornuta*, ist typisch für Mitglieder der Puffotter-Familie in Wüsten Südafrikas.

Periskopaugen Der Seitenwinder, *Crotalus cerastes*, hat hoch sitzende Augen, mit denen er aus dem Sand schauen kann, wenn er sich darin verbirgt.

Immuner Räuber Eine Kalifornische Kettennatter verschlingt eine Eidechse. Sie frißt vor allem Grubenottern, gegen deren Gift sie immun ist.

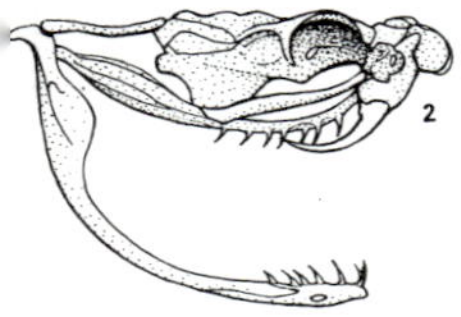

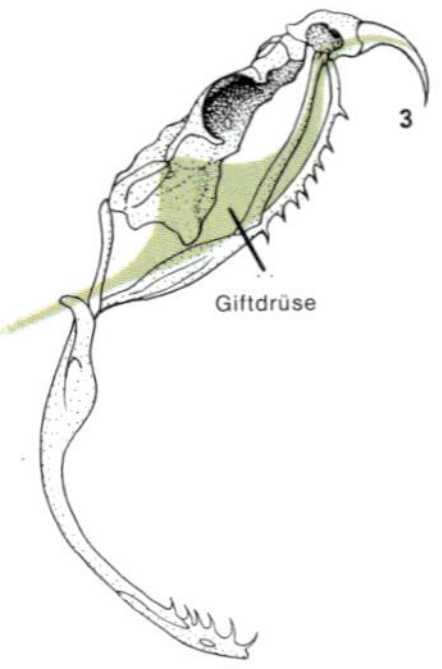
Giftdrüse

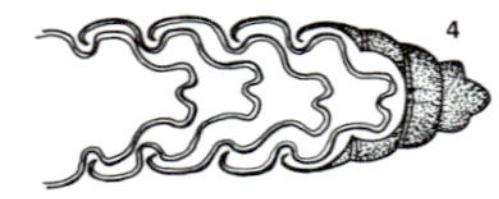

Angriff und Verteidigung

1 Schlangen sind taub, können dafür aber Bodenschwingungen wahrnehmen. Einige sehen auch nur schwach, und viele Arten haben keinen Geruchssinn. Alle Schlangen und einige Eidechsen benützen statt dessen zum Verfolgen der Beute das Jacobsonsche Organ, das aus 2 Gruben im Gaumen besteht. Die schnell züngelnde Zunge überträgt Moleküle aus der Luft oder vom Boden in die Gruben, und diese Information wird dann dem Gehirn übermittelt.

2 Der Giftapparat ist bei den Vipern am höchsten entwickelt. Die hohlen Giftzähne wirken wie Injektionsnadeln. Sie sitzen vorn am Kiefer und liegen bei geschlossenem Maul — nach rückwärts zeigend — in einer Hauttasche.

3 Wenn die Viper ihren Kopf mit weit aufgerissenem Maul nach vorn stößt, klappen die Giftzähne heraus und können so das Gift aus den Giftdrüsen injizieren. Nach dem Zustoßen folgen Vipern ihrer Beute, bis das Gift wirkt. Einige Giftschlangen, wie die afrikanische Boomslang, *Dispholidus typus*, stoßen nicht in der beschriebenen Weise zu. Da ihre Giftzähne hinten am Kiefer sitzen, müssen sie ihre Opfer ergreifen und das Gift sozusagen in sie hineinkauen.

4 Die Klapperschlange warnt Feinde mit ihrer Klapper. Diese besteht aus ineinandergreifenden Hautstücken, die jeweils am Ende des Schwanzes erhalten bleiben, wenn die Schlange von Zeit zu Zeit ihre Haut abstreift.

Leistungsfähiges Maul Eine nordamerikanische Diamantklapperschlange frißt einen Nager. Ihre Kiefer sind nur lose mit dem Schädel verbunden, und die Nackenhaut ist elastisch. Deshalb kann sie große Tiere verschlingen.

Mimikry Ungiftige Schlangen wie die Königsnatter *Lampropeltis triangulum* (oben) weisen manchmal eine ähnliche leuchtende Färbung auf wie giftige Arten – etwa die Arizona-Korallenotter (links), *Micruroides euryxanthus* –, mit denen sie nicht verwandt sind. Offensichtlich sollen dadurch Angreifer abgeschreckt werden. Eine solche Nachahmung nennt man Mimikry.

sen. Einige Arten haben lediglich einen begrenzten Gesichtssinn, und die Wurmschlangen sind sogar völlig blind. Doch verfügen Schlangen über andere Möglichkeiten, Beute aufzuspüren und zu verfolgen. Eine gespaltene, sich ständig schnell bewegende Zunge vermittelt Informationen vom Boden, und die Grubenottern haben wärmeempfindliche Gruben zwischen den Nasenlöchern und den Augen. Sie können die Wärme, die vom Körper ihrer Opfer ausgestrahlt wird, noch auf eine Entfernung von 0,5 m wahrnehmen.

Da die Beute durch das Gift der Grubenotter nicht sofort getötet wird, setzt die Schlange ihre Sinnesorgane ein, um das verendende Tier zu verfolgen. Die züngelnde Zunge bringt Moleküle aus der Luft oder vom Boden zum Jacobsonschen Organ im Gaumen, das den Geruch oder Geschmack identifiziert. Auf ebensolche Weise gebrauchen Schlangen ihre Zunge, um einen Partner zu finden oder um sich zum Winterschlaf zusammenzufinden. Wenn eine Klapperschlange eine Kettennatter, *Lampropeltis getulus,* riecht, die andere Schlangen frißt, dann senkt sie defensiv den Kopf.

Das Schlangengift wirkt verschieden: Das der Familie der *Elapidae* (Giftnattern) greift das Nervensystem an und lähmt das Opfer, während das Gift der Vipern – Familie *Viperidae* – einen Kollaps und Herzversagen verursacht. Die meisten Giftschlangen der Wüsten sind Vertreter der echten Vipern in Afrika und Asien oder ihrer nahen Verwandten, der Grubenottern in Amerika.

Die Klapperschlange warnt

Zu den Grubenottern zählen die Klapperschlangen. Ihre langen, äußerst wirksamen Giftzähne sitzen vorne im Maul und bohren sich in das Opfer, wenn die Schlange zustößt. Das Gift der Texas-Klapperschlange, *Crotalus atrox,* kann einen Menschen in einer Stunde töten.

Das Klappern der Klapperschlangen ist, wie das Zischen der Vipern, eine Warnung für Räuber. Die Sandrasselotter, *Echis carinatus,* in den Wüstengebieten von Asien und Afrika gibt ein ähnliches Warnsignal: Sie läßt ihre Schuppen vibrieren und reibt sie gegeneinander, was ein Geräusch wie das von heftig kochendem Wasser hervorruft. Viele ungiftige Schlangen schützen sich vor ihren Feinden dadurch, daß sie die wütenden Warnlaute und Drohgebärden der giftigen Arten nachahmen.

Körper ohne Füße bewegen sich mit Hilfe von wellenförmigen Muskelkontraktionen fort

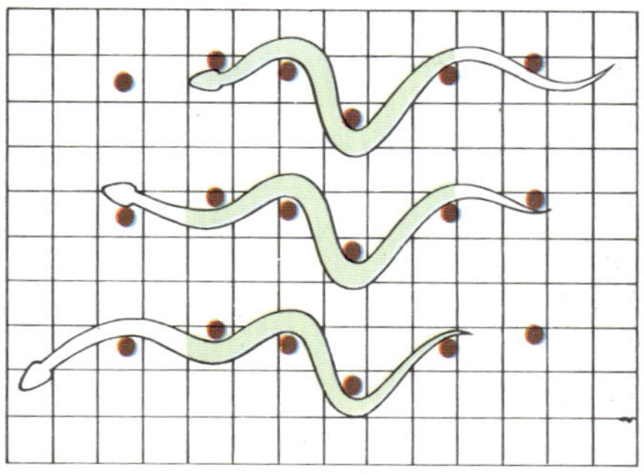

Wenn eine Schlange sich fortbewegt, laufen Wellen von Muskelkontraktionen durch ihren Körper. (Die Grünfärbung in der Zeichnung macht das deutlich.) Die Seiten der Schlange drücken dabei gegen Unebenheiten des Bodens.

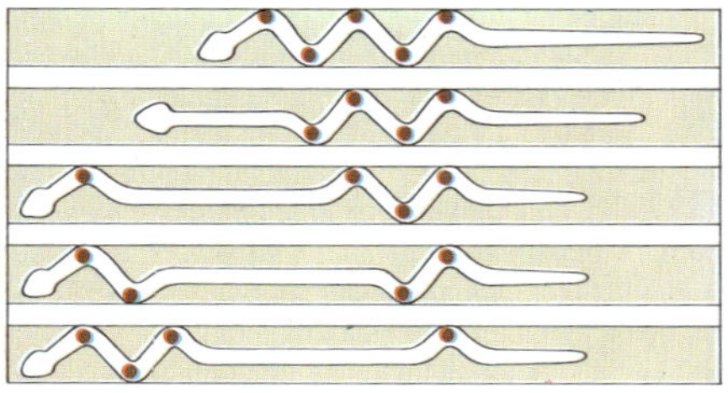

Eine Schlange durchkriecht eine Spalte, indem sie ihre Seiten gegen die Wände drückt. Findet sie dabei keinen Reibungswiderstand, so kommt sie trotz der Muskelkontraktionswellen, die durch sie hindurchlaufen, nicht vorwärts.

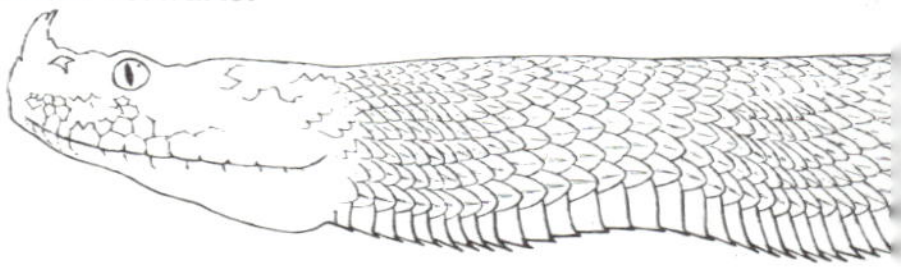

Bei vielen kurzen, dicken Schlangen, wie Vipern, sind die „Kraftwellen" auf die Unterseite des Tieres beschränkt, wo breite Schuppen am Boden angreifen. So kann die Schlange geradlinig vorwärtskriechen.

Eine Zwergpuffotter schlängelt sich durch den Sand (links). Die Muskelkontraktionen heben Teile der Schlange nacheinander vom Boden ab. Das Tier bewegt sich in einem Winkel zu den parallelen Spuren fort, die es hinterläßt.

Skorpione, Spinnen und Krebstiere

Je kleiner ein Tier ist, um so größer ist in der Hitze der Wüstensonne die Gefahr, daß es austrocknet. Einige Kleintiere werden aber mit diesem Problem fertig.

Der ständige Wassermangel in der Wüste ist für die kleinen Tiere besonders hart, weil sie im Verhältnis zu ihrem Körpervolumen eine größere Oberfläche haben als große Tiere; deshalb ist nämlich auch die Fläche, durch die sie Feuchtigkeit verlieren, relativ größer. Bei sehr kleinen Tieren ist die Körperoberfläche unverhältnismäßig groß. Dennoch können viele Spinnen, Skorpione und Insekten den Wasserverlust infolge von Verdunstung aushalten, denn sie besitzen als Körperhülle ein Außenskelett, das durch eine obenauf liegende Wachsschicht für den Wasserdampf ziemlich undurchlässig gemacht wird.

Auf Beute lauernd

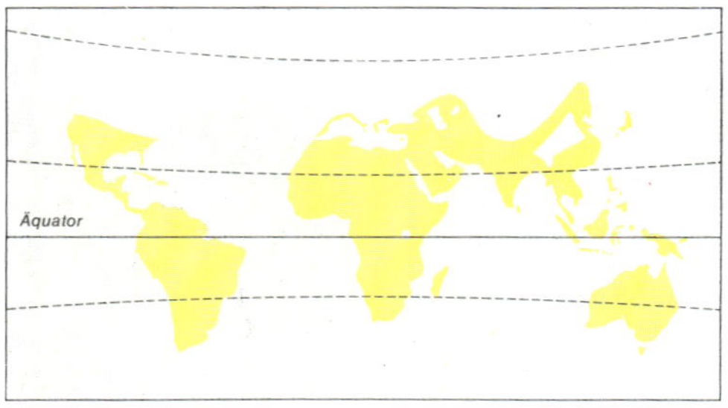
Äquator

Verbreitung der Skorpione Man findet Skorpione nicht nur in den Wüsten, sondern auch in vielen anderen warmen Gebieten der Erde.

Skorpione sind – wie viele Wüstentiere – nachts aktiv. Einige Arten leben in flachen Mulden, die sie sich unter Felsen und Steinen kratzen; andere graben unter extremen Lebensbedingungen tiefe Höhlen. In Arizona gehen manche Arten oft fast 1 m tief in sandiges Land und ausgetrocknete Flußbetten hinein. Skorpione graben mit ihren Scheren oder Beinen. Bei einigen, zum Beispiel beim nordafrikanischen *Scorpio maurus*, sind die Scheren vergrößert.

Skorpione sind reine Fleischfresser; gewöhnlich warten sie in Verstecken auf Insekten, die sich verkriechen wollen. Wenn sie jedoch hungrig sind, kommen sie nachts mit ausgebreiteten Scheren heraus, um Insekten zu fangen. Das Opfer wird mit dem Giftstachel am Schwanzende getötet.

Auf dem Rücken der Mutter Die befruchteten Skorpioneier entwickeln sich im Körper der Mutter. Die Jungen werden lebend geboren; sie sind von einer Haut umgeben, die sie mit ihren Stacheln zerreißen. Bis zu ihrer ersten Häutung, die gewöhnlich nach 7 Tagen erfolgt, trägt die Mutter sie auf dem Rücken herum.

Wüstenjäger Die Walzenspinne, *Solpuga schonlandi*, hat einen reichen Speiseplan; sie ernährt sich von kleinen Vögeln, Eidechsen, Skorpionen und Insekten.

Der Schwanzstachel Der Stachel des Skorpions tötet oder lähmt das Opfer, je nach der Art des Giftes. Hier greift ein Vertreter der Art *Parabuthus transvaalicus* einen Hundertfüßer an.

Paarungstanz Bei der Paarung packt das Skorpionmännchen das Weibchen an den Scheren und zieht es hin und her, bis es ein Spermienpaket des Männchens vom Boden aufgenommen hat.

Der Tod einer Fliege Eine Krabbenspinne packt in einer Blüte eine Fliege. Einige Krabbenspinnen können ihre Farbe wechseln und sich einer Pflanze oder dem Boden so anpassen, daß sie fast unsichtbar sind.

Mit diesen großen Augen kann die Wolfsspinne ungewöhnlich gut sehen – ein Vorteil bei der Jagd.

Wolfsspinnenpaarung Vorher gibt das Männchen sich dem gefährlichen Weibchen zeremoniell zu erkennen.

Warnfarbe Die rote Warnfarbe dieser Samtmilbe soll den Feinden zeigen, daß sie widerlich schmeckt.

Langbeinige Jäger in der Nacht

Skorpione findet man in Grasländern und Wäldern ebenso häufig wie in den Wüsten; eine andere Gruppe der Arachniden, die Walzenspinnen, kommt dagegen hauptsächlich in Trokkengebieten vor. Diese Tiere unterscheiden sich von den echten Spinnen insofern, als sie nicht giftig sind; sie zerdrücken gefangene Insekten zwischen ihren Zangen. Mit ihren langen Beinen – bei einigen Arten, wie zum Beispiel *Galeodes arabs,* spannen sie 15 cm weit – können Walzenspinnen so schnell laufen, daß sie manchmal großen Bällen von Distelwolle ähneln, die über den Sand geweht werden.

Die meisten Walzenspinnen jagen nachts. Ihr Hunger ist groß. Zuweilen stopfen sie sich voll, bis sie sich nicht mehr bewegen können. Tagsüber sitzen sie in Höhlen oder unter Steinen.

Bei der Paarung überträgt das Männchen ein Samenpaket auf das Weibchen, indem es die eingehüllte Spermientraube mit seinen Klauen direkt in das Weibchen hineinsteckt. Hierin gleichen die Walzenspinnen den echten Spinnen. Das Skorpionmännchen hingegen legt das Samenpaket auf den Boden, von wo das Weibchen es in seine Geschlechtsöffnung aufnimmt.

Echte Spinnen fertigen aber keine Samenpakete an. Statt dessen webt das Männchen ein kleines Seidenkissen, auf das es einen Samentropfen absetzt. Dann nimmt es ihn in seine Klauen oder Kiefertaster und steckt ihn in die Geschlechtsöffnung des Weibchens.

Die Wachsschicht, die den Körper der meisten Arachniden bedeckt und dazu beiträgt, daß in ihm die Feuchtigkeit erhalten bleibt, läßt andererseits Kohlendioxid nicht heraus und Sauerstoff nicht hinein. Dafür haben diese Tiere verschiedene Atemmechanismen ausgebildet, die das Hemmnis überwinden. Am auffallendsten sind die Fächertracheen bei den Skorpionen.

Die Lebensdauer wird vom spärlichen Wüstenregen bestimmt

Die spärlichen Niederschläge ermöglichen einigen Bewohnern der Wüstengebiete ein kurzes aktives Leben, zum Beispiel den Krebstieren der Gattung *Triops.* Diese sind Vertreter einer alten und primitiven Gruppe von Wasserkrebstieren.

Das Dasein eines *Triops* wirkt wie ein Wettrennen mit der Zeit. Die Eier sind gegen Trokkenheit widerstandsfähig. Sie ruhen unter der Oberfläche eingetrockneter Mulden, in denen sich bei Regen Wasser ansammelt. Sobald diese Löcher sich erneut füllen und die Eier naß werden, geht die Entwicklung des *Triops* weiter. Die Tiere müssen sich paaren und Eier legen, bevor die Pfützen wieder austrocknen, darum währt ihr aktiver Lebenszyklus oft nur zwei Wochen. Andere Krebstiere oder Crustaceen, die derartige gegen Trockenheit widerstandsfähige Eier legen, sind Muschelkrebse, Kiemenfußkrebse und Wasserflöhe.

Kugelasseln in der Wüste, ebenfalls Krebstiere, haben weniger poröse Körperhüllen als ähnliche Arten in feuchteren Gebieten. Sie sind auf Oasen und Trockenbetten beschränkt, wo sie Gemeinschaftshöhlen graben, in denen sie vor den hohen Tagestemperaturen Schutz finden.

Regen erzeugt Leben Die Entstehung einer Regenpfütze bringt Krebstiere der Gattung *Triops* zu aktivem Leben. Wenn Wasser vorhanden ist, schlüpfen sie aus den Eiern, die beim vorhergehenden Regen hier abgelegt wurden und seitdem ruhten.

Auf Zehenspitzen

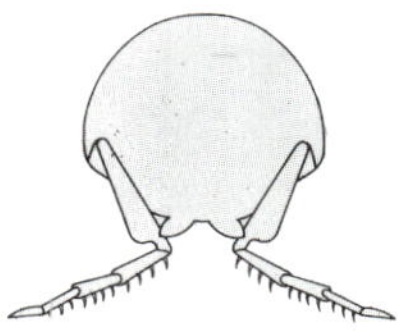

Die Kugelassel *Hemilepistus reaumuri* (oben) in der Sahara besitzt längere Beine als die Kugelasseln der feuchteren Klimate (unten); sie läuft sozusagen „auf Zehenspitzen" über den heißen Sand. Die Rücken einiger Wüstenarten sind überdies hoch und gewölbt; dadurch ist ein kleinerer Teil der Körperoberfläche der Sonne ausgesetzt.

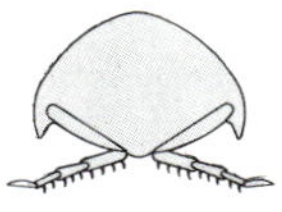

Insekten

Nachdem Wanderheuschrecken lange in verstreuten Gruppen gelebt haben, bilden sie plötzlich Schwärme, die Tausende von Meilen wandern und das Land kahlfressen.

Insekten sind für ein Leben in der Wüste besser geeignet als die meisten anderen Wirbellosen, da sie Methoden entwickelt haben, durch die sie einen übermäßigen Wasserverlust ihres Körpers verhindern. Einige Wüstenarten können aus trockenem Material, zum Beispiel aus Holz, Wasser gewinnen. Die Vorpuppen einiger Flöhe sowie Zecken nehmen die Feuchtigkeit der Luft durch ihre äußeren Körperhüllen auf.

Flugunfähige Larven Die Larven der Wanderheuschrecken schlüpfen nach 35—50 Tagen aus den Eiern.

Paarung der Wanderheuschrecke Die Vereinigung der Wanderheuschrecken dauert mehrere Stunden.

Eiablage Ein Wanderheuschreckenweibchen legt 20 bis 100 Eier in den sandigen Boden, der an der Oberfläche trocken, darunter aber feucht ist.

Junge Wüstenschrecken Die rosa Färbung der Tiere zeigt an, daß sie erst seit zwei Wochen ausgewachsen sind. Wenn Wüstenschrecken schwärmen, nehmen sie in wenigen Tagen die typische gelbe Farbe an.

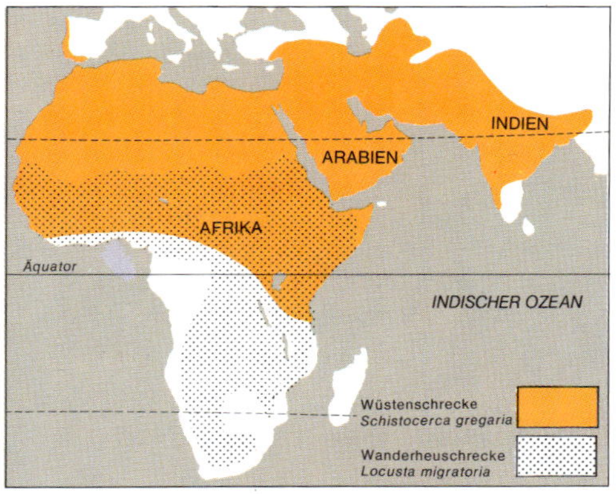
INDIEN
ARABIEN
AFRIKA
Äquator
INDISCHER OZEAN
Wüstenschrecke
Schistocerca gregaria
Wanderheuschrecke
Locusta migratoria

Wo die Wanderheuschrecken schwärmen Die Karte zeigt die Gebiete, die 1928—1941, bei den letzten verheerenden Schwärmen, von der Wüstenschrecke und von der Wanderheuschrecke heimgesucht wurden.

Zwei Phasen der Wüstenschrecke

Larve der Solitärphase
Insekt der Solitärphase
Larve der Wanderphase
Insekt der Wanderphase

Wüstenschrecken der Wander- und der Solitärphase unterscheiden sich in Gestalt, Farbe und Verhalten. Einzeln lebende Larven sind grün; wenn sie aber in einem übervölkerten Gebiet heranwachsen, verändern sie sich zur Wanderform und werden schwarz und gelb.

Bei Nahrungsmangel schwärmen sie

Wanderheuschrecken haben den gleichen Körperbau wie andere Heuschrecken; von diesen unterscheiden sie sich vor allem durch ihre Verhaltensweise: Unter besonderen Bedingungen bilden sie Schwärme. Wüstenschrecken beispielsweise leben gewöhnlich einzeln und richten dabei nur geringen Schaden an. Von Zeit zu Zeit zwingt aber Futtermangel die Insekten dazu, sich in den wenigen Gebieten mit grüner Vegetation zu versammeln. Diese Übervölkerung löst Veränderungen in der Hormonproduktion der Tiere aus, auf Grund deren sie eine Schwarmgeneration hervorbringen.

Die Larven dieser Generation der „Wanderphase" unterscheiden sich in Gestalt, Farbe und Verhalten von denen der gewöhnlichen sogenannten Solitärphase. Mit der letzten Häutung zum voll entwickelten Insekt bilden sie riesige Schwärme, die manchmal 5000 qkm bedecken. Der Wind trägt sie in Tiefdruckgebiete, in denen Regen den Boden durchfeuchtet und für grüne Vegetation sorgt – Voraussetzungen für die Fortpflanzung. Die Sterblichkeit unter den Larven der folgenden Generation ist groß; schlechtes Wetter, Nahrungsmangel, fehlender Schutz und zahlreiche Insektenfresser vernichten oft riesige Populationen.

In der kargen Wüstenvegetation leben auch viele Wanzenarten. Die Schildlaus *Margarodes vitium* in Südamerika umgibt sich mit einer Wachshülle und bildet eine sogenannte Zyste. Darin kann sie ihre Aktivität einstellen und bis zu 17 trockene Jahre überdauern. Sobald aber die Zyste in nasse Erde gelangt, nimmt sie Feuchtigkeit auf, und das Insekt setzt sein Wachstum fort.

Einige Wespen graben Höhlen in sandigen Boden, legen hier Eier und tragen als Nahrung für die ausschlüpfenden Larven gelähmte Insekten ein. Die meisten Ameisenarten leben in unterirdischen Nestern; nur die Gattungen *Crematogaster* und *Camponotus* nisten in totem Holz oder unter Rinde.

Die Art *Acantholepis frauenfeldi* gräbt tiefe Löcher, um das Wasser in den unteren feuchten Sandschichten zu erreichen. Die kalifornische Ernteameise, *Veromessor pergandei,* lebt in einem Nest tief im Boden; nur in den kühleren Tageszeiten geht sie kurz auf Nahrungssuche.

Tag- und Nachtfalter der Wüsten haben ihr Verhalten auf mannigfache Weise dem trockenen Klima angepaßt. Bei vielen kleinen Nachtfaltern in den amerikanischen Wüsten ruht die Puppe in der Erde.

Raubfliegen

Zu den artenreichen Wüstenfliegen gehören die Raubfliegen (Familie *Asilidae*). Sie besitzen verlängerte Mundteile, mit denen sie die Haut der Beuteinsekten durchbohren.

Bremsen (*Tabanidae*) saugen Blut an Kamelen und Pferden; eine Dasselfliegenart der Familie *Oestridae* legt ihre Eier in die Nasenlöcher der Kamele. Wenn die Larven erwachsen sind, werden sie in den Sand geniest, wo sie sich verpuppen. Die Larven der Schnepfenfliegen (*Rhagionidae)* wie auch die der Ameisenlöwen (*Myrmeleonidae)* leben in Sandtrichtern.

Schwarzkäfer (*Tenebrionidae*) sind von allen Insekten am besten für das Wüstenleben ausgerüstet. Zu ihnen gehören die dunklen Käfer der Gattung *Eustatus,* die alles Wasser, das sie benötigen, aus trockener Nahrung beziehen.

Die meisten Schwarzkäfer sind flügellos. Sie haben harte Deckflügel wie andere Käfer, doch sind sie bei ihnen zu einer geschlossenen Hülle über dem Rücken zusammengewachsen. Ein luftgefüllter Raum zwischen dieser Decke und dem Körper isoliert das Tier besser gegen die Sonnenhitze und setzt den Wasserverlust herab. Bei den Schwarzkäfern münden alle Atemlöcher oder Tracheen in diesen Luftraum; dadurch wird der Feuchtigkeitsverlust durch Atmung herabgesetzt.

Schwarzkäfer fressen Pflanzen, Aas und Fäkalien. Die meisten von ihnen sind nur in der Dämmerung oder nachts aktiv.

Die Ölkäfer, *Meloidae,* sind Pflanzenfresser. Sie sondern eine ölartige Flüssigkeit ab, die Kantharidin enthält, einen Stoff, der auf der Haut eines Feindes Blasen hervorruft. Die ausgewachsenen Tiere zeigen lebhafte Warnfärbungen.

Mistkäfer, zu denen auch der Heilige Pillendreher, *Scarabaeus sacer,* gehört, rollen Kugeln aus Kot von anderen Tieren und vergraben sie als Nahrungsvorrat im Boden.

Zangenähnliche Kiefer warten im Sand auf Beute

Der Ameisenlöwe packt seine Beute, vor allem Ameisen, mit langen, gebogenen Kiefern.

Um ein Tier zu fangen, gräbt der Ameisenlöwe sich in den Sand ein und wartet mit geöffneten Kiefern.

Der Räuber hat eine Heuschrecke erwischt. Eine Flüssigkeit aus seinen Kiefern lähmt die Beute und zersetzt ihr Körpergewebe. Dann wird das Opfer ausgesaugt.

Aus einem Ameisenlöwen wird nach 1—3 Jahren eine Ameisenjungfer. Sie lebt nur so lange, bis sie sich gepaart und Eier gelegt hat.

Insektenfang in einer Grube

Einige Ameisenlöwenarten fangen ihre Beute in Fallgruben. Die Larve gräbt in losem Sand einen Trichter. An seinem Grund legt sie sich so auf die Lauer, daß nur der Kopf herausschaut. Sobald ein Insekt zu nahe an den Rand des Trichters kommt, rutscht es die Böschung herunter. Die Larve hilft nach, indem sie mit ihrem Kopf Sand hinaufschleudert, bis das Opfer in ihrer Reichweite ist.

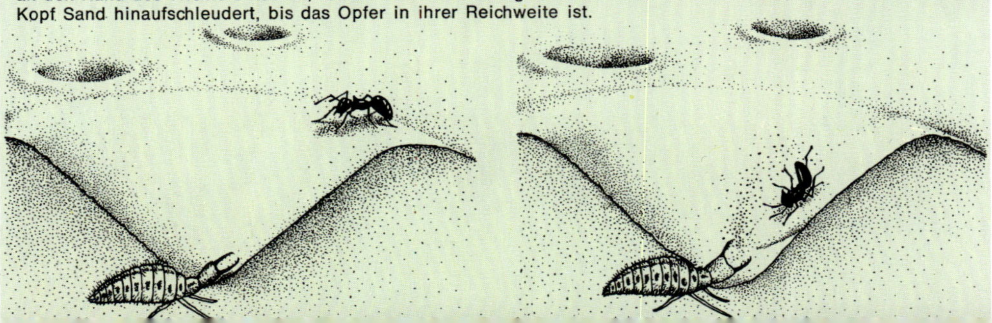

Ein Nachtfalter als Opfer Eine Raubfliege fängt Insekten und bohrt sie mit ihrem spitzen Stechrüssel an.

Nahrungstransport Der Mistkäfer rollt Kugeln aus Säugetierkot und vergräbt sie als Nahrungsvorrat.

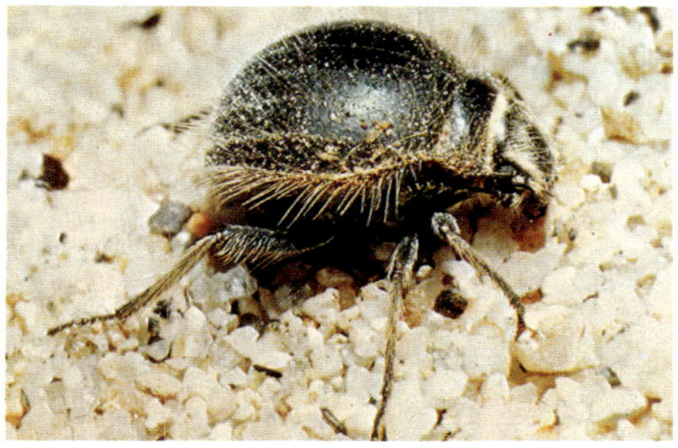

Trockenes Futter genügt Der Schwarzkäfer *Edrotes ventricosus* lebt von trockenen Pflanzen und von Kot.

Lähmender Stich Die Wespe *Sphecius speciosus* lähmt eine Zikade mit einem Stich und legt sie zu ihrer Brut. Das Opfer wird dann von der Larve gefressen.

Tropische Wälder

Eine gleichmäßige, hohe Temperatur und starke Feuchtigkeit bringen in den regenreichen Teilen der Tropen üppige Wälder hervor, die von vielfältigem tierischem Leben nur so wimmeln.

In den feuchten Tropen herrschen für das Leben auf dem Lande die günstigsten Bedingungen. Die Klimaschwankungen sind hier geringer als in jeder anderen Lebenszone, die Tiefsee ausgenommen; die Temperatur bleibt das ganze Jahr über hoch und konstant; die Niederschläge verteilen sich gleichmäßig und verhindern, daß es jemals zu trocken wird. Da die Pflanzen in jeder Jahreszeit wachsen und Frucht tragen, können die Tiere sich auf eine bestimmte Nahrung spezialisieren, etwa Nektar oder Früchte, denn stets ist ein Vorrat davon da.

Zu dem Reichtum an Pflanzenarten kommen große Unterschiede zwischen dem Blätterdach, der Buschschicht und der Bodenschicht. Dadurch vermehrt sich die Vielfalt der „Nischen", die den Tieren zur Verfügung stehen. Aus diesem Grunde gibt es in den tropischen Wäldern mehr Arten als in den Wäldern der gemäßigten Zone. Allerdings ist die Zahl der Individuen bei den einzelnen Arten gering, und sie leben auch ziemlich verstreut.

Die hohe Temperatur ist besonders für Insekten und andere wirbellose Tiere günstig, die die Temperatur und den Feuchtigkeitsgehalt ihres Körpers nur in geringem Maße regulieren können. In kälterer Umgebung müssen sie bei einem Temperaturrückgang ihre Aktivität herabsetzen. Die hohe Feuchtigkeit in den tropischen Wäldern ist ideal für viele Wirbellose, so für Blutegel und Plattwürmer, die in anderen Zonen nur im Wasser zu finden sind.

Riesen des Regenwaldes

Bei der durchweg hohen Temperatur arbeitet der Stoffwechsel der Wirbellosen im tropischen Wald besonders wirksam. Dies spiegelt sich in der beträchtlichen Größe wider, die viele von ihnen erreichen. Da gibt es riesige Schmetterlinge, Stabheuschrecken und Laubheuschrecken, Libellen, Spinnen, Hundertfüßer sowie mächtige Schnecken und Regenwürmer; an kaltblütigen Wirbeltieren leben hier Riesenfrösche und -kröten, gewaltige Schlangen und Echsen.

Der lebhafte Stoffwechsel ermöglicht es vielen Wirbellosen, vor allem den Insekten, ihren Lebenszyklus in einer viel kürzeren Zeit zu vollenden als ähnliche Arten in gemäßigten Regionen. Diese Tiere bringen deshalb im Jahr auch viel mehr Generationen hervor; dadurch werden die Aussichten auf erbliche Variationen vergrößert, und möglicherweise findet auch eine schnellere Evolution statt.

Schon innerhalb eines kleinen Gebietes gibt es eine Vielfalt von Lebensräumen in den mannigfachen Waldtypen und den verschiedenen Stockwerken der Bäume. Da findet man alles: von jungen Wäldern, in denen die größten Bäume nur vereinzelt ragen und das Licht zu den unteren Schichten durchdringt, bis zum voll ausgebildeten Wald, in dem die Bäume dicht stehen und der Lichtmangel nahe am Boden nur Unterholz aus zerstreuten, Schatten vertragenden Sträuchern zuläßt.

In einigen wenigen tropischen Wäldern kann man ungehindert zwischen den himmelanstrebenden Säulen der Baumstämme gehen, und man hört keinen Laut, ausgenommen das gelegentliche Geschnatter von Papageien in der Höhe oder das entfernte Lärmen von Affen. Dieses scheinbare Fehlen von Leben täuscht, denn viele Waldtiere leben nächtlich; am Tage schlafen sie in Höhlen oder Baumlöchern.

Wenn ein Baum stürzt und einige seiner schwächeren Nachbarn mit niederreißt, bietet sein verrottendes Holz Wirbellosen und Pilzen Wohnung und Nahrung. Wesentlicher noch ist aber die nun entstandene Lichtung, denn sie stellt eine neue Umwelt für Pflanzen und Tiere dar. Das Sonnenlicht fördert dann zumeist das Wachstum nachfolgender Sträucher und Kräuter, die den Tieren der niedrigeren Waldschichten einen fruchtbaren Lebensraum bieten.

In bergigen Regionen haben die tropischen Wälder einen anderen Charakter, der durch extreme Feuchtigkeit geprägt ist. Solche Gebiete sind oft in Nebel und Wolken gehüllt, und meist gibt es viel Niederschläge. Die Tagestemperaturen sind hoch, aber die Nacht bringt feuchte Kälte. In Zentralafrika sind diese Regionen die Heimat des Berggorillas.

Einen besonderen Lebensraum für Tiere bieten die Epiphyten des Waldes – etwa bestimmte Orchideen und Ananasgewächse. Diese Scheinschmarotzer wachsen auf anderen Pflanzen, um so zum Sonnenlicht vorzudringen. Sie sind jedoch keine Parasiten, denn sie entziehen ihren Wirten keine Nährstoffe. Viele von ihnen, vor allem im Nebelwald der Gebirge, besitzen herabhängende Wurzeln, die aus der feuchten Luft Wasser aufnehmen. Um diese Wurzeln häufen sich abgestorbene Blätter und andere Abfälle von den Epiphyten an und bilden Humus, in dem viele Wirbellose leben.

Kaulquappen in den Bäumen

Die übereinanderliegenden, eingerollten Blätter vieler Epiphyten fangen Wasser auf und bilden Miniaturtümpel, die manchen Lurchen und Insektenlarven als Lebensraum dienen. Einige Frösche legen ihre Eier dort hinein, und die Kaulquappen leben dann in dem Wasser, bis auch sie zu Fröschen geworden sind.

Der afrikanische Wald ist nicht im entferntesten so reich an Tieren wie der südamerikanische oder der südostasiatische. Offenbar war der heutige afrikanische Tieflandurwald während der letzten Eiszeit stark zurückgedrängt. Die wenigen Arten in dem verbliebenen kleinen Gebiet haben sich danach wohl wieder ausgebreitet.

Allein im Wald Ein junger Klammeraffe ruft im tropischen Wald im Gebiet des Panama-Kanals nach seiner Mutter.

Die Regenwälder

Die beherrschenden Klimafaktoren in den Wäldern der Tropen sind heftige, über den größten Teil des Jahres verteilte Regenfälle und hohe, gleichbleibende Temperaturen.

Mit Niederschlägen, die in den Ebenen nahe am Äquator jährlich einen Durchschnitt von 4000 mm erreichen, gehören die tropischen Regenwälder zu den feuchtesten Gebieten der Erde. Dieser alles durchnässende Regen verteilt sich in dem schmalen Äquatorgürtel von 4° nördlicher bis 4° südlicher Breite über das ganze Jahr; dort ist der Wald auch am üppigsten. Ein Stück vom Äquatorgürtel entfernt gibt es gewöhnlich eine oder zwei Regenzeiten, die von Trockenperioden abgelöst werden, und die Höhe, Vielfalt und Dichte des Waldes nimmt zur Savanne hin ab. Selbst in dieser Zone gedeihen aber entlang den Flüssen noch Streifen von üppigerem Wald.

Im Wald drängt alle Vegetation zum Sonnenlicht. Dabei bildet sich eine Reihe unterschiedlicher Schichten heraus – jede eine kleine Lebenszone für sich, in der bestimmte Tiere existieren und ihre Nahrung finden. Im voll entwickelten Tropenwald sind gewöhnlich fünf solcher Schichten vorhanden.

Die höchste Vegetationsschicht wird von einzelnen Bäumen gebildet, die ein geschlossenes Blätterdach überragen. Dieses Dach – die nächste Schicht – besteht aus den Kronen hoher Bäume. Unter diesem Baldachin folgt die dritte, mittlere Schicht aus kleinen Bäumen, deren Kronen sich nicht berühren. Die vierte Schicht setzt sich aus holzigen und krautigen Büschen zusammen. Und schließlich gibt es eine Bodenschicht von Kräutern und Baumsämlingen; sie bekommt nur wenig Licht. Das Kronendach des

Dicht verwobenes Blätterdach Die Wipfel der Bäume im tropischen Wald des Tieflandes am Rio Negro in Brasilien bilden ein geschlossenes Dach, das nur wenig Licht bis zum Waldboden durchläßt. Hier und da sind im Baldachin leuchtende Blüten zu sehen.

Die fünf Stockwerke des tropischen Waldes

36 m
Baumriesen
24 m
Kronendach
15 m
Mittlere Schicht
5 m
Strauchschicht
Krautschicht
0,5 m

Die fünf Hauptvegetationsschichten im tropischen Wald: die oben herausragenden Baumriesen; der Baldachin der Kronen; die mittlere Schicht kleinerer Bäume; eine Schicht von Zwergbäumen, Palmen und Sträuchern; eine Bodenschicht aus Kräutern.

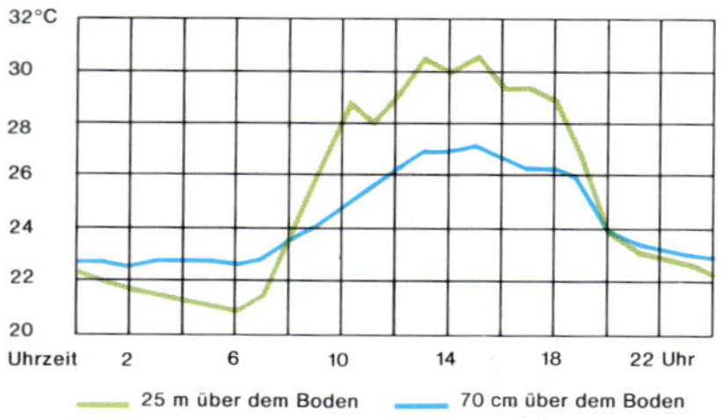

32°C
30
28
26
24
22
20
Uhrzeit 2 6 10 14 18 22 Uhr
25 m über dem Boden
70 cm über dem Boden

Temperaturen im Wald In der feuchten Jahreszeit sind die Temperaturunterschiede im Unterholz, wo wenig Sonnenlicht eindringt, geringer als im Kronendach, das am Tage die Sonnenglut einfängt und nachts durch Ausstrahlung Wärme verliert. ½ m über dem Boden schwanken die Temperaturen nur um 4°, in 25 m Höhe aber um fast 10°.

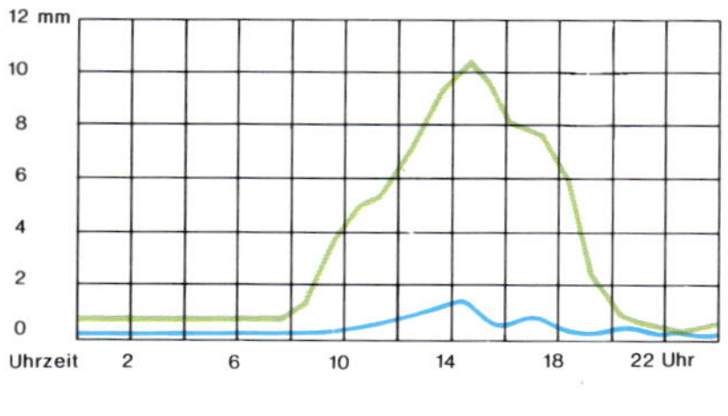

12 mm
10
8
6
4
2
0
Uhrzeit 2 6 10 14 18 22 Uhr

Feuchtigkeit im Wald Im Unterholz ist die Luft während der Regenzeit praktisch ständig mit Feuchtigkeit gesättigt. Im Kronendach nähert sich der Feuchtigkeitsgehalt nur nachts dem Sättigungsgrad. Die Darstellung links gibt die Feuchtigkeit in Millimetern des barometrischen Druckes an; ein Ansteigen der Kurve bedeutet: Der Feuchtigkeitsgehalt nimmt ab.

Wo die Jahreszeiten von den Niederschlägen abhängen

In den Tropen ersetzen feuchte und trockene Jahreszeiten den jährlichen Temperaturzyklus mittlerer Breiten. Längs des Äquators, an Orten wie Singapur, sind die Niederschläge ziemlich gleichmäßig über das ganze Jahr verteilt. In Gebieten zwischen 4° und 10° nördlicher und südlicher Breite, etwa in Guayana, gibt es gewöhnlich zwei Regenzeiten. Zonen zwischen 10° und 23° nördlicher und südlicher Breite, wie Queensland, haben nur eine Regenzeit: die Monsunzeit.

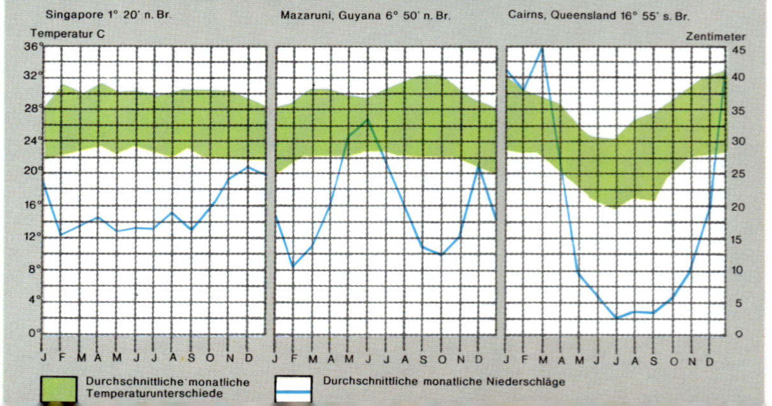

Singapore 1° 20' n. Br.
Mazaruni, Guyana 6° 50' n. Br.
Cairns, Queensland 16° 55' s. Br.
Temperatur C
Zentimeter
36° 32° 28° 24° 20° 16° 12° 8° 4° 0°
45 40 35 30 25 20 15 10 5 0
J F M A M J J A S O N D
Durchschnittliche monatliche Temperaturunterschiede
Durchschnittliche monatliche Niederschläge

Regenwaldes erreicht im Durchschnitt eine Höhe von 36 m, die Strauchschicht 2–5 m und die Krautschicht etwa einen ½ m.

Es gibt drei Hauptregionen tropischer Wälder: Die ausgedehnteste erstreckt sich von Südmexiko bis nach Südbrasilien; die artenärmste ist die in West- und Zentralafrika; am höchsten und artenreichsten ist der indomalaiische Wald, der sich von Südindien und Ceylon durch Südostasien bis nach Queensland hinzieht.

Trotz ihrer grundsätzlichen Ähnlichkeit stellen diese drei Regionen getrennte Entwicklungsgebiete dar. Sie haben nur wenige Arten wildwachsender Pflanzen gemeinsam.

Nahe am Äquator sind die jahreszeitlichen Temperaturschwankungen weniger deutlich ausgeprägt als weiter nördlich oder südlich. Die Temperatur hängt hier mehr von der Höhe ab, und die Durchschnittstemperaturen sind gewöhnlich sehr hoch. Im Tiefland des Äquatorgürtels beträgt zum Beispiel die mittlere Jahrestemperatur etwa 25°. Die täglichen Temperaturunterschiede sind gering, da der Himmel tagsüber gewöhnlich bewölkt ist und nachts der Wasserdampf in der Luft einen Wärmeverlust durch Ausstrahlung verhindert. Dies alles macht den Wald zu einem idealen Lebensraum für kaltblütige Tiere, die von der Temperatur ihrer Umgebung abhängig sind.

Auch die hohe Feuchtigkeit ist von Bedeutung. Da die Verdunstung in feuchter Luft geringer ist als in trockener, eignet sich die feuchte Waldatmosphäre gut für zahlreiche kleine wirbellose Tiere, deren Haut keinen Verdunstungsschutz aufweist.

Während Bäume also in diesem Klima gedeihen, ist der Waldboden für Ackerbau nicht fruchtbar, denn der Humus wird hier schneller zersetzt, und die schweren Regenfälle waschen die Mineralien und organischen Salze aus, die für Pflanzen notwendig sind.

Pflanzen in großer Höhe In der subalpinen Zone der Ruwenzori-Berge an der Grenze zwischen dem Kongo und Uganda findet man die Vegetation des feuchten Waldes, unter anderem auch riesige Lobelien. Dieser Wald ist lichter als der tiefer liegende Gebirgsregenwald oder Nebelwald; hier wachsen Sträucher und Kräuter besser.

Vegetationszonen im Gebirge

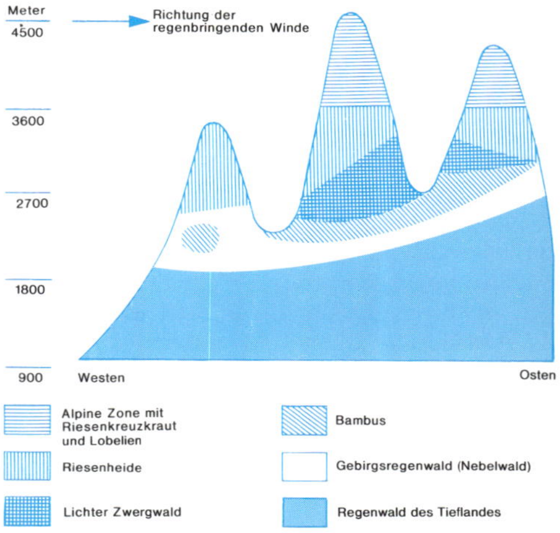
Meter
4500
3600
2700
1800
900
Richtung der regenbringenden Winde
Westen
Osten
Alpine Zone mit Riesenkreuzkraut und Lobelien
Bambus
Riesenheide
Gebirgsregenwald (Nebelwald)
Lichter Zwergwald
Regenwald des Tieflandes

Bäume werden mit zunehmender Meereshöhe kleiner. Der Regenwald des Tieflandes geht in den Nebelwald über; dann folgt Bambus, danach oft Zwergwald, Riesenheide und endlich subalpines Grasland.

Der Nebelwald Bei niedrigeren Temperaturen in Höhen über 1800 m kondensiert die Feuchtigkeit der Luft und bildet einen ständigen Nebel. Darum sind viele Bäume mit Moosen, Flechten und Farnen bedeckt.

Wälder der heißen, feuchten Länder Der Tropenwaldgürtel erhält durch die feuchten äquatorialen Meereswinde reichlich Niederschläge. Die Temperaturen bleiben das ganze Jahr über hoch. Es kommt zu keinen starken Luftbewegungen zwischen Hoch- und Tiefdruckgebieten: heftige Winde sind selten, Gewitter allerdings häufig.

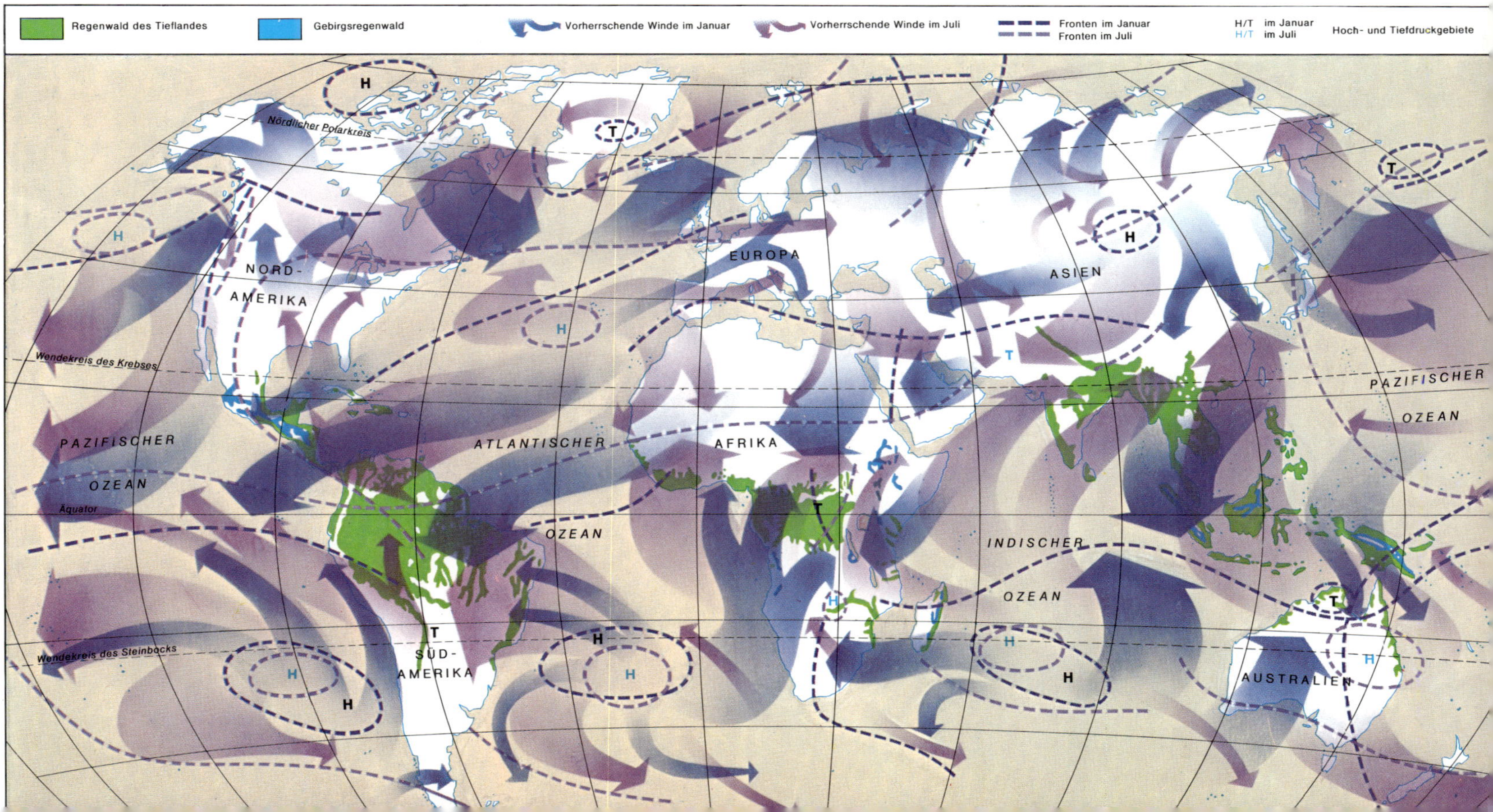
Regenwald des Tieflandes
Gebirgsregenwald
Vorherrschende Winde im Januar
Vorherrschende Winde im Juli
Fronten im Januar
Fronten im Juli
H/T im Januar
H/T im Juli
Hoch- und Tiefdruckgebiete
Nördlicher Polarkreis
NORD-AMERIKA
EUROPA
ASIEN
Wendekreis des Krebses
PAZIFISCHER OZEAN
ATLANTISCHER OZEAN
AFRIKA
Äquator
INDISCHER OZEAN
Wendekreis des Steinbocks
SÜD-AMERIKA
AUSTRALIEN
H
T

Pflanzen im heißen, feuchten Klima

Die gleichbleibende Wärme, Feuchtigkeit und Niederschlagsmenge im tropischen Wald bewirken, daß die Pflanzen in jeder Jahreszeit wachsen, blühen und Frucht tragen können.

Im tropischen Regenwald gibt es keine ausgeprägten jahreszeitlichen Änderungen, doch halten die verschiedenen Pflanzen in ihrem Werden und Vergehen einen eigenen Rhythmus ein und wachsen nur selten unentwegt gleichmäßig weiter. Einige Pflanzen blühen bis zu sechsmal im Jahr, andere nur einmal in etwa vierzig Jahren. Tiere finden ständig pflanzliche Nahrung.

Die Blüte- und Fruchtzeiten sind von Gebiet zu Gebiet verschieden. Auf der Halbinsel Malakka zum Beispiel werfen 30 Prozent der Bäume ihr Laub ab und sind einen Tag bis vier Wochen lang kahl; aber die verschiedenen Arten verlieren ihre Blätter zu verschiedenen Zeiten.

Luftwurzeln und blühende Stämme

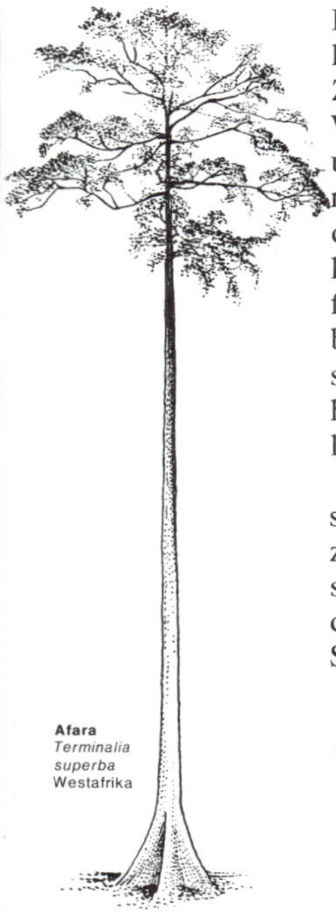
Afara
Terminalia superba
Westafrika

Bäume des Regenwaldes weisen Eigentümlichkeiten auf, die man bei Arten in den gemäßigten Zonen nicht findet. Viele besitzen beispielsweise Wurzeln, die an ihrer Basis „Füße" ausbilden und so die hohen Stämme mit stützen. Immergrüne Arten haben dunkelgrüne, häufig lederartige Blätter, die in eine „Tropfspitze" auslaufen. Diese läßt Wasser schnell von der Oberfläche abfließen. Bei vielen kleineren Bäumen brechen die Blüten nicht aus den Zweigenden, sondern aus den Stämmen und größeren Ästen hervor; dort können sie leicht von Schmetterlingen und anderen Tieren erreicht werden.

Ein auffallendes Merkmal einiger Bäume in sumpfigen Gebieten sind ihre Atemwurzeln. Sie zweigen von horizontalen Wurzeln ab, erheben sich über die Erdoberfläche und unterstützen die Atmung der Bäume, wenn der Boden wenig Sauerstoff enthält.

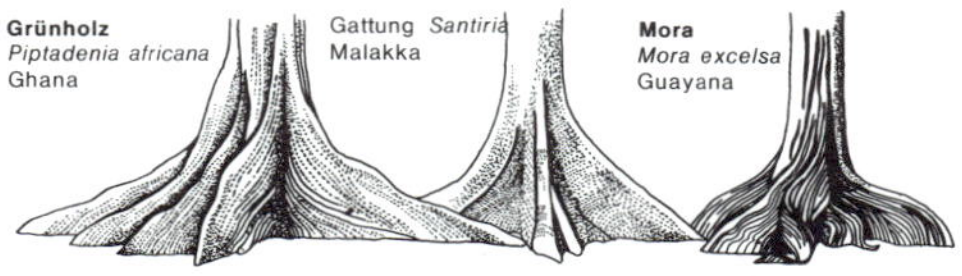
Grünholz
Piptadenia africana
Ghana
Gattung Santiria
Malakka
Mora
Mora excelsa
Guayana

Bäume des Regenwaldes Ein typischer Baum (rechts) ist über 35 m hoch und hat erst nahe der Krone Äste. Viele Bäume sind mit Lianen behangen, und viele haben Stelzwurzeln (links), besonders in Sumpfwäldern.

Stützwurzeln Riesenbäume, die nicht miteinander verwandt sind und in weit voneinander entfernten Wäldern vorkommen, haben ähnliche Stützwurzeln entwickelt, die den hohen Stämmen einen besseren Halt geben.

Stämme, aus denen Blüten sprießen Viele Bäume, wie diese malaiische Annone, sind stammblütig: Sie bilden Blüten, die unmittelbar aus den Ästen und Stämmen, nicht aber aus den Zweigen heraussprießen.

Pflanzen der spärlich erhellten niedrigeren Stockwerke

Strauchschicht In manchen Teilen des tropischen Waldes, wie hier in Queensland, herrschen in der Strauchschicht niedrige Palmen vor. Anderswo haben kleine Bäume und echte Sträucher das Übergewicht.

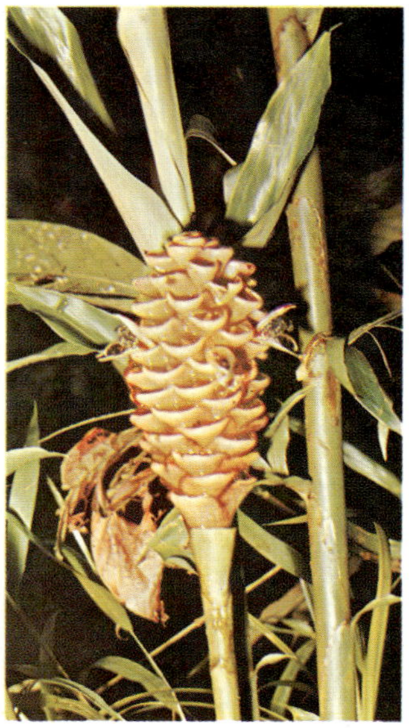

In der Krautschicht Der Ingwer *Zingiber spectabilis* wächst in malaiischen Sümpfen. Wie die meisten Kräuter auf dem nur schwach erhellten Boden des tropischen Waldes sind seine Blüten matt gefärbt.

Helfer beim Zerfall Pilze sind die häufigsten Saprophyten-Pflanzen, die sich von der toten und vermodernden Vegetation auf dem Waldboden ernähren und so den Verwesungsprozeß beschleunigen.

Die 2–5 m hohe Strauchschicht besteht hauptsächlich aus holzigen Pflanzen und jungen Bäumen sowie einigen krautigen Arten. Sträucher, deren Umriß rund oder umgekehrt kegelförmig ist und die sich unmittelbar über dem Boden verzweigen, bezeichnet man als echte Sträucher; andere sehen wie kleine Bäume aus und werden Zwergbäume genannt. In dieser Schicht sind auch kleine Palmen vertreten.

Die Krautschicht ist an Wasserläufen, auf Lichtungen und an anderen Stellen, wo das Licht hinkommt, am üppigsten. Tiefer im Wald, an spärlich beleuchteten Stellen, wachsen Kräuter nur vereinzelt oder in Gruppen; es gibt dort auch weniger Familien und Arten von Bodenkräutern als von Bäumen und Sträuchern.

Die Krautschicht umfaßt Farne und ihre moosähnlichen Verwandten, die Selaginellen, außerdem Ingwer und seine Verwandten sowie Aronstabgewächse, Pflanzen der Gattung *Arum*. Kennzeichnend für die Kräuter sind weiße oder hellgrüne Flecken oder Streifen auf den Blättern. Einige Blätter haben einen metallisch blauen Schimmer; die Blüten hingegen sind nur selten farbenprächtig. Zu den auffallendsten gehören die der Saprophyten, die unmittelbar am Boden an blattlosen Stielen wachsen.

Nektarerzeuger Einer der großen Kletterer, die Passionsblume, *Passiflora*, wird von Vögeln bestäubt, die den Nektar trinken. Überhängende Blütenblätter schützen die Fruchtknoten mit den Samen darin vor den Vögeln.

Nebelwaldpflanzen Kleine Epiphyten erlangen Sonnenlicht, indem sie auf Ästen wachsen. Ihre herabhängenden Wurzeln nehmen Feuchtigkeit aus der Luft auf.

Pflanzen auf anderen Pflanzen

Überall in den Regenwäldern gibt es Pflanzen, die auf anderen wachsen: Kletterer, Würger, Parasiten und auch Epiphyten, die andere Pflanzen nur als Halt und Unterlage benutzen.

Die größeren Kletterer, besonders die Lianen, hängen in gewaltigen Schlingen oben zwischen den Baumkronen. Kleine Lianen sind auch mit Schatten zufrieden; wenn sie jedoch Licht und Platz finden, wo sie sich entwickeln können, werden sie größer. Besonders üppig gedeihen sie auf Lichtungen und an Flußufern. Die meisten kleineren Kletterer verbringen ihr Leben im Schatten; wo aber die Sonne eindringen kann, sind sie besonders zahlreich.

Epiphyten brauchen verhältnismäßig viel Sonnenlicht, und sie erlangen es dadurch, daß sie auf größeren Pflanzen wachsen. Ihre Nahrung ziehen sie aus Humus, der in Spalten sitzt. Viele Epiphyten haben Einrichtungen zum Speichern von Wasser ausgebildet. So besitzen einige Orchideen schwammiges Gewebe in ihren Wurzeln, oder sie sammeln – wie der Geweihfarn – wasserhaltigen Humus an der Basis ihrer Blätter. Andere Epiphyten haben herabhängende Wurzeln, die aus der feuchten Luft Wasser absorbieren, oder dicht übereinanderliegende, aufwärtsgerichtete Blätter, die einen Behälter bilden und in ihm Wasser festhalten. An diesen Wasser speichernden Epiphyten können Algen, Flechten, Moose und Farne wachsen.

Würger wachsen aus Samen, die in den Astgabeln großer Bäume liegen. Sie schicken zum Boden Wurzeln herab, die sich rund um den Wirt winden, so daß er schließlich abstirbt. Während er wegfault, bleibt der Würger als hohler Baum stehen. Die häufigsten Würger in Afrika, im südlichen Asien und Australien sind die Würgfeigen. Sie werden oft riesengroß.

Außer Pilzen und Bakterien, die gewöhnlich eher abgestorbene als lebende Pflanzen befallen, gibt es in den tropischen Wäldern zwei Typen von Parasiten: Wurzelparasiten, die auf dem Boden wachsen, und Halbparasiten, die – wie die Epiphyten – auf Bäumen gedeihen. Der eindrucksvollste Wurzelparasit ist die malaische *Rafflesia,* die riesige, leuchtend gefärbte Blüten bildet. Dieser Parasit dringt in die Wurzeln von Lianen ein und ernährt sich von ihrem Saft. Halbparasiten gehören zu der Familie der Misteln. Sie entnehmen ihren Wirten nur einen Teil ihrer Nahrung; den Rest bilden sie selbst durch Photosynthese.

Die Kannenpflanze deckt ihren Stickstoffbedarf durch Insekten, die durch Farbe und Duft in ihre wassergefüllten Kannen gelockt werden.

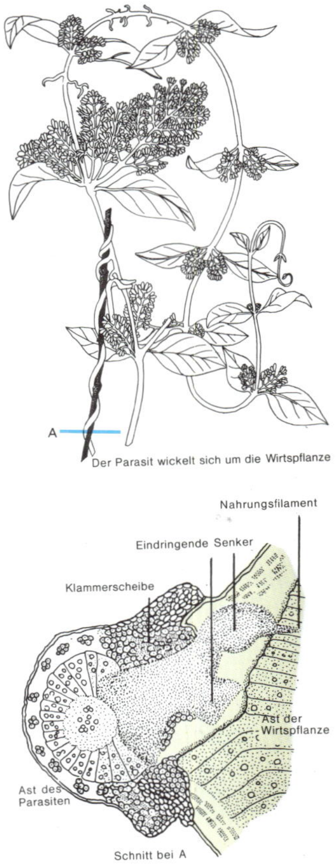
A
Der Parasit wickelt sich um die Wirtspflanze
Nahrungsfilament
Eindringende Senker
Klammerscheibe
Ast der Wirtspflanze
Ast des Parasiten
Schnitt bei A

Die Mistel, *Loranthus marginatus,* bildet Scheiben, die sich an die Wirtspflanze anklammern und mit kräftigen Senkern durch seine Rinde dringen. Sie bahnen Filamenten den Weg, die Nahrungsstoffe aufnehmen.

Das Streben nach Sonne Die Orchideen der Gattung *Angraecum* siedeln sich auf Ästen an Stellen an, die vom Sonnenlicht erreicht werden. Ihre tiefen Blütenröhren locken Schmetterlinge mit langen Rüsseln an.

Baumwürger Die Würgfeigen der Gattung *Ficus* wachsen auf anderen Pflanzen. Nach einiger Zeit umstricken sie ihren Wirt so, daß er eingeht. Danach werden die Würgfeigen zu unabhängigen Bäumen.

Ein Gewirr von Schlingpflanzen Die kletternden Lianen sind typische Pflanzen des Tropenwaldes. Manche werden so dick wie ein menschlicher Oberschenkel. Ihre Ranken schlingen sich von Baum zu Baum.

Das Leben in warmen, feuchten Wäldern

In tropischen Wäldern wächst pflanzliche Nahrung großenteils hoch in den Bäumen. Tiere, die da herankommen wollen, müssen fliegen oder geschickt klettern können.

Die vielen verschiedenen Lebensräume der tropischen Wälder sind in einer Hinsicht gleich: Es gibt in ihnen keine so starken klimatischen Unterschiede wie in anderen Lebensräumen auf dem Land. Da im Laufe des Jahres immer einige Bäume und Sträucher Früchte, Blätter oder Blüten tragen, können pflanzenfressende Tiere in den tropischen Wäldern sich ausschließlich an eine bestimmte Futterquelle halten. Viele Arten haben für die Nahrungsaufnahme spezielle Werkzeuge ausgebildet. Fruchtfressende Vögel, wie die Tukane zum Beispiel, besitzen lange Schnäbel, mit denen sie in dickes Blattwerk hinein können.

Weil die meiste Nahrung im üppigen Kronendach der Bäume zur Verfügung steht, müssen nichtfliegende Tiere klettern, um an sie heranzukommen. Gewöhnlich sind sie darum klein und behende. Einige Arten sind so gebaut, daß sie von Ast zu Ast springen und sich an Zweigen und Stämmen anklammern können. Sie haben Saugscheiben, Greifschwänze sowie Daumen und große Zehen, die den anderen Fingern und Zehen gegenüberstehen.

Auswirkungen des ständigen Nahrungsüberflusses

Fruchtfresser Der rotschnäbelige Tukan, *Rhamphastos monilis*, ernährt sich fast ausschließlich von Früchten. Den Tukanen in der Neuen Welt wie den Nashornvögeln in der Alten ist der Tisch stets reich gedeckt.

Großer Nashornvogel Der lange, starke Schnabel des großen Indischen Nashornvogels, *Buceros bicornis*, durchstößt dichtes Blattwerk und erreicht Früchte an dünnen Zweigen. Er dient auch als optisches Signal.

Schwärmer beim Saugen Verschiedene Tiertypen weisen zuweilen ähnliche Merkmale auf, da sie sich an ähnliche Umweltverhältnisse angepaßt haben – etwa an die gleiche Nahrung. Schwärmer und Kolibris sind beide dazu übergegangen, beim Nektarsaugen vor den Blüten in der Luft stillzustehen.

Da in einem gleichmäßigen Klima bestimmte Nahrungsquellen das ganze Jahr über vorhanden sind, haben sich bei vielen Tieren des tropischen Waldes körperliche Eigentümlichkeiten sowie besondere Verhaltensweisen herausgebildet, die es ihnen ermöglichen, ein ganz bestimmtes Futter maximal auszunutzen.

Kolibris, Schwärmer, einige Nektarvögel und Fledermäuse sind nicht nur speziell für das Saugen von Nektar ausgerüstet, sondern sie vermögen überdies beim Saugen vor den Blüten in der Luft stillzustehen. Zu diesem Zweck schlagen sie ihre Flügel schnell nach hinten und vorn.

Nashornvögel und Tukane sind nicht miteinander verwandt. Dennoch haben sich bei ihnen, da sie beide – in verschiedenen Teilen der Welt – auf das Verzehren von Früchten in tropischen Wäldern eingestellt sind, ähnlich aussehende lange und kräftige Schnäbel entwickelt. Mit ihnen vermögen diese schweren Vögel Früchte an dünnen Ästen zu erreichen, die ihr Körpergewicht nicht tragen würden. Auch können sie so durch dichten Pflanzenwuchs nach einer Frucht stoßen. Eine andere Gruppe von Fruchtfressern, die Flughunde, besitzen spezielle Gaumen mit Leisten, gegen die Früchte mit der Zunge gequetscht werden.

Im Tropenwald gibt es kein Gras. Darum sind die Verwandten der Grasfresser des offenen Landes im Walde zu Laubfressern geworden.

Saugender Kolibri Kolibris können nicht nur vorwärts, sondern auch etwas rückwärts fliegen und bei der Nahrungsaufnahme lange Zeit in der Luft stillstehen.

Keine bestimmte Fortpflanzungszeit in einem ausgeglichenen Klima

Da im Tropenwald ein jahreszeitlicher Klimawechsel fehlt, haben viele Tiere hier keine bestimmte Fortpflanzungszeit. Die des Bärenmakis in Gabun erstreckt sich über den größten Teil des Jahres, während der verwandte Senegalgalago der afrikanischen Savanne sich nur zu Beginn der Regenzeit fortpflanzt. Denn im Wald gibt es für den jungen Bärenmaki und seine Mutter das ganze Jahr über Futter, während für den jungen Galago nur in der Regenzeit genügend Nahrung zur Verfügung steht.

Die starke Feuchtigkeit im Wald gestattet es Fröschen, ihre Eier statt in Wassertümpeln an Land abzulegen. Infolgedessen fallen hier auch die Larvenstadien, die von Fröschen in trockenen Klimaten durchlaufen werden, fort.

Die meisten Tiere, die in den Tropenwäldern auf Bäumen leben, besitzen scharfe Augen. Viele Reptilien und Vögel können überdies Farben unterscheiden. Besonders die Männchen sind dementsprechend mit leuchtenden Farben und charakteristischen Krausen aus Haut oder Federn geschmückt. Bestimmte Verhaltensweisen – da wird etwa einem andern Tier eine Seite mit besonderer Zeichnung zugewandt – dienen dazu, Partner anzulocken oder Rivalen zu warnen.

Wie sich die Gestalten von Tieren der Baumwipfel und des Bodens unterscheiden

Grüne Mamba
Dendroaspis jamesoni
Große Weißnasenmeerkatze
Cercopithecus nictitans
Tamandua
Tamandua tetradactyla
Gabunviper
Bitis gabonica
Grüner Pavian
Papio anubis
Großer Ameisenbär
Myrmecophaga tridactyla

Baumschlangen, wie die Grüne Mamba, sind schlank. Meerkatzen halten beim Springen mit langen Schwänzen das Gleichgewicht; der Tamandua benutzt beim Klettern seinen Greifschwanz. Die am Boden lebenden Verwandten dieser Arten, die Gabunviper, der Pavian und der Große Ameisenbär, sind massiger.

Wie sie sich im Wald bewegen

Wegen des dichten Unterholzes sind große Säugetiere des tropischen Waldes, verglichen mit verwandten Tieren anderer Zonen, zumeist gedrungener. Große Hörner oder Geweihe, die ihnen hinderlich wären, fehlen zumeist.

Im Wald finden auch kleine Pflanzenfresser Zuflucht, so Kleinantilopen, die auf tunnelähnlichen Wechseln durch das Unterholz laufen.

Einige flügellose Tiere, die auf Bäumen leben, können auf der Nahrungssuche, oder um Verfolgern zu entkommen, durch die Luft segeln. Zu diesem Zweck haben manche Echsen Hautlappen an den Seiten, die sie zwischen ihren Vorder- und Hinterbeinen ausspannen können.

Viele Affen und andere Tiere besitzen Greifhände oder Greifschwänze, die sie beim Klettern gebrauchen. In den tropischen Wäldern haben sich mehr kletternde Tiere entwickelt als in den Wäldern der gemäßigten Zonen, weil in den Tropen das Blätterdach immer Nahrung liefert, wogegen in den gemäßigten Breiten viele Bäume während einiger Monate kahl sind. Die Primaten vermögen ihre Daumen und großen Zehen den übrigen Fingern und Zehen gegenüberzustellen. Deshalb können diese Tiere, wenn sie durch das Blätterdach ziehen, die Äste mit zangenartigem Griff packen.

Tiere im Unterholz

Südamerika
Asien
Afrika
Goldaguti
Dasyprocta aguti
Kleinkantschil
Tragulus javanicus
Maxwellducker
Cephalophus maxwelli

Diese Waldtiere aus verschiedenen Erdteilen und verschiedenen Tiergruppen haben – wie auch andere Arten – eine kleine, kompakte Gestalt, die es ihnen ermöglicht, unbehindert durch das Unterholz zu laufen.

Der Fuß eines Leguans Die fünf langen Finger enden in scharfen, gebogenen Krallen, mit denen der Leguan sich festhält, wenn er auf Bäume klettert. Zudem sind die Finger mit winzigen, rauhen Schuppen versehen, die die Reibung erhöhen.

Klammerfüße Der Zwergameisenbär, *Cyclopes didactylus*, greift mit langen Krallen und einem Greifschwanz. Die Hinterfüße haben mit Gelenken versehene Sohlen, so daß das Tier die Krallen unter sie biegen kann.

Greifschwanz Südamerikanische Baumstachler der Gattung *Coendou* benutzen ihren Greifschwanz beim Klettern in den Bäumen. Der Schwanz hält sie auch im Gleichgewicht, wenn sie auf einem Ast entlanglaufen.

Scharfe Augen zum Abschätzen der Entfernung beim Springen

Für Tiere, die auf Bäumen leben, ist das Sehvermögen am wichtigsten, besonders zum genauen Schätzen der Entfernung, wenn das Tier springt oder sich von Ast zu Ast schwingt.

Zweiäugiges Sehen mit Augen, die vorn am Kopf liegen wie bei Primaten, ist günstig für das Entfernungsschätzen. Bei Reptilien stehen die Augen gewöhnlich seitlich am Kopf. Arten des tropischen Waldes aber haben oft schmalere Schnauzen; so überschneiden sich die Gesichtsfelder der Augen vorn und ermöglichen ein binokulares Sehen.

Für Schlangen und Echsen, die auf Bäumen leben, sind gut ausgebildete Augen zum Aufspüren der Beute wichtiger als der Geruchs- und Geschmackssinn, weil es schwer ist, einer Duftspur durch das Astwerk zu folgen. Auch bei Primaten sind Gesichtssinn und Gehör besser entwickelt. Eine ähnliche Anpassung zeigt der Kuskus, ein Beuteltier des australischen Tropenwaldes. Bei ihm stehen die Augen vorn am Kopf, und das Tier hat eine kurze Schnauze, während Beuteltiere des offenen Landes meist längere Schnauzen und seitlich stehende Augen haben.

Auf dem Waldboden ist das Sehen weniger wichtig als das Hören, weil dichter Bewuchs das Sehen auf weitere Entfernung behindert. So hat beispielsweise das Okapi im Wald am Kongo große Ohren, mit deren Hilfe es eine Gefahr leicht bemerkt.

Zweiäugiges Sehen für ein Leben auf Bäumen

Die Peitschennatter, *Ahaetulla mycterizens*, hat eine lange, schmale Schnauze. Daher überschneiden sich die Gesichtsfelder beider Augen, und räumliches Sehen wird möglich – wichtig für das Schätzen von Abständen zwischen Ästen.

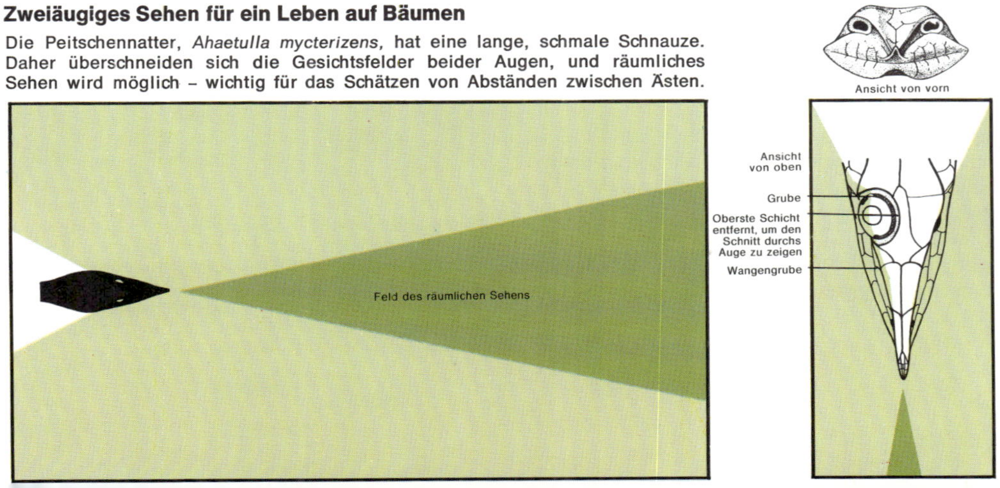

Ansicht von vorn
Ansicht von oben
Grube
Oberste Schicht entfernt, um den Schnitt durchs Auge zu zeigen
Wangengrube
Feld des räumlichen Sehens

Paarungsruf Ein Riedfrosch der Gattung *Hyperolius* ruft mit geblähtem Kehlsack nach seinem Partner. Da es im Wald schwierig ist, auf einige Entfernung etwas zu erkennen, benutzt er akustische Signale.

Niedere Primaten

Die Koboldmakis und Loris der Tropen, möglicherweise auch die Spitzhörnchen, sind Primaten – primitive Vertreter jener Gruppe, zu der auch der Mensch gehört.

Primaten sind vorwiegend Baumbewohner. Einige, wie die Paviane und der Mensch, sind zu einem Leben auf dem Boden übergegangen, aber sie weisen noch die gleichen Merkmale auf wie ihre Verwandten auf den Bäumen. Alle Primaten haben bewegliche Finger und Zehen zum Greifen. Da in den Bäumen der Gesichtssinn und der Tastsinn eine besondere Rolle spielen, sind sie hoch entwickelt.

Es gibt 2 Unterordnungen von Primaten: die Anthropoiden, zu denen Affen, Menschenaffen und Menschen gehören, und die niederen Primaten, zu denen Lemuren, Loris, Koboldmakis und wohl auch die Spitzhörnchen zählen.

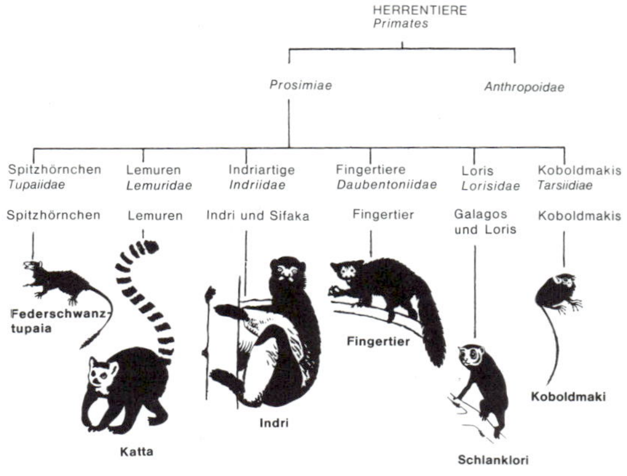
HERRENTIERE
Primates
Prosimiae
Anthropoidae
Spitzhörnchen
Tupaiidae
Lemuren
Lemuridae
Indriartige
Indriidae
Fingertiere
Daubentoniidae
Loris
Lorisidae
Koboldmakis
Tarsiidae
Spitzhörnchen
Lemuren
Indri und Sifaka
Fingertier
Galagos und Loris
Koboldmakis
Federschwanztupaia
Katta
Indri
Fingertier
Schlanklori
Koboldmaki

Die niederen Primaten Halbaffen stehen in der Entwicklungsreihe niedriger als Affen und Menschenaffen. 3 Familien – Lemuren (Makis), Indris und Sifakas sowie das Fingertier – gibt es nur in Madagaskar.

Baumkletterer mit langen Schnauzen und Schwänzen

Streitsüchtige Zwerge Die Gewöhnlichen Spitzhörnchen sind äußerst aggressiv; wenn 2 Männchen zusammen in Gefangenschaft kommen, kämpfen sie oft bis zum Tode. Normalerweise leben sie einzeln; sie markieren ihre Territorien mit Kot und Urin sowie mit Duft aus einer Drüse in der Brust. Das Weibchen baut ein Nest, in dem die Jungen geboren werden. Bis zu deren Entwöhnung lebt das Männchen nahebei in einem eigenen Nest.

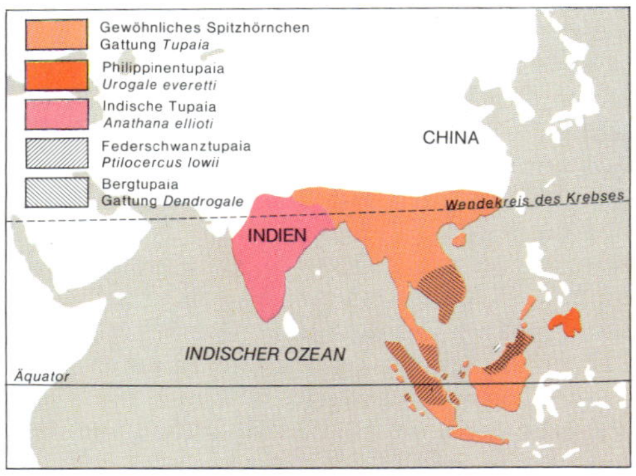
Gewöhnliches Spitzhörnchen
Gattung Tupaia
Philippinentupaia
Urogale everetti
Indische Tupaia
Anathana ellioti
Federschwanztupaia
Ptilocercus lowii
Bergtupaia
Gattung Dendrogale
CHINA
Wendekreis des Krebses
INDIEN
INDISCHER OZEAN
Äquator

Spitzhörnchengebiete Die Gattung *Tupaia* ist die verbreitetste der 5 Spitzhörnchen-Gattungen in Südasien. Es gibt 12 *Tupaia*-Arten, während die meisten anderen Gattungen nur je eine Art enthalten.

Spitzhörnchen sind Waldbewohner. Sie haben lange Schnauzen, kleine Ohren und Schwänze, die gewöhnlich ebenso lang sind wie der Körper. Das Fell ist fast immer braun oder olivfarben.

In ihrem Verhalten zeigen die Arten bemerkenswerte Unterschiede. Einige leben einzeln und sind aggressiv; andere sind gesellig – etwa die Bergtupaias, *Tupaia montana.* Diese seltenen Tiere, die im Gebirge von Nordborneo leben, bilden Gruppen von 8–12 Exemplaren. Zu jeder gehören mehrere Männchen. Brünstige Weibchen paaren sich mit je zweien oder dreien von ihnen.

Das langfüßige Spitzhörnchen, *Tupaia longipes,* lebt in polygamen Familienverbänden, die aus einem führenden Männchen und mehreren Weibchen bestehen. Die Weibchen bilden Gruppen, teilen ihr Futter miteinander, kämmen sich gegenseitig das Fell mit ihren langen Schneidezähnen und schlafen zusammen. Ist ein Weibchen trächtig, baut es ein Nest. Wenn es seine Jungen zur Welt bringt, tun sich die anderen Weibchen zusammen, um das Männchen fernzuhalten.

Das Gewöhnliche Spitzhörnchen, *Tupaia glis,* lebt einzeln oder paarweise. Das Weibchen baut das Nest. Es säugt seine Jungen alle 48 Stunden nur einmal, aber jedesmal erhalten sie drei Fünftel ihres Körpergewichtes an Milch. Zwischen den Fütterungen läßt das Weibchen die Jungen allein und schläft mit dem Männchen in einem anderen Nest. Schon nach 30 Tagen können die Jungen – die bei der Geburt noch blind und nackt waren – sich selbst verteidigen.

Die meisten Spitzhörnchenarten leben auf Bäumen, aber einige, wie das Tana, *Tupaia tana,* und das Philippinentupaia, halten sich am Boden auf und wohnen in Höhlen. Das Tana gleicht dem langschwänzigen Spitzhörnchen insofern, als innerhalb der Familie eine ausgeprägte soziale Hierarchie besteht, wenn auch die Weibchen sich nicht viel umeinander kümmern. Doch verteidigen auch sie ihre Jungen gegen das Männchen.

Alle diese Tiere sind tagsüber aktiv; sie haben lange Schnauzen und seitlich am Kopf sitzende Augen. Durch diese Merkmale unterscheiden sie sich scharf von den typischeren niederen Primaten.

Andererseits ähneln sie in mehreren Punkten sehr den wirklichen Primaten: Sie haben große Gehirne; sie leben auf Bäumen; und ihr Körperbau ist nicht auf eine bestimmte Tätigkeit wie Schwimmen oder Graben hin spezialisiert.

Nächtliches Spitzhörnchen Federschwanztupaias sieht man in freier Wildbahn selten. Im Gegensatz zu den meisten anderen Spitzhörnchen jagen sie nachts.

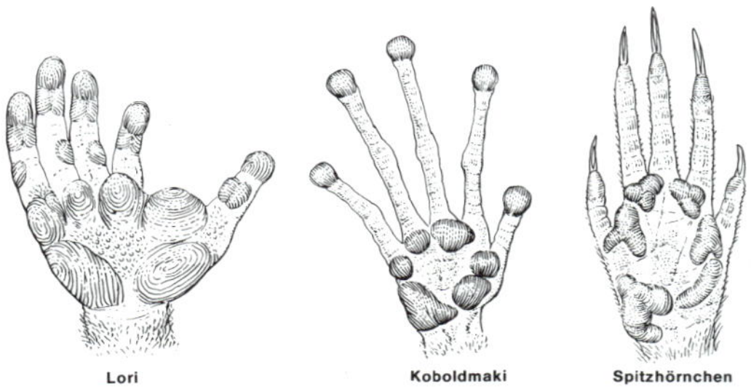
Lori
Koboldmaki
Spitzhörnchen

Pfoten und Hände Die Vorderpfoten der Spitzhörnchen sind lang, biegsam und mit Krallen versehen; sie eignen sich gut zum Klettern. Die Koboldmakis haben lange Finger mit Spitzen, die zu Scheiben erweitert sind; auf diese Weise ist die Greifoberfläche vergrößert. Die Hand der Schlankloris kann weit spannen und deshalb Beutetiere und Äste fest packen.

Hände als Fang- und Greifwerkzeuge

Während man die Zugehörigkeit der Spitzhörnchen zur Ordnung der Primaten in Frage stellen kann – einige Fachleute rechnen sie zu den Insektenfressern –, ist das bei den anderen fünf Halbaffen-Familien, die in den Tropen leben, nicht möglich. Diese Tiere, die in den Wäldern Asiens durch die Loris und Koboldmakis vertreten sind, weisen viel deutlichere Primatenmerkmale auf als die Spitzhörnchen. Ihre Hände sind stärker als Greifwerkzeuge ausgeprägt und tragen Nägel statt Krallen. Außerdem sind ihre Augen nach vorn gerichtet und können deshalb

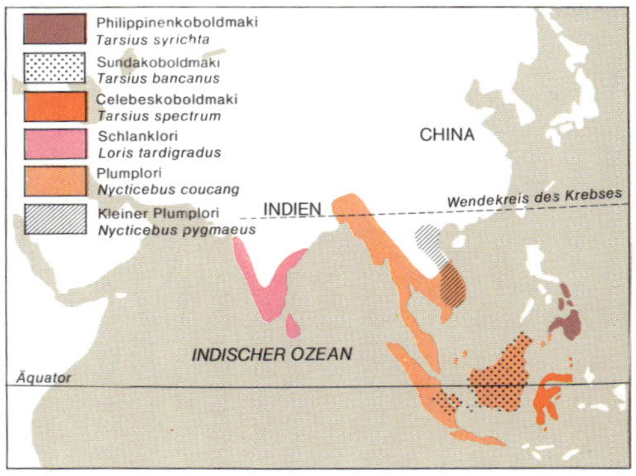

Philippinenkoboldmaki
Tarsius syrichta
Sundakoboldmaki
Tarsius bancanus
Celebeskoboldmaki
Tarsius spectrum
Schlanklori
Loris tardigradus
Plumplori
Nycticebus coucang
Kleiner Plumplori
Nycticebus pygmaeus
CHINA
INDIEN
Wendekreis des Krebses
INDISCHER OZEAN
Äquator

In der Isolation überlebt Koboldmakis haben sich dadurch erhalten, daß sie auf Inseln leben, wo die Konkurrenz mit höher entwickelten Arten geringer ist.

plastisch sehen. Das ermöglicht es dem Tier, beim Springen die Entfernung besser zu schätzen. Überdies sieht es beim Jagen schärfer.

Die Loris, die mit den Pottos und Galagos in Afrika verwandt sind, bewegen sich langsam und lautlos. Sie schleichen sich an ihre Beute – Insekten und kleine Wirbeltiere – heran und packen sie dann mit beiden Händen.

Alle Lori-Arten können mit ihren Händen und Füßen lange Zeit Äste umfassen, ohne zu ermüden. Bei anderen Säugetieren drücken die angespannten Muskeln gewöhnlich die Adern zusammen und behindern die Blutzirkulation. Bei den Loris hingegen bleiben die Adern offen; deshalb werden die Abbauprodukte, die normalerweise die Ermüdung hervorrufen, vom Blut aus den Muskeln fortgetragen.

Der Schlanklori ist etwa 25 cm lang und bewohnt verschiedene Waldtypen im südlichen Indien und auf Ceylon. Die beiden Plumplori-Arten in Südostasien sind dicker; haben einen dunklen Streifen auf dem Rücken und dunkle Augenringe. Loris beider Gruppen leben einzeln, gelegentlich auch paarweise.

Drei Arten von Koboldmakis – alle etwa 10–15 cm lang, mit eineinhalbmal so langen Schwänzen – bevölkern hauptsächlich die Strauchschicht des Waldes. Sie können weit springen und sich gut anklammern. Die Spitzen der Finger und Zehen sind saugscheibenartig verbreitert und geben dem Tier einen festen Halt. Ruht der Koboldmaki an einem Stamm aus, so vermag er seinen Kopf um 180 Grad zu drehen – eine Fähigkeit, die ihm zustatten kommt, wenn er nach Gefahren Ausschau hält.

Wie viele andere niedere Primaten ernähren sich Koboldmakis hauptsächlich von Insekten; außerdem fangen sie Eidechsen, Spinnen, junge Vögel und Mäuse, die sie mit ihren Händen packen und zerreißen. Manche niedere Primaten fressen auch Früchte und Sprossen.

Gewaltiger Springer Der Koboldmaki ist nur 10—15 cm lang, springt aber fast 2 m weit von Ast zu Ast. Vor der Landung schlägt sein Schwanz nach oben über den Rücken und wirkt so als Bremse. Die nach vorn gerichteten Augen des Koboldmakis erleichtern es dem Tier, beim Sprung die Entfernung zu schätzen.

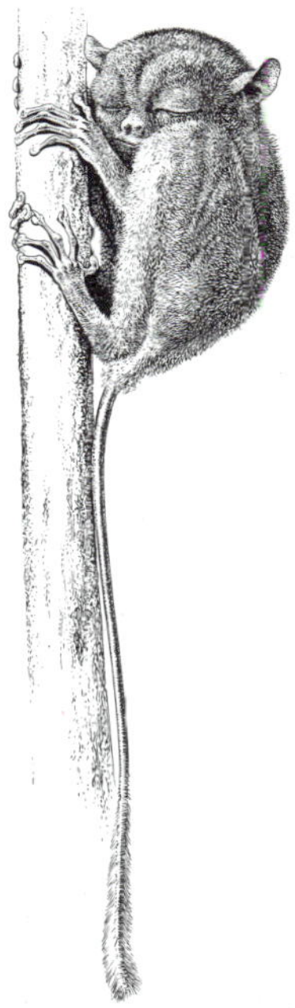

Sicherer Schlaf

Selbst in tiefem Schlaf klammert sich der Koboldmaki mit Hilfe von Scheiben an seinen Fingern und Zehen fest an einen senkrechten Stamm. Wenn das Tier die rauhe, schuppige Unterseite seines Schwanzes gegen den Stamm preßt, hat es einen zusätzlichen Halt. Ein Nest baut es offenbar nicht.

Schlankloris wiegen nur etwa 200 g. Sie haben bei einer Tragezeit von $5^1/_2$ Monaten 2 Fortpflanzungsperioden im Jahr.

Vorsichtiger Kletterer Der Plumplori ist 25—38 cm lang und hat einen Stummelschwanz. Er verbringt praktisch sein ganzes Leben auf Bäumen. Tagsüber schläft er zusammengerollt auf einem Ast oder in einem Loch; nachts macht er Jagd auf Insekten und kleine Säugetiere und sucht nach Früchten. Vorsichtig, mit Händen und Füßen fest zupackend, bewegt er sich von Ast zu Ast. Beim Fressen hängt er manchmal mit dem Kopf nach unten.

Affen

Die meisten Affen der Wälder Asiens leben in fest gefügten sozialen Verbänden, in denen die Rangordnung – durch Positionskämpfe hergestellt – eine überragende Bedeutung hat.

In den tropischen Wäldern Asiens gibt es zwei Hauptgruppen von Affen: Makaken und Languren. Die aggressiven und zänkischen Makaken, die fast alles fressen, leben hauptsächlich am Boden oder in den mittleren „Stockwerken" des Waldes. Languren ernähren sich von Laub. Die meisten von ihnen sind weniger aggressiv als die Makaken und wohnen häufig hoch oben in den Bäumen.

Lärmende, aggressive Makaken

Die kräftig gebauten Makaken in den Wäldern des Orients leben gewöhnlich in großen sozialen Verbänden, in denen Tiere jeden Alters und Geschlechtes vertreten sind.

Typisch für die Gewohnheiten einer solchen Horde sind die der am besten bekannten Art, des Rhesusaffen, der gewöhnlich in Gruppen von 10–30 Tieren vorkommt. Im Mittelpunkt der Gemeinschaft stehen normalerweise 2 oder mehr führende Männchen gemeinsam. Ein Weibchen paart sich gewöhnlich mit einem dieser Männchen. Die beiden bilden ein Paar, das gemeinsam umherzieht, zusammen Futter sucht und sich wechselseitig „laust".

Die Wohngebiete der Trupps überschneiden sich, und die Trupps stehen ihrerseits, wie die Einzeltiere, in einer Rangordnung: Trifft ein niederer Trupp auf einen übergeordneten, dann macht er ihm Platz. Wenn er nicht aus dem Wege geht, kann es zum Kampf kommen.

In Südindien wird der Rhesusaffe durch den Indischen Hutaffen vertreten, in Ceylon durch den Ceylon-Hutaffen. Beide Arten sind klein – bis zu 50 cm groß, mit 68 cm langen Schwänzen – und haben rote Gesichter und kreisförmige Hauben aus langen Haaren. Die Trupps der Indischen Hutaffen sind gewöhnlich größer als die der Rhesusaffen, und die Zahl der Männchen und Weibchen ist gleich. Im Mittelpunkt stehen bis zu 6 führende Männchen, doch hier mischen die Tiere sich mehr; sie bilden keine Paare.

In Südostasien und Indonesien ist der Javaneraffe die häufigste Makakenart. Sein Körper ist kurz, sein Schwanz sehr lang.

Javaneraffen leben in Trupps, die bis zu 70 Exemplare umfassen können. Zumeist sind es allerdings nur gut 20, wobei auf jedes Männchen 2–3 Weibchen kommen. Die Tiere bleiben im allgemeinen auf den Bäumen; Kämpfe zwischen benachbarten Trupps sind selten.

Der Schweinsaffe, *Macaca nemestrina,* hat einen nur 12–20 cm langen Schwanz. Er ist in Burma, Malaysia, auf Sumatra und Borneo zu Hause und lebt in Trupps von 30–50 Tieren hauptsächlich im niedrigeren Laubwerk oder am Boden. Der ihm nahe verwandte Wanderu oder Bartaffe bewohnt die Bergwälder Südwestindiens, ist aber selten geworden. Der Bärenmakak, *Macaca arctoides* in Südchina hat einen noch kürzeren Schwanz als der Schweinsaffe.

Eine letzte Gruppe bewohnt ein kleines Gebiet im nördlichen Teil von Celebes. Sie umfaßt 6 Arten, die mit ihrer gedrungenen Gestalt Pavianen ähneln. Ihre Schwänze sind nur knapp 3 cm lang.

Indischer Hutaffe Diese Art lebt in Trupps von 25—30 Tieren, die von mehreren – bis zu 6 – stärkeren Männchen beherrscht werden. Rangniedrigere Tiere begegnen ihnen mit unterwürfigen Gebärden.

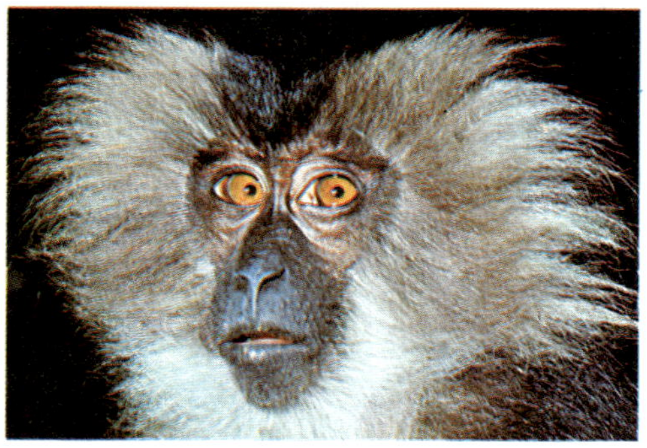

Seltener Makak Der Wanderu oder Bartaffe, *Macaca silenus,* klettert bedachtsam an einem Baum herunter und am nächsten wieder hoch. Diese seltene Art lebt in Bergwäldern Südwestindiens.

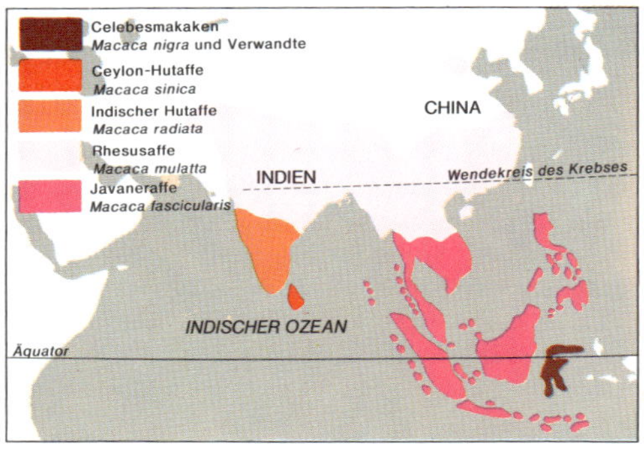
Celebesmakaken
Macaca nigra und Verwandte
Ceylon-Hutaffe
Macaca sinica
Indischer Hutaffe
Macaca radiata
Rhesusaffe
Macaca mulatta
Javaneraffe
Macaca fascicularis
CHINA
INDIEN
Wendekreis des Krebses
INDISCHER OZEAN
Äquator

Tropische Makaken Die Verbreitungsgebiete der Makaken, die am Boden leben, überschneiden sich normalerweise nicht; in verschiedenen Regionen kommen verschiedene Arten vor.

Vom Wasser angezogen Javaneraffen meiden Gebirgsgegenden; sie sind besonders in der Nähe von Flüssen und an Küsten häufig. Die Tiere springen in den Bäumen von Ast zu Ast und fressen Früchte, Nüsse, Blätter, Insekten – vielleicht sogar auch ein paar Krebse. Im allgemeinen leben sie in tropischen Regenwäldern in Trupps von 14—20 Exemplaren, die von einer Gruppe von Männchen geführt werden.

Laubfressende Languren

Languren sind beweglicher als Makaken. Die meisten Arten verbringen den größten Teil ihres Lebens auf den Bäumen. Sie fressen nur Blätter und haben spezialisierte dreiteilige Mägen mit einer Kammer, in der fein zerkaute Blätter mit Hilfe von Bakterien verdaut werden. Languren besitzen keine Backentaschen, in die sie Nahrung hineinstopfen können, wie es Makaken und Paviane tun.

Hulmans oder Hanumans verbringen 50–80 Prozent des Tages auf dem Boden – eine längere Zeit als andere Arten. Ihre Trupps bestehen aus 15–30 Tieren. Die Wohngebiete überschneiden sich, nicht aber deren Zentren, wo die bevorzugten Schlafbäume stehen. Wenn sie einander begegnen, zeigen die Trupps keine ausgesprochene Feindschaft.

Die Jungen werden einzeln geboren. In den ersten Tagen klammern sie sich am Bauch der Mutter an.

In trockenen Gebieten Indiens zeigen Hanumans ein ungewöhnliches Verhalten. Trupps von Weibchen und Jungen beiderlei Geschlechts werden von einem einzelnen erwachsenen Männchen geführt. Die anderen Männchen bilden rein männliche Trupps, die manchmal das führende Männchen von einem gemischten Trupp vertreiben. Dann kämpfen sie untereinander, und einer von ihnen übernimmt den Trupp, worauf er die Jungen tötet oder es zumindest versucht – in auffallendem Gegensatz zu dem wohlwollenden Interesse an den Jungen, das Affenmännchen normalerweise zeigen. Auch in einigen Trupps von Nilgirilanguren gibt es nur ein einziges ausgewachsenes Männchen.

Merkmale für Reife und Stand

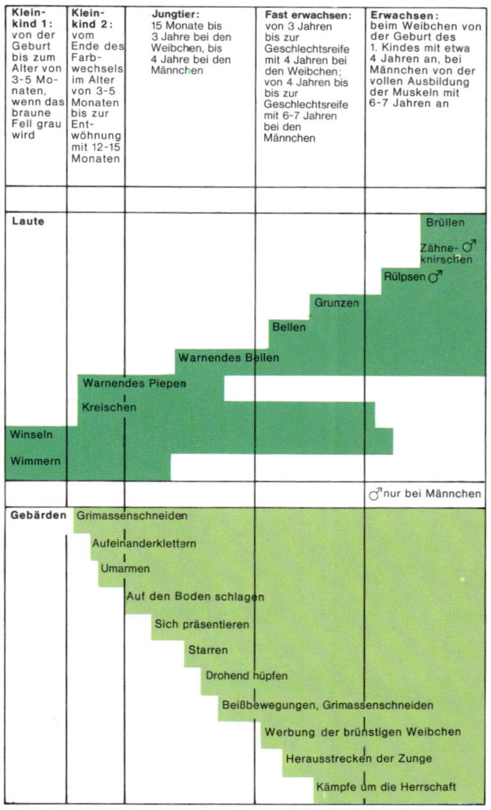

Klein-kind 1: von der Geburt bis zum Alter von 3-5 Monaten, wenn das braune Fell grau wird
Klein-kind 2: vom Ende des Farbwechsels im Alter von 3-5 Monaten bis zur Entwöhnung mit 12-15 Monaten
Jungtier: 15 Monate bis 3 Jahre bei den Weibchen, bis 4 Jahre bei den Männchen
Fast erwachsen: von 3 Jahren bis zur Geschlechtsreife mit 4 Jahren bei den Weibchen; von 4 Jahren bis bis zur Geschlechtsreife mit 6-7 Jahren bei den Männchen
Erwachsen: beim Weibchen von der Geburt des 1. Kindes mit etwa 4 Jahren an, bei Männchen von der vollen Ausbildung der Muskeln mit 6-7 Jahren an
Laute
Brüllen
Zähne- ♂ knirschen
Rülpsen ♂
Grunzen
Bellen
Warnendes Bellen
Warnendes Piepen
Kreischen
Winseln
Wimmern
♂ nur bei Männchen
Gebärden
Grimassenschneiden
Aufeinanderklettern
Umarmen
Auf den Boden schlagen
Sich präsentieren
Starren
Drohend hüpfen
Beißbewegungen, Grimassenschneiden
Werbung der brünstigen Weibchen
Herausstrecken der Zunge
Kämpfe um die Herrschaft

Die Gebärden und Laute der Languren ändern sich mit dem Alter. Sie zeigen das Reifestadium eines Tieres und seine Stellung innerhalb der Gruppe an. Auch sexuelle Unterschiede spiegeln sich in ihnen.

Junger Nasenaffe Diese blattfressende Art lebt in Sumpfwäldern und klettert nachts auf hohe Pedada-Bäume. Jeder Trupp durchstreift ein Revier von etwa einem Quadratkilometer.

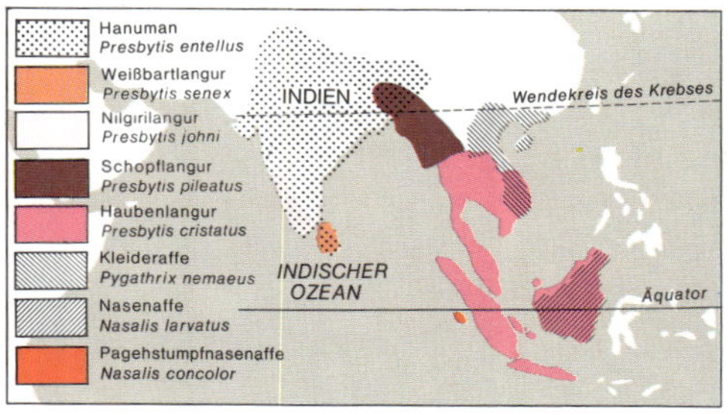

Hanuman
Presbytis entellus
Weißbartlangur
Presbytis senex
Nilgirilangur
Presbytis johni
Schopflangur
Presbytis pileatus
Haubenlangur
Presbytis cristatus
Kleideraffe
Pygathrix nemaeus
Nasenaffe
Nasalis larvatus
Pagehstumpfnasenaffe
Nasalis concolor
INDIEN
Wendekreis des Krebses
INDISCHER OZEAN
Äquator

Verbreitungsgebiete der Languren In Südostasien, Indien und China leben etwa 20 Langurenarten. Einige, wie der Haubenlangur, teilen ihr Revier mit Makaken. Bei örtlichen Kämpfen geben sie aber stets nach.

Hängenase Die Nase des männlichen Nasenaffen wird mit zunehmendem Alter des Tieres immer größer und hängt dann herab. Wenn das Männchen seinen schallenden Warnruf ausstößt, richtet sie sich auf.

Hanumans Trupps dieser Languren verbringen einen großen Teil des Tages auf dem Boden; nachts aber schlafen sie auf Bäumen. In jedem Trupp herrscht eine Rangordnung, doch ist sie nicht so ausgeprägt wie bei Makaken. Das führende Männchen jagt und beißt manchmal ein rangniedriges Männchen und „entläßt" es danach, indem es ihm eine Hand auf die Schulter legt. Bei Streitereien schreitet es nicht ein.

Gibbons und der Orang-Utan

Der Orang-Utan und der Gibbon, die Menschenaffen der tropischen Wälder im Osten, sind in den Bäumen flink und geschickt, am Boden aber recht unbeholfen.

Es gibt nur 4 Typen von Menschenaffen: den Gorilla, den Schimpansen, den Orang-Utan und die Gibbons. Mit dem Menschen haben sie bestimmte Merkmale gemeinsam, so die Fähigkeit, aufrecht zu gehen, ein hoch entwickeltes Gehirn und das Fehlen eines Schwanzes.

Der Orang-Utan und die Gibbons leben in Südostasien. Sie sind vorzüglich an ein Dasein in den Bäumen angepaßt. Gibbons schwingen sich durch das Geäst und springen von Baum zu Baum. Orang-Utans schwingen sich nicht so oft und springen niemals, aber sie klettern mit Hilfe ihrer biegsamen Zehen so leicht, wie andere Säugetiere sich auf dem Boden bewegen.

Auf der Nahrungssuche Orang-Utans halten sich mit den Füßen und einer Hand an Ästen fest und holen sich mit der anderen Hand Früchte.

Rast in einem Baum Orang-Utans verbringen die meiste Zeit auf Bäumen. Nachts schlafen sie in grob gebauten Nestern aus Stöcken und Schlingpflanzen in Baumgabeln. Ein solches Nest entsteht in etwa 6 Minuten. Gegen Regen schützt ein rohes Dach.

Kind
Erwachsenes Weibchen
Erwachsenes Männchen

Gesichtsentwicklung Die Gesichtszüge von Orang-Utans, besonders von jungen, wirken manchmal recht menschenähnlich. Bei den erwachsenen Männchen aber entwickeln sich riesige, muskulöse Backenlappen, die ihre Gesichter sehr breit erscheinen lassen, besonders die der Borneo-Rasse. Beide Geschlechter haben Kehlsäcke; bei den Männchen werden sie zu schweren Wammen. Die Augen und Ohren des Orang-Utans sind klein, und sein Kiefer sitzt tief. Einige Tiere haben Bärte.

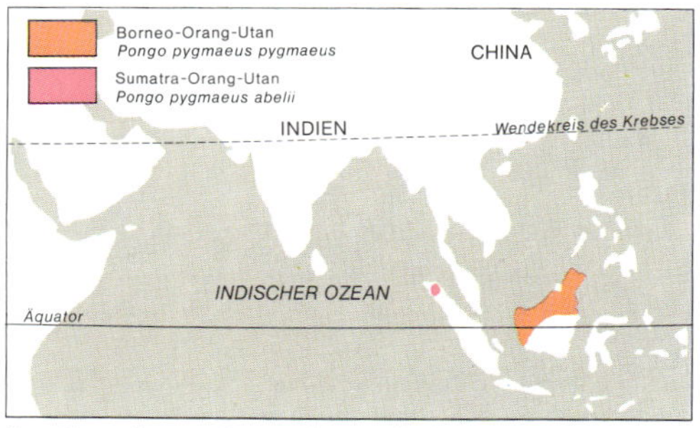
Borneo-Orang-Utan
Pongo pygmaeus pygmaeus
Sumatra-Orang-Utan
Pongo pygmaeus abelii
CHINA
INDIEN
Wendekreis des Krebses
INDISCHER OZEAN
Äquator

Inselbewohner Orang-Utans findet man nur in den Wäldern des Tieflandes und der Bergregionen auf den Inseln Sumatra und Borneo; ihre Bestände nehmen ab.

Der „Waldmensch"

Orang-Utan-Männchen haben, wenn sie aufrecht stehen, eine Größe von etwa 1,40 m. Die Weibchen sind zirka 20 cm kleiner und wiegen nur halb soviel wie die bis zu 2 Zentner schweren Männchen. Bei beiden Geschlechtern sind die Arme eineinhalbmal so lang wie die Beine; die Finger und Zehen an den langen Händen und Füßen sind dauernd gekrümmt.

Die einzige Orang-Utan-Art – der Name des Tieres kommt aus dem Malaiischen und bedeutet „Waldmensch" – wird in 2 Rassen unterteilt. Der Sumatra-Orang-Utan hat ein langes, schmales Gesicht und ist schlanker und oft größer als der Borneo-Orang-Utan. Die Borneo-Rasse erscheint dunkler, rötlicher; das Gesicht ist breiter und weniger behaart. Doch sind die Orang-Utans in ihrer Erscheinung individuell genauso verschieden wie Menschen.

Durch schmatzende, kußähnliche Laute, die sie alle paar Sekunden von sich geben, scheinen Orang-Utans miteinander Kontakt zu halten. Zwischen den Schmatzlauten hört man von den Erwachsenen, besonders von den Männchen, ein tiefes, zweitoniges Rülpsen. Überdies brüllen Männchen nachts tief und anhaltend.

Orang-Utans sind in den Bäumen weniger behende als Gibbons; im allgemeinen klettern sie einfach ruhig umher. Manchmal gehen sie aufrecht auf einem Ast entlang, wobei sie ihn mit ihren Füßen umgreifen und den Ast über sich mit den Händen packen. Zumeist fressen sie Früchte, besonders die des Zibetbaumes, aber auch Blätter, Samen, Rinde und Vogeleier. Am Boden laufen sie ungeschickt auf den Seiten ihrer geballten Füße und stützen sich dabei auch mit den Händen auf.

Erwachsene Weibchen und ihre jüngsten Kinder ziehen oft in kleinen Gruppen dahin, während erwachsene Männer gewöhnlich Einzelgänger sind. Eine besondere Fortpflanzungszeit gibt es bei Orang-Utans nicht. Die Weibchen bekommen ein einzelnes Junges. Es wiegt bei der Geburt etwa 3 Pfund und wird rund 7 Monate lang gesäugt. Während dieser Zeit trägt die Mutter es ständig umher. Dann lernt es, auf Ästen entlangzulaufen, wobei es die Haare am Hinterteil der Mutter packt.

Hangelnd durch den Wald

Die langarmigen Gibbons leben fast ganz auf Bäumen. Dort bewegen sie sich mit akrobatischer Geschicklichkeit und verblüffender Geschwindigkeit hangelnd und schwingend fort. Dabei greifen die Hände abwechselnd nach dem nächsten Ast, und die Beine werden angezogen, damit sie nicht im Wege sind. Wenn Gibbons auf den Boden herabkommen, laufen sie mit gebeugten Beinen aufrecht und strecken die Arme in Schulterhöhe aus, um das Gleichgewicht zu halten.

Lärmende Akrobaten, die Wetteränderungen ankündigen

Gibbons, die kleinsten Menschenaffen, messen 40–90 cm. Es sind schlanke, schnelle und bewegliche Tiere; ihre Arme sind viel länger als ihre Beine.

Gibbons machen erheblichen Lärm; sobald sie am Morgen aufwachen, beginnen sie zu schreien und zu kreischen. Auf diese Weise verkünden sie ihre territorialen Ansprüche, ihren Aufenthaltsort oder sogar einen Wetterumschlag.

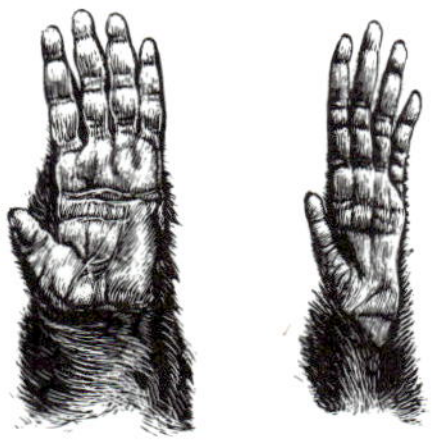
Orang-Utan
Gibbon

Spezialisierte Hände Die Hände vom Orang-Utan und vom Gibbon sind mit langen, starken Fingern versehen und deshalb beim Hängen und Hangeln gut zu gebrauchen. Der Gibbon hat längere, beweglichere Daumen, mit denen er Äste umgreift.

Am weitesten verbreitet ist der Lar oder Weißhandgibbon, *Hylobates lar*. Wie die meisten Gibbons hält er sich in einem bestimmten Territorium auf und lebt in Familien, die aus einem Männchen, einem Weibchen und bis zu vier Jungen bestehen. Das Weibchen bringt jeweils nur ein Junges zur Welt. Das Baby ist fast haarlos; damit es warm bleibt, zieht die Mutter die Beine an und hält es zwischen den Schenkeln und ihrem Bauch. Mitglieder einer Familie „lausen" einander häufig; das festigt die Verbindung zwischen ihnen.

Weißhandgibbons leben in der mittleren Vegetationsschicht, aber häufig gehen sie auch in die Baumkronen hinauf, um Früchte zu fressen. Während eine Familie frißt, bewegt sie sich auf die Grenze ihres Territoriums zu. Trifft sie dort auf eine Nachbarfamilie, so beginnt ein lauter Streit. Das Männchen stößt seine Kampfschreie aus, und das Weibchen läßt eine Reihe von Brüllauten hören, die zu einem kreischenden Crescendo anschwellen.

Einige Gibbonarten sind nach ihrer äußeren Erscheinung benannt. So hat der Kappengibbon eine schwarze Kappe auf seinem Kopf, die von einem weißen Ring umgeben ist. Andere, wie der Hulock, haben ihren Namen nach ihrem Ruf bekommen. Der schlanke Schopfgibbon besitzt eine lange, fast hakenförmige Nase.

Die beiden Siamangs sind stämmig gebaut und haben dünneres Haar als die übrigen Gibbons. Der gemeine Siamang lebt hauptsächlich im Gebirgswald von Sumatra und der Halbinsel Malakka. Er frißt Früchte, junge Blätter, Insekten und Eier. Der Zwergsiamang ist auf die sumpfigen Mentawai-Inseln westlich von Sumatra beschränkt. Seine Länge beträgt nur 38 cm.

Akrobaten im Wald An ihren Fingern hängen Gibbons ganz bequem. Und sicher ergreifen sie die Äste nach Sprüngen, die sie bis zu 15 m weit tragen.

Farbvariationen Der Ungka, *Hylobates lar agilis*, lebt auf Sumatra und der Halbinsel Malakka. Auf Sumatra sind 60 Prozent dieser Art schwarz, der Rest ist gelb-braun; auf der Halbinsel Malakka sind über 90 Prozent schwarz.

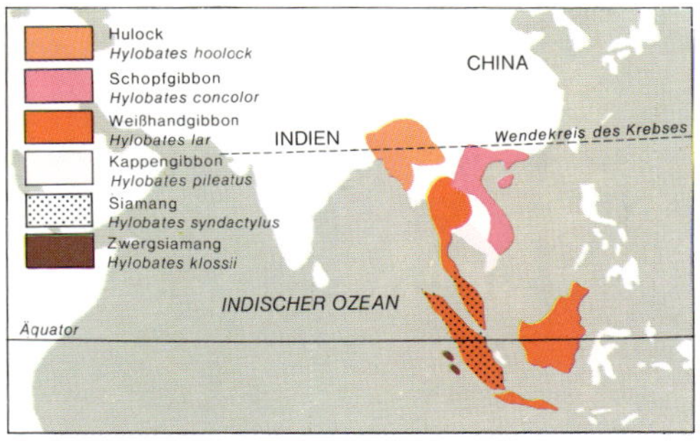
Hulock
Hylobates hoolock
Schopfgibbon
Hylobates concolor
Weißhandgibbon
Hylobates lar
Kappengibbon
Hylobates pileatus
Siamang
Hylobates syndactylus
Zwergsiamang
Hylobates klossii
CHINA
INDIEN
Wendekreis des Krebses
INDISCHER OZEAN
Äquator

Verbreitungsgebiete der Gibbons Von den 6 Gibbonarten, die in den tropischen Wäldern des Orients leben, sind Weißhandgibbons am weitesten verbreitet.

Brüllende Affen Siamangs bringen ihre Rufe mit Hilfe eines großen schallverstärkenden Kehlsackes zustande. Dröhnend ziehen sie die Luft ein und entlassen sie dann mit einem rauhen Schrei wieder durch den Mund, wobei der Sack sich leert. Die beiden Töne folgen einander schnell. Beim Schreien sitzen die Siamangs still.

Kleinsäuger, die von Pflanzen leben

Ein **Temminck-Gleitflieger-Weibchen** hängt an einem Ast und birgt dabei sein Junges in den Gleit„flügeln". Wenn die Mutter durch die Luft segelt, klammert das Junge sich an ihren Bauchpelz und fliegt mit.

Das größte Fledertier Der Kalong, ein Flughund, der in den Wäldern Indonesiens lebt, ist mit einer Flügelspannweite von nahezu 1½ m das größte Fledertier der Welt. Er lebt fast nur von Früchten.

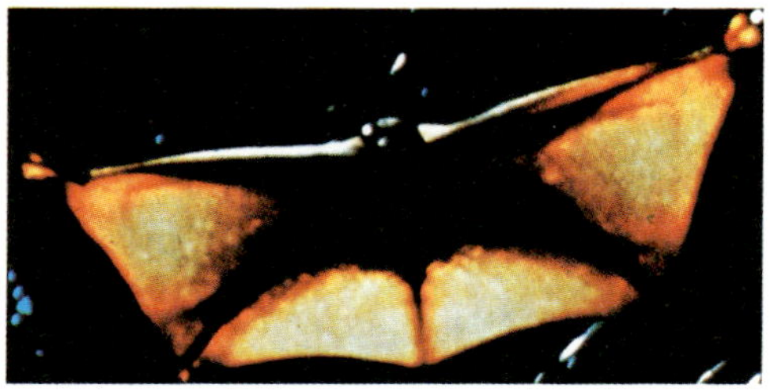

Der Riesengleitflieger breitet seine Glieder aus und spreizt so die Hautfalten, mit deren Hilfe er segelt.

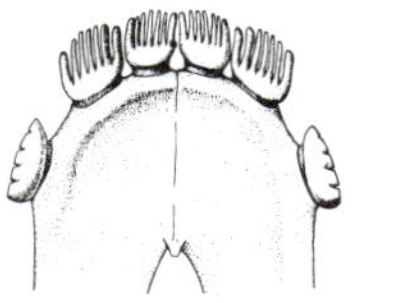

Kammartig ausgebildet sind die unteren Vorderzähne der Riesengleitflieger. Man weiß nicht, ob sie hauptsächlich zur Pflege des Felles dienen oder ob das Tier mit ihnen den Saft aus den Früchten preßt.

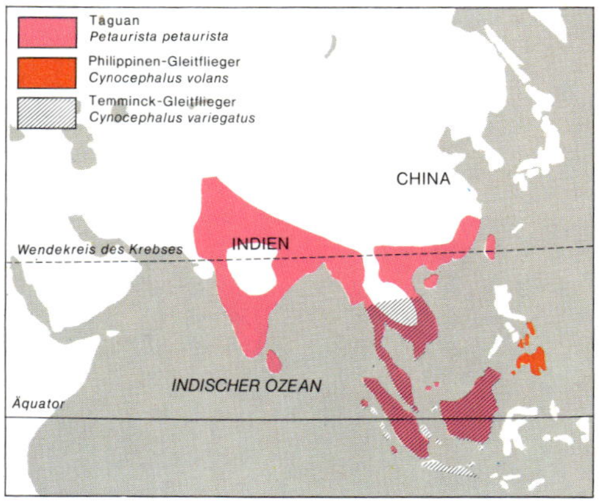
Taguan
Petaurista petaurista
Philippinen-Gleitflieger
Cynocephalus volans
Temminck-Gleitflieger
Cynocephalus variegatus
CHINA
INDIEN
Wendekreis des Krebses
INDISCHER OZEAN
Äquator

Bewohner der Berghänge Taguane, große Gleithörnchen, bewohnen gewöhnlich dichtbewaldete Berghänge in einer Höhe von mehr als 850 m. Sie leben einzeln oder in kleinen Familienverbänden.

Säuger, die klettern, springen, fliegen und gleiten, können in den Baumwipfeln Futter suchen. In den tropischen Wäldern Asiens leben besonders viele Gleitflieger.

In den tropischen Wäldern, wo die Jahreszeiten kaum ausgeprägt sind, ist das ganze Jahr hindurch pflanzliches Futter vorhanden. Von dieser Fülle lebt eine Vielzahl kleiner laufender, kletternder, segelnder und fliegender Säugetiere. Fruchtfressende Säuger sind für den tropischen Wald besonders charakteristisch. Um aber auf einem Baum Früchte fressen zu können, muß ein solches Geschöpf in der Lage sein, in das Kronendach des Waldes hinaufzuklettern, wie es Riesenhörnchen, Flughörnchen und Riesengleitflieger tun, oder es muß dort hinauffliegen wie die Flughunde.

Andere kleine Säuger – meistens Nager – huschen auf dem Boden umher, fressen an Büschen und Kräutern, wühlen nach Wurzeln und suchen Früchte und Samen, die von den Baumkronen herabfallen.

Segler zwischen Bäumen

Die beiden Riesengleitflieger-Arten – der Temminck- und der Philippinen-Gleitflieger – sind die besten Segelflieger unter den Säugetieren. Sie haben eine Länge von etwa 40 cm, besitzen lange Schwänze und ein wolliges Fell. Ihre auffälligsten Merkmale sind weite, doppelte Hautfalten, die die Vorder- und Hinterbeine und den Schwanz miteinander verbinden und zum Segelfliegen straff ausgespannt werden. Infolge dieser Hautfalten sieht ein Gleitflieger, der in Ruhestellung mit dem Kopf nach oben an einem Baumstamm hängt, so aus, als wäre er in ein wollenes Tuch eingewickelt.

Riesengleitflieger sind Nachttiere. Sie segeln von Baum zu Baum und fressen Blätter, Knospen, Blüten und Früchte. Mit Hilfe ihrer scharfen Krallen können sie auch gut klettern.

Auch viele Fledertiere, unter ihnen die Flughunde, nutzen die Nahrungsquellen, die von der üppigen Vegetation der tropischen Wälder geboten werden. Fledertiere sind die einzigen Säuger, die aus eigener Kraft fliegen, indem sie mit ihren „Flügeln" schlagen – dünnen Hautfalten zwischen den Gliedmaßen und dem Schwanz.

Die fruchtfressenden Flughunde sind notgedrungen tropische Tiere, denn sie können nur in Gebieten leben, wo ununterbrochen Früchte reifen. Von diesen ernähren sie sich fast ausschließlich; sie kauen sie, um den Saft herauszuziehen, und spucken dann den entstandenen Brei aus. Zu den eigentlichen Flughunden oder Flugfüchsen zählt das größte Fledertier der Welt, der Javanische Kalong, *Pteropus vampyrus vampyrus,* mit einer Flügelspannweite von fast 1,5 m.

Die zahlreichen Arten von Flughörnchen in den tropischen Wäldern des Orients gehören zur gleichen Familie wie die in den Nadelwäldern. Sie fliegen nicht richtig, sondern segeln nur.

Im Gegensatz zu allen anderen Hörnchen sind Flughörnchen nächtliche Tiere. Tagsüber schlafen sie in hohlen Bäumen oder in Nestern aus Stöcken und Zweigen. Sie bereichern ihre Nahrung, die vor allem aus Früchten, Nüssen, Blättern, Zweigen und Rinde besteht, durch Insekten und anderes Kleingetier.

Hörnchen in Mengen Palmenhörnchen, *Funambulus palmarum*, gibt es nur in Indien und Ceylon; dort aber sind sie häufig. Sie suchen tagsüber am Boden nach Nahrung und fressen Samen, Knospen und Insekten.

Leuchtend gefärbte Säugetiere

Flughörnchen haben eine ganz unterschiedliche Größe. Von den Zwergflughörnchen der Gattung *Petinomys* sind einige, ohne den leicht abgeplatteten Schwanz, nur 12 cm lang, wogegen die Riesengleithörnchen der Gattung *Petaurista* bis zu 58 cm erreichen können. Die Riesengleithörnchen haben buschige Schwänze, so lang wie der ganze Körper oder noch länger. Sie sind hübsch gefärbt und gemustert: gelbgrau, kastanienbraun, schwarz und weiß.

Ähnlich farbenfroh sind Riesenhörnchen der Gattung *Ratufa* und die zahlreichen kleinen Hörnchen des tropischen Waldes aus der Gattung *Callosciurus*, die zu den besonders leuchtend gefärbten Säugetieren gehören. Während die meisten Säuger farbenblind sind oder Farben nur schlecht erkennen, können Hörnchen auch einige Farben wahrnehmen.

Die Riesenhörnchen springen von Baum zu Baum. Sie segeln nicht, kommen aber wie Flughörnchen nur selten auf den Boden.

Unter den vielen Mäusen und Ratten auf dem Waldboden sind auch 3 Arten von Bambusratten – stämmig gebaute Tiere, die bis zu 45 cm lang werden, ihre fast haarlosen Schwänze nicht eingerechnet. Sie haben kurze Beine und riesige, orangefarbene Schneidezähne, die von den Lippen nicht überdeckt werden und darum selbst bei geschlossenem Mund sichtbar bleiben.

Weltbürger Hausratte

Die Wanderratte, *Rattus norvegicus*, die Gänge gräbt, und die mehr auf Bäumen lebende Hausratte, *Rattus rattus*, sind praktisch über die ganze Welt verbreitet. Hausratten bevorzugen eine wärmere, trockenere Umgebung als Wanderratten, aber sie kommen oft in den gleichen Gebieten vor.

Bandikutratten, die im südlichen Asien weit verbreitet sind, ähneln diesen gemeinen Ratten, werden aber bis zu 35 cm lang. Sie graben ausgedehnte Baue mit Kammern zum Nisten und zum Speichern von Nahrung wie Korn, Nüsse und Wurzeln.

Kurzschwänzige Stachelschweine der beiden Gattungen *Thecurus* und *Hystrix* findet man in Asien. Die erste Gattung umfaßt 3 Arten, die auf Indonesien beschränkt sind, während *Hystrix*-Arten nicht allein in Asien, sondern auch in Afrika und im südlichen Europa leben.

Das Kurzschwanz-Stachelschwein *Hystrix brachyurum* ist ein kräftiger Wühler, der große Mengen von Erde aufwirft, wenn er unter der Oberfläche seine Gänge gräbt. Mit seinem 12 cm langen Schwanz erreicht dieses Tier bis zu 60 cm. Wie alle Stachelschweine ist es mit langen, scharfen, ablösbaren Stacheln bedeckt, besonders am Hinterteil.

Quastenstachler der Gattung *Atherurus* leben nächtlich in Afrika und Asien. Sie sind kleiner als die Kurzschwanz-Stachelschweine und haben an den Schwanzenden Büschel von groben Haaren. Der asiatische Langschwanz-Quastenstachler, *Atherurus macrourus*, verbringt den Tag in tiefen Höhlen. Bis zu 10 Tiere leben in einem Bau.

Im Gegensatz zu den Kurzschwanz-Stachelschweinen klettern die meisten Quastenstachlerarten bei der Futtersuche in den Bäumen umher. Beide Gruppen bevorzugen aber eine ähnliche Nahrung aus Früchten, Wurzeln und Knollen.

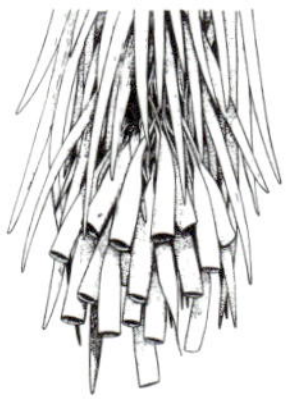

Warnendes Rasseln Das indische Stachelschwein, *Hystrix indica*, hat ein Büschel von hohlen, offen endenden Stacheln zwischen den spitzen Stacheln seines Schwanzes (rechts). Wenn es bedroht wird, wendet das Tier dem Feind sein Hinterende zu, richtet seine Stacheln auf und läßt sie warnend rasseln. Ein Räuber versucht gewöhnlich, das Stachelschwein am Kopf zu packen; aber es läuft schnell rückwärts und bohrt die Stacheln in das Gesicht des Angreifers.

Baummaus Die malaiische Pinselschwanz-Baummaus, *Chiropodomys penicillatus*, gehört zu einer auf Bäumen lebenden Mäusegattung in Südostasien. Sie ist ein angriffslustiges kleines Geschöpf mit weichem Fell.

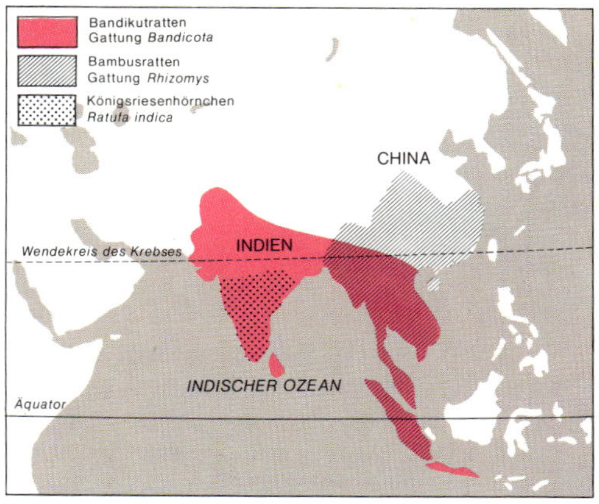

Bandikutratten Gattung *Bandicota*
Bambusratten Gattung *Rhizomys*
Königsriesenhörnchen *Ratufa indica*
CHINA
INDIEN
Wendekreis des Krebses
INDISCHER OZEAN
Äquator

Tropische Ratten Bambusratten verbringen die meiste Zeit ihres Lebens in Gängen unter Bambusbeständen. Sie fressen Bambuswurzeln, suchen aber auch an der Erdoberfläche nach anderem Pflanzenfutter.

Nashorn, Tapir und Elefant

Wegen ihrer Größe und ihrer dicken Haut scheinen Nashörner mit Elefanten verwandt zu sein. In Wirklichkeit sind ihre nächsten Verwandten die schweineähnlichen Tapire.

Elefanten und Nashörner hielt man einst wegen ihrer Größe, ihrer dicken Haut und ihrer schütteren Behaarung für Verwandte. Tatsächlich sind sie jedoch nur ganz entfernt miteinander verwandt; sie gehören zu verschiedenen Ordnungen.

Die Elefanten sind von der großen Ordnung der *Proboscidea* übriggeblieben, von Tieren mit verlängerten, zu Rüsseln vereinigten Nasen und Oberlippen. Die Nashörner hingegen gehören zur gleichen Ordnung wie Pferde und Tapire. Trotzdem haben Elefanten und Nashörner vieles gemeinsam. Sie sind Pflanzenfresser und die größten Landsäugetiere der Welt.

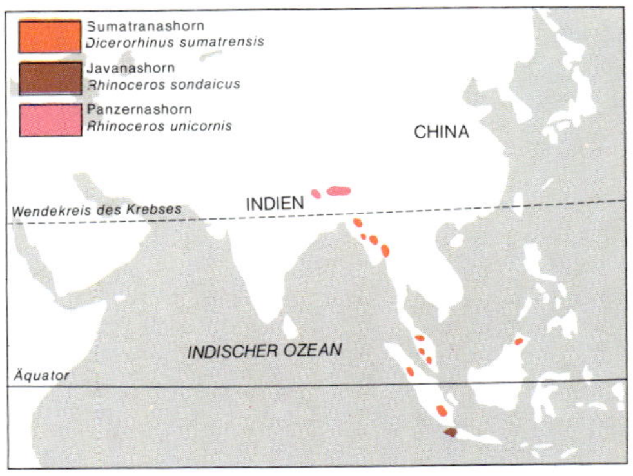
Sumatranashorn
Dicerorhinus sumatrensis
Javanashorn
Rhinoceros sondaicus
Panzernashorn
Rhinoceros unicornis
CHINA
Wendekreis des Krebses
INDIEN
INDISCHER OZEAN
Äquator

Vor dem Aussterben Die asiatischen Nashörner sind vom Aussterben bedroht. Es gibt heute weniger als 800 Panzernashörner, vielleicht nur noch 100—170 Sumatranashörner und kaum mehr als 30 Javanashörner. Alle Arten werden seit langem gejagt.

Das Ende einer Entwicklungsreihe: die aussterbenden Nashörner Asiens

Schützendes Schlammbad Ein Sumatranashorn liegt dösend in seiner Schlammsuhle. Nashörner verbringen so einen großen Teil ihrer Zeit. Dabei erneuern sie ständig den Schlammantel, der sie kühl hält und die Insekten daran hindert, Eier in ihre Haut zu legen.

Nashörner, Tapire und die Mitglieder der Familie der Pferde sind die einzigen lebenden Angehörigen der Ordnung *Perissodactyla* (Unpaarhufer). Der Name kommt daher, daß bei allen diesen Tieren die Hauptachse des Fußes durch die Mittelzehe läuft. Diese trägt das Körpergewicht so wie die große Zehe beim Menschen.

Bei den Pferden sind die anderen Zehen nur noch rudimentäre Knochen; bei Nashörnern und Tapiren hingegen, die miteinander näher verwandt sind als mit Pferden, haben einige weitere Zehen ihre Funktionsfähigkeit behalten. In der anderen Ordnung der großen Pflanzenfresser, der *Artiodactyla* (Paarhufer), zu denen Antilopen und Rinder gehören, haben die Tiere an jedem Fuß 2 zentrale, das Körpergewicht tragende Zehen.

Asiatische Nashörner hat man wegen ihrer Hörner so lange gejagt, daß sie fast ausgerottet sind. Man glaubte, diese dichten, faserigen Gebilde wirkten anregend auf den Geschlechtstrieb und hätten noch weitere medizinische Eigenschaften.

Das Javanashorn, eine Waldart, war bis vor etwa 100 Jahren von Sikkim bis Java verbreitet.

Weibchen des Javanashorns Das Javanashorn hat ein einziges kurzes Horn. Beim Weibchen ist es manchmal zu einer Beule zurückgebildet.

Das kleinste Nashorn Mit einer Höhe von 1,35 m ist das Sumatranashorn am kleinsten. Gewöhnlich hat es 2 Hörner. Seine Hautfalten sind weniger ausgeprägt als die der anderen asiatischen Arten.

Das 2 Tonnen schwere indische Panzernashorn ist das größte asiatische Nashorn. Es hat nur ein Horn. Lieber als im Wald äst es in Schilfbeständen und Sümpfen. Charakteristisch ist seine besonders dicke, panzerartige, mit warzenähnlichen Körnchen bedeckte Haut, die in steifen, schweren Falten herabhängt. Wie alle Nashörner stürmt es auf einen Gegner los, um ihn zu erschrecken, nicht um ihn anzugreifen.

Im Fellwechsel spiegelt sich möglicherweise die Entwicklungsgeschichte wider

Der junge asiatische Schabrackentapir ändert mehrere Male das Muster und die Farbe seines Felles, bevor er seine Erwachsenenfärbung annimmt. Bei der Geburt sind der Schabrackentapir und die 3 Tapirarten Südamerikas fast gleich gezeichnet. Vielleicht spiegelt sich darin die Tatsache wider, daß sie alle vor Millionen von Jahren einen gemeinsamen Ahnen hatten. Die erwachsenen Tiere sehen verschieden aus.

Erwachsener Tapir Ein voll ausgewachsener Schabrakkentapir ist etwa 90 cm hoch und kann bis zu 3½ Zentner wiegen. Er geht nachts im dichten Wald auf Nahrungssuche und frißt Blätter.

Heute sind wahrscheinlich kaum mehr als etwa 50 Exemplare übrig.

Das indische Panzernashorn, ein Einzelgänger mit unberechenbarem Temperament, lebt in Sümpfen am Rande des Waldes. Die Paarungszeit liegt zwischen Februar und April.

Äußerst selten sind Sumatranashörner. Paarweise tun sie sich in den tropischen Regenwäldern an Laub gütlich und ziehen, sobald ein Gebiet abgeweidet ist, in ein neues weiter. In dichtem Wald brechen sie sich ihren Weg durch das Unterholz: Ihre Fährten ähneln langen Tunneln im Dschungel.

Die Ahnen der Tapire waren einst weit über die nördliche Erdhalbkugel verbreitet. Irgendwann einmal wanderten sie südwärts in die Tropen der Alten und Neuen Welt und überquerten dabei eine Landbrücke, die früher im Gebiet der Bering-Straße Asien mit Nordamerika verbunden hat. Heute sind die Tapire voneinander getrennt und leben auf entgegengesetzten Seiten der Erde: in Südamerika und Südostasien.

Zwischen ihnen bestehen, abgesehen von der Färbung der erwachsenen Tiere, nur geringe Unterschiede. Die 3 südamerikanischen Arten sind einfarbig braun oder grau, während der Schabrackentapir in Südostasien schwarz und weiß gefärbt ist. Die Jungen aller Arten haben dunkle Felle mit hellen Streifen und Flecken.

Tapire sind ängstliche Tiere. Sie ernähren sich von Blättern, am liebsten von Wasserpflanzen. Nur selten entfernen sie sich weit vom Wasser.

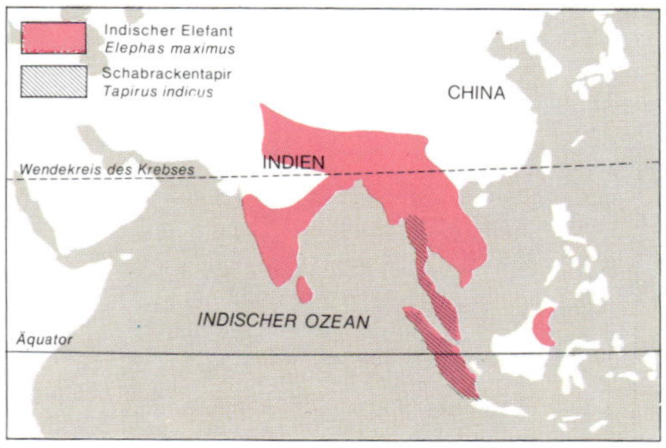
Indischer Elefant
Elephas maximus
Schabrackentapir
Tapirus indicus
CHINA
INDIEN
Wendekreis des Krebses
INDISCHER OZEAN
Äquator

Die Heimat der Elefanten Eine Herde von Indischen Elefanten hat zwar ihren dominierenden Bullen, aber die weiten Wanderungen der Gruppe bei der Futtersuche werden von einem alten Weibchen begonnen.

Elefanten der Wälder

Einzelgänger im Dschungel von Thailand Viele Elefantenbullen leben allein und schließen sich einer Herde nur dann an, wenn sie eine Gefährtin suchen.

Der Indische und der Afrikanische Elefant weisen deutliche Unterschiede im Körperbau auf und bevorzugen auch verschiedene Lebensräume. Der Afrikanische Elefant ist hauptsächlich ein Tier der Steppe, wenn auch eine Rasse im Wald lebt. Der Indische Elefant lebt vor allem im Wald.

Die weiblichen Indischen Elefanten sowie einige der Männchen haben keine großen Stoßzähne. Wenn Männchen Stoßzähne besitzen, dann sind sie beträchtlich kleiner als die des Afrikanischen Elefanten. Bei den Kämpfen während der Paarungszeit kann ein Indischer Bulle mit seinen Stoßzähnen einem unterlegenen Gegner eine tiefe Wunde beibringen.

Indische Elefanten ziehen in Herden durch die Wälder; wahrscheinlich handelt es sich dabei um große Familienverbände. Sie fressen in der Morgen- und Abenddämmerung Laub und schlafen während der heißesten Tageszeit.

Ein Bulle badet Elefanten sind gute Schwimmer. Sie baden oft und stehen dabei gewöhnlich in flachem Gewässer. Mit dem Rüssel saugen sie Wasser auf und spritzen es zur Kühlung auf ihren Rücken.

Unterschiede zwischen Afrikanischen und Indischen Elefanten

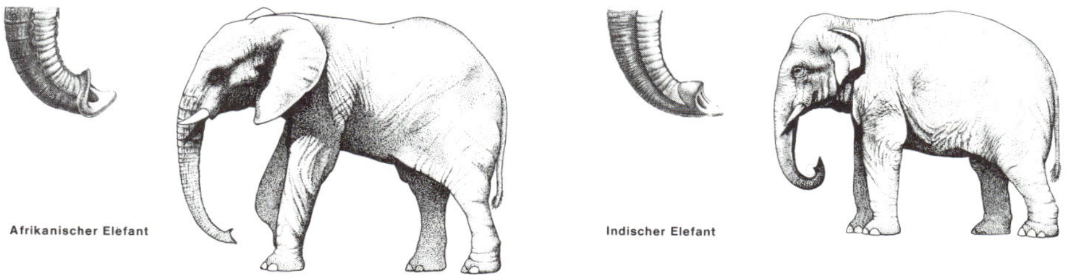
Afrikanischer Elefant
Indischer Elefant

Afrikanische Elefanten sind größer als Indische, die Männchen erreichen eine Höhe von fast 4 m, die Indischen nur 3 m. Andere Unterschiede sind die kleineren Ohren des Indischen Elefanten, seine hohe kuppelförmige, mit einer Kerbe versehene Stirn und sein abfallender Rücken. Afrikanische Elefanten haben allgemein weniger Nägel an den Füßen. An der Rüsselspitze besitzen sie zwei „Finger", die Indischen Elefanten nur einen.

Rinder, Hirsche und Schweine

Einzelgänger Alte Gaur-Bullen leben gewöhnlich einzeln. In der Paarungszeit aber gesellen sie sich zu den Herden und legen Territorien fest, aus denen sie die anderen erwachsenen Bullen vertreiben. Sobald die Brunst endet, verlassen die alten Bullen die Kühe; die jüngeren Männchen kommen zurück, und es bilden sich wieder die Herden. Bullen lassen in der Brunst einen orgelnden Ruf ertönen.

Pflanzenfresser im Morast Herden von Wasserbüffeln, die in Morasten nahe am Wasser leben, äsen abends, nachts und am Morgen. Vor der Hitze des Tages suchen sie Schutz im hohen Gras, oder sie kühlen sich, indem sie sich im Schlamm oder im Wasser suhlen, so daß nur ihre Nasenlöcher noch herausschauen. Schließlich tauchen sie bedeckt mit einer schimmernden Schlammschicht auf, die sie vor Insektenstichen schützt.

Kleine und große Rinder des tropischen Waldes
Die kleinsten Rinder der Welt leben im tropischen Wald Asiens. Es sind der Anoa auf Celebes mit einer Schulterhöhe von knapp 1 m und der nur wenig größere Tamarau auf der Philippineninsel Mindoro. Eng verwandt mit ihnen ist der Wasserbüffel. Seine Schulterhöhe beträgt 1,80 m.

Anoa
Tamarau
Wasserbüffel

In Dickichten, die von Lichtungen mit üppigem Gras umgeben sind, leben ganz unterschiedliche Tiere: scheue Hirsche, angriffslustige Büffel und Herden von Schweinen.

Alle großen pflanzenfressenden Säugetiere der tropischen Wälder – mit Ausnahme der Elefanten, Nashörner und Schweine – sind Wiederkäuer (*Ruminantia*). Normalerweise äsen sie am frühen Morgen und Abend auf Waldlichtungen und ziehen sich anschließend zum Wiederkäuen in den Schutz der Bäume zurück, wo sie vor Raubtieren sicherer sind.

Der ängstliche Riese

Die Wälder von Indien und Burma beherbergen einige der größten Rinder der Welt, unter ihnen der gewaltige Gaur und der Wasserbüffel. Beide Arten werden heute in freier Wildbahn selten; Wasserbüffel sind aber vielerorts zu Haustieren geworden.

Trotz seiner Größe – er hat eine Schulterhöhe bis zu 1,80 m und ein Gewicht von mehr als einer Tonne – ist der Gaur ein scheues, ängstliches Tier. Auf seinem Rücken befindet sich ein deutlicher Wulst, der von der Schulter bis zur Mitte der Wirbelsäule reicht.

Gaurs leben meist in Herden von etwa 6 Tieren. Den Tag verbringen sie meist in den Wäldern an den Berghängen. In der Dämmerung kommen sie heraus und äsen auf den grasigen Lichtungen der Gipfel.

Der Gayal, *Bos frontalis,* kommt – in den Chittagong Hills in Pakistan und Nordburma – nur als Haustier vor. Wahrscheinlich ist er mit dem Gaur verwandt, dem er auch hinsichtlich der Farbe und der Wulstform gleicht.

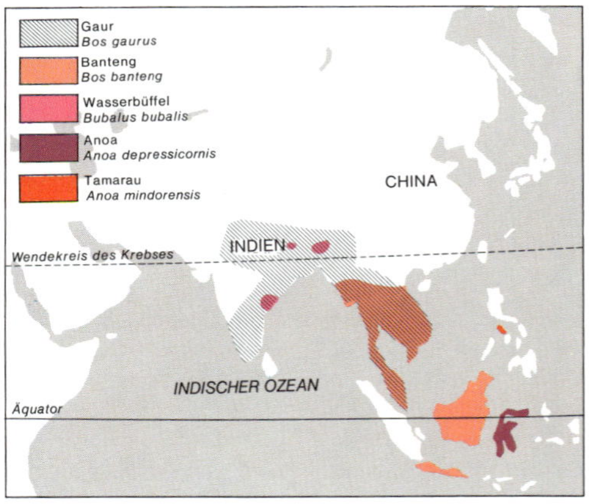
Gaur
Bos gaurus
Banteng
Bos banteng
Wasserbüffel
Bubalus bubalis
Anoa
Anoa depressicornis
Tamarau
Anoa mindorensis
CHINA
INDIEN
Wendekreis des Krebses
INDISCHER OZEAN
Äquator

Waldrinder Die Verbreitungsgebiete dieser Rinder sind stark zusammengeschmolzen. Der Anoa und der Tamarau sind selten, aber der Banteng und der Wasserbüffel werden vielerorts als Haustiere gehalten.

Der Banteng, leichter gebaut als der Gaur und der Gayal, hat kleine, schlanke, gebogene Hörner. Im Gegensatz zum Gaur bevorzugt er lichten Wald mit Wiesen, wo er Blätter und Gras frißt. Der Wasserbüffel, der nicht nur in Asien, sondern auch in einigen Teilen Europas als Haustier gehalten wird, ist in freier Wildbahn selten geworden. Er kann eine Schulterhöhe von fast 1,80 m erreichen. Nahe verwandt mit ihm sind 2 kleine Arten; der 95 cm große Anoa auf Celebes – das kleinste Wildrind der Welt – und der etwas größere Tamarau von der Philippineninsel Mindoro. Beide Tiere findet man in der Nähe von Wasser.

Gesellige Hirsche Die Axishirsche in Indien und Ceylon sind ziemlich schlank und weiß gefleckt. Sie leben normalerweise in Herden von 10—30 Tieren, bilden aber gelegentlich in der Nähe von Flüssen und Strömen riesige Herden. Bei den kleineren Herden befinden sich 2 oder 3 Männchen, die im April und Mai, wenn die Fortpflanzungszeit ihren Höhepunkt erreicht hat, um den Besitz der Weibchen kämpfen.

Ein Rivale trollt sich Ein Sambar-Männchen steht über einem Weibchen, während ein Rivale in den Wald zurückgeht. Sambars kommen von Indien und Ceylon bis zur Halbinsel Malakka in kleineren Herden vor.

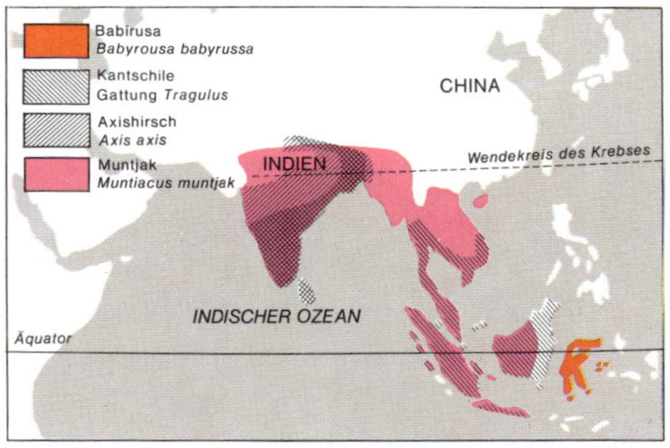
Babirusa
Babyrousa babyrussa
Kantschile
Gattung *Tragulus*
Axishirsch
Axis axis
Muntjak
Muntiacus muntjak
CHINA
INDIEN
Wendekreis des Krebses
INDISCHER OZEAN
Äquator

Verbreitung von Hirschen Der indische Muntjak bewohnt dichte Wälder, während der Axishirsch in der Nähe von Flüssen lebt. Asiatische Kantschile, die ebenfalls nahe am Wasser leben, äsen nachts im Wald.

Einzeln und gesellig lebende Hirsche

Die Hirsche der asiatischen Wälder sind immer noch häufig, obwohl sie von Raubtieren und vom Menschen gejagt werden. Der stattlichste ist der Sambar, *Cervus unicolor*; er wiegt 450 bis 630 Pfund und ist größer als der ähnliche Rothirsch Europas.

Zackenhirsche oder Barasinghas, *Cervus duvauceli,* die in den feuchteren Wäldern und auch auf dem offenen Land weit verbreitet sind, leben 3 Monate im Jahr einzeln. In dieser Zeit wachsen dem Männchen verzweigte Geweihe, die bis zu 20 Enden haben, und die Weibchen werfen dann ihre Jungen. Mit dem Beginn der Fortpflanzungszeit bilden Zackenhirsche Herden. Der Leithirsch in jeder Herde paart sich mit allen Weibchen. Nur vom stärksten Tier also stammen die Nachkommen ab.

Bellender Hirsch Der indische Muntjak, der im dichten Wald lebt, stößt bei Beunruhigung und in der Paarungszeit bellende Laute aus. Das Geweih dieses Tieres steht auf haarbedeckten Auswüchsen des Schädels.

Primitiver Wiederkäuer Der Fleckenkantschil, *Tragulus meminna,* sieht wie eine kleine Antilope aus, gehört aber zu einer anderen Familie. Sein Magen hat nur 3 Kammern; die meisten Widerkäuer haben 4.

Paarhufer, die Fleisch fressen

Schweine sind, im Gegensatz zu den meisten Paarhufern, keine Wiederkäuer, überdies auch nicht ausschließlich Pflanzenfresser. Sie fressen alles Genießbare, einschließlich Aas und Insektenlarven, die sie mit der Schnauze ausgraben.

Das Wildschwein, *Sus scrofa,* ist in weiten Teilen Europas, Südasiens und Nordafrikas beheimatet. Das Zwergwildschwein, *Sus salvanius,* eine seltene Art von etwa Hasengröße, lebt in den Wäldern der Himalaja-Ausläufer, und der Hirscheber oder Babirusa, *Babyrousa babyrussa,* ist in den feuchten Wäldern von Celebes und der benachbarten Inseln Indonesiens zu Hause.

Einzigartige Hauer Die langen Hauer im Oberkiefer des Hirschebers treten nicht zwischen den Lippen hervor, wie bei anderen Schweinen, sondern wachsen unterhalb der Augen durch die Haut. Die unteren Hauer jedoch kommen aus dem Mund heraus. Da beide Paare nach rückwärts zum Schädel hin gebogen sind, können sie nicht als Waffen gebraucht werden.

Der Tiger

Der Tiger, die größte von allen Großkatzen, kann mit einem Hieb einen Hirsch niederstrecken. Seine Opfer tötet er mit einem Biß ins Genick oder in die Kehle.

Reißzähne Der Tiger verschlingt das Fleisch in Stükken; seine Zähne gebraucht er weniger zum Kauen als zum Schneiden. Mit den Reißzähnen packt er die Beute; scharfe Backenzähne zerteilen auch Knorpel.

Tiger sind im allgemeinen Einzelgänger; nur in der Fortpflanzungszeit und wenn ein Weibchen Junge aufzieht, ist das anders. Aber auch sonst sind sie nicht völlig ungesellig; ist ein großes Beutetier zur Strecke gebracht, dann versammeln sich oft mehrere Tiger aus der gleichen Gegend zum gemeinsamen Mahl.

Tigermännchen haben Reviere von 60–600 Quadratkilometern, die sie gegen gleichgeschlechtliche Artgenossen verteidigen. Ein solches Revier umfaßt oft die Lebensbereiche mehrerer Weibchen. Diese Gebiete überschneiden sich gewöhnlich und werden von den Weibchen auch nicht verteidigt. Sowohl Männchen als auch Weibchen markieren die Grenzen ihrer Bereiche dadurch, daß sie Bäume, Büsche und Gras mit einer Mischung von Urin und Duftstoff bespritzen. Einige Tiger, besonders junge ausgewachsene Tiere, wandern einige Zeit weit umher, vermutlich so lange, bis sie einen Platz finden, wo sie bleiben können.

Tiger beiderlei Geschlechtes zeigen ihren Aufenthaltsort zuweilen durch ein erschreckend lautes Gebrüll an, das etwa 2 km weit zu hören ist. Weibchen brüllen außerdem, um ihre Jungen zu einer Beute zu rufen oder um in der Fortpflanzungszeit ein Männchen anzulocken.

Tagsüber schläft oder ruht der Tiger im Wald. Nachts trottet er jagend durch sein Revier und legt in einer Nacht manchmal mehr als 30 km zurück. Sein Opfer – einen Hirsch oder einen Büffel – spürt er mit Augen und Ohren auf, weniger durch seinen Geruchssinn. Dann schleicht er sich bis auf 10–25 m heran und greift plötzlich von hinten an. Im allgemeinen schlägt der Tiger seine Beute zunächst mit einer Vordertatze zu Boden oder reißt sie mit den Krallen nieder. Große Tiere erstickt er dann durch einen Biß in die Kehle, kleinere tötet er durch einen Biß ins Genick. Indem er sein Opfer an der Kehle packt und es niederhält, hindert er es daran, ihn mit den Hörnern aufzuspießen oder mit den Hufen zu treten.

Manchmal kauert der Tiger in der Nähe eines Wasserloches oder eines Wechsels und wartet, bis ein Tier in Reichweite kommt. Er braucht dichten Pflanzenwuchs, in dem er sich verstekken kann, denn für eine Jagd in offenem Gelände fehlt ihm die Ausdauer. In erster Linie dienen Huftiere wie Hirsche, Schweine, Nilgauantilopen, Gaure, Büffel und Hausrinder dem Tiger als Nahrung, aber auch Vögel, Reptilien und selbst Frösche und Fische werden verschlungen.

Fellzeichnung als Tarnung Die Farbzeichnung des Tigers bewirkt, daß er von Beutetieren nicht so leicht gesehen werden kann. Das schwarzgestreifte, lohfarben-orangene Fell löst den Umriß des Körpers auf, so daß er mit dem Licht- und Schattenspiel der Umgebung verschmilzt. Dank seiner Fähigkeit, sich lautlos zu bewegen, kann ein Tiger unbemerkt an seine Beute heranschleichen. Die Männchen wiegen bis zu 3,5 Zentner und erreichen eine Länge von 2,70 m, von der Nase bis zur Schwanzspitze gemessen. Tiger sind so stark, daß sie Tiere von der Größe eines Büffels oder einer Nilgauantilope niederreißen und überwältigen können.

Ein Raubtier packt zu Der Tiger springt einen Büffel von hinten an und reißt ihn nieder. Mit seinen Tatzen und Zähnen hält er das Opfer fest. Dann packt er es an der Kehle, und das Tier erstickt.

Spätentwickler

Tiger paaren sich in der Fortpflanzungszeit täglich mehrere Male. Die Kopulation ist kurz; gewöhnlich dauert sie nicht länger als 15–20 Sekunden. Nach einer Tragezeit von 3 Monaten werden in einer Höhle 1–5 Junge geboren. Sie brauchen länger als 1 Jahr, um selbständig zu werden. Die Mutter säugt sie in den ersten 6 Wochen und füttert dann Fleisch. Mit 4–6 Wochen begleiten die Jungen die Mutter auf der Jagd, doch nehmen sie erst im Alter von 6 Monaten aktiv daran teil. Auch dann noch schlägt die Mutter die Beute, aber sie erlaubt den Jungen, das Opfer zu töten.

Mit 12–18 Monaten erlegen die Jungen Schweine und Hirsche; erst mit 3 Jahren sind sie in der Lage, einen Büffel zu reißen. Viele sterben, bevor sie ausgewachsen sind. Sie werden von der Mutter oft lange verlassen, und manche fallen Räubern zum Opfer. Unerfahrene Junge werden zuweilen verwundet oder getötet, wenn sie stärkere Tiere angreifen.

Ein Kadaver wird versteckt Bevor er seine Beute frißt, schleppt der Tiger den Kadaver an eine abgelegene Stelle in einem Dickicht. Überschüssiges Fleisch versteckt er für spätere Mahlzeiten.

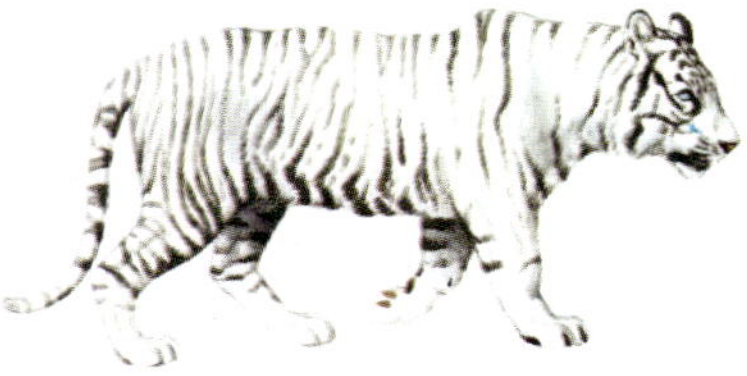

Ungewöhnliche Farbe In Indien gibt es von Zeit zu Zeit weiße Tiger. Das Weiß ist schmuddelig, verschieden getönt und von schwarzen Streifen durchzogen.

Ohrenflecken können einen Angriff signalisieren

vor einem Angriff zeigen Tiger offenbar die weißen Flecken auf ihren Ohren, indem sie die Ohren nach vorn drehen (links). Bei der Verteidigung werden die Ohren angelegt und die Reißzähne gewiesen (rechts).

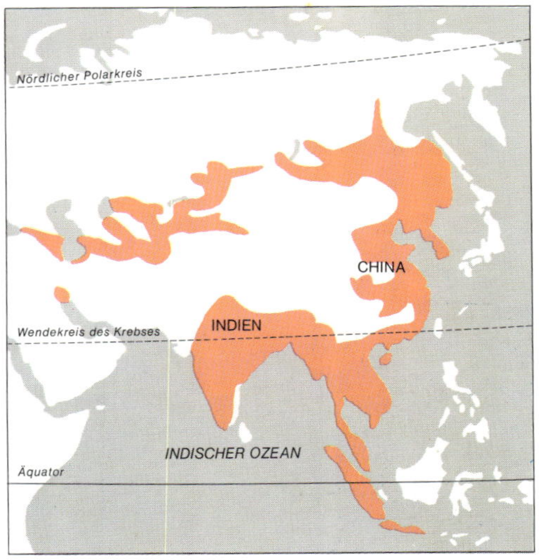
Nördlicher Polarkreis
CHINA
Wendekreis des Krebses
INDIEN
Äquator
INDISCHER OZEAN

Wo Tiger leben Der Tiger, *Panthera tigris*, war einst von der Türkei bis nach China verbreitet; heute sind die Hauptbestände auf Südostasien beschränkt. Einige leben noch im Iran und in der Mandschurei.

Bewegliche Krallen

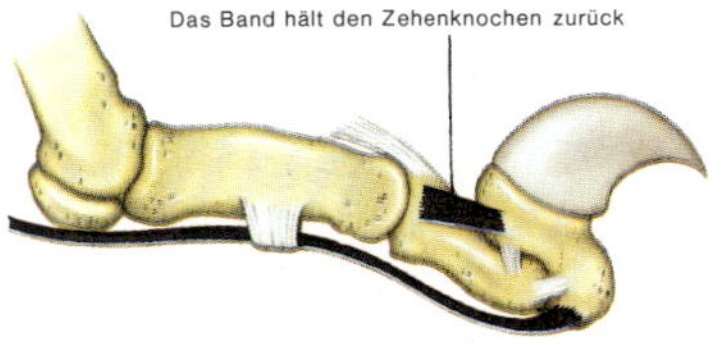
Das Band hält den Zehenknochen zurück

Wie die meisten Katzen laufen Tiger mit zurückgezogenen, von einer Hautfalte eingehüllten Krallen. Die letzten Zehenknochen, die die Krallen tragen, werden durch elastische Bänder zurückgehalten.

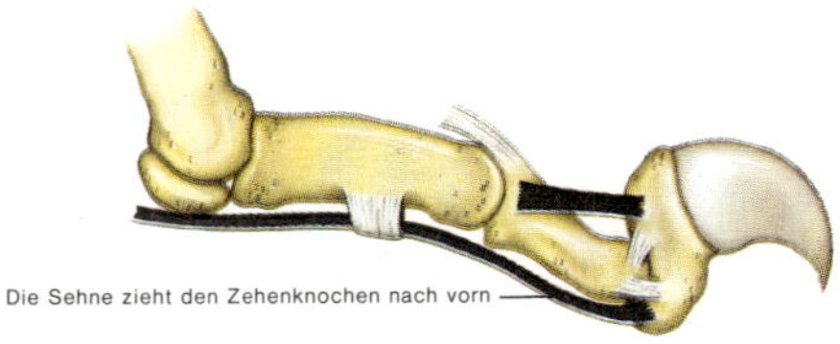
Die Sehne zieht den Zehenknochen nach vorn

Die Krallen werden vorgestreckt, wenn die Raubkatze eine Beute ergreift oder auf Bäume klettert. Ein Beinmuskel zieht sich zusammen, und die zugehörigen Sehnen ziehen den letzten Zehenknochen nach vorn.

Raubkatzen des Orients

Der Leopard ist die heimlichste Großkatze. Lautlos beschleicht er im dichten Dschungel seine Beute, oder er lauert, in einem Baum versteckt, auf ein vorbeikommendes Opfer.

Gefleckter Jäger, der sein Opfer beschleicht und anspringt

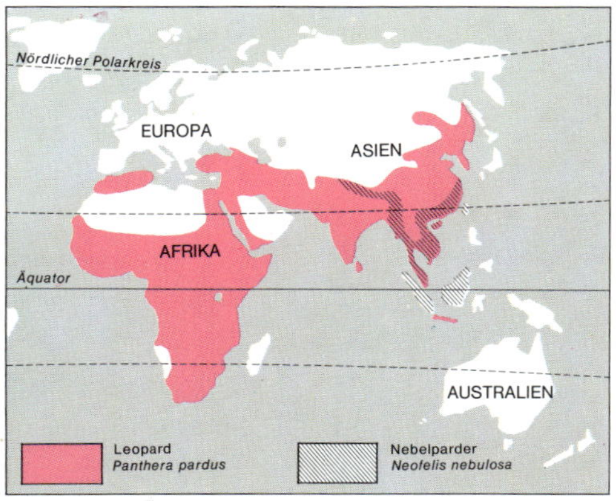
Nördlicher Polarkreis
EUROPA
ASIEN
AFRIKA
Äquator
AUSTRALIEN
Leopard
Panthera pardus
Nebelparder
Neofelis nebulosa

Leoparden kommen von Westafrika bis nach Sumatra vor. Schwarze Panther sind Leoparden mit dunklen Fellen; sie leben meist im feuchtesten Dschungel Asiens.

Vor der Mahlzeit Dieser Leopard schleppt einen toten Axishirsch in ein Dickicht, wo er beim Mahl ungestört ist. Bevor ein Leopard zu fressen beginnt, weidet er den Kadaver aus und tut das Gedärm beiseite. Er frißt zuerst Herz und Leber, dann die Keulen. Oft zerrt er die Reste in einen Baum hinauf, um sie für später aufzuheben. Dort oben sind sie vor nicht kletternden Aasfressern, wie Schakalen und Hyänen, sicher.

Mit einer Kopf-Rumpf-Länge von 1,35 m und einem durchschnittlichen Gewicht von knapp 100 Pfund – diese Zahlen gelten für Männchen – ist der Leopard kleiner als Löwe und Tiger; aber er ist als Räuber nicht weniger gefährlich.

Der Leopard ist heimlicher und athletischer als andere Großkatzen. Er kann ebenso gut laufen wie springen, schwimmen und auf Bäume klettern.

Leoparden leben in weiten Teilen Asiens und Afrikas; sie sind nicht nur im dichten tropischen Wald zu Hause, sondern auch in lichten Waldstücken des offenen Landes. In Asien überschneiden sich die Verbreitungsgebiete von Tigern und Leoparden weithin. Tiger schlagen hauptsächlich große Huftiere, während Leoparden auch viele kleinere Tiere wie Vögel, Nager und Affen reißen. In Indien töten sie oft auch Hunde.

Leoparden jagen vor allem bei Nacht, gelegentlich aber auch am Tage. Ihr Opfer machen sie gewöhnlich mit den Augen aus; dann beschleichen sie es lautlos und springen es schließlich an. Kleineren Tieren zermalmen sie den Hals; bei größeren verletzen sie oft das Hinterteil, bevor sie die Kehle packen.

Das gelbe Fell des Leoparden ist mit schwarzen Flecken dicht getupft. Auf Kopf und Gliedmaßen sind diese Flecken unregelmäßig verteilt; an den Flanken bilden sie dagegen rosettenartige Gruppen. Da ihre Anordnung unterschiedlich ist, gleichen sich keine zwei Felle völlig.

Leoparden leben einzeln. Doch begleiten die Jungen die Mutter auf deren Jagdzügen und lernen von ihr das Anpirschen und Töten.

Schwarze, in Rosetten zusammenstehende Flecken auf dem gelben Fell tarnen den Leoparden, wenn er in dem gebrochenen Licht des Waldes ein Opfer beschleicht.

Ruhender Jäger Der Leopard liegt häufig faul in einem Baum. Gewöhnlich beschleicht er seine Beute, aber manchmal springt er sie auch von einem Ast aus an.

Einzeln lebende Baumkletterer

Alle kleineren Katzen in den asiatischen Wäldern sind Einzelgänger. Die Männchen kümmern sich nicht um die Aufzucht der Jungen, die in Lagern unter der Erde oder in hohlen Bäumen geboren werden.

Die Kleinkatzen sind geschickte Jäger und haben nur selten Mangel an Nahrung. Die meisten von ihnen klettern auf Bäume und machen Jagd auf Säugetiere, deren Größe zwischen der von Affen und Mäusen schwankt, sowie auf Vögel, Reptilien und Insekten. Sie verbringen mehr Zeit damit, sich auszuruhen, als mit der Jagd, denn ein erlegtes Beutetier ist gewöhnlich so eiweißhaltig, daß eine Katze lange Zeit damit auskommt.

Die Rohrkatze, *Felis chaus,* fängt insbesondere Vögel, darunter Fasanen und Rebhühner. Sie ist vom Mittleren Osten bis Südostasien verbreitet und lebt in trockeneren und lichteren Teilen der Wälder sowie auf kleineren Grasflächen. Sie wiegt 15–18 Pfund wie die Fischkatze, die sich gewöhnlich in sumpfigen Wäldern nahe am Wasser aufhält.

Die Flachkopfkatze, *Felis planiceps,* auf der Halbinsel Malakka, auf Borneo und Sumatra heimisch, lebt ebenfalls nahe am Wasser. Ihre Opfer sind Frösche und Fische, gelegentlich auch Vögel.

Der Nebelparder, dessen Kopf-Rumpf-Länge 90 cm beträgt, jagt nachts Vögel und kleine Säugetiere.

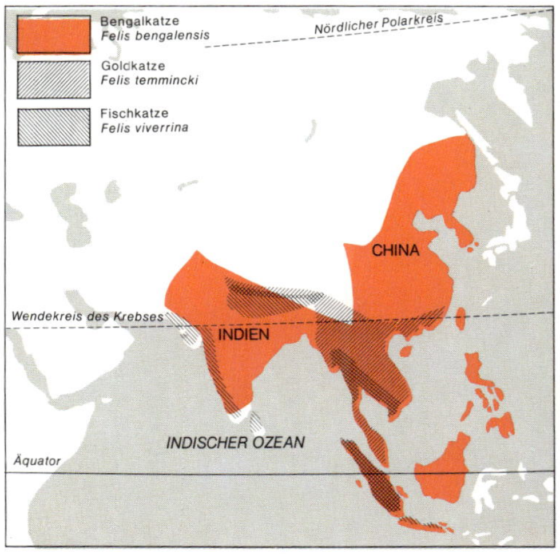
Bengalkatze
Felis bengalensis
Goldkatze
Felis temmincki
Fischkatze
Felis viverrina
Nördlicher Polarkreis
CHINA
Wendekreis des Krebses
INDIEN
INDISCHER OZEAN
Äquator

Kleinere Wildkatzen Die weitverbreitete Bengalkatze jagt in hügeligem Gelände und offenem Dschungel. Die Goldkatze bewohnt zwar ein ausgedehntes Gebiet, aber man sieht sie nur selten.

Die Fischkatze kauert, so heißt es, auf Felsen und Flußbänken, um aus dem Wasser Fische herauszuholen.

Schlichtes Kleid Die Goldkatze ist eine der wenigen Mitglieder der Gattung *Felis,* die kein gemustertes Fell besitzt. Sie ist überwiegend kräftig braun gefärbt und hat 2 schwarze Streifen auf ihren Backen.

Kleiner Jäger Die etwa ½ m lange Leopardenkatze sieht aus wie ein kleiner Leopard.

Fellmuster bei Waldkatzen

Der Schwarze Panther ist eine dunkle Form des Leoparden. Sein Fell erscheint völlig schwarz, aber bei bestimmter Beleuchtung erkennt man Flecken von noch tieferem Schwarz.

Der Nebelparder hat ein gelb-graues Fell, mit großen, dunkelgerandeten Flecken. Diese werden bei älteren Tieren oft in der Mitte blasser; dann treten nur die dunklen Umrißlinien hervor.

Die Fischkatze kommt in sumpfigen Wäldern vor. Die Flecken auf ihrem Körper sind in Reihen angeordnet; diejenigen auf den Gliedmaßen heben sich weniger deutlich ab.

Die Rohrkatze lebt in Dickichten, Schilfbeständen und Wäldern der Ebenen. Ihr ziemlich kurzer Schwanz ist nach der Spitze zu dunkel geringelt; die Ohrspitzen tragen Haarbüschel.

Die Marmorkatze, *Felis marmorata,* ist nur etwas größer als eine Hauskatze und hat einen langen Schwanz. An ihren Flanken befinden sich große, schwarzgerandete Flecken.

Kleintierjäger

Zahllose pflanzenfressende Tiere in den tropischen Wäldern Asiens fallen kleinen Raubtieren zum Opfer, die hauptsächlich nachts jagen.

Die Gruppe der Fleischfresser, die in den tropischen Wäldern Asiens den Pflanzenfressern nachstellen, reicht von flinken Zibetkatzen und Wildhunden bis zu den trägeren Bären und Mullen, von insektenfressenden Fledermäusen, die in den Baumwipfeln jagen, bis zu den eigentümlichen Schuppentieren, die auf dem Waldboden umherstreifen, auf Bäume klettern und Ameisen und Termiten fressen.

Die meisten Zibetkatzen, Unterfamilie *Viverrinae,* können klettern; sie jagen kleine Tiere auf und unter Bäumen. Ihre Körper sind gestreckt, ihre Beine kurz; Zibetkatzen haben lange Schwänze, spitze Schnauzen und rundliche Ohren. Ihr Fell ist im allgemeinen glatt, weich und getüpfelt oder gefleckt. Am Ansatz des Schwanzes sitzen Duftdrüsen. Zibetkatzen leben meist einzeln oder paarweise. Sie ruhen tagsüber in Erdhöhlen oder in hohlen Bäumen und kommen nachts zur Jagd hervor.

Die Rasse, eine kleine orientalische Zibetkatze, jagt hauptsächlich auf dem Boden, kann aber auch auf Bäume klettern. Wie andere Zibetkatzen findet man sie in den Randgebieten von Städten und Dörfern, wo sie Ratten und Mäuse fängt. Rassen leben einzeln; sie kommen nur zur Paarung zusammen. Das Weibchen zieht die Jungen allein auf.

Der gebänderte Linsang, *Prionodon linsang,* und der gefleckte Linsang sind Zibetkatzen, die ein viel weicheres Fell haben als die Rasse. Sie leben auf Bäumen.

Die Tangalunga, *Viverra tangalunga,* besitzt ein langes, lockeres Fell mit schwarzen und weißen Flecken auf grauem oder gelbbraunem Grund. Durch einen Haarkamm, der sich bei Erregung aufrichtet, unterscheidet sie sich von der Rasse. Tangalungas bewohnen Südostasien; sie leben von kleinen Säugetieren, Vögeln, Frö-

Katzenähnlicher Jäger Der gefleckte Linsang ist mit Krallen bewaffnet, die eingezogen werden können. Linsangs jagen, wie viele Katzen, indem sie ihre Beute aus dem Hinterhalt anspringen.

Nachtjäger Die Rasse frißt nachts im Wald kleine Tiere, Insekten, Aas, ja sogar Früchte.

Zottiges Fell Der Binturong hat im Gegensatz zu den anderen Zibetkatzen langes, grobes Haar.

Ein Verwandter der Igel Der Große Rattenigel gehört zur gleichen Familie der Insektenfresser wie der Igel. Er kommt nachts hervor, um Insekten und Frösche zu fangen. Manchmal holt er sich aus seichtem Wasser Fische. Große Rattenigel messen, ohne den langen Schwanz, 25—45 cm.

Termitenfressender Bär Lippen und Zunge des Lippenbären sind so gestaltet, daß das Tier damit Termiten aufsaugen kann. Lippenbären schnarchen und blasen laut, wenn sie tagsüber im Unterholz schlafen.

schen, Schlangen und Insekten. Wie die meisten kleinen Raubtiere des Waldes fressen Tangalungas aber praktisch alles.

Auch Palmenroller sind Allesfresser; einige Arten haben aber eine Vorliebe für den Saft der Brennpalme. Die verschiedenen Arten kann man an ihrer Zeichnung unterscheiden: Der Dreistreifen-Palmenroller, *Arctogalidia trivirgata*, hat keine Flecken, sondern ist grau-braun gefärbt; an seinem Rücken laufen 3 dunkle Streifen herunter. Das Fell des Bänderpalmenrollers, *Hemigale derbyanus,* sieht lederfarben aus und hat dunkle Querbänder. Der Palmenroller *Paguma larvata* ist braun und ungefleckt; er hat eine weiße Gesichtszeichnung.

Der größte Vertreter der Familie der Schleichkatzen, der Binturong, ist fast 90 cm lang. Von den Zibetkatzen unterscheidet er sich durch sein langes, zottiges, schwarzes Haar und einen Schwanz, der beim Klettern auf Bäumen als fünftes Glied benutzt wird. Der Binturong frißt nur gelegentlich Fleisch; hauptsächlich ernährt er sich von Früchten und Pflanzen.

Zibetkatzen spielen eine ähnliche Rolle, wie die Marder in nördlicheren Gebieten; diese Familie hat aber in den tropischen Wäldern Asiens ebenfalls ein paar Vertreter. Der Buntmarder, *Martes flavigula*, lebt auf Bäumen und jagt Vögel und kleine Säugetiere, zum Beispiel Hörnchen. Der Sonnendachs, *Melogale personata*, hat eine schwarzweiße, maskenhafte Gesichtszeichnung. Obwohl er klettern kann, sucht er seine Nahrung – kleine Tiere und Früchte – hauptsächlich auf dem Boden.

Der von Burma bis Indonesien verbreitete Malaienbär ist der kleinste aller Bären; er wird nur rund 1 m groß. Sein dunkles Fell ist kurz; auf der Brust hat er einen weißen Fleck. Der Malaienbär kann gut klettern. Er frißt hauptsächlich Pflanzen, nebenbei aber auch Ameisen sowie Honig aus aufgebrochenen Bienennestern. Wenn er Ameisen will, zerstört er ein Nest und hält seine Pfoten hinein. Die Ameisen wimmeln dann darauf herum, und der Bär leckt sie ab. Tagsüber schläft er in einem groben Nest aus Zweigen.

Auch der Lippenbär ist ein Nachttier; den Tag verschläft er im dichten Unterholz oder unter Felsen. Er frißt ebenfalls Ameisen und Termiten, und zwar gräbt er in die Nester dieser Insekten ein Loch, steckt seine Schnauze hinein und saugt die Tiere ein.

Rattenigel leben einzeln in hohlen Baumstämmen oder Spalten. Sie machen nachts hauptsächlich auf Insekten Jagd, aber sie schwimmen auch und fangen Frösche und Fische. Die größte Art, der Große Rattenigel, hat grobes, schwarzes Haar mit weißen Flecken an Kopf und Schultern. Dieses Tier besitzt am After zwei Duftdrüsen und riecht stark nach faulen Zwiebeln.

Unermüdliche Hunde

Der Rotwolf, ein indischer Wildhund, sieht wie ein großer Fuchs mit rotem Fell und stumpfer Schnauze aus. Er jagt in Rudeln und greift jedes Tier an, vom Wildschwein bis zum Büffel; aber meistens stellt er Hirschen nach. Diese Rudel vertreiben sogar Tiger und Leoparden und nehmen ihnen ihre Beute weg. Rotwölfe haben eine große Ausdauer und verfolgen die Duftspur eines Opfers viele Kilometer weit.

Auf dem Waldboden und in ihm leben kleine Insektenfresser, wie Moschusspitzmäuse und der Ostmaulwurf, *Talpa micrura.* Moschusspitzmäuse haben ihren Namen wegen ihres starken Moschusgeruchs erhalten. Der Ostmaulwurf, dessen Krallen vorzüglich zum Graben geeignet sind, wühlt nach Würmern und Larven. Er hat keine Ohrmuscheln und ist praktisch blind.

Es gibt 2 Arten von Schuppentieren, die nur in den tropischen Wäldern Asiens leben: das Chinesische Ohren-Schuppentier, *Manis pentadactyla,* und das Javanische Schuppentier, *Manis javanica.* Diese Geschöpfe brechen die Nester von Ameisen und Termiten auf und fangen die Insekten mit ihren langen, klebrigen Zungen.

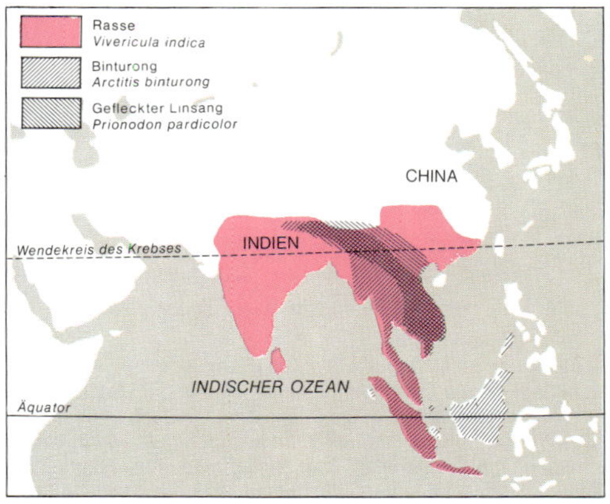
Rasse
Viverricula indica
Binturong
Arctitis binturong
Gefleckter Linsang
Prionodon pardicolor
CHINA
INDIEN
Wendekreis des Krebses
INDISCHER OZEAN
Äquator

Kleine Räuber Die Schleichkatzen, *Viverridae*, sind typische kleine Raubtiere der Wälder Südostasiens. Außer Zibetkatzen und Linsangs gehören auch die Mungos und Ginsterkatzen in diese Gruppe.

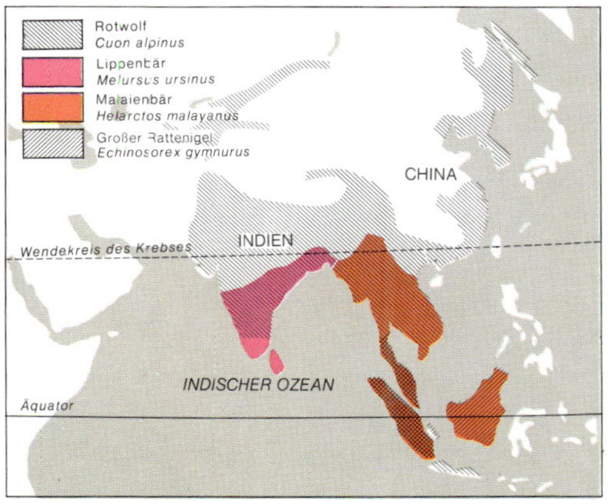
Rotwolf
Cuon alpinus
Lippenbär
Melursus ursinus
Malaienbär
Helarctos malayanus
Großer Rattenigel
Echinosorex gymnurus
CHINA
INDIEN
Wendekreis des Krebses
INDISCHER OZEAN
Äquator

Bären, Wölfe und Rattenigel Die Heimat dieser fleischfressenden Säuger sind die tropischen Wälder Asiens.

Winzige Insektenfresser Zu den vielen Arten von Moschusspitzmäusen gehören einige der kleinsten Säugetiere der Welt. In China heißen sie „Geldspitzmäuse", weil ihre Laute dem Klimpern fallender Münzen ähneln.

Die bunte Welt der Vögel

In den Regenwäldern halten sich die einzelnen Vogelarten in ganz bestimmten Höhen auf, als ob Schranken die verschiedenen Vegetationsschichten voneinander trennten.

Den Schichten der Vegetation im tropischen Regenwald entspricht eine Schichtstruktur des Vogelbestandes. Über dem Blätterdach jagen einige schnellfliegende Arten, die Insekten und Vögel fangen. In oder unter den Baumkronen lebt die Hauptmenge der Vögel; schnelles Fliegen ist dort nicht möglich. Einige kleine Arten halten sich im dichten Blätterdach auf, die meisten aber darunter; sie suchen Insekten und Früchte. Am Waldboden finden viele große Vögel ihre Nahrung: die meisten von ihnen fliegen nur selten. Körnerfresser sind im Regenwald selten, da hier das Gras und damit der Samen fehlt, den diese Arten brauchen.

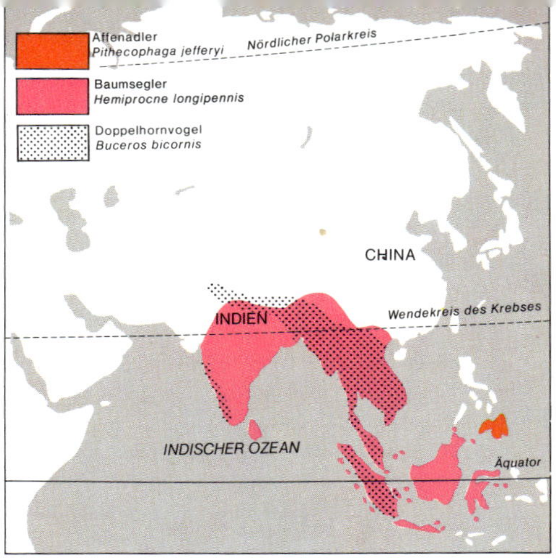
Affenadler
Pithecophaga jefferyi
Nördlicher Polarkreis
Baumsegler
Hemiprocne longipennis
Doppelhornvogel
Buceros bicornis
CHINA
INDIEN
Wendekreis des Krebses
INDISCHER OZEAN
Äquator

Jäger über den Baumkronen Viele Vögel fliegen über dem Blätterdach der Wälder. Baumsegler fangen im Flug Insekten; Nashornvögel fallen in die Baumwipfel ein und fressen Früchte und kleine Tiere.

Räuber in den Baumwipfeln Affen bilden die Hauptnahrung des seltenen philippinischen Affenadlers, der über den Baumkronen schwebt, wenn er nach Beute sucht.

Ein typischer Vertreter der Vögel, die über den Baumwipfeln der Wälder Südostasiens jagen, ist der schnelle und aggressive Indien-Zwergfalk, *Microhierax caerulescens*. Er ist etwas größer als ein Sperling und bewohnt die Äste, die aus dem Blätterdach herausragen. Dieser Falk fängt große Insekten und kleinere Vögel. Erheblich größer ist der Malaienadler, *Ictinaetus malayensis*, der Fledermäuse, Eidechsen, Salanganen und kleine Ratten frißt.

Insekten über dem Blätterdach werden auch von den flinken Seglern gejagt. Die kleinsten von ihnen sind die Salanganen, die riesige Kolonien bilden und in Höhlen brüten. Einige Arten orientieren sich darin, ähnlich wie Fledermäuse, mit Hilfe der Echopeilung. Eine der häufigsten Arten in Borneo, die Braunrumpfsalangane, *Collocalia vestita,* jagt bis zu 270 m hoch über dem Wald. Die Stachelschwanzsegler der Gattung *Chaetura* sind viel größer als die Salanganen und erreichen Geschwindigkeiten bis zu fast 100 km/st. Ihre Schwanzstacheln sind echte, steife Federn. Die Vögel benutzen sie als Stütze, wenn sie an den hohlen Stämmen hän-

Nist- und Sitzgewohnheiten von Seglern

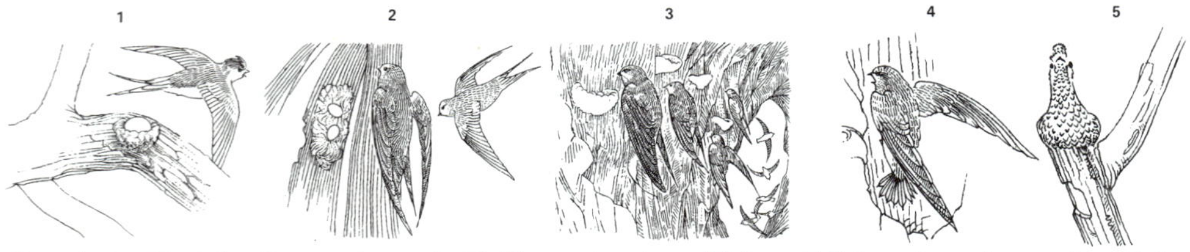
1
2
3
4
5

1 Das winzige Nest des Baumseglers entgeht Affen und anderen Räubern. **2** Palmsegler verbergen ihre Nester unter Palmwedeln; sie kleben die Eier darin mit Speichel fest. **3** Salanganen bauen in Höhlen ihre Nester aus erhärtetem Speichel; aus ihnen stellt man Vogelnestsuppe her. **4** Die Stachelschwanzsegler stützen sich mit ihren Schwanzfedern gegen Baumstämme. **5** Ein Baumseglerjunges ahmt einen abgebrochenen Ast nach.

Zusammengenähtes Nest Der Schneidervogel, *Orthotomus sutorius,* zieht seine Brut in einem Nest auf, das er in einem Behälter aus Blättern anlegt. Der Vogel durchbohrt mit seinem Schnabel die Ränder von einem großen, frischen Blatt – manchmal auch mehreren Blättern – und näht sie mit Pflanzenfasern zusammen, so daß eine Röhre oder Tasche entsteht.

Lärmender Rufer Der bunte Bartvogel *Megalaima rafflesii* – eine der 23 Bartvogelarten in Südostasien –, gehört zu den lautesten Waldvögeln. Sein Ruf besteht aus monotonen, sich wiederholenden Tönen.

gen, in denen sie nisten. Die 3 Baumseglerarten, eine eigene Familie der echten Segler, sind leuchtend gefärbt und tragen ausgeprägte Hauben.

Die größten Vögel in den Baumwipfeln sind die Nashornvögel, die dort Früchte und kleine Tiere suchen. Am auffallendsten ist der Rhinozerosvogel, *Buceros rhinoceros,* der oben auf seinem Schnabel einen aufwärtsgebogenen, massiven Aufsatz hat, sowie der Doppelhornvogel, dessen Schnabelaufsatz wie ein flacher Trog geformt ist.

Die große Masse der Waldvögel lebt zwischen den Baumkronen und dem Boden und frißt Insekten und Früchte. In dieser Schicht kommen auch ganze Schwärme vor. Ein solcher Schwarm kann aus 40 Vögeln bestehen, die etwa 10 Arten angehören und auf der Suche nach Insekten langsam durch den Wald ziehen. Jede Art hält sich in einer bestimmten Höhe auf und frißt auf ihre eigene, besondere Weise. Mennigvögel und Brillenvögel bleiben hoch oben in den Bäumen; Sultansmeisen, Fliegenschnäpper, Sicheltimalien und Blattvögel fliegen in der mittleren Zone der Lianen und kleineren Bäume; Schamadrosseln, Breitrachen und prächtige Trogons schließlich halten sich unmittelbar über dem Boden auf.

Buntgefärbte Bodenvögel

Der asiatische Wald beherbergt besonders viele Bodenvögel – zumeist Kammhühner und Fasanen. Kammhühner ähneln Zwerghühnern. Tatsächlich ist eine Art, das Bankivahuhn, wahrscheinlich der Ahne aller Zuchtrassen des Haushuhns.

Die Familie der Fasanen ist in den tropischen Wäldern Asiens durch viele Arten vertreten. Am besten bekannt ist der Blaue Pfau, der seit Jahrhunderten in Parks und Gärten gehalten wird. Wo er noch in den heimatlichen Wäldern Indiens und Ceylons vorkommt, ist er ein scheuer Vogel, der bei Gefahr ins Dickicht läuft und nur in der Dämmerung fliegt, wenn er zum Schlafen in hohen Bäumen aufbaumt.

Der große Argusfasan, *Argusianus argus,* lebt auf der Halbinsel Malakka und auf Borneo. Der Hahn ist prächtig gefärbt. Um die Henne anzulocken, führt er auf einem besonderen Platz, den er von allem Laub und Schutt säubert, einen kunstvollen Tanz auf. Die niedrigeren Bergwälder beherbergen einige besonders eindrucksvolle Fasanen. Der Diamantfasan lebt in Tibet und Burma, der Silberfasan in Südostasien.

Die langschwänzige, grüne Lauchamadine, *Erythrura prasina,* gilt in den Hochländern Borneos als Schädling. Dort erscheinen gelegentlich große Scharen dieser Vögel, die zur gleichen Familie gehören wie Grasfinken, und verheeren die Reisfelder. In den Bergwäldern des Himalajas sind Sittiche, die auf Feldern ihre Nahrung suchen, zu Schädlingen geworden.

Balzspiele Um die Henne anzulocken, stellt der Blaue Pfau seinen Schwanz zu einem vieläugigen Rad auf; zudem rüttelt er mit den Flügeln und läßt das schillernde Gefieder schimmern. Die Henne ist unscheinbar gefärbt.

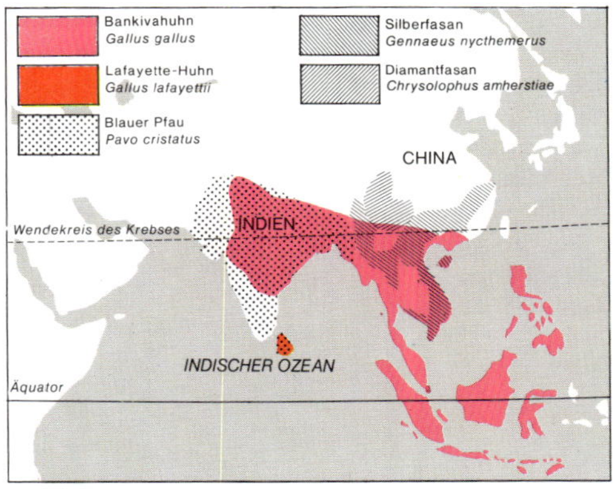
Bankivahuhn
Gallus gallus
Lafayette-Huhn
Gallus lafayettii
Blauer Pfau
Pavo cristatus
Silberfasan
Gennaeus nycthemerus
Diamantfasan
Chrysolophus amherstiae
CHINA
Wendekreis des Krebses
INDIEN
INDISCHER OZEAN
Äquator

Verbreitung der Bodenvögel Kammhühner sind in den Wäldern Asiens weit verbreitet. Zahme Nachkommen von ihnen leben auf europäischen Bauernhöfen. Asien ist auch die Heimat der meisten Fasanenarten der Welt.

Verteidiger seines Territoriums Der Lafayette-Hahn, ein kampflustiger Bodenvogel, behauptet seine Reviererechte, indem er einherstolziert und kräht. Wenn er kämpft, schlägt er wild mit seinen gespornten Beinen.

Hochlandvogel Der Silberfasan lebt im Bergwald; man hat ihn in Höhen bis zu 2700 m gefunden.

Reptilien und Amphibien

Schlangen und Echsen bauen Erdhöhlen und sind gute Kletterer, einige auch Gleitflieger; dadurch konnten sie verschiedenartige Lebensräume besiedeln.

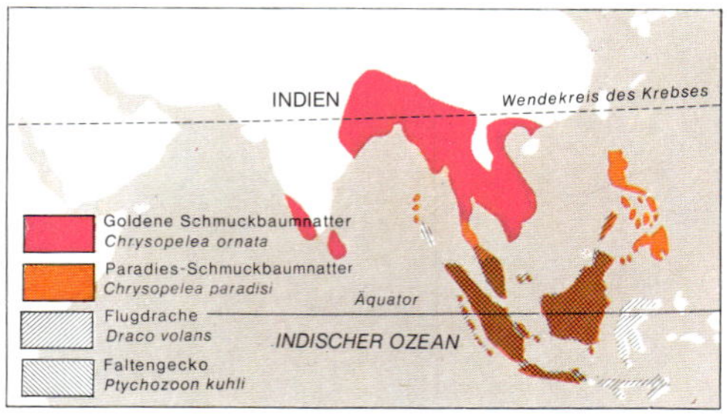
INDIEN
Wendekreis des Krebses
Goldene Schmuckbaumnatter
Chrysopelea ornata
Paradies-Schmuckbaumnatter
Chrysopelea paradisi
Flugdrache
Draco volans
Faltengecko
Ptychozoon kuhli
Äquator
INDISCHER OZEAN

Schlangen und Gleitflieger Viele Reptilien schätzen die gleichmäßige Wärme und Feuchtigkeit der tropischen Wälder und leben hier auf Bäumen.

Die Reptilien und Amphibien, die ihre Körpertemperatur nicht regulieren können, finden in den tropischen Wäldern ideale Lebensbedingungen vor. Das ganze Jahr über herrscht hier eine gleichmäßige Temperatur, die zudem unter dem Kronendach nur geringe Tagesschwankungen aufweist. Deshalb bleibt bei diesen kaltblütigen Tieren die Körpertemperatur ziemlich konstant, und ihr Stoffwechsel funktioniert, ohne daß besondere Anpassungen im Verhalten nötig wären.

Viele von ihnen sind allerdings in sehr spezieller Weise an ein Leben in den Bäumen angepaßt. Baumschlangen halten sich mit eckigen Bauchschuppen an der Rinde fest. Die Füße von Geckos und Baumfröschen haben behaarte Ballen oder Saugscheiben, mit denen sie kräftig zugreifen können. Einige Schlangen, Echsen und Frösche besitzen sogar „Flügel", mit deren Hilfe sie segelnd oder wie Fallschirmspringer von einem Baum zum anderen oder zum Boden hinab schweben können.

Am Boden lebende Schlangen und viele Echsen verfolgen ihre Beute gewöhnlich mit Hilfe des Geruchssinnes. Aber in den Bäumen verlieren Schlangen die Spur, wenn ihr Opfer von einem Ast zum anderen überwechselt. Daher orientieren sich viele Baumschlangen mehr mit den Augen, und schätzen mit ihrer Hilfe Entfernungen.

Zahlreiche im Wald lebende Echsen, vor allem solche aus der Familie *Agamidae,* haben ebenfalls gute Augen, die sie vor allem beim Laufen und Jagen in den Bäumen gebrauchen. Eine direkte Folge dieses ausgeprägten Sehvermögens sind besondere Merkmale vieler Arten: Kämme, Halskrausen, Kehllappen und leuchtende Farben, die als optische Signale bei der Werbung und bei der Verteidigung des Reviers eine Rolle spielen. Trotzdem sind Waldreptilien gewöhnlich gut getarnt. Am verbreitetsten ist eine grüne oder braune Färbung, die dem Laub oder der Rinde angepaßt ist.

Zu den höchstentwickelten segelnden Reptilien gehören die Flugdrachen. Diese etwa 20 cm langen Tiere können Flughäute ausspannen und gezielte Flüge von 20 m oder mehr ausführen.

Aber in den Bäumen leben auch viele nicht segelnde Reptilien. Einige Schlangen haben Greifschwänze, mit denen sie sich an einem Ast festhalten können, während der Rest des Körpers sich frei in der Luft bewegt und nach einem anderen Halt sucht. Manche Baumschlangen, wie die Trugnatter *Ahaetulla prasina,* sind lang, schlank und grün gefärbt, so daß sie im Laub nicht auffallen. Waglers Grubenotter, *Trimeresurus wagleri,* ist durch ein Muster von Querstreifen und Flecken getarnt. Ihr Gift tötet Eidechsen, Vögel und kleine Säugetiere sofort.

Der Flugfrosch *Rhacophorus reinwardti* hat längere Finger und größere Flughäute an seinen Füßen als andere Arten aus der großen Familie der Baumfrösche (*Rhacophoridae*). Wenn dieses Tier seine Finger ausbreitet und die Häute ausspannt, kann es etwa 15 m weit segeln.

Ferner gibt es in den Wäldern Asiens viele Angehörige der weitverbreiteten Echsenfamilie *Agamidae*, die auf Bäumen leben. Eine der häu-

Vor dem Absprung Ein Flugdrache startet zu seinem Gleitflug meistens kopfabwärts. Er landet mit dem Kopf nach oben und packt einen Ast mit allen vieren.

Anpassungen ans Gleiten

Der Flugdrache macht gezielte, 20 m weite Gleitflüge. Dazu entfaltet er seine Flughäute, die von verlängerten Rippen gestützt werden. Beim Flug sind die Rippen vom Körper fortgestreckt.

Besondere Hautlappen umgeben den ganzen Körper des Faltengeckos. Wenn diese Lappen und die Häute zwischen den Zehen ausgebreitet werden, kann der Gecko weit von Baum zu Baum segeln.

Indem der Flugfrosch seine Füße ausstreckt, kann er sich wie ein Fallschirmspringer von einem Ast herabstürzen. Zusätzlich bremst er den Fall dadurch, daß er die Unterseite seines Körpers konkav zusammenzieht.

Baumfrosch Die häutigen Füße eines Baumfrosches bremsen den Fall des Tieres, wenn es zu Boden springt. Der Flugfrosch hat größere Füße als andere Baumfrösche, und wenn er seine Finger ausbreitet, bilden die Häute breite Gleitflächen, mit deren Hilfe er etwa 15 m weit segeln kann. Die Nachtphotographie (links) zeigt den Frosch im Flug; unten ein sitzender Flugfrosch.

Fallschirmspringerin Auch die Paradies-Schmuckbaumnatter kann ihre Unterseite konkav zusammenziehen, so daß sie wie ein Fallschirm wirkt. Wenn sie sich in die Luft wirft, streckt sie ihren Körper ruckartig.

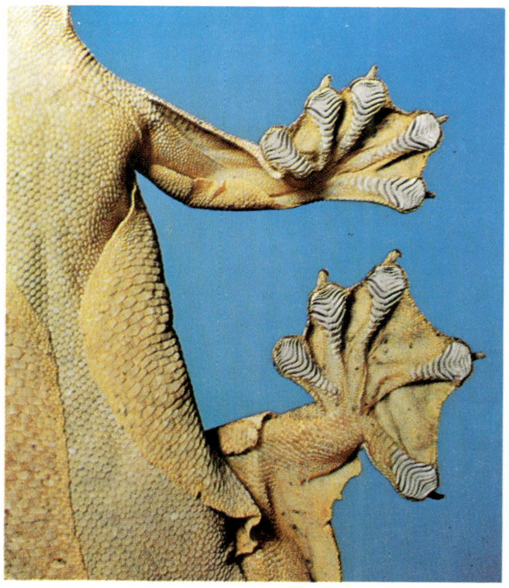

Füße zum Fliegen Der Faltengecko hat Füße, die mit Häuten versehen sind, und außerdem einen Hautsaum um seinen Körper; beides erleichtert das Gleitfliegen.

Ein Kletterfuß Der Tokee, *Gecko gecko*, hat – wie die meisten Geckos – Zehenpolster mit winzigen Haken, so daß er fest greifen kann.

Augenschutz Die Pupillen des Tokee sind bis auf vier winzige Löcher geschlossen; so verhindern sie eine Blendung, übermitteln aber ein scharfes Bild.

figsten Arten ist die Schönechse *Calotes cristatellus.* Wie die Chamäleons können diese Tiere ihre Farbe überraschend schnell wechseln. Bei Beunruhigung wird die Echse in Sekunden dunkelbraun, und bei der Werbung werden die Lippen und die Kehle des Männchens karmesinrot.

Warane, Skinke, Schildkröten und manche Schlangen bewohnen den Waldboden. Die Kettenviper frißt vor allem Kleinsäuger. Sie ist gefährlicher als Waglers Grubenotter. Der nicht giftige Netzpython, *Python reticulatus,* kann zwar große Tiere verschlingen, frißt aber hauptsächlich Vögel und kleine Säuger.

Einige Skinke, die in der Waldstreu leben, sind besonders gut an ein Dasein unter der Oberfläche angepaßt: Ihre Augen sind von durchsichtigen Häuten geschützt, ihre Trommelfelle versenkt oder gar nicht mehr vorhanden. Skinke haben, wie auch andere grabende Echsen, im allgemeinen zylindrische, glattschuppige Körper und kurze Beine. (Diese fehlen manchen Arten sogar ganz.) Ihre Schwänze sind gewöhnlich kräftig und laufen spitz zu. Einige grabende Echsen und Schlangen besitzen nur rudimentäre Augen und sind beim Insektenfang ganz auf ihren Geruch angewiesen.

Die gleichbleibend hohe Luftfeuchtigkeit im Wald ermöglicht es vielen weichhäutigen Amphibien, weit vom Wasser entfernt zu leben. Wurmähnliche Lurche, Wurmwühlen genannt, graben im Humus. Und viele Waldamphibien legen ihre Eier an Land ab statt im Wasser.

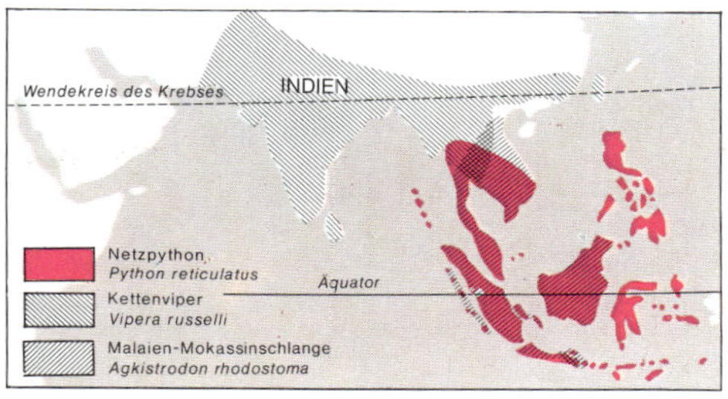
Wendekreis des Krebses
INDIEN
Äquator
Netzpython
Python reticulatus
Kettenviper
Vipera russelli
Malaien-Mokassinschlange
Agkistrodon rhodostoma

Verbreitung von Schlangen Grubenottern und Vipern, die beiden Gruppen der Familie *Viperidae*, treffen nur in Asien aufeinander.

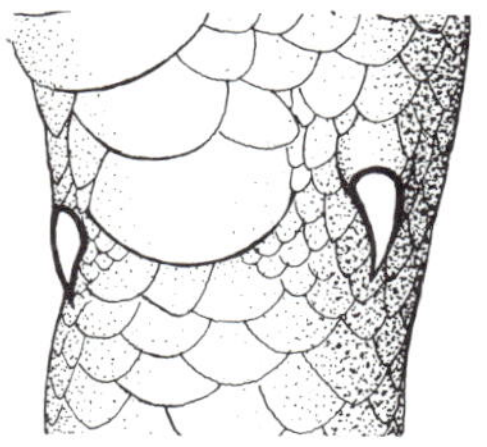

Reste von Beinen Pythons haben ein Paar Sporne beiderseits der Analspalte – Reste von Hinterbeinen, die im Laufe der Zeit zurückgebildet wurden. Das Männchen braucht sie wohl, um das Weibchen bei der Werbung zu halten.

Die größte Schlange Der Netzpython, die größte Schlange der Welt, kann 10 m lang und 270 Pfund schwer werden.

Ankerschwanz Waglers Grubenotter hat einen Greifschwanz, den sie um einen Ast winden kann, während der Körper sich zum nächsten Ast streckt.

Affen

Aus dem Laub sieht man gelegentlich lange Schwänze mit weißen Quasten herabhängen – Zeichen für das Territorium eines Trupps von Stummelaffen.

In den tropischen Wäldern Afrikas leben bis zu 30 Affenarten. Sie bewohnen alle „Stockwerke" vom Boden bis zu den Baumwipfeln. Ihre Verbreitungsgebiete überschneiden sich.

Die afrikanischen Affen gehören zu 4 Gruppen: Stummelaffen, Meerkatzen, Mangaben und Mandrills. Die Stummelaffen sind Laubfresser. Sie haben lange Gliedmaßen zum Springen und besitzen, im Gegensatz zu den anderen Affen der Alten Welt, keine Daumen. Die Meerkatzen sind mit 20 Arten die größte Affengruppe Afrikas. Ihr Verbreitungsgebiet erstreckt sich weit nach Südafrika hinunter. Mangaben und Mandrills sind mit Pavianen nahe verwandt.

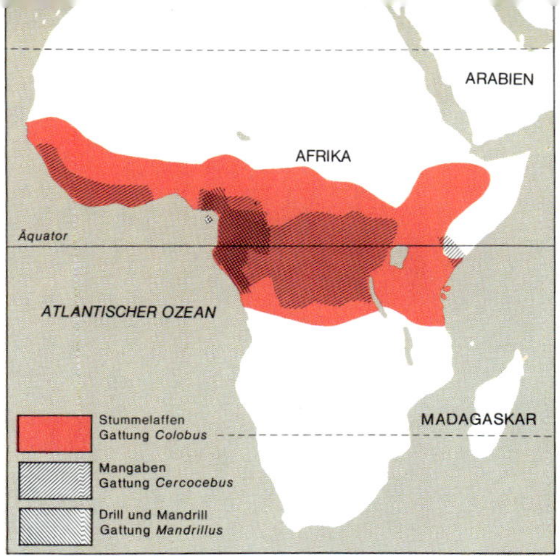
ARABIEN
AFRIKA
Äquator
ATLANTISCHER OZEAN
MADAGASKAR
Stummelaffen Gattung *Colobus*
Mangaben Gattung *Cercocebus*
Drill und Mandrill Gattung *Mandrillus*

Waldaffen In Waldgebieten ersetzen Mandrills und Mangaben die Paviane der Savanne. Ihre Verbreitungsgebiete überdeckt der Bereich der Stummelaffen.

Innerhalb des gemeinsamen Lebensraumes verteidigen sie Reviere

Springender Guereza Stummelaffen haben lange Hinterbeine, mit denen sie sich abstoßen, wenn sie von Baum zu Baum springen. Geräuschvoll bahnen sie sich ihren Weg durch das Geäst der Baumwipfel.

Gemeinsames Mahl Der Rote Stummelaffe frißt, wie alle seine Gattungsgenossen, hauptsächlich Blätter. Er hat keine Daumen und faßt die Blätter mit den Fingern und der Handfläche. Die beiden abgebildeten Männchen gehören zur Sansibar-Rasse. Von diesen Tieren gibt es nur noch etwa 200.

Stummelaffen haben mehrteilige Mägen mit Gärkammern; dadurch können sie ihre Nahrung maximal ausnutzen. Nach ihrer Färbung lassen sie sich in 3 Gruppen einteilen: die schwarzweißen, die roten und die grünen Arten.

Am besten bekannt ist der Guereza, *Colobus guereza,* der zur schwarzweißen Gruppe gehört. Er hat einen dicken, weißen, wolligen Bart, und auch der Busch am Ende seines Schwanzes ist weiß. Guerezas leben in Trupps und bevorzugen die mittleren Schichten der Wälder.

Bei jedem Trupp befindet sich im allgemeinen nur ein erwachsenes Männchen, andere Männchen leben allein. Männliche Guerezas verteidigen ihr Territorium mit lautem Brüllen, besonders in der Dämmerung. Dieses Gebrüll, dem ein explosionsartiges Schnauben vorausgeht, dauert bis zu einer Minute; man hört es über einen Kilometer weit. Das Guereza-Weibchen bietet sich dem Männchen an; sind in einem Trupp mehrere Männchen, kann es sich abwechselnd mit ihnen paaren.

Wenn sich 2 Guereza-Trupps begegnen, sitzen die Tiere einander gegenüber, starren sich an und schnalzen. Das Männchen desjenigen Trupps, dem das Territorium gehört, springt lärmend umher; manchmal stürzt es sich 6 m oder noch tiefer durch die Äste herab. Schließlich tritt es dem eingedrungenen Männchen entgegen, und die beiden Affen nicken mit den Köpfen und bedrohen sich mit Zweigen. Im allgemeinen zieht sich der fremde Trupp zurück.

Der Rote Stummelaffe, *Colobus badius,* hält sich in den obersten Schichten des Waldes auf, während der kleine Grüne Stummelaffe, *Colobus verus,* am Tage auf den unteren Ästen wohnt, zum Schlafen oder auf der Flucht aber höher hinauf klettert.

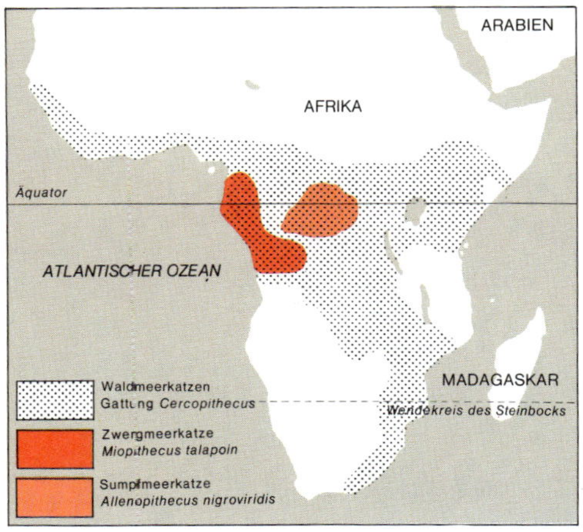
ARABIEN
AFRIKA
Äquator
ATLANTISCHER OZEAN
MADAGASKAR
Wendekreis des Steinbocks
Waldmeerkatzen Gattung *Cercopithecus*
Zwergmeerkatze *Miopithecus talapoin*
Sumpfmeerkatze *Allenopithecus nigroviridis*

Die Waldmeerkatzen der Gattung *Cercopithecus* haben ein sehr großes Verbreitungsgebiet. Sumpfmeerkatze und Zwergmeerkatze leben nur am Äquator.

Die Kongoweißnase, *Cercopithecus ascanius,* hat einen weißen, herzförmigen Fleck auf ihrer Nase.

Die Hamlynmeerkatze, *Cercopithecus hamlyni,* ist auch unter dem Namen Eulenkopfmeerkatze bekannt.

Die Blaumeerkatze, *Cercopithecus cephus,* ruckt mit dem Kopf, um ihren Backenbart zur Geltung zu bringen.

Die Zwergmeerkatze ist 25—40 cm lang. Sie steht wohl auf einer Entwicklungsstufe zwischen Meerkatzen und Mangaben.

Die weitverbreiteten Meerkatzen

Die Meerkatzen sind – mit Ausnahme der Grünen Meerkatze, die nur im Grasland vorkommt – weitverbreitete Waldbewohner. Sie sind unterschiedlich gefärbt und leben in verschiedener Höhe.

Eine Art, die Kongoweißnase, *Cercopithecus ascanius,* lebt in den Wäldern am Kongo und in Uganda. Bei reichlichem Futterangebot bilden die kleinen Familienverbände zu den Mahlzeiten Trupps von 40–50 Tieren. Kongoweißnasen suchen hauptsächlich Früchte, fressen aber auch Blätter, Blüten und Insekten.

Weitere Meerkatzen sind die Sumpfmeerkatze und die Zwergmeerkatze, der kleinste afrikanische Affe.

Gestaffelte Futterzeiten

Mangaben sind mit Pavianen nahe verwandt, haben aber kürzere Schnauzen und längere Schwänze. Wie die Meerkatzen halten sie sich meist auf den Bäumen auf; auch haben sie eine ähnliche soziale Ordnung.

Die Halsbandmangabe, *Cercocebus torquatus,* ist im westlichen Äquatorialafrika heimisch. Dort lebt sie in Trupps von 15–25 Tieren in den unteren Schichten der Bäume und sogar auf dem Boden. Sie frißt harte Früchte und Nüsse, die sie gegen Äste scheuert, um die Schalen aufzubrechen, wenn sie zum Zerbeißen zu fest sind.

Die Mantelmangabe, *Cercocebus albigena,* sitzt nicht wie die meisten anderen Affen auf ihren Händen und Füßen, sondern sie hockt auf dem Hinterteil und streckt Hände und Füße zusammen nach vorn.

Affen mit roter Nase und blauen Backen

Mandrills sind Waldaffen. Es gibt 2 Arten: den Mandrill, *Mandrillus sphinx,* und den Drill, *Mandrillus leucophaeus.*

Der Mandrill lebt vor allem in den feuchten Wäldern der westafrikanischen Küstengebiete. Die Männchen haben leuchtendrote Nasen und blaue Backen. Diese Farben, die sich im roten Penis und blauen Skrotum sowie im roten und blauen Gesäß wiederholen, sind Warnzeichen für andere Männchen.

Der Drill ist kleiner – die Männchen sind 70 cm groß, Mandrills dagegen 83 cm –, und er hat ein einfarbig olivbraunes Fell. Das Gesicht ist schwarz, das Kinn rot und der Gesichtsrand weiß. Drills findet man weiter landeinwärts als Mandrills und in trockeneren Wäldern.

Mangaben und Meerkatzen leben manchmal zusammen. Hier hält eine Mantelmangabe eine Monameerkatze, *Cercopithecus wolfi,* wie ihr eigenes Kind.

Junger Mandrill Die feuchten Wälder des Tieflandes westlich vom Kongo sind die Heimat der Mandrills. Diese leben in kleinen Familienverbänden zwischen den Sträuchern und am Boden. Außer Pflanzen fressen sie gelegentlich kleine Tiere, die sie finden, indem sie methodisch Steine und Holzstücke umdrehen.

Farbenprächtiger Mandrill Die Weibchen haben nicht die leuchtenden Gesichtsfarben der erwachsenen Männchen und sind nur dreiviertel so groß wie diese.

Der Schimpanse

Der Schimpanse steht – zusammen mit dem Gorilla – dem Menschen am nächsten. In seinen sozialen Gewohnheiten ähnelt er dem Menschen mehr als die anderen Primaten.

Der Schimpanse lebt in einem Gebiet von mehr als 2,5 Millionen Quadratkilometern beiderseits des Äquators. Alle Schimpansen gehören zu einer einzigen Art. Einige Fachleute unterteilen diese Art in 4 Rassen: 3 Rassen des Gemeinen Schimpansen sowie den Zwergschimpansen. Andere Gelehrte teilen nur den Zwergschimpansen als eigene Rasse ab.

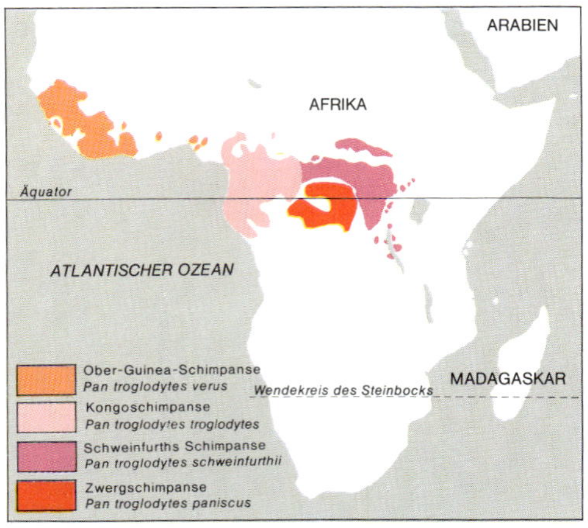
ARABIEN
AFRIKA
Äquator
ATLANTISCHER OZEAN
MADAGASKAR
Wendekreis des Steinbocks
Ober-Guinea-Schimpanse
Pan troglodytes verus
Kongoschimpanse
Pan troglodytes troglodytes
Schweinfurths Schimpanse
Pan troglodytes schweinfurthii
Zwergschimpanse
Pan troglodytes paniscus

Rassenverbreitung Zwergschimpansen leben nur in den Wäldern südlich des Kongos. Die anderen Schimpansen kommen in der Waldsavanne und im Wald vor.

Der Schimpanse ist nach dem Gorilla und dem Orang-Utan der drittgrößte Menschenaffe. Ein großes Männchen kann über 100 Pfund wiegen – etwa ein Drittel soviel wie ein Gorilla. Stehend erreicht es eine Höhe von 1,5 m. Schimpansen verstehen es – außer dem Menschen – am besten, Werkzeuge zu gebrauchen: Stöcke und Steine dienen ihnen als Waffen, und in Ameisennestern stochern sie prüfend mit Stöckchen herum.

In den Regenwäldern klettern Schimpansen hauptsächlich in Bäumen umher und pflücken sich Früchte. Gibt es gerade wenig, so fressen sie auch Blätter.

Schimpansen – besonders die Bewohner der Waldsavanne, wo die begehrte Pflanzenkost knapper ist – fangen auch Termiten und fressen Affen, Schweine und kleine Antilopen. Im Wald trinken sie selten. Wenn sie es einmal tun, dann tauchen sie eine Hand ins Wasser und lecken es daraus auf. Man hat auch beobachtet, daß sie Blätter zerquetschten und die so gewonnene Flüssigkeit tranken.

Schimpansen können sich ebenso gut auf dem Boden wie auf Bäumen bewegen. Auf dem Boden laufen sie gern. Dabei benutzen sie alle viere, und zwar so, daß ihr Gewicht auf den Füßen und auf dem Rücken der gebogenen Finger ruht. Wenn Schimpansen auf Bäume klettern, umfassen sie den Stamm mit ihren langen Armen und stoßen sich mit den Füßen hoch. Mit Händen und Füßen hängen sie an den Ästen, und manchmal schwingen sie sich mit ihren Armen eine kurze Strecke von Ast zu Ast.

Bis zu 80 Schimpansen leben in einer lose organisierten Gemeinschaft zusammen. Die Wohngebiete überschneiden sich oft, und Tiere verschiedener Gruppen laufen durcheinander, ohne daß es zu Feindseligkeiten kommt.

Hautpflege in den Bäumen Das Schimpansenmännchen in der Baumspitze wird von dem Männchen zu seiner Linken und von dem jüngeren Männchen rechts oben „gelaust". Darunter sitzen weitere Männchen und Weibchen.

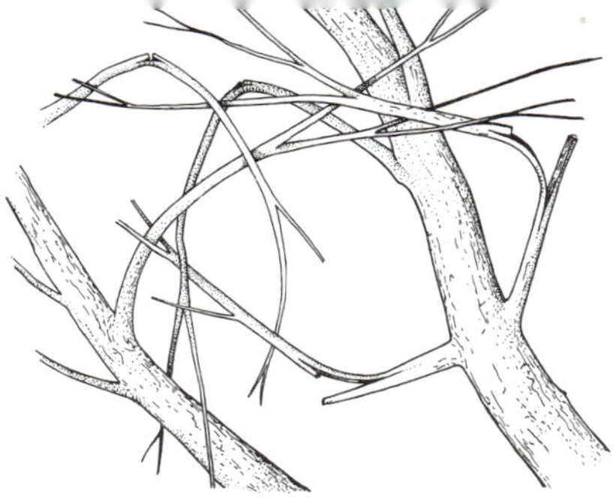

Ein Bett in den Bäumen Jeden Abend bauen Schimpansen sich in etwa 5 Minuten eine Schlafstelle oder ein Nest, bis zu 30 m hoch über dem Boden. Dabei stehen sie auf einer Plattform aus waagerechten Ästen und biegen geschmeidige, belaubte Äste zu einem Rahmen (oben). Die Enden flechten sie roh ineinander und machen sich so ein Bett aus Zweigen und Laub (rechts).

Wenn besonders viel Nahrung vorhanden ist, versammelt sich eine große Gruppe zu gemeinsamem Schmaus. Die erwachsenen Männchen trommeln auf die Bretterwurzeln der Bäume oder auf den Boden, und alle Tiere vereinen sich laut schreiend zu einem Chor. Dieser Lärm, den man bis zu 3 km weit hört, lockt noch andere Schimpansen an. Wenn Früchte knapp sind, bilden sich kleine Gruppen von Männchen; diese schreien ähnlich, sobald sie Futter finden, um Junge und Weibchen herbeizurufen.

Jeden Abend, wenn es dämmert, bauen Schimpansen neue Schlafstellen oder Nester in den Bäumen – bis zu 30 m hoch über dem Boden. Dort schlafen sie bis zu 12 Stunden lang. Gelegentlich bauen sie auch am Tage Nester, um darin zu ruhen oder um in der Regenzeit den feuchten Boden zu meiden.

Ein Schimpansenweibchen paart sich abwechselnd mit mehreren Männchen. Sexuelle Rivalität scheint es kaum oder gar nicht zu geben; die Tiere leben in wahlloser Geschlechtsbeziehung. Besonders enge soziale Beziehungen bestehen wahrscheinlich das ganze Leben hindurch zwischen Mitgliedern der gleichen Familie; nahe Verwandte paaren sich aber nur selten.

Innerhalb einer Gruppe hat jeder Schimpanse seine besondere soziale Stellung; eine echte Hierarchie wie bei niederen Affen gibt es aber nicht. Die Rangordnung bei den Männchen wird durch Imponiergehabe festgelegt. Die Schimpansen schwingen laut schreiend, mit gesträubtem Haar, rhythmisch vor und zurück. Schließlich rennen sie wild umher, schwingen Äste, entwurzeln Pflanzen und werfen Steine. Demjenigen Männchen, das sich am lautesten und eindrucksvollsten produziert, wird ein Führungsrang zuerkannt; die anderen Mitglieder der Gruppe ducken sich oder hüpfen vor ihm auf und nieder oder machen Platz, wenn sie ihm begegnen. Männchen gleicher Stellung pflegen einander die Haut, küssen sich oder halten sich die Hände. Dennoch bleiben Schimpansen Individualisten und vermeiden es nach Möglichkeit, miteinander zu streiten oder zu kämpfen; lieber ziehen sie fort und schließen sich einer anderen Gruppe an.

Abgesehen von dem lauten Chorgeschrei beim Fressen und Imponieren verfügen die Schimpansen über mannigfache Rufe und Gebärden. Sie treiben wechselseitige Hautpflege, halten sich bei den Händen oder umarmen sich. Ihr Warnruf ist dumpf; mit lautem Bellen wird gedroht. Bei Zänkereien schreien die Schimpansen in Wut oder Furcht. Sie verfügen auch über eine Reihe von Gesichtsausdrücken, mit denen sie einander etwas mitteilen.

Händehalten Ein erschrecktes Kind sucht die beruhigende Berührung der Mutter. Im Händehalten drückt sich eine enge Bindung zwischen Schimpansen aus.

Ein Pavian wird verspeist Wenn Früchte rar sind, fressen Schimpansen auch Affen und andere Tiere.

Gesichtsausdrücke der Schimpansen

Ausdruck in Ruhe
Zähne fletschen
„Zum Spielen aufgelegt"
„Schnute"

Die Lippen der Schimpansen sind sehr beweglich und können den Gesichtern der Tiere verschiedene Ausdrücke verleihen. Die Zoologen deuten das „Zähnefletschen" als Ausdruck des Drohens, das „Spielgesicht" mit bedeckten oberen Zähnen als Einladung zum Spielen und die „Schnute" als Zeichen des Interesses.

Schreiender Chor Die Schreie der Schimpansen drükken Erregungen von unterschiedlicher Art aus.

Werkzeuggebrauch Waldschimpansen fangen Termiten, indem sie einen Grashalm oder einen Zweig in das Nest stoßen. Die Termiten klammern sich an den Halm, worauf der Schimpanse ihn durch seine Lippen zieht.

Der Gorilla

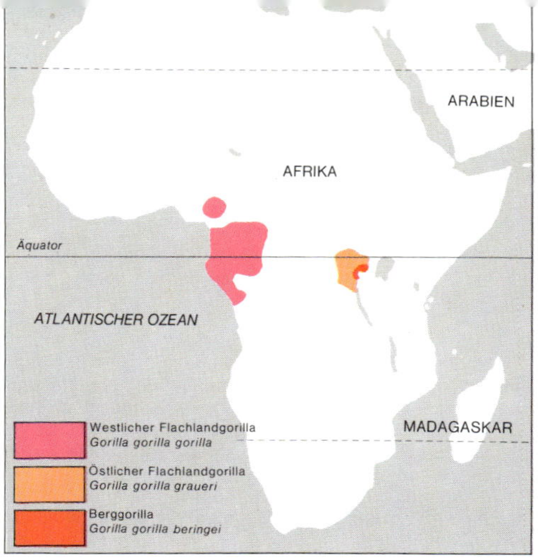
ARABIEN
AFRIKA
Äquator
ATLANTISCHER OZEAN
MADAGASKAR
Westlicher Flachlandgorilla
Gorilla gorilla gorilla
Östlicher Flachlandgorilla
Gorilla gorilla graueri
Berggorilla
Gorilla gorilla beringei

Die meisten Gorillas leben im Wald des tropischen Flachlandes zwischen Kongo und Niger.

Normalerweise ist der Gorilla ein ruhiger, geselliger Pflanzenfresser. Zwar trommelt er sich einschüchternd mit den Fäusten auf die Brust, doch greift er selten an.

Gorillas sind die größten und schwersten Primaten. Ein ausgewachsenes Männchen wiegt 270 bis 400 Pfund; wenn es sich aufrichtet, ist es bis zu 1,80 m groß. Die Weibchen wiegen nur 130–230 Pfund; sie haben nicht, wie die Männchen, einen Knochen- und Knorpelkamm auf dem Kopf. Die 3 Gorillarassen unterscheiden sich im Körperbau nur wenig voneinander. Die Rasse des westlichen Flachlandes ist am zahlreichsten vertreten. Alle Tiere haben eine schwarze Haut und schwarze Haare.

Gorillas leben in Waldstücken, die von Flüssen, Grasland und kultiviertem Land umgeben sind. Es gibt noch etwa 600 Berggorillas.

Entspannung in einem Baum Gorillaweibchen ruhen oft in dieser Weise aus, Männchen selten. Wegen ihrer massigen Körper klettern die erwachsenen Tiere vorsichtig.

Gruppen, geführt von milden Tyrannen

Gorillas leben in Gruppen, die im Durchschnitt 16 Mitglieder umfassen, im Höchstfall etwa 30. Jede Gruppe wird von einem Männchen angeführt, das mindestens 10 Jahre alt ist; sein Rücken schimmert silbergrau, ein Zeichen seiner Reife. Der Rest des Trupps besteht aus Weibchen mit ihren Kindern, aus Jugendlichen und aus schwarzrückigen Männchen, die noch nicht ganz geschlechtsreif sind. In einigen Gruppen tauchen überdies noch weitere Männchen mit silbernen Rücken auf; das sind aber gewöhnlich Außenseiter, die oft wieder verschwinden.

Die Gangart der Gorillas Gorillas gehen gewöhnlich auf allen vieren; dabei stützen sie die Arme so auf, daß sie mit den mittleren Teilen ihrer Fingerrücken den Boden berühren. Gelegentlich gehen sie aufrecht, aber selten mehr als ein paar Schritte.

Jede Gruppe hält sich in einem Gebiet von etwa 40 Quadratkilometern auf und streift darin herum. Die Wohngebiete verschiedener Gruppen überschneiden sich jedoch, und ihre Mitglieder fressen manchmal dicht beieinander. Die jüngeren Gorillas laufen gelegentlich auch durcheinander, doch die erwachsenen sitzen gewöhnlich getrennt. Es gibt Gruppen, die verhältnismäßig freundschaftlich miteinander umgehen – vielleicht infolge früherer Verwandtschaften.

Gorillas sind zueinander nicht so herzlich wie andere Menschenaffen oder niedere Affen. Gelegentlich lehnt ein Weibchen bei der Rast seinen Kopf an das Silberrückenmännchen, oder ein Jugendlicher schlittert seinen Rücken hinunter; doch nur selten treiben die Tiere Hautpflege oder spielen gar miteinander. Das führende Männchen ist ein Tyrann, allerdings ein milder. Wenn zum Beispiel ein Gorilla bei einem Sturzregen einen schützenden Fleck findet, schickt der Führer ihn mit einem Klaps fort und setzt sich selbst an den Platz.

Gorillas sind Vegetarier; sie fressen Laub, Schößlinge, Farne, Wurzeln, faserige Rinde und gelegentlich Früchte. Tieflandgorillas finden im dichten Unterholz von Waldblößen das beste Futter. Die einzelnen Gruppen bevorzugen verschiedene Nahrung, selbst in Gebieten, in denen die Vegetation ähnlich ist.

Vorfahren, die auf Bäumen lebten

Gorillas verbringen bis zu 90 Prozent ihrer Zeit auf dem Boden. Das große Gewicht und der massige Körperbau der erwachsenen Tiere, besonders der Männchen, sind für ein Leben auf den Bäumen hinderlich. Junge Gorillas klettern jedoch oft auf Bäume, und erwachsene Weibchen sitzen häufig auf Ästen, wenn sie rasten oder fressen. Diese Verhaltensweisen und die langen Arme der Gorillas deuten darauf hin, daß ihre Vorfahren vor Millionen von Jahren auf Bäumen lebten.

Gorillas schlafen in Nestern, sowohl nachts als auch bei der mittäglichen Siesta. Im Flachland werden die Nester hauptsächlich auf Bäumen gebaut; die der Männchen befinden sich allerdings tief unten oder sogar auf dem Boden. Im Gebirge, wo die Bäume allgemein kleiner sind, legen die meisten Gorillas nur Bodennester an.

Die Baumnester bestehen – wie die der Schimpansen – aus Ästen, die geknickt und zu einer runden, konkaven elastischen Matratze

Nester der Flachlandgorillas Weibchen bauen ihre Nester hoch oben; die Männchen schlafen tiefer.

Berggorilla Die Bergrasse ist in Gefahr auszusterben.

Mutter und Kind Das Gorillababy kann sich nach der Geburt noch nicht am Fell der Mutter anklammern. So hält diese es im ersten Monat mit den Armen fest.

Auf Futtersuche Gorillas leben von so saftigen Pflanzen, daß sie nicht zu trinken brauchen.

einwärts gebogen werden. Als Bodennest dient gewöhnlich einfach etwas Pflanzenmaterial, das bei Regenwetter an eine geschützte Stelle gelegt wird. Für jede Nacht werden neue Nester gebaut. Das führende Männchen fertigt seines zuerst an, dann folgen die anderen seinem Beispiel. Jüngere Tiere schlafen normalerweise mit ihrer Mutter zusammen, manchmal aber auch in kleinen selbstgemachten Nestern nahebei.

Paarung ohne Eifersucht

Gorillas paaren sich nicht häufig. Während der Vereinigung ruhen sie oft aus, und es dauert eine Stunde, bis sie vollzogen ist. Das führende Männchen ist nicht eifersüchtig, und seine Weibchen können sich unter seinen Augen mit rangniedrigen Männchen paaren, ohne daß es sich dafür interessierte.

Auf Eindringlinge aber – auch auf andere Gorillas – reagiert das Silberrückenmännchen mit einem komplizierten, feststehenden Verhalten, zu dem auch das imponierende, einschüchternde Brusttrommeln gehört. Dadurch wird das führende Männchen auffälliger und furchteinflößender. Wahrscheinlich festigt dieses Gehabe zudem seine Führerrolle.

Junge Gorillas sind mit ihren Müttern eng verbunden. Vom dritten Monat an reitet das Gorillababy auf dem Rücken der Mutter. Erst wenn sie – nach 3 oder 4 Jahren – wieder ein Kind bekommt, wird das Junge selbständig.

Brusttrommeln Der führende Gorillamann tritt Eindringlingen mit einem einschüchternden Imponiergehabe gegenüber: Er schreit – zuerst zögernd, dann stärker –, erhebt sich auf seine Beine, reißt Pflanzen ab und wirft sie in die Luft. Auf dem Höhepunkt trommelt er schnell auf seine Brust und läuft auf allen vieren seitwärts. Dann stürmt er durch das Unterholz, bricht Äste ab und schlägt mit den Händen auf den Boden.

Weibchen bleiben in der Gruppe, in der sie geboren sind. Die Männchen hingegen ziehen, sobald sie die volle Geschlechtsreife erreicht haben, oft fort. Sie wandern dann allein umher und schließen sich einer Nachbargruppe an. Wenn der Führer dieser Gruppe alt und krank ist, kann der Neuling seine Stelle einnehmen. Sieht man von dem gelegentlichen lärmenden Brusttrommeln und von dem kurzen Bellen und Schreien ab, das die seltenen Streitereien der Gorillas akzentuiert, kann man diese Tiere als ruhig bezeichnen. Normalerweise halten sie sich nur ein paar Meter voneinander entfernt; so brauchen sie einander nicht laut anzuzeigen, wo sie sind. Beim Herumstöbern und Fressen grunzen sie manchmal leise. Diese Geräusche werden lauter, wenn die Gruppe weiterzieht und unaufmerksame Tiere darauf hinweist. Wird ein Männchen von einem Menschen überrascht, dann kann es ein unerwartet lautes, zorniges Gebrüll ausstoßen. Der Angriff eines Gorillas aber ist mehr ein Bluff; er wird beendet, sobald der Eindringling sich zurückzieht.

Gorillas haben nur einen Hauptfeind: den Menschen. Einige afrikanische Stämme töten diese Tiere, um sie zu verzehren oder um ihre Ernte vor ihnen zu schützen. Außerdem fangen Jäger Junggorillas für zoologische Gärten und Laboratorien; dabei wird die Mutter gewöhnlich getötet. Die niedrige Fortpflanzungsziffer des Gorillas erhöht die Gefahr, daß er in freier Wildbahn ausstirbt.

Kleine pflanzenfressende Säugetiere

Höhlenkolonie Ägyptische Flughunde leben im Wald und in der Savanne, wobei sie Kolonien bilden. Nachts fressen sie Früchte; am Tage ruhen sie in Höhlen und treiben Hautpflege. Um Futter und Schlafplätze kämpfen sie regelmäßig; dabei schlagen sie sich gegenseitig mit ihren Flügeln und greifen mit ihren Daumen zu.

Von der Abenddämmerung bis zum Morgengrauen ist der afrikanische Wald erfüllt von den Lauten unzähliger Tiere – besonders durchdringend der Ruf des Baumschliefers.

Der tropische Wald in Afrika bietet zahlreichen Arten von Kleinsäugern das ganze Jahr über reichlich pflanzliches Futter. Kletterer und Gleitflieger tummeln sich hoch oben in den Bäumen; viele andere Tiere laufen und springen am Boden. Einige Kletterer, wie die Baumschliefer und die Dornschwanzhörnchen, sind in den afrikanischen Wäldern einzigartig.

Zänkische Fruchtfresser

Viele Arten von Flughunden leben im tropischen Wald von saftigen Früchten. Der Palmenflughund, *Eidolon helvum,* eines der größten Fledertiere Afrikas, wird bis zu 23 cm lang; seine Flügelspannweite beträgt 75 cm. Er bewohnt den Wald und die Savanne; Tausende dieser Geschöpfe vereinen sich dort zum Fressen. Die meiste Zeit des Tages ruhen sie aber in Gruppen von nur 4–50 in hohen Bäumen, wo sie am Morgen Hautpflege treiben und am frühen Nachmittag schlafen. Später am Nachmittag sitzen jeweils etwa 50 dieser Tiere dicht beisammen. In der Abenddämmerung fliegen sie zu fruchttragenden Bäumen, in denen sie sich scharenweise zum Fressen versammeln und um Früchte und Sitzplätze streiten.

Die Jungen werden einzeln geboren. Die Mutter trägt sie mit sich herum; wenn sie fliegt, klammert sich das Junge an eine Zitze.

Der Ägyptische Flughund, *Roussetus aegyptiacus,* ist im Wald und in der Savanne zu Hause; er ruht vor allem in Höhlen. Die Männchen sind um ihren Nachwuchs sehr besorgt; sie bergen die Jungen in ihren Flügeln, sooft das Weibchen ihnen erlaubt, sich ihnen zu nähern.

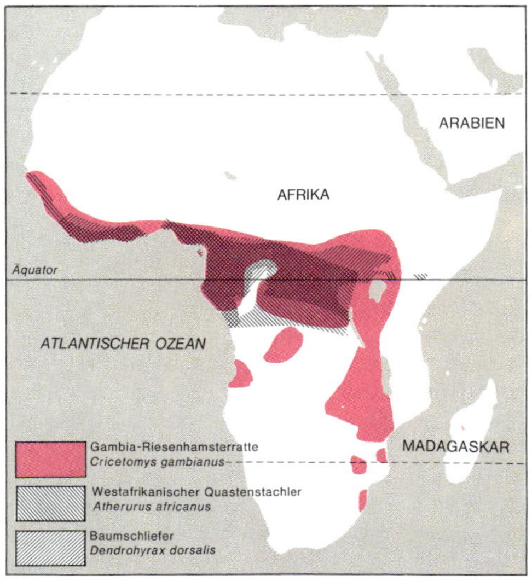
ARABIEN
AFRIKA
Äquator
ATLANTISCHER OZEAN
MADAGASKAR
Gambia-Riesenhamsterratte
Cricetomys gambianus
Westafrikanischer Quastenstachler
Atherurus africanus
Baumschliefer
Dendrohyrax dorsalis

Waldbewohner In Afrika leben die Quastenstachler nur in dichtem Wald, gewöhnlich in Gebieten nahe am Wasser. Tagsüber verstecken sie sich in Erdhöhlen, nachts suchen sie Laub, Wurzeln und Insekten.

Nächtlicher Bilch Der ostafrikanische Pinselschwanz-Bilch, *Graphiurus murinus,* ist vorwiegend ein Nachttier.

Balanceakt Die afrikanische Klettermaus *Dendromus mesomelas* nistet auf dem Waldboden, klettert aber auf der Suche nach Samen auf Bäume und Grashalme. Dabei greift und balanciert sie mit ihrem Schwanz.

Bodenbewohner und Baumkletterer

Ratten und Mäuse sind die zahlreichsten Kleinsäuger auf dem Waldboden. Die Afrikanische Rotnasenratte, *Oenomys hypoxanthus,* bevorzugt Lichtungen; die Ratte *Dasymys incomtus* und die Lamellenzahnratten der Gattung *Otomys* bewohnen sumpfige Plätze oder bauen ihre Höhlen in Flußufern. Einige Bodentiere haben Borsten oder Stacheln in ihrem Fell, um sich vor Räubern zu schützen.

In den unterschiedlichen Vegetationsschichten leben verschiedene Tierarten. Die Bäume sind das Reich der Baumhörnchen, Baumschliefer und Dornschwanzhörnchen sowie einiger Ratten- und Mäusearten.

Afrikanische Rotschenkelhörnchen der Gattung *Funisciurus* leben zwar auf den Bäumen, holen sich ihre Nahrung aber am Waldboden; Sonnenhörnchen der Gattung *Heliosciurus* hingegen suchen in der Buschschicht nach Früchten und Nüssen. Beide Gruppen sind an Waldrändern und auf Lichtungen, wo es die meisten Ölpalmen gibt, am häufigsten. Rotschenkelhörnchen tragen an den Seiten blasse Streifen, die bei einigen Arten zu Flecken aufgelöst sind. Die weder gestreiften noch gefleckten Sonnenhörnchen unterscheiden sich farblich von Gebiet zu Gebiet.

Dornschwanzhörnchen fressen nachts Früchte, Samen, Blätter und Insekten und segeln auf hochentwickelten Flughäuten von Ast zu Ast. Diese Häute werden durch Knorpelstäbe gespannt, die an den Ellbogen entspringen.

Baumschliefer besitzen Duftdrüsen in der Mitte des Rückens. Bei Baumschliefern sind sie von einem weißen Haarfleck bedeckt. Wenn das Tier aufgescheucht wird, richtet es die Haare auf und zeigt die Drüsen. Deren Funktion ist nicht bekannt, aber vielleicht werden sie zum Markieren des Territoriums benutzt.

Man sieht die Baumschliefer selten. Wenn sie aber in der Abenddämmerung erwachen, um Blätter und Zweige zu fressen, schallt ihr lange ausgehaltener, sich wiederholender Ruf durch den Wald: eine Reihe von tiefen Quaklauten, die immer höher werden und zu einem Geschrei anschwellen.

Schwänze als Stütze und zur Verteidigung

Das Pel-Dornschwanzhörnchen, *Anomalurus peli*

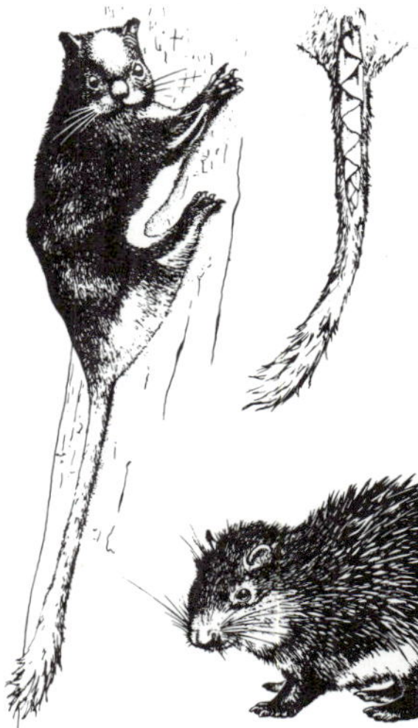

Das Pel-Dornschwanzhörnchen (links) klettert auf Bäume. Wenn es dabei seinen Schwanz gegen den Stamm drückt, wirken die hornigen Schuppen auf der Unterseite als Rutschbremse. Der Westafrikanische Quastenstachler schüttelt die Stacheln am Ende seines Schwanzes, um Angreifer abzuschrecken.

Westafrikanischer Quastenstachler, *Atherurus africanus*

Die Gambia-Riesenhamsterratte trägt in Backentaschen Futter zu ihrem Bau. Sie stopft sie so mit Früchten und Samen voll, daß sie mit ihren Vorderpfoten auf ihre Backen drücken muß, um sie zu entleeren.

Gepolsterte Sohlen In seinen kurzen Zehen hat der Baumschliefer wenig Kraft zum Greifen; aber dicke Polster an den Sohlen (rechts) erhöhen den Reibungswiderstand, so daß das Tier an einem Baum nicht abrutscht.

Mimikry Wird die Mähnenratte (Gattung *Lophiomys*) bedroht, so sträubt sich wie beim Banditlis eine Haarmähne auf ihrem Rücken. Vielleicht werden Raubtiere dadurch an den schlechten Geruch des Iltisses erinnert.

Antilopen, Schweine und das Okapi

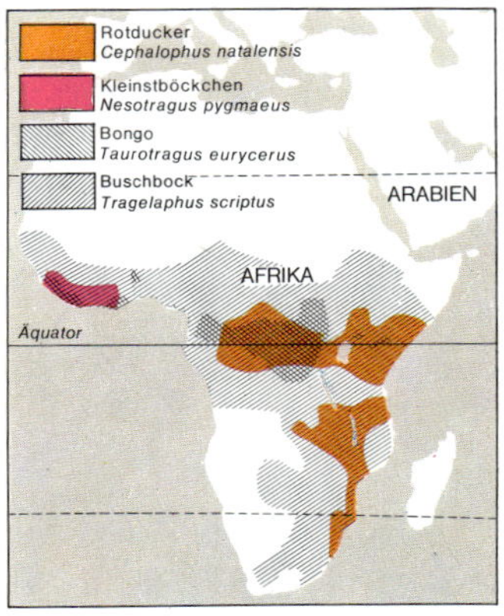
Rotducker
Cephalophus natalensis
Kleinstböckchen
Nesotragus pygmaeus
Bongo
Taurotragus eurycerus
Buschbock
Tragelaphus scriptus
ARABIEN
AFRIKA
Äquator

Waldantilopen Einige Antilopenarten, die im Wald leben, sind bis in die Savanne hinein verbreitet.

Untertauchende Antilope Ein Rotducker horcht, ob Gefahr droht. Ducker sind kleine, wachsame Antilopen, die im dichten Unterholz verschwinden, wenn sie beunruhigt werden. Ihr Name bedeutet auf afrikaans „Taucher".

Elenantilope
Taurotragus oryx

Bongo
Taurotragus euryceros

Anpassung Der im Wald lebende Bongo ist kleiner als sein Verwandter in der Savanne und trägt kleine, nach hinten gerichtete Hörner.

Große Pflanzenfresser, wie das Okapi, ein im Wald lebender Verwandter der Giraffe, äsen hauptsächlich nachts, wobei ihr scharfes Gehör sie im Falle einer Gefahr warnt.

Nur verhältnismäßig wenige Huftiere leben ausschließlich in den Tropenwäldern Afrikas. Dort kommen außer ein paar Antilopenarten nur das Riesenwaldschwein und das Okapi vor, ein Vertreter der Giraffenfamilie. Jedes dieser Tiere hat Merkmale, die ihren Verwandten im Grasland gewöhnlich fehlen, den Waldformen aber nützlich sind. So können zum Beispiel die meisten Waldantilopen besonders gut hören. Außerdem sind sie entweder klein, oder ihre Hörner sind kürzer und stehen rückwärts zu den Schultern hin, so daß die Tiere sich mit ihnen nicht in der dichten Vegetation verfangen. Die meisten Antilopen leben hier auch einzeln, denn der Wald ist für Herden ungünstig.

Im tropischen Wald wächst nur wenig Gras, daher sind die Bedingungen für die großen grasfressenden Säuger hier nicht so gut wie in der afrikanischen Savanne. Die Antilopen fressen im Wald hauptsächlich das Laub und saftige Zweige von den unteren Ästen.

Andere große Pflanzenfresser des Waldes sind der Waldbüffel und der Waldelefant – die Waldrassen der entsprechenden Graslandtiere. Sie sind kleiner als ihre Verwandten in der Steppe und leben zumeist in kleinen Gruppen statt in großen Herden. Waldelefantenbullen haben eine Schulterhöhe von etwa 2,5 m, während die Steppenelefanten fast 4 m erreichen. Die Waldrasse des Elefanten hat rundere Ohren, und ihre Stoßzähne sind nach innen oder nach vorn gebogen statt nach außen.

Ducker stellen die größte Gruppe von Antilopen im Wald. Es gibt etwa 10 Arten – alles kleine, kurzbeinige Tiere mit stummelförmigen, nach hinten zeigenden Hörnern, die im allgemeinen unter Büscheln langer Haare verborgen liegen. Diese Tiere leben einzeln oder paarweise und fressen vorwiegend nachts Blätter und Früchte.

Die meisten Ducker sind einfarbig, rot oder graubraun, aber das hellorangefarbene Fell des Zebraduckers, *Cephalophus zebra,* ist dunkel gestreift, und der Gelbrückenducker, *Cephalophus sylvicultor,* besitzt auf dem rotbraunen

In Erwartung der Nacht Der Buschbock (rechts) ruht am Tage; bei Anbruch der Nacht kommt er heraus, um zu fressen. Dabei hält das Männchen seine Hörner nach hinten, damit sie sich nicht im Geäst verfangen.

Schützendes Muster Dunkle Streifen auf dem Rücken und eine hellere Tönung auf der Unterseite des Zebraduckers (oben) mischen sich mit dem Licht und Schatten des Laubes und lösen den Umriß der Antilope auf.

Primitiver Wiederkäuer Das Afrikanische Hirschferkel, *Hyemoschus aquaticus*, gehört zu einer kleinen Familie primitiver Wiederkäuer. Es ist nur 90 cm lang und gleicht dem nicht mit ihm verwandten Kleinstböckchen.

Das Pinselohrschwein, das mit seiner Schnauze wühlt, lebt oft nahe am Wasser und ist ein guter Schwimmer.

Riesenwaldschweine leben im Familienverband. Der Eber hat große Warzen unter den Augen.

Rücken eine gelbe Mähne, die sich bei Erregung aufrichtet.

Der Buschbock ist ebenfalls rotbraun gefärbt und hat weiße Streifen und Flecken. Die Männchen besitzen kurze, spiralförmige Hörner, die so weit nach hinten gehalten werden, daß ihre Spitzen manchmal an den Schultern Flecken kahl scheuern. Im allgemeinen leben Buschböcke in der Nähe von Wasser. Sie rupfen Blätter von den Bäumen oder fressen auf Lichtungen Gras, und zwar vor allem in der Dämmerung.

Der Bongo gleicht in Gestalt und Verhalten ein wenig dem Buschbock, doch ist er mit den Elenantilopen der Grasländer näher verwandt. Seine Grundfarbe ist hellkastanienbraun; die Flanken tragen weiße Streifen, Kopf und Beine sind weiß gefleckt. Die Unterseite ist schwarz, und über den Rücken läuft ein schwarzer Haarstreifen. Männchen wie Weibchen besitzen große Ohren und spiralige Hörner mit braungelben oder gelben Spitzen. Im Gegensatz zu den meisten anderen Waldantilopen fressen Bongos sowohl bei Tag als auch bei Nacht Blätter und Schößlinge. Sie bilden gewöhnlich keine Herden, wenn auch Kühe, Kälber und junge Böcke gelegentlich in Familienverbänden leben.

Das Kleinstböckchen ist das kleinste Huftier der Welt – nur wenig größer als ein Kaninchen. Die Männchen tragen kaum 2,5 cm lange, spitze Hörner. Beide Geschlechter sind rotbraun und haben weiße Unterseiten und weiße Haarbüschel am Schwanz. Sie leben in den dichten Wäldern Westafrikas und fressen ausschließlich nachts.

Das nahe verwandte Batesböckchen, *Nesotragus batesi*, hat eine Schulterhöhe von etwa 35 cm und wiegt 10 Pfund; es lebt weiter östlich in Wäldern und auf Lichtungen.

Zwei Schweinearten gibt es im afrikanischen Tropenwald. Das Flußschwein oder Pinselohrschwein hat rote Haare; über den Rücken zieht eine weiße Mähne, und im Gesicht ist das Tier ebenfalls weiß gezeichnet. Gewöhnlich hält es sich nahe am Wasser auf. Flußschweine leben auch in andersartigen Landschaften. In dichtem Wald brechen sie Tunnel durch das Unterholz und heben die verschlungene Vegetation über ihren Lagern zu Gewölben hoch. Die bis zu 20 Tiere zählenden Rudel kommen nachts hervor und wühlen Wurzeln aus. Alte Eber leben oft allein.

Das Riesenwaldschwein wird 1,5 m lang und kann 500 Pfund schwer werden. Sein Körper ist mit dunkelbraunen Borsten bedeckt. Es wühlt nur selten, sondern frißt hauptsächlich Laub und langes Gras, zuweilen aber auch kleine Säugetiere und Vögel. Riesenwaldschweine bevorzugen morastige Stellen im dichten Wald. Die aggressiven Eber greifen einen Eindringling, der in das Territorium einer Gruppe kommt, ohne Warnung an.

Das Okapi lebt so tief im Wald am Kongo, daß es von Europäern erst um 1900 entdeckt wurde. Es ist dunkelkastanienbraun gefärbt und hat an den Beinen weiße Streifen. Weiße Schienbeine und eine helle Gesichtszeichnung runden seine Schutzfärbung ab. Das Okapi ist ein äußerst furchtsames Tier mit großen Ohren; eine Gefahr erkennt es meist mit Hilfe seines Gehörs. Wie die Giraffe hat das Okapi eine äußerst lange Zunge, mit der es Blätter und Zweige von Bäumen und Büschen abreißt. Es frißt tagsüber einzeln oder gemeinsam mit einem Gefährten.

Einen Partner finden Okapis mit Hilfe des Geruchssinnes und des Gehörs: Die brünstigen Weibchen riechen stärker und stoßen einen besonderen, trompetenden Ruf aus, um den Männchen anzuzeigen, wo sie sind.

Mutter und Kalb Okapis bringen im allgemeinen ein einzelnes Kalb zur Welt. Ein ausgewachsenes Okapi hat eine Schulterhöhe von 1,5 m, kommt aber, wenn es seinen langen Hals hochreckt, an wesentlich höheres Blattwerk heran. Mit der Zunge ergreift es Äste und streift die Blätter ab.

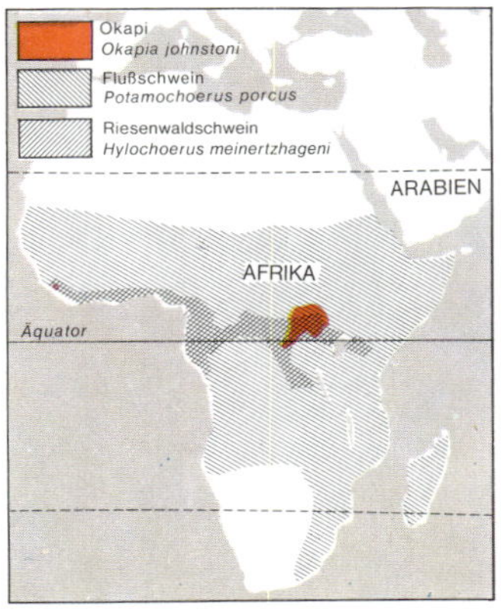
Okapi
Okapia johnstoni
Flußschwein
Potamochoerus porcus
Riesenwaldschwein
Hylochoerus meinertzhageni
ARABIEN
AFRIKA
Äquator

Weitverbreitete Schweine Die afrikanischen Waldschweine sind weit verbreitet; das Okapi hingegen ist auf den östlichen Kongo beschränkt.

Kleine räuberische Säuger

Typische Raubtiere der tropischen Wälder Afrikas sind die langschnauzigen Ginsterkatzen und der träge Potto – beide nicht größer als eine Hauskatze.

Das einzige große fleischfressende Säugetier im afrikanischen Tropenwald ist der Leopard – die gleiche Art, die auch im afrikanischen Buschland und in den Wäldern Südasiens zu finden ist. Die meisten anderen Raubtiere sind klein und fressen vor allem Wirbellose.

Da ihre Beutetiere großenteils in den Baumwipfeln hausen, haben sich viele räuberische Säugetiere an ein Leben in den Bäumen angepaßt. Nicht selten können selbst ausgesprochene Bodentiere auf Bäume klettern. Einige von ihnen sind so behende und leicht, daß sie im höchsten Blätterdach jagen. Die meisten kleinen Raubtiere leben im Dickicht und jagen nachts.

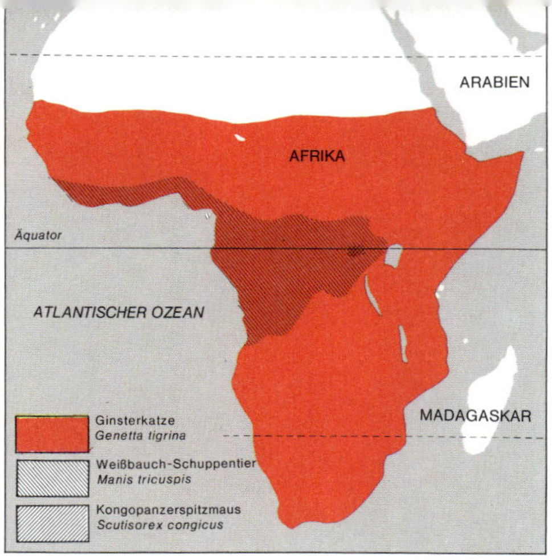
ARABIEN
AFRIKA
Äquator
ATLANTISCHER OZEAN
MADAGASKAR
Ginsterkatze
Genetta tigrina
Weißbauch-Schuppentier
Manis tricuspis
Kongopanzerspitzmaus
Scutisorex congicus

Unterschiedliche Lebensräume Die Ginsterkatze kommt im Wald wie auch in der Savanne vor. Das Schuppentier und die Kongopanzerspitzmaus leben nur im Wald.

Raubtiere auf dem Boden und in den Bäumen

Auf der Hut Beim geringsten Anzeichen einer Gefahr trommelt die Vierzehen-Rüsselratte, *Petroclomus tetradactylus,* mit ihren Hinterbeinen auf den Boden. Auf ihren ausgetretenen Pfaden springt sie schnell davon.

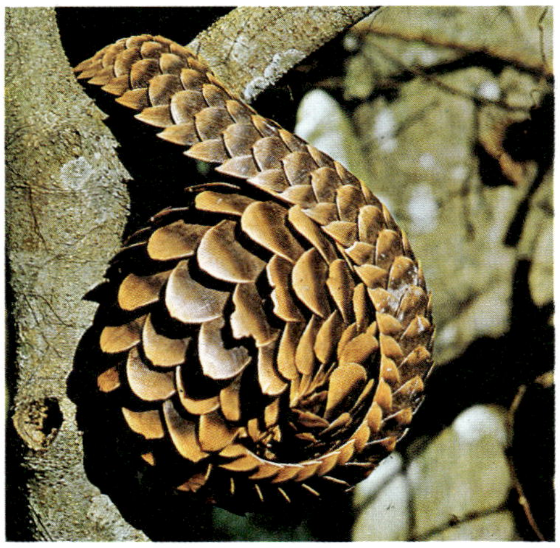

Verteidigungsstellung Wenn das afrikanische Weißbauch-Schuppentier beunruhigt wird, rollt es sich zu einem Ball zusammen und ist dann durch die übereinanderliegenden Schuppen geschützt.

Das Rätsel um die Wirbelsäule einer Spitzmaus

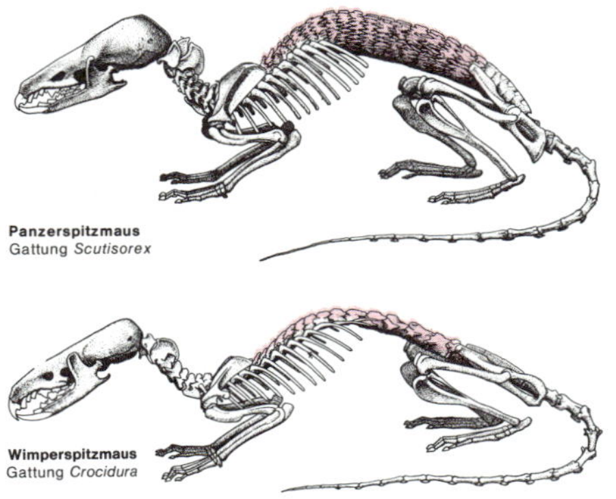
Panzerspitzmaus
Gattung *Scutisorex*
Wimperspitzmaus
Gattung *Crocidura*

Bei einem Vergleich des Skelettes einer Panzerspitzmaus mit dem einer Wimperspitzmaus fällt die einzigartige, äußerst starke Wirbelsäule der Panzerspitzmaus auf. Man weiß nicht, welche Bedeutung ihre verschränkte Struktur hat. Aber obwohl sie so dick ist, können die Panzerspitzmäuse ihren Rücken genauso leicht biegen wie andere Säugetiere.

Raubtier in den Bäumen Der Afrikanische Linsang ruht tagsüber in einem Nest, das er sich hoch in einem Baum baut. Nachts jagt er Vögel, Kleinsäuger und Insekten und nimmt zudem noch viel pflanzliche Kost wie Nüsse und Früchte zu sich. Der Afrikanische Linsang ist kleiner gefleckt als die asiatischen Arten.

Die kleinen Fleischfresser in den tropischen Wäldern Afrikas gehören vorwiegend zur Familie der Zibetkatzen: Echte Zibetkatzen, Ginsterkatzen, Mungos und der Linsang.

Die größere Afrikanische Zibetkatze, *Civettictis civetta,* ist nicht wählerisch; sie nimmt tierische und pflanzliche Nahrung. Afrikanische Zibetkatzen sind sehr anpassungsfähige Tiere, die sowohl in der Savanne wie im Wald leben. Sie klettern nicht gern. Ihre Territorien markieren sie mit einer stark riechenden Absonderung aus ihren Analdrüsen.

Der afrikanische Pardelroller, *Nandinia binotata,* ist ebenfalls ein Nachttier, das auf Bäumen lebt, insofern aber ein ungewöhnlicher Vertreter der Zibetkatzen, als er sich hauptsächlich von Früchten ernährt.

Ginsterkatzen sind in Afrika weit verbreitet. 5 Arten leben im Tropenwald. Es sind gefleckte Tiere mit langen Schnauzen und Schwänzen, kurzen Beinen und runden Ohren. Diese behenden Kletterer jagen nachts in den Bäumen und auf dem Boden Insekten, Vögel und Mäuse. Tagsüber liegen sie in Höhlen und Baumlöchern oder in verlassenen Erdbauten von anderen Tieren.

Die Lebensgewohnheiten des schlankeren Afrikanischen Linsang, *Poiana richardsoni,* sind ähnlich, doch verläßt er die Bäume fast nie und baut ein eigenes Nest.

Mungos sind in erster Linie Graslandbewohner, ein paar Arten aber kommen im Wald vor – so die Rüsselmanguste, *Crossarchus obscurus.*

Auf dem Waldboden huschen Tag und Nacht Spitzmäuse der verschiedensten Arten umher und jagen Insekten und andere Wirbellose.

Vorsichtiger Kletterer Der Potto bewegt sich vorsichtig; er läßt jeweils immer nur eine Hand oder einen Fuß los und umklammert mit den anderen Greifwerkzeugen fest die Äste. Seine Zeigefinger sind zu Stummeln zurückgebildet. Gewöhnlich liegen sie der Länge nach einem Ast an, während der Daumen und die anderen Finger den Ast umgreifen. Wenn der Potto ein Insekt oder einen Vogel beschleicht, geschieht das im Zeitlupentempo. Dabei setzt er jeden Fuß so sacht nach vorn, daß sein Opfer die Gefahr nicht erkennt.

Träge Pottos und lebhafte Galagos

Pottos und Galagos (oder Buschbabys) sind Waldraubtiere, die nachts Insekten, Vögel, Früchte und Kautschuk fressen. Diese kleinen Primaten gehören zur gleichen Familie wie die Loris in Südasien. Alle Mitglieder der Familie können vorzüglich greifen: Die Daumen stehen den anderen Fingern gegenüber; die Finger lassen sich überdies spreizen und passen sich jedem Zweig an.

Pottos kommen mit gesenkten Köpfen aufeinander zu; aus dieser Haltung heraus gehen sie entweder zu freundschaftlichem Nackenreiben über, oder sie werfen, falls sie angriffslustig sind, ihre Köpfe hoch und schlagen mit den Zähnen zu.

Der kleinere und schlankere Bärenmaki – er wiegt etwa 280 g, während der Potto es auf fast 3 Pfund bringt – klettert behender als der Potto. Seine Hauptnahrung sind Insekten; der Potto hingegen ist ein Allesfresser. Beide Tiere bauen keine Nester; auch tragen sie ihre Jungen nicht in der Schnauze herum, wie es einige Galagos tun. Statt dessen klammern sich die Säuglinge – wie die Jungen vieler höherer Primaten – am Fell der Mutter an.

Galagos haben lange Schwänze und springen auf ihren kräftigen Hinterbeinen im Geäst umher. Sie leben in fast allen afrikanischen Gebieten südlich der Sahara, die mit Bäumen bestanden sind. Es gibt 6 Arten. Die größte, der Riesengalago, *Galago crassicaudatus,* wiegt nur knapp 2 Pfund. Wie der kaum 300 g schwere Senegalgalago, *Galago senegalensis,* bewohnt dieses Tier die Bäume und Büsche der Savanne.

Drei der vier Waldarten kommen in Westafrika am Äquator im gleichen Lebensraum vor. Der etwa 230 g schwere Westliche Kielnagelgalago lebt auf den Hauptästen des Blätterdachs. Der nur 70 g wiegende Zwerg- oder Demidoffgalago, *Galago demidovii,* bildet die kleinste Art; er hält sich im Zweig- und Rankengewirr auf. Im Urwald treibt er sich fast ausschließlich im Laubdach und im Geschlinge der Lianen herum, aber im Sekundärwald kommt er auch tiefer herunter. Der schokoladenbraune, 230 g schwere Buschwaldgalago springt in geringer Höhe auf kleineren Bäumen oder zwischen Lianen.

Die vierte Waldart, der Östliche Kielnagelgalago, *Galago inustus,* wohnt im östlichen Kongogebiet. Wie beim Westlichen Kielnagelgalago sind auch bei ihm alle Finger- und Zehennägel – bis auf die ersten – spitz und gekielt.

Die Galagos ziehen gewöhnlich einzeln durch den Wald; allerdings schlafen Demidoffgalagos in Gruppen – von höchstens 5 Tieren – in einem Laubnest. Diese Art hat auch Territorien. In einem solchen Gebiet frißt nur ein einziges, herrschendes Männchen, und es sammelt hier einen Harem von Weibchen um sich. Ein Territorium umfaßt also die Wohngebiete mehrerer Weibchen.

Galagos verständigen sich teilweise durch verschiedenartige Duftmarkierungen. Die meisten von ihnen rufen auch laut; andere Galagos wiederholen dann die Schreie. Überdies stoßen sie einen Lockruf aus, um einander wiederzutreffen, besonders morgens, wenn sie sich in ihre Nester zurückziehen.

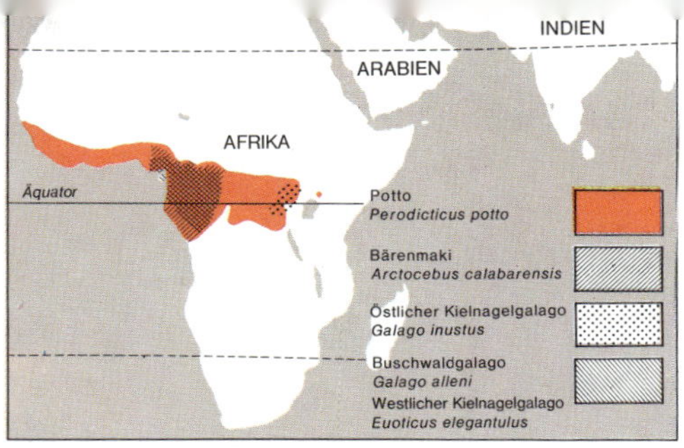
INDIEN
ARABIEN
AFRIKA
Äquator
Potto
Perodicticus potto
Bärenmaki
Arctocebus calabarensis
Östlicher Kielnagelgalago
Galago inustus
Buschwaldgalago
Galago alleni
Westlicher Kielnagelgalago
Euoticus elegantulus

Der Buschwaldgalago und der Westliche Kielnagelgalago haben dasselbe Verbreitungsgebiet; Demidoffgalagos leben etwa in den gleichen Gebieten wie Pottos.

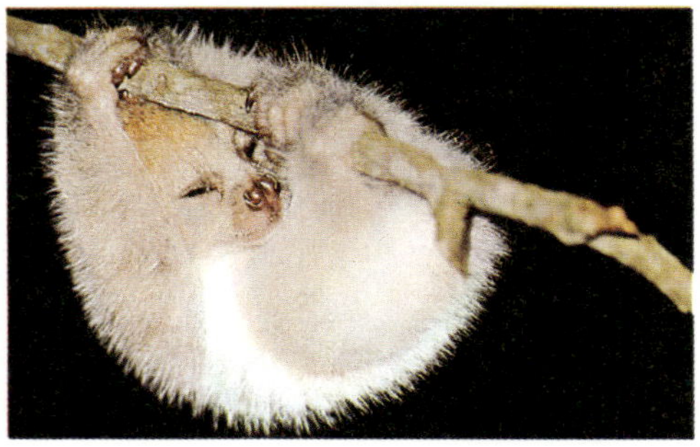

Ein junger Potto klammert sich an einen Ast. Seine Mutter hat ihn dort zurückgelassen, als sie zum Fressen fortlief. Pottos „parken" ihre Jungen so.

Demidoffgalagos im Nest Die Demidoffgalagoweibchen bauen in einem Baum ein Laubnest und teilen es dann mit dem Männchen. Hier werden die Jungen geboren und aufgezogen. Wenn sie das Nest verlassen, ziehen manchmal mehrere ausgewachsene Tiere ein.

Klettertiere Kielnagelgalagos können mit Hilfe ihrer Zehenpolster und scharf zugespitzten Nägel an den meisten Fingern und Zehen die Äste sicher greifen.

Vögel

Im grünen Dämmerlicht des tropischen Waldes fallen die meisten Vögel kaum auf – selbst diejenigen Arten nicht, die in hellerem Licht leuchtende Farben zeigen.

In den afrikanischen Wäldern leben etwa 400 Vogelarten; die Individuenzahl ist aber jeweils relativ gering. Diese Tatsache steht in krassem Gegensatz zu den Verhältnissen in der Savanne, wo weniger Arten vorkommen, die aber zuweilen sehr zahlreich vertreten sind. Im Wald gibt es kaum Schwärme von Vögeln einer einzigen Art; die meisten Vögel streifen dort einzeln, in Paaren oder in gemischten Schwärmen umher.

Die überwiegende Mehrzahl der Vögel in den afrikanischen Regenwäldern ist klein – wahrscheinlich deshalb, weil die dichte Vegetation beim Fliegen Schwierigkeiten bereitet. Große Vögel benötigen Platz zum Starten, und ihre größere Flügelspannweite erschwert den Flug. So können sie nur in den Baumwipfeln oder am Boden leben.

Einige Nashornvögel, Habichte und Papageien fliegen über den Bäumen und suchen im Blätterdach ihre Nahrung. Eine kleinere Gruppe ziemlich großer Vögel, zu denen die Gelbkopf-Felshüpfer, ein paar Perlhühner und der Kongopfau gehören, hat das Fliegen weitgehend aufgegeben und bleibt auf dem Boden.

Stimmenimitator Von den afrikanischen Papageienarten ist der Graupapagei am besten bekannt. In freier Wildbahn macht er die Rufe anderer Vögel nach. Als Käfigvogel imitiert er die menschliche Sprache.

Nashornvögel erkennt man an ihren großen, oft grotesken Schnäbeln; bei den Männchen sind sie häufig noch mit riesigen, aber leichten Aufsätzen geschmückt. Zu den größten Arten gehört der 90 cm lange Keulenhornvogel, *Ceratogymna atrata*.

Der Fledermaus-Gleitaar, *Machaerhamphus alcinus*, kreist in der Dämmerung über den Bäumen und fängt mit seinem weit klaffenden Schnabel Fledermäuse im Flug.

Der Gelbkopf-Felshüpfer, *Picathartes gymnocephalus*, und der Kamerun-Felshüpfer, *Picathartes oreas*, leben in Wäldern des Flachlandes an steinigen Stellen. Sie bauen Schlammnester unter überhängenden Felsen. Auf dem Kopf haben sie lebhaft gefärbte Hautflecken.

Fruchtfresser Nashornvögel benutzen ihre langen Schnäbel, um an Früchte heranzukommen.

Tarnung im Wald Die Farben des Riesenturakos, *Corythaeola cristata*, und die anderer tropischer Waldvögel leuchten im Licht der Sonne hell. Tiefer im Wald aber fällt ihr Gefieder nicht immer auf.

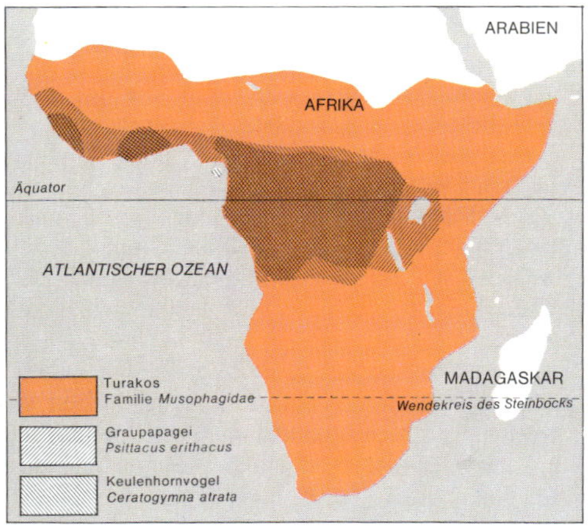
ARABIEN
AFRIKA
Äquator
ATLANTISCHER OZEAN
MADAGASKAR
Wendekreis des Steinbocks
Turakos
Familie Musophagidae
Graupapagei
Psittacus erithacus
Keulenhornvogel
Ceratogymna atrata

Zur Familie der Turakos gehören etwa 18 Vogelarten, die südlich der Sahara in ganz Afrika zu finden sind. Die Waldarten leben im Blätterdach; diesen Lebensraum teilen sie mit Nashornvögeln und Graupapageien.

Ein Weibchen brütet in Gefangenschaft

Nashornvögel bauen ihr Nest 15—30 m hoch über dem Boden in einem Baumloch. Nach der Paarung mauert das Männchen sein Weibchen in der Höhle ein, indem es den Eingang mit Schlamm verklebt. Ein schmaler Spalt bleibt offen; er ist so groß, daß das Männchen dem Weibchen Futter hineinreichen kann, aber zu schmal für Raubtiere. Bei einigen Nashornvogelarten brütet das Weibchen monatelang.

Keulenhornvogel

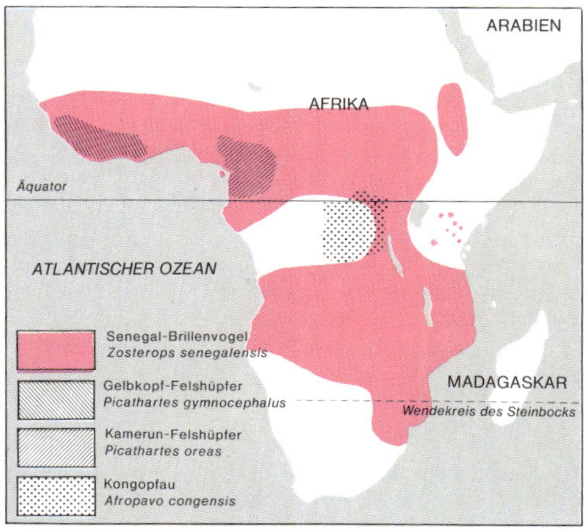
ARABIEN
AFRIKA
Äquator
ATLANTISCHER OZEAN
MADAGASKAR
Wendekreis des Steinbocks
Senegal-Brillenvogel Zosterops senegalensis
Gelbkopf-Felshüpfer Picathartes gymnocephalus
Kamerun-Felshüpfer Picathartes oreas
Kongopfau Afropavo congensis

Weitverbreiteter Brillenvogel In Afrika gibt es 4 Brillenvogelarten der Gattung *Zosterops*. Die gemeinste Art, *Zosterops senegalensis*, lebt im tropischen Wald. Sie kommt bis zu einer Höhe von 3000 m vor.

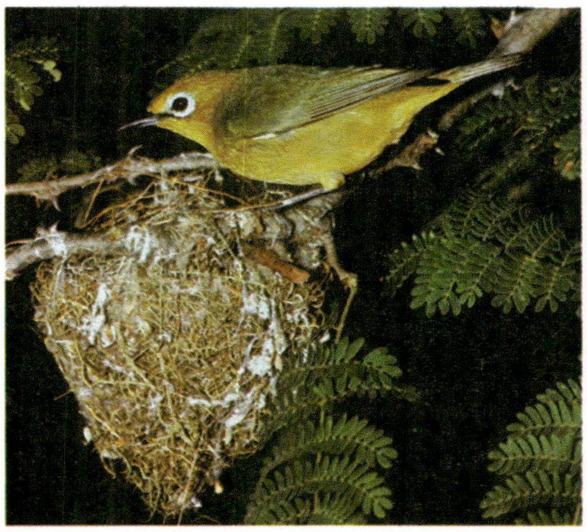

Hängendes Nest Das Nest von *Zosterops senegalensis* hängt an einem gegabelten Zweig. Die meisten der anderen 84 Brillenvogelarten, die zwischen Afrika und Neuseeland verbreitet sind, bauen ähnliche Nester.

Der Nektarvogel saugt Nektar – gewöhnlich im Sitzen, manchmal aber auch im Fliegen wie Kolibris. Daneben frißt er kleine Insekten und Spinnen. In Afrika, Asien und Australien gibt es etwa 60 Nektarvogelarten.

Da Samenfresser im Wald wenig Nahrung finden, sind die meisten kleinen Waldvögel Insektenfresser; einige ernähren sich allerdings auch von Früchten und Nektar. Ein paar Webervögel haben sich in diesen Lebensraum eingefügt. Im Gegensatz zu ihren Verwandten in der Savanne fressen sie Insekten und die Früchte der Ölpalme. Typischere Waldvögel sind die echten Insektenfresser, wie Fliegenschnäpper, Bülbüls und Schwätzer.

Einmalig sind im tropischen Wald die Vogelschwärme mit Dutzenden von Vögeln aus vielen Arten. Langsam bewegen sie sich dahin, und jede Art sucht ihre besondere Nahrung, die eine am Boden, die andere in den Bäumen; einige Vögel fangen auch Insekten im Flug. Solche Schwärme sind insofern vorteilhaft, als durch sie in der Vegetation eine stärkere Unruhe entsteht. Diese scheucht viele Insekten auf, die sonst sehr schwer zu finden wären. Auch die Kolonnen der Treiberameisen scheuchen Insekten auf; darum folgen die Vogelschwärme ihnen oft und fangen, was den Ameisen entkommt.

Die Vögel des afrikanischen Waldes stellen ihrerseits wieder eine Nahrungsquelle für Raubtiere dar. Schlangen, Hörnchen und Affen holen sich Eier und Nestlinge. Doch haben viele Vögel ein Abwehrmittel gefunden. Ein Webervogel, der Prachtweber *Malimbus scutator* zum Beispiel, webt Blattstreifen zu kugelförmigen Nestern. Vom Nest herab hängt eine zart gebaute Eingangsröhre, die aus den Außenfasern der Kokosnuß gefertigt ist. Wenn eine Schlange versuchte, ins Nest einzudringen, bräche die Röhre wahrscheinlich ab, und der Räuber würde tief hinunter auf den Boden befördert.

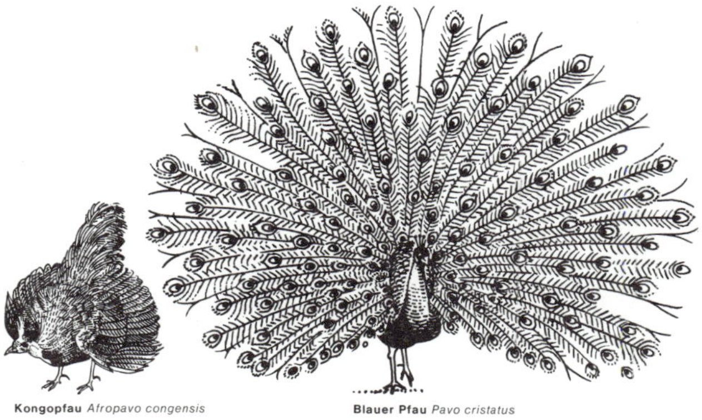
Kongopfau Afropavo congensis
Blauer Pfau Pavo cristatus

Unterschiede im Balzverhalten Der Kongopfau kann kein Rad schlagen wie die indische Art, doch breitet er bei der Balz seine Flügel und seinen Schwanz aus. Der Kongopfau wurde von Europäern erst 1936 entdeckt.

Vögel des Waldbodens Das Perlhuhn *Guttera edouardi* lebt in dichtem Gebüsch im östlichen und südlichen Afrika. Perlhühner fliegen nur selten, sie laufen aber auf ungewöhnlich kräftigen Beinen. In kleinen Gruppen scharren sie in der Laubstreu nach Futter, das unter anderem aus Ameisen, Weichtieren und Knollen besteht.

Kriechtiere und Lurche

Chamäleons sind die Scharfschützen unter den Tieren. Sie können ihre Zunge weiter, als ihr eigener Körper lang ist, gegen eine Beute vorschnellen und dabei genau zielen.

Die gleichmäßigen Temperaturen in den tropischen Wäldern Afrikas bieten zahlreichen kaltblütigen Tieren ideale Lebensbedingungen; die hohe Feuchtigkeit begünstigt wiederum andere Arten. Viele von ihnen – darunter grabende Pythons und auf Bäumen lebende Vipern – findet man sonst nirgendwo. Kletternde Schlangen, Echsen und Frösche sind massenweise vorhanden. Der Humus des Waldbodens ist fast ebenso von Leben erfüllt wie die Bäume; viele Echsen und Schlangen wühlen sich durch ihn hindurch, und auf der Oberfläche kriechen Kröten, Warane, Riesenvipern und andere Reptilien und Amphibien.

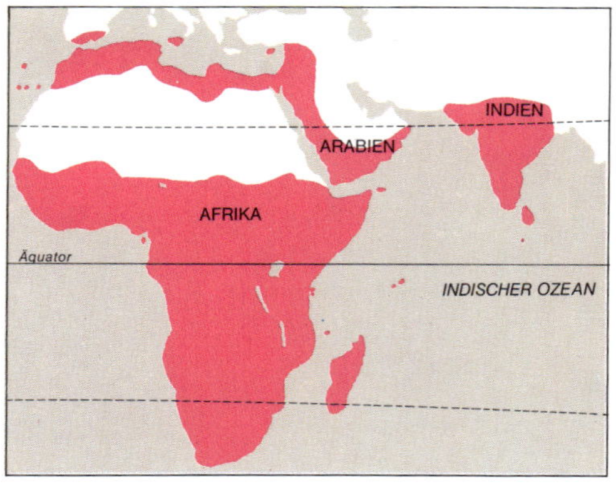
INDIEN
ARABIEN
AFRIKA
Äquator
INDISCHER OZEAN

Die Familie der Chamäleons Nur 2 der 85 Chamäleonarten leben nicht in Afrika oder auf umliegenden Inseln. Eine davon kommt in den Mittelmeerländern sowie in Arabien und Indien vor, die andere nur in Arabien.

Echsen, die Greifschwänze haben und auf Bäumen leben

Chamäleons, die auf Bäumen leben, müssen gut sehen können. Bei vielen haben sich somit auffallende Merkmale entwickelt. Jacksons Chamäleon, *Chamaeleo jacksonii,* trägt Hörner; andere Arten zeigen Kämme oder Wammen.

Unter den Echsen sind Chamäleons besonders gut an ein Dasein auf Bäumen angepaßt. Sie füllen in der Natur die gleiche „Nische" aus wie die auf Bäumen lebenden Agamen Südasiens und die Leguane der Neuen Welt. Außer etwa 12 Arten von Stummelschwanz-Chamäleons, die am Boden leben, haben alle anderen Angehörigen der Chamäleonfamilie Greifschwänze und Greiffüße, mit denen sie langsam und vorsichtig klettern, wenn sie ihre Beute beschleichen.

Die Farbänderungen in der Chamäleonhaut werden von verschiedenen Faktoren gesteuert. Dazu gehören die Stärke des Lichtes, dem das Tier ausgesetzt ist, Temperaturveränderungen und die Erregungen des Tieres: Ein Chamäleon färbt sich dunkler, wenn es böse oder erschrokken ist. Das Ituri-Chamäleon, *Chamaeleo ituriensis*, ändert seine Farbe von einem fleckigen Grün zu Braun und Schwarz. Beim Dreihorn-Chamäleon, *Chamaeleo owenii,* im Kongowald, kommen dazu noch weiße, gelbe und lichte rotbraune Töne.

Chamäleons fangen hauptsächlich Insekten; einige große Arten erbeuten aber auch kleine Säugetiere, und das bis 35 cm lange Chamäleon *Chamaeleo melleri* frißt zumeist kleine Vögel.

Chamäleons haben seitlich abgeplattete Körper; im Gegensatz dazu sind die Schwanzsaum-Eidechsen der Gattung *Holaspis*, die von Baum zu Baum segeln, horizontal abgeflacht.

Geckos der Gattung *Lygodactylus* haben eine Länge von 8–38 cm. Sie sind am Tage aktiv und im Wald überall häufig. Ihre Hautfarben sind heller als die der nächtlich lebenden Waldarten. Einige haben Haftlamellen am Schwanz und an den Zehen.

Jagd mit der Zunge Ein Lappenchamäleon, *Chamaeleo dilepis*, läßt seine lange, am Ende klebrige Zunge herausschnellen und zieht sie mit einem Insekt, das von der hohlen Spitze umfaßt wird, wieder zurück. Das Chamäleon vermag seine Augen um 180° zu drehen; so hat es ein weites Gesichtsfeld. Überdies kann es plastisch sehen und deshalb genau zielen.

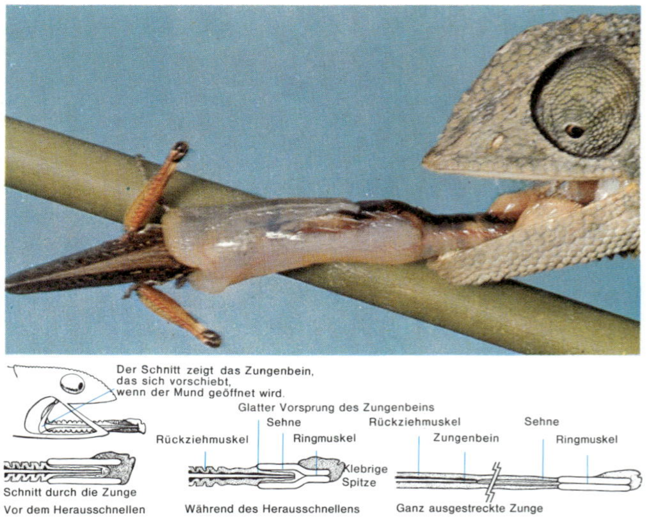
Der Schnitt zeigt das Zungenbein, das sich vorschiebt, wenn der Mund geöffnet wird.
Glatter Vorsprung des Zungenbeins
Sehne
Rückziehmuskel
Ringmuskel
Klebrige Spitze
Rückziehmuskel
Zungenbein
Sehne
Ringmuskel
Schnitt durch die Zunge
Vor dem Herausschnellen
Während des Herausschnellens
Ganz ausgestreckte Zunge

Die hohle Chamäleonzunge ist wie ein hochgeschobener Ärmel über das Zungenbein gestülpt. Wenn der Ringmuskel sich plötzlich zusammenzieht, wird die Zunge aus dem Maul geschleudert, und an ihrer Spitze bleibt die Beute kleben. Zentrale Längsmuskeln ziehen die Zunge wieder zurück.

Schlangen, die sich auf einem Ast aufrollen

Der nur 90 cm lange Erdpython, *Calabaria reinhardtii,* kommt allein in Afrika vor. Er hat den kleinen, gedrungenen Kopf, der für grabende Schlangen typisch ist. Wenn er sich bedroht fühlt, rollt er sich zu einer Kugel zusammen.

Die tropischen Wälder Afrikas sind auch die Heimat der grünen Baumviper *Atheris squamigera,* die bis zu 60 cm lang wird und Baumfröschen und Kleinsäugern nachstellt. Ihr Greifschwanz kommt ihr auf den Bäumen gut zustatten. Wie viele andere Waldschlangen rollt sie sich auf einem Ast so auf, daß die Schlingen sich gleichmäßig zu beiden Seiten des Kopfes befinden. Im Gegensatz zu vielen anderen Schlangen bleibt eine bedrohte Baumviper bewegungslos liegen, denn dank ihrer Farbe ist sie im belaubten Geäst schwer zu erkennen. Ebensogut getarnt ist die grüne Baumschlange *Philothamnus carinatus,* die gleichfalls hauptsächlich von Baumfröschen lebt.

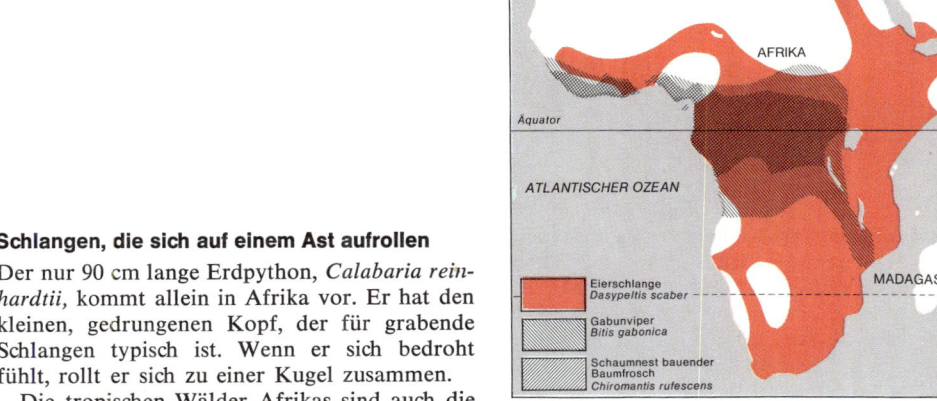

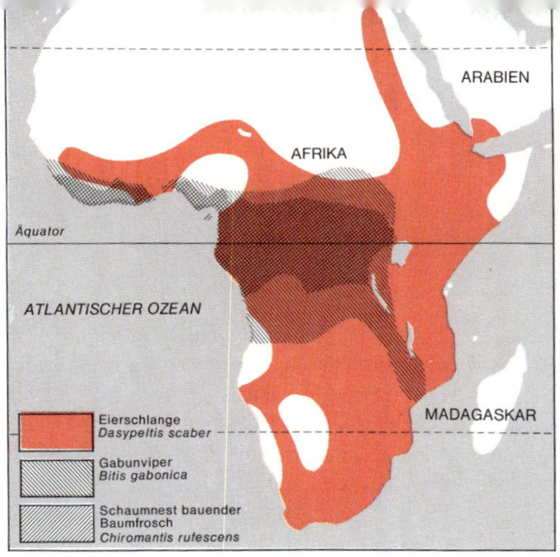
ARABIEN
AFRIKA
Äquator
ATLANTISCHER OZEAN
MADAGASKAR
Eierschlange
Dasypeltis scaber
Gabunviper
Bitis gabonica
Schaumnest bauender
Baumfrosch
Chiromantis rufescens

Waldschlangen Die Eierschlange gibt es nur in Afrika; sie wohnt auf Bäumen, aber ihr Verbreitungsgebiet erstreckt sich noch in die Savanne hinein. Die Gabunviper ist auf den Wald beschränkt.

Die träge Gabunviper, *Bitis gabonica,* ist eine der gefährlichsten Schlangen auf dem Waldboden. Ihr Gift lähmt die Beute und kann für Menschen tödlich sein. Dank seiner merkwürdigen Zeichnung verschmilzt der Körper mit dem Grund. So liegt diese Schlange nahezu unsichtbar da und wartet auf ein Opfer. Die verwandte Nashornviper, *Bitis nasicornis,* lebt in feuchten Gebieten des Waldes und fängt, wie die Gabunviper, Reptilien und Säugetiere.

Ein Ei wird verschlungen

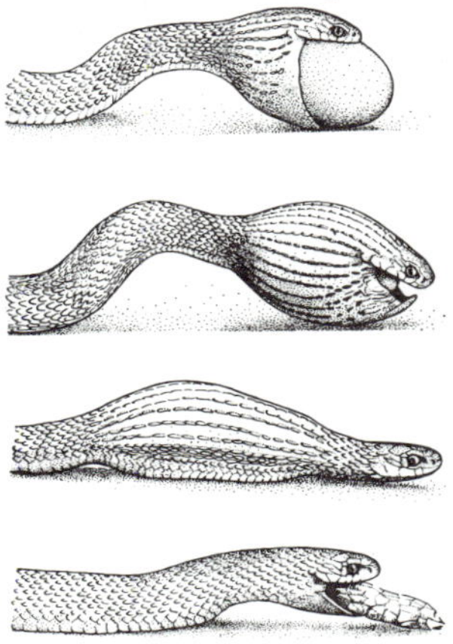

Die Eierschlange frißt nur Eier. Wenn sie eins verschlingt, öffnet sie ihr Maul, bis sein Umfang viermal so groß ist wie der des Körpers. Das Ei wird im Schlund von knöchernen Fortsätzen des Rückgrats zerbrochen, dann speit die Schlange die Schale aus.

Im Laub getarnt Die Gabunviper, deren Giftzähne 3,5 cm lang sein können, ist die größte echte Viper und zudem eine der gefährlichsten. Sie bringt lebende Junge zur Welt – oft mehr als 50 auf einmal. Dank ihrer Zeichnung ist sie im Laub auf dem Waldboden gut getarnt.

Beute im Wipfel Die Graue Baumnatter, *Thelotornis kirtlandii,* hat, wie viele Baumschlangen, eine verlängerte Schnauze. Ihre Nahrung besteht aus Vögeln und Chamäleons – hier wird eben eines verschlungen.

Winzige Frösche im Laub

Zu den kleinsten Fröschen der Welt gehören Arten der Gattung *Hyperolius*; sie sind keine 2 cm groß und wohnen in den Wäldern von Kamerun und am Kongo. Diese lebhaft gefärbten Baumfrösche ernähren sich hauptsächlich von Insekten, die sie im Blattwerk finden. Eine ganze Reihe von ihnen könnte man besser als Laubfrösche bezeichnen, denn sie haben Saugnäpfe an Zehen und Fingern, mit denen sie sich auf der glatten Oberfläche der Blätter festhalten.

Der Baumfrosch *Chiromantis rufescens* packt Zweige und Äste mit Fingerpaaren, die einander gegenüberstehen, sowie mit Saugscheiben. Wie auch viele *Hyperolius*-Arten legen diese Frösche bis zu 150 Eier in Schaumnester an Ästen, die über Wasserflächen hängen.

Zu den am lebhaftesten gezeichneten Waldfröschen gehören die Arten der Gattung *Cardioglossa,* die auf dem Waldboden leben und selten größer als 2,5 cm sind. Die dritten Finger der Männchen sind zwei- oder dreimal so lang wie die übrigen – ein rätselhaftes Merkmal, das man auch bei der Gattung *Arthroleptis* findet.

Schaumnest Ein Weibchen und zwei Männchen des Baumfrosches *Chiromantis rufescens* schlagen mit ihren Hinterbeinen Eigallerte zu Schaum. Dessen Oberfläche erhärtet zu einer schützenden Kruste.

Saugscheiben zum Greifen Baumfrösche, wie dieser *Hyperolius marmoratus,* tragen an den Enden ihrer Finger und Zehen Saugscheiben, mit denen sie sich auf Blattflächen festhalten können.

Tiere in der Isolation

Die Nachkommen von Tieren, die vor Millionen von Jahren nach Madagaskar verschlagen wurden, haben sich dort völlig isoliert entwickelt und neue Arten gebildet.

Madagaskar ist mehr als zweimal so groß wie die Bundesrepublik Deutschland und liegt 400 km vor der Ostküste Afrikas. Man nimmt an, daß es sich vor etwa 200 Millionen Jahren von dem Kontinent abgetrennt hat. Die Insel besteht aus einem zentralen Hochland, das sich bis zu Höhen von mehr als 2800 m erhebt, und einem flachen Küstenstreifen ringsum. Feuchte Winde vom Indischen Ozean bringen der Ostküste starke Niederschläge. Die Westseite der Insel ist dagegen trockener; darum gibt es in Madagaskar ganz verschiedene Vegetationstypen: tropischen Regenwald, laubwechselnde Bäume, Grasland, Gebirgsvegetation und Halbwüste.

Während der langen Zeit der Abgeschiedenheit sind auf Madagaskar einzigartige Tiere und Pflanzen entstanden. Außer den Arten, die vom Menschen eingeführt wurden, stammen alle heute dort lebenden Wirbeltiere von den wenigen Lebewesen ab, die einst dorthin flogen oder auf Treibholz und sonstigen natürlichen Flößen an den Strand der Insel trieben. Vor etwa 30 Millionen Jahren kamen die Schleichkatzen, vor 60 Millionen die Tanreks, zu denen die Borstenigel gehören; die Zeiten anderer Tiere liegen dazwischen.

Diese Einwanderer waren ohne Konkurrenz; sie breiteten sich in die verschiedenen Lebensräume aus, die die Insel bot, und entwickelten sich zu spezialisierten Formen. Mehr als 70 Landsäugetierarten, einige Fledermäuse, 125 Vogelarten und zahlreiche Lurche und Kriechtiere sind heute einzig auf Madagaskar zu Hause.

Unter den Säugern der Insel befinden sich alle Lemuren oder Makis der Erde sowie die gesamte Insektenfresserfamilie der Tanreks. Die Fleischfresser sind durch 12 Zibetkatzenarten und durch Mungos vertreten. Abgesehen von einer Spitzmaus, *Suncus madagascariensis,* gibt es dann an Landsäugetieren, die nur auf dieser Insel existieren, lediglich noch 15 Nagetierarten: die Madagaskarratten.

Die Vogelwelt Madagaskars umfaßt 3 Familien, die sonst nirgendwo vorkommen: Stelzenrallen, Blauwürger und Lappenpittas.

Säugetiere, die denen in anderen Ländern gleichen

Die insektenfressenden Tanreks auf Madagaskar sind mit den Insektenfressern in anderen Teilen der Welt nicht näher verwandt, doch sind sie ihnen im Aussehen und Verhalten sehr ähnlich, da sie eine parallele Entwicklung durchgemacht haben.

Die Igeltanreks *Setifer setosus*, *Echinops telfairi* und *Dasogale fontoynonti,* gleichen Igeln in der Erscheinung, der Ernährung, der nächtlichen Lebensweise und in ihrer Fähigkeit, sich zu einer Kugel zusammenzurollen. Langschwanztanreks, von denen es mehrere Arten gibt, sehen wie Spitzmäuse aus; der Wassertanrek, *Limnogale mergulus,* entspricht in seiner Lebensweise sogar der Wasserspitzmaus. Der Reistanrek lebt unterirdisch und ähnelt den Maulwürfen.

Ähnliche Übereinstimmungen mit Formen anderer Regionen weisen die Nagetiere Madagaskars auf.

Zu den Fleischfressern der Insel gehören 9 Mungoarten sowie die Madagassische Schleichkatze oder Fanaloka, *Fossa fossa,* eine katzengroße nächtliche Jägerin.

Schwarzkopftanreks, *Hemicentetes nigriceps*, gehen in Gruppen auf Futtersuche. Dabei halten sie durch Töne miteinander Verbindung, die sie erzeugen, indem sie ihre Wirbelsäule vibrieren lassen.

Jäger im Wald Der Madagaskar-Mungo *Galidia elegans* jagt tagsüber im Wald Vögel, Kleinsäuger, Echsen und Insekten. Er klettert gut; wenn er aber in den Bäumen überrascht wird, flieht er auf den Boden.

Fruchtbare Eltern Der Große Tanrek, *Tenrec ecaudatus*, wirft mehr Junge und zieht mehr auf als jedes andere Säugetier der Erde. Ein Weibchen bringt bis zu 24 Junge zur Welt. Große Tanreks sind kaninchengroß und haben grobe, borstige Pelze. Sie leben nächtlich, und man nimmt an, daß sie sich mit Hilfe einer primitiven Echopeilung orientieren, die auf einer schnellen Folge von Schnalzlauten beruht.

Samenfresser Der Madagaskarweber, *Foudia madagascariensis*, ist ein landwirtschaftlicher Schädling. Dichte Schwärme dieser Vögel fallen in Reisfelder ein und fressen, wie die verwandten Webervögel in Afrika, die Körner.

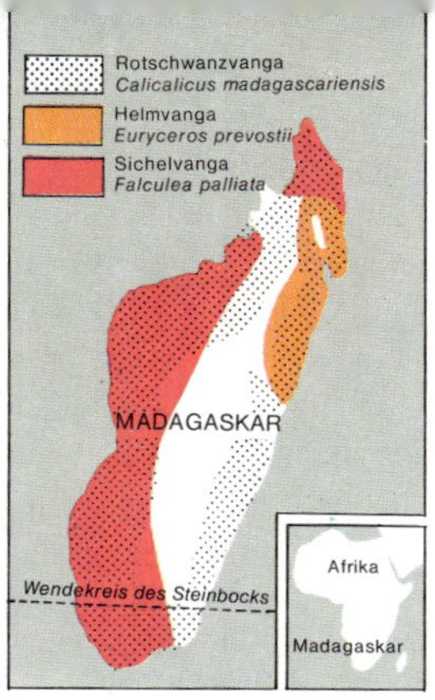

Rotschwanzvanga
Calicalicus madagascariensis
Helmvanga
Euryceros prevostii
Sichelvanga
Falculea palliata
MADAGASKAR
Wendekreis des Steinbocks
Afrika
Madagaskar

Blauwürger Diese miteinander verwandten Vögel haben verschiedene Lebensräume.

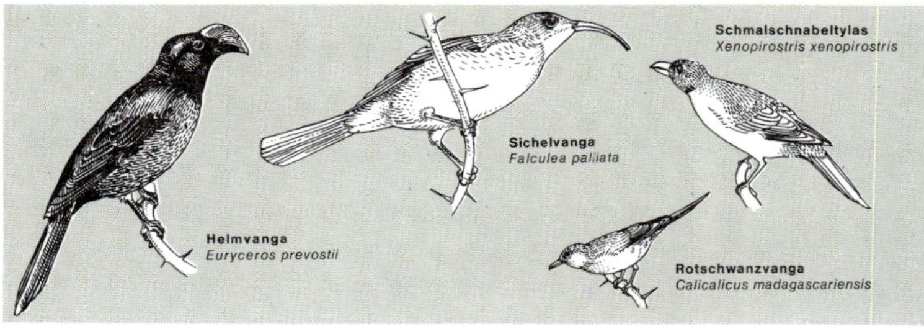

Schmalschnabeltylas
Xenopirostris xenopirostris
Sichelvanga
Falculea palliata
Helmvanga
Euryceros prevostii
Rotschwanzvanga
Calicalicus madagascariensis

Madagassische Blauwürger bevorzugen verschiedenartige Nahrung. Der winzige Rotschwanzvanga frißt kleine Insekten, der Sichelvanga klaubt größere Insekten aus der Rinde von Bäumen, und der Helmvanga und die Schmalschnabeltylas jagen auch Echsen und Frösche.

Die Vögel der Insel

Auf Madagaskar gibt es 184 Vogelarten; 125 von ihnen kommen nur dort vor. Bei den kleinen Singvögeln ist der Anteil der Arten, die auf diese Insel beschränkt sind, noch höher: 63 von 68 Arten. Die meisten Vögel Madagaskars sind afrikanischen Ursprungs; ihre lange Entwicklung in völliger Abgeschiedenheit hat aber zur Folge gehabt, daß sie ganz anders aussehen als die ursprünglichen Einwanderer.

Zahlreiche Arten haben sich auf Fleischnahrung eingestellt und fressen Insekten, Echsen und Nagetiere. Auf Madagaskar gibt es nur wenige Frucht- oder Samenfresser, obwohl Früchte und Samen reichlich vorhanden sind. Viele Arten bewohnen mehrere Lebensräume.

Riesen und Zwerge unter den Chamäleons

In Madagaskar sind Chamäleons die erfolgreichsten Kriechtiere; hier lebt etwa die Hälfte aller 85 Arten dieser Familie. Ihre Größe reicht von der des 60 cm langen Riesenchamäleons, *Chamaeleo oustaletii*, bis zu der Länge des kleinen Chamäleons *Brookesia minima*, das 4 cm mißt und wohl das kleinste Kriechtier der Welt ist.

Auch Geckos sind auf Madagaskar stark vertreten. Etwa 50 Arten dieser Echsen leben hier, darunter viele leuchtend gefärbte Tagtiere der Gattung *Phelsuma* sowie die hervorragend getarnten Blattschwanzgeckos.

Nur 3 Leguangattungen sind nicht in Amerika heimisch; die meisten von ihnen – 7 Arten in 2 Gattungen – wohnen auf Madagaskar.

Zu den madagassischen Schlangen gehören drei Boaarten. Sie sind mit den amerikanischen Boas verwandt, haben hingegen in Afrika, mit Ausnahme der nordafrikanischen Sandboas, keine Verwandten. Blindschlangen aus der Familie *Typhlopidae* und gemeine Schlangen der Familie *Colubridae* sind auf Madagaskar – wie auch in Afrika – ebenfalls vertreten.

Leguane und Boas waren einst wohl über die ganze Welt verbreitet und kamen von Afrika nach Madagaskar, wurden aber auf dem Festland von den Agamen und Phythons verdrängt.

Das Goldfröschchen, *Mantella aurantiaca*, lebt im Regenwald. Seine kurzen Beine und der kleine, breite Körper sind nicht typisch für seine Familie, zu der auch die gemeinen Frösche in Europa gehören.

Das madagassische Riesenchamäleon ist mit einer Länge von 60 cm das größte Chamäleon der Welt. Von den Inselbewohnern wird es gefürchtet, doch frißt es nur Insekten, kleine Vögel und Nagetiere. Die Opfer werden von der langen Zunge betäubt, die mit peitschenartiger Geschwindigkeit aus dem Maul schießt.

Tagtier Der gemeine Taggecko, *Phelsuma madagascariensis*, ist eine der madagassischen Geckoarten, die am Tage aktiv und leuchtend gefärbt sind. Die meisten Geckos in anderen Gebieten sind eintönig gefärbte Nachttiere.

Lemuren in den Wäldern Madagaskars

Seit 50 Millionen Jahren sind die Lemuren in Madagaskar isoliert. Ungehindert durch Affen, die ihre Ahnen andernorts verdrängten, haben sie sich dort entfaltet.

Lemuren sind mit Affen, Menschenaffen und dem Menschen entfernt verwandt. Eigentliche Lemuren gibt es nur auf Madagaskar, doch rechnet man ihre nächsten Verwandten, die Galagos und Pottos in Afrika und die Loris in Südostasien, mitunter auch zu den Lemuren im weiteren Sinne. Alle diese Tiere faßt man in der Unterordnung der niederen Primaten oder Halbaffen zusammen.

Lemuren leben auf Bäumen. Einige sind tagsüber aktiv, andere dagegen in der Nacht. Die meisten, vor allem die Tagtiere, leben in Familienverbänden oder Trupps, denen bis zu 2 Dutzend Tiere angehören.

Die nächtlichen Arten sind in den Waldgebieten Madagaskars zumeist weit verbreitet; andere findet man oft nur in kleinen Bezirken. Im allgemeinen gibt es zwischen verschiedenen Arten keine Nahrungskonkurrenz, auch dann nicht, wenn die Wohnbezirke sich überschneiden.

In den letzten 2000 Jahren, seit auch Menschen auf Madagaskar leben, sind verschiedene Typen von Lemuren ausgestorben. Der größte war so groß wie ein Schimpanse.

Große Lemuren, die tagsüber in Trupps auf Futtersuche gehen

Kattas auf Nahrungssuche In der Paarungszeit reibt das Männchen seinen Schwanz mit Duftstoff aus seinen Handgelenkdrüsen ein; dann schlägt es den Schwanz über den Kopf, so daß dieser auf ein anderes Männchen zeigt und der Geruch sich verbreitet.

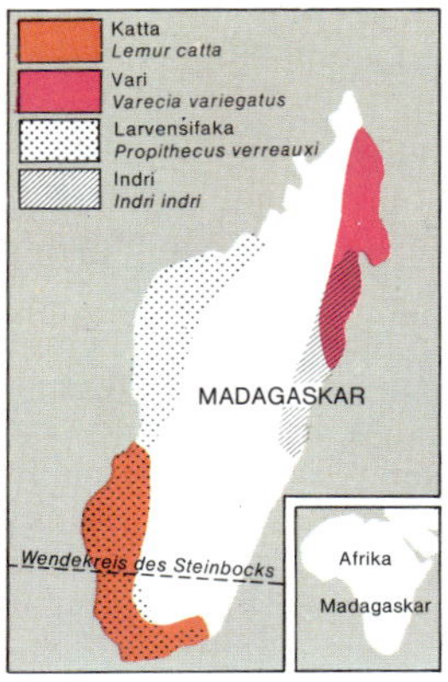
Katta
Lemur catta
Vari
Varecia variegatus
Larvensifaka
Propithecus verreauxi
Indri
Indri indri
MADAGASKAR
Wendekreis des Steinbocks
Afrika
Madagaskar

Taglemuren haben meist kleine Verbreitungsgebiete. Auf dem entwaldeten Zentralplateau Madagaskars gibt es nur wenige Lemuren.

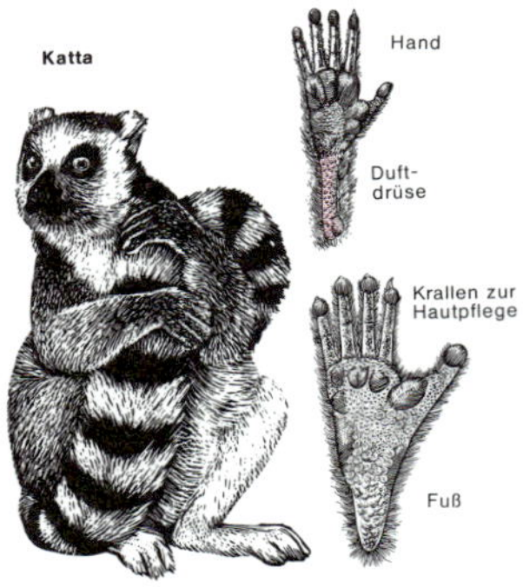
Katta
Hand
Duftdrüse
Krallen zur Hautpflege
Fuß

Krallen an den zweiten Zehen dienen dem Katta als Ohrlöffel.

Der Vari Diese Art, die auch in schwarzen und roten Formen auftritt, ist für einen Lemuren groß; die Tiere messen 60 cm, ihre Schwänze sind noch einmal so lang. Varis leben im Regenwald von Madagaskar.

Es gibt 3 Lemuren-Familien: die *Lemuridae,* die *Indriidae* und die *Daubentoniidae,* insgesamt etwa 20 Arten. Sie alle haben sich aus einem Stamm von wenigen Ahnen entwickelt. Diese kamen vor 50 Millionen Jahren von Afrika aus nach Madagaskar, wahrscheinlich auf Treibholz.

Die Vorfahren der Lemuren bevölkerten Afrika, Europa und Nordamerika, bis sich die echten Affen entwickelten, die in ihren Verbreitungsgebieten die Halbaffen offenbar zum Aussterben brachten. In Madagaskar aber konnten sich die Lemuren, isoliert und ohne Konkurrenz, gut entfalten.

Ihre Größe reicht von der des Zwergmakis, der etwas größer ist als eine Maus, bis zur Länge des Indri, der 90 cm mißt. Lemuren fressen meist Früchte und Blätter, besonders die des Tamarindenbaumes. Einige Arten fangen aber auch Insekten und anderes Kleingetier.

Wie der Mensch und die Vögel können Lemuren Farben erkennen. Diese Fähigkeit erleichtert denjenigen Arten, die sich farblich deutlich von anderen unterscheiden, die Partnerwahl. Besonders die Tagtiere sind reich gemustert, in Mischungen von Schwarz, Weiß, Rot, Gold und vielerlei Schattierungen von Braun.

Im Gegensatz zu den Affen haben die Lemuren nur eine einzige Fortpflanzungszeit im Jahr. Die des Kattas, einer katzengroßen Art in Südwest- und Westmadagaskar, gehört zu den kürzesten bei Säugetieren überhaupt. Sie dauert etwa 2 Wochen, wobei ein Weibchen nur knapp einen Tag lang empfängnisbereit ist.

Vor der Fortpflanzungszeit steigert sich die Erregung der Kattamännchen zu wilder Angriffslust, die sich in Streitereien, Jagden und „Stinkkämpfen" entlädt. Bei den Stinkkämpfen bedroht ein Männchen das andere, indem es seinen Schwanz mit einem Duftstoff einreibt und ihn gegen seinen Rivalen schwingt. Der tut das gleiche, oder er markiert einen Zweig mit Geruchsstoff und fuchtelt damit herum. Diese Scheinturniere enden, sobald die Weibchen brünstig werden. Dann kämpfen die Männchen um die Weibchen. Die Sieger paaren sich mit den Weibchen.

Sifakas sind große, mit Schwanz etwa 1 m lange Lemuren aus der Familie der *Indriidae.*

Es gibt 2 Arten, den Diademsifaka, *Propithecus diadema,* der den östlichen Regenwald bewohnt, und den etwas kleineren Larvensifaka, den man in den trockenen Wäldern des Westens und Südwestens findet. Innerhalb des Trupps streiten sie sich nur selten, es sei denn, daß es um die Jungen geht. Mit Angehörigen anderer Trupps tragen sie aber ritualisierte Gefechte aus, um ihr Territorium zu verteidigen. Die Grenzen markieren Sifakas entweder durch einen Duftstoff aus einer Nackendrüse oder durch Urin.

In einem Lemurentrupp dient die Hautpflege als soziales Bindemittel. Die Tiere bringen viel Zeit damit zu, mit ihren speziellen „Zahnkämmen" das Fell eines Artgenossen zu kratzen und zu kämmen. Alle unteren Vorderzähne der Lemuren sind nämlich flach und liegen parallel zueinander wie die Zähne eines Kammes. Sauber gehalten wird der Zahnkamm durch eine Art eingebauter Zahnbürste, ein fransenartiges Gebilde unter der Zunge, Sublingua genannt. Die Lemuren schieben es nach vorn und entfernen mit ihm Haare aus ihren Zähnen.

Der größte Lemure Mit einer Länge von 90 cm ist der Indri der größte Lemure. Diese Art hat als einzige praktisch keinen Schwanz. Der Indri wird immer seltener, da sein Lebensraum abnimmt.

Mutter und Kind Ein Kind des Larvensifakas klammert sich am Rücken seiner Mutter fest. Im Alter von 6 Wochen kann es dann allein herumlaufen. Sifakas sind mit 21 Monaten ausgewachsen.

Kleine, nächtlich lebende Lemuren

Primaten mit Ruhezeiten Der Mittlere Katzenmaki hat einen dicken Schwanzansatz; dort wird Fett gespeichert – für den langen Schlaf während der Trockenzeit im Juli und August. Dieses Tier ist ein einzeln lebendes, nächtliches Geschöpf; am Tage sieht man es selten.

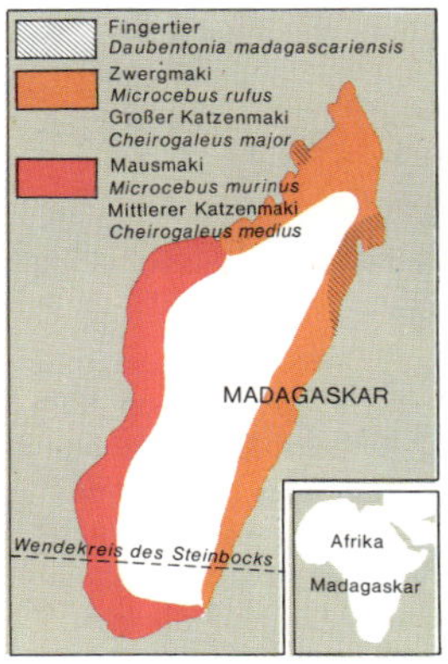
Fingertier
Daubentonia madagascariensis
Zwergmaki
Microcebus rufus
Großer Katzenmaki
Cheirogaleus major
Mausmaki
Microcebus murinus
Mittlerer Katzenmaki
Cheirogaleus medius
MADAGASKAR
Wendekreis des Steinbocks
Afrika
Madagaskar

Nachtlemuren Zu den Zwerg- und Katzenmakis gehört je eine Art im feuchten Osten und eine im trockenen Westen.

Das Fingertier gehört zu den seltensten Säugern der Welt. Einst bevölkerten diese Geschöpfe alle Wälder Madagaskars. Heute leben nur noch etwa 50 in den Küstenwäldern des Nordens.

Die meisten kleineren Lemurenarten sind Nachttiere. Zwergmakis verbringen den Tag in Laubnestern auf Bäumen. Diese Tiere sind sehr gesellig; man hat bis zu 15 in einem Nest beieinander gefunden. Es gibt 3 Arten: den Mausmaki im Süden und Westen, den Roten Zwergmaki im Norden und Osten und Coquerels Zwergmaki, *Microcebus coquereli,* im Nordwesten.

Katzenmakis sind etwas kleiner als Eichhörnchen und die einzigen Primaten, die eine winterschlafartige Ruhezeit durchmachen. Junge Katzenmakis werden von der Mutter im Maul getragen.

Der rattengroße Wiesellemur, *Lepilemur mustelinus*, läuft im Gegensatz zu seinen Verwandten aus der Familie *Lemuridae* nicht auf allen vieren, sondern hüpft auf seinen Hinterbeinen wie die Lemuren aus der Familie *Indriidae.*

Der seltsamste Lemure ist das Fingertier oder Aye-Aye, das eine eigene Familie bildet: *Daubentoniidae.* Fingertiere sind so groß wie Katzen und haben riesige Fledermausohren, Vorderzähne wie Nagetiere und lange, dünne Finger. Sie horchen alte Äste nach holzbohrenden Larven ab und legen diese dann frei, indem sie ein Loch in das Holz nagen.

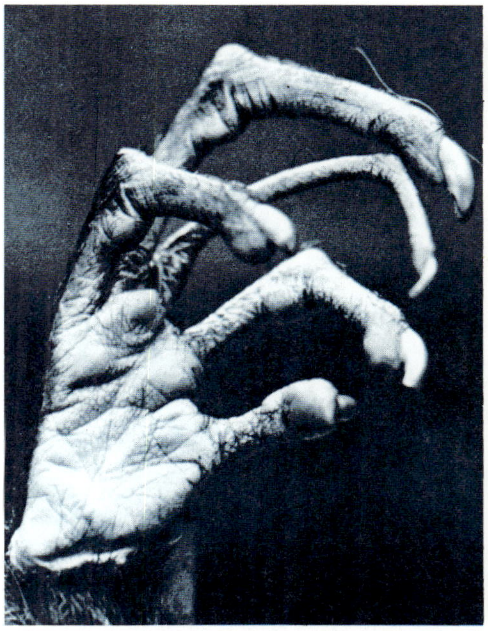

Sondierender Finger Das Fingertier benutzt seinen dünnen dritten Finger, um Larven im Holz zu fangen. Mit ihm kann es besonders gut in die Gänge der Larven eindringen und die Beute herausholen.

Insektenfressende Säugetiere

Insekten sind in den Wäldern Südamerikas in großer Zahl vorhanden. Von ihnen ernähren sich die verschiedensten Säuger, von den Ameisenbären bis zu Fledertieren.

Einige Säugetiere in den südamerikanischen Wäldern, die Ameisenbären und die meisten Fledertiere, leben ausschließlich von Insekten, und viele andere Arten ernähren sich zu einem wesentlichen Teil von ihnen – so die meisten Beutelratten, die daneben aber auch Früchte fressen.

Die Beutelratten der Neuen Welt, von denen einige unter dem Namen Opossum bekannt sind, gehören nicht zur gleichen Familie wie die Kletterbeutler Australiens. Beide Gruppen sind aber Beuteltiere: Die Jungen entwickeln sich nach der frühen Geburt im allgemeinen in einem Beutel weiter.

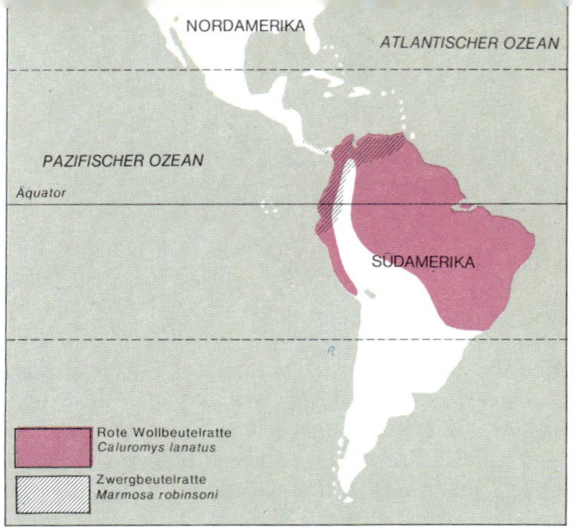
NORDAMERIKA
ATLANTISCHER OZEAN
PAZIFISCHER OZEAN
Äquator
SÜDAMERIKA
Rote Wollbeutelratte
Caluromys lanatus
Zwergbeutelratte
Marmosa robinsoni

Wo Beutelratten wohnen Beutelratten sind weit verbreitet. Von Nordmexiko bis Argentinien gibt es etwa 40 Arten von Zwergbeutelratten. Wollbeutelratten halten sich besonders gern in Bäumen auf.

Auf Bäumen lebende Beutelratten und Ameisenbären mit langer Zunge

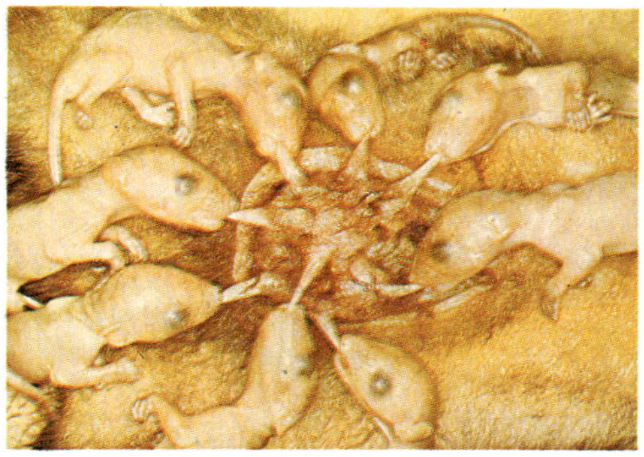

Acht Junge Das Opossum *Didelphis azarae* bekommt bis zu 8 Junge. Auf dem Bild sind sie aus dem Beutel der Mutter herausgenommen, damit man sehen kann, wie sie an die Zitzen der Mutter angeheftet sind.

Die Jungen werden getragen Der Beutel der Roten Wollbeutelratte ist nur klein; darum werden die Jungen von der Mutter auf dem Rücken getragen, sobald sie so alt sind, daß sie sich an ihr Fell klammern können.

Rote Wollbeutelratten fressen Früchte, Samen und weiche Pflanzen, aber auch Insekten. Die Beutel dieser hauptsächlich nachts aktiven Tiere stellen kaum mehr als eine Hautfalte dar; so liegen die Jungen in ihnen fast ganz frei.

Spitzmäuse sind in Südamerika nur durch 5 Arten von Kleinohrspitzmäusen im Nordwesten des Kontinents vertreten.

Ameisenbären und Gürteltiere gehören zur Säugetierordnung der *Edentata* (Zahnarme). Deren Vertreter leben ausschließlich in der Neuen Welt; ihnen fehlen Schneide- und Eckzähne. Die Ameisenbären haben überhaupt keine Zähne mehr. Sie fressen nur Ameisen und Termiten, deren Nester sie mit ihren starken Vorderkrallen aufreißen; dann lecken sie die Insekten mit ihrer langen, dünnen Zunge auf. Die Ameisenbären des Waldes sind vor allem Baumbewohner. Der nur etwa 15 cm große Zwergameisenbär, *Cyclopes didactylus,* schlägt, wenn er angegriffen wird, mit den scharfen Krallen an seinen Vorderpfoten wild nach dem Feind.

Die meisten Gürteltiere leben in den Savannen und Pampas, aber das Neunbinden-Gürteltier, *Dasypus novemcinctus,* und das Riesengürteltier sind Bodenbewohner der tropischen Wälder. Das Riesengürteltier gräbt mit den großen Krallen an seinen Vorderbeinen nach Nahrung und baut damit auch Höhlen. Wird es angegriffen, rollt es sich zusammen oder gräbt sich ein.

Große Beute Diese Zwergbeutelratte setzt zum Sprung auf eine Heuschrecke an. Zwergbeutelratten sind 10—18 cm groß. Sie beißen den Insekten die Köpfe ab.

Der Zwergameisenbär ist etwa 15 cm groß; er lebt fast ausschließlich auf Bäumen.

Der Tamandua, ein Ameisenbär, trägt sein Junges auf dem Rücken. Er kann seine lange, klebrige Zunge in die Gänge eines Ameisennestes stecken und die Insekten darin auflecken.

Insektenfressende Fledertiere und scharfzähnige Blutsauger

In den süd- und mittelamerikanischen Wäldern ruhen tagsüber unzählige Fledertiere in Höhlen, hohlen Bäumen oder zwischen Ästen, wobei sie gewöhnlich mit dem Kopf nach unten hängen. In der Dämmerung kommen sie hervor und streichen nahrungsuchend über die Bäume und Flüsse hin.

Die meisten Fledertiere – mit Ausnahme der großen Flughunde – senden hohe Töne (bis zu 100 000 Hertz) aus, die weit über der Grenze des menschlichen Hörvermögens liegen, und sie fangen die Echos auf, die von Objekten auf ihrer Flugbahn zurückgeworfen werden. Auf diese Weise können sie Hindernisse umfliegen und Beuteinsekten orten. Die Töne werden als kegelförmiger Peilstrahl ausgesandt, dessen Durchmesser von der Form des Fledertiermundes oder der Form der Nasenaufsätze bestimmt wird. Einige Arten beschleunigen die Tonfolge, wenn sie ihrem Opfer näher kommen.

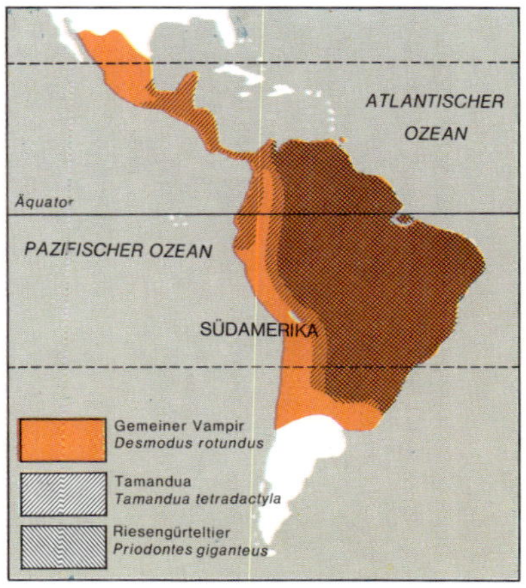

ATLANTISCHER OZEAN
Äquator
PAZIFISCHER OZEAN
SÜDAMERIKA
Gemeiner Vampir
Desmodus rotundus
Tamandua
Tamandua tetradactyla
Riesengürteltier
Priodontes giganteus

Die Heimat des Vampirs Der Vampir ist in Mittel- und Südamerika weit verbreitet. Oft überträgt er auf seine Opfer Krankheiten.

Die tropischen Fledertiere Südamerikas haben unterschiedliche Gesichter

Großes Hasenmaul
Noctilio leporinus

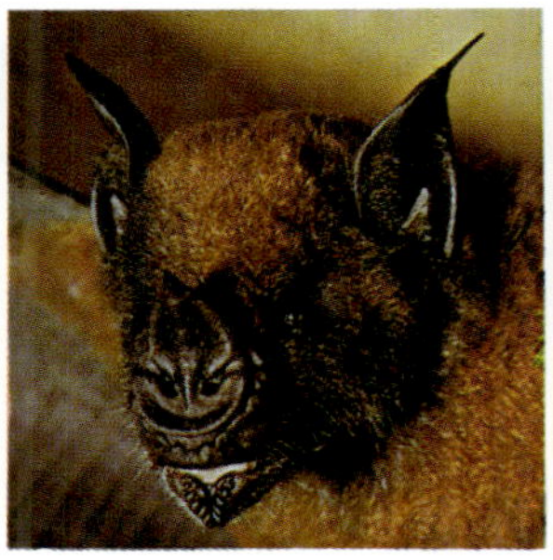

Lanzennase
Phyllostomus hastatus

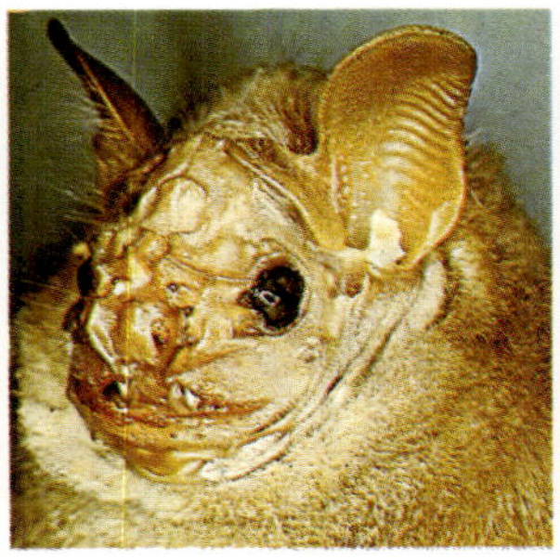

Greisengesicht
Centurio senex

Schwertnase
Lonchorhina aurita

Große Spießblattnase
Vampyrum spectrum

Gemeiner Vampir
Desmodus rotundus

Die Nasenaufsätze dieser Tiere bündeln die Schallwellen, die von den Kehlköpfen ausgesandt werden. Die Ohren fangen die Echos von Beutetiere oder Hindernissen auf.

Die meisten Fledertierarten sind gesellig; zum Schlafen versammeln sie sich in großer Zahl an einem Ort – manchmal mehrere Arten gemeinsam. Eine Höhle kann Tausende von Fledertieren verschiedener Arten beherbergen. Andere Arten hängen im Schutz des Blattwerks an Zweigen und Ästen. Die Gelbohr-Fledermäuse beißen die Rippen von Palmwedeln an, die Blätter hängen dann welk herab und bilden ein wasserdichtes Dach, unter dem die Tiere schlafen.

Gemeine Vampire sind zu Blutsaugern geworden. Die Backenzähne, die bei insektenfressenden Fledertieren zum Zerbeißen der Beute wichtig sind, haben sich bei Vampiren stark zurückgebildet. Statt dessen weisen die beiden oberen Schneidezähne scharfe Schneiden auf, mit denen die Vampire von ihrem schlafenden Opfer ein Stückchen Haut abbeißen – gewöhnlich geht das schmerzlos vor sich. Dann lecken sie das Blut von der Wunde.

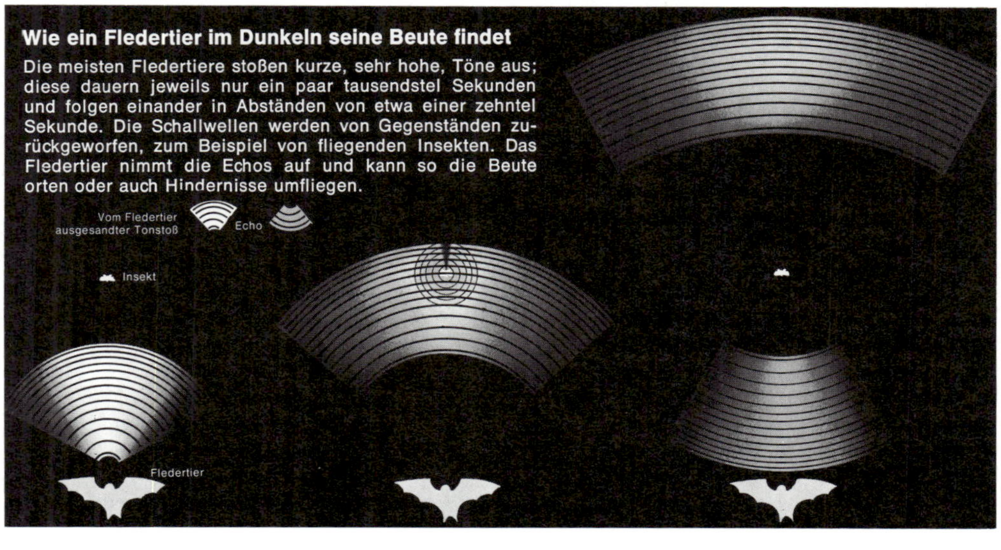

Vom Fledertier ausgesandter Tonstoß
Echo
Insekt
Fledertier

Wie ein Fledertier im Dunkeln seine Beute findet

Die meisten Fledertiere stoßen kurze, sehr hohe, Töne aus; diese dauern jeweils nur ein paar tausendstel Sekunden und folgen einander in Abständen von etwa einer zehntel Sekunde. Die Schallwellen werden von Gegenständen zurückgeworfen, zum Beispiel von fliegenden Insekten. Das Fledertier nimmt die Echos auf und kann so die Beute orten oder auch Hindernisse umfliegen.

Marmosetten und Tamarins

In den tropischen Wäldern der Neuen und der Alten Welt sind 2 Affengruppen entstanden, die nicht näher miteinander verwandt sind, sich aber trotzdem ähneln.

Die Affen Südamerikas bilden 2 Familien: die Kapuziner- und die Krallenaffen. Beide haben in der Alten Welt keine nahen Verwandten, doch gleichen einige Arten oberflächlich bestimmten afrikanischen und asiatischen Affen. Diese Tatsache erklärt sich daraus, daß die Tiere sich auf ähnliche Weise einem tropischen Wald angepaßt haben.

Die Neuweltaffen unterscheiden sich von den Altweltaffen durch 3 wichtige Merkmale: Sie haben nicht 2, sondern 3 Vorbackenzähne auf jeder Seite des Ober- und des Unterkiefers; der Daumen steht der übrigen Hand nicht gegenüber, darum umgreifen sie Gegenstände, indem sie sie zwischen alle fünf Finger und den Handteller nehmen; und schließlich zeigen ihre Nasenlöcher seitwärts statt nach unten. Deshalb heißen diese Affen *Platyrrhina* oder Breitnasen.

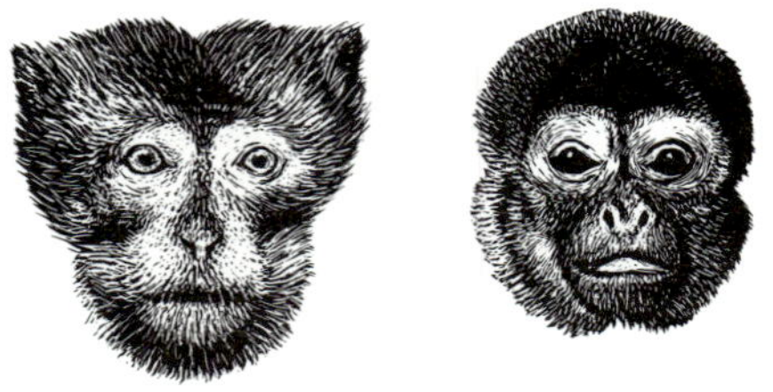

Verschiedene Nasen Die Altweltaffen (links) haben Nasen, deren Öffnungen nach unten zeigen, während die Nasenlöcher der Neuweltaffen seitwärts weisen.

Die Affen der Neuen Welt

Die südamerikanischen Affen gehören zu 2 Familien: zu den Krallenaffen (*Callitricidae*) und den Kapuzineraffen (*Cebidae*). Die meisten Krallenaffen sind klein und ähneln einander im Aussehen und Verhalten. Die Angehörigen dieser primitiveren Gruppe haben Krallen statt Fingernägel, leben in kleinen Familienverbänden und bringen 2 oder 3 Junge zur Welt. Die Kapuzineraffen sind sehr verschieden; auch die größten Affen der Neuen Welt gehören dazu. Einige haben Greifschwänze, die an den Spitzen zu fingerähnlichen Gebilden umgestaltet sind. Die meisten Kapuziner leben in großen Trupps und bringen ihre Jungen einzeln zur Welt. Der Springtamarin hat Merkmale von beiden Familien. Seine Zähne sind wie bei einem Kapuziner angeordnet, doch hat er Krallen wie ein Krallenaffe.

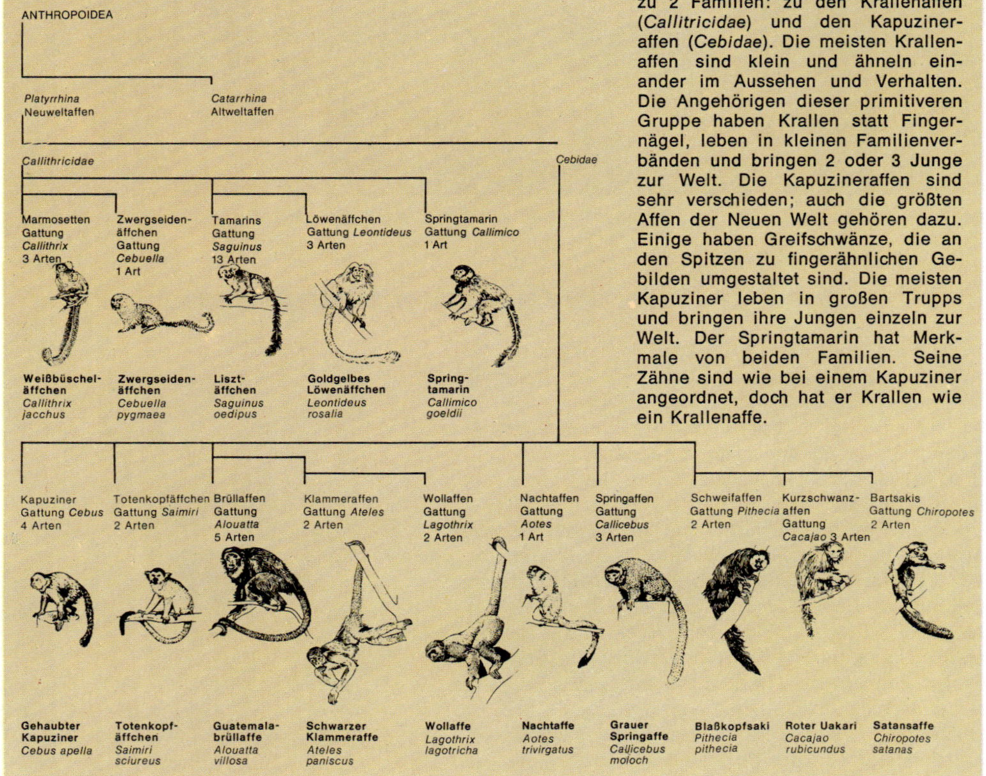

ANTHROPOIDEA
Platyrrhina Neuweltaffen
Catarrhina Altweltaffen
Callithricidae
Cebidae
Marmosetten Gattung Callithrix 3 Arten
Zwergseidenäffchen Gattung Cebuella 1 Art
Tamarins Gattung Saguinus 13 Arten
Löwenäffchen Gattung Leontideus 3 Arten
Springtamarin Gattung Callimico 1 Art
Weißbüscheläffchen Callithrix jacchus
Zwergseidenäffchen Cebuella pygmaea
Lisztäffchen Saguinus oedipus
Goldgelbes Löwenäffchen Leontideus rosalia
Springtamarin Callimico goeldii
Kapuziner Gattung Cebus 4 Arten
Totenkopfäffchen Gattung Saimiri 2 Arten
Brüllaffen Gattung Alouatta 5 Arten
Klammeraffen Gattung Ateles 2 Arten
Wollaffen Gattung Lagothrix 2 Arten
Nachtaffen Gattung Aotes 1 Art
Springaffen Gattung Callicebus 3 Arten
Schweifaffen Gattung Pithecia 2 Arten
Kurzschwanzaffen Gattung Cacajao 3 Arten
Bartsakis Gattung Chiropotes 2 Arten
Gehaubter Kapuziner Cebus apella
Totenkopfäffchen Saimiri sciureus
Guatemala-brüllaffe Alouatta villosa
Schwarzer Klammeraffe Ateles paniscus
Wollaffe Lagothrix lagotricha
Nachtaffe Aotes trivirgatus
Grauer Springaffe Callicebus moloch
Blaßkopfsaki Pithecia pithecia
Roter Uakari Cacajao rubicundus
Satansaffe Chiropotes satanas

Alle südamerikanischen Affen leben auf Bäumen in Wäldern. Und bei keinen haben sich die Schwänze so zurückgebildet wie bei den Pavianen und Makaken der Alten Welt, die auf dem Boden leben.

Die Krallenaffen – Marmosetten und Tamarins – sind die einzigen höheren Primaten, die an allen Fingern und Zehen statt Nägeln Krallen tragen. Behende wie Eichhörnchen klettern sie in den Bäumen herum. Dabei ergreifen sie nicht, wie andere Affen, mit Händen und Füßen die Zweige, sondern sie halten sich mit ihren langen Krallen in Rindenritzen fest. Ihre Körper sind schlank und geschmeidig, ihre Schwänze lang und nicht zum Greifen geeignet. Auf dem Boden laufen diese Tiere zumeist auf allen vieren.

Krallenaffen sind einander in ihrer Verhaltensweise und im Körperbau viel ähnlicher als die Kapuzineraffen. Die Weibchen bringen in der Regel mehrere Junge zur Welt, und die meisten Arten – es gibt 21 – leben in kleinen Familienverbänden.

Die Marmosetten der Gattung *Callithrix* sind, einschließlich des 30 cm langen Schwanzes, zumeist etwa 55 cm groß und besitzen lange untere Schneidezähne, mit denen sie ihr seidiges Fell putzen. Weißbüscheläffchen leben hoch oben in den Bäumen in Familienverbänden, die jeweils aus einem Paar und seinen Nachkommen bestehen. Sie fressen hauptsächlich Insekten, daneben aber auch Früchte und Blätter.

Das Männchen markiert sein Territorium durch Duftstoff aus seinen Skrotumdrüsen, den es an die Äste wischt. Benachbarte Männchen bedroht es, indem es den Rücken krümmt und die Ohrbüschel schnell hochstellt und senkt.

Um ein Weibchen wirbt das Männchen dadurch, das es mit gewölbtem Rücken herumläuft, rhythmisch schmatzt und seine Zunge herausstreckt. Die Partner lecken einander das Fell und treiben mit ihren unteren Schneidezähnen wechselseitig Hautpflege.

Gewöhnlich bringt das Weibchen Zwillinge zur Welt, manchmal auch Drillinge, gelegent-

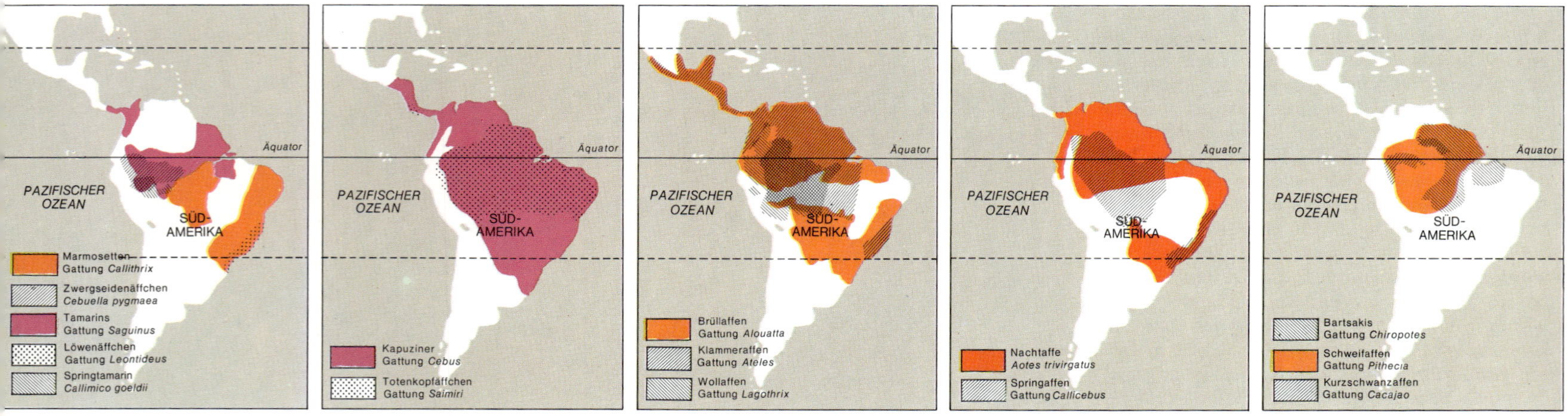

Äquator
PAZIFISCHER OZEAN
SÜD-AMERIKA
Marmosetten Gattung Callithrix
Zwergseidenäffchen Cebuella pygmaea
Tamarins Gattung Saguinus
Löwenäffchen Gattung Leontideus
Springtamarin Callimico goeldii
Kapuziner Gattung Cebus
Totenkopfäffchen Gattung Saimiri
Brüllaffen Gattung Alouatta
Klammeraffen Gattung Ateles
Wollaffen Gattung Lagothrix
Nachtaffe Aotes trivirgatus
Springaffen Gattung Callicebus
Bartsakis Gattung Chiropotes
Schweifaffen Gattung Pithecia
Kurzschwanzaffen Gattung Cacajao

Verbreitung der südamerikanischen Affen Im Gegensatz zu den Altweltaffen, zu denen eine Reihe am Boden lebender Arten gehören, sind alle Neuweltaffen Baumbewohner. Infolgedessen sind sie auf die tropischen Wälder beschränkt. Marmosetten (ganz links) haben viel kleinere Verbreitungsgebiete als einige von den anpassungsfähigeren Kapuzinern. Das am stärksten bevölkerte Gebiet – das gilt für die Zahl der Individuen wie für die der Arten – ist das Amazonasbecken.

lich nur ein Junges. Der Nachwuchs wird – wie auch beim Zwergseidenäffchen – vom Männchen herumgetragen und zum Säugen der Mutter übergeben.

Das Zwergseidenäffchen ist nur 14 cm groß, aber sein Schwanz erreicht eine Länge von 20 cm. Dieser kleinste Affe von allen hat keine Ohrbüschel; sein Kopfhaar wallt rückwärts und verbirgt die Ohren.

Löwenäffchen haben etwa 38 cm lange Körper und etwa ebenso lange Schwänze. Die Jungen werden einige Wochen vom Vater herumgetragen; sie verschwinden in seinem langen Fell ganz.

Die reizbaren und angriffslustigen Tamarins der Gattung *Saguinus* erkennt man leicht an dem weißen Fell, das viele Arten rund um das Maul haben, und am Fehlen langer Schneidezähne.

Der Rothandtamarin, *Saguinus midas,* lebt im Tal des unteren Amazonas. Am frühen Morgen sucht er in den niedrigeren Schichten der Bäume sein Futter. Später am Tage, wenn die Temperatur steigt, klettert er in den Schatten des hohen Laubdachs. Diese Affen springen bis zu 7,5 m weit durchs Geäst.

Rothandtamarins leben in Familienverbänden, die aus einem Paar und höchstens 4 Jungen bestehen. Jede Familie hat ein Territorium, das alle Mitglieder grell schreiend verteidigen.

Das Lisztäffchen besitzt gekerbte Ohren und trägt eine weiße Haarkrone auf dem Kopf; es ist etwas größer als die anderen Tamarinarten und kann ungeheuer weit springen. Wenn es in der Sonne ausruht, legt es sich mit dem Gesicht nach unten auf einen Ast und läßt Arme und Beine an jeder Seite herunterhängen.

Auch Perückenäffchen bilden Familientrupps, die aus Eltern und ihrem Nachwuchs bestehen; das erwachsene Weibchen verteidigt das Territorium. Die Tiere treiben mit ihren Zungen wechselseitig Hautpflege. Bei der Werbung geht die Aktivität vom Weibchen aus; es uriniert auf seinen Schwanz, parfümiert ihn mit Duftstoff aus einer Drüse am Schwanzgrund und bietet sich so dem Männchen an.

Beim völlig schwarzen Springtamarin umgibt, wie auch beim Löwenäffchen, eine Mähne langer Haare den Kopf. Dieses Tier gleicht den Kapuzinern – also der anderen Familie der Neuweltaffen – darin, daß es immer nur ein Junges auf einmal hat.

Die Jungen werden bis zu einem Alter von etwa 3 Wochen ausschließlich von der Mutter umhergetragen, anschließend nur vom Vater. In dieser Hinsicht haben die Springtamarine eine Übergangsstellung zwischen den Krallenaffen und den Kapuzinern inne.

Weißbüscheläffchen verbringen viel Zeit mit der Pflege ihres seidigen Fells.

Langes Fell Lisztäffchen sind größer als die meisten Tamarins: bis zu 23 cm ohne Schwanz. Ihr langes Fell läßt sie noch größer erscheinen, als sie sind.

Dieses Weißbüscheläffchen gehört zu einer schwarzohrigen Unterart. Es hat lange, scharfe Krallen.

Das Löwenäffchen (rechts) trägt seinen Namen nach der langen Mähne, die sein Gesicht umrahmt.

Kapuzinerartige Affen

Zu den Kapuzinerartigen Affen gehören einige der größten und lautesten südamerikanischen Affen, so die Brüllaffen, die man 5 km weit hören kann.

Die Familie der Kapuzinerartigen *(Cebidae)* umfaßt 24 südamerikanische Affenarten. Jede von ihnen hat eine besondere Lebensweise. Im allgemeinen sind diese Affen größer als die Krallenaffen; sie haben keine Krallen, sondern verhältnismäßig flache Finger- und Zehennägel, und sie bekommen jeweils nur ein Junges. Mehrere Arten besitzen einen Greifschwanz.

Springaffen wohnen vor allem in den Wäldern des Amazonasbeckens. Der Graue Springaffe, *Callicebus moloch*, hockt mit zusammengehaltenen Gliedmaßen auf einem Ast und läßt den Schwanz herabhängen. Die Männchen und Weibchen der Grauen Springaffen leben paarweise zusammen. Sie haben Territorien, die sie gegen andere Tiere ihrer Sippe verteidigen. Das einzige Junge wird meist vom Männchen herumgetragen.

Insektenfresser Das Totenkopfäffchen, *Saimiri sciureus*, hat eine Heuschrecke gefangen. Außer Insekten fressen diese Affen Blüten, Früchte und Nüsse.

Mutter und Kind Unmittelbar nach der Geburt klammert sich ein junger Kapuziner mit Händen und Füßen am Bauch seiner Mutter fest. Wenn er stark genug geworden ist, klettert er auf ihren Rücken. Hier sieht man Weißschulteraffen, *Cebus capucinus*, ihre Schwänze sind am Ende aufgerollt.

Greifschwanz Der Wollaffe gebraucht seinen Greifschwanz als fünftes Glied; er packt damit Äste, wenn er langsam von Baum zu Baum zieht.

Der Nachtaffe, *Aotes trivirgatus*, ist der einzige höhere Primate mit nächtlicher Lebensweise. Seine großen Augen und weißen Augenbrauen geben ihm ein eulenartiges Aussehen. Er hält sich zumeist etwa 30 m hoch in den Bäumen auf und frißt – in der Morgen- und Abenddämmerung – hauptsächlich Früchte und Insekten. Wie Graue Springaffen leben auch Nachtaffen paarweise. Die Männchen markieren ihre Territorien mit Urin, den sie auf Ästen verreiben, und vertreiben Eindringlinge durch Schläge.

Schweifaffen und Kurzschwanzaffen haben langes, grobes Haar, breite Nasen, lange Eckzähne und untere Schneidezähne. Der Zottelschweifaffe, *Pithecia monacha*, heißt auch Mönchsaffe, weil er eine Kapuze aus langen Haaren besitzt, die nach vorn über seine Schultern wallen. Der Satansaffe, *Chiropotes satanas*, und der Weißnasensaki, *Chiropotes albinasa*, haben buschige Bärte und Haar, das von einem Mittelscheitel aus auf beide Seiten des Gesichtes herabfällt. Die Schwänze aller Schweifaffen sind lang.

Das Scharlachgesicht, *Cacajao calvus*, hat einen kurzen Schwanz und einen zottigen Haarpelz, Gesicht und Kopf sind fast nackt.

Die Totenkopfäffchen haben weiße, totenkopfartige Gesichter mit schwarzen Hauben und Schnauzen. Ein Trupp kann bis zu 500 Affen umfassen.

Die größeren, stämmigeren Kapuziner haben ihren Namen nach den Kapuzinermönchen be-

Nachtaffe Der Mirikina oder Nachtaffe schläft tagsüber in einer Baumhöhle. In der Dämmerung kommt er heraus, um zu fressen.

Das totenkopfähnliche Aussehen des Scharlachgesichtes rührt daher, daß der Kopf nahezu haarlos ist. Unter der Haut befinden sich zudem keine Fettpolster.

Lebende Brücke Ein Klammeraffenweibchen bildet zwischen 2 Bäumen eine lebende Brücke: Den Ast auf der einen Seite ergreift es mit den Händen, den auf der anderen mit Füßen und Schwanz, und ein Kind klettert hinüber. Die Jungen brauchen die Mutter, bis sie 10 Monate alt sind.

Schwanz als zusätzliches Glied

Mehrere südamerikanische Affenarten haben Greifschwänze, mit denen sie Äste umfassen. Die Hände der Klammeraffen (rechts) sind daumenlos; mit ihnen können diese Tiere die Äste nur umklammern. Mit ihren Füßen und Schwänzen aber vermögen sie so gut zu greifen, daß sie sich mit großer Geschwindigkeit durch den Wald bewegen. Die Schwanzspitze des Wollaffen ist beweglich und auf der Unterseite haarlos (links). Der Brüllaffe kann mit seinem Schwanz wohl am festesten greifen. Er vermag sich damit im Sturz aufzufangen.

kommen. Der Gehaubte Kapuziner, *Cebus apella,* trägt auf seinem Kopf eine Haube aus hochstehenden Haaren. Bei 3 anderen Arten ist die „Kapuze" weniger ausgeprägt. Ihre Gruppen bestehen aus höchstens 50 Tieren und sind in den mittleren Schichten der Wälder zu Hause.

Wollaffen besitzen – wie die Kapuziner – Greifschwänze; doch sind diese bei ihnen an der Spitze unten nackt. Die gemeinste Art, *Lagothrix lagotricha,* lebt in großen Trupps in den Kronen der höchsten Bäume.

Klammeraffen sind mit den Wollaffen eng verwandt, aber viel schlanker als diese. Abgesehen von den Spinnenaffen, *Ateles arachnoides,* ist ihr Fell rauh. Klammeraffen haben keine Daumen, darum haken sie sich mit den 4 Fingern jeder Hand an den Ästen fest. Auf dem Boden können sie aufrecht gehen; im Geäst bewegen sie sich auf allen vieren fort, oder sie schwingen sich durch die Bäume und gebrauchen dabei ihre Greifschwänze als zusätzliche Gliedmaßen. Sie schlafen in Gruppen, die bis zu 100 Tiere umfassen; am Tage trennen sie sich zum Fressen und halten durch scharfe, bellende Laute Verbindung miteinander.

Der Schildknorpel im Kehlkopf der 5 Brüllaffenarten ist stark umgebildet; er läßt den Hals geschwollen erscheinen und stellt einen großen Stimmapparat dar. Deshalb können diese Affen ungeheuer laut brüllen. Sie leben in Trupps von ungefähr 20 Exemplaren. Meist bleiben die Brüllaffen in höherem Geäst. Wenn sie von einem Baum zum anderen überwechseln, halten sie sich mit den Händen fest, suchen mit ihren Schwänzen und Füßen auf der anderen Seite einen Halt und schwingen sich dann hinüber. Treffen 2 Trupps aufeinander, so kommt es zu einem Stimmenkampf. Eindringlinge, die anderen Arten angehören, werden mit einem Hagel von Ästen und Fäkalien empfangen.

Lauter Schreier Brüllaffen stoßen ihre dröhnenden Schreie aus, wenn sie auf konkurrierende Trupps stoßen und wenn sie Artgenossen zum Fressen rufen.

Pflanzenfressende Säugetiere

Riesennager Eine Gruppe von Capybaras sucht hier – in Gesellschaft von Störchen – im Schlamm eines Flußufers nach Wasserpflanzen und Gräsern. Die Füße sind mit kurzen Schwimmhäuten versehen und daher für ein Leben am und im Wasser gut geeignet. Die Capybaras sind die größten Nagetiere der Erde.

Zu den hochspezialisierten pflanzenfressenden Säugern in den Tropenwäldern der Neuen Welt gehören die Faultiere, die ihr Leben lang mit dem Kopf nach unten hängen.

Die tropischen Wälder Südamerikas bringen – wie auch die der Alten Welt – einen unerschöpflichen Vorrat an pflanzlicher Nahrung hervor, von der die verschiedensten pflanzenfressenden Tiere leben. Obwohl auf beiden Erdhälften ähnliche Umweltbedingungen herrschen, findet man hier wie dort kaum einmal die gleiche Art. Während zum Beispiel in den tropischen Wäldern Asiens Huftiere zu Hause sind, wird ihr Platz in der Neuen Welt weitgehend von pflanzenfressenden Nagetieren ausgefüllt. Und statt der echten Schweine leben hier Pekaris oder Nabelschweine.

Das größte Nagetier der Erde

Hörnchen, Ratten und Mäuse sind in den Wäldern Südamerikas zwar vertreten, aber die charakteristischen Nagetiere dieser Region gehören der Unterordnung der Meerschweinchenartigen an. Dazu zählt die Capybara (auch Wasserschwein genannt), die bis zu 100 Pfund wiegt und eine Gesamtlänge von 1,20 m erreicht. Sie lebt teilweise im Wasser und kann gut schwimmen. Gern hält sie sich lange Zeit halb untergetaucht in Sümpfen auf, oder sie frißt in der Nähe von Wasserläufen und Flüssen Pflanzen.

Wasserschweine sind weitgehend Nachttiere. Am Tage verstecken sie sich in schlammigen Löchern, wo sie vielleicht einen gewissen Schutz vor ihren Hauptfeinden, den Kaimans und Jaguaren, finden. Sie können hervorragend schwimmen und tauchen.

Acouchis, Pakas und Agutis sind viel kleiner. Diese Nagetiere leben ebenfalls nahe am Wasser; sie fressen aber Wurzeln, Beeren und Früchte. Die Paka läßt sich selten sehen; den Tag verbringt sie in einer Erdhöhle mit 2 Eingängen, die mit Laub zugestopft werden.

Weiterhin birgt der Wald eine Anzahl von Meerschweinchenarten der Gattung *Cavia.* Diese geselligen, grabenden Tiere sind etwa so groß wie Ratten; sie fressen nachts, und zwar pflanzliche Stoffe. Auf dem Waldboden können sie sich schnell bewegen – im Gegensatz zu den Greifstachlern, Baumstachelschweinen mit kurzen Stacheln und langen Greifschwänzen. Die Greifstachler leben ausschließlich auf den Bäumen und fressen Blätter, Stengel und Früchte.

Nahrungshamsterer Das Aguti ist ein langbeiniges Nagetier, das auf dem Waldboden lebt und in Verstecken Futter anhäuft.

Paka-Mutter und ihr Junges Pakas leben in Wassernähe und verbringen den Tag in Gängen am Flußufer. Nachts fressen sie Pflanzen aller Art. Die Weibchen haben 2 Paar Zitzen; selten bekommen sie aber mehr als ein Junges.

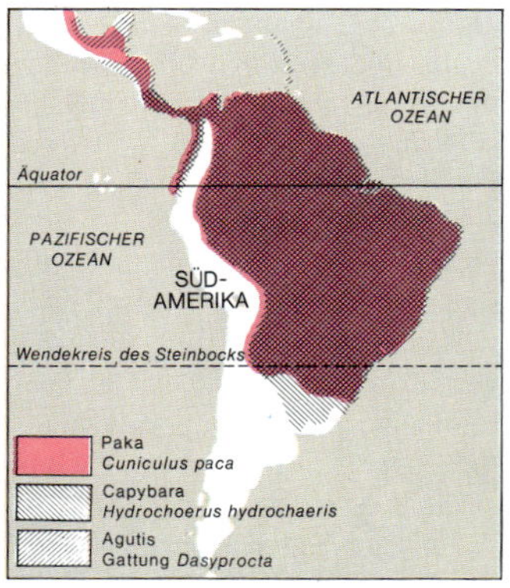
ATLANTISCHER OZEAN
Äquator
PAZIFISCHER OZEAN
SÜD-AMERIKA
Wendekreis des Steinbocks
Paka
Cuniculus paca
Capybara
Hydrochoerus hydrochaeris
Agutis
Gattung *Dasyprocta*

Die Nagetiere der Neuen Welt Diese Nager laufen, schwimmen und klettern gleichermaßen gut.

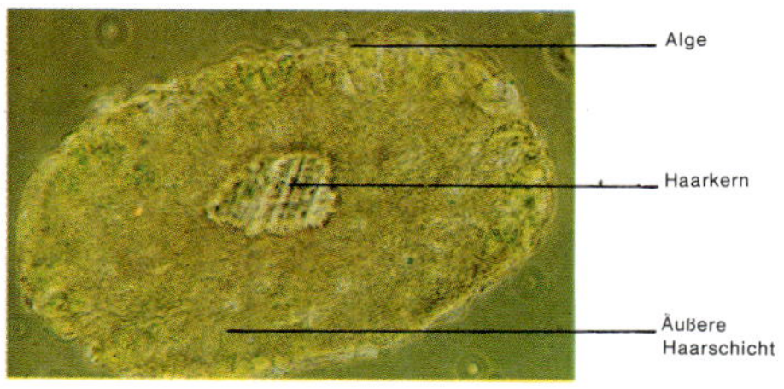
Alge
Haarkern
Äußere
Haarschicht

Pflanzen im Fell Die Alge *Tricophilus welcheri* wächst nur im Fell der Faultiere. Hier sieht man sie – rund um das Haar – im Querschnitt, 126fach vergrößert. Manchmal färbt sie das Fell der Tiere grün.

Immer mit dem Kopf nach unten

Unter allen Waldtieren in Südamerika halten Faultiere sich am meisten auf Bäumen auf; nur selten kommen sie auf den Boden herab. Einige von ihnen verbringen ihr ganzes Leben dort oben. Ständig, ob sie nun Blätter fressen, schlafen, sich paaren oder Junge bekommen, hängen Faultiere mit dem Kopf nach unten an einem Ast. Hakenähnliche Krallen an jedem Fuß dienen ihnen dabei als Aufhängevorrichtungen.

Wie auch Gürteltiere und Ameisenbären gehören Faultiere zur Säugetierordnung der *Edentata* (Zahnarme). Sie haben keine Schneide- und Eckzähne, doch sind ihre Backenzähne gut entwickelt, und die Tiere können damit Blätter und Früchte gut kauen.

Auch ihr Körperbau ist an das Leben mit dem Kopf nach unten angepaßt. Ihr Fell wächst entgegengesetzt wie das der meisten Säugetiere, so daß es nach unten weist, wenn das Faultier von einem Ast herabhängt; auf diese Weise kann der Regen besser ablaufen. Dank ihrer langen, starken Gliedmaßen können Faultiere ausgezeichnet klettern, allerdings nur mit einer Höchstgeschwindigkeit von wenig mehr als 1,5 km/st. Sie sind auch gute Schwimmer, haben jedoch größte Schwierigkeiten, wenn sie sich am Boden fortbewegen müssen; dort kriechen sie mit seitwärts gestreckten Gliedern mühsam dahin.

Die Körpertemperatur bleibt bei Faultieren nicht konstant – für ein Säugetier etwas Ungewöhnliches. Das ist wohl auch der Grund dafür, daß sie nur in den warmen, feuchten Tropenwäldern leben. Zweifinger-Faultiere haben die niedrigste und am stärksten schwankende Körpertemperatur von allen Säugetieren; sie liegt zwischen 24 und 33°. Die Temperatur der Dreifinger-Faultiere variiert weniger.

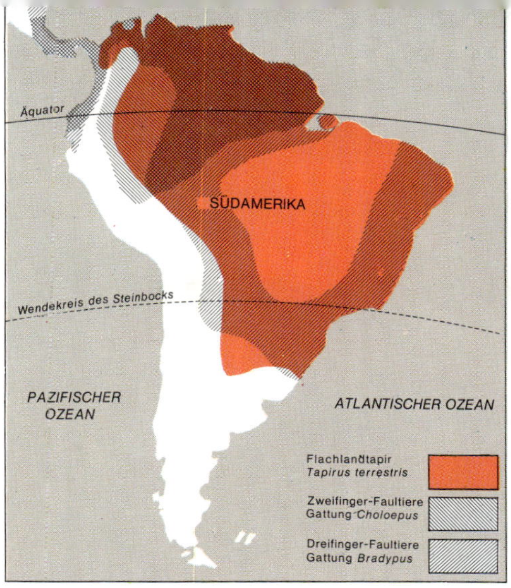
Äquator
SÜDAMERIKA
Wendekreis des Steinbocks
PAZIFISCHER OZEAN
ATLANTISCHER OZEAN
Flachlandtapir
Tapirus terrestris
Zweifinger-Faultiere
Gattung Choloepus
Dreifinger-Faultiere
Gattung Bradypus

Die größten Pflanzenfresser Faultiere und Pekaris leben nur in Süd- und Mittelamerika, während es Tapire und nahe Verwandte der Pekaris auch anderswo gibt.

Sicher angeklammert Ein junges Dreifinger-Faultier, *Bradypus infuscatus*, hält sich an seiner Mutter fest. Diese Art ernährt sich fast nur von Blättern und Früchten der *Cecropia*-Bäume.

Kopf nach unten Gleich nach der Geburt klammert sich das Faultierjunge instinktiv am Bauch der Mutter an. Zweifinger-Faultiere haben eine ungewöhnlich lange Tragezeit: etwa 9 Monate.

Schweine, die in führerlosen Herden umherziehen

Pekaris gehören zur Familie der *Tayassuidae* in der Ordnung der Paarhufer; sie sind mit den altweltlichen Schweinen in Eurasien und Afrika verwandt. Es gibt 2 Arten: das Weißbartpekari, *Tayassu pecari,* in den Wäldern Südamerikas und das Halsbandpekari, *Tayassu tajacu,* das im allgemeinen offeneres Land bevorzugt. Weißbartpekaris ziehen, offenbar führerlos, in Herden bis zu 100 Tieren umher und graben Knollen und Zwiebeln aus. Sie sind mit 7,5 cm langen Hauern bewehrt. Die wirksamste Verteidigungsmöglichkeit der Pekaris liegt jedoch in der Stärke der Herde, die sich geschlossen jedem Angreifer entgegenstellt.

Pekaris haben eine Duftdrüse auf dem Rücken. Mitglieder einer Herde reiben sich wechselseitig an diesen Stellen und nehmen so alle den gleichen Geruch an.

Südamerikanische Tapire leben in der Nähe von Flüssen und Seen im Wald. Sie können gut schwimmen und fressen mit Vorliebe Wasserpflanzen. Nur 2 Tiere machen auf die einzeln lebenden, scheuen Tapire Jagd: die Jaguare an Land und die Kaimane im Wasser, wo sie hauptsächlich Jungtiere angreifen.

Fleischfresser

In den Wäldern Südamerikas gibt es viele Raubtiere – vom Jaguar, der große Säugetiere jagt, bis zum Schlankbären, der Früchte, Insekten und Vögel frißt.

Der Schlankbär stammt wie der mit ihm verwandte Wickelbär von fleischfressenden Ahnen ab. Er frißt Früchte und junge Triebe, manchmal auch Insekten.

Ein fünftes Glied Den kräftigen Greifschwanz, der genauso lang ist wie der Körper, gebraucht der Wickelbär als fünftes Glied. Dieses nächtlich lebende Geschöpf ernährt sich weitgehend von Pflanzen, frißt aber nebenher auch Kleintiere. Überdies hat der Wickelbär eine besondere Vorliebe für Honig.

Familiengruppe Dieses Weibchen und seine Jungen gehören zu der Nasenbärart *Nasua narica*, die von Südamerika bis in die südlichen USA verbreitet ist.

NORDAMERIKA
ATLANTISCHER OZEAN
PAZIFISCHER OZEAN
Äquator
SÜDAMERIKA
Tayra
Eira barbara
Nasenbären
Gattung Nasua
Wickelbär
Potos flavus

Wickelbären und Tayras leben auf Bäumen und sind auf die Wälder beschränkt. Nasenbären, die auch auf den Boden kommen, sind weiter verbreitet.

Der Tayra kann schnell laufen und behende klettern. Oft springt er von Ast zu Ast. Er ist ein Nachttier, bleibt aber bis in den Vormittag hinein aktiv.

Raubtiere, die in den Bäumen jagen

4 Familien aus der Ordnung der *Carnivora* (Raubtiere) sind in den Wäldern Südamerikas vertreten: Waschbären, Marder, Hunde und Katzen. Einige von ihnen jagen auf dem Waldboden; viele können aber gut klettern und holen sich ihre Beute auf den Bäumen.

Zur Familie der Waschbären gehören der Nasenbär, der Wickelbär, der Schlankbär (Gattung *Bassaricyon*) und der Krabbenwaschbär, *Procyon cancrivorus,* ein naher Verwandter des nordamerikanischen Waschbären.

Die Nasenbären besitzen lange Ringelschwänze. Sie sind schlank und haben eine Kopf-Rumpf-Länge von etwa 60 cm. Ihre Nahrung besteht sowohl aus tierischer als auch aus pflanzlicher Kost; in Ritzen und Spalten suchen sie mit ihren langen Spürnasen nach etwas Eßbarem. Tagsüber stöbern die Nasenbären meistens am Boden herum, wobei sie ständig durch hohe Laute miteinander Verbindung halten. Nachts schlafen sie auf den Bäumen.

Weibchen und Junge ziehen in Trupps von 5 bis 12 Tieren herum. Erwachsene Männchen hingegen sind Einzelgänger; nur in der Fortpflanzungszeit schließen sie sich einem Weibchentrupp an. In diesem ist das Männchen den Weibchen dann untergeordnet, doch treibt es andere erwachsene Männchen fort.

Für Wickelbären und Schlankbären sind lange Körper und kurze Gliedmaßen kennzeichnend. Einschließlich ihrer langen Schwänze messen diese Tiere etwa 90 cm. Wickelbären haben kurzhaarige, spitz zulaufende Greifschwänze, an denen sie sich herabbaumeln lassen können. Die etwas buschigeren Schwänze der Schlankbären eignen sich nicht zum Greifen. Sowohl Wickel- als auch Schlankbären verbringen die meiste Zeit ihres Lebens auf den Bäumen. Sie sind Nachttiere und schlafen am Tage in Baumhöhlen und ähnlichen Schlupfwinkeln. Beide sind weitgehend zu Vegetariern geworden und ernähren sich hauptsächlich von Früchten und Schößlingen, doch fressen sie auch Insekten. Die Wickelbären fangen nebenher Vögel, die Schlankbären Vögel und Kleinsäuger.

Die Familie der Marder ist in Südamerika durch die Tayras vertreten. Diese sind schlank und werden, den Schwanz eingerechnet, etwa 1,20 m lang. Tayras entsprechen den Mardern Europas und Nordamerikas; sie sind sehr wild. Manchmal töten sie sogar Hirsche; gewöhnlich besteht ihre Beute aber aus Nagern, Vögeln und Insekten.

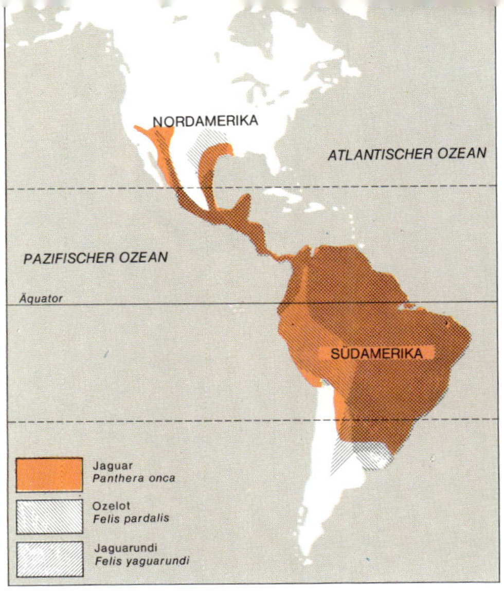
NORDAMERIKA
ATLANTISCHER OZEAN
PAZIFISCHER OZEAN
Äquator
SÜDAMERIKA
Jaguar
Panthera onca
Ozelot
Felis pardalis
Jaguarundi
Felis yaguarundi

Reich des Jaguars Den Jaguar weist sein geflecktes Fell als typisches Waldtier aus, doch findet man ihn manchmal auch in den Pampas.

Eine Schlange wird erlegt Der Jaguarundi jagt alle möglichen Tiere am Boden und auf den Bäumen, von Affen und Nagetieren bis zu Vögeln und Reptilien. Diese kräftige Katze klettert flink und schwimmt gut. Trotz ihres Namens ähnelt sie dem Jaguar kaum und ist mit ihm auch nicht näher verwandt.

Obwohl die Familie der Hunde für offenes Gelände charakteristisch ist, leben ein paar Arten auch im Wald, unter anderem mehrere Füchse. Der häufigste von diesen ist der sogenannte Krabbenfresserhund, *Cerdocyon thous*. Trotz seines Namens bilden Krabben nur einen geringen Teil seiner Nahrung, die hauptsächlich aus Nagetieren, Insekten und Früchten besteht.

Der Buschhund, *Speothos venaticus*, ist etwa 60 cm lang; er hat einen wurstförmigen Körper und kurze Beine. Dieser Hund jagt in Meuten große Nagetiere und kleine Waldhirsche.

Große und kleine Katzen

Auch einige Mitglieder der Katzenfamilie jagen in den Wäldern Südamerikas. Von den kleineren Arten findet man 2 gefleckte Katzen, die Zwergtigerkatzen *Felis weidi* und *Felis tigrina*, häufiger in den Wäldern als den ähnlich gezeichneten Ozelot, der offeneres Waldland bevorzugt. Alle 3 sind goldgelb, unten weiß, zudem dunkel gefleckt. Sie klettern ausgezeichnet, jagen aber auch auf dem Boden Kleinsäuger und Vögel.

Größer und kräftiger als diese 3 sind Jaguarundis, langschwänzige, oft mehr als 1,20 m große Raubkatzen, deren Fell keine Flecken aufweist. Sie sind schwarz, dunkelgrau oder kastanienbraun gefärbt. Jaguarundis machen Jagd auf Vögel, Affen, Kleinsäuger, Lurche und Kriechtiere.

Die größte Katze der Neuen Welt und zugleich das größte Raubtier im Wald ist der Jaguar. Er sieht etwa wie ein schwerer, kurzbeiniger Leopard aus, aber die Fleckenrosetten auf seinem Fell haben im Gegensatz zu denen des Leoparden noch Zentralflecken.

Jaguare erklimmen zwar Bäume, aber die ausgewachsenen Tiere sind zu schwer, um wirklich geschickte Kletterer zu sein; sie können gut über 200 Pfund wiegen und eine Gesamtlänge von etwa 2,5 m erreichen. Nach dem Löwen und dem Tiger ist der Jaguar die drittschwerste Katze. Er kann ausgezeichnet laufen. Gewöhnlich macht er Jagd auf Waldtiere – auf Hirsche, Agutis und vor allem Pekaris oder Nabelschweine.

Die Männchen und Weibchen kommen nur in der Paarungszeit zusammen. Schwarze Jaguare leben im dichten, feuchten Wald – so wie man schwarze Leoparden in den feuchteren Teilen der tropischen Wälder Asiens findet.

Kühlendes Bad Ein schwarzer Jaguar und ein lebhaft gefärbter Gefährte ruhen in einem Waldfluß. Jaguare können gut schwimmen. Oft lauern sie an Flüssen Tieren auf, die zum Trinken kommen.

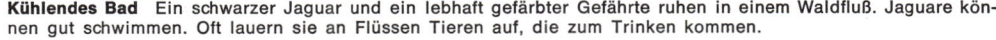

Die Zwergtigerkatze ist ein scheues Tier, und über ihr Verhalten weiß man wenig. Ihre großen Augen sind ihr wohl bei der nächtlichen Jagd nützlich.

Der Ozelot hält sich gern auf Bäumen auf, jagt aber zumeist auf dem Waldboden. Er lauert seiner Beute nicht auf wie die meisten Katzen, sondern hetzt sie.

Vögel der Neuen Welt

Einer der seltsamsten Vögel Südamerikas ist der Hoatzin. Sein Lebenszyklus wiederholt in gedrängter Form die Entwicklung der Vögel aus den Reptilien.

70 Millionen Jahre lang war Südamerika ein völlig isolierter Kontinent. Die meisten Vögel dort haben sich auch dann nicht weit verbreitet, als vor 2 bis 3 Millionen Jahren eine Verbindung zwischen Nord- und Südamerika entstand. In Amerika gibt es daher einige ganz besondere Vogelgruppen: Kolibris, Tukane, Kotingas, Schnurrvögel, Tangaren, Baumsteiger, Ameisenvögel und Tyrannen; sie sind vorwiegend Waldbewohner.

Einer der merkwürdigsten Vögel Südamerikas ist der Hoatzin. Die Jungen tragen an ihren Flügeln kleine Krallen – ein Beweis dafür, daß ihre frühen Vorfahren Reptilien waren. Mit diesen Krallen können sie in den Bäumen ihres Lebensraumes – Wäldern an Flüssen – herumklettern. Ameisenvögel sind Bodenvögel der südamerikanischen Wälder. Sie ernähren sich hauptsächlich von Insekten. Einige von ihnen folgen den Ameisenzügen und fressen entweder die Ameisen oder die Insekten, die von ihnen aufgescheucht werden.

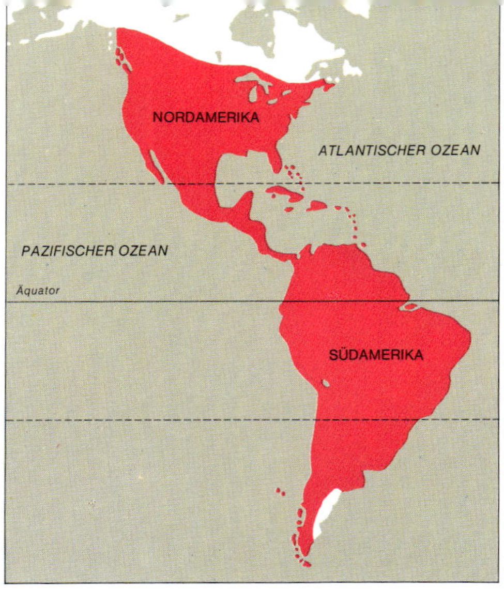
NORDAMERIKA
ATLANTISCHER OZEAN
PAZIFISCHER OZEAN
Äquator
SÜDAMERIKA

Die Familie der Kolibris Alle Kolibris – es gibt etwa 300 Arten – leben in Amerika, die meisten in Südamerika. Der Fuchskolibri, *Selasphorus rufus,* fliegt nordwärts bis nach Alaska.

Im Fluge trinkend Ein grüner Kolibri, *Lafresnaya lafresnayi,* schwebt vor einer Blüte und saugt daraus Nektar. Wenn Kolibris die Blüten verlassen, fliegen sie oft rückwärts – das kann kein anderer Vogel.

Insektenfresser und Nektartrinker

Baumsteiger findet man in den unteren Vegetationsschichten des Waldes; manche sind so groß wie Krähen. Sie haben lange Krallen, mit deren Hilfe sie an den Stämmen klettern, und steife Schwanzfedern, auf die sie sich stützen, wenn sie in Rindenritzen nach Insekten suchen.

Die meisten Trogons und die mit ihnen engverwandten Glanzvögel und Faulvögel leben hoch oben im Geäst und kommen von dort herausgeschossen, um vorbeifliegende Insekten zu fangen.

Zu den am lebhaftesten gefärbten Vögeln in den Baumkronen gehören die hochspezialisierten Kolibris. Es gibt etwa 300 Arten, die fast alle auf Südamerika beschränkt sind. Einer von ihnen ist der kleinste Vogel der Welt: der Mellisuga, *Mellisuga helenae.* Er wiegt weniger als 2 g und mißt von der Schnabelspitze bis zum Schwanzende nur 5 cm.

Das eindrucksvollste Kennzeichen der Kolibris ist ihre Fähigkeit, auf der Stelle zu fliegen, wenn sie Nektar aus den Blüten saugen. Ihre Flügel drehen sich in den Schultergelenken, so daß der Vogel in der Luft auch senkrecht stehen kann. Diese Art des Fliegens kostet das Tier viel Energie; zudem sind die meisten Kolibris so klein, daß sie rasch Energie in Form von Wärme verlieren. Dies gleichen sie dadurch aus, daß sie außer Insekten den ganzen Tag über fast ununterbrochen Nektar zu sich nehmen – eine sehr energiereiche Nahrung. Um die Nacht ohne Nahrungsaufnahme zu überstehen, können Kolibris erstarren; ihre Körpertemperatur fällt dann, und Energie wird eingespart. Dieser Vorgang ist dem der Überwinterung vergleichbar.

Flügel, die sich drehen Ein Luziferkolibri, *Calothorax lucifer,* steht in der Luft still, wobei seine Flügel sich in den Gelenken drehen und in einer Sekunde mehr als achtzigmal schlagen.

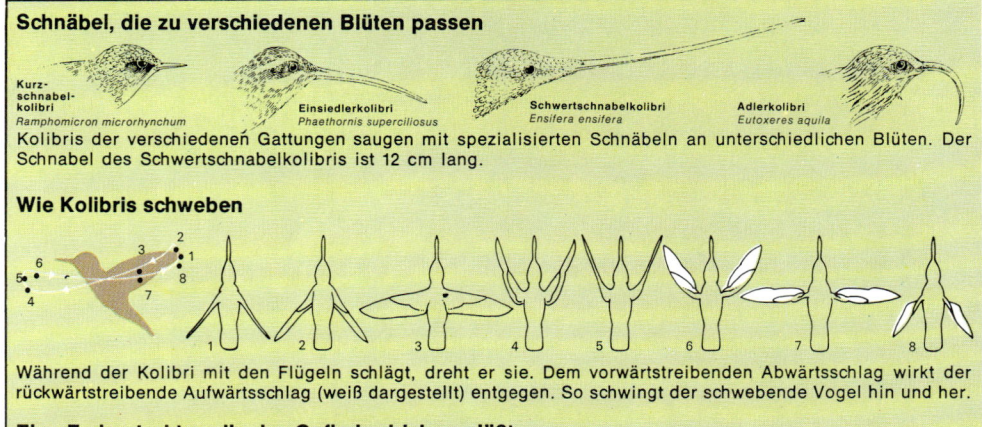

Schnäbel, die zu verschiedenen Blüten passen

Kurzschnabelkolibri
Ramphomicron microrhynchum
Einsiedlerkolibri
Phaethornis superciliosus
Schwertschnabelkolibri
Ensifera ensifera
Adlerkolibri
Eutoxeres aquila

Kolibris der verschiedenen Gattungen saugen mit spezialisierten Schnäbeln an unterschiedlichen Blüten. Der Schnabel des Schwertschnabelkolibris ist 12 cm lang.

Wie Kolibris schweben

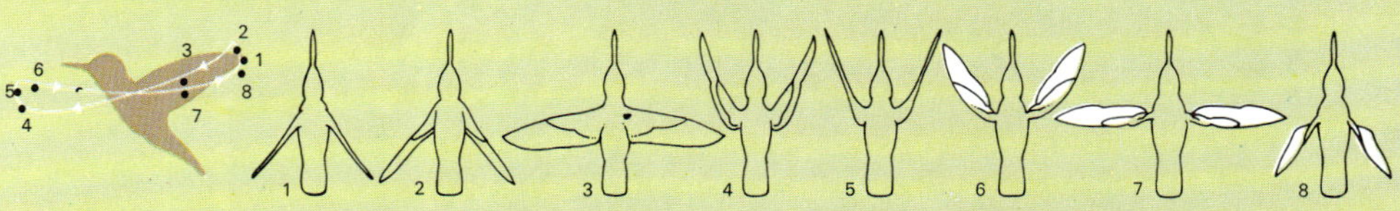
1
2
3
4
5
6
7
8

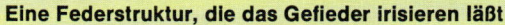

Während der Kolibri mit den Flügeln schlägt, dreht er sie. Dem vorwärtstreibenden Abwärtsschlag wirkt der rückwärtstreibende Aufwärtsschlag (weiß dargestellt) entgegen. So schwingt der schwebende Vogel hin und her.

Eine Federstruktur, die das Gefieder irisieren läßt

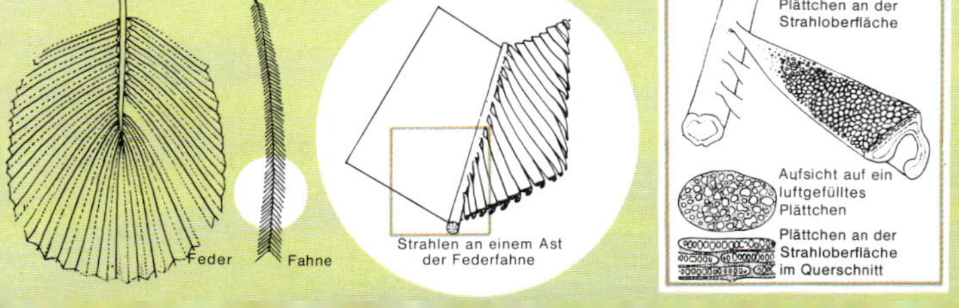
Feder
Fahne
Strahlen an einem Ast der Federfahne
Plättchen an der Strahloberfläche
Aufsicht auf ein luftgefülltes Plättchen
Plättchen an der Strahloberfläche im Querschnitt

Das Schillern der Kolibrifedern wird durch winzige luftgefüllte Plättchen an der Oberfläche der Strahlen hervorgerufen. Die verschiedenen Farbtöne entstehen, wenn reflektierte Lichtstrahlen sich überlagern. Zudem filtern die Plättchen aus dem sichtbaren Spektrum Teile heraus.

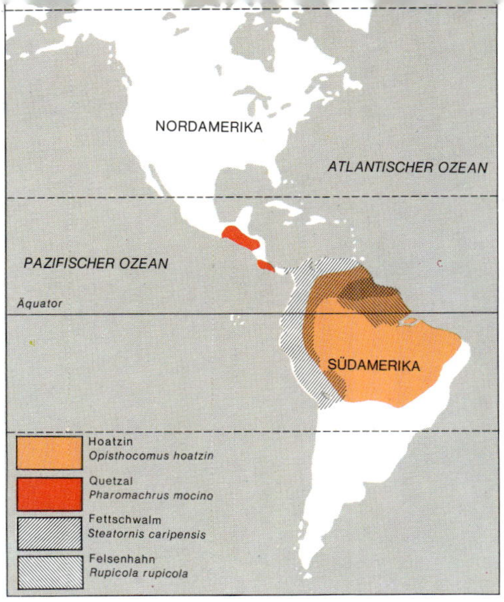
NORDAMERIKA
ATLANTISCHER OZEAN
PAZIFISCHER OZEAN
Äquator
SÜDAMERIKA
Hoatzin
Opisthocomus hoatzin
Quetzal
Pharomachrus mocino
Fettschwalm
Steatornis caripensis
Felsenhahn
Rupicola rupicola

Ortstreue Vögel Diese 4 Arten im Regenwald, die sich während der früheren Isolation Südamerikas entwickelten, haben sich nicht weiter ausgebreitet, seit Nord- und Südamerika verbunden sind.

Ein „Helm", der einen Partner anlockt Der Schnabel des Felsenhahnmännchens ist in einem helmähnlichen Kamm verborgen. Dieser Vogel steht regungslos in seiner Balzarena, um das Weibchen anzulocken.

Navigation nach Tönen und Gerüchen Fettschwalme bauen ihre Nester auf Simsen in Höhlen. Wenn sie im Dunkeln fliegen, bedienen sie sich der Echopeilung. Früchte suchen sie mit Hilfe ihres Geruchssinnes.

Auch einige Zuckervögel saugen Nektar. Andererseits leben zahlreiche Vogelfamilien von den Früchten und Samen, die der Wald das ganze Jahr über anbietet; dazu gehören Tukane, Aras und Papageien, deren Schnäbel ihrer Nahrung in besonderer Weise angepaßt sind. Tukane haben lange, dicke, bunte Schnäbel, mit denen sie durch das Blattwerk stoßen können, um an Früchte heranzukommen; sie fressen aber auch kleine Tiere. Papageien und Aras, die zur gleichen Familie gehören, knacken mit ihren starken Schnäbeln Nüsse. Tukane sieht man nur in Paaren oder kleinen Familiengruppen; Papageien und Aras hingegen fressen oft in großen Schwärmen.

Kotingas und die nahe verwandten Schnurrvögel ernähren sich ebenfalls von Früchten und Samen. Einige Kotingas sind so groß wie Krähen, viele Schnurrvögel kleiner als Sperlinge. Die Männchen beider Familien sind gewöhnlich lebhaft gefärbt.

Schnurrvögel findet man in allen Schichten des Waldes, Kotingas hauptsächlich oben im Blätterdach. Der Felsenhahn – ein Kotinga – geht jedoch, wie auch viele Schnurrvögel, zur Balz auf den Boden. Einige Hähne säubern dann eine Arena und posieren – im Gegensatz zu den vollendeten Tänzen der Schnurrvögel – minutenlang völlig ruhig vor dem Weibchen.

Es gibt fast 600 Arten von Tyrannen, Tangaren und Pirolen, die im tropischen Wald von Früchten und Insekten leben. Die größte Gruppe sind die Pirole, von denen manche im Geäst 1,80 m tiefe Hängenester bauen.

Bodenvögel, die ungeschickt fliegen

Die meisten größeren Waldvögel gehören zur Ordnung der Hühnervögel; sie leben und nisten in den Baumwipfeln. Der Boden ist dagegen die Heimat der Steißhühner, die nur sehr wenig fliegen. Sie bilden eine eigene Ordnung und sind wahrscheinlich mit dem straußenähnlichen Nandu der südamerikanischen Grasländer verwandt.

Einige Steißhühner sind polygam; mehrere Hennen legen ihre Eier in das gleiche Nest und überlassen dem Männchen das Ausbrüten, während sie das Nest eines anderen Männchens aufsuchen, um dort weitere Eier zu legen.

Über den Bäumen fliegt der Truthahngeier, *Cathartes aura*, und hält Ausschau nach Aas auf dem Waldboden. In der Dämmerung verlassen die Fettschwalme in großen Scharen ihre Plätze in einer Höhle und suchen nach reifen Früchten, die sie mit ihrem hakenförmigen Schnabel im Flug von den Bäumen reißen.

Der größte und wildeste Vogel ganz oben in den Bäumen ist die Harpyie, *Harpia harpyja*. Sie stößt durch die Äste herab und macht Jagd auf Affen und Faultiere.

Nahrungsaufnahme im Flug Der seltene Quetzal steht mit seinem bunten Gefieder den Paradiesvögeln kaum nach. Das Männchen ist besonders prächtig; die Deckfedern seines Schwanzes werden manchmal fast 1 m lang. Quetzals suchen ihr Futter hoch in den Bäumen der Bergwälder; dabei flattern sie in senkrechter Haltung vor Blättern oder Ästen, wenn sie dort Insekten aufpicken oder an Früchten fressen.

Flügel mit Krallen Der Hoatzin weist Besonderheiten auf, die denen des fossilen *Archaeopteryx* gleichen, des ältesten bekannten Vogels. Die Krallen an den Flügeln (oben) ähneln denen an den Zehen seiner Reptilienahnen. Beim jungen Hoatzin sind sie gut entwickelt; nach ein paar Wochen aber werden sie zurückgebildet. Die Küken benutzen diese Haken, um damit bei Gefahr in den Bäumen herumzuklettern. Wenn sie verfolgt werden, können sie auch tauchen und schwimmen.

Reptilien und Amphibien

Auf der Lauer Die Hundskopfboa, *Corallus caninus*, hat ihren Körper auf einem Ast aufgerollt und wartet so auf Beute. Aus dieser charakteristischen Haltung heraus kann sie schnell zustoßen.

Die Abgottschlange, *Boa constrictor*, jagt weitgehend Kleinsäuger, vor allem Nagetiere. Sie erdrückt ihre Opfer in den Windungen ihres Körpers.

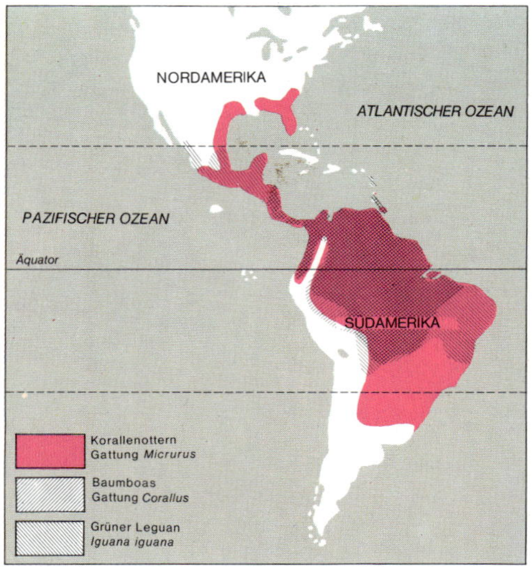
NORDAMERIKA
ATLANTISCHER OZEAN
PAZIFISCHER OZEAN
Äquator
SÜDAMERIKA
Korallenottern Gattung Micrurus
Baumboas Gattung Corallus
Grüner Leguan Iguana iguana

Verbreitung der Reptilien Zu den etwa 40 *Micrurus*-Arten kommt noch eine kleinere Korallenotter, *Micruroides euryxanthus*, hinzu, die in Arizona lebt.

Eine Hundskopfboa hat, an ihrem Greifschwanz hängend, eine blaue Tangare gefangen. Boas sind normalerweise träge, stoßen aber blitzschnell zu.

Viele Baumfrösche des Regenwaldes kommen kaum je mit Wasser am Boden in Berührung. Manche legen ihre Eier in eine Hauttasche und ziehen darin auch die Jungen auf.

Die Regenwälder Südamerikas bieten – wie auch die in anderen Teilen der Erde – zahlreichen Reptilien ideale Lebensbedingungen. Zu den ungewöhnlichsten und rätselhaftesten Schlangen gehören die Korallenottern und ihre Nachahmer. Alle Arten – es sind nahezu 80 – tragen auffällige Farbbänder, gewöhnlich Kombinationen von Schwarz, Rot und Gelb oder Weiß.

Die echten Korallenottern sind durch 2 Gattungen vertreten: *Micruroides* mit nur einer Art – *Micruroides euryxanthus* – und *Micrurus* mit etwa 40 Arten. Die zuletzt genannten leben in der Streu des Waldbodens und jagen dort andere Schlangen. Das Gift einiger Arten ist äußerst gefährlich, und es hat den Anschein, als haben sich die leuchtenden Farben entwickelt, um Räuber zu warnen.

Seite an Seite mit den echten Korallenottern leben viele Arten falscher Korallenschlangen, die ähnliche Farbmuster aufweisen. Einige von ihnen, wie die Gattungen *Rhinobothryum, Erythrolamprus* und *Pseudoboa*, sind schwach giftig, andere, wie die Gattung *Simophis,* völlig harmlos.

Die Frage, welche Schlange das Vorbild und welche die Nachahmerin ist, hat zu vielen Theorien geführt. Nach neueren Ansichten sind die schwach giftigen die „Modelle“, an denen die Räuber lernten, alle Korallenschlangen zu meiden, die echten wie die falschen. Denn ein Räuber, der sich an einer sehr giftigen Schlange vergreift, wird getötet und kann nichts lernen; andererseits muß ein erfolgreicher Angriff auf den harmlosen Typ den Räuber ermuntern, weiterhin solche Schlangen zu jagen. Ein Angriff auf den schwach giftigen Typ aber hat einen abschreckenden Biß des Gegners zur Folge.

Eine weitere große Giftschlangengruppe in den Regenwäldern der Neuen Welt sind die Lanzenottern – Grubenottern der Gattung *Bothrops.* Einige 50 Arten haben sich entweder an das Leben am Boden oder an das in den Bäumen angepaßt. Eine von ihnen, die eigentliche Lanzenotter, *Bothrops atrox*, lebt am Boden; sie wird 1,80 m lang oder noch länger sogar und hat schon so manches Menschenleben gefordert.

Die größte Giftschlange Südamerikas ist der Buschmeister, *Lachesis muta,* der eine Länge von 4 m erreicht. Dieses Tier findet man nur in den Tropen; es bewohnt bewaldete Berghänge und wird nachts aktiv, wenn kühle Luft in die Täler hinabsinkt.

Riesige Pflanzenfresser Der Grüne Leguan verteidigt sich mit Hieben seines Schwanzes, der etwa zwei Drittel der Gesamtlänge des Tieres (2,10 m) ausmacht. Im Gegensatz zu den meisten Echsen frißt der Grüne Leguan vorwiegend Pflanzen. Er ist ein starker, tagsüber aktiver Kletterer und kann besser sehen als riechen.

Die zahlreichsten Echsen der Neuen Welt stellt die Familie der Leguane (*Iguanidae*). Diese Tiere haben sich an die meisten Lebensräume des Landes angepaßt. Eine Art, die Meerechse der Galapagos-Inseln, geht zur Nahrungssuche ins Meer, und in den Regenwäldern gibt es auch Arten, die auf dem Boden und auf Bäumen leben. Sie alle sind Tagtiere und können gut sehen; im Zusammenhang damit haben sich bei ihnen zum Imponieren und für die Werbung Farben, Kämme und Krausen entwickelt. Zu den Baumleguanen gehören die Anolis-Arten, denen haarige Haftpolster an den Zehen beim Klettern zustatten kommen. Teju-Echsen (Familie *Teiidae*) leben auf dem Boden. Bei vielen haben sich die Gliedmaßen zurückgebildet.

Farbe und Stimmung Hormone lösen bei dem Anolis während der Balz und bei Erregung einen Farbwechsel aus; Temperaturänderungen bewirken oft das gleiche.

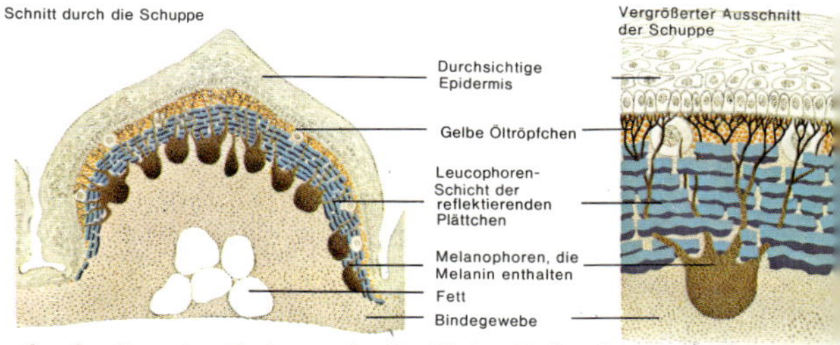
Schnitt durch die Schuppe
Vergrößerter Ausschnitt der Schuppe
Durchsichtige Epidermis
Gelbe Öltröpfchen
Leucophoren-Schicht der reflektierenden Plättchen
Melanophoren, die Melanin enthalten
Fett
Bindegewebe

Wie der Anolis seine Farbe wechselt Einige Zellen in den Schuppen des Grünen Anolis enthalten Melanin, einen dunklen Farbstoff. Befindet dieser sich im Zentrum der Zelle, wird das Licht von anderen Zellen zurückgeworfen; es geht durch gelbe Öltröpfchen hindurch, und die Echse erscheint gelb. Unter dem Einfluß von Hormonen oder Temperaturänderungen dehnt sich das Melanin aus und deckt das Öl ab. Dementsprechend sieht der Anolis dann grün oder dunkel aus.

Frösche mit tödlichem Gift auf der Haut

Frösche der *Dendrobatinae*-Gruppe scheiden auf ihrer Haut zur Verteidigung ein Gift aus, das lähmend wirken und sogar tödlich sein kann. Gleichzeitig warnen sie durch lebhafte Farben die Raubtiere.

Im allgemeinen legen Amphibien ihre Eier in stehende Gewässer; darin machen dann die jungen Frösche ihr Kaulquappenstadium durch. Viele südamerikanische Kröten und Frösche des Waldes haben aber andere Fortpflanzungsmethoden entwickelt. Einige Baumfrösche aus der Familie *Hylidae* legen ihre Eier in wassergefüllte Baumlöcher. Beutelfroschweibchen der Gattung *Gastrotheca* tragen die Eier in einer Hauttasche auf dem Rücken. Und Laubfrösche der Gattung *Phyllomedusa* legen Eier in Nester, die über einer Wasserfläche hängen. Dazu leimen sie Blätter mit Eigallerte zusammen. Wenn die erste Kaulquappe schlüpft, fällt das ganze Gebilde zusammen und stürzt ins Wasser. Dieser Vorgang wird wohl durch einen chemischen Stoff ausgelöst, den die Kaulquappe erzeugt.

Pfeiffrösche, Gattung *Leptodactylus*, fertigen Schaumflöße an, die auf dem Wasser treiben. Einige auf dem Boden lebende Frösche legen dagegen ihre Eier in feuchte Erde oder Waldstreu ab. Ihre Jungen kommen als voll ausgebildete Frösche aus den Eiern.

Gattung *Phyllobates*

Gattung *Dendrobates*

Gattung *Phyllomedusa*

Gattung *Gastrotheca*

Zahllose Frösche Die Regenwälder der Neuen Welt beherbergen unzählige Frösche. Einige Gattungen, wie *Phyllobates* und die leuchtend gefärbte *Dendrobates*, scheiden in dem Schleim, der ihre Haut bedeckt, ein lähmendes Gift ab. Raubtiere meiden diese nur 2,5—5 cm großen Frösche; Indianer hingegen suchen sie, da sie das Gift für ihre Pfeilspitzen gebrauchen. Das *Dendrobates*-Weibchen legt etwa 20 Eier auf die Haut des Männchens; die Kaulquappen klammern sich am Rücken des Männchens fest, bis sie ein fortgeschrittenes Entwicklungsstadium erreicht haben. Beutelfroschweibchen der Gattung *Gastrotheca* tragen die Eier in einer Hauttasche auf dem Rücken, während das *Phyllomedusa*-Weibchen Eier in ein Laubnest legt, das über dem Wasser hängt.

Verborgene Bewohner des Waldes

Blindwühlen bilden eine eigene Amphibienordnung, die *Apoda*; sie umfaßt etwa 75 Arten. Man findet diese Tiere in den meisten Tropengebieten der Welt. Eine südamerikanische Gattung, *Typhlonectes*, lebt im Wasser; alle anderen Blindwühlen graben im Boden und kommen nur selten an die Oberfläche. Die meisten erwachsenen Tiere sind blind; sie besitzen aber ein Paar fühlerähnliche Organe an den Seiten des Maules; damit tasten sie sich in der Erde voran. Die größte Art ist die Wurmwühle *Caecilia thompsoni* in Kolumbien, die bis zu 1,35 m lang wird.

Fressende Blindwühle Über die Ernährungsweise der Blindwühlen, die zumeist in der Erde leben, weiß man wenig. Dieses seltene Foto eines *Siphonops*-Exemplars zeigt aber, daß das Tier Regenwürmer frißt.

Verbreitung der Blindwühlen Wurmähnliche Blindwühlen findet man in den feuchten Böden der Regenwälder in allen Teilen der Welt, mit Ausnahme Australiens. Ihr Hauptverbreitungsgebiet ist aber Südamerika.

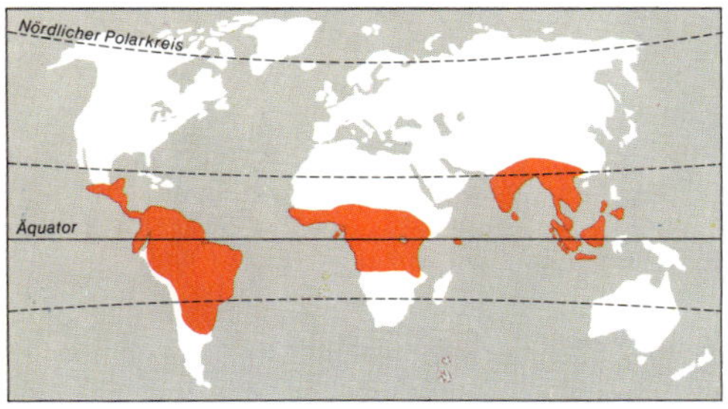
Nördlicher Polarkreis
Äquator

Vögel

Prächtige und seltsame Vögel drängen sich im Dunkel des Regenwaldes; manche haben ein prunkvolles Gefieder; andere bauen Gärten mit kunstvollen Balzpavillons.

Die Dschungel Neuguineas und die beiden Küstenregenwaldgebiete im Norden und Nordosten von Australien sind reich an Früchten und Insekten, von denen sich viele seltsame und farbenprächtige Vögel ernähren. Einige Familien – wie zum Beispiel die Paradiesvögel, die Laubenvögel und Kasuare – findet man nur in dieser Region. Ihre Ahnen sind vor langer Zeit aus Asien eingewandert. Sie alle haben sich wohl zu besonderen Gruppen entwickelt, als der Regenwald hier noch viel ausgedehnter war.

Die langen, breiten Schwanzfedern des Männchens vom Prinzessin-Stephanie-Paradiesvogel werden von Eingeborenen in Neuguinea als Kopfschmuck benutzt.

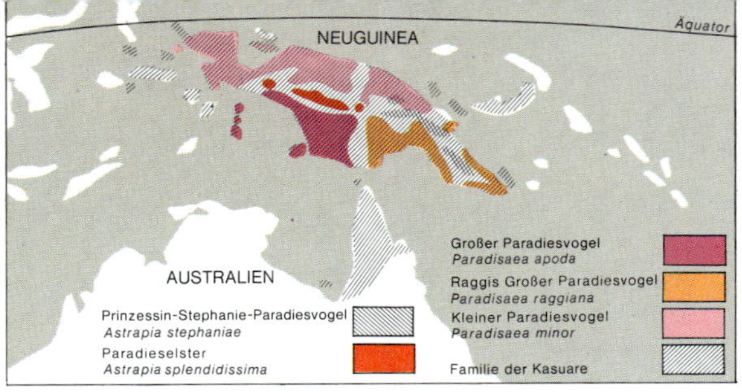
Äquator
NEUGUINEA
AUSTRALIEN
Prinzessin-Stephanie-Paradiesvogel
Astrapia stephaniae
Paradieselster
Astrapia splendidissima
Großer Paradiesvogel
Paradisaea apoda
Raggis Großer Paradiesvogel
Paradisaea raggiana
Kleiner Paradiesvogel
Paradisaea minor
Familie der Kasuare

Wohnungen in verschiedener Höhe Die beiden *Astrapia*-Arten findet man nur oberhalb einer Höhe von 1600 m. Die anderen 3 Paradiesvögel, deren Verbreitungsgebiete hier angegeben sind, leben in tiefer liegenden Wäldern.

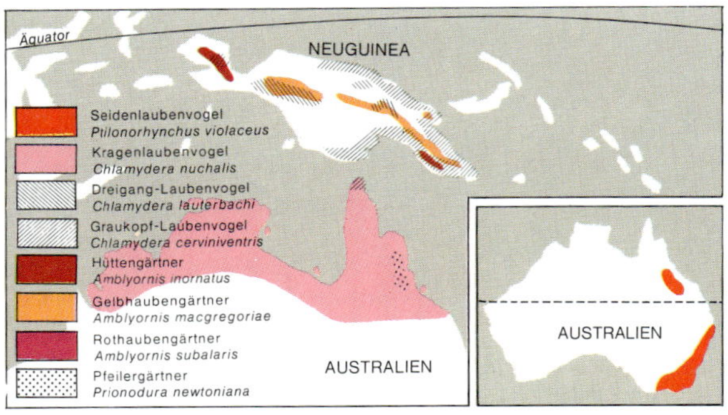
Äquator
NEUGUINEA
Seidenlaubenvogel
Ptilonorhynchus violaceus
Kragenlaubenvogel
Chlamydera nuchalis
Dreigang-Laubenvogel
Chlamydera lauterbachi
Graukopf-Laubenvogel
Chlamydera cerviniventris
Hüttengärtner
Amblyornis inornatus
Gelbhaubengärtner
Amblyornis macgregoriae
Rothaubengärtner
Amblyornis subalaris
Pfeilergärtner
Prionodura newtoniana
AUSTRALIEN
AUSTRALIEN

Die Heimat der Laubenvögel reicht von entlegenen, hohen, moosreichen Wäldern Neuguineas, die sich 2400—2700 m über dem Meeresspiegel befinden, bis zu den Regenwäldern des australischen Tieflandes. Manchmal wagen sie sich auch in Vorstädte hinein.

Prächtige Balzspiele

Die mit den Krähen verwandten Paradiesvögel sind wegen des üppigen, bunten Gefieders der Männchen berühmt. Die Eingeborenen Neuguineas verwenden die Federn als Kopfschmuck. Von den 42 bekannten Arten sind 40 auf Australien und Neuguinea beschränkt; die beiden restlichen Arten bewohnen die benachbarten Molukken.

Vor der Paarung stellt das Männchen in einer prunkvollen Balz sein Gefieder zur Schau. Bei Arten mit besonders farbenprächtigen Männchen kommen die Geschlechter nur zur Brutzeit zusammen. Das Männchen balzt und paart sich dann mit den angelockten Weibchen. Diese bauen allein die Nester und ziehen die Jungen auf.

Einige Paradiesvögel bereiten ihren Balzplatz sorgfältig vor. Der Prachtparadiesvogel, *Diphyllodes magnificus,* säubert den Boden unter dem Sitzbaum von allen Blättern und Zweigen und rupft das Laub von den Ästen, so daß die Sonne hindurchscheinen kann und die herrlichen Farben des balzenden Vogels zu voller Geltung bringt.

In der Gattung *Paradisaea* gibt es die eindrucksvollsten Vögel: große, bunte und langfedrige Geschöpfe. Der Große Paradiesvogel ist zum Beispiel rotbraun mit gelbem und grünschwarzem Kopf, langen, spitzenartigen, gelben Federn, die von der Brust aus rückwärts fließen, und noch längeren, dunklen, drahtigen Schwanzfedern. Bei dieser Art balzen die Männchen in Gruppen und koordinieren dabei ihre Bewegungen: Alle breiten auf dem Höhepunkt der Balz ihr Gefieder gleichzeitig aus.

Der Familienname der Paradiesvögel – *Paradisaeidae* – leitet sich von den Großen Paradiesvögeln her, deren Bälge als erste nach Europa geschickt wurden. Diese Bälge waren ohne Füße, und so nahm man an, die Vögel seien nicht von dieser Welt, sondern kämen aus dem Paradies.

Die Laubenvögel sind mit den Paradiesvögeln eng verwandt; sie gehen auf einen gemeinsamen Stamm zurück, der von Südostasien her einwanderte. Es gibt 18 Arten, und alle kommen nur in Australien und Neuguinea vor.

Laubenvögel sind farbloser als die Paradiesvögel, und ihre Federn sind kürzer, aber ihre Balz ist noch wunderlicher. Die Männchen errichten „Lauben", die sie mit Blüten, Beeren, Blättern, Steinen, Muscheln, Knochen, Insekten und Dingen von Menschenhand wie Flaschenkapseln, Aluminiumfolie und Teelöffeln schmükken. Einige Arten „bemalen" ihre Lauben auch mit zerkauten Substanzen wie Holzkohle, Gras oder Früchten; andere legen Moostennen an.

Diese Lauben scheinen Balzpavillons zu sein; das Männchen lockt so viele Gefährtinnen wie nur möglich hierher. Es gibt 2 Haupttypen von Lauben: die „Allee", die aus parallelen Reihen aufrechter Stöckchen besteht, und den „Maibaum", ein kunstvolles Bauwerk aus Stöckchen rund um die Basis eines jungen Baumes.

Helmtragende Schwergewichtler

Kasuare sind die Riesen unter den Vögeln der australischen Tropenwälder. Ihre Flügel bestehen aus nackten, harten Federkielen. Mit ihnen und ihren knochigen Helmen können sie durch das Unterholz laufen, ohne sich zu verstricken oder zu verletzen. Die Männchen brüten die Eier aus, die die Weibchen auf den Waldboden gelegt haben, und ziehen auch die Jungen auf. 2 von den 3 Arten haben lebhaft gefärbte Kehllappen.

Helmkasuar
Casuarius casuarius

Bennettkasuar
Casuarius bennetti

Goldhalskasuar
Casuarius unappendiculatus

Eine glänzende, akrobatische Balz hoch oben im tropischen Wald

Das erwachsene Männchen von Raggis Großem Paradiesvogel balzt auf höheren Ästen. Es beginnt seine Vorführung damit, daß es sich vorbeugt und seine Flügel hochstellt, bis sie sich berühren. Dann biegt es seinen Körper herab, so daß sein Kopf sich unterhalb seiner Füße befindet, schlägt mit großer Schnelligkeit seine Flügel zusammen und breitet sein Schmuckgefieder aus.

Der kunstvolle Pavillon, in dem das Laubenvogelmännchen balzt und sich paart

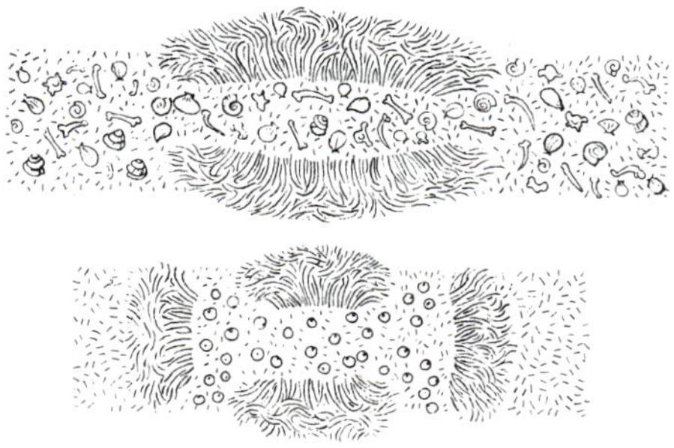

Der Kragenlaubenvogel baut aus zwei Zweigen eine Alleelaube mit 2 senkrechten oder gewölbten Seitenwänden (oben). Die Allee des Dreigang-Laubenvogels ist in zweierlei Hinsicht anders: Sie hat 4 Wände, und diese sind nach außen geneigt.

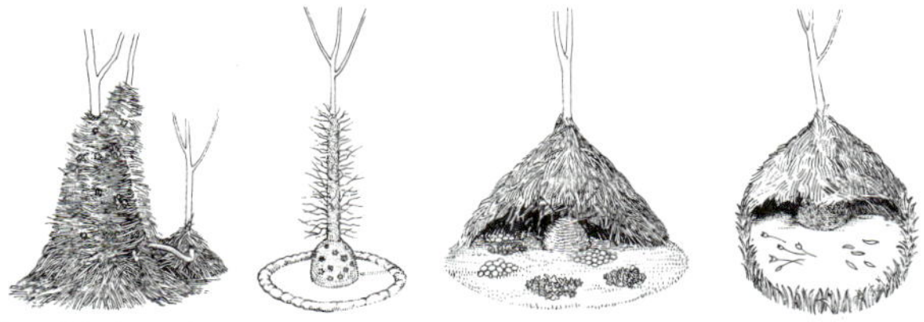

Verschiedene Maibaumlauben: Der Pfeilergärtner baut Pyramiden (1), der Gelbhaubengärtner eine Säule mit einer Moosbrüstung (2), der Hüttengärtner eine Hütte mit einem Moosgarten (3) und der Rothaubengärtner eine Hütte mit einem Zaun (4).

Das Männchen des Kragenlaubenvogels (oben im Vordergrund) weist seinem Weibchen den lebhaft roten Nackenkamm. Das Männchen des verwandten Graukopf-Laubenvogels (unten im Hintergrund) macht eine ähnliche Kopfdrehung, obwohl es keinen Kamm hat. Offenbar hatten die Ahnen dieser Art noch einen Kamm; nun hat ein Balzspiel mit Beeren die Kammbalz ersetzt.

Ein Männchen des Seidenlaubenvogels stolziert um seine Alleelaube herum, die aus Zweigen besteht; das Weibchen schaut zu. Einige Männchen bemalen die Laube mit einer Mischung aus Holzkohle und Speichel; als Werkzeug benutzen sie ein Stück Rinde.

Die größten Vögel des Gebiets sind die Kasuare. Die größte der 3 vorhandenen Arten ist etwa 1,5 m groß und wiegt bis zu 140 Pfund. Wie die Emus, mit denen sie verwandt sind, können Kasuare nicht fliegen. Trotz ihrer Größe bekommt man sie selten zu Gesicht, denn sie bleiben im dichten Wald verborgen. Goldhalskasuare fressen Früchte und Beeren.

Australien und Neuguinea beherbergen viele Papageienarten, vor allem Kakadus und Loris. Kakadus sind große Vögel mit stattlichen Hauben, die hochgestellt werden können, und mit starken Schnäbeln, die härteste Nüsse aufknakken. Der größte von ihnen ist der Arakakadu, *Probosciger aterrimus*. Die Backen dieses schiefergrauen Vogels sind nackt; ihre rosa Haut färbt sich leuchtend rot, wenn das Tier ärgerlich oder beunruhigt ist.

Loris haben kleine und verhältnismäßig schwache Schnäbel. Ihre Hauptnahrung, Pollen und Nektar, holen sie mit der pinselähnlichen Zungenspitze aus den tiefen Blütenkelchen.

Die nur 10 cm großen Spechtpapageichen in Neuguinea haben steife Schwänze, auf die sie sich stützen, wenn sie an Baumstämmen herumklettern und nach Insekten suchen. Fledermauspapageien findet man vom Himalaja bis nach Papua; ihren Namen haben sie bekommen, weil sie in Gruppen übernachten und dabei kopfabwärts an den Ästen hängen.

Neuguinea ist auch die Heimat der größten Tauben der Erde, der Krontauben, die fast 90 cm lang werden. Sie tragen große spitzenartige, fächerähnliche Hauben und leben in Sümpfen und am Waldboden wie Hühnervögel. Andere Tauben dieses Gebietes sind die lebhaft gefärbten Fruchttauben und die fruchtfressenden Grüntauben. Ebenso leuchtend gefärbt sind die Pittas, langbeinige und kurzschwänzige Vögel, die auf dem Waldboden leben und sehr schnell fortlaufen, wenn sie gestört werden.

Von den anderen Bewohnern der Region seien noch die Froschmäuler genannt, eulenähnliche Ziegenmelker, die mit ihren riesigen, klaffenden Schnäbeln Insekten fangen.

Tiere der isolierten Regenwälder

Kletterndes Känguruh Das Lumholtz-Baumkänguruh lebt in Queensland im Blätterdach der Wälder. Es frißt Laub und klettert behende.

Känguruhs stellt man sich allgemein als hüpfende Bodenbewohner vor. In den tropischen Regenwäldern jedoch leben einige Arten auf Bäumen.

Tropischer Wald bedeckt große Gebiete in Neuguinea und bildet an der nordöstlichen Küste von Australien einen unterbrochenen Gürtel. Die Tiere dort haben sich seit langem isoliert entwickelt, und es gibt hier weniger Landsäugetiergruppen als in anderen Regenwäldern der Erde. Die charakteristischen Beuteltiere und eierlegenden Kloakentiere, die man in anderen Teilen Australiens findet, leben auch im Regenwald des Kontinents und in Neuguinea.

Die Echsen- und Schlangenfamilien dieses Regenwaldgebietes sind in Südostasien ebenfalls vertreten, mit Ausnahme der beinlosen Echsen der Familie *Pygopodidae,* die allein in Australien und Neuguinea vorkommen. Die meisten Nagetiere Neuguineas kommen nur hier vor.

Känguruhs in den Baumwipfeln

Die Känguruhs sind in ihrem Körperbau und ihrem Verhalten überwiegend an das Leben auf dem Boden angepaßt. Aber in den tropischen Wäldern Australiens und Neuguineas sind 7 Känguruharten zu einem Leben auf Bäumen übergegangen.

Die Vorder- und Hintergliedmaßen dieser Baumkänguruhs sind fast gleich lang; an den Füßen tragen die Tiere starke Krallen und große, polsterähnliche Kissen, mit denen sie gut greifen können. Baumkänguruhs bewegen sich im Geäst behende, sind aber am Boden recht langsam. Sie können gut 6 m von Baum zu Baum abwärts springen. Wenn sie beunruhigt werden, lassen sie sich sogar doppelt so tief auf den Boden fallen, ohne Schaden zu nehmen. Sie sind absolute Vegetarier.

6 Arten von Wallabys bewohnen die Wälder Neuguineas: 4 die Regenwälder des Tieflandes und 2 die Bergwälder der höheren Regionen; alle sind auf dem Boden lebende Pflanzenfresser.

Kuskuse, baumlebende Beuteltiere aus der Familie der Kletterbeutler, haben kurze, schwere Gliedmaßen und Greifschwänze; sie ernähren sich von Blättern. Auch die mit ihnen verwandten Streifenphalanger leben auf Bäumen. Sie holen mit ihren langen, Krallen tragenden vierten Fingern Larven aus der Rinde.

Die Kloakentiere sind in den Regenwäldern Neuguineas durch die Langschnabeligel, in denen von Australien durch die Kurzschnabeligel vertreten. Beide Arten fressen Ameisen und Termiten, die sie mit ihrer langen, klebrigen Zunge auflecken.

Während der Fortpflanzungszeit entwickelt sich beim Weibchen zeitweilig ein Beutel, in den es ein oder zwei Eier legt. Die Jungen bleiben nach dem Schlüpfen noch 8 Wochen lang darin.

Neuguineas Schnabeligel Die Schnabeligel in Neuguinea sind größer als ihre Verwandten in Australien. Sie haben längere Schnäbel und kürzere Stacheln.

Der Riesenbeutelmarder, *Dasyurus maculatus,* ist ein Fleischfresser, der in den Baumwipfeln Vögel jagt.

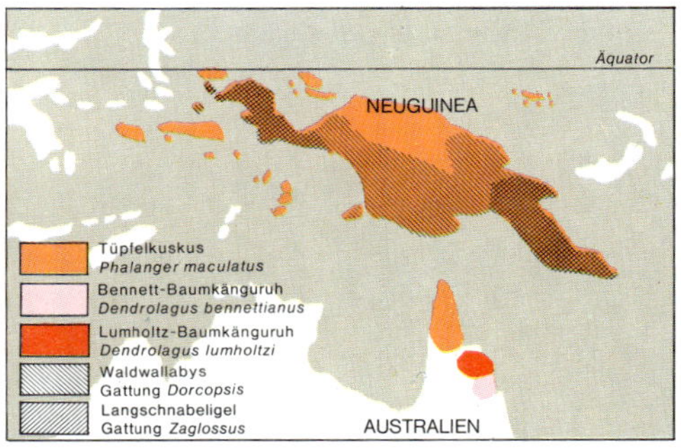

Äquator
NEUGUINEA
AUSTRALIEN
Tüpfelkuskus
Phalanger maculatus
Bennett-Baumkänguruh
Dendrolagus bennettianus
Lumholtz-Baumkänguruh
Dendrolagus lumholtzi
Waldwallabys
Gattung Dorcopsis
Langschnabeligel
Gattung Zaglossus

Von der Ebene auf die Bäume Känguruhs und Wallabys kennt man eher als Tiere der Ebenen, doch sind einige Arten in Queensland und Neuguinea Waldtiere geworden. 7 Känguruharten klettern auf Bäume.

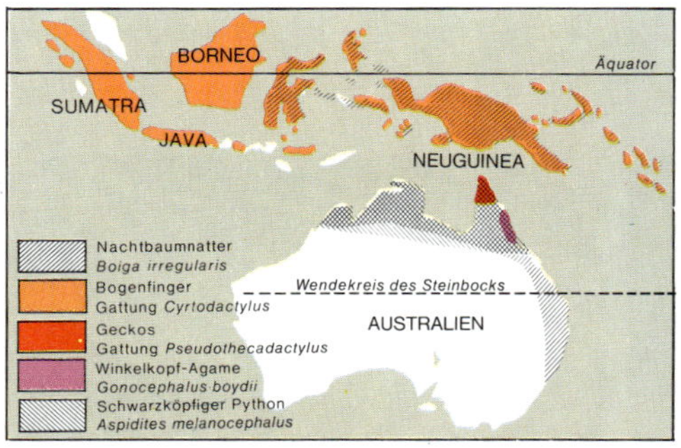

BORNEO
Äquator
SUMATRA
JAVA
NEUGUINEA
Wendekreis des Steinbocks
AUSTRALIEN
Nachtbaumnatter
Boiga irregularis
Bogenfinger
Gattung Cyrtodactylus
Geckos
Gattung Pseudothecadactylus
Winkelkopf-Agame
Gonocephalus boydii
Schwarzköpfiger Python
Aspidites melanocephalus

Wo Geckos leben Geckos, die weichschalige Eier legen, sind auf Australien und die Inseln östlich davon beschränkt. In Neuguinea werden sie durch die Bogenfinger vertreten, die hartschalige Eier legen.

Ein Allesfresser Der Tüpfelkuskus geht nachts auf Futtersuche; er frißt Blätter, kleine Säuger und Vögel.

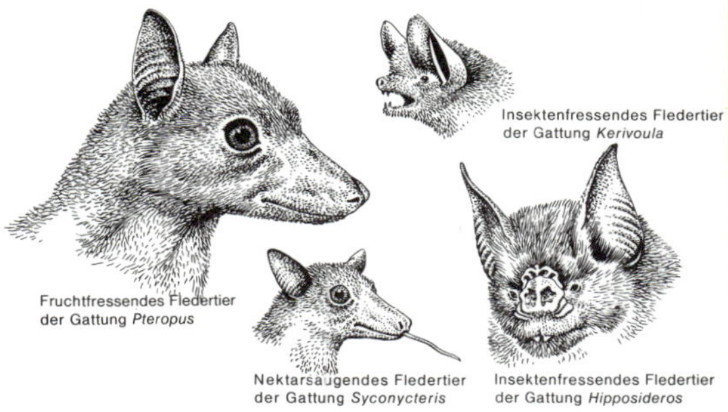
Insektenfressendes Fledertier der Gattung *Kerivoula*
Fruchtfressendes Fledertier der Gattung *Pteropus*
Nektarsaugendes Fledertier der Gattung *Syconycteris*
Insektenfressendes Fledertier der Gattung *Hipposideros*

Neuguineas Fledertiere Flughunde haben lange Schnauzen, Nektarsauger lange Zungen und Insektenfresser kurze Schnauzen. Einige Insektenfresser haben Nasenaufsätze, die beim Peilen benutzt werden.

Fledertiere und Nager im Wald

Plazentatiere – Säuger, bei denen sich die Jungen vor der Geburt im Uterus der Mutter sehr weit entwickeln – sind in den Regenwäldern Australiens und Neuguineas nur durch Nager und Fledertiere vertreten.

Bei den Mosaikschwanz-Riesenratten haben sich Schwänze entwickelt, mit denen sie ein wenig greifen können; sie leben in den Ästen, wo sie Blätter und Beeren fressen. Die Jungen halten sich an den Zitzen der Mutter fest und werden in den ersten beiden Wochen ständig von ihr herumgetragen.

Die Großen Schwimmratten der Gattung *Hydromys* leben an den Flußufern und im Wasser; sie haben Füße, die teilweise mit Schwimmhäuten versehen sind, abgeflachte Köpfe und ein dichtes Fell, das dem einer Robbe ähnelt. Ihre Nahrung suchen sie nachts: Muscheln, Fische und Wasservögel.

Über den Bäumen flattern Tausende von Fledertieren, darunter Flughunde, die tagsüber im Wald in Kolonien schlafen und nachts gemeinsam Blumen und Früchte suchen.

Der Graukopf-Flughund, *Pteropus poliocephalus*, ernährt sich vom Saft, den er aus Früchten quetscht.

Wo Giftschlangen häufiger sind als ungiftige Arten

Die Echsen und Schlangen Australiens scheinen ihren Ursprung in Südostasien zu haben. Erfolgreich war vor allem die Schlangenfamilie der *Elapidae,* die durch feststehende vordere Giftzähne und lähmendes Gift gekennzeichnet ist. Nachdem diese Schlangen Australien erreicht hatten, bildeten sie viele Formen; Australien ist der einzige Kontinent, in dem es mehr giftige als ungiftige Schlangenarten gibt. Zu den giftigen Arten gehören der Taipan, *Oxyuranus scutellatus,* die Giftnatter *Pseudechis porphyriacus* und die Todesotter, *Acanthophis antarcticus.*

Kleine Boas der Gattung *Candoia* sind von Celebes bis zu den Salomon-Inseln verbreitet, aber nur in Australien und Neuguinea kommen sie zusammen mit Baum- und Bodenpythons vor.

Echsen sind in den tropischen Wäldern Australiens und Neuguineas durch Skinke, Agamen und Geckos vertreten, die vielfach im Geäst leben. Dies tut auch der Waran *Varanus prasinus,* der sich von den verschiedensten Tieren ernährt. Er ist grün und hat einen Greifschwanz. Derartige Anpassungen an ein Dasein auf Bäumen sind für einen Waran ungewöhnlich.

Salamander und Blindwühlen sind nicht nach Australien gelangt, und an Amphibien gibt es dort nur 4 Froschfamilien. 2 von ihnen, die *Leptodactylidae* und die *Hylidae,* kommen auch in Nord- und Südamerika vor. In der Alten Welt aber haben sie sehr zersplitterte Verbreitungsgebiete. Diese riesigen Verbreitungslücken lassen entweder an eine frühere Verbindung zwischen Australien und Amerika denken, oder man muß annehmen, daß die Frösche einst weit verbreitet waren und heute nur noch an isolierten Stellen überleben. Die beiden anderen Familien, *Microhylidae* und *Ranidae,* kamen aus Südostasien.

Die Nachtbaumnatter kann 2 m lang werden. Sie beißt wütend zu, wenn sie gestört wird, aber ihr Gift wirkt nur bei kleineren Tieren tödlich.

Ein schwarzköpfiger Python verschlingt eine Wasserschlange. Dieser Python hat sich auf andere Schlangen spezialisiert und überwältigt sogar die giftigsten.

Drache in den Bäumen Diese Winkelkopf-Agame ist von Neuguinea aus in die Wälder Queenslands gekommen.

Wirbellose

Die Wirbellosen – das sind die Tiere ohne Wirbelsäule – sind meist klein und unauffällig; doch gehören 95 Prozent aller Tierarten der Erde zu dieser Gruppe.

Die meisten auf dem Land lebenden Wirbellosen, einschließlich der Insekten, sind durch starre Außenskelette und gegliederte Extremitäten gekennzeichnet; abgesehen von den sechsbeinigen Insekten hat keiner von ihnen Flügel, und fast alle besitzen mehr als 3 Beinpaare. Während die Insekten die Baumwipfel beherrschen, weil sie fliegen können, sind die anderen Wirbellosen auf dem Waldboden zahlreicher.

Die Wirbellosen mit starren Außenskeletten und gegliederten Extremitäten – nicht dagegen die Wirbellosen mit weichem Körper wie Würmer und Mollusken – sind in dem Tierstamm *Arthropoda* vereint. (Stämme sind die Hauptgruppen, in die man das Tierreich aufgeteilt hat.) Zu den bekannteren Wirbellosen gehören, abgesehen von den Insekten, die Spinnen, die zur Klasse der *Arachnida* zählen, und die Tausendfüßer aus der Klasse der *Diplopoda.*

Vogelfressende Spinnen

Spinnen sind – außer den Insekten – die erfolgreichsten Arthropoden auf dem Lande. Im ganzen Wald, vom Blätterdach bis zum Boden, sind sie verbreitet.

Die größten Spinnen leben in Erdlöchern und unter abgefallenem Holz auf dem Waldboden; sie fressen Vögel. In den Wäldern Südamerikas gibt es Arten, deren Körper bis zu 7,5 cm lang ist und deren Beine 25 cm weit spannen; andere, fast ebenso große Arten kommen in Asien und Afrika vor.

Einige sehr primitive Spinnenarten bauen sich in den Wäldern Burmas, Sumatras und auf der Halbinsel Malakka Erdhöhlen. Sie gehören zur Gattung *Liphistius* und gleichen Formen, die im Karbon vor 300 Millionen Jahren lebten. Ihr primitivstes Merkmal ist ein gegliederter Hinterleib, wogegen bei allen modernen Spinnen der Hinterleib sackförmig und weniger deutlich segmentiert ist.

Den Spinnen ziemlich ähnlich, aber von ihnen doch so verschieden, daß sie eine eigene Ordnung bilden, sind die seltenen Ricinuliden. Die meisten Arten leben im Regenwald. Sie sind auf zwei Gebiete beschränkt; das eine ist das tropische Westafrika, das andere reicht vom Amazonasbecken bis nach Texas.

Blinde Spinne 14 Ricinuliden-Arten, blinde Spinnen, leben in den Regenwäldern Amerikas und Westafrikas. Bisher hat man nur ein paar hundert Tiere gefunden.

Zickzack-Gewebe Spinnen der Gattung *Argiope* sind vor allem wegen ihrer Netze bemerkenswert, die mit Zickzackborten aus weißer Seide geschmückt sind. Der Zweck dieses kunstvollen Zierats ist nicht klar; möglicherweise lenkt er die Aufmerksamkeit der Vögel von der Spinne ab, die in der Mitte sitzt. Diese Art webt eine zentrale Plattform in ihr Netz. Andere Arten spinnen mannigfache andere Bortenmuster.

Schützende Stacheln Die spitzen Stacheln auf dem Hinterleib der schwarz-gelben Spinnen der Gattung *Micrathena* scheinen die Tiere vor Räubern zu schützen.

Ameisenartige Spinne Verschiedene Ameisenspinnen leben in den Tropen. Sie sehen wie Ameisen aus, doch an ihren 8 Beinen erkennt man, daß es Spinnen sind.

Vogelspinne Diese asiatische vogelfressende Spinne ist ein Mitglied der Familie *Theraphosidae*. Sie kann mit ihrem giftigen Biß einen kleinen Vogel töten, doch lebt sie vor allem von Insekten und Mäusen.

Der riesige Hundertfüßer *Scolopendra morsitans* ist im tropischen Asien häufig; er wird 20 cm lang. Eine Art in den Tropen Amerikas, *Scolopendra gigantea*, erreicht sogar eine Länge von fast 30 cm.

Rundum-Verteidigung Wie alle Kugelasseln rollen sich auch die der Gattung *Sphaerobius* im Tropenwald zu einer Kugel zusammen, wenn sie gestört werden.

Unratfresser im Wald Riesige Tausendfüßer fressen auf dem Waldboden der Halbinsel Malakka verwesendes Pflanzenmaterial. Einige werden 25 cm lang.

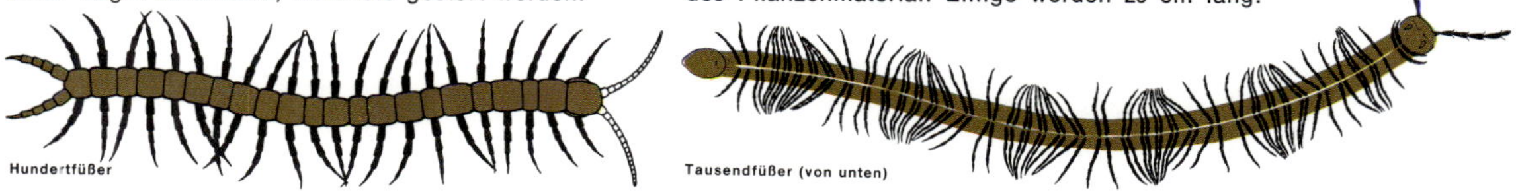

Hundertfüßer
Tausendfüßer (von unten)

Zwei Arten der Fortbewegung Hundert- und Tausendfüßer bewegen sich auf verschiedene Weise vorwärts. Bei beiden laufen durch jede Beinreihe Bewegungswellen nach vorn. Bei Hundertfüßern verlaufen diese Wellen auf den beiden Seiten entgegengesetzt, so daß sich das Tier schlängelnd fortbewegt. Bei Tausendfüßern hingegen verlaufen die Wellen beiderseits gleich, und die Tiere bewegen sich gleitend voran.

Tiere mit vielen Beinen

Auch Skorpione gehören zu den Spinnentieren. Am größten sind die Arten der Gattungen *Pandinus* und *Heterometrus*, die die Regenwälder in Afrika und Asien bewohnen und auf dem Waldboden unter loser Baumrinde und abgefallenem Holz leben. Diese dunkelgrünen Tiere werden bis zu 25 cm lang.

Hundertfüßer und Tausendfüßer bevölkern mit einer großen Vielfalt von Arten den Waldboden in allen Regenwaldgebieten. Mit ihren auffallend gegliederten Körpern und zahlreichen Beinen sehen sie einander ähnlich, doch sind sie in Wirklichkeit sehr verschieden.

Hundertfüßer haben 15–170 Beinpaare, an jedem Körpersegment eines. Es sind lebhafte Räuber mit einem Paar giftiger Klauen, die sich aus dem ersten Beinpaar entwickelt haben und als Fangwerkzeuge dienen. Die Hundertfüßer des Regenwaldes aus der Gattung *Scolopendra* sind groß und wehrhaft; einige Arten erreichen eine Länge von 30 cm; ihr Biß ist schmerzhaft.

Tausendfüßer können über 200 Beinpaare besitzen, an jedem Segment 2 Paar. Sie laufen nur langsam und sind Pflanzenfresser. Zur Verteidigung sondern sie widerwärtige oder sogar giftige Flüssigkeiten aus Poren an den Körperseiten ab, wenn sie gestört werden, rollen sie sich gewöhnlich zu einer Spirale oder einer Kugel zusammen.

Die Tausendfüßer des Regenwaldes sind untereinander verschiedener als die Hundertfüßer. Die Angehörigen der Gattung *Spirostreptus* werden bis zu 25 cm lang. Andere, wie die Kugelasseln, sind kurz und oft lebhaft gefärbt.

Es gibt auch wurmähnliche Arthropoden; sie gehören zur Klasse der Onychophoren und benötigen eine feuchte Umgebung. Alle tropischen Arten leben in den Regenwäldern. Onychophoren sehen wie Raupen mit weicher, samtiger Haut aus. Sie fressen Termiten und andere kleine Insekten; zur Verteidigung verspritzen sie aus ihren Tentakeln eine klebrige Flüssigkeit, die kleine Tiere, wie Ameisen, lähmt.

Die meisten Plattwürmer, die zu dem Stamm der *Platyhelminthes* gehören, sind entweder kleine Wassertiere oder Parasiten bei großen Tieren, wie der Leberegel und der Bandwurm. Sie brauchen einen feuchten Lebensraum. Die wenigen Arten, die frei an Land leben, findet man vor allem in den Regenwäldern, wo sie mit wellenförmiger Bewegung über den Boden gleiten. Sie sind flach, oft leuchtend gefärbt und gemustert und immer feucht.

Winzige Schnecken auf Kalksteinbergen

Schnecken sind bei weitem die formenreichsten Weichtiere in den Regenwäldern. Auf der Halbinsel Malakka und auf Borneo gibt es eine Gruppe von sehr kleinen Schnecken der Gattung *Opisthostoma*, deren Häuser nicht größer als Stecknadelknöpfe sind; man findet sie fast nur auf bestimmten Kalksteinbergen, weil sie ausschließlich dort leben können, wo sie direkt an Kalkstein herankommen. Die meisten anderen Böden des Gebietes sind arm an Kalziumkarbonat, das Schnecken für den Bau ihrer Schalen benötigen.

Auf jedem isolierten Kalksteinberg der Region lebt eine Vielzahl verschiedener Schnecken; jede dieser Gruppen ist von den anderen durch die umgebenden kalziumarmen Gebiete getrennt. Da Schnecken solche Schranken nicht überqueren können, ist die Schneckenpopulation auf jedem Berg genauso streng isoliert, als wenn sie auf einer Insel lebte.

Pflanzenfressender Schädling Riesenschnecken der Gattung *Achatina* sind im tropischen Afrika häufig; eine Art, *Achatina fulica*, ist ein Pflanzenschädling, der sich bis zum Pazifik ausgebreitet hat.

Isolierte Schnecken

Verschiedene Arten der Schneckengattung *Opisthostoma* leben auf Kalksteinbergen Südostasiens. Benachbarte Berge sind durch kalziumarmes Gelände getrennt, das für Schnecken unpassierbar ist. Die Schalen sind hier 20fach vergrößert.

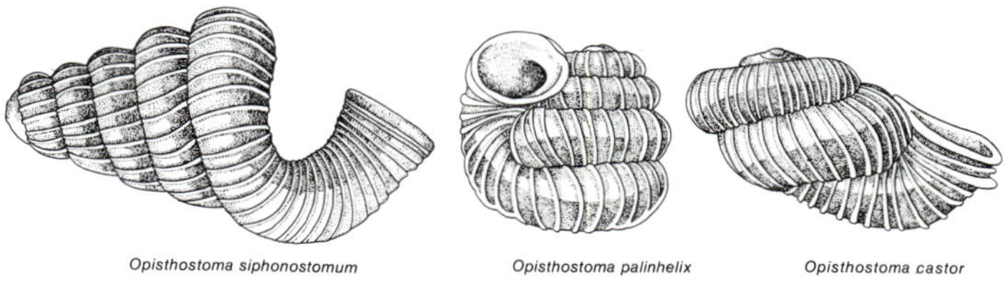

Opisthostoma siphonostomum
Opisthostoma palinhelix
Opisthostoma castor

Blutsauger In den Tropen des Fernen Ostens wimmelt es von Blutegeln der Gattung *Haemadipsa*. Sie haben an beiden Körperenden einen Saugnapf. In der Mitte des vorderen liegt der Mund. Wenn der Egel sich mit dem hinteren Saugnapf an ein Säugetier angeheftet hat, setzt er den vorderen auf die Haut, beißt mit 3 scharfen Zähnen eine Wunde und saugt sich voll Blut.

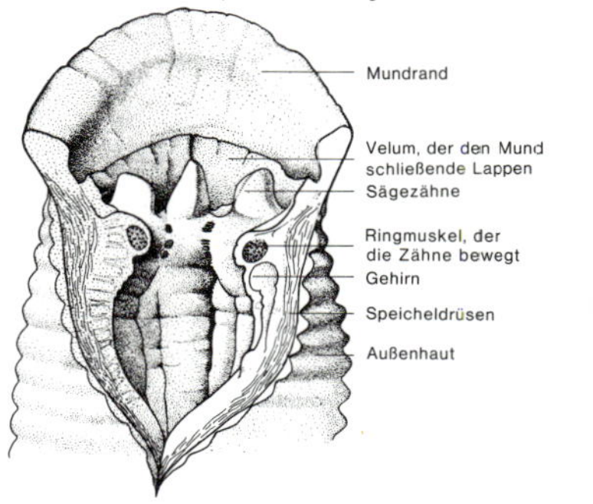

Schnitt durch die Mundpartie eines Blutegels
Mundrand
Velum, der den Mund schließende Lappen
Sägezähne
Ringmuskel, der die Zähne bewegt
Gehirn
Speicheldrüsen
Außenhaut

Die schillernde Welt der Insekten

Ein Wandelndes Blatt der Gattung *Phyllium* verschmilzt mit dem Hintergrund. Das Insekt ist grün und trägt eine Zeichnung, die Blattadern und Pilzflecken gleicht.

Die warmen und feuchten Tropenwälder bieten Myriaden von Insekten ideale Lebensbedingungen. Die Zahl der Arten wird man wohl niemals genau kennen.

Da sich im Regenwald die Jahreszeiten nur wenig unterscheiden, vermehren sich die Insekten dort das ganze Jahr über. Der Lebenszyklus eines einzelnen Tieres dauert oft nur wenige Wochen, und in einem Jahr können 12 bis 20 Generationen aufeinander folgen. Unter diesen Bedingungen kann die Evolution sehr schnell vor sich gehen; daher findet man in den verschiedenen Lebensräumen zwischen Blätterdach und Boden des Regenwaldes eine enorme Vielfalt von Insekten.

Wie viele Arten dort vorkommen, wird man wahrscheinlich niemals wissen. Die Insekten sind die Hauptkonsumenten der Waldvegetation, und sie selbst bilden wieder eine wichtige Nahrungsquelle für viele andere Tiere.

Warnfarben und Tarnung

Unter den Insekten in den tropischen Regenwäldern gibt es Jäger und Gejagte. Die Anforderungen, die an die Tiere gestellt werden, wenn sie Beute suchen und nicht selbst gefangen werden wollen, haben zu den verschiedensten Formen der Anpassung geführt; eine der wichtigsten ist die Tarnung. Viele Insekten des Waldes gleichen in erstaunlichem Maße Pflanzenteilen. Einige Schrecken und Tagfalter verwechselt man zum Beispiel, wenn sie mit geschlossenen Flügeln ruhen, mit den Blättern im Hintergrund. Und Stabheuschrecken sehen, solange sie sich nicht bewegen, wie Zweige aus. Die Körperform einiger Fangschrecken gleicht toten Blättern, Flechten oder Blüten; so werden diese Tiere von anderen Räubern nicht entdeckt und können besser auf Beute lauern.

Die Tarnung wird meist durch Schutzfärbung erreicht; vor allem bei Tagfaltern dient die Farbe aber einem ganz anderen Zweck: Einige prachtvolle Falter zeigen durch ihre auffallenden Farben und Muster Räubern an, daß sie giftig sind oder unangenehm schmecken. Vögel beispielsweise lernen schnell, unschmackhafte Arten an der Farbe zu erkennen und sie unbehelligt zu lassen.

Das alles hat zur sogenannten Mimikry geführt, bei der eine Gruppe von Schmetterlingen die Färbung einer anderen nachahmt. So haben Tagfalter aus Familien, deren Mitglieder alle genießbar sind, Farben und Muster angenommen, die denen ungenießbarer Schmetterlinge ähnlich sind und diese vor insektenfressenden Vögeln schützen.

Schneller Flieger Dickkopffalter wie dieser südamerikanische *Pyrrhopyge* fliegen im Gegensatz zu den meisten, umherflatternden Tagfaltern schnell und gezielt.

Mondspinner Der herrliche indische Mondspinner, *Actias maenas*, ist ein Beispiel für die vielen wunderbaren Schmetterlinge in der niederen Waldvegetation.

Tarnung eines Räubers Diese Larve einer Fangschrekke aus der Gattung *Hymenopus* (links) macht Jagd auf Taginsekten und wird selbst von Vögeln verfolgt. Ihre Blumenähnlichkeit zieht Insekten an und täuscht andererseits die Vögel. Schmetterlinge werden von blumenblattähnlichen Erweiterungen an ihren Beinen in die dornigen Fänge dieses Räubers gelockt.

Wanderfalter Die gelben Schmetterlinge der Gattung *Phoebis* gibt es in den Wäldern der Neuen Welt besonders häufig. Einige Arten gehören zu den Wanderfaltern, die Schwärme von Millionen Exemplaren bilden.

In den Regenwäldern gibt es mehr Schmetterlinge als in allen anderen Gebieten zusammen; diese Wälder beherbergen auch die größten und prächtigsten Arten. Der größte Tagfalter, der Vogelfalter *Troides alexandrae,* lebt im Laubdach der Wälder von Neuguinea; seine Flügelspannweite beträgt 25 cm, und der westafrikanische Schwalbenschwanz *Drurya antimachus* ist fast ebenso groß.

Die Weibchen vieler Arten verbringen ihr Leben in den Baumwipfeln und werden selten gesehen. Die Männchen kommen jedoch oft zu Hunderten an Flüssen oder Mineralquellen zusammen. Wahrscheinlich werden sie dort von gelösten Salzen angelockt.

Noch viel zahlreicher als die Tagfalter sind andere Schmetterlinge wie Spinner, Schwärmer, Eulenfalter, aber da die meisten Arten nachts fliegen, treten sie weniger in Erscheinung. Viele sind so groß wie Tagfalter, einige sogar noch größer. Der Eulenfalter *Thysania agrippina* zum Beispiel erreicht eine Flügelspannweite von 32 cm, und der Atlasspinner, *Attacus atlas,* bringt es auf 25 cm. Mit 300 Quadratzentimetern hat der Herkulesspinner, *Coscinoscera hercules,* im tropischen Australien und auf Neuguinea die größte Flügelfläche von allen Schmetterlingen der Ordnung *Lepidoptera.*

Die zahllosen Käfer der Regenwälder sind ebenfalls besonders groß und schön gefärbt. Die Prachtkäfer aus der Familie *Buprestidae,* deren Larven im Holz bohren, haben metallisch grüne oder kupferfarbene Deckflügel. Schildkäfer der Unterfamilie *Cassidinae* leuchten wie goldene Tropfen zwischen den Blättern.

Ameisen bewohnen hauptsächlich den Boden des Dschungels; die Blattschneiderameisen der Gattung *Atta* hingegen holen sich ihre Nahrung in den Bäumen. Sie schneiden mit ihren Kiefern Stücke aus grünen Blättern und bringen sie in das unterirdische Nest. Dort zerkauen die Ameisen sie und verwenden sie als Kompost für die Pilze, von denen sie leben.

Termiten spielen im Wald eine ebenso große Rolle wie in den tropischen Grasländern. Im Gegensatz zu den Savannenbewohnern bauen die Waldarten aber selten Hügelnester, sondern sie nagen Gänge in totes Holz.

Riese der Neuen Welt Der Herkuleskäfer, *Dynastes hercules,* der in den Regenwäldern Südamerikas lebt, ist einer der größten Käfer der Erde. Die Männchen können bis zu 15 cm lang werden, wobei die beiden gewaltigen Hörner, die als Auswüchse vom Kopf und Brustabschnitt nach vorn weisen, fast die Hälfte der Körperlänge ausmachen. Ihre Funktion ist unbekannt, doch dürften sie irgendeine sexuelle Bedeutung haben.

Auf der Suche nach Feuchtigkeit Der Vogelfalter *Trogonoptera brookiana* fliegt in den Wäldern Südostasiens. Nur die Männchen kommen auf den Boden herab; die Weibchen leben hoch oben in den Bäumen.

Farbenpracht im Wald Der südamerikanische Fleckenfalter *Marpesia marcella* prunkt mit Farben.

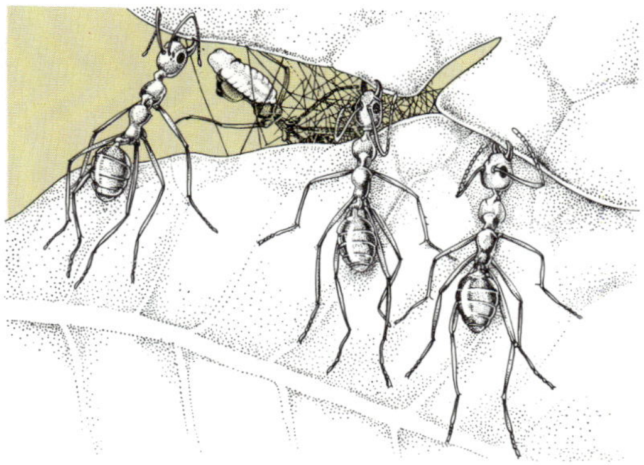

Weberameisen der Gattung *Oecophylla* bauen ihre Nester aus Blättern, die sie mit Spinnfäden zusammennähen. Die ausgewachsenen Ameisen können nicht wie ihre Larven Fäden spinnen. Einige Arbeiter nehmen Larven in ihre Zangen und tragen sie hin und her; dabei tritt ein seidiger Faden aus den Drüsen der Larven aus und hält die Blätter zusammen.

Der Blattweber Arbeiter der Weberameisen beginnen den Nestbau damit, daß sie die Blattränder zusammenziehen, bevor sie sie mit den von den Larven gesponnenen Fäden verbinden.

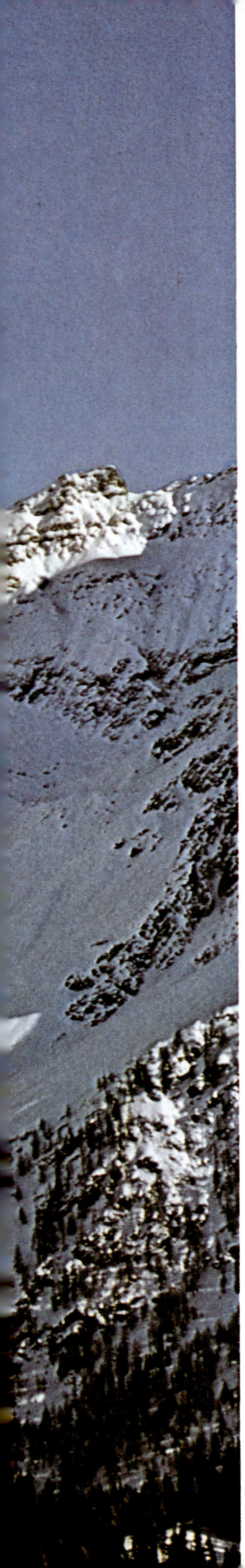

Gebirge

Ständig schrumpfen oder wachsen die Gebirge infolge von Erosion und Bewegungen im Erdinnern. Sie beeinflussen das Klima nachhaltig – und bieten den Tieren nur karge Lebensmöglichkeiten.

Die großen Berge und Gebirge der Erde ragen hoch in die dünneren Luftschichten der Atmosphäre hinauf. Dadurch werden die Lebensformen, die auf ihnen existieren, ebenso beeinflußt wie der Existenzkampf der Tiere.

Die meisten Lebensräume des Festlandes sind bis zu einem gewissen Grade durch die Atmosphäre geschützt. Diese Lufthülle bewahrt die Tiere und Pflanzen, die in ihr leben, am Tage vor Schäden durch Sonnenstrahlung, und sie sorgt dafür, daß die Erdoberfläche bei Nacht nicht so unerträglich auskühlt wie die des Mondes. Einer der Hauptbestandteile der Luft ist der Sauerstoff, den alle Tiere einatmen und mit dessen Hilfe sie Nahrung „verbrennen", um aus ihr Energie zu gewinnen.

Aber je höher ein Berg aufsteigt, desto weniger dicht wird die ihn umgebende Atmosphäre, und um so weniger Schutz bietet sie. Die Temperatur fällt mit zunehmender Höhe – ungefähr um 1° je 150 m. Junge Schößlinge verkümmern unter dem Einfluß schneidend kalter Winde, die in großen Höhen immer heftiger wehen. Der Boden wird ständig vom Regen fortgewaschen, durch Frost aufgebrochen und von stürzenden Felsen mit in die Tiefe gerissen.

Die Zone ewigen Schnees

An vielen Gebirgshängen kriecht Wald empor, aber oberhalb einer bestimmten Grenze können Bäume nicht mehr existieren. Die Höhe dieser Baumgrenze ist auf der Erde verschieden. Je höher der Wald reicht, um so kleiner, verkrüppelter sind die Bäume. Schließlich verschwinden sie ganz und machen Sträuchern Platz; diese wiederum weichen den alpinen Matten, und noch weiter oben folgen Moose und Flechten. In den größten Höhen erstreckt sich dann noch die Zone ewigen Schnees, wo es für Pflanzen oder Tiere kaum noch Nahrung gibt. Dieses Reich des ewigen Schnees ähnelt im Klima den Polargebieten; nur fehlen ihm die Nahrungsquellen, die das Polarmeer bietet.

Ein 6000 m hoher Berg am Äquator beherbergt auf seinen Flanken zusammengedrängt ebenso viele Lebenszonen wie die 10 000 Kilometer zwischen dem Äquator und den Polen in Meereshöhe.

Auf den Berghängen leben die Tiere unter harten Bedingungen. Das Futter ist knapp, das Klima kalt und es herrscht – besonders oberhalb von 4800 m – Sauerstoffmangel. Viele Gebirgswirbeltiere haben sich an den geringen Sauerstoffgehalt der Luft angepaßt: Ihr Blut enthält mehr sauerstoffaufnehmende rote Blutkörperchen als das ihrer Verwandten im Tiefland.

Gebirgsketten bilden Schranken für die Tierbestände in den Niederungen auf jeder Seite; zudem sind sie inselähnliche Lebensräume für Tiere, die im Tiefland nicht leben können.

Eine Entdeckung hat kürzlich zu einer neuen Theorie über die Entstehung der Gebirge geführt. Die Schicht des festen Basaltgesteins, das den unteren Teil der Erdkruste bildet, besteht – so fand man heraus – aus 6 unregelmäßigen Platten, die wiederum auf einer Gesteinsschicht liegen, dem sogenannten Mantel. Die Kontinente bestehen aus Gestein geringerer Dichte und werden von diesen Platten getragen.

Die Platten haben sich in den letzten Milliarden Jahren ständig bewegt. Wo sie aufeinandertreffen, sinkt die Kante der einen in den Erdmantel ein, während der Rand der anderen sich emporwölbt und eine Inselkette wie die Aleuten bildet, oder, falls ein Kontinent auf ihrem Rand liegt, eine Gebirgskette wie die Anden.

Kontinente haben zuviel Auftrieb, um in das flüssige Innere abzusinken, denn sie bestehen aus weniger dichtem Gestein. Die Erdbeben entlang der Andenkette werden dadurch verursacht, daß die absinkende Platte gegen den Rand des Kontinents reibt.

Die Reibungshitze, die beim Sinken der Platte entsteht, ist so groß, daß sie Vulkane entstehen läßt: Basalt schmilzt und entweicht durch dünne Stellen am Kontinentalrand nach oben. Vulkane bilden sich auch dort, wo neues Plattenmaterial aus dem Mantel aufsteigt.

Gebirge wie der Himalaja entstehen, wenn bei der Plattenbewegung 2 Kontinentalblöcke zusammenstoßen und die Platten Falten bilden. Manchmal stößt eine Kontinentalmasse auf eine Inselkette, und beide falten sich zusammen auf. So sollen zum Beispiel die Gebirge Neuguineas entstanden sein.

Obwohl die Gebirge fest gefügt und unbeweglich erscheinen, verändern sie sich doch dauernd; sie wachsen oder schrumpfen. Im Laufe eines Jahrtausends sind diese Veränderungen deutlich zu erkennen.

Gebirge nehmen nur einen kleinen Teil der Erdoberfläche ein, doch sie haben einen großen Einfluß auf das Klima, etwa auf die Winde und Niederschläge. Diese wiederum tragen die Gebirge ab und bilden Ablagerungen, auf denen dann Pflanzen blühen und gedeihen.

Winde entstehen dadurch, daß Warmluft aufsteigt und durch nachströmende Kaltluft ersetzt wird. Die Windrichtung wird im Grunde durch die Erdumdrehung bestimmt, doch bilden sich an den Gebirgen Wirbel, die sowohl örtliche Veränderungen der Temperatur und der Niederschlagsmenge verursachen als auch das Klima Tausende von Kilometern entfernt beeinflussen. Feuchtigkeitsbeladene Winde steigen an den Gebirgen in größere Höhen auf; dabei kühlt sich die Luft ab, die Feuchtigkeit kondensiert, und es regnet. Im Windschatten der Gebirge ist die Kondensation dagegen sehr gering; deshalb bilden sich dort Trockengebiete.

König der Berge Ein Steinbock verweilt auf einem Fels im Hochgebirge, weit oberhalb der Baumgrenze.

Inseln im Himmel

In der rauhen Zone zwischen der Baumgrenze und dem ewigen Schnee ist der Boden unfruchtbar; dennoch gibt es dort verkrüppelte Bäume, Büsche und andere Pflanzen.

Obwohl die eisbedeckten Gipfel und die unterhalb angrenzenden, fast unfruchtbaren Gebiete in den Hochgebirgen der Erde mehrere 1000 km von den Polargebieten entfernt sind, haben sie einen polarartigen Charakter. Beide Zonen sind einander in vielem ähnlich, doch besteht zwischen ihnen ein wesentlicher Unterschied: in großer Höhe ist die Luft weniger dicht und ihr Druck niedriger. Als „Lebensraum Hochgebirge“ bezeichnet man den Gürtel oberhalb der Baumgrenze bzw. einer Höhe von 2500 m, wo die Luft nur noch dreiviertel so dicht ist wie in Meereshöhe. Diese dünnere Luft bestimmt im Verein mit niedrigen Temperaturen, geringer Feuchtigkeit und starken Winden weitgehend das Pflanzen- und Tierleben dort.

Gebirge als Schranken und als Zufluchtstätten

Dort, wo große Gebirgsketten in Ost-West-Richtung streichen, bilden sie eine scharfe Grenze zwischen den Klimazonen weiter nördlich und südlich, da solche Zonen ganz allgemein durch die geographische Breite bestimmt werden. Eine dieser Ketten stellen Kaukasus, Hindukusch und Himalaja dar; sie bilden nicht nur eine klimatische Insel hoch oben im Himmel, sondern sind gleichzeitig eine Schranke zwischen der gemäßigten und der tropischen Zone Asiens. Außerdem verhindern sie einen Austausch von Tieren zwischen dem Norden und dem Süden.

Wenn hingegen die Gebirgsketten in der Nord-Süd-Richtung verlaufen, geht eine Klimazone allmählich in die andere über, und Tiere können ohne weiteres nord- oder südwärts wandern. Andererseits hindern solche Ketten die Tiere wiederum daran, in west-östlicher Richtung zu ziehen. Die Rocky Mountains, die Sierra Madre und die Anden bilden eine Gebirgskette, die Nord- und Südamerika teilt; auf jeder Seite dieser Schranke findet man in gleicher geographischer Breite verschiedene Tiere.

Welche Wirkung eine Gebirgsschranke haben kann, wird auf Sumatra deutlich. Viele Tiere, die man im Südwesten dieser Insel findet, fehlen im Nordosten, obwohl das Klima in beiden Regionen ähnlich ist. Die trennende Barriere ist das Barisan-Gebirge, das die Insel durchzieht und stellenweise fast 4000 m hoch aufsteigt.

Bilden Hochgebirge einerseits Schranken für die Verbreitung vieler Tiere, so haben andere Gruppen, zum Beispiel Steinböcke und Gemsen, gerade dort eine Zuflucht gefunden.

Schutz unter Gestein

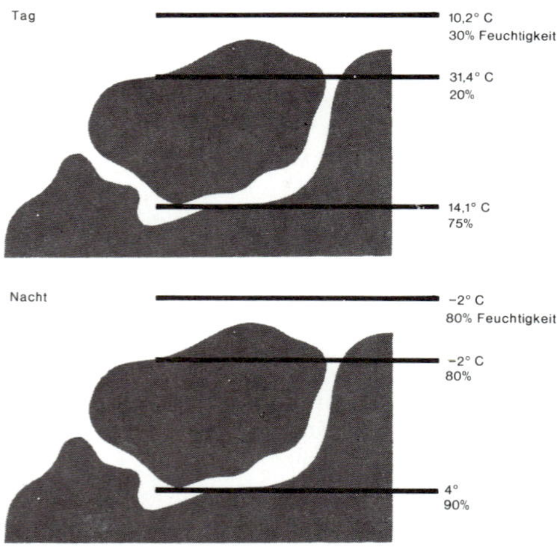
Tag
10,2° C
30% Feuchtigkeit
31,4° C
20%
14,1° C
75%
Nacht
−2° C
80% Feuchtigkeit
−2° C
80%
4°
90%

Im Gebirge sind die Temperaturunterschiede zwischen Tag und Nacht unter Gestein am geringsten; darum suchen kleine Tiere dort Schutz. Die Temperaturen an der Bodenoberfläche schwanken sogar noch stärker als die der Luft, da die Gebirgsluft wegen ihrer geringen Dichte nur eine begrenzte Wärmemenge aufnehmen kann. Demgegenüber läßt sie viel Sonnenwärme zum Boden durch.

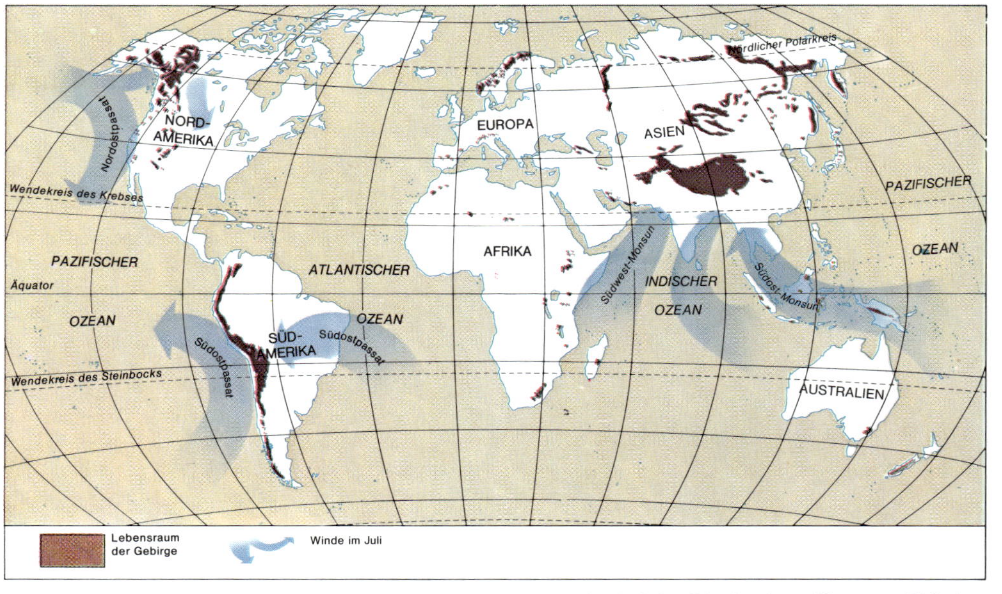
Nördlicher Polarkreis
NORD-AMERIKA
Nordostpassat
EUROPA
ASIEN
PAZIFISCHER
Wendekreis des Krebses
PAZIFISCHER
Äquator
OZEAN
AFRIKA
ATLANTISCHER
OZEAN
Südwest-Monsun
INDISCHER
OZEAN
Südost-Monsun
OZEAN
SÜD-AMERIKA
Südostpassat
Südostpassat
Wendekreis des Steinbocks
AUSTRALIEN
Lebensraum der Gebirge
Winde im Juli

Die vorherrschenden Winde auf der Erde werden von Gebirgen beeinflußt. Die feuchten Monsune Südasiens kühlen ab, wenn sie am Himalaja emporsteigen, so daß ungeheure Wassermengen auf das Land südlich der Kette niedergehen. Im Norden, im Regenschatten des Himalaja, erstrecken sich dagegen weite Wüsten.

Die Lebensbedingungen im Gebirge

Ursache und Wirkung der tiefen Temperaturen sind in den Gebirgen anders als in den Polarregionen. An den Polen ist es kalt, weil die Sonne dort tief am Himmel steht und ihre Strahlen erst nach einem langen Weg durch die Atmosphäre die Erdoberfläche erreichen; die meiste Energie wird auf diese Weise von der Lufthülle absorbiert.

Im Hochgebirge ist das Gegenteil der Fall. Hier treffen die Sonnenstrahlen nach einem kurzen Weg durch eine dünne Luftschicht auf die Erde; doch wird ein großer Teil der Sonnenwärme in den Raum zurückgestrahlt. Durch die geringe Dichte der Luft in großen Höhen wird dieser Verlust noch verstärkt. Die Dichteunterschiede hängen mit der Anziehungskraft der Erde zusammen, die auf die Luft in Meereshöhe stärker einwirkt.

Die geringere Dichte und der niedrige Druck der Luft haben noch weitere Folgen. Wegen ihrer geringen Dichte kann die Luft nicht viel Wasser aufnehmen; darum ist auch ihr Feuchtigkeitsgehalt gering. Infolgedessen ist die Luft im Hochgebirge klarer als in Meereshöhe, und dieser Umstand wiederum bewirkt, daß mehr ultraviolette Strahlen durchkommen können als in niedrigeren Höhen. Luft von geringer Dichte nimmt nur wenig Sonnenwärme auf, der Boden darunter hingegen absorbiert viel. So ist der Unterschied zwischen den Boden- und den Lufttemperaturen hier am Tage groß.

Die Winde erreichen im Gebirge hohe Geschwindigkeiten, da der Reibungswiderstand der Erdoberfläche dort geringer ist. Höhere Windgeschwindigkeiten verursachen eine stärkere Verdunstung, und diese hat noch niedrigere Temperaturen zur Folge.

Die Baumgrenze deckt sich gewöhnlich mit einer Linie, an der die monatliche Durchschnittstemperatur 10° nie überschreitet. In jedem Gebirge liegen die Verhältnisse aber anders.

Zone der Felsen und Flechten Unterhalb der Grenze des ewigen Schnees bei 3200 m liegt auf dem Mount Sir Donald in Britisch-Kolumbien ein typischer Gürtel mit flechtenüberzogenen Felsen und hartem Gras.

Schneebedeckte Berge bilden unwirtliche Inseln hoch über den Tälern und Ebenen. In einer Höhe von mehr als 3600 m können auf den Gletschern und Zinnen der Savoyer Alpen keine Pflanzen mehr gedeihen.

Hochgebirgsmatten Gras, Heidekraut und verkümmerte Büsche wachsen in der Hochgebirgszone des Beartooth-Gebirges in Montana. Weiter oben findet man nur noch Flechten und winterharte Pflanzen.

Vegetationsstufen Von den Weiden und Laubwäldern dieses Tiroler Tales aus ändert sich die Vegetation mit zunehmender Höhe. Nadelwald markiert die Baumgrenze. Weiter oben liegt die Hochgebirgszone.

Die vielen Zonen eines Gebirges

In einem Gebirge, das an einer Küste im Äquatorbereich läge und sich bis zu einer Höhe von 6000 m erhöbe, wären fast alle Vegetationstypen vertreten. Mangrovensümpfe in Meereshöhe würden in tropischen Wald übergehen, der in etwa 900 m Höhe von laubabwerfenden und immergrünen Wäldern und bei ungefähr 2700 m von Nadelwald abgelöst würde.

Die Höhe der einzelnen Gürtel wird zum Teil von der jeweiligen Lage der Hänge bestimmt. So sind zum Beispiel in Nepal bei 3000 m die kühlen Nordhänge von Nadelwäldern bedeckt, während die trockenen, sonnigen Südhänge in gleicher Höhe Grasland tragen.

Oberhalb der Baumgrenze, die in Skandinavien unter der 600-m-Linie und am Äquator über 4000 m hoch verläuft, folgen noch einige weitere Gürtel. Zunächst kommt die Buschzone – zum Teil zwergwüchsiger Wald aus verkrüppelten, behaarten Bäumen der gleichen Arten, wie sie weiter unten stehen; ihre Behaarung und ihr Zwergwuchs schützen sie vor dem Frost. Weiter oben folgen die Hochgebirgsmatten mit einer tundraähnlichen Vegetation. An trockeneren Stellen findet man öfter Heidekraut, und unter den Schneeverwehungen wachsen Moose.

Direkt unterhalb vom Schnee trifft man einige winterharte Blütenpflanzen an, die zusammen mit Flechten den nackten Felsen überziehen. In den Tropen liegt die Schneegrenze oft unmittelbar oberhalb der Buschzone; im Himalaja hingegen folgt den 3 Zonen oberhalb der Baumgrenze eine vierte: die äolische Zone.

Vegetationszonen mit ihrer Höhe über dem Meeresspiegel und ihrer geographischen Breite

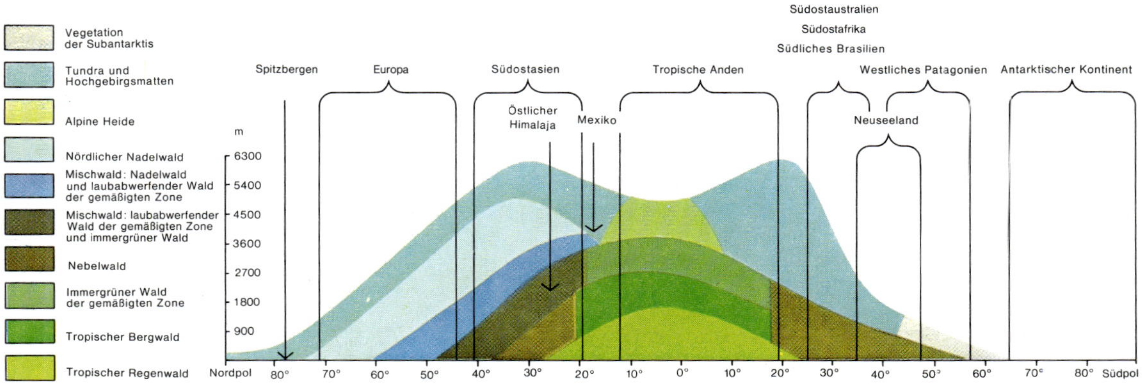

Vegetation der Subantarktis
Tundra und Hochgebirgsmatten
Alpine Heide
Nördlicher Nadelwald
Mischwald: Nadelwald und laubabwerfender Wald der gemäßigten Zone
Mischwald: laubabwerfender Wald der gemäßigten Zone und immergrüner Wald
Nebelwald
Immergrüner Wald der gemäßigten Zone
Tropischer Bergwald
Tropischer Regenwald
m
6300
5400
4500
3600
2700
1800
900
Nordpol
80°
70°
60°
50°
40°
30°
20°
10°
0°
10°
20°
30°
40°
50°
60°
70°
80°
Südpol
Spitzbergen
Europa
Südostasien
Östlicher Himalaja
Mexiko
Tropische Anden
Südostaustralien
Südostafrika
Südliches Brasilien
Westliches Patagonien
Neuseeland
Antarktischer Kontinent

In feuchten Gebieten hat die Höhe über dem Meeresspiegel die gleiche Wirkung auf die Bildung von Vegetationszonen wie die Entfernung vom Äquator, doch bestehen Unterschiede zwischen der Nord- und Südhalbkugel.

Leben oberhalb der Baumgrenze

Gebirge mit ihrem Sauerstoff- und Feuchtigkeitsmangel, mit den starken Winden, dem blendenden Licht und kargen Boden stellen hohe Anforderungen an alles Leben.

Jede Pflanze und jedes Tier, das sich im Hochgebirge oberhalb der Baumgrenze behaupten will, muß besondere Merkmale aufweisen, die den Arten in den günstigeren Tiefländern fehlen. Hochgebirgsarten haben sich in Gestalt, Größe und Farbe sowie in ihrer Fortpflanzungsweise den herrschenden Bedingungen angepaßt; sie unterscheiden sich von ihren Verwandten im Tiefland.

Die Verhältnisse im Gebirge verhindern bei vielen Pflanzen eine geschlechtliche Fortpflanzung mit Samenbildung, darum müssen diese Lebewesen sich auf andere Art fortpflanzen. Der Hängende Steinbrech, *Saxifraga cernua,* bildet dort, wo die Blätter am Stengel ansetzen, kleine Knospen oder Brutzwiebeln, die abfallen, unter dem Schnee überwintern und im folgenden Frühling neue Pflanzen hervorbringen. Einige Arten, wie der Berg-Hahnenfuß, *Ranunculus montana,* können ohne Befruchtung Samen bilden. Bei anderen, etwa beim Alpenrispengras, *Poa alpina,* keimen die Samen schon, wenn sie noch an der Elternpflanze sitzen.

Tiere sind an den Sauerstoffmangel durch größere Lungen und Herzen angepaßt. Das Blut der Hochgebirgstiere enthält auch mehr rote Blutkörperchen; so kann es mehr Sauerstoff aufnehmen als das der Tieflandbewohner.

Viele Tiere im Gebirge haben ein dickes Fell, das sie einerseits vor dem Erfrieren, andererseits vor der Sonnenhitze am Tage schützt. Selbst Insekten, zum Beispiel Fliegen, sind im Gebirge ungewöhnlich stark behaart. Bei einigen Vögeln, etwa beim Alpenschneehuhn, *Lagopus mutus,* werden die Federn im Winter weiß; dadurch sind die Tiere im Schnee gegenüber ihren Feinden getarnt. Andere Warmblüter sind größer als ihre Verwandten im Tiefland. Das Verhältnis ihrer Oberfläche zu ihrer Körpergröße ist dadurch verkleinert, was den Wärmeverlust herabsetzt. Manche Kaltblüter können gefrieren, ohne zu sterben. Springschwänze lebten weiter, nachdem sie 3 Jahre in einem Gletscher eingefroren waren.

Einige Gebirgstiere, zum Beispiel Hirsche, Schafe und Steinböcke, kommen im Winter in niedrigere Höhen herunter. Andere halten einen Winterschlaf, wie das Alpenmurmeltier, *Marmota marmota,* oder sie legen Vorräte an wie der Tibetanische Pfeifhase, *Ochotona thibetana.* Viele Hochgebirgstiere verkriechen sich im Boden, um sich warm zu halten.

An große Höhen angepaßt Das Vikugna, *Vicugna vicugna,* kommt mit der dünnen Luft in den Anden in 4000 bis 5500 m Höhe aus, weil sein Blut große Mengen von Sauerstoff aufnehmen kann. In einem Kubikmillimeter seines Blutes befinden sich 14 Millionen rote Blutkörperchen. (Beim Menschen sind es nur 5 Millionen.)

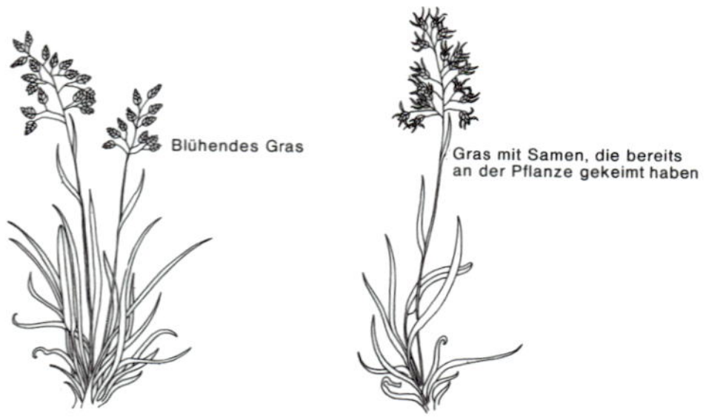
Blühendes Gras
Gras mit Samen, die bereits an der Pflanze gekeimt haben

Früh entwickelte Samen Samen des Alpenrispengrases keimen schon an der Mutterpflanze. Im rauhen Hochgebirge haben sie damit einen günstigen Start.

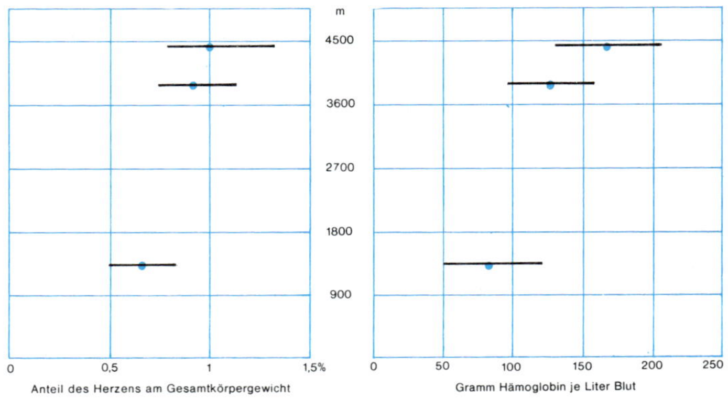
m
4500
3600
2700
1800
900
0
0,5
1
1,5%
Anteil des Herzens am Gesamtkörpergewicht
0
50
100
150
200
250
Gramm Hämoglobin je Liter Blut

Anpassung an dünne Luft

Die nordamerikanische Hirschmaus, *Peromyscus maniculatus,* bewohnt Lebensräume von den tief liegenden Wüsten bis zu hohen Gebirgen. In größeren Höhen, wo die Luft dünner wird, haben die Hirschmäuse größere Herzen und mehr rote Blutkörperchen, also mehr Hämoglobin. Dadurch können sie genügend Sauerstoff aufnehmen. Die schwarzen Linien links geben die Resultate von Messungen bei vielen Tieren wieder, die blauen Punkte die Durchschnittswerte.

Kampf gegen Kälte und Wind

Die meisten Hochgebirgspflanzen sind klein und winterhart; sie überdauern mehrere Jahre und können in den kurzen Wachstumszeiten genügend Nährstoffe sammeln, um sich zu vermehren. Von 300 Arten, die in den Rocky Mountains oberhalb der Baumgrenze vorkommen, sind nur 2 einjährig.

Einige Pflanzen sind gegen den Frost durch konzentrierten Zellsaft geschützt, der wie ein Frostschutzmittel wirkt und den Gefrierpunkt herabsetzt. Andere halten die Wärme zurück, wie das Stengellose Leimkraut, *Silene acaulis*, das ein dichtes Stengelgewirr bildet, in dem die Temperatur 10° höher sein kann als in der umgebenden Luft. Manche Arten können sogar Wärme erzeugen, zum Beispiel das Gemeine Alpenglöckchen, *Soldanella alpina*. Es bringt den Schnee zum Schmelzen, indem es Kohlehydrate in Wärme verwandelt, die dann von seinen Trieben ausgestrahlt wird.

Im Hochgebirge gibt es nur wenig Feuchtigkeit. Deren Hauptquelle ist der Schnee; deshalb leben die meisten Tiere an der Schneegrenze oder in der Nähe von Gletschern, Gletscherseen oder an Schmelzwasserflüssen. Vor allem Insekten setzen sich nur an feuchten Stellen nahe dem Schneerand der Sonne aus.

Wegen der starken Winde können kleine Vögel und Insekten im Gebirge kaum fliegen; wenn sie sich in die Luft erheben, besteht die Gefahr, daß sie abgetrieben werden. So fliegen die meisten kleinen Vögel dort nur selten, und 60 Prozent der Insekten oberhalb der Baumgrenze sind flügellos. Diejenigen Arten, die Flügel haben, benutzen sie kaum. Die Amerikanische Küchenschabe, *Periplaneta americana,* zum Beispiel ist geflügelt; in den Tiefländern der Tropen fliegen Männchen und Weibchen, in den Ebenen der gemäßigten Breiten fliegen nur die Männchen, in den Gebirgen hingegen fliegen weder Männchen noch Weibchen.

Einige Gebirgspflanzen aus verschiedenen Familien gleichen einander, solange sie nicht blühen; sie haben sich nämlich auf ähnliche Weise

Tieflandrasse in England
Clossiana euphrosyne euphrosyne
Gebirgsrasse in Skandinavien
Clossiana euphrosyne obscurior

Dunklere Färbung Die Rasse des Veilchen-Perlmutterfalters im finnischen Bergland ist dunkler als die Tieflandrassen. Dunkles Pigment absorbiert die Wärme und schützt vor Ultraviolettstrahlung.

an den heftigen Wind angepaßt, indem sie Polsterformen bildeten, die dem Wind nur wenig Widerstand bieten.

Die starke Sonnenstrahlung hat dazu geführt, daß viele Hochgebirgstiere dunkel gefärbt sind. Diese Art der Anpassung ist vorteilhaft, weil dadurch das kurzwellige ultraviolette Licht absorbiert und das tiefer liegende Gewebe geschützt wird. Bei vielen Insekten bewirkt die dunkle Färbung auch, daß sie am Tage mehr Wärme aufnehmen. Sie sind nur so lange aktiv, wie die Sonne scheint.

Vögel sind dazu übergegangen, an den Felswänden zu nisten. Einige Huftiere des Hochgebirges besitzen an ihren Füßen weiche, einwärts gewölbte Ballen, die wie Gummisauger an steilen Flächen haften.

Zuflucht im Boden Der finkengroße patagonische Wüstenhacker, *Upucerthia dumetaria*, hat kräftige Füße und Beine; er gräbt einen fast 1 m langen unterirdischen Gang mit einer Nistkammer am Ende.

Bergkalanderlerche
Melanocorypha bimaculata
Sumpflerche
Melanocorypha maxima

Ein langer Schnabel als Sonde In Indien gibt es 2 Kalanderlerchen-Arten. Die Sumpflerche, die im Boden nach Insekten sucht, hat einen längeren, spitzeren Schnabel als die Bergkalanderlerche.

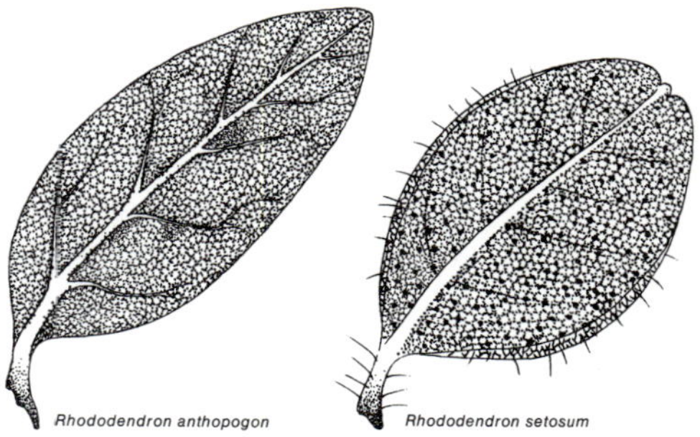
Rhododendron anthopogon
Rhododendron setosum

Verdunstungsschutz Rhododendron-Arten im Himalaja setzen in der trockenen Hochgebirgszone den Wasserverlust herab: Auf der Blattunterseite hat *Rhododendron setosum* Haare, *Rhododendron anthopogon* Schuppen.

Lurch auf dem Lande Die meisten Salamander legen ihre Eier im Wasser ab. Der dunkle Alpensalamander, *Salamandra atra*, aber lebt in einer trockenen Umwelt und hat sich an den Wassermangel dadurch angepaßt, daß er lebende Junge zur Welt bringt.

Eine Blume, die dem Frost trotzt Der Gletscherhahnenfuß, *Ranunculus glacialis*, blüht in den Gebirgen Islands, Grönlands und Europas. Sein konzentrierter Zellsaft wirkt wie ein Frostschutzmittel.

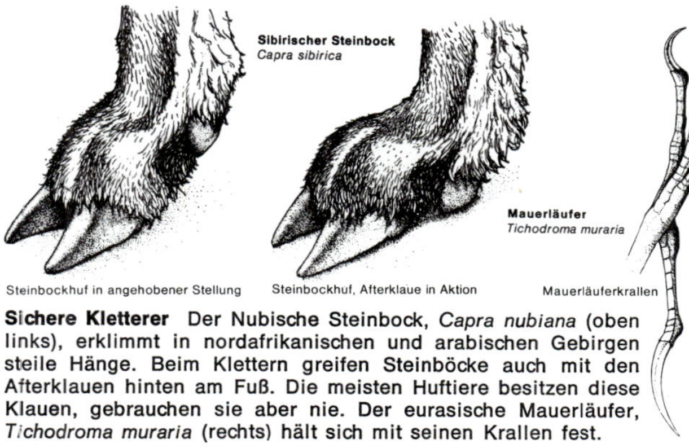
Sibirischer Steinbock
Capra sibirica
Mauerläufer
Tichodroma muraria
Steinbockhuf in angehobener Stellung
Steinbockhuf, Afterklaue in Aktion
Mauerläuferkrallen

Sichere Kletterer Der Nubische Steinbock, *Capra nubiana* (oben links), erklimmt in nordafrikanischen und arabischen Gebirgen steile Hänge. Beim Klettern greifen Steinböcke auch mit den Afterklauen hinten am Fuß. Die meisten Huftiere besitzen diese Klauen, gebrauchen sie aber nie. Der eurasische Mauerläufer, *Tichodroma muraria* (rechts) hält sich mit seinen Krallen fest.

Großsäuger oberhalb der Baumgrenze

Im Hochgebirge sind die Großkatzen zu besonderen Jagdmethoden übergegangen. So beschleicht der Schneeleopard seine Opfer, statt sie aus dem Hinterhalt anzufallen.

Die meisten Großsäuger oberhalb der Baumgrenze sind Pflanzenfresser. Da dort oben Säugetiere, die als Beute in Frage kommen, kaum vorhanden sind, gibt es nur wenige reine Fleischfresser: den Puma, den Wolf, den Schneeleoparden und auf dem Berg Kenia den Leoparden. Bären sind zwar häufig, aber sie fressen nicht nur Fleisch. Das einzige Gebirgsrind ist der Yak. In Asien und Afrika leben oberhalb der Baumgrenze auch einige Hirsch- und Antilopenarten. In den Anden findet man das Vikugna, den Guanako und das Lama und Alpaka.

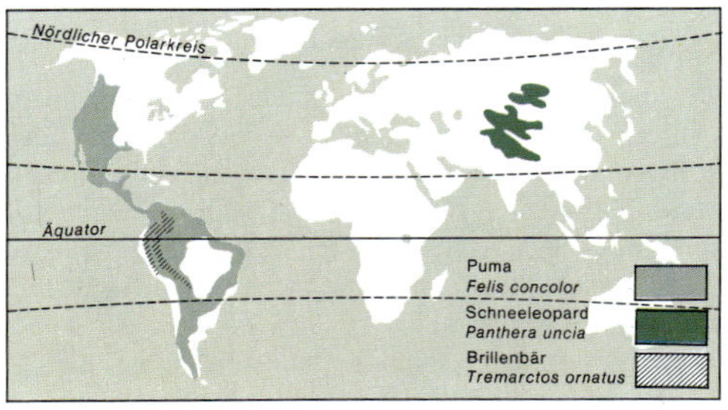
Nördlicher Polarkreis
Äquator
Puma
Felis concolor
Schneeleopard
Panthera uncia
Brillenbär
Tremarctos ornatus

Großkatzen der Gebirge Schneeleoparden sind Großkatzen des Hochgebirges. Pumas kommen in den Bergen und im Flachland der Neuen Welt vor.

Raubtiere der Gebirgshänge

Die einzige echte Hochgebirgskatze ist der Schneeleopard, der im Altai-Gebirge in der Mongolei und im Himalaja bis zu einer Höhe von 6000 m vorkommt. Er hat einen dicken, wärmenden Pelz aus langen Haaren, der graubraun gefärbt ist und rosettenförmige schwarze Flecken trägt. Der Bauch ist weiß getönt. Vor den kalten Hochgebirgsnächten suchen Schneeleoparden in Höhlen Schutz. Am Tage kommen sie heraus und jagen in einem großen Gebiet Yakkälber, Bergschafe, Ziegen, kleine Säuger und Vögel.

Der Bergpuma ist viel größer als die Tieflandrasse – mit Schwanz fast 2,5 m lang und 220 Pfund schwer; die Tiere der Ebene bringen es dagegen nur auf 1,5 m und einen Zentner. Die Reviere der Männchen überschneiden sich gewöhnlich mit denen mehrerer Weibchen. Die Größe eines solchen Gebietes richtet sich danach, wie viele Beutetiere vorhanden sind. In den Rocky Mountains von Nordamerika benötigt ein Männchen etwa 60 Quadratkilometer.

Einige Pumas leben nicht in festen Revieren, sondern streifen frei umher. Wenn ein solches Tier in das Revier eines anderen Pumas kommt, scheinen die beiden einander zu meiden. Um sich gegenseitig zu warnen, markieren sie ihren Aufenthaltsort durch Kratzstellen und Duftstoffe.

Der Brillenbär ist der einzige Bär Südamerikas; er droht auszusterben. Dieses Tier lebt in den Anden von Ecuador und Nordperu und ernährt sich hauptsächlich von Früchten, Blättern und Wurzeln.

Der Leopard, der anschleicht Der Schneeleopard muß seine Opfer beschleichen, da es in seinem Lebensraum keine Bäume gibt, die ihm als Versteck dienen können.

Er jagt am Tage Im Gebirge jagt der Puma oberhalb der Baumgrenze am Tage, wenn seine Beutetiere aktiv sind. In niedrigeren Höhen hat er eine weitgehend nächtliche Lebensweise. Bleibt von einem großen Opfer etwas übrig, so versteckt der Puma den Rest und kehrt später zurück, um wieder davon zu fressen.

Mit scharfen, wachsamen Augen Das männliche Leittier ist der Wachtposten der weidenden Guanakoherde. Wenn Gefahr droht, stößt er ein durchdringendes Blöken aus. Auf dieses Alarmsignal hin läuft die Herde davon; der Leithengst bildet dann die Nachhut. Guanakos greifen oft Eindringlinge an.

Wolle von wildlebenden Tieren Vikugnas werden alljährlich zusammengetrieben. Ihre Wolle gilt als die feinste, leichteste der Welt. Nach dem Scheren läßt man sie wieder frei, da sie sich nicht domestizieren lassen.

Überleben in der Kälte Das Fell des Yaks ist so dicht und verfilzt, daß das Tier bei Temperaturen bis zu — 40° leben kann. Wenn es kein anderes Futter gibt, ernährt sich der Yak von Moosen und Flechten.

Gras- und Laubfresser

Yaks werden in Tibet als Haustiere gehalten, doch gibt es dort sowie in der Provinz Kansu in Nordwestchina noch kleine Herden von Wildyaks. Männchen und Weibchen bilden getrennte Herden; nur während der Brunst im September und Oktober kommen sie zusammen. Wenn die Yaks von Raubtieren wie Wölfen oder Schneeleoparden angegriffen werden, bilden die ausgewachsenen Tiere – so wie die Moschusochsen – einen schützenden Kreis um die Jungtiere, wobei ihre Hörner nach außen gerichtet sind.

Der ungewöhnlichste Hochgebirgshirsch ist das Moschustier, *Moschus moschiferus*, in Zentralasien. Es trägt kein Geweih. Dafür besitzen die Männchen hauerartige obere Eckzähne, die sie als Waffen gebrauchen. Ihre Reviere markieren sie mit Duftstoff: Aus ihren Moschusdrüsen am Hinterleib reiben sie ein Sekret an Felsen und Bäume.

Eine Rasse des Rothirsches, *Cervus elaphus wallichi,* lebt nur in dem zwergwüchsigen Rhododendrongestrüpp oberhalb der Baumgrenze im nördlichen Tibet. Der Weißlippenhirsch, *Cervus albirostris,* in China und Tibet ist heute selten geworden.

Imponierhaltung Während die Weibchen weiden, stellt sich das Vikugna-Männchen mit erhobenem Schwanz erhöht auf und warnt so Rivalen davor, sein Revier zu betreten.

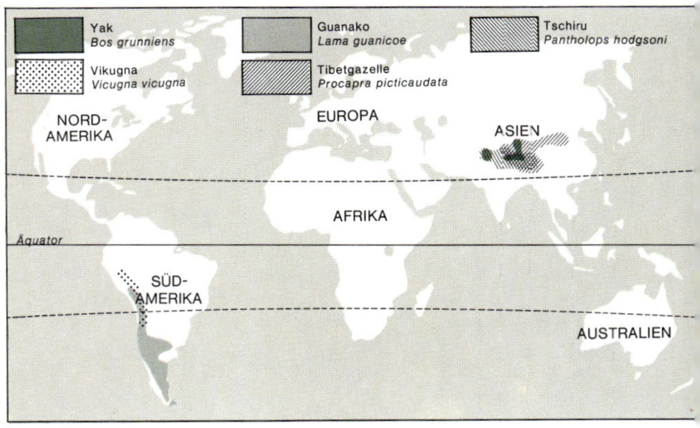
Yak
Bos grunniens
Guanako
Lama guanicoe
Tschiru
Pantholops hodgsoni
Vikugna
Vicugna vicugna
Tibetgazelle
Procapra picticaudata
NORD-AMERIKA
EUROPA
ASIEN
AFRIKA
Äquator
SÜD-AMERIKA
AUSTRALIEN

Überleben in großer Höhe Yaks kommen in Höhen bis zu 6000 m vor, Vikugnas bis zu 5500 m und Guanakos bis zu 4500 m. Ein dickes Fell schützt sie alle vor Kälte. Ihre Lungen sind groß, so daß mehr Blut mit dem wenigen Sauerstoff der Luft in Berührung kommt.

Nur 2 Antilopenarten sind auf das Gebirge beschränkt; beide leben in Tibet. Der Tschiru hat Säcke an der Nase, die aufgeblasen werden können. Vielleicht dienen sie dazu, die eiskalte Luft zu erwärmen, die das Tier einatmet, wenn es an den Gletschern in 4500 m Höhe äst. Tschirus schützen sich vor den kalten Winden dadurch, daß sie flache Gräben scharren, in die sie sich dann legen. Ihren Lebensraum teilen sie mit der Tibetgazelle, die bis zu einer Höhe von 5500 m weidet.

Vikugnas, die kleinsten Vertreter der Familie der Kamele, kommen in den Anden in Höhen zwischen 4200 und 5500 m vor. Guanakos können nicht gut klettern; sie bleiben auf den Hochebenen. Beide Arten leben in Herden und ernähren sich von den Berggräsern. Sie können schnell laufen – was auch nötig ist, wenn sie sich vor Raubtieren in Sicherheit bringen wollen.

Schafe und Ziegen

Gras- und Laubfresser finden im Hochgebirge nur eine karge Weide; dafür können sie dort oben von den meisten Raubtieren nicht erreicht werden.

Wildlebende Gebirgsschafe und -ziegen gehören beide zum Tribus *Caprini* in der Huftierunterfamilie *Caprinae.* Für die Schafe der Gattung *Ovis* sind Duftdrüsen zwischen den Hufen der Vorder- und Hinterfüße sowie im Gesicht charakteristisch. Ziegen der Gattung *Capra* besitzen solche Drüsen nur an den Vorderfüßen. Die Männchen tragen einen Bart und riechen scharf. Doch von den Arten, die in freier Wildbahn leben, zeigen nur wenige so typische Merkmale, daß man sie auf Anhieb erkennt. Besonders im Gebirge haben sich Schafe und Ziegen in ähnlicher Weise an die unwirtlichen Bedingungen dort angepaßt, und darum sehen sie sich oft ähnlich.

Zu der Unterfamilie *Caprinae* rechnen noch 3 weitere Tribus: die *Saigini,* mit der Saiga und dem Tschiru; die *Rupicaprini*, zu denen die Gemse und die Schneeziege der Rocky Mountains gehören; und die *Ovibovini* mit dem Takin und dem Moschusochsen. Diese Unterfamilie ist noch ziemlich jung und hauptsächlich in der Alten Welt vertreten. Auf der Südhalbkugel fehlt sie ganz. In Nordamerika leben nur 3 Arten – darunter die mit den Gemsen verwandte Schneeziege –, in Nordafrika 2: eine Ziege und ein Schaf.

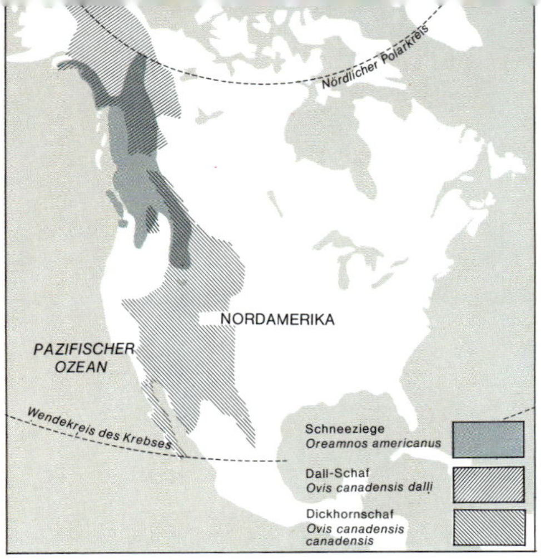
Nördlicher Polarkreis
NORDAMERIKA
PAZIFISCHER OZEAN
Wendekreis des Krebses
Schneeziege
Oreamnos americanus
Dall-Schaf
Ovis canadensis dalli
Dickhornschaf
Ovis canadensis canadensis

Zurückgehende Verbreitung Bis zum letzten Jahrhundert gab es auf jedem Gebirgshang von Britisch-Kolumbien bis Nordmexiko Dickhornschafe. Heute ist das Verbreitungsgebiet dieser Tiere kleiner. Junge Dickhornschafe lernen die Wanderwege zwischen den Gebirgsgrasländern kennen, indem sie den älteren folgen. Dort, wo der Mensch diese Wege unterbrach, konnten die jungen Tiere alleine nicht weiterfinden, und so wurde das Verbreitungsgebiet kleiner.

Kampf um die Herrschaft Zwei Dickhornschafböcke nehmen Kampfstellung ein, indem sie die Hälse vorstrecken und die Köpfe leicht wenden; auf diese Weise bringen sie ihre Hörner am besten zur Geltung. Dickhornschafe kämpfen nur, wenn ihre Hörner annähernd gleich groß sind. Jeder der Gegner weicht ein Stück zurück; dann stellen sich beide auf die Hinterbeine und stürmen gegeneinander, daß es kracht.

Das Dall-Schaf ist eine Rasse des nordamerikanischen Dickhornschafes; es ist kleiner als dieses, aber seine Hörner laden weiter aus. Während einige Dall-Schafe ein völlig weißes Fell besitzen, sind andere in den oberen Partien dunkler.

Unerreichbar und sicher Die Schneeziege, eine Verwandte der Gemse, streift auf den höchsten und unzugänglichsten Gipfeln der Rocky Mountains umher; dorthin können ihr nur wenige Raubtiere folgen.

Schafe auf den Gipfeln hoher Berge

Die Gebirge sind nicht nur die Heimat der echten Schafe – zu denen der Argali gehört – und der echten Ziegen – zum Beispiel des Markhor, auch Schraubenziege genannt – sondern überdies noch anderer Vertreter der *Caprini,* so des Tahr und des Mähnenspringers.

Eins der größten echten Schafe ist das nordamerikanische Dickhornschaf. Dieses Tier hat massive, im Querschnitt dreieckige Hörner, die etwa 1 m lang und bogenförmig nach hinten gekrümmt sind. Die Länge des Hornes entscheidet bei den männlichen Dickhornschafen über den Rang innerhalb des Rudels, denn falls ein fremder Bock sich einer Herde anschließt, fordern ihn nur Männchen mit annähernd gleich großen Hörnern zum Kampf; Böcke mit größeren oder kleineren Hörnern beachten den Neuling nicht.

Die nördliche Rasse des Dickhornschafes wird Dall-Schaf genannt. Diese Tiere besitzen oft ein weißes Fell, obwohl sie Gebiete mit viel Schnee meiden, dort also keine Tarnfarbe brauchen. Die Drüsen an ihren Füßen hinterlassen Duftspuren, mit deren Hilfe die Schafe in den langen Winternächten und bei Nebel in enger Verbindung bleiben.

Die Schneeziege der Rocky Mountains hat ein dichtes, weißes Fell, und unter ihrer dicken Haut befinden sich mehrere Fettschichten; so kann sie in bitterkalter Umgebung leben. Ihre Beine sind kurz und stämmig; mit ihren kleinen Hufen kommt sie auch auf scheinbar unwegsamen Klippen sicher und stetig voran. Dieses Tier der Neuen Welt kann von den meisten Raubtieren überhaupt nicht mehr erreicht werden.

Das größte eurasische Wildschaf ist das Argali – oder Altai-Wildschaf – der zentralasiatischen Hochebene. Es wiegt bis zu 320 Pfund und hat gebogene, etwa 1,5 m lange Hörner. Argalis ziehen zum Winter in die Täler, wo sie in Herden leben. Im Sommer weiden sie auf den Bergen und steigen dabei bis in eine Höhe von 5500 m auf. Wenn sie von Schneeleoparden oder Wölfen verfolgt werden, wagen sie sich sogar noch weiter hinauf.

Das Blauschaf, *Pseudois nayaur*, scheint zwischen Schafen und Ziegen zu vermitteln, denn ihm fehlen sowohl die Gesichtsdrüsen der Schafe als auch der Bart und der starke Geruch der typischen Ziegen. Wie die Schafe weidet es in offenem, welligem Gelände, und mit der Behendigkeit einer Ziege erklettert es die Felswände des Himalaja.

Verschiedene Hornformen infolge einer getrennten Entwicklung

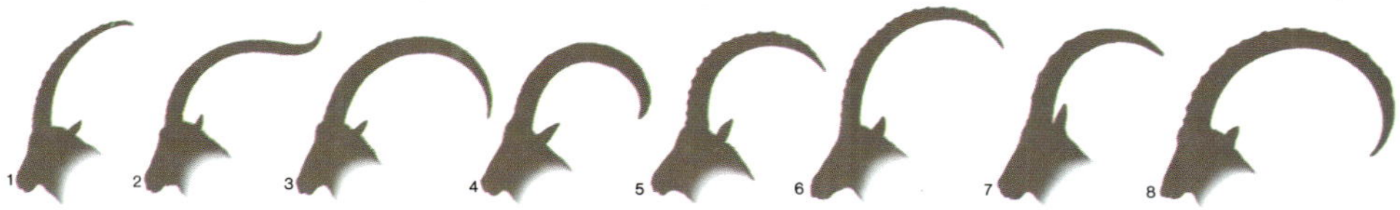
1
2
3
4
5
6
7
8

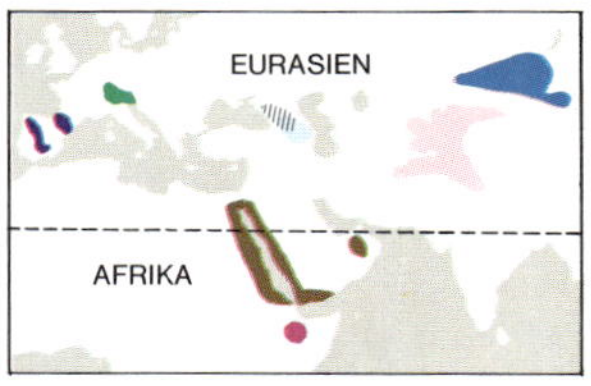
EURASIEN
AFRIKA

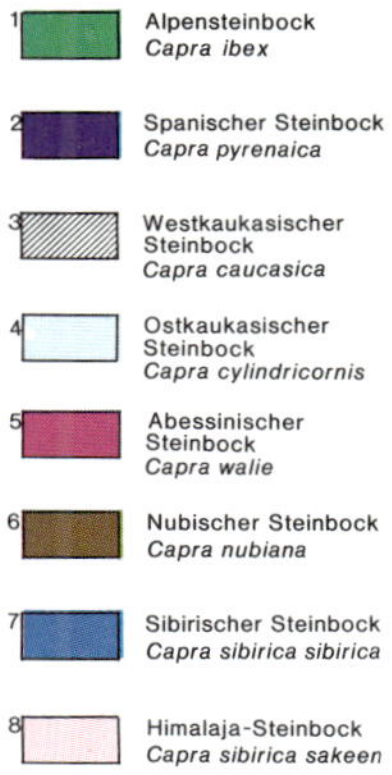
1 Alpensteinbock *Capra ibex*
2 Spanischer Steinbock *Capra pyrenaica*
3 Westkaukasischer Steinbock *Capra caucasica*
4 Ostkaukasischer Steinbock *Capra cylindricornis*
5 Abessinischer Steinbock *Capra walie*
6 Nubischer Steinbock *Capra nubiana*
7 Sibirischer Steinbock *Capra sibirica sibirica*
8 Himalaja-Steinbock *Capra sibirica sakeen*

Die verschiedenen Formen des Steinbockgehörns zeigen, daß die Rassen sich in isolierten Gebieten entwickelt haben. Steinböcke waren in Eurasien und Nordafrika weit verbreitet, bis sie sich während der Eiszeit in die Gebirge zurückzogen. Seitdem haben die einzelnen Gruppen verschiedene Hornformen hervorgebracht.

Kampfgehörn Mit den eindrucksvoll nach hinten geschwungenen Hörnern kämpft der männliche Steinbock gegen andere Böcke.

Sommerwanderungen zu den Gipfeln

Der Markhor, zweifellos eine echte Ziege, ist der größte Vertreter der Gattung *Capra*. An Größe steht er kaum hinter einem Argali zurück. Er hat einen starken Bart und strömt einen scharfen Geruch aus. Seine Hörner sind schraubenförmig gewunden und werden 1,20 m lang. Obwohl Markhors die höheren Regionen im Hindukusch und Himalaja bevorzugen, weist ihr Fell kein Unterwollhaar auf; deshalb müssen sie im Winter in geschütztere Täler hinabsteigen, wo sie sich in großen Herden sammeln. Im Sommer sondern die Männchen sich ab und wandern auf Höhen, die für Weibchen mit ihren Jungen unerreichbar sind.

Der Himalaja-Tahr gleicht einer Ziege; er hat eine prächtige, zottige Mähne. Trotz seines wärmenden Felles bevorzugt er das Gebiet unterhalb der Baumgrenze. Im Winter steigt er so tief herab, daß er manchmal Tigern zum Opfer fällt.

Die 8 Steinbock-Formen sind so nahe miteinander verwandt, daß sie sich in Gefangenschaft kreuzen; am besten erkennt man sie an der Form ihrer Hörner. Die Tiere der einzelnen Lebensräume unterscheiden sich in der Färbung; hinsichtlich ihrer Nahrung und Verhaltensweise sind sie einander aber sehr ähnlich. Alle halten sich in großen Höhen auf und leben von Gras und Flechten. Dieses Futter finden sie sogar im Winter: an schneefreien, felsigen Plätzen, die von der Sonne erwärmt werden.

Die Gemse gehört zum gleichen Tribus – *Rupicaprini* – wie der Serau und der Goral in Asien und die Schneeziege in den Rocky Mountains. Wie diesen fehlen der Gemse Duftdrüsen im Gesicht und an den Füßen; dafür hat sie solche Drüsen direkt hinter den Hörnern. Während der Fortpflanzungszeit im November versehen die Gemsen Büsche und Felsen in ihren Revieren mit Duftmarkierungen. In dieser Zeit schließen die Gamsböcke, die sonst allein umherziehen, sich wieder der Herde an.

Der Takin, ein Vertreter der *Ovibovini*, hat nur einen einzigen nahen Verwandten: den wetterharten Moschusochsen der Arktis. Der Takin gleicht einem kurzbeinigen Gnu; er lebt in Assam und Westchina in Rhododendrondickichten nahe der Baumgrenze. Trotz seiner beachtlichen Größe ist er sehr flink; wie wesentlich kleinere Huftiere kann er Raubtieren entkommen und in steilem, zerklüftetem Gelände leben. Die meisten Takins sind braun und haben schwarze Gesichter.

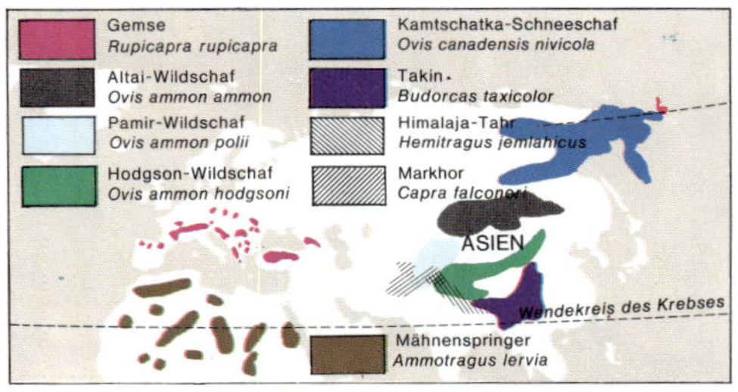
Gemse *Rupicapra rupicapra*
Altai-Wildschaf *Ovis ammon ammon*
Pamir-Wildschaf *Ovis ammon polii*
Hodgson-Wildschaf *Ovis ammon hodgsoni*
Kamtschatka-Schneeschaf *Ovis canadensis nivicola*
Takin *Budorcas taxicolor*
Himalaja-Tahr *Hemitragus jemlahicus*
Markhor *Capra falconeri*
ASIEN
Wendekreis des Krebses
Mähnenspringer *Ammotragus lervia*

Lebensräume im Gebirge 3 verschiedene Rassen des Wildschafes, *Ovis ammon*, leben in den Gebirgen Zentralasiens. Von der gleichen Art gibt es noch 8 weitere Rassen, zum Beispiel das Mufflon, das auf Inseln im Mittelmeer lebt, und die Argalis in Zentralasien. Ihre massiven Hörner sind tief gefurcht und weisen mindestens eine vollständige Drehung auf.

Kräftige Kletterer Der Serau, *Capricornis crispus*, bewohnt bewaldete Felsrücken in Taiwan und Japan. Seine festen Hufe geben ihm einen sicheren Halt, wenn er steile Hänge hinabsteigt. Beide Geschlechter haben spitz zulaufende Hörner, mit denen sie sich verteidigen.

Ein Weidetier in großen Höhen Der Alpensteinbock, *Capra ibex*, dessen Verbreitung heute weitgehend auf die italienischen Alpen beschränkt ist, lebt den Sommer über im Hochgebirge und steigt im Winter herab.

Kind der Alpen Hoch auf einem Felsband hütet eine Gemse ihr Junges. Ein Gamskitz kann von Geburt an der Mutter folgen, und schon nach wenigen Tagen springt es wie seine Eltern von Fels zu Fels.

Vögel und Kleinsäuger

Im Tiefland der gemäßigten Breiten und der Tropen herrscht ein harter Existenzkampf – in den Gebirgen aber nicht, weil hier überhaupt nur wenige Arten leben.

Vögel und Kleinsäuger sind die erfolgreichsten Wirbeltiere der Hochgebirge. Sie können nicht nur ihre Körpertemperatur regulieren und sich so in einer kalten Umwelt warm halten, sondern sie sind auch in der Lage, sich extremen Klimaverhältnissen zu entziehen: Vögel fliegen einfach fort, Kleinsäuger verkriechen sich in Spalten und Höhlen.

In den Gebirgen gibt es nur wenige Tierarten; Nahrungskonkurrenz kommt hier kaum oder gar nicht vor. Parallel zur Abnahme der vorhandenen Nahrung geht mit zunehmender Höhe auch die Zahl der Tiere zurück, die in einem bestimmten Gebiet existieren können. Die Bestandsdichte vieler Hochgebirgsarten wird auch dadurch niedrig gehalten, daß die Tiere ihre Territorien erbittert verteidigen und daß die Fortpflanzungsziffern niedrig sind.

Der Lämmergeier, ein Vertreter der Familie der Altweltgeier, kann noch in Höhen von über 9000 m fliegen.

Eine Welt, beherrscht vom Wind

Für die Vögel ist es auch insofern ein großer Unterschied, ob sie im Gebirge oder im Tiefland leben, als im Gebirge häufig ein starker Wind weht. Die meisten Vögel des Hochgebirges sind entweder Greifvögel oder kleine Sperlingsvögel. Beide Typen werden auf ihre Weise mit dem Wind fertig: Die Raubvögel sind so groß, schwer und stark, daß sie beim Fliegen gegen den Wind ankommen. Die Sperlingsvögel halten sich dagegen dicht über der Erde und sind so beweglich, daß sie jeden Schutz, den das Gebirge bietet, ausnutzen können. Mit ihren Füßen vermögen sie sich an felsigen Flächen sicher festzuhalten; diese Fähigkeit hat mit dazu beigetragen, daß sie sich in den Gebirgen ansiedelten.

Einer der stärksten Flieger unter den Vögeln ist der Bart- oder Lämmergeier, den man schon mehr als 9000 m hoch in der Luft gesehen hat. Dieser adlerähnliche Vertreter der Familie der Altweltgeier kommt in den Gebirgen Afrikas und Eurasiens vor. Bartgeier sind Aasfresser; mit ihren stumpfen Krallen können sie ihre Beute nicht töten. Aber im Gegensatz zu anderen Geiern sind sie fähig, ihre Nahrung aufzuheben und fortzutragen.

Ein anderer Aasfresser, der Anden-Kondor, hat in Südamerika einen ähnlichen Lebensraum. Sein Verwandter, der Kalifornische Kondor, ist nur noch durch ungefähr 40 Vögel in Südkalifornien vertreten.

Steinadler sind in Eurasien und Nordamerika verbreitet. In ihren großen Revieren fliegen sie oft weit von ihren Nistplätzen, die sich gewöhnlich auf Felsvorsprüngen befinden, zu ihren Jagdgründen. Sie fangen hauptsächlich Kleinsäuger, fressen aber auch Aas.

Zu den Sperlingsvögeln der Gebirge gehören die Alpendohle, der eurasische Mauerläufer und die Braunellen. Die Alpendohlen leben in den Gebirgen Eurasiens und Nordafrikas; sie besiedeln den höchstgelegenen Lebensraum der Erde. Man hat sie in Höhen von 8000 m am Mount Everest beobachtet. Alpendohlen gehen in Scharen von 20–30 Vögeln auf Futtersuche; sie ernähren sich von Würmern und Insekten.

Der Anden-Kondor ist mit einer Länge von über 1 m und einer Flügelspannweite bis zu 3 m einer der größten flugfähigen Vögel. Wie andere Geier frißt er Aas.

Jäger mit Beute Ein Steinadler blickt von seiner halbgefressenen Beute auf. Steinadler fliegen auf der Suche nach Nahrung viele Kilometer weit. Sie jagen Vögel und Kleinsäuger bis zu Hasengröße.

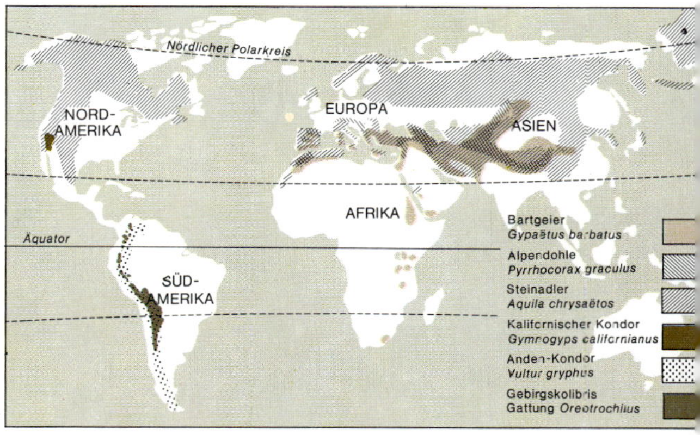

Nördlicher Polarkreis
NORD-AMERIKA
EUROPA
ASIEN
AFRIKA
Äquator
SÜD-AMERIKA
Bartgeier
Gypaëtus barbatus
Alpendohle
Pyrrhocorax graculus
Steinadler
Aquila chrysaëtos
Kalifornischer Kondor
Gymnogyps californianus
Anden-Kondor
Vultur gryphus
Gebirgskolibris
Gattung Oreotrochilus

Unterschiedliche Verbreitung Der Steinadler ist zwar weit verbreitet, aber fast überall selten. Der Anden-Kondor ist der wichtigste Greifvogel Chiles und Perus.

Den eurasischen Mauerläufer, *Tichodroma muraria,* trifft man bis in Höhen von 5500 m an Felswänden, wo er mit seinem dünnen, gebogenen Schnabel in engen Spalten nach Insekten sucht. Beim Klettern stützt er sich auf seinen rechteckigen Schwanz.

In den Hochgebirgen Eurasiens leben viele Braunellen. Im Sommer fangen sie Insekten, im Winter kommen sie in niedrigere Höhen herab und fressen dort Samen und Beeren. Es sind unauffällige, einzeln lebende Geschöpfe, die auf dem Boden hüpfen und laufen und nur selten fliegen. Die Himalaja-Braunelle, *Prunella himalayana*, brütet in Tibet in Höhen über 5000 m.

Von den mehr als 300 Kolibriarten Südamerikas kommen einige nur in den Hochanden vor. Eine ganze Gattung, *Oreotrochilus,* ist auf Höhen zwischen 3000 und 4800 m beschränkt. Die Art *Oreotrochilus chimborazo* lebt einzig auf dem 6267 m hohen Chimborazo in Ecuador, und verschiedene Rassen anderer Arten findet man jeweils nur auf einem einzigen Gipfel.

Hoch oben in den Anden gibt es nur wenige Blüten; deshalb finden diese Gebirgskolibris wenig Nektar und leben hauptsächlich von Insekten. Ihre Nester aus Farnwedeln, Federn und Spinnengewebe bauen sie entweder auf einem Felsgrat, wo sie besonders viel Sonne bekommen, oder aber tief in Höhlen, wo sie vor Wind und Kälte geschützt sind.

Felsenkletterer Ein eurasischer Mauerläufer an einer Felswand. Man findet ihn in Höhen bis zu 5500 m. Die Vögel nisten in tiefen Spalten, in denen die Jungen so lange bleiben, bis sie ganz selbständig sind.

Höhlenbau und Vorratswirtschaft in großer Höhe

Wie in den meisten Lebensbereichen des Tieflandes sind auch im Gebirge Nagetiere die häufigsten Kleinsäuger. Auf Grund ihrer Gewohnheit, Höhlen zu bauen und Vorräte für den Winter anzulegen, können verschiedene Vertreter der Unterordnung Mäuse in großen Höhen leben. Zu ihnen gehört die europäische Schneemaus, *Microtus nivalis*, sowie die Lamellenzahnratte *Otomys orestes,* die man oberhalb der Baumgrenze am Mount Kenia findet. Alle Gebirgsarten haben längere Haare und kürzere Fortpflanzungszeiten als ihre Verwandten im Tiefland.

Mehrere Arten von Murmeltieren – die zu den Erdhörnchen gehören – leben in den Gebirgen Nordamerikas und Eurasiens. Sie graben lange, bis 3 m tiefe Gänge in der Erde und polstern ihre Nestkammer mit Gras aus. Im Sommer mästen sie sich; und mit den Fettreserven halten sie dann in ihren Höhlen einen Winterschlaf.

Verwandte der Stachelschweine und Kaninchen

In den Gebirgen Südamerikas bevölkern einige Chinchilla-, Meerschweinchen- und Paka-Arten diejenigen Lebensräume, die anderswo von Mäusen, Hörnchen und Pfeifhasen oder Pikas besetzt sind. Hasenmäuse, Zwergmeerschweinchen und das Bergpaka, *Stictomys taczanowskii,* leben bis in Höhen von 5000 m von niedrigen Pflanzen.

Pikas bewohnen in den Gebirgen von Nordamerika und Asien felsige Hänge. Es gibt 14 Arten. Sie alle sammeln im Sommer grüne Pflanzen, trocknen sie in der Sonne und tragen das Heu als Wintervorrat in Höhlen unter Felsen. Der Tibetanische Pfeifhase, *Ochotona thibetana*, hat von allen Säugern den höchstgelegenen Lebensraum: im Himalaja, 5500 m hoch.

Heumacher im Gebirge Ein Pfeifhase mit einem frisch abgebissenen Akelei-Sproß, den er dann in der Sonne trocknen läßt und als Wintervorrat einbringt.

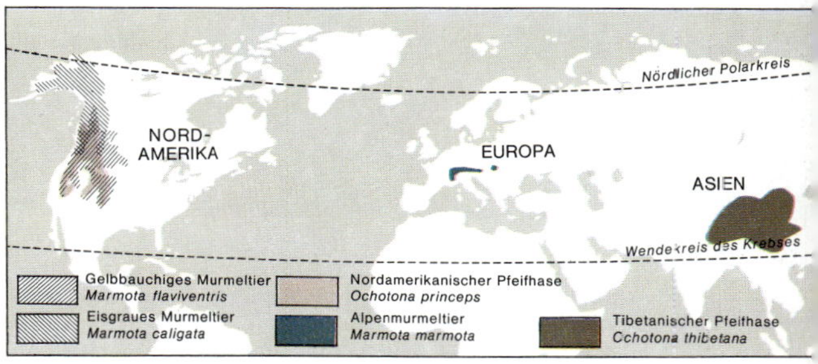

Nördlicher Polarkreis
NORD-AMERIKA
EUROPA
ASIEN
Wendekreis des Krebses
Gelbbauchiges Murmeltier
Marmota flaviventris
Eisgraues Murmeltier
Marmota caligata
Nordamerikanischer Pfeifhase
Ochotona princeps
Alpenmurmeltier
Marmota marmota
Tibetanischer Pfeifhase
Ochotona thibetana

Das Verbreitungsgebiet der Pfeifhasen ist sehr zersplittert, das deutet darauf hin, daß diese Tiere die Überreste einer einst weitverbreiteten Gruppe sind.

Chipmunks in ihren verschiedenen Gebirgszonen

Tamias merriami
0–2000 m
Tamias speciosus
1500–3300 m
Tamias alpinus
2700–4000 m
Tamias umbrinus
1500–3300 m

Vier Arten von Chipmunks in der Sierra Nevada Kaliforniens halten sich ziemlich genau an verschiedene Höhenzonen. Parallel zur Abnahme der Pflanzengröße mit der Höhe werden auch die Chipmunks kleiner. Im feuchten Westen des Verbreitungsgebietes, der tiefsten Zone, lebt die 22,5 cm lange Art *Tamias merriami*. Vor allem den Gebirgswald bewohnt der 21,5 cm lange *Tamias speciosus,* und die Hochgebirgsmatten hat der 17,5 cm große Gebirgschipmunk, *Tamias alpinus,* besiedelt. An der trockenen Ostseite der Gebirge bewohnt die 20 cm lange Art *Tamias umbrinus* ein ähnliches Höhengebiet wie *Tamias speciosus*, aber einen anderen Waldtyp.

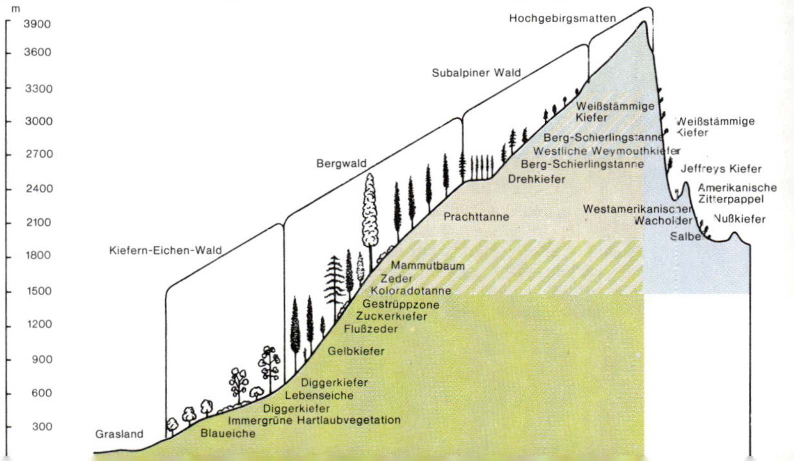

m
3900
3600
3300
3000
2700
2400
2100
1800
1500
1200
900
600
300
Hochgebirgsmatten
Subalpiner Wald
Bergwald
Kiefern-Eichen-Wald
Grasland
Weißstämmige Kiefer
Berg-Schierlingstanne
Westliche Weymouthkiefer
Berg-Schierlingstanne
Drehkiefer
Prachttanne
Mammutbaum
Zeder
Koloradotanne
Gestrüppzone
Zuckerkiefer
Flußzeder
Gelbkiefer
Diggerkiefer
Lebenseiche
Diggerkiefer
Immergrüne Hartlaubvegetation
Blaueiche
Weißstämmige Kiefer
Jeffreys Kiefer
Amerikanische Zitterpappel
Westamerikanischer Wacholder
Nußkiefer
Salbei

Lebensgemeinschaften kleiner Tiere

Hochfliegende Tagfalter Der Apollo, *Parnassius apollo*, ist auf Gebirgsregionen beschränkt; er fliegt – in Gebieten von Spanien bis Zentralasien und Skandinavien – vor allem in Höhen von 800 bis 1800 m. Im Himalaja gibt es andere Arten der gleichen Gattung in mehr als 4500 m Höhe.

Weitverbreitete Art Das Schachbrett, *Melanargia galathea*, ist in vielen Gebirgen und Tiefländern Westeuropas und Rußlands ein häufiger Falter. Südlich geht er bis zum Kaukasus und nach Nordiran. Die Raupen fressen verschiedene Gräser. Die Falter findet man auf Wiesen zwischen Meereshöhe und 1500 m.

Ein Pärchen vom Blutströpfchen, *Zygaena exulans*, paart sich in den Alpen. Diese Art lebt in Europa meist 1800 bis 2500 m hoch, in Skandinavien und Schottland allerdings in niedrigerer Höhe.

Die Aspisviper, *Vipera aspis*, lebt in den Pyrenäen und im größten Teil Südeuropas in Höhen bis zu 2900 m. Sie frißt kleine Vögel, Eidechsen und Insekten.

Winzige Springschwänze bilden im Hochgebirge die Lebensgrundlage für viele Tiere. Zu ihren Feinden gehören Milben, die gefrieren und danach weiterleben können.

Die größte Tiergruppe, die die grimmige Kälte in den höchsten Gebirgen übersteht, sind die Wirbellosen. Nicht trotz des Schnees überleben sie den Winter oberhalb der Baumgrenze, sondern eben weil er da ist. Er bildet eine Decke, die vor den extremen Temperaturen schützt, Schäden durch die ultraviolette Strahlung verhütet und überdies verhindert, daß die Tiere in der trockenen Luft ausdörren. Im Winter bewirkt der Schnee, daß der Boden nicht gefriert, und er liefert die Feuchtigkeit, die die Pflanzen im Sommer zum Wachsen brauchen. Ohne Schnee gäbe es im Hochgebirge weit oberhalb der Baumgrenze keine Lebensgemeinschaften.

Die Insekten des Hochgebirges sind hinsichtlich ihrer Nahrung weitgehend auf eine ständige „Luftbrücke“ vom Tiefland her angewiesen. Das ganze Jahr über tragen Talwinde Blütenstaub, Samen, Insekten und Spinnen in die höheren, kälteren Luftschichten, wo die Tiere sofort erfrieren. Eisige Winde transportieren diese Tiefkühlkost dann Hunderte von Kilometern in die Gebirge hinein und lagern sie auf den Schneefeldern ab. In einigen Gebieten des Himalaja fällt auf jeden Quadratmeter Schnee alle 35 Sekunden ein totes Insekt aus dem Tiefland. Diese organischen Substanzen werden im Schnee eingeschlossen; so entsteht eine Speisekammer, aus der zahlreiche Hochgebirgstiere leben.

Nischen mit dichter Bevölkerung

Im Gebirge ist die Zeit, in der die Insekten fressen können, auf die 6 bis 8 Wochen des kurzen Sommers beschränkt. Einige finden sogar im ganzen Jahr nur während der wenigen Stunden Nahrung, wenn die Sonne scheint.

Die Temperaturen und Feuchtigkeitsverhältnisse, die für die normalen Lebensäußerungen von Wirbellosen günstig sind, herrschen nur in einzelnen kleinen Lebensräumen. Mit zunehmender Höhe verringert sich die vorhandene Nahrung und damit die Zahl der Tierarten. Da diese aber nicht miteinander konkurrieren, vergrößern sich die Bestände jeder Art, und so sind alle Lebensräume vollgestopft mit einer Riesenzahl von Individuen. Bis zu 500 Insekten hat man auf jedem Quadratdezimeter Boden gefunden.

Zu den Lebensräumen der Tiere oberhalb der Baumgrenze zählen auch die Oberflächen der Schneefelder und Gletscher, die Schnee- und Eisränder und die Mischungen aus Schnee und Erde. Diese Gebiete haben eigene Lebensgemeinschaften.

Hochgebirgsschmetterling Der Bläuling *Lycaeides idas* kommt in den Gebirgen von Westeuropa bis Zentralasien vor. In den Alpen lebt er über 1500 m hoch.

Wanderer auf dem Marsch Die Larven verschiedener Mückenarten unternehmen Massenwanderungen in Kolonnen – auch Heerwurm genannt –, die 30 m lang und 25 cm breit sein können. Der Zweck dieser Wanderungen ist noch ungeklärt. Die Larven leben von verwesenden Pflanzen; die ausgewachsenen Mücken fressen gar nicht.

Am Beginn der Nahrungskette in der Schneeregion befinden sich vor allem verschiedene Arten von Springschwänzen. Einige dieser winzigen, pollenfressenden, flügellosen Insekten kommen im Himalaja sogar noch in 6000 m Höhe vor. Von ihnen leben zahlreiche räuberische Tiere. Wo es Springschwänze gibt, sammeln sich Scharen von Milben, Käfern und Fliegen. Einige Milbenarten der eurasischen Gebirge, die sich von Springschwänzen ernähren, sind so widerstandsfähig, daß sie in kalten Sommernächten und den Winter über vollständig gefrieren und nach dem Auftauen weiterleben.

Zu den Felsbiotopen gehören nackte Steinflächen, Spalten und Risse, Geröllhalden und der von Gletschern abgelagerte Schutt. Nunatakker – aus dem ewigen Schnee herausragende nackte Felsspitzen – stellen den unwirtlichsten Lebensraum der Erde dar. Kein Tier kann dort existieren, ehe nicht einige pflanzliche Pioniere, Flechten und Moose, hier Wurzeln geschlagen haben und etwas Schutz bieten. Wenn der Wind organischen Staub angeweht und damit die Erde, die sich in den Spalten sammelt, allmählich etwas angereichert hat, können einige polsterartige Hochgebirgspflanzen dort wachsen. Von ihnen leben Springschwänze und Thripse, denen dann wiederum Milben, Fliegen und sogar einige Schmetterlinge folgen.

Der bei weitem vorteilhafteste Platz für viele Lebewesen oberhalb der Baumgrenze ist der Raum unter einem Stein. Dort gibt es viel Feuchtigkeit; es herrscht eine gleichmäßige Temperatur, und es ist dunkel und windstill. Zu der Lebensgemeinschaft in den Hohlräumen unter Steinen gehören Fliegen, Milben, Nachtfalter, Ohrwürmer, Tagfalter, Käfer, Spinnen, Skorpione, Hundert- und Tausendfüßer. Eine Skorpionart, *Chaerilius insignis*, findet man im Himalaja bis zu einer Höhe von 4000 m.

Erde gibt es in den Gebirgen nicht viel, gewöhnlich nur unterhalb von 4800 m. Wenn der Boden im Hochgebirge tief und feucht genug ist, enthält er eine komplizierte Lebensgemeinschaft, in der Springschwänze vorherrschen und zu der auch Milben, Rüsselkäferlarven und andere Käfer gehören. Die Bodenkrume nimmt die Wärme auf, gibt sie wieder ab und trocknet schnell aus; deshalb kommen die meisten Bodentiere erst in größerer Tiefe vor. Hauptnahrungsquellen sind organische Reste und die Wurzeln der Hochgebirgspflanzen. Im Boden lebende Insekten können graben und sind meist dadurch gekennzeichnet, daß sie keine Haare, schwache Augen und kurze Grabbeine haben.

Massenüberwinterung Marienkäfer der Gattung *Adonia* versammeln sich in großer Zahl an geschützten Stellen; manchmal kommen viele Arten weit oberhalb der Baumgrenze zusammen, um unter dem Schnee zu überwintern. Viele fallen der Kälte zum Opfer; andere werden von Insekten, Vögeln oder sogar Bären gefressen.

Flugunfähige Heuschrecke Wie viele Gebirgsheuschrecken hat *Miramella alpina* stark zurückgebildete Flügel und kann nicht fliegen. Sie kommt von den Alpen bis zur westlichen Ukraine vor.

Ein lebendes Thermometer Den Gebirgsfrosch *Rana wittei* findet man in den Sümpfen der äthiopischen Hochländer und an den Nordhängen des Mount Kenia. Es heißt, er quake andauernd, solange die Temperatur bis auf 0,5° falle, höre aber damit auf, sobald sie den Gefrierpunkt erreiche.

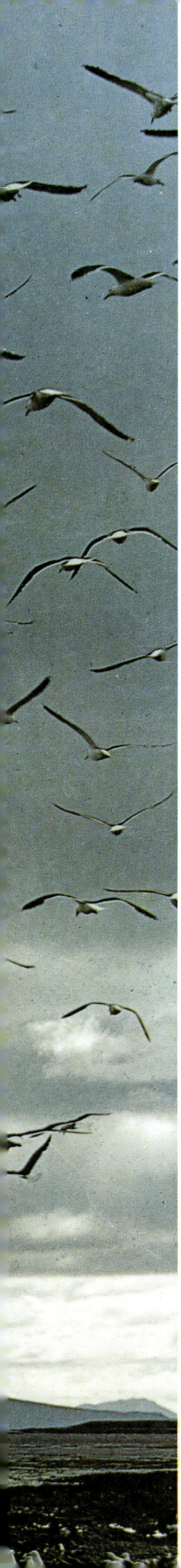

Inseln im Ozean

Eine Insel im Ozean, inmitten einer endlosen Wasserfläche, ist der einsamste Lebensraum auf Erden. Dort können sich Pflanzen- und Tierarten entwickeln, die nirgendwo sonst vorkommen.

Auf der Erde gibt es viele isolierte Lebensräume, so zum Beispiel die eisbedeckten Gebirge, die sich aus dem tropischen Urwald erheben, und die Oasen in der Wüste. Die abgelegensten von allen aber sind die Inseln, denn das Meer stellt die größte und unüberwindlichste Schranke für Landtiere dar.

Man unterscheidet zwei Arten von Inseln: die kontinentalen und die ozeanischen. Ihrem Bau nach gehören die kontinentalen Inseln zu den benachbarten Landmassen. Zumeist sind sie aus dem Meer herausragende Teile des Festlandsockels, so etwa die Britischen Inseln und Neufundland. Einige kontinentale Inseln sind abgelegener und von tiefem Wasser umgeben, beispielsweise Madagaskar, die Kerguelen, Neuseeland und Süd-Georgien; sie alle bestehen aber aus dem gleichen Material wie die Kontinente in einiger Entfernung, von denen sie einst wohl nicht so weit getrennt waren.

Ozeanische Inseln hingegen sind durch untermeerische Vulkanausbrüche entstanden. Niemals waren sie mit den Festlandmassen verbunden, auf denen Landpflanzen und -tiere sich in erster Linie entwickelt haben. Die Pflanzen- und Tiergesellschaften dieser Inseln gehen auf einige frühe Formen zurück, denen es gelang, die Weiten des Ozeans zu überqueren.

Auf ozeanischen Inseln ist die Zahl der Pflanzen- und Tierarten verhältnismäßig klein, weil die Besiedlung schwierig ist. Lurche und die meisten Landsäuger – außer Fledertieren – fehlen stets, und es gibt nur wenige Reptilien. Auf vielen Inseln sind Vögel und Fledertiere die einzigen Wirbeltiere – mit Ausnahme der Wasserbewohner. Auch zahlreiche Insektengruppen sind nicht vorhanden, besonders solche wie Libellen, deren Jugendformen im Süßwasser leben.

Vorfahren aus dem Meer

Manche Land- und Süßwassertiere auf den ozeanischen Inseln haben sich direkt aus meerbewohnenden Vorfahren entwickelt. Landkrabben und die meisten Süßwasserfische, die man auf entlegenen Eilanden findet, sind Beispiele dafür.

Trotz der geringeren Konkurrenz, die ein Tier oder eine Pflanze auf einer einsamen Insel hat, ist die Ansiedlung dort nicht leicht. Auf ozeanischen Inseln herrscht im allgemeinen ein feuchtes Klima, ist das Wetter wolkiger und windiger als auf einem Festland. Diese Bedingungen können die Entwicklung der Pflanzen hemmen, vor allem bei solchen Arten, deren Früchte viel Sonnenschein brauchen, um zu reifen. Insekten können zugrunde gehen, weil ihre Futterpflanzen fehlen. Das ist zum Beispiel auf Tristan da Cunha der Fall: Gelegentlich gelangen brasilianische Nachtfalter dorthin, können sich aber auf der Insel nicht ansiedeln. Und wenn Vögel sich erschöpft auf einer solchen Insel niederlassen, ist es möglich, daß sie dort keine passende Nahrung finden. Außerdem muß – jedenfalls in der Regel – je ein Männchen und ein Weibchen ankommen, wenn eine dauernde Besiedlung eingeleitet werden soll.

Da die ozeanischen Inseln klein sind, bieten sie weniger Lebensräume als die Kontinente; auch aus diesem Grund gibt es dort weniger Pflanzen- und Tierarten. Erfolgreiche Siedler aber finden günstige Verhältnisse vor. Pflanzen, die auf dem Festland gewöhnlich auf Randgebiete beschränkt sind, entfalten sich auf einer Insel, wo die Hauptarten der Waldbäume fehlen, oft besonders gut. Und Gräser können ungehindert wachsen, weil keine Weidetiere da sind. Auch gibt es dort im allgemeinen keine Raubtiere; deshalb können Kolonien von Meeresvögeln und auf dem Boden nistende Landvögel sich über offenes Gelände ausbreiten.

Hat eine Art ein entlegenes Eiland einmal besiedelt, ist es ihr infolge der Isolation nicht mehr möglich, sich mit dem Elternstamm zu kreuzen. Dies führt – im Verein mit der Anpassung an andere Lebensbedingungen und andere Konkurrenten – oft dazu, daß sich neue, nur der Insel eigene Arten entwickeln. Bei Vögeln und Insekten sind diese oft flugunfähig. Eine einzige eingewanderte Art kann mehrere solcher Arten hervorbringen, von denen jede in einem besonderen Lebensraum existiert.

Meerechsen sonnen sich am Strand einer der Galapagos-Inseln. Sie kommen nur hier vor und sind die einzigen Echsen, die wirklich im Meer leben.

Der Mensch hat die Existenz vieler einzigartiger Pflanzen- und Tiergemeinschaften der ozeanischen Inseln dadurch gefährdet, daß er konkurrierende Festlandarten einführte. Er baute Getreide an; er schleppte achtlos viele neue Insekten ein; er brachte Rinder, Ziegen, Schafe und Schweine mit, die dann die Pflanzen fraßen; und er ließ Raubtiere wie Hunde, Katzen und Ratten auf Geschöpfe los, die zu schwach waren, um sich gegen sie zu wehren.

Die ersten Siedler Seevögel, wie diese Dominikanermöwen, besiedeln meist als erste Tiere die Inseln im Ozean.

Werden und Vergehen von Inseln

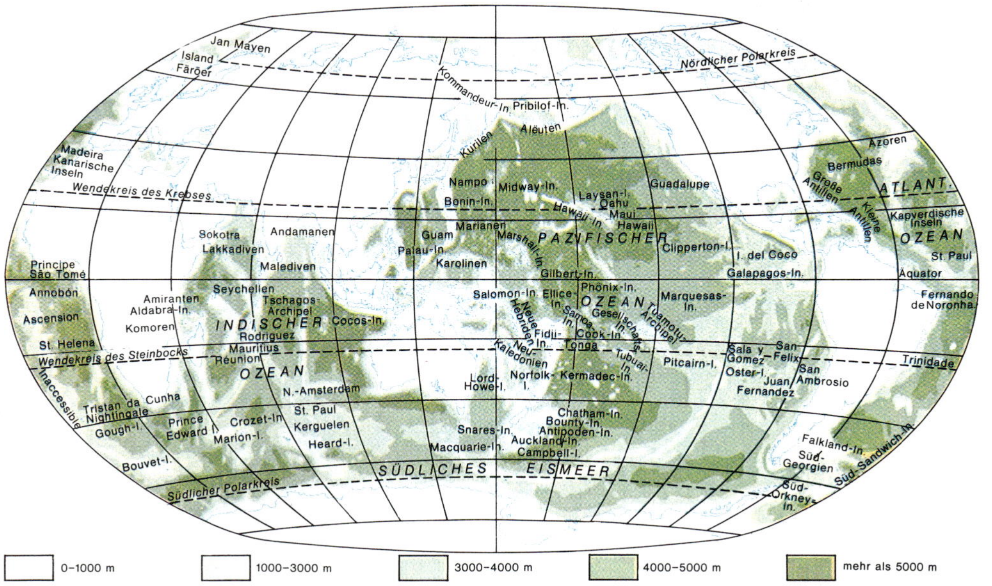
Jan Mayen
Island
Färöer
Nördlicher Polarkreis
Kommandeur-In.
Pribilof-In.
Aleuten
Kurilen
Azoren
Madeira
Kanarische Inseln
Bermudas
Große Antillen
Kleine Antillen
ATLANT.
Wendekreis des Krebses
Nampo
Bonin-In.
Midway-In.
Laysan-I.
Oahu
Hawaii-In.
Maui
Hawaii
Guadalupe
Marianen
Guam
Marshall-In.
PAZIFISCHER
Kapverdische Inseln
OZEAN
Sokotra
Andamanen
Lakkadiven
Malediven
Palau-In.
Karolinen
Clipperton-I.
I. del Coco
Galapagos-In.
St. Paul
Äquator
Principe
São Tomé
Annobón
Seychellen
Amiranten
Aldabra-In.
Komoren
Tschagos-Archipel
INDISCHER
Cocos-In.
Rodriguez
Mauritius
Réunion
Salomon-In.
Ellice-In.
Phönix-In.
Gilbert-In.
Samoa
Fidji-In.
Tonga
Cook-In.
Neue Hebriden
Neu Kaledonien
Gesellschafts-In.
Tuamotu-Archipel
Tubuai-In.
Marquesas-In.
Fernando de Noronha
Ascension
St. Helena
Wendekreis des Steinbocks
OZEAN
N.-Amsterdam
Lord-Howe-I.
Norfolk-I.
Kermadec-In.
Pitcairn-I.
Sala y Gomez
Oster-I.
San Felix
San Ambrosio
Juan Fernandez
Trinidade
Inaccessible
Tristan da Cunha
Nightingale
Gough-I.
Prince Edward I.
Crozet-In.
Marion-I.
St. Paul
Kerguelen
Heard-I.
Chatham-In.
Bounty-In.
Antipoden-In.
Snares-In.
Auckland-In.
Campbell-I.
Macquarie-In.
Falkland-In.
Süd-Georgien
Süd-Sandwich-In.
Süd-Orkney-In.
Bouvet-I.
SÜDLICHES EISMEER
Südlicher Polarkreis
0–1000 m
1000–3000 m
3000–4000 m
4000–5000 m
mehr als 5000 m

Aus Vulkanen entstanden Ozeanische Inseln sind über die Weltmeere zerstreut; sie liegen weitab von den Hauptlandmassen. Infolge von vulkanischen Vorgängen sind sie unmittelbar vom Meeresboden aufgestiegen.

Ozeanische Inseln sind vulkanischen Ursprungs. Geologisch gesehen haben sie nur ein kurzes Leben, da sie ständig vom Meer angegriffen werden.

Die Ozeane bilden eine zusammenhängende Wassermasse, die sieben Zehntel der Erdoberfläche bedeckt. In ihr erscheint selbst die größte Landmasse – die miteinander verbundenen Kontinente Afrika und Eurasien – als eine Insel. Das Meer, das jedes Festland umgibt, schränkt die Ausbreitung von Landpflanzen und -tieren ein und formt auf diese Weise mit an den Schemata der Evolution.

Es gibt 2 verschiedene Arten von Inseln: kontinentale und ozeanische. Kontinentale Inseln entstehen als Teile der großen Festlandsblöcke und gehören auch weiterhin meist eng dazu. Ozeanische Inseln sind dagegen direkt aus dem Meer aufgestiegen; sie verdanken ihre Entstehung vulkanischen Vorgängen.

Bei den kontinentalen Inseln unterscheidet man wiederum 2 Typen. Da sind einmal Inseln, die in der Nähe vom Festland liegen wie die Britischen Inseln und Neufundland; ihr Pflanzen- und Tierleben leitet sich unmittelbar von dem der Kontinente ab, mit denen sie einst verbunden waren. Außerdem gibt es abgelegene kontinentale Inseln, wie Neuseeland und Süd-Georgien. Bei ihnen ging die Trennung von der Landmasse, zu der sie gehörten, viel früher vor sich. Ihre Pflanzen- und Tiergemeinschaften sind eine Mischung aus den Resten der ursprünglichen kontinentalen Arten und späteren Einwanderern.

Echte ozeanische Inseln steigen plötzlich als rauchende Vulkankegel aus dem Meer auf. Häufig erheben sie sich aus Wassertiefen von 3000 und mehr Metern, 1000 Kilometer vom nächsten Festland entfernt. Die meisten stehen mit den untermeerischen Gebirgsketten in Verbindung, die sich durch den Atlantischen und Indischen Ozean ziehen und im Pazifik ein kompliziertes Gitterwerk bilden.

Vulkanische Inseln können um einen oder zwei Vulkanschlote herum entstehen; andere dagegen, wie Tahiti, verdanken ihre Existenz einer ganzen Reihe von Schloten. Das Alter einer Insel kann man auf Grund ihrer Struktur erschließen: Bei jungen Inseln sind die Kegel und Krater noch gut ausgebildet, und der Mutterboden ist noch dünn. Demgegenüber sind ältere Inseln schon stärker verwittert, und an manchen Stellen ist fruchtbarer Boden vorhanden.

Zunächst können auf vulkanischen Inseln keine Lebewesen existieren; doch allmählich kühlt sich die Lava ab, und die Insel kann besiedelt werden. Das zerfallende Gestein reichert sich mit den Exkrementen der Meeresvögel und Robben an, und es bildet sich Mutterboden. Junges vulkanisches Gestein ist normalerweise sehr porös; deshalb fließt das Wasser hauptsächlich unterirdisch ab. Sobald jedoch die obersten Schichten fortgewaschen sind, können weniger durchlässige Schichten zutage treten, und das Wasser beginnt oberflächlich, in Flüssen, zu fließen. Bis sich dann echte Pflanzen- und Tiergemeinschaften gebildet haben, vergehen Hunderttausende von Jahren.

Ständig brandet das Meer gegen die Küsten der Inseln. Wenn diese klein sind und aus weichem vulkanischem Material bestehen, verschwinden sie manchmal bereits nach wenigen Jahren wieder. Selbst große Inseln können nach etwa 10 Millionen Jahren von Regen und Meer stark verkleinert sein, und nach 20 Millionen Jahren sind viele zu Bergen unter der Wasseroberfläche geworden. Geologisch und entwicklungsgeschichtlich gesehen, haben ozeanische Inseln nur eine kurze Lebensdauer.

In tropischen Meeren säumen normalerweise Korallen die Küstenlinien der vulkanischen Inseln. Ein Korallenriff, das sich im seichten Wasser um eine Insel herum bildet, besteht aus Kalk, den unzählige winzige Meerestiere – die Korallenpolypen – abgesondert haben. Wenn die Insel absinkt oder der Meeresspiegel steigt, wächst die Polypenkolonie empor zu einem immer breiteren Riff. Schließlich ist ein Atoll entstanden, ein Korallenring, der eine Lagune umschließt; das ursprüngliche vulkanische Gestein ist tief hinuntergesunken.

Es gibt verschiedene Typen von Koralleninseln. Einige sind aus Blöcken von toten Korallen entstanden, die das Meer auf Unterwasserriffe spülte. Andere sind gehobene Atolle.

Der Südatlantik Die Falkland-Inseln, typische kontinentale Inseln, erheben sich auf dem südamerikanischen Kontinentalsockel. Weiter östlich senkt sich der Meeresboden zum Argentinischen Becken und steigt danach zum Mittelatlantischen Rücken an; aus diesem ragt der ozeanische Vulkan Tristan da Cunha 2328 m hoch empor.

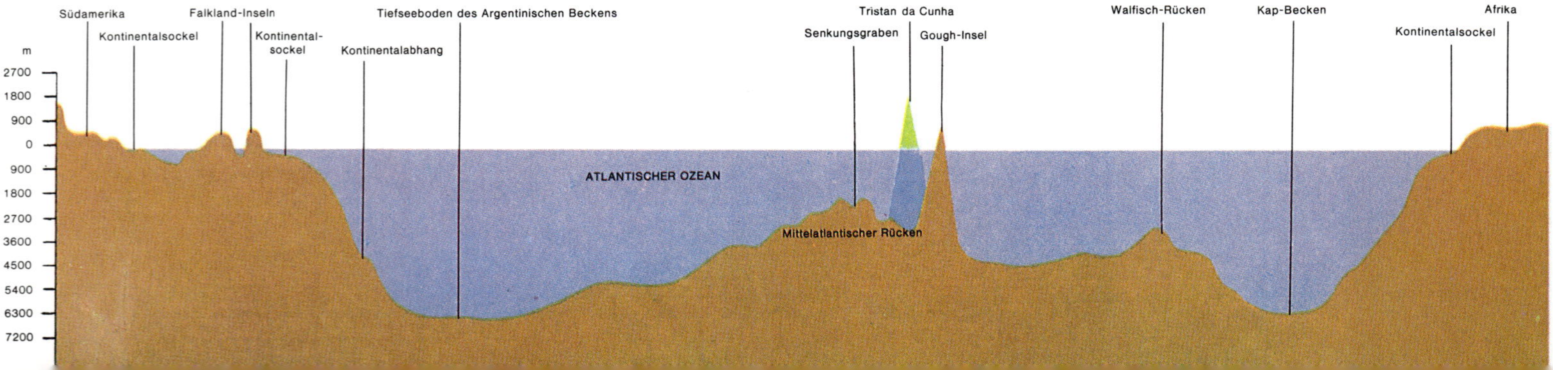
Südamerika
Falkland-Inseln
Tiefseeboden des Argentinischen Beckens
Tristan da Cunha
Walfisch-Rücken
Kap-Becken
Afrika
Kontinentalsockel
Kontinentalsockel
Kontinentalabhang
Senkungsgraben
Gough-Insel
Kontinentalsockel
m
2700
1800
900
0
900
1800
2700
3600
4500
5400
6300
7200
ATLANTISCHER OZEAN
Mittelatlantischer Rücken

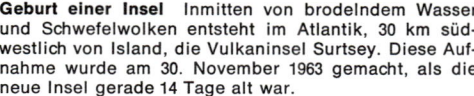

Geburt einer Insel Inmitten von brodelndem Wasser und Schwefelwolken entsteht im Atlantik, 30 km südwestlich von Island, die Vulkaninsel Surtsey. Diese Aufnahme wurde am 30. November 1963 gemacht, als die neue Insel gerade 14 Tage alt war.

Geburt und Tod einer Insel

Ein Vulkan bricht aus dem Meeresboden heraus; sein Kegel steigt über die Wasseroberfläche empor und bildet eine Insel mit steil abfallenden Hängen.

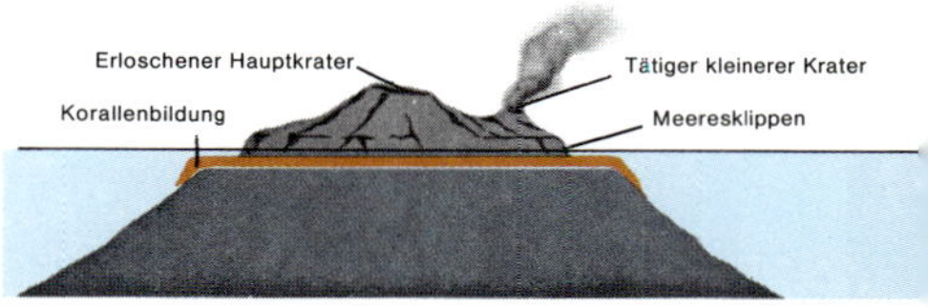
Erloschener Hauptkrater
Tätiger kleinerer Krater
Korallenbildung
Meeresklippen

Der Hauptvulkanschlot ist erloschen, ein kleinerer aber noch tätig. Das Meer hat Klippen ausgewaschen und eine Platte geformt, auf der sich Korallen bilden.

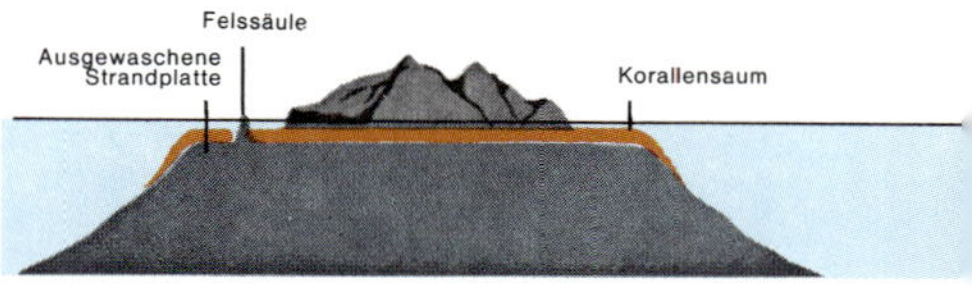
Felssäule
Ausgewaschene Strandplatte
Korallensaum

Durch Erosion wird die Platte größer. Gelegentlich bleibt dabei in einiger Entfernung von der Küste ein säulenartiger Fels im Meer stehen. Das Korallenriff erweitert sich ebenfalls.

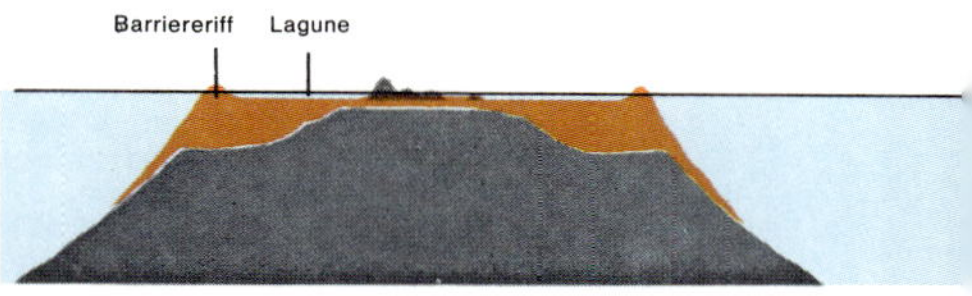
Barriereriff
Lagune

Schließlich sinkt die Insel ab. In diesem Stadium ist nur noch eine Spitze des ursprünglichen vulkanischen Gesteins übrig, umgeben von einer Lagune und einem Korallenriff.

Dem Angriff des Meeres ausgesetzt 7 Monate nach ihrer Geburt hob sich Surtsey immer noch weiter aus den Wellen. Aber schon nagten die Stürme des Atlantiks an der Insel, bildeten Klippen und Strände aus.

Insel von höherem Alter Borabora, eine der Gesellschafts-Inseln, ist so weit verwittert, daß auf ihr ein reiches Pflanzenleben entstehen konnte. Aber sie sinkt bereits ab.

Versinkende Insel Der größere Teil dieser absinkenden Vulkaninsel liegt unter den Wogen des Pazifiks. Nur ein korallenumsäumter Rest ragt noch aus dem Meer heraus. Schließlich wird auch er versinken, und sein Korallensaum bleibt als Atoll zurück.

Versunkene Insel Pakin gehört zu den Karolinen und ist eine tote vulkanische Insel, deren Masse bereits unter dem Meeresspiegel liegt. Nur ihr Korallensaum blieb als Atoll übrig; er wuchs auf dem absinkenden Gestein.

Besiedlung durch Pflanzen und Tiere

Ozeanische Inseln werden nach einem bestimmten Schema besiedelt. Ehe die meisten Insekten und Vögel dort leben können, müssen winzige Bodentiere vorhanden sein.

Eine neuentstandene vulkanische Insel bietet Pflanzen und Tieren zunächst keine Lebensmöglichkeit. Es gibt dort weder Erde noch Wasser, bis das Gestein infolge von Verwitterung und unter der chemischen Einwirkung des Regenwassers zerfallen ist. Im Laufe der Zeit bringen dann Meeresvögel Nährstoffe herbei.

Die Siedler werden gewöhnlich durch Meeres- oder Luftströmungen zu den ozeanischen Inseln getragen. Ihre Chance, ein Eiland zu erreichen, hängt davon ab, wie abgelegen es ist, wie die Strömungen fließen und ob die betreffende Art außerhalb ihres ursprünglichen Lebensraumes zu existieren vermag. Ob ein Lebewesen auf einer Insel festen Fuß fassen kann, hängt ab von seinem Zustand, von den sich bietenden Lebensräumen, dem Klima, der Konkurrenz durch andere Arten und der vorhandenen Nahrung.

Wie sich das Lebenssystem entwickelt

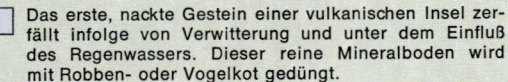

Das erste, nackte Gestein einer vulkanischen Insel zerfällt infolge von Verwitterung und unter dem Einfluß des Regenwassers. Dieser reine Mineralboden wird mit Robben- oder Vogelkot gedüngt.

Auf solchem Boden können sich Bakterien, Pilze und Protozoen ansiedeln. Sie düngen den Boden zusätzlich, wodurch er als Lebensraum für Springschwänze, Milben und kleine Würmer geeignet wird. Flechten vermögen auf nacktem Fels zu wachsen; Lebermoose und Moose besiedeln feuchte Mineralböden. Die abgestorbenen Reste dieser Pflanzen tragen zur Düngung bei.

Nun enthält der Boden genügend Nährstoffe für eine Besiedlung durch höhere Pflanzen. Diesen folgen Insekten, die von ihnen leben, und Parasiten und Räuber, die die pflanzenfressenden Insekten verzehren.

Jetzt können Landvögel und andere Tiere, die Samen und Insekten fressen, sich dort niederlassen.

Und schließlich können Räuber erscheinen, die Vögel und andere höhere Tiere jagen. Das kommt allerdings selten vor; am häufigsten sind es Landraubvögel.

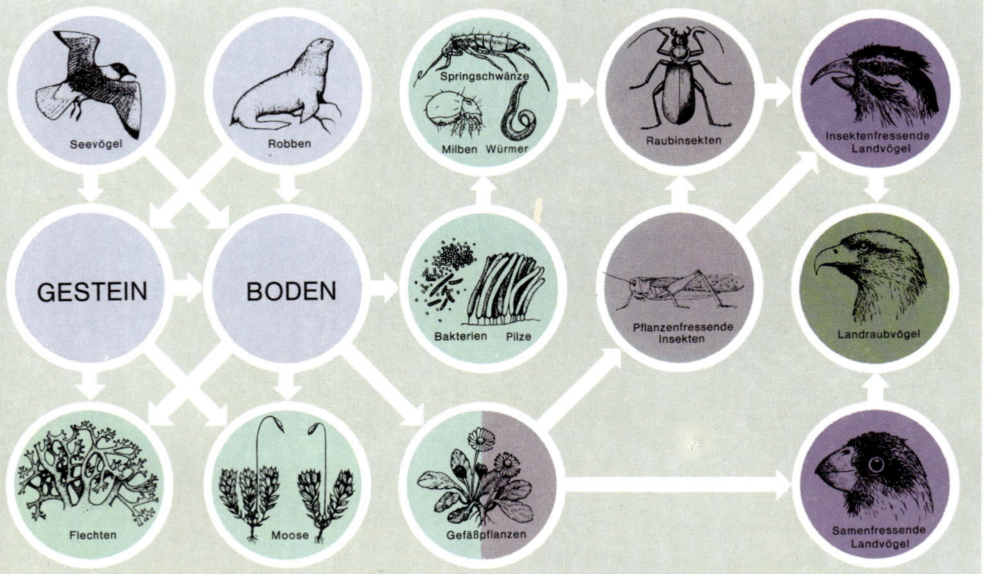
Seevögel
Robben
Springschwänze
Milben
Würmer
Raubinsekten
Insektenfressende Landvögel
GESTEIN
BODEN
Bakterien
Pilze
Pflanzenfressende Insekten
Landraubvögel
Flechten
Moose
Gefäßpflanzen
Samenfressende Landvögel

Besiedlung aus der Luft

Die Luft ist erfüllt von treibendem Material; von Blütenstaub, Pflanzensporen, Insekten, kleinen Spinnen und Milben. Einige Pflanzensamen sind für diese Verbreitungsmöglichkeit besonders eingerichtet, ebenso geflügelte Insekten.

Moose, Flechten, Lebermoose und Farne haben Sporen von geringem Gewicht, die leicht vom Wind verweht werden. Diese Pflanzen kommen in der üppigen Vegetation der Inseln in der gemäßigten Zone relativ häufiger vor als auf dem Festland. Ebenso haben verhältnismäßig viele Blütenpflanzen auf abgelegenen Inseln leichte Samen. Andere können von Vögeln verbreitet werden, entweder im Körper – die Samen werden gefressen und unverdaut wieder ausgeschieden – oder am Körper: in den Federn oder an den Füßen.

Auch viele Wirbellose kommen mit den Luftströmungen auf die Inseln. Man hat von Flugzeugen aus Luftplankton gesammelt; die Analysen zeigten, daß darin dieselben Hauptgruppen von Insekten wie auf den Ozeaninseln enthalten waren, und zwar im gleichen Verhältnis.

Landvögel kommen oft auf abgelegene Inseln. Von Stürmen werden viele auf den weiten Ozean abgetrieben, und einige von ihnen gehen erschöpft auf Eilanden nieder. Aber nur sehr wenige von ihnen werden dort seßhaft. Das liegt wahrscheinlich an der andersartigen Umwelt, oder sie gehen an Erschöpfung zugrunde.

Unter den sonstigen Wirbeltieren sind offenbar einzig Fledertiere in der Lage, das Meer zu überqueren. Auf den Aldabra-Inseln gibt es 5 Arten; sie alle sind wohl von Madagaskar aus eingewandert. Die Fledertiere auf den Azoren, den Kanarischen Inseln und Madeira hingegen stammen von Arten in Europa und Nordafrika.

Verbreitung durch die Luft

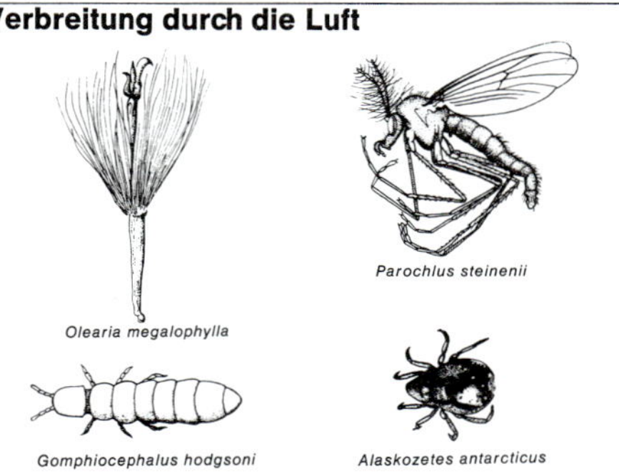
Olearia megalophylla
Parochlus steinenii
Gomphiocephalus hodgsoni
Alaskozetes antarcticus

Samen von *Olearia megalophylla* schweben an kleinen Fallschirmen dahin. Auch flugfähige Insekten werden vom Wind verbreitet, zum Beispiel *Parochlus steinenii*, und flügellose Lebewesen wie *Gomphiocephalus hodgsoni* und *Alaskozetes antarcticus* – beide kleiner als Stecknadelköpfe.

Verbreitung durch Vögel

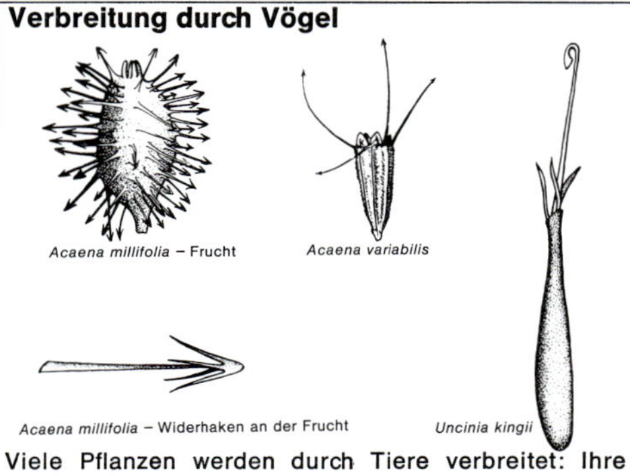
Acaena millifolia – Frucht
Acaena variabilis
Acaena millifolia – Widerhaken an der Frucht
Uncinia kingii

Viele Pflanzen werden durch Tiere verbreitet: Ihre gekrümmten oder mit Widerhaken versehenen Samen bleiben in einem Fell oder Federkleid hängen. Die 3 hier abgebildeten Samen fand man in den Federn des Gelbnasenalbatros, *Diomedea chlororhynchos*, auf der Gough-Insel im Südatlantik.

Die südamerikanischen Sultanshühnchen, *Porphyrula martinica*, trägt der Wind oft bis nach Tristan da Cunha.

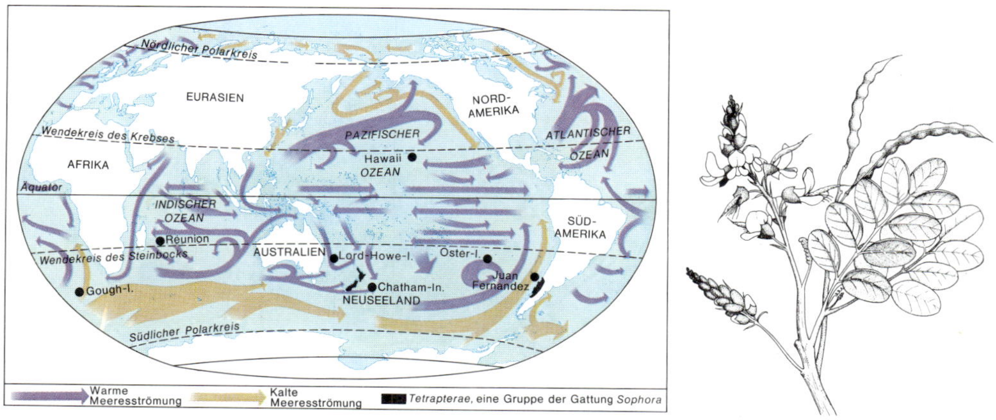
Nördlicher Polarkreis
EURASIEN
NORD-AMERIKA
Wendekreis des Krebses
AFRIKA
PAZIFISCHER OZEAN
Hawaii
ATLANTISCHER OZEAN
Äquator
INDISCHER OZEAN
Réunion
SÜD-AMERIKA
Wendekreis des Steinbocks
AUSTRALIEN
Lord-Howe-I.
Oster-I.
Gough-I.
Chatham-In.
Juan Fernandez
NEUSEELAND
Südlicher Polarkreis
Warme Meeresströmung
Kalte Meeresströmung
Tetrapterae, eine Gruppe der Gattung Sophora

Besiedlung über das Meer *Sophora*-Arten, Pflanzen der Familie der Süßerbsen, sind an den Flußufern im südlichen Chile häufig. Ihre Samen wurden von Meeresströmungen zu den pazifischen Inseln, nach Neuseeland, zur Insel Réunion im Indischen Ozean und zur Gough-Insel im Atlantik getragen; sie können schwimmen, weil sich zwischen dem Keim und der Samenschale ein Luftraum befindet. Sie keimen noch nach 3 Jahren im Meer.

Die Galapagos-Landkrabben, *Geograpsus lividus*, haben das Meer verlassen und leben an der Küste.

Siedler, die das Meer brachte

Am leichtesten können die Meeresströmungen etwas zu einer Insel bringen. Treibholz dient Eiern und ausgewachsenen Wirbellosen als Beförderungsmittel; auf Tang treiben Sporen von Strandpflanzen, Eier von Küstentieren oder sogar die Tiere selbst. Vom Wind verbreitete Pflanzen und Tiere sind mit denjenigen Arten auf dem Festland verwandt, die windwärts von ihnen existieren. Entsprechend sind die Formen, die auf dem Seeweg eine Insel erreichen, mit denjenigen Festlandarten verwandt, die in einer der Meeresströmung entgegengesetzten Richtung vorkommen. So gelangen zum Beispiel Tiere von Südafrika auf die Insel Ascension, die im Bereich der Benguela-Strömung liegt; und der Humboldtstrom trägt von Südamerika Arten zur Insel Juan Fernandez hinüber.

Auch Reptilien haben Inseln auf dem Seeweg besiedelt. Die Meerechsen der Galapagos-Inseln zum Beispiel kamen wahrscheinlich von Südamerika, wo Leguane häufig sind. Auf den Galapagos-Inseln spaltete sich von den Meerechsen eine Landart ab, die man nur im Innern der Inseln findet. Die Vorfahren der Riesenschildkröten auf der Galapagos- und der Aldabra-Gruppe kamen ebenfalls auf dem Meer dorthin, wahrscheinlich auf Treibholzflößen schwimmend – denn Schildkröten können monatelang ohne Nahrung und Wasser auskommen.

Krabben sind auf abgelegenen Eilanden selten. Allerdings leben einige Landkrabben zum Beispiel auf Trinidade vor Brasilien, auf den Galapagos-Inseln und anderen Eilanden im Pazifischen Ozean.

Der Palmendieb, *Birgus latro*, auf den pazifischen Inseln erklettert Palmen, um Kokosnüsse zu fressen.

Küstenbewohner Meerechsen, *Amblyrhynchus cristatus*, auf den Galapagos-Inseln wärmen sich auf den Felsen und kehren dann ins Meer zurück. Diese Art besiedelte die Inseln wohl von Südamerika aus.

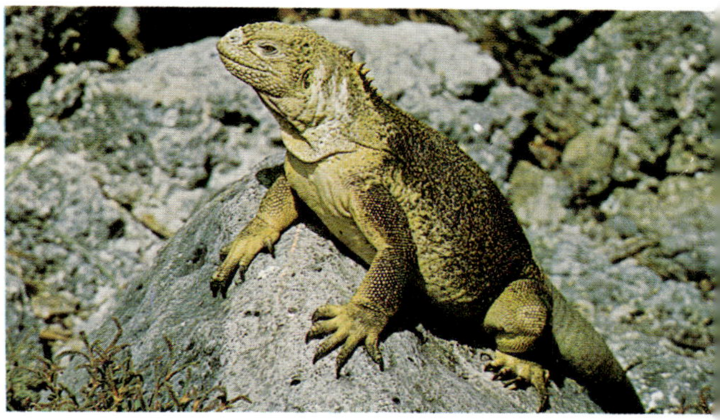

Landechse Der Drusenkopf, *Conolophus subcristatus*, kommt nur im Innern der Galapagos-Inseln vor.

Die Seychellen-Riesenschildkröte, *Testudo gigantea*, auf den Aldabra-Inseln soll von einer heute ausgestorbenen Art abstammen, die von Indien herübertrieb.

Meeresvögel

Selbst die ödesten und einsamsten Inseln können Zufluchtsstätten für brütende Seevögel sein, denn diese sind dort durch das Meer vor Raubtieren geschützt.

Die ersten Tiere auf einer Ozeaninsel, die durch einen Vulkanausbruch entstanden ist, sind meist Seevögel. So gehörten Seemöwen auch zu den ersten Lebewesen, die nach Surtsey kamen – jener vulkanischen Insel, die im November 1963 vor der Südküste Islands aus dem Meer aufstieg. Bereits in den Pausen zwischen den Eruptionen ruhten sie sich auf der warmen Asche aus.

Junge Seevögel kehren oft zum Brüten wieder an den Ort zurück, an dem sie aus den Eiern schlüpften; darum entstehen neue Brutkolonien nur langsam. Vermutlich machen einige Paare von Jungvögeln, die wenig Aussicht hatten, in der Elternkolonie einen Nistplatz zu finden, den Anfang. Hat sich aber eine neue Kolonie erst einmal gebildet, dann wächst sie schnell. Die Größe eines Bestandes von Seevögeln wird nämlich oft durch Nahrungskonkurrenz im Umkreis des Brutgebietes bestimmt, und eine neue Insel erschließt da einen zusätzlichen Bereich.

Kolonien von Seevögeln bestehen gewöhnlich aus vielen Tieren; die einzelnen Nester liegen meist weniger als 1 m voneinander entfernt. Dies ist nur darum möglich, weil Seevögel im Gegensatz zu Landvögeln ihre Nahrung nicht in ihrem Brutgebiet suchen müssen, sondern sie aus dem Meer holen.

Hochgelegene Kinderstube Der nördliche Baßtölpel, *Sula bassana*, brütet auf den Klippen nordatlantischer Inseln. Die Jungen werden 2 Monate lang von den Eltern gefüttert.

Ein stark bevölkerter Nistplatz wie dieser auf einem entlegenen arktischen Eiland ist für die Trottellummen, *Uria aalge*, kein Nachteil, da sie ihr Futter weit draußen auf dem Meer suchen.

Vögel im gleichen Lebensraum

4 Hauptvegetationszonen gibt es auf der Gough-Insel im Südatlantik. Je nach der Jahreszeit nisten hier verschiedene Meeresvögel in jeder Zone, so daß die gesamte Insel das ganze Jahr über bevölkert ist.

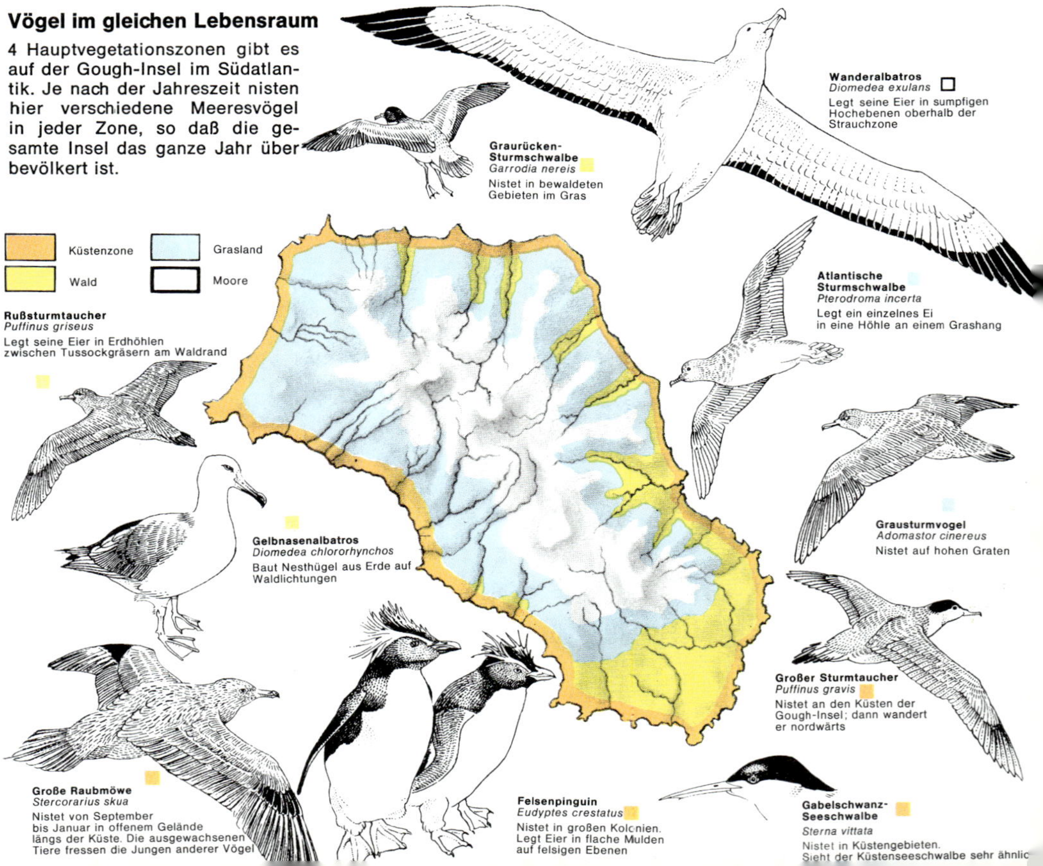
Wanderalbatros
Diomedea exulans
Legt seine Eier in sumpfigen Hochebenen oberhalb der Strauchzone
Graurücken-Sturmschwalbe
Garrodia nereis
Nistet in bewaldeten Gebieten im Gras
Küstenzone
Grasland
Wald
Moore
Atlantische Sturmschwalbe
Pterodroma incerta
Legt ein einzelnes Ei in eine Höhle an einem Grashang
Rußsturmtaucher
Puffinus griseus
Legt seine Eier in Erdhöhlen zwischen Tussockgräsern am Waldrand
Grausturmvogel
Adomastor cinereus
Nistet auf hohen Graten
Gelbnasenalbatros
Diomedea chlororhynchos
Baut Nesthügel aus Erde auf Waldlichtungen
Großer Sturmtaucher
Puffinus gravis
Nistet an den Küsten der Gough-Insel; dann wandert er nordwärts
Große Raubmöwe
Stercorarius skua
Nistet von September bis Januar in offenem Gelände längs der Küste. Die ausgewachsenen Tiere fressen die Jungen anderer Vögel
Felsenpinguin
Eudyptes crestatus
Nistet in großen Kolonien. Legt Eier in flache Mulden auf felsigen Ebenen
Gabelschwanz-Seeschwalbe
Sterna vittata
Nistet in Küstengebieten. Sieht der Küstenseeschwalbe sehr ähnlic

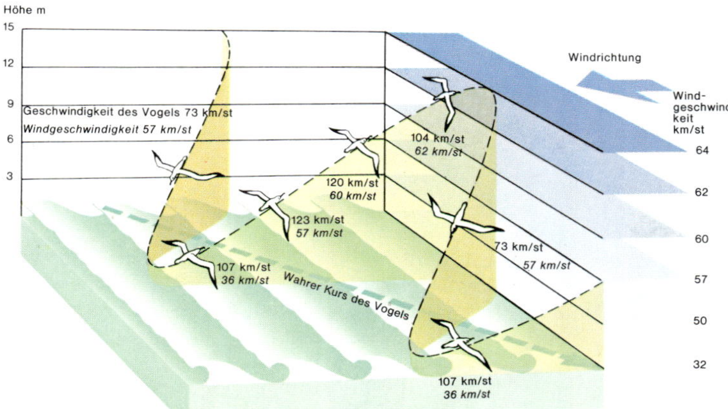
Höhe m
15
12
9
6
3
Geschwindigkeit des Vogels 73 km/st
Windgeschwindigkeit 57 km/st
Windrichtung
Wind-
geschwindig-
keit
km/st
64
62
60
57
50
32
104 km/st
62 km/st
120 km/st
60 km/st
123 km/st
57 km/st
73 km/st
57 km/st
107 km/st
36 km/st
Wahrer Kurs des Vogels
107 km/st
36 km/st

Müheloser Flug Albatrosse, wie der Rußalbatros, *Phoebetria palpebrata* (rechts), fliegen lange ohne einen Flügelschlag, indem sie gegen den Wind segeln. Auf den Aufwärtsstrecken seiner Bahn hat der Vogel einen zunehmend stärkeren Gegenwind, der Auftrieb liefert, so daß der Albatros seine Geschwindigkeit beibehalten kann. Diese verringert sich im oberen Teil der Bahn und nimmt bei der Abwärtsfahrt mit Rückenwind wieder zu.

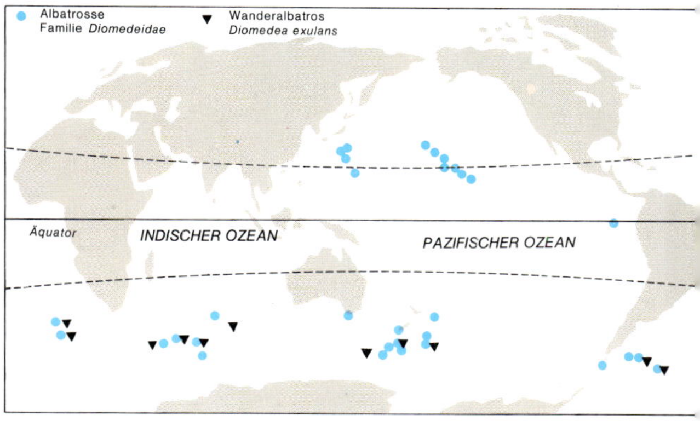
Albatrosse
Familie Diomedeidae
Wanderalbatros
Diomedea exulans
Äquator
INDISCHER OZEAN
PAZIFISCHER OZEAN

Nistplätze der Albatrosse Alle 13 Albatrosarten legen außerhalb der Brutzeit weite Strecken zurück. Einige Wanderalbatrosse verbringen den Winter 12 000 km von ihren Nistplätzen entfernt.

Sicherer in der Menge

Das Leben in Kolonien erleichtert es den Seevögeln, sich gegen Raubvögel zu verteidigen – etwa gegen Raubmöwen und die Mantelmöwe, *Larus marinus,* die Eier und Küken holen.

Die sichersten Brutplätze sind die in der Mitte. So arbeiten sich die Vögel im Laufe der Jahre vom Rand her allmählich bis zu diesen vorteilhaften Stellen vor. In einer Adeliepinguinkolonie zum Beispiel besetzen die ältesten Bruttiere die zentralen Brutplätze und verlieren dort weniger Eier und Küken als die Jungvögel an den Rändern der Kolonie.

Während auf einigen Inseln eine bestimmte Vogelart vorherrscht, beherbergen andere stark gemischte Kolonien. Auf der Beauchêne-Insel vor den Falkland-Inseln brüten mehr als 5 Millionen Schwarzbraune Albatrosse, *Diomedea melanophrys,* und Felsenpinguine in einem Gebiet von etwas mehr als 1 Quadratkilometer, während Krähenscharben der Gattung *Phalacrocorax* auf den Felssimsen der Insel brüten und die Magellanpinguine, *Spheniscus magellanicus,* und mehrere Arten von Sturmschwalben wahrscheinlich Erdhöhlen zwischen den hohen Tussock-Gräsern anlegen.

Die kleineren, in Erdhöhlen lebenden Sturmschwalben werden durch Laute zu ihrem Nest zurückgeleitet: Ein brütender Vogel oder ein Küken stößt in der Nisthöhle Rufe aus, die der oben in der Luft kreisende Partner oder Elternteil hört. Diese kleinen Vögel fliegen nachts, um Nahrung für die Jungen herbeizuholen; dadurch halten sich die Verluste, die sie durch die Große Raubmöwe erleiden, in Grenzen.

Raubmöwen holen sich die meiste Zeit des Jahres ihr Futter aus dem Meer. Wenn andere Vögel brüten oder Junge aufziehen, fressen sie aber auch Pinguineier, Jungvögel und kleine Sturmschwalben. Um ihre Nester herum liegen oft säuberlich abgefressene Brustbeine von Sturmschwalben, an denen noch die Flügel sitzen.

Der Wanderalbatros ist mit einer Flügelspannweite von 3 m und mehr der größte und auffälligste Meeresvogel. Es gibt 13 Albatrosarten; 9 brüten auf den Ozeaninseln der Südhalbkugel, 3 im Nordpazifik und der Galapagosalbatros, *Diomedea irrorata* nur auf der Hood-Insel in der Galapagos-Gruppe.

Albatrosse paaren sich gewöhnlich fürs ganze Leben, nehmen aber in jeder Brutsaison erneut an vollendeten Balzspielen teil. In einem kleinen Gebiet balzen manchmal Dutzende von Paaren.

Zeremonielle Drohung Mit weitgeöffneten Schnäbeln stehen sich die Männchen der Schwarzbraunen Albatrosse drohend gegenüber. Das geschieht, wenn 2 Männchen das gleiche Weibchen umwerben.

Der Wanderalbatros brütet nur jedes zweite Jahr; er legt dann ein einziges Ei. Eiablage, Brutzeit und Aufzucht des Kükens – bis es flügge ist – nehmen insgesamt 11 Monate in Anspruch. Wenn ein Paar allerdings sein Ei verliert, kann es schon im folgenden Jahr erneut brüten. Einige kleinere Albatrosse haben jedes Jahr Junge, weil diese schneller flügge werden.

Außerhalb der Brutzeit ziehen viele Meeresvögel über den Ozeanen weit umher. Wanderalbatrosse, die im Winter in der Nähe von Sydney ihre Nahrung suchen, fliegen 12 000 km weit, um auf der Bird-Insel vor Süd-Georgien zu nisten. Wie alle Albatrosse sind sie hervorragende Segelflieger und können stundenlang ohne Unterbrechung und fast ohne einen Flügelschlag umherstreifen. Der Große Sturmtaucher, *Puffinus gravis,* der auf der Tristan-da Cunha-Inselgruppe brütet, wandert für die Zeit des südlichen Winters zur Nordhalbkugel.

Ende der Werbung Männchen und Weibchen des Schwarzbraunen Albatros beenden ihre Balzspiele, indem sie sich verbeugen. Zur vielseitigen Werbung gehören Gesten mit dem Schnabel und den Flügeln.

Dramatische Balz 2 Männchen des Wanderalbatros balzen mit ausgestreckten Flügeln vor einem Weibchen. Einer von ihnen ist wahrscheinlich der frühere Partner, denn Albatrosse, die sich einmal gepaart haben, bleiben gewöhnlich ihr Leben lang zusammen. Wenn ein Männchen und ein Weibchen sich paaren, beginnen sie ihre Balz damit, daß sie sich vornüberbeugen und ihre Schnäbel gegeneinanderschlagen. Auf dem Höhepunkt der Balz umkreisen sie einander mit ausgebreiteten Flügeln. Zwischendurch putzen sie sich gegenseitig. Wanderalbatrosse, die größten Meeresvögel der Welt, brüten erst, wenn sie ungefähr 5 Jahre alt sind.

Seevögel der Tropen

Ein Fregattvogel bremst seinen Sturzflug knapp über den Wogen, holt sich einen Fliegenden Fisch und schwingt sich wieder empor, ohne daß seine Füße naß geworden wären.

Einige besonders imposante Vertreter der 12 wichtigsten Familien der Seevögel, die auf den Inseln unserer Erde nisten, sind auf die wärmeren Meere beschränkt. Dazu gehören Pelikane, Tropikvögel, Fregattvögel und die Mehrzahl der Tölpel.

Albatrosse, Pinguine und Tauchsturmvögel kommen fast nur im Bereich der kalten Meere der Antarktis und der subantarktischen Inseln vor. 3 Albatrosarten findet man jedoch auf dem Nordpazifik und eine, die zu beiden Seiten des Äquators lebt, brütet auf den Galapagos-Inseln. Die nördlichste Pinguinart der Welt, der Galapagospinguin, *Spheniscus mendiculus*, brütet ebenfalls dort – vielleicht weil der kalte Humboldtstrom diese Inseln umspült.

Auf beiden Erdhalbkugeln gibt es Kormorane und Krähenscharben, Möwen, Seeschwalben und Raubmöwen. Vögel aus diesen Familien bewohnen sowohl die kalten als auch die warmen Meere. Alke und Lummen, Vertreter der Familie *Alcidae*, kommen nur auf den kühlen nördlichen Meeren vor. Eine Art aus dieser Gruppe ist ausgestorben: der flugunfähige Riesenalk, der in mancher Hinsicht das nördliche Gegenstück zu den Pinguinen darstellte.

Pelikane und Fregattvögel sehen sehr verschieden aus, gehören aber beide zur Ordnung der Ruderfüßer, die außer den genannten Familien noch die Tölpel, die Tropikvögel und die Kormorane umfaßt. Die großschnäbeligen, schwerfälligen Pelikane, die bis zu 14 Pfund wiegen, sind ziemlich eng an die Küsten gebunden. Kormorane und Fregattvögel fliegen schon weiter auf das Meer hinaus; und Tölpel und Tropikvögel sind noch ausgeprägtere Seevögel.

Tölpel, tropische Verwandte des nordatlantischen Baßtölpels, *Sula bassana*, erhielten ihren Namen von den Seeleuten früherer Zeiten, die die Furchtlosigkeit dieser Vögel gegenüber dem Menschen für Dummheit hielten. Insgesamt gibt es 6 Tölpelarten. Der Maskentölpel, *Sula dactylatra*, der Brauntölpel, *Sula leucogaster*, und der Rotfußtölpel, *Sula sula*, brüten auf Inseln und an den Küsten der tropischen und subtropischen Zonen. Die anderen 3 Tölpelarten haben kleinere Verbreitungsgebiete. Der Graufußtölpel, *Sula abbotti*, brütet auf der Weihnachtsinsel in der Nähe von Java, während der Blaufußtölpel, *Sula nebouxii*, auf den Galapagos- und Lobos-Inseln vor Peru und an den Küsten des Festlandes nördlich von Kalifornien vorkommt. Der Guanotölpel, *Sula variegata*, schließlich brütet dort, wo der Humboldtstrom an der südperuanischen und chilenischen Küste entlangstreicht. Wie die Blaufußtölpel sucht diese Art ihre Nahrung oft in ungeheuer großen Schwärmen; man sieht dann Tausende gleichzeitig im Sturzflug vom Himmel niedersausen und wie ein Hagelschauer ins Meer fallen.

Rotfußtölpel nisten auf Bäumen, was für Tölpel, wie für Seevögel überhaupt, recht unge-

Jugendgefieder Diese Rotfußtölpelrasse ist in der Jugend braun. Die ausgewachsenen Tiere sind hingegen weiß; nur die Flügel bleiben dunkel.

Blaufußtölpel Die Beine und Füße der Blaufußtölpel können türkisfarben bis ultramarinblau sein. Die Männchen haben im allgemeinen etwas hellere Füße als die Weibchen, und die Füße der Küken sind fast weiß. Diese Art zieht gewöhnlich 2 oder 3 Küken auf. Rotfußtölpel hingegen legen in der Regel nur ein Ei. Und der Maskentölpel stößt sein zweites Küken aus dem Nest und läßt es verhungern, oder er tritt es tot.

1
2
3
4
5

Imposante Balzspiele

Die Balz der Blaufußtölpel ist lang und sehr kunstvoll: **1** Das Männchen läßt seine blauen Füße aufblitzen. **2** Es paradiert mit erhobenem Schnabel, während das Weibchen seinen Kopf neigt. **3** Das Männchen weist zum Himmel. **4** Das Weibchen schlägt rasselnd mit den Flügeln. **5** Das Paar marschiert gemeinsam im Stechschritt und verbeugt sich.

Ein Weibchen wird angelockt Der aufgeblasene Kehlsack des Fregattvogelmännchens entwickelt sich zur Zeit der Balz. Er bleibt aufgebläht, bis das Weibchen sein Ei gelegt hat; dann schrumpft er, und die Farbe verblaßt.

Einsamer Wanderer Der Rotschnabel-Tropikvogel, *Phaethon aethereus,* nistet auf Inseln in Felshöhlen, von den Galapagos-Inseln bis zu Eilanden im Indischen Ozean. In der Brutzeit leben diese Vögel in Kolonien; sobald jedoch die Jungen selbständig sind, streifen sie wieder allein oder paarweise über das Meer.

Seeschwalben nisten oft in großen Kolonien. Hier leben Königsseeschwalben, *Sterna maxima,* und Südamerikanische Brandseeschwalben, *Sterna elegans,* zusammen.

wöhnlich ist. Infolgedessen können diese Vögel auf bewaldeten Inseln brüten, also in einer Umwelt, die anderen Seevögeln verschlossen ist; dafür sind den Rotfußtölpeln Inseln ohne Baumwuchs versperrt. Der Rotfußtölpel baut sein Nest aus Stöcken und Zweigen und legt gewöhnlich nur ein einziges Ei hinein. Wenn einmal 2 Eier gelegt werden, schlüpft das zweite Küken selten aus, oder nur dann, wenn das erste nicht durchkommt.

Der Blaufußtölpel hingegen legt 2 oder 3 Eier und brütet sie auch aus. Als Brutplätze dienen ihm zumeist flüchtig gescharrte Stellen am Boden.

Schutz der Eier vor der Sonnenglut

In einem heißen Klima besteht das Bebrüten der Eier – besonders bei Bodenbrütern – hauptsächlich darin, daß die Vögel sie vor der Sonnenglut schützen; darum stehen die Eltern einen großen Teil des Tages Schatten spendend über den Eiern.

Wie die meisten Seevogelküken werden auch junge Tölpel mit heraufgewürgter Nahrung gefüttert. Das Junge steckt seinen Schnabel in den Schlund des Altvogels und findet dort einen Brei aus halbverdauten Fischen und Kalmaren. Mit zunehmender Größe nimmt das Küken immer größere Stücke an; manchmal würgen die Eltern sogar einen ganzen Fisch hervor.

Fregattvögel der Gattung *Fregata* messen von einer Schwingenspitze zur anderen 2,5 m. Im Verhältnis zum Körper sind ihre Flügel größer als die aller anderen Vögel, und das Gewicht ihrer Flugmuskeln macht ein Viertel des Körpergewichts aus. Dieses beträgt, trotz der Größe des Vogels, nur 2 bis 3 Pfund. Der Schwanz ist lang und gegabelt. All diese Merkmale kennzeichnen den Fregattvogel als ausgezeichneten Flieger und Segelflieger. Zumeist fängt er im Sturzflug Fliegende Fische. Im Gegensatz zu den Tölpeln bremst er über der Wasseroberfläche, greift mit seinem 10 cm langen Schnabel nach unten und fliegt wieder hoch, ohne seine Federn oder Füße benetzt zu haben. Sein Gefieder ist nur wenig eingefettet und deshalb nicht ganz wasserdicht; darum geht er auch kaum einmal aufs Wasser nieder.

Fregattvögel haben wahre Seeräubermanieren. Wie die Raubmöwen jagen sie andere Arten, vor allem Tölpel, bis sie ihre Nahrung aus ihrem Kropf ausspeien, um leichter zu werden. Diese Beute fängt der Fregattvogel dann in der Luft auf. Außerdem frißt er auch Aas und ist überhaupt ein vielseitiger Räuber, der sich frisch geschlüpfte Schildkröten vom Strand sowie Abfall von menschlichen Siedlungen holt.

Fregattvögel streifen nicht wie die Albatrosse über den Meeren umher. Man findet sie nur selten weiter von der Küste entfernt. Allein auf den Galapagos-Inseln, den Karibischen Inseln und den Inseln im Südatlantik kennt man 6 Arten.

Die Balz der Fregattvögel ist genauso seltsam wie die der Tölpel. Das Männchen bekommt einen leuchtendroten Kehlsack, der in der Paarungszeit sogar beim Schlafen aufgeblasen bleibt. Wenn das Weibchen näher kommt, erhebt sich das Männchen, wendet ihm die Vorderseite zu und zeigt seinen Kehlsack. Die Vögel recken ihre Schnäbel empor, breiten ihre Flügel aus und glucksen einander zu. Auf dem Höhepunkt der Balz paaren sie sich.

Beide Partner bauen das Nest. Die Zweige holt vor allem das Weibchen heran, und das Männchen fügt daraus eine dünne Plattform zusammen. Beide Eltern bebrüten das Ei und füttern dann das Küken, das monatelang im Nest bleibt. Die Brutzeit kann ein Jahr oder noch länger dauern. Wahrscheinlich brüten Fregattvögel nur jedes zweite Jahr, dann allerdings ohne Bindung an eine Jahreszeit. Das bedeutet, daß die kleinen, zerstreuten Nistplätze fortlaufend benutzt werden: Sobald ein Paar seinen Platz verlassen hat, nimmt ein anderes die Stelle ein.

Seeschwalbe der Tropen Die weiße Noddiseeschwalbe, *Anous albus,* verläßt niemals die Tropen. Ihr einziges Ei legt sie auf einen Ast oder einen Felssims. Die Jungen können sich sogar mit dem Kopf nach unten anklammern.

Die Entstehung von neuen Arten

In größter Abgeschiedenheit, ohne starke Konkurrenz, hat sich im Laufe vieler Jahrtausende ein seltsam gestaltetes Heer von Inseltieren entwickelt.

Wenn es auf einer Insel besondere Arten gibt, so kann das zwei verschiedene Gründe haben. Im einen Falle haben die Tiere sich in andere Richtungen weiterentwickelt als ihre Verwandten auf dem Festland. Zum zweiten können alle Stämme einer Art auf dem Festland aussterben; dann bleiben die Inselbewohner als einzige Vertreter übrig.

Tiere, die entlegene Ozeaninseln besiedeln, können sich nicht mehr mit den Elternstämmen des Festlandes kreuzen und sind gezwungen, unter veränderten Bedingungen zu leben; sie müssen sich so anpassen, daß sie in ihrer neuen Umgebung zu existieren vermögen. Zum Beispiel ist die Tendenz zur Flugunfähigkeit bei Inselvögeln und -insekten wohl darauf zurückzuführen, daß ein fliegendes Tier vom Wind auf das Meer hinausgetrieben werden kann. Übrig bleiben dann die Tiere mit einer geringeren Neigung zum Fliegen. Ferner: Wenn die Vögel neue Nahrung finden, ohne daß sie sich dabei in die Luft erheben müßten, oder wenn keine Landraubtiere vorhanden sind, dann verliert die Fähigkeit zu fliegen an Wert.

Verkümmerte Flügel

Die Inselformen der Rallen neigen offenbar sehr dazu, das Flugvermögen einzubüßen. Der Grad ihrer Besonderheit hängt davon ab, wie abgeschieden die betreffende Insel ist und wie lange die Vögel schon dort sind. Die Weißkehlralle auf den Aldabra-Inseln, die gerade noch fliegen kann, ist ihren Verwandten auf dem nahe gelegenen Madagaskar so ähnlich, daß sie alle als eine einzige Art angesehen werden können. Demgegenüber unterscheidet sich das nur auf der Gough-Insel lebende Gough-Teichhuhn, *Porphyriornis nesiotis comeri,* deutlich von dem Amerikanischen Zwergsultanshühnchen, *Porphyrula martinica* – einer flugfähigen Art, von der es sich bereits vor langer Zeit abgespalten hat. Seitdem hat es sich gesondert entwickelt: Der Vogel der Gough-Insel besitzt kurze Flügel und kann kaum ein paar Meter weit flattern. Die flugunfähige Atlantis-Ralle auf der Insel Inaccessible ist mit ihren winzigen Flügeln und ihrem absonderlichen, haarähnlichen Gefieder eine getrennte Art, über deren Ahnen man nichts Sicheres sagen kann.

Viele Insekten sind auf Inseln flugunfähig oder sogar flügellos geworden. Die Fliege *Scaptomyza frustulifera,* die auf Tristan da Cunha und der Gough-Insel vorkommt, hat nur bandähnliche, zum Fliegen unbrauchbare Flügel. Andere Fliegen, wie *Acropsilus borboroides* auf der Campbell-Insel südlich von Neuseeland, haben gar keine Flügel mehr.

Ähnliche Tendenzen findet man bei Heuschrecken der Galapagos-Inseln und bei Schmetterlingen auf anderen Eilanden. Die Schmetterlinge *Peridroma goughi* auf der Gough-Insel und *Dimorphinoctua cunhaensis* auf Tristan da Cunha sehen mit ihren winzigen Flügeln, ihren riesigen Hinterleibern und kräftigen Beinen Schmetterlingen kaum noch ähnlich.

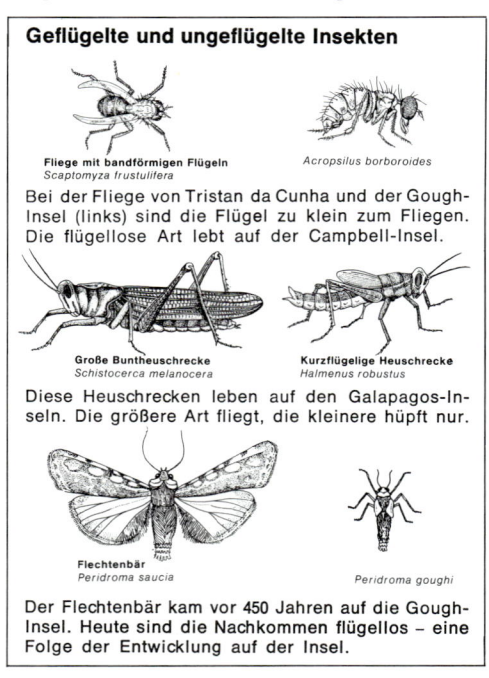

Geflügelte und ungeflügelte Insekten

Fliege mit bandförmigen Flügeln *Scaptomyza frustulifera* — *Acropsilus borboroides*

Bei der Fliege von Tristan da Cunha und der Gough-Insel (links) sind die Flügel zu klein zum Fliegen. Die flügellose Art lebt auf der Campbell-Insel.

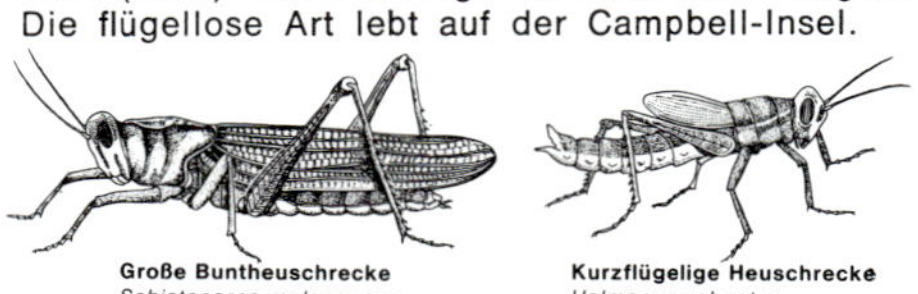

Große Buntheuschrecke *Schistocerca melanocera* — Kurzflügelige Heuschrecke *Halmenus robustus*

Diese Heuschrecken leben auf den Galapagos-Inseln. Die größere Art fliegt, die kleinere hüpft nur.

Flechtenbär *Peridroma saucia* — *Peridroma goughi*

Der Flechtenbär kam vor 450 Jahren auf die Gough-Insel. Heute sind die Nachkommen flügellos – eine Folge der Entwicklung auf der Insel.

Unbeholfener Strandbewohner Der flugunfähige Stummelkormoran der Galapagos-Inseln ist an Land ein unbeholfener Vogel. Im Meer aber erweist er sich – wie seine flugfähigen Verwandten – als meisterhafter Schwimmer.

Die Weißkehlralle auf den Aldabra-Inseln ist mit einer flugfähigen Ralle auf Madagaskar verwandt, aber sie kann kaum fliegen. Noch größere Unterschiede zwischen Arten entstehen auf stärker isolierten Inseln.

Flugunfähige Vögel der Inseln

Aldabra-Weißkehlralle *Dryolimnas cuvieri* — Gough-Teichhuhn *Porphyriornis nesiotis comeri* — Atlantis-Ralle *Atlantisia rogersi*

Rallen neigen in besonderem Maße dazu, im Laufe ihrer Entwicklung auf Inseln die Flugfähigkeit zu verlieren. Aldabra-Weißkehlrallen können kaum fliegen und Gough-Teichhühner flattern mit ihren kurzen Flügeln sogar nur ein Stückchen. Die Atlantis-Rallen der Insel Inaccessible mit noch kleineren Flügeln und einer vereinfachten Federstruktur, die ihnen das Aussehen von flaumigen Küken gibt, können überhaupt nicht fliegen.

Komodo-Warane, die größten Echsen der Welt, werden über 3 m lang. Sie töten und fressen so große Tiere wie Ziegen und kleine Hirsche. Hier sind die Tiere aber wohl um ein Aas versammelt, denn der Hirsch ist groß.

Seltener Lurch Der Frosch *Megalixalus seychellensis* ist in einigen Gebieten der Seychellen häufig: auf den Höhen von Mahe und im Tiefland von Praslin; sonst aber findet man ihn nirgendwo. Noch 5 oder 6 weitere Froscharten kommen nur auf dieser Inselgruppe vor.

Beschränkter Lebensraum Diese Schnecke von den Seychellen findet man heute nur in den ursprünglichen Palmwäldern der Insel Praslin.

Taggeckos der Gattung *Phelsuma* von den Seychellen sind typisch für die Tendenz einiger Inselreptilien, kleiner zu werden; sie sind kaum 12 cm lang, während ihre Verwandten auf Madagaskar fast 20 cm erreichen.

Abgeschiedene Reptilien

Reptilien und Amphibien haben im allgemeinen ozeanische Inseln seltener erreicht als Vögel und Insekten, aber Skinke und Geckos bewohnen viele Inselgruppen in der Nähe eines Festlandes und sind auch im Pazifik ziemlich weit verbreitet. Zur Skinkgattung *Brachymeles* auf den Philippinen gehören Arten, deren Beine allmählich verkümmern. Dies kann darin begründet sein, daß die Tiere zu einer grabenden Lebensweise übergegangen sind, denn beinlose Arten leben meist im Boden.

Viele Inselreptilien sind ungewöhnlich groß geworden, vielleicht weil die Konkurrenz von Säugetieren fehlt. Der Komodo-Waran, *Varanus komodiensis* – ein Fleischfresser, der nur auf der Komodo-Insel und ein paar benachbarten kontinentalen Inseln der indonesischen Sunda-Gruppe vorkommt – ist die größte Echse der Welt. Die Männchen werden oft 3 m lang.

Einige Leguane auf den Inseln im Golf von Kalifornien sind ebenfalls größer als ihre Verwandten auf dem Festland. Das gleiche trifft für die Tiere zu, die sich auf den Galapagos-Inseln angesiedelt haben. Hier haben diese Echsen in ihrer Entwicklung ganz verschiedene Richtungen eingeschlagen. Der braungelb gefärbte Landleguan, der Drusenkopf, ernährt sich an Land von Kaktusfrüchten, während die Meerechse amphibisch lebt und Beerentang frißt.

Auch Schildkröten werden auf Inseln oft größer. Die Riesenschildkröten auf Mauritius sowie auf der Aldabra- und der Galapagos-Gruppe haben sich wahrscheinlich aus kleineren Vorfahren entwickelt, die die Inseln besiedelten.

Einige Inselreptilien sind allerdings auch kleiner geworden. Ein westindischer Gecko der Gattung *Sphaerodactylus* ist nur 3,5 cm lang und kann sich deshalb leicht in Felsspalten verbergen. Derartige Größenzunahmen oder -abnahmen stellen Anpassungen an die andersartigen Lebensweisen auf Inseln dar, die nur wenige oder gar keine Landsäugetiere beherbergen und auf denen für Reptilien neue Lebensräume vorhanden sind.

Während die meisten Tiere, die auf besondere Inseln beschränkt sind, sich in ihren heutigen Verbreitungsgebieten entwickelt haben, sind einige von ihnen wahrscheinlich von alten Arten übrig geblieben, die früher in vielen Teilen der Erde wohnten. So sind die Riesenschildkröten auf den Aldabra-Inseln die letzten Überlebenden von Beständen, die einst auf mehr als 30 Inseln im Indischen Ozean verbreitet waren. Und die Brückenechse oder Tuatera, *Sphenodon punctatus,* ein eidechsenähnliches Reptil auf den Inseln vor der Küste Neuseelands, ist die einzige Überlebende einer Ordnung, die vor etwa 200 Millionen Jahren die ganze Erde bevölkerte.

Mannigfaltiges Leben auf den Inseln

Wenn eine Tierart sich auf einer Gruppe ozeanischer Inseln eingebürgert hat, bilden ihre Nachkommen neue, an verschiedene Lebensräume angepaßte Formen.

Viele Inseltierarten weichen von dem elterlichen Stamm ab und werden zu neuen Arten. Überdies breiten sie sich nach allen Seiten aus und bilden Tochterarten, von denen jede sich an einen besonderen Lebensraum anpaßt. Am ehesten kommt das auf Inselgruppen vor. Hier neigen die einzelnen Bestände einer Art, die jeweils ein besonderes Eiland besiedelt haben, dazu, sich in unterschiedlicher Weise weiterzuentwickeln. Das gleiche gilt aber auch für große und reich gegliederte Inseln, auf denen viele Lebensräume zur Verfügung stehen.

Bei allen Tieren unterscheiden die Nachkommen sich von ihren Eltern und untereinander. Es scheint nun so zu sein, daß die Abweichungen bei Inseltieren größer und die Mutationen – die Veränderungen in den Genen, die neue Variationen hervorbringen – häufiger sind. Die Bestände dieser Tiere sind oft klein und aus wenigen ersten Siedlern hervorgegangen, denen vielleicht einige Merkmale des Festlandstammes fehlten. In kleinen Beständen setzt sich ein neues Merkmal leichter durch und wird für alle Mitglieder typisch.

An Schnecken der Gesellschafts-Inseln sieht man, wie neue Formen entstehen

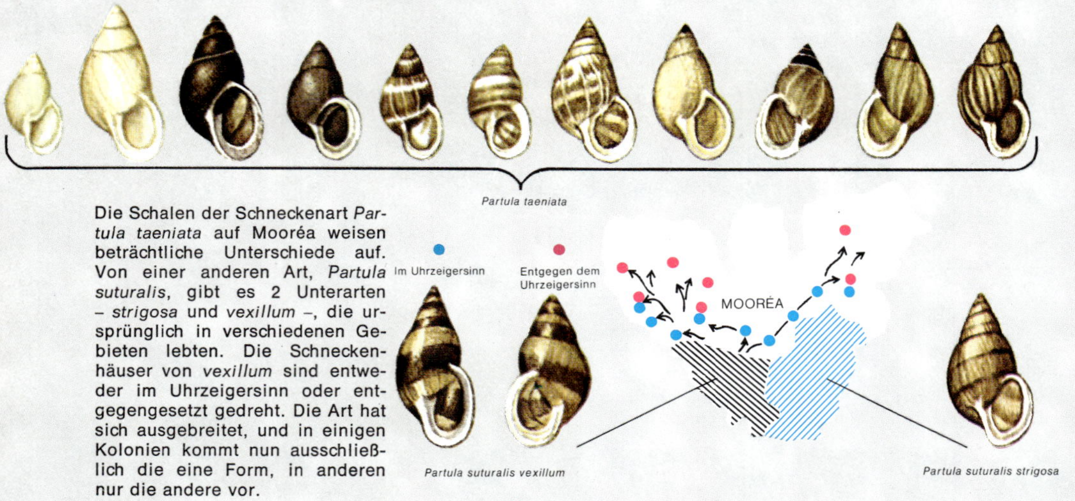
Partula taeniata
Im Uhrzeigersinn
Entgegen dem Uhrzeigersinn
MOORÉA
Partula suturalis vexillum
Partula suturalis strigosa

Die Schalen der Schneckenart *Partula taeniata* auf Mooréa weisen beträchtliche Unterschiede auf. Von einer anderen Art, *Partula suturalis*, gibt es 2 Unterarten – *strigosa* und *vexillum* –, die ursprünglich in verschiedenen Gebieten lebten. Die Schneckenhäuser von *vexillum* sind entweder im Uhrzeigersinn oder entgegengesetzt gedreht. Die Art hat sich ausgebreitet, und in einigen Kolonien kommt nun ausschließlich die eine Form, in anderen nur die andere vor.

Die Erhöhung der Artenzahl

Gute Beispiele für solche Abweichungen bieten die Landschnecken der Gattung *Partula,* die man auf vielen pazifischen Inseln findet, sonst aber nirgendwo. Auf Samoa gibt es nur eine einzige Art: *Partula actor,* deren Färbung aber von Weiß bis Dunkelbraun reicht; ihre Schalenmusterung ist ebenfalls ganz verschieden. Auf Mooréa und anderen Eilanden der Gesellschafts-Inseln unterscheiden *Partula*-Schnecken sich stark in Farbe, Größe und der Musterung ihrer Schalen.

Auf Hawaii leben 1064 Landmollusken-Arten, darunter mehr als 1000 Landschneckenarten. Eine Gattung, *Achatinella,* ist auf die Insel Oahu beschränkt und bildet dort 42 Arten und 75 Unterarten. All diese Landmollusken stammen wahrscheinlich von nur 24 eingewanderten Arten ab. Bei den Insekten Hawaiis findet man eine ähnliche Aufsplitterung der Form sowie eine Fülle sonstiger Abweichungen.

Nachkommen eines angetriebenen Urahnen

Als Darwin 1835 die Galapagos-Inseln besuchte, kam die Riesenschildkröte *Geochelone elephantopus* auf allen Hauptinseln der Gruppe vor. Ihr Ahne, der einst einwanderte, war vielleicht ein trächtiges Weibchen und wahrscheinlich eng mit *Geochelone denticulata* in Südamerika und auf den Westindischen Inseln verwandt. Jener Vorfahr kann die Galapagos-Inseln entweder im Wasser treibend oder auf einem Treibholzfloß erreicht haben. Als die Art einmal Fuß gefaßt hatte, breitete sie sich nach allen Richtungen aus und bildete auf den verschiedenen Hauptinseln unterschiedliche Formen. Viele davon sind heute ausgestorben, aber diese Schildkröten bleiben ein klassisches Beispiel dafür, wie isolierte Bestände eines Inselstammes dazu neigen, sich in Unterarten auseinanderzuentwickeln.

Alle diese Rassen der Inselschildkröten sind größer als ihre Verwandten auf dem Festland. Sie wiegen bis zu 4,5 Zentner und sind sehr langsam; in einer Stunde können sie nur etwa 300 m zurücklegen. Wo es Wasser gibt, halten sie sich darin gern halb untergetaucht auf.

Galapagos-Schildkröten trinken viel. Sie speichern Wasser und können so eine Trockenheit überleben.

Schalen von einem gemeinsamen Vorfahren

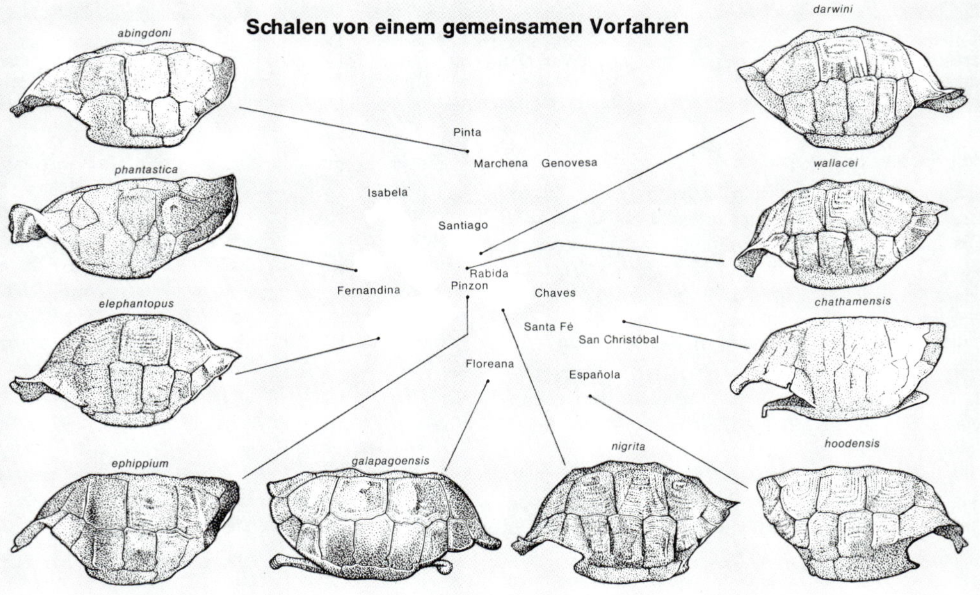
abingdoni
darwini
Pinta
Marchena
Genovesa
phantastica
wallacei
Isabela
Santiago
Rabida
Pinzon
Fernandina
Chaves
elephantopus
chathamensis
Santa Fé
San Cristóbal
Floreana
Española
ephippium
galapagoensis
nigrita
hoodensis

Die Riesenschildkröte *Geochelone elephantopus* auf den Galapagos-Inseln hat Unterarten gebildet, die jeweils auf bestimmte Inseln beschränkt sind. Unterschiede zwischen ihren Schalen zeigen, wie isolierte Tierbestände eines einzigen Stammes dazu neigen, sich auseinanderzuentwickeln. Auf einigen Inseln findet man sattelartige Formen, auf anderen kuppelartige. All diese Schildkröten haben einen gemeinsamen Vorfahren.

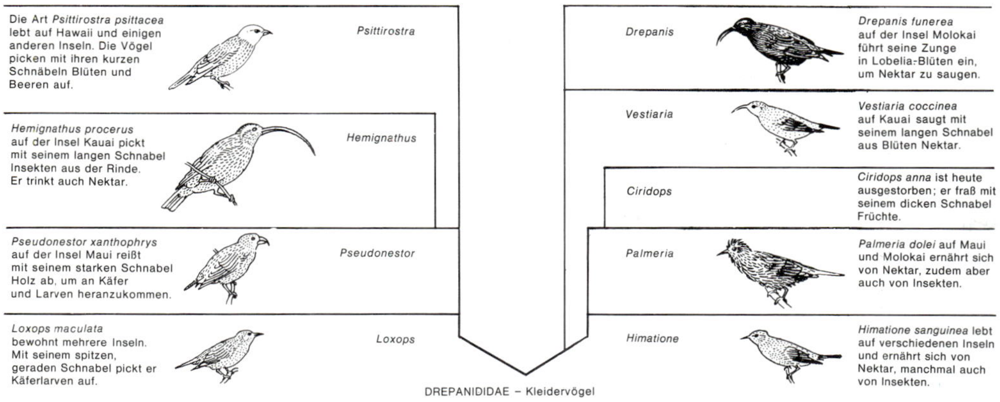

Die Art *Psittirostra psittacea* lebt auf Hawaii und einigen anderen Inseln. Die Vögel picken mit ihren kurzen Schnäbeln Blüten und Beeren auf.
Psittirostra
Hemignathus procerus auf der Insel Kauai pickt mit seinem langen Schnabel Insekten aus der Rinde. Er trinkt auch Nektar.
Hemignathus
Pseudonestor xanthophrys auf der Insel Maui reißt mit seinem starken Schnabel Holz ab, um an Käfer und Larven heranzukommen.
Pseudonestor
Loxops maculata bewohnt mehrere Inseln. Mit seinem spitzen, geraden Schnabel pickt er Käferlarven auf.
Loxops
Drepanis
Drepanis funerea auf der Insel Molokai führt seine Zunge in Lobelia-Blüten ein, um Nektar zu saugen.
Vestiaria
Vestiaria coccinea auf Kauai saugt mit seinem langen Schnabel aus Blüten Nektar.
Ciridops
Ciridops anna ist heute ausgestorben; er fraß mit seinem dicken Schnabel Früchte.
Palmeria
Palmeria dolei auf Maui und Molokai ernährt sich von Nektar, zudem aber auch von Insekten.
Himatione
Himatione sanguinea lebt auf verschiedenen Inseln und ernährt sich von Nektar, manchmal auch von Insekten.
DREPANIDIDAE – Kleidervögel

Unterschiede bei Kleidervögeln auf Hawaii 9 Kleidervogelgattungen auf Hawaii stammen von einer einzigen Art ab – wohl einer Grasmücke oder einer Tangare; sie unterscheiden sich in Größe, Form und Farbe. Unterschiede in der Größe und Form ihrer Schnäbel und Zungen hängen wohl mit ihrer jeweiligen Nahrung zusammen.

Anpassung an freie Lebensräume

Auf Hawaii gibt es 70 bekannte Landvogelarten. 42 davon gehören zu einer Familie, zu den *Drepanididae* oder Kleidervögeln. Mehrere Arten dieser Gruppe sind ausgestorben, aber bei den heute noch vorhandenen – die alle von einer einzigen Art abstammen – findet man eine bemerkenswerte Vielfalt von Formen und Anpassungsweisen.

Mit leicht gekrümmten Schnäbeln holen beispielsweise die Vertreter der Gattung *Hemignathus* und *Drepanis* aus Blüten Nektar und stochern im Moos, in weicher Rinde und morschem Holz nach Insekten. *Pseudonestor* reißt auf der Suche nach Insekten mit einem kräftigen, gebogenen Schnabel die Rinde von den Ästen. Angehörige der Gattung *Psittirostra* knacken mit dikken Schnäbeln große Samen. Dabei sind – wie auch bei anderen Gattungen – die Schnäbel der einzelnen Arten wieder verschieden. Die *Psittirostra*-Art mit dem stärksten Schnabel wählt harte, trockene Samen, und die Art mit dem zartesten Schnabel hat sich auf fleischige Beeren spezialisiert.

Die Zungen der meisten Kleidervögel sind ebenfalls der Nahrung angepaßt. Die ursprüngliche Zunge war wahrscheinlich mittellang, an der Spitze gegabelt, gefranst und konnte an den Rändern eingerollt werden; so bildete sie eine Röhre zum Nektarsaugen. Heute haben die Samenfresser unter den Kleidervögeln kurze und runde Zungen, während bei anderen Arten die Röhrenform weiterentwickelt ist. Es gibt jedoch auch Kleidervögel mit kürzeren, gefransten Zungen, die zum Insektenfangen benutzt werden.

Zwar sind die Kleidervögel von Hawaii das beste Beispiel dafür, daß es innerhalb einer Familie von Inselvögeln zu einer Aufsplitterung der Formen und besonderen Anpassungsweisen kommen kann, doch sind die Galapagos-Finken noch berühmter geworden, weil sie Darwin zu seinen Betrachtungen über den Ursprung und die Entwicklung der Arten angeregt haben. Der Ahne dieser Finken, ein kleiner amerikanischer Fink, der am Boden lebte und Samen fraß, kam vermutlich auf die Galapagos-Inseln, als hier noch nicht alle Lebensräume besetzt waren. Aus dieser einen Art ist eine Unterfamilie mit 14 Arten hervorgegangen. Wie bei den Kleidervögeln von Hawaii haben sich auch bei den Galapagos-Finken verschiedene Ernährungsweisen herausgebildet: Es gibt Samenfresser am Boden, Pflanzenfresser, Kaktusfresser, Insektenfresser und spechtähnliche Finken, und jede Art hat einen anderen Schnabel, der sich für die jeweilige Form der Nahrungsaufnahme besonders gut eignet.

Samenfresser Der Nihoanische Laysan-Papageischnäbler, *Psittirostra cantans*, hat einen muskulösen Schnabel, ähnlich dem der Papageien. Mit ihm kann er große, harte Samen knacken.

Verschiedene Schnäbel Der langschnäbelige Amakihi, *Viridonia virens* (rechts), saugt Nektar aus Blüten. Der Zwergkleidervogel, *Viridonia parva* (links), bricht mit seinem kürzeren Schnabel Schoten auf.

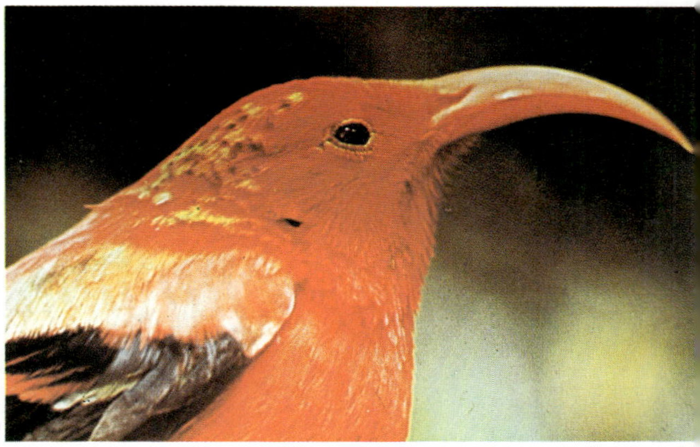

Nektarsauger Der langschnäblige Iiwi, *Vestiaria coccinea*, auf der Hawaii-Insel Kauai saugt mit einer langen Zunge, die sich an den Rändern einrollt und eine Röhre bildet, aus Ohiablüten Nektar.

Insektenfresser Ein kleiner Galapagos-Baumfink, *Camarhynchus parvulus*, frißt kleine Insekten.

Werkzeuggebrauch Der Spechtfink, *Cactospiza pallida*, hackt mit seinem Schnabel Löcher in die Rinde; dann stößt er mit einem Kaktusstachel oder einem Stock in das Loch, um Insekten herauszutreiben.

Fische der tropischen Meere Von den Polen bis zu den Tropen wimmelt es in den Ozeanen von Leben. Diese Kleinbarsche leben beim Großen Australischen Barriere-Riff.

Die Welt des Wassers

Meere, Flüsse und Seen sind die großen Wasserspeicher der Erde. Im Wasser ist alles Leben entstanden. Es beherbergt auch heute noch die meisten und verschiedensten Organismen.

Das Wasser der Erde, Hydrosphäre genannt, ist nicht auf die Meere, Flüsse, Seen und Gletscher beschränkt – die zusammen viele verschiedene Lebensräume für die unterschiedlichsten Tiertypen enthalten –, sondern es ist auch in der Atmosphäre in Form von Wasserdampf vorhanden, der Landtiere und Pflanzen mit Feuchtigkeit versorgt.

Die Ozeane bilden eine zusammenhängende Wassermasse; sie lassen sich in verschiedene natürliche Regionen gliedern, von denen jede ihre eigenen, typischen pflanzlichen und tierischen Lebensformen enthält. Welche Arten in einem bestimmten Teil des Ozeans leben, hängt von einer ganzen Reihe von Faktoren ab, unter anderem von der Tiefe und Temperatur des Wassers und von seinem Gehalt an Nährsalzen.

In die Tiefsee gelangt kein Lichtstrahl mehr hinunter, und die Organismen, die dort leben, haben sich dieser dunklen Umwelt auf besondere Weise angepaßt. Viele tragen Leuchtorgane, die es ihnen ermöglichen, in der Dunkelheit ihren Weg zu finden, oder mit denen sie Beutetiere anlocken.

Der Meeresboden ist ebenso uneben wie die Landoberfläche. In den weiten Ozeanen gibt es Berge vulkanischen Ursprungs, steile Hänge und tiefe Schluchten. Auch diese Formationen beeinflussen das Tierleben am Grund. Einige Tiergruppen sind an Wasser von bestimmter Temperatur gebunden. Riffbildende Korallen zum Beispiel können außerhalb der Tropen nicht existieren; andererseits leben viele Fischarten nur in kälterem Wasser.

In den tropischen Gewässern sind die Tiere am mannigfaltigsten, aber in den Meeren um die Polargebiete herum ist das Gesamtgewicht der Tiere pro Quadratkilometer gewöhnlich größer. Von dieser Regel gibt es aber viele Ausnahmen, besonders in tiefen tropischen Gewässern, wo kaltes Wasser vom Ozeanboden aufsteigt.

Unregelmäßige Strömungen können in einer sonst gleichbleibenden Region einen verheerenden Einfluß auf das Pflanzen- und Tierleben haben. So dringt in die aufquellenden kalten Wasser des Humboldstromes, der die Küsten Ecuadors und Perus bespült, manchmal ein warmer Strom ein. Die Kaltwasserfische und andere Tiere können diese Wärme nicht vertragen, und wenn der Strom sie erreicht, sterben sie in ungeheuren Mengen.

In einigen Regionen der Ozeane gibt es deutliche Temperaturbarrieren, die verschiedene Tier- und Pflanzenformen trennen. Eine der bekanntesten ist die antarktische Konvergenz bei 50° südlicher Breite, wo das kalte antarktische Oberflächenwasser unter das wärmere und salzigere subantarktische Wasser sinkt. Südlich der Konvergenz fällt die Wassertemperatur um 2–5°. Die Lebensformen auf beiden Seiten der Konvergenz sind genauso verschieden wie auf dem Lande etwa die der Grasländer und der Wälder.

Das Leben an der Meeresküste wird von den Gezeiten beherrscht. In der Gezeitenzone, die abwechselnd trockenfällt und von Wasser bedeckt ist, haben sich besondere Pflanzen- und Tiergemeinschaften entwickelt.

Zu den Binnengewässern gehören stehende und fließende Gewässer. Stehende Gewässer – das können kleine Teiche mit recht einfachen Pflanzen- und Tiergesellschaften sein und andererseits so große Wasserspeicher wie der Tanganjikasee, der Lebensformen enthält, die nur in ihm vorkommen.

Flüsse gibt es im eiskalten Gebirge wie in heißen Tiefebenen. Die Lebensräume in ihnen sind noch verschiedener als die in den Ozeanen, und sie beherbergen ein hochkompliziertes Pflanzen- und Tierleben.

Die meisten Wassertiere sind nicht „wasserdicht". Das Wasser kann durch ihre Haut oder durch bestimmte Flächen wie die Kiemen in sie eindringen und auch wieder herausfließen. Auf diese Weise würden sie Wasser aufnehmen oder verlieren, wenn sie nicht in der Lage wären, eine Konzentration von gelösten Salzen in ihrer Körperflüssigkeit aufrechtzuerhalten, die ungefähr gleich der des umgebenden Wassers ist. Die Körperflüssigkeiten derjenigen Arten, die ihre stammesgeschichtliche Entwicklung im Meer durchgemacht haben, besitzen schon die richtige Konzentration. Die Meeresfische hingegen benötigen besondere Vorrichtungen, um einen Wasserverlust zu verhindern, denn ihre Körperflüssigkeiten haben einen niedrigen Salzgehalt: Er entspricht dem des Süßwassers, in dem die Ahnen dieser Fische sich entwickelt haben.

Fische mit Knorpelskeletten, wie Haie und Rochen, verhindern einen solchen Wasserverlust dadurch, daß sie einen großen Teil der auszuscheidenden Harnstoffe in ihrem Blut zurückhalten. Auf diese Weise wird die Konzentration der gelösten Stoffe in ihrer Körperflüssigkeit ebenso hoch gehalten wie die der Stoffe im Meerwasser. Knochenfische, wie Makrelen und Heringe, haben diese Vorrichtung jedoch nicht und müssen darum große Mengen von Wasser trinken, um ihre Körperflüssigkeit auf einer Konzentrationshöhe zu halten, die etwa der des Meeres entspricht.

Ozeane und Süßwasser sind als Umwelten so verschieden, daß die meisten im Wasser lebenden Tiere nicht von einem Lebensraum in den anderen überwechseln. Einige Fische leben jedoch in beiden Elementen: Aale werden im Meer geboren und wandern quer durch den Ozean zu Flüssen und Bächen, wo sie ihre Entwicklung vollenden. Und der Lachs im Atlantik lebt zwar hauptsächlich im Meer, laicht aber in den Oberläufen der Flüsse. Einige Amphibien, Reptilien und Säugetiere gehen gern vom Land ins Wasser. Schildkröten und Krokodile legen ihre Eier an Land, fressen aber im Wasser.

Vögel der Binnengewässer Flamingos leben von winzigen Pflanzen und Tieren in warmen Brackwasserseen.

Wasser als Lebenselement

Sieben Zehntel der Erdoberfläche sind von Meer bedeckt. Zusammen mit Binnengewässern, Eis, Schnee und dem Wasserdampf in der Atmosphäre bildet es die Hydrosphäre.

Das Leben ist einst im Meer entstanden, und danach existierten alle Tiere und Pflanzen, die es auf der Erde gab, zunächst im Wasser. Der Körper eines jeden Lebewesens besteht zu einem sehr großen Teil aus Wasser. Beim Menschen macht es etwa 65 Prozent, bei einer Qualle sogar 99 Prozent des Körpergewichtes aus.

Wasser hat einige bemerkenswerte Eigenschaften, die die Entwicklung des Lebens wesentlich beeinflußt haben. Zwischen 0° und 100° ist es flüssig, und zwar ist es, sieht man einmal vom Quecksilber ab, die einzige anorganische Flüssigkeit, die auf der Erdoberfläche bei normalem Druck natürlicherweise vorkommt. Unterhalb von 0° gefriert Wasser und wird fest; es ist die einzige Substanz auf Erden, die sich dabei ausdehnt. Infolge dieser Eigenart hat das Wasser bei der Gestaltung der Landoberfläche der Erde eine Hauptrolle gespielt: Indem es in Felsrissen gefriert und sich ausdehnt, erweitert es diese Spalten und sprengt das Gestein. Als Flüssigkeit setzt es den Zerstörungsprozeß fort; es wäscht die Felsen aus, zersetzt sie und fördert so die Bildung der Erdkrume. Überdies trägt es Material von einer Stelle zur anderen. Viele Substanzen lösen sich leicht im Wasser; darum enthält es gewöhnlich verschiedene Nährstoffe.

Eine große Wasserfläche nimmt langsamer Wärme auf und gibt sie auch langsamer wieder ab als Landgebiete; deshalb ist die Temperatur von Ozeanen und Binnengewässern ausgeglichener als die des Landes. Die Ozeane mildern auch die Land- und Lufttemperaturen; aus diesem Grunde ist das Klima an der Küste eines Kontinents nie so extrem wie im Landesinneren in gleicher geographischer Breite.

Wasser gibt es nicht nur in Flüssen, Seen und Ozeanen. Es sickert auch in den Boden ein, oder es verdunstet an der Oberfläche unter dem Einfluß der Sonnenenergie. Wasserdampf steigt bis zu 15 km in die Atmosphäre empor. Die Winde tragen ihn anderswohin, bis er dann als Regen oder Schnee niederfällt. Für Wärme, die von der Erdoberfläche abgestrahlt wird, bildet der Wasserdampf eine gewisse Schranke; dadurch trägt er dazu bei, daß die Temperaturen auf dem Lande gleichmäßiger werden. Indem das Wasser als Regen oder Schnee niederfällt, macht es einen Pflanzenwuchs und damit auch tierisches Leben erst möglich.

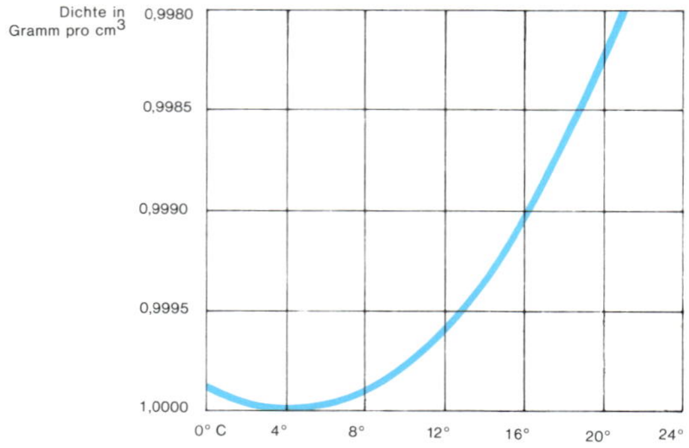

Dichte in Gramm pro cm3
0,9980
0,9985
0,9990
0,9995
1,0000
0° C
4°
8°
12°
16°
20°
24°

Warum Wasser aufsteigt Wasser ist bei 4° am dichtesten; es wird leichter, wenn seine Temperatur von diesem Punkt aus zu- oder abnimmt. Deshalb steigt sowohl kälteres wie wärmeres Wasser empor.

Zwei Gewässer treffen zusammen Ein Fluß fließt in der Nähe von Cape Cod, Massachusetts, ins Meer; er führt gelöste Mineralsalze mit sich, die vom Land abgewaschen sind. Diese Salze kommen zu denen im Meer hinzu und stellen dort einen wesentlichen Teil der Nährstoffe für Pflanzen und Tiere dar.

Der Wasserkreislauf auf der Erde

Durch die Sonnenwärme wird Wasser von der Landoberfläche sowie aus Flüssen, Seen und Ozeanen in Wasserdampf umgewandelt. Dieser steigt in die Atmosphäre empor und wird über die Erde verteilt. Wenn die wasserdampfführende Luft sich abkühlt, verdichtet sich der Dampf zu Wolken, kondensiert unter günstigen Bedingungen zu Wassertropfen und fällt als Regen oder Schnee zu Boden. Wird zum Beispiel das Land von der Sonne erwärmt, nimmt auch

	Prozent
Meere, einschließlich des schwimmenden Eises	93,6
Bodenwasser	4,2
Kontinentaleis	1,8
Oberflächliches Binnenlandwasser	0,36
Wasserdampf in der Atmosphäre	0,001
Wassergehalt von Pflanzen und Tieren	0,00004

Das Wasser der Erde ist größtenteils in den Ozeanen und im Eis des Polarmeers gespeichert. Alle Seen, Flüsse, Schneekappen und Gletscher zusammen enthalten weniger Wasser, als im Boden gespeichert ist, und nur ein winziger Teil befindet sich in lebenden Organismen.

Hauptbestandteile des Wassers	Meer	Bodensee
Kalzium	400,1	48,7
Magnesium	1272,0	6,4
Natrium	10556,1	8,5
Kalium	380,0	0,62
Chlorverbindungen	18979,9	5,2
Schwefelsalze	2648,6	38,2
Kohlensaure Salze	71,0	143,4
	Anteile pro Million	Anteile pro Million

Chemikalien im Meerwasser und Süßwasser Mineralische Salze, die im Wasser gelöst sind, stellen für Pflanzen und Tiere wichtige Nährstoffe dar. Meerwasser enthält einen viel höheren Anteil an Salzen als Süßwasser. In den Ozeanen herrschen Chlorverbindungen vor, während das Süßwasser vor allem kohlensaure Salze enthält. Der Salzgehalt der Binnengewässer ist äußerst verschieden; diese können aus fast reinem Wasser bestehen oder auch aus einer gesättigten Lösung wie das Tote Meer (Salzanteil ca. 20 Prozent). In den Ozeanen sind die Unterschiede viel geringer. Dort reicht der Salzgehalt von gut 0,7 Prozent in der Ostsee bis zu rund 4 Prozent im Roten Meer.

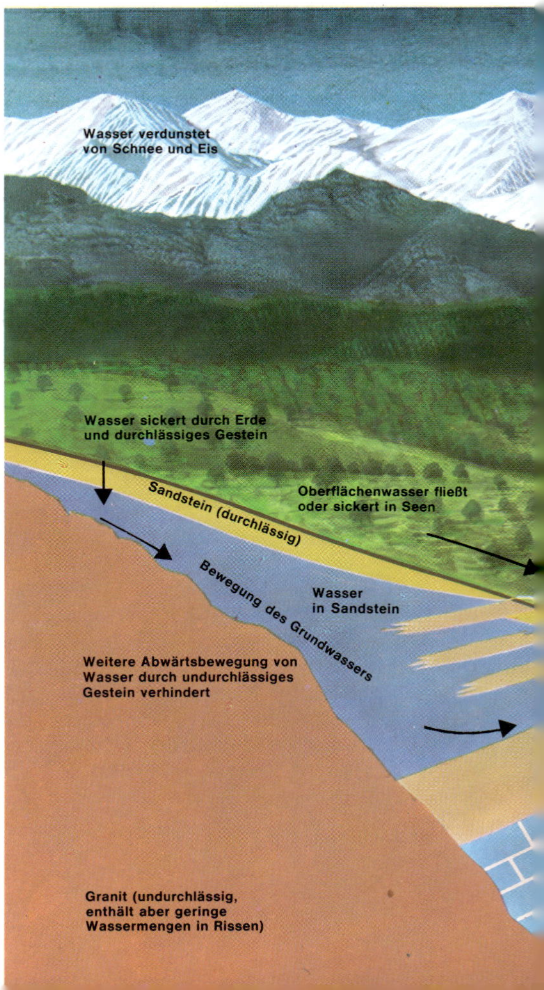

Wasser verdunstet von Schnee und Eis
Wasser sickert durch Erde und durchlässiges Gestein
Sandstein (durchlässig)
Oberflächenwasser fließt oder sickert in Seen
Bewegung des Grundwassers
Wasser in Sandstein
Weitere Abwärtsbewegung von Wasser durch undurchlässiges Gestein verhindert
Granit (undurchlässig, enthält aber geringe Wassermengen in Rissen)

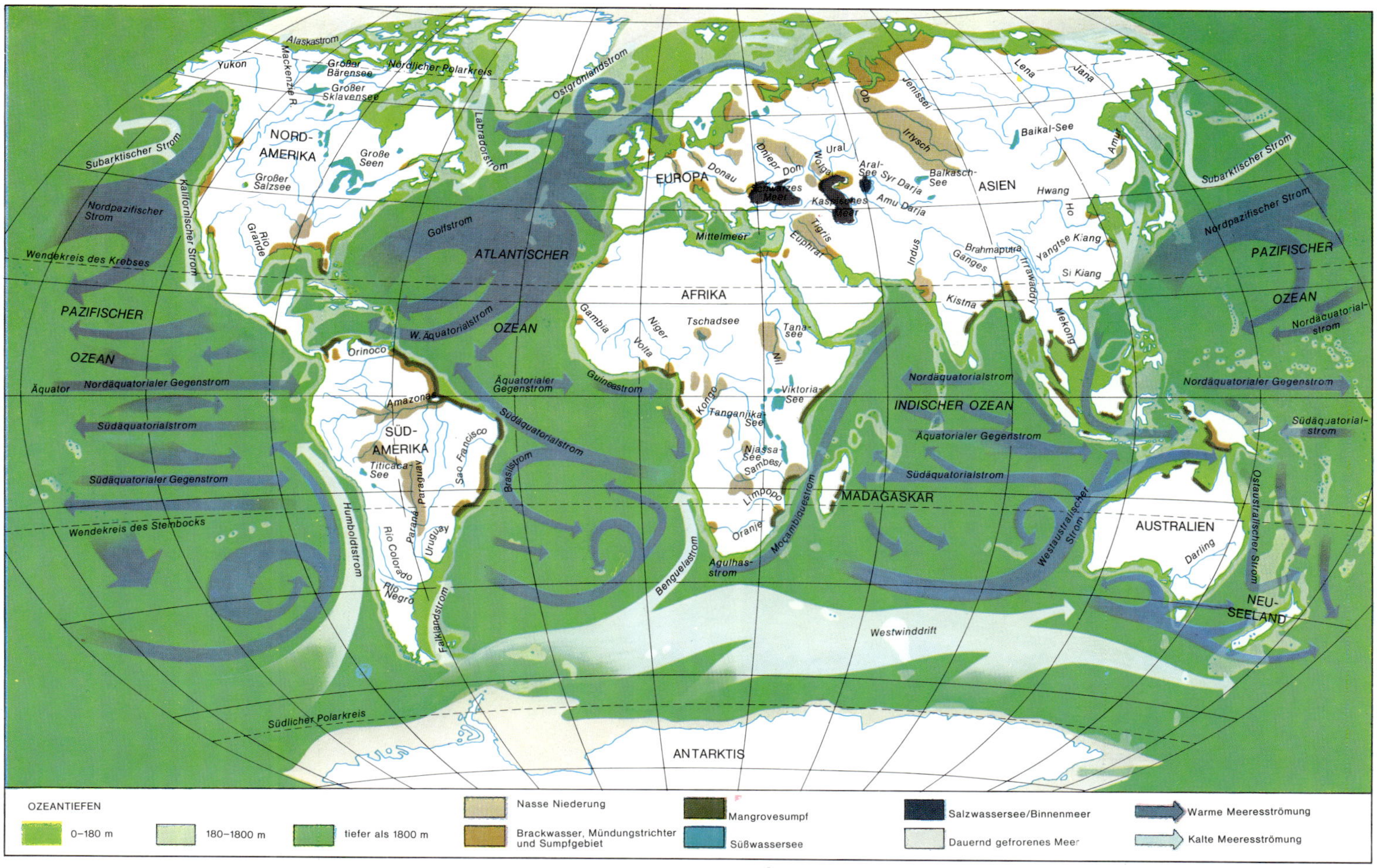
Alaskastrom
Yukon
Mackenzie R.
Großer Bärensee
Großer Sklavensee
Nördlicher Polarkreis
Ostgrönlandstrom
Labradorstrom
NORD-AMERIKA
Große Seen
Großer Salzsee
Subarktischer Strom
Kalifornischer Strom
Nordpazifischer Strom
Rio Grande
Golfstrom
Wendekreis des Krebses
ATLANTISCHER
OZEAN
PAZIFISCHER
OZEAN
W. Äquatorialstrom
Orinoco
Äquator
Nordäquatorialer Gegenstrom
Amazonas
Südäquatorialstrom
SÜD-AMERIKA
Titicaca-See
Paraná
Paraguay
São Francisco
Südäquatorialer Gegenstrom
Humboldtstrom
Brasilstrom
Wendekreis des Steinbocks
Rio Colorado
Uruguay
Rio Negro
Falklandstrom
EUROPA
Donau
Dnjepr
Don
Wolga
Ural
Kaspisches Meer
Mittelmeer
Tigris
Euphrat
Aral-See
Syr Darja
Amu Darja
Balkasch-See
ASIEN
Ob
Jenissei
Irtysch
Lena
Jana
Baikal-See
Amur
Hwang Ho
Indus
Ganges
Brahmaputra
Irrawaddy
Yangtse Kiang
Si Kiang
Mekong
Kistna
AFRIKA
Gambia
Niger
Volta
Tschadsee
Nil
Tana-See
Äquatorialer Gegenstrom
Guineastrom
Kongo
Viktoria-See
Tanganjika-See
Njassa-See
Sambesi
Limpopo
Oranje
Südäquatorialstrom
Benguelastrom
Agulhasstrom
Moçambiquestrom
MADAGASKAR
Nordäquatorialstrom
INDISCHER OZEAN
Äquatorialer Gegenstrom
Südäquatorialstrom
Westaustralischer Strom
AUSTRALIEN
Darling
Ostaustralischer Strom
NEU-SEELAND
Westwinddrift
Subarktischer Strom
Nordpazifischer Strom
PAZIFISCHER
OZEAN
Nordäquatorialstrom
Nordäquatorialer Gegenstrom
Südäquatorialstrom
Südlicher Polarkreis
ANTARKTIS
OZEANTIEFEN
0–180 m
180–1800 m
tiefer als 1800 m
Nasse Niederung
Brackwasser, Mündungstrichter und Sumpfgebiet
Mangrovesumpf
Süßwassersee
Salzwassersee/Binnenmeer
Dauernd gefrorenes Meer
Warme Meeresströmung
Kalte Meeresströmung

Die Welt des Wassers Die Ozeane sind für den Wasserkreislauf höchst bedeutsam, denn sie bedecken nicht weniger als sieben Zehntel der Erdoberfläche. Ihre Wassermenge ist so groß, daß sie die ganze Erde, wenn diese eine glatte Kugel wäre, 265 m hoch bedecken würde. Die Ozeane wirken als Wärmespeicher. Sie erwärmen sich langsamer als das Land, kühlen aber auch nicht so schnell ab. Darum sind sie für Lebewesen eine gleichförmigere Umwelt als das Land. Die Süßwasser im Binnenland, die es in allen Klimazonen gibt, sind gegenüber den Ozeanen nur klein, doch umfassen sie verschiedenartigere Lebensräume.

die Temperatur der bodennahen Luft zu, und diese steigt empor; dabei kühlt sie ab, und der Wasserdampf, den sie enthält, verdichtet sich zu Regen. Zu Niederschlägen kommt es auch, wenn Luftströmungen auf Gebirge stoßen und dadurch gezwungen werden, aufwärtszusteigen, ferner wenn Luftströme aufeinandertreffen. Der größte Teil der Niederschläge auf dem Lande verdunstet unmittelbar oder von der Oberfläche der Pflanzen aus. Der Rest speist zum Teil Bäche und Flüsse und fließt dann ins Meer. Teilweise versickert er auch im Boden. Ein gewisser Prozentsatz bleibt in Teichen, Seen und Sümpfen, als Schnee auf Gebirgen und in den Eiskappen der Pole gespeichert.

Wasser fällt als Regen, Schnee und Hagel
Wasser verdunstet im Fallen
Wind bewegt Wolken
Sonnenwärme bewirkt Verdunstung
Wasser verdunstet von der Landoberfläche
Wasser verdunstet vom Meer
Wasser verdunstet von Seen
Oberflächenwasser fließt oder sickert in Flüsse
Entstehung einer Quelle dort, wo undurchlässiges Gestein an die Oberfläche tritt und bewirkt, daß Grundwasser unter Druck ausfließt.
Wasser verdunstet von Flüssen
Wasser verdunstet von Pflanzen
Flüsse fließen ins Meer; sie führen Schlamm und gelöste Mineralien mit und vergrößern so den Gehalt des Meeres an Nährstoffen
Sumpfbildung dort, wo undurchlässiges Gestein dicht unter der Oberfläche liegt und der Grundwasserspiegel die Oberfläche erreicht
Oberflächenwasser fließt oder sickert ins Meer
Bewegung des Grundwassers
Schiefer (undurchlässig)
Sandstein (durchlässig)
Schiefer (undurchlässig)
Kalkstein (durchlässig) hält Wasser unter undurchlässigem Gestein fest
Wasser im Sandstein
Schiefer (undurchlässig)
Süßwasser des Bodens und Salzwasser vom Ozean treffen aufeinander; manchmal mischen sie sich, manchmal bleiben sie getrennt
Verwerfung
Schiefer (undurchlässig)

Das Leben in stehenden Gewässern

Von Seen durchsetzter Wald In Nordkanada gibt es riesige, abflußlose Gebiete. Dort bilden sich an den tieferen Stellen Teiche und Seen; auf höheren Standorten wachsen Tannen, Fichten und Kiefern. Viele Seen verschlammen durch verwesendes Material und bilden Sümpfe, in denen im Sommer Moose und Riedgräser gedeihen.

Tief und steril Der Maclure-See in Kalifornien ist ein oligotropher, also junger See. Er ist tief und hat steile Seiten. Solche Seen sind arm an Nährstoffen, und nur wenige Pflanzen wachsen an seinen Ufern.

Reiches Gewässer Eutrophe Seen haben flachere Seiten; sie sind nährstoffreich und beherbergen viele Lebewesen. Mit der Zeit wurzeln Pflanzen, wie Seerosen, an den Rändern und breiten sich aus.

Verlandender See Dystrophe Seen sind am ältesten; sie werden zu Sümpfen, die reich an organischem Material, aber oft sauerstoffarm sind. Verwesende Pflanzen und Tiere machen das Wasser stark sauer.

Bestimmend für die Organismen in stehenden Gewässern ist oft weniger das Klima, als vielmehr das Alter und die Tiefe eines Sees, Teiches oder Sumpfes.

Zu den stehenden Gewässern gehören kleine, nur wenige Zentimeter tiefe Tümpel ebenso wie große Seen und Binnengewässer. Die größten sind das Schwarze Meer und das Kaspische Meer – Reste eines verschwindenden Ozeanteiles. Das größte Süßwasserreservoir ist mit 82 414 Quadratkilometern der Obere See in Nordamerika. Seen sind ganz verschieden tief; aber in nur 18 von all den Tausenden hat man Tiefen von mehr als 350 m gemessen.

Größe und Tiefe von stehenden Gewässern beeinflussen das Leben, das in ihnen vorhanden ist. Einige tiefe Seen bestehen wohl schon seit Jahrtausenden oder gar Jahrmillionen und enthalten ein sehr reiches Pflanzen- und Tierleben. Ein Regentümpel in der Sahara hingegen kann in weniger als einer Woche austrocknen und beherbergt nur ein paar Tiere, die bloß wenige Tage leben.

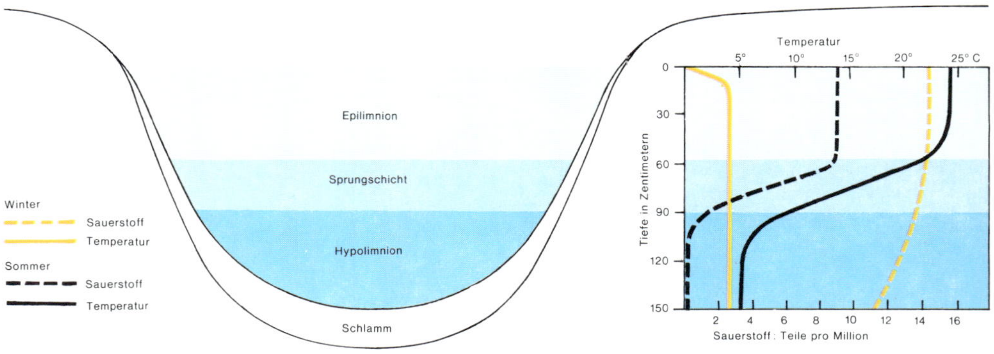
Epilimnion
Sprungschicht
Hypolimnion
Schlamm
Winter
Sauerstoff
Temperatur
Sommer
Sauerstoff
Temperatur
Temperatur
5° 10° 15° 20° 25° C
0 30 60 90 120 150
Tiefe in Zentimetern
2 4 6 8 10 12 14 16
Sauerstoff: Teile pro Million

Schichtung eines Sees im Sommer

Das Wasser eines tiefen Sees in der gemäßigten Zone ist im Sommer geschichtet. Die Sonne erwärmt nur die obere Schicht, und da warmes Wasser auf kaltem schwimmt, mischt die obere Schicht – das Epilimnion – sich nicht mit dem kalten Bodenwasser, dem Hypolimnion. Wenn die Temperatur weiterhin zunimmt, vergrößert sich der Unterschied zwischen Oberflächen- und Bodenwasser und bildet eine Zwischenzone – die Sprungschicht –, in der die Temperatur sehr schnell abnimmt. Im Herbst kühlt die Oberfläche ab, und nun zirkuliert das Wasser des Sees und mischt sich. Das bleibt den Winter über so – abgesehen von Kälteperioden, in denen sich eine Oberflächenschicht kälteren Wassers oder Eises bildet. Sauerstoff gelangt nur in die Oberflächenschicht des Wassers; er wird aus der Atmosphäre aufgenommen, oder er bildet sich bei der Photosynthese. Der Wasserkreislauf im Winter verteilt den Sauerstoff im See. Im Sommer hingegen blockiert die Schichtung die Sauerstoffversorgung der Bodenschicht, und der Wintervorrat wird durch die Oxydation organischer Abfälle aufgebraucht. Aber auch die obere Schicht enthält im Sommer weniger Sauerstoff, da warmes Wasser weniger dicht ist als kaltes und daher nicht so viel Sauerstoff aufnehmen kann.

Verschiedene Lebenszonen

Auf den Böden der größeren, tieferen Seen gibt es mehrere verschiedene Lebensräume. Die Uferregion reicht bis zu einer Tiefe, in die das Licht nicht mehr eindringt. Daran schließt sich das „Sublitoral" an, das Gebiet unterhalb der Uferregion; dort haben sich Pflanzenreste sowie leere Schalen von Muscheln und Schnecken angesammelt. Der tiefe Seegrund schließlich besteht aus Schlamm. Auch das Wasser umfaßt verschiedene Lebensräume: die Uferzone und das offene Wasser.

Die Verhältnisse in all diesen Regionen sind von der Sonnenstrahlung abhängig, von Licht und Wärme also, ferner von der Menge der Nahrungsstoffe im Wasser. Diese mineralischen und organischen Substanzen werden von Flüssen, vom Regen und vom Wind in die Seen gebracht.

Das mannigfaltigste und am dichtesten besiedelte Gebiet in einem See ist die Uferregion. Von den Pflanzen, die im Boden wurzeln, ragen einige über die Wasseroberfläche hinaus; andere leben ganz im Wasser. Sie alle gewähren einem Heer von Plattwürmern, Ringelwürmern, Weichtieren, Krebsen und Insekten samt ihren Larven Schutz und Nahrung.

Mit zunehmender Wassertiefe wird die pflanzliche Nahrung knapper, das Tierleben ärmer. In den Pflanzenresten und im Schlamm am Grund der meisten Seen wohnen Insektenlarven, Schnecken und verschiedene Ringelwürmer.

Die winzigen Tiere und Pflanzen, die im freien Wasser schweben, werden Plankton genannt. Bei den Tieren dieser Gemeinschaft spricht man vom Zooplankton, bei den Pflanzen – vor allem sind es Algen – vom Phytoplankton.

Die meisten Tiere und Pflanzen des Planktons sind winzig klein. Je kleiner aber ein Körper ist, um so größer ist seine Oberfläche im Verhältnis zu seinem Rauminhalt; und je größer die Oberfläche, um so größer ist die Reibung mit dem umgebenden Wasser – und um so leichter ist das Schweben. Aus diesem Grund sind viele Planktonorganismen auch sternförmig und besitzen dazu noch feine Fäden und lange Glieder oder Fortsätze, die die Oberfläche vergrößern. Als weitere Schwebehilfen dienen Öltropfen, Gasblasen und Schleim.

Teiche sind kleine Wasseransammlungen mit wenig beständiger Schichtung. Einige trocknen jedes Jahr für einige Zeit aus; die Organismen, die darin leben, müssen solche Zeiten in einem schlafähnlichen Zustand überdauern können, oder sie müssen in der Lage sein, ins Wasser hinein- und wieder herauszugehen, wie es Insekten und Amphibien tun.

Seen können während ihrer Tausende von Jahren dauernden Entwicklung drei Hauptstadien durchlaufen: das oligotrophe, eutrophe und dystrophe Stadium. Oligotrophe Seen sind die jüngsten; sie haben gewöhnlich einen kargen, V-förmigen Boden und klares Wasser, das nur wenig gelöste Nährstoffe enthält. Mit der Zeit können diese Gewässer allmählich verschlammen und zu eutrophen Seen werden. Deren Ufer sind weniger steil, und sie sind reicher an gelösten Nährstoffen; daher leben in ihnen auch mehr Pflanzen und Tiere. In dystrophen Seen schließlich ist die Konzentration von Huminsäure hoch; häufig entwickeln sie sich zu Torfmooren. Viele Seen bleiben auf dieser oder jener Stufe stehen; andere zeigen Merkmale von allen drei Stadien.

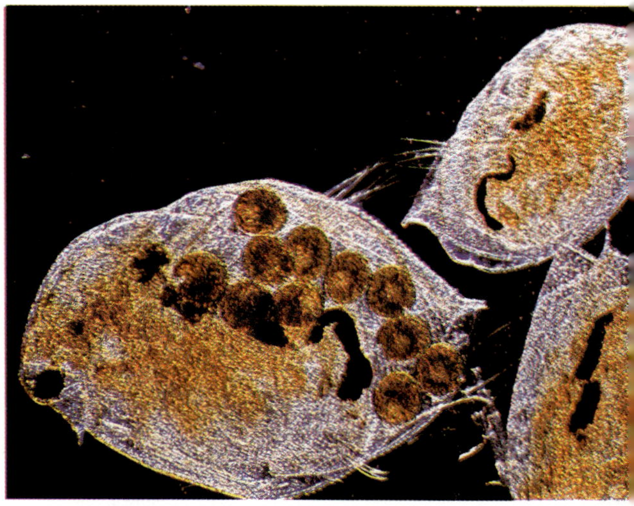

Zooplankton Ein weiblicher Wasserfloh der Gattung *Daphnia* bildet alle 2—3 Tage Eier und trägt sie in einem Brutraum zwischen dem Körper und einer durchsichtigen Schale. Wasserflöhe gehören zum Zooplankton.

Pflanzliches Plankton Algenkolonien der Gattung *Volvox* sind typische Vertreter des Phytoplanktons. Mit winzigen Geißeln treiben sie sich durch das Wasser.

Ein Schwarm von Räubern Hornhechte findet man in verkrauteten, seichten Gewässern in den östlichen USA.

Fruchtbare Krebstierchen Diese 2,5 cm langen Süßwasserkrebse der Gattung *Gammarus* leben das ganze Jahr über in Teichen und Bächen. Vom Frühling bis zum Herbst bringen sie viele Nachkommen hervor.

Der Nahrungskreislauf in einem See

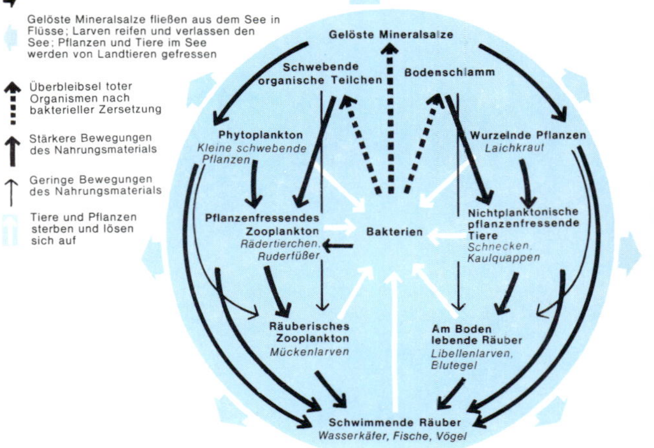
Gelöste Mineralsalze kommen aus Bächen in den See
Gelöste Mineralsalze fließen aus dem See in Flüsse; Larven reifen und verlassen den See; Pflanzen und Tiere im See werden von Landtieren gefressen
Überbleibsel toter Organismen nach bakterieller Zersetzung
Stärkere Bewegungen des Nahrungsmaterials
Geringe Bewegungen des Nahrungsmaterials
Tiere und Pflanzen sterben und lösen sich auf
Gelöste Mineralsalze
Schwebende organische Teilchen
Bodenschlamm
Phytoplankton
Kleine schwebende Pflanzen
Wurzelnde Pflanzen
Laichkraut
Pflanzenfressendes Zooplankton
Rädertierchen, Ruderfüßer
Bakterien
Nichtplanktonische pflanzenfressende Tiere
Schnecken, Kaulquappen
Räuberisches Zooplankton
Mückenlarven
Am Boden lebende Räuber
Libellenlarven, Blutegel
Schwimmende Räuber
Wasserkäfer, Fische, Vögel

Die Pflanzen in einem See bilden aus einfachen Substanzen im Wasser organische Nährstoffe. Tiere fressen die Pflanzen, und die Pflanzenfresser werden ihrerseits von Räubern verspeist. Diese sterben, werden von Bakterien zersetzt und zerfallen wieder zu einfachen organischen und mineralischen Verbindungen.

Das Leben in Bächen und Flüssen

Für Tiere und Pflanzen ist es schwierig, in schnell fließenden Gebirgsbächen einen Halt zu finden. In den langsameren Flüssen der Ebene ist das Leben weniger hart.

Auf die Tiere in fließenden Gewässern hat die Strömung einen starken Einfluß; sie müssen einen großen Teil ihrer Energie aufwenden, um an einer Stelle zu bleiben. Auch Pflanzen beeinflußt die Strömung. Wurzelnde Pflanzen finden am Grund von Wildbächen keinen Halt; darum kommen sie lediglich dort vor, wo der Fluß langsamer fließt. Schwebende Tiere und Pflanzen gedeihen nur, wenn eine Strömung kaum noch vorhanden ist.

Bei einem typischen Fluß fließen zunächst sturzbachartige Quellflüsse und Hochgebirgsbäche zusammen und bilden mehrere schnelle Gewässer, die Steine und Kiesel mitreißen. Sie vereinen sich zu einem ziemlich rasch fließenden Fluß, in dem sich an bestimmten Stellen Schlamm ablagert. Der nächste Flußabschnitt hat ein schwächeres Gefälle und eine mäßigere Strömung. Schließlich wird der Fluß breiter, zieht durch die Ebenen und mündet dann ins Meer. Jeder Abschnitt des Flusses stellt an die Tiere, die ihn bewohnen, besondere Anforderungen, und es herrschen in ihm ganz bestimmte Bedingungen.

Forellenbach Nur kräftige, stromlinienförmige Fische, wie die Forelle, können der reißenden Strömung in solchem Gewässer widerstehen. Fische mit flacherem Körper, wie Groppen, suchen am Grunde Schutz.

Der Bereich der Elritzen Der Fluß ist hier breiter, und das Wasser fließt gleichmäßiger als im Oberlauf. Elritzen leben im Gewirr des Wasserhahnenfußes. Viele Tiere dieses Abschnitts können sich an Steine anheften.

Fluß im Tiefland Im Flachland windet sich ein Fluß gewöhnlich langsam dahin. Er bildet oft zahlreiche Schlingen, ehe er das Meer erreicht.

Das Wasser der Wildbäche im Gebirge ist kalt und sauerstoffreich. Nur mikroskopisch kleine Algen finden hier einen Halt, indem sie sich an Steine anheften. Die meisten Tiere dieser Zone ernähren sich von organischem Abfall, der von den Ufern herabfällt, oder sie leben räuberisch.

Die starke Strömung hindert viele Tiere daran, Bergbäche zu besiedeln. Die Fische, die dort vorkommen, sind oft kräftige Schwimmer – so die Forelle. Andere Fische existieren hier, indem sie sich mit Hilfe von Saugscheiben, die sich an ihrer Unterseite befinden, an Steine anheften und auf ihnen entlangkriechen. Das tut zum Beispiel der Flossensauger *Gastromyzon borneensis* in den Bergbächen von Südostasien. Einige Fische in stark strömendem Wasser schützen ihre Eier dadurch, daß sie sie in Löcher legen, die sie im Flußbett aushöhlen, oder indem sie sie im Kies vergraben wie die Forelle. Andere legen klebrige Eier, die an Steinen haften und so nicht fortgetrieben werden.

Wirbellose sind der schnellen Strömung durch starke Krallen und Saugscheiben angepaßt; überdies ist ihr Körper abgeflacht. Manche Larven von Köcherfliegen fertigen vor der Verpuppung Kokons aus Spinnfäden an und beschweren sie wegen der Strömung, indem sie Sandkörner und Steinchen mit einbauen. Einige Arten machen Netze, in denen sie Nahrung fangen.

Pflanzen und Fische in schnellen Flüssen

Wo Gebirgsbäche zusammenfließen und Flüsse bilden, ist die Strömung immer noch stark, doch kann sich an geschützten Stellen Schlamm ablagern. Dort siedeln sich schon Pflanzen an – etwa der Flutende Hahnenfuß, *Ranunculus fluitans,* und der Igelskolben, *Sparganium simplex*.

Die Temperatur des Wassers in den Oberläufen der Flüsse ist schon höher als die in den Gebirgsbächen, aber es ist dort auch noch eine Menge Sauerstoff vorhanden. Die Fische der Gebirgsbäche werden von anderen abgelöst, oder es gesellen sich Arten zu ihnen, die an wärmeres Wasser gewöhnt sind. In Europa können zum Beispiel Forellen gemeinsam mit Äschen und Elritzen vorkommen.

Unter diesen günstigeren Lebensbedingungen ist das Tierleben reicher. Zu den Larven der Steinfliegen und Eintagsfliegen und den Käfern, die man in Bergbächen findet, kommen hier Geschöpfe wie Libellenlarven, Schnecken und Muscheln hinzu. Mit solchen Wirbellosen und dem reicheren Pflanzenwuchs steht Fischen dieser Flußabschnitte mehr Nahrung zur Verfügung.

Im nächsten Abschnitt ist die Uferböschung flacher und die Strömung mäßig. In europäischen Flüssen herrschen hier Barben und Döbel vor; auch Rotaugen und Rotfedern sind ziemlich häufig. Dazu kommen Raubfische wie Hechte, Barsche und Aale. Pflanzen, die an Flußrändern im Wasser wachsen, dienen Fischen als Laichplätze und der Fischbrut als Nahrung und Versteck.

Im Bereich des Tieflandes sind Flüsse gewöhnlich breit. Ihre Strömung kann so gering sein, daß es zur Bildung von Plankton kommt. Fische, wie Rotaugen, Karpfen, Schleien und Brassen, haben schmale, aber hohe Körper; diese Form erleichtert es ihnen, durch die dichten Bestände von Wasserpflanzen zu schlüpfen, die es in dieser Zone gibt. Ihre Mäuler sind so gestaltet, daß sie Nahrung vom Flußbett aufsaugen können.

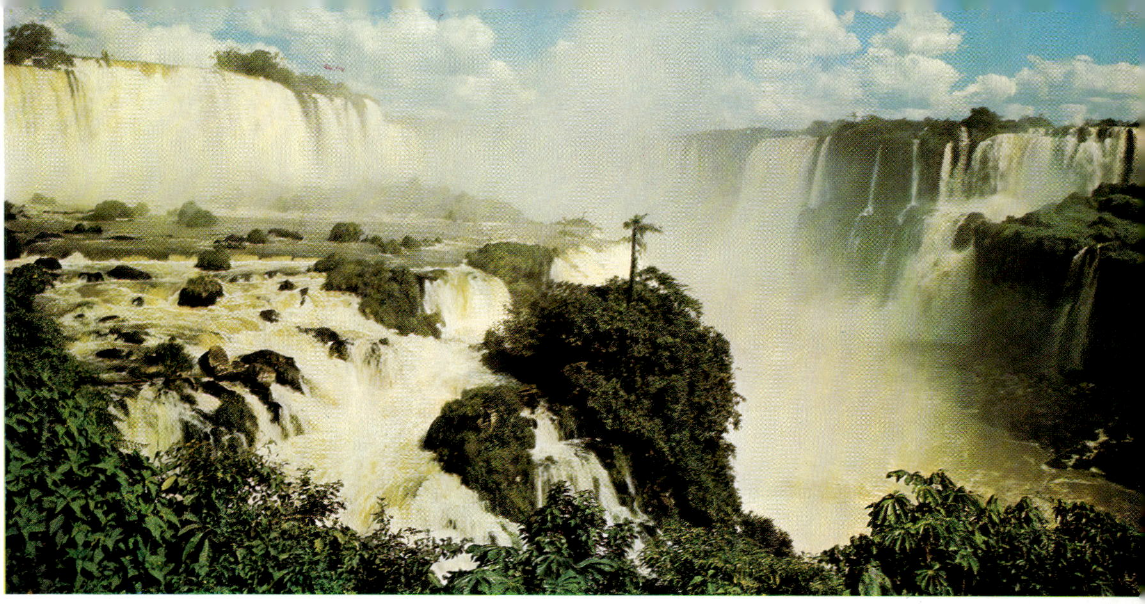

Flußbarriere Wasserfälle, wie diese 63 m hohen Iguazu-Fälle in Brasilien, stellen Schranken in Flüssen dar: Die Tiere auf beiden Seiten sind verschieden. Viele werden hier fortgeschwemmt und vernichtet.

Flußzonen in Europa und die Fische, die in ihnen leben

Forellenregion	Elritzenregion	Barbenregion	Brassenregion
Nur die muskulösen Forellen und Fische, die zwischen Steinen Schutz suchen, können in den reißenden Gebirgsbächen leben. Die Fische fressen hier Insekten, die ins Wasser fallen. Diese Gewässer sind reich an Sauerstoff, den Forellen unbedingt brauchen.	Das Wasser ist kühl und sauerstoffreich, die Strömung schon so langsam, daß ein paar Pflanzen auf dem Grunde wurzeln können. Fische aus der Forellenregion leben hier zusammen mit anderen Fischen, wie Hasel und Elritzen.	Der Fluß ist hier ruhiger – ebenso seine Bewohner. Fische mit höheren Körpern, wie Barben, Döbel und Barsche, schwimmen im reichen Pflanzenwuchs, der auf Schlammflecken gedeiht. Das Wasser ist wärmer und enthält noch einigen Sauerstoff.	Die Vegetation ist die gleiche wie in der Barbenregion, abgesehen von den schlammigen Tiefen, wo das Wachstum durch das geringe Licht gehemmt wird. Das langsame Wasser enthält wenig Sauerstoff. Fische wie Brassen und Schleien schwimmen zwischen dem Kraut.

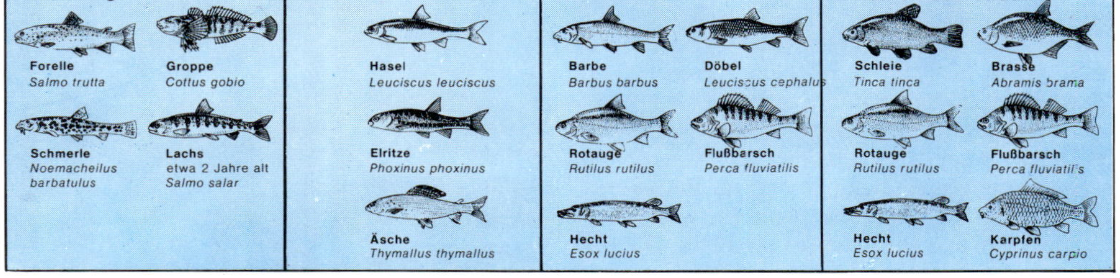

Forelle
Salmo trutta
Groppe
Cottus gobio
Schmerle
Noemacheilus barbatulus
Lachs
etwa 2 Jahre alt
Salmo salar
Hasel
Leuciscus leuciscus
Elritze
Phoxinus phoxinus
Äsche
Thymallus thymallus
Barbe
Barbus barbus
Döbel
Leuciscus cephalus
Rotauge
Rutilus rutilus
Flußbarsch
Perca fluviatilis
Hecht
Esox lucius
Schleie
Tinca tinca
Brasse
Abramis brama
Rotauge
Rutilus rutilus
Flußbarsch
Perca fluviatilis
Hecht
Esox lucius
Karpfen
Cyprinus carpio

Die Wasseramsel, *Cinclus cinclus,* ernährt sich in schnell fließenden Bächen Eurasiens unter Wasser. Wenn sie nach Insekten sucht, läuft sie auf dem steinigen Grund, oder sie schwimmt mit Hilfe ihrer Flügel.

Anpassung an reißende Wildbäche

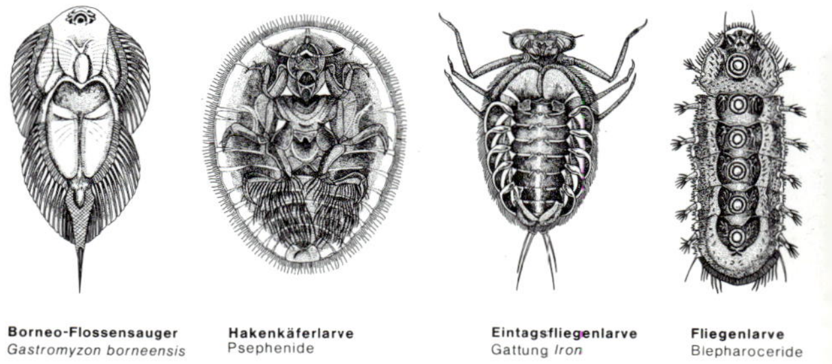

Borneo-Flossensauger
Gastromyzon borneensis
Hakenkäferlarve
Psephenide
Eintagsfliegenlarve
Gattung *Iron*
Fliegenlarve
Blepharoceride

Bei dem Borneo-Flossensauger, der Hakenkäferlarve und der Eintagsfliegenlarve wirkt die ganze Unterseite des Körpers auf Steinen als Saugscheibe. Die Blepharoceriden-Larven haben 6 einzelne Saugscheiben.

Gebirgsfrosch Die Kaulquappen dieses Frosches der Gattung *Staurois,* der in Südostasien in Gebirgsbächen vorkommt, haben unter ihren Mäulern Saugscheiben. Damit heften sie sich im strömenden Wasser an Steine.

Gegen die Strömung gerüstet Steinfliegenlarven haben 2 Krallen an jedem Fuß; damit können sie sich in schnell fließenden Bächen an Steinen festhalten. Ihre flachen Körper bieten dem Wasser wenig Widerstand.

Wirbellose

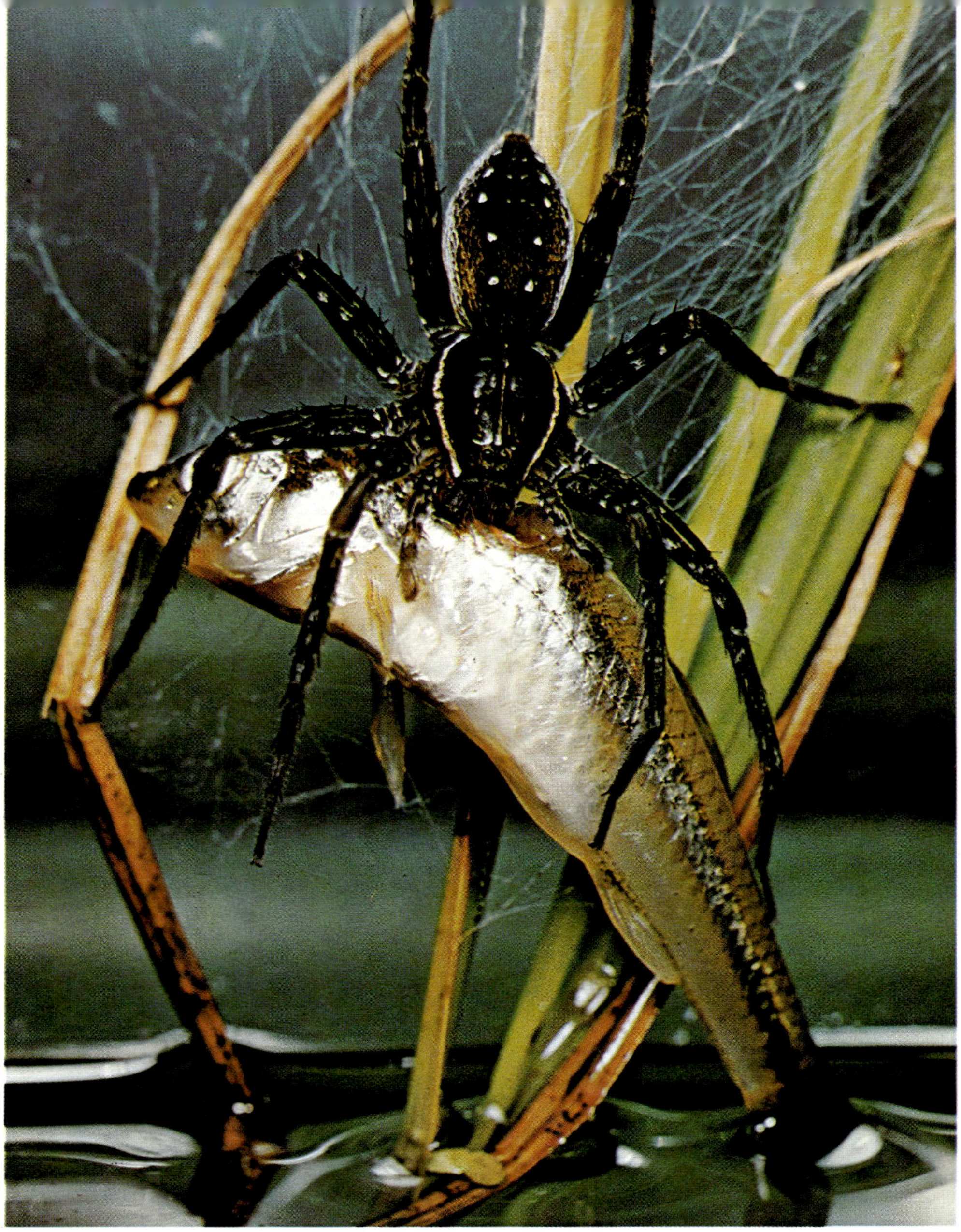

Tauchender Räuber Die nordamerikanische Raubspinne *Dolomedes triton* fängt Elritzen. In den winzigen Haaren an ihrem Körper hält sich so viel Luft, daß sie 45 Minuten unter Wasser bleiben kann.

Einzellige Protozoen sind ein wichtiges Glied in der Nahrungskette der Binnengewässer; sie leben von Bakterien und werden selbst von größeren Tieren gefressen.

Wirbellose sind in den Binnengewässern die häufigsten Tiere. Zu ihnen gehören die mikroskopisch kleinen Protozoen ebenso wie die halbmeterlangen Flußkrebse und viele andere. Einige Wirbellose jagen kleinere Tiere. Andere sind Pflanzenfresser, und eine dritte große Gruppe ernährt sich von verwesenden organischen Substanzen im Wasser. Von ihnen allen leben Fische und andere Wirbeltiere.

Am zahlreichsten und am weitesten verbreitet sind die Protozoen. Die meisten dieser einzelligen Geschöpfe bewegen sich frei im Wasser und fressen Bakterien. Wenn Teiche zeitweilig austrocknen, vermögen sie in schützenden Zysten zu überdauern und auf bessere Bedingungen zu warten. In vielen Süßwassern sind außerdem mikroskopisch kleine Rädertierchen sowie Fadenwürmer und Ringelwürmer vorhanden. Ringelwürmer halten sich in den tiefen Ablagerungen am Grunde von Seen und Teichen auf.

Krebstiere sind im wesentlichen Wassertiere. Auch einige Insekten und Milben haben sich an das Süßwasser angepaßt.

Die kleineren, einfacheren Wirbellosen besitzen keine besonderen Organe zur Atmung im Wasser, sondern sie nehmen den im Wasser gelösten Sauerstoff durch die Haut auf und geben auf diesem Wege auch Kohlendioxid ab. Die höher organisierten Tiere, etwa die Mollusken, haben schon einen offenen Blutkreislauf, was einen intensiveren Gasaustausch möglich macht. Bei vielen größeren Tieren haben sich besondere Atmungsorgane entwickelt: die Kiemen, deren Oberfläche reichlich mit Blutgefäßen versehen ist. Krebstiere des Süßwassers, wie der Flußkrebs, atmen durch federartige Fäden an den Gliedmaßen.

Insekten sind luftatmende Tiere. Viele Arten, die ihre Nahrung unter Wasser suchen, müssen mit der Luft in Verbindung bleiben. Einige, wie Mückenlarven, besitzen haarfeine Schnorchel; andere, etwa die Gelbrandkäfer der Gattung *Dytiscus,* entnehmen die Luft einem Reservoir unter ihren harten Flügeldecken. Die meisten im Wasser lebenden Insektenlarven atmen mit Hilfe von Kiemen – so die der Libellen und Eintagsfliegen.

Die Fortbewegung im Wasser erfordert ganz andere Vorrichtungen als die auf dem Lande. Die einzelligen Amöben kriechen über den Boden, indem ihr Körper, der keine feste Form hat, in sogenannten Scheinfüßchen weiterfließt; Flagellaten hingegen treiben sich mit langen, peitschenähnlichen Geißeln vorwärts.

Einige Insekten im Süßwasser, besonders solche, die in starken Strömungen leben, kriechen auf Schlamm und Pflanzen. Die meisten aber haben mindestens ein Paar Beine, die ruderähnlich abgeplattet sind und sich dadurch zum Schwimmen besser eignen.

Manche Libellenlarven nehmen, wenn sie atmen, Wasser in ihren Enddarm auf. Werden sie beunruhigt, stoßen sie es heftig aus, und der Rückstoß treibt sie vorwärts. Normalerweise laufen diese Tiere aber auf dem Boden.

Mechanismen für die Atmung

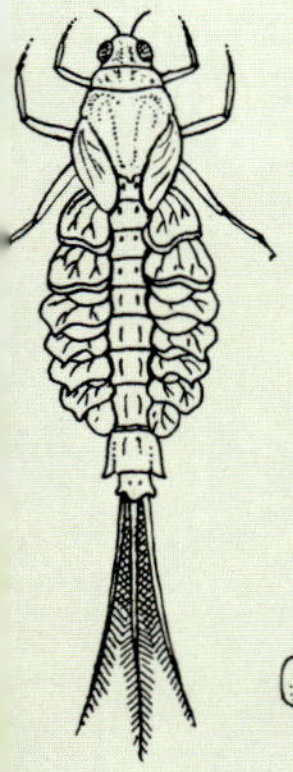

Die Larve der Eintagsfliege, *Siphlurus aestivalis,* atmet durch Kiemenpaare, die sich an fast jedem Hinterleibssegment befinden.

Die Larve der Schlammfliege, *Eristalis tenax,* atmet durch ein 2,5 cm langes Rohr, das bis zur Wasseroberfläche reicht.

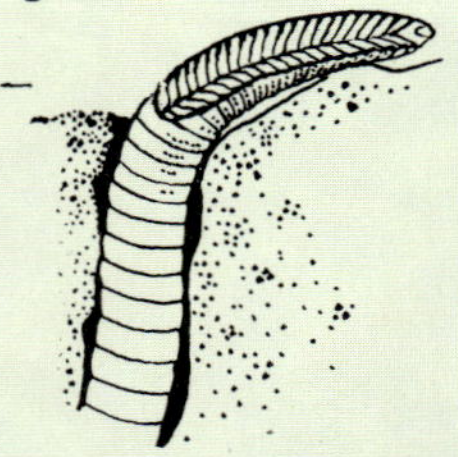

Der afrikanische Wurm, *Alma emini,* atmet durch den Schwanz. Dieser enthält ein Netz von Blutgefäßen, das wie eine Kieme wirkt.

Taumelkäfer der Gattung *Gyrinus* nehmen – wie auch andere Wasserkäfer – einen Luftvorrat unter Wasser mit, der in einer Blase unter den Flügeldecken festgehalten wird. Damit kann das Insekt minutenlang unter Wasser bleiben. Die Luftreserve gibt dem Käfer jedoch auch einen derartigen Auftrieb, daß er sich an Pflanzen oder andere Objekte anklammern muß, um unten zu bleiben.

Beutefang im Wasser

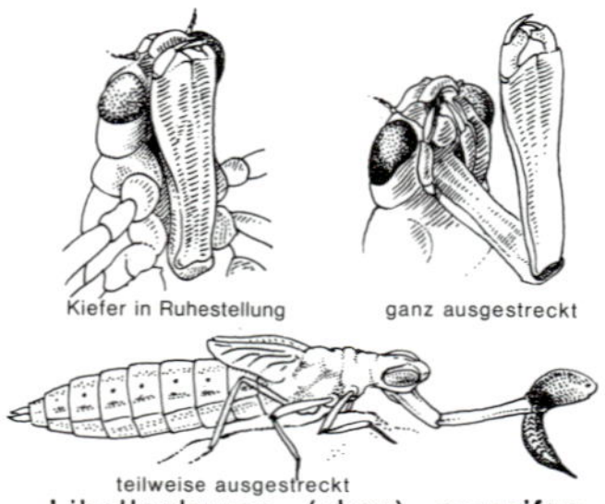
Kiefer in Ruhestellung
ganz ausgestreckt
teilweise ausgestreckt

Libellenlarven (oben) ergreifen ihre Beute mit scharnierähnlichen Mundwerkzeugen. Köcherfliegenlarven fangen Tiere in Fallen, die gegen die Strömung gerichtet sind (rechts).

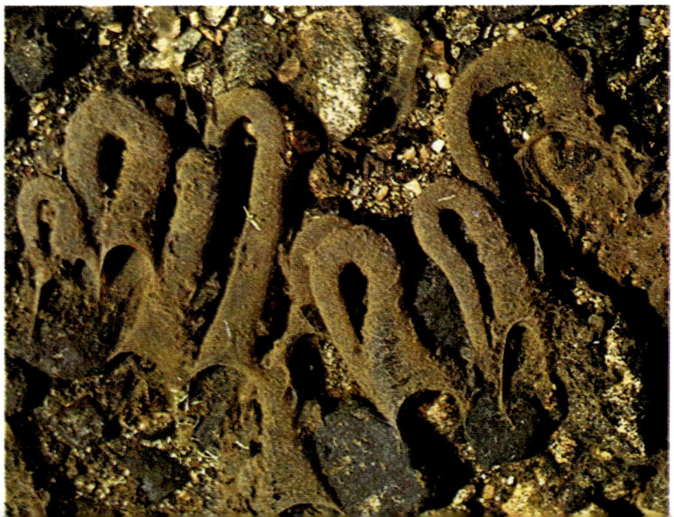

Wie Wirbellose sich im Wasser bewegen

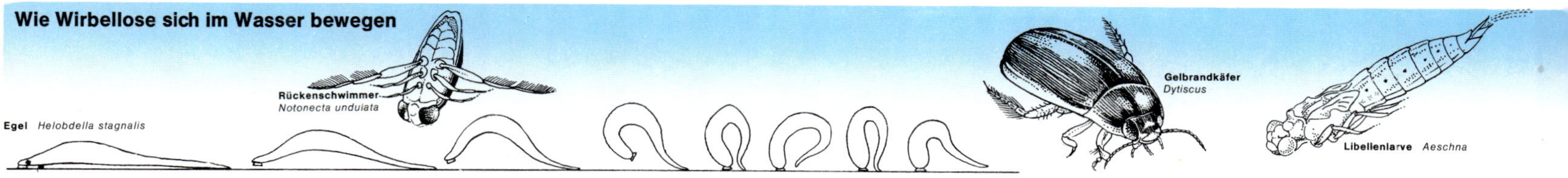
Rückenschwimmer
Notonecta undulata
Egel Helobdella stagnalis
Gelbrandkäfer
Dytiscus
Libellenlarve Aeschna

Rückenschwimmer der Gattung *Notonecta* schwimmen mit Hilfe von ruderartigen Hinterbeinen voran. Ihr Auftrieb ist so groß, daß sie sich in einer Reihe von Bögen vorwärtsbewegen: Sie stoßen sich vorwärts-abwärts und kehren nach jedem Schlag zur Wasseroberfläche zurück. Die Kiemen bestimmter Libellenlarven liegen im Enddarm. Aus ihm kann das Wasser so heftig ausgestoßen werden, daß das Tier vorwärtsschießt. Der Gelbrandkäfer ist glatt und stromlinienförmig, was ihm das Schwimmen erleichtert. Egel bewegen sich in Teichen vorwärts, indem sie abwechselnd ihren vorderen und hinteren Saugnapf am Boden anheften.

Die winzigen Protozoen und Rädertierchen fressen noch kleinere Organismen, wie Algen und Bakterien. Mit Hilfe zahlreicher Wimpern erzeugen sie einen Wasserstrom, aus dem sie Nahrungsteilchen herausfiltern.

Viele Wirbellose, darunter Wasserschnecken und einige Egel und Insektenlarven, weiden Pflanzenstoffe ab, während andere, wie planktonische Krebstierchen, kleinste Pflanzen aus dem Wasser filtern. Sie wiederum werden von Räubern gefressen, etwa von Hohltieren der Gattung *Hydra,* die ihre Beute mit ihren klebrigen Tentakeln fangen.

Viele Insektenlarven sind außerdem auch Fleischfresser. Libellenlarven zum Beispiel haben scharnierartige Mundteile, die nach vorn geschnellt werden, wenn ein Beutetier gepackt werden soll.

Verschiedenartige Fortpflanzungsmethoden

Die Fortpflanzungsmethoden bei Wirbellosen des Süßwassers reichen von der einfachen ungeschlechtlichen Teilung des Körpers, die für Protozoen und Plattwürmer typisch ist, bis zum hochkomplizierten Entwicklungszyklus vieler Insekten. Einige Wirbellose können sich entweder geschlechtlich oder ungeschlechtlich fortpflanzen. Weibchen von Wasserflöhen und Rädertierchen sind in der Lage, Eier zu bilden, ohne von Männchen befruchtet worden zu sein. Diese treten nur in Abständen von mehreren Generationen auf. Weibchen allein können eine schnelle Vermehrung sicherstellen. Die verhältnismäßig wenigen Eier aber, die von Männchen befruchtet werden, tragen dazu bei, daß das Erbgut der Art gesund bleibt, und sie können großer Trockenheit und Kälte widerstehen.

Süßwasserschwämme, Hydren, Fadenwürmer und Ectoprocten – kleine, moosähnliche Tiere, die auf der Unterseite von Blättern festsitzen – bringen ebenfalls Eier hervor, die widerstandsfähig gegen Trockenheit und Kälte sind. Diese Eier können vom Wasser verbreitet werden oder an den Beinen von Vögeln haften und somit weit fortgetragen werden.

Die meisten Wasserinsekten verlassen das Wasser, wenn sie ausgewachsen sind; dann ist allerdings der größte Teil ihres Lebens oft auch schon vorbei. Ein Dutzend Entwicklungsstadien kann das Insekt – vielleicht in einem Zeitraum von 2 Jahren – durchlaufen, bevor es sich zu seinem kurzen Leben als Vollkerf in die Luft erhebt. Dessen Aufgabe ist in solchen Fällen nur noch, sich fortzupflanzen.

Verwandlung Als Larve (oben) bleibt die Schlankjungfer 2 Jahre im Wasser; sie atmet durch blattähnliche Kiemen am Schwanz. Das fertige Insekt (rechts) lebt nur einen Monat, in dem es sich paart und Eier legt.

Mückenpuppen hängen an der Oberfläche eines Teiches und atmen durch Röhrchen. An der Oberfläche sind die Wassermoleküle bestrebt, aneinander zu haften und eine „Haut“ zu bilden. Diese kann ein kleines Insekt tragen.

Der Wasserläufer, *Gerris remigis,* läuft über die Oberfläche eines Teiches. Er ist so leicht, daß seine Füße das Wasser kaum eindrücken. Viele Insekten leben auf dem Wasserspiegel.

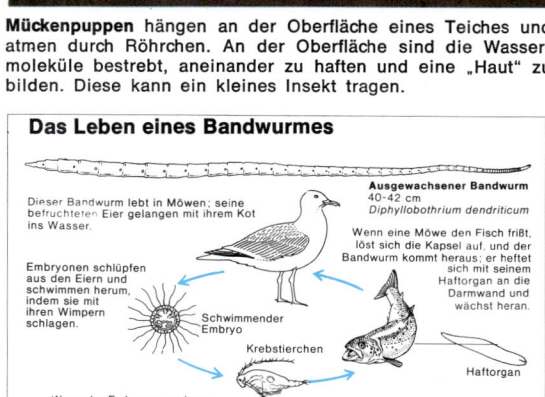

Das Leben eines Bandwurmes

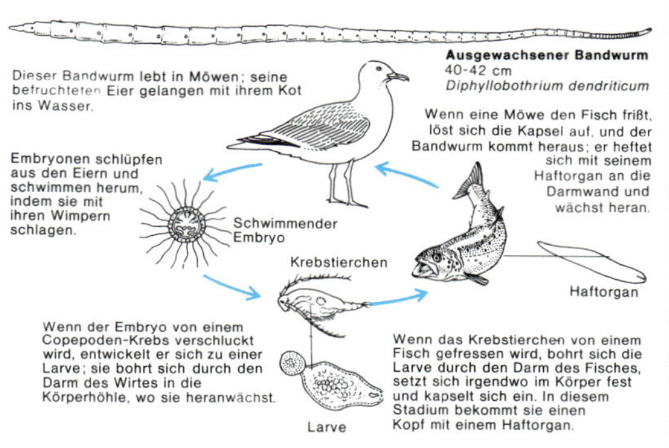
Ausgewachsener Bandwurm
40-42 cm
Diphyllobothrium dendriticum
Dieser Bandwurm lebt in Möwen; seine befruchteten Eier gelangen mit ihrem Kot ins Wasser.
Wenn eine Möwe den Fisch frißt, löst sich die Kapsel auf, und der Bandwurm kommt heraus; er heftet sich mit seinem Haftorgan an die Darmwand und wächst heran.
Embryonen schlüpfen aus den Eiern und schwimmen herum, indem sie mit ihren Wimpern schlagen.
Schwimmender Embryo
Krebstierchen
Haftorgan
Wenn der Embryo von einem Copepoden-Krebs verschluckt wird, entwickelt er sich zu einer Larve; sie bohrt sich durch den Darm des Wirtes in die Körperhöhle, wo sie heranwächst.
Larve
Wenn das Krebstierchen von einem Fisch gefressen wird, bohrt sich die Larve durch den Darm des Fisches, setzt sich irgendwo im Körper fest und kapselt sich ein. In diesem Stadium bekommt sie einen Kopf mit einem Haftorgan.

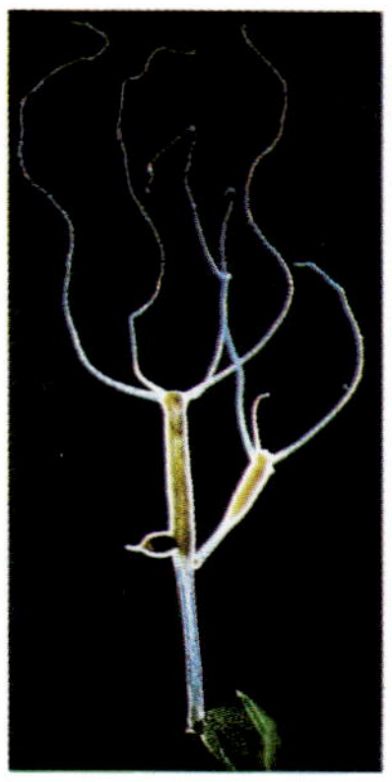

Zweiteilung Das Hohltier *Hydra* vermehrt sich ungeschlechtlich durch Knospung. Eine Zeitlang wird der Tochterpolyp vom Muttertier mitversorgt; dann fängt er selbst Milben und Würmer in seinen Tentakeln. Schließlich zieht sich die Verbindungsstelle zusammen; die junge *Hydra* fällt ab und wird selbständig. Hydren bilden auch Samen- und Eizellen, mit denen sie sich geschlechtlich fortpflanzen.

Die Fische

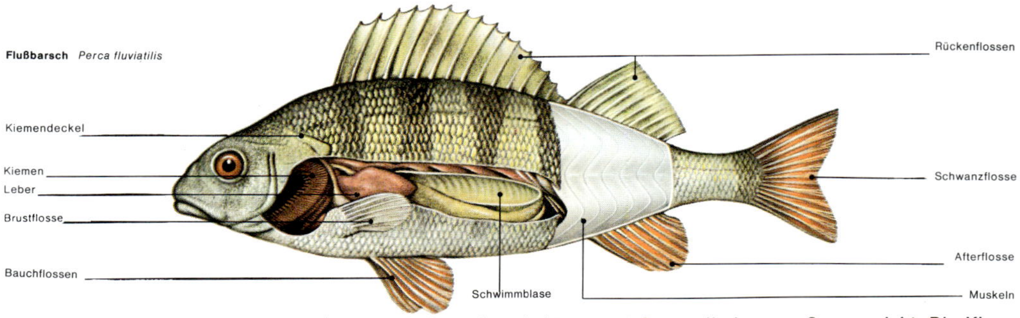
Flußbarsch *Perca fluviatilis*
Rückenflossen
Kiemendeckel
Kiemen
Leber
Brustflosse
Schwanzflosse
Afterflosse
Bauchflossen
Schwimmblase
Muskeln

Der Bau eines Knochenfisches Dieser Barsch ist aufgeschnitten, so daß man die inneren Organe sieht. Die Kiemen nehmen Sauerstoff aus dem Wasser auf, und die gasgefüllte Schwimmblase liefert den Auftrieb. Flossen und Schwanz stabilisieren den Fisch und unterstützen die Fortbewegung.

Etwa ein Drittel der 25 000 bekannten Fischarten lebt in Binnengewässern; ihre Nahrung reicht von Ablagerungen im Schlamm über Pflanzen bis zu anderen Fischen.

Es gibt 3 Fischklassen: die Kieferlosen, die Knorpelfische und die Knochenfische. Die Kieferlosen sind in Binnengewässern am seltensten, hier aber immerhin durch die Neunaugen vertreten: aalähnliche Parasiten mit Saugmäulern, die sich vom Blut oder Fleisch anderer Fische ernähren. Auch die Knorpelfische sind im Meer häufiger als in Binnengewässern, doch leben etwa 50 Arten von Haien und Rochen auch in Flußmündungen und im Süßwasser. Knochenfische kommen in Binnengewässern am häufigsten vor. Die Doppelatmer sind hier durch die Lungenfische vertreten. Zu den primitivsten Knochenfischen in Binnengewässern gehören die Störe, die Flösselhechte Afrikas, die Hornhechte und der Schlammfisch. Die fortschrittlichste Gruppe, die echten Knochenfische, umfaßt viele Süßwasserformen, unter anderem die Karpfen.

Die ältesten Knochenfische atmeten Luft in Lungen ein, die sich zum Darm hin öffneten. Bei den meisten echten Knochenfischen haben sich diese primitiven Lungen geschlossen und sind zu einer Schwimmblase geworden. Diese ist mit Gas gefüllt – hauptsächlich mit Stickstoff und etwas Sauerstoff. Sie gibt dem Fisch so viel Auftrieb, daß er sich ohne Anstrengung in einer bestimmten Wasserhöhe halten kann.

Hornhechte, *Lepisosteus oculatus,* stehen zwischen Pflanzen und lauern anderen Fischen auf.

Stachel im Schwanz

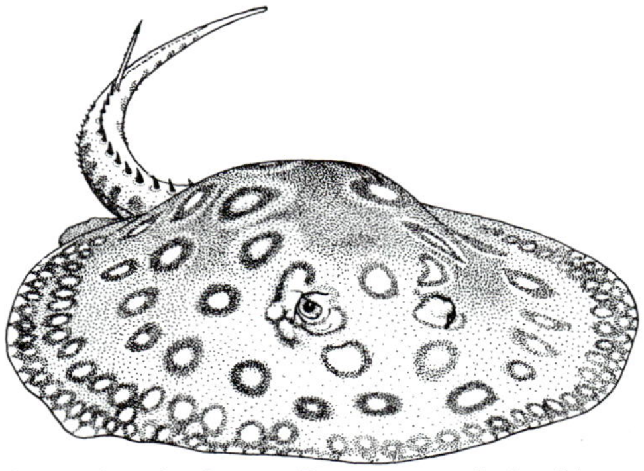

Stechrochen der Gattung *Potamotrygon,* die in südamerikanischen Flüssen leben, gehören zu den wenigen Knorpelfischen im Süßwasser. Auf den Oberseiten ihrer langen, spitzen Schwänze sitzen giftige Stacheln. Das Gift wird zur Verteidigung benutzt, denn diese Fische fressen hauptsächlich Krebstiere.

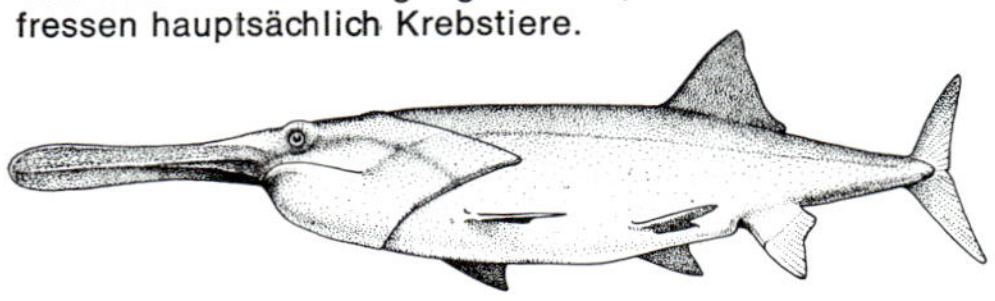

Schlammwühler Den Löffelstör, *Polyodon spathula,* findet man nur im Flußsystem des Mississippi. Er rührt mit seinem Löffel, der ein Drittel seiner Körperlänge von 1,5 m ausmacht, schlammige Flußgründe auf und filtert dann mit den Kiemendornen in seinem riesigen Maul kleine Tierchen aus dem Wasser.

Maulbrüter Der Arawana, *Osteoglossum bicirrhosum,* im Amazonasbecken hält seine Eier in seinem Maul, bis sie ausgeschlüpft sind. Er schwimmt im allgemeinen dicht unter der Wasseroberfläche umher.

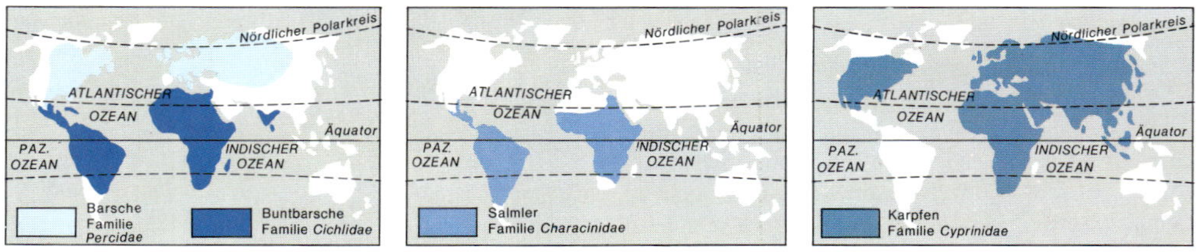
Nördlicher Polarkreis
ATLANTISCHER OZEAN
PAZ. OZEAN
INDISCHER OZEAN
Äquator
Barsche Familie *Percidae*
Buntbarsche Familie *Cichlidae*
Salmler Familie *Characinidae*
Karpfen Familie *Cyprinidae*

Verbreitung von Fischen Barsche, Salmler und Karpfen leben nur im Süßwasser; Meere stellen für sie ebenso unüberwindliche Schranken dar wie für Landtiere. Buntbarsche aber können kurze Strecken im Meer schwimmen.

Der afrikanische Fiederbartwels, *Synodontis batensoda,* schwimmt und treibt nahe an der Wasseroberfläche, den Bauch nach oben gekehrt. Auf diese Weise kann er gut Nahrung vom Wasserspiegel aufnehmen.

Die pflanzliche und tierische Nahrung, die in den Flüssen und Seen der Erde reichlich vorhanden ist, wird von den Fischen voll genutzt. Im Viktoria-See in Zentralafrika haben sich bei mehr als 170 Buntbarscharten verschiedene Ernährungsweisen herausgebildet, und alle Arten unterscheiden sich voneinander durch entsprechende körperliche Merkmale: Einige besitzen starke, stumpfe Zähne; sie ernähren sich von Mollusken. Andere fressen mit meißelförmigen Schneidezähnen Kraut, oder sie schaben Algen vom Fels. Die Angehörigen einer dritten Gruppe haben zurückgebildete Zähne sowie Kiefer, die weit geöffnet werden können; sie schnappen Eier und Junge anderer Buntbarsche vor den schützenden Mäulern der Eltern fort. Es gibt sogar Arten, die nur die Schuppen anderer Fische fressen.

Die Brutgewohnheiten sind fast ebenso verschieden wie die Verfahrensweisen bei der Nahrungsaufnahme. Viele Arten legen ihre Eier einfach ungeschützt in das Wasser ab, wo die meisten dann Räubern zum Opfer fallen. Andere Fische, wie der Dreistachelige Stichling, *Gasterosteus aculeatus,* legen Eier in ein Nest und verteidigen sie gegen Eindringlinge. In bestimmten Teilen Afrikas und Südamerikas, wo Teiche und Bäche während der heißen Monate völlig austrocknen, legen einige kleine Zahnkarpfen der Gattungen *Rachovia* und *Nothobranchius* ihre Eier vor Beginn der Trockenzeit in den Bodenschlamm. Die Eltern sterben, aber die befruchteten Eier überstehen die Trockenzeit, und wenn es wieder regnet, schlüpfen sie aus und bevölkern bis zur nächsten Dürre den Teich oder Bach.

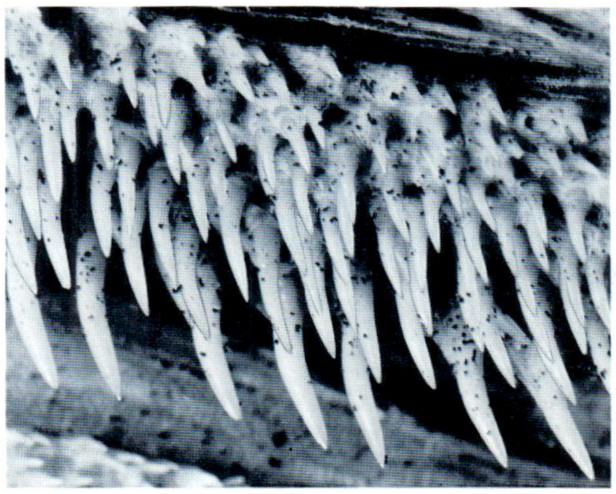

Fangzähne Mit den rückwärtsgerichteten oberen Zähnen hält der Hecht, *Esox lucius,* seine Beute fest.

Räuber im Süßwasser Der Hecht wird bis 1,5 m lang. Bewegungslos steht er in verkrauteten Seen zwischen den Pflanzen und verschlingt jeden Fisch, jeden Vogel oder jede Wasserratte, die ihm nahe kommt.

Der größte unter den gefährlichen Piranhas im Amazonas ist *Serrasalmus piraya,* der bis 60 cm lang wird. Ein Schwarm von Piranhas hat schon in wenigen Minuten ein 110 Pfund schweres Wasserschwein skelettiert.

Navigation mit Elektrizität

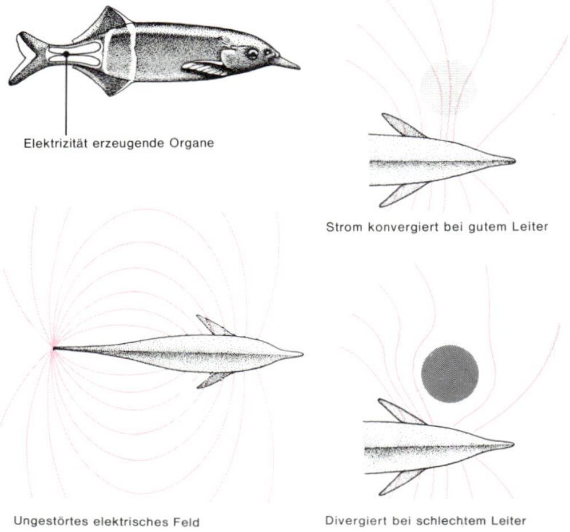
Elektrizität erzeugende Organe
Strom konvergiert bei gutem Leiter
Ungestörtes elektrisches Feld
Divergiert bei schlechtem Leiter

Fische der Mormyriden-Familie orientieren sich mit Hilfe von Sinnesorganen im Kopf, die Störungen in einem elektrischen Feld registrieren; dieses wird durch Organe nahe am Schwanz aufgebaut.

Der Tapirfisch, *Gnathonemus petersi,* sucht mit seiner langen Unterlippe nach Wirbellosen.

Hängende Sinnesorgane Einige Welse, wie *Ictalurus nebulosus,* leben am Boden und suchen ihre Nahrung mit Hilfe besonderer Sinnesorgane, die in ihren Bartfäden sitzen. Einige Arten haben giftige Bruststacheln.

Wie andere Wirbeltiere haben auch Fische Organe zum Sehen, Schmecken, Riechen, Fühlen sowie Gleichgewichtsorgane. Im Gegensatz zu Wirbeltieren auf dem Land verfügen sie aber noch über ein druckempfindliches System, die sogenannte Seitenlinie, die sich über den größten Teil des Körpers erstreckt. Mit ihrer Hilfe können sie Druckänderungen im Wasser wahrnehmen und auf diese Weise Strömungen oder Hindernisse feststellen.

Einige Fische haben elektrische Organe, deren Entladungen eine Stärke bis zu 550 Volt erreichen können. Die Stromstöße werden von scheibenähnlichen Zellen ausgesandt; sie dienen nicht nur der Verteidigung, sondern auch zur Erzeugung eines elektrischen Feldes, das dem Fisch Auskunft über seine Stellung im Wasser gibt. Drei Familien von elektrischen Fischen leben in Binnengewässern: der afrikanische Schnauzenfisch, der südamerikanische Messerfisch nebst dem Zitteraal und der afrikanische Zitterwels.

Sicherheit im Maul der Mutter Junge Buntbarsche, *Tilapia mossambica,* schwimmen nahe am Maul der Mutter; wenn Gefahr droht, schießen sie schnell hinein. Viele Buntbarsche brüten ihre Eier im Maul aus.

Luftatmende und wandernde Fische

Manche Süßwasserfische verbringen einen großen Teil ihres Lebens im Meer; andere verlassen sogar zeitweilig das Wasser und wandern über Land, wobei sie Luft atmen.

Nicht alle Fische der Binnengewässer bleiben ihr ganzes Leben dort. Lachse wandern zum Meer und wieder zurück; Aale machen umgekehrte Wanderungen. Außerdem gibt es Fische, die Luft atmen; sie können an Land gehen.

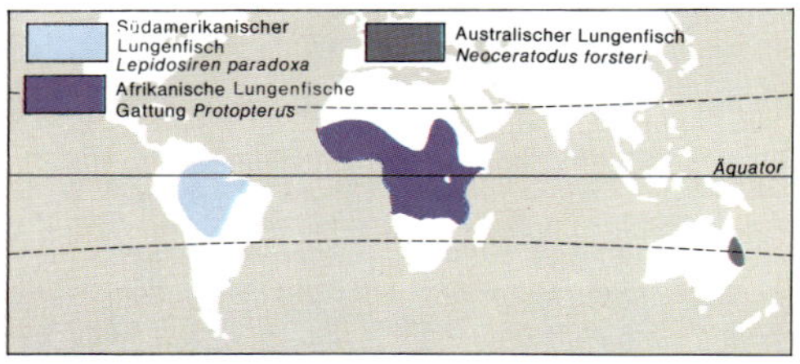
Südamerikanischer Lungenfisch *Lepidosiren paradoxa*
Australischer Lungenfisch *Neoceratodus forsteri*
Afrikanische Lungenfische Gattung *Protopterus*
Äquator

Verbreitung der Lungenfische Lungenfische waren einst weit verbreitet. Heute sind sie auf Teile des tropischen Afrika, Südamerika und Australien beschränkt.

Im Schlamm grabende Fische Afrikanische Lungenfische, wie *Protopterus annectens*, verbringen die Trockenzeit ruhend in Erdlöchern, aus denen sie in der Regenzeit auftauchen, um sich fortzupflanzen. Sie laichen in Schlammlöchern.

Fische, die Luft atmen, in Kapseln ruhen oder über Land gehen

Lungenfische besitzen – wie viele ursprüngliche Knochenfische – eine primitive Lunge. Deshalb können sie Luft atmen und in sauerstoffarmen Sümpfen oder in zeitweise trockenen Flüssen und Seen existieren.

In Afrika gibt es 4 Lungenfischarten, in Südamerika eine und in Australien eine. Der australische Lungenfisch übersteht lange Trockenzeiten nicht, aber die anderen Arten können so gut Luft atmen, daß sie mit Hilfe ihrer Kiemen weniger als 5 Prozent ihres Sauerstoffbedarfs dekken. Während der Trockenheit machen sie eine Ruheperiode durch; sie dauert normalerweise 2 bis 3 Monate. Afrikanische Lungenfische verbringen diese Zeit in Kapseln, während die südamerikanische Art mit schleimigem Schlamm bedeckt ist.

Einige Fische sind nicht nur in der Lage, Luft zu atmen, sondern können auch über Land wandern. In Indien ziehen Kletterfische der Gattung *Anabas* von einem Gewässer zum anderen. Bei ihnen haben sich in den Kiemenkammern Gebilde entwickelt, die Sauerstoff aus der Luft aufnehmen, und wenn die Tiere im Wasser sind, müssen sie an die Oberfläche kommen, um zu atmen.

Auf dem Lande breitet der Kletterfisch seine Kiemendeckel aus, verankert sie mit scharfen Dornen am Boden und stößt sich mit seinen Brustflossen und dem Schwanz vorwärts. Auf diese Weise kann er sich außerhalb des Wassers mehrere hundert Meter weit bewegen.

Auch asiatische Schlangenkopffische können lange außerhalb des Wassers leben. Sie haben nämlich hinter den Kiemen Höhlungen, die reich mit Blutgefäßen versehen sind, und diese vermögen Sauerstoff aufzunehmen. Andere luftatmende Fische besitzen Atemorgane im Mund – wie der Zitteraal, *Electrophorus electricus* – oder sogar im Darm. Ein südamerikanischer Fisch, *Synbranchus marmoratus,* atmet mit seinen Kiemen im Wasser wie auch in der Luft.

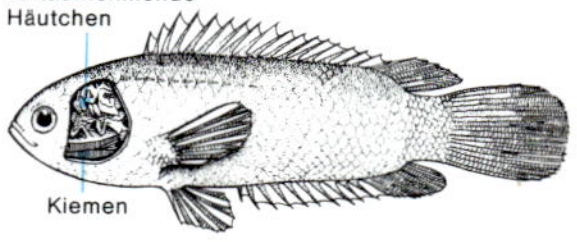
Luftaufnehmende Häutchen
Kiemen

Der Kletterfisch besitzt lungenähnliche Häutchen in einer Kammer, die mit den Kiemen verbunden ist. Diese Häutchen nehmen Sauerstoff aus der Luft auf.

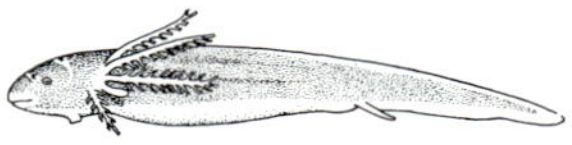

Junge Lungenfische nehmen den Sauerstoff im Wasser mit äußeren Kiemen auf. Die ausgewachsenen Fische atmen Luft.

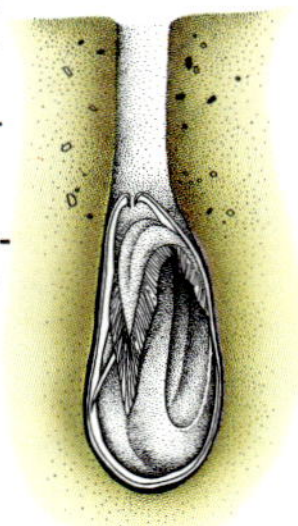

Schutzhülle Afrikanische Lungenfische sind während der Trockenzeit durch eine Schleimhülle gegen Feuchtigkeitsverlust geschützt; sie atmen durch einen Schlitz.

Wanderung zwischen Meer und Binnengewässern

Die Ursachen für die weiten Wanderungen der Aale und Lachse und für ihr wunderbares Heimfindevermögen sind noch nicht ganz geklärt.

Am meisten weiß man über den Atlantischen Lachs, *Salmo salar,* der die ersten 1 bis 3 Jahre seines Lebens im Süßwasser verbringt. Dann wandert er flußabwärts zum Meer. Dort bleibt er mehrere Jahre und schwimmt Tausende von Kilometern quer durch den Atlantik.

Der erwachsene, geschlechtsreife Lachs kehrt zum Laichen in genau den gleichen Fluß oder Bach zurück, in dem er geboren wurde. Am wahrscheinlichsten ist es, daß er sich auf seiner Wanderung nach der Sonne orientiert, um die Küstengewässer zu erreichen, daß er dann aber von seinem Geruchssinn zu seinem „Heimatfluß" geführt wird. Viele Wissenschaftler nehmen an, daß die Wanderungen durch verschiedene Hormone ausgelöst werden, die zuerst als Lebensraum Salzwasser verlangen und dann wieder Süßwasser fordern.

Meerneunaugen, *Petromyzon marinus*, gehören zu den Kieferlosen. Die erwachsenen Tiere leben 12—20 Monate lang im Meer als Parasiten an Fischen. Dann wandern sie in Flüssen aufwärts, um zu laichen. Das Weibchen legt auf Kiesboden etwa 60 000 Eier, die dann vom Männchen befruchtet und vergraben werden. Danach sterben die Tiere. Aus etwa 1 Prozent der Eier schlüpfen Larven. Sie treiben stromabwärts und graben sich in schlammigem Boden ein. Die Larve ernährt sich von mikroskopisch kleinen Organismen, die von der Strömung in ihre Wohnröhre gespült werden. Nach 2 bis 5 Jahren wandelt sie sich in ein erwachsenes Tier um, mit einer raspelähnlichen Zunge und einem runden, mit Zähnen besetzten Saugmaul. Schließlich verläßt das Meerneunauge seine Röhre und schwimmt stromabwärts, um im Meer als Parasit zu leben.

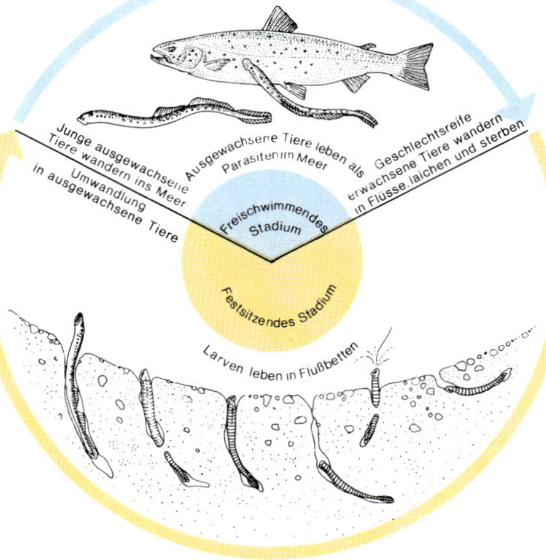
12-20 Monate
Junge ausgewachsene Tiere wandern ins Meer
Umwandlung in ausgewachsene Tiere
Ausgewachsene Tiere leben als Parasiten im Meer
Geschlechtsreife erwachsene Tiere wandern in Flüsse, laichen und sterben
Freischwimmendes Stadium
Festsitzendes Stadium
Larven leben in Flußbetten
2-5 Jahre

Aallarve

Glasaal

Ausgewachsener europäischer Aal

Der Lebenslauf der Aale

Amerikanische und europäische Aale kommen im Sargasso-Meer zur Welt. Die Larven treiben mit der Meeresströmung zu den Küsten von Nordamerika und Europa. Dann verwandeln sie sich in Glasaale und schwimmen die Flüsse hinauf. Erst nach 7 bis 20 Jahren kehren die Tiere ins Meer zurück. Vielleicht kommen die europäischen Aale nie im Sargasso-Meer an, um dort zu laichen – nur die amerikanischen.

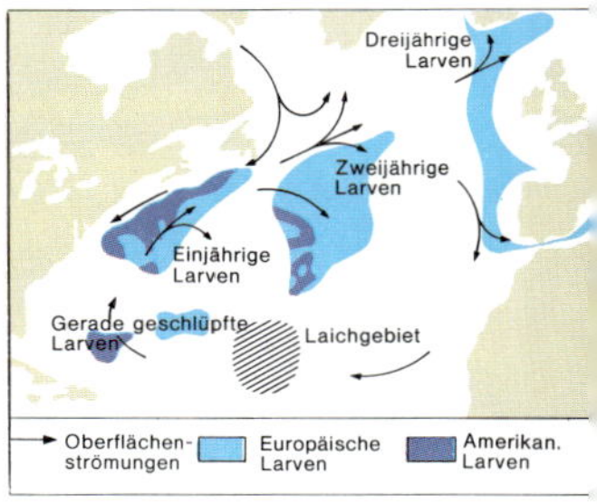
Dreijährige Larven
Zweijährige Larven
Einjährige Larven
Gerade geschlüpfte Larven
Laichgebiet
Oberflächenströmungen
Europäische Larven
Amerikan. Larven

Die Wanderung der Aale ist noch schwieriger zu erklären. Sowohl für den europäischen Aal, *Anguilla anguilla,* als auch für den amerikanischen Aal, *Anguilla rostrata,* beginnt das Leben im Sargasso-Meer. Von dort werden die Jungaale durch die Meeresströmung entweder nach Amerika oder nach Europa getragen.

In diesem Entwicklungsstadium gleichen die Aallarven dem ausgewachsenen Fisch kaum. Nach 2 Jahren verwandeln sie sich und werden zu Glasaalen, die in riesigen Mengen in die Flüsse und Binnengewässer einwandern, wo sie 7 bis 20 Jahre leben.

Die große Rückwanderung beginnt kurz vor der Geschlechtsreife der Tiere. Die Verdauungsorgane haben sich zurückgebildet, und dafür sind die Fortpflanzungsorgane entstanden. Nun treten die Aale ihre letzte Wanderung an, auf der sie nicht mehr fressen. Sie kehren zurück zum Sargasso-Meer, um dort zu laichen. Wenig später sterben sie.

Es bestehen jedoch einige Zweifel daran, daß die europäischen Aale die Laichplätze wirklich erreichen. Wenn dies aber nicht der Fall ist, dann gehören alle laichenden Aale ausschließlich der amerikanischen Form an, und die Unterschiede zwischen amerikanischen und europäischen Aalen rühren von Einflüssen her, die auf die europäischen Larven während der frühen Stadien ihres Lebenszyklus einwirken.

Ein weiterer Wanderfisch ist der Ayu, *Plecoglossus altivelis,* der sich in den Flüssen Japans, Koreas und Taiwans vermehrt, aber die meiste Zeit seines Lebens im Meer nahe der Küste verbringt. Er laicht auf Kies in den Oberläufen der Flüsse. Nach dem Schlüpfen treibt die Fischbrut flußabwärts ins Meer. Wenn dort die Entwicklung der Tiere nach etwa 15 Monaten abgeschlossen ist, schwimmen sie langsam stromaufwärts zu den Laichgründen. Bald nach dem Laichen sterben die Fische.

Wanderung stromaufwärts Die Lachse kehren – nachdem sie mindestens ein Jahr im Meer verbracht haben – in ihre Heimatflüsse zurück. Dabei schwimmen sie gegen die Strömung. Sie laichen in seichtem Wasser.

Lurche

Einige Lurcharten verlassen das Wasser niemals; dazu gehören Riesen wie ein 1,5 m langer Salamander und ein 7 Pfund schwerer Frosch.

Eier werden verankert Italienische Brillensalamander, *Salamandrina terdigitata*, befestigen in langsam fließendem Wasser ihre Eier an Steinen oder Pflanzenresten. Die Eier werden im Weibchen befruchtet.

Eier werden versteckt Das Weibchen des europäischen Kammolches, *Triturus cristatus*, legt im Frühling seine Eier ins Wasser. Es heftet sie einzeln an Wasserpflanzen an und tarnt sie mit einem Blättchen.

Vom Ei bis zum erwachsenen Lurch

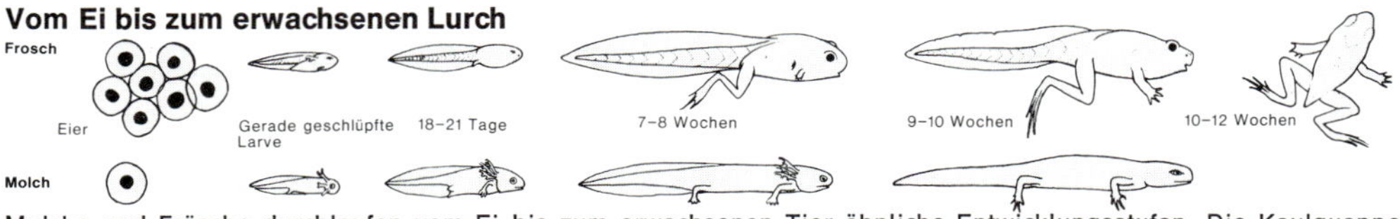
Frosch
Eier
Gerade geschlüpfte Larve
18–21 Tage
7–8 Wochen
9–10 Wochen
10–12 Wochen
Molch

Molche und Frösche durchlaufen vom Ei bis zum erwachsenen Tier ähnliche Entwicklungsstufen. Die Kaulquappe des Molches ist aber schlanker und gleicht schon mehr dem fertigen Tier. Molche legen im Gegensatz zu Fröschen die Eier einzeln ab. Bei beiden haben die Larven beim Schlüpfen äußere Kiemen; diese verschwinden aber bevor das Tier ausgewachsen ist. Die Molche bekommen ihre Vorderbeine eher als die Hinterbeine.

Die meisten Lurche oder Amphibien gehören sowohl dem Land als auch dem Süßwasser zu. Im Meer hingegen können sie nicht leben, denn dessen Salzgehalt würde bewirken, daß ihrer Körperflüssigkeit durch die Haut hindurch das Wasser entzogen würde. Wie Fische und Kriechtiere sind Lurche Kaltblüter und nicht in der Lage, ihre Körpertemperatur von innen her zu regulieren. Bei Kälte werden sie träge. Darum kommen sie in den Polargebieten auch nicht vor, und sowohl ihre Arten- als auch ihre Individuenzahl ist in den Tropen größer als in den gemäßigten Breiten.

Die Wechselkröte, *Bufo viridis*, ist von Mitteleuropa bis zum Mittelmeergebiet, ferner in Nordafrika, im Iran, in der Mongolei und in Tibet verbreitet.

Lurche sind eine alte Tiergruppe. Ihre primitiven Vorfahren haben sich im späten Devon vor etwa 300 Millionen Jahren aus Fischen entwickelt. Aus einigen urtümlichen Lurchen wiederum sind die Reptilien entstanden. Heute sind die beiden Gruppen aber recht verschieden: Die Haut der Reptilien ist schuppig und wasserdicht, während die meisten Lurche eine weiche, durchlässige und feuchte Haut haben.

Die Eier der Lurche können sich nur im Wasser oder an feuchten Stellen entwickeln; darum sind diese Tiere während ihres ersten Lebensabschnitts gewöhnlich ans Wasser gebunden. Einige bleiben sogar zeitlebens darin; die meisten aber gehen zu einem bestimmten Zeitpunkt an Land.

Um dieser Doppelexistenz gewachsen zu sein, atmen Lurche auf 3 verschiedene Weisen. Die jungen Tiere und einige erwachsene besitzen Kiemen, die den im Wasser gelösten Sauerstoff aufnehmen. Viele erwachsene Tiere atmen durch Lungen. Und zudem ist die Haut aller Lurche reich mit Blutgefäßen versehen, die Sauerstoff aus der Luft oder aus dem Wasser aufnehmen können.

Es gibt 3 Amphibienordnungen: die Schwanzlurche *(Urodela)*, die Froschlurche *(Anura)* und die seltsamen, beinlosen Blindwühlen in den tropischen Wäldern *(Apoda)*. Die Schwanzlurche werden häufig als Molche bezeichnet, doch streng genommen sind Molche nur die im Wasser lebenden Mitglieder einer bestimmten Familie in dieser Gruppe, der *Salamandridae*.

Wenn die Lurche aus dem Ei geschlüpft sind, beginnt bei den meisten von ihnen eine komplizierte Entwicklung. Frösche verwandeln sich mehrmals. Aus dem Laich kommen Kaulquappen mit Außenkiemen; nach einiger Zeit wachsen ihnen Beine, und die Kiemen und Schwänze bilden sich zurück; es entstehen kleine Frösche. Dieser ganze Zyklus kann bis zu 3 Monaten dauern. Die meisten Salamander und Molche machen ähnliche Veränderungen durch, behalten aber ihre Schwänze auch als erwachsene Tiere.

Einige Arten von Lurchen bleiben ihr ganzes Leben lang im Wasser. Dort ist es zuweilen vorteilhafter für sie, ihre Kaulquappenmerkmale zu behalten: die Kiemen und die flachen Schwänze. Ein Beispiel dafür ist der Axolotl, *Ambystoma mexicanum*, in Mexiko, der in seiner Kaulquappenform über 20 cm lang werden kann. Er verwandelt sich nicht – es sei denn, das Wasser, in dem er lebt, trocknete allmählich aus. Dann verliert er seine Außenkiemen und sieht wie ein typischer Salamander aus.

Erwachsene Lurche sind für ihr Leben in zwei verschiedenen Elementen gut ausgerüstet. Salamander können auf dem Grund der Teiche laufen; sie können aber auch schwimmen, indem sie ihre Schwänze wellenförmig bewegen wie Fische. Die Füße der Frösche und Kröten sind häufig mit Schwimmhäuten versehen, darum vermögen diese Tiere ebenso kraftvoll zu schwimmen wie zu springen.

Lurche haben in ihrem Lebensraum eine ganze Reihe ungewöhnlicher „Nischen“ besiedelt. Einige von ihnen, wie der amerikanische Grottensalamander, *Typhlotriton spelaeus*, leben in unterirdischen Gewässern. Da sie niemals das Licht sehen, sind ihre Augen von einer Haut bedeckt.

Der Körperbau der Armmolche – Familie *Sirenidae* – ist dem Wasserleben noch enger angepaßt. Diese Schwanzlurche sehen fast wie Aale aus, da ihre Hinterbeine ganz verschwunden und ihre Vorderbeine stark zurückgebildet sind. Zudem haben sie ihre äußeren Kiemen behalten, obwohl sie bis zu 2 Monate lang außerhalb des Wassers leben können.

Der größte Lurch ist der Japanische Riesensalamander, *Andrias japonicus*, der über 1,5 m

Im Frühling sind Teiche oft voll vom Laich der Grasfrösche, *Rana temporaria*; aber Räuber sorgen dafür, daß nur aus wenigen Eiern geschlechtsreife Frösche werden.

Das Männchen der Geburtshelferkröte, *Alytes obstetricans,* wickelt sich die Eistränge des Weibchens um die Beine. So trägt es sie mehrere Wochen lang und legt sie dann in einem Teich ab.

lang wird. Er lebt in Gebirgsbächen und frißt Fische, Würmer und Krebse. Zwar verläßt er niemals das Wasser, doch kommt das erwachsene Tier immer wieder zum Atmen an die Oberfläche, weil es keine Kiemen hat.

Viele Frösche bleiben ebenfalls ihr ganzes Leben lang im Wasser. Arten der Gattung *Telmatobius* bewohnen Flüsse und Seen in den Hochanden, vor allem auch den Titicaca-See. Sie erscheinen nur selten an der Wasseroberfläche; hingegen hat man sie in Tiefen von 120 m gefunden. Die Haut dieser Frösche ist runzlig und beutelt; dadurch hat sie eine größere Oberfläche und nimmt mehr Sauerstoff aus dem Wasser auf, als wenn sie glatt wäre.

Behütete Junge Bei der Surinamischen Wabenkröte haften die Eier auf dem Rücken des Weibchens. Dort schwillt die Haut an und umschließt die Eier. Die Jungen schlüpfen in dieser schützenden Hülle und machen hier auch ihr Kaulquappenstadium durch.

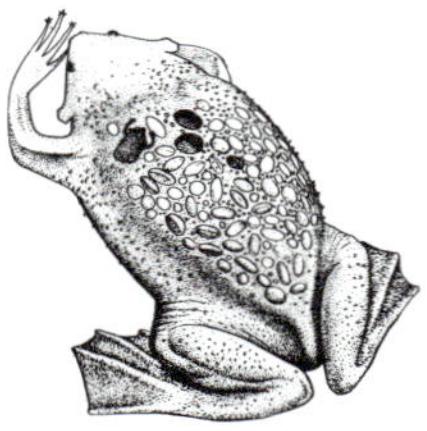

Eßbarer Frosch Die Hinterbeine des Wasserfrosches, *Rana esculenta,* gelten seit der Römerzeit als Delikatesse. Der Frosch ist in Europa weit verbreitet; er entfernt sich selten weit vom Wasser.

Schlamm ist ein bevorzugter Lebensraum der Froschlurche. Zu der im Wasser lebenden Familie *Pipidae* gehören Arten wie die Surinamische Wabenkröte, *Pipa pipa,* die sich im Amazonas, im Orinoco und in deren Nebenflüssen mit ihren langen Fingern durch den Schlamm tastet, um Futter zu suchen. In der Fortpflanzungszeit legt das Weibchen Eier, und das Männchen hilft dabei, sie auf den Rücken des Weibchens zu bringen. Dann schwillt die Rükkenhaut über die Eier und umgibt auch die geschlüpften Jungen noch. Diese lösen sich erst von der Mutter, wenn sie voll entwickelt sind.

Der größte Frosch ist der Goliathfrosch, *Rana goliath,* der eine Gesamtlänge von etwa 90 cm erreicht und ungefähr 7 Pfund schwer wird. Er lebt an tiefen Stellen in Flüssen des westlichen Äquatorialafrika und kommt nachts zum Vorschein, um in den Wäldern am Fluß seine Nahrung zu suchen.

Der Glatte Krallenfrosch, *Xenopus laevis,* in Südafrika vergräbt sich, wenn sein Teich austrocknet, im Schlamm. Dort bleibt er, bis wieder Regen fällt. Mit seinen Krallen gräbt er nach Nahrung.

Ein Frosch, der Vögel frißt Der Ochsenfrosch, *Rana catesbeiana,* der größte Frosch Nordamerikas, wird bis zu 20 cm lang. Manchmal frißt er kleine Vögel.

Reptilien

Die beherrschenden Räuber in den Binnengewässern der Tropen sind die Krokodile. Sie können eine Antilope in wenigen Minuten überwältigen.

Nur ein kleiner Teil der mehr als 5000 Reptilienarten auf der Erde lebt in Binnengewässern. Immerhin haben Vertreter der Schildkröten, Schlangen und Echsen diesen Lebensraum besiedelt, und die Krokodile sind fast ganz auf ihn beschränkt.

Die meisten Arten, die ins Wasser gehen, sind jedoch eigentlich Landtiere. Sie atmen durch Lungen und beginnen – mit Ausnahme einiger Wasserschlangen – ihr Leben an Land.

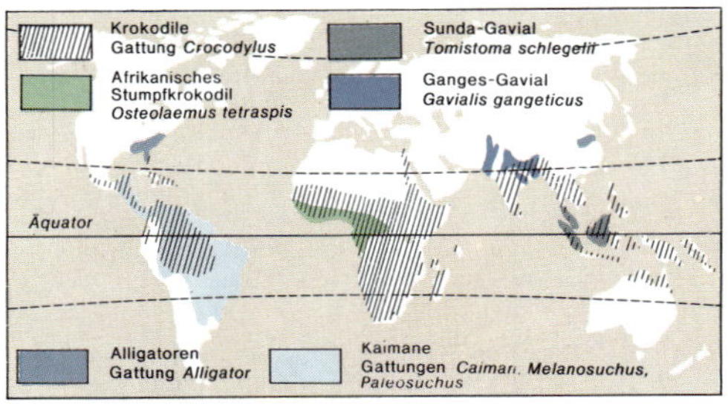
Krokodile
Gattung *Crocodylus*
Afrikanisches Stumpfkrokodil *Osteolaemus tetraspis*
Sunda-Gavial
Tomistoma schlegelii
Ganges-Gavial
Gavialis gangeticus
Äquator
Alligatoren
Gattung *Alligator*
Kaimane
Gattungen *Caiman, Melanosuchus, Paleosuchus*

Nur wenige Krokodilarten leben außerhalb der Tropen; diese Tiere halten einen Winterschlaf.

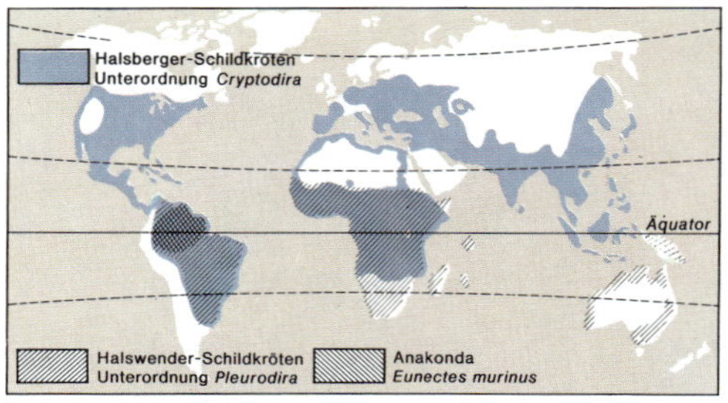
Halsberger-Schildkröten
Unterordnung *Cryptodira*
Äquator
Halswender-Schildkröten
Unterordnung *Pleurodira*
Anakonda
Eunectes murinus

Halswender-Schildkröten, einst weit verbreitet, leben heute nur noch südlich vom Wendekreis des Krebses.

Die Arrau-Schildkröte, *Podocnemis expansa,* bewohnt die Flußsysteme des Amazonas und Orinoco. Sie wird 75 cm lang.

Florida-Schmuckschildkröten, *Pseudemys floridana,* sind in den südlichen USA und Mexiko häufig, wo sie Flußbetten abweiden und treibende Blätter fressen. Es sind träge Tiere, die sich oft auf Steinen sonnen. Man nimmt an, daß durch die Sonnenwärme ihre Verdauung beschleunigt wird.

Reptilien im Panzer

Die Schildkröten sind durch panzerharte Rückenschilde geschützt, die sich gewöhnlich aus Keratinplatten zusammensetzen. (Keratin ist auch die Grundsubstanz der Säugetierhaare und der Vogelfedern.) Unter dem Schildkrötenpanzer liegen Knochenplatten, die mit ihm verschmolzen und mit den Rippen und dem Schultergürtel verbunden sind.

Die Weichschildkröten besitzen keine hornigen Platten, sind dafür aber durch eine harte, lederartige Haut über einer rückgebildeten Knochenschale geschützt.

Schildkröten können ihren Kopf auf zwei verschiedene Weisen in Sicherheit bringen: Die beiden Familien der Halswender-Schildkröten biegen den Hals seitwärts ein, die meisten Schildkröten aber senkrecht. Eine Halswenderart, die Australische Kurzhalsschildkröte, *Emydura macquarrii,* stößt mit ihrem langen Hals schnell zu und fängt so Fische; eine andere, die Starrbrustpelomeduse, *Pelomedusa subrufa,* in Afrika, gräbt sich während der Trockenzeit in den Schlamm ein und ruht dort, bis es wieder regnet.

Zu den Süßwasserschildkröten, die ihre Hälse senkrecht einfalten, gehört auch die gemeine Schnappschildkröte, *Chelydra serpentina,* ein angriffslustiges, in den Gewässern Nordamerikas weitverbreitetes Tier, das vorwiegend am Grunde auf Beute lauert.

Schnorchel-Atmung Die Wilde Dreiklaue, *Trionyx ferox,* eine Weichschildkröte in Florida, hat eine lang ausgezogene Schnauze, so daß sie auch dann atmen kann, wenn sie großenteils untergetaucht ist.

Die Fransenschildkröte, *Chelus fimbriatus,* in Südamerika hat eine lange Nase und Hautfransen an ihren Kiefern, die sich im Wasser bewegen und kleine Fische und andere Beute anlocken. Dann öffnet die Fransenschildkröte plötzlich ihr Maul und saugt die Beute mit dem Wasserstrom ein.

Der Mohrenkaiman, *Melanosuchus niger,* ist vom Amazonas- und Orinoco-Becken bis nach Guayana verbreitet. Diesem Tier, dem größten und gefährlichsten Kaiman, wird viel nachgestellt, da es Haustiere raubt.

Junge Nilkrokodile schlüpfen aus Eiern, die 2—3 Monate lang in einem geschützten Nest lagen. In einem solchen Nest befinden sich etwa 60 Eier.

Der Ganges-Gavial fängt mit einem Seitwärtsschwung seiner langausgezogenen Kiefer Fische.

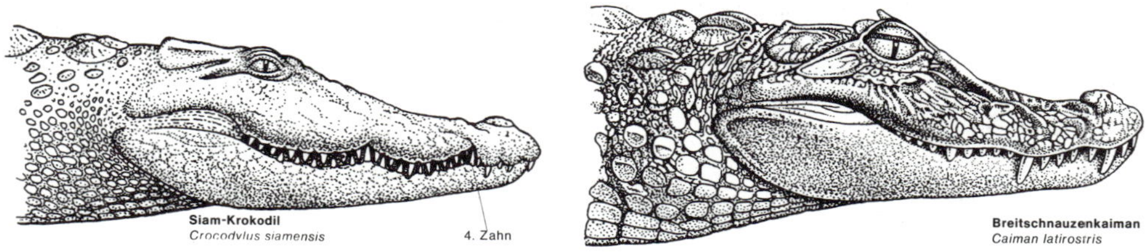
Siam-Krokodil
Crocodylus siamensis
4. Zahn
Breitschnauzenkaiman
Caiman latirostris

Merkmal des echten Krokodils Bei Alligatoren, Kaimanen und echten Krokodilen sind die vierten Unterkieferzähne besonders groß. Bei einem echten Krokodil kann man sie auch dann sehen, wenn das Maul geschlossen ist, weil sie in Kerben an der Außenseite des Oberkiefers passen.

Krokodile sind in zwei Welten zu Hause

Krokodile bewohnen hauptsächlich Binnengewässer; sie leben in Seen, Flüssen, Sümpfen und Flußmündungen, pflanzen sich aber an Land fort. Es gibt 2 Familien: die *Crocodylidae,* zu denen die echten Krokodile, Alligatoren, Kaimane sowie der Sunda-Gavial gehören, und die *Gavialidae* mit nur einem Vertreter, dem Ganges-Gavial oder Schnabelkrokodil. Kennzeichen des Gavials ist seine lange, schlanke Schnauze.

Die Nasenlöcher aller Krokodile liegen erhöht; so ragen sie aus dem Wasser heraus und ermöglichen es der Echse, auch dann noch zu atmen, wenn der ganze übrige Körper untergetaucht ist. Krokodile können unter Wasser ein Beutetier mit den Zähnen zerkleinern, ohne daß Wasser in ihre Atemwege eindringt. Das ist deshalb möglich, weil die Mundhöhle durch eine Gaumenfalte gegen den Gang abgeschlossen wird, der von den Nasenlöchern in die Kehle führt.

Im Wasser schwimmen Krokodile mit Hilfe ihres Schwanzes sehr rasch, und auch an Land können sie sich schneller fortbewegen, als allgemein angenommen wird. Sie fressen jeden Vogel, Säuger oder Fisch, den sie vom Ufer herunterzerren oder im Wasser überwältigen können. Große Krokodile greifen Tiere von der Größe eines Hirsches oder Rindes an. Sie ziehen ihre Beute ins Wasser und reißen ihr ein Glied nach dem anderen aus.

Echte Krokodile legen ihre Eier in eine Grube am Ufer, während Alligatoren sie in einen Haufen verwesender Pflanzen legen, dessen Wärme beim Ausbrüten mithilft. Das Nilkrokodil, *Crocodylus niloticus,* vergräbt seine Eier. Die Jungen quäken vor dem Schlüpfen, bis die Mutter sie ausgräbt.

Die einzige Eidechse, die im Süßwasser lebt, ist der südamerikanische Krokodilteju, *Dracaena guianensis,* der wie ein kleines Krokodil aussieht.

Die Wasserschlangen

Die meisten Schlangen sind gute Schwimmer, aber nur ein paar Arten leben wirklich im Süßwasser. Bei vielen von ihnen sitzen die Nasenlöcher auf der Schnauzenspitze; darum können sie während des Schwimmens atmen. Angehörige der Gattung *Grayia* bewohnen afrikanische Flüsse und fressen Fische. Bei der südostasiatischen Familie *Acrochordidae* werden die Jungen im Wasser lebend geboren. Darum brauchen diese Schlangen nie an Land zu kommen.

Würger am Flußufer Die Anakonda, die größte Boa der Welt, wird im Durchschnitt etwa 7,5 m lang. Sie jagt an Flußufern Säugetiere, Vögel und kleine Kaimane, die sie umschlingt und erwürgt.

Säugetiere

Die meisten Säuger der Binnengewässer sind Landtiere, die nur zeitweise ins Wasser gehen. Doch gibt es hier auch Vertreter von Gruppen, die im Meer leben, unter ihnen ein Delphin.

Nur wenige Säugetiere verbringen ihr ganzes Leben oder die meiste Zeit in Binnengewässern, und das sind dann meist Vertreter von Gruppen, die an sich vorwiegend im Meer leben, wie Delphine und Robben. Viele andere Säuger, etwa Otter, Schermäuse und Wasserspitzmäuse, gehen zwar lange ins Wasser, um dort nach Nahrung zu suchen, leben aber sonst an Land. Gewöhnlich besitzen sie einen dicken Pelz, der die Luft festhält, so daß die Haut beim Schwimmen trocken bleibt. Die Füße sind vielfach mit Schwimmhäuten versehen.

Die Schermaus im nördlichen Eurasien lebt in Kolonien an Flußufern; sie frißt hauptsächlich Gras. Für den Winter legt sie Nahrungsvorräte an, denn sie hält keinen Winterschlaf, sondern gräbt Tunnel unter dem Schnee.

Der Schwimmbeutler jagt in Flüssen, er hat einen wasserdichten Beutel für seine Jungen.

Die Wasserspitzmaus im nördlichen Eurasien ist Tag und Nacht aktiv; sie frißt kleine Wassertiere.

Das Schnabeltier sucht in Flußbetten mit seinem empfindlichen Schnabel nach wirbellosen Tieren.

Sie schwimmen und tauchen bei der Nahrungssuche

Das Schnabeltier gehört zu den primitiven, eierlegenden Säugetieren, die nur in Australien und Neuguinea vorkommen. Es schwimmt und taucht und sucht dabei Krabben und Insektenlarven. Schnabeltiere sind gut an das Wasser angepaßt: Sie besitzen ein weiches, dichtes Fell, einen breiten Schwanz und Füße mit Schwimmhäuten. Unter Wasser werden Augen und Ohren durch Hautlappen verschlossen. Ihre Beute spüren Schnabeltiere mit einem gut entwickelten Tastsinn auf. Sie leben in Erdbauen an Flußufern.

Von den Beuteltieren – Säugern, deren Junge in einem frühen Entwicklungsstadium geboren und dann in einem Beutel gesäugt werden – hat sich nur eine Art an das Leben im Wasser angepaßt: der Schwimmbeutler in Mittel- und Südamerika. Dieses Tier besitzt einen dichten Pelz und mit Schwimmhäuten versehene Hinterbeine. Das Weibchen hat einen wasserdichten Beutel, in dem es die Jungen herumträgt.

Schwimmbeutler jagen nachts Krebse, Krabben und kleine Fische. Am Tage verbergen sie sich in Bodennestern aus Blättern oder in Höhlen in den Flußufern.

Zu den insektenfressenden Tieren des Süßwassers gehören 3 afrikanische Otterspitzmausarten. Die größte Art, *Potamogale velox,* ist etwa 33 cm lang; man findet sie im westlichen und mittleren Äquatorialafrika, wo sie in den Flüssen und Gebirgsbächen lebt; ihre Nahrung besteht hauptsächlich aus Fischen, Krabben und Lurchen. Dieses Tier kann schnell und lebhaft schwimmen, indem es sich mit seinem dicken, kräftigen Schwanz durch das Wasser treibt. Beim Tauchen werden die Nasenlöcher geschlossen.

Auch die Wasserspitzmaus im nördlichen Eurasien kann dank ihrer großen, mit Haaren besetzten Füße und einem leicht abgeplatteten Schwanz, der auf der Unterseite einen Kiel aus steifen Haaren trägt, ausgezeichnet schwimmen. Sie frißt Insekten und andere kleine Wassertiere.

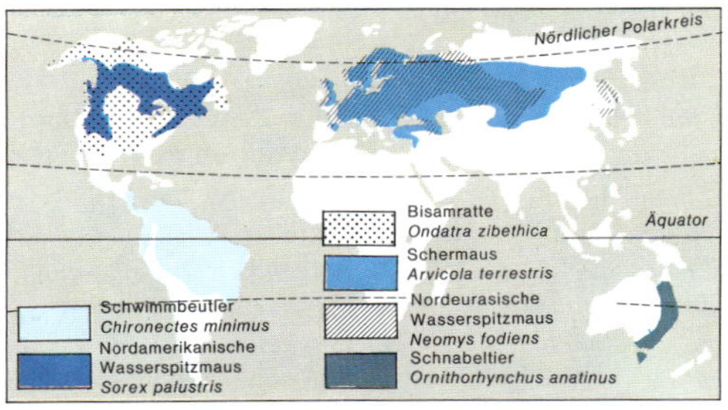
Nördlicher Polarkreis
Äquator
Bisamratte
Ondatra zibethica
Schermaus
Arvicola terrestris
Schwimmbeutler
Chironectes minimus
Nordamerikanische
Wasserspitzmaus
Sorex palustris
Nordeurasische
Wasserspitzmaus
Neomys fodiens
Schnabeltier
Ornithorhynchus anatinus

Spitzmäuse, Ratten und Schermäuse gehören zu einer großen Zahl von Kleinsäugern, die sich an das Leben in Binnengewässern angepaßt haben.

Süßwasser-Delphin Wenn Amazonas-Delphine schnell schwimmen oder fressen, kommen sie alle 30 Sekunden zum Atmen an die Oberfläche. Obwohl sie von Zeit zu Zeit ihre Umgebung über dem Wasser mit den Augen abzusuchen scheinen, sind Hör- und Tastsinn wahrscheinlich schärfer als der Gesichtssinn. Unter Wasser bedienen sie sich eines Schallortungssystems, um Hindernissen auszuweichen und ihre Beute ausfindig zu machen.

Selbst von der Familie der grabenden Maulwürfe leben 2 Mitglieder im Wasser: der Russische Desman, *Desmana moschata,* und der Pyrenäendesman, *Galemys pyrenaicus.* Die Füße beider Arten sind mit Schwimmhäuten versehen, und im Gegensatz zu anderen Maulwürfen haben diese Tiere lange, fettige Deckhaare, die das kürzere, samtartige Fell durchsetzen.

Zu den am weitesten verbreiteten eurasischen Nagetieren im Süßwasser gehören die Schermäuse. Sie leben an Flußufern in Höhlen, deren Eingänge unter dem Wasserspiegel liegen.

Die ursprüngliche Heimat der Bisamratte war Nordamerika; der Mensch hat dieses Tier nach Europa gebracht. Die Bisamratte ist besonders gut ans Wasser angepaßt. Ihre Hinterfüße sind teilweise mit Schwimmhäuten versehen und tragen an den Zehenrändern einen Saum von Schwimmborsten. Der flache Ruderschwanz ist mit Schuppen bedeckt. Wenn Gefahr droht, kann das Tier bis zu 12 Minuten untergetaucht bleiben. Sein Bau hat Unterwasserausgänge.

Der Sumpfbiber oder Nutria, *Myocastor coypus,* ein großes, etwa 16 Pfund schweres, rattenähnliches Nagetier, trägt Schwimmhäute an den Hinterfüßen. Er ist in Binnengewässern des mittleren und südlichen Südamerika heimisch, hat heute aber viele Teile Europas besiedelt, weil einige Tiere aus Pelztierfarmen entwichen sind.

Manche echte Meeressäuger haben sich ans Süßwasser angepaßt und leben in Flußmündungen und großen Flüssen, so der Ganges-Delphin, *Platanista gangetica,* der Chinesische Flußdelphin, *Lipotes vexillifer,* der La-Plata-Delphin, *Stenodelphis blainvillei,* und der Amazonas-Delphin, *Inia geoffrensis.* Dieser wird bis zu 1500 km vom Meer angetroffen. Er frißt Fische und Krebstiere.

Von den fleischfressenden Säugetieren bevölkern 17 Otterarten die Binnengewässer der Welt. Für das Wasser sind sie mit einem dichten Fell ausgerüstet, ferner mit Schwimmhäuten an den Füßen sowie kleinen Ohren und Nasenlöchern, die beim Tauchen geschlossen werden können. Otter fressen hauptsächlich Krebse, Frösche und Fische, aber sie jagen auch Vögel und Landsäugetiere.

Eine Robbe des Süßwassers ist die Baikal-Robbe, *Pusa sibirica,* im Baikal-See, ca. 1500 km vom Meer entfernt. Es gibt noch ungefähr 60 000 Tiere dieser Art. Das Kaspische Meer mit seinem salzigen Wasser ist die Heimat einer ähnlichen Robbe, der Kaspi-Robbe, *Pusa caspica.*

Das größte Süßwassersäugetier ist das bis zu drei Tonnen schwere Flußpferd. Es kann seine Nasenlöcher und Ohren beim Tauchen schließen. Normalerweise bleibt es 4–5 Minuten lang unter Wasser; man nimmt aber an, daß es eine halbe Stunde lang untergetaucht zu bleiben vermag. Flußpferde fressen Gras; mit ihrem Mist bringen sie große Mengen von Nährstoffen vom Land ins Wasser. Das Zwergflußpferd in Westafrika wiegt etwa 500 Pfund; es geht seltener ins Wasser als die größere Art.

Mit empfindlichen Pfoten tastet der orientalische Krallenlose Otter, *Amblonyx cinerea,* im Schlamm und unter Steinen nach Muscheln, Schnecken und Krabben.

Süßwasserrobbe Die etwa 1,40 m lange Baikal-Robbe lebt hauptsächlich im nördlichen Teil des Baikal-Sees.

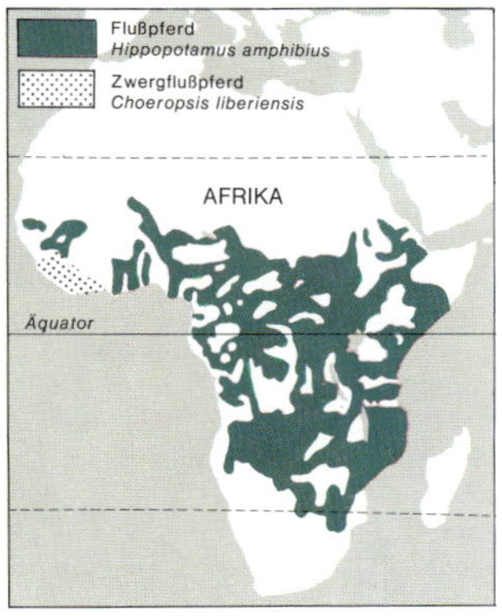
Flußpferd
Hippopotamus amphibius
Zwergflußpferd
Choeropsis liberiensis
AFRIKA
Äquator

Verbreitung der Flußpferde Flußpferde leben allgemein in Flüssen; Zwergflußpferde hingegen sind in sumpfigem Wald zu Hause. Flußpferde liegen tagsüber im Wasser; nachts kommen sie zum Fressen an Land. Manchmal laufen sie dann 30 km weit, aber selten entfernen sie sich weiter als einen Kilometer vom Wasser. Zwergflußpferde fressen zarte Schößlinge, Blätter und abgefallene Früchte.

Im Wasser zu Hause Flußpferde schlafen und ruhen praktisch den ganzen Tag im Wasser oder in Wassernähe. Wenn sie sich belästigt fühlen, ziehen sie sich in tieferes Wasser oder ins Schilf zurück. Dort sind sie kaum zu sehen; nur ihre Augen und Nasenlöcher liegen dann über der Wasseroberfläche.

Schwimm- und Tauchvögel

Vögel holen sich ihre Nahrung aus Flüssen und Seen auf verschiedene Art. Einige gründeln; andere tauchen nach Fischen. Und Pelikane schöpfen sie aus dem Wasser.

Seen, Flüsse und Sümpfe bieten Vögeln viel verschiedenartigere Lebensräume als die Ozeane; darum ist das Vogelleben an Binnengewässern mannigfaltiger.

Man kann Wasservögel nach ihren Ernährungsgewohnheiten in 4 Hauptgruppen unterteilen. Die Arten, die auf dem Wasser schwimmen, tauchen nur im Notfall, etwa um sich vor Räubern in Sicherheit zu bringen; ihre Nahrung im Wasser ist auf das beschränkt, was sie beim Gründeln erreichen können. Auch Taucher schwimmen auf dem Wasser; doch tauchen sie nach ihrem Futter, wobei sie mit den Füßen oder Flügeln oder mit beiden rudern.

Zur dritten Gruppe gehören vor allem Vögel, die sich ihr Futter zwar aus dem Wasser holen, dazu aber entweder nur einen kurzen Augenblick tauchen oder aber aus der Luft herabstoßen und ihre Beute mit den Füßen an der Wasseroberfläche ergreifen. Die vierte und größte Gruppe ist die der Watvögel, die zumeist an seichtem Wasser leben.

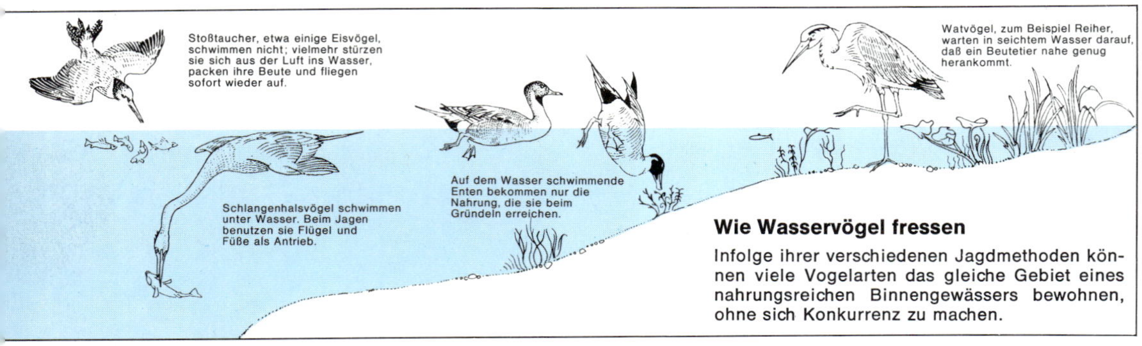
Stoßtaucher, etwa einige Eisvögel, schwimmen nicht; vielmehr stürzen sie sich aus der Luft ins Wasser, packen ihre Beute und fliegen sofort wieder auf.
Schlangenhalsvögel schwimmen unter Wasser. Beim Jagen benutzen sie Flügel und Füße als Antrieb.
Auf dem Wasser schwimmende Enten bekommen nur die Nahrung, die sie beim Gründeln erreichen.
Watvögel, zum Beispiel Reiher, warten in seichtem Wasser darauf, daß ein Beutetier nahe genug herankommt.

Wie Wasservögel fressen
Infolge ihrer verschiedenen Jagdmethoden können viele Vogelarten das gleiche Gebiet eines nahrungsreichen Binnengewässers bewohnen, ohne sich Konkurrenz zu machen.

Im gleichen Lebensraum Verschiedene Wasservogelarten können zusammenleben, weil jede sich auf einen besonderen Teil der Nahrung, die in dem betreffenden

Federpflege Eine Graugans, *Anser anser*, fettet mit öligem Schnabel ihr Gefieder ein, so daß kein Wasser eindringt. Das Öl kommt aus der Bürzeldrüse.

Schwimmvögel, die bei der Nahrungssuche nicht tauchen

Besonders charakteristische und in den gemäßigten Breiten auch besonders zahlreiche Schwimmvögel sind die Schwäne, Gänse und Schwimmenten. Die Angehörigen dieser Gruppe fressen praktisch alles – von Gras und winzigen Pflanzen und Tieren im Schlamm bis zu größeren Pflanzen und wirbellosen Tieren, ja sogar Fischbrut. Einige haben besondere Vorrichtungen für die Nahrungsaufnahme, so die Löffelente, *Anas clypeata,* die mit feinen Lamellen in ihrem riesigen, breiten Schnabel kleine Organismen aus dem Schlamm seiht.

All diese Vögel fliegen zur Futtersuche gewöhnlich von einem Gewässer zum anderen. Zahlreiche Arten findet man zeitweilig sogar auf dem Meer. Viele unternehmen regelmäßig weite Wanderungen und ziehen dabei auf festen Zugstraßen. Die Schneegans, *Anser caerulescens,* fliegt zum Beispiel von ihren Brutplätzen in der Arktis 4500 km weit, um im Golf von Mexiko zu überwintern. In den Tropen finden sich besonders viele Zugvögel ein. Zu den einheimischen Arten am oberen Nil, etwa den Pfeifgänsen der Gattung *Dendrocygna,* kommen zeitweise riesige Schwärme von Enten aus dem Norden hinzu, darunter Löffelenten und Spießenten.

Auch Pelikane schwimmen auf dem Wasser; sie fressen fast ausschließlich Fische. Normalerweise fischen sie schwimmend, indem sie ihren großen, beutelähnlichen Unterschnabel wie einen Schöpflöffel ins Wasser tauchen. Gelegentlich bilden ein Dutzend oder mehr Pelikane einen Kreis und treiben die Fische zur Mitte, um dann mit einem Schlag nahezu den ganzen Schwarm zu fangen.

Rosapelikane, *Pelecanus onocrotalus,* kommen an Futterplätzen in riesigen Mengen zusammen.

Lebensraum zur Verfügung steht, spezialisiert hat. Hier am Naivasha-See in Kenia leben afrikanische Schmalschnabel-Löffler, *Platalea alba*, Heilige Ibisse, *Threskiornis aethiopica*, Gelbschnabel-Zwergscharben, *Phalacrocorax africanus*, und Altwelt-Schlangenhalsvögel, *Anhinga rufa*, in einer Kolonie beisammen.

Brutgefieder In der Paarungszeit trägt der große Haubentaucher einen Schopf auf dem Kopf und eine Halskrause. Bei der Balz wird beides entfaltet.

Unterwasserjäger

Die Vögel, die sowohl unter Wasser wie auf der Oberfläche schwimmen, stellen eine größere und mannigfaltigere Gruppe dar. Hierher gehören die Tauchenten. Viele von ihnen, wie die nordamerikanische Rotkopfente, *Aythya americana,* und die eurasische Reiherente, *Aythya fuligula,* haben breite Schnäbel und gleichen darin den Schwimmenten. Sie fressen Unterwasserpflanzen.

Eine andere Gruppe bilden die Säger. Sie besitzen gezähnte Schnäbel, mit denen sie Fische erbeuten. Noch ausgeprägtere Fischfangspezialisten sind die Kormorane, Schlangenhalsvögel und Seetaucher. Kormorane haben lange Hälse und kurze Flügel; sie sind besonders an tropischem Süßwasser zahlreich und fressen jeden Tag fast so viel Fische, wie sie selbst wiegen.

Der Afrika-Schlangenhalsvogel ist unter Wasser ganz zu Hause. Oft sind sein schlanker Körper und die Flügel beim Schwimmen völlig untergetaucht. Der lange Hals und der schmale Kopf werden dabei wie ein Periskop gebraucht.

Die Taucher tauchen besonders von der Oberfläche aus. Ihre abwechslungsreiche Nahrung besteht aus Weichtieren, Fröschen, kleinen Fischen und anderem. Der Haubentaucher, *Podiceps cristatus,* vollführt eine bemerkenswerte Balz, auf deren Höhepunkt Männchen und Weibchen gleichzeitig tauchen und Brust an Brust wieder hochkommen. Dann bieten sie sich gegenseitig Wasserpflanzen als Nistmaterial an.

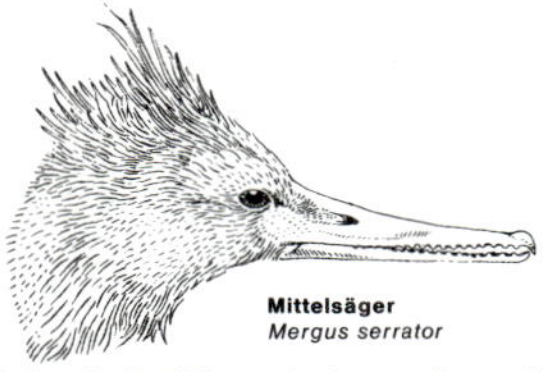
Mittelsäger
Mergus serrator

Gezähnter Schnabel Säger haben sägeartig gezähnte, leicht hakenförmige Schnäbel. Diese Vögel jagen unter Wasser Fische. Die gezähnten Ränder des Schnabels verhindern, daß ein gefangener Fisch wieder entwischt.

Die Familie der Rallen, zu der Teichhühner und Bleßhühner gehören, umfaßt mehr als 100 weltweit verbreitete Arten. Viele von ihnen bewohnen das Wasser und können gut schwimmen. Sie besitzen an ihren Zehen Hautlappen, die sich beim Schwimmen ausbreiten und so den Antrieb unterstützen. Diese Arten fressen kleine Tiere und Pflanzen.

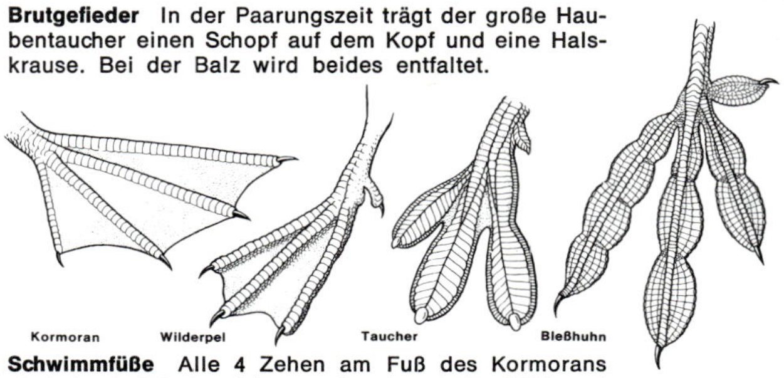
Kormoran
Wilderpel
Taucher
Bleßhuhn

Schwimmfüße Alle 4 Zehen am Fuß des Kormorans sind durch Schwimmhäute verbunden; beim Wilderpel sind es nur 3. Der Taucher und das Bleßhuhn tragen an ihren Zehen Lappen, die sich bei einem kräftigen Schlag ausbreiten und beim Rückschlag wieder anlegen.

Fisch am Spieß Der Schlangenhalsvogel spießt seine Beute mit dem Schnabel auf.

Fliegende Jäger, Stoßtaucher und Watvögel

Nicht alle Vögel, die ihre Nahrung aus dem Wasser holen, schwimmen. Einige stürzen sich aus der Luft herab. Und schreitende Watvögel sieben ihre Nahrung aus seichtem Wasser.

Rückkehr zum Nest Der Eisvogel, *Alcedo atthis,* nistet in Höhlen, die er bis 2,5 m tief in steile Erdböschungen gräbt. Man findet ihn in Europa, Asien, Afrika und Neuguinea.

Der Weißkopf-Seeadler, *Haliaeëtus leucocephalus,* fängt mit seinen scharfen Krallen Fische und zerstückelt sie dann mit dem starken Schnabel. Dieser Seeadler ist das Wappentier der Vereinigten Staaten.

Der Schuhschnabel gräbt mit seinem hakenförmigen Schnabel Lungenfische aus schlammigen Sumpfgründen. Zuweilen steht er auch regungslos da und lauert auf Fische oder Frösche. Er wird etwas über 1 m groß und lebt im östlichen tropischen Afrika.

Außer den schwimmenden Wasservögeln holen sich noch 2 andere große Vogelgruppen ihre Nahrung aus den Binnengewässern: Einige Vögel fangen ihre Beute fliegend und in das Wasser eintauchend, oder indem sie auf es herabstoßen; andere fressen, während sie im Seichten waten.

Die verbreitetsten „Stoßtaucher" sind die Eisvögel. Die meisten Arten sitzen auf Zweigen über dem Wasser, und plötzlich stoßen sie wie Pfeile in das Wasser hinein und schnappen die Beute mit ihrem Schnabel. Andere, wie der Graufischer, *Ceryle rudis,* im tropischen Afrika und in Südwestasien, rütteln zuvor wie Falken in der Luft und halten Ausschau.

Wieder andere Vögel sind keine Stoßtaucher, sondern stürzen mit vorgestreckten Beinen herab und greifen ihre Beute mit den Krallen aus dem Wasser. So jagen die Seeadler der Gattungen *Ichthyophaga* und *Haliaeëtus* und der Fischadler, *Pandion haliaëtus.* Auf besondere Weise holen die Scherenschnäbel sich ihre Nahrung: Viele schöpfen mit ihren breiten Schnäbeln kleine wirbellose Tiere von der Oberfläche tropischer Süßwasser.

Langbeinige Vögel in seichtem Wasser

Watende Vögel findet man in fast allen Teilen der Erde, wo es seichte Gewässer gibt. Die meisten Watvögel – etwa Störche, Ibisse, Löffler und Reiher – besitzen lange Beine, und ihre Schnäbel haben sich an verschiedene Arten der Nahrungsaufnahme angepaßt.

Beim Afrika-Klaffschnabel, *Anastomus lammelligerus,* einem Storch, klaffen Ober- und Unterschnabel etwas auseinander. Dieses besondere Werkzeug dient dem Vogel zum Öffnen von Muscheln und Sumpfdeckelschnecken.

Ibisse und Löffler gehören zur gleichen Familie, haben aber verschiedene Schnabelformen. Ibisse durchsuchen mit ihren langen, gebogenen Schnäbeln den Schlamm nach Würmern und kleinen Schalentieren. Löffler besitzen flache Schnäbel, die sich an der Spitze löffelartig verbreitern; sie schwingen den Schnabel seitwärts durch den Schlamm und sieben kleine Tiere heraus.

Der Schuhschnabel, *Balaeniceps rex,* besitzt einen schweren, hakenförmigen Schnabel, mit dem er in den Sümpfen des tropischen Afrika nach Würmern, Fröschen und Lungenfischen sucht. Ein anderer storchenähnlicher afrikanischer Watvogel, der Hammerkopf, *Scopus umbretta,* hat kürzere Beine als die meisten anderen Watvögel. Er läuft am Wassersaum entlang und sucht kleine Fische und Insekten.

Reiher sind besonders weitverbreitete Watvögel. Von den Nachtreihern werden einige nur 30 cm hoch, während der Goliathreiher, *Ardea goliath,* im tropischen Afrika von Kopf bis Fuß etwa 1,5 m mißt. Alle Arten haben lange Schnäbel, Hälse und Beine; so können sie in seichtem Wasser waten und Fische, Amphibien, Insekten und Würmer fangen.

Auf tropischen Binnengewässern der Alten und Neuen Welt laufen Blatthühnchen flink von einem Wasserrosenblatt zum anderen. Ihre Zehen sind extrem lang; so verteilt sich das Gewicht des Vogels besser.

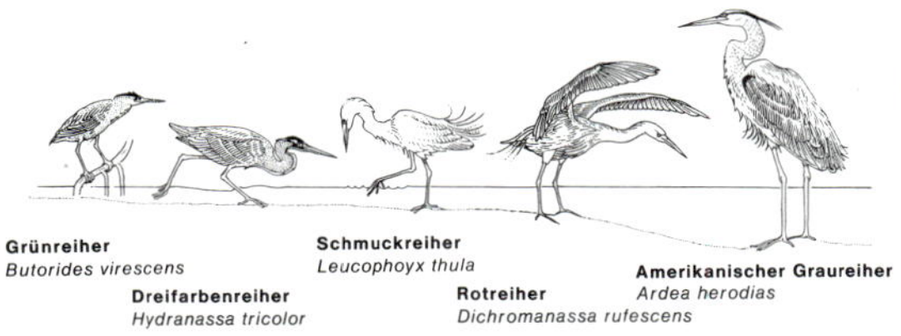
Grünreiher
Butorides virescens
Dreifarbenreiher
Hydranassa tricolor
Schmuckreiher
Leucophoyx thula
Rotreiher
Dichromanassa rufescens
Amerikanischer Graureiher
Ardea herodias

All diese Reiher bewohnen in Florida den gleichen Lebensraum. Der Grünreiher späht von einem Ast nach Beute aus. Der Dreifarbenreiher watet in sehr flachem Wasser. Der Schmuckreiher scheucht aus dem Schlamm Beute auf. Der Rotreiher rührt im Wasser herum; beunruhigte kleine Fische sammeln sich dann im Schatten seiner ausgebreiteten Flügel. Der Amerikanische Graureiher watet in tieferem Wasser.

Tropische Scherenschnäbel haben breite Schnäbel. Der Unterschnabel ist länger als der Oberschnabel; er wird im Fluge ins Wasser getaucht und schöpft Insekten und andere Kleintiere von der Wasseroberfläche der Binnengewässer ab.

Der Dreifarbenreiher hat den für Reiher typischen langen Schnabel; sein Hals ist jedoch ungewöhnlich schlank.

Der Amerikanische Graureiher stelzt am Tage wie auch in der Nacht auf der Suche nach Nahrung in seichtem Wasser umher. Seine Heimat ist Kanada und der größte Teil der USA.

Grünreiher In der Brutzeit wechselt der Grünreiher seine Farbe: Seine gelbe Iris wird orange und seine gelben Beine werden korallenrot. Dieser Vogel kommt hauptsächlich in den östlichen und mittleren Teilen der USA vor. Hier ist er in kleinen Teichen und an bewaldeten Bächen der häufigste Reiher. Er ist klein, kurzbeinig und nur etwa 35 cm lang. Oft taucht er nach seiner Beute ins Wasser.

Winzige Nahrung wird aus dem Wasser gesiebt

Flamingos werden mehr als 1,5 m groß; sie fressen aber nur mikroskopisch kleine Pflanzen und Tiere, die im seichten Wasser von Seen und Lagunen in warmen Gebieten reichlich vorhanden sind. Manchmal leben mehr als 2 Millionen dieser Vögel in riesigen Kolonien zusammen.

Wenn ein Flamingo frißt, taucht er seinen scharf geknickten Schnabel zwischen seinen Füßen ins Wasser. Der Knick bewirkt, daß der Oberschnabel dann nach unten gekehrt ist. Nun fährt der Vogel mit dem Schnabel hin und her und nimmt darin Schlamm oder Wasser und damit auch Nahrung auf.

Der Zwergflamingo, *Phoeniconaias minor,* hält seinen Schnabel mit der Oberseite nach unten ins Wasser. Nun schwingt der Vogel seinen Kopf hin und her und pumpt dabei Wasser in seinen Schnabel hinein und wieder heraus, indem er seine Zunge vor- und zurückschiebt. Dabei bleiben mikroskopisch kleine Pflanzen in Lamellen hängen, die innerhalb des Schnabels wie ein Filter wirken.

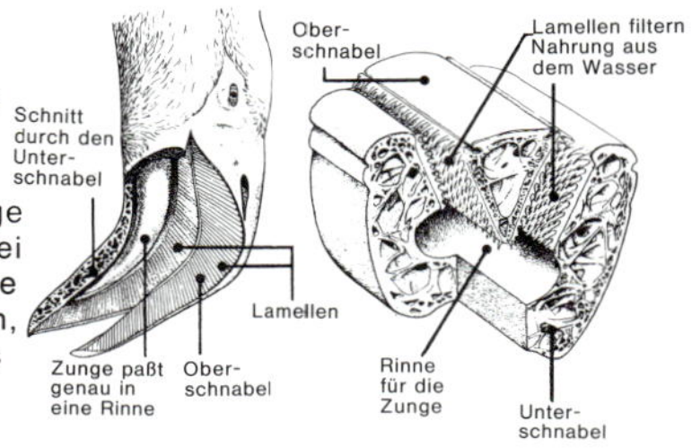
Offener Schnabel
Schnitt durch den Unterschnabel
Lamellen
Zunge paßt genau in eine Rinne
Oberschnabel
Schnitt durch den geschlossenen Schnabel
Oberschnabel
Lamellen filtern Nahrung aus dem Wasser
Rinne für die Zunge
Unterschnabel

Größere Flamingos der Gattung *Phoenicopterus* filtern beim Fressen den Schlamm. Andere Flamingos seihen gewöhnlich das Oberflächenwasser.

Tiere in ungewöhnlichen Lebensräumen

Nur wenige Wasserstellen werden von Tieren gänzlich gemieden; selbst in völlig dunklen unterirdischen Seen und in heißen Mineralquellen gibt es welche.

Jedes neu entstehende Gewässer wird nach und nach von Pflanzen und Tieren besiedelt. Krater, Steinbrüche und Kiesgruben, die sich mit Wasser füllen, beherbergen anfangs keine Organismen; bald aber stellen sich Krebstierchen und Insekten ein. Diese Geschöpfe erreichen ihren neuen Lebensraum krabbelnd oder fliegend, oder ihre Eier werden von anderen Tieren eingeschleppt.

Durch Änderungen des Klimas, der Bodenform und sonstiger für die Evolution wichtiger Umweltbedingungen sind einige Tiere gezwungen worden, in ungewöhnlichen, isolierten nassen Lebensräumen zu existieren, zum Beispiel in feuchtem Sand, in Brunnen oder Höhlenseen. Andere Tiere haben sich an äußerst ungünstige Lebensräume, wie heiße Quellen und Salzseen, angepaßt.

Zu den Tieren, die in feuchtem Sand existieren können, gehören einzellige Protozoen, fadenförmige Nematoden, Rädertierchen, Milben, Krebstierchen und Ringelwürmer.

Blinde Höhlenbewohner

In die kühlen Seen unterirdischer Höhlen dringt niemals ein Lichtstrahl. Darum gibt es dort auch keine grünen Pflanzen. Die Tiere, die hier leben, ernähren sich von Pilzen, Bakterien und Pflanzenresten, die von unterirdischen Bächen oder gelegentlichen Höhlenbesuchern, wie zum Beispiel Fledertieren, hereingebracht werden.

Mehrere Fischarten verbringen ihr ganzes Leben tief unten in Höhlen. Ihre Vorfahren kamen zu einer Zeit dorthin, als diese Stellen noch nicht so unzugänglich waren. Die verschiedenen Fische haben sich der außergewöhnlichen Umgebung alle in ähnlicher Weise angepaßt. Der Gesichtssinn ist in der Dunkelheit überflüssig; deshalb können die höhlenbewohnenden Fische entweder sehr schlecht oder überhaupt nicht mehr sehen, wie der mexikanische Höhlensalmler *Astyanax jordani,* dessen Augen zurückgebildet und vollständig von Haut überwachsen sind. Auch nützen sichtbare Merkmale dort, wo es kein Licht gibt, nichts. Dementsprechend ist die Hautpigmentierung reduziert, oder sie fehlt. Die Tiere sehen dann hell aus.

Auch für höhlenbewohnende Lurche ist charakteristisch, daß sie ihr Sehvermögen und ihre Farbe weitgehend eingebüßt haben, so zum Beispiel der Grottenolm, *Proteus anguinus,* in Europa und der Rathbunsche Brunnenmolch, *Typhlomolge rathbuni,* in Texas.

Nordamerikanische Fische aus der Familie *Amblyopsidae* zeigen abgestufte Übergänge dieser Merkmale – von den kleinäugigen, pigmentierten Formen, die in dunklen Winkeln oberirdischer Bäche leben, bis zum Mammuthöhlen-Blindfisch, *Amblyopsis spelaeus,* der in Höhlen von Kentucky vorkommt und weiß sowie völlig blind ist.

Die meisten Fische der Familie *Brotulidae* leben in der Tiefe der Meere; nur 2 Gattungen, *Lucifuga* und *Stygicola,* bewohnen auf Kuba Flüsse, die in unterirdische Ströme münden; und eine Art kommt in mexikanischen Höhlen vor. Ferner gibt es in Nord- und Südamerika höhlenbewohnende Barben und Welse.

Unterirdische Höhlen wie diese, die sich 60 m unter dem Ozark-Nationalpark in Arkansas kilometerweit erstreckt, gibt es an vielen Orten, wo härterer Fels über einer Kalksteinschicht liegt. Jahrmillionenlang sickerte Regenwasser durch Spalten im Fels und löste den Kalkstein auf. So entstanden mit Kalksteingebilden geschmückte Höhlen und unterirdische Flüsse, in denen besonders geartete Tiere leben können.

Höhlenmolch Beim ausgewachsenen Rathbunschen Brunnenmolch sind die Augenlider zugewachsen. Seine Larve aber, die oberirdisch lebt, hat normale Augen. Die Haut des fertigen Tieres hat kaum Pigmente.

Unterirdische Krebstiere Diese Krebstierchen mit dem Namen *Cirolanides texensis* sind blind und fast farblos. Beide Merkmale sind typisch für Tiere, die ihr Leben in dunklen Höhlen verbringen.

Der Höhlensalmler lebt in den kalten unterirdischen Gewässern der Kalksteinhöhlen Mexikos. Seine zurückgebildeten Augen sind von Haut bedeckt.

Der blinde Fisch *Typhlichthys subterraneus* findet seine Beute und umgeht Hindernisse mit Hilfe eines Organs, das auf Schwingungen im Wasser reagiert.

Diese blinde Garnele lebt auf dem Boden seichter Seen in dunklen Höhlen von Texas. Mit ihren Vorderscheren nimmt sie Nahrungsteilchen vom Boden auf, die von Fledertieren fallen gelassen wurden.

Heißer Lebensraum Selbst ein so unwirtlicher Ort wie diese heiße Quelle am Abhang eines Vulkans auf der Insel Isabela in der Galapagos-Gruppe kann zum Lebensraum für kleinere Krebse und Insekten werden.

Höhlengewässer beherbergen auch Wirbellose wie Würmer, Milben, Garnelen und andere Krebstiere. Die meisten sind blind und farblos.

Sogar in den heißen Quellen von Wüsten- und Vulkangebieten existieren einige Organismen. Einzellige Geißeltierchen, winzige Krebse und Insektenlarven können sehr warmes Wasser ertragen. In warmen Süßwasserquellen kommen sogar ein paar Fische vor. Der nordamerikanische Kärpfling *Cyprinodon macularius* schwimmt in 49° heißem Wasser, und ein anderer Fisch, *Tilapia grahami,* lebt im 43° warmen Mineralwasser des Magadi-Sees in Kenia.

Auch Salzseen in Wüsten und anderen Trokkengebieten können Fische beherbergen. Der kleine Kärpfling *Cyprinodon salinus* kommt im Salt Creek in Nevada vor, dessen Salzgehalt doppelt so hoch ist wie der des Meeres.

In Wüstengebieten entstehen nach einem gelegentlichen Regen auch Süßwassertümpel, die nur wenige Tage vorhanden sind. In ihnen können lediglich solche Tiere existieren, die den hohen Mineralgehalt und starke Temperaturgegensätze aushalten. Oft bringen sie Eier oder Larven hervor, die der Trockenheit widerstehen; oder aber ihre Entwicklung verläuft ungewöhnlich schnell. Einige Krebstiere können zum Beispiel zwischen zwei heftigen Regenfällen eine Ruhepause von mehreren Jahren einschalten und dann in 7 bis 10 Tagen ihre gesamte Entwicklung durchlaufen: In dieser Zeit reifen sie zum erwachsenen Tier heran, sie paaren sich, legen Eier, und schließlich sterben sie, sobald das Wasser der Pfütze unter der sengenden Sonne verdunstet ist.

Nur wenige Wasserstellen – seien sie auch noch so klein oder unwirtlich – bleiben lange Zeit unbesiedelt. Insekten suchen wahrscheinlich aktiv nach ihnen; Zysten von Urtierchen hingegen werden im allgemeinen vom Wind dorthin geweht. Selbst Wasseransammlungen zwischen den Stengeln und Blättern einiger tropischer Pflanzen werden besiedelt. In ihnen lebt ein mexikanischer Salamander, solange sie vorhanden sind, und er ernährt sich von den Insekten darin.

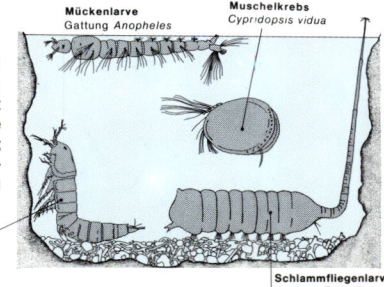

Lebensraum Baumlache Solche Krebstierchen und Insektenlarven bewohnen Baumlöcher, die sich mit Wasser gefüllt haben. Die Krebse besitzen Kiemen; die Insektenlarven brauchen jedoch einen Zugang zur Luft.

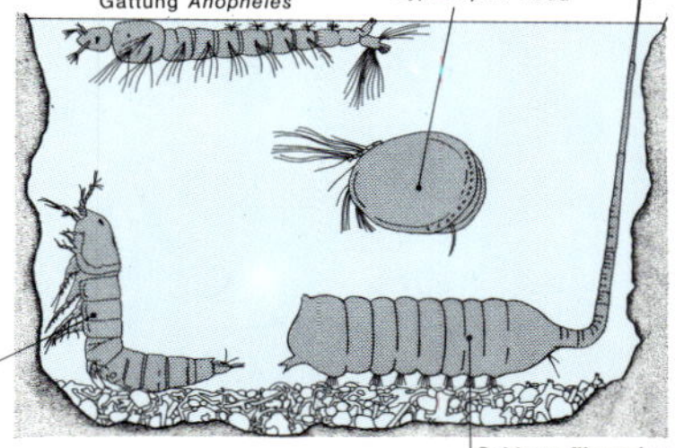

Mückenlarve
Gattung Anopheles
Muschelkrebs
Cypridopsis vidua
Ruderfußkrebs
Moraria varica
Schlammfliegenlarve
Gattung Eristalis

Flußmündungen und Mangroven

In Flußmündungen liegt der Salzgehalt des Wassers zwischen demjenigen der Binnengewässer und dem des Meeres. So hat sich dort eine eigene Lebensgemeinschaft entwickelt.

Wo ein Fluß mündet, ergießt sich Süßwasser ins Meer. Der Salzgehalt des Wassers ändert sich hier, und in dieser Zone treffen Tiere des Festlandes, der Binnengewässer und des Meeres zusammen. In großen Mündungen bilden sich unter dem Einfluß von Strömungen, Winden, Ebbe und Flut oft wandernde Sandbänke.

Wie abrupt Salzwasser und Süßwasser aufeinandertreffen, das hängt in erster Linie von dem Gefälle des Flußbettes ab. In vielen Gegenden der Erde findet dieser Übergang ziemlich unvermittelt statt. Im Nordosten von Südamerika aber, wo sich eine weite Küstenebene befindet, wird das Meerwasser durch die Gezeiten stellenweise fast 150 km weit ins Binnenland getragen.

Lebensraum Mangrovensumpf

Die Stelzwurzeln der Schlamm-Mangrovenbäume bilden ein Netz, in dem sich Schlick ansammelt, so daß hier Tiere wie Krabben und Ameisen, die im Schlamm Höhlen bauen, einen geschützten Platz haben.

Scharen von Watvögeln Wenn die Flut steigt, versammeln sich Scharen von Watvögeln auf den verbleibenden wasserfreien Schlammflächen. Bei Ebbe holen die Tiere sich mit ihren langen Schnäbeln Schalentiere und Würmer aus der obersten Schlammschicht. Die meisten Vögel in dieser Gruppe sind Knutts, doch befinden sich auch einige Brachvögel, Pfuhlschnepfen, Austernfischer und Rotschenkel bei ihnen.

Die Armeekrabbe *Mictyris longicarpus* erhebt ihre gestielten Augen, um so weit wie möglich sehen zu können. Wenn die Flut kommt, gräbt sie sich einen wasserdichten Raum im Sand und bleibt hier bis zur Ebbe.

Seekühe in der Sonne Zwei amerikanische Manatis, *Trichechus manatus*, nehmen in einer seichten Flußmündung ein Sonnenbad. Sie gehen niemals an Land und ernähren sich ausschließlich von Wasserpflanzen.

Die Schnabellänge der Watvögel

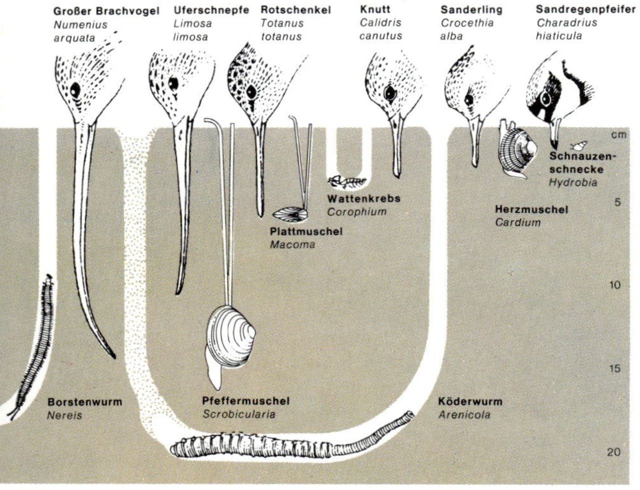
Großer Brachvogel
Numenius arquata
Uferschnepfe
Limosa limosa
Rotschenkel
Totanus totanus
Knutt
Calidris canutus
Sanderling
Crocethia alba
Sandregenpfeifer
Charadrius hiaticula
cm
5
10
15
20
Schnauzenschnecke
Hydrobia
Wattenkrebs
Corophium
Plattmuschel
Macoma
Herzmuschel
Cardium
Borstenwurm
Nereis
Pfeffermuschel
Scrobicularia
Köderwurm
Arenicola

Welche Beute ein Watvogel erreicht, hängt von der Länge seines Schnabels ab. An den Köderwurm kann selbst der Große Brachvogel nur dann heran, wenn der Wurm sich im senkrechten Teil seiner Röhre befindet.

Da Salzwasser dichter und somit schwerer ist als Süßwasser, schiebt es sich in einer Flußmündung oft unter das ins Meer fließende Süßwasser. Diese Tatsache erleichtert es den Meerestieren, die am Boden leben, flußaufwärts zu wandern.

Die Tiere der Gezeitenzone stammen vorwiegend aus dem Meer. Bei Ebbe besteht die Gefahr, daß das Wasser sich von ihnen zurückzieht. Da aber die meisten ihre Nahrung aus dem Wasser filtern, können sie nur fressen, wenn sie vom Wasser bedeckt sind. Viele größere Krebse tragen ihre Eier oder Jungen mit sich herum, damit sie nicht von der Gezeitenströmung fortgespült werden. Ferner gibt es Grundeln, die ihre Eier bewachen, und Welse, die die Eier im Maul ausbrüten.

Die Verbreitung der verschiedenen Arten, die in einer Flußmündung leben, hängt vom Salzgehalt des Wassers ab, ferner davon, wie lange die Tiere zwischen Ebbe und Flut auf dem Trocknen liegen, und schließlich von der Schlamm- und Sandart. Im Schlick können die Tiere festere Erdhöhlen bauen als im Sand, da Schlick weniger leicht einstürzt. Viele Geschöpfe in den Flußmündungen leben vor allem von organischen Abfallstoffen.

Im trüben Wasser der Flußmündungen sind optische Zeichen nicht mehr zu erkennen; darum nutzen die hier lebenden Fische andere Möglichkeiten, um miteinander in Verbindung zu bleiben. Mehrere Arten, wie die Quakende Tetra, die Umberfische und Knurrhähne, verständigen sich durch Laute.

Die Vieraugen in Mittel- und Südamerika haben oben auf dem Kopf ein Paar Augen mit je zwei Linsen. Sie schwimmen zumeist so dicht unter der Wasseroberfläche, daß ihre Augen genau halb darüber hinausragen. Das obere Linsenpaar dient nun dem Sehen in der Luft; mit dem anderen sehen diese Fische unter Wasser.

Eine andere ungewöhnliche Fähigkeit hat der Schützenfisch, *Toxotes jaculatrix*. Er kommt in den Flußmündungen Indiens, des malaiischen Raumes und der Philippinen vor und holt Insekten durch einen Wasserstrahl aus dem Maul

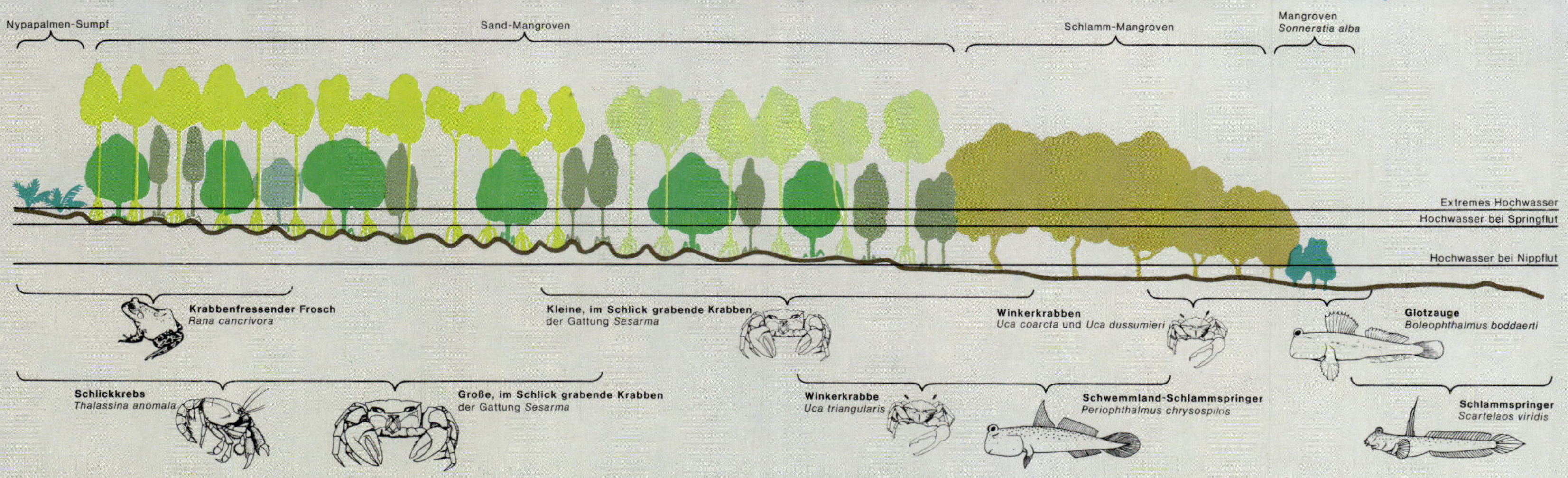
Nypapalmen-Sumpf
Sand-Mangroven
Schlamm-Mangroven
Mangroven
Sonneratia alba
Extremes Hochwasser
Hochwasser bei Springflut
Hochwasser bei Nippflut
Krabbenfressender Frosch
Rana cancrivora
Kleine, im Schlick grabende Krabben
der Gattung *Sesarma*
Winkerkrabben
Uca coarcta und *Uca dussumieri*
Glotzauge
Boleophthalmus boddaerti
Schlickkrebs
Thalassina anomala
Große, im Schlick grabende Krabben
der Gattung *Sesarma*
Winkerkrabbe
Uca triangularis
Schwemmland-Schlammspringer
Periophthalmus chrysospilos
Schlammspringer
Scartelaos viridis

Je höher in einem Mangrovensumpf der Boden ist, um so seltener wird er überflutet und um so fester ist er. Auf den verschiedenen Höhenstufen leben unterschiedliche Pflanzen- und Tierarten. Der Schlammspringer *Scartelaos viridis* ist im zähflüssigen Schlamm zu Hause. Im festeren Schlick wird er von dem Glotzauge *Boleophthalmus boddaerti*, abgelöst, das wiederum dort, wo der Schlamm noch fester ist, dem *Periophthalmus chrysospilus* Platz macht. Auf etwas höher gelegenem Boden sind kleine, im Schlick grabende Krabben der Gattung *Sesarma* die häufigsten Landtiere. Wo der Boden toniger wird, treten größere Krabben derselben Gattung auf.

herunter. Ein Schützenfisch kann auf eine Entfernung von knapp 1 m genau zielen.

Zu den wenigen Säugetieren in Flußmündungen gehören Robben sowie Manatis oder Atlantik-Seekühe. Diese leben in küstennahen Gewässern, gehen aber auch weit in große Flüsse hinein. Sie haben paddelförmige Vorderbeine und leben ganz im Wasser; sie ernähren sich von Wasserpflanzen. Man unterscheidet 3 Arten: 2 leben in Amerika und eine in Westafrika.

Feuchtheiße Mangrovensümpfe

Die Deltas und Mündungen vieler Flüsse in den Tropen sind mit Wäldern aus immergrünen Mangrovenbäumen bewachsen. Die Tiere dort kommen vom Festland, aus dem Süßwasser und aus dem Meer.

Ein typischer Mangrovensumpf ist feuchtheiß. Es wimmelt dort von Insekten, darunter Moskitos und andere Mücken, deren Brutstätten die Wasseransammlungen in verrottenden Baumstümpfen sind. Rankenfußkrebse, wie zum Beispiel *Balanus amphitrite,* und die stachelige Auster *Crassostrea cucullata* leben zwischen den Stelzwurzeln; Schnecken kriechen in den Bäumen herum. Der Schlick beherbergt Tiere, die das Meerwasser ertragen oder ständig Luft aufnehmen können. Einige Krabben und Ameisen verstopfen die Zugänge zu ihren Höhlen, wenn die Flut kommt, und bleiben so in einer luftgefüllten Kammer, bis das Wasser wieder fällt.

In den Sümpfen leben viele Krabbenarten; jede von ihnen bleibt in einer besonderen Schlickzone. Der Schlickkrebs *Thalassina anomala* lebt auf tonigem, wasserdurchtränktem Boden und baut hier tiefe Höhlen und Hügel. Zu den kleineren im Schlick lebenden Krebstieren gehören Garnelen.

Vögel sind hier nicht so zahlreich wie an den Flußmündungen. Sie nisten in den oberen Zweigen der Mangroven – so verschiedene Reiher und der Rote Sichler. Watvögel verbringen die Zeit des Hochwassers auf den Bäumen. An fischfressenden Vögeln findet man hier Kormorane, Schlangenhalsvögel, Seeadler, Eisvögel und Fischadler. In Südostasien gibt es auch insekten- und krabbenfressende Eisvögel; Borneo ist die Heimat des Mangroven-Dickkopfschnäppers, *Pachycephala cinerea,* und des Weißäugigen Brillenvogels, *Zosterops chloris.*

Die meisten Lurche meiden das Brackwasser; nur der krabbenfressende Frosch *Rana cancrivora* lebt in den Mangrovensümpfen Indonesiens. Auch seine Kaulquappen vertragen salziges Wasser gut.

Außer Ottern und gelegentlich kleinen Katzen gibt es in den Mangrovensümpfen nur wenige Säugetiere. Waschbären gehen in Südamerika gewöhnlich während der Dämmerung in diese Gebiete, um Krabben zu fressen, und die afrikanische Weißkehlmeerkatze, *Cercopithecus mitis albogularis,* ernährt sich manchmal ebenfalls von diesen Tieren. Blattfressende Affen kommen in den Mangroven Südostasiens vor, und Kolonien von Flughunden schlafen tagsüber in den Bäumen der australischen Sümpfe.

Zu den Fischen der Mangrovensümpfe gehören Meeräschen, Tarpune und der Schwarze Dreischwanzbarsch, *Lobotes surinamensis,* dessen Junge abgefallene, auf dem Wasser treibende Blätter nachahmen. Schlammspringer, Fische aus der Familie der Grundeln, leben in den Sümpfen Westafrikas sowie des indo-pazifischen Raumes. Ihre Augen sitzen hoch oben auf dem Kopf; außerdem haben sie armartige Brustflossen, mit deren Hilfe sie auf dem Schlamm „laufen“. Einige Arten, wie der Schwemmland-Schlammspringer, klettern oberhalb der steigenden Flut auch auf Bäume. Wenn sie auf dem Trockenen sind, bleiben ihre Atemkammern mit Wasser gefüllt; darum können sie weiter durch ihre Kiemen atmen.

Der Rote Sichler, *Eudocimus ruber,* ist der auffälligste Vogel der südamerikanischen Mangroven. Er war einst an den Küsten von Guayana in großer Zahl vorhanden, ist jetzt aber nur noch auf Trinidad häufig.

Männliche Schlammspringer der Gattung *Periophthalmus* richten ihre Rückenflosse auf, um Weibchen anzulocken.

Die Regionen des Meeres

Das Leben ist im Meer entstanden. Und immer noch enthalten die Ozeane eine größere Mannigfaltigkeit an Organismen als irgendein anderer Lebensraum auf der Erde.

Rund 71 Prozent der Erdoberfläche, nämlich 360 Millionen Quadratkilometer, sind von Meer bedeckt. An der tiefsten Stelle könnte man den Mount Everest versenken, und sein Gipfel wäre dann immer noch mehr als 2000 m unter der Oberfläche.

Während die Land- und Süßwasserlebensräume voneinander getrennt sind, stehen die Ozeane miteinander in Verbindung. Dennoch kann man auch in ihnen auf Grund der unterschiedlichen Wassertiefen, Temperaturen und Salzkonzentrationen, die für Meeresgeschöpfe wie Barrieren wirken, mehrere Lebensräume unterscheiden. Jeder von ihnen enthält typische Lebensformen.

Die Pflanzen sind das Anfangsglied aller Nahrungsketten im Meer – und auch auf dem Lande. Darum hängt es von den Bedingungen für den Pflanzenwuchs ab, in welchen Gebieten die reichste Meeresfauna anzutreffen ist. Da alle Pflanzen zu ihrem Wachstum die Energie des Sonnenlichts benötigen, sind die Pflanzen im Meer auf die obere Schicht des Wassers beschränkt, in die das Sonnenlicht eindringen kann. Man nennt diesen Bereich die euphotische Schicht.

Die Haupttypen der Meerespflanzen gehören zum winzigen, frei schwimmenden Phytoplankton, das in den Oberflächenschichten des offenen Wassers schwebt. In seichtem Wasser gibt es auch Pflanzen mit Wurzeln, zum Beispiel das Seegras.

Das Licht dringt verschieden weit ins Wasser ein. Im Sommer ist noch in einer Tiefe von 200 m eine Photosynthese möglich – jener Prozeß, durch den Pflanzen mit Hilfe des Sonnenlichts aus Kohlendioxid und Wasser organische Nährstoffe bilden. Im Winter oder in Küstengebieten, wo das Wasser durch Schwebstoffe getrübt ist, liegt diese Grenze viel höher.

Für das Wachstum der Pflanzen sind auch Mineralsalze wichtig, vor allem Nitrate und Phosphate. In Küstennähe sind Salze vorhanden, die von den Flüssen aus dem Binnenland hierhergetragen wurden. Im freien Wasser hingegen bringen aufsteigende Strömungen Nährstoffe vom Meeresboden nach oben. Der Benguelastrom vor der westafrikanischen Küste, zum Beispiel, ist reich an Mineralien; dementsprechend existiert hier ein üppiges pflanzliches und tierisches Leben. Das gleiche gilt für den Humboldtstrom vor der peruanischen Küste.

Auch die Temperatur des Meeres spielt bei der Bildung natürlicher Regionen eine wesentliche Rolle. In einigen Gebieten, wie in der Antarktis, ändern sich die Wassertemperaturen recht unvermittelt. Diese sogenannten Konvergenzen bilden Barrieren, an denen auf beiden Seiten unterschiedliche Pflanzen- und Tiergemeinschaften existieren.

Mit zunehmender Meerestiefe steigt der Druck. Alle Tiere haben sich derjenigen Tiefe angepaßt, in der sie leben, und können nicht viel tiefer oder höher gehen. Bringt man Fische aus flachem Wasser in tiefes, dann werden sie zerdrückt. Andererseits werden Tiefseefische, die schnell in eine höhere Wasserschicht kommen, zerrissen, weil ihr Innendruck für diese Region zu groß ist.

Leben in Felstümpeln Im Küstenbereich der Gezeiten haben sich bleibende Wasserbecken gebildet. In ihnen gibt es – im Gegensatz zu den umgebenden Felsflächen – eine Menge Pflanzen und Tiere.

Die Entstehung der Gezeiten

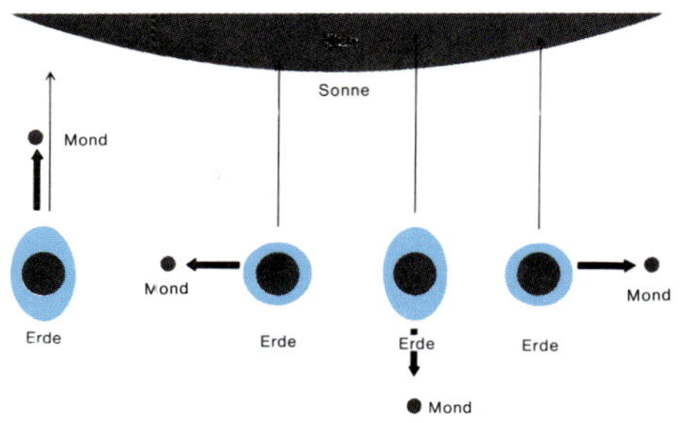
Sonne
Mond
Erde
Mond
Erde
Erde
Mond
Erde
Mond

Wenn Sonne und Mond, von der Erde aus gesehen, in einer Linie stehen, verursacht ihre gemeinsame Anziehungskraft Springfluten. Wenn die Anziehungskräfte von Sonne und Mond rechtwinklig zueinander auf die Erde einwirken, kommt es zu Nippfluten.

Die Nahrungskette im Meer

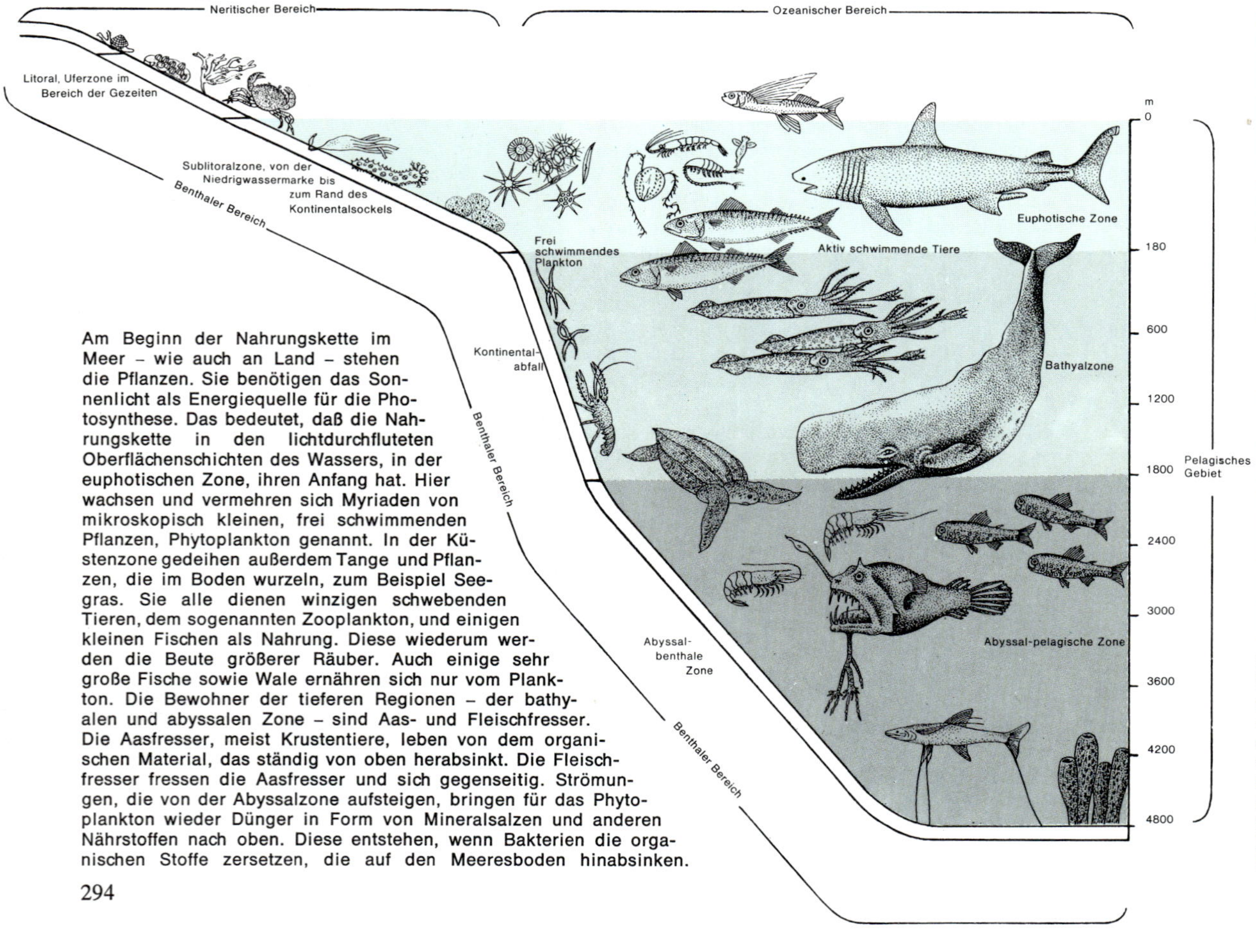
Neritischer Bereich
Ozeanischer Bereich
Litoral, Uferzone im Bereich der Gezeiten
Sublitoralzone, von der Niedrigwassermarke bis zum Rand des Kontinentalsockels
Benthaler Bereich
Frei schwimmendes Plankton
Aktiv schwimmende Tiere
Euphotische Zone
Kontinental-abfall
Benthaler Bereich
Bathyalzone
Abyssal-benthale Zone
Abyssal-pelagische Zone
Benthaler Bereich
Pelagisches Gebiet
m
0
180
600
1200
1800
2400
3000
3600
4200
4800

Am Beginn der Nahrungskette im Meer – wie auch an Land – stehen die Pflanzen. Sie benötigen das Sonnenlicht als Energiequelle für die Photosynthese. Das bedeutet, daß die Nahrungskette in den lichtdurchfluteten Oberflächenschichten des Wassers, in der euphotischen Zone, ihren Anfang hat. Hier wachsen und vermehren sich Myriaden von mikroskopisch kleinen, frei schwimmenden Pflanzen, Phytoplankton genannt. In der Küstenzone gedeihen außerdem Tange und Pflanzen, die im Boden wurzeln, zum Beispiel Seegras. Sie alle dienen winzigen schwebenden Tieren, dem sogenannten Zooplankton, und einigen kleinen Fischen als Nahrung. Diese wiederum werden die Beute größerer Räuber. Auch einige sehr große Fische sowie Wale ernähren sich nur vom Plankton. Die Bewohner der tieferen Regionen – der bathyalen und abyssalen Zone – sind Aas- und Fleischfresser. Die Aasfresser, meist Krustentiere, leben von dem organischen Material, das ständig von oben herabsinkt. Die Fleischfresser fressen die Aasfresser und sich gegenseitig. Strömungen, die von der Abyssalzone aufsteigen, bringen für das Phytoplankton wieder Dünger in Form von Mineralsalzen und anderen Nährstoffen nach oben. Diese entstehen, wenn Bakterien die organischen Stoffe zersetzen, die auf den Meeresboden hinabsinken.

Der Lauf einer Welle

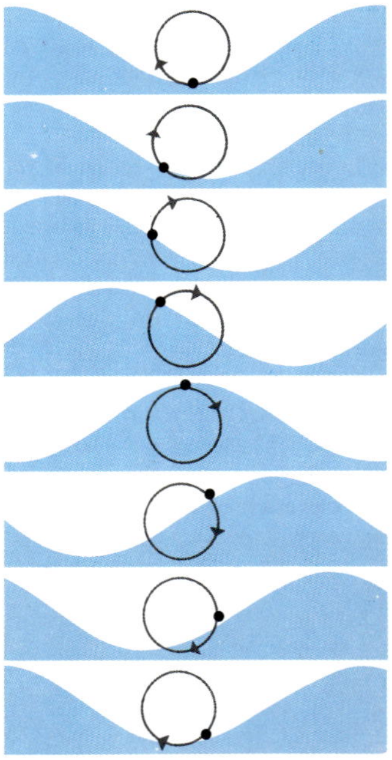

Wenn eine Welle durch das Wasser läuft, wandern die Wasserteilchen darin nicht etwa mit. Jedes Teilchen – hier ist eins durch einen schwarzen Punkt dargestellt – bewegt sich vielmehr in einem Kreis. Die Front einer Welle, die sich von links nähert, hebt es hoch, dann rutscht es die Rückseite des Kammes hinunter. Durch die Wellenbewegung wird das Oberflächenwasser gemischt.

Schlickküste Wo die Kraft der Wellen gering ist, lagert sich Schlick ab. Dort ist das Wasser wegen seines niedrigen Sauerstoffgehaltes für Tiere und wegen der schlechten Lichtverhältnisse für Pflanzen ungünstig. Aber Krebstiere und Mollusken können hier leben.

Pflanzenähnliches Tier Trotz seines pflanzenartigen Aussehens ist dieses Geschöpf ein Tier. Hohltiere wie diese *Lampra microrhiza* sind primitive Organismen. Die meisten haften ihr ganzes Leben lang am Meeresboden und ernähren sich von Plankton, das von oben herunterrieselt. Einige sitzen auch auf Schneckenschalen, in denen Einsiedlerkrebse hausen.

Wo Nahrung wie Regen niederfällt

Der Meeresboden ist als Lebensraum ganz verschiedenartig. Seine Bewohner ernähren sich, direkt oder indirekt, von den Abfallstoffen, die aus den oberen Wasserschichten herabrieseln. Vor der Küste ist der Meeresgrund zunächst nur sanft geneigt; hier befindet man sich noch auf dem Kontinentalsockel. In einer Tiefe von etwa 150–200 m beginnt der Kontinentalabhang: Der Sockel fällt nun steil zum Tiefseeboden ab. Dieser wiederum ist in Gebirgsketten, Täler und gewellte Ebenen gegliedert. Einige Täler oder Tiefseerinnen sind sehr tief; im Marianen-Graben im Pazifik hat man zum Beispiel 11 022 m gemessen – die tiefste bekannte Stelle in den Weltmeeren.

Solche Gebirge und Rinnen stellen für die Tiere, die in großer Tiefe leben, unüberwindbare Schranken dar. Die Kontinente bilden zusätzliche Barrieren; darum unterscheiden sich beispielsweise viele Organismen im Atlantik deutlich von denen im Pazifik, von denen sie durch die Landmasse Amerikas getrennt sind.

Das offene Meer – das sogenannte pelagiale Gebiet – wird in 2 Bereiche gegliedert: Das Wasser über dem Kontinentalsockel ist der neritische, das übrige der ozeanische Bereich.

Das pelagische Gebiet umfaßt außerdem mehrere Tiefenzonen: Die euphotische Zone reicht von der Oberfläche bis zur Grenze des Lichteinfalls bei etwa 200 m. Dann folgt die bathyale Zone, die bis 1800 m hinuntergeht, und von hier bis zum Meeresgrund erstreckt sich die abyssalpelagiale Zone.

Der Meeresboden, das Benthal genannt, hat 4 Hauptzonen: Das Küstengebiet zwischen den Gezeitengrenzen wird Litoral genannt. Das angrenzende Sublitoral geht dann bis zum Rand des Kontinentalsockels. Und an den Kontinentalabhang schließt sich die abyssal-benthale Zone an, die sehr tief hinabreicht.

Die Beschaffenheit des Meeresbodens beeinflußt die Verbreitung der Pflanzen und Tiere, die auf ihm leben. Der größte Teil dieses Bodens ist mit einer dicken Schicht weicher Sedimente oder Ablagerungen bedeckt. Sie bestehen aus den Planktonresten, die langsam von den oberen Meeresschichten in die Tiefe sinken.

Die Gewalt des Meeres Wellen, die sich an der Küste brechen, zernagen auch den härtesten Fels und bilden schließlich Kies- und Sandstrände.

Das Leben in der Gezeitenzone

Die vielen verschiedenartigen Tiere, die in der Gezeitenzone leben, müssen schärferen Umweltgegensätzen standhalten als alle anderen Organismen auf der Erde.

Durch den Wechsel von Ebbe und Flut ändern sich die Umweltbedingungen an der Küste sehr schnell. Um mit diesen Verhältnissen fertigzuwerden, müssen die Tiere dort außergewöhnlich anpassungsfähig sein. Bei Flut haben sie dem Ansturm der Wellen zu widerstehen, bei Ebbe der sengenden Sonne und dem austrocknenden Wind. Außerdem müssen sie die ständigen Veränderungen der Lichtstärke, der Wärme und des Salzgehalts ihrer Umgebung ertragen, denn sie sind ja zeitweise im Wasser, zeitweise auf dem Trockenen. Grundsätzlich passen die Tiere sich diesen Umständen auf zweierlei Art an: Sie entwickeln eine physiologische Widerstandsfähigkeit, und zum anderen entziehen sie sich extremen Bedingungen durch ihr Verhalten, zum Beispiel, indem sie sich bei Ebbe in kühle, dunkle und feuchte Spalten verkriechen.

Dem Austrocknen zu entgehen ist für Tiere der Küste, die abwechselnd über und unter Wasser leben, schwierig. Unter Umständen verbringen sie 5 oder 6 Stunden am Tage in kühlem Wasser und sind dann plötzlich innerhalb von Minuten der Sonnenhitze ausgesetzt. Überdies müssen diese Lebewesen mit Veränderungen im Salzgehalt des Wassers fertigwerden, die durch Verdunstung oder durch den Zustrom von Süßwasser aus Flüssen sowie durch Niederschläge bewirkt werden.

Je nach der Beschaffenheit der Küste unterscheidet man 3 Haupttypen: Fels-, Sand- und Schlammküste. Jede stellt einen völlig anderen Lebensraum dar, mit jeweils charakteristischen Tiergruppen.

Felsküsten sind der Brandung unmittelbar ausgesetzt. Das Wasser selbst sowie der Kies, den es mit sich führt, zerschlagen und zermahlen auch das härteste Gestein. Auf diese Weise entstehen Höhlen und Spalten, in denen viele Meerestiere und -pflanzen leben.

Bei Ebbe besteht für die Tiere an den Felsküsten die Gefahr, daß sie an der Luft austrocknen. Deshalb sind manche durch dicke Schalen geschützt. Andere leben in Tümpeln, oder sie ziehen sich in Spalten zurück. Die geschützten Teile der Felsküsten werden besonders bevorzugt und hart umkämpft.

Der Tierbestand in einem Küstengebiet hängt davon ab, in welchem Teil der Erde es sich befindet. Grundsätzlich können folgende Tiergruppen in einer Felsspalte vorhanden sein: Schwämme, Seeanemonen, Hydrozoen, Seeigel, Seesterne, Muscheln, Napfschnecken, Austern, Käferschnecken, Seemäuse, Garnelen, Krabben, Hummer, Rankenfußkrebse, Seescheiden und Schleimfische.

Unter Steinen und Pflanzen sowie in Wasseransammlungen findet man Tiere, die Schwierigkeiten haben, in der Luft zu existieren, zum Beispiel Schleimfische und Meergrundeln.

Besonders gut an die Felsküsten angepaßt sind die Seepocken *Balanus balanoides* und *Chthamalus stellatus,* die in unvorstellbar großer Zahl auf den freien Felsflächen der europä-

Fische auf dem Trockenen Bei Ebbe befinden sich Schleimfische auf dem Trockenen. Ihre Kiemen und Körper bleiben feucht, weil die Tiere sich in Felsspalten, unter Pflanzen oder im Schatten aufhalten.

Der Diadem-Seeigel, *Diadema setosum,* bewegt sich auf winzigen, röhrenförmigen Füßchen mit Saugspitzen langsam über den Sand. Diese Füßchen können sich auch an Felsen festhalten und nach Beute greifen.

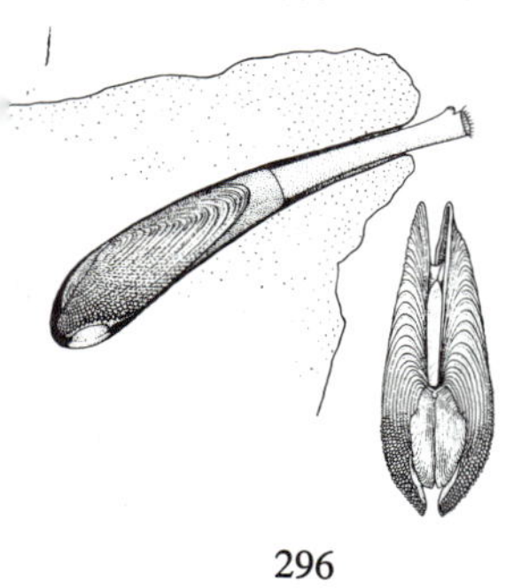

Die gemeine Bohrmuschel, *Pholas dactylus,* hat einen saugrohrähnlichen Fuß, der vorn, gegenüber dem Scharnier, zwischen den Schalen hervortritt. Die Schalen tragen um den Fuß herum raspelartige Zähne. Durch ständiges Öffnen und Schließen der Schalen bohrt sich das Tier mit Hilfe dieser Zähne in den Felsen hinein; leichte Bewegungen des Fußes sorgen dafür, daß ein rundes Loch entsteht. In dem Maße, wie das Tier wächst und in den Felsen eindringt, wird die Wohnung größer.

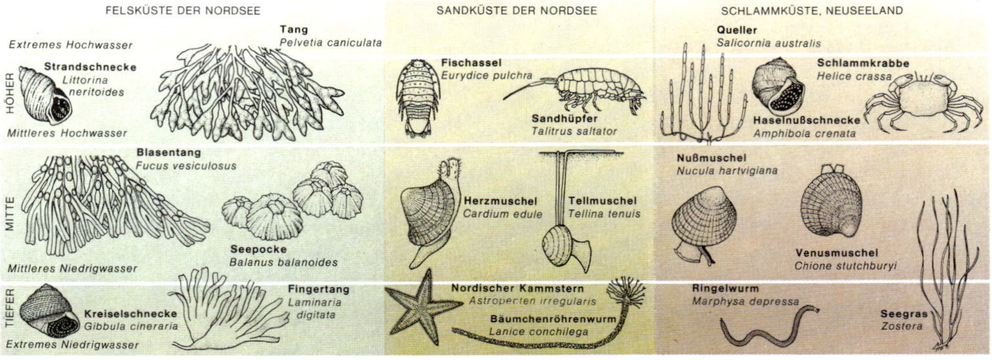
FELSKÜSTE DER NORDSEE
SANDKÜSTE DER NORDSEE
SCHLAMMKÜSTE, NEUSEELAND
Extremes Hochwasser
Tang
Pelvetia caniculata
HÖHER
Strandschnecke
Littorina neritoides
Mittleres Hochwasser
Fischassel
Eurydice pulchra
Sandhüpfer
Talitrus saltator
Queller
Salicornia australis
Schlammkrabbe
Helice crassa
Haselnußschnecke
Amphibola crenata
MITTE
Blasentang
Fucus vesiculosus
Seepocke
Balanus balanoides
Mittleres Niedrigwasser
Herzmuschel
Cardium edule
Tellmuschel
Tellina tenuis
Nußmuschel
Nucula hartvigiana
Venusmuschel
Chione stutchburyi
TIEFER
Kreiselschnecke
Gibbula cineraria
Fingertang
Laminaria digitata
Extremes Niedrigwasser
Nordischer Kammstern
Astropecten irregularis
Bäumchenröhrenwurm
Lanice conchilega
Ringelwurm
Marphysa depressa
Seegras
Zostera

Pflanzen und Tiere der Küste haben sich nicht nur an den Untergrund angepaßt, sondern auch an den wechselnden Wasserstand. Organismen, die im Bereich der Hochwasserlinie leben, sind länger außerhalb des Wassers als solche, die in Höhe des Niedrigwasserspiegels vorkommen. Tiere an Felsküsten klammern sich an oder bohren sich ein, um nicht fortgespült zu werden; die Bewohner der Sand- und Schlammküsten bauen oft Gänge.

Tarnung Die Garnele, *Periclemenes brevicarpalis,* im Südpazifik ist dadurch getarnt, daß der Umriß ihres teilweise durchsichtigen Körpers durch Farbtupfen aufgelöst wird.

Die Venus-Halskette, *Hormosira banksii,* eine australische Alge, besteht aus knotenartigen, mit Flüssigkeit gefüllten Blasen, die ein Austrocknen verhindern, wenn die Pflanze der Luft ausgesetzt ist.

ischen Küsten festsitzen. Eine Seepocke ist vor dem Austrocknen wie vor der Brandung hervorragend geschützt durch eine feste, die Feuchtigkeit zurückhaltende Schale, die aus 6 harten Platten besteht und einen aufklappbaren Verschluß aus 4 weiteren Platten besitzt. Bei Flut öffnet sich dieser Verschluß, und 6 Paar federartiger Beine treten heraus; sie durchkämmen das Wasser nach dem winzigen Plankton, von dem das Tier sich ernährt.

In ähnlicher Weise sind Napfschnecken von einer widerstandsfähigen Schale eingeschlossen; doch bewegen sie sich bei Flut über die Felsen hin und schaben mit ihren mikroskopisch kleinen, hornigen Zähnen den Algenüberzug ab. Bevor die Ebbe einsetzt, kehrt eine Napfschnecke aber stets zu ihrem ständigen Ruheplatz auf dem Felsen zurück. Durch mahlende Bewegungen hat sie ihn und ihre eigene Schale dort so abgeschliffen, daß beide genau aneinanderpassen. Dadurch wird bei Ebbe lebenswichtige Feuchtigkeit zwischen der Schale und dem Körper des Tieres zurückgehalten.

Die meisten Tiere an den Sandküsten graben sich ein, um dem scharfen Gegensatz der Gezeiten zu entgehen. In Sand kann man ohne größere Mühe eindringen. Schwierig ist es aber zu verhindern, daß die Höhlenwände einstürzen. Der Gefahr des Erstickens entziehen Tiere, die Gänge im Sand bauen, sich auf verschiedene Weise. Die Borstenwürmer bauen Röhren bis zur Sandoberfläche. Die Muscheln der Ordnung Fadenkiemer besitzen lange Atemröhren (Siphonen), und die Maskenkrabbe *Corystes cassivelaunus* bildet aus ihren langen, haarigen Fühlern ein Rohr, durch das sie atmen kann, wenn sie eingegraben ist.

Sandbewohner ernähren sich im allgemeinen auf viererlei Weise. Einige nehmen bei Flut Wasser auf und filtern dabei das organische Material heraus. Andere suchen, ebenfalls bei Flut, auf der Sandoberfläche nach organischen Abfallstoffen. Wieder andere fressen Sand und verdauen die darin enthaltenen organischen Stoffe. Manche fangen auch winzige Tiere.

Schlammküsten bestehen aus winzigen Partikeln anorganischen Materials, oft mit einem starken Zusatz von organischen Abfallstoffen. Die feinen Teilchen schweben im Wasser und können diejenigen Körperteile der Tiere, die zur Ernährung und zur Atmung dienen, verstopfen. Nur Lebewesen, die mit dieser Gefahr fertigwerden, vermögen Schlammküsten erfolgreich zu besiedeln. Dazu gehören die bekannten Klaffmuscheln, die tief im Schlick stecken und lediglich durch ihre Siphonen mit der Oberfläche in Verbindung stehen.

Schlammgebiete beherbergen trotzdem zahllose Tiere, zum Beispiel den Köderwurm *Arenicola marina,* der am Grunde einer U-förmigen Röhre mit zwei Öffnungen lebt (s. S. 292). In den Kopfschacht zieht er nahrungshaltigen Schlamm und Sand hinein, und in den Schwanzschacht saugt er zum Atmen einen ununterbrochenen Wasserstrom ein. In Abständen schiebt er sich in seinem Schwanzschacht hoch, um an der Oberfläche ein spiralförmiges Kothäufchen abzusetzen.

Blumenähnliches Tier Eine Seeanemone sieht wie eine harmlose Pflanze aus, ist aber ein fleischfressendes Tier. Ihre anmutigen Tentakel enthalten Nesselzellen, die kleine Fische lähmen können.

Röhrenwürmer der Gattung *Spirobranchus* fangen mit ihren Tentakelkränzen, die sich bei der geringsten Berührung zurückziehen, mikroskopisch kleine Nahrungsteilchen. Ihre Körper sitzen in Korallen.

Die Reiterkrabbe, *Ocypode ceratophthalma,* wohnt in Löchern oberhalb der Hochwasserlinie. Obwohl sie an Land lebt, muß sie regelmäßig ins Meer, um ihre Kiemenhöhle mit Wasser zu füllen, damit sie atmen kann.

Eine Muschel, die sich eingräbt

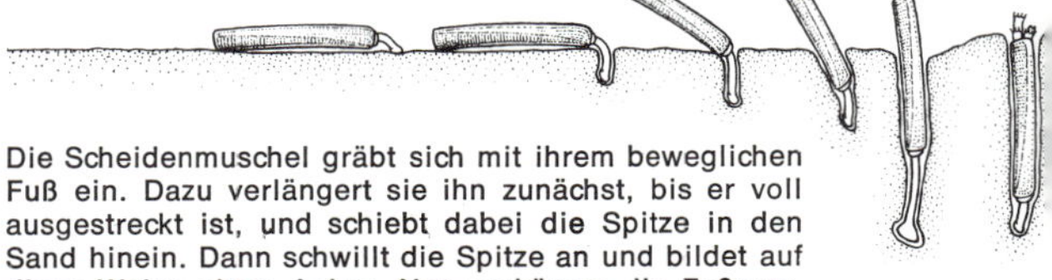

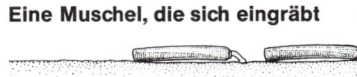

Die Scheidenmuschel gräbt sich mit ihrem beweglichen Fuß ein. Dazu verlängert sie ihn zunächst, bis er voll ausgestreckt ist, und schiebt dabei die Spitze in den Sand hinein. Dann schwillt die Spitze an und bildet auf diese Weise einen Anker. Nun verkürzen die Fußmuskeln sich und ziehen die Muschel dadurch senkrecht in den Sand hinunter. Der Vorgang wird so lange wiederholt, bis das Tier ganz eingegraben ist.

Das Plankton

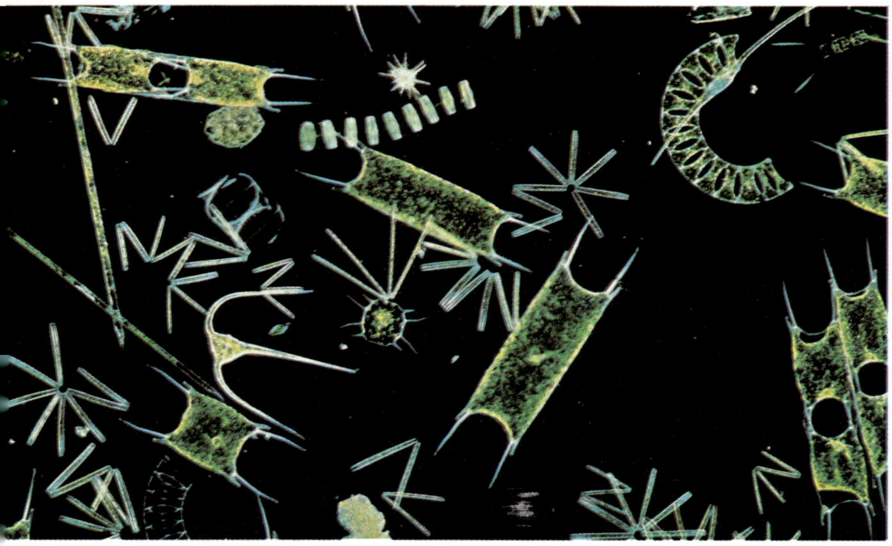

Einzellige Diatomeen machen einen großen Teil des pflanzlichen Planktons aus. Sie haben vielgestaltige Schalen aus Kieselsäure und bilden oft Kolonien. Im Frühling vermehrt sich das Phytoplankton stark. Die Diatomee *Biddulphia sinensis* sieht wie eine Tragbahre aus, und *Thalassionema nitzschioides* gleicht den Speichen eines Rades. Dinoflagellaten, wie das ankerförmige *Ceratium horridum*, treiben sich durch den Schlag ihrer haarähnlichen Geißeln voran.

Zooplankton oder tierisches Plankton ist oft größer als das Phytoplankton. Die Tierchen ernähren sich von Diatomeen und Dinoflagellaten. Sie selbst werden von größeren Lebewesen wie Fischen gefressen. Die wichtigsten Vertreter des tierischen Planktons sind die Ruderfüßer – jene Organismen mit zwei Antennen, die im rechten Winkel von ihrem Körper abstehen. Man erkennt auch die Larvenstadien von Würmern, die im Boden leben, und von Krebstieren, Seepocken und Ruderfüßern.

Das Plankton ist die Weide des Meeres – Billionen im Wasser schwebender Pflanzen und winzige Tiere, die darauf „grasen". Sie alle sind die Grundnahrung vieler größerer Tiere.

Alles Leben im Meer ist letztlich vom Plankton abhängig, von der Unzahl meist mikroskopisch kleiner Lebewesen, Pflanzen und Tiere, die in den oberen Wasserschichten treiben.

Das pflanzliche Plankton, auch Phytoplankton genannt, bildet das erste Glied in der Nahrungskette der Weltmeere. Von ihm ernähren sich viele Tiere des Planktons – das Zooplankton –, die selbst wieder zahlreichen anderen Tieren, zum Beispiel den Heringen, als Hauptnahrung dienen. Die ihrerseits werden von größeren Fischen verzehrt und diese wiederum von Robben und einigen Walen.

Nur in der obersten Schicht des Meeres sind Pflanzen lebensfähig, da nur dort genügend Licht für die Photosynthese vorhanden ist. Mit wenigen Ausnahmen besteht das pflanzliche Plankton aus einzelligen Organismen. Manche, die Flagellaten, schwimmen aktiv, die größeren Diatomeen oder Kieselalgen dagegen nicht, da sie von mannigfaltigen Schalen aus Kieselsäure umhüllt sind.

Einige Diatomeen haben Stacheln, andere feine Fortsätze, die ihre Oberfläche im Verhältnis zu ihrem Gewicht vergrößern. Dadurch erhöht sich der Reibungswiderstand gegenüber dem Wasser, so daß sie nur sehr langsam absinken. Die Körper anderer Kieselalgen sind horizontal abgeflacht, was die gleiche Wirkung hat. Ihre große Oberfläche erleichtert den Diatomeen auch die Aufnahme von Mineralsalzen und Sonnenlicht.

Die winzigen schwebenden Tiere – das Zooplankton – ernähren sich vom Phytoplankton, oder sie vertilgen sich gegenseitig. Die meisten müssen ständig schwimmen, um oben im Meer zu bleiben, wo sie Futter finden. Viele von ihnen besitzen die gleichen Vorrichtungen zum Schweben wie das Phytoplankton; einige haben luftgefüllte Kammern und Öltröpfchen, die ihre Dichte herabsetzen.

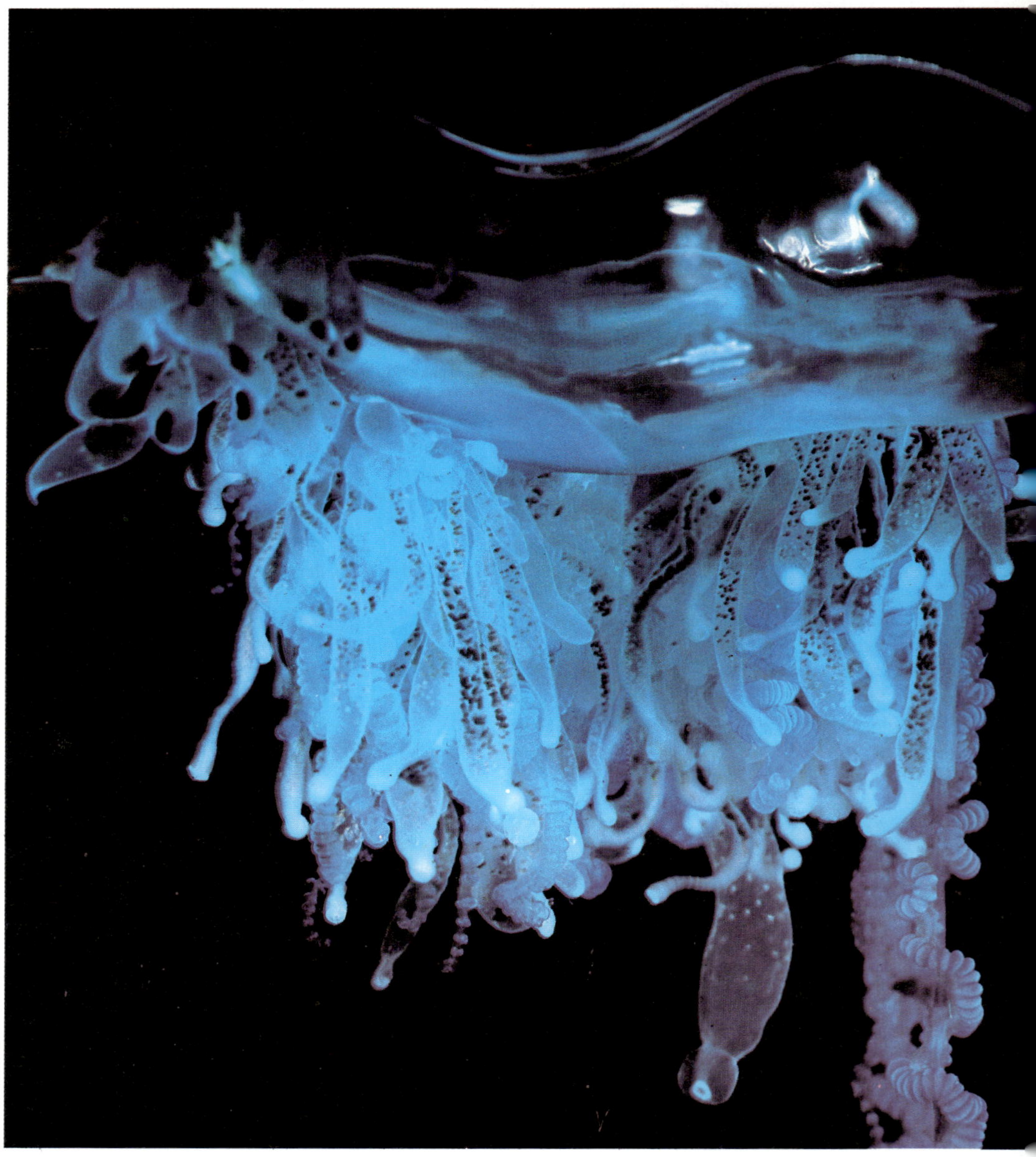

Eine Tierkolonie Die Portugiesische Galeere, *Physalia physalia*, ist kein Einzeltier, sondern eine Staatsqualle, eine Kolonie von Polypen. Jedes dieser Lebewesen hat eine besondere Funktion: Eins von ihnen ist eine luftgefüllte Schwimmblase; andere sind auf Beutefang, auf Verdauung oder auf die Fortpflanzung spezialisiert.

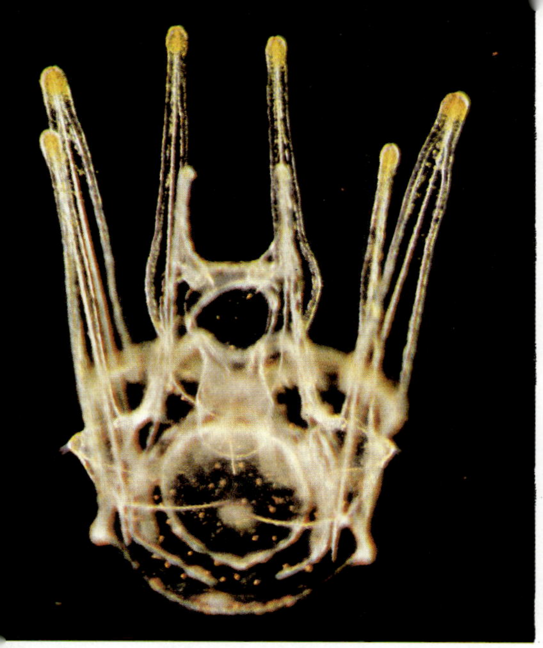

Seeigellarve Die voll entwickelte Larve des Gemeinen Seeigels, *Echinus esculentus,* hat 8 Arme mit haarähnlichen Wimpern, durch deren Schlag sich das Tier fortbewegt. In der Mitte zwischen den Armen liegt der Mund mit der Speiseröhre, die zum Magen führt. Die Arme verschwinden, wenn die Seeigellarve heranreift.

Entwicklungsstadien der Seepocke

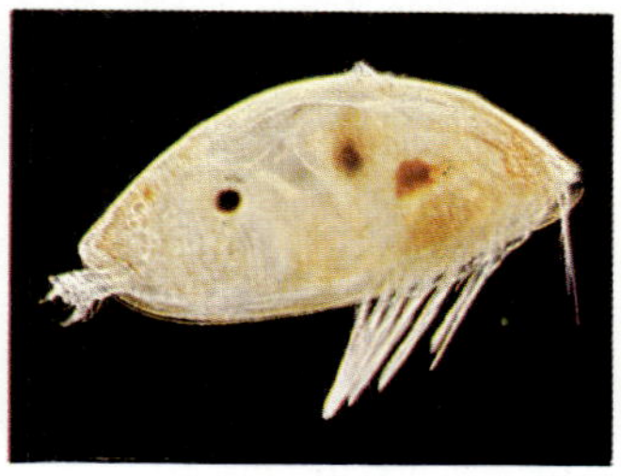

Die Larven der Seepocke *Balanus balanoides* (oben links) heißen Nauplien; sie sind aus den Schalen der ausgewachsenen Tiere herausgekommen, in denen sie sich aus Eiern entwickelten. Nun gehören sie zum Plankton. Eine Naupliuslarve häutet sich oft und kommt dann ins Cyprisstadium (unten links). Die Cyprislarve ist von einer zweiklappigen Schale umgeben, aus der ihre Schwimmfüßchen herausragen. Mit zwei hochspezialisierten Fühlern spürt sie ausgewachsene Seepocken der gleichen Art auf und findet so den richtigen Lebensraum. Im Bild rechts haben sich Cyprislarven bei älteren Seepocken festgesetzt.

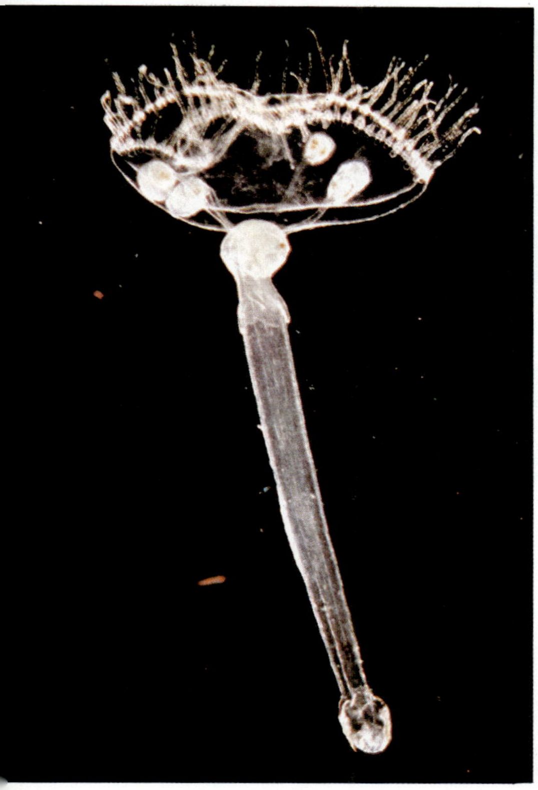

Fleischfresser frißt Fleischfresser Eine Meduse der Gattung *Obelia* – die Innenseite ihres Schirmes ist nach außen gekehrt – hat mit ihren nesselnden Tentakeln einen fleischfressenden Pfeilwurm *Sagitta* gefangen. Er hängt nun vom Mund der Meduse herab; sein Schwanzende ist schon in ihrem Magen.

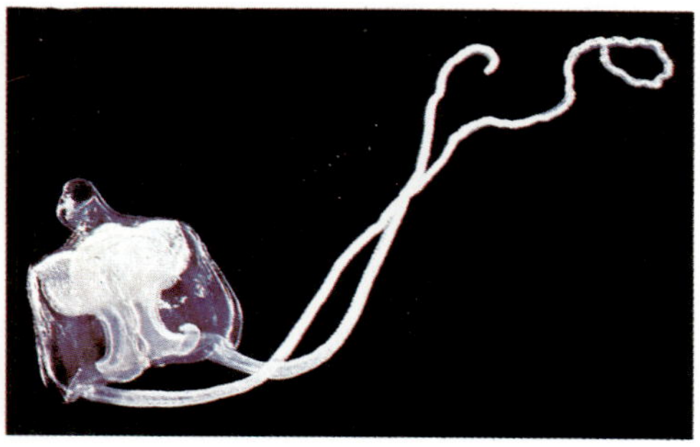

Diese Meduse der Hydrozoengattung *Amphinema* hat zwei Tentakel, die sie bis zum Zehnfachen ihrer Körperlänge ausstrecken kann. Die Tentakel tragen Nesselzellen und vermögen ein Beutetier zu lähmen. Die Meduse bewegt sich mit Hilfe eines Rückstoßantriebs von der Stelle, indem sie aus ihrer Mundöffnung an der Unterseite ihres Körpers Wasser ausstößt.

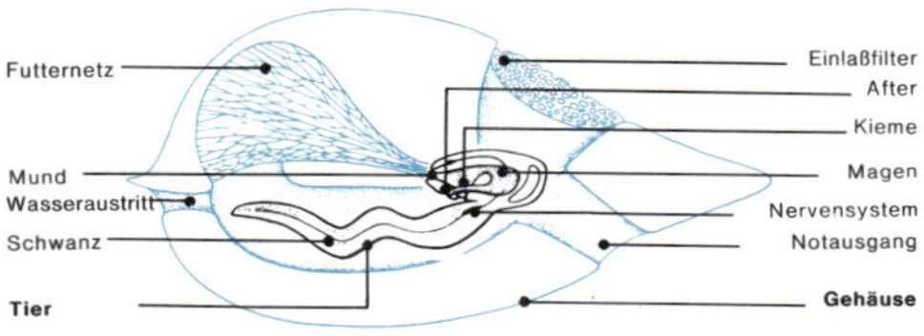
Futternetz
Einlaßfilter
After
Kieme
Mund
Magen
Wasseraustritt
Nervensystem
Schwanz
Notausgang
Tier
Gehäuse

Das Geschwänzte Manteltier, *Oikopleura,* ist ein planktonischer Pflanzenfresser. Es baut sich ein gallertartiges Gehäuse, durch das ständig Wasser fließt. Ein Filter hält große Teilchen zurück, kleinere Partikel werden vom Futternetz herausgesiebt.

Die Planktonschnecke der Gattung *Ianthina* fertigt sich ein Floß aus gallertartigen Luftblasen an und hängt daran unterhalb der Wasseroberfläche.

Ruderfüßer gehören zu den häufigsten Meerestieren. Die pflanzenfressenden Arten werden von vielen aktiv schwimmenden Räubern verzehrt.

Das Zooplankton läßt sich in zwei Gruppen unterteilen: Die Tiere der ersten gehören ihr ganzes Leben lang zum Plankton, die der anderen nur zeitweise.

Zu den Riesen des Dauerplanktons zählen die pflanzenfressenden Krebstiere der Unterklasse *Copepoda* oder Ruderfüßer. Eine Art, *Calanus finmarchicus,* die in nördlichen Meeren häufig ist, erreicht etwa die Größe eines Reiskornes.

Eine andere größere Gruppe planktonischer Krebstierchen sind die Euphausiaceen. Zu diesen gehört das „Krill“, *Euphausia superba* – garnelenähnliche, etwa 5 cm lange Tiere, die in den antarktischen Meeren in dichten Schwärmen vorkommen. Von ihnen leben mehrere Walarten.

Pfeilwürmer der Gattung *Sagitta* und Rippenquallen gehören ebenfalls zu den besonders häufigen Vertretern des Dauerplanktons; es sind Fleischfresser, die sich von den Ruderfußkrebsen ernähren. Pfeilwürmer schnellen sich ruckartig durch das Wasser, indem sie ihre Rumpfmuskeln zusammenziehen.

Eine Rippenqualle hat 8 Reihen von Plättchen, die längs über den Körper laufen und aus vielen feinen, miteinander verschmolzenen Wimpern bestehen. Sie schlagen wie Paddel und treiben so die Qualle voran.

Viele Tierarten in tieferem Wasser, auf dem Meeresgrund oder an der Küste leben als Larven planktonisch: Ringelwürmer, Muscheln, Schnecken, Kalmare, Kraken, Seesterne, Seeigel. Das gleiche gilt auch für ganz junge Fische.

Nährstoffreiches Wasser aus der Tiefe

Die Verbreitung des Phytoplanktons im Meer hängt von verschiedenen Faktoren ab, so vom Licht, das für die Photosynthese nötig ist, und von Nährsalzen. Diese werden vom pflanzlichen Plankton verbraucht. Flüsse, die gelöste Salze ins Meer tragen, und Wasser, das aus der nährstoffreichen Tiefe emporquillt, füllen den Vorrat wieder auf.

In gemäßigten Breiten ist das Oberflächenwasser im Sommer warm und liegt dann als eine Schicht auf dem kalten Wasser. Dadurch wird das Aufquellen von Wasser und damit die Zufuhr von Nährsalzen eingeschränkt, und die Menge des Phytoplanktons nimmt ab. Im Herbst, wenn das Oberflächenwasser abkühlt, bricht die Schichtung zusammen, und durch die Wasserumwälzung werden die Nährstoffe wieder nach oben gebracht. In tropischen Gewässern ist die Schichtung dauerhafter und das pflanzliche Plankton infolgedessen nicht so reich.

Haie und Rochen

Zahllose Fische bevölkern die Ozeane der Erde. Im Gegensatz zu den Säugetieren ist ihre Ahnenreihe sehr mannigfaltig; ein Elefant ist mit einer Maus näher verwandt als ein Hai mit einer Makrele.

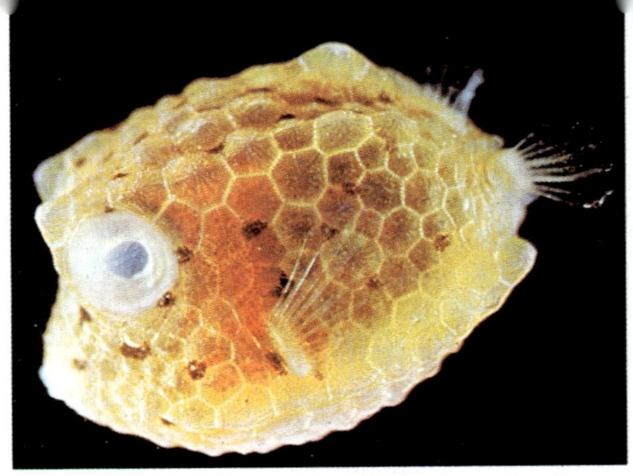

Ein Kofferfisch schwimmt nur langsam mit Hilfe seiner Hinter- und Rückenflossen; sein Körper ist von einer starren Schale umgeben.

Kofferfisch *Lactophrys triqueter*

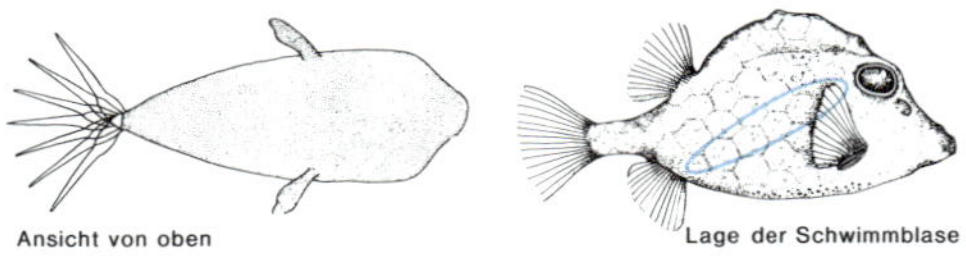
Ansicht von oben
Lage der Schwimmblase

Fortbewegung und Auftrieb Kofferfische werden schneller, wenn sie ihren Schwanz lebhaft hin und her schlagen. Ihre Schwimmblase gibt ihnen Auftrieb.

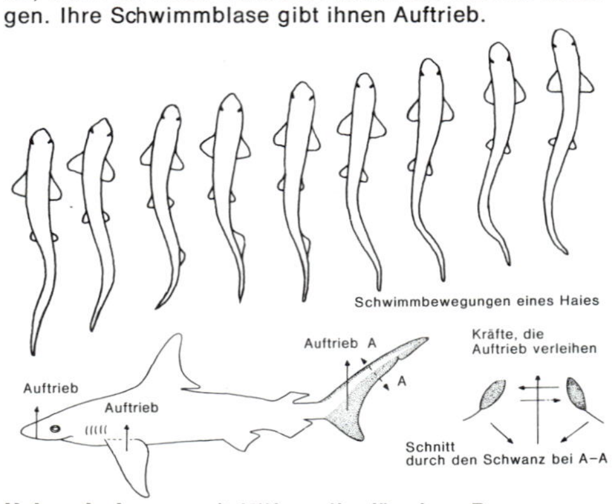
Schwimmbewegungen eines Haies
Auftrieb A
Kräfte, die Auftrieb verleihen
Auftrieb
Auftrieb
A
Schnitt durch den Schwanz bei A–A

Haie schwimmen mit Hilfe wellenförmiger Bewegungen des ganzen Körpers (oben) und treiben sich auch mit dem Schwanz vorwärts. Der biegsame untere Teil der Schwanzflosse sorgt für Auftrieb (unten). Dies gilt auch für die Brustflossen und die Unterseite des Maules.

Der Hammerhai, *Sphyrna lewini,* ist dank seines T-förmigen Kopfes, den er als Steuerruder benutzt, wohl wendiger als die meisten anderen Haie.

Menschenfresser Der 3,5 m lange Hai *Carcharhinus macrurus* lebt in den Küstengewässern Südostaustraliens; dort werden ihm mehr Angriffe auf den Menschen zugeschrieben als jeder anderen Haiart. Der größte Fisch der Welt ist der Walhai, *Rhincodon typus.* Er wird bis 18 m lang und mehr als 12 Tonnen schwer. Dabei frißt er nur mikroskopisch kleines Plankton und ist für den Menschen harmlos.

Die Meeresfische gehören zu den gleichen 3 Gruppen wie die Süßwasserfische. Es sind dies die Knorpelfische, deren Skelett aus Knorpel besteht, die Knochenfische mit Knochenskeletten und die Kieferlosen, die kleinste und primitivste Gruppe.

Zur Klasse der Knorpelfische gehören – in 2 Unterklassen – die Haie und Rochen sowie die Seedrachen oder Chimären. Für jede dieser 3 Gruppen ist eine bestimmte Tiergestalt charakteristisch. Die schnellen Haie haben stromlinienförmige, im Querschnitt elliptische Körper und große Schwanzflossen. Rochen hingegen sind breit und flach; langsam schwimmen sie über dem Meeresboden dahin. Die Chimären, die vor allem von ihren großen Brustflossen angetrieben werden, haben gedrungene Körper, die sich zu langen Schwänzen verjüngen.

Die Körperformen der Knochenfische sind noch viel mannigfaltiger. Auch sie stehen in Beziehung zur Lebensweise der Tiere. Die schnellsten Schwimmer, wie die Makrelen, sind im offenen Wasser zu finden; ihre Gestalt ist stromlinienförmig. Andere Fische mit flachem Körper, zum Beispiel Knurrhähne, kommen auf dem Meeresboden vor.

Stromlinienförmige Räuber

Die meisten Knochenfische besitzen eine luftgefüllte Schwimmblase, die Knorpelfische jedoch haben keine. Dieser Umstand beeinflußt ebenfalls die Körperform und die Schwimmart. Die Schwimmblase verleiht den Knochenfischen im Wasser Auftrieb; diese Tiere gebrauchen deshalb ihre paarigen Flossen hauptsächlich zum Steuern. Die Knorpelfische hingegen sind schwerer; darum müssen die meisten Haie und Rochen ständig schwimmen, um nicht abzusinken, und ihre Körper und Flossen sind so geformt, daß der Auftrieb vergrößert wird. Einige Arten haben eine große, ölreiche Leber und sind infolgedessen spezifisch leichter.

Die Körperform steht auch in Beziehung zur Ernährungsweise. Die zylindrischen, stromlinienförmigen Arten sind meist Raubfische. Viele von ihnen fressen andere Fische und Kopffüßer, wie Kalmare. Ihre Zähne sind gewöhnlich scharf, die Kiefer kräftig.

Abgeflachte und gerundete Formen sind demgegenüber charakteristisch für Fische, die ihre Nahrung am Meeresboden suchen. Diese Tiere haben oft stumpfe Zähne und fressen auf dem Grund lebende Wirbellose, zum Beispiel Muscheln.

Die Knorpelfische erkennen mit ihren Augen kaum mehr als Objekte, die sich bewegen. Bei der Jagd leitet sie meist ihr scharfer Geruchssinn und wahrscheinlich ihr feines Gefühl für Druckwellen, wie sie bei Bewegungen im Wasser entstehen.

Trotz ihrer Stromlinienform sind Haie im Wasser nicht besonders wendig. Flinke Fische können ihnen entkommen; darum besteht ihre Beute vor allem aus langsamen oder verwundeten Fischen. Einige Arten – wie der Riesenhai, *Cetorhinus maximus,* der bis 14 m lang und etwa 4 Tonnen schwer wird – ernähren sich nur von Plankton.

Der Weiß- oder Menschenhai, *Carcharodon carcharias,* und der Tigerhai, *Galeocerdo cuvieri,* sind furchtbare Räuber; der Menschenhai kann über 9 m lang werden und bis zu 3 Tonnen wiegen. Ein getötetes Tier kann einen Hai in höchste Erregung versetzen; vor allem der Menschenhai wird dabei so unbeherrscht, daß er alles attackiert, was in seine Nähe kommt.

Es gibt ungefähr 200 Hai- und 350 Rochenarten. Die größten Rochen sind die Teufelsrochen *Mobula mobular* und *Manta birostris,* die von einer Flossenspitze bis zur anderen 6 m und mehr messen. Sie ernähren sich von Plankton und Kleinfischen, die kleineren Rochen dagegen hauptsächlich von Mollusken und anderen Wirbellosen am Meeresgrunde. Einige, wie der Schwarze Zitterrochen *Torpedo nobiliana,* können elektrische Schläge austeilen. Auf diese Weise verteidigen sie sich, oder sie lähmen so ihre Beute. Andere Rochen besitzen giftige Stacheln.

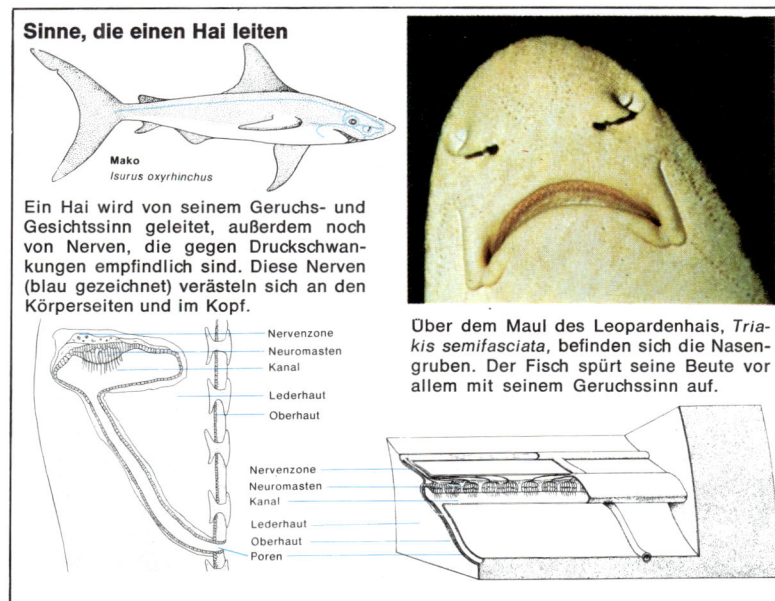

Ein gefleckter Adlerrochen, *Aetobatus narinari,* hebt sich nahe der Wasseroberfläche als Silhouette ab. Diese großen Rochen, die manchmal 2,5 m breit werden, konnten bei der Geburt ihrer Jungen beobachtet werden. Sie schossen dabei aus dem Wasser und gebaren sie einzeln. Rochen und andere Knorpelfische bringen entweder lebende Junge zur Welt, oder sie legen Eier, die durch dickwandige Hüllen geschützt sind; gewöhnlich werden sie an Wasserpflanzen oder Felsen geheftet.

Sinne, die einen Hai leiten

Mako
Isurus oxyrhinchus

Ein Hai wird von seinem Geruchs- und Gesichtssinn geleitet, außerdem noch von Nerven, die gegen Druckschwankungen empfindlich sind. Diese Nerven (blau gezeichnet) verästeln sich an den Körperseiten und im Kopf.

Über dem Maul des Leopardenhais, *Triakis semifasciata,* befinden sich die Nasengruben. Der Fisch spürt seine Beute vor allem mit seinem Geruchssinn auf.

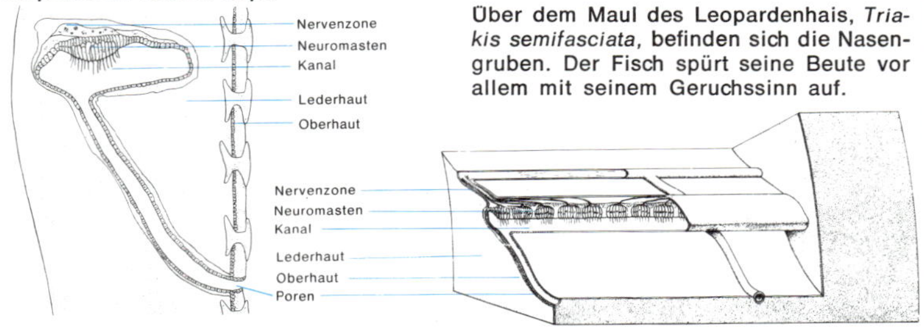
Nervenzone
Neuromasten
Kanal
Lederhaut
Oberhaut
Nervenzone
Neuromasten
Kanal
Lederhaut
Oberhaut
Poren

Mit Hilfe des Seitenliniensystems können Fische Bewegungen oder Hindernisse im Wasser feststellen. Es besteht aus Kanälen, die mit Flüssigkeit gefüllt und durch Poren mit dem freien Wasser verbunden sind. Jede Erschütterung bewegt haarähnliche Auswüchse, die Neuromasten, von denen aus dann ein Signal zum Gehirn geht.

Getarnter Hai Der Teppichhai, *Eucrossorhinus ogilbyi,* ist ein träger Fisch, der liegend auf Beute wartet; seine Färbung und seine Hautanhängsel geben ihm das Aussehen eines mit Pflanzen bedeckten Steines.

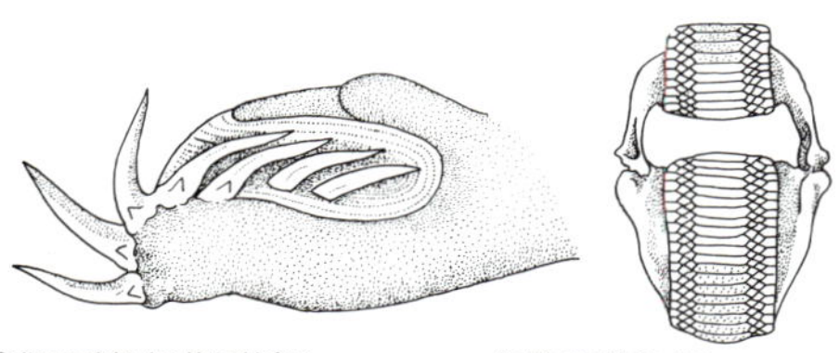

Seitenansicht des Unterkiefers vom Sandhai, *Carcharias taurus* (im Schnitt)

Geöffnete Kiefer des Adlerrochens, *Myliobatis aquila*

Reiß- und Mahlzähne Die scharfen Zähne der meisten Haie eignen sich zum Reißen und Fleischabschneiden. Die hinteren Reihen wachsen nach vorne und ersetzen die vorderen, wenn diese abgenutzt sind. Rochen haben im allgemeinen viele Zahnreihen zum Zermahlen von Muscheln.

Fische ohne Kiefer

Die Kieferlosen gehören zu der sehr alten Wirbeltierordnung der Rundmäuler. Ihre einzigen heute noch lebenden Vertreter sind die Inger und die Neunaugen.

Inger unterscheiden sich von den übrigen Fischen nicht nur insofern, als ihnen eigentliche Kiefer fehlen, sondern auch dadurch, daß sie statt echter Zähne feine, hornige Gebilde und zudem keine paarigen Flossen haben. Inger leben auf dem Meeresboden; sie ernähren sich von toten oder sterbenden Fischen, auch von Würmern. Neunaugen sehen wie Aale aus; mit ihren Saugmäulern heften sie sich an Fische.

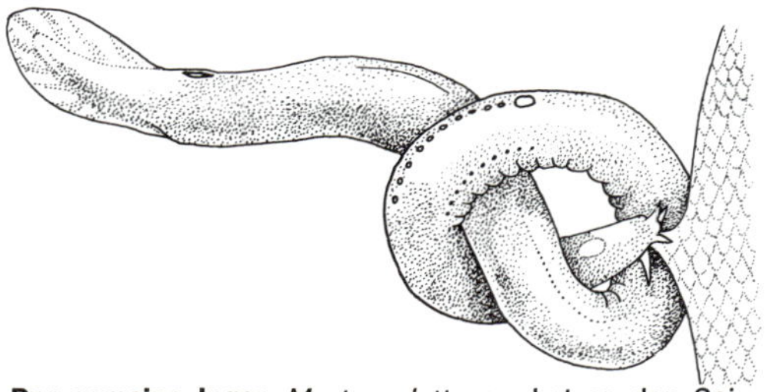

Der gemeine Inger, *Myxine glutinosa,* hat an den Seiten seiner Zunge starke, hornige Zähne. Er frißt gewöhnlich tote oder sterbende Fische. Sein Körper bildet manchmal eine Schlinge, um eine bessere Hebelwirkung zu erreichen, wenn die Raspelzunge des Tieres am Gewebe reißt. Inger haben eine schleimige, schuppenlose Haut; sie leben im Schlamm des Meeresbodens.

Knochenfische

Gruppenbildung als Schutzmaßnahme Viele Fische, wie diese Stachelmakrelen, *Caranx emburyi*, bilden zur gemeinsamen Verteidigung und bei der Futtersuche Schwärme.

Die meisten Meeresfische gehören zu den Knochenfischen – einer sehr großen Klasse, zu der grundverschiedene Formen zählen, von den Schwertfischen bis zu den Putzerfischen.

Die meisten Fische in der Großen Nahrungskette der Ozeane sind Knochenfische. Viele von ihnen entgehen ihren Verfolgern durch Tarnung. Arten des offenen Wassers, etwa der Gewöhnliche Thunfisch, *Thunnus thynnus*, und die Makrele, *Scomber scombrus*, sind auf dem Rücken dunkelgrün- und blaugestreift und dadurch von oben nur schwer zu erkennen. Ihre helle Bauchseite bewirkt anderseits, daß man sie von unten schlecht sieht.

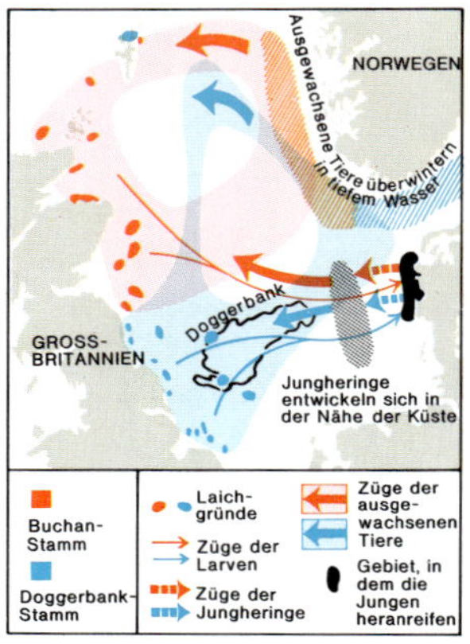
NORWEGEN
Ausgewachsene Tiere überwintern in tiefem Wasser
Doggerbank
GROSS-BRITANNIEN
Jungheringe entwickeln sich in der Nähe der Küste
Buchan-Stamm
Doggerbank-Stamm
Laichgründe
Züge der Larven
Züge der Jungheringe
Züge der ausgewachsenen Tiere
Gebiet, in dem die Jungen heranreifen

Laich

Das komplizierte Leben eines Herings

Heringe konzentrieren sich in besonderen Laichgründen mit festem Meeresboden, wo jedes Weibchen 12 000—160 000 Eier ablegt. Nach 1—3 Wochen schlüpfen aus den bis dahin nicht von Räubern gefressenen Eiern Larven. Diese treiben dahin, bis sie so groß sind, daß sie in Gebiete an der Küste schwimmen können. Im Alter von 1—2 Jahren entfernen sich die Jungheringe wieder von den Küsten. Wenn sie geschlechtsreif sind, schließen sie sich ihren Ursprungsschwärmen in den Laichgründen an. Die Karte zeigt die Zugstraßen von Heringen der Nordsee.

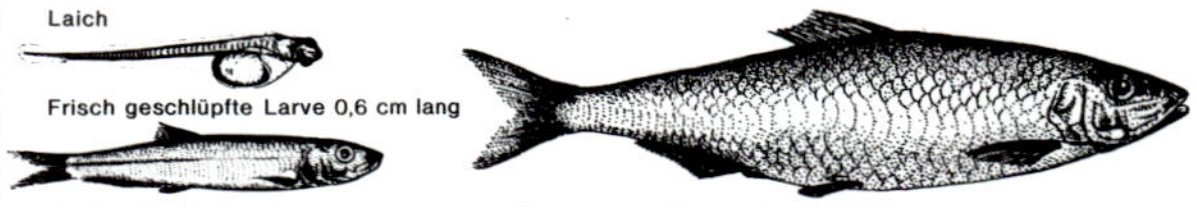

Frisch geschlüpfte Larve 0,6 cm lang

Junghering 8 cm

Erwachsener Hering, *Clupea harengus*, 25 cm

Schutz vor Räubern

Diese lebhaften, schnellen Tiere können ihren Feinden auch rasch entfliehen. Die am Boden lebenden Fische sind langsamer und damit gefährdeter. Bei vielen von ihnen haben sich deshalb besondere Schutzvorrichtungen herausgebildet. Dazu gehört auch die Fähigkeit, ihre Körperfarbe zu verändern und sie der Färbung des Bodens anzupassen. Die Scholle, *Pleuronectes platessa*, und der Steinbutt, *Scophthalmus maximus*, tarnen sich auf diese Weise.

Ausgeprägte Farben sowie ein Farbwechsel zeichnen oft ungenießbare oder gefährliche Fische aus, die auf diese Weise Räuber warnen. Leuchtende Flecken und Streifen tarnen Fische, die zwischen Korallen leben. Bei anderen wiederum spielen auffallende Farben eine wichtige Rolle bei der Balz. Und viele Tiefseefische haben Leuchtorgane, die Lichtblitze erzeugen. Dadurch werden wahrscheinlich Angreifer verwirrt.

Zahlreiche langsam schwimmende Fische besitzen schützende Hüllen aus Stacheln oder aus harten Schuppen. Das Kleine Petermännchen, *Trachinus vipera*, entzieht sich Feinden nicht nur, indem es sich im Sand eingräbt und so versteckt, sondern es hat auch noch giftige Stacheln an Flossen und Kiemendeckeln. Kofferfische, wie die Art *Lactophrys trigonias*, tragen knöcherne Panzer, die aus verdickten Schuppen bestehen.

Die einzigen Knochenfische des Meeres, von denen man weiß, daß sie ihren Feinden elektrische Schläge versetzen, sind einige Himmelsgucker-Arten.

Zu den großen Raubfischen im Ozean gehören Vertreter der Familien der Schwert- und der Fächerfische. Die Schwertfische werden bis zu 6 m lang und sind in allen warmen Meeren zu Hause. Bei den Fischen dieser ganzen Gruppe ist der Oberkiefer verlängert. Bei den Schwertfischen bildet er eine flache, schwertähnliche Waffe, bei den Fächerfischen dagegen einen gerundeten, spitz zulaufenden Speer. Auf der Jagd schlagen die Tiere mit dieser Waffe offenbar in Schwärmen kleinerer Fische hin und her, wodurch sie ihre Opfer betäuben und verstümmeln.

Bei allen Fächerfischen, zu denen auch die Speerfische und Marline gehören, können die Rückenflossen in eine Furche auf dem Rücken hineingefaltet werden; dadurch verringert sich der Reibungswiderstand der Tiere und ihre Geschwindigkeit wird größer. Die aufgerichtete Flosse verhindert stärkere Schlingerbewegungen.

Andere große Knochenfische in den wärmeren Meeren sind die Barrakudas, grimmige Räuber, die 2,5 m lang werden. Sie haben schlanke, gestreckte Körper, große Schwänze und mächtige, mit scharfen Zähnen bewehrte Kiefer.

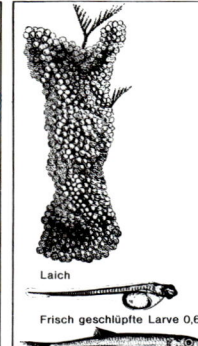

Ein Fliegender Fisch, der von einem Raubfisch gejagt wird, schießt aus dem Wasser heraus und bringt sich so, mit seinen Brustflossen segelnd, in Sicherheit.

Wie ein Fliegender Fisch sich in die Luft erhebt

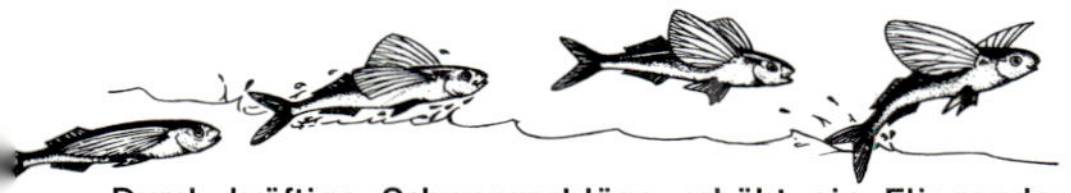

Durch kräftige Schwanzschläge erhöht ein Fliegender Fisch seine Geschwindigkeit. Dann durchbricht er die Wasseroberfläche und segelt dahin. Wird er langsamer, treibt er sich mit seinem Schwanz erneut an.

Stachelschutz Viele langsam schwimmende Fische sind durch scharfe Stacheln geschützt. Der Igelfisch aus der Gattung *Diodon* bläht sich wie ein Ballon auf; dabei richten sich auch seine langen Stacheln auf.

Getarnter Jäger Der Seerabe, *Hemitripterus americanus,* lebt am Boden kalter Gewässer. Er kann seine Farbe verändern und sich dadurch seiner Umgebung anpassen, um sich zu schützen oder um zu jagen.

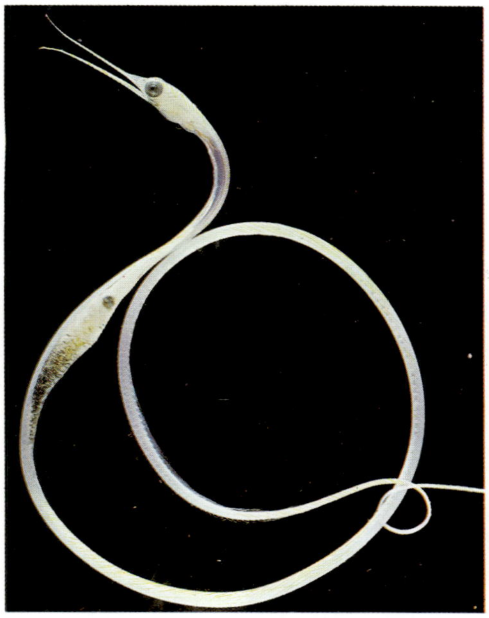

Der Schnepfenaal, *Nemichthys scolopaceus,* lebt im tiefen Meer der Tropen und der gemäßigten Zone. Er besitzt lange, nadelartige Kiefer. Hier hat ein Tier ein anderes von gleicher Größe verschlungen.

Nachträuber Die Kalifornische Muräne, *Gymnothorax mordax,* versteckt sich – wie alle Muränen – tagsüber meist in Höhlen und Felsspalten und kommt nachts heraus, um sich kleine Fische und Krebstiere zu holen.

Töne unter Wasser

Das Meer ist keine Welt des Schweigens. Fische erzeugen auf mannigfaltige Art eine Vielzahl von Grunz-, Gurgel-, Kläff-, Murmel- und Brodellauten. Die einfachste Methode der Schallerzeugung besteht darin, daß der Fisch zwei Körperteile gegeneinander reibt und dadurch ein knirschendes Geräusch hervorruft.

Die Bastardmakrele, *Trachurus trachurus,* und der Sonnenfisch, *Mola mola,* knirschen einfach mit ihren Zähnen. Andere, wie der Blaue Doktorfisch, *Acanthurus coeruleus,* zirpen mit den Stacheln in ihren Flossen. Kompliziertere Techniken sind von den Umber- und Quakfischen bekannt. Sie benutzen ihre Schwimmblasen als Resonanzkörper oder versetzen die Wand der Blase durch Muskeln in Schwingungen. Ein Fisch kann sich durch Laute mit Artgenossen verständigen oder Feinde fortjagen, oder er benutzt die Töne zur Echopeilung, um auf diese Weise die Lage von Objekten im Wasser zu bestimmen.

Fische einer bestimmten Art gesellen sich oft zu Vertretern einer ganz anderen, und beide Gruppen haben dadurch Vorteile. So trifft man zum Beispiel verschiedene kleinere Fische, die sogenannten „Putzer", bei größeren Fischen an, deren Körper sie von Parasiten befreien. Die Putzer ernähren sich von diesen Parasiten und schwimmen dabei oft sogar ungefährdet ins Maul der großen Fische hinein.

Zwölf Arten von kleinen Fischen, Schiffshalter genannt – der Gestreifte Schiffshalter,

Putzerfisch Der winzige Lippfisch, *Labroides dimidiatus,* entfernt Parasiten vom Kopf eines Zackenbarsches.

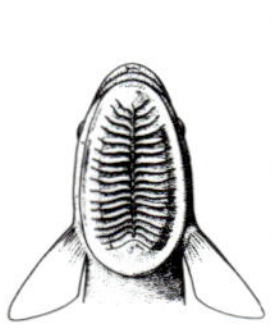

Die Saugscheibe oben am Kopf eines Schiffshalters, mit der dieser sich an Haie und Seeschildkröten heftet, ist eine umgebildete Rückenflosse.

Echeneis naucrates, ist wohl der bekannteste von ihnen –, leben in enger Beziehung zu Haien und vielen anderen großen Fischen. Der Schiffshalter heftet sich mit einer Saugscheibe auf der Oberseite seines Kopfes an den Körper seines Wirtes an und wird von ihm mitgezogen. Normalerweise betätigt er sich als Putzer; er ernährt sich also von Parasiten auf dem Körper des Haies. Wenn dieser aber Beute macht, löst der Schiffshalter sich und frißt den Abfall.

Der nur 23 cm lange Pilotfisch, *Naucrates ductor,* gesellt sich ebenfalls zu Haien und Rochen. Während er den Rochen als Putzer dient, ernährt er sich bei den Haien von Beuteresten.

Ein eigenartiger Räuber der Tiefsee ist der bis zu 160 Pfund schwere Quastenflosser, *Latimeria chalumnae.* Man nahm an, die Quastenflosser seien schon vor 60 Millionen Jahren ausgestorben – bis im Jahre 1938 einer im Indischen Ozean gefangen wurde.

Kalmare und Kraken

Auftrieb durch Gas Tintenfische der Gattung *Spirula* haben eine spiralig gewundene Schale im Körper. Sie enthält Gas, das ein Absinken verhindert.

Kalmare stammen von schneckenähnlichen Vorfahren ab. Dennoch gehören einige von ihnen zu den schnellsten Tieren im Meer. Andere werden riesengroß.

Kalmare, Tintenfische, Kraken und Perlboote bilden im Stamm der Weichtiere oder Mollusken die Gruppe der Kopffüßer: Tiere, deren Füße (oder Arme) am Kopf sitzen. Die meisten anderen Weichtiere bewegen sich nur langsam fort, wie die Schnecken, oder fast gar nicht, wie Napfschnecken. Viele Kopffüßer hingegen sind außerordentlich schnell; sie schwimmen buchstäblich mit Düsenantrieb, und weil sie so flink sind, konnten sie auch zu Räubern werden.

Kalmare leben hauptsächlich im offenen Meer, oft in großen Tiefen. Sie haben 8 kurze Arme und 2 lange Fangarme, mit denen sie Beutetiere greifen. Viele Arten werden keine 30 cm lang, aber die Riesenkalmare der Gattung *Architeuthis* erreichen einschließlich der Arme Längen von über 15 m.

Die meisten Kalmare sind kräftige Schwimmer. Ein dünnes, horniges Innenskelett stützt ihre stromlinienförmigen Körper und verleiht ihnen die Festigkeit, die sie brauchen, wenn sie mit hoher Geschwindigkeit ihre Beute – Fische und Wirbellose – jagen oder vor ihren Feinden, den Walen und Robben, fliehen. Die größeren Arten der Gattung *Stenoteuthis* gehören über kurze Strecken zu den schnellsten Tieren im Meer, und einige kleine Arten können sich immerhin so schnell fortbewegen, daß sie aus dem Wasser herausschießen und etwa 50 m weit fliegen.

Der 30 cm lange europäische Forbes-Kalmar, *Loligo forbesi,* fährt normalerweise in einen Makrelenschwarm, packt einen Jungfisch hinter dem Kopf, beißt so lange, bis der Kopf abfällt, und frißt dann den übrigen Fisch auf. Andere Kalmare jagen in ähnlicher Weise.

Rückbildung der Schalen

Kopffüßer – Kalmare, Kraken, Tintenfische und Perlboote – haben sich aus schneckenähnlichen Vorfahren entwickelt, die in ihren Schalen gasgefüllte Kammern hatten und auf diese Weise im Wasser schweben konnten. Spätere Arten besaßen kompliziertere Schalen, mit denen sie sich im Wasser horizontal hielten und die es ihnen ermöglichten, aktiv zu schwimmen. Gedrehte Schalen blieben ein äußerlicher Schutz, wie bei *Nautilus*. Gerade Schalen wurden zunächst im Körper eingeschlossen, dann mehr und mehr zurückgebildet. Der *Octopus* hat gar keine mehr.

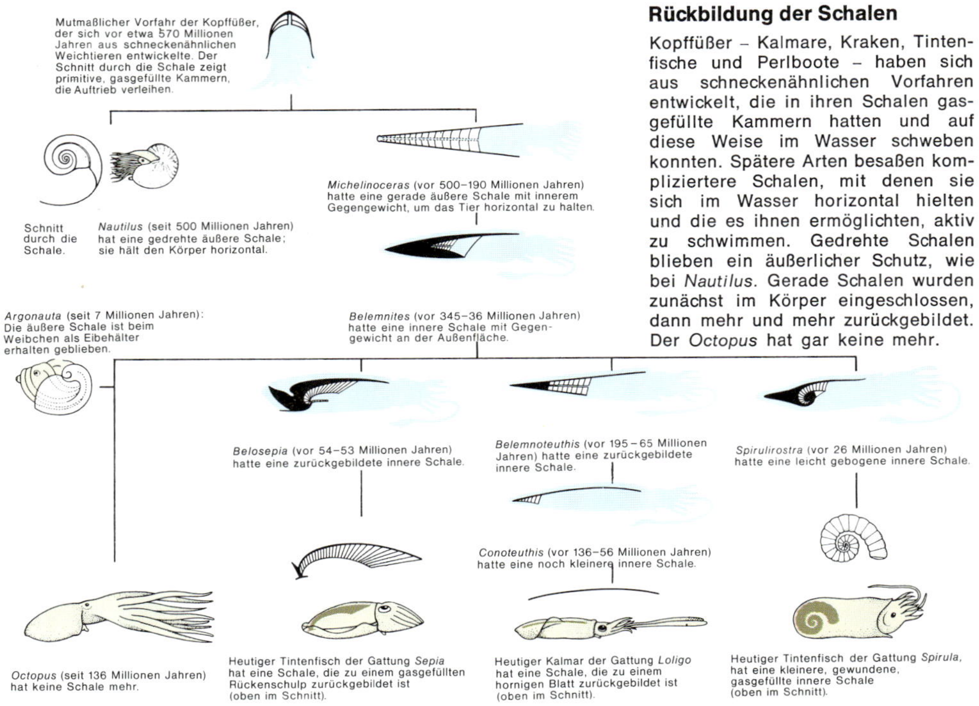
Mutmaßlicher Vorfahr der Kopffüßer, der sich vor etwa 570 Millionen Jahren aus schneckenähnlichen Weichtieren entwickelte. Der Schnitt durch die Schale zeigt primitive, gasgefüllte Kammern, die Auftrieb verleihen.
Schnitt durch die Schale.
Nautilus (seit 500 Millionen Jahren) hat eine gedrehte äußere Schale; sie hält den Körper horizontal.
Michelinoceras (vor 500–190 Millionen Jahren) hatte eine gerade äußere Schale mit innerem Gegengewicht, um das Tier horizontal zu halten.
Argonauta (seit 7 Millionen Jahren): Die äußere Schale ist beim Weibchen als Eibehälter erhalten geblieben.
Belemnites (vor 345–36 Millionen Jahren) hatte eine innere Schale mit Gegengewicht an der Außenfläche.
Belosepia (vor 54–53 Millionen Jahren) hatte eine zurückgebildete innere Schale.
Belemnoteuthis (vor 195–65 Millionen Jahren) hatte eine zurückgebildete innere Schale.
Spirulirostra (vor 26 Millionen Jahren) hatte eine leicht gebogene innere Schale.
Conoteuthis (vor 136–56 Millionen Jahren) hatte eine noch kleinere innere Schale.
Octopus (seit 136 Millionen Jahren) hat keine Schale mehr.
Heutiger Tintenfisch der Gattung Sepia hat eine Schale, die zu einem gasgefüllten Rückenschulp zurückgebildet ist (oben im Schnitt).
Heutiger Kalmar der Gattung Loligo hat eine Schale, die zu einem hornigen Blatt zurückgebildet ist (oben im Schnitt).
Heutiger Tintenfisch der Gattung Spirula, hat eine kleinere, gewundene, gasgefüllte innere Schale (oben im Schnitt).

Schützende Schalen Die Weibchen des Papierboots der Gattung *Argonauta* (rechts) besitzen hornige Schalen an ihren beiden ersten Armen. Wenn diese Schalen zusammengelegt werden, bilden sie ein Gehäuse, in dem das Weibchen seine Eier und seinen Körper birgt. Die Männchen (oben im Bild eines einer anderen Art) haben weder eine äußere noch eine innere Schale.

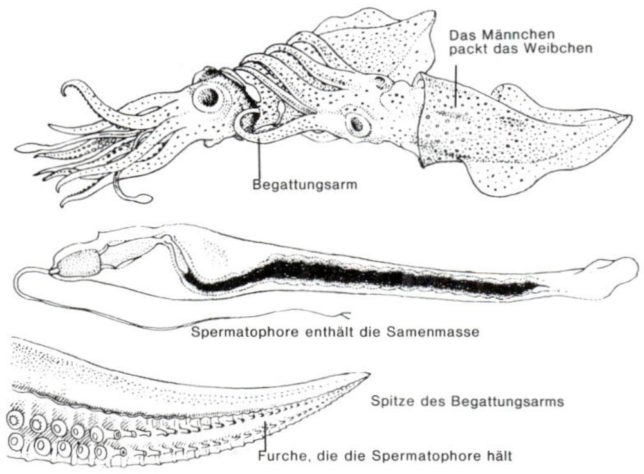
Das Männchen packt das Weibchen
Begattungsarm
Spermatophore enthält die Samenmasse
Spitze des Begattungsarms
Furche, die die Spermatophore hält

Bei der Begattung benutzt das Kopffüßer-Männchen einen besonderen Arm, um seinem Speichersack ein Samenpaket zu entnehmen und es in die Mantelhöhle des Weibchens einzuführen. Dort mündet der Eileiter.

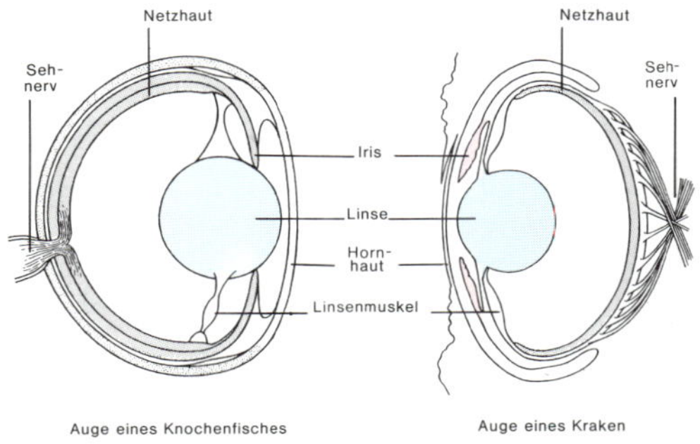
Netzhaut
Netzhaut
Seh-nerv
Seh-nerv
Iris
Linse
Horn-haut
Linsenmuskel
Auge eines Knochenfisches
Auge eines Kraken

Hoch entwickelte Augen Kopffüßer sind, wie die Wirbeltiere, sehr beweglich. So haben sich bei ihnen Augen entwickelt, die denen der Wirbeltiere gleichen – bei Wirbellosen etwas Einmaliges.

Tintenfische haben ebenfalls 10 Arme, 8 kurze und 2 lange. Sie sind aber im allgemeinen viel kleiner als Kalmare, und sie leben nicht allzuweit von der Küste auf dem Meeresboden im Sand, den sie mit den Flossensäumen an ihren breiten, flachen Körpern auf sich werfen. Tintenfische jagen nachts Fische und Wirbellose, oft nahe an der Wasseroberfläche.

Kraken haben nur 8 Arme. Die meisten leben in Küstennähe am Meeresboden. Die Art *Octopus apollyon* im Nordpazifik spannt 9 m weit; die meisten Kraken aber messen nur nach Zentimetern. Sie kriechen mehr, als daß sie schwimmen und pirschen sich so an ihre Beute – hauptsächlich Schalentiere – heran; oder sie überfallen sie aus dem Hinterhalt. Deshalb brauchen sie auch keine stromlinienförmigen Körper. Eine innere Schale fehlt ihnen. Im Gegensatz zu Kalmaren und Tintenfischen überwältigen Kraken ihre Beute mit einem giftigen Biß.

Perlboote kommen in den tropischen Meeren in Tiefen bis zu fast 600 m vor; es sind die einzigen heute noch lebenden Kopffüßer mit einer äußeren Schale.

Die Arme aller Kopffüßer tragen auf der Innenseite Reihen von becherförmigen Saugnäpfen. Diese sind bei Kalmaren und Tintenfischen durch hornige Ränder verstärkt.

Alle Kopffüßer haben einen Mantel aus Haut und Muskeln. Zwischen ihm und dem Körper befindet sich eine Höhle, in die das Tier Wasser einziehen kann, indem es die Mantelmuskeln entspannt; dann wird der Mantel verschlossen. Muß der Kopffüßer sich schnell fortbewegen, etwa fliehen, so preßt er das Wasser ruckartig durch einen biegsamen Trichter, der aus der Mantelhöhle herausführt, und der Rückstoß verleiht dem Tier eine beträchtliche Geschwindigkeit. Normalerweise gleiten Kalmare aber dahin, indem sie die zarten Flossensäume an ihren Flanken wellenförmig bewegen.

Fast alle Kopffüßer spritzen, wenn sie erschreckt werden, eine dunkle Flüssigkeit ins Wasser. Diese „Tinte“ wird aus einer Drüse durch den After entleert. Im Wasser breitet sie sich als tarnende Wolke aus; überdies lähmt sie wohl auch den Geruchssinn des Gegners.

Dieser frisch geschlüpfte Kalmar, *Alloteuthis subulata,* mißt nur 0,5 cm; ausgewachsen ist er 17 cm lang.

Die beiden langen Fangarme, mit denen der Kalmar seine Beute packt, sind unter den Körper geschlagen.

Saugnäpfe zum Greifen Mit den Saugnäpfen an ihren Armen kriechen die Kraken und ergreifen ihre Beute. Wie alle Kopffüßer können sie zur Tarnung ihre Farbe ändern. Hier der Krake *Hapalochlaena maculosa.*

Tiere auf dem Meeresboden

Der Vasenschwamm, *Callyspongia vaginalis*, ist ein typischer Schwamm: ein primitives Tier ohne Nervensystem.

Der rote Fingerschwamm kann sich, wie alle Schwämme, nach seinem Larvenstadium nicht mehr fortbewegen. Er lebt von winzigen Organismen und toten Teilchen, die er aus dem Wasser filtert.

Der Fächerröhrenwurm hat seinen Namen von den federähnlichen Tentakeln, mit denen er atmet und Nahrung herbeiholt.

Seescheiden sind sackähnliche Tiere. Sie nehmen durch eine Öffnung ihres Körpers Wasser auf, filtern die Nahrungspartikel heraus und stoßen es dann aus einer anderen Öffnung wieder aus.

Unter den vielen eigenartigen Geschöpfen, die auf dem Meeresboden leben, befinden sich Tiere, die wie Pflanzen aussehen und gleich ihnen für immer am Grunde verankert sind.

Alle Tiere im Meer sind in ihrer Ernährung direkt oder indirekt auf Pflanzen angewiesen, und diese wiederum hängen vom Sonnenlicht ab, der Energiequelle für die sogenannte Photosynthese. Deshalb ist das Leben besonders in solchen Regionen reich und mannigfaltig, wo Licht zur Verfügung steht – nämlich bis hinunter in eine Tiefe von allenfalls 200 m.

Die meisten Meerespflanzen gehören zum Phytoplankton (s. S. 292 u. 294). In Küstennähe gibt es auch Pflanzen, die am Grunde festgewachsen sind – aber nur bis zu einer Tiefe von 30 m, weil darunter das Licht nicht mehr ausreicht. Von den Pflanzen und Tieren des Planktons leben viele Meeresorganismen einschließlich der Bodenbewohner.

Beim Meeresboden lassen sich 3 Zonen unterscheiden: der Kontinentalsockel bis zu einer Tiefe von etwa 180 m, der anschließende Kontinentalabhang und dann der Tiefseeboden mit einer Durchschnittstiefe von 4500 m.

Drei Haupttypen von Tieren leben auf dem Meeresboden. Da sind zunächst die Organismen, die am Grunde festsitzen. Viele von ihnen gleichen mehr Pflanzen als Tieren, zum Beispiel Schwämme, Moostierchen, Seeanemonen und Seescheiden. Schon eher als Tiere erkennbar sind die Austern und andere Muscheln. Viele fangen oder filtern ihre Nahrung mit Tentakeln oder mit Sieben.

Zur zweiten Gruppe gehören Formen, die über den Boden kriechen oder sich darin eingraben, wie zum Beispiel Hummer, Krabben, Garnelen, Seesterne, Schlangensterne, Haarsterne und viele Arten von Seewalzen und Würmern. Die dritte Gruppe umfaßt die am Boden lebenden Fische, wie Rochen, Steinbutt, Heilbutt und Knurrhahn. Im Gegensatz zu den kriechenden Tieren schwimmen sie weite Strecken über dem Grund dahin, wenn sie Futter suchen. Viele von ihnen liegen aber auch lange auf dem Grund, ohne sich zu bewegen.

Von der Küste aus gesehen, ist die erste Region des Meeresbodens die sublitorale (nahe der Küste gelegene) Zone. Hier bekommen die festsitzenden Meerespflanzen noch genug Licht, und von ihnen ernähren sich viele Tiere. Seetang der Gattung *Laminaria* bildet einen Unterwasserdschungel, der Moostierchen, Hydrozoen, verschiedene Napfschnecken und viele Schnecken und Würmer beherbergt. Auch eine Blütenpflanze, das Seegras, wächst hier.

Riesenaasfresser Der bis zu 30 Pfund schwere Amerikanische Hummer, *Homarus americanus*, ist eines der größten Krebstiere der Welt. Er sucht auf dem Meeresboden nach lebendigen oder toten Pflanzen und Tieren.

Tierfalle Ein Ährenfisch, *Hepsitia*, wagte sich zu nahe an die Tentakel einer Seeanemone heran und wird schnell von ihnen überwältigt. Die Anemone ist fest am Meeresboden verankert.

Der Kobaltseestern, *Linckia laevigata,* hat 5 Arme; wenn er einen verliert, wächst ein neuer nach. Seesterne öffnen mit ihren Armen zweischalige Muscheln, die einen großen Teil ihrer Nahrung ausmachen.

Tarnkünstler Diese Winterflunder, *Pseudopleuronectes americanus*, kann die Farbe wechseln und sich so dem Meeresgrund anpassen. Wenn das Tier auf der Seite liegt, blicken beide Augen nach oben.

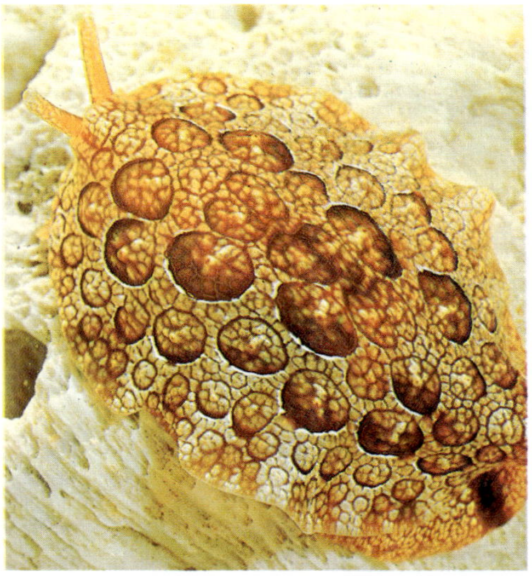

Farbenprächtiger Räuber Meeresschnecken, die mit Landschnecken entfernt verwandt sind, haben oft eine leuchtende Färbung. Die meisten fressen festsitzende Tiere wie Hohltiere und Schwämme.

Primitive Tiere der Küstengebiete

Die sublitorale Zone ist die Heimat der Lanzettfischchen, kleiner durchsichtiger Lebewesen auf Sandböden. Sie sehen zwar aus wie Fische, sind aber viel primitiver. Tiere, die ihnen gleichen, lebten schon vor mehr als 400 Millionen Jahren. Ein Geschöpf dieses Typs war möglicherweise der Vorfahr aller heutigen Wirbeltiere, einschließlich des Menschen.

Zu den Lebewesen dieser Zone, die im Schlamm graben, gehören auch leuchtend gefärbte Seeanemonen. Sie verbergen sich im Schlamm, so daß nur ihr Mund und ihre Tentakel herausschauen.

Weiter unten in der sublitoralen Zone, in den noch gut mit Licht versorgten Gewässern über dem Kontinentalsockel, gibt es viele Krebstiere wie den Hummer und Mollusken wie die zweischalige Muschel *Spisula*. Auch Schwämme sind für diese Region typisch. Trotz ihres pflanzenähnlichen Aussehens sind sie Tiere.

An der Grenze des Kontinentalsockels und ein Stück den Kontinentalhang hinunter leben großenteils andere Tiere. Häufig sind Seesterne und Schlangensterne. Einer der auffälligsten von ihnen ist das Gorgonenhaupt *Gorgonocephalus agassizi*. Dieser Schlangenstern erreicht einen Durchmesser von 7,5–10 cm, seine Arme sind so verzweigt, daß das Tier von einer sich windenden Masse roter Würmer umgeben zu sein scheint.

Die tiefste Zone, der Tiefseeboden, liegt völlig im Dunkeln. Hier ist der Grund mit einer weichen Schlammschicht bedeckt. Ein ungeheurer Druck lastet auf ihm – bei 6000 m fast eine halbe Tonne pro Quadratzentimeter.

Die Bodentiere in dieser Zone müssen sich nicht nur dem Druck anpassen, sondern auch dem schlammigen Untergrund. Hier hausen Geschöpfe wie die Asselspinne *Nymphon robustum* mit 60 cm langen Beinen und Seelilien, deren Körper auf langen Stielen sitzen und deshalb aus dem Schlamm herausragen.

Tiere der Tiefsee

Er treibt in der Tiefe *Cystosoma pellucidium* ist ein Flohkrebs, ein garnelenartiges Tier, das riesige Augen hat. Er kommt in Tiefen bis zu 4000 m vor und gehört zum Tiefseeplankton.

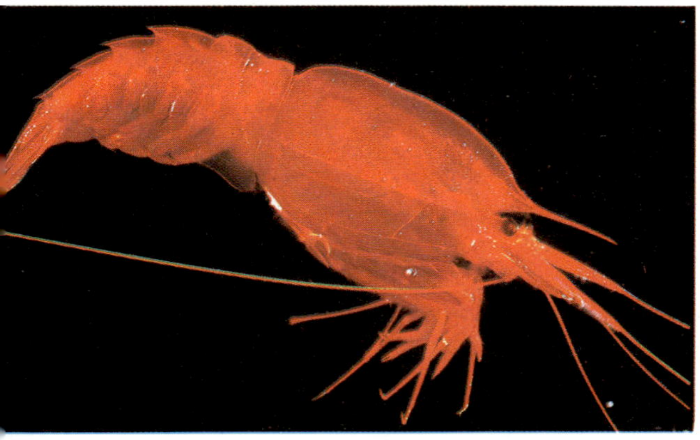

Leuchtgarnele Diese Garnele, *Notostomus longirostris*, ist etwa 20 cm lang und lebt in gemäßigten und tropischen Gewässern in Tiefen bis zu 4500 m. Wie viele Tiefseetiere sieht sie rot aus und kann leuchten.

Das Krebstierchen *Funchalia villosa* wird etwa 7,5 cm lang. Es kommt nur in Tiefen bis zu 400 m vor und frißt hauptsächlich andere Krebse und Fische. Seinerseits fällt es Fischen und Kalmaren zum Opfer.

Viele Tiefseetiere ernähren sich auf eigentümliche Weise. Anglerfische locken mit leuchtenden Ködern Beute an. Schwarze Schlinger verschlucken Opfer, die zweimal so groß sind wie sie selbst.

Die Tiefsee macht den größten Teil des Ozeans aus. Sie beginnt bei etwa 180 m und läßt sich in zwei Zonen unterteilen. Die erste, die bathyale Zone, reicht bis 1800 m hinab; die zweite, unterhalb 1800 m, ist die abyssale Zone. Ihr Boden liegt durchschnittlich in einer Tiefe von etwa 4500 m; er besteht aus einer riesigen Ebene, die durch Erhebungen und Tiefseerinnen unterbrochen wird.

Die Tiere der Tiefsee sind einem ungeheuren Druck ausgesetzt: 1 Tonne pro Quadratzentimeter in einer Tiefe von 9000 m. Der gleiche Druck herrscht aber im Innern ihrer Körper. Bringt man ein solches Lebewesen schnell an die Meeresoberfläche, dann platzt es.

In der abyssalen Zone wird kein pflanzliches Gewebe durch Photosynthese gebildet, weil das Sonnenlicht fehlt. Aus den oberen Meeresschichten sinkt vielmehr abgestorbenes tierisches und pflanzliches Material nieder und dient vielen planktonischen Tiefseetieren als Hauptnahrung. Diese ihrerseits werden von Fischen, Kalmaren und Pfeilwürmern gefressen. Die meisten – auch die Fische – sind klein.

Die nur 10 bis 15 cm langen Laternenfische bilden ein wichtiges Glied in der Nahrungskette der Tiefsee, weil sie in mondlosen Nächten in die oberste Wasserschicht aufsteigen, um dort Planktontiere zu fressen. Kehren sie dann in Tiefen bis zu 1000 m zurück, so werden die Nahrungsstoffe, die sie in ihren Körpern mitbringen, für die Lebewesen dort unten verfügbar. Die Körper der Laternenfische tragen Reihen von Leuchtorganen. Was für eine Funktion dieses Leuchten hat, ist noch ungewiß.

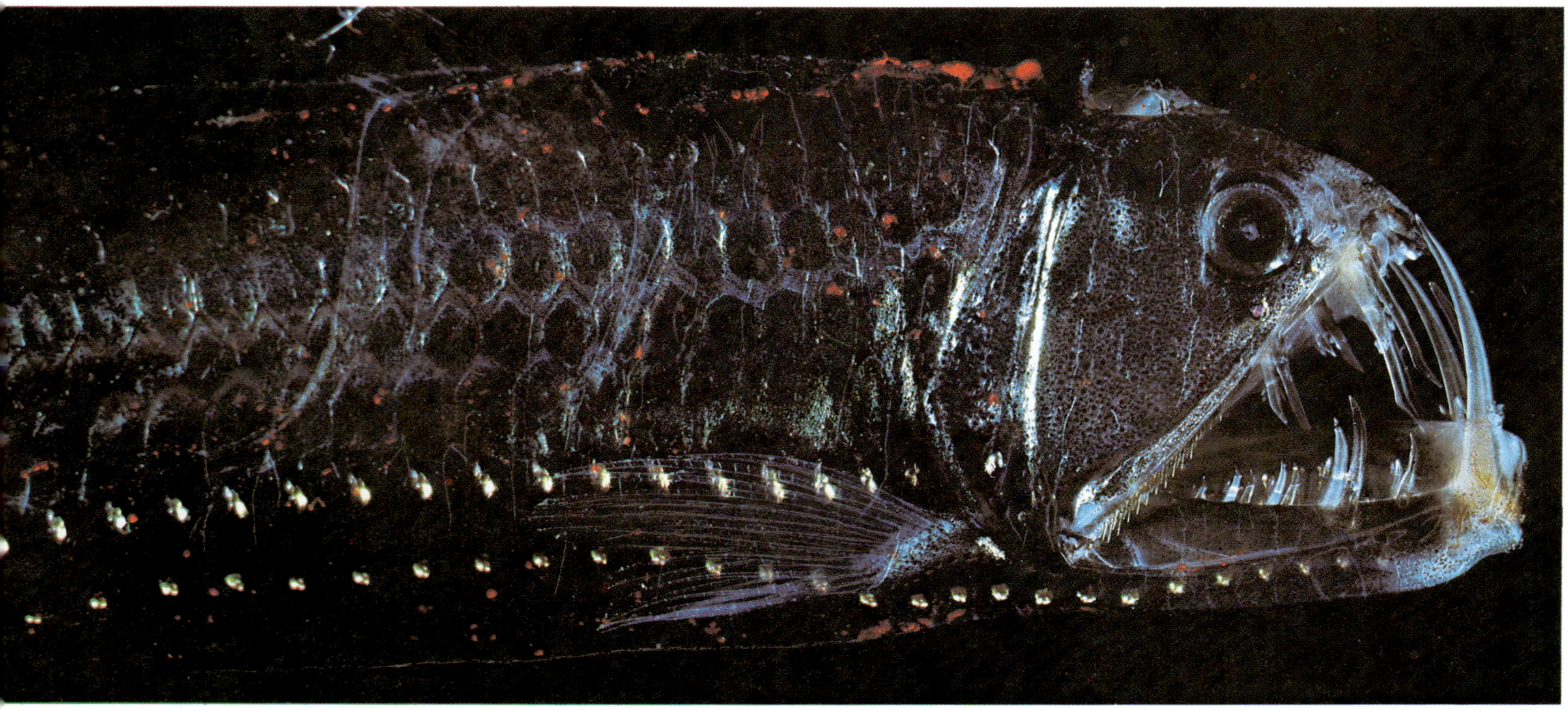

Räuber der Tiefsee Der Viperfisch, *Chauliodus danae*, ist nur wenige Zentimeter lang, aber ein großer Räuber. Nahrung ist in den Tiefen des Ozeans ziemlich knapp, und wenn Raubfische Beutetiere finden, dann sind diese nicht selten so groß wie sie selbst. Darum haben viele Arten riesige, klaffende Mäuler.

Tödliche Falle Anglerfische, wie dieser *Melanocetus johnsoni,* locken mit einem leuchtenden Köder am Ende einer Angelrute Beutetiere an. Rückwärtsgerichtete Zähne verhindern, daß die Opfer entkommen.

Ein Männchen, das am Weibchen festwächst

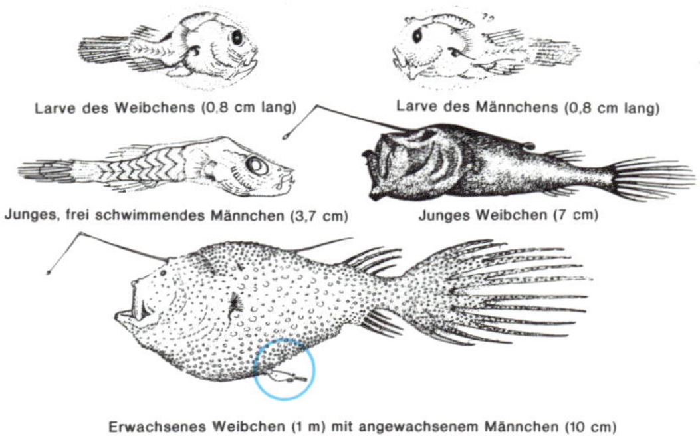

Larve des Weibchens (0,8 cm lang)
Larve des Männchens (0,8 cm lang)
Junges, frei schwimmendes Männchen (3,7 cm)
Junges Weibchen (7 cm)
Erwachsenes Weibchen (1 m) mit angewachsenem Männchen (10 cm)

Das Weibchen des Anglerfisches *Ceratias holboelli* ist sehr viel größer als das Männchen – in einigen Fällen bis zu 20 000mal schwerer. Das Männchen heftet sich an ein Weibchen an und lebt nun als Parasit. Seine Kiefer verwachsen mit der Haut des Weibchens. Die einzige Aufgabe des Männchens ist es dann nur noch, die Eier zu befruchten, wenn das Weibchen laicht.

Der Tiefseefisch *Diretmus argenteus* ist etwa 7,5 cm lang. Man findet ihn in Schwärmen an den Rändern des Kontinentalsockels in Tiefen von 270—450 m. Er frißt hauptsächlich Schalentiere.

Leuchtende Fische *Margarethia obtusirostra* (oben) und der Beilfisch der Gattung *Sternoptyx* (unten) gehören zu den vielen Leuchtfischarten, die in Tiefen von 300—600 m leben.

Der Teleskopfisch, *Winteria telescopa,* besitzt röhrenförmige Teleskopaugen. Die Gesichtsfelder der nach vorn gerichteten Augen überschneiden sich und ermöglichen dem Fisch ein räumliches Sehen.

Eine andere Gruppe von Leuchtfischen bilden die merkwürdig geformten Beilfische, die in Tiefen von 300–600 m leben und 2,5–10 cm lang sind. Ihre Körper gleichen tatsächlich silbernen Beilen und tragen Leuchtorgane. Einige Arten sind fast so dünn wie Münzen.

Tiefsee-Anglerfische gehen viel weiter hinunter. Eine Art hat man in einer Tiefe von 3300 bis 3600 m gefangen. Diese Fische locken Beutetiere mit einem leuchtenden Köder an, der oben an einem umgebildeten Flossenstrahl sitzt. Die Länge der Rute ist bei den einzelnen Arten verschieden, ebenso die Form des Köders. Dieser kann eine einfache knollige Schwellung oder auch ein kompliziertes, fadenförmiges Gebilde sein. Bei einigen Anglerfischen tragen nur die Weibchen Köder; die Männchen sind sehr klein und leben als Parasiten an den Weibchen.

Anglerfische fressen Beilfische, Laternenfische und Wirbellose. Ihre Mägen sind besonders dehnbar und können Beutetiere aufnehmen, die größer sind als der Fisch selbst.

Ähnlich erweiterungsfähige Mägen haben die Schwarzen Schlinger, die unterhalb 2400 m leben. Ihre Köpfe bestehen hauptsächlich aus Kiefern; gegenüber ihren schlanken Hinterleibern und peitschenförmigen Schwänzen erscheinen sie geradezu ungeheuerlich. Der 7,5–15 cm lange Schwarze Schlinger *Chiasmodon niger* verschluckt Opfer, die doppelt so groß sind wie er selbst. Nahrung ist in dieser Zone nämlich ziemlich knapp, und mit einer Mahlzeit müssen solche Tiere lange Zeit auskommen.

Außer Fischen gibt es in der Tiefsee viele Wirbellose. Die meisten von ihnen sind rot gefärbt. Da in die tieferen Bereiche des Meeres allenfalls ein wenig blaues Licht eindringt, sehen rote Organismen schwarz aus; dadurch haben sie in ihrer dunklen Umwelt eine bessere Chance, Räubern zu entgehen. In den tiefsten Regionen ist das Leuchten der Tiere das einzige Licht. Vorwiegend ist es blaugrün, und von roten Pigmenten wird es völlig absorbiert. Zu den roten Tiefseetieren gehören auch Garnelen und einige räuberisch lebende Pfeilwürmer; sie bilden einen Teil des Tiefseeplanktons. Ferner findet man dort Kalmare, von denen viele Leuchtorgane haben, und Kraken.

Sonderbare Bewohner des Tiefseebodens sind die Spinnenfische der Gattung *Bathypterois.* Bei ihnen sind zwei Strahlen der Brustflossen und ein weiterer des Schwanzes verlängert. Man hat diese Fische photographiert, wie sie sich in einer Tiefe von 7000 m auf diese Flossenstrahlen stützten, so wie eine Kamera auf einem Stativ sitzt. Spinnenfische gebrauchen die Flossen zum Laufen und als Fühler, wenn sie Beute suchen. Andere merkwürdige Geschöpfe sind die Bartwürmer, die einen eigenen Tierstamm bilden. Diese wurmähnlichen Tiere findet man im weichen Sediment am Meeresboden; sie leben in einer dünnen Röhre, aus deren einem Ende ein Büschel Tentakel herausschaut. Einen Darm besitzen sie nicht; die Nahrung wird durch die Tentakel und vielleicht durch die Körperoberfläche aufgenommen.

Den Tiefseeboden bewohnen auch viele Seegurken und Seelilien, außerdem Glasschwämme, Seefedern – leuchtende Korallen, die Pflanzen gleichen – und Meerspinnen, die 0,5 m lange Beine haben können.

Dieser junge Kalmar der Gattung *Calliteuthis* hat zwei gleich große Augen. Mit der Zeit aber entwickelt sich bei ihm das linke Auge stärker, bis es etwa viermal so groß ist wie das rechte.

Korallen und Korallenriffe

Korallenriffe bestehen aus den Skeletten zahlloser winziger Polypen. Viele Meerestiere bewohnen diese Riffe, und manche von ihnen fressen die Polypen.

Korallenriffe verdanken ihre Existenz Millionen von winzigen fleischfressenden Tieren, den Korallenpolypen. Diese sind äußerlich den Seeanemonen sehr ähnlich. Sie haben weiche, sackförmige Körper. An einem Ende liegt, von Tentakeln mit Nesselzellen umgeben, die einzige Körperöffnung. Sie dient gleichzeitig als Mund und After.

Korallen nennt man gewöhnlich alle Polypen, die irgendein Skelett bilden – ein steinhartes, ein horniges oder auch nur ein Mosaik von Kalkteilchen innerhalb des Körpers.

Einige Korallen leben als Individuen; die meisten bilden jedoch Kolonien. Alle aber beginnen ihr Leben als Einzelpolypen. Aus befruchteten Eiern werden frei schwimmende, stecknadelkopfgroße Larven, die den elterlichen Körper verlassen und die Polypengestalt ausbilden. Schließlich setzt das Tier sich auf einer Unterlage fest. Sein Fuß scheidet Kalk aus, der zum Skelett wird. Bei einer einzeln lebenden Koralle ist nun die Entwicklung abgeschlossen.

Steinkorallen pflanzen sich durch ungeschlechtliche Knospung weiter fort: Aus dem ursprünglichen Polypen wachsen Seitenpolypen heraus. Diese bilden ebenfalls Knospen, und so entsteht schließlich ein riesiger Bau, eine Kolonie. Wenn die älteren Polypen absterben, stützen ihre Skelette die lebenden Polypen der äußeren Schichten. Oft bilden Korallen verschiedener Arten gemischte Kolonien.

Die verschiedenen Polypenarten wachsen gewöhnlich in ganz bestimmter Weise; darum haben die Korallen verschiedene Gestalten, auf die ihre Namen hindeuten: Gehirn-, Geweih-, Rindenkorallen, Fächerkorallen, Seefedern.

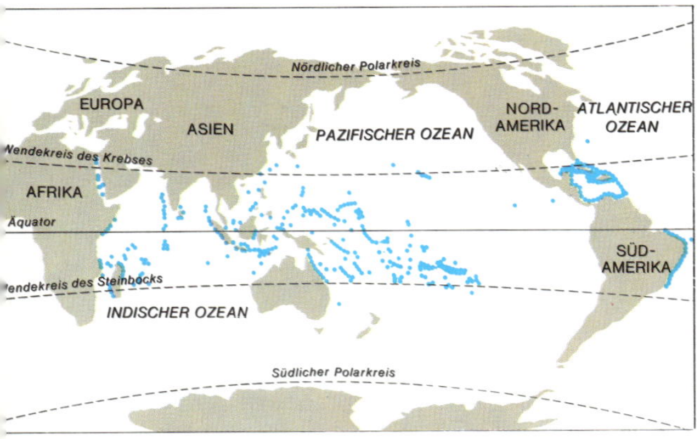
Nördlicher Polarkreis
EUROPA
ASIEN
PAZIFISCHER OZEAN
NORD-
AMERIKA
ATLANTISCHER
OZEAN
Wendekreis des Krebses
AFRIKA
Äquator
SÜD-
AMERIKA
Wendekreis des Steinbocks
INDISCHER OZEAN
Südlicher Polarkreis

Wo Korallen Riffe bilden Auch in anderen warmen Meeren gibt es Korallen, aber sie bauen keine Riffe.

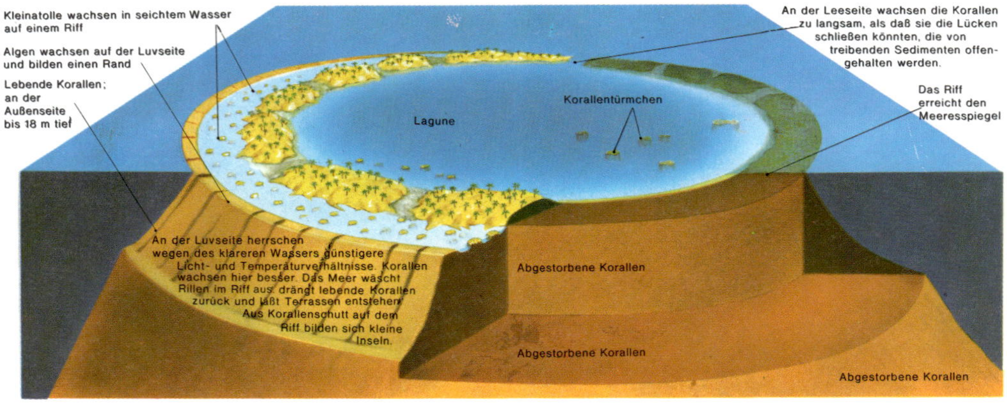
Kleinatolle wachsen in seichtem Wasser auf einem Riff
Algen wachsen auf der Luvseite und bilden einen Rand
Lebende Korallen; an der Außenseite bis 18 m tief
An der Leeseite wachsen die Korallen zu langsam, als daß sie die Lücken schließen könnten, die von treibenden Sedimenten offengehalten werden.
Korallentürmchen
Lagune
Das Riff erreicht den Meeresspiegel
An der Luvseite herrschen wegen des klareren Wassers günstigere Licht- und Temperaturverhältnisse. Korallen wachsen hier besser. Das Meer wäscht Rillen im Riff aus, drängt lebende Korallen zurück und läßt Terrassen entstehen.
Aus Korallenschutt auf dem Riff bilden sich kleine Inseln.
Abgestorbene Korallen
Abgestorbene Korallen
Abgestorbene Korallen

Korallenatoll Korallen, die rund um eine Insel im Ozean wachsen, können zu einem ringförmigen Atoll werden, wenn die Insel absinkt oder der Meeresspiegel steigt. Vom Grunde der Lagune wachsen Korallentürmchen empor.

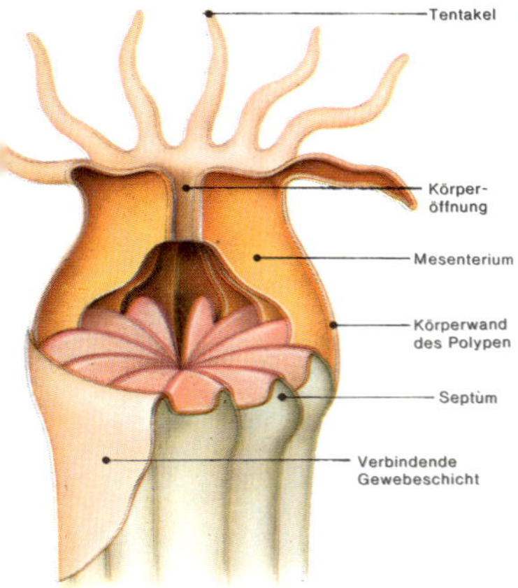
Tentakel
Körperöffnung
Mesenterium
Körperwand des Polypen
Septum
Verbindende Gewebeschicht

Bau einer Koralle

Die Kalkskelette der einzelnen Polypen werden bei Steinkorallen auf Basisplatten aufgebaut. Von diesen Platten aus wachsen strahlenförmig angeordnete Scheidewände, Septen genannt, in den Polypenkörper hinauf. Der Polyp ist innen durch Wände, sogenannte Mesenterien, unterteilt, die mit Verdauungsdrüsen besetzt sind. In einer Kolonie sind alle Polypen durch eine Gewebeschicht miteinander verbunden, die ihre Skelette vollständig überzieht. Sie wird von der Körperwand eines jeden Polypen gebildet, faltet sich über den Rand des Skelettes und vereinigt sich mit dem entsprechenden Gewebe der benachbarten Polypen.

Koloniebildende und einzeln lebende Korallen Die große Koralle ist eine riffbildende Sternkoralle; die kleineren sind einzeln lebende Arten.

Geweihkoralle Zwischen den Ästen, nach denen die Geweihkoralle ihren Namen hat, leben viele Fische. Diese Koralle gehört zur Gattung *Acropora*.

Die Feuerkoralle *Millepora dichotoma* ist gefürchtet, weil die Nesselzellen ihrer Polypen, die aus dem dichten Kalkskelett herauskommen, auch für Menschen schmerzhaft sind.

Teilung Diese Weichkoralle hat sich gerade durch Knospung vermehrt. Ihr Skelett besteht aus Kalkstückchen, die in den Körper eingebettet sind.

Wachsende und schwindende Riffe

Es gibt drei Hauptformen von Korallenriffen: Das Saumriff dicht an der Küste; das Barriere-Riff, das durch einen breiten Wasserstreifen vom Festland getrennt ist, und das Korallenatoll im offenen Meer. Sie alle entstehen nur dort, wo die Wassertemperatur über 21° C liegt und die Wassertiefe höchstens 75 m beträgt.

Einzeln existierende Korallenpolypen gibt es in den meisten Gewässern, aber zur Riffbildung sind Wärme und Licht notwendig. Und zwar ist Licht besonders deshalb wichtig, weil kleine Pflanzen, die in den Polypenkörpern leben und wahrscheinlich bei der Bildung des Skeletts mithelfen, es unbedingt brauchen.

Viele Arten intensiv gefärbter tropischer Fische haben sich an die Korallenriffe angepaßt. Schmetterlingsfische besitzen zum Beispiel lange Mäuler, mit denen sie Spalten in den Korallen nach Futter absuchen.

Schon während ein Riff wächst, arbeiten Kräfte auf seine Zerstörung hin. Meereswürmer, besonders Palolowürmer, und Mollusken wie die Schnecke *Magilus antiquus* bohren sich in die Korallen ein. Außerdem kann der Grund, auf dem das Korallenriff steht, sich senken, so daß die Polypen nicht mehr wachsen können; sie vermögen ja nur in den obersten Wasserschichten zu gedeihen, in die noch genügend Licht gelangt. Ferner unterliegt ein solches Riff der Erosion durch Wellen und Wind.

Viele Riffe im Pazifik sind überdies durch die Dornenkrone, *Acanthaster planci,* bedroht. Dieser giftige Seestern weidet die Polypen ab und hinterläßt leere Korallenskelette. Scharen solcher Stachelhäuter haben bereits Teile des Großen Barriere-Riffs bei Australien vernichtet.

Ein Seefächer, eine rote *Gorgonia,* besitzt ein Skelett aus hornigem Material. Diese Kolonie besteht aus Millionen von Einzelpolypen. Der Körper eines Polypen enthält einen zentralen Hornstab.

Eine Dornenkrone – ein Seestern – frißt Korallenpolypen. Übrig bleibt ein Riff aus leeren Skeletten, das nun der Zerstörung durch Erosion ausgesetzt ist.

Riffische Jungfernfische haben bürstenartige Zähne; damit können sie wirbellose Tiere und winzige Pflanzen von den Korallenriffen abfressen.

Säuberer der Riffische Die Garnele *Stenopus hispidus* holt mit ihren Scheren Parasiten von den Korallenfischen herunter und frißt sie. Diese etwa 7,5 cm lange Garnele ist in den tropischen Gewässern des Indischen und Pazifischen Ozeans weit verbreitet. Sie lebt paarweise in Korallenspalten.

Meeresreptilien

Keins der Meeresreptilien ist völlig an das Leben im Wasser angepaßt, denn sie alle müssen zum Atmen an die Oberfläche kommen.

Im Ozean leben auch verschiedene Reptilien: etwa 60 Arten Seeschlangen, 6 Meeresschildkröten und eine einzige Meerechse. Sie alle gehören zu Gruppen, die auf dem Lande stärker vertreten sind, und alle kommen fast ausschließlich in tropischen und subtropischen Meeren vor.

Die Suppenschildkröte ist im Gegensatz zu vielen anderen Reptilien ein reiner Vegetarier; sie bevorzugt Algen.

Die Unechte Karettschildkröte lebt hauptsächlich von Mollusken; die meisten anderen Meeresschildkröten fressen sowohl Tiere wie auch Pflanzen.

Nachts legen sie am Strand ihre Eier ab

Das größte Meeresreptil ist die Lederschildkröte, *Dermochelys coriacea,* die über 2 m lang und über 500 kg schwer werden kann. Ihr Rückenschild ist mit einer Lederhaut bedeckt. Normalerweise setzt sich der Panzer einer Schildkröte aus Knochenplatten zusammen, über denen Hornplatten liegen. Diese werden von der äußeren Hautschicht gebildet und bestehen aus dem bekannten Schildpatt. Bei der Lederschildkröte nun sind sie nicht vorhanden. Außerdem findet man bei diesem Tier statt der großen, symmetrisch angeordneten Knochenplatten ein Mosaik von kleinen Platten, die in die Lederhaut eingebettet sind.

Die Unechte Karettschildkröte, *Caretta caretta,* wird bis zu 150 kg schwer und bis zu 1,20 m lang; sie ist die zweitgrößte Meeresschildkröte.

Obwohl Meeresschildkröten die meiste Zeit ihres Lebens im offenen Wasser verbringen, müssen die Weibchen aller Arten zur Eiablage an Land kommen. Das geschieht immer bei Nacht. Mit seinen flossenförmigen Vorderbeinen zieht sich das Weibchen mühsam einen Sandstrand hinauf. Gut oberhalb der höchsten Gezeitengrenze scharrt es ein Loch und legt etwa 100 Eier hinein. Dann bedeckt es sie mit Sand und kehrt ins Meer zurück. Nach 7–10 Wochen schlüpfen die jungen Schildkröten aus. Sie arbeiten sich an die Oberfläche und steuern dann unbeirrbar auf das Meer zu. Wahrscheinlich orientieren sie sich dabei nach dem Licht, das über dem Wasser heller ist als über dem Land. Aber nur wenige erreichen ihr Ziel, denn Seevögel, Krabben und Echsen stürzen sich auf sie und tun sich an dem frischen Fleisch gütlich.

Die Suppenschildkröte *Chelonia mydas* ist das einzige Reptil, von dem man weiß, daß es weite Wanderungen ausführt. Auf der Insel Ascension hat man nach der Eiablage Tiere markiert, die später 2200 km entfernt vor der brasilianischen Küste wiedergefunden wurden.

Eiablage Ein Suppenschildkrötenweibchen legt Eier ab; sein Rücken ist mit Sand bedeckt. Das Tier kommt nachts aus dem Wasser und zieht sich stöhnend den Strand hinauf. Dann gräbt es ein Loch, legt 100 oder mehr Eier hinein, bedeckt sie mit Sand und kehrt ins Meer zurück.

Verlassen des Nestes Eine gerade geschlüpfte Suppenschildkröte arbeitet sich aus dem Sand heraus.

Rückkehr zum Meer Ein Meeresschildkrötenweibchen kriecht nach der Eiablage auf einer Insel des Großen Barriere-Riffs zum Meer zurück. Während der Fortpflanzungszeit kommt es etwa sechsmal an Land und legt Eier. Nach 7—10 Wochen schlüpfen die Jungen.

Giftige Schlangen der tropischen Meere

Seeschlangen haben sich in den Gewässern vor der Küste Südostasiens entwickelt; dort sind sie häufig. Überdies haben sie sich auch in den warmen Küstenbereichen des Pazifischen und des Indischen Ozeans ausgebreitet. Da die Gewässer vor dem Kap Hoorn und dem Kap der Guten Hoffnung zu kalt für sie sind, gelangten sie jedoch nicht in den Atlantik. Seeschlangen sind, wie ihre auf dem Land lebenden Verwandten, die Kobras, sehr giftig.

Die größten Seeschlangen können eine Länge von 3 m erreichen; meist messen sie aber nur 1–1,5 m. Ihre Körper tragen oft eine Zeichnung, die aus dunklen und hellen Ringen besteht; die Schuppen glänzen metallisch. Seeschlangen schwimmen mit wellenförmigen, seitwärts gerichteten Bewegungen, wobei sie sich mit ihrem Schwanz vorwärtstreiben. Bei vielen ist der Rumpf seitlich abgeflacht; dadurch wird ihre Schubkraft vergrößert. Der Körper einer Landschlange ist dagegen im Querschnitt rund.

Bei Seeschlangen sitzen die Nasenlöcher oben auf der Schnauzenspitze; deshalb können die Tiere atmen, während der Kopf fast ganz unter Wasser ist. Die Nasenlöcher lassen sich durch häutige Klappen verschließen. So sind die Schlangen in der Lage, bis zu 2 Stunden unter Wasser zu bleiben. Die Lunge durchzieht den ganzen Rumpf und gibt dem Tier Auftrieb.

Die meisten Seeschlangen bringen – im Meer – lebende Junge zur Welt. Ein paar Arten gehen aber ans Ufer, um dort Eier zu legen; sie haben auf der Unterseite ihres Körpers große Schuppen oder Ventralplatten, die für die Bewegung an Land vorteilhaft sind. Schlangen, die nur im Meer leben, besitzen viel kleinere Ventralplatten. Wenn sie einmal an Land gespült werden, winden sie sich dort hilflos.

Eine Seeschlange, die an Land geht Die Plattschwanzschlange, *Laticauda colubrina,* ist eine der wenigen Seeschlangen, die sich an Land fortpflanzen. Sie legt ihre Eier in Höhlen und Spalten.

Schwimmschwanz Die olivbraune *Aipysurus laevis* benutzt, wie die meisten Seeschlangen, ihren abgeplatteten Schwanz zum Schwimmen. Sie ist giftig, greift aber nur kleine Fische an – ihre Nahrung.

Echsen der Küste

Die 1,5 m lange Meerechse, *Amblyrhynchus cristatus,* ist die einzige Echse, die ins Meer geht. Ihre Finger und Zehen enden in Krallen. Die Haut ist schwarz und schuppig, und auf dem Rücken und an der oberen Kante des abgeflachten Schwanzes trägt das Tier einen Kamm von kleinen Stacheln. Im Wasser bewegt es sich mit Hilfe seines Schwanzes vorwärts.

Meerechsen kommen nur im Gebiet der Galapagos-Inseln vor, wo sie sich ausschließlich von einer Algenart ernähren, die eben unter der Gezeitengrenze wächst. Sie können gut schwimmen, entfernen sich aber niemals weit vom Ufer. Andererseits gehen sie nie weiter als 15 m landeinwärts.

Riesige Meeressäuger

Der Blauwal ist das größte Tier auf unserem Planeten; er kann über 30 m lang werden und 130 Tonnen wiegen – soviel wie 30 Elefanten.

Wale sind Säugetiere. Sie stammen von Landtieren ab, die einst ins Meer zurückgingen – aus dem alles Leben kommt – und dort eine fischähnliche Gestalt annahmen. Ihre hinteren Gliedmaßen sind verschwunden, die vorderen zu Flossen geworden. Wale schwimmen, indem sie ihren kräftigen Schwanz auf und ab schlagen.

Man unterscheidet zwei Unterordnungen: die Zahnwale und die Bartenwale. Die Jungtiere beider Gruppen haben Zahnanlagen, aber bei den Bartenwalen entwickeln sich die Zähne dann nicht. Diese Riesen fangen winziges Plankton mit Hilfe von Barten – 450–800 biegsamen Hornplatten, die an der Innenseite ausgefranst sind und vom Oberkiefer herunterhängen.

Unvorstellbare Planktonmengen verschwinden im Maul der Wale. Sie werden von den Barten zurückgehalten, wenn die riesige Zunge das Wasser wieder herausdrückt. So frißt der Blauwal, *Balaenoptera musculus,* täglich 2 Tonnen kleiner Krebstiere, „Krill“ genannt.

Zahnwale haben richtige Zähne. Sie seihen kein Plankton aus dem Meer, sondern fressen Fische und Tintenfische.

Die Ordnung der Wale

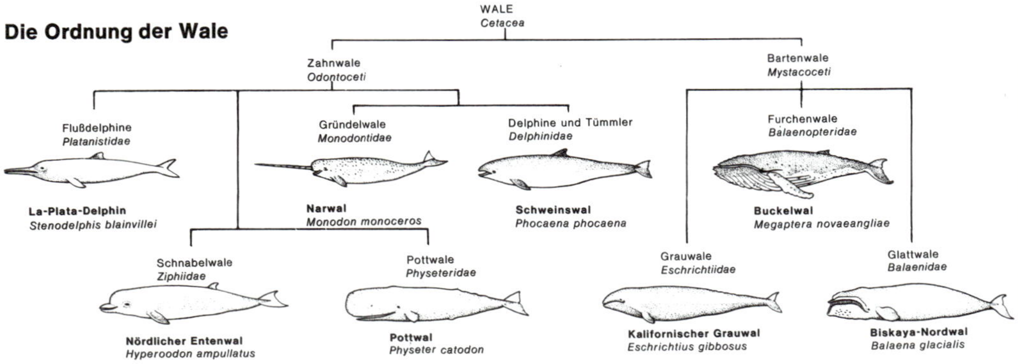
WALE
Cetacea
Zahnwale
Odontoceti
Bartenwale
Mystacoceti
Flußdelphine
Platanistidae
La-Plata-Delphin
Stenodelphis blainvillei
Gründelwale
Monodontidae
Narwal
Monodon monoceros
Delphine und Tümmler
Delphinidae
Schweinswal
Phocaena phocaena
Furchenwale
Balaenopteridae
Buckelwal
Megaptera novaeangliae
Schnabelwale
Ziphiidae
Nördlicher Entenwal
Hyperoodon ampullatus
Pottwale
Physeteridae
Pottwal
Physeter catodon
Grauwale
Eschrichtiidae
Kalifornischer Grauwal
Eschrichtius gibbosus
Glattwale
Balaenidae
Biskaya-Nordwal
Balaena glacialis

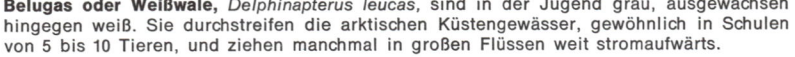

Belugas oder Weißwale, *Delphinapterus leucas,* sind in der Jugend grau, ausgewachsen hingegen weiß. Sie durchstreifen die arktischen Küstengewässer, gewöhnlich in Schulen von 5 bis 10 Tieren, und ziehen manchmal in großen Flüssen weit stromaufwärts.

Der Finnwal ist nach dem Blauwal der größte Wal; er kann bis zu 25 m lang werden. Walfänger stellen ihm besonders nach, nachdem sie den Blauwal nahezu ausgerottet haben. Auch der Finnwal ist mittlerweile stark gefährdet.

75 Minuten lang unter Wasser

Wale leben gesellig, sie schwimmen fast immer in Gruppen, sogenannten Schulen. Bei Gefahr scharen sie sich um die Artgenossen, die in Not sind.

Die vielleicht bemerkenswerteste Anpassung des Wales an das Meer ist seine Fähigkeit, lange und tief zu tauchen. Der Pottwal kann zum Beispiel mehr als 1000 m tief hinuntergehen und bis zu 75 Minuten unter Wasser bleiben. Ermöglicht wird dies großenteils dadurch, daß der Herzschlag sich verlangsamt sowie durch ein sehr wirksames System, das den Sauerstoff im Körper transportiert und speichert.

Das Walkalb wird unter Wasser geboren und muß dann sofort Luft holen. Manchmal schwimmt es selbst zur Wasseroberfläche; oft aber schubsen die ausgewachsenen Tiere das Neugeborene nach oben, damit es seinen ersten Atemzug tun kann.

Das Nasenloch oder Blasloch besitzt ein Ventil, das sich schließt, wenn der Wal taucht. Auf diese Weise wird verhindert, daß Meerwasser eindringt. Da die Luftröhre von der Lunge her nicht in den Rachen mündet, sondern vom Kehlkopf aus direkt in den hinteren Nasenraum zieht, gerät auch beim Fressen kein Wasser in die Lungen.

Die Jungen haben einen großen Appetit. Das Säugen wird dadurch beschleunigt, daß die Mutter ihre Milch in das Maul des Jungen hineinpumpt.

Es gibt etwa 70 verschiedene Zahnwale und 10 Bartenwale. Die Größe der Zahnwale ist sehr unterschiedlich. 1,5 m langen Delphinen steht, am anderen Ende der Reihe, der Pottwal, ein 18 m langer und 50 Tonnen schwerer Riese gegenüber. Männliche Zahnwale sind gewöhnlich größer als die Weibchen.

Einige Delphine besitzen bis zu 260 Zähne, für Säugetiere ein Rekord. Andere Zahnwale haben aber viel weniger Zähne, und sie sitzen bei ihnen zudem nur in einem Kiefer. Der Narwal verfügt sogar nur über zwei Zähne, von denen einer wie ein spiraliger Stoßzahn aus seinem Oberkiefer weit nach vorn ragt.

Bei den Bartenwalen unterscheidet man 3 Familien: Furchenwale, Glattwale und Grauwale.

Die Furchenwale haben 2,5–5 cm tiefe Furchen auf Kehle und Brust. Wenn der Wal sein Maul öffnet, glätten sich diese Furchen und vergrößern so das Fassungsvermögen des Maules, das nun viel mehr planktonreiches Wasser aufnehmen kann.

Ein 12 m langer Buckelwal, der fast 30 Tonnen wiegt, taucht auf. Man sieht seine Kehlfurchen und die charakteristischen Vordergliedmaßen, die ein Drittel so lang sind wie der ganze Körper.

Furchenwale sind die schnellsten Großwale. Der Finnwal, *Balaenoptera physalus,* erreicht eine Geschwindigkeit von fast 50 km/st.

Zu den Furchenwalen gehören auch der Buckelwal, *Megaptera novaeangliae,* und der 30 m lange, 130 Tonnen schwere Blauwal, wohl das größte Tier, das je auf Erden lebte.

Die Vertreter der zweiten Familie, die Glattwale, weisen keine Kehlfurchen auf. Mit ihren plumperen, weniger stromlinienförmigen Körpern sind sie langsamer als Furchenwale. Sie haben große Köpfe und sehr lange Barten. Der Grönlandwal verfügt über etwa 700 Platten, jede 2,5–3,5 m lang, während sie bei den Furchenwalen kaum mehr als 60 cm erreichen.

Grönlandwale sind heute selten, da sie von Walfängern intensiv gejagt wurden. Vielen Großwalen, wie zum Beispiel dem Finnwal, ist unmäßig nachgestellt worden: In den letzten 10 Jahren wurden über 100 000 Finnwale erlegt. Einige Arten, wie der Blauwal, sind sogar in Gefahr auszusterben. Ihre Zahl hat in 60 Jahren von 400 000 auf 1500 abgenommen.

Wale werden hauptsächlich ihres Öles wegen gejagt. Ein großes Tier erbringt mehr als 20 Tonnen. Man gewinnt dieses Öl aus dem Speck und aus dem Fett, das im Körpergewebe und in den Knochen gespeichert ist. Früher waren auch die Barten als „Fischbein" sehr begehrt.

Die Ambra, eine Absonderung, die sich gelegentlich in den Eingeweiden der Pottwale bildet, wird als Duftstoff für Parfüm verwendet, und das Öl in den Höhlungen des Pottwalkopfes wird als Gleitmittel gebraucht.

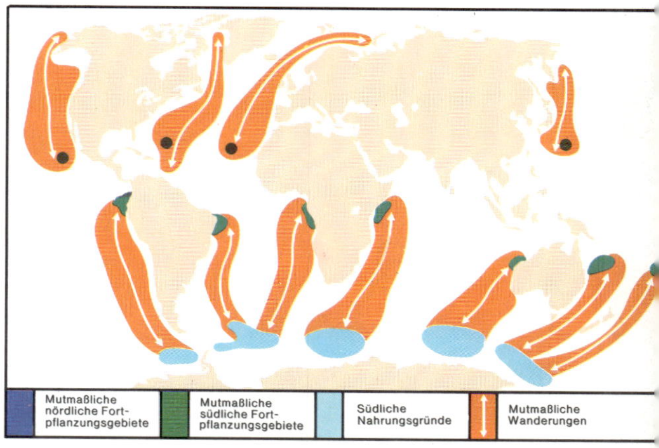
Mutmaßliche nördliche Fortpflanzungsgebiete
Mutmaßliche südliche Fortpflanzungsgebiete
Südliche Nahrungsgründe
Mutmaßliche Wanderungen

Die Verbreitung des Buckelwals Auf der Nord- und der Südhalbkugel leben mehrere Stämme von Buckelwalen; jeder ist in einzelne Gruppen aufgeteilt.

Die beiden Waltypen

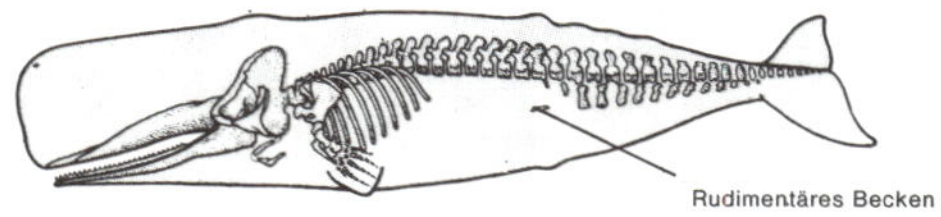
Rudimentäres Becken

Der Körper des Pottwals, *Physeter catodon,* hat wie der anderer Wale Fischform; der Bau des Skeletts ist aber der gleiche wie bei einem vierbeinigen Säuger. Die Knochen in den Flossen entsprechen denen in den Vordergliedmaßen, während ein rudimentärer Beckenknochen darauf hinweist, daß hier einst ebenfalls Extremitäten vorhanden waren. Der 18 m lange Pottwal ist der größte Zahnwal.

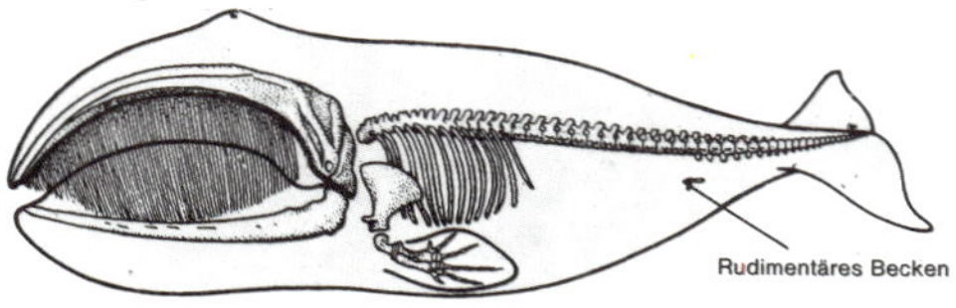
Rudimentäres Becken

Der Grönlandwal, *Balaena mysticetus,* ist ein Bartenwal. Er hat keine Zähne; statt dessen hängen Barten vom Rand des Oberkiefers herunter. Mit offenem Maul schwimmt das Tier in Planktonschwärme hinein, dann schließt es sein Maul und drückt das Wasser mit der Zunge durch die Barten heraus. Das Plankton bleibt hinter ihnen hängen und wird verschluckt.

Der „Blast" Wale atmen beim Auftauchen durch ihre Blaslöcher warme Luft aus. In der kalten Luft kondensiert sie zu einem feinen Nebel. Die früheren Walfänger hielten sie deshalb für herausspritzendes Wasser. Heute erkennen Walfänger die verschiedenen Walarten an der Höhe, Breite und Richtung des „Blastes".

Das Reich der Delphine und Schwertwale

Der größte Vertreter der Familie der Delphine ist der Schwertwal, ein gefräßiger Räuber. Er schwimmt in Herden und ortet seine Beute mit Hilfe der Echopeilung.

Delphine und Tümmler sind die häufigsten Vertreter der größten Familie der Zahnwale. Sie lassen sich manchmal nur schwer auseinanderhalten, aber Delphine haben allgemein schnabelartige Schnauzen, und ihre Körper sind schlanker und länger als die der plumperen Tümmler.

Viele Delphine sind etwa 2,5 m lang, Tümmler dagegen werden selten länger als 1,50 bis 1,80 m. Wesentlich größere Vertreter der „Delphinartigen" sind die Grindwale der Gattung *Globicephala* und der Schwertwal, *Orcinus orca,* der bis zu 9 m lang werden kann.

Alle diese Kleinwale schwimmen in Herden oder „Schulen", die oft hundert oder mehr Tiere umfassen, manchmal sogar verschiedene Arten.

Grindwale schwimmen in großen Schulen. Wie andere Wale tasten sie durch Echopeilung den Meeresgrund ab. Manchmal werden sie aber an sanft ansteigenden Küsten getäuscht und können dort in größerer Zahl stranden.

Schwertwale findet man in allen Ozeanen; in den arktischen und antarktischen Gewässern sind sie aber besonders häufig. Hier kommt ein Paar zwischen dünnen Eisschollen hoch und hält Ausschau.

Der pazifische Gill-Tümmler, *Tursiops gillii,* und der pazifische Streifendelphin, *Lagenorhynchus obliquidens,* begleiten zum Beispiel die Schulen von Grindwalen, die im Herbst die kälteren Meere verlassen, um sich in wärmeren zu paaren und ihre Jungen zur Welt zu bringen.

Schwertwale kommen in allen Meeren vor; sie ziehen in Rudeln von 5–50 Tieren. Es sind gefräßige Räuber mit kegelförmigen, ineinandergreifenden Zähnen, 20 in jedem Kiefer. Mit ihnen können sie selbst so schlüpfrige Beute wie Tintenfische fest packen.

Überdies verfügen die Schwertwale noch über ein anderes Mittel, das ihnen bei der Jagd nützlich ist: Sie können Laute ausstoßen und auf Grund des zurückgeworfenen Echos die Entfernung zur Beute schätzen. Wahrscheinlich halten die Schwertwale außerdem durch Laute Verbindung untereinander. Ein Peilvermögen ist auch bei allen anderen Zahnwalen vorhanden, vielleicht ebenso bei allen Bartenwalen. Diese Fähigkeit ermöglicht es den Walen, Steilküsten auszuweichen und überhaupt Zusammenstöße mit Hindernissen zu vermeiden. Vor allem für die großen, extrem schweren Wale und für die flinken Delphine ist das vorteilhaft.

Meeresdelphine und Tümmler ernähren sich von Fischen und Tintenfischen. Um ihre Beute zu erwischen, müssen sie schnell schwimmen können. Ein 1,80 m langer Delphin erreicht denn auch Geschwindigkeiten von mehr als 40 km/st. Im Gegensatz zu den Walen tauchen sie aber nicht sehr tief; ihre untere Grenze liegt bei etwa 30 m, und sie bleiben gewöhnlich auch nicht länger als 5 Minuten unter Wasser.

Delphine gebären nach 10- bis 11monatiger Tragezeit ein einziges Junges, das mit dem Schwanz voran zur Welt kommt. Würde es mit dem Kopf voran geboren, liefe es Gefahr zu ertrinken. Unmittelbar nach der Geburt schubst die Mutter das Kleine an die Wasseroberfläche, damit es dort seinen ersten Atemzug tun kann. Der junge Delphin, der sogleich zu schwimmen beginnt, bleibt viele Wochen in der Nähe seiner Mutter.

Hochspringer Delphine, wie diese Streifendelphine, springen oft hoch aus dem Wasser heraus, wenn sie zum Atmen an die Oberfläche kommen.

Ein ausgereifter Sprößling Delphine bringen große, weit entwickelte Junge zur Welt. Dieses Delphinbaby ist noch keinen ganzen Tag alt.

Otter, die sich nachts festbinden

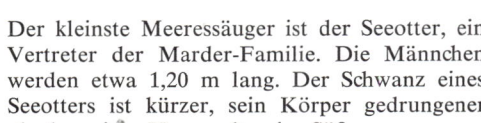

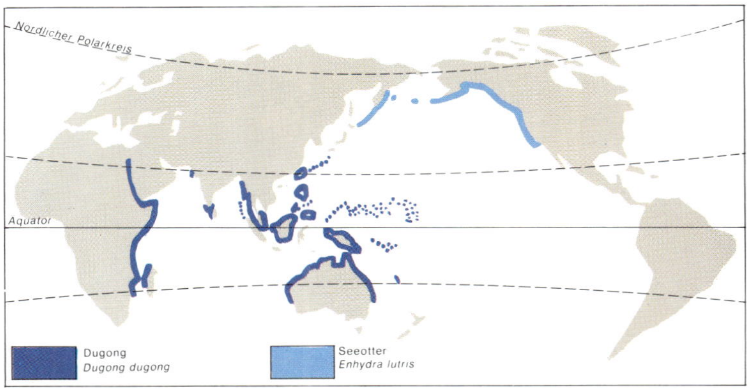
Nördlicher Polarkreis
Äquator
Dugong
Dugong dugong
Seeotter
Enhydra lutris

Verschiedene Verbreitung Der Seeotter lebt auch in kalten Meeren. Die Seekuh ist praktisch auf die seichten, tropischen Gewässer beschränkt.

Werkzeuggebrauch Seeotter balancieren oft flache Steine auf ihrem Brustkasten und zerschlagen besonders harte Muscheln auf ihnen, dann schlürfen oder lecken sie die weichen Teile aus den Schalen heraus.

Der kleinste Meeressäuger ist der Seeotter, ein Vertreter der Marder-Familie. Die Männchen werden etwa 1,20 m lang. Der Schwanz eines Seeotters ist kürzer, sein Körper gedrungener als der seines Verwandten im Süßwasser.

Gegen das kalte Wasser ist dieses Tier durch eine Lufthülle geschützt, die zwischen den Haaren seines dichten Pelzes eingefangen ist. Seeotter verlassen das Meer sehr selten – nur zur Paarung und zum Gebären der Jungen. Gewöhnlich halten sie sich etwa 1 km von der Küste entfernt im Wasser auf und versammeln sich dort in oder bei Feldern von dickem Seetang, dem sogenannten Kelp. Nachts umwickeln sie sich mit Strängen der bandförmigen Pflanzen, um im Schlaf nicht voneinander fortgetrieben zu werden.

Am Tage schwimmen die Seeotter in offenen Gewässern. Entweder lassen sie sich treiben und paddeln, auf dem Rücken liegend, gemächlich dahin, oder sie schwimmen rasch, mit dem Rükken nach oben, und tauchen so auch nach ihrer Beute: nach Schalentieren, Seeigeln und kleinen Fischen. Selten gehen sie dabei weiter als 30 m hinunter. Wenn ein Seeotter mit Muscheln zur Wasseroberfläche zurückkehrt, legt er sich auf seinen Rücken und knackt sie mit seinen breiten, flachen Backenzähnen.

Die starke Nachfrage nach dem Pelz des Seeotters führte dazu, daß dieses Tier beinahe ausgerottet wurde. Während die Seeotter noch vor einem Jahrhundert an der West- und Ostküste des Pazifiks von den Inseln der Bering-Straße bis nach Japan einerseits und nach Kalifornien andererseits zahlreich waren, sind sie heute auf wenige kleine Gebiete beschränkt.

Säugetiere, die unter Wasser weiden

Andere Meeressäugetiere, die Seekühe, sind träge Pflanzenfresser. Ihr einziger Schutz besteht darin, daß die von ihr bewohnten Küstengewässer für Haie und Schwertwale gewöhnlich zu seicht sind.

Es gibt zwei Arten: Dugongs und Manatis. Dugongs kommen nur im Indischen Ozean, im Roten Meer und im Westpazifik vor. Wie die mit ihnen nahe verwandten Manatis, die in brackigen Flußmündungen rings um den Atlantik leben, sind sie praktisch auf die Tropen beschränkt.

Seekühe haben schwere, 2,5–3 m lange, sich verjüngende Körper. Wie die Wale sind sie ganz an das Meer angepaßt und verlassen es nie. Im Laufe ihrer Entwicklung sind ihre Hintergliedmaßen vollständig verschwunden und durch zwei runde Schwanzflossen ersetzt worden. Mit ihrer beweglichen, überhängenden Oberlippe reißen Seekühe Pflanzen aus.

Weidetiere im Meer Der Dugong frißt nachts unter Wasser Meerespflanzen. Die weiten Nasenlöcher, die oben auf seiner Schnauze liegen, können so fest geschlossen werden, daß kein Wasser eindringt.

Robben und Seelöwen

Die größte Säugetierherde der Erde besteht aus Geschöpfen, die die meiste Zeit im Meer verbringen. Es sind die Pelzrobben, die nur zur Fortpflanzung an Land kommen.

Es gibt 3 Robbenfamilien: Ohrenrobben, Walrosse und Seehunde. Alle Robben sind Fleischfresser, die sich vornehmlich von Fischen und Schalentieren ernähren. Ohrenrobben, zu denen Pelzrobben und Seelöwen zählen, besitzen noch Ohrmuscheln. Sie können ihre Hinterflossen nach vorn drehen und sich an Land recht flink bewegen. Seehunde hingegen haben keine äußeren Ohren mehr und können ihre Hinterflossen nicht mehr nach vorn drehen.

Robben verbringen die meiste Zeit ihres Lebens im weiten Meer; nur zur Fortpflanzung und zum Haarwechsel gehen sie an Land. Die Fortpflanzung findet meist auf Inseln statt.

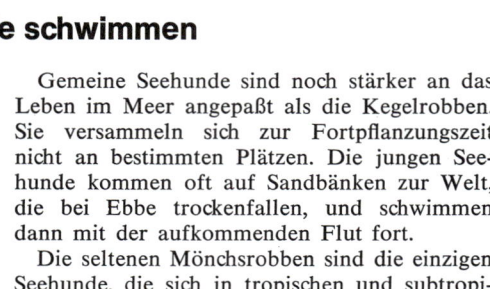

Gleich nach der Geburt können sie schwimmen

Etwa einen Monat vor der Fortpflanzungszeit kommen die Kegelrobbenmännchen und die trächtigen Weibchen – es handelt sich um eine Seehundart – zu dem ausgewählten Strand oder in dessen Nähe. Wenn die ersten Jungen geboren worden sind, errichten die älteren Bullen an Land große Territorien. Die jüngeren Bullen müssen sich mit den Randgebieten am Wasser begnügen. Die Paarung findet 14 Tage nach der Geburt der Jungen statt.

Gemeine Seehunde sind noch stärker an das Leben im Meer angepaßt als die Kegelrobben. Sie versammeln sich zur Fortpflanzungszeit nicht an bestimmten Plätzen. Die jungen Seehunde kommen oft auf Sandbänken zur Welt, die bei Ebbe trockenfallen, und schwimmen dann mit der aufkommenden Flut fort.

Die seltenen Mönchsrobben sind die einzigen Seehunde, die sich in tropischen und subtropischen Gewässern fortpflanzen.

Die Fortbewegung der Kegelrobben an Land

Wie alle Seehunde „robbt" die Kegelrobbe an Land nur mit Hilfe ihrer Vorderflossen vorwärts.

Die Kegelrobbe und ihr Fortpflanzungszyklus Junge Kegelrobben (oben) nehmen nach der Geburt in 14 Tagen über 40 Pfund zu. Kennzeichnend für den Fortpflanzungszyklus (rechts) dieser Art ist, daß zwischen der Befruchtung des Eies – etwa 2 Wochen nach der Geburt des vorigen Jungen – und seiner Implantation in der Gebärmutter 2–3 Monate vergehen. In dieser Zeit erholt sich das Weibchen.

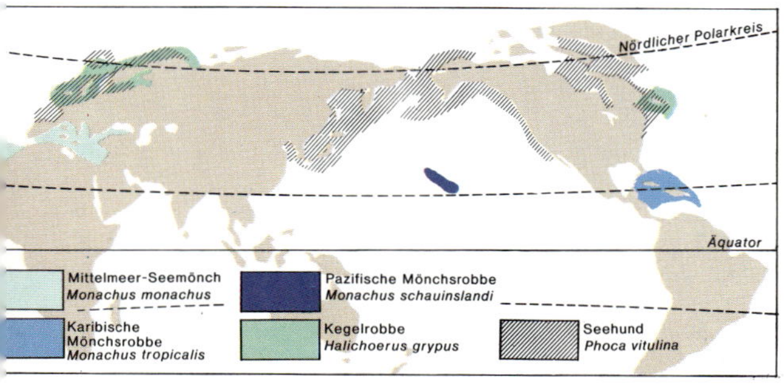
Nördlicher Polarkreis
Äquator
Mittelmeer-Seemönch
Monachus monachus
Pazifische Mönchsrobbe
Monachus schauinslandi
Karibische Mönchsrobbe
Monachus tropicalis
Kegelrobbe
Halichoerus grypus
Seehund
Phoca vitulina

Paarungsplätze Die Kegelrobbe paart sich nur auf Inseln und auf dem Treibeis. Der Seehund geht an den Festlandküsten der gemäßigten und arktischen Zone oft an Land, um sich fortzupflanzen.

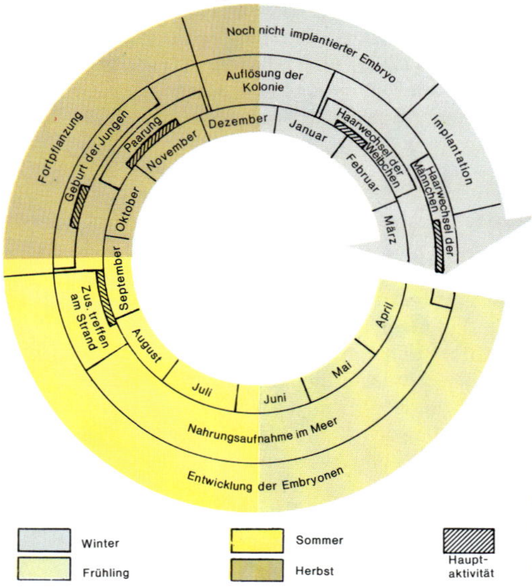
Noch nicht implantierter Embryo
Auflösung der Kolonie
Implantation
Fortpflanzung
Geburt der Jungen
Paarung
Haarwechsel der Weibchen
Haarwechsel der Männchen
Dezember
Januar
Februar
März
April
Mai
Juni
Juli
August
September
Oktober
November
Zus.treffen am Strand
Nahrungsaufnahme im Meer
Entwicklung der Embryonen
Winter
Frühling
Sommer
Herbst
Haupt-aktivität

Pelzrobben und Seelöwen

Die Nördlichen Pelzrobben bilden die größte Säugetierherde der Erde, wenn etwa 1,5 Millionen von ihnen an Land gehen, um sich auf zwei Inseln der Pribilof-Gruppe im Nordpazifik fortzupflanzen. Jedes Jahr erschlagen Robbenfänger etwa 60 000 junge Männchen, die in einiger Entfernung von den Kolonien zusammenkommen. Der Gesamtbestand bleibt jedoch trotzdem konstant, weil die Männchen polygam sind und ein Überschuß an Männchen besteht. Ein „Pascha", auch Strandmeister genannt, kann einen Harem von 50 Weibchen besitzen.

Ein Harem am Strand Die Paschas der Hooker-Seelöwen richten im Oktober am Strand Territorien ein und verteidigen sie gegen überzählige Bullen. Diese müssen am Rand der Kolonie oder im Meer bleiben. Die kleineren und blasser gefärbten Kühe kommen später an. Jeder Pascha holt sich dann einen Harem von etwa einem Dutzend Tieren zusammen. Im Dezember und Januar kommen die Jungen zur Welt. Anfang Februar lösen die Harems sich wieder auf.

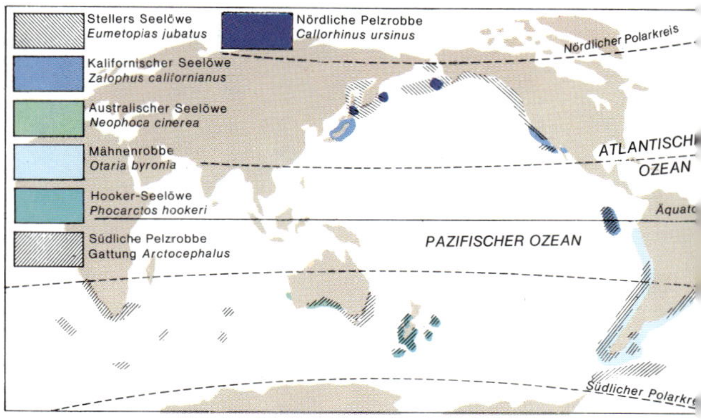
Stellers Seelöwe
Eumetopias jubatus
Nördliche Pelzrobbe
Callorhinus ursinus
Kalifornischer Seelöwe
Zalophus californianus
Australischer Seelöwe
Neophoca cinerea
Mähnenrobbe
Otaria byronia
Hooker-Seelöwe
Phocarctos hookeri
Südliche Pelzrobbe
Gattung *Arctocephalus*
Nördlicher Polarkreis
ATLANTISCH
OZEAN
Äquat
PAZIFISCHER OZEAN
Südlicher Polarkr

Pelzrobben und Seelöwen Drei Viertel aller Nördlichen Pelzrobben kommen zur Fortpflanzung auf zwei Inseln der Pribilof-Gruppe im Nordpazifik zusammen.

Die Strandmeister errichten Anfang Juni ihre Territorien. Mitte des Monats kommen die Weibchen an, und 1–2 Tage darauf werfen sie ihre Jungen. Die ausgewachsenen Tiere paaren sich, wenn die Kleinen etwa eine Woche alt sind. Im Oktober wandern die Nördlichen Pelzrobben mehr als 4500 km bis nach Japan und Kalifornien, und zeitig im Frühjahr kehren sie zurück. Die Harems der Südlichen Pelzrobben sind viel kleiner als die der nördlichen Art.

Größer als Pelzrobben, die bis zu 2,5 m lang werden, sind Seelöwen. Sie gehören ebenfalls zu den Ohrenrobben. Die Männchen von Stellers Seelöwen zum Beispiel sind große Tiere mit dicker Mähne; sie können bis zu 3,30 m lang werden und knapp eine Tonne wiegen. Die Weibchen erreichen nur eine Länge von 2,30 m. Wie die Pelzrobben sind Seelöwen polygam; die Bullen haben Territorien und kleine Harems. Seelöwen fressen Tintenfische, Fische und gelegentlich auch einmal Pinguine. Sie schwimmen und tauchen, um Angreifern zu entfliehen, aber sie können auch mit ihren Eckzähnen kämpfen.

Flachtaucher Ein männlicher Seelöwe springt ins Meer. Seelöwen und Pelzrobben tauchen nicht so tief und bleiben auch nicht so lange unter Wasser wie Seehunde; sie ernähren sich vor allem von Fischen, Schalentieren und Kalmaren im Oberflächenwasser.

Stellers Seelöwen auf den Aleuten flüchten vor einem tieffliegenden Flugzeug ins Wasser.

TEIL II

Versteinerte Tiere geben Aufschluß über die Evolution
Unser Wissen von der Entwicklungsgeschichte der Tiere gewinnen wir teilweise durch Fossilien, zum Beispiel durch diesen Ammoniten *Asterocera obtusum*. Fossilien sind versteinerte Reste von Tieren und Pflanzen. Das Alter der Gesteinsschicht, in der sie vorkommen, läßt Schlüsse darüber zu, wann diese Geschöpfe lebten. Die Blütezeit der Ammoniten war vor etwa 400 Millionen Jahren.

Tiere überleben dank ihrer Verhaltensweise
Säugetiere, die in ungewöhnlichen Lebensräumen existieren und mehrere Junge auf einmal gebären, kümmern sich besonders intensiv um ihren Nachwuchs. Diese Weddellrobbe umsorgt ihr Baby in den ersten 6—7 Wochen ständig. Sie verläßt es nicht einmal, um für sich selbst Nahrung zu suchen. Gegen Eindringlinge setzt sie sich energisch zur Wehr, und sollte das Junge sterben, bleibt sie noch tagelang bei dem toten Tier.

Das Leben der Tiere im Laufe der Zeiten

Über den Fortbestand dieser Kranichart wacht der Mensch
Der Mensch hat schon viele Tierarten ausgerottet. In einigen Fällen aber wurde der Vernichtung Einhalt geboten, ehe es zu spät war – so beim Mandschuren-Kranich, *Grus japonensis*. 1924 lebten nur noch 20 Vögel dieser Art in Japan. Für sie wurde ein Schutzgebiet geschaffen, und 1965 zählte man hier bereits wieder 172 Mandschuren-Kraniche. Außerdem gab es noch 250 auf dem asiatischen Festland und 134 in zoologischen Gärten.

Die Verbreitung der Tiere

Die Verbreitung der Tiere auf der Erde ist durch viele Faktoren beeinflußt worden, unter anderem durch die Klimaschwankungen und die Verschiebung der Kontinente.

Seit das Leben vor etwa 3,5 Milliarden Jahren begann, hat sich die Erdoberfläche stark verändert. Der Meeresspiegel hob und senkte sich; Landgebiete wurden überflutet, andere tauchten aus dem Wasser auf. Ganze Kontinente trieben auseinander und wieder zueinander hin. Gewaltige Kräfte schufen Gebirgsketten, von denen viele inzwischen wieder eingeebnet wurden. Gletscher schoben sich von den Polen aus vor, hobelten tiefe Täler aus und zogen sich wieder zurück.

Die Vorfahren der Tiere, die jetzt auf der Erde existieren, haben solche einschneidenden Veränderungen überlebt. Ihre Entwicklung wurde häufig gefördert, wenn sie besondere Schwierigkeiten zu überwinden hatten und sich weiter ausbreiteten. Dabei stießen sie nicht selten auf unüberwindliche Hindernisse, auf Ge-

Die driftenden Kontinente

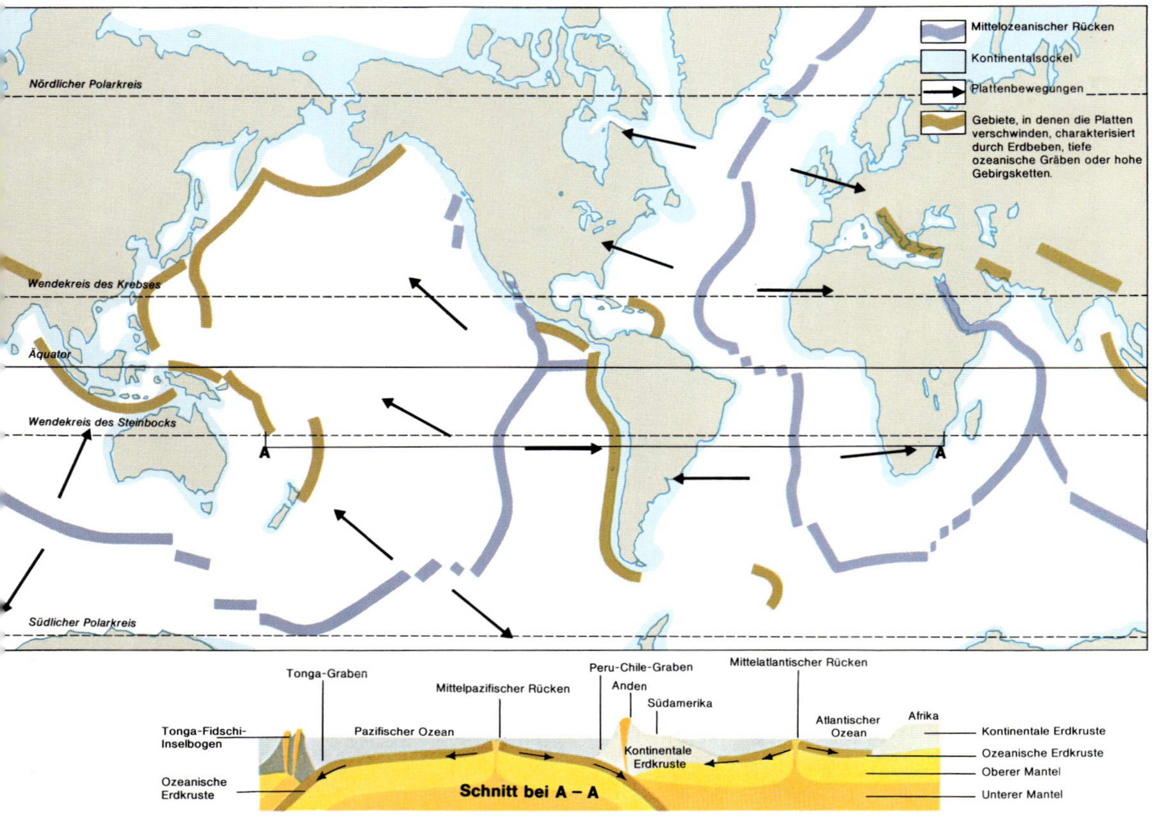

Mittelozeanischer Rücken
Kontinentalsockel
Plattenbewegungen
Gebiete, in denen die Platten verschwinden, charakterisiert durch Erdbeben, tiefe ozeanische Gräben oder hohe Gebirgsketten.
Nördlicher Polarkreis
Wendekreis des Krebses
Äquator
Wendekreis des Steinbocks
Südlicher Polarkreis
A
A
Tonga-Graben
Mittelpazifischer Rücken
Peru-Chile-Graben
Anden
Südamerika
Mittelatlantischer Rücken
Tonga-Fidschi-Inselbogen
Pazifischer Ozean
Kontinentale Erdkruste
Atlantischer Ozean
Afrika
Ozeanische Erdkruste
Schnitt bei A – A
Kontinentale Erdkruste
Ozeanische Erdkruste
Oberer Mantel
Unterer Mantel

Die Kontinente sind mit dem Basaltgestein des Ozeanbodens verbunden. Dieser besteht aus starren Platten, die auf dem zähflüssigen Gestein des Erdmantels „schwimmen". Die Platten bilden sich bei den mittelozeanischen Rücken aus dem Mantel. Hier quillt zwischen den Platten neues Gestein empor und bildet neuen Meeresboden. Die aufsteigenden Platten treiben auseinander – in einigen Teilen des Atlantiks 2,5 cm im Jahr – und transportieren Kontinente und neue Ozeanböden wie auf Förderbändern weiter. In Tiefseegräben, wo der alte Meeresboden absinkt, kehrt das Plattenmaterial zum Mantel zurück. Dabei kommt es zu Erdbeben und Vulkanausbrüchen. Manchmal entstehen aus Vulkanen Inselketten, so zum Beispiel der Tonga-Fidschi-Inselbogen. Wenn ein Kontinent am Rande eines Grabens liegt, bildet sich häufig ein von Vulkanen durchsetzter Gebirgszug, wie die Anden in Südamerika.

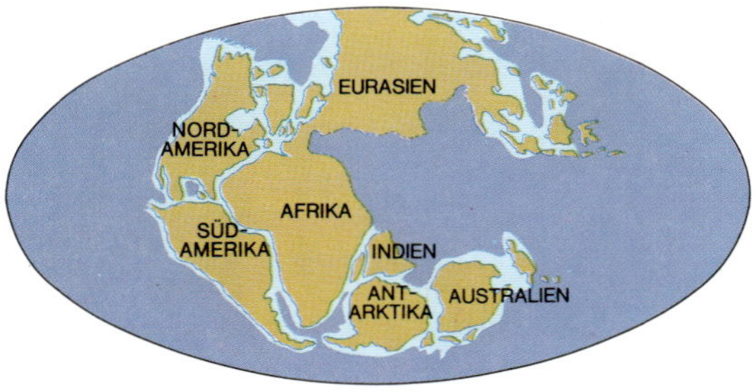

EURASIEN
NORD-AMERIKA
AFRIKA
SÜD-AMERIKA
INDIEN
ANT-ARKTIKA
AUSTRALIEN

Die Kontinente vor 200 Millionen Jahren

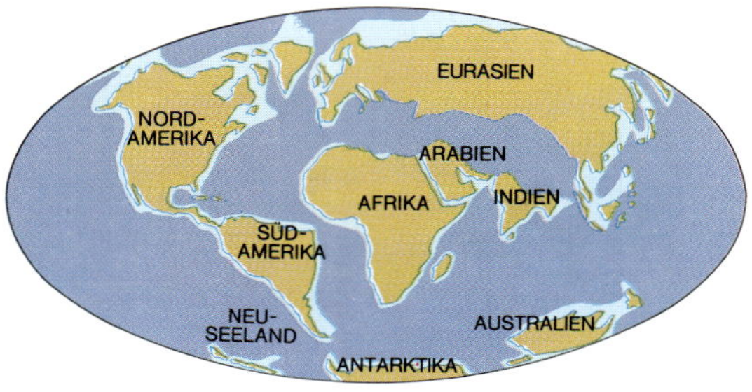

EURASIEN
NORD-AMERIKA
ARABIEN
AFRIKA
INDIEN
SÜD-AMERIKA
NEU-SEELAND
AUSTRALIEN
ANTARKTIKA

Die Kontinente vor 60 Millionen Jahren

Vor 500—200 Millionen Jahren lagen die Kontinente der Südhalbkugel wahrscheinlich noch dicht beisammen. Dann trieben die Kontinente auseinander. Indien driftete nach Norden und stieß auf Asien. Mit der Trennung der Kontinente wurden auch Tiergruppen isoliert; viele von ihnen sind seitdem ausgestorben. Die Formen der heutigen Festlandmassen mit ihren Kontinentalsockeln (hellblau gekennzeichnet) passen ineinander wie die Teile eines Puzzlespiels. An den Kontinentalrändern, die heute Tausende von Kilometern voneinander getrennt sind, findet man überdies ähnliche Gesteinsformationen; das spricht dafür, daß sie früher nicht allzu weit voneinander entfernt lagen. Das junge Alter der Gesteine an den mittelozeanischen Rücken, verglichen mit dem höheren Alter der Gesteine in der Nähe der Kontinente, deutet darauf hin, daß die Kontinente auseinandertrieben und daß zwischen ihnen neues Gestein aus dem Erdmantel emporgequollen ist. Der Boden des Roten Meeres und des Golfs von Aden besteht ganz aus jungem Gestein, das zum Vorschein kam, als vor etwa 20 Millionen Jahren Arabien von Afrika forttrieb. Neue Teilmeere und Ozeane stellen für die Landtiere Hindernisse dar und erklären zum Teil die gegenwärtige Verbreitung der Tiere.

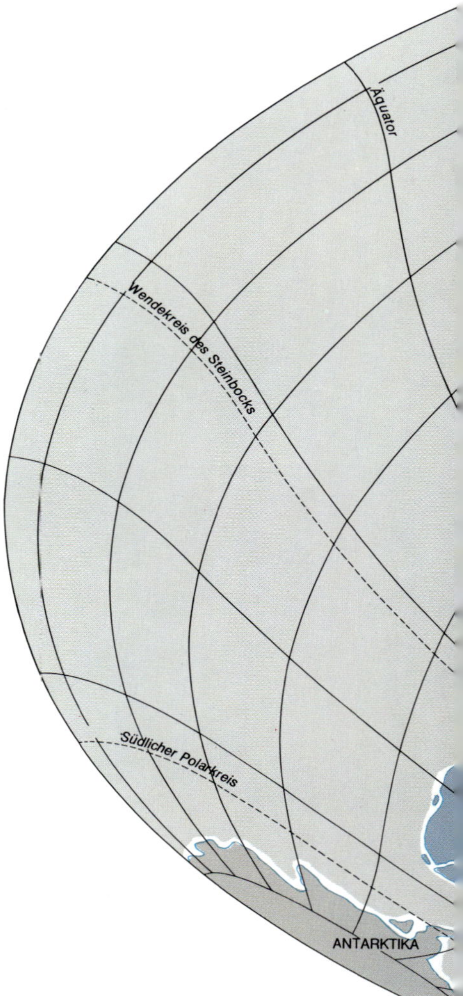

Äquator
Wendekreis des Steinbocks
Südlicher Polarkreis
ANTARKTIKA

Wissenschaftler teilen die Erdoberfläche in tiergeographische Regionen ein. In jeder gibt es Tiere, die man anderswo nicht findet. Einige von ihnen sind auf der Karte verzeichnet. An den Grenzen benachbarter Regionen liegen Übergangszonen, in denen sich die Tiere verschiedener Regionen mischen. So treffen auf Celebes Primaten und Schleichkatzen aus der Orientalischen Region und Beuteltiere aus der Australischen Region zusammen. Auch Verbreitungsschranken, die die meisten Tiere nicht überqueren können, sind Übergangsgebiete, etwa die Sahara und der Himalaja. Große Inseln bilden Kleinregionen mit charakteristischen Landwirbeltieren, die nur dort vorkommen. Auf Madagaskar hat sich eine einzigartige Tierwelt entwickelt, nachdem die Insel sich von Afrika getrennt hatte. Auf Neuseeland, das vor mindestens 70 Millionen Jahren von Australien isoliert wurde, stellen die Brückenechsen und die Neuseeländischen Urfrösche Reste von Gruppen dar, die fast überall auf der Erde ausgestorben sind.

birge, Wüsten, Meere und Klimaschranken. Viele Gruppen, die sich erst entwickelten, nachdem solche Sperren entstanden waren, kommen nur in eng begrenzten Gebieten vor.

Im Ozean sind ausgeprägte Barrieren seltener, und viele Meerestiere sind weit verbreitet. Auch Vögel werden in ihrer Verbreitung normalerweise nicht so sehr durch physikalische Hindernisse eingeschränkt, sondern vielmehr durch Einflüsse des Klimas und des Lebensraumes. Ihre Familien und Arten sind oft weit verstreut.

Während der letzten Million Jahre folgten in der gemäßigten Zone der Nordhalbkugel mehrere Eiszeiten aufeinander. Jedesmal nahm die Temperatur auf der Erde ab, und der Meeresspiegel sank, weil ein großer Teil des Wassers der Ozeane in Eis verwandelt wurde. Durch das Vorrücken der Gletscher starben viele Tierarten aus, da sie eingeschlossen wurden und sich an die neuen Verhältnisse nicht rasch genug anpassen konnten. Aber für kältefeste Tiere gab es jetzt Wege über das zugefrorene Meer sowie Landverbindungen, die durch das Absinken des Meeresspiegels entstanden. Auf einer solchen Landbrücke im Bereich der jetzigen Bering-Straße sind die Vorfahren der heutigen Pferde von Nordamerika auf die Ebenen Eurasiens gezogen.

Die tiergeographischen Regionen

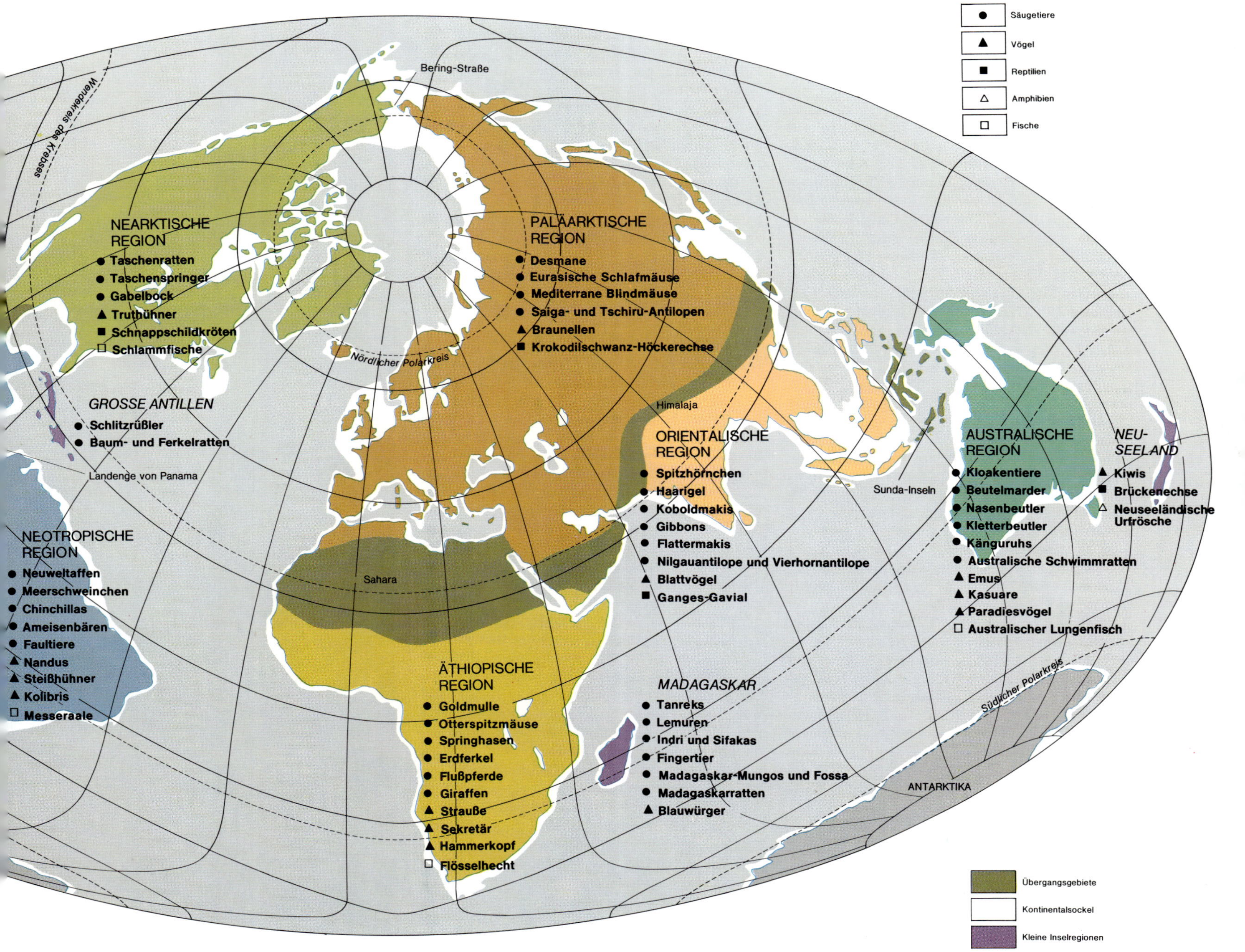

Säugetiere
Vögel
Reptilien
Amphibien
Fische
Bering-Straße
Wendekreis des Krebses
NEARKTISCHE REGION
Taschenratten
Taschenspringer
Gabelbock
Truthühner
Schnappschildkröten
Schlammfische
PALÄARKTISCHE REGION
Desmane
Eurasische Schlafmäuse
Mediterrane Blindmäuse
Saiga- und Tschiru-Antilopen
Braunellen
Krokodilschwanz-Höckerechse
Nördlicher Polarkreis
GROSSE ANTILLEN
Schlitzrüßler
Baum- und Ferkelratten
Landenge von Panama
Himalaja
ORIENTALISCHE REGION
Spitzhörnchen
Haarigel
Koboldmakis
Gibbons
Flattermakis
Nilgauantilope und Vierhornantilope
Blattvögel
Ganges-Gavial
Sunda-Inseln
AUSTRALISCHE REGION
Kloakentiere
Beutelmarder
Nasenbeutler
Kletterbeutler
Känguruhs
Australische Schwimmratten
Emus
Kasuare
Paradiesvögel
Australischer Lungenfisch
NEU-SEELAND
Kiwis
Brückenechse
Neuseeländische Urfrösche
NEOTROPISCHE REGION
Neuweltaffen
Meerschweinchen
Chinchillas
Ameisenbären
Faultiere
Nandus
Steißhühner
Kolibris
Messeraale
Sahara
ÄTHIOPISCHE REGION
Goldmulle
Otterspitzmäuse
Springhasen
Erdferkel
Flußpferde
Giraffen
Strauße
Sekretär
Hammerkopf
Flösselhecht
MADAGASKAR
Tanreks
Lemuren
Indri und Sifakas
Fingertier
Madagaskar-Mungos und Fossa
Madagaskarratten
Blauwürger
Südlicher Polarkreis
ANTARKTIKA
Übergangsgebiete
Kontinentalsockel
Kleine Inselregionen

Alte Kontinente Zusammenpassende Schichten alter Gesteine zeigen, daß die Kontinente der Südhalbkugel einst näher zusammenlagen. Bestätigt wird das durch entsprechende Fossilien von Süßwasserreptilien.

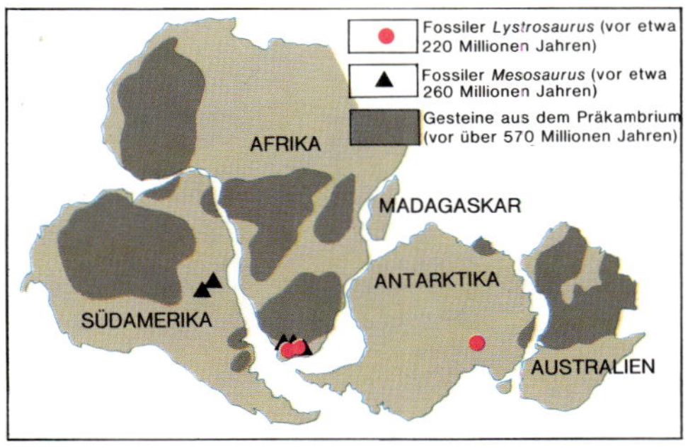

Fossiler *Lystrosaurus* (vor etwa 220 Millionen Jahren)
Fossiler *Mesosaurus* (vor etwa 260 Millionen Jahren)
Gesteine aus dem Präkambrium (vor über 570 Millionen Jahren)
AFRIKA
MADAGASKAR
ANTARKTIKA
SÜDAMERIKA
AUSTRALIEN

Tapire leben heute nur in den amerikanischen und asiatischen Tropen. Doch Fossilien zeigen, daß ihre Vorfahren auf der Nordhalbkugel weit verbreitet waren, als eine Landbrücke im Gebiet der Bering-Straße bestand.

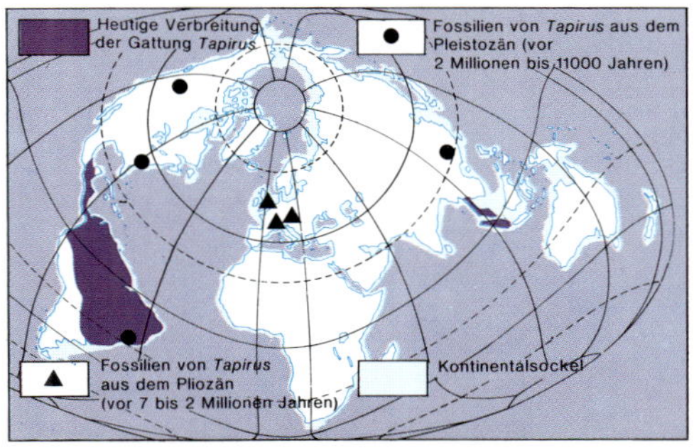

Heutige Verbreitung der Gattung *Tapirus*
Fossilien von *Tapirus* aus dem Pleistozän (vor 2 Millionen bis 11000 Jahren)
Fossilien von *Tapirus* aus dem Pliozän (vor 7 bis 2 Millionen Jahren)
Kontinentalsockel

Während der letzten Eiszeit starben die Maulwürfe in Westeuropa aus – nur nicht in Spanien. Als sich das Eis zurückzog, wanderten sie wieder nach Norden. Sie erreichten England, bevor der Ärmelkanal entstand.

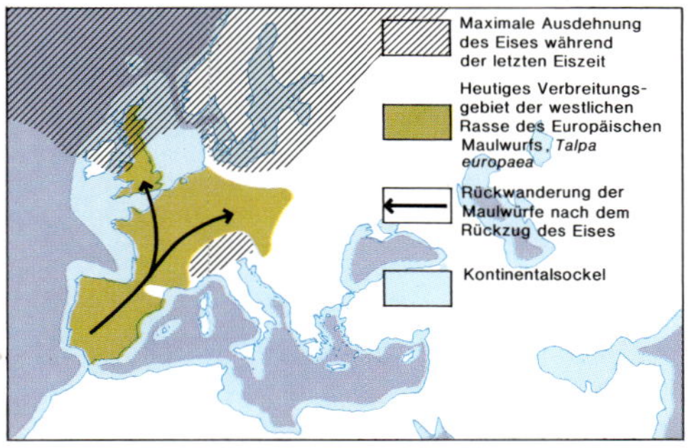

Maximale Ausdehnung des Eises während der letzten Eiszeit
Heutiges Verbreitungsgebiet der westlichen Rasse des Europäischen Maulwurfs, *Talpa europaea*
Rückwanderung der Maulwürfe nach dem Rückzug des Eises
Kontinentalsockel

Die Evolution der Tiere

Im 19. Jahrhundert führten zwei Männer eine Wende in der Biologie herbei: Charles Darwin veröffentlichte seine Abstammungstheorie, und Gregor Mendel entdeckte die Vererbungsgesetze.

Jahrhundertelang hatte man geglaubt, Tiere und Pflanzen veränderten sich nicht, und alle Arten seien in ihrer heutigen Gestalt auf der Erde erschienen. Im Jahre 1859 aber veröffentlichte der englische Naturforscher Charles Darwin ein Buch, das eine Wende in der Biologie herbeiführte. In diesem Werk, „Über die Entstehung der Arten durch natürliche Auslese", stellte er die Theorie auf, daß sich die heutigen Tiere aus früheren, anderen Arten entwickelt haben. Diese Überzeugung gründete sich auf lange Untersuchungen an Tieren in vielen Teilen der Erde, vor allem auf Beobachtungen, die Darwin selbst mehr als zwanzig Jahre zuvor auf einer Weltreise gemacht hatte. Drei Tatsachen waren vor allem wichtig. Erstens: Alle Angehörigen einer Art unterscheiden sich voneinander; einige sind größer als ihre Artgenossen, einige schneller, andere haben längere Pfoten, manche können besser sehen, oder sie haben einen dickeren Pelz, usw. Zweitens: Die meisten Lebewesen bringen viele Nachkommen hervor, aber nicht alle überleben und pflanzen sich fort. Drittens: Die Gesamtzahl der Individuen einer bestimmten Art neigt dazu, konstant zu bleiben. Aus diesen drei Tatsachen leitete Darwin ab, daß alle Lebewesen einen Kampf ums Dasein führen müssen und daß diejenigen, die ihn überstehen und sich fortpflanzen, dank ihrer abweichenden Eigenschaften Vorteile gegenüber ihren Artgenossen haben. Sie sind am tüchtigsten und ihrer Umgebung am besten angepaßt. Über Tausende von Generationen hinweg führt die „natürliche Auslese" zu neuen Arten, da die Nachkommen einer bestimmten Elternart sich in verschiedenen Gebieten unterschiedlichen Bedingungen anpassen.

Obwohl Darwin in seiner Abstammungslehre voraussetzt, daß Merkmale erblich sind, wußte er doch nichts von Vererbung. In den sechziger Jahren des 19. Jahrhunderts aber erforschte der Mönch Gregor Mendel (1822–84) in Brünn eben dieses Gebiet. Versuche mit Erbsenpflanzen brachten ihn zu der Überzeugung, daß ererbte Merkmale von einer Generation zur nächsten weitergegeben werden, und zwar durch „Faktoren". Jedes Merkmal beruht auf einem Faktorenpaar. Der eine Teil eines Paares wird von der männlichen Geschlechtszelle, der andere von der weiblichen weitergegeben.

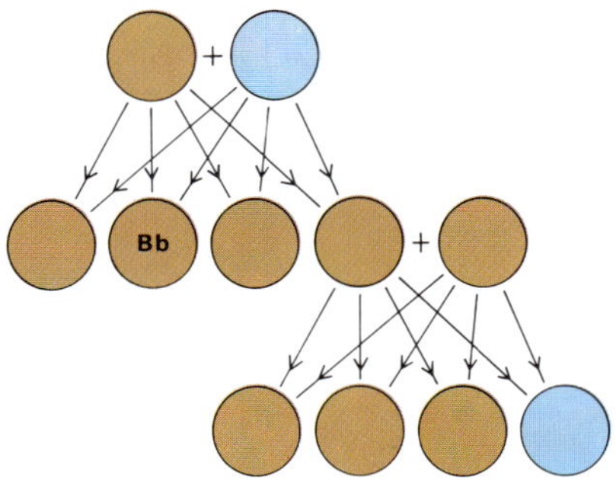

+
Bb
+

Die Vererbung der Augenfarben beim Menschen Das Gen für eine braune Augenfarbe ist dominant: Es überdeckt die Wirkung des Gens für blaue Augen. Alle Kinder von reinerbig braunäugigen (BB) und reinerbig blauäugigen (bb) Eltern haben braune Augen. Aber jedes von ihnen trägt auch das Gen für blaue Augen in sich und kann es an die Nachkommen weitergeben. Wenn zwei derartige braunäugige Individuen mit den Genen Bb Kinder haben, dann hat gewöhnlich eins von vieren blaue Augen.

Heute bezeichnen die Biologen Mendels „Faktoren" als Gene und die Wissenschaft von der Vererbung als Genetik. Gene sind Einheiten aus DNS-Molekülen (Desoxyribonukleinsäure); sie liegen aufgereiht auf stäbchenförmigen Gebilden, den sogenannten Chromosomen, die sich im Kern lebender Zellen befinden. Wenn eine Zelle sich teilt, verdoppeln sich die DNS-Moleküle, so daß die Tochterzellen völlig gleiche Gene erhalten.

In fast allen Zellen treten die Chromosomen doppelt auf, so daß jedes Merkmal an zwei Gene gebunden ist – je eines in einem von zwei paarweise vorhandenen Chromosomen. Wenn eine Zelle sich aber teilt, um männliche Samenzellen oder weibliche Eizellen zu bilden, halbiert sich die Anzahl der Chromosomen. Bei der Befruchtung vereinigt sich eine männliche Zelle mit einer weiblichen. Das befruchtete Ei hat dann wieder die volle Chromosomenzahl, und es enthält die Gene beider Eltern.

Wirkende Vererbung

Die moderne Auffassung von der Evolution verbindet Darwins Theorie mit den Erkenntnissen der Genetik. Die Gene der Einzeltiere einer Population sind Teil des gesamten Genbestandes dieser Population. Neue Formen in diesem Bestand entstehen durch Mutationen – chemische oder strukturelle Veränderungen in den Chromosomen. Der ungeheuer vielfältige Genbestand wird bei den Einzeltieren jeder Generation in immer neuen Kombinationen verwertet (genetische Variation).

Ein Individuum mit einem Satz von Genen, die ihm für seine spezielle Umgebung besonders günstige Eigenschaften verleihen, hat eine größere Chance zu überleben und sich fortzupflanzen als weniger gut angepaßte Einzeltiere.

Die Beweise für die Richtigkeit der Evolution sind überwältigend. Mit Hilfe von Fossilien kann man über sehr lange Zeiträume hinweg die Veränderungen in der Tierwelt verfolgen. Und die Untersuchungen an Embryonen offenbaren primitive Strukturen selbst bei den heutigen hochentwickelten Tieren. Zudem vergleichen Biologen die Baupläne verwandter Tiergruppen, um herauszufinden, ob sie einen gemeinsamen stammesgeschichtlichen Ursprung haben können.

Überdies hat die neue Wissenschaft der Molekularbiologie teilweise aufklären können, wie die genetische Vererbung arbeitet. In den frühen fünfziger Jahren analysierten Forscher in England die Struktur der DNS, des Trägers der genetischen Information in den Chromosomen. Das DNS-Molekül ähnelt einer verdrehten Leiter, wobei wasserstoffgebundene organische Basen als Sprossen dienen und Ketten von Phosphaten bzw. Zuckerverbindungen die Holme darstellen. Die Anordnung der Basen kann unterschiedlich sein. Sie bildet den „Code", der die Entwicklung eines Lebewesens steuert, indem er die Abfolge der Aminosäuren in den Proteinen bestimmt, die von jeder Zelle aufgebaut werden.

Beweise für die Evolution

Über die Entwicklung von Tieren und Pflanzen geben auch Fossilien Aufschluß. Die Platte links enthält die versteinerten Reste von alligatorähnlichen Amphibien, die vor ungefähr 200 Millionen Jahren in Neumexiko starben. Die Tiere drängten sich kurz vor ihrem Tode in einem austrocknenden Sumpf zusammen. Sand und Schlamm bedeckten ihre Skelette, und im Laufe der Jahre wurden sie zusammengepreßt und versteinerten. Ihr Alter läßt sich nach dem Alter des Gesteins, in das sie eingebettet sind, bestimmen.

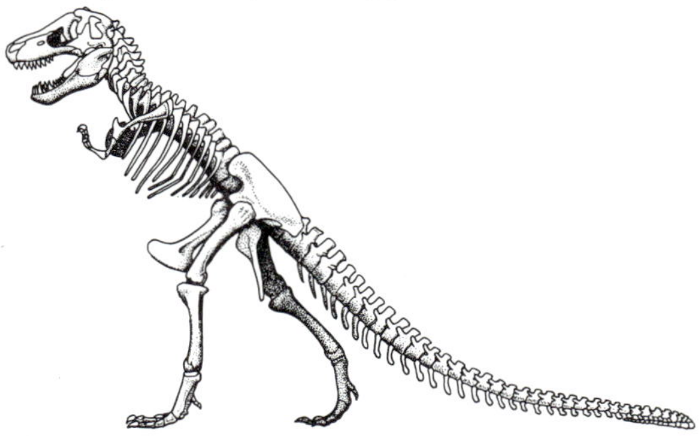

Manchmal findet man vollständige fossile Skelette, besonders von großen Tieren, deren mächtige Knochen der Zerstörung trotzten. Dieser fleischfressende *Tyrannosaurus* ist 15 m lang.

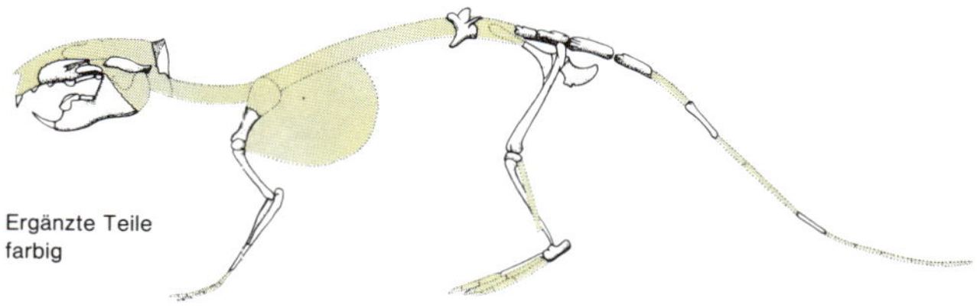
Ergänzte Teile
farbig

Nur von wenigen frühen Säugern gibt es gut erhaltene fossile Reste; aber man kann Lebewesen wie diesen etwa 75 Millionen Jahre alten Pflanzenfresser aus wenigen Bruchstücken rekonstruieren.

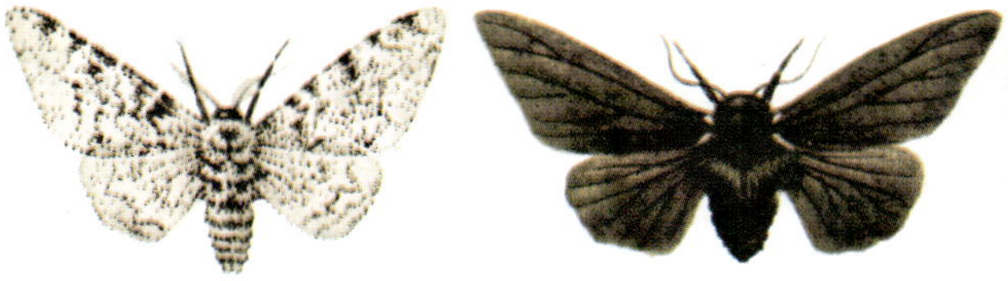

Der Birkenspanner lebte, getarnt durch seine helle Farbe, an Bäumen, die mit Flechten bewachsen waren. Als die Bäume in Industriegebieten durch Ruß geschwärzt wurden, bekamen die ursprünglich seltenen dunklen Formen des Schmetterlings das Übergewicht, weil sie auf dem dunklen Grund nicht auffallen.

Die Evolution des Pferdes

Hyracotherium (vor 50 Millionen Jahren) *Mesohippus* (vor 35 - 30 Millionen Jahren) *Merychippus* (vor 25 - 20 Millionen Jahren)

Pliohippus (vor 5 - 2 Millionen Jahren) *Equus* (seit 2 Millionen Jahren)

Die Stammesgeschichte der Pferdefamilie zeigt, wie die natürliche Auslese zum Überleben derjenigen Form eines Tieres führt, die am besten an ihre Umwelt angepaßt ist. Der Vorfahr des heutigen Pferdes *Equus* war das *Hyracotherium*, ein terriergroßes Tier, das sich auf weichem Waldboden gut bewegen konnte. Es hatte 4 Zehen an den Vorderfüßen und 3 an den Hinterfüßen. Allmählich dehnten sich die Grasländer aus. Die Pferde wurden größer, ihre Beine länger, weil sie sich nun auf offenem Gelände schneller fortbewegen mußten, und die Zehen verschwanden teilweise.

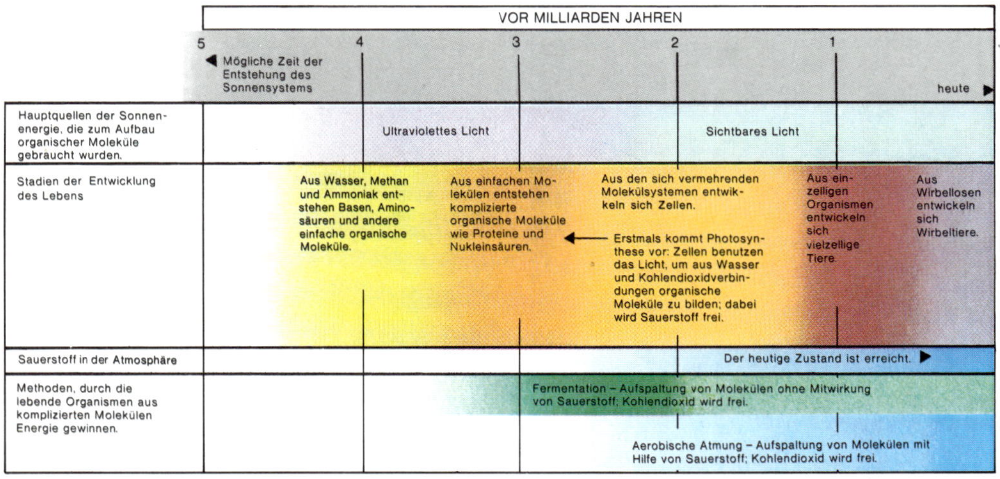
VOR MILLIARDEN JAHREN
5
4
3
2
1
Mögliche Zeit der Entstehung des Sonnensystems
heute
Hauptquellen der Sonnenenergie, die zum Aufbau organischer Moleküle gebraucht wurden.
Ultraviolettes Licht
Sichtbares Licht
Stadien der Entwicklung des Lebens
Aus Wasser, Methan und Ammoniak entstehen Basen, Aminosäuren und andere einfache organische Moleküle.
Aus einfachen Molekülen entstehen komplizierte organische Moleküle wie Proteine und Nukleinsäuren.
Aus den sich vermehrenden Molekülsystemen entwickeln sich Zellen.
Erstmals kommt Photosynthese vor: Zellen benutzen das Licht, um aus Wasser und Kohlendioxidverbindungen organische Moleküle zu bilden; dabei wird Sauerstoff frei.
Aus einzelligen Organismen entwickeln sich vielzellige Tiere.
Aus Wirbellosen entwickeln sich Wirbeltiere.
Sauerstoff in der Atmosphäre
Der heutige Zustand ist erreicht.
Methoden, durch die lebende Organismen aus komplizierten Molekülen Energie gewinnen.
Fermentation – Aufspaltung von Molekülen ohne Mitwirkung von Sauerstoff; Kohlendioxid wird frei.
Aerobische Atmung – Aufspaltung von Molekülen mit Hilfe von Sauerstoff; Kohlendioxid wird frei.

Stadien in der Evolution des Lebens Unter der Einwirkung der Ultraviolettstrahlung von der Sonne schlossen einfache Moleküle sich zu komplizierteren zusammen, die sich vermehrten. Zellen entwickelten sich; die Photosynthese trat auf, und der Sauerstoff für die Atmung wurde frei. Ultraviolettes Licht verwandelte einen Teil des Sauerstoffs in der Atmosphäre in Ozon, das nur noch sichtbares Licht als Hauptenergiequelle durchläßt.

Lebendige Substanz bildete sich wahrscheinlich aus chemischen Stoffen in den Urmeeren. Aus einzelligen Organismen entwickelte sich dann das ganze Pflanzen- und Tierreich.

Vor etwa 4,5 Milliarden Jahren gab es auf der Erde und in den Ozeanen kein Leben, und die Atmosphäre bestand aus Ammoniak und Methan. Vulkane schleuderten Asche und Lava aus; heftige Gewitter donnerten über den Himmel; die Sonne brannte heiß hernieder und überflutete die Erde mit sichtbarem und mit ultraviolettem Licht.

Auf dieser Urerde gab es kein Leben; aber in den Ozeanen fanden chemische Reaktionen statt. Unter der Einwirkung der Blitze und der ultravioletten Strahlung bildeten sich aus einfachen Stoffen Verbindungen, wie Aminosäuren, organische Basen und Zucker – die Bausteine für lebende Substanzen.

In der nächsten Phase müssen sich solche or-

Die chemischen Stoffe des Lebens

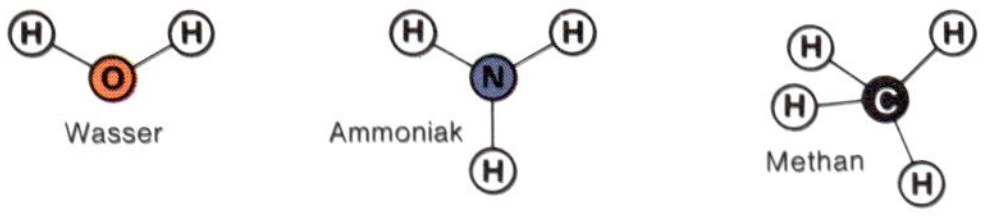
Wasser
Ammoniak
Methan

Ursprünglich enthielten die Atmosphäre und die Ozeane der Erde nur einfache chemische Verbindungen aus Wasserstoff (H), Sauerstoff (O), Stickstoff (N) und Kohlenstoff (C).

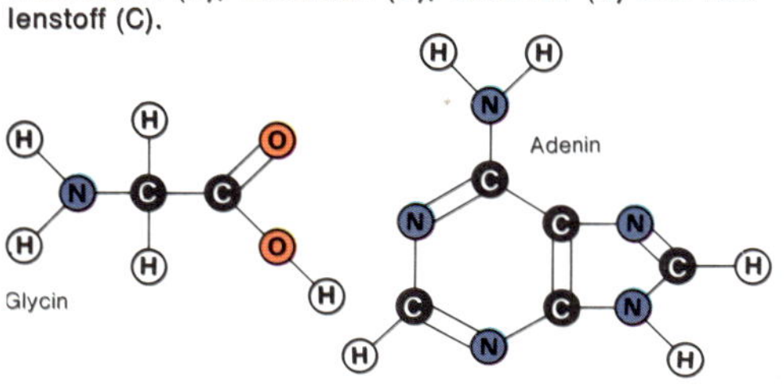
Glycin
Adenin

Durch die Ultraviolettstrahlung der Sonne aktiviert, verbanden sich vermutlich einfache Moleküle und bildeten Aminosäuren (etwa Glycin) und Basen (etwa Adenin).

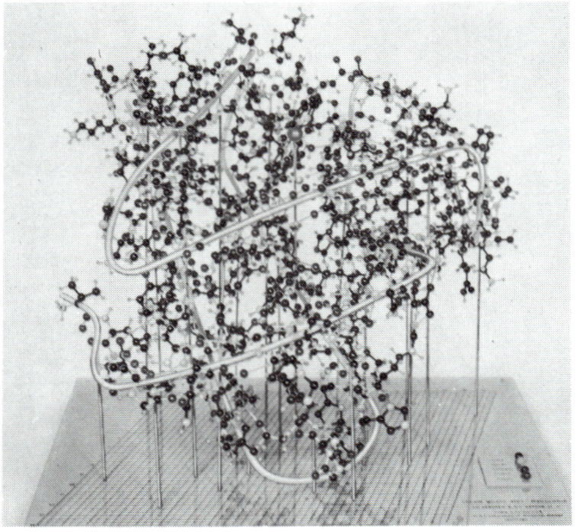

Schließlich kam es zu Verbindungen aus Hunderten von Aminosäuren, die riesige Eiweißmoleküle bildeten. Hier ein Modell des Myoglobins, eines tierischen Proteins.

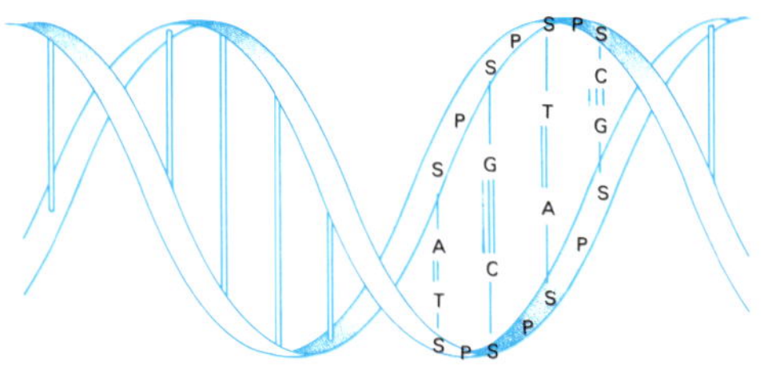

Das DNS-Molekül stellt eine Doppelspirale dar. Die Stränge bestehen aus abwechselnden Gruppen von Phosphat und Zucker (P und S), die Bindungen aus Basen-Paaren (A = Adenin, G = Guanin, T = Thymin und C = Cystosin). Wenn sich eine Zelle teilt, verdoppelt sich auch die DNS, und zwar trennen sich die Stränge zunächst wie die Hälften eines Reißverschlusses; dann ergänzt jeder Strang die ihm fehlende Hälfte. Auf diese Weise wird die genetische Information der DNS unverändert weitergegeben.

Die Zelle, die kleinste Lebenseinheit

Die Zelle ist die grundlegende Einheit des Lebens. Ihre Größe reicht von der eines mikroskopisch kleinen Organismus, $^1/_{10\,000}$ mm im Durchmesser, bis zum Dotter eines Straußeneies. Fast alle Zellen haben eine ähnliche Grundstruktur. Die Einzelheiten im Innern sind aber je nach der Funktion der Zelle verschieden.

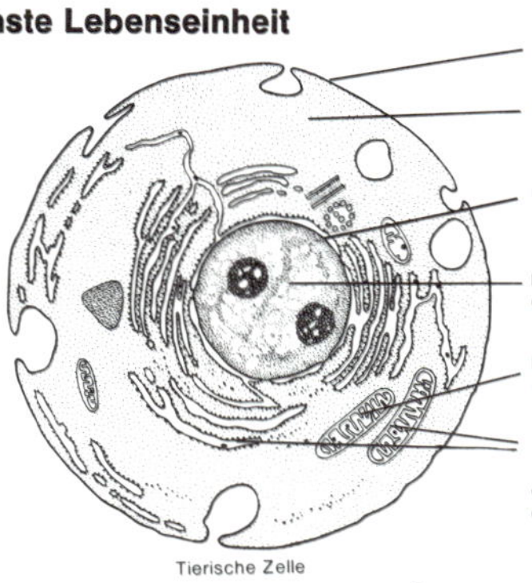
Zellwand
Zellplasma
Kernwand
Der Kern enthält genetisches Material.
Die Mitochondrien speichern Nahrungsenergie, die von der Zelle gebraucht wird.
Häutige Struktur, das sogenannte endoplasmatische Retikulum; es trägt oft Ribosomen, die die Proteine aufbauen.

Tierische Zelle

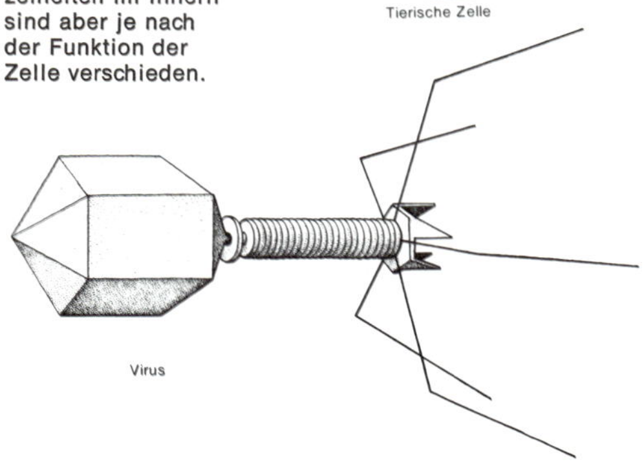

Virus

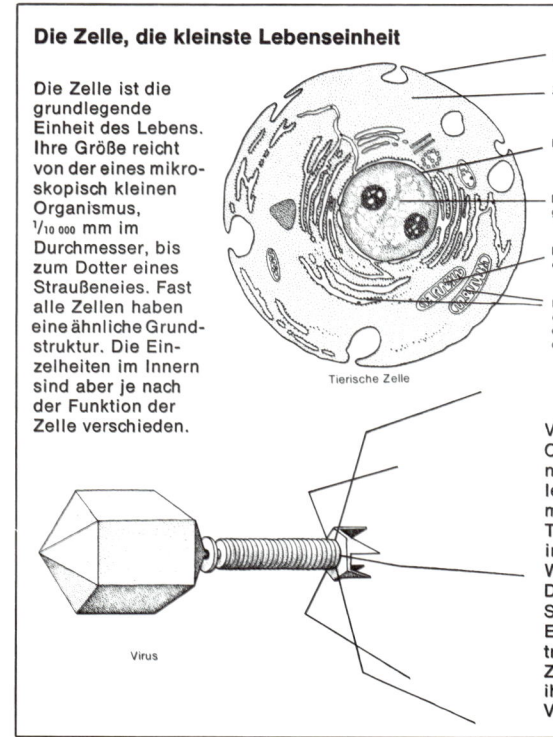

Viren sind einzellige Organismen, die sich nur mit Hilfe einer lebenden Zelle vermehren können. Dieser Typ infiziert eine Zelle, indem sein Stiel ihre Wand durchdringt. Die DNS des Virus – die Substanz, welche die Erbinformationen trägt – wird dann in die Zelle gepreßt und gibt ihr die Anweisung, den Virus zu reproduzieren.

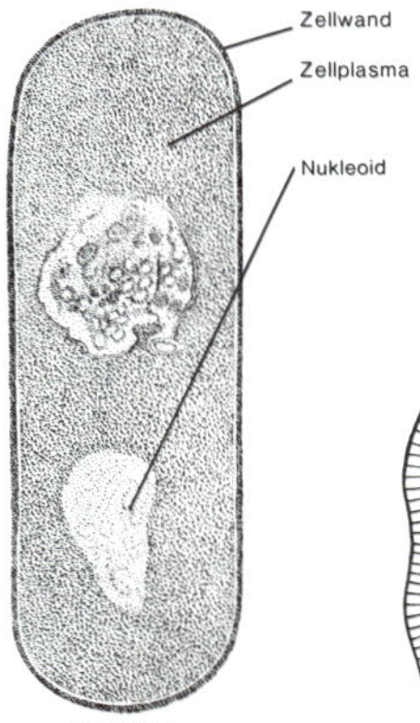
Zellwand
Zellplasma
Nukleoid

Bakterium

Eine Bakterie ist ein einzelliger Organismus. Die hauptsächliche zentrale Struktur ist ein Nukleoid. Er entspricht einem Zellkern, ist aber nicht von einer echten Kernmembran umgeben. Bakterien können sich außerhalb eines lebendigen Körpers vermehren, indem sie sich teilen.

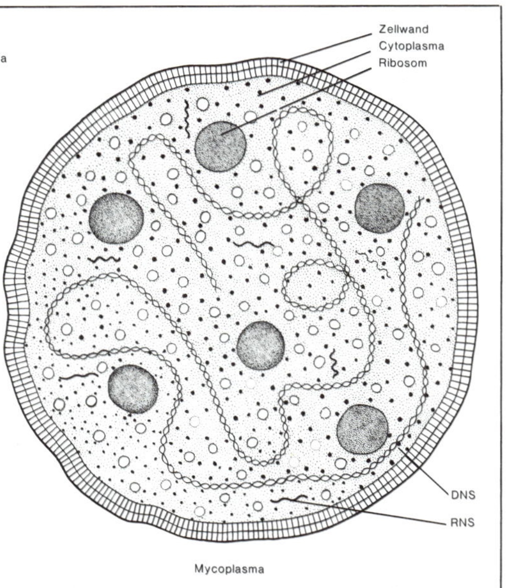
Zellwand
Cytoplasma
Ribosom
DNS
RNS

Mycoplasma

Mycoplasmen sind die kleinsten freilebenden Organismen. Man erkennt sie nur an den Krankheiten, die sie bei Tieren verursachen. Einige sind kleiner als die größeren Viren, doch enthalten sie noch genügend DNS, RNS und Enzyme, um funktionieren und sich vermehren zu können.

ganischen Stoffe zu noch komplizierteren Verbindungen zusammengeschlossen haben; denn Proteine sind aus langen Aminosäureketten aufgebaut und Nukleinsäuren aus Basen und Zuckern. Die nötige Konzentration der Bausteine – die „Ursuppe", aus der das Leben entstand – kann an der Oberfläche oder an den Rändern der Meere vorhanden gewesen sein. Die so entstandenen Moleküle waren noch nicht lebendig. Einige aber konnten sich vermutlich schon vervielfältigen und – in einem Prozeß ähnlich dem der natürlichen Auslese – weiterentwickeln; dabei überdauerten nur die am besten angepaßten Formen.

Ein lebender Organismus kann sich selbst reproduzieren. Er verwandelt Energie – die des Sonnenlichtes wie die Pflanze oder die der Nahrung wie das Tier – und hält damit seine Lebensprozesse in Gang. Ein wirklicher Organismus war aber erst vorhanden, als sich eine Membran gebildet hatte, eine dünne, hautähnliche Schicht aus Proteinen und Fetten, die Gruppen von Nukleinsäuren und anderen komplizierten Molekülen umgab und zusammenhielt. Damit war schon eine Art einfacher Zelle entstanden. Noch andere Membranstrukturen entwickelten sich; sie sind in den meisten heutigen Zellen zu finden. Dazu gehören die Mitochondrien, die aus Nahrungsstoffen Energie gewinnen. Eine Membran umgibt auch den Kern, der die DNS (Desoxyribonukleinsäure) enthält. Das ist die Substanz, die die Erbinformation für die Zelle trägt. Eine andere Nukleinsäure, die RNS (Ribonukleinsäure), trägt diese Informationen zu den sogenannten Ribosomen in der Zelle. Auf Grund von Anweisungen der RNS bilden Ribosomen die Proteine, die die Zelle braucht.

Aus anderen Kombinationen einfacher Stoffe entstand das Chlorophyll, das Blattgrün. Die ersten Zellen mit Chlorophyll wurden zu Vorläufern der Pflanzen. Mit Hilfe des Sonnenlichts verwandelten sie Kohlendioxid in Wasser und Kohlehydrate. Bei diesem Prozeß, der Photosynthese, wurde Sauerstoff frei. So begann sich die Zusammensetzung der Atmosphäre zu ändern: Sie wurde zu der Luft, die wir heute einatmen.

Indem die ultraviolette Strahlung auf einfache Moleküle einwirkte, bildeten sich auf der Erde organische Verbindungen, die für das Leben wesentlich sind. Als aber die lebendige Materie ziemlich kompliziert geworden war, wurde die Ultraviolettstrahlung für sie schädlich. Ozon, eine bestimmte Molekülform des Sauerstoffs, filtert die Ultraviolettstrahlung der Sonne größtenteils fort.

Niemand vermag mit Bestimmtheit zu sagen, ob das Leben auf diese Weise entstanden ist. Doch hat man einige einfache Aminosäuren und Proteine schon im Labor hergestellt, indem man dort die Bedingungen nachahmte, die wahrscheinlich auf der Erde früher einmal herrschten. Fest steht jedenfalls, daß aus dem ersten lebenden Organismus bis heute mehr als 1 Million Tierarten hervorgegangen sind.

Die einfachsten Organismen

Die kleinsten Zellen, die unabhängig existieren können, werden Mycoplasmen genannt. Eine von ihnen ist der Organismus, der bei Rindern Lungenentzündung hervorruft. Diese Zellen besitzen gerade so viele Moleküle, daß sie Eigenschaften des Lebens aufweisen.

Andere Krankheitserreger sind Viren und Bakterien. Ein Virus vermag nur als Parasit in lebenden Zellen zu existieren – im Gegensatz zu einer Bakterie, die sich auch ohne andere lebende Materie fortpflanzen kann. Eine Bakterie besteht aus einer einzelnen Zelle; ihre DNS ist oft an einer bestimmten Stelle konzentriert: im sogenannten Nucleoid.

Pflanzen und Tiere unterscheiden sich vor allem dadurch, daß Pflanzen ihre Energie aus der Photosynthese beziehen, Tiere hingegen anderes lebendes Material brauchen. Einige Formen aber lassen sich auf diese Weise nicht einordnen, denn sie besitzen gleichzeitig die Eigenschaften von Pflanzen und Tieren. Die einfachsten Tiere bestehen nur aus einer einzigen Zelle. Es sind die Protozoen, die Einzeller. Man unterscheidet 4 Gruppen: Geißeltierchen, Wurzelfüßer, Sporentierchen, Wimpertierchen.

Die Geißeltierchen bewegen sich mit Hilfe peitschenähnlicher Geißeln fort. Einige, wie die *Euglena*, enthalten Chlorophyll und stellen Nahrungsstoffe durch Photosynthese her. Andere, wie die Trypanosomen – zu denen der Erreger der Schlafkrankheit gehört –, sind Parasiten. Die bekanntesten Wurzelfüßer sind die Amöben. Die 3. Gruppe, die Sporentierchen, sind wiederum Parasiten; hierzu gehört das *Plasmodium,* der Erreger der Malaria. Die Wimpertierchen sind mit zahlreichen haarähnlichen Wimpern besetzt, mit denen sie rhythmisch schlagen, um sich fortzubewegen oder Nahrungspartikel einzustrudeln.

Einige Geißeltierchen, so die *Volvox*, leben in Kolonien. Die Arbeitsteilung, die zwischen den Angehörigen solcher Verbände besteht, kann zur Entwicklung vielzelliger Tiere geführt haben. Auch bei den Schwämmen und Mesozoen kommt eine solche Arbeitsteilung vor. Schwämme sind Tiere, die aus vielen Zellen bestehen, aber noch keine echten Organe oder Gewebe haben.

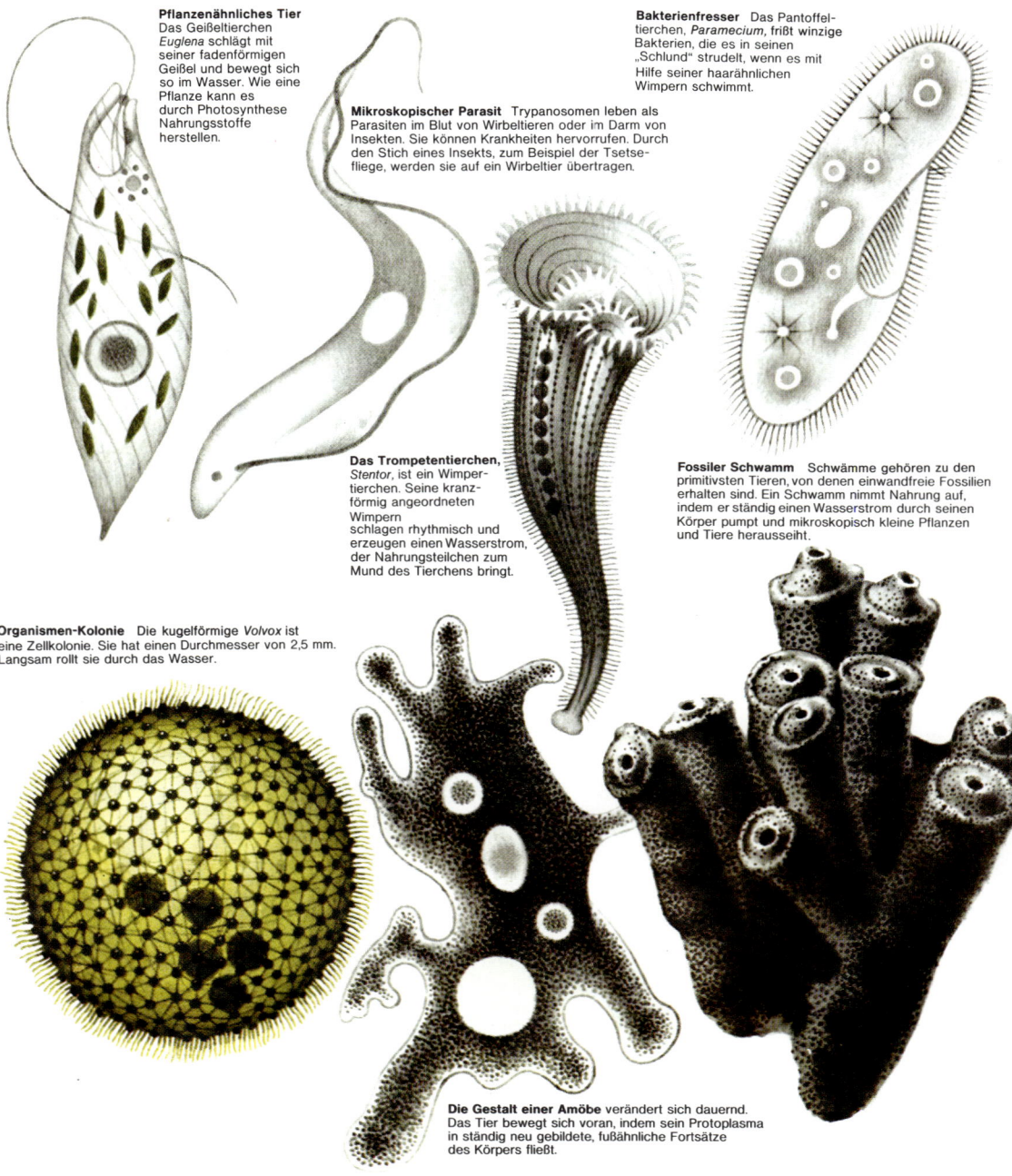

Pflanzenähnliches Tier Das Geißeltierchen *Euglena* schlägt mit seiner fadenförmigen Geißel und bewegt sich so im Wasser. Wie eine Pflanze kann es durch Photosynthese Nahrungsstoffe herstellen.

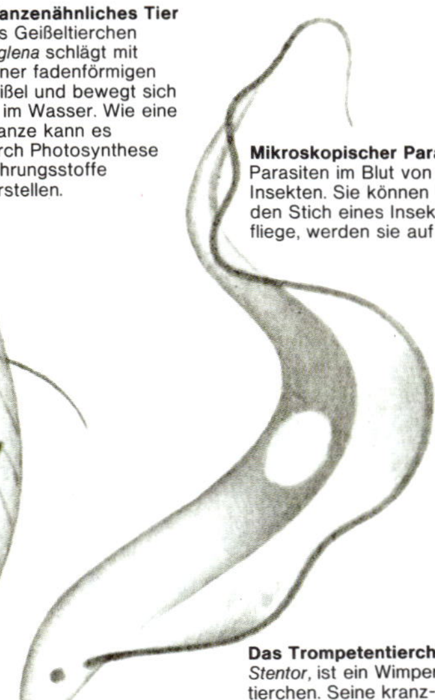

Mikroskopischer Parasit Trypanosomen leben als Parasiten im Blut von Wirbeltieren oder im Darm von Insekten. Sie können Krankheiten hervorrufen. Durch den Stich eines Insekts, zum Beispiel der Tsetsefliege, werden sie auf ein Wirbeltier übertragen.

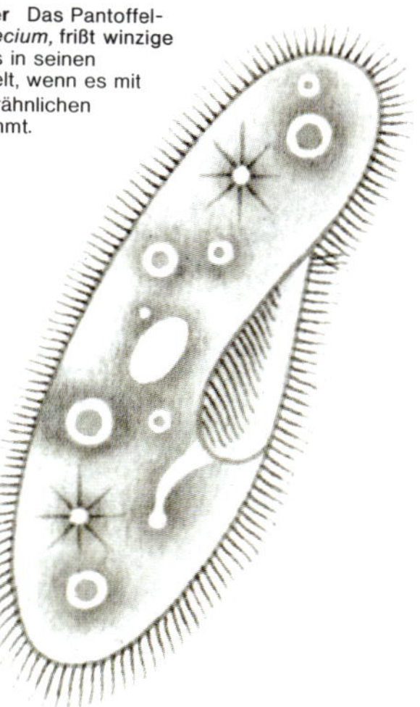

Bakterienfresser Das Pantoffeltierchen, *Paramecium,* frißt winzige Bakterien, die es in seinen „Schlund" strudelt, wenn es mit Hilfe seiner haarähnlichen Wimpern schwimmt.

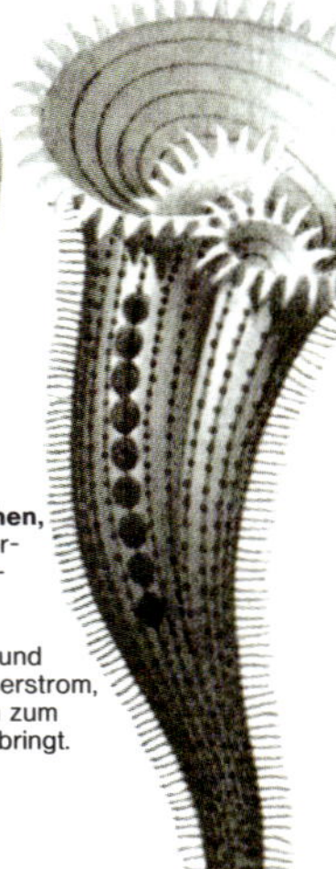

Das Trompetentierchen, *Stentor*, ist ein Wimpertierchen. Seine kranzförmig angeordneten Wimpern schlagen rhythmisch und erzeugen einen Wasserstrom, der Nahrungsteilchen zum Mund des Tierchens bringt.

Fossiler Schwamm Schwämme gehören zu den primitivsten Tieren, von denen einwandfreie Fossilien erhalten sind. Ein Schwamm nimmt Nahrung auf, indem er ständig einen Wasserstrom durch seinen Körper pumpt und mikroskopisch kleine Pflanzen und Tiere herausseiht.

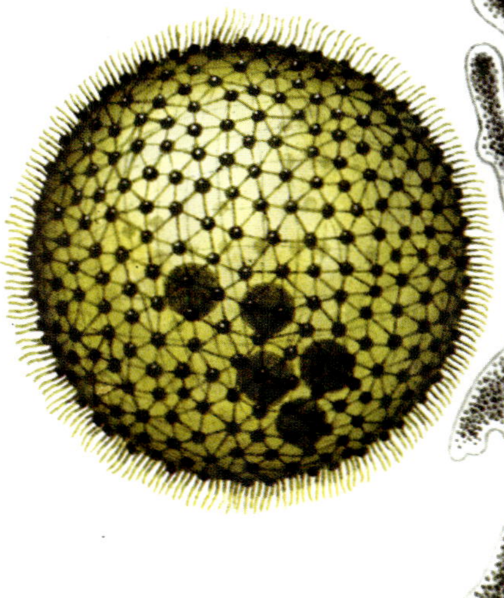

Organismen-Kolonie Die kugelförmige *Volvox* ist eine Zellkolonie. Sie hat einen Durchmesser von 2,5 mm. Langsam rollt sie durch das Wasser.

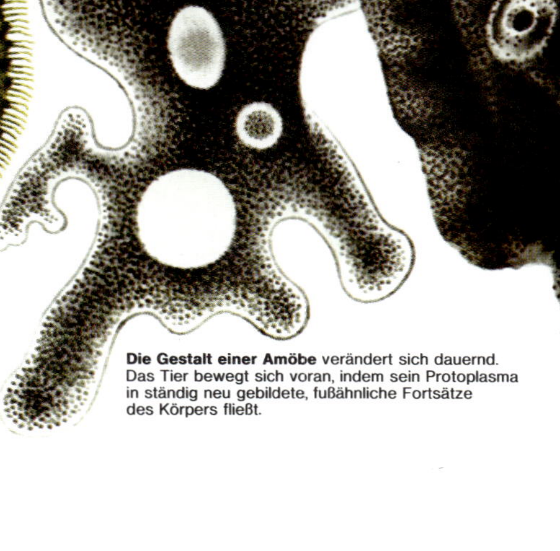

Die Gestalt einer Amöbe verändert sich dauernd. Das Tier bewegt sich voran, indem sein Protoplasma in ständig neu gebildete, fußähnliche Fortsätze des Körpers fließt.

Evolution · Von einer Zelle zu Billionen

Im Laufe der Evolution sind immer kompliziertere Formen entstanden. Aus einzelligen Tieren entwickelten sich Lebewesen, die aus Billionen von Zellen bestehen.

Wie aus den Einzellern, die wahrscheinlich vor 2 Milliarden Jahren entstanden, Vielzeller wurden, das ist eines der grundlegenden Rätsel der Evolution. Seine Lösung ist schwierig, weil die frühesten Vielzeller, wie die meisten Wirbellosen, weiche Körper hatten und keine Versteinerungen hinterließen.

Eine Zwischenstellung zwischen Einzellern und Vielzellern nehmen wohl die Einzeller-Kolonien ein. Sie leiten zu Organismen über, bei denen verschiedene Zellgruppen jeweils besondere Aufgaben übernehmen. Der Körper der einfacheren heute lebenden Vielzeller – Hydren, Seeanemonen, Korallen, Quallen u. a. – besteht aus zwei Zellschichten, einer äußeren und einer inneren.

Auf der nächsten Entwicklungsstufe entstand zwischen den beiden vorhandenen Zellschichten eine dritte. Aus dieser Mittelschicht gingen Muskeln und verschiedene Organe hervor. Die Tiere konnten sich nun besser bewegen; es bildete sich an Stelle der radialsymmetrischen Form eine rechte und eine linke Körperhälfte sowie eine Vorder- und eine Rückseite aus. Die primitivsten heute lebenden Tiere mit diesen drei Schichten sind alle wurmähnlich: die Planarien, die parasitischen Saugwürmer (Leberegel) und die Bandwürmer.

Eine Körperhöhle entwickelt sich

Ein weiteres Entwicklungsstadium stellt die Bildung einer Körperhöhle dar. Nun konnten die Muskeln in der Körperwand und die Eingeweide unabhängig voneinander arbeiten. Diese Höhle entwickelte sich auf zwei verschiedenen Wegen. Der eine führte zu den Pseudocoelomaten, Tieren mit einer Scheinleibeshöhle, zu denen die Fadenwürmer (Nematoden) gehören. Diese Tiere haben sich an viele verschiedene Lebensräume angepaßt.

Der andere Weg führte zu den Leibeshöhlentieren (*Coelomata*), bei denen sich die Körperhöhle aus einem Spalt in der mittleren Zellschicht entwickelte. Dieser Fortschritt ergab sich bei den segmentierten Ringelwürmern, dem Stamm der Anneliden. Die primitivsten besaßen wahrscheinlich in jedem Segment einen vollständigen Organsatz. Heute ist dies nur noch bei einigen Borstenwürmern der Fall.

Die bedeutendsten wirbellosen segmentierten Coelomaten sind die Gliederfüßer (Arthropoden), zu denen Insekten, Krebse, Skorpione und Spinnen gehören. Auch die Weichtiere sind Coelomaten; ihr Körper ist aber nicht segmentiert. Es gibt überraschend viele Weichtierformen: Meeres- und Landschnecken, Muscheln, Kraken, Kalmare und Tintenfische. Die Kraken sind wahrscheinlich die intelligentesten Wirbellosen.

Bei allen aufgeführten Coelomaten bildet sich beim Embryo der Mund aus einer kleinen Öffnung, der sogenannten Blastopore. Bei vier anderen Tiergruppen entsteht er an anderer Stelle. Viele Zoologen halten diesen Unterschied für sehr bedeutsam, da der Ausgangspunkt für die Entwicklung höherer Tiere wahrscheinlich bei diesen Formen zu suchen ist. Am höchsten entwickelt sind die Chordaten, zu denen die Wirbeltiere gehören.

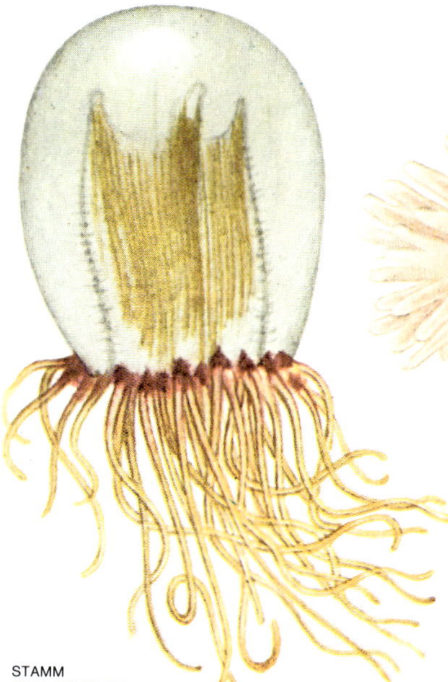

STAMM
COELENTERATA
Niederer Vielzeller Die glockenförmige Qualle besteht aus nur 2 Zellschichten. Mit Hilfe von Nesselzellen lähmt sie ihre Beute.

STAMM
COELENTERATA
Blumenähnliches Tier Eine Seeanemone sieht mit ihren strahlenförmig angeordneten Tentakeln wie eine Blume aus, die auf dem Felsen wächst. Die Beutetiere werden von den Tentakeln zum zentral gelegenen Mund geführt.

STAMM
PLATYHELMINTHES
Plattwurm Die Planarien haben einen Darm mit 3 Ästen, nach dem sie auch Tricladen genannt werden. Einige Arten leben im Süßwasser.

STAMM
ANNELIDA
Wurmlarve Viele Meeresringelwürmer haben eine frei schwimmende Larve, eine sogenannte Trochophora. Auch einige Mollusken besitzen derartige Larven.

STAMM
ANNELIDA
Röhrenwurm Dieses Tier lebt in einer langen Röhre, aus der es federartige Tentakel herausstreckt. Mit ihnen holt es Nahrungsteilchen aus dem Wasser.

STAMM
MOLLUSCA
Intelligentes Weichtier Der Krake ist intelligent. Er besitzt ein Gehirn und vermag zu lernen. Die größte Art hat eine Spannweite von 3,5 m.

STAMM
MOLLUSCA
Primitives Weichtier Die Segmentierung des Tiefseeweichtieres *Neopilina* ist ein Beweis dafür, daß Mollusken vielleicht von ringelwurmartigen Vorfahren abstammen.

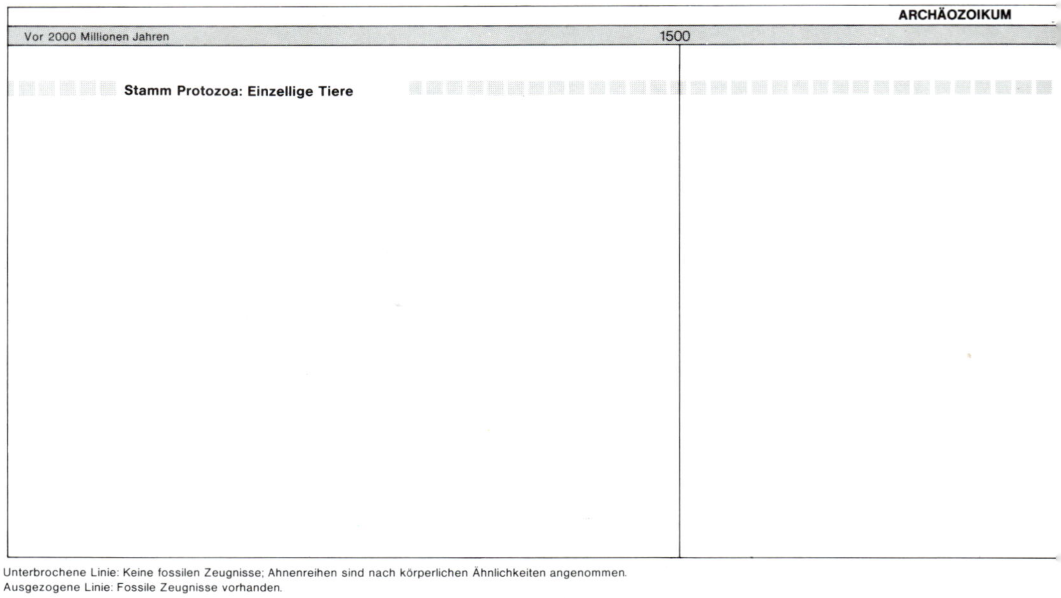

ARCHÄOZOIKUM
Vor 2000 Millionen Jahren
1500
Stamm Protozoa: Einzellige Tiere

Unterbrochene Linie: Keine fossilen Zeugnisse; Ahnenreihen sind nach körperlichen Ähnlichkeiten angenommen.
Ausgezogene Linie: Fossile Zeugnisse vorhanden.

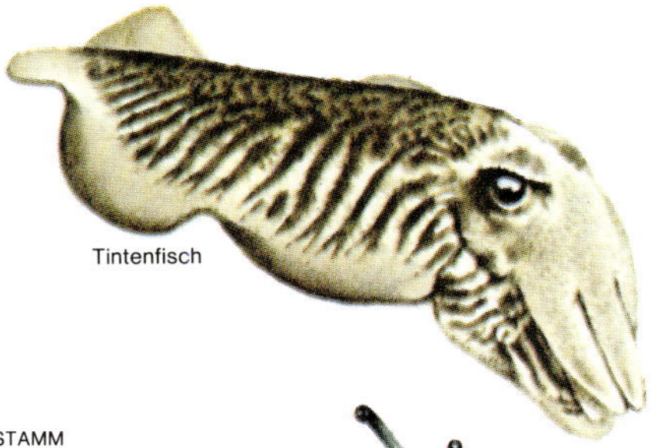

Tintenfisch

STAMM
CHAETOGNATHA

Pfeilwurm In den oberen Wasserschichten des Meeres wimmelt es oft von Tausenden durchsichtiger Pfeilwürmer der Gattung *Sagitta*. Mit ihren borstenähnlichen Kiefern sammeln sie ihre Nahrung.

STAMM
ECHINODERMATA

Junger Stachelhäuter Die Pluteus-Larve (unten) des Schlangensterns ist eine von mehreren Larvenformen, die möglicherweise dem Ahnen der Wirbeltiere gleichen.

STAMM
MOLLUSCA

Schalenträger Zu den vielen verschiedenen Weichtieren gehören Schalentiere wie Kammuscheln, Käferschnecken, Meeres- und Landschnecken sowie Tintenfische mit einer inneren Schale.

Schnecke

STAMM
ECHINODERMATA

Stachelige Haut Die Schale eines Seeigels ist mit langen Stacheln bedeckt. Daher gab man der großen Gruppe der Wirbellosen, zu der dieses Tier gehört, den Namen *Echinodermata* (Stachelhäuter).

Kammuschel

Käferschnecke

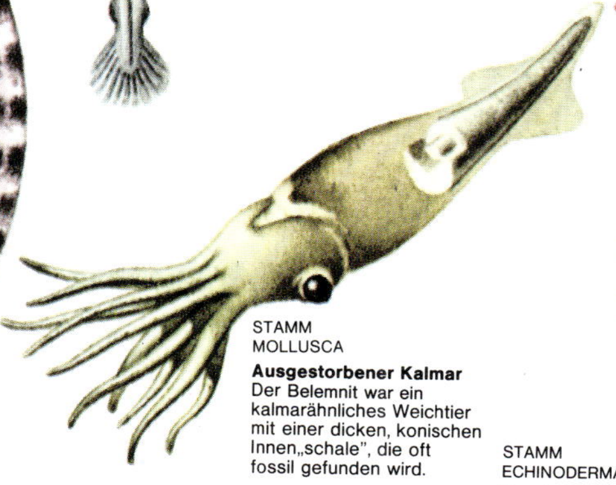

STAMM
MOLLUSCA

Ausgestorbener Kalmar Der Belemnit war ein kalmarähnliches Weichtier mit einer dicken, konischen Innen„schale", die oft fossil gefunden wird.

STAMM
ECHINODERMATA

Seelilien sind Stachelhäuter, die tief unten im Ozean am Boden verankert sind. Ihre verzweigten Arme fangen vorbeitreibende Nahrung ein.

STAMM
PHORONIDA

Hufeisenwurm Dieses wurmartige Tier baut eine Röhre, die im allgemeinen durch Sandkörnchen verstärkt wird. Aus der Öffnung schaut ein hufeisenförmiger Tentakelkranz heraus.

STAMM
ECHINODERMATA

Seestern Die Arme eines Seesterns sind echte Körperteile; diese Tiere haben sich mit 5 oder mehr Strahlen radialsymmetrisch entwickelt. Jeder Arm trägt kleine Röhrenfüßchen, mit deren Hilfe der Seestern sich auf dem Meeresboden fortbewegt.

STAMM
BRACHIOPODA

Fossiler Armfüßer Dieser typische Armfüßer hatte ein Paar untertassenförmiger Schalen, von denen ein kurzer Ankerfuß nach außen und unten ging. Einige fossile *Terebratula*, die vor 350 Millionen Jahren lebten, sahen so ähnlich aus wie die heutigen Formen.

STAMM
MOLLUSCA

Fossiles Schalentier Ammoniten lebten in flachen, spiraligen Schalen. 125 Millionen Jahre lang waren sie im Mesozoikum die vorherrschenden Meerestiere. Vor 100 Millionen Jahren starben sie aus.

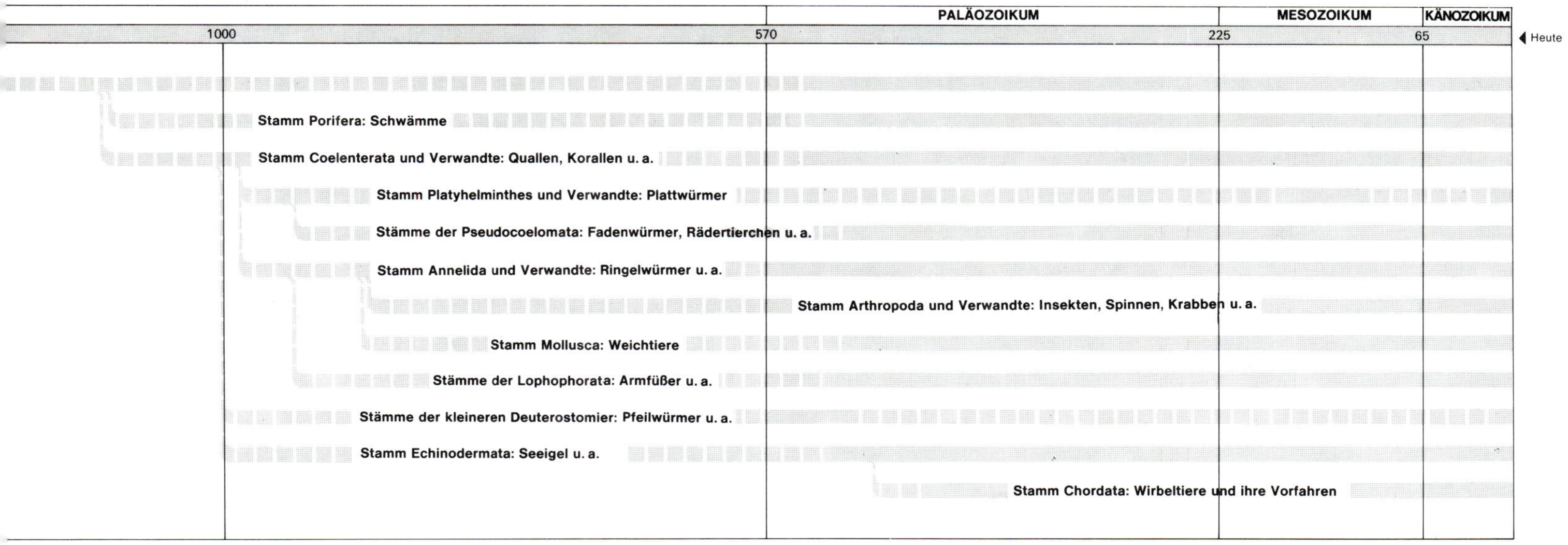
PALÄOZOIKUM
MESOZOIKUM
KÄNOZOIKUM
1000
570
225
65
Heute
Stamm Porifera: Schwämme
Stamm Coelenterata und Verwandte: Quallen, Korallen u. a.
Stamm Platyhelminthes und Verwandte: Plattwürmer
Stämme der Pseudocoelomata: Fadenwürmer, Rädertierchen u. a.
Stamm Annelida und Verwandte: Ringelwürmer u. a.
Stamm Arthropoda und Verwandte: Insekten, Spinnen, Krabben u. a.
Stamm Mollusca: Weichtiere
Stämme der Lophophorata: Armfüßer u. a.
Stämme der kleineren Deuterostomier: Pfeilwürmer u. a.
Stamm Echinodermata: Seeigel u. a.
Stamm Chordata: Wirbeltiere und ihre Vorfahren

Evolution · Gliederfüßer

Man kennt über eine Million Tierarten, die heute auf der Erde leben. Drei Viertel davon sind Gliederfüßer. Sie gehören zu den anpassungsfähigsten Geschöpfen.

Schon Jahrmillionen bevor das Festland bewohnbar wurde, wimmelte es im Meer von Gliederfüßern oder Arthropoden – flinken Lebewesen mit gegliederten Beinen und Körpern, die zum Teil von gegliederten Schalenpanzern umgeben waren. Sie entwickelten sich wahrscheinlich aus gegliederten Würmern, doch hat sich eine Ahnenreihe bis zu Vorfahren mit weichen Körpern nicht eindeutig zurückverfolgen lassen. Mit ihren biegsamen Leibern, die gewöhnlich ein Gliedmaßenpaar an jedem Segment trugen, und mit ihren Augen und einer Mundöffnung wiesen die früheren Arthropoden einen höher entwickelten Körperbau auf, als es ihn zuvor auf der Erde gegeben hatte.

Die Gliederfüßer haben sich fast an jeden Lebensraum angepaßt, vom Boden der tiefsten Meere, über den Krebstiere laufen, bis zu Höhen über 6000 m am Mount Everest, wo noch Spinnen leben. Die heutigen Gliederfüßer sind sehr verschieden groß. Winzige Milben der Gattung *Demodex* messen rund 0,1 mm, während die Japanische Riesenkrabbe *Macrocheira kaempferi* mit ihren Beinen fast 3,5 m weit spannt. Die ältesten fossilen Gliederfüßer, die Trilobiten, lebten schon vor etwa 570 Millionen Jahren, zu Beginn des Kambriums. Nach einer Blütezeit von mehr als 350 Millionen Jahren wurden sie von anderen Formen abgelöst.

Die erfolgreichen Krebstiere

Besser haben sich die Krebstiere durchgesetzt, eine Klasse, deren früheste Fossilien älter als 500 Millionen Jahre sind. Zu ihr gehören Hummer, Garnelen, Krabben und Wasserflöhe. Die meisten besitzen einen einfachen Schalenpanzer, der den Kopf und Teile ihres Körpers umgibt. Unter anderem haben sie zwei Fühlerpaare gemeinsam, ferner einige Beinpaare zum Laufen und einige zum Schwimmen oder zum Atmen. Der Panzer, der den Arthropoden im Meer einen so guten Schutz verlieh, kam auch den Arten zugute, die sich aufs Land wagten.

Im Silur (vor etwa 435–395 Millionen Jahren) begannen die Pflanzen das Land zu erobern. Aus dieser Zeit stammen auch die ersten bekannten Landarthropoden. Auch die Vorfahren der heutigen Skorpione gehörten wohl zur Vorhut bei dieser Invasion. Zusammen mit Spinnen, Zecken und Milben zählen die Skorpione zur Klasse der *Arachnida* (Spinnentiere).

Auf die Spinnentiere folgten die Insekten. Diese sind hinsichtlich ihrer Zahl wie auch in bezug auf die Mannigfaltigkeit der Arten unübertroffen. Sie haben sich in allen Lebensräumen des Festlandes ausgebreitet. Eine explosive Vermehrung der Arten setzte ein, nachdem sich im Karbon (vor 345–280 Millionen Jahren) einige geflügelte Insekten entwickelt hatten. Mit dem Auftreten der Landpflanzen, die Nahrung boten, erschienen auch die ersten Libellen, Schaben und Heuschrecken. Die ältesten bekannten Käfer stammen aus dem Perm (vor etwa 250 Millionen Jahren). Mit den ersten Blütenpflanzen in der Kreidezeit (vor 136–65 Millionen Jahren) entwickelten sich die frühen Formen der Bienen, Tagschmetterlinge und Nachtfalter sowie die ersten Fliegen und Mücken.

KLASSE
ONYCHOPHORA
Krallentragender Stummelfüßer
Der 5 cm lange *Peripatus* lebt an feuchten Stellen auf der Südhalbkugel. Sein Körper ist biegsam wie der seiner Vorfahren, der Ringelwürmer.

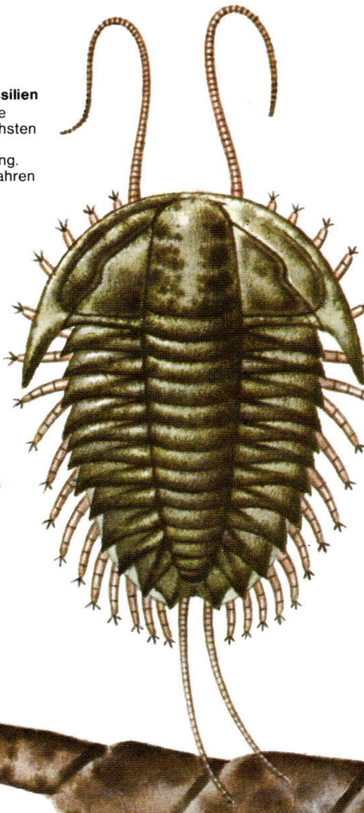

KLASSE
TRILOBITA
Älteste Arthropoden-Fossilien
Im Kambrium gehörten die Trilobiten zu den zahlreichsten Wasserarthropoden; die größten wurden 75 cm lang. Vor etwa 250 Millionen Jahren starben sie aus.

KLASSE
ARACHNIDA
Giftige Gliederfüßer
Skorpione sind Landtiere, die an ihrem Schwanz einen giftigen Stachel tragen. Es sind die ältesten heute noch lebenden Gliederfüßer. Fossile von ihnen findet man in Gesteinen des Silurs.

KLASSE
INSECTA
Das größte Insekt Zu der ausgestorbenen Ordnung *Protodonata* gehörten die größten bisher bekannten Insekten. Diese Riesenlibelle erreichte eine Flügelspannweite von 75 cm. Sie lebte in den Wäldern zur Zeit des Perm.

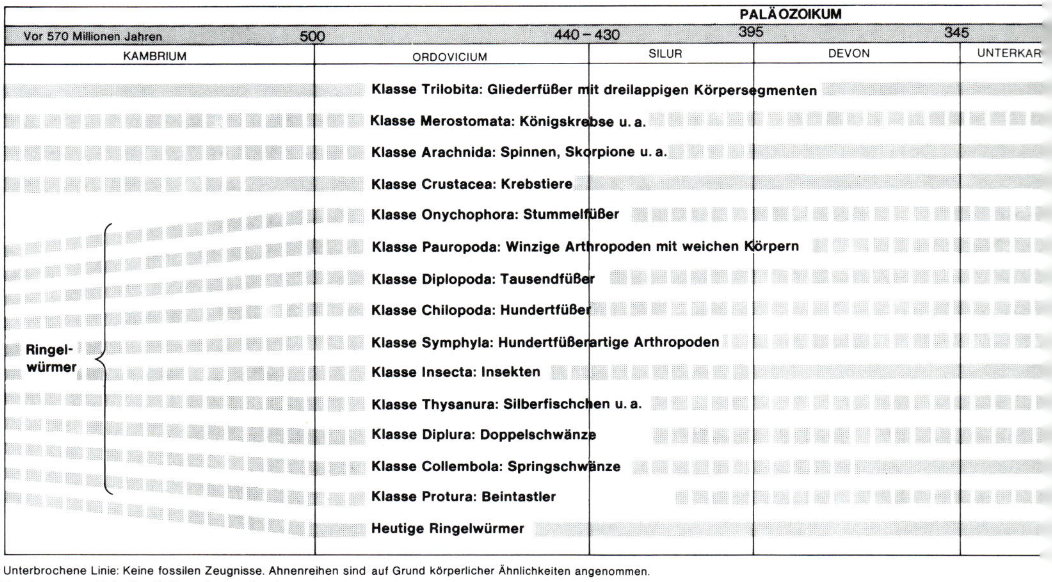

PALÄOZOIKUM
Vor 570 Millionen Jahren
500
440 – 430
395
345
KAMBRIUM
ORDOVICIUM
SILUR
DEVON
UNTERKAR
Klasse Trilobita: Gliederfüßer mit dreilappigen Körpersegmenten
Klasse Merostomata: Königskrebse u. a.
Klasse Arachnida: Spinnen, Skorpione u. a.
Klasse Crustacea: Krebstiere
Klasse Onychophora: Stummelfüßer
Klasse Pauropoda: Winzige Arthropoden mit weichen Körpern
Klasse Diplopoda: Tausendfüßer
Klasse Chilopoda: Hundertfüßer
Klasse Symphyla: Hundertfüßerartige Arthropoden
Klasse Insecta: Insekten
Klasse Thysanura: Silberfischchen u. a.
Klasse Diplura: Doppelschwänze
Klasse Collembola: Springschwänze
Klasse Protura: Beintastler
Heutige Ringelwürmer
Ringelwürmer

Unterbrochene Linie: Keine fossilen Zeugnisse. Ahnenreihen sind auf Grund körperlicher Ähnlichkeiten angenommen.
Durchgezogene Linie: Fossile Zeugnisse vorhanden.

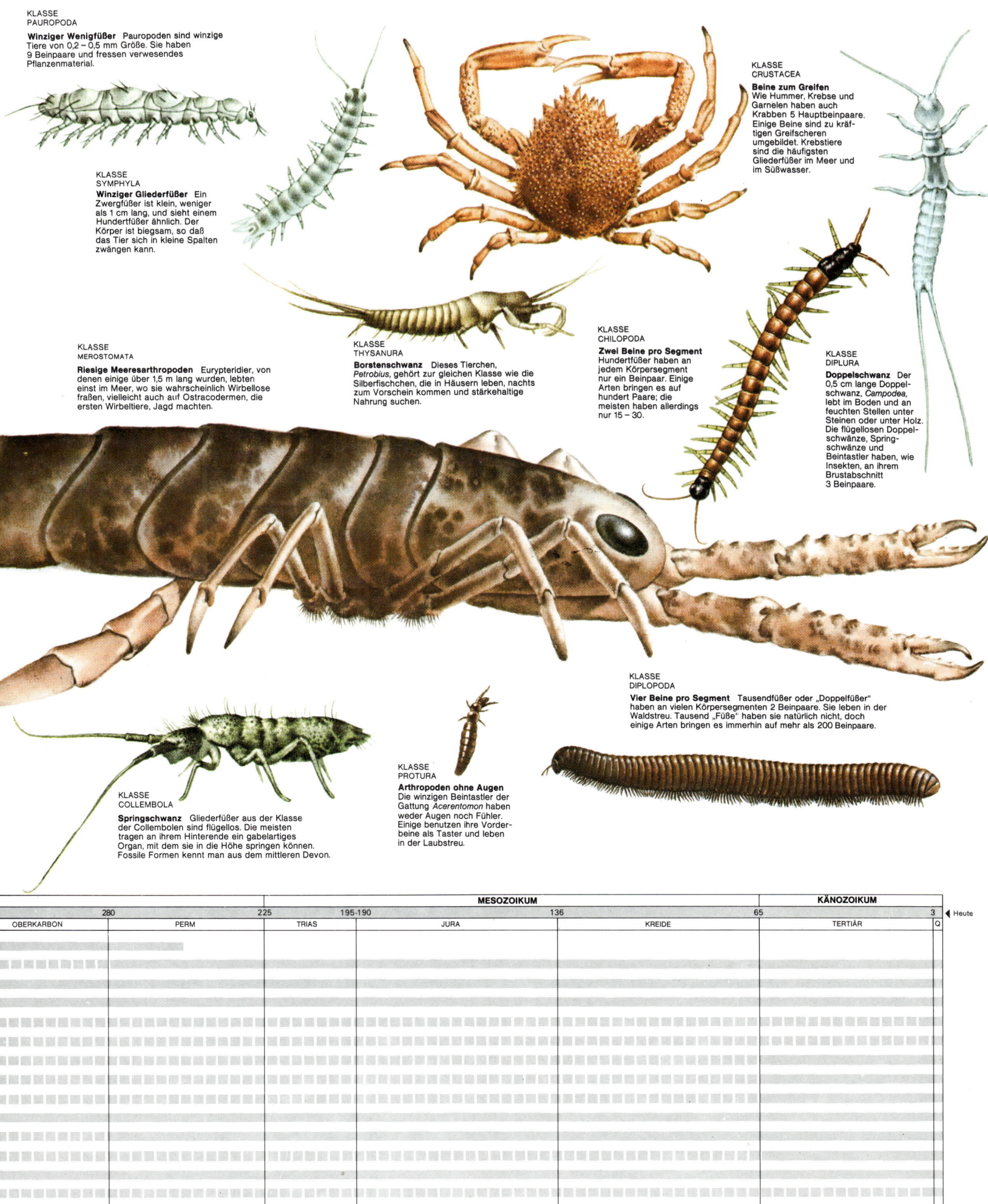

KLASSE
PAUROPODA

Winziger Wenigfüßer Pauropoden sind winzige Tiere von 0,2 – 0,5 mm Größe. Sie haben 9 Beinpaare und fressen verwesendes Pflanzenmaterial.

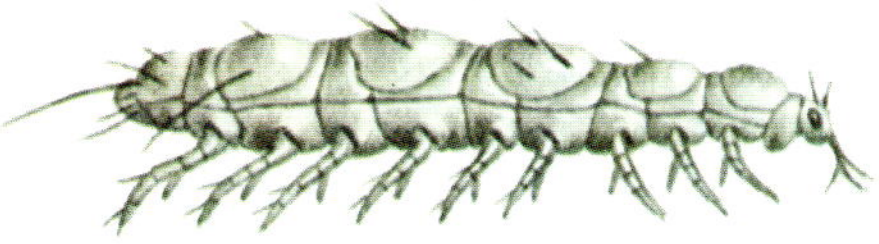

KLASSE
CRUSTACEA

Beine zum Greifen Wie Hummer, Krebse und Garnelen haben auch Krabben 5 Hauptbeinpaare. Einige Beine sind zu kräftigen Greifscheren umgebildet. Krebstiere sind die häufigsten Gliederfüßer im Meer und im Süßwasser.

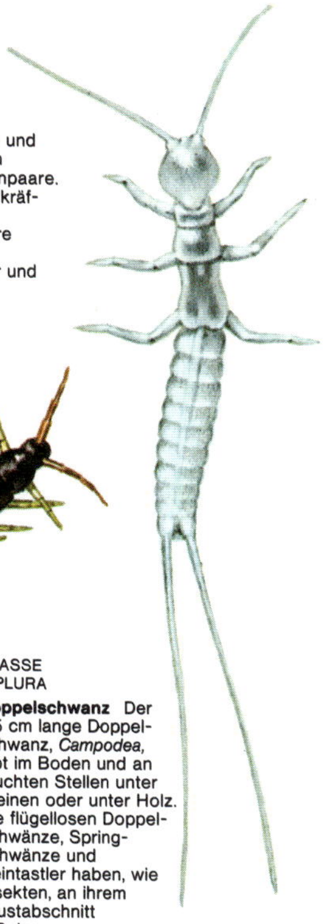

KLASSE
SYMPHYLA

Winziger Gliederfüßer Ein Zwergfüßer ist klein, weniger als 1 cm lang, und sieht einem Hundertfüßer ähnlich. Der Körper ist biegsam, so daß das Tier sich in kleine Spalten zwängen kann.

KLASSE
MEROSTOMATA

Riesige Meeresarthropoden Eurypteridier, von denen einige über 1,5 m lang wurden, lebten einst im Meer, wo sie wahrscheinlich Wirbellose fraßen, vielleicht auch auf Ostracodermen, die ersten Wirbeltiere, Jagd machten.

KLASSE
THYSANURA

Borstenschwanz Dieses Tierchen, *Petrobius*, gehört zur gleichen Klasse wie die Silberfischchen, die in Häusern leben, nachts zum Vorschein kommen und stärkehaltige Nahrung suchen.

KLASSE
CHILOPODA

Zwei Beine pro Segment Hundertfüßer haben an jedem Körpersegment nur ein Beinpaar. Einige Arten bringen es auf hundert Paare; die meisten haben allerdings nur 15 – 30.

KLASSE
DIPLURA

Doppelschwanz Der 0,5 cm lange Doppelschwanz, *Campodea*, lebt im Boden und an feuchten Stellen unter Steinen oder unter Holz. Die flügellosen Doppelschwänze, Springschwänze und Beintastler haben, wie Insekten, an ihrem Brustabschnitt 3 Beinpaare.

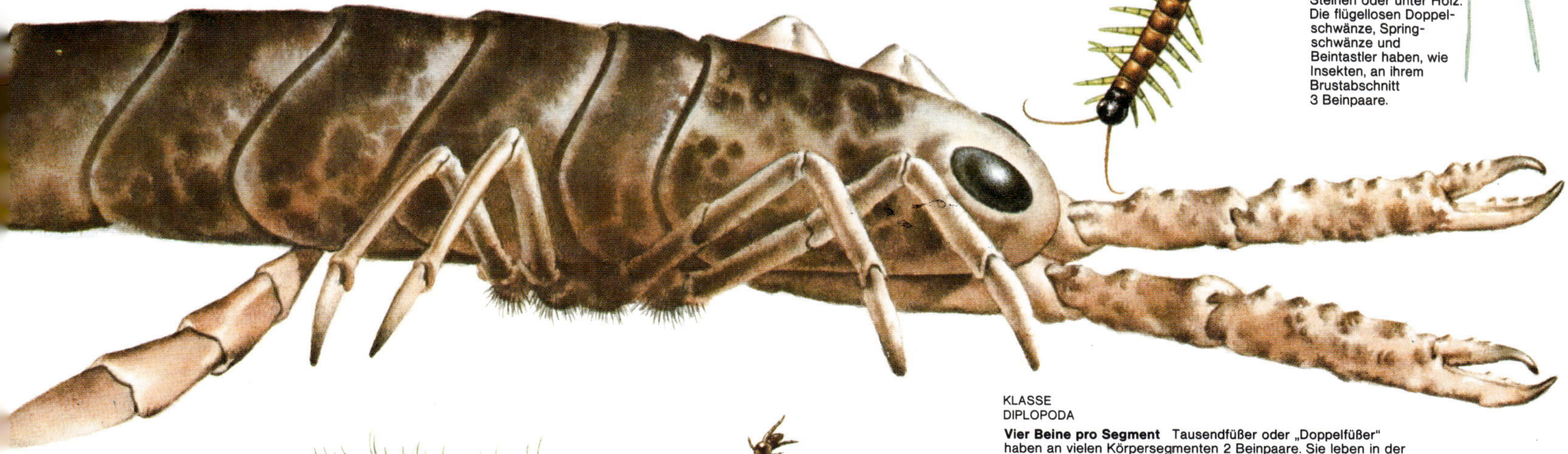

KLASSE
DIPLOPODA

Vier Beine pro Segment Tausendfüßer oder „Doppelfüßer" haben an vielen Körpersegmenten 2 Beinpaare. Sie leben in der Waldstreu. Tausend „Füße" haben sie natürlich nicht, doch einige Arten bringen es immerhin auf mehr als 200 Beinpaare.

KLASSE
COLLEMBOLA

Springschwanz Gliederfüßer aus der Klasse der Collembolen sind flügellos. Die meisten tragen an ihrem Hinterende ein gabelartiges Organ, mit dem sie in die Höhe springen können. Fossile Formen kennt man aus dem mittleren Devon.

KLASSE
PROTURA

Arthropoden ohne Augen Die winzigen Beintastler der Gattung *Acerentomon* haben weder Augen noch Fühler. Einige benutzen ihre Vorderbeine als Taster und leben in der Laubstreu.

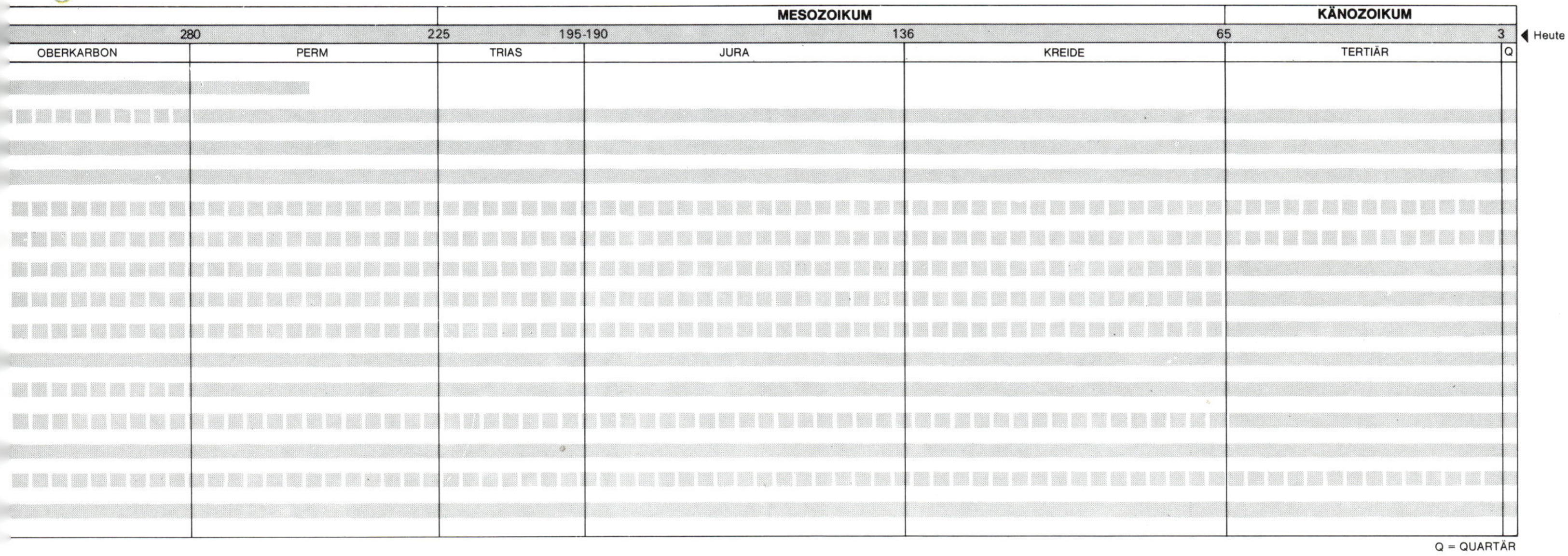
MESOZOIKUM
KÄNOZOIKUM
280
225
195-190
136
65
3
Heute
OBERKARBON
PERM
TRIAS
JURA
KREIDE
TERTIÄR
Q

Q = QUARTÄR

Evolution·Fische und Lurche

Seit 440 Millionen Jahren gehören die Fische zu den beherrschenden Lebewesen. Bei einigen von ihnen entwickelten sich Lungen und Gliedmaßen. Diese Geschöpfe wurden zu Kriechtieren und gingen an Land.

Zu den Wirbeltieren – also den Tieren mit einer Wirbelsäule – gehört nur ein Zwanzigstel aller Tierarten, doch befinden sich unter ihnen die meisten großen und schnellen Tiere im Wasser, auf dem Lande und in der Luft: Fische, Amphibien, Reptilien, Vögel und Säuger. Die frühesten gut erhaltenen Versteinerungen von dieser außerordentlich anpassungsfähigen Tiergruppe stammen aus dem Silur, also aus der Zeit vor etwa 440 Millionen Jahren.

Damals lebte im Süßwasser eine Klasse kleiner, fischähnlicher Geschöpfe mit knöchernen Kiemenstützen, knöchernem Schädelpanzer und einer knöchernen Schale um einen weichen Körper. Diese Tiere besaßen eine Rückensaite – einen Stab aus biegsamem Gewebe, Vorläufer der Wirbelsäule. Durch ein kieferloses Maul saugten sie Nahrung auf. Diese Ostracodermen oder „schalenhäutigen“ Tiere sind die fernen Vorfahren aller Wirbeltiere.

Wie ihre nächsten heute lebenden Verwandten, die parasitischen Neunaugen und die aasfressenden Inger, konnten die Ostracodermen keine richtigen Raubfische werden, weil sie keine Kiefer besaßen und deshalb große Beute nicht zu packen vermochten. Erst nach weiteren 40 Millionen Jahren kam der nächste große Fortschritt: Aus den Kiemenstützknochen entwickelten sich Kiefer. Die ersten Fische mit Kiefern, die Placodermen oder Panzerfische, entstanden zu Beginn des Devon. Später starben sie aus.

Ihre Nachfahren sind die Knorpelfische, zu denen Haie, Rochen und Chimären gehören. Die heutige Form der Haie entwickelte sich zu Beginn des Jura, vor 195 Millionen Jahren.

Ungefähr die Hälfte der etwa 40 000 heutigen Wirbeltierarten sind Knochenfische der Klasse *Osteichthyes*. Sie trat erstmals im Devon vor 395–345 Millionen Jahren in Erscheinung. Man unterteilt sie in 2 Gruppen: einerseits Strahlenflosser und andererseits Quastenflosser. Die heutigen Fische gehören – mit einer Ausnahme – zur ersten Gruppe.

Die Besiedlung des Festlands

Die ersten Strahlenflosser waren störartige Fische; sie hatten Knochenskelette und lebten ursprünglich im Süßwasser. Die Strahlenflosser entwickelten sich weiter zu den Schmelzschuppern, und diese wurden zu echten Knochenfischen.

Eine Gruppe der Quastenflosser besiedelte das Festland. Dazu waren diese Tiere in der Lage, weil bei ihnen verschiedene Voraussetzungen gegeben waren: Ihre Lungen waren vollkommener geworden; es hatten sich innere Nasengänge entwickelt, die zum Maul führten; das Skelett war so stark geworden, daß es das Gewicht des Tieres an Land tragen konnte, und die Flossen ließen sich als Gehwerkzeuge benutzen.

Die ersten Amphibien traten im späten Devon vor etwa 350 Millionen Jahren auf. Sie krochen aus dem Wasser, als die Zeit der Ostracodermen zu Ende ging. Wie ihre jetzigen Nachfahren, die Frösche und Kröten, Molche, Salamander und Blindwühlen, mußten sie zur Eiablage ins Wasser zurückkehren.

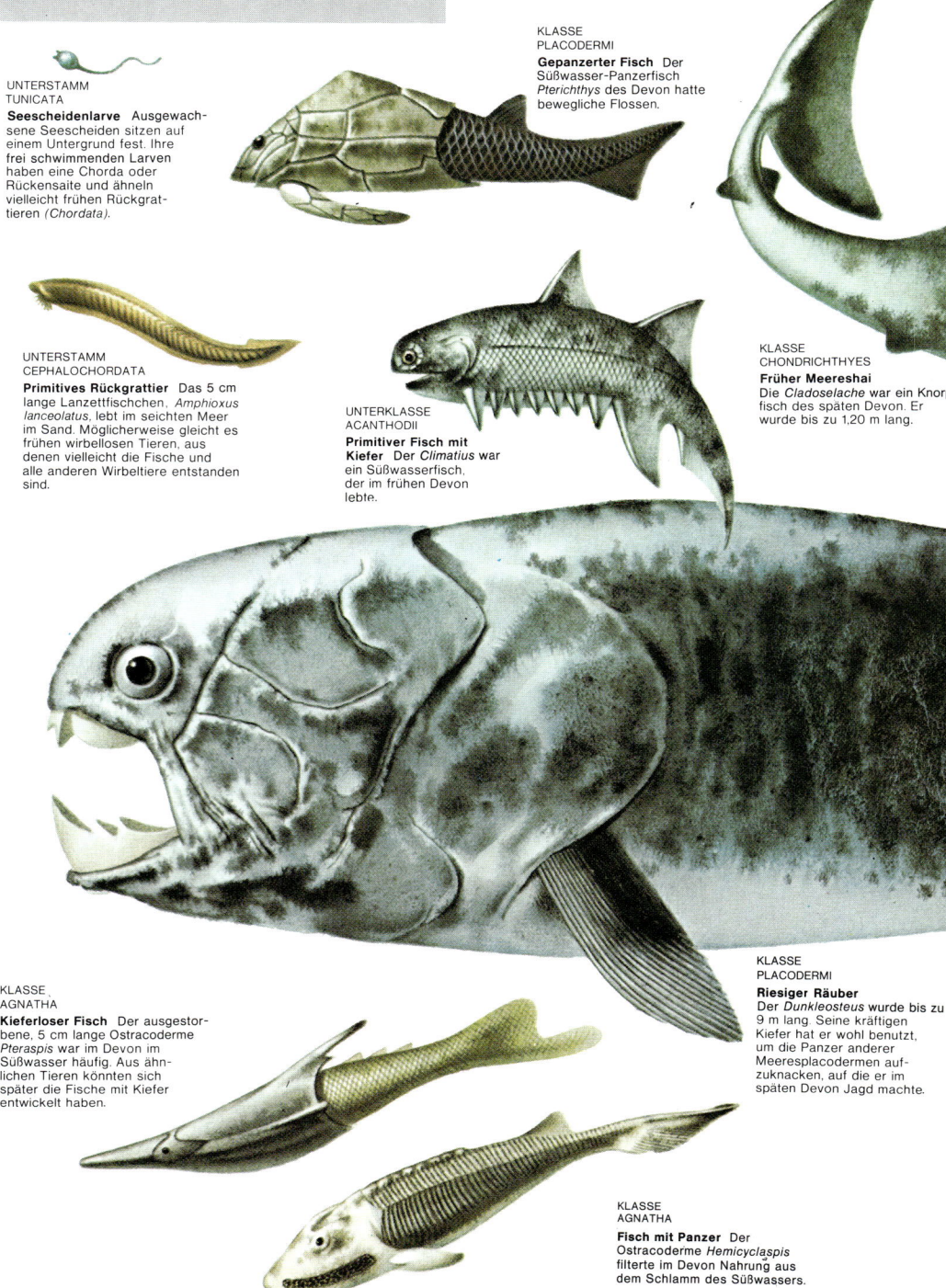

UNTERSTAMM TUNICATA
Seescheidenlarve Ausgewachsene Seescheiden sitzen auf einem Untergrund fest. Ihre frei schwimmenden Larven haben eine Chorda oder Rückensaite und ähneln vielleicht frühen Rückgrattieren *(Chordata)*.

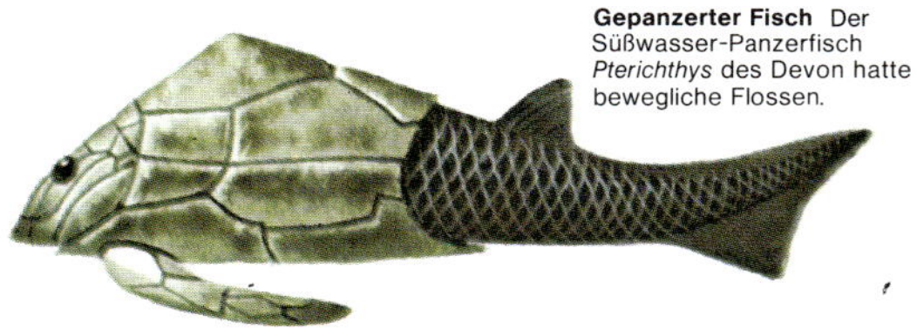

KLASSE PLACODERMI
Gepanzerter Fisch Der Süßwasser-Panzerfisch *Pterichthys* des Devon hatte bewegliche Flossen.

KLASSE CHONDRICHTHYES
Früher Meereshai Die *Cladoselache* war ein Knorpelfisch des späten Devon. Er wurde bis zu 1,20 m lang.

UNTERSTAMM CEPHALOCHORDATA
Primitives Rückgrattier Das 5 cm lange Lanzettfischchen, *Amphioxus lanceolatus*, lebt im seichten Meer im Sand. Möglicherweise gleicht es frühen wirbellosen Tieren, aus denen vielleicht die Fische und alle anderen Wirbeltiere entstanden sind.

UNTERKLASSE ACANTHODII
Primitiver Fisch mit Kiefer Der *Climatius* war ein Süßwasserfisch, der im frühen Devon lebte.

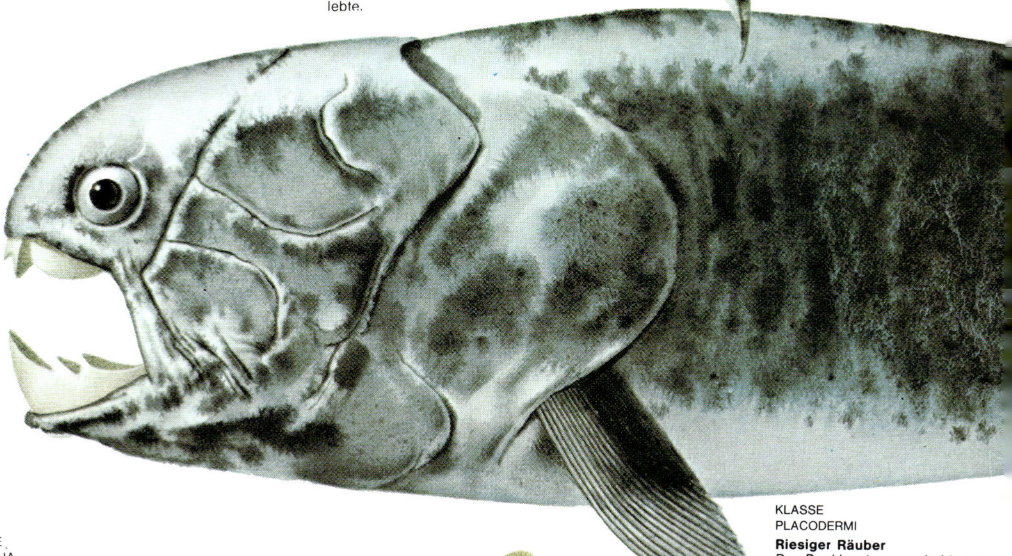

KLASSE PLACODERMI
Riesiger Räuber Der *Dunkleosteus* wurde bis zu 9 m lang. Seine kräftigen Kiefer hat er wohl benutzt, um die Panzer anderer Meeresplacodermen aufzuknacken, auf die er im späten Devon Jagd machte.

KLASSE AGNATHA
Kieferloser Fisch Der ausgestorbene, 5 cm lange Ostracoderme *Pteraspis* war im Devon im Süßwasser häufig. Aus ähnlichen Tieren könnten sich später die Fische mit Kiefer entwickelt haben.

KLASSE AGNATHA
Fisch mit Panzer Der Ostracoderme *Hemicyclaspis* filterte im Devon Nahrung aus dem Schlamm des Süßwassers.

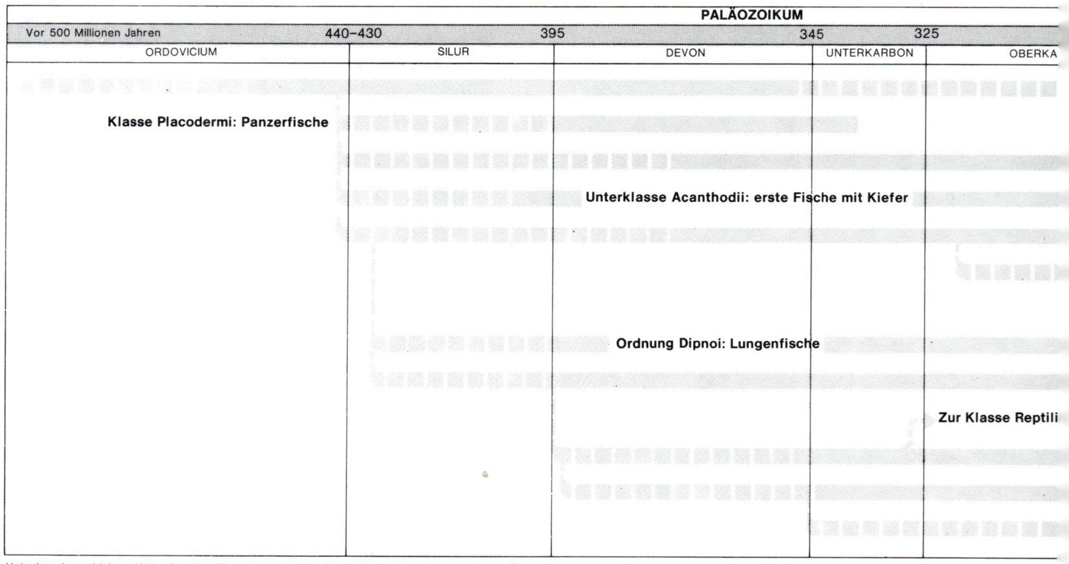

PALÄOZOIKUM
Vor 500 Millionen Jahren
440–430
395
345
325
ORDOVICIUM
SILUR
DEVON
UNTERKARBON
OBERKA
Klasse Placodermi: Panzerfische
Unterklasse Acanthodii: erste Fische mit Kiefer
Ordnung Dipnoi: Lungenfische
Zur Klasse Reptili

Unterbrochene Linie = Keine fossilen Zeugnisse; Ahnenreihen sind auf Grund körperlicher Ähnlichkeiten angenommen.
Ausgezogene Linie = Fossile Zeugnisse vorhanden.

UNTERKLASSE
HOLOSTEI
Fisch mit hohem Körper *Lepidotus minor*, ein früher Schmelzschupper, wurde etwa 30 cm lang. Er lebte im Jura.

ORDNUNG
CROSSOPTERYGII
Vorfahr der Amphibien Das *Eusthenopteron* war ein beweglicher Räuber in stehenden Binnengewässern des späten Devon. Er hatte wahrscheinlich Lungen und glich den Vorfahren der ersten Amphibien.

ORDNUNG
DIPNOI
Luftatmender Fisch Der ausgestorbene *Ceratodus* lebte während der Trias im Süßwasser. Wie die heutigen Lungenfische konnte er in abgestandenem Wasser Luft atmen.

UNTERKLASSE
LABYRINTHODONTIA
Primitive Amphibie Die 90 cm lange *Ichthyostega* aus dem späten Devon hatte kurze Gliedmaßen zum Laufen und einen kräftigen Schwanz zum Schwimmen. Wahrscheinlich verbrachte er lange Zeit im Wasser.

ORDNUNG
CROSSOPTERYGII
Quastenflosser Das *Macropoma* aus der Kreidezeit wurde etwa 7 m lang. Wie *Latimeria*, der heute noch lebende Vertreter der Gruppe Coelacanthiden, lebte er im Meer.

UNTERKLASSE
LABYRINTHODONTIA
Im Sumpf lebende Amphibie Der *Eryops* aus dem frühen Perm wurde 1,5 m lang. Dieser Lurch mußte zur Eiablage ins Wasser zurückkehren.

UNTERKLASSE
CHONDROSTEI
Früher Knochenfisch Die *Cheirolepis*, ein Störartiger, ist aus dem Mitteldevon bekannt. Es war ein Knochenfisch mit vielen rhombischen Schuppen. Wahrscheinlich hatte er Lungen.

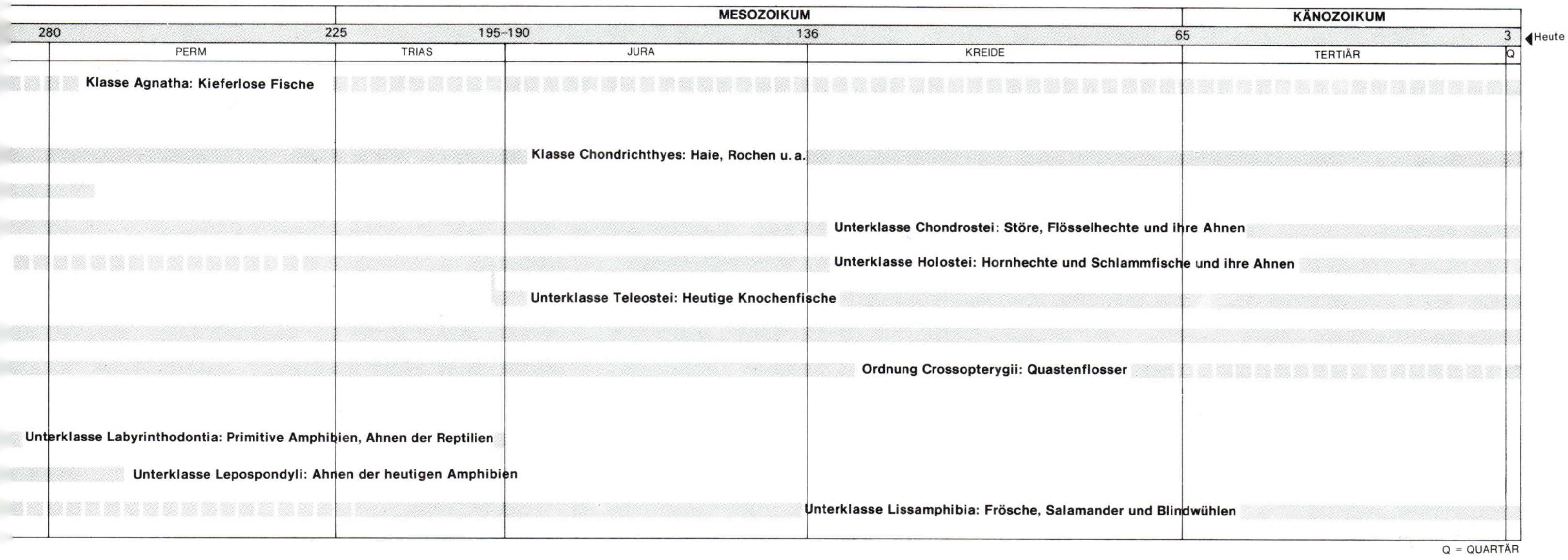

MESOZOIKUM
KÄNOZOIKUM
280
225
195–190
136
65
3
Heute
PERM
TRIAS
JURA
KREIDE
TERTIÄR
Q
Klasse Agnatha: Kieferlose Fische
Klasse Chondrichthyes: Haie, Rochen u. a.
Unterklasse Chondrostei: Störe, Flösselhechte und ihre Ahnen
Unterklasse Holostei: Hornhechte und Schlammfische und ihre Ahnen
Unterklasse Teleostei: Heutige Knochenfische
Ordnung Crossopterygii: Quastenflosser
Unterklasse Labyrinthodontia: Primitive Amphibien, Ahnen der Reptilien
Unterklasse Lepospondyli: Ahnen der heutigen Amphibien
Unterklasse Lissamphibia: Frösche, Salamander und Blindwühlen

Q = QUARTÄR

Evolution · Reptilien

Aus Amphibien, die eine wasserdichte Haut bekamen und Eier mit Schalen legten, gingen Reptilien hervor, die das trockene Land besiedeln konnten.

Etwa 50 Millionen Jahre lang waren Amphibien bei weitem die größten Tiere, die sich hier einigermaßen gut zu bewegen vermochten. Dabei brauchten sie aber das Süßwasser noch, denn aus ihm holten sie ihre Nahrung, und in ihm legten sie ihre Eier ab. Vor etwa 325 Millionen Jahren trugen Umweltveränderungen dazu bei, daß Amphibien – nach den Insekten – das feste Land endgültig erobern und die Nahrungsquellen dort nutzen konnten. Eine neue Tierklasse entstand.

Amphibien, die eine feuchte Umgebung bevorzugen, entwickelten sich dann zu Reptilien, die auf dem Trockenen leben. Die wichtigste Veränderung bei diesem Vorgang war, daß diese Geschöpfe nun Eier mit einer Schale legten. So war die Ablage an Land möglich, und die Tiere konnten immer in der Nähe ihrer Nahrungsplätze bleiben; sie brauchten nicht zum Laichen ins Wasser zurückzukehren. Gleichzeitig mit der Ausbildung des neuen Eityps wurde die Befruchtung in das Innere des Tierkörpers verlegt.

Aber aus einem Ei mit einer Schale entsteht noch nicht ohne weiteres ein echtes Landtier. Die allerersten Reptilien holten ihre Nahrung auch noch aus dem Wasser. Ein weiterer großer Fortschritt war dann die Entstehung einer trockenen, hornigen Haut, durch die keine Feuchtigkeit aus dem Körper austreten konnte. Gleichzeitig wurden die Lungen der Tiere größer und leistungsfähiger, denn die Reptilien konnten nun nicht mehr durch die Haut atmen wie die Amphibien.

Fortbewegung auf dem Lande

Und noch eine dritte wichtige Veränderung trat auf: Es entwickelte sich das Brustbein sowie ein starker Becken- und Schultergürtel, an denen jeweils kräftigere Muskeln ansetzten. Nun konnten die Reptilien sich schneller fortbewegen und größere Entfernungen zurücklegen. Der Hals streckte sich; er konnte freier bewegt und weiter vom Boden abgehoben werden. Dabei haben die Reptilien aber noch viele Amphibienmerkmale beibehalten. Sie können ihre Körpertemperatur nicht konstant halten; ihre Zähne sind alle gleich, und ihr Skelett ist im ganzen so geblieben wie das der Amphibien.

Reptilien sind „verbesserte Amphibien", so wie Amphibien „verbesserte Fische" sind. Es muß Zwischenformen gegeben haben, die weder richtige Reptilien noch echte Amphibien waren; daher ist es auch schwer zu sagen, wann die Reptilien erstmals aufgetreten sind. Das älteste bekannte fossile Reptil, *Hylonomus*, stammt aus den etwa 300 Millionen Jahren alten Steinkohleschichten von Neuschottland.

Nachdem der Grundplan der Reptilien erst einmal geschaffen war, fand, als die Kriechtiere weitere Lebensräume eroberten, eine Entwicklungsexplosion statt. Versteinerungen zeigen eine plötzliche Vielfalt von Reptilientypen, die sich im Perm, vor 280–225 Millionen Jahren, in neue Gebiete ausbreiteten. Es gab gehende, schwimmende, laufende, fliegende Kriechtiere, Pflanzen- und Fleischfresser sowie Riesen und Zwerge unter ihnen.

ORDNUNG PELYCOSAURIA
Reptilien mit einer „Rückenflosse" Der *Dimetrodon* aus dem Perm war 3 m lang und trug auf seinem Rücken ein gewaltiges „Segel". Es könnte zur Regulierung der Körpertemperatur gedient haben.

ORDNUNG THECODONTIA
Vorläufer von Vögeln Die *Euparkeria* lebte in der frühen Trias. Sie war 90 cm lang und gehörte zu einer Gruppe von Reptilien, aus denen dann Dinosaurier und Vögel entstanden. Wenn das Tier schnell lief, richtete es sich wahrscheinlich auf.

ORDNUNG THERAPSIDA
Säugetierartige Reptilien Der fleischfressende *Cynognathus* lebte in der frühen Trias. Er hatte etwa die Größe eines heutigen Schweines. Sein Skelett besaß verschiedene Merkmale, die denen von Säugern ähnelten. Diese entwickelten sich wahrscheinlich aus der Ordnung *Therapsida*.

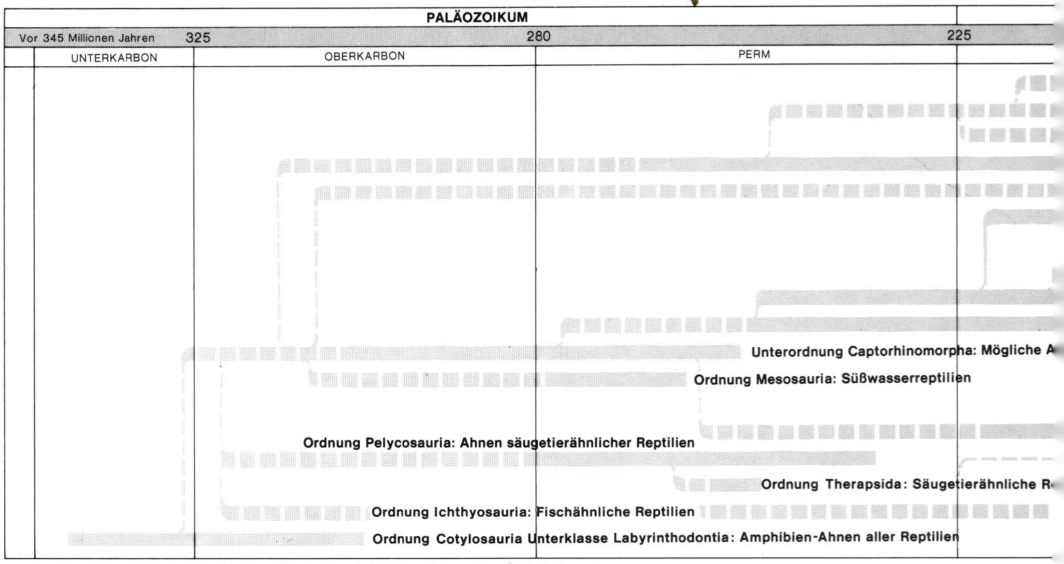
PALÄOZOIKUM
Vor 345 Millionen Jahren
325
280
225
UNTERKARBON
OBERKARBON
PERM
Unterordnung Captorhinomorpha: Mögliche A
Ordnung Mesosauria: Süßwasserreptilien
Ordnung Pelycosauria: Ahnen säugetierähnlicher Reptilien
Ordnung Therapsida: Säugetierähnliche R
Ordnung Ichthyosauria: Fischähnliche Reptilien
Ordnung Cotylosauria
Unterklasse Labyrinthodontia: Amphibien-Ahnen aller Reptilien

Unterbrochene Linie = Keine fossilen Zeugnisse; Ahnenreihen sind auf Grund körperlicher Ähnlichkeiten angenommen.
Ausgezogene Linie = Fossile Zeugnisse vorhanden.

UNTERORDNUNG
LACERTILIA

Segelndes Reptil Der *Kuehneosaurus* besaß Flügel: Zwischen langen Rippen spannten sich Häute. Mit ihnen segelte das Tier wahrscheinlich im Gleitflug zwischen den Bäumen der Triaswälder umher.

ORDNUNG
CROCODILIA

Meereskrokodil Der *Geosaurus* wurde 4,5 m lang; er lebte in der frühen Kreidezeit im Meer. Beim Schwimmen schlug das Tier mit seinem fischähnlichen Schwanz. Es besaß kräftige Kiefer und Zähne, ähnlich denen der heutigen Krokodile.

ORDNUNG
MESOSAURIA

Schwimmendes Reptil Der kleine *Mesosaurus* hatte Füße mit Schwimmhäuten und einen stromlinienförmigen Körper. Dies waren Formen der Anpassung an das Leben im Süßwasser, wo das Tier seine Beute fand.

UNTERORDNUNG
SERPENTES

Grabende Schlange Der kleine, wurmähnliche *Typhlops* grub sich in den Boden der mesozoischen Wälder ein. Ähnliche Formen leben noch heute.

UNTERORDNUNG
PLESIOSAURIA

„Schlangen-Schildkröte" Die *Macroplata* sah teils wie eine Schlange, teils wie eine Schildkröte aus. Sie lebte im späten Jura, schwamm im Meer und stieß ihren langen Hals nach vorn, wenn sie ein Beutetier erwischen wollte.

ORDNUNG
ICHTHYOSAURIA

Zahnloses Meeresreptil Der *Ophthalmosaurus* des späten Jura sah aus wie eine Kreuzung zwischen Hai und Robbe. Er hatte große Augen, zahnlose Kiefer und breite, biegsame Flossen.

ORDNUNG
CHELONIA

Ahne der Schildkröten Die *Proganochelys* hatte, wie die heutigen Schildkröten, eine stark gepanzerte Außenschale. Das Tier lebte in der späten Trias. Es besaß keine Zähne, sondern knackte die Nahrung mit seiner hornigen, schnabelartigen Schnauze.

ORDNUNG
RHYNCHOCEPHALIA

Primitives Reptil Die Brückenechse *Sphenodon punctatus* auf Neuseeland ist der einzige Überlebende einer primitiven Gruppe aus der Trias. Sie hat auf dem Scheitel ein zurückgebildetes drittes Auge.

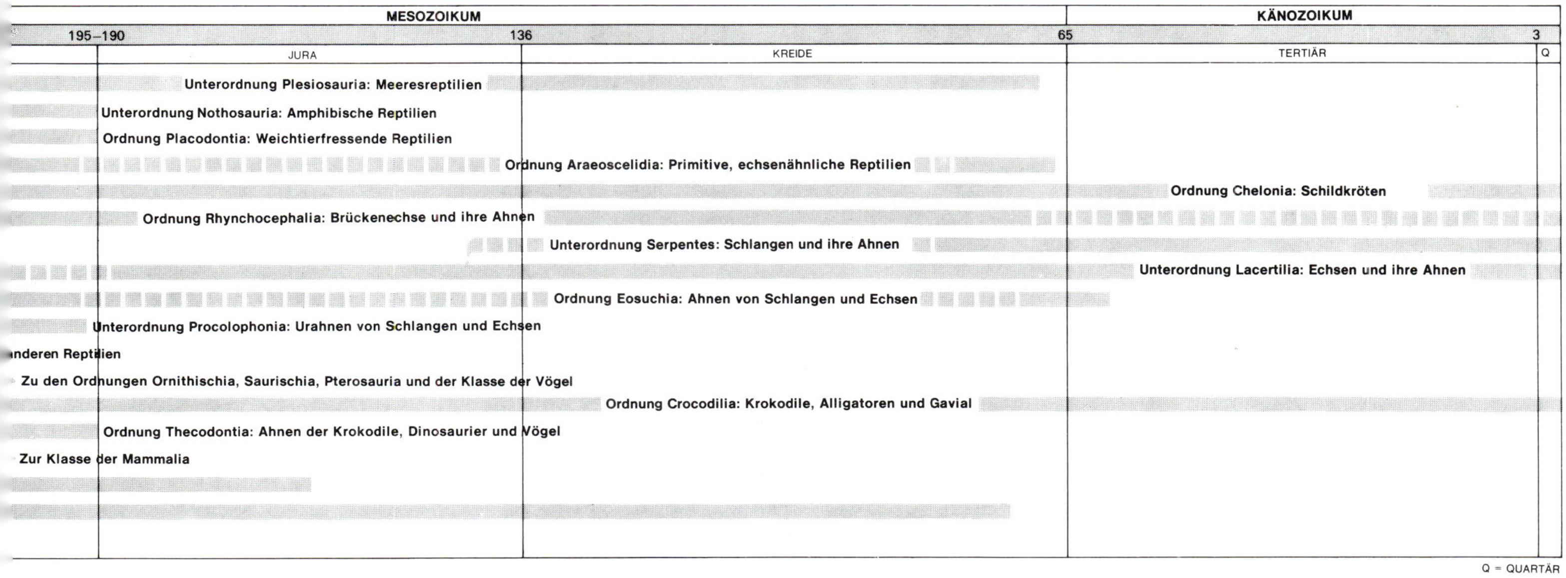

MESOZOIKUM
KÄNOZOIKUM
195–190
136
65
3
JURA
KREIDE
TERTIÄR
Q
Unterordnung Plesiosauria: Meeresreptilien
Unterordnung Nothosauria: Amphibische Reptilien
Ordnung Placodontia: Weichtierfressende Reptilien
Ordnung Araeoscelidia: Primitive, echsenähnliche Reptilien
Ordnung Chelonia: Schildkröten
Ordnung Rhynchocephalia: Brückenechse und ihre Ahnen
Unterordnung Serpentes: Schlangen und ihre Ahnen
Unterordnung Lacertilia: Echsen und ihre Ahnen
Ordnung Eosuchia: Ahnen von Schlangen und Echsen
Unterordnung Procolophonia: Urahnen von Schlangen und Echsen
nderen Reptilien
Zu den Ordnungen Ornithischia, Saurischia, Pterosauria und der Klasse der Vögel
Ordnung Crocodilia: Krokodile, Alligatoren und Gavial
Ordnung Thecodontia: Ahnen der Krokodile, Dinosaurier und Vögel
Zur Klasse der Mammalia
Q = QUARTÄR

Evolution·Dinosaurier und Vögel

150 Millionen Jahre lang beherrschten riesige Reptilien die Erde. 80 Tonnen schwere Brontosaurier lebten in den Sümpfen und 15 m lange Tyrannosaurier auf dem Land.

Während des Mesozoikums, das etwa 225 bis 65 Millionen Jahre zurückliegt, waren die Reptilien die größte Tiergruppe auf der Erde. Unter ihnen traten wiederum die Archosaurier hervor, besonders die Dinosaurier sowie die Pterosaurier, fliegende Reptilien. Vom gleichen Stamm führt eine direkte Entwicklungslinie zu den heutigen Krokodilen und Vögeln.

Es gibt zwei Ordnungen von Dinosauriern: Saurischier mit „Eidechsenhüften" und die Ornithischier mit „Vogelhüften". Die Tiere dieser beiden Gruppen unterscheiden sich durch den Bau ihres Beckens. Außerdem hatten die meisten Saurischier ein voll ausgebildetes Gebiß – zu ihnen zählten sowohl fleischfressende als auch pflanzenfressende Dinosaurier –, während bei vielen Ornithischiern die Vorderzähne fehlten. Bei diesen Tieren, die wahrscheinlich nur Pflanzen fraßen, bildeten sich Schnäbel aus.

Die Dinosaurier mit „Eidechsenhüften" erschienen in der Trias vor etwa 200 Millionen Jahren. Einige, wie die fleischfressenden Theropoden, gingen aufrecht auf den Hinterbeinen, wobei ihr massiger Schwanz das Gegengewicht zum Kopf und Körper bildete. Einer von ihnen, der 15 m lange *Tyrannosaurus*, war das größte Raubtier, das je gelebt hat. Die meisten anderen „eidechsenhüftigen" Dinosaurier gingen auf allen vieren, fraßen Pflanzen und hatten schwere Körper mit langen Hälsen und langen Schwänzen. Am größten war der *Diplodocus*; er maß über 20 m.

„Gehirne im Rumpf"

„Vogelhüftige" Dinosaurier, von denen einige einen schweren Panzer trugen, traten in der Trias auf. Zu ihnen gehörte der 6 m lange *Stegosaurus*. Wie die meisten anderen Riesendinosaurier besaß dieses gewaltige Tier zusätzliche „Gehirne" in der Becken- und Schulterregion: Nervenzentren, die größer waren als das Gehirn im Kopf. Von diesen Zentren aus wurden die Bewegungen des Schwanzes und der Gliedmaßen gesteuert.

Die stark gepanzerten Ankylosaurier waren breite, kurze und dicke Tiere. Sie hatten Knochenplatten auf dem Rücken und keulenförmige Schwänze. Zu den Ceratopsiden oder gehörnten Dinosauriern, die in der späten Kreidezeit lebten, gehörte der ebenfalls „vogelhüftige", 6 m lange *Triceratops*.

Die Vorfahren der Vögel waren vermutlich die Pseudosuchier. Diese Gruppe fleischfressender Reptilien lebte in der Trias. Irgendwann im Laufe der Stammesgeschichte wurden aus Schuppen Federn, wahrscheinlich, damit die Körpertemperatur reguliert werden konnte. Die Entwicklung der Federn war ein wichtiger Schritt auf dem Wege zum Fliegen. Der älteste bekannte Vogel, der *Archaeopteryx*, lebte vor 150 Millionen Jahren.

Nicht mit ihm verwandt waren die fliegenden Kriechtiere, die Pterodactyliden, die sich mit Hilfe von Flughäuten zwischen Hinter- und Vorderbeinen in die Luft erhoben. Vor rund 75 Millionen Jahren starben sie mit den Dinosauriern auf Grund unbekannter Veränderungen aus.

UNTERORDNUNG
SAUROPODOMORPHA
Der längste Dinosaurier
Der *Diplodocus* maß, einschließlich seines Schwanzes, über 20 m. Dieses Reptil – das längste Landtier, das es je gegeben hat – lebte im späten Jura und ernährte sich von Pflanzen.

UNTERORDNUNG
THEROPODA
Früher Dinosaurier
Die *Coelophysis* war ein kleines, fleischfressendes Reptil der Trias. Mit einer Länge von 2 - 3 m war es zehnmal kleiner als die späteren Riesendinosaurier.

UNTERORDNUNG
SAUROPODOMORPHA
Der schwerste Dinosaurier
Der *Brachiosaurus* lebte während der späten Jura und wog bis zu 80 Tonnen. Wahrscheinlich hielt er sich im flachen Wasser auf, das seinen Körper teilweise trug.

UNTERORDNUNG
STEGOSAURIA
Plattentragender Dinosaurier
Der *Stegosaurus* aus dem späten Jura hatte als Abwehrwaffe aufrechtstehende Knochenplatten auf Rücken und Schwanz. Er ernährte sich ausschließlich von Pflanzen.

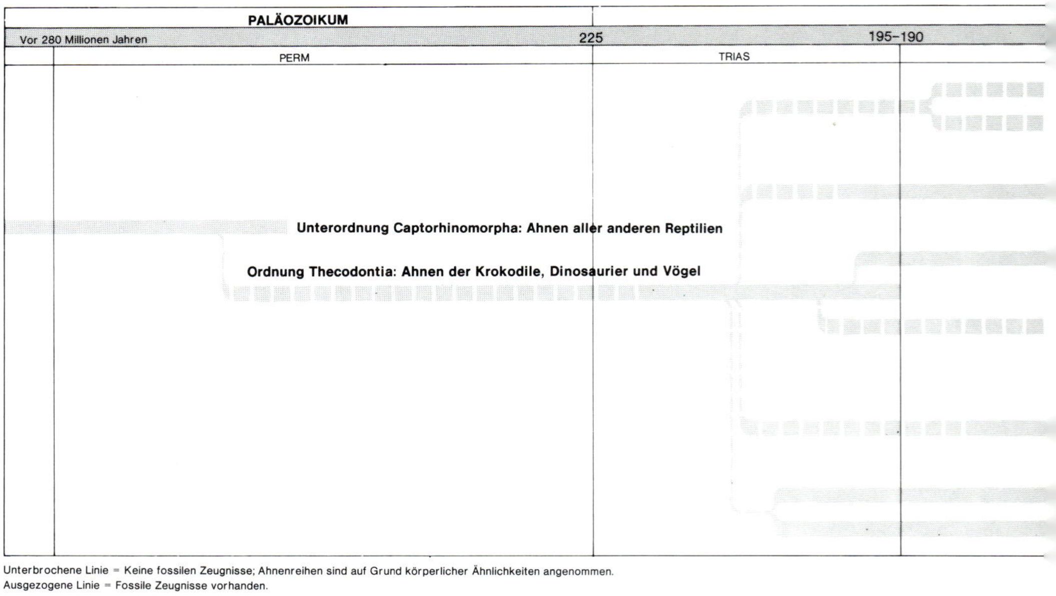
PALÄOZOIKUM
Vor 280 Millionen Jahren
225
195–190
PERM
TRIAS
Unterordnung Captorhinomorpha: Ahnen aller anderen Reptilien
Ordnung Thecodontia: Ahnen der Krokodile, Dinosaurier und Vögel

Unterbrochene Linie = Keine fossilen Zeugnisse; Ahnenreihen sind auf Grund körperlicher Ähnlichkeiten angenommen.
Ausgezogene Linie = Fossile Zeugnisse vorhanden.

UNTERORDNUNG
ORNITHOPODA

Ein Dinosaurier mit „Vogelhüften“ Der *Camptosaurus*, ein Tier des späten Jura, ging aufrecht auf seinen Hinterbeinen, die in Krallen endeten. Das Reptil ernährte sich von Pflanzen, die es mit seinen kräftigen Kiefern zerkleinerte.

UNTERORDNUNG
PTERODACTYLOIDEA

Riesenpterosaurier Der *Pteranodon*, ein Tier der späteren Kreidezeit, hatte eine Flügelspannweite von fast 8 m. Zu dem schweren, zahnlosen Schnabel bildete ein nach hinten gerichteter Knochen das Gegengewicht.

UNTERORDNUNG
ANKYLOSAURIA

Gepanzerter Dinosaurier Der *Ankylosaurus* lebte in der Kreidezeit. Der 4,5 m lange Körper war fast vollständig von Knochenplatten bedeckt. An den Seiten standen nach außen gerichtete Dornen.

UNTERORDNUNG
ORNITHOPODA

Schwimmender Dinosaurier Der *Hadrosaurus* schwamm wahrscheinlich zeitweise in Sümpfen umher. Er lebte in der späten Kreidezeit.

UNTERORDNUNG
RHAMPHORHYNCHOIDEA

Fliegendes Reptil Der *Rhamphorhynchus*, ein primitiver Flugsaurier des späten Jura, hatte eine Spannweite von fast 1 m, einen langen Schwanz, mit dem er das Gleichgewicht hielt, und Kiefer mit Zähnen.

UNTERORDNUNG
THEROPODA

Der größte Fleischfresser Der 15 m lange *Tyrannosaurus* der späteren Kreidezeit war der größte Fleischfresser, der je die Erde bevölkert hat. Er war fast 6 m hoch. Da er die Vorderbeine kaum gebrauchen konnte, muß er mit den Zähnen angegriffen haben.

KLASSE
AVES

Der früheste Vogel Der *Archaeopteryx* lebte im späten Jura. Am Körper, an den Flügeln und an seinem eidechsenartigen Schwanz hatte er Federn. Diese haben sich wahrscheinlich entwickelt, um den Körper vor Hitze und Kälte zu schützen. Der *Archaeopteryx* konnte nicht gut fliegen.

KLASSE
AVES

Flugunfähiger Tauchvogel Der *Hesperornis* hatte zurückgebildete Flügel und konnte nicht fliegen; er war aber – in der späten Kreidezeit – ein echter Vogel. Seine Nahrung bestand aus Fischen.

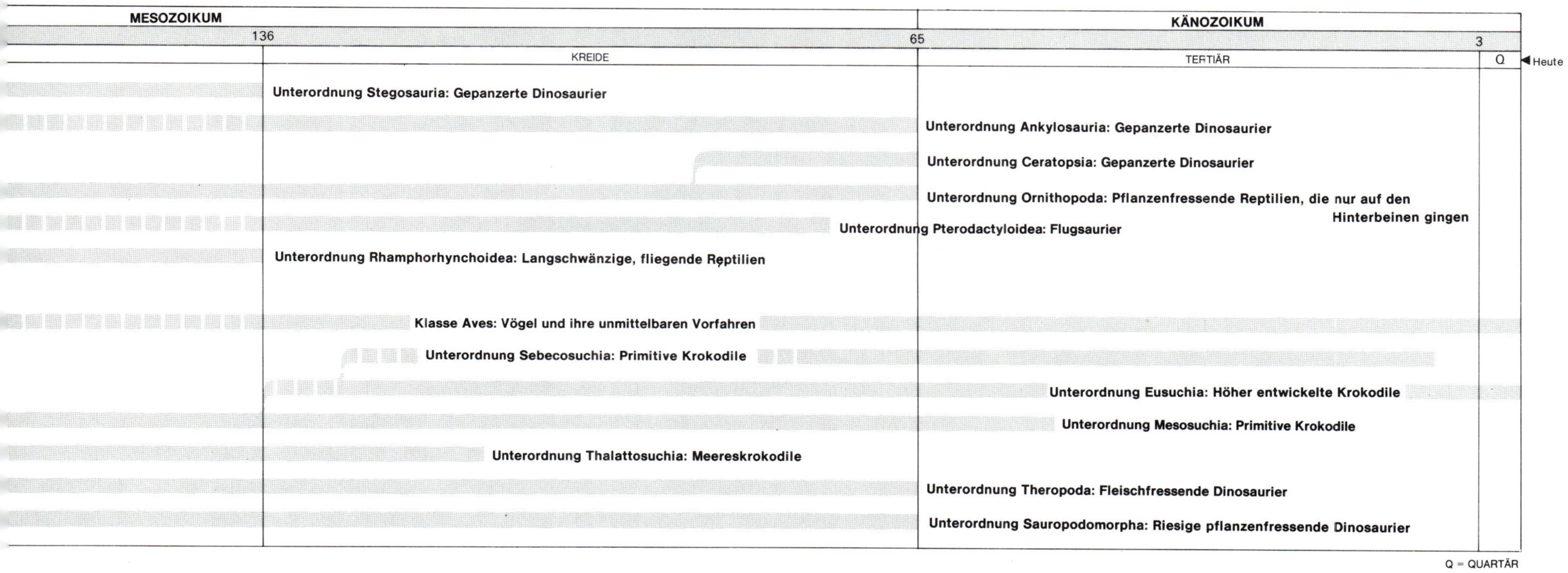

MESOZOIKUM
KÄNOZOIKUM
136
65
3
KREIDE
TERTIÄR
Q
Heute
Unterordnung Stegosauria: Gepanzerte Dinosaurier
Unterordnung Ankylosauria: Gepanzerte Dinosaurier
Unterordnung Ceratopsia: Gepanzerte Dinosaurier
Unterordnung Ornithopoda: Pflanzenfressende Reptilien, die nur auf den Hinterbeinen gingen
Unterordnung Pterodactyloidea: Flugsaurier
Unterordnung Rhamphorhynchoidea: Langschwänzige, fliegende Reptilien
Klasse Aves: Vögel und ihre unmittelbaren Vorfahren
Unterordnung Sebecosuchia: Primitive Krokodile
Unterordnung Eusuchia: Höher entwickelte Krokodile
Unterordnung Mesosuchia: Primitive Krokodile
Unterordnung Thalattosuchia: Meereskrokodile
Unterordnung Theropoda: Fleischfressende Dinosaurier
Unterordnung Sauropodomorpha: Riesige pflanzenfressende Dinosaurier

Q = QUARTÄR

Evolution · Säugetiere

Reptilien, die ersten Wirbeltiere, die das Land eroberten, sind Kaltblüter; darum konnten sie sich nicht an alle Lebensräume anpassen. Die warmblütigen Säuger sind weiter verbreitet.

Säugetiere haben sich auch dort mit Erfolg angesiedelt, wo es den Reptilien nicht möglich war. Bei ihnen entwickelte sich nämlich im Gehirn ein Temperaturregulierungsorgan, und auf ihrem Körper wuchsen isolierende Haare. Außerdem ermöglicht das Zwerchfell eines Säugers eine erhöhte Luftzufuhr zu den Lungen, und dank eines Nebengaumens kann das Tier durch die Nase atmen, während es mit den Kiefern kaut. Die Beine stehen nicht seitwärts vom Körper ab, sondern befinden sich unter dem Körper. Daher können sich diese Geschöpfe besser fortbewegen.

Von Anfang an waren die Säugetiere vielseitiger als die Reptilien; sie paßten sich den meisten Lebensräumen an. Ein größeres Gehirn und lang andauernde elterliche Fürsorge befähigten sie dazu, sich auf unterschiedliche Bedingungen einzustellen. Säugetierweibchen haben zudem Brustdrüsen. Sie säugen ihre Jungen so lange, bis diese sich selbst ernähren können.

Eine Reptiliengruppe im Perm und in der Trias, die *Synapsida,* wies viele Merkmale von Säugetieren auf: Backenzähne, Nebengaumen und „Vorwärmer"knochen in der Nase, empfindliche Schnurrbarthaare im Gesicht und aufrechtstehende Gliedmaßen.

Während des Jura, vor etwa 190–136 Millionen Jahren, gab es 5 sicher nachgewiesene Säugetierordnungen, die heute alle ausgestorben sind. Drei dieser Linien führten entwicklungsgeschichtlich in eine Sackgasse, während die Angehörigen der anderen Ordnungen, die Docodonten und Pantotherien, wohl die Vorfahren aller heutigen Säugetiere gewesen sind. Die Kloakentiere – das Schnabeltier und der Ameisenigel – haben sich wahrscheinlich aus den Docodonten entwickelt. Beuteltiere und Plazentalier (Tiere, deren Junge vor der Geburt in der Gebärmutter heranwachsen) stammen wohl alle von den Pantotherien ab.

Infolge der Abtrennung Südamerikas vom amerikanischen Kontinent im Tertiär entwikkelten sich dort besondere Säugetiergruppen: die *Edentata* oder Zahnarmen, zu denen Ameisenbären, Gürteltiere und Faultiere gehören; die ausgestorbenen *Litopterna,* die den Huftieren der Alten Welt glichen; die Neuweltaffen und schließlich die Opossums.

In den übrigen Teilen der Erde brachten die Säuger verschiedene andere Formen hervor, von denen viele bis heute überlebt haben: große Raubtiere wie Hunde, Bären und Katzen, pflanzenfressende Huftiere sowie Elefanten. Die ersten Primaten – eine Gruppe, die Affen, Menschenaffen und den Menschen umfaßt – erschienen vor etwa 80 Millionen Jahren.

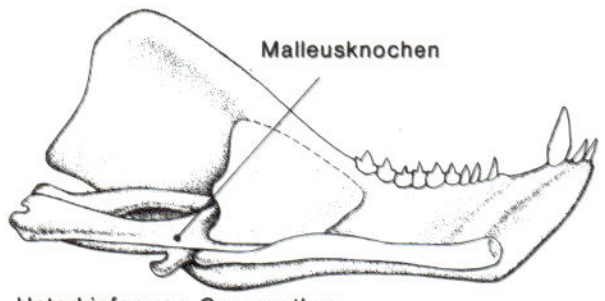
Malleusknochen

Unterkiefer von *Cynognathus,* einem säugetierähnlichen Reptil

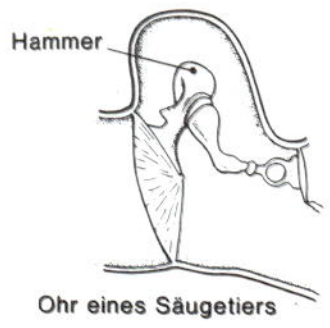
Hammer

Ohr eines Säugetiers

Als aus den Reptilien die Säugetiere hervorgingen, entwickelte sich aus einem Gelenkknochen im Unterkiefer (farbig) ein kleiner Knochen im Säugetierohr.

ORDNUNG CREODONTA
Prähistorischer Fleischfresser *Oxyaena* war ein großes Raubtier; es glich dem heutigen Vielfraß und lebte im Eozän.

ORDNUNG EMBRITHOPODA
Großer Pflanzenfresser Das fast 3,5 m lange *Arsinoitherium* sah wie ein Nashorn mit 2 Hörnern aus. Es lebte im frühen Oligozän in Nordostafrika.

ORDNUNG PERISSODACTYLA
Pferde-Ahne Das *Hyracotherium* lebte im frühen Eozän in Europa und Nordamerika. Es war etwa so groß wie ein heutiger Foxterrier.

ORDNUNG PERISSODACTYLA
Riesennashorn Das *Paraceratherium* aus dem späten Oligozän erreichte eine Länge von 7,5 m und eine Schulterhöhe von 5,5 m. Es fraß Laub.

ORDNUNG CONDYLARTHRA
Primitives Huftier *Phenacodus,* ein Huftier des frühen Eozän, war wohl ein Pflanzenfresser.

ORDNUNG AMBLYPODA
Großer amerikanischer Grasfresser Das 3,5 m lange *Uintatherium* hatte den Körperbau eines heutigen Nashorns und lebte im Eozän. Es trug 3 Paar hornige Auswüchse auf dem Schädel; die Männchen besaßen auch 2 stoßzahnartige Eckzähne.

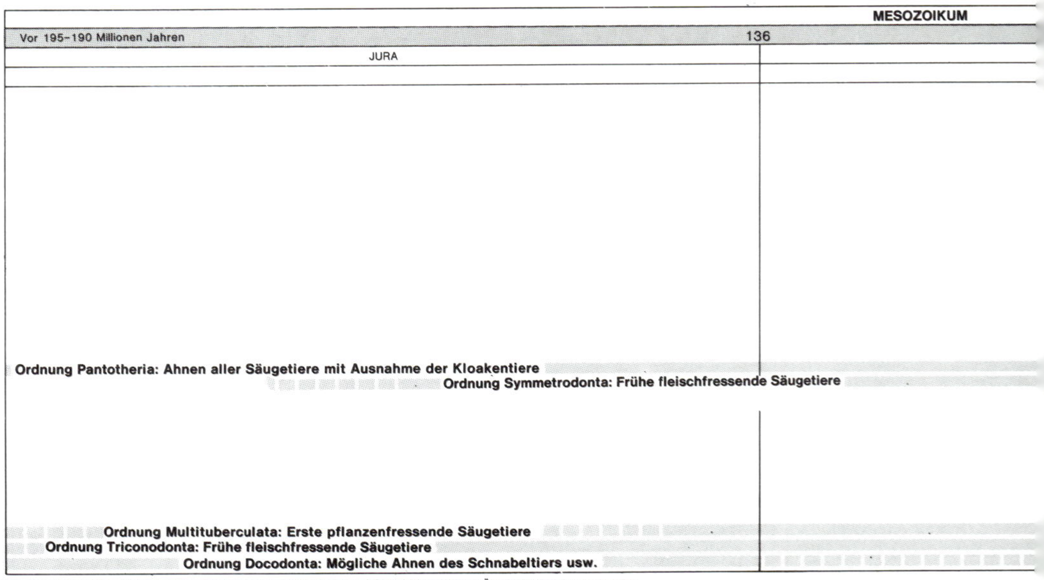
MESOZOIKUM
Vor 195–190 Millionen Jahren
136
JURA
Ordnung Pantotheria: Ahnen aller Säugetiere mit Ausnahme der Kloakentiere
Ordnung Symmetrodonta: Frühe fleischfressende Säugetiere
Ordnung Multituberculata: Erste pflanzenfressende Säugetiere
Ordnung Triconodonta: Frühe fleischfressende Säugetiere
Ordnung Docodonta: Mögliche Ahnen des Schnabeltiers usw.

Unterbrochene Linie = Keine fossilen Zeugnisse; Ahnenreihen sind auf Grund körperlicher Ähnlichkeiten angenommen.
Ausgezogene Linie = Fossile Zeugnisse vorhanden.

ORDNUNG
PROBOSCIDEA

Stoßzähne im Unterkiefer Das *Deinotherium* war ein früher europäischer Elefant des Pleistozän. Im Gegensatz zu seinem heutigen Verwandten hatte er in seinem Unterkiefer abwärts gebogene Stoßzähne.

ORDNUNG
ARTIODACTYLA

Vorgeschichtlicher Wiederkäuer *Synthetoceras* trug ein ungewöhnlich gegabeltes Horn auf der Nase. Das Tier lebte im Pliozän. Es fraß nur Pflanzen und war vermutlich ein Wiederkäuer.

ORDNUNG
CARNIVORA

Katze mit Säbelzähnen Der *Smilodon* hatte 15 cm lange obere Eckzähne. Damit konnte es wahrscheinlich die dicke Haut der Elefanten durchdringen, auf die es im Pleistozän Jagd machte.

ORDNUNG
EDENTATA

Riesenfaultier am Boden Das *Megatherium* wog mehrere Tonnen und war über 5 m lang. Es lebte im Pleistozän in Südamerika und starb wahrscheinlich erst aus, als der Mensch in seinen Lebensraum eindrang.

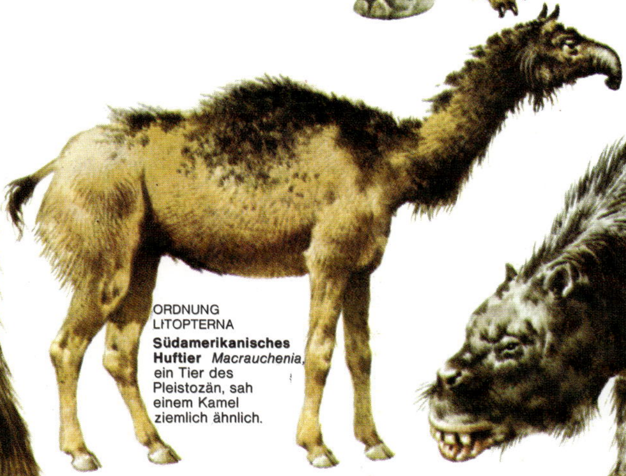

ORDNUNG
LITOPTERNA

Südamerikanisches Huftier *Macrauchenia*, ein Tier des Pleistozän, sah einem Kamel ziemlich ähnlich.

ORDNUNG
NOTOUNGULATA

Riesiger Pflanzenfresser Der über 2,5 m lange *Toxodon* war wie ein kurzbeiniges Nashorn gebaut; es lebte im Pleistozän.

ORDNUNG
EDENTATA

Verwandter des Gürteltiers Der Körperpanzer des *Glyptodon*, der im Pleistozän lebte, war zu einem einzigen knöchernen Rückenschild verschmolzen.

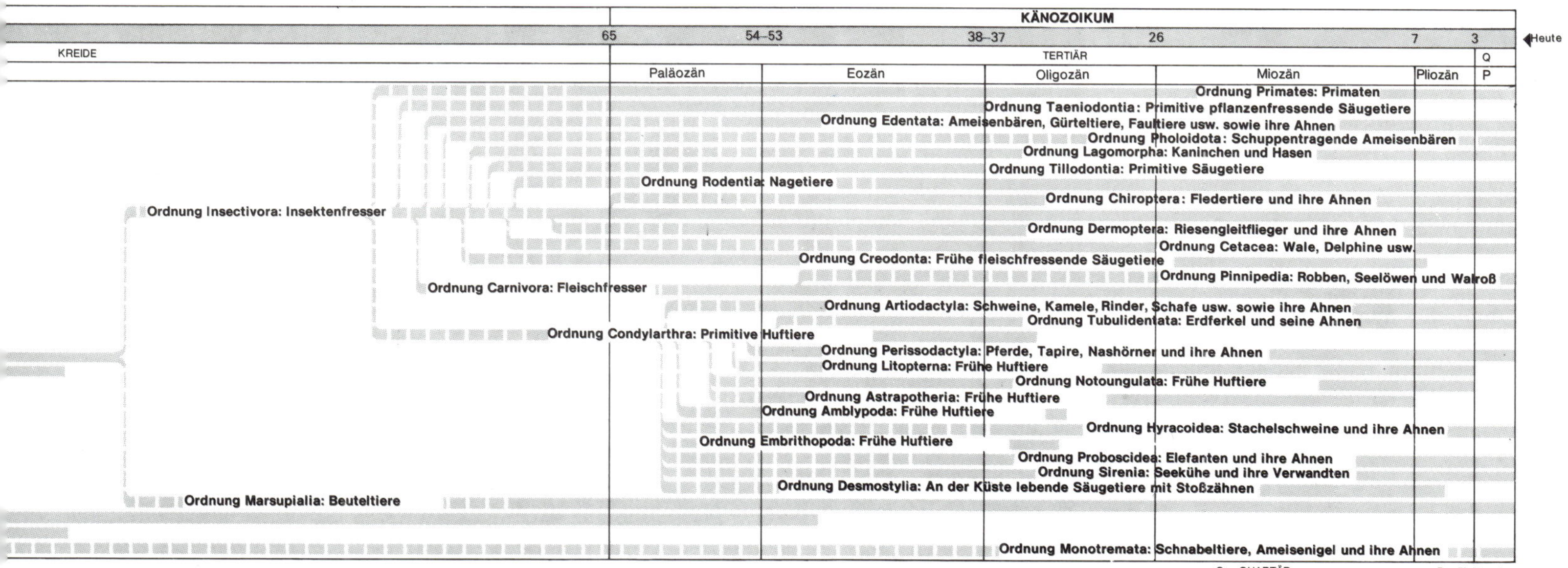

KÄNOZOIKUM
65
54–53
38–37
26
7
3
Heute
KREIDE
TERTIÄR
Q
Paläozän
Eozän
Oligozän
Miozän
Pliozän
P
Ordnung Primates: Primaten
Ordnung Taeniodontia: Primitive pflanzenfressende Säugetiere
Ordnung Edentata: Ameisenbären, Gürteltiere, Faultiere usw. sowie ihre Ahnen
Ordnung Pholoidota: Schuppentragende Ameisenbären
Ordnung Lagomorpha: Kaninchen und Hasen
Ordnung Tillodontia: Primitive Säugetiere
Ordnung Rodentia: Nagetiere
Ordnung Chiroptera: Fledertiere und ihre Ahnen
Ordnung Insectivora: Insektenfresser
Ordnung Dermoptera: Riesengleitflieger und ihre Ahnen
Ordnung Cetacea: Wale, Delphine usw.
Ordnung Creodonta: Frühe fleischfressende Säugetiere
Ordnung Pinnipedia: Robben, Seelöwen und Walroß
Ordnung Carnivora: Fleischfresser
Ordnung Artiodactyla: Schweine, Kamele, Rinder, Schafe usw. sowie ihre Ahnen
Ordnung Tubulidentata: Erdferkel und seine Ahnen
Ordnung Condylarthra: Primitive Huftiere
Ordnung Perissodactyla: Pferde, Tapire, Nashörner und ihre Ahnen
Ordnung Litopterna: Frühe Huftiere
Ordnung Notoungulata: Frühe Huftiere
Ordnung Astrapotheria: Frühe Huftiere
Ordnung Amblypoda: Frühe Huftiere
Ordnung Hyracoidea: Stachelschweine und ihre Ahnen
Ordnung Embrithopoda: Frühe Huftiere
Ordnung Proboscidea: Elefanten und ihre Ahnen
Ordnung Sirenia: Seekühe und ihre Verwandten
Ordnung Desmostylia: An der Küste lebende Säugetiere mit Stoßzähnen
Ordnung Marsupialia: Beuteltiere
Ordnung Monotremata: Schnabeltiere, Ameisenigel und ihre Ahnen

Q = QUARTÄR P = Pleistozän

Vor 65 Millionen Jahren begann die Entwicklung einer Gruppe von Säugetieren mit großen Gehirnen und geschickten Händen; es waren die ältesten Primaten.

Die Primaten sind verhältnismäßig wenig spezialisierte Tiere, bei denen sich große Gehirne, geschickte Greifhände, scharfe Augen und ein feinfühliger Tastsinn entwickelt haben. Die Augen wurden nach vorn ins Gesicht verlegt und ermöglichen so ein räumliches, vorausgerichtetes Sehen. Empfindliche Fingerbeeren sind normalerweise nicht durch Krallen, sondern flache Nägel verstärkt. Gewöhnlich sind die Daumen und die großen Zehen von den anderen Fingern beziehungsweise Zehen getrennt.

Von diesen Besonderheiten ist fossil wenig erhalten geblieben. Wissenschaftler müssen darum den Körperbau und das Verhalten eines frühen Tieres oft nur nach ein paar Zähnen rekonstruieren. So sind die frühen Primaten nach ihren Zähnen bestimmt worden. Deren Form und Anordnung deuten darauf hin, daß diese Tiere Früchte aßen. Die ältesten fossilen Primatenzähne stammen aus der späten Kreidezeit vor 70 Millionen Jahren.

Während des Eozäns, vor 54–38 Millionen Jahren, breiteten sich die Säuger aus. Es entstanden mehrere Primatenfamilien. Die 3 bedeutendsten waren: *Adapidae, Tarsiidae* und *Omomyidae*. Die Adapiden hatten ziemlich lange Schnauzen; sie waren möglicherweise die Ahnen der Lemuren und Schlankloris. Die Tarsiiden besaßen kürzere Schnauzen und primitive Zähne; sie gelten als die Vorfahren der heutigen Koboldmakis. Die Omomyiden entwickelten sich wahrscheinlich zu den höheren Primaten, den *Anthropoidea,* zu denen Affen, Menschenaffen und der Mensch gehören.

Die Primaten der Alten und der Neuen Welt

Die Anthropoiden setzten sich in der Alten Welt sofort durch. Sie drängten die Adapiden und Tarsiiden zurück, die nur als Nachttiere überlebten. In der Neuen Welt starben jedoch die nordamerikanischen Primaten sämtlich aus; in Südamerika blieben nur die Omomyiden am Leben und entwickelten sich dort zu den Neuweltaffen.

Zu den frühen Anthropoiden (*Catarrhina*) der Alten Welt gehörten menschenaffenähnliche Tiere, die auf allen vieren gingen. Die ältesten fossilen Menschenaffen, durch den *Aegyptopithecus* vertreten, stammen aus dem späten Oligozän Ägyptens (vor 30 Millionen Jahren). Im mittleren Miozän, vor 20–15 Millionen Jahren, gab es 4 Primatentypen in Ostafrika: den *Proconsul*, möglicherweise der Vorfahr des Gorillas und des Schimpansen; den *Pliopithecus*, einen grazileren Menschenaffen; den *Victoriapithecus,* aus dem sich die Affen der Alten Welt entwickelten; und eine Gruppe von Lorisiden, Vorfahren der heutigen Buschbabys und Pottos.

Gemessen an der Länge biologischer Zeiträume existiert der Mensch erst kurze Zeit. Überreste des sogenannten *Ramapithecus*, der vor etwa 14 Millionen Jahren lebte, stellen wahrscheinlich ein Bindeglied zwischen dem fossilen Menschenaffen und dem Affenmenschen *Australopithecus* dar. Der erste echte Mensch, *Homo erectus,* entstand vor etwa 1 Million Jahren. Aus ihm entwickelte sich, erst vor 40 000 Jahren, der heutige Mensch, *Homo sapiens sapiens.*

FAMILIE
TARSIIDAE
Ahnen des Koboldmakis
Der *Necrolemur* konnte räumlich sehen und deshalb Entfernungen schätzen, wenn er mit seinen kräftigen Hinterbeinen von Ast zu Ast sprang.

FAMILIE
ADAPIDAE
Vielleicht ein früher Lemure
Smilodectes war ein typischer Primat aus der Familie *Adapidae.* Er lebte im frühen Eozän und hatte seitlich stehende Augen. Mit seinen Händen konnte er Äste umgreifen.

FAMILIE
PLESIADAPIDAE
Früher Primat
Plesiadapis hatte nagetierähnliche Zähne und eine lange Schnauze.

FAMILIE
CERCOPITHECIDAE
Vorfahre der Languren
Der *Mesopithecus*, der knapp 40 cm lang war, lebte im Pliozän. Er hatte eine verblüffende Ähnlichkeit mit den heutigen Languren.

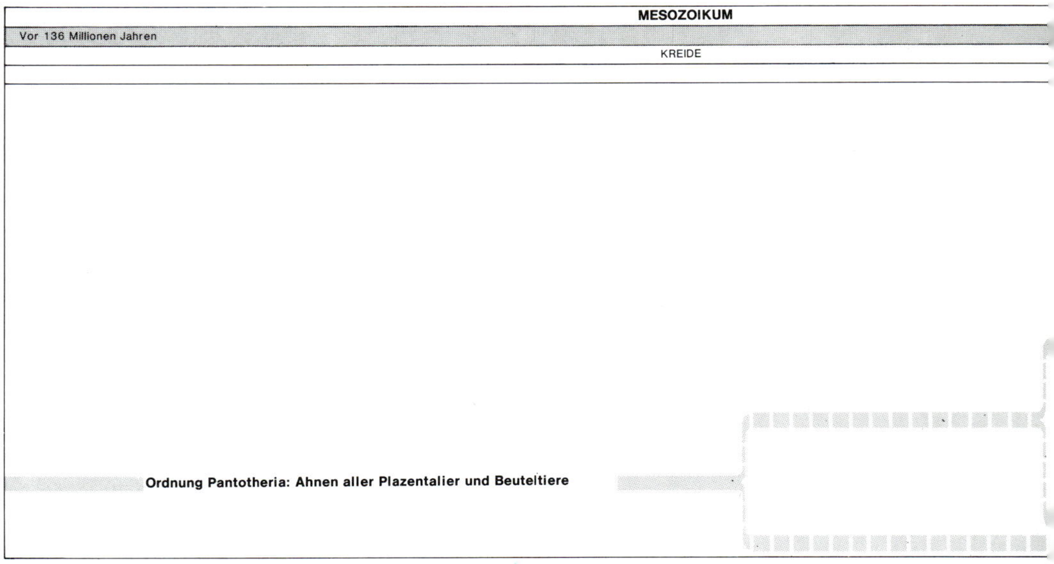
MESOZOIKUM
Vor 136 Millionen Jahren
KREIDE
Ordnung Pantotheria: Ahnen aller Plazentalier und Beuteltiere

Unterbrochene Linie = Keine fossilen Zeugnisse; Ahnenreihen sind auf Grund körperlicher Ähnlichkeiten angenommen.
Ausgezogene Linie = Fossile Nachweise vorhanden.

FAMILIE
CEBIDAE

Spinnenaffe
Die Affen Südamerikas wurden gegen Ende des Eozäns von den Primaten der Alten Welt abgetrennt und haben sich seitdem völlig unabhängig weiterentwickelt.

FAMILIE
PONGIDAE

Behender Springer Der *Pliopithecus* hatte Zähne wie ein Gibbon, aber seine langen Beine und sein Schwanz zeigen, daß er viel mehr lief und sprang als die heutigen Gibbons.

FAMILIE
HOMINIDAE

Der erste wirkliche Mensch
Der *Homo erectus* lebte vor 1000000 – 300000 Jahren in Ostasien und Europa. Er ging aufrecht und war vermutlich Jäger und Sammler.

FAMILIE
HOMINIDAE

Der Mensch der Neuzeit
Der Cromagnonmensch tauchte in der Mitte der letzten Eiszeit, vor etwa 40000 Jahren, in Europa auf. Er war der erste Mensch der Neuzeit, *Homo sapiens sapiens*.

FAMILIE
HOMINIDAE

Vormensch Der *Ramapithecus* ist nur aus Bruchstücken seiner Zähne und Kiefer bekannt. Er lebte vor 14 Millionen Jahren und ähnelte wahrscheinlich mehr dem Frühmenschen als einem Menschenaffen.

FAMILIE
PONGIDAE

Menschenaffen-Vorfahr
Der *Proconsul* war einer der afrikanischen Menschenaffen im frühen Miozän. Vermutlich war er der Vorfahr aller neuzeitlichen Menschenaffen.

FAMILIE
HOMINIDAE

Afrikanischer Affenmensch
Der *Australopithecus* lebte vor 3,5 Millionen Jahren in Südafrika. Zunächst war er nur etwa 1,20 m groß. Wahrscheinlich ging er aufrecht. Später gebrauchte er rohe Steinwerkzeuge.

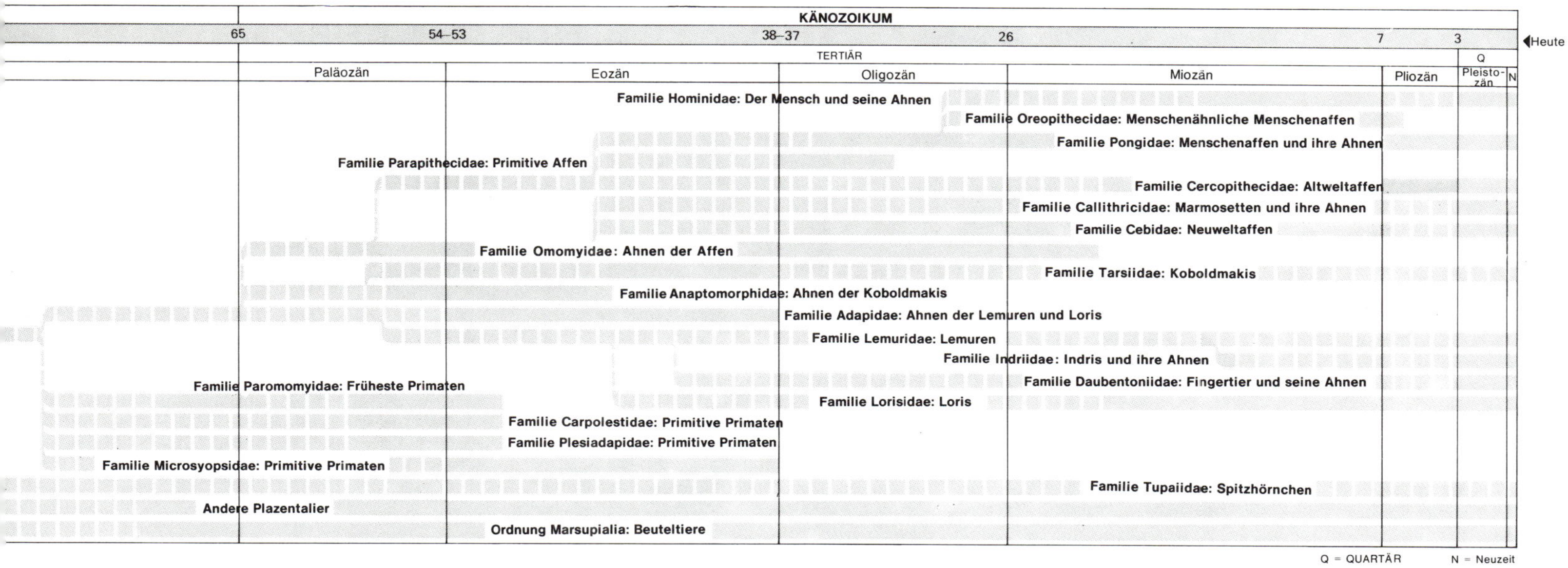

KÄNOZOIKUM
65
54–53
38–37
26
7
3
Heute
TERTIÄR
Q
Paläozän
Eozän
Oligozän
Miozän
Pliozän
Pleistozän
N
Familie Hominidae: Der Mensch und seine Ahnen
Familie Oreopithecidae: Menschenähnliche Menschenaffen
Familie Pongidae: Menschenaffen und ihre Ahnen
Familie Parapithecidae: Primitive Affen
Familie Cercopithecidae: Altweltaffen
Familie Callithricidae: Marmosetten und ihre Ahnen
Familie Cebidae: Neuweltaffen
Familie Omomyidae: Ahnen der Affen
Familie Tarsiidae: Koboldmakis
Familie Anaptomorphidae: Ahnen der Koboldmakis
Familie Adapidae: Ahnen der Lemuren und Loris
Familie Lemuridae: Lemuren
Familie Indriidae: Indris und ihre Ahnen
Familie Paromomyidae: Früheste Primaten
Familie Daubentoniidae: Fingertier und seine Ahnen
Familie Lorisidae: Loris
Familie Carpolestidae: Primitive Primaten
Familie Plesiadapidae: Primitive Primaten
Familie Microsyopsidae: Primitive Primaten
Familie Tupaiidae: Spitzhörnchen
Andere Plazentalier
Ordnung Marsupialia: Beuteltiere
Q = QUARTÄR
N = Neuzeit

Verhalten und Sinne

Jede Reaktion eines Tieres auf die Umwelt ist Teil seiner Verhaltensweise, die im wesentlichen von zwei Zielen bestimmt wird: zu überleben und sich fortzupflanzen.

Jede Tierart ist so eingerichtet, daß sie bestimmte Umweltbedingungen erträgt, zum Beispiel bestimmte Grade von Temperatur und Feuchtigkeit. Sobald diese sich ändern, muß ein Tier entsprechende Verhältnisse wiederfinden, um nicht einzugehen. So kriechen zum Beispiel Kugelasseln, die man auf eine freie Fläche setzt, sofort an eine kühle, feuchte Stelle, im allgemeinen unter Holz oder Steine. Das ist ein instinktives Verhalten, das ihr Weiterleben sichert.

Verhaltensweisen sind sowenig zufällig wie Körperformen. Beide unterliegen der natürlichen Auslese, die zur Anpassung einer Tierart an seine Umgebung führt. So haben Segler sichelförmige Flügel und weitklaffende Schnäbel, denn es sind Tiere, die praktisch ihr Leben lang nur fliegen und die ihre Nahrung im Fluge fangen müssen. Aber auch ihr ganzes Verhalten ist auf eine Lebensweise eingestellt, bei der sie fast nie auf den Boden herabkommen. Im Flug greifen sie Gras, Federn und Stroh auf – Dinge, die sie zum Nestbau brauchen. Ja sie paaren sich sogar manchmal im Flug und können für kurze Zeit in der Luft schlafen.

Verschiedene Tierarten haben sich an jeweils ähnliche Lebensweisen angepaßt und dabei ein ähnliches Verhalten ausgebildet. Schakale, Wildhunde und Wölfe jagen in Rudeln, um Beutetiere zu erlegen, die größer sind als sie selbst. Viele Nager und einige Vögel sammeln im Sommer einen Vorrat für den Winter.

Verhaltensweisen werden zum großen Teil von Hormonen gesteuert. Bei Wirbeltieren bereitet das Hormon Adrenalin den Körper auf Notlagen vor. Bei einigen Säugern bewirkt es, daß die Haare sich sträuben – eine tierische Drohgebärde. Geschlechtshormone regen viele Tiere zur Balz an und aktivieren ihre Nestbauinstinkte.

Das ganze komplizierte Verhalten eines Tieres wird weitgehend von der Größe und Kompliziertheit seines Gehirns und von der Differenziertheit seiner Sinne bestimmt. So ermöglicht zum Beispiel das hochorganisierte Zentralnervensystem des Kalmars schnelle, gut koordinierte Bewegungen, die einer Qualle mit ihrem einfachen Nervenzellennetz nicht möglich sind. Wieweit besondere Verhaltensweisen vom Instinkt regiert werden oder durch Lernen zu verändern sind, das hängt ebenfalls vom Gehirn und vom Nervensystem ab; in den meisten Fällen gründet sich das Verhalten auf eine Verbindung von Instinkt und Erfahrung.

Information durch die Sinne

Ein Tier kann auf seine Umgebung nur reagieren, wenn es genügend Informationen erhält; dabei ist es auf seine Sinne angewiesen. Durch Licht, Geräusche, chemische Stoffe, elektrische Felder und anderes erhalten die Tiere Nachrichten. Ein Falke sieht eine Taube und stößt daraufhin herab, um sie zu erlegen. Ein Maulwurf nimmt einen Wurm auf Grund von Erschütterungen wahr, die dieses Tier verursacht; dann gräbt er nach ihm. Eine Fledermaus, die sich durch Echopeilung orientiert, lebt in einer Welt voller Geräusche, während eine langnasige Spitzmaus in einer hochkomplizierten Welt von Gerüchen lebt. Einige Fische erzeugen elektrische Felder, die ihnen helfen, sich zu orientieren.

Derjenige Sinn, der für die Lebensweise eines Tieres die größte Bedeutung hat, ist meist höher entwickelt als die anderen. Die meisten Vögel suchen ihr Futter mit den Augen; deswegen ist bei ihnen der Gesichtssinn besonders gut ausgeprägt. In der Fovea, der empfindlichsten Stelle der Netzhaut, kommen bei einem Bussard 1 Million lichtempfindliche Zellen auf einen Quadratmillimeter; sie sind dort fünfmal so dicht zusammengedrängt wie im Auge eines Menschen. Dafür sind etwa Tast- und Geruchssinn bei Vögeln nur schwach entwickelt. Diese Tiere fliegen ja auch während eines großen Teils ihres Lebens umher und werden durch den Gesichtssinn zu ihrem Futter geführt. Eine Taube hat nur 50–60 Geschmacksknospen auf der Zunge, ein Kaninchen hingegen 17 000.

Die meisten Tiere verfügen über Lichtsinnesorgane. Diese können aber sehr verschieden sein; sie reichen von den einfachen Lichtanzeigern der Plattwürmer bis zu den komplizierten Augen der Insekten, Kalmare und Wirbeltiere. Ein Wirbeltierauge ist wie eine Kamera gebaut. Das von der Linse gesammelte Licht erzeugt auf der Netzhaut ein Bild. In welcher Weise es wahrgenommen wird, das hängt davon ab, wie die Netzhaut und das Gehirn es aufnehmen. Ein Frosch, eine Schlange, ein Vogel und ein Säugetier sehen das gleiche Bild verschieden. Das zusammengesetzte Auge eines Insekts arbeitet anders als das eines Wirbeltieres; auch erfaßt es eine andere Farbskala. So können zum Beispiel Bienen das für den Menschen unsichtbare ultraviolette Licht sehen.

Organe, die Schwingungen registrieren

Geräusche können einem Tier Nahrung, Gefahr, die Ankunft eines Partners oder einen anderen Umstand in seiner Umgebung melden. Jedes bewegte Objekt erzeugt Schwingungen, und Sinnesorgane wie die Ohren der Wirbeltiere, die Seitenlinien der Fische oder die besonderen Gehörorgane (Tympanalorgane) der Insekten können sie wahrnehmen.

Mit dem Geruchs- und Geschmackssinn vermögen Tiere chemische Stoffe in der Luft oder in Lösungen zu erkennen. Das ist vor allem für viele Geschöpfe wichtig, die auf oder nahe dem Erdboden leben. Sinnesorgane in den Füßen der Insekten wittern Stoffe, die Nahrung anzeigen. Dem gleichen Zweck dient das Jacobsonsche Organ im Gaumen eines Reptils. Der Geruchssinn ist für viele Säuger wichtig, da er ihnen beim Jagen, beim Erkennen der Nahrung und beim Aufspüren des Partners oder eines Feindes hilft.

Bei den meisten Tieren ist der Tastsinn, der in Organen an der Körperoberfläche liegt, unkompliziert im Vergleich zum Gehör- oder Gesichtssinn, aber er ist ebenso wichtig. Ein Skorpion zum Beispiel legt seine Eier erst dann in den Sand, wenn ihm ein Paar „Kämme" an der Unterseite seines Körpers mitteilen, daß der Sand die richtige Beschaffenheit hat.

Wärmeempfindlich
Einige Schlangen besitzen an ihrem Kopf wärmeempfindliche Zellen, die es ihnen ermöglichen, in völliger Dunkelheit ihre Beute unfehlbar zu finden und zu schlagen. Diese Zellen liegen bei den Grubenottern in einer großen Grube an jeder Seite des Kopfes und bei den Boas in Grubenreihen entlang den Kiefern. Die abgebildete Hundskopfboa kann Objekte aufspüren, die nur 0,2 °C wärmer sind als ihre Umgebung.

Geruchswahrnehmung
Das Mondspinner-Männchen kann nachts ein kilometerweit entferntes Weibchen finden, weil Sensoren an seinen Fühlern den Geruch des Partners wahrnehmen.

Wahrnehmung durch Ultraschall
Die langohrige Fledermaus findet ihren Weg und ihre Beute durch Echopeilung. Sie sendet Ultraschalltöne aus und nimmt die Echos auf.

Teil eines Bremsenauges
Viele Insekten haben Augen, die aus zahlreichen Facetten bestehen. Jede von ihnen hat eine eigene Linse. Einige Libellenaugen weisen fast 30 000 solcher Facetten auf.

Empfindlich gegen Berührung
Ein Ring von nesselnden Tentakeln umgibt den Mund der Seedahlie. Ein vorbeischwimmendes Beutetier, das die Tentakel berührt, wird ergriffen, gelähmt und verzehrt.

Verteidigung

Tiere, die vor ihren Verfolgern nicht fliehen und auch nicht für einen Kampf ausgerüstet sind, haben zu ihrer Verteidigung besondere Verhaltensweisen entwickelt.

Eine bei Tieren besonders weit verbreitete Methode der Verteidigung ist die Tarnung. Viele kleine Fisch- und Krebsarten sind beinahe durchsichtig. Die meisten getarnten Tiere fallen aber wegen ihrer Färbung nicht auf – die im allgemeinen mit der Umgebung verschmilzt –, und weil sie erstarren, sobald sie bedroht werden. Einige Geschöpfe, wie das Virginische Opossum, stellen sich tot und entgehen so der Aufmerksamkeit von Räubern.

An sich müßte ein Tier sich durch seinen Körperschatten verraten: durch die im Schatten liegende, dunkle Unterseite, die es plastischer erscheinen läßt und auffälliger macht. Aber die „Gegenschattierung" vieler Tiere, nämlich eine dunkle Oberseite, die in eine helle Unterseite übergeht, hebt diese Wirkung auf: Die dunkle Oberseite ist dem Licht zugewandt, und die helle Unterseite liegt im Schatten; beide Effekte, Beleuchtung und Körperfärbung, gleichen sich aus. Auf diese Weise sind zahlreiche Säuger, Vögel und Fische getarnt, von der Schwarzfersenantilope bis zur Makrele.

Muster mit starken Kontrasten, wie die schwarzen Streifen beim Engelfisch und die dunkle Zeichnung des Sandregenpfeifers, lösen die Umrisse eines Tieres auf, so daß man es in seiner Umgebung nur schwer erkennen kann. Einige Tiere, wie die Chamäleons und die Plattfische, können ihre Farbe ändern und sich dem Untergrund anpassen.

Andere tarnen sich dadurch, daß sie unbelebte Gegenstände nachahmen. Räuber beachten gewöhnlich weder Meerespflanzen noch Dornen oder Vogelkot. Viele Geschöpfe entgehen ihrer Aufmerksamkeit, weil sie solchen Dingen gleichen. Ein Verwandter des Seepferdchens, der Fetzenfisch, *Phyllopteryx eques,* hat Körperanhängsel, die so aussehen wie Tang. Manche Insekten und Spinnen gleichen Vogelkot.

Einige Insekten haben eine täuschende Ähnlichkeit mit Blättern, Blüten, Dornen, Zweigen oder Rinde. Die Zikaden der Art *Adelidora glauca* können grün oder blaßrot sein. Sie drängen sich um einen Pflanzenstengel, die grünen oben und die blaßroten darunter. So sehen sie aus wie eine hängende Blütenrispe.

Warnfarben

Viele wehrhafte Tiere, die Giftdrüsen oder mächtige Zähne und Krallen besitzen, sind auffällig gefärbt. Diese Verbindung ist wahrscheinlich von der natürlichen Auslese begünstigt worden, weil Räuber schnell lernen, welche Tiere sie meiden müssen. Der Monarchfalter hat in seinem Körper noch das Gift der Wolfsmilchpflanze, von der er sich ernährt. Deshalb sind sowohl die leuchtend gefärbten Raupen als auch die Schmetterlinge vor einem Angriff verhältnismäßig sicher.

Skunks, die mit Stinkdrüsen ausgerüstet sind, und verschiedene Giftschlangen warnen Angreifer durch ihre auffällige Zeichnung. Einige Ameisen verfügen über ein chemisches Verteidigungsmittel. Die Arten der Unterfamilie *Dolichoderinae* verspritzen eine Flüssigkeit, die sich schnell zu einem festen Harz verhärtet und ihre Feinde unschädlich macht. Schuppenameisen versprühen Ameisensäure. Und verschiedene afrikanische Kobras und die Ringhalsotter speien ihr Gift 2,5 m weit.

Manchmal stellt eine leuchtende Färbung bei Tieren, die normalerweise getarnt sind, einen zusätzlichen Schutz dar. Unauffällig gezeichnete Vorderflügel verdecken bei einigen Nachtfaltern, zum Beispiel bei dem Schwärmer *Sphinx geminatus,* die farbenprächtigen Hinterflügel. Wenn aber ein Vogel nach dem Falter pickt, zeigt er auf seinen Hinterflügeln plötzlich zwei abschreckende, große Augenflecke.

Da viele ungenießbare Tierarten durch Warnfarben geschützt sind, ahmen einige eßbare Tiere sie nach. Diese Erscheinung wird Mimikry genannt. So imitieren mehrere Formen des afrikanischen Schwalbenschwanzes *Papilio dardanus* verschiedene ungenießbare Schmetterlinge. Auf die stachellosen Schlammfliegen und Bienenschwärmer achten Vögel nicht, weil diese Insekten wie Bienen aussehen. Die genießbaren Nachahmer sind in der Regel nicht so häufig wie ihre unangenehm schmeckenden oder gefährlichen Vorbilder, da sonst diese Art der Mimikry ihren schützenden Charakter verlöre.

Es gibt noch eine zweite Art der Mimikry. Bei ihr gleichen verschiedene giftige Tiere einander, obwohl sie nicht näher verwandt sind. Das trifft zum Beispiel für viele Bienen, Hornissen und Wespen zu. Jede Art ist durch die Gruppeneinheitsfärbung zusätzlich geschützt: Verfolger lassen sie am besten alle in Ruhe und brauchen sich nicht verschiedene Warnfärbungen zu merken.

Der Angreifer wird verwirrt

Ein Räuber muß in der Lage sein, die Reaktionen seines Opfers vorauszusehen, wenn er es fangen will. Ein nicht voraussagbares Verhalten kann also ein gutes Mittel der Verteidigung sein. So springen Sandhüpfer in alle möglichen Richtungen, wenn sie ohne Deckung sind. Und Tagfalter lassen sich schwer fangen, weil sie ganz unregelmäßig hin und her fliegen.

Viele Tiere haben besondere Ablenkungsmanöver entwickelt, um Verfolger zu verwirren. Ein besonders bezeichnendes Beispiel ist der sich schlängelnde Schwanz einer Eidechse: Wenn er gepackt wird, kann die Eidechse ihn abwerfen und selbst davonlaufen.

Einige Vögel täuschen eine Verletzung vor und lenken dadurch einen Räuber von ihrer Brut ab. Der Halsbandregenpfeifer breitet seinen Schwanz fächerförmig aus, schleppt ihn über den Boden und flattert scheinbar hilflos umher, als ob ein Flügel gebrochen wäre. Der Räuber folgt dann dem Vogel, anstatt das Nest zu plündern.

Andere Tiere erschrecken ihre Angreifer durch Geräusche. Viele Säuger kreischen oder pfeifen auf einschüchternde Weise, so daß der Räuber verdutzt innehält, und fliehen inzwischen. Manche Nachtfalter erzeugen ultrahohe, klickende Geräusche und zeigen dadurch den Fledertieren – die ja auf Ultraschall eingestellt sind – an, daß sie schlecht schmecken.

Insekt in Blumengestalt
Die Larve der Fangschrecke *Pseudocrebotra wahlbergii* lauert auf Beute. Sie ahmt die afrikanischen Blumen nach, auf denen sie lebt.

Sie stellt sich tot
Diese Schlange liegt mit offenem Maul auf dem Rücken und stellt sich tot. So wird sie von Feinden nicht beachtet.

Von Gefahr umgeben
Manche Korallenfische entgehen ihren Feinden dadurch, daß sie zwischen den nesselnden Tentakeln einer Seeanemone leben.

Drohende Ohren
Ein Afrikanischer Elefantenbulle schlägt einen Feind mit einem Scheinangriff in die Flucht. Er stürmt auf seinen Gegner los und hält erst im letzten Augenblick inne. Dadurch, daß er seine riesigen Ohren ausbreitet, seine Stoßzähne ein wenig anhebt und seinen Rüssel seitwärts hält, wirkt er noch größer.
Nur wenn ein derartiger Scheinangriff scheitert, geht der Elefant voll zur Offensive über.

Leben in der Gemeinschaft

Das Dasein in einer Gemeinschaft ist für viele Tiere lebenswichtig. In der Herde sind die Individuen vor Raubtieren geschützt. Auch ist es hier leichter, Nahrung und einen Partner zu finden.

Die meisten der mehr als 1 Million Tierarten auf der Erde wirken mit ihren Artgenossen nur bei der Paarung zusammen; sie überlassen auch ihre zahlreiche Nachkommenschaft ihrem Schicksal. Wenn zum Beispiel Fliegen oder Kugelasseln in großer Zahl auftreten, dann ist das nur eine Ansammlung von Individuen. Eine soziale Ordnung, die die Gruppe zusammenhielte, gibt es hier nicht.

Bei den höheren Tieren sind Antilopen ein Beispiel dafür, wie die Überlebenschancen davon abhängen können, daß der richtige Gemeinschaftstyp gebildet und beibehalten wird. Viele Antilopen leben in großen Herden. Raubtiere, wie Löwen und Leoparden, die sich unter ihnen ihre Opfer suchen, greifen gewöhnlich nicht die ganze Herde an. Sie holen sich vielmehr zumeist ein einzelnes Tier, das sich von der Gruppe getrennt hat, weil es krank oder verletzt, schon zu alt oder noch zu jung ist, um mit den anderen Schritt halten zu können. Zwar kommt es auch vor, daß das Raubtier seine Beute bis in die Herde hinein verfolgt; dann aber wird es zumeist so verwirrt, daß es die Jagd aufgibt.

Formen tierischer Gemeinschaft

Jede natürliche Gruppe höherer Tiere besitzt ihre eigene Ordnung. Innerhalb der Gemeinschaft hat jedes Tier seinen Platz, und wenn Nahrung, Brutplätze oder Partner knapp werden, haben die stärksten und gesündesten Individuen den Vorrang; ein Kampf ist dann in vielen Fällen kaum nötig.

Besteht eine Gruppe nur aus verhältnismäßig wenigen Tieren, wie bei einem Rudel Wölfe, dann ist gewöhnlich eine Rangordnung vorhanden. Man nennt sie auch „Hackordnung", weil sie zuerst bei Haushühnern erkannt wurde. In ihr hat das kräftigste und kühnste Tier den höchsten Rang; es beherrscht die anderen und hat das Recht, die untergeordneten Tiere zu beißen oder zu picken. Diese wehren sich nicht, sondern „hacken" ihrerseits wieder die noch rangniedrigeren Individuen. So geht die Stufenleiter durch die ganze Gruppe.

Im Tierreich sind die Gemeinschaften jedoch außerordentlich verschieden aufgebaut; nur selten handelt es sich bloß um eine Hackordnung. Es gibt besondere Fortpflanzungsgemeinschaften; viele Tiergruppen basieren aber darüber hinaus auf dem Familienverband. Das ist zum Beispiel bei den monogamen Gibbons der Fall. Hier besteht eine typische Familie aus einem erwachsenen Paar und seinen noch nicht voll ausgewachsenen Jungen. Die Familien der Gänse und Schwäne vereinen sich im Winter zu riesigen Schwärmen, behalten aber darin ihre Familiengemeinschaften bei.

Nordamerikanische Erdhörnchen, die Schwarzschwanz-Präriehunde, leben in „Städten" mit etwa 1000 Bewohnern auf einer Fläche von 30 ha. Diese „Städte" sind in Reviere gegliedert und diese wiederum in kleine „Kreise" mit 1–2 ausgewachsenen Männchen, mehreren Weibchen und ihren Jungen. Die Männchen vertreiben Störenfriede aus den Nachbarkreisen und halten so ein Gleichgewicht zwischen dem Bestand und dem vorhandenen Futter aufrecht.

Die am höchsten organisierten Insektengemeinschaften sind die der Ameisen, Bienen und Wespen; sie werden von einem oder mehreren eierlegenden Weibchen und ihren Nachkommen gebildet. Die Arbeit im Staat, der aus der Königin, Arbeitern und Männchen besteht, ist unter die verschiedenen Kasten aufgeteilt. Eine Bienenkönigin lenkt ihre Familie mit Hilfe chemischer Stoffe, die von Kopfdrüsen ausgeschieden werden.

Der Einfluß des Lebensraumes

Die Gemeinschaftsform, in der ein Tier existiert, kann durch seinen Lebensraum bestimmt werden. Gibbons beispielsweise kommen in den tropischen Regenwäldern vor; sie verbringen die meiste Zeit in den Baumwipfeln und werden dort oben gewöhnlich nicht von Räubern gejagt. Ihrem gefährlichsten Feind, dem Leoparden, können sie ziemlich leicht entfliehen, indem sie sich mit großer Geschwindigkeit durch die Bäume schwingen. So leben sie einfach in Familiengruppen beisammen und benötigen nicht den Schutz einer größeren Gemeinschaft.

Paviane hingegen sind vornehmlich Bodentiere und deshalb einem Überfall in stärkerem Maße ausgesetzt. So leben sie in festen organisierten Trupps, die meist 25–30 Individuen, gelegentlich aber auch bis zu 200 umfassen können. Paviane helfen sich gegenseitig; deshalb haben ihre Trupps eine bessere Überlebenschance als ein Einzeltier.

Fortpflanzungsgemeinschaften

Viele Tierarten bilden nur in der Fortpflanzungszeit Gruppen und leben in der übrigen Zeit des Jahres vorwiegend als Einzelgänger. Die Bildung von großen Kolonien in der Paarungszeit hat den Vorteil, daß die Bestände sich mischen.

Fortpflanzungsgemeinschaften wählen nach Möglichkeit einen geschützten Platz, wo die Gefahr eines Überfalls nicht so groß ist. Zu den größten gehören die der Seevögel. Die Durchschnittszahl der Vögel in einer nordatlantischen Tölpelkolonie beträgt 8000 bis 10 000 Paare.

Ein Streit um Lebensraum führt selten zu Blutvergießen, da ein Tier außerhalb seines eigenen Territoriums offenbar im Nachteil ist. Auch ist der Kampf bis zum Tod innerhalb der gleichen Art biologisch eine Verschwendung. Deshalb haben sich bei Tieren Waffen und Kampfmethoden ausgebildet, die einem schwächeren Exemplar die Möglichkeit geben davonzukommen.

Wirbeltiere besitzen für den Kampf mit Artgenossen besondere Waffen. Sie gebrauchen sie aber so, daß sie kaum Schaden anrichten. Die scharfen, spitzen Hörner der Spießböcke oder die verzweigten Geweihe der Hirsche verhaken sich, wenn zwei Tiere gegeneinander kämpfen, so daß der Kampf zu einer harmlosen Kraftprobe wird. Wenn die gleichen Waffen jedoch gegen ein Tier einer anderen Art eingesetzt werden, können sie tödlich wirken.

Eine Herde, die von einem weiblichen Tier geführt wird
Herden der Afrikanischen Elefanten bestehen meist nur aus Muttertieren und ihren Jungen. Die Bullen schließen sich lediglich während der Paarungszeit der Herde an.

Seevogelkolonie
Tölpel bilden hoch oben auf Klippen riesige Brutkolonien, die manchmal aus 20 000 Vögeln bestehen. Jeder Tölpel baut sein Nest gerade außerhalb der Reichweite seiner Nachbarn. Zurückkehrende Vögel landen zielsicher auf dem richtigen Nest.

Die „Sprache" der Bienen
Eine Arbeiterin, die in den Stock zurückgekehrt ist, tanzt auf der Honigwabe, um anzuzeigen, wo Nahrung zu finden ist. Wenn die Trachtquelle mehr als 100 m vom Stock entfernt ist, tanzt die Biene in einer 8förmigen Figur einen Schwänzeltanz. Der Winkel zwischen der mittleren Linie der Figur und einer Senkrechten gibt den Winkel zwischen der Futterquelle und der Sonne an. Bienen, die in der Nähe sitzen, laufen hinter der Tänzerin her und nehmen so die Information auf. Wenn die Trachtquelle näher am Stock liegt, läuft die Biene im Kreis.

Partnerwahl

Die Werbung, die der Paarung vorausgeht, ist oft ein langes und kompliziertes Zeremoniell. Dabei erkennen viele Tiere die Artgenossen und wählen einen Partner aus.

Die Zeit der Werbung ist sowohl für das Männchen wie für das Weibchen sehr anstrengend. Mächtige Triebe drängen beide zur Paarung, bei der das Weibchen der zurückhaltende und das Männchen der aggressivere Teil ist. Diese gegensätzlichen Regungen müssen in Übereinstimmung gebracht werden. Bei vielen Arten finden vor der Paarung Balzspiele statt. Das sind Reihen von Signalen, deren Hauptfunktion es ist, Regungen der Furcht und des Angriffs zu unterdrücken und die Paarungsbereitschaft bei beiden Partnern zu verstärken und zu synchronisieren. Bei Insekten und Spinnen setzt die Werbung oft den Freßtrieb des Weibchens herab, das sonst das Männchen als Beuteobjekt ansehen könnte. Überdies dient die Werbung dem gegenseitigen Erkennen; sie sorgt dafür, daß die Partner, die sich paaren, zur gleichen Art gehören.

Komplizierte Werbungszeremonien sind wahrscheinlich aus einfachen Verhaltensweisen hervorgegangen, zum Beispiel aus Putz-, Fütterungs- und Nestbaubewegungen. In den meisten Fällen sind diese ursprünglichen Handlungen jedoch fast bis zur Unkenntlichkeit ritualisiert worden.

Gesang, Tanz und Farbspiele

Bei Vögeln ist der Geruchssinn nur schwach ausgebildet, sie verwenden daher bei der Balz im allgemeinen Töne und optische Signale. Ihre Werbung ist höher entwickelt und eindrucksvoller als bei allen anderen Tiergruppen. Von wenigen Ausnahmen abgesehen, hat das Männchen das farbenprächtigere Gefieder; es ist seine Sache zu balzen. Rohrsänger, die in dichten Schilfbeständen mit begrenzter Sicht leben, zeigen ihre Anwesenheit hauptsächlich durch ihren Gesang an. Arten des offenen Geländes haben demgegenüber optische Balzspiele. So tanzt der Strauß, und viele Watvögel führen einen Balzflug mit Gesang aus.

Leuchtende Farben oder besondere Hochzeitskleider verstärken bei Vögeln noch die Wirkung der Balzspiele. Das nur mittelgroße Männchen des Blauen Paradiesvogels sieht viel größer aus, wenn es seine azurblauen Flügel und langen, schwarzen Schwanzfedern ausbreitet. Ein abwechselndes Sichnähern des Männchens und Zurückweichen des Weibchens hat sich bei vielen Vögeln zu einem Tanz weiterentwickelt; diese Bewegungen sind oft übertrieben und werden rhythmisch wiederholt. Bei der Mandarinente wie auch bei verschiedenen anderen Entenarten sind Trink- und Putzbewegungen in die Balz eingebaut.

In freier Wildbahn gibt es wenig Bastarde, unter anderem deshalb, weil jede Art in einem komplizierten Balzzeremoniell eine besondere Folge von Signalen zeigt, die nur bei einem Partner der gleichen Art die richtigen Antworten auslöst.

Die richtige Art zu erkennen ist vor allem dort wichtig, wo viele verwandte Tierarten nahe beieinander leben. In solchen Fällen hat jede Art ein Balzverhalten entwickelt, das sich von dem der Nachbararten auffallend unterscheidet. Die „Sprache" der Leuchtkäfermännchen besteht aus chiffrierten Blinksignalen. Wo mehrere Arten in einem Lebensraum wohnen, unterscheiden sich die „Codes" der einzelnen Arten beträchtlich von einander.

Verminderung des Aggressionstriebs

Die Balzspiele vieler Tiere enthalten Drohgebärden. Das Männchen ist in seinem Revier natürlicherweise gegenüber jedem Eindringling aggressiv; selbst die Partnerin ist in Gefahr, angegriffen zu werden, sofern sie seine Feindseligkeit nicht durch ihre Unterwürfigkeit vermindert. Bei den Männchen und Weibchen der Lachmöwe sind Färbung und Balzverhalten gleich. Wenn sie sich paaren, nimmt jeder Partner zunächst eine Drohstellung ein: Der Kopf wird nach unten geneigt. Dann mildern beide ihre drohende Haltung; sie stehen nebeneinander und erheben ihre Schnäbel. Schließlich wendet jeder Vogel seine drohende Gesichtsmaske ab; das ist die Beschwichtigungsgebärde.

Einige Balzgesten wirken der Aggression entgegen, weil sie Handlungen aus einem anderen Verhaltensbereich darstellen. Die Weibchen von Rotkehlchen, Saatkrähen oder Kreuzschnäbeln nehmen eine Bettelhaltung ein wie die Jungvögel – offensichtlich, um die Brutpflegeinstinkte des Männchens zu wecken und dadurch seine Aggression zu mindern. Eulenmännchen sind kleiner und schwächer als ihre Weibchen; sie überreichen oft Futter, um nicht angegriffen zu werden. Bei dem komplizierten Balztanz des Haubentauchers, der auf dem Wasser stattfindet, taucht jeder Partner und holt für den anderen als symbolisches Geschenk eine Wasserpflanze herauf.

Die Männchen der Spinnen und Fangschrekken sind in ständiger Gefahr, von ihren Partnerinnen gefressen zu werden; ihr Verhalten zielt darauf ab, den Jagdtrieb des Weibchens zu verringern. Wenn ein Männchen der Raubspinne *Pisaura mirabilis* um das Weibchen wirbt, überreicht es eine Fliege, die mit einem Spinnfaden umsponnen ist. Eine andere Art, *Xysticus cistatus*, packt zur Vorsicht ein Bein des Weibchens und befestigt es vor der Paarung mit einem Spinnfaden am Boden. Später befreit das Weibchen sich wieder. Der Angriffstrieb der weiblichen Gottesanbeterin wird manchmal durch die Balz des Männchens nicht genügend gemildert; dann beißt sie ihrem Partner den Kopf ab.

Die Bedeutung des Duftes

Die paarungsbereiten Weibchen der Nachtfalter locken die Männchen mit starken Duftstoffen, sogenannten Pheromonen, an. Die gefiederten Fühler der Männchen sind gegenüber diesen Stoffen besonders empfindlich; sie können sie mit dem Wind auf eine Entfernung von 3–4 km wahrnehmen.

Auch die meisten Säugetiere haben einen guten Geruchssinn; dieser spielt deshalb bei der Balz eine große Rolle. Die Weibchen der Säugetiere können empfangen, sobald sie aus dem Eierstock ein reifes Ei abstoßen; dies wird oft durch ihren Geruch angezeigt.

Aggressive Werbung

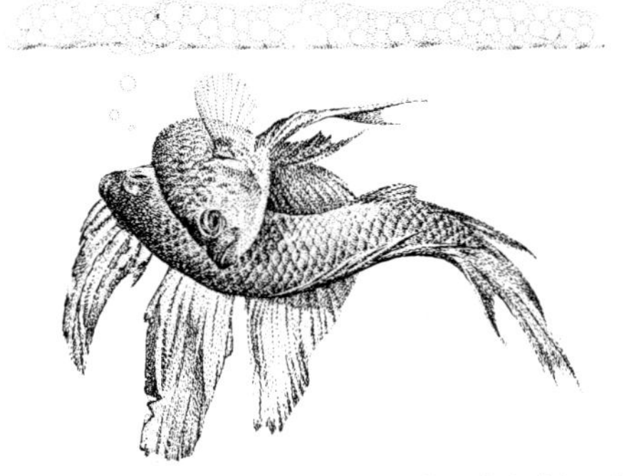

Das Männchen des Kampffisches bereitet sich auf die Paarung vor, indem es ein Schaumnest baut, das auf der Wasseroberfläche schwimmt. Daraufhin posiert das Männchen vor einem Weibchen. Wenn nötig, pufft und beißt er sie so lange, bis sie darauf reagiert. Dann windet er sich um sie herum und dreht sie auf den Rücken.

In dieser Stellung gibt das Männchen seinen Samen ab; das Weibchen legt seine Eier hinein, und sie werden befruchtet.

Das Männchen läßt das Weibchen los und fängt die herabsinkenden Eier in seinem Maul auf.

Der männliche Kampffisch heftet die mit Schleim überzogenen Eier an das Luftblasennest und bewacht sie, bis die Jungen schlüpfen.

Ein Hochzeitsgeschenk
Das Männchen des Silberreihers bietet dem Weibchen Nistmaterial an. Das tun auch die Männchen einiger anderer Vogelarten.

Prüfung der Paarungsbereitschaft
Wie bei den meisten Säugern spielt auch bei Wasserböcken der Geruch während der Werbung eine wichtige Rolle.

Fangschrecken bei der Paarung
Das Männchen der südafrikanischen Fangschrecke *Sphodromantis gastrica* ist ständig in Gefahr, ein Opfer des aggressiven Weibchens zu werden – selbst bei der Begattung.

Brutpflege

Tiere, die nur wenige Junge bekommen, sorgen meist besonders gut für sie. Arten hingegen, die zahllose Eier legen, müssen und können keine intensive Brutpflege treiben.

Viele Tiere kümmern sich nicht um ihre Jungen. Seeanemonen und die meisten Seeigel legen ihre Eier und Spermien im Wasser ab. Die befruchteten Eier entwickeln sich im Plankton, ehe sie sich auf dem Meeresboden festsetzen. Die Jungen sind von Geburt an ganz auf sich angewiesen, und viele überleben nicht bis zur Geschlechtsreife. Sie werden aber in so großer Zahl erzeugt, daß die Erhaltung der Art dennoch gesichert ist.

Viele weibliche Insekten suchen zur Eiablage die richtige Futterpflanze für ihre Larven, aber damit hört ihre Fürsorge für die Nachkommen auch auf. Einige einzelnlebende Wespen aus der Familie der *Scoliidae* suchen jedoch Tiere als Nahrung für ihre Brut. Sie lähmen die Larven der Scarabaeiden und legen ihre Eier darauf ab. So haben die Wespenlarven, wenn sie geschlüpft sind, gleich frisches Futter.

Spinnen sorgen noch besser für ihre Nachkommen. Einige weben Nester für die Eier, andere bewachen sie. Wolfsspinnen (Familie der *Lycosidae*) tragen ihre Eier und Jungen mit sich herum. Diese hängen mit einem kurzen Spinnfaden an den Spinndrüsen.

Jungtiere bei Pflegeeltern

Manche Tiere lassen ihre Jungen von anderen Arten aufziehen; man bezeichnet das als Brutparasitismus. So kriechen Käfer der Gattung *Lomechusa* in Ameisennester und legen ihre Eier zwischen die Ameisenbrut. Nach dem Schlüpfen werden die Käferlarven von den Arbeiterinnen der Ameisen gefüttert.

Bei den Familien der Enten, Webervögel, Honiganzeiger, Kuhstärlinge und Kuckucke gibt es Arten, die ihre Eier in die Nester anderer Vögel legen. Brutparasitismus ist nur dort möglich, wo viele Pflegeeltern vorhanden sind; außerdem müssen ihre Nester leicht zugänglich sein. Wirt und Parasit müssen überdies ähnliche Brutzeiten haben und das gleiche Futter fressen.

Im Mittelpunkt der Staaten vieler Ameisen, Bienen und Wespen befinden sich ein oder mehrere eierlegende Weibchen oder Königinnen. Die Fürsorge für die Larven ist den Arbeiterinnen, unfruchtbaren Töchtern der Königin, überlassen.

Fische des offenen Meeres legen im allgemeinen riesige Mengen von Eiern – der Steinbutt mehrere Millionen auf einmal – und überlassen sie sich selbst. Die Eier der Fische, die in Küstennähe leben, wo stärkere Strömungen herrschen, sind meist schwerer und bleiben auf dem Boden liegen.

Es gibt aber auch Fische, die weniger Eier legen und Brutpflege treiben. Viele Grundeln, Schleimfische und Seehasen legen ihre Eier in leere Muschelschalen, und die Männchen halten über ihnen Wache. Das Seehasenmännchen schützt die Eier – etwa 100 000 – vor Räubern und befächelt sie mehrere Wochen lang mit den Flossen, damit sie von sauerstoffhaltigem Wasser bespült werden. Manchmal werden auch Nester gebaut. So fertigt das Männchen des Dreistachligen Stichlings aus Pflanzenteilen, die es mit dem Maul abreißt und durch klebrige Absonderungen verkittet, sehr sorgfältig eine solche „Wiege" für die Nachkommen an.

Maulbrüter gibt es sowohl bei den Meeres- als auch bei den Süßwasserfischen. Sie halten die Eier, manchmal auch die frisch geschlüpften Jungen, im Maul. Viele Weibchen von Buntbarschen beschützen ihre Brut auf diese Weise, und das Männchen eines australischen Kardinalfisches trägt etwa 150 Junge in seinem Maul umher. Der Grad der Brutfürsorge folgt auch bei Fischen der allgemeinen Regel: Je weniger Eier gelegt werden, desto intensiver kümmern sich die Eltern um ihre Brut.

Einige Jungvögel, zum Beispiel bei Hühnervögeln und Wildgänsen, schlüpfen in einem weit fortgeschrittenen Entwicklungsstadium. Da sie dann schon selbständig sind, kümmern sich die Eltern kaum noch um sie. Die meisten Vögel haben aber hilflose Junge, die warm und sauber gehalten und gefüttert werden müssen. Gewöhnlich wechseln beide Elternteile sich beim Brüten ab, und sie ziehen die Jungen gemeinsam auf.

Ein Jungtier teilt seinen Eltern durch bestimmte Signale mit, wann es Futter, Wärme oder Schutz braucht. Ein hungriger Nestflüchter sperrt den Schnabel auf, und die Alten stopfen daraufhin Futter hinein. Bei einigen Vögeln „sperren" die Jungen automatisch, wenn sich das Nest bewegt; das ist der Fall, wenn ein Elternteil darauf landet. Später wird beim Anblick der Eltern gesperrt. Auch Lautäußerungen der Alten wirken manchmal als auslösender Reiz.

Größe des Wurfs und Lebensweise

Tiere mit verschiedener Lebensweise haben oft eine unterschiedliche Anzahl von Nachkommen. Viele Nagetiere bringen große Würfe hilfloser Jungen im Schutz eines Nestes zur Welt, während Huftiere im allgemeinen sehr weit entwickelte Junge gebären, die schon bald laufen können. Die meisten Primaten haben einzelne Kinder, die sich am Fell der Mutter festklammern, wenn diese mit dem Trupp umherzieht.

Sehr viele Säugetiere sorgen lange für ihren Nachwuchs. Ein junger Säuger ist wegen der Milch ganz auf seine Mutter angewiesen, und diese kümmert sich fast ausschließlich um ihn. Die meisten Neugeborenen werden von der Mutter instinktiv saubergeleckt.

Wie lange ein junges Säugetier von seinen Eltern umhegt wird, hängt von seiner Reife bei der Geburt und vom Tempo seiner Entwicklung ab. Diese Zeit ist bei den kleinen Insektenfressern am kürzesten – zum Beispiel bei der Moschusspitzmaus, *Suncus murinus,* die nach 17 Tagen entwöhnt und etwa 2 Wochen später geschlechtsreif ist. Bei Raubtieren und Primaten ist sie am längsten. Ein Löwe kann erst mit 2 Jahren Beute schlagen. Bei den höheren Primaten dauert die Fürsorge sogar noch länger.

Bei Raubtieren und Primaten ist das Spiel wichtig, weil das Junge dabei die Außenwelt kennenlernt. Indem es mit Eltern und Geschwistern spielt, lernt es, wie man sich richtig bewegt, Beute fängt, Feinden entgeht und auf Vertreter der eigenen Art reagiert.

Sich selbst überlassen
Die Eier des Schwellhais sind in hornige Kapseln eingeschlossen, die an eine Meerespflanze angeheftet werden. Während ihrer Entwicklung bleiben sie sich selbst überlassen. Die schützende Kapsel erhöht die Chance des Jungen zu schlüpfen.

Gleich auf den Beinen
Bei vielen Arten von Herdentieren, zum Beispiel bei Kuhantilopen, können die Neugeborenen gleich nach der Geburt stehen und laufen. So vermögen sie mit der Herde Schritt zu halten, in der sie geschützt sind.

Ganz auf die Mutter angewiesen
Der junge Japanmakak bleibt 2—3 Jahre bei seiner Mutter. Eine derartig lange Zeit elterlicher Pflege ist bei Primaten wie Affen, Menschenaffen und Menschen üblich. Für das Verhältnis zwischen Eltern und Nachkommenschaft ist bei den Makaken – und bei Pavianen, Menschenaffen und Menschen – das Spiel wichtig. Dabei lernt das Junge, wie man sich mit anderen Mitgliedern derselben Art verständigt, und es „erkämpft" sich überdies seine Stellung in der Hierarchie seiner Gruppe.

Weite Wanderungen

Jedes Jahr fliegen die Küstenseeschwalben 38 000 km über den Ozean. Sie und andere Zugvögel können sich genau orientieren – einige vielleicht nach der Sonne oder den Sternen.

Man unterscheidet zwischen den regelmäßigen jahreszeitlichen Wanderungen bestimmter Tiere aus einem angestammten Gebiet in ein anderes und wieder zurück und den unregelmäßigen Invasionen mancher nördlicher Vögel, wie Seidenschwänze und Schnee-Eulen sowie etwa der Lemminge und Heuschrecken.

Säugetiere unterwegs

Viele Säugetiere wandern. Besonders ausgedehnt sind die Züge der großen Huftiere. So zieht das nordamerikanische Karibu 1000 km weit auf ganz bestimmten Wegen zwischen den Fortpflanzungsgebieten in der Tundra und den Winterplätzen in den geschützteren Nadelwäldern des Südens hin und her.

Die Säuger des Meeres haben keine bedeutenden Hindernisse zu überwinden, und viele von ihnen wandern ebenfalls. Während des Sommers auf der südlichen Halbkugel, von November bis April, suchen die Buckelwale ihre Nahrung in den südlichen Meeren, wo es viel Krill gibt; im Winter schwimmen sie Tausende von Kilometern nach Norden in den Atlantik, Pazifik und den Indischen Ozean, um in tropischen Gewässern ihre Jungen aufzuziehen.

Züge im Wasser und in der Luft

Fische wandern im allgemeinen dann, wenn sie laichen wollen oder auf Nahrungssuche sind. Thunfische laichen zwischen Sizilien und Sardinien sowie im Gebiet der Azoren und bei Gibraltar. Von diesen Gründen her breiten sich im Sommer die Schwärme im ganzen Mittelmeer aus, und sie kommen sogar bis nach Norwegen.

Der Lachs lebt im Meer, wandert aber fast 3000 km weit, um im Süßwasser zu laichen. Die Aale laichen in der Sargasso-See. Von dort wandern die Jungaale zu den europäischen und nordamerikanischen Flüssen, in denen sie heranwachsen.

Auch einige Schmetterlinge unternehmen jahreszeitliche Wanderzüge. Am bekanntesten sind die des nordamerikanischen Monarchs, der jedes Jahr von Kanada und den nördlichen USA aus nach Florida und Mexiko zieht, um sich dort fortzupflanzen. Der Monarch kann pro Tag ohne Pause 130 km weit fliegen. Südlich der Sahara gibt es einige Wanderfalterarten, wie *Libythea labdaca* in Westafrika, die in der Regenzeit zwischen Februar und Mai südwärts ziehen und zwischen Oktober und Dezember zurückkommen.

Warum die Vögel ziehen

Regelmäßige jährliche Wanderungen unternehmen vor allem Vögel der nördlichen gemäßigten Zone. Im Herbst ziehen sie nach Süden zu neuen Futtergebieten, und im Frühling kehren sie nach Norden zurück, um zu brüten.

Die Wanderungen werden instinktiv ausgeführt. Wahrscheinlich haben sie sich so entwikkelt, daß Vögel aus wärmeren Klimabereichen nach Norden oder Süden in höhere Breiten zogen, wo es mehr Nahrung gab; im Winter mußten sie aber zurückkehren. Vielleicht sind die Züge auch dadurch entstanden, daß sich das Klima auf der Erde in neuerer Zeit geändert hat.

Der Drang, in einer bestimmten Richtung zu fliegen, wird oft durch die Abnahme des Tageslichtes im Herbst und die zunehmende Helligkeit im Frühling ausgelöst. Diese äußeren Einflüsse bewirken im Körper Hormonveränderungen, eine innere Unruhe und die Speicherung von Fettreserven – bis zur Hälfte des Körpergewichts –, die als Betriebsstoff für die lange Reise angelegt werden.

Einer der markantesten europäischen Zugvögel, der Weiße Storch, zieht auf zwei Zugstraßen nach Süden: entweder auf dem südwestlichen Weg von den Niederlanden über Spanien, Gibraltar und übers Meer nach Afrika oder südöstlich, aus dem Gebiet östlich der Elbe über Kleinasien und dann südwärts nach Afrika – ein Weg von 13 000 km.

Wie Zugvögel sich orientieren

Zugvögel, die tagsüber fliegen, wie Enten und Gänse, ziehen meist in Verbänden. Von den Gänsen nimmt man an, daß sie sich an Routen halten, auf denen in vorhergehenden Jahren schon einige Mitglieder des Verbandes geflogen waren.

Man hat Hunderte von Experimenten mit beringten Vögeln durchgeführt, um das Heimfindevermögen solcher Tiere zu klären, die auch über ihnen unbekannten Gebieten unbeirrt weiterfliegen. Gruppen von Schwarzschnabel-Sturmtauchern, die auf der Insel Skokholm vor der walisischen Küste gebrütet hatten, transportierte man in geschlossenen Käfigen an die verschiedensten Orte: in die Schweizer Alpen, nach Venedig, auf ein Schiff in der Nähe der Färöer und nach Boston. Bei wolkenlosem Himmel ließ man sie frei, und fast alle konnten sich genau orientieren und flogen geradewegs nach Skokholm zurück.

Andere Versuche haben gezeigt, daß die am Tage fliegenden Vögel die Sonne als eine Art Kompaß benutzen und die nachts fliegenden Arten sich nach den Sternen richten. Stare im Käfig, die die Sonne sehen können, versuchen genau in die Richtung zu fliegen, die sie auf ihrer Wanderung einschlagen würden. Wenn man aber das Sonnenlicht mit Hilfe eines Spiegels in einem anderen Winkel in den Käfig fallen läßt, orientieren die Vögel sich nach dieser Scheinsonne. Nachts fliegende Singvögel benutzen die Sterne als Wegweiser; das läßt sich in einem Planetarium oder einem großen Käfig mit Glasdach feststellen. Sobald man die Sterne ausblendet, verlieren die Vögel die Orientierung und fliegen in alle möglichen Richtungen auseinander.

Auf tagelangen Nonstopflügen müssen die Vögel offenbar vom Sonnen- auf den Sternen-„kompaß" übergehen. Experimente beweisen, daß Vögel einen Sinn besitzen – eine Art innere Uhr –, der es ihnen ermöglicht, die Veränderungen des Winkels zwischen Zugrichtung und Sonne zu den verschiedenen Tageszeiten sowie die scheinbare Bewegung der Sterne am Himmel auszugleichen.

Zug zum Brutplatz
Schneegänse fliegen von einem See in Kalifornien auf. Diese Tiere, die in Nordkanada brüten, kommen jedes Jahr hierher, nachdem sie in den südlichen USA an den Küsten des Golfs von Mexiko und des Pazifiks überwintert haben.

Wandernde Schmetterlinge
Monarchfalter kommen im Winter aus den nördlichen USA in großer Zahl an den Golf von Mexiko, um sich dort fortzupflanzen. Im Frühling fliegen sie wieder nordwärts.

Wanderung zu neuer Weide
Gegen Ende der Regenzeit wandern Herden von 10 000 oder mehr Weißschwanzgnus im Serengeti-Nationalpark in Tansania auf der Suche nach neuen Weidegründen westwärts. Auf diesem Zug paaren sich die Tiere, und auf dem Rückweg werden die Jungen geboren.

Instinkt und Lernen

Instinkte werden vererbt; Tiere haben aber eine gewisse Lernfähigkeit, die ihr instinktives Verhalten beeinflussen kann, so daß sie auf neue Situationen verschieden reagieren.

Wenn ein Tier überleben soll, müssen bestimmte Verhaltensweisen vererbt werden, damit sie von Geburt an funktionieren. So saugt zum Beispiel ein junger Schimpanse instinktiv die Muttermilch ein, und ein neugeborener Igel richtet instinktiv seine Stacheln auf, wenn Gefahr droht.

Aber der Instinkt allein genügt nicht, damit ein Tier allen Situationen, in die es geraten kann, gewachsen ist. Oft wird darum angeborenes Verhalten durch erlerntes modifiziert: Erfahrungen werden genutzt. Zum Beispiel fallen gerade flügge gewordene Vögel bei ihren ersten tolpatschigen Flugversuchen oft auf den Kopf. Instinktiv wissen sie zwar, wie man fliegt, aber erst nachdem sie Erfahrungen gesammelt haben, können sie es richtig.

Genetische Steuerung des Verhaltens

Gene legen bei einem Tier nicht nur den Körperbau fest, sondern sie entscheiden auch über die Instinkte, die es erbt. Darum sieht ein Einzeltier nicht nur so aus wie seine Artgenossen, sondern verhält sich auch wie sie – jedenfalls in seinen instinktiven Lebensäußerungen. Das Verhalten der Ameisen, Bienen, Wespen und anderer Wirbelloser wird fast ausschließlich instinktiv gesteuert, wenn auch sogar bei Wirbellosen die Erfahrung das Verhalten beeinflussen kann. Die einzeln lebende Wespe *Ammophila campestris* handelt wahrscheinlich nur instinktiv, wenn sie ein Loch gräbt, dann eine Raupe sucht und in das Nest einträgt, ein Ei in das Opfer legt und das Nest mit Steinchen verschließt. Ihr Verhalten dabei verändert sich aber je nach den äußeren Umständen; die Wespe ist fähig, die komplizierte Folge eines Handlungsablaufs zu unterbrechen und an 2 oder 3 Nestern in verschiedenen Stadien zu arbeiten.

Wenn man das Verhalten gekreuzter Tiere mit dem ihrer Eltern vergleicht, zeigt sich der Grad genetischer Steuerung. Das Pfirsichköpfchen, *Agapornis personata fischeri*, ein Papagei, trägt sein Nistmaterial im Schnabel; das nahe verwandte Rosenköpfchen, *Agapornis roseicollis*, steckt demgegenüber in der Brutzeit die Zweige zwischen sein Rücken- und Bürzelgefieder. Kreuzt man nun diese beiden Arten, dann wissen die Nachkommen nicht instinktiv, welche Transportmethode sie anwenden sollen. Erst nach etwa 3 Jahren lernen sie, die eine Erbanlage zu vernachlässigen und das Nistmaterial im Schnabel zu tragen.

Frühe Erfahrung und Prägung

Vögeln und Säugetieren ist die Fähigkeit, ihre eigenen Artgenossen von anderen Tieren zu unterscheiden, wahrscheinlich nicht angeboren. Deshalb muß diese Kenntnis weitgehend erworben werden.

Junge Vögel, wie Enten, Gänse und Hühnervögel, die gleich nach dem Schlüpfen ihr Nest verlassen und herumlaufen, schließen sich in ihren ersten Lebenstagen oft an irgend jemanden an, der sich gerade wie ein Elternteil verhält. Solch eine instinktive Handlung wird Prägung genannt. In den meisten Fällen sind es die wirklichen Eltern, auf die die jungen Vögel geprägt werden; aber „Ersatzeltern" werden leicht angenommen. Junge Gänse folgen lieber einem Menschen als ihrer Mutter, wenn der Mensch das erste sich bewegende Objekt ist, das die frisch geschlüpften Vögel sehen.

Auch die Fähigkeit, die Geschlechter zu unterscheiden, ist nicht allen Tieren angeboren. Junge Zebrafinkenmännchen lernen den Unterschied zwischen Männchen und Weibchen im Alter von 35 oder 40 Tagen. Werden sie kurz vorher einzeln gehalten, umwerben sie später ohne Unterschied das eigene und das andere Geschlecht.

Während einige Vögel in der Brutzeit instinktiv ihr Lied singen, spielen bei anderen Arten Lernen und Erfahrung eine wichtige Rolle. Wenn Buchfinkenmännchen etwa 11 Monate alt sind, wetteifern sie miteinander in der Ausbildung ihres Finkenschlags. Zieht man aber ein junges Buchfinkenmännchen außer Hörweite von anderen Artgenossen auf, bringt es zwar einen normal langen Gesang hervor, aber er ist ungenau, und es fehlen ihm die üblichen Schnörkel. Offenbar muß es erst andere erwachsene Buchfinken hören, um im nächsten Frühling den richtigen Schlag zu vollbringen.

Bei den meisten Säugetieren spielt in den sozialen Handlungsweisen der Geruch die wichtigste Rolle. Wahrscheinlich prägt sich der Elterngeruch den Jungen ein. Sogar die Oberflächenbeschaffenheit der Mutter – wie sie sich anfühlt – kann das Verhalten eines jungen Säugetiers beeinflussen. So regt ein weiches Fell das Junge dazu an, darin Schutz zu suchen.

Zwangsverhalten

Tiere reagieren auf bestimmte Schlüsselreize zwanghaft; deshalb kann ihr Verhalten sogar unvernünftig erscheinen. Die Farbe Rot ist für ein Rotkehlchenmännchen in der Brutzeit ein besonders starker auslösender Reiz. So greift das Tier ein ausgestopftes Rotkehlchenmännchen oder sogar ein rotes Federbüschel wie einen Revierrivalen an. Silbermöwen erkennen ihre eigenen Eier auf Grund einer Kombination von Reizen, bei der Größe und Form eine Rolle spielen: Sie bevorzugen runde Eier vor eckigen und große vor kleinen.

Neue Verhaltensweisen werden erlernt

Ein Tier kann neue Verhaltensweisen nur durch Lernen erwerben. Der Haussperling ist einer unter vielen Vögeln, die es gelernt haben, sich der zunehmenden Verstädterung ihres Lebensraumes anzupassen. Solche Arten haben sich hinsichtlich ihrer Nahrung und ihrer Nistplätze auf den Menschen eingestellt.

Auch dressierte Tiere zeigen die gleichen Grundbewegungen, Haltungen oder Fertigkeiten wie in der Natur. Einige freilebende Schimpansen gebrauchen Stöcke als Waffen oder um Insekten aus Löchern zu holen. Schimpansen im Zoo nutzen wahrscheinlich diese natürlichen Fähigkeiten, wenn sie Stöcke zu einer langen Stange ineinanderstecken, um Futter, das sich außerhalb ihres Käfigs befindet, zu erreichen.

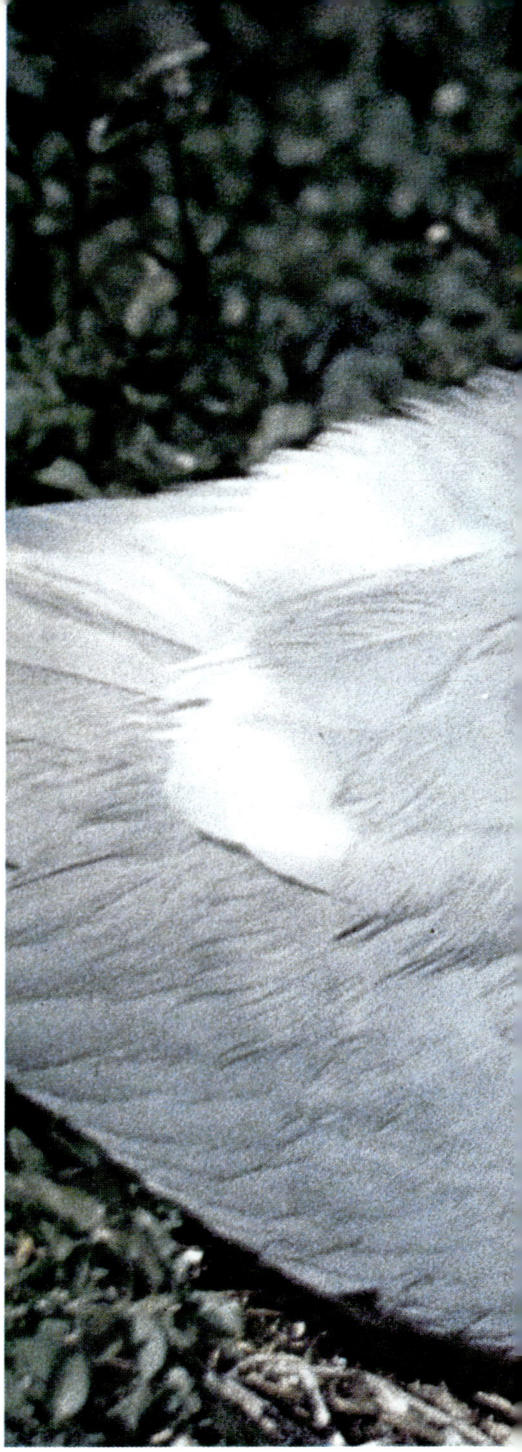

Instinktablauf beim Füttern
Das Küken der Silbermöwe pickt instinktiv auf den roten Punkt an der Schnabelspitze des Elternvogels. Dieser wird dadurch veranlaßt, Futter für das Küken auszuwürgen. Ein Pappmodell des Vogelkopfes löst ebenfalls, sofern es den roten Punkt trägt, das Picken des Silbermöwenkükens aus.

Der richtige Gesang wird erlernt

Zoologen analysieren Vogelgesänge an Hand eines Tonspektrogramms. Dieses Spektrogramm zeigt das Lied eines ausgewachsenen, freilebenden Buchfinkenmännchens. Das komplizierte, verschiedenartige Muster entspricht dem vollendeten, reichen Schlag, mit dem der Vogel sein Revier markiert.

Der Schlag eines Buchfinkenmännchens, das im Labor außer Hörweite von anderen Buchfinken aufgezogen wurde, ist viel einfacher, wie dieses gleichmäßige Spektrogramm zeigt. Der Vogel weiß instinktiv, wie er singen soll, muß aber offenbar andere ausgewachsene Vögel hören, um die feinen Nuancen zu lernen.

Zwei Spinnwebarten
Viele Spinnen weben instinktiv Radnetze, so die Kreuzspinne (links). Andere bauen flache Netze, deren Fäden willkürlich verlaufen (rechts).

Vorsorge für die zukünftige Brut
Diese Wespe baut ein Schlammnest, trägt eine gelähmte Schmetterlingsraupe ein, legt ein Ei in das Nest und verschließt es dann. Die Larve, die aus dem Ei schlüpft, findet gleich einen Nahrungsvorrat vor, der von dem Elternteil instinktiv angelegt worden ist.

Der Mensch unter den Tieren

Die Beziehungen des Menschen zu seinen Mitgeschöpfen sind verschiedenartig. Mit vielen konkurriert er um Nahrung und Lebensraum; manche nutzt er, manche jagt er; einige hat er zu Haustieren gemacht. Außerdem ist er der Wirt von Parasiten auf und in seinem Körper.

Der Mensch, die Art *Homo sapiens*, lebt seit etwa 300 000 Jahren auf der Erde. Er ist ein „Säugetier", denn die weiblichen Individuen säugen ihre Jungen. Weiterhin gehört er zusammen mit den Menschenaffen, Affen, Buschbabys und Lemuren zur Ordnung der Primaten. Seine nächsten lebenden Verwandten sind wahrscheinlich der Schimpanse und der Gorilla. Es kann heute als gesichert gelten, daß er mit ihnen einen Vorfahren gemeinsam hat, der vor 20 Millionen Jahren lebte.

Aber die Beziehungen des Menschen zu allen anderen Tieren beruhen nicht nur auf der Stammesgeschichte. Infolge seiner weltweiten Verbreitung ist der Mensch auch unauflösbar mit fast jeder anderen Tiergemeinschaft der Erde verbunden. Er kann der Wirt von Parasiten sein; er kann mit anderen Arten in Konkurrenz stehen. Manche verfolgt er, über manche ist er Herr. Ja, er kann sogar als Beute unterliegen.

Menschliche Tätigkeit wie Landwirtschaft und Städtebau hat viele Lebensräume von Wildtieren zerstört, aber auch neue geschaffen. Pflanzungen und Hecken bieten sowohl landwirtschaftlichen Schädlingen wie deren Feinden Schutz. Gebäude bilden neue Jagdgründe für Spinnen, Nistplätze für Schwalben und Hausrotschwänze und Ruheplätze für Fledermäuse. Stadtgärten und Parks stellen Zufluchtsstätten für viele verschiedene Vögel dar.

Zahlreiche Arten sind Helfer des Menschen. In Gärten fressen Igel und Spinnen schädliche Insekten. Bienen bestäuben Blüten. Sogar Fliegen und ihre Maden machen sich nützlich, wenn sie tote organische Stoffe zersetzen. Viele Menschen freuen sich über die Anwesenheit von Tieren in ihren Häusern, die Schädlinge vernichten. Dazu zählen nicht nur Haustiere wie Katzen, sondern stellenweise auch Wildtiere. Zum Beispiel werden in manchen Teilen Asiens Geckos geschont, weil sie Insekten fangen.

Parasiten und Krankheitsüberträger

Zu den Feinden des Menschen im Reich der Tiere gehören auch Parasiten und Überträger von Krankheiten. Die Insekten, die zeitweise oder dauernd auf der Haut leben, wie Fliegen und Flöhe, sind die sogenannten Ektoparasiten. Einige von ihnen, etwa die Kleiderlaus, verursachen nur Reizungen; andere greifen direkt an. So gräbt sich der in den Tropen verbreitete Sandfloh tief in die Haut ein und verursacht schmerzhafte Entzündungen. Verschiedene Schmeißfliegen und Goldfliegen legen Eier, aus denen fleischfressende Maden schlüpfen; sie verursachen offene Wunden. Einige Tiere wie Bettwanzen, Moskitos und Blutegel saugen auch Menschenblut.

Im Körper leben die sogenannten Endoparasiten, beispielsweise die Bandwürmer, die im Darm 12 m lang werden können, sowie der afrikanische Augenwurm, der in das Auge eindringt.

Zu den parasitischen Krankheitserregern gehören Protozoen der Gattung *Plasmodium*, einzellige Tiere, die die Malaria hervorrufen und jedes Jahr mehr als eine Million Tote fordern. Ein anderer Einzeller, *Trypanosoma gambiense*, verursacht die Schlafkrankheit; Arten der Gattung *Leishmania* rufen die in Afrika und Asien häufige Kala-Azar-Krankheit und die Orientbeule hervor. In Teilen Afrikas sind viele Menschen mit Pärchenegeln infiziert, die die Bilharziosen verursachen.

Die meisten dieser Krankheiten und viele andere werden durch Tiere auf den Menschen übertragen. Moskitos der Gattung *Anopheles* übertragen die Malaria, Tsetsefliegen die Schlafkrankheit und Sandfliegen die Leishmaniosen. Eine andere Mücke, *Aedes aegypti*, überträgt das Gelbfieber. Wasserschnecken sind Träger der Bilharzia, und verschiedene Säugetiere, wie Fledermäuse, Hunde und Füchse, können Tollwut verbreiten. Die Beulenpest kann durch Flöhe von Ratten an den Menschen weitergegeben werden, Typhus durch Kleiderläuse und Typhus, Ruhr und Cholera durch Stubenfliegen. Papageien und Tauben sind Überträger der Psittakose oder Papageienkrankheit.

Nahrungskonkurrenten

Einige Tiere sind Konkurrenten des Menschen, weil sie seine Nahrungsvorräte und seine Güter angreifen. Jedes Jahr zerstören tierische Schädlinge 10–25 Prozent unserer Nahrungsmittel- und Faserproduktion.

Schädlinge können durch Fallen, durch Abschuß oder Gifte in Schranken gehalten werden oder aber indirekt durch besondere Kulturformen, etwa durch einen Wechsel der Fruchtfolge. In neuerer Zeit haben Wissenschaftler eine biologische Bekämpfung versucht, indem sie Räuber, Parasiten oder Krankheiten der Schädlinge einführten. Zum Beispiel wurde der Schaden, den die Wollsackschildlaus an kalifornischen Zitrusgärten verursacht, dadurch eingedämmt, daß man dort einen Käfer aussetzte, der Jagd auf sie macht.

Biologische Bekämpfungsmethoden wurden auch angewandt, um Katastrophen wieder auszugleichen, die entstanden waren, nachdem der Mensch das Gleichgewicht in der Natur gestört hatte. Ein Beispiel: Der Feigenkaktus, der im letzten Jahrhundert als Futterpflanze für Koschenilleläuse nach Australien importiert worden war, breitete sich über riesige Flächen aus, als die Koschenille-Industrie nach der Entwicklung synthetischer Farbstoffe zurückging. Diese Kaktusplage wurde schließlich durch die Einfuhr eines südamerikanischen Schmetterlings, *Cactoblastis cactorum*, eingedämmt, dessen Raupen sich von dem Kaktus ernähren.

Eine moderne Technik, schädliche Insekten unter Kontrolle zu bringen, besteht darin, daß man Tausende von männlichen Insekten freiläßt, die vorher durch Atomstrahlen unfruchtbar gemacht wurden. Danach paaren sie sich zwar, erzeugen aber keine Nachkommen; die Population nimmt ab.

Einige Tiere, wie Großkatzen, Bären, Wölfe, Hyänen, Schwertwale, Pythons und Haie, greifen gelegentlich Menschen direkt an.

Im Lebensraum des Menschen Schwalben bauen ihre Schlammnester oft an Gebäuden, weil diese am ehesten den Felsen entsprechen.

Beutetier des Höhlenmenschen Der Cromagnonmensch, der erste Vertreter des neuzeitlichen Menschen, erschien vor etwa 40 000 Jahren. Er schmückte die Wände seiner Wohnhöhlen mit Bildern der Tiere, die er jagte. Dieses Pferd wurde vor etwa 20 000 Jahren auf die Wand der Höhle von Lascaux in Südwestfrankreich gemalt.

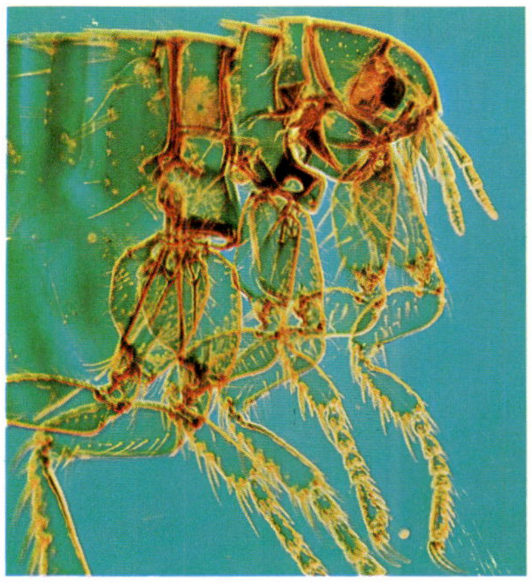

Lästiger Parasit Der Floh, *Pulex irritans*, ruft auf dem menschlichen Körper Quaddeln hervor, wenn er beißt und Blut saugt.

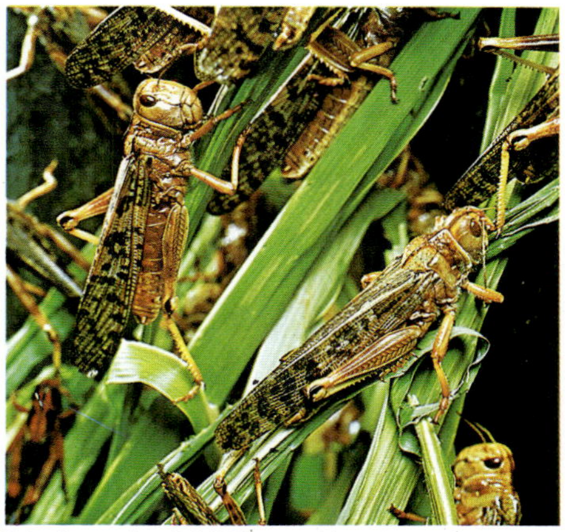

Schwärmende Schädlinge Heuschrecken bilden zeitweise riesige Schwärme, die in weiten Gebieten Afrikas und Asiens die Felder verwüsten.

Britisches Museum

Der Mensch als Beute Zu allen Zeiten wurden einige Tiere gefürchtet, weil sie auch den Menschen angreifen. Diese assyrische Elfenbeinplatte (8. Jh.) zeigt einen Sklaven, der von einer Löwin verschlungen wird.

Der Mensch als Jäger

Die Evolution des Menschen wurde beschleunigt, als er begann, in Gruppen zu jagen, als er seine Sprache entwickelte und sich Werkzeuge und Waffen schuf.

Niemand kennt den genauen Zeitpunkt, an dem die ersten wirklichen Menschen auftraten. Schon die Affenmenschen, wie der *Australopithecus*, die vor 3,5–1 Million Jahren existierten, gebrauchten Werkzeuge und haben wahrscheinlich nach und nach die Vorteile gemeinsamer Jagd entdeckt. Der Übergang vom Affenmenschen zum Menschen beanspruchte jedoch Tausende von Generationen, bis vor ungefähr 1 Million Jahren die Art *Homo erectus* entstanden war. Sie legte sich Werkzeuge und Waffen aus Stein und Holz zu und kannte das Feuer. Die wichtigste Beute dieses Menschen waren Großtiere wie Bären, Elefanten, Flußpferde, Nashörner, Pferde und Auerochsen.

Dem *Homo erectus* folgten vor ungefähr 400 000 Jahren die Vertreter des *Homo sapiens*. Die ersten gehörten zum Typ des Neandertalers, *Homo sapiens neanderthalensis*; sie lebten dann noch einige Zeit als Zeitgenossen des Cromagnonmenschen, des ersten modernen Menschen, *Homo sapiens sapiens*. Der Cromagnon-Typ tauchte vor ungefähr 40 000 Jahren im westlichen Eurasien auf; wahrscheinlich ging er aus einem Neandertalstamm hervor.

Die frühen Menschen jagten Tiere, die größer, stärker und oft schneller waren als sie selbst. Ihre körperliche Unterlegenheit wurde aber durch Waffen und durch den Vorteil gemeinsamer Jagd mehr als ausgeglichen. Die Menschen lernten, der Beute aufzulauern, sie einzukreisen, sie in Fallgruben oder einen Abgrund zu treiben oder sie zu hetzen. Diese Fähigkeit der Zusammenarbeit veränderte den Menschen; sie beeinflußte sein Denken und Verhalten und führte allmählich zu intellektuellen, kulturellen und technischen Fortschritten.

Jagd zum Nahrungserwerb und zum Schutz

Die erfinderischsten und erfolgreichsten frühen Jäger waren die Cromagnonmenschen, die ihre Taten in Höhlenmalereien aufzeichneten. Mit der Zeit erfanden sie auch Pfeil und Bogen; sie besiedelten die Neue Welt und hielten sich Hunde als Haustiere, wahrscheinlich Nachkommen von Wölfen.

Ungefähr 12 000 Jahre später entdeckten sie irgendwo in Südwestasien die Vorteile der Viehzucht und des Ackerbaus. Damit wurde die Menschheit von der Jagd als einem Hauptmittel zum Nahrungserwerb unabhängig.

Landwirtschaft und Haustierhaltung haben andere Ernährungsquellen erschlossen; aber es gibt auch heute noch Stämme, die als Jäger und Sammler leben. Man findet sie vorwiegend in Südostasien, Australien, Zentralafrika und Südamerika; ihre Methoden haben sich in Tausenden von Jahren kaum verändert.

Selbst als die Jagd nicht mehr lebensnotwendig war, jagte der Mensch aus anderen Gründen weiter: um seine Haustiere und Äcker zu schützen; um die angebaute Nahrung zu ergänzen; um Fleisch und Felle zu bekommen; aber auch aus Gründen der Selbstbestätigung und des Prestiges sowie zum Vergnügen.

Als der Mensch anfing, Haustiere zu halten und Getreide anzubauen, veränderte sich seine Einstellung zum freilebenden Tier. Jedes Geschöpf, das sich aus seinen Beständen Beute holte, das sein Getreide fraß oder zerstörte, wurde von ihm erbarmungslos gejagt, oft bis zur Ausrottung. Dadurch wurden Bären, Luchs und Wölfe bis zum 18. Jahrhundert aus dem größten Teil Europas vertrieben. In anderen Gebieten der Erde rottete man Raubtiere, wie den Kalifornischen Kondor und den tasmanischen Beutelwolf, fast völlig aus.

Jagen und Sammeln zum Zweck des Handels

Tierprodukte wie Fleisch, Felle, Pelze, Federn, Öl und Elfenbein sind seit langem Handelsobjekte, die als Nahrung, Kleidung, Schmuck und als Bestandteile von Medikamenten und Parfümen gebraucht werden. Auch der Handel mit lebenden Tieren – als Hausgenossen sowie für Zirkusse und Zoos – hat eine lange Tradition, und heute ist er auf Grund der zusätzlichen Nachfrage für Forschungszwecke umfangreicher denn je. Schwämme und Perlen sowie Schellack und Koschenille von Insekten sind andere Tierprodukte, die gesammelt und gehandelt werden.

Feuerwaffen machten die Jagd auf Vögel und Großsäuger einfacher und rentabler. Welche Folgen das für die Tierwelt haben kann, zeigte sich am krassesten im 19. Jahrhundert in Nordamerika: Die Wandertaube, von der es einst Milliarden gab, wurde völlig ausgerottet.

Die Bestände des Bisons gingen bis 1889 von 60 Millionen auf 541 zurück. Nur knapp entging der Büffel einem ähnlichen Schicksal wie dem der Taube. Heute leben etwa 30 000 Bisons in amerikanischen und kanadischen Nationalparks. Zu den Tieren, die zur Zeit durch die Jagd ernstlich bedroht sind, gehören Orang-Utans, die immer noch für Zoos gefangen werden, obwohl nur noch etwa 5000 übrig sind, ferner Blauwale, von denen es wahrscheinlich nur noch etwa 1500 gibt.

In den letzten Jahren haben einige Nationen Tierreservate eingerichtet, um verschiedene Arten zu erhalten, vor allem Großwild, das durch übermäßige Jagden stark gefährdet war. Einige geschützte Arten werden mit Bedacht gejagt. Denn in einem richtig verwalteten Reservat muß man auch dafür sorgen, daß der Tierbestand nicht zu groß wird, weil sonst nicht mehr genügend Nahrung vorhanden ist.

Die Jagd als Vergnügen

Jagd als Freizeitgestaltung war lange Zeit das Vorrecht der Herrscher und Adeligen, die ihre Jagdgründe eifrig bewachten. Wer im königlichen Revier wilderte, wurde bis zum 19. Jahrhundert streng bestraft. Im Mittelalter jagte man in Europa Bären, Wisente, Hirsche und Auerochsen. Der Erfolg wurde nicht am Können des Jägers, sondern an der Zahl der erlegten Tiere gemessen. Neuerdings sind neben die Jagd und das Angeln andere Betätigungen getreten, bei denen keine Tiere getötet werden. Man beobachtet, zeichnet, photographiert und filmt die Tiere, sogar unter Wasser. Dazu ist genausoviel Geschick und Naturkenntnis nötig wie für die Jagd.

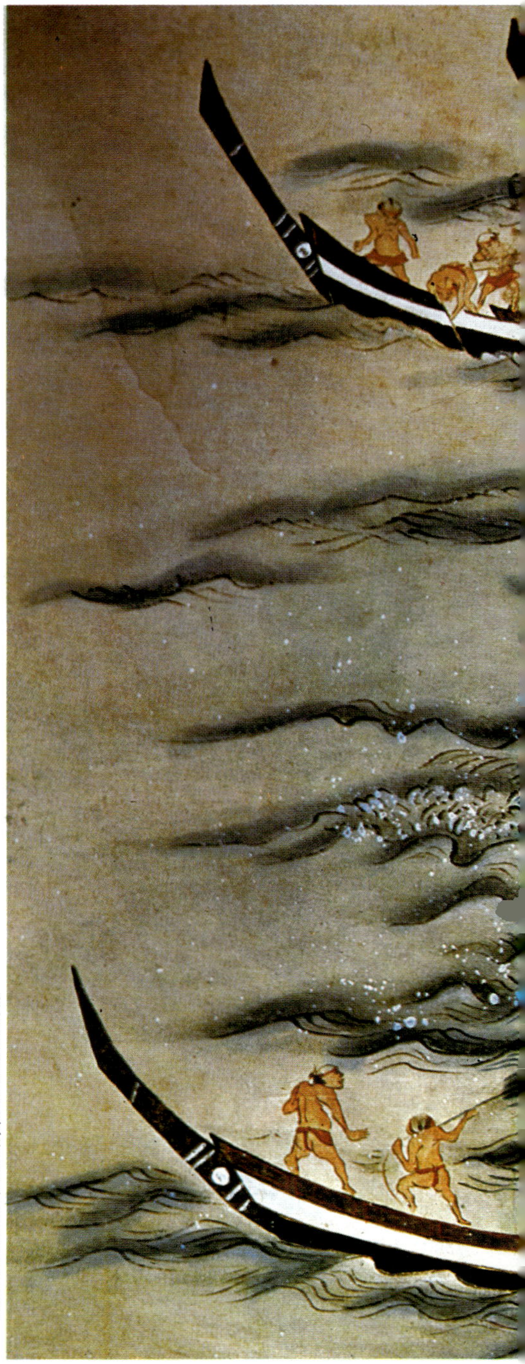

Japanisches Gemälde (um 1800); japanisches Staatsarchiv

Primitive Jäger Einige Völker leben auch heute noch hauptsächlich von der Jagd und benutzen dabei urtümliche Waffen. Dieser australische Eingeborene hat ein Wallaby erlegt.

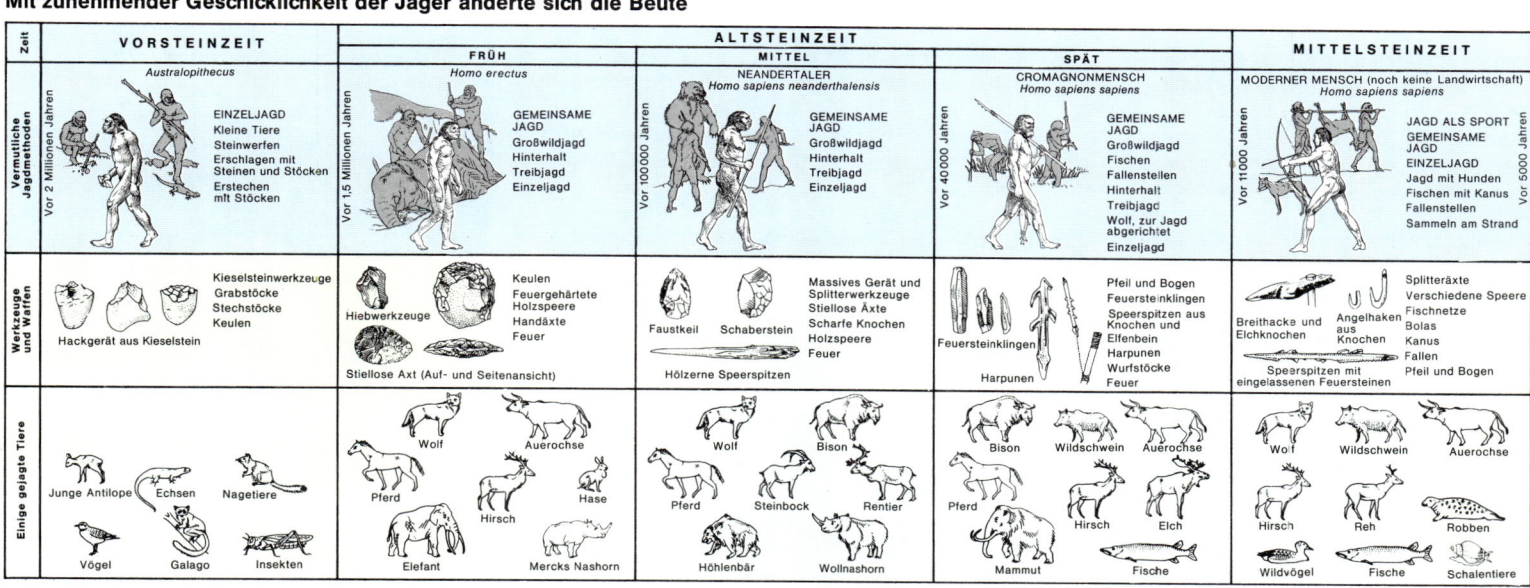

Walfang mit Netz Japanische Fischer fingen früher Wale in Netzen. Bis zu 20 kleine Boote jagten einen Wal. Die Männer schlugen mit Stöcken gegen die Bootswände und trieben dadurch das Tier in ein grobes Netz. Dann schlossen die Boote sich um den Wal zusammen, und er wurde harpuniert.

Mit zunehmender Geschicklichkeit der Jäger änderte sich die Beute

Zeit	VORSTEINZEIT	ALTSTEINZEIT FRÜH	ALTSTEINZEIT MITTEL	ALTSTEINZEIT SPÄT	MITTELSTEINZEIT
Vermutliche Jagdmethoden	*Australopithecus* Vor 2 Millionen Jahren EINZELJAGD Kleine Tiere Steinwerfen Erschlagen mit Steinen und Stöcken Erstechen mit Stöcken	*Homo erectus* Vor 1,5 Millionen Jahren GEMEINSAME JAGD Großwildjagd Hinterhalt Treibjagd Einzeljagd	NEANDERTALER *Homo sapiens neanderthalensis* Vor 100000 Jahren GEMEINSAME JAGD Großwildjagd Hinterhalt Treibjagd Einzeljagd	CROMAGNONMENSCH *Homo sapiens sapiens* Vor 40000 Jahren GEMEINSAME JAGD Großwildjagd Fischen Fallenstellen Hinterhalt Treibjagd Wolf, zur Jagd abgerichtet Einzeljagd	MODERNER MENSCH (noch keine Landwirtschaft) *Homo sapiens sapiens* Vor 11000 Jahren JAGD ALS SPORT GEMEINSAME JAGD EINZELJAGD Jagd mit Hunden Fischen mit Kanus Fallenstellen Sammeln am Strand Vor 5000 Jahren
Werkzeuge und Waffen	Hackgerät aus Kieselstein Kieselsteinwerkzeuge Grabstöcke Stechstöcke Keulen	Hiebwerkzeuge Stiellose Axt (Auf- und Seitenansicht) Keulen Feuergehärtete Holzspeere Handäxte Feuer	Faustkeil Schaberstein Hölzerne Speerspitzen Massives Gerät und Splitterwerkzeuge Stiellose Äxte Scharfe Knochen Holzspeere Feuer	Feuersteinklingen Harpunen Pfeil und Bogen Feuersteinklingen Speerspitzen aus Knochen und Elfenbein Harpunen Wurfstöcke Feuer	Breithacke und Elchknochen Angelhaken aus Knochen Speerspitzen mit eingelassenen Feuersteinen Splitteräxte Verschiedene Speere Fischnetze Bolas Kanus Fallen Pfeil und Bogen
Einige gejagte Tiere	Junge Antilope Echsen Nagetiere Vögel Galago Insekten	Wolf Auerochse Pferd Hirsch Hase Elefant Mercks Nashorn	Wolf Bison Pferd Steinbock Rentier Höhlenbär Wollnashorn	Bison Wildschwein Auerochse Pferd Hirsch Elch Mammut Fische	Wolf Wildschwein Auerochse Hirsch Reh Robben Wildvögel Fische Schalentiere

Frühe Jäger jagten als Einzelgänger kleine und schwache Tiere. Später, als die Waffen besser wurden und man gemeinsam auf Jagd ging, erlegte der Mensch größere Beute. Nebenher führte er aber auch die Jagd auf Kleintiere mit den alten Waffen und Methoden noch weiter fort.

Domestizierte Tiere (1)

Jedes domestizierte Tier, sei es Nutz- oder Haustier, stammt von einem Wildtier ab, mit dem es heute allerdings oft nur noch wenig Ähnlichkeit hat.

Die Domestikation von Tieren, also die Umzüchtung von wildlebenden Arten zu Haustieren, begann wahrscheinlich vor mehr als 10 000 Jahren, als die Steinzeitmenschen noch Nomaden und Jäger waren. Unter anderem jagten sie auch Wölfe, die in Familienverbänden umherzogen.

Zuweilen ließ der Mensch wohl die Jungen am Leben, nachdem er ein Muttertier erlegt hatte. Die Kleinen waren zutraulich, leicht zu zähmen und als Köder nützlich, und so wurden Wölfe allmählich domestiziert.

Als die Menschen noch von einem Jagdgebiet ins andere zogen, hatten sie kaum Gelegenheit, außerdem andere Säugetiere zu zähmen; sie waren zu sehr damit beschäftigt, für ihren eigenen Lebensunterhalt zu sorgen. Damals dürfte es für die Wölfe immer schwieriger geworden sein, zu überleben, denn als der Mensch erfolgreicher jagte, bessere Waffen erfand, Buschbrände legte und ganze Herden vernichtete, wurden Großtiere in freier Wildbahn selten.

Aber gegen Ende der letzten Eiszeit, vor ungefähr 10 000 Jahren, lernte der Mensch, wildes Getreide wie Weizen und Gerste anzubauen, und damit begann die Siedlungsgeschichte. Die frühesten Siedlungsplätze sind im westlichen Asien entdeckt worden. Hier hat der Mensch vielleicht auch Schafe und Ziegen zum erstenmal von den wilden Herden getrennt und hat sie gehalten, um sie zu schlachten, wenn er Fleisch brauchte.

Aus solchen Anfängen entwickelte sich die Haustierhaltung. Als die Bauern der Frühzeit erkannten, daß Körpermerkmale erblich sind, begannen sie, ausgewählte Tiere zu kreuzen, um bei den Nachkommen eine Verbindung wertvoller Eigenschaften zu erzielen.

Auswirkungen der Zuchtwahl

Durch die Zucht sind viele domestizierte Tiere ganz anders geworden als ihre wilden Vorfahren. Dabei gelang es dem Menschen auch, bestimmte Merkmale zurückzudrängen – zum Beispiel die Angriffslust der Männchen gegenüber Rivalen der eigenen Art. In der Wildnis ist diese Eigenschaft lebenswichtig; beim Haustier aber stört sie. Infolge der Veränderungen im Körperbau und in der Verhaltensweise sind viele domestizierte Tiere vom Menschen völlig abhängig geworden.

Der Grad der Domestikation ist sehr verschieden. Viele Tiere, deren Zucht in Gefangenschaft schwierig ist, müssen einzeln eingefangen und gezähmt werden. Dazu gehören zahme exotische Tiere und eine große Anzahl von Arten, die schon seit der Zeit der alten Ägypter gehalten werden, wie zum Beispiel Falken, Geparden und Mungos.

Andere Tiere lassen sich leichter aufziehen, so das Frettchen – die domestizierte Form des Steppeniltis, *Mustela eversmanni* –, das vielfach für die Kaninchen- und Rattenjagd gehalten wird, sowie der gewöhnliche Kormoran, den man im Fernen Osten zum Fischen abrichtet.

Obwohl solche Tiere schon vor Tausenden von Jahren vom Menschen gezähmt wurden, unterscheiden sie sich kaum von ihren Wildformen, und wenn man sie freiläßt, verwildern sie schnell wieder. Sie sind alle einzelnlebende Tiere. Mehr Erfolg bei der Domestikation und bei der Zuchtwahl hatte man bei Arten, deren wilde Vorfahren in Familienverbänden, Rudeln oder Herden lebten. Anscheinend übertragen sie ihre Abhängigkeit vom Rudelführer auf ihren menschlichen Besitzer.

Ein Vergleich zwischen Katze und Hund veranschaulicht den Unterschied zwischen Tieren, deren Vorfahren einzeln, und solchen, deren Ahnen in Gruppen lebten. Alle Hauskatzen stammen von Rassen der Wildkatze, *Felis silvestris*, ab. Obwohl sie seit der Zeit des alten Ägypten vom Menschen gehalten werden, bleiben sie Einzelgänger und Individualisten, und sie eignen sich weniger gut dazu, bestimmte Aufgaben zu übernehmen.

Hunde stammen hauptsächlich von den kleineren, südlichen Rassen des Wolfes ab, zum Beispiel vom Indischen Wolf, *Canis lupus pallipes*. Es sind gesellige, vom Menschen abhängige Tiere, die noch immer bereit sind, in Rudeln zu laufen, wenn sich eine Gelegenheit dazu ergibt. Die frühesten Hunde ähnelten wahrscheinlich den Dingos, den direkten Abkommen derjenigen Hunde, die die Steinzeitmenschen vor 8000 Jahren von Asien nach Australien mitbrachten.

Gebrauchs- und Luxushunde

Viele Hunderassen sehen Wölfen nicht mehr sehr ähnlich, obwohl sie zur gleichen Art gehören. Sie sind durch jahrhundertelange Zuchtwahl entstanden. Schon um 2000 vor Chr. haben die Ägypter Jagdhunde gezüchtet, so den Windhund, ferner Gebrauchsrassen, wie den Schäferhund, und dekorative Rassen, die dem Welsh Corgi und dem Spitz ähneln. Später, als man für Jagden, Rennen und Ausstellungen Hunde züchtete, entstanden immer neue Rassen, u. a. die Jagdhunde und die Schoßhündchen.

Einige domestizierte Herdentiere, etwa das Kamel, das Ren und der Yak, sind nicht wesentlich verändert worden, denn ihr Wert für den Menschen besteht in ihrer angeborenen Fähigkeit, unter extremen Umweltbedingungen zu leben.

Die meisten domestizierten Herdentiere wurden jedoch in einer bestimmten Richtung weitergezüchtet, je nachdem ob der Mensch das Fleisch oder das Fell der Tiere schätzte, ob er sie als Zug- oder Lasttiere brauchte. Schlachttiere sollten schneller groß werden und leichter Fett ansetzen als die muskulösen Zugtiere.

Viele Schweinerassen sind das Ergebnis langer und sorgfältiger Zuchtwahl. Sie stammen alle vom Wildschwein, *Sus scrofa*, ab, das auch heute noch bei uns frei im Wald lebt. Unsere Hausschweine sehen aber ganz anders aus. Sie haben kürzere Beine, sind fetter und besitzen einen geringelten Schwanz statt eines geraden; sie haben weniger Haare und sind oft scheckig. Auch ihre Kopfform ist anders: Die Kiefer sind kürzer, die Zähne kleiner, und die Augen stehen nach vorn statt zur Seite.

Stammtafel der Haushunde

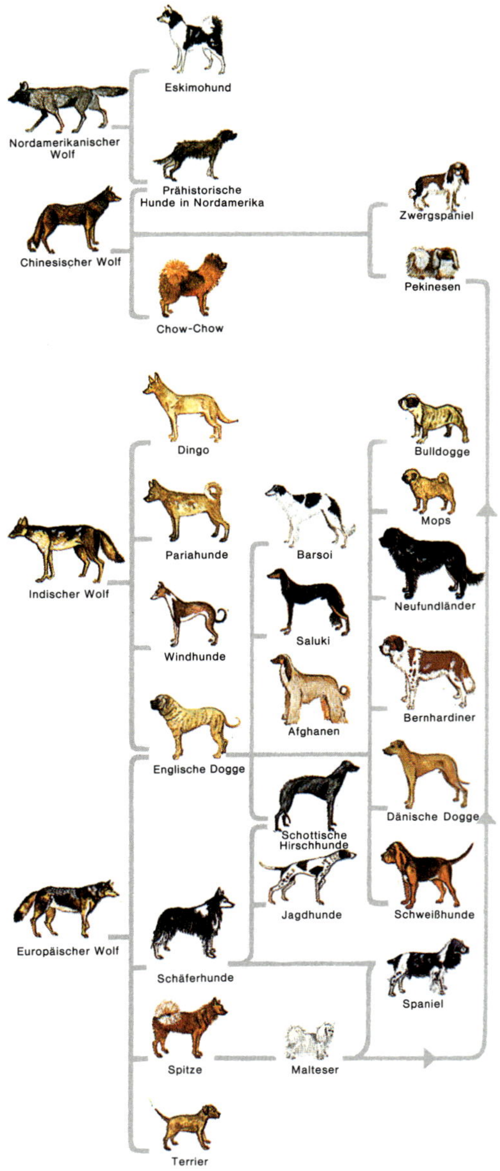
Eskimohund
Nordamerikanischer Wolf
Prähistorische Hunde in Nordamerika
Zwergspaniel
Chinesischer Wolf
Pekinesen
Chow-Chow
Dingo
Bulldogge
Mops
Indischer Wolf
Pariahunde
Barsoi
Neufundländer
Saluki
Windhunde
Bernhardiner
Afghanen
Englische Dogge
Dänische Dogge
Schottische Hirschhunde
Jagdhunde
Schweißhunde
Europäischer Wolf
Schäferhunde
Spaniel
Spitze
Malteser
Terrier

Alle Hunde, selbst die unterschiedlichsten Rassen wie der Pekinese und der Bernhardiner, gehören zur gleichen Art; ihr gemeinsamer Vorfahr ist der Wolf. Dieser Stammbaum kann nur einen groben Überblick über die Abstammung einiger heutiger Rassen geben, weil seit der ersten Domestikation von Wölfen immer wieder Kreuzungen durchgeführt wurden. Alle Hunde können untereinander oder mit Wölfen fruchtbare Nachkommen haben – sofern ihre Körpergrößen nicht zu unterschiedlich sind und eine Paarung möglich ist. Der Dingo ist heute wahrscheinlich der einzige reinrassige Hund der Welt, nämlich der einzige, der direkt von einer einzigen Wolfsrasse abstammt.

Unterschiede bei Schweinen Das Wildschwein (oben) ist kleiner, leichter und stärker behaart als die Hausschweine, die von ihm abstammen. Es hat auch eine längere Schnauze.

Ausschnitt aus einer Handschrift der Vatikan-Bibliothek, 13. Jh.

Honigsammeln im Mittelalter Die Imkerei war im Mittelalter in Europa weit verbreitet. Der Honig wurde gegessen oder zu Getränken vergoren, zum Beispiel zu Met. Bis zum 16. Jahrhundert, wo der Rohrzucker billiger wurde, war der Honig auch das Hauptmittel zum Süßen.

Domestizierte Tiere (2)

Wilde Ziegen und Schafe waren wahrscheinlich die ersten Tiere, die vom Menschen der Neusteinzeit in Herden gehalten wurden. Die Wildziege oder Bezoarziege, *Capra hircus aegagrus*, und das Wildschaf Westindiens, *Ovis ammon orientalis*, sind mit ihrem rotbraunen Fell und großen gedrehten Gehörn imposante Erscheinungen. Hausschafe und -ziegen haben demgegenüber gewöhnlich kürzere Beine, weiße Felle und kürzere Hörner, manchmal sogar gar keine.

Schafe wurden früher unter dem Gesichtspunkt gezüchtet, daß sie mehr Wolle, Fleisch und Fett lieferten und alles auch in besserer Qualität. Die Erfindung der Kunstfasern hat jedoch in letzter Zeit den Wollhandel stark beeinträchtigt; Schafe – wie die Neuseeland-Lämmer, die aus einer Kreuzung von Romney-Schafen und Southdown-Widdern entstanden – sind heute vorwiegend Fleischlieferanten.

Rinder wurden später als Schafe und Ziegen als Nutztiere gezüchtet und gehalten; dennoch sind sie wohl die wichtigsten Haustiere. Der Mensch braucht ihr Fleisch und Fett, ihre Milch, ihre Häute, Knochen und Hörner. Selbst der Mist wird verwendet, nicht nur als Dünger, sondern in einigen Ländern auch als Brennmaterial sowie zum Bau von primitiven Unterkünften.

Die europäischen Hausrinderrassen stammen alle vom Auerochsen oder Ur, *Bos primigenius*, ab, dessen letzter Vertreter erst 1627 in Polen starb.

Nahrungslieferanten, Arbeits- und Reittiere

Bis vor kurzem wurde das Hausrind vielerorts als Last- oder Zugtier gebraucht; stellenweise ist es das auch heute noch. In Westeuropa züchtete man aber viele Rassen, die entweder als Fleischlieferanten dienten, wie das Hereford-Rind – das in Amerika eine wesentliche Rolle spielt –, oder aber zur Milchproduktion, etwa das Friesländer und das Jerseyrind. Beide Eigenschaften zusammen erhält man durch Kreuzung von Milchkühen und Fleischbullen. Auf diese Weise entstand in Frankreich die Cherollais-Rasse.

In Asien wird hauptsächlich das Zebu, *Bos indicus*, gehalten. Zebus sind indische Buckelrinder, die vor Tausenden von Jahren entwikkelt wurden. Sie sind aber nicht speziell für eine Fleisch- oder Milchproduktion gezüchtet worden; in vielen Gebieten braucht man Zebus als Zugtiere. In Fluß- und Sumpfgebieten übernehmen jedoch Wasserbüffel diese Rolle. Neuere Untersuchungen haben ergeben, daß Wasserbüffel nicht nur bessere Zugtiere sind, sondern auch bessere Fleisch- und Milchlieferanten.

Zwischen 3000 und 2000 v. Chr. domestizierte der Mensch das Pferd. Wahrscheinlich wurden drei geographisch getrennte Arten der Gattung *Equus* etwa zur gleichen Zeit in Zucht genommen. In Nordafrika war es der afrikanische Wildesel, *Equus asinus*, der den Völkern des Niltals als Lasttier diente. Weiter östlich richteten die Sumerer den größeren asiatischen Halbesel, *Equus hemionus*, dazu ab, daß er ihre Streitwagen zog. Die Hauspferde aber stammen von Rassen des eurasischen Wildpferdes, *Equus caballus*, ab, von dem nur noch eine einzige Rasse lebt: das Przewalski-Pferd, *Equus caballus przewalski*. Einst zog es in Herden über die eurasischen Steppen; heute sind wahrscheinlich weniger als 50 Tiere in einigen wenigen isolierten Gebieten der Mongolei übriggeblieben.

Die Nomaden der Steppen domestizierten das Wildpferd, das dann den Esel – vor allem im Krieg – weitgehend ersetzte, weil es stärker und schneller war. Seit dem 5. Jh., nachdem die Chinesen den Steigbügel erfunden hatten, der dem Krieger auf seinem Roß Halt gab, wurde die schwere Kavallerie modern. Man züchtete nun kräftigere Pferde, die das Gewicht gepanzerter Männer tragen konnten. Es waren große, schwere Tiere, zum Beispiel das englische Shirehorse, das in der Erscheinung schweren Arbeitspferden wie dem Clydesdale und dem Belgier ähnelte. Heute, im Zeitalter der Technik, verschwinden Arbeitspferde immer mehr; dafür steigt die Zahl der Reitpferde und Ponys.

Die verhältnismäßig grazil gebauten modernen Reit- und Rassepferde verdanken ihre Herkunft dem Einfluß von drei Araberhengsten, Darley Arabian, Godolphin Arabian und Byerley Turk, die Anfang des 18. Jh. nach England eingeführt und mit einigen schwereren britischen Rassen gekreuzt wurden.

Drei Arten aus der Familie der Kamele wurden als Lasttiere domestiziert, eine vierte ihrer Wolle wegen. Das einhöckerige Dromedar, das vom nördlichen Indien bis Nordafrika vorkommt, und das zweihöckerige Trampeltier der kälteren, gebirgigeren Gebiete Zentralasiens halten die rauhen Lebensbedingungen in der Wüste aus. Hauptsächlich sind diese Arten Lasttiere, doch liefern sie auch Milch, Fleisch, Leder und Haare.

In den Anden Südamerikas ist das kleinere Lama ein ähnliches Allzwecktier. Sein naher Verwandter hingegen, das Alpaka, wurde vom Menschen nur seiner Wolle wegen gehalten.

Auch mehrere Wildgeflügelarten sind domestiziert worden. Einige, besonders Perlhühner, Wachteln, Gänse und Enten, werden gewöhnlich im Freien in kleinen Scharen gehalten. Dies gilt ebenso für die herkömmlichen domestizierten Hühnerrassen, wie Wyandotten, Rhodeländer, Italiener und Brahmas, die aus dem indischen Bankivahuhn, *Gallus gallus*, entwickelt wurden. Sie bilden den Grundstock, aus dem die Vielfalt der Rassen von Leghennen und Fleischhühnern hervorgegangen ist.

Riesige Truthähne und frühe Bienenstöcke

Intensive Zuchtwahl wurde auch mit Truthühnern getrieben. Die Zuchtformen sind dreimal so groß wie ihre wilden Vorfahren, *Meleagris gallopavo*, in Nordamerika und können über 55 Pfund wiegen; dadurch sind sie zur natürlichen Paarung nicht mehr fähig.

Die frühesten Berichte über Bienenzucht stammen aus einer Zeit vor etwa 4500 Jahren. Schon damals boten die alten Ägypter Bienen künstliche Wohnungen an. Dann räucherten sie sie aus, um Honig sowie Wachs zu erhalten, das zur Beleuchtung und zur Herstellung von Schreibtafeln gebraucht wurde. Bienenstöcke und besonders gezüchtete, weniger aggressive Bienen erleichtern heute die Honiggewinnung.

In den letzten Jahren haben Tierzüchter versucht, den eurasischen Elch, *Alces alces*, und einige Antilopenarten zu domestizieren.

Relief im Grab des Nefer, Sakkara (ca. 2400 v. Chr.)

Detail eines florentinischen Gemäldes (um 1417); Cleveland Museum of Art, The Holden Collection

Landwirtschaft im alten Ägypten Vor 4000 Jahren spannten Bauern in Ägypten Ochsen vor ihre Pflüge; auf diese Weise konnten sie größere Gebiete bestellen. So wurden domestizierte Tiere wichtig für Gemeinschaften, die ihre Nahrung vorwiegend durch Getreideanbau erhielten.

Rentierherde in Lappland Rentiere werden in Skandinavien als halbdomestizierte Tiere gehalten. Man treibt sie zusammen wie Rinderherden. Rentiere liefern Milch, Fleisch und Häute; sie tragen Lasten und ziehen Schlitten. Auch in Sibirien und von Eskimos in Nordkanada werden sie genutzt.

Mensch und Pferd Domestizierte Pferde werden in der Landwirtschaft, im Krieg und beim Sport schon seit langem gebraucht. Im 15. Jh. feierte die Bevölkerung von Florenz das Mittsommerfest des heiligen Johannes. Dabei wurden in den engen Straßen der Stadt Pferderennen abgehalten.

Das Tier in der Kultur

Die Beziehungen des Menschen zu seinen Mitgeschöpfen, seine Gefühle für sie, haben auch in Kunst und Literatur ihren Ausdruck gefunden.

Das früheste bekannte Zeugnis dafür, daß einem Tier eine besondere Behandlung zuteil wurde, stammt aus einer Zeit vor etwa 100 000 Jahren. Damals haben Jäger mehrere Schädel von Höhlenbären in Steinbehälter eingeschlossen und sie im hintersten Winkel des Drachenlochs, einer Wohnhöhle im Schweizer Kanton St. Gallen, vergraben. Einige Schädel waren zusammen mit anderen Knochen zu Mustern ausgelegt.

Den Grund dafür wird man niemals kennen; vielleicht ist es aber aus Respekt vor dem Höhlenbären geschehen. Dieser längst ausgestorbene Bär konnte sich bis zu 2,70 m hoch aufrichten, er muß für einen Jäger, der nur mit Steingeräten bewaffnet war, ein schrecklicher Gegner gewesen sein.

70 000 Jahre später war die Hauptbeschäftigung des Menschen noch immer die Jagd. Dies wird deutlich in Gemälden, die von Menschen geschaffen wurden, welche vor der rauhen Witterung der Eiszeiten in den Kalksteinhöhlen von Lascaux in Südwestfrankreich, Altamira in Spanien und an vielen anderen Orten Schutz suchten. Die Höhlenwände sind mit Tausenden von Tierbildern bedeckt; viele davon stellen gefangene, verwundete oder sterbende Tiere dar.

All diese Malereien zeigen, daß der Künstler die Bewegungen und den Körperbau der Tiere scharf beobachtet hatte – eine Selbstverständlichkeit für diese Menschen, deren Lebensunterhalt nur dann gesichert war, wenn sie die Tiere und ihr Verhalten genau kannten. Kein Wunder, daß ein solches Verständnis seinen Ausdruck in Kunstwerken, Riten und in einer Tierverehrung gefunden hat. Ähnliche Kulturen finden sich auch heute noch bei Jagdvölkern.

Tiere, die als Gottheiten verehrt werden

Einen Totemglauben gibt es immer noch bei primitiven Gemeinschaften in vielen Teilen der Welt: Die Mitglieder einer Gruppe fühlen sich einem bestimmten Tier verbunden, ja verwandt und von dessen Geist besessen. Verschiedene Stämme australischer Ureinwohner verehren Emus, Schlangen oder bestimmte Insektenlarven; und der Stamm der Asmat in Neuguinea glaubt mit einer Fangschrecke verwandt zu sein.

Tieranbetung gab es in der einen oder anderen Form bei allen primitiven Völkern. Lange vor der Zeit der Pharaonen wurde Ägypten von nomadisierenden Jägern bewohnt; ihnen waren wilde Tiere wie Krokodile und Schlangen heilig. Später, als die Menschen seßhaft wurden und Haustiere hielten, sahen sie auch Widder, Auerochsen und andere Tiere als göttlich an. Weitere Geschöpfe erhielten ihren Platz in der ägyptischen Mythologie dadurch, daß man sie mit bestimmten Göttern in Verbindung brachte. So war der Ibis dem Gott der Schreibkunst und der Wissenschaft, Thoth, geweiht.

Mit dem Fortschritt der Zivilisation nahmen die Tiergötter immer mehr Menschengestalt an. Lange Zeit verehrte man allerdings Gestalten, die aus beiden Formen kombiniert waren. Beispielsweise gab es im alten Ägypten den schakalköpfigen Gott Anubis, und zur indischen Mythologie gehört der Gott Ganescha, der einen Elefantenkopf hat. Zwitter aus Mensch und Tier wie Zentauren (Menschenkopf und -oberkörper mit Pferderumpf und -beinen) und Satyrn (Menschenkörper und Ziegenbeine) finden sich in der griechischen Mythologie, und auch die Götter selbst nahmen oft Tiergestalt an.

Genausooft wurden jedoch die Tiere der Schattenseite der Schöpfung zugeordnet. In einer griechischen Legende besiegt Zeus, der Lenker des Universums, Typhon, den Vertreter der ungebärdigen Elemente. Typhon war ein Ungeheuer, das sogar die Götter schreckte: An seinem gefiederten Körper saßen hundert Drachenköpfe, und seine Lenden enthielten ein Vipernnest. Und auf Kreta lebte der stierköpfige Minotaurus, gegen den gewöhnliche Menschen machtlos waren.

Themen der Literatur

Tiere haben in der Literatur immer eine große Rolle gespielt, auch außerhalb der Legenden. Ein gern geübtes Verfahren ist es, den Tieren menschliche Eigenschaften beizulegen – selbst das Vermögen zu sprechen – und auf diese Weise menschliche Dummheit oder Schlechtigkeit zu spiegeln. Dieser Kunstgriff wird zumindest seit Äsop benutzt, der etwa um 500 v. Chr in Griechenland seine Fabeln schrieb; aber auch in heutiger Zeit ist er von Schriftstellern angewandt worden – so von Erich Kästner und George Orwell.

Wie stark wilde Tiere den Menschen faszinieren, das zeigt sich auch in Einrichtungen wie zoologischen Gärten und Zirkussen. Tierschauen gab es schon im alten Mesopotamien, in Ägypten und China. Im Rom der Kaiserzeit wurden große Mengen wilder Tiere für die Arena gehalten.

In der ganzen Welt scheint man Tiere in Käfigen gehalten zu haben. Bei den Azteken in Mexiko waren jahrhundertelang große Menagerien beliebt; der spanische Eroberer Hernando Cortez bekam sie 1520 noch zu sehen. Im 13. Jh. wurden von Kublai-Khan in China und von englischen Königen im Londoner Tower Tierbestände unterhalten.

Medizinische Forschung

Aus der Medizin sind Tiere nicht fortzudenken. Im Mittelalter lieferten sie ungewöhnliche Heilmittel, und heute spielen sie in der Forschung eine wichtige Rolle.

Viele wichtige medizinische Entdeckungen wären ohne Tiere unmöglich gewesen. Die Insulinbehandlung der Zuckerkrankheit wurde zum Beispiel erst möglich, nachdem zwei kanadische Forscher 1922 erkannt hatten, daß ein Hund an Diabetes leidet, wenn seine Bauchspeicheldrüse entfernt wird.

Hunde wurden auch bei den Forschungsarbeiten benutzt, die zu der Entwicklung der modernen Anästhesie führten. Hamster und Mäuse sind Versuchstiere in der Krebsforschung; andere Nagetiere braucht man bei Untersuchungen zum Nachweis, daß Zusätze zu Lebensmitteln sowie neue Antibiotika nicht giftig sind.

Tiere zur Unterhaltung Zirkusse wurden in der 2. Hälfte des 19. Jh. populär. Man dressierte Großkatzen wie Leoparden, Löwen und Tiger. Auf diesem amerikanischen Zirkusplakat von 1874 hält eine Löwenbändigerin drei Arten von Großkatzen gleichzeitig in Schach.

Mensch gegen Tier Durch die Jahrhunderte hat der Mensch seine Intelligenz und Geschicklichkeit gegen die größere Körperkraft der Tiere gesetzt. Heute noch gibt es ein Beispiel für solche Unterhaltung: den Stierkampf in Spanien, Portugal und in einigen lateinamerikanischen Ländern.

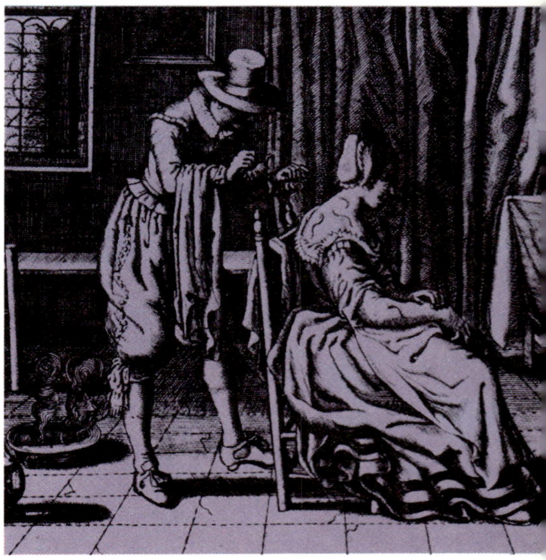

Tiere in der Medizin Eine Methode der Krankenbehandlung war – und ist – der Aderlaß. Wie auf diesem holländischen Kupferstich von 1642 wurden dazu oft Blutegel angesetzt. Man dachte, daß Krankheiten durch „Einflüsse" in den Körperflüssigkeiten hervorgerufen würden und daß solcher Einfluß durch einen Aderlaß gemindert werden könne.

Atkins Museum der schönen Künste, Kansas City, Missouri

Tiere in der Religion In der Hindu-Mythologie wird der Gott Wischnu zu einem vierarmigen Löwenmenschen. Diese Bronzefigur stammt aus dem 11. Jh.

Gestörtes Gleichgewicht

Das Gleichgewicht zwischen der natürlichen Umwelt und den Tieren, die darin leben, kann durch Veränderungen, die der Mensch verursacht, empfindlich gestört werden.

Normalerweise sorgen viele Faktoren ständig dafür, daß in der Natur ein Gleichgewicht herrscht. Klimaänderungen, zum Beispiel während der Eiszeiten, das Auseinandertreiben der Kontinente, das Auftreten von Räubern oder Nahrungskonkurrenten in einem bestimmten Gebiet, verschiedene Krankheiten – das alles hat zu bestimmten Anpassungsweisen geführt und schließlich, im Laufe langer Zeiträume, auch dazu, daß so manche Tierarten ausstarben. Das Wirken des Menschen in neuerer Zeit aber, besonders die Zerstörung von Lebensräumen, hat weiter reichende Folgen: Es kann das Gleichgewicht der Natur plötzlich und unwiderruflich zerstören.

Die Zerstörung der Lebensräume

Der Mensch der Frühzeit rottete auf der nördlichen Halbkugel einige große Säugetiere aus, so das Wollnashorn und das Mammut. Seitdem aber die Landwirtschaft und dann vor allem die Industrie eine so bedeutende Rolle spielen, haben die Angriffe des Menschen gegen die freilebenden Tiere und ihre Umwelt besorgniserregende Ausmaße angenommen.

Durch die Landwirtschaft sind große Vegetationsgebiete grundlegend verändert und die Lebensräume zahlloser Wildtiere für immer zerstört worden. In neuerer Zeit haben auch Eisenbahnen, Straßen und Städte einige natürliche Lebensräume völlig verdrängt. Die Abfallprodukte von Haushalten und Fabriken vergiften die Luft, den Boden und das Wasser – jene Gegebenheiten, von denen alles Leben auf der Erde abhängt.

Schon seit langem hat der Mensch die Umwelt verändert. Die Wälder Nordafrikas sind von den frühen Bewohnern und den Römern gerodet worden. Wahrscheinlich hat sich aus diesem Grund die Sahara weiter ausgebreitet. Mit der Besiedlung Nordamerikas durch die Europäer, mit dem Vordringen der Landwirtschaft und Industrie nach Westen wurden auch dort viele Lebensräume verringert oder zerstört.

In neuerer Zeit sind weite Räume Ostafrikas, die zu stark von Vieh abgeweidet wurden, zu Halbwüsten geworden. Die Insel Madagaskar war einst ganz mit Wald bedeckt. In den letzten 1000 Jahren hat man aber vier Fünftel der Bäume abgebrannt und abgeholzt, weil man Ackerland gewinnen wollte. Die Waldtiere dort, wie die Lemuren, sind jetzt in Gefahr auszusterben.

Verbreitung von Tieren durch den Menschen

Die Menschen haben auf ihren Wanderungen verschiedene Tiere mitgenommen und sie in neue Gebiete eingeführt. Manchmal kamen auch Tiere mit, ohne daß der Mensch es wußte. Das beste Beispiel für solche absichtslos verbreitete Arten ist die Wanderratte, die aus Asien stammt und heute auf der ganzen Erde vorkommt. Sie vernichtet Lebensmittel, überträgt Krankheiten und hat als Räuber zum Aussterben von mindestens 9 flugunfähigen Vogelarten beigetragen.

Zu den bewußt eingeführten Arten gehören Hund, Katze, Kaninchen, Eichhörnchen, verschiedene Vögel sowie die meisten anderen domestizierten Tiere. Die Ureinwohner Australiens brachten Dingos als Jagdgefährten mit; aber diese Hunde verwilderten schnell, und wahrscheinlich ist es ihnen zuzuschreiben, wenn einige Beuteltierarten auf diesem Kontinent seltener geworden oder sogar ausgestorben sind. In einigen Ländern haben Wildkatzen und verwilderte Schweine auf die heimischen Geschöpfe Jagd gemacht. Der javanische Mungo wurde versuchsweise auf den Westindischen Inseln eingeführt, um die Ratten niederzuhalten. Aber er jagt nun verschiedene andere Tiere, rottet sie aus und läßt die Ratten ungeschoren.

Domestizierte Tiere wurden in vielen Gebieten der Erde eingeführt. Als sehr nachteilig erwiesen sich die Ziegen. Sie fressen alles kahl und haben die Lebensräume der Mittelmeerländer und einige Ozeaninseln völlig verändert. Goldfische, die auf Madagaskar eingeführt wurden, um das Bild der Flüsse zu verschönern, nahmen wieder ihre ursprüngliche karpfenähnliche Form an und rotteten alle anderen eßbaren Süßwasserfische aus.

Verunreinigung der Umwelt

Den größten Schaden aber fügt der Erde der Mensch zu. Unser Planet hat weder Raum noch Möglichkeiten genug, um die explosive Zunahme der Bevölkerung zu verkraften. Die giftigen Abfallstoffe der Industrie, Schädlingsbekämpfungsmittel und die ständig wachsenden Müllberge verändern die Umwelt aller Lebewesen unwiderruflich. Allein in der Bundesrepublik Deutschland werden jährlich 2 Millionen Tonnen Staub in die Atmosphäre geblasen, 5 Millionen Tonnen Schwefeldioxid und 7 Millionen Tonnen Kohlenmonoxid. Der Smog, eine Mischung aus Rauch und Nebel, kann bei Menschen und Haustieren Lungenkrankheiten hervorrufen. Autoabgase enthalten unter anderem auch Blei, das im Körper abgelagert wird. 7000 Tonnen davon entlassen allein die westdeutschen Fahrzeuge jährlich in die Luft.

Die Flüsse und Wasserwege werden durch Abwässer – in der Bundesrepublik Deutschland sind es täglich über 30 Millionen Kubikmeter –, ferner durch Waschmittelrückstände sowie durch Dünge- und Pflanzenschutzmittel verunreinigt. In verschmutzten Flüssen verschwinden die natürlichen Pflanzen; das Wasser enthält nur noch wenig oder gar keinen Sauerstoff; Fische und andere Tiere gehen zugrunde. Öl, das von Schiffen ins Meer abgelassen wird, vernichtet einen Teil der Tierwelt; besonders die Vögel leiden darunter.

Mit Insektenvernichtungsmitteln hat man Schädlinge erfolgreich bekämpft und die Lebensbedingungen ganzer Völker verbessert. Manche dieser Chemikalien, wie das DDT, werden jedoch nicht abgebaut, sondern mit der Nahrung weitergegeben, und sie sammeln sich im Gewebe von Mensch und Tier an. Bei Greifvögeln wie dem Wanderfalken führt DDT wahrscheinlich zur Unfruchtbarkeit; es bedroht also ihre Existenz. Sogar im Körperfett von Pinguinen der Antarktis wurde dieses Gift nachgewiesen.

Wiedergabe eines Gemäldes aus dem 17. Jh.; Sammlung Hachisuka, Japan

Vernichtung eines Lebensraumes Viehherden der Massai haben in der ostafrikanischen Steppe so stark geweidet, daß aus einigen dieser Gebiete Wüste geworden ist.

Durch die Jagd ausgerottet Die Dronte war einst auf der Insel Mauritius häufig. Um 1680 starb sie aus, nachdem sie von Seeleuten gejagt worden war.

Flußverschmutzung Waschmittelrückstände gelangen in Flüsse, wo sie manchmal ganze Schaumteppiche bilden. Dadurch bekommen Fische und andere Wassertiere keinen Sauerstoff mehr.

Luftverschmutzung In menschlichen Siedlungen wird die Luft durch den Rauch aus Fabrikschloten, Wohnungen und durch Motorenabgase verschmutzt. Sie enthält dann einen hohen Prozentsatz an Schwefeldioxid. Dadurch können Menschen und Tiere gefährlich erkranken.

Naturschutz

Aufgabe des Naturschutzes ist es, die Umwelt zu erhalten und so das Dasein des Menschen zu sichern; dazu gehört auch, daß man Wildtierarten und ihre Lebensräume schützt.

Wie alle anderen Lebewesen ist auch der Mensch abhängig von den natürlichen Gegebenheiten und Gaben seiner Umwelt. Er greift aber in sie ein und verändert sie durch Landwirtschaft und Städtebau so stark, daß sie möglicherweise die Menschheit bald nicht mehr zu erhalten vermag. Der Mensch kann daran zugrunde gehen, wenn die Eingriffe und Veränderungen nicht sorgfältig koordiniert und auf lange Sicht geplant werden.

Zur „Umwelt" gehört alles, was uns umgibt: Boden, Luft, Wasser, Klima und auch andere Lebewesen. Zwischen belebter und unbelebter Umwelt besteht eine Wechselwirkung; alles zusammen bildet ein kompliziertes, dynamisches, aber recht stabiles System.

Alle Energie auf der Erde kommt von der Sonne. Pflanzen brauchen die Sonnenstrahlen zur Photosynthese, für den Prozeß also, bei dem einfache Stoffe in eine für Tiere verwertbare Form umgewandelt werden. Pflanzenfressende Tiere dienen Fleischfressern als Nahrung. Über die Exkremente und Kadaver beider Tiergruppen gelangen die organischen Substanzen in den natürlichen Kreislauf der Nährstoffe zurück.

Eingriffe in dieses System können die Energieumwandlungen und die grundlegenden, lebenswichtigen Wechselwirkungen auf der Erde durcheinanderbringen, die sich im Laufe von Millionen von Jahren herausgebildet haben. So hat man in vielen Ländern um das Mittelmeer früher die Natur falsch behandelt; man fällte die Bäume und ließ Haustiere übermäßig weiden. Stellenweise sind dadurch wüstenähnliche Gegenden entstanden.

Langfristige wirtschaftliche Maßnahmen

In Jahrmillionen haben natürliche Veränderungen des Klimas und der Erdoberfläche Umweltveränderungen hervorgerufen, und die Lebewesen haben sich den neuen Bedingungen angepaßt. Die Änderungen durch den Menschen erfolgen jedoch unvermittelt und lassen den Arten keine Zeit, sich anzupassen. Das große Gleichgewicht wird gestört, und möglicherweise werden viele Arten ausgerottet.

Zahlreiche Wildtiere sind wirtschaftlich wertvoll, als Lieferanten von Nahrung und anderen Produkten oder auch als Touristenattraktion. Ihre Ausrottung ist daher, auf lange Sicht gesehen, unwirtschaftlich. Außerdem gibt es immer noch einige Wildtiere, wie verschiedene afrikanische Antilopenarten, die domestiziert werden und so die Wirtschaft unterentwickelter Länder heben könnten.

Bücher, Filme, Fernsehen und Reisen haben in neuerer Zeit den herrlichen Anblick der Tiere in freier Wildbahn immer mehr Menschen zugänglich gemacht. Die meisten Leute finden Tiere schön; Künstler haben sie zum Vorwurf genommen. Wenn Wildtiere aber heute nicht geschützt werden, müssen künftige Generationen auf den Genuß ihres Anblicks verzichten. Überdies ist der Naturschutz für viele auch eine Frage der moralischen Verantwortung: Der Mensch hat die Pflicht, die biologische Integrität der Erde zu bewahren.

Für ein Tierschutzprogramm gibt es verschiedene Möglichkeiten. Man kann Erdboden, Wasser und Pflanzenwuchs erhalten; man könnte das Wachstum der menschlichen Bevölkerung begrenzen; und schließlich ist es möglich, in die Tierbestände auf wissenschaftlicher Grundlage so einzugreifen, daß die Gefahr einer Ausrottung vermindert wird.

Wiederaufforstung

Zum modernen Umweltschutz gehört es auch, daß man zerstörte Lebensräume nach Möglichkeit wiederherstellt – zum Beispiel Wälder aufforstet und Flüsse entgiftet – oder auch ganz neue Biotope schafft. Die Anlage von Staubecken und die Wiederaufforstung im Tennesseetal hat waldbewohnenden Tieren Lebensräume zurückgegeben. Zu den Biotopen, die von Menschen geschaffen wurden, gehören auch die Hecken, die verschiedenen Geschöpfen Schutz bieten. So manche Hecke muß jetzt aber wieder neuen Landwirtschaftsformen weichen.

Heutzutage werden zahlreiche Tiere und ursprüngliche Landschaften durch Gesetze geschützt. Die Reservate sind eingezäunt und werden von Aufsehern bewacht. Ein Beispiel dafür ist der Coto Doñana in Spanien, ein Gebiet, das vom World Wildlife Fund eingerichtet wurde und in dem es noch Luchse gibt.

Der Naturschutz muß auch dafür sorgen, daß die Tierbestände in den Reservaten nicht zu groß werden. Überzählige Tiere werden dann zum Abschuß freigegeben.

Wo die Gefahr besteht, daß Tierbestände oder einzelne Arten ausgerottet werden, können Tierschützer Rettungsaktionen unternehmen. Bei der „Aktion Oryx" der Fauna Preservation Society, die 1961 begann, fing man Weiße Oryxantilopen und faßte sie in einer Zuchtherde zusammen. Man hofft, auf solche Weise die natürlichen Lebensräume dieser Tiere eines Tages wieder mit der Weißen Oryx besetzen zu können. Vertreter anderer seltener Arten werden in Gefangenschaft gezüchtet, um später freigelassen zu werden.

Wildhüter siedeln große Wildtiere um, indem sie Pfeile mit einem beruhigenden Mittel auf sie abschießen und die Tiere dann an einen anderen Ort bringen. Zu den Arten, die auf diese Weise erhalten wurden, gehört das Breitmaulnashorn, von dem man 150 Exemplare aus einem Reservat in Zululand in andere südafrikanische Parks brachte. Rein zufällig hat man den Davidhirsch erhalten. Vertreter dieser chinesischen Hirschart wurden aus den letzten Beständen in China nach England importiert. Später starb das Tier in China aus, konnte dort aber 1960 aus britischen Zuchtbeständen wieder eingeführt werden.

Auch eine wirtschaftliche Nutzung wird möglich, wenn die Bestände geschützter Tiere hinreichend groß geworden sind. So kann man zum Beispiel heute Seeotter und Saigas, die einst in Gefahr waren auszusterben, wieder bedachtsam jagen und ihre Pelze und ihr Fleisch verwerten, weil ihre Bestände wieder stark genug geworden sind.

Rettung von Spießböcken Wildhüter in der Namibwüste in Südwestafrika treiben Spießböcke zusammen und ergreifen sie am Schwanz. Die Tiere werden mit einer Droge beruhigt und dann mit Lastwagen zu einem Reservat gefahren, wo sie wieder freigelassen werden. Mit solchen Verfahren sichert man die Existenz dieser Tiere.

Studium des Eisbären Zoologen erforschen das Leben des Eisbären genau, um herauszufinden, wie man seine Art erhalten kann. Hier nimmt ein Wissenschaftler einem leicht betäubten Bären eine Blutprobe ab.

Herdenzählung Wildhüter des Serengeti-Nationalparks in Tansania fliegen über riesige Herden von wandernden Weißschwanzgnus hinweg und zählen die Tiere. Dadurch soll sichergestellt werden, daß im Reservat alle Tiere genügend Nahrung bekommen.

Gefährdete Tierarten

Im Laufe der jahrmillionenlangen Stammesgeschichte sind ständig Tierarten infolge der natürlichen Auslese ausgestorben. In neuerer Zeit haben die Eingriffe des Menschen aber den Untergang vieler Arten noch beschleunigt.

Die Tierarten, die infolge des menschlichen Wirkens aussterben, werden nicht durch neue, besser angepaßte Formen ersetzt wie die Geschöpfe, die der natürlichen Auslese erlagen. Viele heute gefährdete Arten sind in ihre Umwelt gut eingepaßt; aber diese Umwelt wurde vom Menschen vergiftet oder zerstört. Andere Arten hat der Mensch auch bis zur Vernichtung gejagt.

In den letzten 2000 Jahren sind etwa 200 Säugetier- und Vogelarten ausgestorben – ein Drittel davon allein in den letzten 50 Jahren. Diese Zahl nimmt weiterhin zu, weil der Mensch die Tiere verdrängt oder ausrottet und weil er ihren Lebensraum zerstört. Etwa 350 Wirbeltiere sind heute gefährdet.

In der Karte unten sind diejenigen Gebiete, in denen der Mensch die natürlichen Lebenszonen zerstört oder nur noch als einzelne Flekken übriggelassen hat, weiß gehalten. Die eingetragenen Tierarten sind in größter Gefahr, auszusterben; zumindest ist jeweils der ganze Bestand sehr klein, oder er vermindert sich.

Andererseits sind einige Tiere, die man früher für ausgestorben hielt, in neuerer Zeit wiederentdeckt worden. So fand man 1938 den Quastenflosser *Latimeria.* Zehn Jahre später entdeckte man die Takahe, einen neuseeländischen flugunfähigen Vogel aus der Familie der Rallen, der ebenfalls bereits als ausgestorben gegolten hatte. Eine australische Beutelmaus, *Antechinus appicalis*, sollte seit 1884 von der Erde verschwunden sein; sie wurde aber 1967 wiederentdeckt.

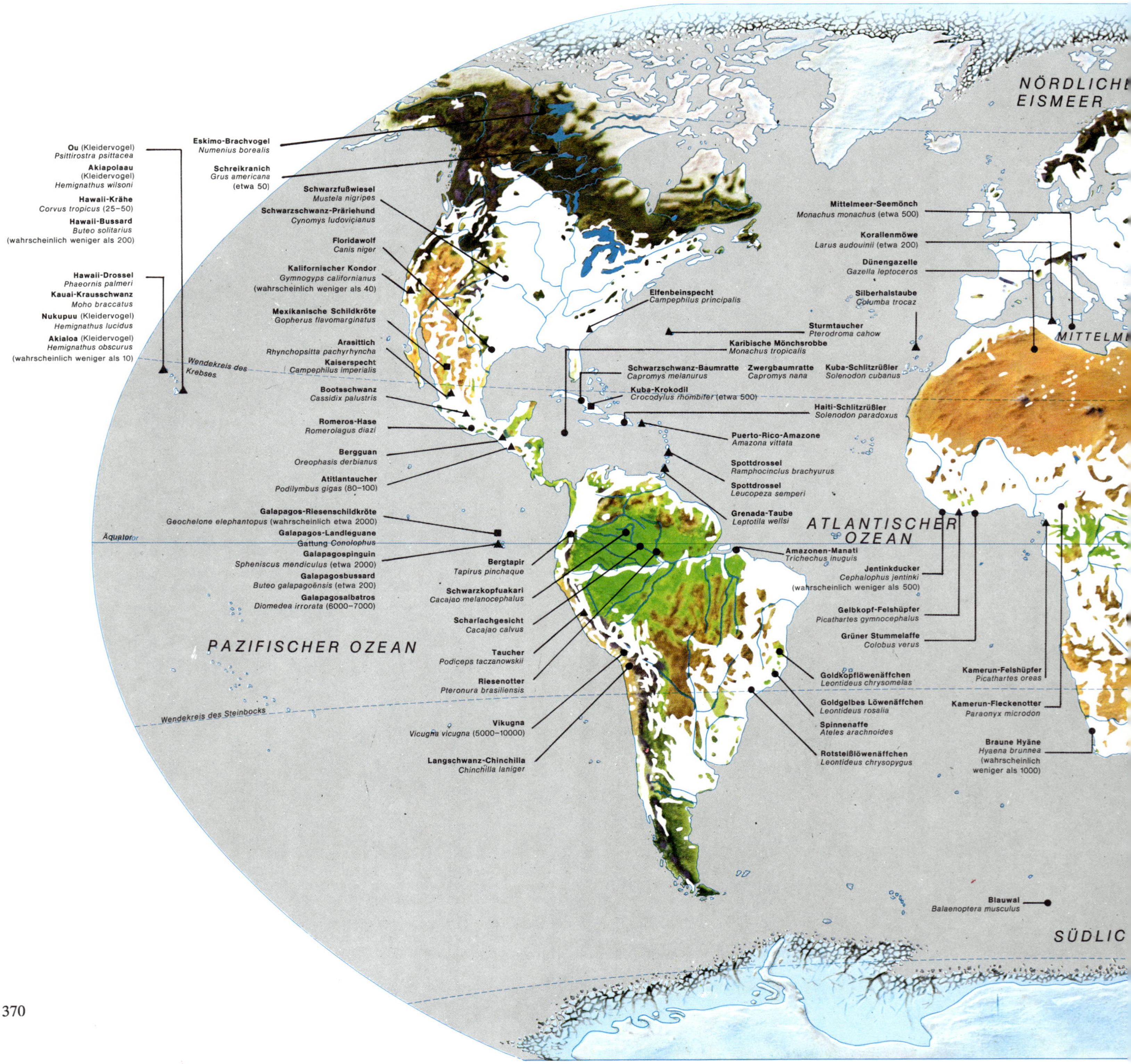

NÖRDLICHE EISMEER
Ou (Kleidervogel) *Psittirostra psittacea*
Akiapolaau (Kleidervogel) *Hemignathus wilsoni*
Hawaii-Krähe *Corvus tropicus* (25–50)
Hawaii-Bussard *Buteo solitarius* (wahrscheinlich weniger als 200)
Hawaii-Drossel *Phaeornis palmeri*
Kauai-Krausschwanz *Moho braccatus*
Nukupuu (Kleidervogel) *Hemignathus lucidus*
Akialoa (Kleidervogel) *Hemignathus obscurus* (wahrscheinlich weniger als 10)
Wendekreis des Krebses
Eskimo-Brachvogel *Numenius borealis*
Schreikranich *Grus americana* (etwa 50)
Schwarzfußwiesel *Mustela nigripes*
Schwarzschwanz-Präriehund *Cynomys ludovicianus*
Floridawolf *Canis niger*
Kalifornischer Kondor *Gymnogyps californianus* (wahrscheinlich weniger als 40)
Mexikanische Schildkröte *Gopherus flavomarginatus*
Arasittich *Rhynchopsitta pachyrhyncha*
Kaiserspecht *Campephilus imperialis*
Bootsschwanz *Cassidix palustris*
Romeros-Hase *Romerolagus diazi*
Bergguan *Oreophasis derbianus*
Atitlantaucher *Podilymbus gigas* (80–100)
Galapagos-Riesenschildkröte *Geochelone elephantopus* (wahrscheinlich etwa 2000)
Galapagos-Landleguane Gattung *Conolophus*
Galapagospinguin *Spheniscus mendiculus* (etwa 2000)
Galapagosbussard *Buteo galapagoënsis* (etwa 200)
Galapagosalbatros *Diomedea irrorata* (6000–7000)
Äquator
PAZIFISCHER OZEAN
Wendekreis des Steinbocks
Elfenbeinspecht *Campephilus principalis*
Sturmtaucher *Pterodroma cahow*
Karibische Mönchsrobbe *Monachus tropicalis*
Schwarzschwanz-Baumratte *Capromys melanurus*
Zwergbaumratte *Capromys nana*
Kuba-Schlitzrüßler *Solenodon cubanus*
Kuba-Krokodil *Crocodylus rhombifer* (etwa 500)
Haiti-Schlitzrüßler *Solenodon paradoxus*
Puerto-Rico-Amazone *Amazona vittata*
Spottdrossel *Ramphocinclus brachyurus*
Spottdrossel *Leucopeza semperi*
Grenada-Taube *Leptotila wellsi*
Bergtapir *Tapirus pinchaque*
Schwarzkopfuakari *Cacajao melanocephalus*
Scharlachgesicht *Cacajao calvus*
Taucher *Podiceps taczanowskii*
Riesenotter *Pteronura brasiliensis*
Vikugna *Vicugna vicugna* (5000–10000)
Langschwanz-Chinchilla *Chinchilla laniger*
Amazonen-Manati *Trichechus inuguis*
Goldkopflöwenäffchen *Leontideus chrysomelas*
Goldgelbes Löwenäffchen *Leontideus rosalia*
Spinnenaffe *Ateles arachnoides*
Rotsteißlöwenäffchen *Leontideus chrysopygus*
ATLANTISCHER OZEAN
Mittelmeer-Seemönch *Monachus monachus* (etwa 500)
Korallenmöwe *Larus audouinii* (etwa 200)
Dünengazelle *Gazella leptoceros*
Silberhalstaube *Columba trocaz*
MITTELM
Jentinkducker *Cephalophus jentinki* (wahrscheinlich weniger als 500)
Gelbkopf-Felshüpfer *Picathartes gymnocephalus*
Grüner Stummelaffe *Colobus verus*
Kamerun-Felshüpfer *Picathartes oreas*
Kamerun-Fleckenotter *Paraonyx microdon*
Braune Hyäne *Hyaena brunnea* (wahrscheinlich weniger als 1000)
Blauwal *Balaenoptera musculus*
SÜDLIC

H

I

J

K

T

U

V

W

Quellenverzeichnis

Photographen

Die Bildnachweise sind für jede Seite so angegeben, daß die höher stehenden Photos vor den tieferen kommen, wobei jeweils der untere Bildrand maßgebend ist. Stehen die unteren Bildränder von zwei oder mehr Photos auf gleicher Höhe, so sind die Nachweise von links nach rechts angegeben.

1. P. David. 2–3. J. Dominis/LIFE © Time Inc. 4–5. C. Rentmesster/LIFE © Time Inc. 6–7. I. Holmäsen. 8–9. N. Fox-Davies. 12–13. Philcarol/Monkmeyer. 14. S. Gillsäter/Tiofoto; N. Fox-Davies; J. Six; D. Botting; D. van Campen; E. Schulthess/Black Star; I. Virkkunen; N. Fox-Davies; Okapia; J. and D. Bartlett. 15. D. Botting; B. Leidmann/Bavaria Verlag; J. Linsley Gressitt; T. W. Hall; T. Myers; Ylla/Rapho-Guillumette; Popperfoto; G. Laycock; A. Visage/Jacana; D. Faulkner. 17. NASA. 18. C. Ott/National Audubon Society. 19. F. Lazi. 20. E. Schulthess/Black Star. 21. W. Peterson; R. I. Lewis Smith; R. E. Longton; W. Luthy/Bavaria Verlag; S. and D. McCutcheon/F. W. Lane; F. Bruemmer; I. Holmäsen. 22. E. Schuhmacher. 23. J. P. Varin-F. Bel-G. Vienne/Jacana; M. C. T. Smith; B. Gemsbøl. 24. F. Bruemmer; F. Bruemmer. 25. S. Gillsäter/Tiofoto. 26. F. Bruemmer. 27. T. Grant/National Film Board of Canada; T. Larsen/World Wildlife Fund; National Film Board of Canada; S. Gillsäter/B. Coleman. 28. F. Bruemmer; G. Quedens/F. W. Lane; I. McLaren; Popperfoto. 29. G. Hansson; G. Hansson. 30. S. Wayman/LIFE © Time Inc.; E. Zimen. 31. F. Bruemmer; J. and D. Bartlett. 32. R. Harrington. 33. A. Christiansen/F. W. Lane; R. P. Bille; R. P. Bille; E. Hosking. 34. M. Robert/Jacana; F. Massart/Jacana. 35. G. L. Kooyman; J. Calvert/B. Coleman; C. Ray/B. Coleman; M. C. T. Smith. 36. B. Stonehouse. 37. Suinot/Jacana; M. C. T. Smith; M. C. T. Smith; E. Schulthess/Black Star. 38. G. Holton/B. Coleman; E. Schulthess/Black Star; R. I. Lewis Smith; R. I. Lewis Smith. 39. M. C. T. Smith; R. I. Lewis Smith; R. I. Lewis Smith. 40. G. Hansson. 42. Trapp/Bavaria Verlag; Trapp/Bavaria Verlag; I. Virkkunen. 43. R. Freson; R. Hallensleben/Bavaria Verlag; I. Holmäsen. 44. W. Peterson; W. L. Miller; D. Bartlett/B. Coleman; J. and D. Bartlett. 45. J. Klages; J. Klages; W. Bonatti/Mondadori Press; Freelance Photographers Guild. 46. C. Ott; A. Christiansen/F. W. Lane; H. Engels. 47. R. P. Bille; R. P. Bille. 48. J. A. Hancock; H. W. Silvester; R. P. Bille. 49. S. Collins/National Audubon Society; L. Lee Rue III/F. W. Lane (5 Bilder); Okapia. 50. A. B. Klots; Forestry Commission; Forestry Commission; R. P. Bille. 51. S. Dalton/N.H.P.A.; C. E. Mohr/National Audubon Society; G. Thompson; W. E. Ferguson; E. S. Ross; Forestry Commission. 52. L. D. Mech; W. Bonatti/Mondadori Press; Okapia. 53. L. D. Mech; C. Ott; R. P. Bille; R. P. Bille. 54. R. Austing/F. W. Lane, R. Austing/F. W. Lane. 55. J. Markham; R. P. Bille; H. H. Harrison/G. Heilman; E. Hosking; I. Virkkunen; I. Virkkunen. 56. S. Gillsäter/Tiofoto; S. Gillsäter/Tiofoto. 57. H. W. Silvester; D. Robinson/B. Coleman. 58. G. Kinns/A. F. A.; J. van Wormer/B. Coleman. 59. G. Quedens; F. Vollmar/World Wildlife Fund; F. Zwickel; T. McHugh/B. Coleman. 60. T. W. Martin/Rapho-Guillumette; I. Virkkunen; R. Austing/Camera Press. 61. A. Christiansen/F. W. Lane; S. Grossman/John Hillelson Agency. G. Quedens. 62. L. West/F. W. Lane. 64. S. T. Karlsson/Tiofoto; F. Erize; L. H. Newman/N.H.P.A. 65. Picturepoint; M. Andrews; C. McDermott/N.H.P.A.; T. W. Martin/Rapho-Guillumette; T. W. Martin/Rapho-Guillumette; H. Eisenbeiss/F. W. Lane; N. Fox-Davies. 66. L. Quitt/National Audubon Society; J. and D. Bartlett; G. Hyde; I. Virkkunen. 67. I. Virkkunen; M. W. F. Tweedie; I. Virkkunen; A. Christiansen/F. W. Lane. 68. W. Rohdich/F. W. Lane; I. Virkkunen; H. A. Thornhill/National Audubon Society; I. Virkkunen. 69. I. Holmäsen; J. H. Gerard; R. P. Bille; A. Margiocco. 70. D. Bartlett; G. Quedens/F. W. Lane; J. Burton/B. Coleman; W. Tilgner/Black Star; G. Koller. 71. R. P. Bille; A. D. Cruickshank/National Audubon Society; A. Christiansen/F. W. Lane; F. Bel-G. Vienne/Jacana. 72. R. P. Bille; J. A. L. Cooke; J. Burton/B. Coleman. 73. H. Schrempp/F. W. Lane; I. Virkkunen; J. Six; L. M. Chase/F. W. Lane. 74. B. Gemsbøl; T. Martin/Rapho-Guillumette; J. Markham. 75. G. Kinns/A.F.A.; J. Burton/B. Coleman; I. Virkkunen; I. Virkkunen. 76. L. Yigael; J. Lindblad/B. Coleman; A. Fatras. 77. A. Fatras; Popper-

foto; J. P. Varin/Jacana; J. Burton/B. Coleman. 78. J. and D. Bartlett; R. P. Bille; J. and D. Bartlett. 79. A. Margiocco; L. Lee Rue III/National Audubon Society; G. Koller; J. and D. Bartlett. 80. M. Robert/Jacana; Y. Lanceau/Jacana. 81. H. W. Silvester; W. Ferguson; A. Margiocco; R. P. Bille. 82. K. Tanaka; T. Iwago. 83. F. Bel-G. Vienne/Jacana; Fox Photos; P. Wayre; G. Kinns/A.F.A.; G. Kinns/A.F.A. 84. Photographic Library of Australia; M. K. Morcombe; P.L.A.; J. Goode. 85. P.L.A.; M. K. Morcombe; G. Pizzey/N.H.P.A.; P.L.A. 86. G. Pizzey/B. Coleman; G. Pizzey; P.L.A.; P.L.A.; J. Carnemolla. 87. J. Warham; E. Slater; E. Slater; J. Goode; J. R. Brownlie/B. Coleman. 88. E. Schuhmacher; M. F. Soper; M. F. Soper. 89. M. F. Soper; P. Morrison/N. Z. Wildlife Service; J. Warham; M. F. Soper; J L. Kendrick/N.Z. Wildlife Service; M. F. Soper; M. F. Soper. 90–1. Okapia. 92. G. Cubitt (2 x). 93. F. Erize; E. Slater; Okapia; P. Hill. 94. F. Hartmann; N. Myers/Camera Press; D. Bartlett; D. Bartlett. 95. J. Dominis/LIFE © Time Inc; D. Bartlett; G. Pizzey/N.H.P.A.; G. Pizzey/N.H.P.A. 96. E. Hosking; P. Johnson; C. Haagner. 97. P. Hill; M. Amin; K. B. Newman; C. Haagner. 98. N. Myers; N. Tinbergen. 99. N. Myers; N. Myers; D. Bartlett; D. and M. Zimmerman. 100. G. Heilman. 101. M. J. Coe; W. T. Miller; P. Johnson; D. Hughes; C. Bavagnoli/LIFE © Time Inc. 102. C. Haagner; N. Myers. 103. Okapia; Philcarol/Monkmeyer; V. Tomasyan/Camera Press (3 Bilder); N. Myers. 104. F. Erize; N. Myers. 105. N. Myers; M. Quarishy/B. Coleman; N. Myers. 106. J. Dominis/LIFE © Time Inc.; D. Charman; C. Haagner. 107. J. Dominis/LIFE © Time Inc.; F. Erize; M. Amin; J. Dominis/LIFE © Time Inc. 108. J. Dominis/LIFE © Time Inc.; N. Myers; J. Dominis/LIFE © Time Inc. 109. G. Schaller/LIFE © Time Inc.; N. Myers. 110. F.P.G. 111. D. Bartlett; C. A. W. Guggisberg/B. Coleman. 112. John Visser; S. A. Thompson. 113. W. Gotz; W. Gotz; W. Gotz; J. Visser; J. Crook. 114. F. Hartmann; K. B. Newman; D. Botting; D. Bartlett. 115. D. Bartlett; A. Christiansen/F. W. Lane. 116. C. A. W. Guggisberg/B. Coleman; J. Pearson/B. Coleman; J. Pearson/B. Coleman. 117. A. Christiansen/F. W. Lane; C. Haagner; B. Campbell/B. Coleman; D. Bartlett; L. H. Brown. 118. A. Bannister/N.H.P.A.; E. S. Brown; J. A. L. Cooke; D. Bartlett. 119. B. Campbell/B. Coleman; A. Christiansen/F. W. Lane; J. Visser; A. Christiansen/F. W. Lane; S. Trevor/B. Coleman; D. Bartlett/B. Coleman. 120. G. Manson-Bahr; D. Bartlett; Colour Library International. 121. D. Bartlett; Okapia; D. Bartlett; W. D. Haacke (3 Bilder); W. T. Miller; C. Haagner. 122. J. R. Simon; J. R. Simon. 123. J. van Wormer/B. Coleman; J. van Wormer/B. Coleman; J. and D. Bartlett; H. Engels; H. Engels; M. P. Drazin. 124. J. R. Simon; W. L. Miller; J. R. Simon; D. and M. Zimmerman. 125. J. R. Simon; R. Austing/F. W. Lane; L. Lee Rue III/B. Coleman; J. and D. Bartlett; J. R. Simon. 126. G. Grandjean; R. Frederick. 127. P. Montoya/Jacana; G. Nystrand/F. W. Lane; H. Schunemann/Bavaria Verlag. 128. Okapia; Okapia. 129. L. Yigael; A. Margiocco; Popperfoto; L. Yigael; W. Ferguson. 130. J. Juan Spillet; A. Margiocco; J. Juan Spillet. 131. P. Jackson/B. Coleman; A. Margiocco; A. Margiocco; D. Bartlett; A. Visage/Jacana; A. Margiocco. 132. F. Erize; F. Erize. 133. A. Margiocco; F. Erize; F. Erize; F. Erize. 134. Okapia; F. Erize; D. Botting. 135. F. Lazi; D. Botting; J. M. Cei; F. Erize; F. Erize; F. Erize. 136. Australian News and Information Bureau; E. Galloway; J. Goode. 137. Okapia; E. Slater (6 Bilder); G. Pizzey. 138. G. Pizzey/B. Coleman; G. Pizzey. 139. P. Slater/B. Coleman; D. Hancock; P.L.A. 140. P.L.A.; P.L.A. 141. E. Slater; V. Serventy/B. Coleman; P.L.A.; P.L.A. 142. J. Carnemolla; G. Pizzey/B. Coleman; G. Pizzey/B. Coleman. 143. G. Pizzey/N.H.P.A.; G. Pizzey; G. Pizzey/B. Coleman. 144–5. J. and D. Bartlett; W. E. Ferguson. 146. P. A. Pittet; Bavaria Verlag; G. DeLisle/Picturepoint. 147. W. E. Ferguson; S. A. Thompson; J. and D. Bartlett; W. Peterson. 148. H. D. Brown. 149. J. and D. Bartlett; H. Hughes; J. and D. Bartlett; J. and D. Bartlett; C. Gans (3 Bilder). 150. J. Massey Stewart. 151. E. Hosking; S. Gillsäter/Tiofoto. 152. M. Tomkinson/N.H.P.A.; C. Haagner; F. E. Blanc/World Wildlife Fund. 153. C. Haagner; G. Rodger/Magnum; J. Juan Spillet. 154. W. Peterson; J. Burton/B. Coleman; A. Margiocco. 155. W. D. Haacke; W. Ferguson; D. and M. Zimmerman; W. Peterson. 156. J. and D. Bartlett; J. and D. Bartlett; C. Haagner. 157. L. Yigael; L. Yigael; K. B. Newman; J. and D. Bartlett; J. and D. Bartlett; J. and D. Bartlett. 158. D. and M. Zimmerman; W. D. Haacke; M. K. Morcombe. 159. J. and D. Bartlett; W. D. Haacke; W. E. Ferguson; C. Haagner; W. E. Ferguson. 160. P. Hill; W. D. Haacke; W. E. Ferguson; J. and D. Bartlett; Okapia. 161. W. Peterson; W. Peterson; H. D. Brown. 162. G. Newlands; G. Newlands; G. Newlands. 163. A. Bannister/N.H.P.A.; W. E. Ferguson; A. Bannister/N.H.P.A.; A. Bannister/N.H.P.A.; J. Visser. 164. A. Bannister/N.H.P.A.; S. Dalton/N.H.P.A.; A. Bannister/N.H.P.A.; A. Bannister/N.H.P.A. 165. A. Bannister/N.H.P.A.; A. Bannister/N.H.P.A.; W. E. Ferguson; A. Bannister/N.H.P.A.; A. Bannister/N.H.P.A.; A. Bannister/N.H.P.A.; D. Bartlett; E. R. Degginger. 166–7. D. J. Chivers. 168. D. Botting. 169. Popperfoto; Popperfoto. 170. C. W. Rettenmeyer; F. G. H. Allen; P. Hill; F. G. H. Allen; U. Rahm. 171. C. W. Rettenmeyer; K. Weidman; P. Hill; F. G. H. Allen; R. E. Hutchins; K. Weidman. 172. J. and D. Bartlett; C. P. Warner; H. Eisenbeiss/F. W. Lane; K. Weidman. 173. C. W. Rettenmeyer; K. Weidman; R. C. Hermes; J. Burton/B. Coleman. 174. L. Burrows/LIFE © Time Inc.; Lim Boo Liat. 175. M. P. L. Fogden; Zoological Society of London; F. G. H. Allen. 176. Okapia; A. Margiocco; J. A. Kern. 177. J. A. Kern; J. A. Kern; G. Holton/B. Coleman. 178. I DeVore; Okapia. 179. Okapia; F. G. H. Allen. 180. P. Ward; T. Beamish; A. Margiocco. 181. E. Hanumantha Rao; W. Ferguson; J. Burton/B. Coleman. 182. H. Skafte; H. Skafte; B. N. S. Deo/Rapho-Guillumette. 183. San Diego Zoological Society (3 Bilder); V. A. Wager; E. S. Ross; E. Hanumantha Rao. 184. M. Krishnan; J. Juan Spillet. 185. M. Krishnan; M. Hemple; Lim Boo Liat; J. Juan Spillet. 186. G. Lotti/Mondadori Press; S. Wayman/LIFE © Time Inc. 187. S. Wayman/LIFE © Time Inc.; S. Wayman/LIFE © Time Inc. 188. M. Hemple; Ylla/Rapho-Guillumette. 189. Philcarol/F. W. Lane; E. Hosking; E. P. Gee from The Wildlife of India (Collins); E. P. Gee from The Wildlife of India (Collins). 190. Okapia; M. P. L. Fogden; Zoological Society of London; C. P. Warner. 191. M. Hemple, F. G. H. Allen. 192. L. McCombe/LIFE © Time Inc.; P. Jackson/B. Coleman. 193. A. Margiocco; M. Hemple; M. Hemple; C. P. Warner. 194. P. Ward; I. Muul; Lim Boo Liat; Lim Boo Liat. 195. J. Burton/B. Coleman; C. P. Warner; C. P. Warner; P. M. Fogden; J. H. Gerard. 196. Okapia; C. Bavagnoli/LIFE © Time Inc. 197. D. Bartlett; U. Rahm; F.P.G.; D. Holberton; A. R. Devez-MGB/Jacana; A. R. Devez-MGB/Jacana; Okapia. 198. Baron Hugo van Lawick © National Geographic Society. 199. H. Albrecht; die nächsten 4: Baron Hugo van Lawick © National Geographic Society. 200. Okapia. 201. U. Rahm; U. Rahm; D. Bartlett; Okapia. 202. C. A. Spinage. 203. P. Ward; P. Ward; J. F. Oates; J. Burton/B. Coleman; D. Bartlett/B. Coleman. 204. D. Bartlett; Okapia; E. S. Ross. 205. Popperfoto; U. Rahm; Philcarol/Monkmeyer; Okapia. 206. D. Bartlett; Popperfoto; A. R. Devez-MGB/Jacana. 207. U. Rahm; A. Walker; A. Walker; A. R. Devez-MGB/Jacana. 208. F. G. H. Allen; Okapia; Popperfoto. 209. P. Johnson; Popperfoto; P. Johnson. 210. A. Margiocco; W. T. Miller; C. P. Warner. 211. S. A. Thompson; W. D. Haacke; M. J. Coe; H. D. Brown. 212. E. Gould; F. Goro/LIFE © Time Inc.; H. E. Uible. 213. T. Beamish/B. Coleman; D. Attenborough; D. Bartlett; D. Bartlett. 214. A. Jolly; D. Attenborough. 215. D. Attenborough; R. Martin; R. Martin; Popperfoto; C. Bavagnoli/LIFE © Time Inc. 216. Okapia; M. D. Tuttle; C. W. Rettenmeyer. 217. D. Bartlett; Okapia; P. Morris; D. Pye; M. D. Tuttle; M. D. Tuttle; P. Morris; D. Pye. 219. Zoological Society of London; S. Grossman/F.P.G.; J. Burton/B. Coleman; N. Leen/LIFE © Time Inc. 220. D. Faulkner; C. W. Rettenmeyer; S. Grossman/F.P.G.; S. Grossman/F.P.G.; K. Severin. 221. D. J. Chivers; Hladik/Jacana. 222. K. Weidman; T. Morrison; C. W. Rettenmeyer. 223. D. Hibberd; C. W. Rettenmeyer; K. Weidman; C. Gans. 224. P. Wayre; C. W. Rettenmeyer; C. W. Rettenmeyer; D. Bartlett. 225. J. R. Simon/B. Coleman; D. Faulkner; Keystone Press; K. Weidman. 226. C. P. Warner; W. Scheithauer. 227. D. Botting; R. Kinne/B. Coleman; J. A. Kern; Okapia; K. Weidman. 228. J. and D. Bartlett; Okapia; Okapia. 229. C. W. Rettenmeyer; J. A. Kern; C. P. Warner; C. W. Rettenmeyer; C. P. Warner; W. E. Duellman; C. Gans. 230. A. Root/Okapia. 230–1. S. Diczbalis (4 Bilder). 231. G. Pizzey/B. Coleman. 232. G. Pizzey/B. Coleman; Okapia; Okapia; Okapia. 233. G. Pizzey/N.H.P.A.; P.L.A.; Okapia; J. Warham. 234. D. Bartlett; E. S. Ross; E. S. Ross; J. A. L. Cooke; Lim Boo Liat. 235. J. Burton/B. Coleman; J. Burton/B. Coleman; J. Burton/B. Coleman; J. Burton/B. Coleman. 236. M. Hemple; E. S. Ross; E. S. Ross; P. M. Fogden. 237. K. Weidman; F. Baillie/N.H.P.A.; K. Weidman; K. Weidman; G. Pizzey. 238–9. P. Verzier/Jacana. 240–1. J. Muench. 241. J. Crawford; H. Engels; M. Karwendel/Skyport Fotos. 242. D. Faulkner/B. Coleman. 243. A. Aichhorn; A. Christiansen/F. W. Lane; W. Braun; R. P. Bille. 244. R. Van Nostrand/National Audubon Society; T. W. Hall. 245. F. Erize; A. Root/B. Coleman; T. W. Hall. 246. V. Geist; C. Ott; T. W. Hall. 247. R. P. Bille; R. P. Bille; T. Iwago; R. P. Bille. 248. E. Hosking; J. Dominis/LIFE © Time Inc. 249. R. Allin/National Audubon Society; A. Aichhorn; J. Schuler. 250. R. P. Bille; R. P. Bille; R. P. Bille; R. P. Bille; R. P. Bille. 251. J. and D. Bartlett; T. Myers; R. P. Bille; M. J. Coe. 252–3. T. Morrison. 253. S. Larrain/Magnum. 254–5. S. Thorarinsson. 255. S. Thorarinsson; K. Gillet; J. Muench; J. Linsley Gressitt. 256. E. R. Degginger. 257. S. Larrain/Magnum; P. Grubb © The Royal Society; S. Gillsäter/B. Coleman; F. Erize; P. Grubb © The Royal Society. 258. S. Gillsäter/Tiofoto; D. Merrie. 259. M. F. Soper; G. Holton/B. Coleman; G. Holton/B. Coleman; N. Bonner. 260. F. Erize; C. Weaver; F. Erize. 261. F. Erize; J. and D. Bartlett; G. Laycock. 262. F. Erize; D. R. Stoddart © The Royal Society. 263. E. Schuhmacher; R. Gaymer; R. Gaymer; M. Silverstone/Magnum. 264. C. Waver. 265. G. Laycock; J. A. Hancock/B. Coleman; J. A. Hancock; J. A. Hancock; A. Root/Okapia; F. Erize. 266. B. Cropp. 267. D. Bartlett. 268. R. Perron. 270. E. Bork/National Film Board of Canada; R. Carpenter; I. Holmäsen; G. Heilman. 271. I. Holmäsen; J. Clegg; Treat Davidson/ F. W. Lane; J. Burton/B. Coleman. 272. G. Heilman; J. F. Oates; Mondadori Press. 273. Camera Press; H. Barnfather/B. Coleman; J. Burton/B. Coleman; W. E. Ferguson. 274. J. H. Gerard; W. H. Amos; I. Virkkunen. 275. J. Six; E. R. Degginger; P. Parks; J. Burton/B. Coleman; P. Parks. 276. A. Visage/Jacana; D. Faulkner; D. Faulkner. 277. W. Harstrick/Bavaria Verlag; A. Visage/Jacana; D. Faulkner; Treat Davidson/F. W. Lane; D. Bartlett. 278. J. H. Tashjian at Steinhart Aquarium. 278–9. R. Thompson/F. W. Lane. 279. H. Angel; H. Angel; H. Angel. 280. A. Margiocco; A. Margiocco; Popperfoto. 281. F. Greenaway/N.H.P.A.; J. Six; R. P. Bille; J. Burton/B. Coleman; J. Norris-Wood. 282. K. Weidman; H. W. Silvester; E. R. Degginger; A. Margiocco. 283. W. Bonatti/Mondadori Press; E. Hanumantha Rao; D. Bartlett; K. Weidman. 284. S. Dalton/N.H.P.A.; D. and M. Zimmerman; G. Kinns/A.F.A.; J. Finch/F. W. Lane. 284–5. N. Myers/Camera Press. 285. D. Botting; J. Burton/B. Coleman; S. A. Thompson. 286. P. Scott; D. Bartlett. 286–7. D. Bartlett. 287. P. Slater; D. Hughes. 288. E. Hosking; T. Davidson/F. W. Lane; H. W. Silvester. 288–9. L. H. Brown. 289. D. Hughes; D. Bartlett; E. R. Degginger. 290. A. Y. Owen/LIFE © Time Inc.; R. W. Mitchell; R. W. Mitchell. 291. J. Burton/B. Coleman; C. E. Mohr; S. Gillsäter/Tiofoto; R. W. Mitchell. 292. J. Goode; J. S. Wightman; K. Gillet; E. Schuhmacher. 293. D. Botting; J. Burton/B. Coleman. 294. N. Fox-Davies. 295. J. Burton/B. Coleman; G. L. Kooyman; N. Fox-Davies. 296. P. Hill; W. Braun; P. Hill. 297. K. Gillett; A. Bannister/N.H.P.A.; D. Bartlett; A. Bannister/N.H.P.A. 298. D. P. Wilson; D. P. Wilson; W. Deas/Barnaby's Picture Library. 299. D. P. Wilson; D. P. Wilson; D. P. Wilson; D. P. Wilson; D. P. Wilson; P. Parks; P. Hill; P. David. 300. P. David; F. Schulke/Black Star. 300–1. B. Cropp. 301. B. Cropp; T. Myers; B. Cropp. 302. B. Cropp. 303. P. David; P. David; D. Faulkner; D. Faulkner; D. Faulkner; T. Myers. 304. P. David/Photo Aquatics; A. Margiocco; A. Margiocco. 305. D. P. Wilson; P. David/F. W. Lane; K. Gillett. 306. D. Faulkner; D. Faulkner; P. Hill; D. Faulkner; D. Faulkner. 306–7. J. Burton/B. Coleman. 307. D. Faulkner; D. Faulkner; P. Hill. 308. P. David; P. David; P. David, P. David/Photo Aquatics. 309. P. David; P. David; P. David/Photo Aquatics; P. David/Photo Aquatics; P. David/Photo Aquatics. 310. K. Gillett; P. Hill; A. Bannister/N.H.P.A.; A. Bannister/N.H.P.A. 311. B. Cropp; B. Cropp; G. L. Kooyman; Barnaby's Picture Library. 312. D. Faulkner; W. Braun. 313. Okapia; B. Cropp; S. Gillsäter/Tiofoto; B. Cropp; D. Faulkner. 314. G. Leavens/B. Coleman; British Antarctic Survey. 314–5. J. Dominis/LIFE © Time Inc. 315. J. and D. Bartlett. 316. J. R. Simon/B. Coleman; Mondadori Press. 317. R. Kinne/B. Coleman; S. Myers; K. W. Kenyon/National Audubon Society; C. K. Bertram. 318. F. Bruemmer. 318–9. J. Linsley Gressitt; Mondadori Press. 319. F. Erize. 320. Crown Copyright, Institute of Geological Sciences; R. I. Lewis Smith. 320–1. E. Schuhmacher. 324. A. S. Romer. 326. J. C. Kendrew, nach einer Rekonstruktion des Myoglobinmoleküls von J. C. Kendrew und H. C. Watson. 342–3. A. Bannister/N.H.P.A.; C. P. Warner. 342. I. Holmäsen; O. Danesch; H. Angel. 344. A. Bannister/N.H.P.A.; J. Burton/B. Coleman; G. Pizzey/B. Coleman. 345. N. Myers/Bavaria Verlag. 346–7. A. Root. 347. E. Hosking. 349. T. Iwago; A. Bannister/N.H.P.A.; Philcarol/Monkmeyer. 350. A. T. Band; M. Amin. 351. T. Iwago. 352–3. J. and D. Bartlett; D. Kessel/LIFE © Time Inc. 353. R. Pinney/National Audubon Society. 354–5. L. Darling from The Gull's Way. 355. A. Bannister/N.H.P.A.; J. Burton/B. Coleman. 356. A. Margiocco. 356–7. Colorphoto Hinz, Basle. 357. Picturepoint; A. Bannister/N.H.P.A.; British Museum. 358. A. Poignant. 358–9. Bradley Smith, New York. 361. The Vatican Library. 362–3. B. Brake/LIFE © Time Inc.; The Cleveland Museum of Art; The Holden Collection. 363. P.-N. Nilsson/Tiofoto. 364. Bettmann Archive; D. Lees; Radio Times Hulton Picture Library. 365. H. Groskinsky/LIFE © Time Inc. 366. I. DeVore. 366–7. Hachisuka Collection. 367. G. Biasi/Mondadori Press; G. Biasi/Mondadori Press. 368–9. D. Plage/Anglia T. V.; J. Pearson/B. Coleman. 369. F. Bruemmer.

Zeichner

Die Zeichnungen und Diagramme in diesem Buch schufen: P. L. Church, David Cook, Brian Craker, Barry Driscoll, Barry Evans, Jan Garrard, Roy Grubb, Vana Haggerty, Gillian Lockwood, Lesley Marshall, John Norris-Wood, Philip North-Taylor, Denys Ovenden, Josephine Rankin, Charles Raymond, Kathleen Smith, Tom Stalker Miller, Harry Titcombe, Norman Weaver, Michael Woods, Sidney Woods.

Die farbigen Illustrationen im Abschnitt „Evolution“ fertigte Charles Pickard an.

Die Karten stammen von Fairey Surveys Limited.

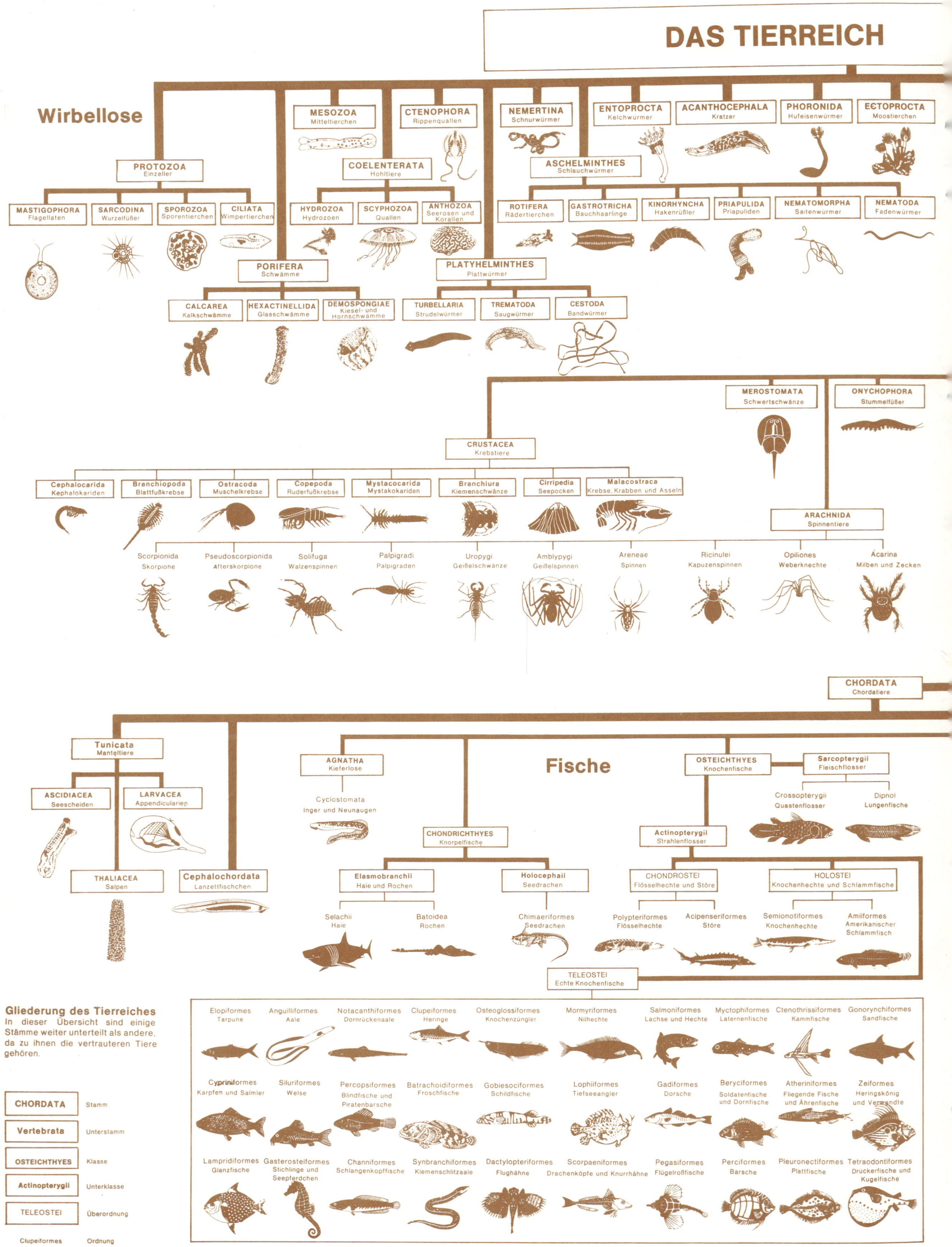
DAS TIERREICH
Wirbellose
PROTOZOA Einzeller
MASTIGOPHORA Flagellaten
SARCODINA Wurzelfüßer
SPOROZOA Sporentierchen
CILIATA Wimpertierchen
MESOZOA Mitteltierchen
CTENOPHORA Rippenquallen
COELENTERATA Hohltiere
HYDROZOA Hydrozoen
SCYPHOZOA Quallen
ANTHOZOA Seerosen und Korallen
PORIFERA Schwämme
CALCAREA Kalkschwämme
HEXACTINELLIDA Glasschwämme
DEMOSPONGIAE Kiesel- und Hornschwämme
NEMERTINA Schnurwürmer
PLATYHELMINTHES Plattwürmer
TURBELLARIA Strudelwürmer
TREMATODA Saugwürmer
CESTODA Bandwürmer
ENTOPROCTA Kelchwürmer
ACANTHOCEPHALA Kratzer
PHORONIDA Hufeisenwürmer
ECTOPROCTA Moostierchen
ASCHELMINTHES Schlauchwürmer
ROTIFERA Rädertierchen
GASTROTRICHA Bauchhaarlinge
KINORHYNCHA Hakenrüßler
PRIAPULIDA Priapuliden
NEMATOMORPHA Saitenwürmer
NEMATODA Fadenwürmer
MEROSTOMATA Schwertschwänze
ONYCHOPHORA Stummelfüßer
CRUSTACEA Krebstiere
Cephalocarida Kephalokariden
Branchiopoda Blattfußkrebse
Ostracoda Muschelkrebse
Copepoda Ruderfußkrebse
Mystacocarida Mystakokariden
Branchiura Kiemenschwänze
Cirripedia Seepocken
Malacostraca Krebse, Krabben und Asseln
ARACHNIDA Spinnentiere
Scorpionida Skorpione
Pseudoscorpionida Afterskorpione
Solifuga Walzenspinnen
Palpigradi Palpigraden
Uropygi Geißelschwänze
Amblypygi Geißelspinnen
Areneae Spinnen
Ricinulei Kapuzenspinnen
Opiliones Weberknechte
Acarina Milben und Zecken
CHORDATA Chordatiere
Tunicata Manteltiere
ASCIDIACEA Seescheiden
LARVACEA Appendicularien
THALIACEA Salpen
Cephalochordata Lanzettfischchen
Fische
AGNATHA Kieferlose
Cyclostomata Inger und Neunaugen
CHONDRICHTHYES Knorpelfische
Elasmobranchii Haie und Rochen
Selachii Haie
Batoidea Rochen
Holocephali Seedrachen
Chimaeriformes Seedrachen
OSTEICHTHYES Knochenfische
Sarcopterygii Fleischflosser
Crossopterygii Quastenflosser
Dipnoi Lungenfische
Actinopterygii Strahlenflosser
CHONDROSTEI Flösselhechte und Störe
Polypteriformes Flösselhechte
Acipenseriformes Störe
HOLOSTEI Knochenhechte und Schlammfische
Semionotiformes Knochenhechte
Amiiformes Amerikanischer Schlammfisch
TELEOSTEI Echte Knochenfische
Elopiformes Tarpune
Anguilliformes Aale
Notacanthiformes Dornrückenaale
Clupeiformes Heringe
Osteoglossiformes Knochenzüngler
Mormyriformes Nilhechte
Salmoniformes Lachse und Hechte
Myctophiformes Laternenfische
Ctenothrissiformes Kammfische
Gonorynchiformes Sandfische
Cypriniformes Karpfen und Salmler
Siluriformes Welse
Percopsiformes Blindfische und Piratenbarsche
Batrachoidiformes Froschfische
Gobiesociformes Schildfische
Lophiiformes Tiefseeangler
Gadiformes Dorsche
Beryciformes Soldatenfische und Dornfische
Atheriniformes Fliegende Fische und Ährenfische
Zeiformes Heringskönig und Verwandte
Lampridiformes Glanzfische
Gasterosteiformes Stichlinge und Seepferdchen
Channiformes Schlangenkopffische
Synbranchiformes Kiemenschlitzaale
Dactylopteriformes Flughähne
Scorpaeniformes Drachenköpfe und Knurrhähne
Pegasiformes Flügelroßfische
Perciformes Barsche
Pleuronectiformes Plattfische
Tetraodontiformes Drückerfische und Kugelfische
Gliederung des Tierreiches
In dieser Übersicht sind einige Stämme weiter unterteilt als andere, da zu ihnen die vertrauteren Tiere gehören.
CHORDATA Stamm
Vertebrata Unterstamm
OSTEICHTHYES Klasse
Actinopterygii Unterklasse
TELEOSTEI Überordnung
Clupeiformes Ordnung